Dietrich Schulze-Marmeling

DIE BAYERN
Die Geschichte
des Rekordmeisters

MÜNCHEN

Dietrich Schulze-Marmeling

DIE BAYERN

Die Geschichte des Rekordmeisters

VERLAG DIE WERKSTATT

Bibliografische Information der Deutschen Bibliothek:
Die Deutsche Bibliothek verzeichnet diese Publikation in der Deutschen Nationalbibliografie; detaillierte bibliografische Daten sind im Internet über http://dnb.ddb.de abrufbar.

Lotzestraße 24a, D-37083 Göttingen
www.werkstatt-verlag.de

Satz und Gestaltung: Verlag Die Werkstatt, Göttingen
Druck und Bindung: Westermann Druck Zwickau

ISBN 10: 3-89533-534-7
ISBN 13: 978-3-89533-534-1

Inhalt

Das Bayern-Lexikon

Namen und Daten

Ob Meisterschale oder Pokal – seit einigen Jahren bringt der FC Bayern in fast jeder Saison einen nationalen Titel nach Hause. Und manchmal auch beide.

Siegesfeiern des FC Bayern finden traditionell auf dem Münchner Marienplatz statt. Hier wird im Mai 2006 die 20. Deutsche Meisterschaft bejubelt.

Prolog

„München leuchtet.“ *Thomas Mann*

„Bayern München ist eine Institution. Ein Klub mit Stil, eine Herausforderung für jeden. Die ganz Großen wie Bayern, Real Madrid oder AC Mailand haben dieses gewisse Extra.“ *Guus Hiddink*

„In Bremen genügt eine Vizemeisterschaft, um den Bus neu zu beschriften. In München muss man Meister werden.“ *Klaus Augenthaler*

„Die Dortmunder können noch fünfmal Meister werden und erreichen nicht die Bedeutung des FC Bayern.“ *Franz Beckenbauer*

„Leute wie Pizarro müssen lernen, dass für den FC Bayern eine Niederlage eine Katastrophe ist.“ *Uli Hoeneß*

„Kaum ein Bayern-Fan kennt das flaue Gefühl der Verzweiflung, mit dem Rücken zur Wand, kaum einer schleppt sich nach einem verpatzten Spiel wie gelähmt zur Arbeit. So was kennen sie nicht, und wenn die Unsympathischen mal ein wichtiges Spiel verlieren, wie jenes gegen Manchester United in Barcelona, ist es gleich eines von epochaler Bedeutung.“ *Th. Kilchenstein in der „Frankfurter Rundschau“ v. 23.10.2002*

„Nur die Härtesten überleben bei uns.“ *Franz Beckenbauer*

„Die Bayern sind nicht nur Fußballfachmänner, sondern auch Kopf- und Kaufleute.“
Jupp Heynckes nach dem Champions-League-Sieg 2001

„Die Betrachtung der Bayern war stets weitgehend konjunkturunabhängig. Das hat auch damit zu tun, dass in München mit einem Bundesliga-Sieg oder Europapokal-Triumph nie nur der Augenblick gefeiert, sondern zugleich auch der Anspruch auf ein unvergängliches Glück verbunden wird. Bayern-Glück hat sich stets in einem Dauerzustand eingerichtet, das erklärt die innige Zuwendung der Bayern-Fans wie auch die kompakte Feindseligkeit der Bayern-Gegner.“
Christian Thomas in der „Frankfurter Rundschau“ v. 31.10.2002

„Wer Cash hat, ist König. Und wir haben Cash.“ *Karl-Heinz Rummenigge*

„Wir haben nie den Hurra-Fußball anderer Mannschaften gespielt. Der FC Bayern hat ein eher unterkühltes Image, oft gewinnen wir nur 1:0. Nehmen Sie dagegen Kaiserslautern: Dort heißt es kämpfen, kämpfen, kämpfen, der Gegner wird in seiner Hälfte eingeschnürt, dann kommen die Flanken links und rechts, und vorne schmeißen sie sich rein. Diesen Stil kann man als Trainer nur schwer verändern. Seit 25 Jahren ist jedes Auswärtsspiel von Bayern München ausverkauft. Man will uns verlieren sehen, und dagegen müssen die Spieler gewappnet sein. Dieses FC-Bayern-Gen müssen neue Spieler immer erst übertragen bekommen." *Karl-Heinz Rummenigge*

„Wir haben uns immer nur das geleistet, was wir glaubten, finanzieren zu können."
Uli Hoeneß

„Solange wir Idioten von diesen Oligarchen und dieser Rohölmafia mit ihren manipulierten Ölpreisen ausgenommen werden, dreht sich das Karussell weiter. Uns bleibt nichts anderes übrig, als in Ruhe abzuwarten."
Uli Hoeneß 2006 über Roman Abramowitsch und Co.

„Es war ein dankbarer und vornehmer Verein mit Stil."
Magdalena Heidkamp (Witwe von Conny Heidkamp, Kapitän der Meisterelf von 1932)

„Ich distanziere mich von dieser Großkotzigkeit, die manchmal rüberkommt. So sehe ich mich nicht, so sehe ich den FC Bayern nicht. Wir haben mit Uli Hoeneß einen so menschlichen Manager, der so viel Herz und so viel Wärme hat, das ist unglaublich. Der ist immer für die Spieler da. Klar tritt der anders auf nach außen, da erlebt man immer nur, wie er den FC Bayern hart verteidigt. Aber wenn irgendein anderer Verein in Schwierigkeiten wäre, wenn Hertha morgen in finanziellen Schwierigkeiten stecken würde, dann wäre Uli Hoeneß der Erste, der sagt, der FC Bayern tut alles, damit ihr da rauskommt. So viel Menschlichkeit wie beim FC Bayern findet man anderswo im Profifußball nicht. Das ist wirklich eine große Familie. Fast alle leitenden Angestellten haben selbst lange für den Verein gespielt, für die ist das nicht irgendein Klub, die hängen mit Leib und Seele dran. Der FC Bayern hat eigentlich das Zeug, ein cooler Verein zu sein, aber sie wissen nicht so recht, wie sie das rüberbringen sollen."
Mehmet Scholl in der „Zeit" v. 23.10.2003

„Ich glaube nicht, dass es irgendjemanden gibt, der den FC Bayern an der Moral packen kann." *Uli Hoeneß*

„Wir müssen die Leidenschaft der Jugendlichen wieder wecken zu ‚kicken'. Das fängt schon damit an, dass der Fußball wieder zu einem Weihnachtsgeschenk wird. Wir brauchen keine Schwarzeneggers, sondern Fußballspieler mit Herz und Verstand."
Uli Hoeneß

Vorwort

Der FC Bayern ist Deutschlands populärster und erfolgreichster Fußballklub. Gleichzeitig wird aber auch kein Klub so gehasst wie der FC Bayern. Kein anderer Klub bewegt sich derartig zwischen zwei Extremen. Dass der Rekordmeister nicht nur mobilisiert, sondern auch polarisiert, gehört längst zu seinem Credo.

Die Ursachen dafür liegen keineswegs nur in der jüngeren Geschichte des Traditionsvereins. Der rote Faden der mittlerweile über 100 Jahre alten Historie des FC Bayern besteht aus einem ungewöhnlichen Avantgardismus sowie einer erstaunlichen Fähigkeit zur Innovation.

Wer die Geschichte des deutschen Fußballs erklären will, kommt zumindest für die Zeiträume 1900 bis 1933 und 1963 bis heute am FC Bayern nicht vorbei. Lediglich für die Jahre 1933 bis 1963 erscheinen andere Vereine, namentlich die „Arbeitervereine" Schalke 04 und Borussia Dortmund, für die Erläuterung und Analyse der historischen Entwicklung als geeigneter. Denn bereits vor und nach dem Ersten Weltkrieg gehörte der FC Bayern zu den modernsten und professionellsten Adressen im deutschen Fußball. 1932 wurde der FC Bayern erstmals Deutscher Meister, mit einem Spielstil, der Anleihen am sogenannten „Donaufußball" der kontinentalen Fußball-Metropolen Budapest und Wien nahm. Die Machtergreifung der Nazis unterbrach die Aufwärtsentwicklung des Vereins. Jüdische Funktionäre mussten ihre Positionen räumen und das Land verlassen. Auch die Reamateurisierung des zuvor auf dem Weg zum Professionalismus befindlichen deutschen Fußballs – und der FC Bayern gehörte zur Avantgarde dieser Entwicklung – schadete dem Verein. Die Nazis mochten den FC Bayern nicht und ließen ihn dies spüren.

Erst in den 1960er Jahren kehrte der FC Bayern in die Elite des deutschen Fußballs zurück, dank einer energischen und visionären Führungsetage sowie einiger Akteure, die als Jugendspieler und Amateure zum FC Bayern fanden, um dort zu Weltklassespielern aufzusteigen. Dabei war sicherlich auch Glück mit im Spiel. Als die Spieler immer teurer wurden, konnten sie dank des neuen Olympiastadions gehalten werden.

In den 1970ern etablierte sich der FC Bayern als Repräsentant des deutschen Fußballs auf der europäischen Bühne. Als erster deutscher Klub gewann der FCB 1974 den Europacup der Landesmeister, die begehrteste und prestigeträchtigste der europäischen Trophäen. Auch 1975 und 1976 hieß der Sieger in diesem Wettbewerb FCB. Der Europacup sicherte dem FC Bayern eine TV-Präsenz, wie sie in diesen Jahren ansonsten nur einer Nationalmannschaft gebührte. In den deutschen Pantoffelkinos fieberten nicht nur die eingefleischten Bayern-Fans mit Franz Beckenbauer und Co. Durch eine permanente Europapokal- und TV-Präsenz konnte der Klub seine Gefolgschaft weit über München hinaus ausdehnen. Sicherlich spielten dabei auch einzelne geniale Spielerpersönlichkeiten – namentlich Beckenbauer, Müller und Maier – eine wichtige Rolle. Der überragende sportliche Status des FC Bayern, seine finanziellen Möglichkeiten sowie die Existenz eines auch „spielkulturellen" Antipoden, Borussia Mönchengladbach, bedingten allerdings, dass nun ein Lager von „Bayern-Hassern" entstand.

Kein anderer deutscher Fußballklub hat die Entwicklung des hiesigen Profifußballs seit Einführung der Bundesliga 1963 so massiv beeinflusst wie der FC Bayern. Es war der FC Bayern, der als erster Klub ein modernes Management einführte. Es war der FC Bayern, der als Erster seine Kicker als „Angestellte" betrachtete und sie ihrem sportlichen und wirtschaftlichen Wert entsprechend behandelte. Es war der FC Bayern, der systematisch auch die „bessere Gesellschaft" für den „Proletensport" Fußball zu erwärmen suchte. Es war der FC Bayern, der die Entwicklung bei den TV-Geldern forcierte, indem er höhere Honorare einklagte, das Monopol der Öffentlich-Rechtlichen angriff und die private Konkurrenz befürwortete. Es war der FC Bayern, der als Erster hierzulande die Marktbrücke Merchandising entdeckte. Es war der FC Bayern, der als Erster das Thema „Kapitalgesellschaften" ins Gespräch brachte und die Professionalisierung der Führungsstrukturen von Fußballvereinen propagierte.

Der heutige FC Bayern ist ganz wesentlich das Werk seines Managers Uli Hoeneß. Der „Kicker" anlässlich des 50. Geburtstages des „Mister Bayern" im Jahre 2002: „Sollte jemals ein Mensch einen Film drehen wollen über den deutschen Fußball der letzten 40 Jahre, dann könnte diese Zeitspanne nicht besser personifiziert werden als durch einen wie ihn. Durch einen Mann, der gegen den Ball trat im Nationaldress für Deutschland in der Schüler-, dann in der Jugend- und schließlich in der Amateurauswahl, der das Schwarz-Rot-Gold trug mit der Elf als Weltmeister, der mit seinem Verein Deutscher Meister war und Europapokalsieger, erst als Spieler und dann als Manager: Uli Hoeneß, das Kind des deutschen Fußballs."

Gegenüber dem Autor dieses Buches mochte Hoeneß vor einigen Jahren über seinen Anteil am Erfolg nicht reden, wohl aber über die Kriterien für ein gutes und erfolgreiches Management: Ein Manager sollte früher selbst auf hohem Niveau gekickt haben. Er sollte finanziell unabhängig sein, um notfalls auch gegen seine eigenen Interessen, wohl aber im Interesse des Klubs entscheiden zu können. Und: Ein Manager sollte in seiner Karriere nur für einen Verein arbeiten. Letzteres darf man als Lackmustest für Identifikation und Loyalität verstehen.

Womit wir zum Erfolgsgeheimnis des FC Bayern gelangen. Dieses besteht aus einer perfekten Mischung aus Weltläufigkeit und fast schon provinziell anmutender Bodenständigkeit, aus Modernität und Konservativismus. Nach außen mag der FC Bayern arrogant wirken, aber hinter seiner Fassade geht es familiärer zu als bei vielen anderen Vereinen. Wer das Büro des Managers betritt, erhält nicht unbedingt das Gefühl, in einer der Machtzentralen des Welt-Klubfußballs Platz zu nehmen. Auch die starke Präsenz ehemaliger Aktiver auf allen Ebenen zeugt vom familiären Charakter des Klubs.

Uli Hoeneß: „Wir versuchen, die Spieler, die sich bei uns ganz besonders ausgezeichnet haben, anschließend wiedereinzugliedern. Das sind Leute, die nicht sagen, es ist jetzt 17 Uhr, ich gehe nach Hause, sondern lieber fragen, wo ist die Arbeit, die jetzt erledigt werden muss."

Der FC Bayern ist wohl der einzige Klub im europäischen Fußball, der mit Franz Beckenbauer (Präsident des FC Bayern e.V. und Vorsitzender des Aufsichtsrats der FC Bayern AG), Karl-Heinz Rummenigge (Vorstandsvorsitzender der FC Bayern AG) und Uli Hoeneß (stellvertretender Vorsitzender der FC Bayern AG) maßgeblich von ehemaligen Spielern geführt wird. Wohl auch eine Langzeitfolge der ersten großen Spielerrevolte in der Geschichte der Bundesliga, die in der Saison 1978/79 nicht von ungefähr beim FC Bayern stattfand. Ehemalige Bayern-Aktive trifft man auf allen Ebenen des Klubs. Der FC Bayern bezieht seine Kraft nicht zuletzt aus der totalen Identifikation seiner Angestellten mit dem Unternehmen. Eine „Angestelltenmentalität" existiert höchstens zuweilen auf dem Spielfeld.

„Schuldenmachen", für viele andere europäische Top-Adressen und auch im gewöhnlichen Wirtschaftsleben geradezu eine Selbstverständlichkeit, ist beim FC Bayern verpönt. Dass der FC Bayern die Rückkehr an die europäische Spitze und den Gewinn der Champions League 2001 ohne die branchenüblichen finanzpolitischen Verwerfungen erreichte, gehört zu den großen Leistungen des Klubs. Eine baldige Wiederholung dieses Triumphes scheint derzeit allerdings eher unwahrscheinlich ist, da sich das finanzielle Kräfteverhältnis im internationalen Fußball weiter verändert hat – während der von Uli Hoeneß prognostizierte Kollaps der Hasardeure noch auf sich warten lässt.

Viele Gegner des FC Bayern betrachten den Klub als einen Moloch, der mit seinem „Reichtum" die Bundesliga sportlich und finanziell auffressen würde. Ganz abgesehen davon, dass der FC Bayern seinen sportlichen und wirtschaftlichen Status rechtmäßig erworben hat: Die Handlungen der Bayern-Führung sind nur die logische Konsequenz ihrer totalen Identifikation mit dem Klub. Die Kommerzialisierung und Professionalisierung des Fußballs ist keine Erfindung des FC Bayern, sondern ein Resultat sportlicher Rivalität. Die Wurzeln von Kommerzialisierung und Professionalismus liegen in der Faszination des Spiels sowie im Wettstreit um den Sieg. Die Kommerzialisierung des Spiels begann mit seiner Entwicklung zum Massen-Event. Große Zuschauermassen verhalfen den Vereinen zu Einnahmen, an denen die Spieler teilhaben wollten. Zugleich war die „football crowd", die Fans auf den Rängen, auch ein attraktiver Absatzmarkt, zunächst vornehmlich für die Getränkeindustrie. Ohne die Entwicklung zum Massen-Event hätte es keine Kommerzialisierung und keinen Profifußball gegeben.

Von Beginn an gab es für die Fußballklubs zwei Möglichkeiten, ein starkes Team zusammenzustellen. 1883 gewann Blackburn Olympic als erster Arbeiterverein das englische Cup-Finale. Gegenüber den „Old Boys" der elitären Public Schools besaßen die Arbeiterkicker einen unschätzbaren Konkurrenzvorteil: Mit einer örtlichen Eisengießerei hatten die Olympics einen starken Mäzen hinter sich, der ihnen ein einwöchiges Trainingslager finanzierte. Sponsorentum war also schon damals eine mögliche Einnahmequelle, die andere waren Eintrittsgelder. Beides bevorteilte die Metropolenvereine mit ihrem großen Zuschauerpotenzial und sponsorenfreundlichen Umfeld. Ungleiche Voraussetzungen und wirtschaftliche Gräben sind deshalb so alt wie der Profifußball. Uli Hoeneß: „Ein Verein wie Kaiserslautern, einer Stadt mit 150.000 Einwohnern, kann nun mal auf Dauer nicht den FC Bayern ärgern. Die können vielleicht mal Deutscher Meister werden, Braunschweig war das auch, aber Braunschweig wird nicht fünfmal in Folge Deutscher Meister. Das Zuschauerpotenzial, das Werbepotenzial, das ist ein ganz anderes als in einer Weltstadt."

De facto subventioniert der FC Bayern die Bundesliga. Die Bayern bescheren 17 anderen Vereinen pro Saison ein ausverkauftes Haus und ein „Spiel des Jahres". Der FCB hat zwar immer wieder anderen Klubs deren beste Spieler und größte Talente abspenstig gemacht, aber dafür auch Summen gezahlt, zu denen andere Klubs wohl kaum in der Lage gewesen wären. Außerdem profitierte die gesamte Liga von den TV-Geldern, die ohne die Bayern in diesem Ausmaß nicht geflossen wären. Der Vermarktungswert der Bundesliga wäre ohne den FC Bayern erheblich geringer. Die Bundesliga benötigt die Bayern, und sei es auch nur als Feindbild. Und wer sich auf die Logik des Profifußballs erst einmal einlässt, wird die Philosophie der Bayern ohnehin nicht grundsätzlich kritisieren können.

Der FC Bayern ist und bleibt ein besonderer Klub. Die Dynamik und Entwicklungsrichtung, die der deutsche Fußball einschlägt, werden zu einem erheblichen Maße von München aus bestimmt. Aus diesem Grund ist die Beschäftigung mit der Politik des FC Bayern und deren Hintergründen auch für Nicht-Fans dieses Klubs – wie den Autor dieses Buches – von Interesse. Denn über die Zukunft des hiesigen Fußballs wird nicht zuletzt an der Säbener Straße entschieden.

Dietrich Schulze-Marmeling, November 2006

Der FC Bayern im Gründungsjahr. In Spielkluft stehend (von links): Zimmermann, Weber, Paperitz; kniend: Schmid, Schottelius, Belle; sitzend: Lippl, Schilling, Friederich, Pollack, Francke, Nägele, Zöpfel.

1900 bis 1919

1900 bis 1919

Pioniere in Schwabing

Turnväter und Fußlümmel

Die Fußballer des FC Bayern München begannen vor über 100 Jahren als rebellische Minderheit eines Turnvereins. Im Gründungsjahr 1900 hatten die Bayern bereits drei Jahre unter dem Dach des Männerturnvereins München von 1879 (MTV 1879) gekickt. Schon damals waren sie Münchens erfolgreichste Fußballmannschaft, deren Spiel von Namen wie Keyl, Pässler, Prager und Reissner geprägt wurde. Der Notar Keyl wurde später sogar damit betraut, die Nationalmannschaft aufzustellen.

Der Konflikt, der sich zur Jahrhundertwende im MTV zwischen Turnern und Kickern anbahnte, war kein Einzelfall. Die Turner bildeten seinerzeit die dominierende Kraft im deutschen Sport und hatten sich vor dem Fußball als „nationale Disziplin" etabliert. Viele der in der Regel sehr national-konservativ und militaristisch gesinnten Turnväter der Deutschen Turnerschaft (DT) betrachteten den Fußball mit Argwohn. Nicht nur, weil sie in ihm eine Konkurrenz sahen, sondern auch aus sport-ideologischen Motiven. Fußball war für sie eine aus England importierte undeutsche Modetorheit, roh, ungesund und im Widerspruch zu ihrem Körperbild. Folglich war die Ausbreitung des Spiels unbedingt zu bekämpfen. Der prominente Turnführer Karl Planck widmete dem neuen Sportspiel gar eine eigene Kampfschrift mit dem Titel „Fußlümmelei – über Stauchballspiel und englische Krankheit". Die Akteure des neuen Spiels wurden von Planck als „gehorsame Affen des Auslandes" denunziert. In der Zeitung der Turner hieß es, „fremdländisches Wesen und fremde Leute haben Deutschland noch niemals glücklich gemacht, am wenigsten das, was man Engländerei nennt. (...) Fort damit und mit der Völkerknechtschaft, damit wir nicht der allgemeinen Vernachtung anheimfallen!" Englische Verhaltensweisen und Traditionen hatten freilich in den bürgerlichen Kreisen vieler europäischer Länder Konjunktur. „English sports", neben Fußball wäre hier vor allem auch noch Tennis zu erwähnen, wurden zur Mode der „modernen" Mittelschichten.

Als die Kickerei um die Jahrhundertwende in Deutschland immer beliebter wurde, versuchten die Turner, die Organisation des Spiels unter ihre Kontrolle zu bringen. Auch die Hauptleitung des MTV München bezog eine skeptische Haltung zum Fußball. Trotzdem avancierten die MTV-Fußballer unter der Führung des bereits genannten Notars Keyl zur stärksten Kraft im Münchner Fußball. Bereits 1897 hatte sich im MTV eine eigene Fußballabteilung gegründet.

Nicht nur zwischen Turnern und Fußballern, sondern auch innerhalb der Fußballabteilung kam es zu Spannungen. Die Frage war, ob man weiter unter der Schirmherrschaft der Turner kicken wollte, oder sich dem Verband Süddeutscher Fußballvereine anschloss. Am 27. Februar 1900 fand eine Versammlung des MTV 1879 im Altmünchener Gasthaus „Bäckerhöfl" an der Schäfflerstraße (unweit vom Marienplatz) statt, auf der die Versammelten über diese Frage zu befinden hatten. Die Fußballer stellten im Gesamtverein lediglich eine kleine Minderheit dar.

Der Verband Süddeutscher Fußballvereine war am 17. Oktober 1897 im Karlsruher Restaurant „Landsknecht" von Vertretern der Vereine Karlsruher FV, FC Pforzheim, FC Fidelitas Karlsruhe, FC Heilbronn, FC Phönix Karlsruhe, Hanauer FK, Mannheimer Fußballgesellschaft und Frankfurt FC Germania gegründet worden. Die Region Bayern und die Stadt München waren auf dieser Versammlung nicht vertreten gewesen. Ein Vorläufer des Verbandes, die Süddeutsche Fußball-Union, war nach zweijährigem Schattendasein 1895 aufgelöst worden. Die Neugründung, die später als Süddeutscher Fußball-Verband (SFV) firmierte, war erfolgreicher. Schon 1898 wurde in Süddeutschland eine erste Landesmeisterschaft ausgespielt. Sieger wurde der FC Freiburg (2:0 gegen Karlsruher FV). Vier Jahre nach seiner Gründung zählte der süddeutsche Verband erst zwölf Mitglieder, doch 1904 war er mit 71 Vereinen und ca. 3.000 Mitgliedern der weitaus stärkste Verband im 1900 gegründeten Deutschen Fußball-Bund (DFB). Im süddeutschen Verband war bald fast die Hälfte aller Bundesvereine organisiert. Bis zum Ausbruch des Ersten Weltkriegs traten dem SFV gar 574 Vereine mit 59.826 Mitgliedern bei. Berlin und Süddeutschland waren dem Rest des Reiches in organisatorischer Hinsicht weit voraus. Hier saß die Avantgarde des deutschen Fußballsports.

1900 Elf Rebellen

Doch zurück zur historischen Sitzung bei „Bäckerhöfl". Als dort bekannt wurde, dass die Hauptversammlung sich gegen einen Beitritt zum Dachverband der Balltreter ausgesprochen hatte, verließen elf Fußballer aus Protest den Tagungsort. Ihr Anführer hieß Franz John. Die „Rebellen" zogen ins Gasthaus „Gisela" in der im Herzen Münchens gelegenen Fürstenstraße um.*

Noch am gleichen Abend wurde die Gründung des FC Bayern München vollzogen. Im Protokoll der Vereinsgründung ist über diese Sitzung zu lesen:

* In der Literatur wurde bislang stets die Frühlingsstraße als Adresse genannt. Wie Fans recherchierten, lautet die richtige Adresse aber Fürstenstraße, die ehemals nicht nur nördlich, sondern auch südlich des heutigen Oskar-von-Miller-Rings verlief. Dieser Teil heißt heute Kardinal-Döpfner-Straße. Das Restaurant „Gisela" muss dort gelegen haben, wo heute die Ecke Kardinal-Döpfner-Straße/Jägerstraße zu finden ist.

Die Fußballabteilung des Männer-Turn-Vereins München bei einem Turnfest. Elf der Spieler gründeten den FC Bayern.

„Herr John übernimmt das Präsidium und begrüßt die Anwesenden. Zwei Fragen stellen sich: 1. Was wollen wir? 2. Liegt das Bedürfnis zur Gründung eines neuen Klubs vor? Herr John bespricht diese Fragen sachlicherweise und seine Ausführungen finden lebhaften Anklang. Es schließt sich hieran eine Debatte wegen der Begründung des Austritts aus der Fußballmannschaft des M.T.V. Ein Antrag von Herrn Pollack, diese Angelegenheit durch Herrn John in der nächsten Sitzung des M.T.V. erledigen zu lassen, wird zum Beschluss erhoben. Hierauf wird die Debatte über die Gründung des Clubs fortgesetzt. Nach kurzen Reden der Herren John, Francke und Pollack werden die Anträge: 1. Gründung eines neuen Clubs. 2. Benennung dieses Clubs mit dem Namen: Münchner Fußballklub ‚Bayern' einstimmig angenommen.

Da die Wahl einer Vorstandschaft nach den Ausführungen des Herrn John vorläufig nicht rätlich ist, wird eine aus fünf Mitgliedern bestehende Kommission bestehend aus den Herren John, Francke, Pollack, Focke und Friederich gewählt.

„Als Clubfarben werden Weiß-Blau erkoren"

Als 1. Vorsitzender wird sodann Herr John, als 1. Beisitzer Herr Pollack bestimmt, während die Besetzung anderer Chargen dem ‚Geschäftsführenden Ausschuss' überlassen bleibt. Nach einer größeren Debatte wird auf einen Monatsbeitrag von 1,– Mark und einem Eintrittsgeld von 2,– Mark geeinigt. Als Clubfarben werden ‚Weiß-Blau' erkoren. Die Diskussion wegen der Spielkleidung wird bis zur nächsten Sitzung verschoben. Die Ausarbeitung der Statuten bleibt dem Ausschuss überlassen und sollen diese in der nächsten Sitzung, die auf Beschluss am 7. März stattfindet, im Entwurf vorgelegt werden.

Der Vorsitzende teilt hierauf den Anwesenden mit, dass die Spielerlaubnis auf dem Schyrenplatz vom Magistrat erteilt sei und dankt Herrn Francke als Vater dieser Idee, sowie den Herren Wamsler als eifrige Förderer.

Hierauf wird ein Betrag von drei Mark für die Miete des Nebenzimmers von den Anwesenden zu gleichen Teilen gedeckt. Herr Focke erklärt sich bereit, die Kosten zu übernehmen, was der Vorsitzende mit Dank annimmt. Ein Antrag von Herrn John auf Abhaltung eines Kommerses wird dem geschäftsführenden Ausschuss zur weiteren Ausarbeitung überwiesen. Da weiteres nicht vorliegt, schließt der Vorsitzende um 11¼ die Versammlung. München, 27. Februar 1900 gez. Franz John, Vors. Gez. J.Pollack, Schriftführer."

Die Gründungsurkunde trägt 17 Unterschriften, darunter die Herren John, Pollack, Schmid, Fritz und Karl Wamsler, Ringler, Focke, Francke, Friederich, Nägele und Zöpfel. Sechs der 17 Unterschriften wurden allerdings erst später hinzugefügt. Die Gründungsversammlung bestand somit exakt aus einer Fußballmannschaft.

Ein Preuße in München: Franz John.

Zwei Juden machen den FC Bayern

Der Name des Klubs war für die damalige Zeit nicht ungewöhnlich. Mit dem Vereinsnamen den Bezug zur eigenen Region zu demonstrieren, war vor dem Ersten Weltkrieg äußerst populär. In München gab es auch noch einen Klub, der sich Bavaria nannte. Im Rheinland und Westfalen nannten sich viele Vereine Rhenania bzw. Westfalia. Im preußischen Raum gab es bald zahlreiche Klubs, die Preußen oder Borussia (lat. für Preußen) hießen. Andere gaben sich nationalpatriotisch, indem sie sich Germania oder Teutonia tauften.

Um den Namen des Klubs wurde auf der Gründungsversammlung hart gerungen. Einige befürchteten eine Verwechselung mit dem bereits existierenden Verein Bavaria. Allerdings war der FC Bayern alles andere als eine bayrische Angelegenheit. Seine Gründer waren ein buntes Gemisch aus Sachsen, Hanseaten, Juden und Preußen. Der FCB sollte sich schon recht bald den Vorwurf einhandeln, ein Sammelbecken für so genannte „Zuagroaste" zu sein. Auch jüdische Bürger waren beim FC Bayern willkommen, was ihm später den Vorwurf einbrachte, ein „Judenklub" zu sein.

Die Macher des FC Bayern kamen aus Berlin und Freiburg. Die Gründung des Klubs und seine Aufnahme in den SFV waren das Produkt einer „langen und sorgfältigen Planung", wie der Bonner Anglist und Historiker Heiner Gillmeister schreibt.

Dank Gillmeisters detaillierten Recherchen wissen wir heute erheblich mehr über die Gründungsgeschichte des FC Bayern, als uns dessen offizielle Publikationen verraten. Laut Gillmeister verdankt der FC Bayern seine Existenz ganz wesentlich zwei jüdischen Fußballenthusiasten – Gustav „Gus" Manning und Josef Pollack.

Jüdische Fußballpioniere waren damals keine Seltenheit. „English sports" boten jüdischen Bürgern eine Alternative zum deutschtümmelnd-nationalistischen und in Teilen antisemitisch beeinflussten Turnen in der Tradition des Turnvaters Friedrich-Ludwig Jahn. Die Historikerin Christiane Eisenberg schreibt, dass sich unter den erwachsenen Mitgliedern des DFB um 1910 „zahlreiche Juden" befunden hätten. Die jüdische Minderheit sei „an wohl allen im Kaiserreich gepflegten Disziplinen auffallend zahlreich und prominent beteiligt" gewesen, weshalb man sagen könnte, „sie assimilierten sich mittels des Sports im Bürgertum".

In Berlin gründete John Bloch, ein deutschstämmiger, in Birmingham aufgewachsener Jude, Anfang der 1890er mehrere Fußball- und Cricketvereine. Bloch fungierte ab 1891 auch als Herausgeber der Zeitschrift „Sport und Spiel". Walther Bensemann, Sohn eines jüdischen Bankiers aus Berlin, organisierte 1899 die ersten Begegnungen mit England und beteiligte sich an zahlreichen Vereinsgründungen, u.a. in Frankfurt und Karlsruhe. 1920 rief Bensemann in Konstanz die Zeitschrift „Kicker" ins Leben. Auch am Zustandekommen des FC Bayern war Bensemann nicht ganz unbeteiligt gewesen. „Bense", der damals, wie er später schrieb, in München „in jenem Viertel, wo die Schellingstraße und die Türkenstraße liegen" lebte, also in der Nähe der Universität und in der FC Bayern-Heimat Schwabing, gehörte zu den Gründern der Fußballabteilung des MTV 1879. 1901 erhielt der FC Bayern, nur einen kurzen Spaziergang von Bensemanns damaliger Unterkunft entfernt, an der Clemensstraße seinen ersten eigenen Platz. Auch als „Kicker"-Herausgeber sollte Bensemann nach 1920 zum FC Bayern besonders freundschaftliche Beziehungen unterhalten, insbesondere zum langjährigen (jüdischen) Vereinsvorsitzenden Kurt Landauer.

Franz Adolph Louis John, der erste 1. Vorsitzende in der Geschichte des FC Bayern, war der Sohn eines Postangestellten. Johns Geburtsort hieß Pritzwalk und lag im Verwaltungsbezirk Potsdam. Mit seinen Eltern und dem älteren Bruder Georg zog John in das 9.000 Einwohner zählende Dorf Pankow am Rande Berlins, wo er sich dem am 18. September 1893 von Dr. Hermani (Leiter der damaligen Pankower „Höheren Knabenschule") gegründeten VfB Pankow anschloss. Georg John war von 1896 bis 1898 Vorsitzender des Klubs, der 1900 zu den Gründungsmitgliedern des DFB zählen sollte.

Preußen gründen den FC Bayern

Einer der Mitspieler Franz Johns war der bereits erwähnte „Bayern-Macher" Gustav Rudolf Manning, Sohn des aus Frankfurt stammenden jüdischen Kaufmanns Gustav Wolfgang Mannheimer, der ein Unternehmen in der Londoner City besaß und seinen Namen nach seiner Rückkehr nach Deutschland, genauer: Pankow, hatte anglisieren lassen. Manning Senior wurde Spielwart des VfB. Auch Gustav Rudolfs älterer Bruder Friderich, der sich später in Fred Manning umbenannte, war ein Fußballer. Die beiden

Manning-Brüder hatten das Spiel während ihrer Zeit in England erlernt. Fred Manning wurde Mitglied des Berlin English Football Club und des Berlin Cricket Club von 1893 und beteiligte sich am organisatorischen Aufbau des Berliner und deutschen Fußballs.

Nach drei Semestern des Medizinstudiums zog es Gustav Rudolf Manning von Berlin nach Freiburg, wo er am 17. Dezember 1897 26-jährig zu den Gründern des Freiburger FC gehörte und erster Präsident des neuen Klubs wurde. Ein halbes Jahr trat Manning noch selbst vor den Ball. Im Team, das 1898 Süddeutscher Meister wurde, spielte Manning auf Rechtsaußen. Einer der jüngsten FFC-Kicker war der 17-jährige Josef Pollack, wie Manning Sohn eines jüdischen Kaufmanns und ebenfalls Gründungsmitglied des FFC.

1897 wurde Manning zum Schriftführer des süddeutschen Verbandes gewählt. Auch an der Gründung des DFB am 28. Januar 1900 in Leipzig war Gustav Rudolf Manning (wie sein Bruder Friderich) maßgeblich beteiligt. Anschließend widmete er seine Aufmerksamkeit München und der dortigen Fußballlandschaft, galt es doch, auch Bayern in den süddeutschen Verband zu integrieren. Die Fußballer des MTV München sollten ihm diesbezüglich als Instrument dienen.

Der harte Kern der Bayern-Gründer bestand aus Franz John, Josef Pollack, Paul Francke und Wilhelm Focke, während Gustav Manning im Hintergrund wirkte. Keiner aus dem Quintett war ein Münchner. Gustav Manning fand seinen Weg – wie bereits geschildert – über London und Pankow nach Süddeutschland. Franz John war ein Preuße aus Berlin. Josef Pollack, den die Gründungsversammlung zum 1. Sekretär bestimmte, war von Freiburg nach München gezogen, wo er beim MTV in die strategisch wichtige Position des Sekretärs der Fußballabteilung gewählt worden war. Paul Francke kam von Wacker Leipzig, Wilhelm Focke, Sohn von Johann Focke, Senatssyndikus in Bremen und Gründer eines nach ihm benannten bekannten Museums in der Hansestadt (Focke Museum – Bremer Landesmuseum für Kunst- und Kulturgeschichte), kickte zunächst für den Bremer Sportclub. Francke und Focke bekleideten die Positionen des 1. bzw. 2. Kapitäns.

Mit John und Pollack befanden sich nicht zufällig zwei ehemalige Mitspieler Gustav Mannings aus dessen Pankower bzw. Freiburger Zeiten in der Führungscrew des FC Bayern. Pollack wurde später auch 2. Sekretär in Mannings SFV. Die Gründung des FC Bayern und sein Beitritt zum SFV waren das Produkt eines perfekten Doppelpass-Spieles zwischen den beiden jüdischen Freunden Manning und Pollack. So wusste Franz John viele Jahre später zu berichten: „Vor allem war es Josef Pollack, ...der sich meiner in kameradschaftlicher Weise annahm und mich im MTV einführte... Zu dieser Zeit war mein Freund und Vereinskamerad Dr. Manning bereits Schriftführer des Verbandes Süddeutscher Fußballvereine. Diesem schrieb ich nun, dass ich in München gelandet und Mitglied des MTV geworden sei. Gott sei Dank, dass du in München bist; denn Bayern, der größte Bundesstaat Süddeutschlands, fehlt uns noch immer in unserem Verband. Alle unsere Bemühungen, Bayern in den Verband zu bekommen, sind stets fehlgeschlagen. Du musst auf jeden Fall nun alles daran setzen, um den MTV zu veranlassen, dem Verband beizutreten." Heiner Gillmeister: „Der DFB hatte 1900 die Absicht, den weißen Flecken München mit Fußball zu füllen. Treibende Kraft war Gus Manning, erster Schriftführer des DFB. Er beauftragte Franz John, den ersten Präsidenten des FC Bayern, und Josef Pollack mit der Gründung eines Fußballvereins in München."

Deutscher Fußballpionier: Gustav „Gus" Manning.

Am 7. März 1900 verabschiedete der FCB seine erste Satzung. Die ersten Vereinsfarben waren – wie bereits zitiert – echt bayerisch weiß und blau, aber später spielte die Mannschaft aus praktischen Erwägungen in weißen Blusen und schwarzen Hosen. Der erste offizielle Vorstand wurde am 4. April 1900 im Hotel Reichshof gewählt. Franz John wurde als 1. Vorsitzender bestätigt. Die anderen Ämter wurden wie folgt besetzt: 2. Vorsitzender: Wockert, 1. Schriftführer: Pollack, 2. Schriftführer: Bitzer, Kassierer: Ringler, 1. Kapitän: Francke, 2. Kassierer: Focke, 1. Zeugwart: Zöpfel, 2. Zeugwart: Nägele. Von den elf Gründungsmitgliedern wurden also nicht weniger als sieben mit Funktionärsämtern bedacht. Es war gewissermaßen die „demokratischste" Phase des deutschen Fußballs. Spieler und Funktionäre waren häufig identisch, und die ersten Zuschauer waren in der Regel Vereinsmitglieder. Zum Zeitpunkt seiner ersten Vorstandswahlen hatte sich die Mitgliedschaft des Vereins allerdings bereits verdoppelt, und man hatte sogar begonnen, eine 2. Mannschaft aufzustellen.

Terra Pila

Der FC Bayern war nicht der erste und einzige Fußballklub in München. Die ersten Fußballer Münchens tummelten sich auf der Theresienwiese, wo heute alljährlich das Oktoberfest stattfindet. Die erste rein fußballerische Vereinigung, die öffentlich in Erscheinung trat, gab sich den lateinischen Namen Terra Pila (Terra = Erde, Pila = Ball) und war in Sendling beheimatet. Ihre Mitglieder waren vor allem Studenten, aber auch Beamte und Angestellte im Banken- und Versicherungswesen. Lediglich zwei der zwölf namentlich bekannten Gründungsmitglieder gingen einer handwerklichen Tätigkeit nach. Der Fußball war damals noch ein Sport, der vorwiegend im bürgerlich-akademischen Milieu beheimatet war. Viele der ersten deutschen Klubs waren Oberschülervereine.

Die führenden Köpfe von Terra Pila waren der auch „Haxen-Toni" genannte Toni Hübel, der später sogar bei einer internationalen Städtebegegnung zwischen München und Wien das Tor hüten sollte, und der Deutschamerikaner Fred Dunn. Der Fußballklub Terra Pila existierte jedoch nicht lange. Die Mannschaft wurde auseinander gerissen, als ihre Mitglieder in verschiedenen Stadtvierteln siedelten und einige, die sich mittlerweile mehr im Bergsport engagierten, einen eigenen Verein mit dem Namen „Die Bergaffen" gründeten. Ein Teil der verbliebenen Kicker schloss sich dem FCB-Vorläufer MTV 1879 an, andere gründeten den 1. Münchener Fußballclub von 1896. Dieser wurde zwar erst 1899 ins Leben gerufen, verstand sich jedoch als direkter Nachfolger von Terra Pila, weshalb man das Jahr 1896 im Vereinstitel führte. Zu seinen Mitgliedern gehörte auch der Maler und Schriftsteller Josef Mauder, der mit Zeichnungen und Versen die spießbürgerlichen Kritiker der Balltreterei aufs Korn nahm und das vom bayerischen Kultusminister verhängte Fußballverbot für Gymnasiasten angriff. Mauder wurde 1903 Mitglied des FC Bayern und trug 1904 bis 1906 dessen Trikot.

In Schwabing wurde im gleichen Jahr wie Terra Pila der FC Nordstern gegründet, dessen Mitglieder ebenfalls vornehmlich Studenten waren. Der 1. Münchener Fußballclub und der FC Nordstern gehörten neben dem FC Bavaria München, der bis 1907 als eigenständiger Verein existierte, auch zu den 52 Vereinen, die im Gründungsprotokoll des DFB als erste Mitglieder des nationalen Verbands erwähnt werden. Viele der Klubs der ersten Stunde lösten sich bereits nach wenigen Jahren wieder auf. Der 1. Münchener Fußballclub stellte seinen Spielbetrieb 1910 ein.

Ein knappes Jahr vor dem FC Bayern, am 1. März 1899, war die Fußballabteilung des späteren Lokalrivalen TSV München 1860 gegründet worden, der damals noch Turnverein von 1860 hieß. Auch die Löwen begannen also bei den Turnern. Bei den Klubs, die reine fußballerische Zusammenschlüsse waren, hatten die MTV- und Sechziger-Kicker einen schweren Stand, da es sich aus deren Sicht lediglich um „Turner" handelte.

1900-1902 Platzprobleme

Nach seiner Gründung bestritt der FCB zunächst einige Trainingsspiele. Der erste offizielle Gegner war im März 1900 der 1. Münchener FC. Das Spiel fand auf dem städtischen Spielplatz auf der Schyrenwiese statt. Die Spielkluft, in der der FC Bayern auflief, entsprach der des späteren Lokalrivalen TSV 1860: hellblaue Hemden, weiße Hosen. Gestiftet hatte sie Alfred Walter von Heymel. Franz John über den ersten Auftritt und seine Folgen: „Unser erster Gegner der 1. Münchener FC. Bayern trat ohne Ersatz an, der ganze Verein trat an. Grad langte es zur Mannschaft. 5:2 gewonnen. Erfolg: einige neue Kameraden. Huber, Geiger, Lippl vom TV 1860 kommen zu uns. Kurt Weber aus Dresden, Zimmermann aus Berlin. Alte Bekannte. Der Stammtisch reicht für die Mitglieder nicht mehr aus, wir benötigen ein Klubzimmer. Dann kommen die ‚Abkommandierten' aus Freiburg. Schottelius, Specht, Geis, Schilling. Mit der getroffenen Auslese eine für damalige Verhältnisse Bombenmannschaft." Bei den „Abkommandierten" handelte es sich möglicherweise um Akteure, die von Gustav Manning von Freiburg nach München beordert wurden, um dem neuen Verein und Verbündeten bei der Etablierung des SFV in Bayern das Überleben zu garantieren.

Verstärkung aus dem Breisgau

Wie Manning und Pollack hatten auch der Allround-Athlet Dr. Ernst Schottelius und Professor Specht zu den Gründungsmitgliedern des 1. FC Freiburg gezählt. Schottelius war außerdem erster Kapitän in der Geschichte des Freiburger FC gewesen.

Der FC Bayern 1901. Obere Reihe von links: Wilke, Geis, Nägele, Zöpfel; Mitte: Schmid, Walter, Belle; vordere Reihe: Köpplin, Friederich, Eicke, Specht, Pollack.

Dank der Verstärkung aus dem Breisgau wurde am 7. Juli 1900 der MTV mit 7:1 vom Schyrenplatz gefegt. Die Bayern hatten an diesem Tag eindrucksvoll die Vorzüge fußballerischer Unabhängigkeit gegenüber den Turnern bewiesen. Bis 1905 hieß das Münchner Derby nicht Bayern gegen Sechziger, sondern Bayern gegen MTV. Nur wenig später musste auch der FC Nordstern dran glauben, der gar 15:0 besiegt wurde. Der hoch eingeschätzte FC Bavaria bezog eine 12:1-Packung.

Nach nur einem halben Jahr war der FC Bayern bereits die Nr. 1 unter Münchens Fußballvereinen. Der Klub trat dem Mannings SFV bei und gründete noch vor Ablauf des Jahres eine eigene Jugendabteilung. Ebenfalls noch im Gründungsjahr erhielt der neue Klub eine Einladung vom Deutschen FC Prag. Die Gastgeber erwiesen sich als einige Nummern zu groß. Der DFC siegte 8:0, die erste Niederlage für die jungen Bayern, für die sie sich allerdings mitnichten schämen mussten. Der DFC zählte damals zu den besten Fußballadressen Europas. Der Verein des ersten DFB-Präsidenten Prof. Ferdinand Hueppe stand 1903 im ersten Finale um die Deutsche Fußballmeisterschaft, wo man allerdings dem VfB Leipzig auf der Exerzierwiese in Hamburg-Altona deutlich mit 2:7 unterlag. Bis 1914 blieb der DFC ein wichtiger Teil des deutschen Spielbetriebs. Der DFC war Heimatverein der deutsch-jüdischen Bürger in der Moldaustadt. 1938 sah sich seine Führung deshalb zur Selbstauflösung gezwungen.

Die geringe Konkurrenz, die um die Jahrhundertwende noch existierte, machte es möglich, dass sich der FCB bereits in der Saison 1900/01 für das Halbfinale zur damals nicht sonderlich bedeutenden Süddeutschen Meisterschaft qualifizieren konnte. Die Begegnung gegen den Karlsruher FV fiel allerdings aus. Im zweiten Halbfinale trennten sich Germania Frankfurt und der 1. FC Hanauer 93 unentschieden 3:3. Die Bayern verzichteten, während Hanau zum Wiederholungsspiel nicht antrat. So lautete das Finale Karlsruhe gegen Frankfurt, wobei die Badenser gewannen.

Das erste offizielle Spiel des etwas älteren Lokalrivalen 1860 fand hingegen erst am 27. Juli 1902 statt. Die Löwen verloren gegen den 1. Münchener Fußballclub 2:4. Am 21. September 1902 kam es schließlich zum ersten Derby zwischen dem FCB und den Sechzigern, das die Bayern an der Clemensstraße mit 2:0 gewannen. Bis zum Ersten Weltkrieg waren die Bayern den Löwen klar überlegen.

Der FC Bayern hatte seinen Trainingsbetrieb zunächst auf dem städtischen Schyrenplatz an der Wittelsbacherbrücke aufgenommen. Der Schyrenplatz war dem jungen Klub vom Magistrat der Stadt zur Verfügung gestellt worden. Allerdings mussten sich die Spieler zur „äußersten Schonung“ des Rasens verpflichten. Nach seiner Benutzung war der Platz wieder „ordnungsgemäß“ an die städtische Aufsicht zu übergeben. Die Trainingsbedingungen waren somit alles andere als ideal. Bald warf die Stadtverwaltung den Kickern vor, die Rasenpflege zu vernachlässigen, und vertrieb sie von der Schyrenwiese.

Dank seines ersten Mäzens erhielt der FC Bayern jedoch schon bald seine erste echte Heimat. Der Vater der Spieler Fritz und Karl Wamsler, der Kochherd- und Ofenfabrikant Friedrich Wamsler sen., stellte dem FC Bayern 1901 ein eingezäuntes Grundstück an der Schwabinger Clemensstraße zur Verfügung und lieferte auch die ersten echten Tore. Das erste Stiftungsfest des FCB wurde im Hotel Reichshof veranstaltet, in einem sehr vornehmen Rahmen. 40 Mark waren hierfür genehmigt worden, doch die Summe wurde noch um 13 Mark überschritten. Die Bayern dürften schon damals der Münchner Klub gewesen sein, der sich der größten Unterstützung durch die Wirtschaft erfreute.

1902 unternahm der FC Bayern seine erste Auslandsreise. Ziel war St. Gallen in der Schweiz, wo der FC Bayern gegen Blue Stars Zürich mit 2:1 gewann und gegen Young Fellows Zürich ein 2:2 erreichte.

Akademiker, Künstler und Kaufleute

Der FC Bayern war ein Schwabinger Klub und somit in keinem Arbeiterviertel beheimatet, sondern in einem Künstler- und Intellektuellen-Zentrum. Seine Mitglieder waren hauptsächlich Studenten, Künstler, Kaufleute und andere Selbstständige. Von den Gründern des häufig „Studentenclub“ titulierten FC Bayern waren allerdings de facto nur zwei Kicker – Wilhelm Focke und Karl Wockert, die Bildende Künste bzw. Agrarwissenschaft studierten – tatsächlich Studenten. Die Historikerin Elisabeth Angermair entdeckte in Archiven, dass in der 1. Mannschaft des FCB-Vorläufers MTV um die Jahrhundertwende ein angehender Notar, ein Apotheker, ein Filmregisseur, ein Opernsänger und der spätere Direktor des Nationalmuseums, Dr. Buchheit, kickten.

Aus heutiger Sicht mag dieses Sozialprofil des jungen FC Bayern erstaunen, doch für die damalige Zeit war es so ungewöhnlich nicht. Vom „Arbeitersport Nr. 1" war der Fußball noch einige Jahre entfernt. In den Importländern wie Deutschland besaß das Spiel noch länger als im „Mutterland" England den Charakter eines Mittel- bis Oberschichtvergnügens. 1910 analysierte der damals 82.300 Mitglieder starke DFB erstmals seine Sozialstruktur. Die Sporthistorikerin Christiane Eisenberg: „Die überwiegende Mehrheit, auch der passiven Mitglieder, bildeten Erwachsene zwischen 20 und 40 Jahren. Unter diesen Erwachsenen befanden sich zahlreiche Juden. Als Berufe wurden genannt Juristen, Ärzte, Sprachlehrer, Journalisten, Universitätsprofessoren, höhere Verwaltungsbeamte, Offiziere, Architekten und Ingenieure, vereinzelt auch Schriftsteller, Künstler und Filmschauspieler, insbesondere aber ‚Kaufleute', eine Berufsbezeichnung, unter der sich um die Jahrhundertwende im allgemeinen kaufmännische Angestellte verbargen. 1912 bildeten sie nach Angaben des DFB ‚das Gros' des Mitgliederbestands. Auch Techniker und Ingenieure dürften einen signifikanten Anteil an den erwachsenen Fußballern gestellt haben, denn unter den Hochburgen des Fußballs befanden sich auffallend viele Orte mit Technischen Hochschulen. Zum Beispiel Karlsruhe, Darmstadt, Berlin, Hannover, Dresden und München. Dort wurden die Vereine von Studenten frequentiert, und verschiedentlich bildeten sich Akademikerabteilungen. Der Zustrom der ‚in den einzelnen Gewerbezweigen Beschäftigten', also von Arbeitern und Handwerkern, wurde dagegen 1912 noch ‚sehr unbefriedigend' genannt, und es war abzusehen, dass sich daran in näherer Zukunft nichts ändern würde: 1910 besuchten von den knapp 11.500 Schülern unter den Aktiven der DFB-Vereine 73,8 % höhere Lehranstalten und 15,5 % Mittel- und Fachschulen. Nur 10,7 % gingen auf die dem Arbeiter- und Handwerkernachwuchs vorbehaltenen Volksschulen."

Der FC Bayern erwarb recht bald den Ruf einer elitären Adresse. Er verstand sich bewusst nicht als Sportverein, sondern eben als „Club". Die Spieler trugen aus Frankreich importierte ausgefallene, einheitliche Strohhüte, weshalb die Bayern auch „Kavaliersclub", ja sogar „Protzenclub" genannt wurden. Der Spieler Bender soll das Spielfeld nur mit einer langen Krawatte betreten haben. Modisches, und dies war zuweilen auch „Fremdes", wurde begrüßt, und man pflegte die Boheme-Kultur. Bis zum Ersten Weltkrieg durfte in der ersten Mannschaft gar nur kicken, wer mindestens die Mittelschule („Einjährig-Freiwilligen-Berechtigung") absolviert hatte.

Die Bayern wären wohl kaum in die nationale Elite aufgestiegen, hätten sie ihre intellektuelle und soziale Exklusivität beibehalten. Denn nach dem Ersten Weltkrieg erfuhr der Fußball eine soziale Ausbreitung und avancierte zum Arbeitersport Nr. 1.

„Das Samenkorn ist herrlich aufgegangen"

Derweil betrachteten die ehemaligen Bayern-Pioniere ihre Mission als erfüllt. Franz John verließ den FC Bayern bereits 1903 wieder und kehrte nach Berlin zurück, wo er 1904 das Fotolabor eines gewissen Bernhard Westphal übernahm und später Präsident seines Stammvereins VfB Pankow wurde. John später: „Das Samenkorn, das wir gesät, ist herrlich aufgegangen, und mit besonderer Freude blicken wir alten

Bayern heut auf unseren Verein, … der an der Spitze des Münchner Fußballsports marschiert." Nach seinem Tod wurde der Hobbypoet in Fürstenwalde (Spreewald) beerdigt; zum 100-jährigen Vereinsjubiläum gedachte der FC Bayern seines Pioniers immerhin durch das Aufstellen eines würdigen Grabsteins.

Gustav Manning emigrierte 1905 in die USA. In New York ließ er sich als Dr. Gus Randolph Manning nieder. Der Internist blieb auch in der „Neuen Welt" dem Fußball verpflichtet und avancierte zu einer der bedeutendsten Figuren im US-Soccer. 1911 wurde Gus Manning erster Präsident der American Amateur Football Association (AAFA), 1913 erster Präsident der United States Football Association (USFA, heute: United States Soccer Federation/USSF). 1948 wurde Manning als erster US-Amerikaner in das FIFA-Exekutivkomitee gewählt.

Josef Pollack, im Übrigen der erste „Sturmführer" des FC Bayern und ein Goalgetter im Stile von Gerd Müller, hatte es bereits 1903 in die USA gezogen, wo er Verwandtschaft besaß. In New York fand Pollack Anstellung bei „Max Pollack and Company". Die Firma produzierte Fäden. Später war Josef Pollack an der Gründung der US Thread Association beteiligt und wurde deren Präsident. 1934 wurde er auch Präsident von deren Nachfolgeorganisation Thread Institute und nach Beendigung seiner beruflichen Tätigkeit deren Ehrenpräsident. Pollack saß im Beirat der Chase Manhatten Bank. Seine Freizeit widmete er u.a. dem jüdischen Gemeindezentrum von White Plains im Bundesstaat New York, wo Pollack sich in den 1920ern niedergelassen hatte. Pollack diente dem Gemeindezentrum als Vize-Präsident und Schatzmeister. Anders als Manning hielt sich Pollack in der „Neuen Welt" vom Soccer fern und tauschte den Fußball gegen den Golfschläger ein.

Auch Wilhelm Focke und Paul Francke verließen den FC Bayern und München bald wieder. Wilhelm Focke kehrte in die norddeutsche Heimat zurück und erlangte auf einem anderen Gebiet nationale Berühmtheit: Mit seinem Bruder Henrich gehörte Wilhelm Focke zu den Pionieren der Bremer Luftfahrt. Nach dem Ersten Weltkrieg verlor der Boheme das Interesse an der Luftfahrttechnik und widmete sich stattdessen der Landschaftsmalerei. Bruder Henrich gründete 1923 mit dem Ingenieur Georg Wulf die berühmten Focke-Wulf-Flugzeugwerke AG (ursprünglich: Bremer Flugzeugbau AG).

Der erste herausragende Spieler des FC Bayern war ebenfalls kein Münchner oder zumindest Bayer, sondern ein Niederländer: Willem Hesselink, der auch Franz John als Vorsitzenden beerbte. Auf dem Spielfeld trat Hesselink die Nachfolge von Josef Pollack an. Hesselink war, wie es in einer Vereinspublikation heißt, „ein ebenso gefürchteter Torjäger wie glänzender Spielgestalter und obendrein noch ein intelligenter Trainer. Sein Spielwitz kennzeichnete in den folgenden Jahren das schon damals ausgeprägte Kombinationsspiel der Bayern. Überdies war Hesselink ständig bemüht, junge Talente einzubauen." Das in Berlin erscheinende Sportjournal „Sport im Wort" charakterisierte Hesselink nach einem Freundschaftsspiel der Berliner Preussen in den Niederlanden als „zweifellos gefährlichsten Spieler". Ein Spieler seiner Qualität

Der beste Spieler: ein Holländer

sei in Deutschland nicht anzutreffen. Die Bayern verpflichteten den Niederländer von seinem Stammverein Vitesse Arnhem.

Viele der „Nicht-Münchner" im FC Bayern-Team hatte es als Studenten oder beruflich nach München verschlagen. Für die Fußball spielenden Neuankömmlinge war der FC Bayern die erste Adresse. Neben der sportlichen Bedeutung des Klubs waren seine Offenheit, sein soziales Profil und seine geografische Heimat weitere Gründe.

Dass die Spieler des FC Bayern unterschiedliche Dialekte sprachen, wurde schon wenige Jahre nach der Gründung ein bedeutendes Erkennungsmerkmal der Bayern. Der Journalist Michael Steinbrecher in einer Ende der 1960er Jahre erschienenen Zeitungsserie über den Münchner Fußball: „Wie bunt zusammengewürfelt die Mannschaft damals schon war, wird in einer alten Kneipenzeitung des MTV bekundet, die in Wort und Bild die Darstellung des Bayernplatzes an der Clemensstraße wiedergibt. Handelnde Personen: ein typischer Münchner ‚Bierdimpfel' mit Stops. Dieser schaut dem Spiel zu und hört sich die vielsprachigen Zurufe der Spieler eine Zeit lang an, wie sie von Falschlunger, dem Badener; Frenken, dem Schweizer; Hesselink, dem Holländer; Beyssel Hanne, dem Berliner; Greven, dem Kölner; Habersattler, dem Wiener und einigen wenigen waschechten Münchnern, wie Bermühler kommen. Schließlich fragt er einen Nebenstehenden: ‚Sie, was san denn dös für Landsleut?' Der erwidert ihm ganz ruhig: ‚Ja, hörns denn dös net an der Sprach? Dös san doch die Bayern.'"

Bayerns erster Ausländer: Dr. Willem Hesselink.

Die Bayern waren zwar bürgerlich und elitär, zugleich aber kosmopolitan und (unpolitisch-)liberal. Mit übertriebener Bodenständigkeit und Provinzialismus hatten sie nichts am Hut. Ohne seine Auswärtigen wäre der FC Bayern wohl niemals zur Nr. 1 in der Stadt aufgestiegen und München nicht zur Fußball-Metropole avanciert. Franz John: „Viel ist über die ‚Bayern-Mannschaft' gespöttelt worden, waren doch nur zwei, drei ‚echte' Bayern in der Mannschaft; aber es ist ganz außer Frage, dass durch die ‚Auswärtigen' die Münchner Fußballer unendlich viel gelernt haben, dass erst durch sie der richtige Schwung ins Münchner Fußball-Leben kam."

1902-1905 Erste Titelgewinne

In der Saison 1902/03 stieß der FCB bis ins Viertelfinale der Süddeutschen Meisterschaft vor, wo er allerdings gegen die Stuttgarter Kickers 1:4 unterlag. 1903/04 war erneut im Viertelfinale Endstation, und erneut scheiterte man an den Kickers (1:2).

Am 2. Oktober 1904 wurde in München ein örtlicher Fußballverband mit dem Namen Münchener Fußball-Bund konstituiert. Einer der hauptsächlichen Initiatoren war Franz John. Zuvor waren derartige lokale Zusammenhänge im süddeutschen Raum bereits in Karlsruhe (1896), Mannheim (Juni 1899), Frankfurt (Frankfurter Association-Bund, März 1900), in der Pfalz (Verband Pfälzer Vereine für Bewegungsspiele, März 1903) und Nürnberg (Nürnberg-Fürther Fußballverband, April 1904) ins Leben gerufen worden. Allerdings stand der Münchener Fußball-Bund bald nicht allein. Da in ihm die Turnvereine dominierten, gab es auch noch einen Verband Münchener Fußballvereine, in dem sich die Sportvereine organisierten. Es dauerte bis 1907, bevor Münchens Fußballer unter einem Dach kickten.

Aufgrund der hohen Reisekosten musste sich der FC Bayern zunächst vornehmlich mit lokalen Gegnern begnügen. Um ein Gastspiel des berühmten und begehrten Karlsruher FV zu ermöglichen, zu dessen Gründern 1891 auch der bereits erwähnte Walther Bensemann gehörte, entwickelte Dr. Angelo Knorr 1905 die folgende Idee: Der FC Bayern gab Gutscheine an wohlhabende Förderer aus. Auf diese Weise kam das Reisegeld für die Karlsruher zusammen, das vorab zu überweisen war. Am 17. Mai 1905 war es so weit. Der FC Bayern empfing an der Clemensstraße den Karlsruher FV und lief dabei mit folgenden Spielern auf: Hofmeister, Bermühler, Frenken, Habersattler, Weber, Beyssel, Greven, Hammelmair, Hecht, Bender, Hellweg. Obwohl die Karlsruher in stärkster Besetzung spielten, konnte ihnen der FC Bayern ein torloses Remis abtrotzen. Kapitän der Karlsruher war der Mittelläufer Dr. Ivor Schricker, ein Freund und Mitstreiter Bensemanns, der später zum FIFA-Generalsekretär aufsteigen sollte.

1902, 1903 und 1904 hatte der FC Bayern seine ersten Titel gewonnen, die inoffizielle Münchener Fußballmeisterschaft. Seine lokalen Konkurrenten hießen in diesen Jahren FC Bavaria, MTV München, 1. Münchener Fußballclub 1896, TV 1860 München (TSV hießen die Sechziger erst ab 1926, nachdem sich die Fußballabteilung selbstständig gemacht hatte), Vereinigte Turnerschaft München und FC Wacker München. Als Münchner Meister sollte der FCB 1904/05 in der Südkreisgruppe gegen den Karlsruher FV, Stuttgarter Kickers und FC Mühlhausen/Elsaß 93 um den Einzug ins süddeutsche Finale spielen. Doch der FCB trat nicht an, so dass die Spiele jeweils mit 0:5 Toren und 0:2 Punkten gewertet wurden. Außerhalb Münchens hießen die Gegner dieser Jahre Süddeutscher Fußballclub Stuttgart, Süddeutsche Kickers Ulm, 1. FC Nürnberg, FC Zürich und FC St. Gallen. Das erste Aufeinandertreffen mit dem 1. FC Nürnberg gewannen die Bayern am 2. November 1901 in Nürnberg mit 6:0. Beim Rückspiel am 8. Mai 1902 an der heimischen Clemensstraße gab es sogar einen 8:1-Sieg. Schlechter gestaltete sich die Bilanz gegen die Stuttgarter Mannschaften: Die

Die Bayern im Jahr 1905. Stehend von links: Hellwig, Lecke, Weber, Deiglmayer, Hofmeister, Beyssel, Hobmeier, Schmid; vorn von links: Hecht, Specht, Hammelmair und Habersattler (liegend).

erste Begegnung gegen den Süddeutschen FC wurde 1901 in Stuttgart noch mit 1:0 gewonnen. Danach gab es zunächst nur noch Niederlagen: 1:2 1901/02 daheim gegen den Süddeutschen FC, 1:6 1902/03 auswärts bei den Kickers und 0:5 1903/04 auf eigener Anlage gegen die gleiche Elf.

In der Saison 1904/05 verlor der FC Bayern seine lokale Vorherrschaft vorübergehend an den MTV 1879. Auch in der folgenden Saison wurde es nichts mit der Stadtmeisterschaft. Doch der Klub zeigte Sinn für Humor. Zur abendlichen Stunde versammelte man sich mit Zylindern ausgerüstet zum feierlichen „Begräbnis" der Meisterschaftsträume. Für das verlorene Titelrennen lag der Spieler Hanne Beyssel auf der Tragbahre. Die schluchzende Trauergemeinde ging bald zum deftigen Leichenschmaus im „Pschorrbräu" über. Um Mitternacht versammelte man sich in der Neuhauser Straße und zog in geschlossener Ordnung noch lange in der Stadt umher.

1906-1908 Rothosen

Am 1. Januar 1906 schloss sich der FC Bayern dem Münchener Sport-Club (MSC) an, behielt aber unter dem Namen „Bayern, Fußballabteilung des M.S.C." seine Eigenständigkeit. Der MSC war ein Sammelbecken berühmter Leichtathleten. Sein prominentester Aktiver war Hanns Braun, deutscher und englischer Meister über 800 Meter und bei der Olympiade in Stockholm 1912 Silbermedaillengewinner über 400 Meter.

Braun, dem in Nachbarschaft zum Berliner Olympiastadion eine Straße gewidmet ist, war neben dem Berliner Richard Rau der erste deutsche Leichtathlet von internationalem Format. Auch der MSC, der aus dem Internationalen Sport-Club hervorgegangen war, hatte seine Heimat in Schwabing. Bereits vor dem Anschluss existierten eine Reihe sportlicher und persönlicher Beziehungen zwischen den beiden Klubs, weshalb die Angelegenheit ohne Probleme über die Bühne ging.

Der Anschluss erfolgte primär aus finanziellen Gründen. Für eine sportliche Weiterentwicklung war die Finanzbasis der Bayern zu dünn. Der MSC stellte allerdings die Bedingung, dass der FC Bayern seine Spielkleidung ändere. Anstelle der schwarzen Hosen hatten die Bayern fortan rote zu tragen. Vom Volksmund wurden die Spieler daher bald die „Roten" bzw. „Rothosen" getauft. Der MSC, der in für damalige Verhältnisse ausgesprochen großzügigen Klubräumen im Hotel „Vier Jahreszeiten" residierte, war der größte Klub in der Stadt und galt außerdem als „gut situiert", womit der bürgerlich-elitäre Charakter des FCB noch verstärkt wurde.

Das Zusammengehen mit dem MSC sollte sich schon bald bewähren. Der FCB verzeichnete einen erheblichen Zulauf. Bereits 1907 zählte der Verein vier Seniorenmannschaften und über hundert Jugendliche. Die Betreuung der Jugendlichen übernahm Siegfried Herrmann, in den 1930ern kurzzeitig Vereinsvorsitzender. Daneben gab es auch noch so genannte Firmenmannschaften, beispielsweise der Bauunternehmung Heilmann und Littmann. Später sollten zeitweise 26 Firmen- und Privatmannschaften beim FCB kicken. Wie der FC Bayern war der MSC ein Schwabinger Verein. Seine Heimat war zunächst ein Platz an der Karl-Theodor-Straße, der jedoch einem Schulbau weichen musste, so dass der FC Bayern bzw. FA Bayern hier nur 1½ Jahre kickte. Der Verein erhielt danach an der äußeren Leopoldstraße (Höhe Parzivalplatz) ein Grundstück zur Verfügung gestellt. Der Umzug erfolgte im September 1907. Am 15. Oktober 1907 wurde der neue Bayern-Platz offiziell eingeweiht: Der FC Wacker wurde 8:1 geschlagen. Die Leopoldstraße war der erste Platz in München, der eine überdachte Tribüne hatte. Bis zum Ersten Weltkrieg sollten mit dem Wacker-Platz an der Plinganserstraße, dem Platz des TV 1860 an der Grünwalderstraße und dem MTV-Platz an der Marbachstraße weitere folgen.

Im gleichen Jahr hatte der FCB eine interne Kraftprobe zu bestehen. Mit den Jahren war eine Kluft zwischen den nicht mehr aktiven „Alten" und den aktiven „Jungen" entstanden. Die „Jungen" kritisieren, dass die „Alten" ihre Sportbegeisterung nicht mittragen würden. Die „Alten" hingegen mokierten sich über das Kartenspiel der „Jungen" im Bayern-Gasthaus „Pschorrbräu". Man entschied sich für getrennte Wege. Die „Alten" blieben im „Pschorrbräu", während die „Rothosen", wie sich die „Jungen" nannten, fortan im „Görresgarten" trafen. Als der Konflikt auf der Jahreshauptversammlung am 4. September 1907 offen ausgetragen wurde, verließen zwölf der prominentesten „Alt-Bayern" den Klub. Der FCB erhielt eine komplett neue Führungsmannschaft, der Dr. Kurt Müller vorstand. Zwei Jahre später kehrten die „Alt-Bayern", überzeugt durch die gute Arbeit von Müller und Co., wieder zurück.

Singen gehörte zum Training

1907/08 wurde der FC Bayern erneut Münchner Meister. Vorsitzender des FC Bayern war mittlerweile der bereits erwähnte Dr. Angelo Knorr, der der MSC-Tradition entstammte und erheblich zum Aufblühen des Münchner Fußballsports beigetragen hatte. Trainiert wurde der Klub nun von einem Engländer namens Taylor, der seine Spieler zum Singen anhielt. Er war der unerschütterlichen Überzeugung, dass Gesang während der Konditionsarbeit die Kraft der Lungen stärke.

Taylor war der Erste einer Reihe von britischen Übungsleitern beim FCB. Dass ambitionierte deutsche Klubs englische oder schottische Übungsleiter engagierten, war zu dieser Zeit nicht ungewöhnlich. Schließlich galten die Briten als die Pioniere des modernen Soccer. Von der britischen Insel aus hatte sich das Spiel nicht nur in den Ländern des britischen Empire verbreitet, sondern auch in anderen Winkeln der Erde, wo Engländer arbeiteten, studierten oder Handel trieben. Association Football bezog sich kaum auf lokale Traditionen, sondern erwies sich als Britanniens erfolgreichstes und dauerhaftestes Exportgut, das die kulturelle Hegemonie des Empire widerspiegelte. An einigen deutschen Gymnasien wurde das Spiel bereits vor 1880 betrieben, und die Pioniere waren auch hier entweder Deutsche, die englische Schulen besucht und englische Teams gesehen hatten, oder aber in Deutschland lebende englische Bürger. Bei manchen deutschen Klubs gehörten Bürger aus dem „Fußball-Mutterland" gar zu den Gründern. Auch der erste Vorsitzende der Süddeutschen Fußball-Union war mit dem Geistlichen Archibald S. White ein Engländer. Einige Klubs hatten zunächst englische Namen. In den 1920ern übernahmen im Trainingsbereich dann Österreicher und im süddeutschen Raum auch Ungarn die Rolle der Briten.

Am 20. April 1908 empfing der FCB mit Cercle Athletik Paris erstmals eine französische Mannschaft. Der FCB unterlag den Franzosen 0:3. Einige Tage später spielten die Bayern an der Leopoldstraße gegen die englische Amateurmannschaft The Pirates. Die Bayern wurden von den Kickern aus dem „Mutterland" regelrecht vorgeführt und verloren 0:8.

Zwischenzeitlich unterzog sich der FC Bayern einer strukturellen Reform, die belegt, wie modern der Verein bereits zu dieser Zeit war. Zum ersten Mal kam es zu einer strikten Trennung von Funktionärsapparat und Mannschaft. Zur Bewältigung der Verwaltungsaufgaben wurde ein eigener Sportausschuss gegründet, der den Spielern ermöglichen sollte, sich voll und ganz auf den Fußball zu konzentrieren. Während sich Angelo Knorr um die finanzielle Ausstattung des Klubs kümmerte, führten Hans Tusch den Sportausschuss und Siegfried Herrmann die Jugendabteilung.

1907/1908 war der FCB Gaumeister geworden. In der Qualifikation für die Endrunde zur Süddeutschen Meisterschaft musste sich der FCB in der Ostkreisgruppe mit dem 1. FC Nürnberg und dem MTV Augsburg messen. Die Nürnberger wurden mit drei Punkten Vorsprung vor dem FCB Gruppensieger.

Vereinslieder

1905 und 1907 hatte der FC Bayern seine ersten Vereinslieder erhalten. Das Lied „Rot und Weiß" (1905) stammte aus der Feder des Ib-Torwarts H. Blome-Hamburg. Als Melodie diente die Bayernhymne „Gott mit Dir, Du Land der Bayern".

Rot und Weiß

Strömt herbei, ihr Fußballspieler,
Schart Euch ums Vereinspanier,
Lasst uns sein des Sportes Schüler
Und erhebt das Glas mit mir.
Stoßet an, die Gläser klingen,
Freude weilt in unserem Kreis,
Helle Lieder lasst uns singen
Von den Farben: Rot und Weiß!

Rot zieht sich durch unsre Farben,
Treuer Liebe edle Zier;
Nur die wahrhaft um dich warben,
Stehen treu versammelt hier.
Treu woll'n wir den Sport verehren,
Zu ihm steh'n um jeden Preis,
Treu woll'n alle wir nur schwören
Auf die Farben: Rot und Weiß!

Weiß erglänzt auf unserm Schilde,
Leuchtet unbefleckt und rein,
Und es wird in seiner Milde
Stets der Roten Beistand sein.
Rein soll unsre Ehre glänzen,
Rein sei unsres Strebens Preis,
Und der Reinheit Blüten kränzen
Unsere Farben: Rot und Weiß!

Und wenn einst nach vielen Jahren
Das Geschick uns hat zerstreut,
Wir des Lebens Meer befahren,
Denken an die Jugendzeit,
Wenn die Sehnsucht sich wird rühren
Nach dem alten Freundeskreis,
Dann soll'n uns zusammenführen
Unsre Farben: Rot und Weiß

Die zweite Vereinshymne, das „Bayernlied" (1907), geht auf Sigi Herrmann zurück und lehnte sich an das Studentenlied „Sind wir vereint zur guten Stunde" an. Der Text ist dem Original von Ernst Moritz Arndt aus dem Jahr 1815 angelehnt. Die Melodie wurde von Georg Friedrich Hanitsch komponiert und greift auf ein Werk von Pierre Gaveaux (1796) zurück.

Bayernlied

Sind wir vereint zur guten Stunde
Im engen, trauten Freundeskreis,
So dringt aus uns'rer aller Munde
Das Lied dem Fußballsport zum Preis;
Denn wir sind hier als treue Sportgenossen,
Als Bayernmannschaft steh'n wir siegreich da,
Zu ihr wir halten unverdrossen;
Drum schallt es laut Hipp, hipp, hurra!

Wem wollen wir den ersten Gruß nun weihen?
Dem Sport, der uns zusammenhält.
Im frohen Fußballspiel im Freien,
In frischer Luft auf grünem Feld
Da lasset uns die Zeit verbringen
Ihr Bayernbrüder jetzt und immerda.
Erhebt die Gläser, hoch soll's klingen
Dem Fußballsport: Hipp, hipp, hurra!

Der zweite Gruß, er soll ertönen
Für die, die unserm Sport sich weih'n,
Und pereat allen, die ihn höhnen,
Wir aber wollen treu ihm sein.
Als Fußballspieler lasset uns getreue
Zu Bayern halten, was auch sonst geschah,
Und unser Ruf erschalle stets aufs neue:
Der F.C. Bayern! Hipp, hipp, hurra!

Den letzten Gruß, ihn lasset erschallen,
Dem Klub zur Ehr', dem wir angehör'n,
Und das Bestreben von uns allen
Sei seinen Ruf stets zu vermehr'n.
Stolz lasst uns sein, wenn seine Fahnen wehen,
Das Rot und Weiß, das man oft siegreich sah,
Auf dass sie ewiglich bestehen,
Stoßt freudig an: Hipp, hipp, hurra!

Quelle:
www.ClubNr12.de

Seinen größten Erfolg vor dem Ersten Weltkrieg landete der Klub in der Saison 1909/10. Zunächst wurde der nun vom Engländer Dr. Hoer trainierte FC Bayern Südbayerischer Bezirksmeister. Der MTV München wurde dabei im November 1909 mit 8:2 geschlagen. Anschließend gewannen die Bayern auch noch ungeschlagen die Ostkreismeisterschaft, was identisch mit der bayerischen Meisterschaft war. Die SpVgg. Fürth wurde an der Leopoldstraße mit 12:0 besiegt, gegen den 1. FC Nürnberg, der in den 1920ern zum ersten Rekordmeister Deutschlands aufsteigen sollte, gab es auswärts und daheim jeweils einen 4:2-Sieg. Der FC Bayern, dessen Schlüsselspieler in dieser Saison der lange Keeper Hofmeister, der schussgewaltige Mittelstürmer Fritz Fürst und der flinke Rechtsaußen Max Glabonsky waren, blieb damit gegen die Spitzenteams ohne Punktverlust. In der Endrunde um die Süddeutsche Fußballmeisterschaft präsentierte sich der FCB allerdings eher launisch. So kam man gegen Viktoria Hanau zunächst zu einem deutlichen 7:2-Erfolg, musste sich aber beim Rückspiel mit einem Remis (2:2) begnügen. Nach zwei Niederlagen gegen den Karlsruher FV (2:3 an der Leopoldstraße, 0:1 in Karlsruhe) reichte es schließlich nur zum 2. Platz. Der Vorsprung der Karlsruher vor dem FCB betrug am Ende sieben Punkte (12:0 gegenüber 5:7).

Erwähnenswert ist aus dieser Saison auch noch die freundschaftliche Begegnung gegen die nordenglische Profimannschaft Blackburn Rovers. Die englischen Gäste gewannen auf dem Bayern-Platz mit 7:0. In England war das Berufsspielertum bereits 1885 legalisiert worden. Eine einheitliche nationale Liga existierte seit 1888, also schon 75 Jahre vor Einführung der hiesigen Bundesliga. Die Rovers gehörten zu den prominentesten und erfolgreichsten englischen Mannschaften. 1884-86 hatten sie dreimal in Folge den prestigeträchtigen FA-Cup gewonnen. Zwei Jahre nach ihrem Münchner Auftritt gewannen sie auch erstmals die englische Liga und wurden somit englischer Meister.

Am 16. Mai 1910 feierte mit Max Gablonsky erstmals ein Bayernspieler sein Debüt in der deutschen Nationalelf. Das Mitwirken des Rechtsaußen konnte aber nicht verhindern, dass Deutschland gegen Belgien 0:3 unterlag.

In der Saison 1910/11 wurde in einer neu geschaffenen Kreisliga gespielt, deren Geltungsbereich sich über den gesamten Kreis Bayern erstreckte und somit eine Leistungskonzentration bedeutete. Ihre zehn Vereine standen sich nun unmittelbar in Hin- und Rückspiel gegenüber. Die neue Liga stellte aber nicht nur höhere sportliche Anforderungen, sondern sie mobilisierte auch mehr Zuschauer. Anders als in England, wo der Zuschauerschnitt der ersten Liga bereits um die 20.000 betrug und 1913 gar 120.000 das Cup-Finale sehen wollten, war der Fußball im Deutschland vor dem Ersten Weltkrieg noch kein Zuschauermagnet. Ein wesentlicher Grund hierfür war seine noch immer beschränkte soziale Ausbreitung. Das erste Endspiel um die deutsche Meisterschaft mobilisierte 1903 lediglich 1.200 Zuschauer. Der beste Besuch, den die Bayern vor dem Ersten Weltkrieg in einem offiziellen Wettspiel verzeichnen konnten, waren

Ostkreismeister 1909/10 (von links): E. Hofmann, H. Hofmann, Gablonsky, Baumann, Seitz, L. Hofmeister, F. Fürst, Kroiss, Berz, Reindl, Rinkenberger.

die ca. 4.000 Zuschauer, die am 9. April 1911 an der Leopoldstraße der 1:3-Niederlage gegen den amtierenden Deutschen Meister Karlsruher FV beiwohnten.

Vor der Saison 1910/11 hatte sich der FCB gezielt verstärkt. Im Sturm standen nun Georg Schneider und Karl Storch vom FC Union; vom FC Wacker war der aus Wien stammende Torhüter Pekarna gekommen, der auf der britischen Insel für die Glasgow Rangers gespielt hatte und in seinem Fach zu den Weltbesten zählte. Pekarna soll bei seinem Wechsel von den Bayern Geld erhalten haben und wurde dafür aus dem Verband vorübergehend ausgeschlossen. 1908 hatte Pekarna beim FC Wacker angeheuert. Der prominente Neuzugang bewirkte bei den „Blausternen", wie die Kicker wegen des Vereinswappens vom Volksmund genannt wurden, einen erheblichen Aufschwung. Der FC Wacker hatte 1903 im Stadtteil Laim als FC Isaria das Licht der Fußballwelt erblickt. Aus dem FC Isaria wurde der FC Wittelsbach und aus diesem der FC München-Laim, bis man sich 1904 schließlich auf FC Wacker einigte. Der heute weitgehend in Vergessenheit geratene Klub sollte in den 1920ern noch für Furore sorgen und zum zeitweise populärsten Klub Münchens aufsteigen. Pekarna war vor allem für seine eleganten Flugparaden berühmt, den „Robinsonaden". Deren „Erfinder", der Engländer John Robinson, hatte seine Künste 1899 bei einem Gastspiel in Wien vorgeführt, und Pekarna beherrschte die Parade bald so gut, dass sich britische Profiklubs für ihn interessierten. Sein Wechsel aus dem bezahlten Fußball erst zu Wacker, dann zu den Bayern dürfte diese Vereine tatsächlich einiges Geld gekostet haben.

Star-Torwart mit Geld gelockt?

Die Bayern verteidigten 1910/11 zwar den Titel des Ostkreismeisters mit drei Punkten Vorsprung vor dem 1. FC Nürnberg und verloren hier nur gegen den FC Wacker (1:2). Im Kampf um die Süddeutsche Meisterschaft ließ das Team jedoch erneut die notwendige Beständigkeit vermissen. Am Ende hieß der Meister wieder Karlsruher FV. Sechs Punkte trennten den „Vize" FC Bayern von den Karlsruhern. Daheim unterlag man ihnen mit 1:3, auswärts sogar mit 0:5. Dem FC Bayern blieb

Der berühmte Torhüter Pekarna (links) im Bayern-Trikot.

wieder nur die Vize-Meisterschaft. Der KFV war die dominierende Mannschaft vor dem Ersten Weltkrieg und wurde achtmal Süddeutscher Meister. Im gleichen Jahr verpflichteten die Bayern mit dem Profitrainer Griffith den nach Taylor und Dr. Hoer bereits dritten Übungsleiter aus dem Mutterland des Fußballs. Griffith war der erste professionelle Trainer des FCB.

Der Münchner Fußball sah sich in diesen Jahren behördlichen Schikanen ausgesetzt, die seine Ausbreitung behinderten. Im Mai 1910 hatte der für die Organisation der Jugendturnspiele zuständige städtische Oberspielleiter der Königlichen Lokal-Schulkommission folgende Beobachtungen notiert: „In allen Teilen der Stadt, überall wo nur ein halbwegs geeigneter Platz zur Verfügung steht, sogar auf öffentlichen Straßen sieht man Knaben sich mit dem Fußball beschäftigen. Und fehlt der Ball, so tritt an seine Stelle ein aus Lumpen gefertigtes Knäuel, ein kleiner Gummiball, ein runder Stein, eine zerbrochene Flache usw. usw. – kurz alles, was mit dem Fuße gestoßen werden kann. (…) Der Grund dieser Erscheinung dürfte vor allem in dem Nachahmungstrieb der Jugend zu suchen sein. Jeden Sonn- und Feiertag finden auf verschiedenen Spielplätzen Wettspiele der Fußballklubs statt. Der Wettkampf lockt: (…) die besondere Kleidung – das Sportgewand –, die bloßen Knie, hie und da ein kräftiges Schimpfwort, dabei auf niemand Rücksicht nehmen, kein Lehrer usw. – das passt der Großstadtjugend. Unvernünftige Eltern geben schon den 8-9-jährigen Jungen den Fußball zum Spielen. (…) Auch unsere Volksschulklassen werden von dieser Fußballwut gepackt,

„Bloßes Knie und kräftiges Schimpfwort"

und wenn in den Turnstunden noch nicht Fußball gespielt wird, so werden Fußball spielende Knaben doch in ihrem Treiben von den Lehrern unterstützt. Die Knaben bilden Klubs, sammeln wöchentliche Beiträge ein usw. Und die Folgen? Die Mütter klagen in der Schule, dass die Jungen nicht mehr nach Hause kommen und zu nichts mehr zu gebrauchen seien."

Als Argument wider den Fußball führte der Oberspielleiter auch gesundheitliche Gründe an: Dass die jungen Kicker samt und sonders an Herzfehlern litten, konnte zwar noch seitens der Schulärzte widerlegt werden. Anders sah dies mit den Verletzungen aus, die sich die kickenden Schüler bei ihrem wilden Treiben auf den Schulhöfen zuzogen. Am 11. Januar 1912 wurde das Fußballspielen an bayerischen Schulen mittels einer Ministerialentschließung verboten. Die Schulleiter sollten auf die örtlichen Vereine dahingehend einwirken, Schülern unter 17 Jahren die Aufnahme zu verweigern.

1912 hütete Bayern-Keeper Ludwig Hofmeister das Tor der deutschen Nationalelf gegen Holland.

Am 17. Dezember 1911 war München erstmals Austragungsort eines Fußball-Länderspiels gewesen. Im 17. Länderspiel der DFB-Geschichte traf die deutsche Auswahl an der Marbachstraße in Sendling auf die ungarische Nationalelf. Die Deutschen unterlagen 1:4. Das deutsche Tor hütete der MTV-Spieler Walter Bork, ein gebürtiger Hamburger, der in München studierte. 6.000 Zuschauer sahen das Länderspiel, was für München einen neuen Zuschauerrekord bedeutete. Die „Neuen Münchener Nachrichten" berichteten anschließend über den Ansturm, den das Ereignis auslöste: „In breitem Strom wallten die Sportfreunde dem Spielplatz zu, ein Auto nach dem anderen knatterte die Lindwurmstraße entlang; die Straßenbahn, die sich für das Spiel entsprechend vorbereitet hatte, brachte in überfüllten Wagen immer neue Menschenmengen."

Bis zum Ausbruch des Ersten Weltkriegs konnte der FC Bayern keine weiteren Titel gewinnen. 1911/12 musste man in der Ostkreismeisterschaft der SpVgg. Fürth den Vortritt lassen, die einen Punkt mehr verbuchen konnte. Vor dem letzten Spieltag lag der FCB noch in Front, im direkten Duell mit den Fürthern hatte man einen 2:1-Sieg und ein 2:2-Remis verbuchen können. Doch am Ende mussten die Bayern der SpVgg. Fürth den Vortritt lassen. Auch 1912/13 reichte es nur zur Vize-Meisterschaft. Erneut lagen die Fürther vorne, diesmal allerdings erheblich deutlicher. 1913/14 endete der FC Bayern nur auf dem 5. Platz, hinter dem MTV München.

Ostern 1914 veranstaltete der FC Bayern gemeinsam mit dem MTV von 1879 ein großes Turnier, zu dem die Mannschaften von Hannover 96 und FC Basel eingeladen wurden. An den beiden Turniertagen kamen 2.500 Schaulustige auf die Plätze der Vereine. Turniersieger wurde der FC Bayern.

1914-1919 Erster Weltkrieg und „Freistaat Bayern"

Das Mitwirken jüdischer Bürger beim FC Bayern nahm mit der Emigration der Pioniere Manning und Pollack kein Ende. 1913 wählte der FC Bayern Kurt Landauer zu seinem Präsidenten, der in den folgenden 20 Jahren die Geschicke des Klubs wie kein anderer prägen sollte. Landauer wurde im vor den Toren Münchens gelegenen Planegg als Sohn der jüdischen Kaufmannsleute Otto und Hulda Landauer geboren. Kommerzienrat Otto Landauer verfügte in Münchens Kaufingerstraße, wo es eine Reihe jüdischer Kaufleute und Hauseigentümer gab, über Eigentum. Kurt Landauer gehörte dem FC Bayern seit 1901 an. Zunächst als aktiver Fußballer, anschließend als Mitarbeiter der Klub-Administration.

Der letzte Bundestag des DFB vor Ausbruch des Krieges tagte Pfingsten 1913 in München. Am Pfingstsonntag fand eine öffentliche Festveranstaltung statt, die durch den Besuch von „Seiner Königlichen Hoheit des Prinzen Alfons von Bayern" beehrt wurde. Die Versammlung verabschiedete u.a. ein Telegramm an „Seine Majestät den Deutschen Kaiser, Berlin", dessen Text lautete: „Die zum 20. Bundestag in München versammelten Vertreter des deutschen Fußballsports entbieten des Reiches höchstem Schirmherrn in Treue ehrerbietigsten deutschen Gruß." „Seine Majestät" ließ durch den Geheimen Kabinettsrat von Valentini antworten: „Seine Majestät der Kaiser und König lassen den dort vereinigten Vertretern des deutschen Fußballsports für den treuen Gruß danken."

Durch den Krieg wurde ein geregelter Spielbetrieb unmöglich, und die Zuschauerzahlen sanken drastisch. Vor dem Ausbruch des Krieges nahmen vom FC Bayern nicht weniger als zwölf Mannschaften an Punktrunden teil. Außerdem gab es noch zahlreiche Alte-Herren-Teams, einige Studentenvertretungen und 20 Jugendmannschaften. Doch der Krieg unterbrach die bis dahin stetige Aufwärtsentwicklung des Vereins. In den ersten Kriegsmonaten kam der Spielbetrieb des FCB komplett zum Erliegen. In der Saison 1914/15 bestritt der FCB nur drei Spiele. Fast die gesamte Vereinsleitung und der Sportausschuss wurden „an die Front" beordert. Zwei Dritteln der Mitglieder erging es nicht anders. 17 in München verbliebenen Mitgliedern blieb nichts anderes übrig, als am 23. November 1914 einen Kriegsausschuss zu konstituieren. Vorsitzender wurde der ehemalige Terra-Pila-Akteur Fred Dunn, dem einige Monate später Hans Tusch in diesem Amt folgte. Immerhin kam es nun wieder zu einem einigermaßen geregelten Spielbetrieb. Im folgenden Spieljahr 1915/16 wurde der Klub Kriegsmeister in Südbayern. Der Kassenbestand war inzwischen auf 93 Pfennig gesunken. Durch die vom

Schriftführer Julius Heckel erstellten „Kriegsnachrichten“ wurden die Bayernmitglieder im Frontdienst über das sportliche Geschehen auf dem Laufenden gehalten.

1916/17 gewann der Klub folgende Titel: Gaumeister Oberbayern, Meister Südbayern, Frühjahrsmeister München und Frühjahrsmeister Südbayern. Im Finale um die Ostkreismeisterschaft scheiterte man allerdings an der SpVgg. Fürth (1:1 und 2:3). In dieser Saison trat der FCB auch erstmals wieder auswärts zu Privatspielen an. So gewann er am 8. April 1917 beim FC Schweinfurt mit 3:0. 1917/18 wurde der FCB erneut Münchener und Südbayerischer Meister. Aber auch in dieser Saison reichte es nicht zur Ostkreismeisterschaft. Die drei Finalspiele gegen den 1. FC Nürnberg endeten 4:2, 0:1 und 0:3. Auf einer Mitgliederversammlung am 16. März 1918 wurde festgestellt, dass von 415 Mitgliedern des Klubs über 300 im Kriege waren. Auch diese Zahl beweist, dass ein geregelter Spielbetrieb kaum noch möglich war und der sportliche Wert von Endspielen oder Meisterwürden zunehmend fragwürdig wurde.

Auch Bayern-Präsident Kurt Landauer wurde 1914 eingezogen, im Dienstgrad eines Vize-Feldwebels und stellvertretenden Offiziers, wodurch seine erste Amtszeit ein frühes Ende erfuhr. Sein Neffe Uri Siegel in einem Brief an den Autor: „Er war in diesem Rang bei dem Train, ab 1917 als Leutnant bei einer Minenwerfer-Kompanie. Er nahm an Stellungskämpfen an der Somme, Kämpfen an der Aisne und an der Doppelschlacht an der Aisne-Champagne teil. Landauer erhielt den Verdienstorden 4. Klasse mit Schwertern und das EK II.“ Viele Juden rückten auch deshalb ein, um ihren Assimilationswillen zu demonstrieren und den Antisemiten keinen Vorwand zu liefern. So rief die größte Organisation der deutschen Juden, der assimilatorische Centralverein, seine Anhänger dazu auf, gerade weil sie Juden seien, „mehr als ihre Pflicht fürs Vaterland“ zu tun. Ähnlich verhielten sich auch die zionistisch/national-jüdisch gesinnten Organisationen: So hieß es in der Zeitschrift „Der deutsche Zionist“, wer „gegen Deutschlands Feinde die Waffen führt, handelt nicht nur in Erfüllung einer staatlichen Pflicht, sondern im Bewusstsein, dass er ... damit zugleich für die eigene Persönlichkeit, die unlöslich im deutschen Wesen Wurzel geschlagen hat, kämpft, wie jeder andere Deutsche“.

Unter den deutschen Soldaten, die in irgendeiner Form am Ersten Weltkrieg teilnahmen, befanden sich ca. 100.000 Juden, von denen 78 % „Frontdienst“ leisteten. 12.000 kamen ums Leben. Über 10.000 waren Freiwillige, fast 30.000 wurden ausgezeichnet, über 19.000 befördert und über 2.000 zu Offizieren ernannt. Die Antisemiten ließen sich durch solche Zahlen nicht beeindrucken. In antisemitischen Schmähschriften wurde anschließend behauptet, die Juden seien „Drückeberger“ gewesen und das „jüdische Blutopfer“ habe nicht seinen „pflichtgemäßen Anteil“ erreicht. Der amerikanische Historiker Gordon Craig: „Es war das tragische Dilemma der deutschen Juden, dass sie ... die Feindseligkeit ihrer Mitbürger um so mehr anfachten, je ähnlicher sie ihnen wurden. (...) Wie Golo Mann einmal schrieb, war der gewöhnliche deutsche Jude, ob getauft oder ungetauft, deutsch in seinen Tugenden, deutsch in seinen Lastern, deutsch in Kleidung, Sprache und Manieren,

„Deutsch in Kleidung, Sprache und Manieren“

patriotisch und konservativ. Es gab nichts Deutscheres als jene jüdischen Geschäftsleute, Ärzte, Anwälte und Gelehrte, die sich 1914 ganz selbstverständlich freiwillig zum Kriegsdienst meldeten. Und doch brachten ihre Leistungen und ihre Hingabe ihnen nicht die erstrebte Anerkennung ein; und Wohlhabenheit und Bildung, die die Aufklärung als Schlüssel zur Integration betrachtete, nützen ihnen nichts."

Auf der Versammlung vom 16. März 1918 war Fritz Meier zum neuen 1. Vorsitzenden gewählt worden. Des Weiteren wurde erstmals wieder eine Trennung vom MSC diskutiert. Meier blieb nur zwei Monate im Amt. Sein Nachfolger wurde das Gründungsmitglied Hans Bermühler, bevor nach dem Krieg erneut der 1918 zurückgekehrte Kurt Landauer die Führung übernahm.

In der Saison 1918/19 wurden in Süddeutschland keine Endrunden ausgespielt. In den Bayern-Mannschaften dieser Jahre spielten u.a. Karl Storch, Lachermeier, Bubi Lindner, Zilch, Engel, Alex Gersdorf, Berz, Weiherer und Kistner (Spielführer). Als das chauvinistische Gemetzel endlich ein Ende hatte, waren 61 Mitglieder des FC Bayern gefallen.

Im November 1918 wurde München von revolutionären Wirren heimgesucht. Am 7. November 1918 wurde Kurt Eisner, geb. 1867 in Berlin, zum Ersten Vorsitzenden des Arbeiter- und Soldatenrats gewählt. Zuvor hatte sich Eisner als Organisator der Münchner Rüstungsstreiks einen Namen gemacht. Eisner gehörte der USPD an, einer linken SPD-Abspaltung. Als provisorischer Ministerpräsident proklamierte er das Ende der Dynastie Wittelsbach und rief den „Freistaat Bayern" aus. Die Revolution verlief unblutig. Erster Kultusminister des Freistaats (genauer: „Volksbeauftragter für Volksaufklärung") wurde Gustav Landauer, Vertreter eines undogmatischen Sozialismus und gewaltfreien Anarchismus. Einige Fußballfunktionäre sahen durch die neuen Machthaber die Unabhängigkeit des Fußballs gefährdet. Schließlich waren die Sozialisten Kritiker des „bürgerlichen Sports" und präferierten ihre eigenen Organisationen. Walther Bensemann, der sich in diesen Jahren häufiger in München aufhielt, wo mit Kurt Landauer ein Freund und Verbündeter wohnte, ersuchte deshalb um eine Audienz beim neuen Ministerpräsidenten, die ihm zu seiner Überraschung auch prompt gewährt wurde. Obwohl Bensemann eher bürgerlich-liberal gesonnen war und den politischen Radikalismus ablehnte, war ihm der Revolutionär Eisner, wie Bensemann Jude und mit einem Faible für die Boheme-Kultur ausgestattet, keineswegs unsympathisch; er nannte ihn später „den fähigsten Kopf seiner Partei". Bensemann erhielt von Eisner eine vage, aber glaubwürdige Versicherung, dass die neue Regierung die Unabhängigkeit des Sports nicht antasten würde.

Als am 19. Januar 1919 der Landtag gewählt wurde, erlitt die USPD eine vernichtende Niederlage. Lediglich 5% votierten für die Linkssozialisten. Als sich Eisner am 21. Februar 1919 von seinem Amtssitz zum Landtag begab, um seinen Rücktritt zu verkünden, wurde er ermordet. Der Täter, ein gewisser Graf Anton Arco-Valley, Leutnant im bayerischen Infanterie-Leibregiment, war mit der Absetzung der Wittelsbacher arbeitslos geworden. Vor der Tat schrieb er sein Motiv nieder: „Ich hasse den Bolschewismus, ich liebe mein Bayernvolk, ich bin ein treuer Monarchist, ein guter Katholik. Über alles achte ich die Ehre Bayerns. Er (Eisner) ist Bolschewist. Er ist Jude. Er ist kein Deutscher. Er verrät das Vaterland…" Der Wahn von der „jüdisch-bolschewistischen Weltverschwörung" schlug seine Wurzeln in München.

Resümee

Der FC Bayern war eine Gründung aufgeklärter, moderner Bürger. Spätestens nach seinem Anschluss an den MSC galt der Klub überdies als elitär. Seine Mitglieder zeichneten sich durch Bildung und Noblesse aus. Die im Klub vorherrschende weltanschauliche Haltung lässt sich wohl am besten als (unpolitisch-)liberal und weltoffen charakterisieren. Der FCB war von Beginn an ein sehr moderner Klub, weshalb er sich bald eine führende Rolle in München erkämpfen konnte. Bereits 1911 schloss der Klub eine Unfallversicherung für Spieler der 1. und 2. Mannschaft ab. Rasch knüpfte der Verein Verbindungen zur Wirtschaft, gab sich eine effiziente Struktur und verpflichtete ausnahmslos ausländische Übungsleiter, die den Klub um eine kosmopolitische Note bereicherten und seinen ambitionierten Charakter unterstrichen. Unter seinen Spielern gab es schon frühzeitig viele Zugereiste. Auch kam es bereits vor, dass Spieler mit finanziellen Zuwendungen gelockt wurden. Wesentliche Elemente des heutigen Feindbildes vom FC Bayern wurden also schon vor dem Ersten Weltkrieg gelegt.

Der Gewinn der Ostkreismeisterschaft bzw. Bayerischen Meisterschaft 1910 und 1911 war vor dem Ersten Weltkrieg das Höchste, was der FCB sportlich erreichen konnte. In München und in Bayern hatte sich der FCB als Fußballmacht etabliert, wobei er in Bayern allerdings die Führungsrolle mit den Nürnbergern und Fürthern teilen musste. München war damals noch keine Fußballmetropole. In anderen deutschen Großstädten war die Entwicklung schon wesentlich weiter gediehen.

Der TSV 1860 war vor dem Ersten Weltkrieg noch kein ernsthafter Konkurrent. Von den 23 Begegnungen, die die beiden Klubs vor dem Krieg gegeneinander austrugen, gewann der FCB nicht weniger als 17. Bemerkenswert war dabei lediglich, dass die letzten drei Derbys mit einem Unentschieden endeten, was auf ein Aufholen der Löwen hindeutete. Immerhin stellte der FC Bayern mit Max Gablonsky, Fritz Fürst und Ludwig Hofmeister schon vor dem Ersten Weltkrieg drei Nationalspieler.

Aber im gesamt-süddeutschen Raum dominierten in diesen Jahren andere Städte und deren Klubs. Insbesondere der Fußballpionier Karlsruher FV machte von sich reden. Die Karlsruher waren zeitweise der populärste Klub Deutschlands. Von den zwischen 1897 und 1914 ausgespielten 17 Süddeutschen Meisterschaften gingen nicht weniger als neun an den Karlsruher FV. Des Weiteren kamen zu Meisterehren: Freiburger FC (2), Kickers Stuttgart (2), 1. FC Pforzheim, FC Straßburg, FC Phönix Karlsruhe und – als einziger bayerischer Klub – die SpVgg. Fürth.

Karlsruhe war in diesen Jahren nicht nur in Süddeutschland eine Fußballmetropole. Phönix Karlsruhe wurde 1909 Deutscher Meister, der Lokalrivale FV nur ein Jahr später. Als die deutsche Nationalmannschaft im Frühjahr 1912 gegen Holland antrat, standen nicht weniger als acht Karlsruher auf dem Platz in Zwolle. Darunter auch die jüdischen Bürger Gottfried Fuchs und Julius Hirsch. Fuchs war damals der erfolgreichste Torschütze der Nationalelf. Seine zehn Tore beim 16:0-Sieg gegen Russland bei der Olympiade 1912 sind bis heute unübertroffen. Während Fuchs emigrierte, wurde Hirsch 1943 von den Nazis ermordet.

Die süddeutschen Vereine waren vor dem Ersten Weltkrieg im deutschen Fußball tonangebend, aber die Münchner Klubs spielten unter ihnen lediglich die zweite Geige.

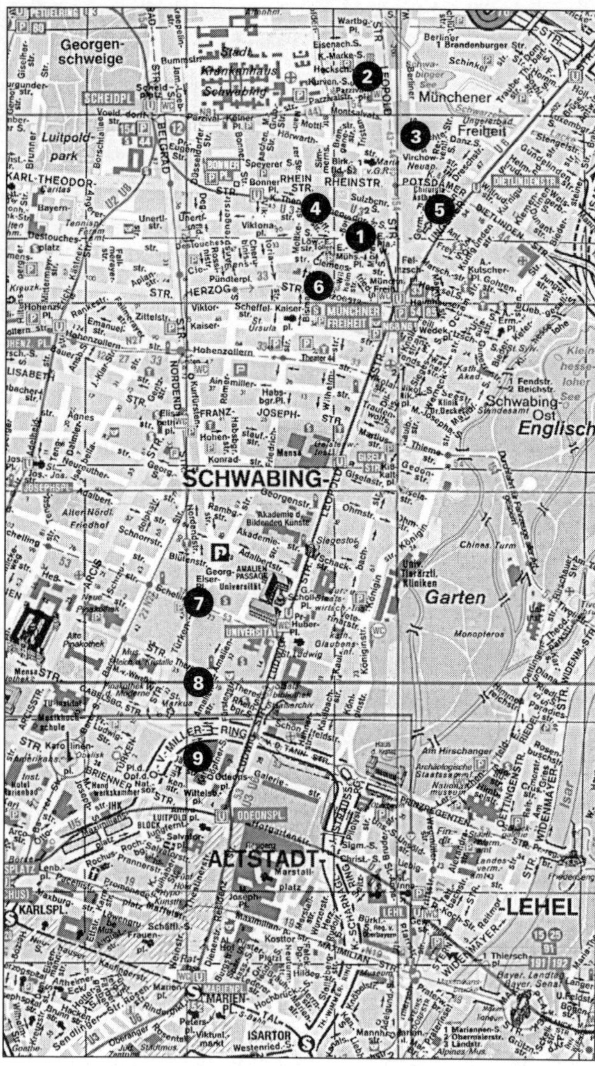

Der FC Bayern in Schwabing

1. Clemensstraße:
   Erster Bayern-Platz (1901-1906)
   Wohnsitz Kurt Landauers bis 1939
2. Leopoldstraße:
   MSC-Platz, Spielstätte des FC Bayern 1907-1922
3. Virchowstraße:
   Wohnsitz Kurt Landauers ab 1947
4. Karl-Theodor-Straße:
   alter MSC-Platz, Spielstätte des FC Bayern 1906/07
5. Ungererstraße:
   Trainingsplatz der Altherren- und Jugendmannschaften des FCB (ab 1911)
6. Herzogstraße:
   Elternhaus von Willy Simetsreiter
7. Schellingstraße/ Türkenstraße: Wohnsitz von Walther Bensemann
8. Amalienstraße:
   Wohnsitz von Franz John
9. Kardinal-Döpfner-Straße/ Jägerstraße: Restaurant „Gisela" (Gründungsstätte des FC Bayern)

Schwabing – Wiege des FC Bayern

„Ich kam mir vor wie beim FC Bayern München."
Veronica Ferres (Schauspielerin) über die Dreharbeiten zur Gesellschaftskomödie „Rossini"

Der FC Bayern war ursprünglich ein Schwabinger Verein. Die erste eigene Spielstätte des Klubs lag an der Schwabinger Clemensstraße, die sich unweit der Münchner Freiheit befindet. 1907 erfolgte dann der Umzug an die Leopoldstraße, heute Schwabings und Münchens Boulevard. In einer Nebenstraße der Leopoldstraße, in der Giselastraße Nr. 18, befand sich die Druckerei Hermes (Weeh & Birkner), die die „Club-Nachrichten" druckte. Der verantwortliche Schriftleiter des Blattes, Anton Ertl, wohnte in der Unertlstraße. Die Weinstraße 14/II, wo im Meisterschaftsjahr 1932 die Geschäftsstelle des Klubs untergebracht war, befand sich nur wenige Minuten außerhalb Schwabings, nämlich am Marienplatz, wo der FC Bayern heute seine Meisterschaften feiert. 1946 verließ der FC Bayern endgültig den Stadtteil Schwabing, um an die Säbener Straße in Harlaching zu ziehen. Mit dem Umzug von der Grünwalder Straße ins Olympiastadion (Saison 1971/72) trug der FC Bayern seine Spiele wieder in der Nähe seiner alten Heimat aus.

Als Otto Rehhagel 1995 von der Weser an die Isar wechselte, erwarb er in der im Universitätsviertel gelegenen Schwabinger Schellingstraße, benannt nach dem Religionsphilosophen Friedrich Wilhelm Schelling (1775-1854), eine Eigentumswohnung. An dem Luxusneubau („Casa Schellissima") ist eine Tafel angebracht, die an den am 12. August 1943 hingerichteten Widerstandskämpfer Hermann Frieb erinnert.

Für den Kaffeehausliebhaber Rehhagel (in Bremen saß er fast täglich im Café Jakobs, wo er die Presse studierte und fachsimpelte) war die an Cafés reiche Schellingstraße genau die richtige Adresse. Einer seiner ersten Gänge führte ihn in den historischen „Schellingsalon", einen etwas schmuddeligen, aber sympathischen Ort, wo sich bereits am frühen Morgen ein buntes Völkchen aus Billard-Freaks, Schachverrückten, Leseratten, notorischen Weltverbesserern und Abgebrannten tummelt. Hier trank u.a. Ringelnatz sein Bier.

Schwabing war zunächst ein „behäbiges Dorf mit einer netten Kirche" (Ludwig Thoma). Der dörfliche Vorort wurde 1890 zusammen mit Neuhausen nach München eingemeindet. Der Adel entdeckte dieses Dorf schon früh als Sommersitz. Ende des 19. Jahrhunderts ließen sich dann zahlreiche Studenten, Künstler und Bohemiens zwischen Türkenstraße und Schwabinger Kirche nieder, denn die Mieten waren hier niedriger als anderswo. Außerdem wohnte man hier in Nachbarschaft zur Universität und Kunstakademie. Dass beim FC Bayern so viele Studenten mitwirkten, hatte also nicht nur soziale, sondern auch geografische Gründe.

Allein zwischen 1895 und 1900 erhöhte sich Schwabings Einwohnerzahl um 44,3%. 1900 zählte der Bezirk 28.154 Einwohner. Für den Zuzug waren natürlich nicht nur die Akademiker und Künstler verantwortlich. In Schwabing wohnten viele Arbeiter, die bei den Maffei-Werken im benachbarten Neuhausen arbeiteten. Die Maffei-Werke waren einer der größten Betriebe Münchens.

Von 1890 bis 1914 war Schwabing das Zentrum der Münchner Künstlerszene schlechthin, vor allem jener bunten Boheme, die das gestandene Bürgertum durch ihren avantgardistischen Lebensstil und ihre eigenartigen, manchesmal gar revolutionären Ansichten verstörte und zuweilen die Obrigkeit auf den Plan rief. 1895 wurde der Schriftsteller Oscar Panizza zu einem Jahr Gefängnis verurteilt. In seinem Drama „Das Liebeskonzil" sollte Panizza Gotteslästerung begangen haben. 1898 veröffentlichte die in Schwabing beheimatete und zwei Jahre zuvor gegründete Satirezeitschrift „Simplicissimus" ein Spottgedicht auf den Kaiser, das einen Skandal auslöste. Der „Simplicissimus" attackierte die Heuchelei, Borniertheit und Aggressivität der wilhelminischen Biederkeit wie auch die Verlogenheit der herrschenden Moral. Der Verleger Albert Langen musste für drei Jahre in die Schweiz emigrieren, während „Simplicissimus"-Mitbegründer Th. Th. Heine und der Autor Frank Wedekind für drei Monate hinter Gitter wanderten. Für den „Simplicissimus" schrieben u.a. noch Thomas Mann, Karl Kraus, Rainer Maria Rilke, Hermann Hesse und Heinrich Mann. Mit Ausbruch des Ersten Weltkriegs erfuhr die Zeitschrift einen politischen Kurswechsel. Der „Simplicissimus" betrieb nun großdeutsche Propaganda. Während der Weimarer Republik lavierte die Zeitschrift zwischen einem kritisch-liberalen und rechts-konservativen Kurs, während der NS-Zeit ging sie auf Regimelinie.

Trotz der Interventionen durch die Obrigkeit wurde Schwabing zum „Asyl für alle Outsider der Bürgerlichkeit", wie René Prévot später schrieb. Schwabing geriet zum Mekka all jener, die gegen den Zeitgeist rebellierten. Idealistische Weltverbesserer und reale Revolutionäre, Künstler aller denkbaren Sparten – Literaten und Kabarettisten, Bildhauer und Maler – lebten Tür an Tür. Bereits 1886 war in der sozialkritischen Zeitschrift „Gesellschaft" zu lesen gewesen: „Nur von München aus lässt sich heute noch so schreiben, wie es bei uns geschieht." Nicht zuletzt wegen Schwabing avancierte München zum geistigen Gegenpol des wilhelminischen Berlin. Um die Jahrhundertwende galt München als heimliche Hauptstadt für alle, die das wilhelminische Preußen als Inbegriff des Anti-Liberalen ablehnten. Thomas Mann, der von 1910 bis 1913 zunächst in der Mauerkircherstraße und anschließend bis 1933 in der Poschingerstraße (heute: Thomas-Mann-Allee) im Stadtteil Bogenhausen lebte, charakterisierte die Atmosphäre im damaligen München als eine „der Menschlichkeit, des duldsamen Individualismus, der Maskenfreiheit". Mann zählte allerdings auch zu den Ersten, die vor rechtsradikalen Tendenzen in der Schwabinger Schickeria warnten.

Im Jahr der Gründung des FC Bayern trafen in Schwabing vier russische Sozialrevolutionäre ein, die von der russischen Geheimpolizei verfolgt wurden. Einer von ihnen, Wladimir Iljitsch Uljanov, besser bekannt als Lenin, nistete sich unter dem

Schwabing im 19. Jahrhundert.

Decknamen Meyer in der Kaiserstraße 46 ein, einer Nebenstraße der Leopoldstraße. Dort schrieb der spätere russische Revolutionsführer und Gründer der Sowjetunion u.a. seine Kampfschrift „Was tun?".

Weitere prominente Bürger Schwabings waren der Anarchist Erich Mühsam, Stalins späterer Gegenspieler Leo Trotzki und der steckbrieflich gesuchte Revolutionär Ernst Toller. Auch der Oberlandesgerichtspräsident Dr. Heinrich Becher war ein Schwabinger Bürger. Sein Sohn Johannes R. wurde in den 1950ern Kultusminister der DDR und schrieb deren Nationalhymne „Auferstanden aus Ruinen".

Die Leopoldstraße, benannt nach Prinz Leopold von Bayern (1846-1930) und in der ersten Hälfte des 19. Jahrhunderts vom Hofarchitekten Friedrich von Gärtner als Verlängerung der Ludwigstraße geplant und gebaut, war zur Zeit der Bayern-Gründung noch eine fast ländliche Straße mit schönen Villen und großen Vorgärten. An der Leopoldstraße residierte auch die berühmt-berüchtigte „Skandalnudel" Franziska Gräfin zu Reventlow. Die aus dem schleswig-holsteinischen Husum stammende Gräfin zählte zu den prominentesten Erscheinungen der Schwabinger Szene und galt als Vorreiterin der Frauenemanzipation. Ihr Credo lautete: „Ich will und muss frei sein, es liegt nun einmal in meiner Natur, dieses maßlose Sehnen und Streben nach Freiheit." Viele der Villen entlang der Leopoldstraße wurden während des Zweiten Weltkrieges zerstört und später durch hässliche Zweckbauten ersetzt.

Anfang der 1960er Jahre geriet die Leopoldstraße als Schauplatz der so genannten Schwabinger Krawalle noch einmal in die Schlagzeilen. Vor der Gaststätte Leopold, in der Karl Valentin 1908 zum ersten Mal auftrat und die später Erich Kästners Stammlokal wurde, hatte die Polizei zur mitternächtlichen Stunde versucht, drei Straßenmusikanten festzunehmen. Die Aktion löste bürgerkriegsähnliche Straßenschlachten aus, die drei Tage und drei Nächte währten. Einige Jahre später wurde Schwabing zum Zentrum der Münchner 68er-Bewegung. Im Umkreis der Leopoldstraße befanden sich zahlreiche Kommunen, die jedoch später dem Druck des Kommerzes und der Immobilien-Spekulanten weichen mussten.

Von seinem ursprünglichen Charme hat Schwabing viel verloren, weshalb der Kolumnist Siegfried Sommer vor einigen Jahren klagte: „Schwabing ist nicht länger das Herz Münchens, sondern sein Unterleib." Und der Dichter Peter Paul Althaus konstatierte verbittert: „Schwabing hat kein Gesicht mehr, sondern eine Visage." Der Kabarettist Dieter Hildebrandt hielt dieser Einschätzung entgegen, Schwabing ginge es wie dem Kabarett: „Seitdem es totgesagt wurde, lebt es besonders intensiv." Wie dem auch sei: Sensiblere Künstler, die Schwabing nur noch als vermarktete Reminiszenz für Touristen betrachten, sind nach Giesing, nach Haidhausen, ein benachbartes ehemaliges Arbeiterviertel, oder ins Lehel übergewechselt.

Schwabing ist auch der Stoff, aus dem der Regisseur Helmut Dietl einige seiner Filme schuf. Hier entstand die Idee zu den „Münchener Geschichten", „Monaco Franze", „Kir Royal" und der brillanten ironisch-sarkastischen Gesellschaftskomödie „Rossini – oder die mörderische Frage, wer mit wem schlief", die Anfang 1997 in die deutschen Kinos kam. Schauplatz des Films ist ein „In-Restaurant" mit dem Namen „Rossini", ein großer, hell in die Nacht hinausleuchtender Glaspavillon, dessen Fußboden in Kniehöhe über Straßenniveau liegt. Dies erlaubt seinen Gästen, Münchens Film- und Literatenschickeria, Klatschkolumnen-Prominenten und anderen eitlen Selbstdarstellern, sich wie im Schaufenster oder auf der Bühne zu präsentieren. Als Vorbild diente Dietl sein Stammlokal „Romagna Antica" in der Schwabinger Elisabethstraße, ein Flachbau aus den 1950ern mit großen Fenstern und einer Terrasse davor, über den „Die Woche" schrieb: „Es ist mehr als nur ein italienisches Restaurant der gehobenen Klasse. Es ist ein Überbleibsel einer Zeit, in der man in Schwabing noch wilde Partys feierte. Eine Legende."

In einer Besprechung des Films im „Spiegel" hieß es u.a.: „Schwabing als Lebensform ist nicht nur ein glückliches Schicksal, sondern auch ein Fluch." Ein Satz, der manchmal auch auf den FC Bayern zutreffen könnte. Wohl nicht von ungefähr fühlte sich der Star des Films, die Schauspielerin Veronica Ferres, bei den Dreharbeiten zu dieser melodramatischen Komödie an den FC Bayern erinnert, der sich zu dieser Zeit inmitten seiner „Hollywood-Krise" befand. Ferres hatte auch gleich einen Tip für den FCB parat: Wenn jedem Akteur des FC Bayern gestattet würde, fünf Minuten pro Spiel ein Solo zu absolvieren, hätte der Verein womöglich weniger Probleme.

Der FC Bayern – auch ein Abbild des heutigen Schwabing? Obwohl er Schwabing längst verlassen hat, lebt der Stadtteil in diesem Klub immer noch fort. Nicht nur der TSV 1860, sondern auch der FC Bayern darf für sich reklamieren, ein „echt Münchner Verein" zu sein. Nur eben eines etwas anderen Münchens als die Sechziger. ■

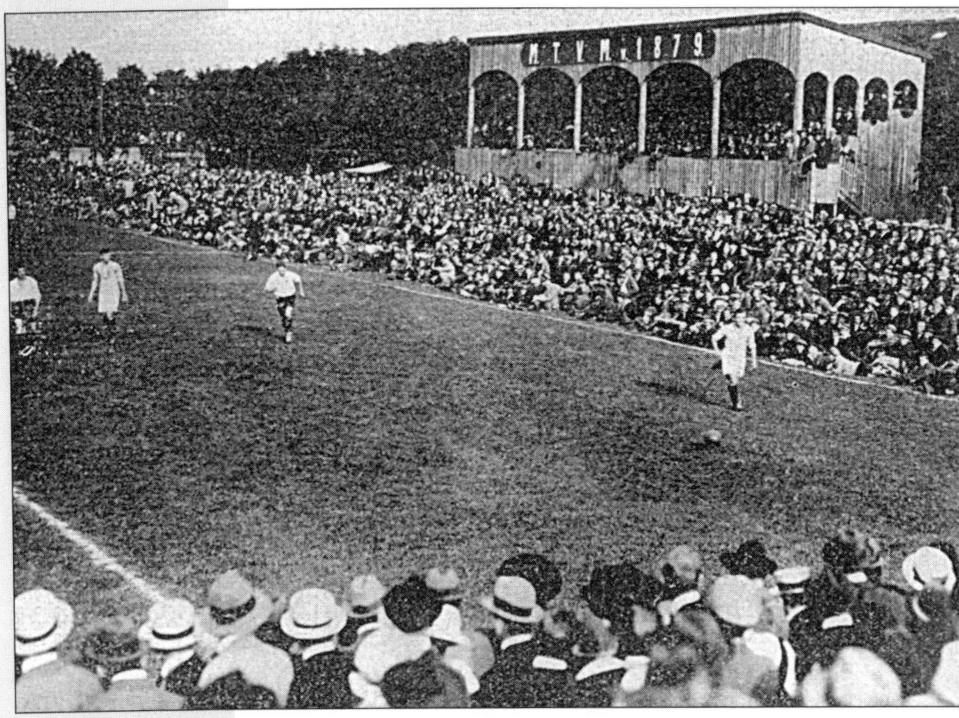

Zwischen 1919 und 1933 maß sich der FC Bayern häufig mit prominenten Teams aus dem Ausland. 1919 war mit MTK Budapest die seinerzeit beste Elf des Kontinents zu Gast in München und gewann 7:1.

1919 bis 1933

Erstmals „Number One“

1919-1922 Jugend mit Zukunft

Nach dem Ersten Weltkrieg erfuhr der Fußball in Deutschland einen enormen Aufschwung. Durch den Krieg begünstigt, war die Hegemonie der Turner gebrochen worden. Während die Turnväter für „Kaiser und Vaterland“ kämpften, nutzten ihre Zöglinge die aufsichtslose Zeit, um sich dem verpönten „Stauchballspiel“ zu widmen. Der Aufschwung des Fußballs basierte allerdings vor allem auf seiner sozialen Ausbreitung, die sich nicht nur in der Zunahme der Aktiven, sondern auch in einem größeren Zuschauerzuspruch zeigte. Hierfür war vor allem die Einführung des Achtstundentags verantwortlich. Mehr Freizeit bedeutete mehr Zeit für Sport, und der Fußball war der Industriearbeiterschaft geradezu auf den Leib geschneidert. 1920 waren im SFV 1.005 Vereine organisiert, fast doppelt so viele wie vor dem Ersten Weltkrieg. 1921 stieg ihre Zahl weiter auf 1.640.

Angesichts der Massen, die nun zum Fußball strömten, war seine Entwicklung zum kommerziellen Profisport vorgeschrieben. Bereits um die Jahrhundertwende hatte man in Deutschland damit begonnen, Eintrittsgelder bei Fußballspielen zu erheben. Die Einnahmen daraus ermöglichten einigen Klubs, ihre Spieler mit finanziellen Versprechungen zu binden oder neue damit anzulocken. Und wo sich große Massen versammeln, entsteht auch ein Markt für kommerzielle Interessenten. Sebastian Haffner schrieb später über diese Entwicklung: „In den Jahren 1924, 25 und 26 entwickelte sich Deutschland schlagartig zu einer Sportgroßmacht. Nie vorher war Deutschland ein Sportland gewesen, nie ist es im Sport eigentlich schöpferisch und erfinderisch gewesen, wie England und Amerika, und der eigentliche Geist des Sports, das selbstvergessen-spielerische Aufgehen in einer Fantasiewelt mit eigenen Regeln und Gesetzen, ist der deutschen Seelenverfassung ganz fremd. Dennoch verzehnfachten sich in jenen Jahren auf einmal die Mitgliederzahlen der Sportklubs und die Zuschauerzahlen der Sportfeste.“

Im Frühjahr 1919 hatte sich der FC Bayern wieder vom MSC getrennt, um mit dem Turnverein Jahn zum Turn- und Sportverein (TuSpV) München, damals einer der größten Turnvereine Bayerns, zu fusionieren. Der MSC war im Kriege weitgehend zusammengebrochen. Außer den Fußballern traten auch noch die Leichtathleten dem

TuSpV bei. Die Balltreter suchten die Fusion hauptsächlich aufgrund ihrer Platzprobleme. Als Gegenleistung dafür, dass die Fußballer in den Schoß der Turnbewegung zurückkehrten, versprachen die Turner nämlich, einen zeitgemäßen, großen Sportplatz zu errichten.

Im Januar 1919 wurde Kurt Landauer ein zweites Mal an die Vereinsspitze gewählt. Seine zweite Amtszeit währte nun bis März 1933, mit einer einjährigen Unterbrechung (1922). Landauer leitete die Anzeigenverwaltung der „Neuen Münchener Nachrichten" (heute: „Süddeutsche Zeitung"). Mit dem überaus ideenreichen und weitblickenden Landauer brach eine neue Ära für den FC Bayern an.

Die Bayern-Führung setzte nun auf die Jugend. Der größte Verfechter dieser Politik war Kurt Landauer. Willy Simetsreiter, der beim FC Bayern in der Schülermannschaft anfing: „Der Landauer hatte viel für die jungen Spieler getan." Der Präsident sollte mit seiner Politik Recht behalten, denn während seiner zweiten Amtszeit stieg der FC Bayern zu einer nationalen Top-Adresse auf. Zum hohen Ansehen, das der Klub nun im In- und Ausland gewann, trugen auch die von Landauer initiierten zahlreichen internationalen Begegnungen bei.

Die erste Nachkriegsbegegnung des FCB fand am 23. Februar 1919 statt. Gegner war der SC Eldorado München, der mit 4:0 geschlagen wurde. Für den FCB liefen folgende Spieler auf: Lipp, Lindner, Gerlach, Hofmeister, E. Hofmann, Storch, Kinzler, Schneider, Fürster, L. Hofmann und Eisenmann. Was sich bereits in den letzten Begegnungen vor dem Ersten Weltkrieg angedeutet hatte, fand nun seine Fortsetzung. Die Löwen holten gegenüber dem FCB auf. Während der Kriegsjahre war bei den Löwen ein ambitioniertes Jugendtraining praktiziert worden, für das der ehemalige Mannschaftskapitän Josef Braunmüller verantwortlich zeichnete und das sich nun auszahlte.

Meistermacher Townley als Trainer

Der FCB wurde ab Juli 1919 zunächst vom aus dem nordenglischen Blackburn stammenden William Townley trainiert, der den Klub allerdings bereits im Januar 1921 Richtung Waldhof Mannheim verließ. Für Townley war es das zweite Engagement beim FCB, da er bereits in den letzten Monaten vor Ausbruch des Ersten Weltkrieges die 1. Mannschaft und die Jugend betreut hatte. Angeblich importierte Townley als Erster das schottische Flachpassspiel nach Deutschland. Dieses „passing game" symbolisierte im britischen Fußball einen sozialen Machtwechsel. An den Public Schools, wo das einstmals wilde Volksspiel gezähmt und verregelt worden war, hatten die Zöglinge der Mittelklassen das individualistische „dribbling game" gepflegt. Das „passing game" ent-

Meistertrainer William Townley.

Die Mannschaft des FC Bayern kurz nach Kriegsende. Stehend (von links): Max Fürst, Storch, Hofmeister, Schneider, Fritz Fürst, Lindner, Kienzler, Pregler; sitzend: Feser, Lipp, Gerlach.

sprach mit seiner Zweckorientierung, strikten Arbeitsteilung und Betonung von Teamwork den Erfahrungen der industriellen Arbeitswelt. Der bürgerlich-elitäre FC Bayern verpflichtete mit Townley also einen Übungsleiter, der das Bayern-Spiel frühzeitig um effiziente Tugenden des englisch-schottischen Arbeiterfußballs bereicherte.

Bevor Townley bei den Bayern anheuerte, hatte der ehemalige Sturmführer der Blackburn Rovers mit großem Erfolg den DFC Prag, den Karlsruher FV und die SpVgg. Fürth trainiert. Sowohl mit den Karlsruhern (1910) wie mit den Fürther „Kleeblättern" (1914) war er Deutscher Meister geworden. Townley förderte nicht nur die Kondition, sondern widmete besondere Aufmerksamkeit der Verbesserung der Ballbeherrschung.

In der Saison 1919/20 wurde der FCB Meister der südbayerischen Liga. Der TSV 1860 wurde mit vier Punkten Rückstand Vize-Meister. In der Endrunde zur Süddeutschen Meisterschaft scheiterte der FCB in der Südgruppe am Freiburger FC. Im Spieljahr 1920/21 lag der TSV 1860 erstmals vor dem FCB. Die Löwen wurden Vize-Meister in Südbayern, der FCB mit zwei Punkten dahinter Dritter.

Nachfolger von Townley wurde der Ungar Dori (Izidor) Kürschner, ein ehemaliger MTK Budapest-Akteur und ungarischer Internationaler. Im „Kicker" schrieb Walther Bensemann über den Trainer und dessen neues Tätigkeitsfeld in München: „Der ausgezeichnete Sportlehrer hat alle Eigenschaften, die einer Mannschaft von Nutzen sein können, nur eine einzige fehlt ihm, und das ist die, in der Wüste nach Wasser zu suchen. Er muss bedenken, dass Bayern, um auf die Höhe zu kommen, zwei bis zweieinhalb Jahre brauchen wird. Wenn sowohl er, wie die Mannschaft, wie die Vereinsleitung dies einsehen, erledigt sich das Problem ganz von selbst." Kürschner war der Erste einer Reihe von Trainern jüdischer Herkunft aus den Metropolen des so genannten „Donaufußballs", Budapest und Wien, die sich in den Jahren der Weimarer Republik beim FC Bayern verdingten. Wie Townley blieb aber auch Kürschner nicht lange bei den Bayern. Im Oktober 1921 heuerte er bei Eintracht Frankfurt an, wo er bis 1925 des Amtes waltete. Kürschner wechselte anschließend in die Schweiz. In seiner bis 1934 währenden Amtszeit wurden die Grasshoppers Zürich dreimal Schweizer Meister und viermal Pokalsieger.

Der legendäre „Spezi" Schaffer (hier in einem Spiel gegen die Bayern) sorgte in München für Fußball-Euphorie.

1921/22 gelang dem TSV 1860 das Meisterstück in Südbayern, der FCB wurde Vize-Meister. 1922/23 wurde dann wieder der FCB Meister, mit zwei Punkten Vorsprung vor den Löwen. Für Furore sorgte in diesen Jahren aber ein anderer Münchner Fußballklub: Schon 1920/21 hatte sich der FC Wacker für die süddeutsche Endrunde qualifiziert, wo er jedoch in seiner Gruppe knapp am 1. FC Pforzheim scheiterte. 1921/22 war der FC Wacker der erste Münchner Klub nach dem Krieg, der die Süddeutsche Meisterschaft gewann. Im Finale in Frankfurt wurde Borussia Neunkirchen 2:1 n.V. bezwungen. Wackers Star war mit Alfred „Spezi" Schaffer eine der schillerndsten Persönlichkeiten der europäischen Fußballgeschichte. Schaffer, der erstmals 1919 einen Münchner Fußballplatz betrat, als er an der Marbachstraße mit seinem Stammverein MTK Budapest den FC Bayern vorführte, hatten politische Umstände nach Deutschland verschlagen. Der als „Fußballkönig" titulierte Mittelstürmer war ein aktiver Unterstützer der Rätekommunisten um Béla Kun gewesen und fürchtete das autoritäre und antisemitische Horthy-Regime. Neben Schaffer hatten auch weitere MTK-Akteure die Deutschland-Tournee genutzt, um der politischen Situation in ihrem Heimatland zu entkommen. Der Frauenschwarm Schaffer, der später in einem Wiener Fußballlexikon als „wohl attraktivster Spieler seiner Zeit" charakterisiert wurde, hatte zunächst beim 1. FC Nürnberg angeheuert. Von dort wechselte er zum FC Basel, bevor er sich dem FC Wacker anschloss. Hier durfte er zunächst nur als Trainer wirken. Erst im Frühjahr 1921 erhielt der als ausländischer Berufsspieler geltende Ungar die Spielgenehmigung, dank einer fiktiven, in der Zeitung „Fußball" angezeigten Verlobung mit der Schwester des Wacker-Schlussmannes Bernstein. Mit Schaffer avancierte der FC Wacker zum populärsten Verein Münchens, der mehr Zuschauer mobilisierte als der FC Bayern und der TSV 1860. Bei ihren Heimspielen nahmen die „Blausterne“ häufig mehrere zehntausend Mark ein, was dem Verein die Dotierung seiner Kicker ermöglichte. Dem offiziellen Amateurismus zum Trotze war der FC Wacker Münchens erstes Profi-Ensemble. Der Verein plante sogar eine große Sportanlage mit Stadion an der Fürstenrieder Straße. Das finanzielle Volumen des ambitionierten Projektes wurde mit 2,5 Mio. Mark angegeben.

Nach dem Gewinn der Süddeutschen Meisterschaft 1922 schlug der FC Wacker im Viertelfinale der Endrunde um die Deutsche Meisterschaft den westdeutschen Meister Arminia Bielefeld souverän mit 5:0. Im Halbfinale unterlag man allerdings dem Hamburger SV kaum weniger klar mit 0:4. Schaffer musste als Sündenbock herhalten. Dem „Fußball-König“ wurde ein „phlegmatisches, lustloses Spiel“ vorgeworfen, was dieser mit seiner Kündigung quittierte.

1922-1926 Süddeutscher Meister

1920 zählte der FCB zwar bereits 700 Mitglieder und war damit der größte Fußballverein Münchens. Im Vergleich zum 1. FC Nürnberg (2.200) und der SpVgg. Fürth (1.658) war der FC Bayern allerdings kein großer Verein. Außerdem plagten den Klub in diesen Jahren finanzielle Sorgen, nicht zuletzt wegen der Inflation. Kurt Landauer sah sich 1921 genötigt, vorübergehend sein Amt niederzulegen. Die Landauer-Brüder hatten Eigentum in der Kaufingerstraße geerbt, das sie nun einige Monate stark beschäftigte. Die Interimslösung bestand erneut im Deutschamerikaner Fred Dunn. Im Dezember 1922 musste der Mitgliedsbeitrag inflationsbedingt auf 200 RM pro Monat erhöht werden. Ab März 1923 waren gar 600 RM zu zahlen. Der enge Zusammenhalt der Vereinsmitglieder und die gesellschaftlichen Verbindungen des FCB sorgten jedoch für das Überleben des Klubs. 1922 kehrte Landauer an die Vereinsspitze zurück. Des Weiteren kam es zur Trennung vom TuSpV, da die Turner ihr Platz-Versprechen nicht eingelöst hatten. Die Fußballer waren wieder auf sich allein gestellt, der FC Bayern seit seiner Fusion mit dem MSC 1906 erstmals wieder unabhängig. Was blieb, waren die roten Hosen.

„Mastkur bei Langmann“

1922/23 gewann der FCB die Südbayerische Meisterschaft, scheiterte aber im Bezirksendspiel Bayern und somit in der Qualifikation zur süddeutschen Endrunde an der SpVgg. Fürth. Auf dem Teutonia-Platz unterlagen die Bayern den „Kleeblättlern“ vor 15.000 bis 20.000 Zuschauern mit 1:2. Für größere Begegnungen wich der FC Bayern in diesen Jahren von der Leopoldstraße auf den MTV-Platz an der Sendlinger Marbachstraße oder auf das Gelände des FC Teutonia am Oberwiesenfeld aus. Unter den Zuschauern befand sich auch Walther Bensemann, der anschließend im „Kicker“ resümierte: „Persönlich hätte ich den Bayern gern den Sieg gegönnt, denn man kann wohl sagen, dass die an und für sich schwächere Mannschaft mit einem Eifer gegen die Fürther ankämpfte, der ein besseres Los verdient hätte. Der Bayernsturm ist so leicht und dünn, dass ich ihm gerne eine Mastkur bei Langmann gönnen würde.“ Beim Rückspiel am Fürther Ronhof setzte es sogar eine 0:5-Niederlage. Auch die dritte Begegnung zwischen den beiden Teams, das an der Marbachstraße ausgetragene Finale um den Süddeutschen Pokal, gewannen die Fürther mit 4:3.

Knapp zehn Monate vor dem Spiel auf dem Teutonia-Platz hatte der FC Wacker den selben Gegner auf demselben Platz zum selben Anlass empfangen. Die „Nordsterne" hatten dabei sogar noch mehr Zuschauer mobilisiert als der FC Bayern, nämlich gut 20.000. Der FC Wacker gewann mit 3:2, verlor das Rückspiel aber mit 0:1, womit ein drittes Spiel auf neutralem Platz notwendig wurde, das die Kicker um Alfred „Spezi" Schaffer durch ein Tor von Rechtsaußen Ostermaier mit 1:0 gewannen. Zum Entscheidungsspiel in Augsburg waren Tausende Wacker-Fans gepilgert. Allein 1.200 von ihnen saßen in einem Sonderzug. Bei der Rückkehr des Teams versammelten sich über 2.000 Fans am Hauptbahnhof.

Nach der Saison 1922/23 wurden nordbayerische und südbayerische Liga zusammengelegt. Für den FC Bayern bedeutete dies, dass er sich nun regelmäßig mit zwei Teams messen musste, die in diesen Jahren zu den besten Deutschlands zählten: dem 1. FC Nürnberg, Deutscher Meister von 1920 und 1921 und Vize-Meister von 1922, sowie der SpVgg. Fürth, Bayerischer Meister von 1923. Die erste Saison in der neuen gesamtbayerischen Liga (1923/24) beendete der FCB mit dem 3. Platz. Meister wurde der 1. FC Nürnberg, Vize-Meister die SpVgg. Fürth. Die Löwen belegten punktgleich mit dem FCB den 4. Platz.

In der Saison 1924/25 wurde der FCB Vierter, die Löwen endeten erneut einen Platz hinter ihrem Lokalrivalen. Sein 25-jähriges Jubiläum durfte der FC Bayern an keinem geringeren Ort als dem Deutschen Theater feiern, wohin sich bis dahin noch kein Münchner Fußballklub gewagt hatte. In einer Vereinschronik heißt es zu diesem historischen Ereignis: „Der Klub bekam verdientermaßen endlich die gesellschaftliche Anerkennung, die ihm zustand." Zu dem Festakt, für den der alte Bayernanhänger Franz Seitz eigens ein Festspiel verfasst hatte, erschienen auch die Spitzen der Behörden. Der FCB spielte im Jubiläumsjahr mit folgender Mannschaft: Bernstein, Kutterer, Schneider, Hofmeister, Ziegler, Nagl, Kienzler, Dietl, Pöttinger, Schmid, Ludwig Hofmann.

Im Juni 1925 veranstaltete der Klub auf dem Teutonia-Platz ein Jubiläumsturnier, an dem neben dem FCB noch die SpVgg. Fürth, VfR Mannheim, Hertha BSC Berlin und aus Italien der FC Modena teilnahmen. Neben dieser Veranstaltung großer Namen gab es aber auch noch ein „Bayern-Turnier", dessen Geltungsbereich Südbayern war. Die Organisation der Mammutveranstaltung lag bei Oscar Angerer. In der Provinz wurden nach dem Pokalsystem „Meister" ermittelt, die dann auf Kosten des FC Bayern zum „Finalturnier" nach München reisten. Der FC Bayern nahm daran mit seinen Reserven und unteren Mannschaften teil. Fast 100 Teams stritten in unterschiedlichen Altersklassen um den Turniersieg.

In der Saison 1925/26 führte der schottische Trainer Jim McPherson den FCB erstmals zur Süddeutschen Meisterschaft. McPherson war ein Konditions- und Tempofanatiker. Laut Mittelstürmer Josef Pöttinger waren die Bayern bald „mit dem Ball

Packende Lokalderbys Anfang der 1920er Jahre in München. Links köpft der junge Pöttinger aufs Tor von Wacker München, rechts Bayern-Stürmer Kienzler im Duell gegen den Löwen Vogl.

schneller als der Gegner ohne". Errungen wurde der Meistertitel im Stadion des Lokalrivalen, das ab dieser Saison als Hauptspielstätte des FC Bayern fungierte. Zunächst aber musste der FCB in der Bayerischen Liga bestehen. Zu den spannendsten Begegnungen dieser Spielzeit zählte das zweite Derby mit den Löwen, das vor 8.000 Zuschauern an der Grünwalder Straße mit einem Remis endete. Vor der Pause ging der FCB zweimal durch Pöttinger in Führung, musste jedoch jeweils den Ausgleich hinnehmen. Nach einem Torwartfehler hatte der TSV 1860 plötzlich mit 3:2 die Nase vorn, aber „Wiggerl" Hofmann gelang schließlich doch noch das 3:3. Einige Tage später musste der FCB gegen den 1. FC Nürnberg spielen. Der FCB gewann mit 1:0 und wurde somit vor der SpVgg. Fürth bayerischer Ligameister. Erstmals konnten die Bayern die Fürther und Nürnberger Abonnementsmeister hinter sich lassen. Von seinen 14 Meisterschaftsspielen gewann der FCB neun. Niederlagen gab es beim 1. FC Nürnberg (2:3), bei der SpVgg. Fürth (0:1) und daheim gegen den ASN Nürnberg (1:3). Die Begegnungen des FCB gegen den FC Wacker endeten in dieser Saison 3:3 und 5:0. Im süddeutschen Pokal behielten die „Blausterne" allerdings die Oberhand: Der FCB unterlag 1:2.

In der Süddeutschen Meisterschaft musste der FCB dann gegen den Karlsruher FV, FV Saarbrücken, VfR Mannheim, SpVgg. Fürth, FSV Frankfurt und Hanauer FC 1893 antreten. Der FCB gewann acht der zehn Begegnungen und hatte am Ende 18:2 Punkte auf seinem Konto. Lediglich bei den Auswärtsspielen in Fürth (3:3) und Mannheim (2:2) musste man sich mit einem Remis begnügen. Das Torverhältnis des FCB betrug 56:17, was fast sechs Tore pro Spiel bedeutete. Insgesamt schoss der FC Bayern in dieser Saison 176 Tore, von denen allein 57 auf das Konto von Josef Pöttinger gingen,

„Münchner Vorsommer“

Bericht von Walther Bensemann über das Freundschaftsspiel Bayern München gegen Blauw-Wit Amsterdam („Der Kicker“, Nr. 22, 30. Mai 1921)

„Das Spiel der Holländer gegen die Bayern bot keine große Sensation. Überragend wirkte der rechte Verteidiger der Gäste Van der Kluft. Wir wollen vorausschicken, dass die Holländer verdient gewannen, denn sie waren entschieden besser als die Rothosen. Die kleinen, körperlich unterlegenen Bayern waren den fair spielenden, aber energisch draufgehenden Gegnern nicht gewachsen. (...)

Die Aufmachung stand unter dem Zeichen des alten Regimes. In der Festloge saßen Exzellenz von Kahr und Exzellenz von Ludendorff, der in Abwesenheit des Monarchen die Schildführer der beiden Mannschaften zu sich entbot, und ihnen mitteilte, dass er in unserem Sport ein Novize sei (also ein Neuling, d.V.).

Das Publikum bestand ebenfalls zu großen Teilen aus Novizen, die das Spiel mit dem pfiffig überlegenen Lächeln eines unterfränkischen Bäuerleins, der zum ersten Mal in seinem Leben einen 5-Uhr-Tango und Mannequins sieht, betrachteten. Am meisten Aufsehen erregten die traditionellen Blauhosen des Schiedsrichters, die in Süddeutschland so bekannt sind wie die Hosen des Herrn von Bredow in Ostelbien. Das Schicksal hatte mir einen Platz neben einer Dame der besten Gesellschaft beschert. Die hohe Frau war ganz selig, wenn einer der Verteidiger einen Raketenstoß abgab. Aber (Schiedsrichter) Niederberger interessierte sie mehr als der sonnengebräunte Schorschl oder die Saltos von Kienzler. ‚Was macht der Mann mit den blauen Hosen wieder? Ach so, der pfeift.‘ Ringsherum fragten die Leute, wie lang so ein Spiel dauert, wie viele Tore gemacht werden müssen, bis es zu Ende geht, und warum der Schiedsrichter blaue Hosen hat. Fünf Minuten vor der Pause erhob sich Exzellenz von Ludendorff und verließ den Platz. Allgemeines Erstaunen; aber die Lösung des Rätsels war eine sehr einfache. Schaffers Anwesenheit hatte sich herumgesprochen, und der bekannte Heerführer sah ein, dass der Platz die beiden bekanntesten Leute von Europa nicht zugleich beherbergen konnte.

Vor dem Spiel, während desselben, nach demselben umkreisten die bekanntesten Asse unserer Kriegsstaffel das Spielfeld. Udet und Richthofen waren erschienen, und Letzterer warf in eleganter Pirouette den Ball knapp über die Köpfe der Mannschaft mit einer netten Widmung auf das Spielfeld. Damit alle Zuschauer auf ihre Rechnung kamen, fanden auch Aufmarsch und leichtathletische Wettkämpfe der berühmten Münchner Turn- und Sportvereine statt, bei denen Fritz Kutzner mit Stentorstimme die Heerschau abnahm. Es war alles sehr schön und interessant, aber zu kompliziert für ein einfaches Fußballgemüt.“

Duell um die Süddeutsche Meisterschaft 1926: Pöttinger vom FC Bayern überspringt den Fürther Verteidiger Hagen.

dem im Sturm noch Kienzler, Dietl, Schmid II und Hofmann assistierten. Der „Fußball" taufte Pöttinger und Co. „Wundersturm". Altmeister Karlsruher FV wurde in München mit 8:0 und beim Rückspiel mit 6:3 abgekanzelt. Auch gegen Saarbrücken gab es mit 6:0 daheim und 8:0 auswärts klare Siege. Den höchsten Sieg erzielte man im Hinspiel gegen den VfR Mannheim: 10:0 besiegte der FCB den Vorjahresmeister, bei dem ein gewisser Sepp Herberger mitwirkte.

Hingegen war das 4:3 gegen den ernsthaftesten Konkurrenten SpVgg. Fürth hart umkämpft. 30.000 Zuschauer sahen am 11. April 1926 das Spitzenspiel an der Grünwalder Straße. Schon damals besaß der FCB einen Sinn für Show: Der Spielball wurde aus einem Flugzeug geworfen. Das Interesse war so groß, dass der Rundfunk das Spiel an verschiedene ausländische Radiostationen übertrug. Der „Fußball" schrieb nach dem Meisterschaftsgewinn: „Die Nürnberger-Fürther-Fußballhochburg wurde am 11. April 1926 nachmittags 4.25 Uhr durch einen Schuss ins Tor getötet. Friede ihrer Asche! Die neue Fußball-Hochburg heißt München! Der König ist tot! Es lebe der König!"

Zu dieser – ein wenig voreiligen – Proklamation passte, dass in der Nationalmannschaft 1926 erstmals ein „Bayern-Block" Premiere feierte: Beim 4:2-Sieg über Holland stürmten die FCB-Akteure Kutterer, Nagelschmitz, Pöttinger und Hofmann im deutschen Trikot. Der Münchner Fußball machte national immer mehr von sich reden.

Als Süddeutscher Meister war der FCB erstmals in seiner Geschichte für die Endrunde zur Deutschen Meisterschaft qualifiziert und galt gleich als hoher Favorit. Wer sollte diese mit traumwandlerischer Sicherheit und enormer technischer Gewandtheit agierende Mannschaft stoppen? Das Team der Saison 1925/26 wurde höher eingeschätzt als die spätere Meisterelf. Zum Entsetzen ihrer Anhänger schieden die Roten jedoch nach einem 0:2 gegen den krassen Außenseiter Fortuna Leipzig bereits in der ersten Runde aus. 25.000 sahen das Spiel auf dem Leipziger Wacker-Platz. Die Nachricht von der Niederlage der Bayern war so unglaublich, dass der Rundfunk mit Anrufen überhäuft wurde. Immer wieder musste der Sprecher die schlechte Nachricht bestätigen: „Nein, kein Hörfehler – verloren, verloren."

1926-1931 Launische Jahre

In der Saison 1926/27 landeten die Bayern lediglich auf dem 5. Platz, sieben Punkte hinter den Löwen, die Vize-Meister wurden. Der bayerische Ligameister hieß in dieser Spielzeit 1. FC Nürnberg, gegen den der FCB daheim 3:5 und auswärts 1:2 unterlag. Den Löwen gelang es anschließend, sich für die Endrunde um die Deutsche Meisterschaft zu qualifizieren, wo sie nach Siegen über Schalke 04 (2:0) und VfB Leipzig (3:0) im Halbfinale standen. Nach dem FC Wacker war der TSV 1860 somit der zweite Münchner Verein, der sich für den erlauchten Kreis der besten Vier qualifizieren konnte. Dort unterlagen die Sechziger dem späteren Deutschen Meister 1. FC Nürnberg mit 1:4.

Zuschauer-Rebellion beim Lokalderby

In dieser Saison kam es am 6. Januar 1927 beim Derby zwischen dem FCB und den Sechzigern zu einem Spielabbruch. Erstmals war ein Top-Zuschlag für das Derby erhoben worden. Trotzdem waren 12.000 Zuschauer ins Stadion an der Grünwalder Straße gekommen. Als sich das Gerücht verbreitete, die Begegnung sei lediglich ein „Privatspiel", verlangten die Zuschauer ihr Geld zurück, stoppten einen Flügellauf von „Wiggerl" Hofmann und stürmten das Spielfeld. Der Protest konnte erst beendet werden, nachdem über Megaphon verkündet wurde: „Das Spiel wird abgebrochen, die gelösten Eintrittskarten sind für das nächste Ligaspiel 1860 gegen Bayern gültig." Als offizielle Begründung für den Spielabbruch dienten die katastrophalen Platzverhältnisse. Die Grünwalder Straße war völlig vereist, aber die Verantwortlichen hatten es versäumt, das Derby abzusagen. Die „regulären" Begegnungen zwischen den beiden Rivalen endeten mit einem torlosen Remis und einer 2:5-Niederlage für den FCB, die noch glimpflich

Süddeutscher Meister 1928. Stehend (von links): Trainer Weiß, Haringer, Hofmann, Pöttinger, Schmid II, Nagelschmitz, Hufsteiner, Pöttinger II; sitzend: Goldbrunner, Kutterer, Bernstein, Schmid I, Welker.

ausfiel. So resümierte die Fachzeitschrift „Fußball“: „Wann haben wir jemals erlebt, dass 1860 eine Elf von der Tradition der Bayern durch klassisches Ballservieren, durch kluges Sichfreistellen, kurz, durch alle Feinheiten guten Spiels zeitweise einfach ausschaltete. (…) Das 5:2 ist der knappste zahlenmäßige Ausdruck der klaren Torchancen von 1860. Bayern muss das Spiel vom Sonntag als flammendes Menetekel betrachten, es war eine Katastrophe für die Bayern.“ Das enttäuschende Abschneiden in der Saison 1926/27 führte zu einem Trainerwechsel. Anstelle von McPherson übernahm nun der Ungar Konrad Weiß das Training des FCB.

In der Saison 1927/28 gewann der FCB seinen zweiten süddeutschen Meistertitel. In Bayern war man wieder zu einem zweigleisigen Oberhaus zurückgekehrt. Der FCB gewann mit einem Punkt Vorsprung vor den Löwen die Südbayerische Meisterschaft. Im direkten Vergleich schnitten indes die Löwen besser ab. Die erste Begegnung endete 1:1, das Rückspiel gewannen die Sechziger vor 18.000 Zuschauern 5:4, obwohl der FCB vor der Pause dreimal in Führung gegangen war. Aber nachdem sich FCB-Mittelstürmer Pöttinger verletzt hatte, standen die Löwen mit einem Mann mehr auf dem Feld und wussten dies zu nutzen. Der „Fußball“ sprach von „Münchens größtem Spiel seit fünf Jahren“. Die Süddeutsche Meisterschaft wurde für den FCB zu einer klaren Angelegenheit. Die Gegner hießen diesmal Wormatia Worms, FV Saarbrücken, SpVgg. Fürth, Stuttgarter Kickers, SV Waldhof Mannheim, Karlsruher FV und Eintracht Frankfurt. Nach 14 Spielen standen zehn Siege und vier Unentschieden zu Buche. Gegen den härtesten Rivalen Eintracht Frankfurt gewann man auswärts 2:0 und spielte daheim 2:2.

Die zweite Teilnahme an einer Endrunde zur Deutschen Meisterschaft gestaltete sich für den FCB schon erheblich erfolgreicher als die erste. In der Vorrunde wurde Wacker Halle vor 10.000 Zuschauern auf dem Halle'schen VfL 96-Platz 3:0 besiegt. Auch in der Zwischenrunde bzw. im Viertelfinale behielt der FCB die Oberhand: Köln Sülz 07 wurde 5:2 geschlagen. 14.000 sahen die Begegnung an der Grünwalder Straße. Damit standen die Bayern – wie ein Jahr zuvor bereits die Löwen – im Halbfinale. Mit dem FC Wacker stellte München sogar noch einen zweiten Halbfinalisten, so dass Münchens Fußballfans einem „Münchner Endspiel" entgegenfieberten.

Der FCB musste gegen den Hamburger SV antreten, der sich jedoch an diesem Tag als übermächtig erwies. Das Duell der beiden Nationalmannschaftsstürmer Otto „Tull" Harder und Ludwig Pöttinger ging klar an den Hamburger, der drei Treffer erzielte und sich damit dafür rächte, dass der Bayern-Spieler ihm bei den Olympischen Spielen in Amsterdam vorgezogen wurde. Die Bayern waren allerdings arg gehandicapt, da sich ihr Keeper Bernstein die Finger brach, so dass Verteidiger Kutterer zwischen die Pfosten musste. Am Ende stand es 8:2 für den HSV, der anschließend auch Deutscher Meister wurde.

2:8-Pleite gegen den HSV

Der FC Wacker verpasste ebenfalls das Endspiel: Gegen Hertha BSC Berlin verloren die „Blausterne" 1:2. Wacker befand sich zu diesem Zeitpunkt bereits auf dem absteigenden Ast, und aus dem „Dreikampf" FC Bayern kontra TSV 1860 kontra FC Wacker wurde zusehends ein Zweikampf von Roten und Blauen. Für den Niedergang des FC Wacker waren vor allem finanzielle Probleme sowie mangelnde Unterstützung durch die Stadt verantwortlich. Letztere hatte 1926 eine Finanzhilfe zum Bau des ehrgeizigen Sportplatzprojektes abgelehnt. Zur Begründung wurden fehlende sportliche Perspektiven angeführt. Nur kurz zuvor hatte der TSV 1860 für den Ausbau seiner Anlage an der Grünwalder Straße ein großzügiges städtisches Darlehen erhalten. Ab 1929 war der FC Wacker permanent abstiegsbedroht, sieht man einmal von einem 5. Platz 1931/32 ab. Leistungsträger verließen den Verein, darunter auch Josef Bergmeier, der sich dem FC Bayern anschloss.

Die enorm gewachsene Bedeutung des Münchner Fußballs wurde in diesem Jahr aber nicht nur durch die doppelte Halbfinalteilnahme dokumentiert. Bei der Olympiade in Amsterdam standen mit Heidkamp, Hofmann, Kutterer, Nagelschmitz und – wie bereits erwähnt – Pöttinger fünf Bayern-Spieler im Kader der Nationalelf, die allerdings nach einem 1:4 gegen Uruguay bereits in der zweiten Runde ausschied. In der ersten Runde hatte man die Schweiz 4:0 geschlagen. Zum Einsatz kamen in den beiden Begegnungen nur Hofmann und Pöttinger.

1928/29 wurde der FCB zwar erneut Südbayerischer Meister, aber in der süddeutschen Meisterschaftsrunde langte es nur zum 2. Platz. Zwei Heimniederlagen gegen die nicht gerade klangvollen Namen Germania Brötzingen (2:3) und VfL Neckarau (4:5) sowie eine Auswärtsniederlage beim späteren Süddeutschen Meister 1. FC Nürnberg (1:4) waren einfach zu viele. Der 2. Rang berechtigte jedoch zur erneuten Teilnahme an der Endrunde um die Deutsche Meisterschaft. In der Vorrunde wurde der Dresdener SC vor 16.000 Zuschauern an der Grünwalder Straße mit 3:0 besiegt. In der folgenden Zwischenrunde scheiterte der FCB erneut an einem Außenseiter: Im Breslauer Sportpark Grüneiche unterlagen die Bayern Breslau 08 vor 12.000 Zuschauern 3:4 n.V.

Josef Pöttinger, Nationalstürmer der Bayern.

Auch in den Spielzeiten 1929/30 und 1930/31 hieß der Südbayerische Meister FC Bayern. 1929/30 ereignete sich die einzige Niederlage in Regensburg, wo der FCB dem SSV Jahn mit 2:3 unterlag. In der Süddeutschen Meisterschaft langte es indes hinter Eintracht Frankfurt und der SpVgg. Fürth lediglich zum 3. Platz, womit die Endrunde um die Deutsche Meisterschaft verpasst wurde. Das gleiche Bild in der Saison 1930/31: Der FCB wurde mit vier Punkten Vorsprung auf den Lokalrivalen TSV 1860 souverän Südbayerischer Meister. Den Ausschlag gaben die direkten Aufeinandertreffen der beiden Rivalen. Im Hinspiel siegte der FCB vor 20.000 Zuschauern 4:2. Auch das Rückspiel ging vor 15.000 Zuschauern mit 3:1 an die Bayern, wobei das Glück den Roten hold war. So hieß es im „Fußball“: „Die Bayern können wohl als glücklicher Sieger bezeichnet werden, gewonnen haben sie jedoch durch ihre Stärke, die im Ausnützen gegebener Chancen liegt.“

Der FCB scheiterte jedoch anschließend in der Süddeutschen Meisterschaft, wo man hinter der SpVgg. Fürth und Eintracht Frankfurt erneut nur Dritter wurde. Anders die von Max Breunig trainierten Löwen, die über die Runde der Zweiten und Dritten den Sprung in die DM-Endrunde schafften. Nach Siegen gegen den Meidericher SV (4:1), Tennis Borussia Berlin (1:0) und Holstein Kiel (2:0) stand der südbayerische Vize-Meister als erster Münchner Verein in einem Endspiel zur Deutschen Meisterschaft. Der Gegner hieß Hertha BSC Berlin. Die Berliner gewannen vor 60.000 Zuschauern im Köln-Müngersdorfer Stadion 3:2.

1931/32 Auf dem Weg ins DM-Finale

Auch in der Saison 1931/32 wurde die südbayerische Liga von der Konkurrenz zwischen dem FC Bayern und dem TSV 1860 dominiert. Am Ende hatte der FC Bayern mit 28:8 Punkten und 66:33 Toren erneut die Nase vorn, wobei der Abstand auf den Vize-Meister TSV 1860 lediglich zwei Zähler betrug. Für den FCB war dies der fünfte südbayerische Meistertitel in Folge. Kurioserweise gingen beide Meisterschaftsspiele gegen die Löwen verloren. Die erste Begegnung gewann der TSV 1860 2:0, die zweite vor 22.000 Zuschauern sogar 6:2. Die Löwen boten an diesem Tag Fußball vom Feinsten. Der „Fußball“ verlieh ihnen das Prädikat „beste deutsche Kombinationself“. Selbst der „rücksichtsloseste Nur-Bayernanhänger“ habe an diesem Nachmittag „die überaus glänzende Leistung der 1860er anerkannt“.

In der Süddeutschen Meisterschaft wusste der FCB sich zu revanchieren. Zunächst schlug der FCB den TSV 1860 3:1. 25.000 Zuschauer sahen die Begegnung, was Rekordbesuch bedeutete. Ermöglicht wurde die beeindruckende Kulisse durch eine mit Rücksicht auf die Wirtschaftskrise erfolgte Senkung der Eintrittspreise. Erheblich magerer fiel der Zuschauerzuspruch beim Rückspiel aus, das der FCB 3:0 gewann. Vier Derbys innerhalb von nur 20 Wochen hatten bei den Fans eine gewisse Müdigkeit hinterlassen. Müde waren aber auch die Löwen, die bei der Vergabe des Meistertitels keine Rolle spielten. Mit 10:18-Punkten endete der südbayerische Vize-Meister lediglich auf dem 6. Platz, während der FCB mit 21:7 Punkten und 37:17 Toren Sieger der Gruppe Südost wurde. Nach der Hinrunde hatte es zunächst nicht nach einem Durchmarsch des erklärten Favoriten FC Bayern ausgesehen. Von sieben Begegnungen gingen immerhin drei verloren. Gegen den 1. FC Pforzheim unterlag man gar daheim 2:6. Doch in der Rückrunde blieb der FCB ohne Niederlage und gab nur einen Punkt ab.

Im Finale um die Süddeutsche Meisterschaft traf der FCB am 1. Mai 1932 in Stuttgart auf Eintracht Frankfurt. Das Spiel musste nach 80 Minuten beim Stand von 2:0 für die Eintracht abgebrochen werden, da erboste Bayern-Fans das Feld erstürmt hatten. Nach der Pause war die Begegnung in eine regelrechte Schlacht ausgeartet. Die Bayern-Fans beschuldigten den Schiedsrichter, ihrer Mannschaft zwei klare Handelfmeter verweigert zu haben. Da beide Teams für die Deutsche Meisterschaft automatisch qualifiziert waren, verzichtete der FCB auf eine Neuansetzung.

Halbfinal-Erfolg über den „Club“

In der Vorrunde zur „Deutschen“ wurde Minerva 93 Berlin vor 15.000 Zuschauern an der Grünwalder Straße mit 4:2 besiegt. In der Zwischenrunde spielte der FC Bayern gegen Polizei SV Chemnitz. Austragungsort war der Leipziger Wacker-Platz, den die Münchner nicht gerade in guter Erinnerung hatten. Doch vor 30.000 Zuschauern unterlagen die Ordnungshüter dem FCB mit 2:3. Damit standen die Bayern im Halbfinale. Gegner war hier der 1. FC Nürnberg, mit fünf Titeln zu diesem Zeitpunkt Deutschlands Rekordmeister. Der FCB gewann das Spiel vor 35.000 Zuschauern in Mannheim mit 2:0. Die Tore schossen Rohr und Welker. Zum zweiten Male hintereinander konnte sich ein Münchner Verein für das Finale qualifizieren.

Die Niederlage des Nürnberger „Club“ sollte ein tragisches Nachspiel haben. In Deutschland befanden sich inzwischen die braunen Horden auf dem Vormarsch. Einer, der dies zu spüren bekam, war Nürnbergs ungarisch-jüdischer Trainer Jenö Konrad, dessen Bruder Kalman kurzzeitig den FC Bayern trainiert haben soll. Der ehemalige Weltklassespieler von MTK Budapest kapitulierte nun vor der antisemitischen Hetze, mit der er vom in Nürnberg erscheinenden „Stürmer" nach der Halbfinal-Niederlage übergossen wurde: „Der 1. FC Nürnberg geht am Juden zugrunde. (...) Klub! Besinne Dich und wache auf. Gib deinem Trainer eine Fahrkarte nach Jerusalem. Werde wieder deutsch. Dann wirst du wieder gesund. Oder du gehst am Judentum zugrunde." Konrads „Judentum" kann es kaum gewesen sein, was den Nürnbergern die Niederlage bescherte. Offensichtlich war dem Autor dieser Zeilen völlig entgangen, dass der verhasste „jüdische Einfluss" beim Sieger der Begegnung noch weitaus stärker ausgeprägt war.

Showdown zweier „Juden-Klubs"

Wie schon beim Endspiel um den Süddeutschen Meistertitel hieß der Gegner im Finale um die Deutsche Meisterschaft Eintracht Frankfurt. Die Frankfurter hatten im zweiten Halbfinale den FC Schalke 04 mit 2:1 besiegt.

Das Spiel des Jahres sollte am 12. Juni 1932 in Nürnberg stattfinden. Der FCB galt als Favorit, ja als überreif für die Meisterschaft, wenngleich die Elf seit dem Scheitern von 1926 der Ruf verfolgte, eine launische Diva zu sein. Der Endspielort Nürnberg behagte dem FC Bayern überhaupt nicht. Man befürchtete, die Anhänger der im Halbfinale besiegten Nürnberger würden sich auf die Seite der Frankfurter schlagen und damit den neutralen Charakter des Austragungsortes zunichte machen. Das Nürnberger Stadion war bereits 1929 Schauplatz eines Finales gewesen. Auch damals war der „Club" im Halbfinale gescheitert, während der Lokalrivale Fürth ins Endspiel einzog. Das für seinen Fanatismus berüchtigte Nürnberger Publikum hatte daraufhin den Endspielgegner Hertha BSC angefeuert – indes ohne Erfolg. Die Begegnung mit Eintracht Frankfurt erhielt zusätzlichen Zündstoff durch den Spielabbruch im süddeutschen Finale. Deshalb entschloss sich der DFB, mit Alfred Birlem einen seiner erfahrensten Schiedsrichter zu nominieren.

Das Finale geriet zu einem Stelldichein jüdischer Funktionäre, Trainer und Journalisten. Beim FC Bayern waren diesbezüglich neben dem Präsidenten Kurt Landauer vor allem der aus Wien stammende Trainer Richard Dombi (Geburtsname: Richard Kohn), der als Aktiver für MTK Budapest kickte und österreichischer Nationalspieler war, sowie Jugendleiter Otto Beer zu nennen. Aber auch bei der Frankfurter Eintracht strickten jüdische Bürger am Erfolg mit. Seit Mitte der 1920er Jahre hieß der Hauptmäzen der Eintracht J. & C.A. Schneider, größter Schuhhersteller auf dem Kontinent. Deren Besitzer waren die jüdischen Bürger Lothar Adler, Fritz Adler und Walter Neumann. Die wichtigsten Eintracht-Akteure standen auf der Lohnliste von J. & C.A. S., weshalb die Mannschaft auch als „Schlappekicker" firmierte. „Schlappe" nannte man in Hessen jene Hausschuhe, die J. & C.A. S. produzierte. Auch der jüdische Schatzmeister der Eintracht, Hugo Reiß, war in der Schuhfabrik beschäftigt. Auf der Pressetribüne saßen u.a. „Kicker"-Herausgeber und Chefredakteur Walther Bensemann und die Frankfurter Journalistenlegende Max Behrens, wie Bensemann jüdischer Herkunft.

Nürnberg, 12.6.1932: Der FC Bayern vor dem Anpfiff des Endspiels um die Deutsche Meisterschaft. Von links: Haringer, Bergmaier, Welker, Heidkamp, Lechler, Nagelschmitz, Breindl, Krumm, Schmid II, Goldbrunner, Rohr.

Auch Dr. David Rothschild, ehemals Präsident des Eintracht-Rivalen FSV, unter dessen Regentschaft die Schwarz-Blauen zu einer nationalen Adresse avanciert waren, saß im Stadion. Rothschild beschrieb anschließend die Anfahrt der Frankfurter Anhänger wie folgt: „In jedem Ort, durch den sie fahren, erwartet sie eine enthusiastische Menschenmenge, die mit wechselnden Sympathien für eine der beiden Finalteams Partei ergreift, und je näher sie nach Nürnberg kommen, umso gewaltiger wird die Mobilisierung. Was sehen wir? Da flitzt Hitlers Mercedes mit Eskorte uns entgegen; die Insassen erkennen, dass König Fußball die Massenbegeisterung in steigendem Maße erwirbt, trotz Reichstagsfieber und Notverordnung." Hitler flieht vor König Fußball aus Nürnberg – eine optimistische Momentaufnahme, die nur acht Tage später von der Realität überrollt wurde. Denn aus den Reichstagswahlen vom 20. Juli 1932 ging die NSDAP mit 230 von 608 Mandaten (37,8%) als stärkste Fraktion hervor. Einige Monate später befanden sich einige der Hauptakteure von Nürnberg zwangsweise im Ausland.

Erstmals Deutscher Meister

Die Vorbereitung der Bayern erfolgte für damalige Verhältnisse ausgesprochen professionell. Trainer Richard „Little" Dombi, der von seinen Kompetenzen her einem heutigen englischen Manager glich, schirmte die Mannschaft gegenüber der Öffentlichkeit hermetisch ab. Als Geheimquartier fungierte das Nürnberger Hotel „Württemberger Hof". Nicht einmal dem 1. Vorsitzenden Kurt Landauer war der Aufenthaltsort der Mannschaft bekannt, und die Journalisten vermuteten das „Parkhotel" in Schwabach. Eine Zeitung kündigte ihren Lesern gar einen ausführlichen Bericht mit Bildern von dort an. Doch der FC Bayern der frühen 1930er Jahre war noch kein Unternehmen der Unterhaltungsindustrie. Es gab keine Besuche, Interviews oder Reportagen. Den Tagesablauf – von den Mahlzeiten über den Spaziergang im Nürnberger Stadtpark bis zum entspannenden Kartenspiel – bestimmte allein Dombi.

Das Endspiel lockte 55.000 Zuschauer ins Stadion, der größere Teil von ihnen waren Bayern-Fans. Bereits zwei Stunden vor dem Anpfiff war die Arena überfüllt. 500 Bayern-Anhänger hatten die 200 km von München nach Nürnberg mit dem Fahrrad zurückgelegt. Bei den Radlern handelte es sich größtenteils um Erwerbslose, denen der FC Bayern Freikarten spendierte sowie Übernachtung und Verpflegung bezahlte.

Beim Anpfiff standen neun aktuelle Nationalspieler auf dem Platz. Im Bayern-Dress Haringer, Heidkamp, Bergmaier, Rohr und Welker, bei der Eintracht Schütz, Stubb, Mantel und der Schweizer Nationalstürmer Dietrich. Insgesamt wurden acht der elf Münchner Endspiel-Akteure während ihrer Laufbahn in die Nationalmannschaft berufen: Goldbrunner kam auf 39 Einsätze, Haringer 15, Heidkamp 9, Bergmeier 8, Rohr 4, Krumm 2, Nagelschmitz und Welker je 1.

Bei drückender Hitze (die Zuschauer hinterließen 43.000 Limonadeflaschen und 30.000 Maßkrüge, des Weiteren wurden zehn Eisenbahnwaggons voll sonstiger Abfälle eingesammelt) präsentierte sich die Eintracht zwar feldüberlegen, konnte dies jedoch nicht in Tore umzumünzen. Mit der Zeit fanden die Bayern besser ins Spiel, konnten sich vom Druck der Frankfurter befreien und ihr mittlerweile berühmtes flüssig-flaches, geschmeidiges Zusammenspiel entwickeln.

Ein Handelfmeter führte schließlich in der 35. Minute zum 1:0. Bayerns Mittelstürmer Oskar „Ossi" Rohr drosch den Ball mit solcher Wucht ins Frankfurter Gehäuse, dass am Elfmeterpunkt dicke Kreidewolken aufwirbelten. Das Spiel wurde nun vor allem von Frankfurter Seite mit großer Härte geführt. Haringer setzte zwei Freistöße nur an die Querlatte. Noch vor dem Halbzeitpfiff musste Nagelschmitz verletzt ausscheiden. Nach dem Wiederanpfiff bestürmte die Eintracht das Bayern-Tor, aber trotz Unterzahl behauptete sich die Abwehr um Haringer und den langen Mannschaftskapitän Conny Heidkamp. Als auch auf Frankfurter Seite ein Akteur (Möbs) verletzt ausschied, wurde das Spiel wieder ausgeglichener. In der 75. Minute fiel schließlich die Entscheidung: Auf der rechten Angriffsseite setzte sich Krumm gegen zwei Frankfurter durch, drehte nach innen und schoss den Ball an die Innenkante des rechten Torpfostens, von wo aus das Leder ins Netz sprang. Die Frankfurter setzen nun alles auf eine Karte, konnten aber die Bayern-Abwehr nicht mehr ernsthaft in Verlegenheit bringen. Als der Schlusspfiff ertönte, wurde das Spielfeld von Bayern-Fans überflutet, die ihre Helden auf ihre Schultern hievten. Der Berichterstatter des „Fußball": „Mit den Bayern ist die beste deutsche Mannschaft Meister geworden! Die im entscheidenden Augenblick beste deutsche Mannschaft. (...) Das Ende war ein Meer von Jubel, ein Beifall, wie er zuvor wohl nur einmal von einem unbeteiligten Publikum einem deutschen Meister dargeboten wurde: 1926 der Spielvereinigung Fürth gegen Hertha BSC Berlin im Frankfurter Stadion." Die bösen Befürchtungen, die die Bayern ob des Austragungsortes plagten, hatten sich als überflüssig erwiesen.

Die Meistermannschaft: Lechler, Haringer, Heidkamp, Breindl, Goldbrunner, Bergmaier, Nagelschmitz, Krumm, Rohr, H. Schmid, Welker. Mit Welker, Schmid, Rohr, Krumm und Bergmaier besaßen die Bayern in dieser Saison wohl den besten Sturm im deutschen Fußball.

Kraftvoll verwandelt Oskar Rohr einen Elfmeter zur 1:0-Führung.

Zum ersten Mal kam die „Viktoria“ nach München, wo der Mannschaft ein triumphaler Empfang bereitet wurde. In Pferdedroschken wurden die Spieler vom Hauptbahnhof über den Stachus und den Marienplatz in das Münchner Stadtzentrum chauffiert. Entlang der Route standen Tausende mit rot-weißen Fähnchen Spalier. Die lokale Presse schrieb über den Empfang des Meisters: „München, jenes gemütliche München, dem man in aller Welt die ruhige, fast einer Großstadt fremde Lebensweise nachrühmt, das – konservativ in seiner Art – eigentlich lange braucht, bis es sich für irgend etwas begeistern kann, dieses München verschwand gestern im Fußballtaumel und in Siegerfreude.“

In den „Club-Nachrichten des F.C. Bayern e.V. München“ hieß es zum Titelgewinn: „Es hat seine Berechtigung, dass aus der Deutschen Fußballmeisterschaft mehr Wesens gemacht wird wie aus der Titeleroberung jeder anderen Sportart, nirgends ist der Kampf um die Krone so mühsam, langwierig und schwierig. Die Masse fühlt richtig, wenn sie in dem Deutschen Fußballmeister etwas ganz besonderes sieht, wenn sie ihm mit einer Begeisterung zujubelt wie kaum einem anderen sportlichen Heroes unserer Zeit. Lange Jahre haben wir auf diesen Tag gewartet, wir alte Bayern, von denen jeder irgendwie und irgendwann das Seinige getan, um seinen ruhmreichen Klub vorwärts zu bringen, der ihm mehr als Fußballspiel oder Verein, der ihm ein Stück seines Lebens bedeutet hat. Viele Tausende von Bayern sind im Laufe dieser drei Dezennien in der Phalanx der Streiter gestanden, die unserem Fußball den Weg gebahnt aus den Zeiten der Verfehmung und des Verkanntseins in den Sonnenglanz der Volkstümlichkeit.“

Die Meisterschaftsfeier, bei der auch namhafte Humoristen und Volkssänger wie Weiß Ferdl, Michl Ehbauer und Karl Steinacker auftraten, fand im völlig überfüllten „Löwenbräukeller“ statt. Die Volkssänger waren ein lokalspezifisches Phänomen, deren Blütezeit in die 50 Jahre vor und nach der Jahrhundertwende fiel, als München sich zur Weltstadt mauserte und „sich die Handwerker- und Kleinbürgerseele in aller dumpfen Begrenztheit und geselligen Amüsiersucht breit machte, nur am Rande von der Schwabinger Boheme angegriffen. Die Bezeichnung Volkssänger rührt daher, dass ursprünglich bei den Auftritten die gesanglichen Darbietungen (Gstanz und Couplets) Vorrang vor den später sich entfaltenden komischen Theaterszenen hatten. Diese bayerische Kleinstkunstform ... bildet eine Wurzel der heutigen Unterhaltungsindustrie, vom Kino bis zum Nachtklub, die folglich auch ihre Totengräber geworden sind. (...) Die komischen Vorträge, Parodien und Possen blieben immer ausgesprochen volkstümlich, ortsverbunden und stereotyp, kurz sie blieben auf dem Erwartungsniveau des Publikums und dienten dem einfachen Unterhaltungsbedürfnis“ (Klaus Pemsel). Der Auftritt von Weiß Ferdl, dem damals bekanntesten Münchner Volkssänger, irritiert etwas. Denn Weiß Ferdls Erfolg basierte nicht zuletzt auf seinen antisemitischen Witzen. Wiederholt stellte er seine Popularität auch in die Dienste der NSDAP. Es ist anzunehmen, dass er bei seinem Auftritt vor dem FC Bayern auf diese Art „Humor“ verzichtete.

Meisterschaftsfeier mit „Viktoria“. Hinten links Trainer Dombi, rechts Heidkamp und Rohr; vorn Haringer und Bader.

Kurt Landauer jedenfalls überreichte Münchens Oberbürgermeister Dr. Scharnagl ein Fünfmarkstück mit den besten Grüßen von Walther Bensemann, der in einer Wette mit dem Münchner Stadtoberhaupt auf die Eintracht gesetzt hatte. Nach der Meisterschaftsfeier fuhr die Mannschaft mit Freunden und Verwandten per „Radl“ auf eine Hütte, wo acht Tage weitergefeiert wurde. Die Verpflegung hatte man sich bei einigen Geschäftsinhabern besorgt, die für den Fall der Meisterschaft „milde Gaben“ versprochen hatten.

Machtwechsel in Politik und Fußball

1932/33 wurde der FCB zunächst vor dem TSV 1860 mit deutlichem Vorsprung Südbayerischer Meister. Gegen die Löwen spielte der FCB 1:0 und 2:2. Beim 1:0 verschoss Oskar Rohr zum ersten Mal in seiner Fußballerlaufbahn einen Elfmeter. Die Südbayerische Meisterschaft sollte für lange Zeit der letzte Titel des FC Bayern sein, denn in der anschließenden Ost-West-Staffel der Süddeutschen Meisterschaft hatten am Ende die Löwen die Nase vorn. Während der TSV 1860 den Gruppensieg errang und ins Endspiel um die Süddeutsche Meisterschaft einzog, musste sich der amtierende Deutsche Meister mit dem 4. Platz begnügen. Allerdings trennten die Bayern von den Löwen nur zwei Punkte. Entscheidend waren letztendlich die beiden direkten Aufeinandertreffen der Rivalen, aus denen der TSV 1860 vier Zähler holte. Das zweite (bzw. vierte) Derby fand am 12. März statt, dem Tag, an dem Hitler – seit 1912 in der bayerischen Metropole ansässig – per Flugzeug auf dem Oberwiesenfeld eintraf, um seine Parteigenossen zur Machtübernahme in Bayern zu begrüßen. Nach Schätzungen der Polizei empfingen 150.000 Menschen den „Führer“, während 18.000 dem Derby beiwohnten.

Bei den Reichstagswahlen vom 5. März 1933 hatte die NSDAP in München 176.490 Stimmen geholt. Die BVP verbuchte 102.497 Stimmen, die SPD 96.284 und die KPD 55.483. Das bayerische Ergebnis war allerdings für die Nazis das schlechteste im Deutschen Reich. Ein schwacher Trost für die Nazi-Gegner, denn am 9. März 1933 erfolgte die Absetzung der bayerischen Regierung und die Ernennung von General Epp zum Generalstaatskommissar. Epp war in München kein Unbekannter. 1919 war er als Freikorpsführer wesentlich an der Niederwerfung der Räteregierung beteiligt gewesen. Auf Münchens Straßen tobte nun der braune Terror. Zahlreiche Menschen wurden verhaftet und verprügelt. Einen Tag nach dem Münchner Derby stand in den Zeitungen eine Verlautbarung des neuen Polizeipräsidenten Heinrich Himmler, die an Zynismus nicht zu überbieten war: „Ich habe Schutzhaft in ziemlich erheblichem Maße verhängt. (…) Ich habe mich hierzu genötigt gesehen, da in der Stadt an vielen Stellen große Erregung herrscht und es mir daher unmöglich wäre, jede einzelne Persönlichkeit, die Anlass zur Unruhe gibt, so zu schützen, dass ich die Sicherheit für Leben und Eigentum übernehmen könnte.“

Auch nach Hitlers Machtübernahme wurde die Saison 1932/33 wie geplant fortgesetzt. Der TSV 1860 verlor zwar das Finale um die Süddeutsche Meisterschaft (0:1

gegen Eintracht Frankfurt), zog aber nach Siegen über VfL 1906 Benrath (2:0) und Beuthener SuSV 1909 (3:0) bereits zum dritten Mal ins Halbfinale der Deutschen Meisterschaft ein. Dort unterlagen die Löwen vor 30.000 Zuschauern im Leipziger VfB-Stadion dem FC Schalke 04 mit 0:4.

Der „Arbeiterverein" FC Schalke, bis heute der einzige deutsche Profiklub, der ein Arbeits- bzw. Berufssymbol in seinem Wappen führt, war ein aufsteigender Stern am deutschen Fußballhimmel. Da sich auch Fortuna Düsseldorf in seinem Halbfinale durchgesetzt hatte, kam es erstmals in der Geschichte des deutschen Fußballs zu einem reinen West-Finale. Bis dahin war es überhaupt erst einem Westverein gelungen, ins Finale vorzudringen: 1913 hatte der Duisburger SpV, im Gegensatz zu den Schalkern ein „bürgerlicher" Verein, gegen den VfB Leipzig 1:3 verloren. Zehn Jahre später hatte die rheinische Nachbarstadt mehr Erfolg. Die Fortuna, die ihren Namen nicht von der berühmten Glücksgöttin, sondern von einer Brotfabrik im Düsseldorfer Stadtteil Flingern erhielt, gewann das Finale 3:0. Der Westen hatte seinen ersten Deutschen Fußballmeister.

Nach der Saison 1932/33 verließ auch Torjäger Oskar Rohr den FCB. Bei den Bayern hatte Rohr glückliche 16 Monate verlebt, in denen er 30 Tore schoss. Rohr wollte Profi werden, was in Deutschland nun mehr denn je verpönt war. Die seit 1919 scheinbar unaufhaltsame Entwicklung zum Profifußball war beim DFB stets auf vehementen Widerstand gestoßen, konnte jedoch erst mit Hilfe der Nazis gestoppt werden. Der Amateurismus des DFB hatte mit den elitären Vorstellungen der englischen Public-School-Gentlemen oder dem völkerverbindenden Ideal eines Pierre de Coubertin nur wenig zu tun. Viele DFB-Obere verkehrten im nationalkonservativen und völkischen Milieu. Dort wurde der Sport auf eine „vormilitärische" Körperertüchtigung für den Kriegsdienst und als Mittel zur Stärkung des „volksgemeinschaftlichen" Seelenlebens reduziert. Profisport galt in diesen Kreisen als dekadent und Ausdruck einer materialistischen Massenkultur, wie sie bereits die zutiefst verhassten USA beherrschte. Mit der Ablehnung des Profisports korrespondierte die Abneigung gegenüber internationalen Sportbegegnungen. Ländervergleiche dienten nicht im Bensemann'schen Sinne der Völkerverständigung, sondern der Demonstration der Überlegenheit der eigenen nationalen Werte und Tugenden. Der internationale Sport, wenn man ihn schon betreiben musste, geriet somit zum „Ersatzkrieg" in Friedenszeiten.

Profifußball galt als dekadent

48 Jahre nach der Legalisierung des Profifußballs in England kickten in Deutschland offiziell immer noch ausschließlich Amateure. Anfang 1925 hatte der DFB sogar einen Boykott der Profiteams aus Wien, Budapest und Prag beschlossen, den Walther Bensemann im „Kicker" wie folgt kommentierte: Der Boykottbeschluss sei wohl von dem Wunsch getragen, „auf die irregeführten, räudigen Schäflein in Wien, Prag und Pest eine ethische Wirkung auszuüben, auf dass sie von dem bösen Profitum ließen und sich mit dem Rufe: ‚Hab' Sonne im Herzen und nix in den Taschen' an unsere Brust stürzten". Vermutlich regierte bei diesem Beschluss aber auch Angst vor der Blamage

mit, denn die Klubs des Donaufußballs und seine Nationalmannschaften waren in diesen Jahren den Deutschen haushoch überlegen. Noch 1930 erschien im Jahrbuch des DFB ein Artikel mit dem Titel „Kampf dem Berufssport". Der Autor schrieb, der DFB habe „immer auf dem Standpunkt gestanden, dass nur der Amateursport zu pflegen sei. (...) Die Pflege des Amateursports verlangt auf der anderen Seite Kampf gegen den Berufssport. Es ist unsere Pflicht, Berufssportler, die sich in unseren Reihen finden sollten, auszumerzen." De facto befand sich der Profifußball aber längst auf dem Vormarsch. 1932 wurde in Westdeutschland eine Privatinitiative ins Leben gerufen, die am DFB vorbei einen Profibetrieb aufziehen wollte. Von Vereinsseite waren u.a. Schalke 04, 1. FC Wuppertal und FC Mönchengladbach/Rheydt beteiligt. Im selben Jahr starteten Journalisten eine Initiative zur Bildung einer professionellen „Reichsliga". Dieser schlossen sich auch der FC Bayern und Wacker München an.

War im „neuen Deutschland" verfemt: Ossi Rohr.

Doch mit dem 30. Januar 1933 „war das Thema Profifußball für zwölf Jahre vom Tisch, vermutlich zur Erleichterung einer ganzen Reihe von Fußballoberen", wie der Historiker Arthur Heinrich in seiner politischen Geschichte des DFB schreibt. Der halboffizielle „Zigarrenladen-Amateurismus" wurde sanktioniert, während die nationalsozialistische Ideologie zugleich verlangte, dass nach außen hin das Amateurideal aufrechterhalten blieb. Die Diskussion um den Professionalismus wurde erstickt, indem die Nazis ihn schlicht verboten. Ohne die Jahre der NS-Diktatur wäre die Angleichung an andere europäische Länder sicherlich eher erfolgt, doch für die Nazis war der Professionalismus eine „jüdische" und „entartete" Angelegenheit. Die nationalsozialistischen Eingriffe in den Sport folgten dabei einem allgemeinen antisemitischen Muster, bei dem hinter vielen „modernen" Tendenzen „jüdische Verschwörungen" vermutet wurden.

Eine besondere Angriffsfläche boten die Länder des „Donaufußballs", in deren Fußball Juden auf allen Ebenen eine bedeutende Rolle spielten. Bereits in den 1920ern wurde die fußballinterne Diskussion um den Professionalismus von antisemitischen Tönen begleitet. Diesbezüglich tat sich insbesondere die Zeitschrift „Fußball und Leichtathletik" („FuL") hervor, Zentralorgan des Westdeutschen Spielverbands und gewissermaßen Gegenstück zum liberalen „Kicker" Walther Bensemanns. „FuL"-Redakteur Guido von Mengden ordnete Bensemann jenen Menschen zu, „die Krämer und Geschäftemacher mit Volksseele und Volksgemüt sind". Den (jüdischen) österreichischen Verbandskapitän Hugo Meisl, Vater des legendären „Wunderteams", denunzierte von Mengden als „Mausefallenhändler", der „aus den Ländern um Galizien" stamme.*

Oskar Rohr ging auf der Suche nach einer Erwerbsmöglichkeit in die Schweiz, wo 1931 eine Delegiertenversammlung des Schweizer Fussball- und Leichtathletikverbandes (SFAV) die Einführung einer Nationalliga und die Legalisierung des Berufsspielertums beschlossen hatte. Rohr schloss sich den Grasshoppers Zürich an, mit denen er 1934 Pokalsieger wurde.

In Deutschland wurde der „Legionär" scharf angegriffen. Der „Fußball" beschuldigte Rohr, er habe sich „im Ausland als Gladiator verkauft". Ein romantisierender, spießiger Antikapitalismus von rechts, mit dem Dekaden später noch ein anderer Bayern-Akteur konfrontiert werden sollte: Paul Breitner. Walther Bensemann, der bereits Anfang 1933 resigniert nach Montreux in die Schweiz gegangen war, thematisierte den „Fall Rohr" im Oktober 1933 in einem Brief an seinen alten Freund Dr. Ivo Schricker, seit 1932 Generalsekretär der FIFA: „Man müsste untersuchen, ob Fußballer, die Amateure sind, Sklaven sind."

Hetze gegen Ossi Rohr

Am 19. März 1933 hatte die deutsche Nationalmannschaft in Berlin gegen Frankreich ihr erstes Länderspiel nach der braunen Machtergreifung bestritten. Beim obligatorischen Empfang warb DFB-Boss Felix Linnemann gegenüber den ausländischen Gästen für die neuen Machtverhältnisse. Er sei überzeugt, „dass der Kampf gegen den Bolschewismus nicht nur ein Frühling Deutschlands sei, sondern sich später als ein Frühling für alle westlichen Kulturstaaten erweisen werde."

Für Oskar Rohr, der zum 3:3-Remis zwei Tore beisteuerte, war es der letzte Auftritt im Nationaltrikot. „Mit diesem jungen Mann steht und fällt das Spiel", kommentierte der „Kicker" den Auftritt des Spielers, auf dessen Dienste der DFB künftig verzichtete. Angesichts der politischen Entwicklung in Berlin hatte Jules Rimet, seit 1921 Präsident der FIFA, übrigens zunächst erwogen, die Équipe tricolore zu Hause zu lassen. Ivo Schricker riet ihm davon ab: Eine politische Isolation Deutschlands würde die Angelegenheit nur noch verschlimmern.

* Von Mengden wurde übrigens im Juni 1933 Pressewart des DFB, 1935 Pressereferent des Deutschen Reichsbundes für Leibesübungen, 1936 Generalreferent des Reichsportführers von Tschammer und Osten. Obwohl ein flammender Befürworter der Nazi-Herrschaft, setzte er seine Karriere nach 1945 fort: 1951 Geschäftsführer der Deutschen Olympischen Gesellschaft, 1954 Hauptgeschäftsführer des Deutschen Sportbunds, 1961 Generalsekretär des Nationalen Olympischen Komitees.

Resümee

Mit der Halbfinalteilnahme 1928 und dem Gewinn der deutschen Meisterschaft 1932 war es dem FCB gelungen, sich in der Gruppe der leistungsstärksten und prominentesten deutschen Klubs zu etablieren. Der FCB war nun auch national und international eine geschätzte Größe und ein Gesprächsthema. Akteure des FCB wurden fast regelmäßig für die Nationalmannschaft nominiert.

Die Dominanz der süddeutschen Klubs nahm nach dem Ersten Weltkrieg weiter zu. Dabei verlagerte sich nun innerhalb Süddeutschlands das Zentrum vom badischen Karlsruhe ins bayerisch-fränkische Nürnberg/Fürth, was sich bereits vor dem Krieg angedeutet hatte, sowie nach München. Der 1. FC Nürnberg stellte einen Großteil der Nationalmannschaft. München bildete mit dem FC Bayern, dem TSV 1860 und dem FC Wacker das zweite Zentrum im süddeutschen Raum. Die Münchner Klubs gewannen immerhin fünf der zwischen 1919/20 und 1932/33 ausgespielten süddeutschen Meisterschaften, der Raum Nürnberg/Fürth kam auf sieben. Nach dem fünffachen Süddeutschen Meister 1. FC Nürnberg war der FC Bayern mit drei Titeln der erfolgreichste süddeutsche Verein. Nur zweimal ging die Meisterschaft nicht nach München oder Nürnberg/Fürth (1925 VfR Mannheim, 1930 Eintracht Frankfurt).

Von den im Zeitraum 1920 bis 1933 14 ausgespielten nationalen Meistertiteln gingen fünf an den 1. FC Nürnberg und zwei an die SpVgg. Fürth. Mit dem Titel der Bayern gewann der Süden nicht weniger als acht der insgesamt 14 deutschen Meisterschaftsfinale. Die Dominanz des Südens wurde auch in Bayerns Meisterjahr 1932 deutlich: Mit dem FCB, dem „Club" und Eintracht Frankfurt stellte der Süden drei der vier Halbfinalisten. Der vierte Teilnehmer hieß Schalke 04 und signalisierte den bevorstehenden Machtwechsel.

Münchens Aufstieg zur Fußball-Metropole begann Mitte der 1920er Jahre. Während sich in der Bilanz aller DM-Endrunden 1903-14 unter den 42 aufgeführten Vereinen keine Münchner Adresse befindet, sieht dies für die DM-Endrunden 1920-33 völlig anders aus. Unter den 20 erfolgreichsten Klubs tauchen gleich drei Münchner auf, und zwar auf den Plätzen 6 (TSV 1860), 9 (FC Bayern) und 14 (FC Wacker). Außer dem Titelgewinn des FC Bayern waren noch eine weitere Finalteilnahme (TSV 1860) sowie sieben (!) Halbfinalteilnahmen (TSV 1860: 3, FC Bayern: 2, FC Wacker 2) zu vermelden. Nur Berlin war mit fünf Klubs unter den besten 20 noch häufiger vertreten als München. Allerdings: Während Hertha hinter dem 1. FC Nürnberg den 2. Rang und Tennis Borussia den 11. Rang belegten, kamen Union Oberschönweide, BFC Vorwärts und Norden-Nordwest Berlin nur auf die Plätze 16, 18 und 19. Der gesamte Westen erreichte mit Schalke (8), Fortuna Düsseldorf (11), der SpVgg. Sülz 07 (17) und dem Duisburger SpV. nur vier Platzierungen unter den besten 20.

Den Aufstieg Münchens in den Kreis der deutschen Fußballmetropolen dokumentieren auch die Städtespiele dieser Jahre. Am 27. Juli1927 konnte die Münchner Stadtauswahl ihren ersten Sieg über die bis dahin überlegene Auswahl Berlins verbuchen. Die Münchner gewannen 4:1. Am 29. Dezember 1929 schlug die Münchner Stadtauswahl das Team Berlins vor 25.000 Zuschauern an der Grünwalder Straße sogar 6:1. Anton Löffelmeier schreibt in dem Buch „München und der Fußball" (1997), dass die Münchner Auswahl „mit geringen Veränderungen jederzeit auch als Nationalelf" hätte auftreten können. Die Entwicklung zur Fußball-Metropole manifestierte sich des Weiteren im Zuschauerzuspruch. Begegnungen gegen namhafte ausländische Teams mobilisierten bis zu 30.000 Zuschauer. 1927 wurden die Derbys FC Wacker gegen TSV 1860 und FC Wacker gegen FC Bayern von 20.000 bzw. 25.000 Zuschauern besucht, wobei diese in ihrer Mehrheit mit den „Blausternen" sympathisierten. Der höchste Zuschauerzuspruch wurde am 12. Dezember 1926 beim Länderspiel Deutschland gegen die Schweiz (2:3) registriert, das an der Grünwalder Straße von 40.000 verfolgt wurde. Die Presse wertete das Ereignis als Markstein auf dem Weg Münchens zur Sportstadt.

Die Gründe für den Aufstieg des Münchner Fußballs sind nicht zuletzt in der hervorragenden Jugend- und Trainingsarbeit zu suchen. Der FC Bayern war hier zwar führend, aber keineswegs allein. Mit Konrad Weiß (FC Bayern), Richard Dombi (TSV 1860, FC Bayern) und Alfred Schaffer (FC Wacker, DSV) verpflichteten die Münchner Vereine absolute Toptrainer, die zudem Repräsentanten des hochmodernen so genannten „Donaufußballs" waren. Insbesondere der FC Bayern verstand es, sich die „fußballwissenschaftlichen" Erkenntnisse des überlegenen Auslands zu Nutze zu machen. Dominierten bis Anfang der 1920er britische Lehrmeister (Griffith, Taylor, Hoer, Townley, danach auch noch McPherson) beim FC Bayern, so wandte man sich nun den Fußballschulen Budapests und Wiens zu, die auf dem Kontinent führend waren. Der Fußball Österreichs und Ungarns war damals dem Deutschlands spieltechnisch und organisatorisch deutlich überlegen. Folglich waren die Österreicher und Ungarn auch die besten Lehrmeister.

Der erste Trainer des FC Bayern aus der Tradition des „Donaufußballs" war 1921 der Ungar Dori Kürschner gewesen, dem u.a. sein Landsmann Konrad Weiß sowie der Österreicher Richard Dombi folgten. Zwischen Konrad Weiß und Richard Dombi muss auch der legendäre ungarische Ex-Internationale Kalman Konrad, ein jüngerer Bruder des bereits erwähnten Jenö Konrad, ein Gastspiel als Trainer beim FC Bayern absolviert haben. Werner Skrentny in „Davidstern und Lederball" (2003): „In einem Sportzeitungsbericht schreibt Sepp Kirmaier 1929 über das Endrundenspiel FC Bayern München - Dresdner SC (3:0): ‚Kalman Konrad hat seine Leute vorzüglich in Form gebracht.' Für dieses Engagement 1928-30 sprechen Quellen aus den USA." In einer 2000 erschienenen Sondernummer des britischen Soccer-Magazines „World Soccer" wurde Kalman Konrad unter „The 100 Greatest Footballers of All Time" geführt.

Mit dem Donaufußball, zu dessen Metropolen neben Budapest und Wien auch noch Prag gehörte, hatte sich eine zweite Säule im europäischen Fußball und gewissermaßen ein moderner Gegenentwurf zum englischen Fußball etabliert. Die hervorstechendsten Merkmale des „Donaufußballs" waren:

► Ein Spielstil, der sich an das schottische Flachpassspiel anlehnte: Die Schotten galten als „Erfinder des wissenschaftlichen Fußballs" und waren spieltechnisch den Engländern überlegen. Dane- ben hatte aber auch der Individualismus im „Donaufußball" seinen Platz. Und gegenüber dem auf Physis setzenden englischen Fußball zeichnete ihn eine gewisse Eleganz und Leichtigkeit aus.

► Der Donaufußball war professionell organisiert. Als erstes Land auf dem Kontinent überhaupt hatte Österreich 1924 den Profifußball legalisiert. 1925 folgte die Tschechoslowakei, 1926 Ungarn.

► Unter den wichtigsten Akteuren des „Donaufußballs" befanden sich, gemäß der Demographie seiner Metropolen, viele Juden, und dies auf allen Ebenen: als Funktionäre, Mäzene, Trainer und Spieler. Juden waren ein wichtiger und auch weitgehend akzeptierter Bestandteil der mitteleuropäischen Fußballkultur, weshalb sie nun bei den Nazis unter den DFB-Funktionären besonders verhasst war.

Dribbelstarker Rechtsaußen: Josef Bergmaier.

Der FC Bayern entwickelte sich im Laufe der 1920er und frühen 1930er gewissermaßen zu einer deutschen Dependance des „Donaufußballs". Seine damalige Spielweise wird mit Begriffen wie „flüssig" und „geschmeidig" charakterisiert, die Meistermannschaft von 1932 als die „am schönsten spielende deutsche Elf" gefeiert. Mit der Fußballphilosophie des Reichstrainers Otto Nerz hatten die von einem Wiener trainierten Bayern wenig im Sinn. Sigi Haringer: „Uns Bayern behagte damals das neue Nerz'sche System gar nicht. Wir wollten spielen, stürmen, nicht Fußball rackern oder arbeiten."

Der bereits vor dem Ersten Weltkrieg beim FCB zu registrierende Hang zur Professionalität erfuhr in den 1920ern eine weitere Verstärkung – nicht nur in der Vereinsführung, sondern auch auf dem Platz. So war des öfteren zu lesen, dass der Gegner den Bayern zwar ebenbürtig gewesen sei, aber die größere Effektivität das Spiel letztendlich zugunsten des FCB entschied. Dies führte dazu, dass die fußballinteressierte Öffentlichkeit bei Derbys zuweilen mehr mit dem TSV 1860 fieberte. So schrieb der „Fußball" über das Heimspiel der Bayern gegen 1860 vom 7. Dezember 1930, dass viele der Zuschauer hofften, dass den Löwen „ein Sieg über die wieder mal im Glück schwimmenden Bayern gelingen werde". Den FCB umgab aber zugleich die Aura einer „launischen Diva".

▶ EINWURF

Bayern international

Der weltoffene, moderne und ambitionierte Charakter des FC Bayern vor 1933 zeigte sich nicht nur darin, dass die 1. Mannschaft fast ausschließlich von ausländischen Fußballlehrern britischer, österreichischer oder ungarischer Herkunft trainiert wurde. Bemerkenswert ist auch die große Zahl internationaler Begegnungen, die der FC Bayern in den 1920ern und frühen 1930ern bestritt und die sowohl der Völkerverständigung wie der Verbesserung der eigenen fußballerischen Qualität dienten. Dabei zeigten die Bayern eine Vorliebe für Teams aus der Schweiz. Kaum ein anderer deutscher Verein dürfte in den Weimarer Jahren so viele ausländische Teams empfangen haben wie der FC Bayern.

Der Lokalrivale TSV 1860 war da zunächst anders. Der „Kicker" (4/1923) gibt den Löwen-Vorsitzenden Dr. Ernst Müller-Meiningen wie folgt wieder: „Sportliche Wettkämpfe dürften zurzeit nicht nur nicht mit Frankreich und Belgien, sondern auch mit Italien, Polen, Tschechoslowakei etc. nicht ausgetragen werden. Wer nicht so viel nationalen Stolz habe, schade der deutschen Turn- und Sportbewegung. Und gäbe denen Recht, die in dieser Bewegung zersetzende Einflüsse feststellen möchten. Jetzt heißt es: nationale Interessen über alles andere." Erst unter dem späteren „Bayern-Meistermacher" Richard Dombi kehrte mehr internationales Flair bei den Sechzigern ein. In der Saison 1928/29 holte Dombi mit HASK Zagreb, Rampa Juniors Montevideo und Olympique Marseille gleich drei renommierte Adressen auf Giesings Höhen.

Als Vermittler internationaler Begegnungen diente dem FC Bayern wiederholt Landauer-Freund Walther Bensemann, der wie kein anderer im deutschen Fußball über internationale Kontakte verfügte. Bensemann annoncierte im „Kicker" 28/1922: „Die erste Mannschaft von Bayern München beabsichtigt in Prag zu spielen und ersucht um meine Vermittlung. Vorgeschlagen werden der 13. und 15. August für zwei Wettspiele. Die Liga-Mannschaft würde in stärkster Aufstellung unter Führung von Hans Tusch und mit den alten Kanonen Schneider, Schmidt, Hofmeister, Kienzle und Hoffmann und dem jungen Maschinengewehr Pöttinger antreten. (...) Meine Herren von der Slavia, der Sparta, Union, Kladno und anderen erstklassigen Vereinen, bitte teilen Sie mir mit, ob Sie die beiden Termine für den sympathischen Münchner Club freihalten können und machen Sie mir eine diesbezügliche Offerte, die ich dann der Expedition übersenden kann. Die Reisegesellschaft wird 13 oder 14 Personen umfassen."

Mit MTK Budapest, Blauw-Wit Amsterdam, DFC Prag und Racing Club de Paris befanden sich unter den Gästen des FC Bayern wohl nicht von ungefähr Klubs, bei

Im April 1927 empfingen die Bayern den berühmten AC Peñarol Montevideo.

denen Juden in stärkerem Maße mitwirkten. Vor dem Ersten Weltkrieg waren bei MTK über die Hälfte der Spieler Juden. Von 1905 bis 1940 hieß der Präsident Alfréd Brüll. Brüll wurde 1941 nach Auschwitz deportiert, wo er 1944 starb. Blauw Wit Amsterdam, niederländischer Vize-Meister 1922, war das Team der assimilierten Mittelschichtsjuden im Süden der Hauptstadt. Der DFC Prag war der Klub der „deutschen Juden“ an der Moldau. Der Racing Club de Paris hatte seinen Aufstieg nicht zuletzt dem fußballverrückten jüdischen Immobilienmakler Jean Bernard-Lévy zu verdanken.

1919/20 spielte der FCB dreimal gegen den FC St. Gallen (4:3 an der Leopoldstraße, 4:3 in St.Gallen, 2:2 an der Grünwalder Straße), Rapid Wien (1:4) und MAC Budapest (7:1). Der FC St. Gallen war im Juni 1919 die erste ausländische Gastmannschaft nach dem Ersten Weltkrieg in München. Die Schweiz hatte als erster der neutralen Staaten und Feindstaaten den Spielbetrieb mit den deutschen Vereinen wieder aufgenommen.

Zu einem für den Münchner Fußball unvergesslichen Erlebnis wurde das Gastspiel der Profis von MTK Budapest, gegen die der FC Bayern am 27. Juli 1919 an der Marbachstraße antrat. MTK galt damals als bestes Team auf dem Kontinent. Von 1917 bis 1925 hieß der ungarische Meister ununterbrochen MTK. Da die Buchdrucker streikten, schickte der ideenreiche FCB-Präsident Landauer pferdebespannte Wagen mit handgeschriebenen Ankündigungsplakaten durch Münchens Straßen. Der FCB ging im Ballzauber der Ungarn um Alfred Schaffer mit 1:7 unter. 15.000 sahen die Begegnung. Anton Löffelmeier in „München und der Fußball“: „Schon lange vor Spielbeginn standen die Zuschauer … Kopf an Kopf auf dem MTV-Platz an der Marbachstraße in Sendling, besetzten Dächer, den Bahndamm und jeden höherliegenden Punkt um den Sportplatz.“

1920/21 wurden die niederländischen Klubs Be Quick Nymwegen (4:3) und Blauw Wit Amsterdam (0:2) empfangen. Außerdem kickte der FCB erneut zweimal gegen den FC St. Gallen (2:2 und 3:3, jeweils auswärts). Mit Sport Lausanne (3:0) maß man sich mit einem weiteren Klub aus der Schweiz. 1922/23 wurden außer den nun schon obligatorischen Spielen gegen St. Gallen (4:0 und 2:1) auch noch Spiele gegen den FC Bern (6:3 in

Bern) und FC Basel (1:3 in Basel) ausgetragen. Auch 1923/24 standen einige schweizerische Klubs auf dem Programm: Young Fellows Zürich (6:3 in Zürich), FC Basel (6:1 in Zürich), Sport Lausanne (3:1 in Lausane) und Servette Genf (1:1 in Genf). In München empfing man den englischen Profiklub Bolton Wanderers und unterlag 1:3. 1924/25 ging es mal wieder gegen den FC St. Gallen (6:4 in St. Gallen). Mit dem FC Modena (1:1) wurde erstmals ein italienischer Klub empfangen. Eine Premiere bedeutete auch das Spiel gegen die argentinische Mannschaft von Boca Juniors, das ebenfalls 1:1 endete.

1925/26 wurde das englische Team von Northern Nomads Liverpool 6:3 besiegt. 1926/27 standen wieder einige Teams aus der Schweiz auf dem Spielplan: FC Basel (10:0), Grasshoppers Zürich (1:2) und Servette Genf (3:1). Außerdem wurde gegen den FC Barcelona (4:1) und gegen das Team von Peñarol Montevideo (2:1) gekickt. Die Begegnung gegen den uruguayischen Meister lockte die Rekordkulisse von 30.000 Zuschauer an die Grünwalder Straße. 1927/28 gastierte der englische Erstdivisionär West Ham United in München, jenes Team, gegen das Lokalrivale TSV 1860 später als erster deutscher Verein ein Finale im Europapokal der Pokalsieger bestreiten sollte. Die Profis wurden überraschend 3:2 geschlagen. 1928/29 trat man gegen den DFC Prag (4:1) und zweimal gegen WAC Wien (3:1 daheim, 5:5 auswärts) an; 1929/30 erneut gegen den WAC Wien (1:2) und gegen Slavia Prag (5:4). 1930/31 hießen die internationalen Gegner Racing Club de Paris (5:2) und Birmingham FC (1:3), in der Meistersaison 1931/32 Vienna Wien (2:3), Chelsea FC London (1:2) und Boldklubben Kopenhagen (6:1). 1932/33 besuchte Ferencváros Budapest (3:2) die Grünwalder Straße.

Die NS-Herrschaft sollte der Weltoffenheit und Internationalität des FCB zunächst ein Ende setzen. Am 26. August 1934 empfing der FC Bayern die Mannschaft von Slavia Prag an der Grünwalder Straße. Slavia reiste mit acht tschechischen Internationalen an, die im gleichen Jahr mit der Tschechoslowakei Vize-Weltmeister geworden waren – darunter der Weltklassekeeper Plànicka und die Stürmer Svoboda, Sobotka und Puc. Es sollte für lange Zeit der letzte Auftritt einer großen ausländischen Mannschaft bei den Bayern bleiben. Das Spiel endete 3:3. Im April 1935 unternahm der FC Bayern eine Fahrt nach Budapest, für viele Jahre die letzte große Auslandsreise des Klubs. An zwei aufeinander folgenden Tagen (21./22. April) spielte man gegen Hungaria (ehemals MTK) Budapest und Ferencváros Budapest. Die Begegnungen endeten mit Siegen für die Gastgeber: Hungaria gewann mit 4:1, Ferencváros mit 4:3.

Mit der Ausnahme eines Spiels am 1. Januar 1936 bei Racing Straßburg (4:2) ging es anschließend nur noch ins 1938 annektierte und dadurch zum „Inland“ gewordenen Österreich und zweimal in die „neutrale“ Schweiz: Am 18. April 1936 gewann der FC Bayern bei Young Fellows Zürich 2:1. Der nächste Auftritt in der Schweiz fand erst am 7. November 1943 statt, als man sich in Zürich von der eidgenössischen Nationalelf 2:2 trennte. Der letzte Auftritt einer ausländischen Mannschaft beim FC Bayern erfolgte am 15. August 1937 ebenfalls gegen Young Fellows (1:1). Fortan gastierten in München nur noch österreichische Teams, bei denen es sich nun allerdings um „inländische“ Gegner handelte und die zu Pflichtspielen (Alpenpokal, DFB-Vereinspokal) kamen. ■

Die Bayern-Spieler Goldbrunner (5. von rechts) und Haringer (3. von rechts) zählten mit ihrem Münchner Löwen-Kollegen Lachner (2. von rechts) zur Nationalelf, die 1934 gegen Ungarn antrat.

1933 bis 1945

Mit den Nazis in die Krise

Ende eines „Juden-Klubs"

Die Machtergreifung der Nazis bedeutete für den bürgerlichen FC Bayern einen härteren Schlag als für so manchen ehemals „roten" Arbeiterverein – vor allem, weil der Klub in Münchens Öffentlichkeit als „Juden-Klub" firmierte. Aber auch das soziale Profil des Vereins dürfte den sich plebejisch gebenden Nazis ein Dorn im Auge gewesen sein.

Das politische Klima verschlechterte sich für die Münchner Juden nicht erst ab 1933. Bereits seit 1921 durften an der Münchner Universität keine ausländischen Juden mehr studieren. Die zumeist jüdischen oder ausländischen Besitzer der Münchner Kaufhäuser befanden sich bereits seit längerem im Fadenkreuz der Nazi-Propaganda. Auf dem Kaufhaus Uhlfeld im Rosental, dem Einheitspreisgeschäft Epa, bei Woolworth und bei Hermann Tietz flatterte nun die Hakenkreuzfahne. Die Firmenmannschaft des am Bahnhofsplatz gelegenen „jüdischen" Kaufhauses Hermann Tietz kickte unter dem Dach des FCB.

Aber nicht nur Münchens Kaufhäuser wurden „arisiert", sondern auch der FC Bayern. In einer Vereinschronik von 1950 heißt es: „Die Parteipolitik und der wie Gift ausgestreute Rassenhass machten auch vor der sportlichen Kameradschaft nicht Halt. Immer schon hatte man im Klub die Anschauung vertreten, dass jeder anständige Mensch, gleich welcher Rasse oder Religion, Platz beim Sport finden könne. Dieser Grundsatz verlor plötzlich durch Regierungsbefehl seine Berechtigung. (...) Es kamen die Rassengesetze und mit ihnen der Arierparagraf. Damit aber auch das Ausscheiden vieler alter und treuer Bayern, die in unseren Reihen nichts anderes kannten, als gleich allen übrigen Mitgliedern am Aufbau des Klubs mitzuarbeiten, sich an seinen sportlichen Siegen und Erfolgen zu freuen und Rückschläge und Niederlagen mit tragen zu helfen."

Der damalige Spieler Willy Simetsreiter über das Schicksal der jüdischen Funktionäre und Balltreter beim FC Bayern: „Plötzlich waren die verschwunden. Das war schade für diese Leute, das waren alles gute Leute." Über die Gründe für das Verschwinden der jüdischen Mitglieder sei unter den Fußballern nie geredet worden, bloß über „Fußball und Mädels. Mei, wir waren jung." Der spätere Bayern-Vizepräsident Hans Schiefele: „Von vielen hat man es gar nicht gewusst. Man hat erst viel später erfahren, dass sie Juden waren – nachdem sie aus dem Verein austreten mussten. Und von manchen hat man auch nie erfahren, was unter den Nazis aus ihnen geworden ist."

Landauer muss gehen

Am 22. März 1933 legte Bayerns jüdischer Vereinspräsident Kurt Landauer sein Amt nieder. Offiziell hieß es, Landauer habe sein Amt „mit Rücksicht auf die staatspolitische Neugestaltung der Verhältnisse in Deutschland" abgegeben. Vorausgegangen waren die bereits erwähnten Reichstagswahlen vom 5. März 1933. Für Dr. Bruno Malitz, Sportreferent der SA, waren jüdische Sportfunktionäre wie Kurt Landauer „schlimmer als die Cholera, die Lungenpest, die Syphilis, (...) schlimmer als Feuersbrunst, Hungersnot, Deichbruch, große Dürre, schlimmste Heuschreckenplage, Giftgas".

Am gleichen Tag, an dem Landauer sein Amt niederlegte, wurde auch Dr. Karl Scharnagl vom Münchner Stadtrat „verabschiedet". Zunächst für das katholische Zentrum, später die Bayerische Volkspartei hatte Scharnagl 1911-18, 1920-24 und 1928-32 im Bayerischen Landtag gesessen. Erster Bürgermeister Münchens war der populäre Politiker seit dem 1. Januar 1925 gewesen.

Auch weitere prominente jüdische Bayern-Funktionäre sahen sich zum Rückzug genötigt. Jugendleiter Otto Beer emigrierte in die Schweiz. Auch der österreichisch-jüdische Meistertrainer Dombi kehrte München den Rücken. Sein Nachfolger wurde der Sportlehrer Heinz Tauchert. Walther Bensemann, gegen den Scharnagl die Wette um die Deutsche Meisterschaft gewonnen hatte, floh nach Montreux am Genfer See.

„Freiwillig" waren solche Rückzüge ganz sicherlich nicht. Auch beim FCB-Vorsitzenden Landauer ist nicht bekannt, ob er hierzu aufgefordert wurde, wie es viele andere Vereine gegenüber ihren jüdischen Bürgern taten, oder ob er „präventiv" ging, um „Schaden" vom Verein abzuwenden und in der Hoffnung, es handele sich lediglich um eine vorübergehende Situation. Was den Ausschluss der Juden anbetraf, so verhielten sich die Fußballer kaum besser als die Turner. Letztere hatten am 8./9. April 1933 einen so genannten „Arierparagrafen" erlassen. Wer von „jüdischen Eltern" stammte – und hierfür genügte, „dass ein Teil der Großeltern jüdischen Blutes ist" –, hatte fortan in den Turnvereinen nichts mehr zu suchen. Im gleichen Monat war im „Kicker" vom 11. April 1933, im Übrigen die erste Ausgabe der Zeitschrift seit der Entfernung Bensemanns aus der „Kicker"-Leitung, die folgende Erklärung zu lesen: „Die unterzeichneten, am 9. April 1933 in Stuttgart anwesenden, an den Endspielen um die süddeutsche Fußballmeisterschaft beteiligten Vereine des Süddeutschen Fußball- und Leichtathletik-Verbandes stellen sich freudig und entschieden der nationalen Regierung auf dem Gebiete der körperlichen Ertüchtigung verfolgten Besprechungen zur Verfügung und sind bereit, mit allen Kräften daran mitzuarbeiten. Sie sind gewillt, in Fülle dieser Mitarbeit alle Forderungen, insbesondere in der Frage der Entfernung der Juden aus den Sportvereinen, zu ziehen." Unter den Vereinen, die diese Erklärung unterzeichneten, findet sich auch der FC Bayern München.

In vielen Vereinen erfolgte der Ausschluss der jüdischen Bürger bereits zu einem Zeitpunkt, als dies die NS-Reichssportführung noch gar nicht verlangte. Ebenfalls im

Kurt Landauer.

April 1933 ließ der DFB in einem Akt von vorauseilender Täterschaft im „Kicker" folgende Erklärung verbreiten: „Der Vorstand des Deutschen Fußball-Bundes und der Vorstand der Deutschen Sport-Behörde halten Angehörige der jüdischen Rasse, ebenso auch Personen, die sich als Mitglieder der marxistischen Bewegung herausgestellt haben, in führenden Stellungen der Landesverbände nicht für tragbar." Die konkrete Umsetzung dieser Vorgabe wurde den Vereinen überlassen, von denen sich nun viele eifrig der „Judenfrage" annahmen. DFB-Chef Felix Linnemann legte eine Mustersatzung für die DFB-Vereine vor, in der von beitrittswilligen Kickern auch die Angabe ihres Glaubens verlangt wurde. Worum es dabei ging, wird aus den anhängenden Erläuterungen ersichtlich: „Die Frage nach der Religion ist so auszubauen, dass die Abstammung rassenmäßig überprüft werden kann."

Während die Sportorganisationen der sozialdemokratischen und kommunistischen Arbeiterbewegung bereits 1933 aufgelöst und viele ihrer Funktionäre verhaftet wurden, blieben der DFB und seine Funktionäre unbehelligt. Der DFB wurde lediglich „gleichgeschaltet" und war als „Fachamt Fußball" nun eine Unterabteilung des „Deutschen Reichsausschuss für Leibesübungen" (DRL). Die Organisation des Fußballs wurde weiter zentralisiert und der Süddeutsche Fußball- und Leichtathletikverband (SFLV) am 6. August 1933 in Stuttgart aufgelöst. (Im November 1927 war es in Süddeutschland zur Fusion der Fußballer mit den Leichtathleten gekommen). An seine Stelle traten mit Südhessen / Pfalz / Saar, Baden, Württemberg und Bayern nun vier „Sport-Gaue". Am 24. Mai 1933 war allen Vereinen eine Einheitssatzung verordnet worden, die die Durchsetzung des Führerprinzips (der Vereinsvorsitzende hieß nun „Vereinsführer") und den Ausschluss aller jüdischen Mitglieder forderte.

Im Februar 1933 wohnten in München noch 10.737 Bürger jüdischen Glaubens. Größer als in München waren nur die Gemeinden in Berlin (160.564), Frankfurt (26.158), Breslau (20.202), Hamburg (16.885), Köln (14.816) und Leipzig (11.564). Bei einer Gesamteinwohnerzahl von 735.388 Menschen war der jüdische Bevölkerungsanteil in München mit 1,2 Prozent indes vergleichsweise niedrig. In Berlin betrug er 3,8 Prozent, in Frankfurt 4,8 Prozent und in Köln immerhin noch 2 Prozent. Die Prägekraft jüdischer Lebenswelten fiel in München weniger markant aus als etwa in Berlin, Frankfurt und Wien.

Zwischen dem 1. und 16. März 1933 verließen nicht weniger als 3.574 Juden die bayerische Metropole. Reichsweit flohen 37.000 Juden ins Ausland. Die überwiegende Mehrheit der Juden blieb allerdings im Lande und spekulierte darauf, dass es sich beim

Hitler-Regime lediglich um ein vorübergehendes Phänomen handeln würde. Zu ihnen gehörte auch Kurt Landauer. Seit dem 1. September 1930 war Landauer Abteilungsleiter der Anzeigenverwaltung des Verlags Knorr & Hirth, Herausgeber der „Neuen Münchener Nachrichten". Im Zuge der Arisierung des Betriebs wurde Landauer hier am 30. April 1933 unter Fortzahlung der Gehaltsbezüge auf zwei Monate fristlos entlassen. Kurze Zeit später kam Landauer bei der Wäschefirma Rosa Klauber unter, die einer jüdischen Familie gehörte. Als Abteilungsleiter von Knorr & Hirth hatte Landauer noch ein monatliches Gehalt von 550 RM bezogen, nun musste er sich mit 225 RM, also deutlich weniger als die Hälfte, begnügen.

Ärger mit den Nazis

Bei vielen Bayern-Akteuren herrschten angesichts des erzwungenen Rückzugs ihres Präsidenten und anderer Akteure tiefe Vorbehalte gegenüber den neuen Machthabern. Symptomatisch hierfür dürften zwei Vorfälle aus den Jahren 1934 und 1937 sein.

Vom 18. bis 27. August 1934 feierte Dachau in Verbindung mit dem Dachauer Volksfest seine Stadterhebung. Zu den Attraktionen gehörte auch ein Gastspiel des FC Bayern beim Dachauer TSV 1865, das am 22. August 1934 angepfiffen wurde und vor 600 bis 800 Zuschauern mit einem 5:0-Sieg der Bayern endete. Das „Dachauer Volksblatt" schrieb anschließend: „Das Spiel wurde mit hohem Tempo durchgeführt. Die Bayern hatten stets mehr vom Spiel und zeigten wunderbare Technik und Kombination." Ärger gab es anschließend auf dem Volksfest. Magdalene Heidkamp, Witwe von Bayern-Kapitän Conny Heidkamp, gegenüber dem „Bayern Magazin" im März 2003: „Es gab lange Reden, dann setzten wir uns auf die reservierten Plätze im Bierzelt. Es mochte eine Stunde vergangen sein, als unsere vergnügte Runde durch einen Spieler unterbrochen wurde, der aufgeregt hereingestürzt kam und berichtete, vor dem Zelt sei eine fürchterliche Prügelei im Gange. Einige unserer Spieler prügelten sich mit einer Horde von SA-Leuten. Im Nu war unser Tisch leer, auch der Bürgermeister lief nach draußen, um den Streit zu schlichten. Da war aber nichts mehr zu machen. Ehe sie sich's versahen, lagen sie selbst am Boden. Blutverschmiert humpelten wir zum Bahnhof." Laut Magdalena Heidkamp handelte es sich bei den braunen Schlägern um Österreicher, die erst kurz zuvor nach Deutschland gekommen waren und in den Baracken in Dachau wohnten, bis sie in die SA eingeteilt wurden.

Prügelei mit SA-Horden

Ein anderer Vorfall ereignete sich in der Nacht zum 9. November 1937. Gegen 0.50 Uhr wurde Siegfried Haringer auf die Wache des 1. Polizeireviers gebracht. Am Jahrestag des Marsches auf die Feldherrnhalle hatten die Nazis einen Schweigemarsch veranstaltet. Siggi Haringer hatte sich mit einigen Freunden im Café Keckeisen in der Maximilianstraße 44 vergnügt. Als die Gruppe das Café verließ, traf sie wohl auf einige Teilnehmer des Marsches. Noch einmal die Zeitzeugin Magdalena Heidkamp: „Es war eine Zeit, die für jeden gefährlich wurde, der seinen Mund nicht halten konnte. Siggi Haringer, einer unser besten Spieler, war so einer, immer vorneweg mit seinem Mund-

Bekam Ärger mit den Nazis: Siggi Haringer.

werk. Siggi Haringer sagte ganz laut und deutlich: ‚Na, ist der Kasperlzug endlich aus?' Wie aus dem Boden geschossen standen plötzlich zwei SA-Leute vor uns, legten ihm die Hand auf die Schulter, zogen ihn hoch und führten ihn ab. Wir waren wie zu Stein erstarrt und befürchteten das Schlimmste."

Im Münchner Staatsarchiv liegt eine Ermittlungsakte des Sondergerichts München gegen „Haringer, Sigmund, geb. 9.12. 1908 in Karling, wohnhaft in der Veith-Stoß-Str. 21/10 (bei Pottner), Sohn der Heizerseheleute Josef Haringer und H. Kreszenz (geb. Werndl), Staatsangehörigkeit: deutsch, Religionszugehörigkeit: katholisch, Rassezugehörigkeit: deutschblütig." Auf der Eingangsseite ist auch vermerkt, dass Haringer keiner Gliederung der NSDAP angehöre. Aus den Unterlagen geht hervor, dass Haringer von einer Dame namens Elsa K. denunziert wurde. Diese ließ sich vor Gericht wie folgt ein: „Am 9.11.1937 gegen 0.45 Uhr ging ich durch die Maximilianstraße nach Hause. In Höhe des Café Keckeisen gingen drei Herren, darunter Haringer, an mir vorüber. Da um diese Zeit gerade der Standartenumzug an der Feldherrnhalle zu Ende war und die Leute nach Hause gingen, äußerte Haringer zu einem seiner Freunde: ‚Eli, jetzt ist das Kasperltheater aus.' Daran habe ich Ärgernis genommen und die Herrn vom Arbeitsdienst um Vorführung dieses Mannes ersucht."

Siggi Haringer wird verhaftet

Haringer wurde am 10. November 1937 um 0.30 Uhr wieder entlassen. Das Polizeipräsidium leitete mit gleichem Datum eine Anzeige an die Staatsanwaltschaft zur Strafeinschreitung weiter.

Dank seiner Reputation als Nationalspieler, vor allem aber wohl der Fürsprache des „Fußballkameraden" und Wackeraners Dr. Adolf Brandweiner, im Gegensatz zu Haringer Parteimitglied, wurde das Verfahren mit Datum 15. Dezember 1937 vom Oberstaatsanwalt beim Landgericht München eingestellt. Brandweiner sagte aus, er sei am Abend des 8. Novembers mit Haringer, dem von Haringer angegebenen Völker sowie Karl Mayer von 20 Uhr bis gegen 24 Uhr im Spatenhaus am Max Josephplatz gewesen. „Anschließend waren wir noch kurze Zeit im Café Keckeisen. Bevor wir in das Café gingen, haben wir uns die Feierlichkeiten an der Feldherrnhalle angesehen. Mayer und Völker sind etwas vorausgegangen, während ich kurz vor Haringer ging. Ich traf den mir bekannten Sportkameraden Bierstorfer und blieb bei diesem stehen und zwar ganz kurze Zeit. Währenddessen wurde Haringer hinter mir von vier Feldmeistern des Reichsarbeitsdienstes festgehalten und zur Polizeiwache an der Ledererstraße verbracht. Ich wusste nicht warum, weil ich die angebliche Äußerung des Haringer nicht gehört hatte." Laut Brandweiner habe sich diese Äußerung ganz bestimmt nicht auf die Nazi-Feierlichkeiten bezogen: „Wir Sportkameraden vom FC Wacker unterhalten einen Stammtisch im ‚Spatenhaus', das bekanntlich gegenüber dem Nationaltheater liegt. Es kommen täglich nach Beendigung der Theatervorstellung Theaterbesucher in das ‚Spatenhaus'. Im Laufe der Zeit hat sich bei uns die Redensart herausgebildet: ‚Ist jetzt das Kasperltheater aus.' Dieser Ausdruck ist bei uns gewissermaßen zum geflügelten Wort geworden. Ich nehme sicher richtig an, dass Haringer, als er die Menschenmenge zurückkommen sah, er sich zudem unmittelbar gegenüber dem Hoftheater befand, ihm die Redensart ‚Kasperltheater', ohne an etwas Schlimmes zu denken, einfiel."

Brandweiner unterstrich die Glaubwürdigkeit dieser Aussage mit dem Hinweis auf seine Parteimitgliedschaft und seinen Angestelltenstatus bei der Reichsleitung der NSDAP. Haringer, den er seit vielen Jahren persönlich kenne, sei „positiv für den nationalsozialistischen Staat eingestellt" und habe nach seiner Erfahrung „noch nie eine abfällige politische Äußerung gebraucht". Haringer selbst hatte noch eine andere Version anzubieten. Beim Verlassen des Cafés Keckeisen hätten ihm „zwei Jungens in Zivilkleidung" den Weg versperrt, „sodass ich am Weitergehen verhindert und gezwungen war, zwischen den beiden durchzugehen. Dabei machte ich folgende Äußerung: ‚O Jessas, is dös a Kasperltheater.' Ich ging 50 Meter weiter, worauf ich von den Herrn des Arbeitsdienstes ersucht wurde, stehen zu bleiben. Es kam dann auch eine Dame und fragte mich: ‚Was wollen Sie mit dem Kasperltheater?' Ich erlaubte mir die Gegenfrage: ‚Was wollen Sie von mir?' Die Dame gab mir keine weitere Antwort, die Herrn vom Arbeitsdienst aber ersuchten mich mitzukommen. (…) Ich bestreite ganz entschieden, dass ich mit meiner Äußerung irgendwie die nationalen Veranstaltungen des 8. und 9. November '37 verunglimpfen wollte, denn meine politische Einstellung besteht nur für den nationalen deutschen Staat und den Führer, was schon daraus hervorgehen dürfte, dass ich als Fußballspieler schon 15-mal eingesetzt war."

Dass Haringer die „Tat" vehement bestritt, war angesichts der drohenden Konsequenzen nur zu verständlich. Doch spricht einiges für die Version von Magdalene Heidkamp, der Spieler habe „seinen Mund nicht halten können". Haringer war auch im November 1937 noch nicht Mitglied irgendeiner Parteigliederung. Der Zeuge Brandweiner hatte lieber nichts gehört, war just im Moment der inkriminierten Äußerung in ein Gespräch mit einer dritten Person involviert. Seine Interpretation der Haringer-Äußerung mutet ziemlich abenteuerlich an und wirkte wohl nur deshalb glaubwürdig, weil sie von einem überzeugten und bekannten Parteimitglied getätigt wurde. So heißt es in der Begründung für die Einstellung des Verfahrens: „An der politischen Zuverlässigkeit des Zeugen Brandweiner bestehen keine Zweifel. Seine Angaben sind glaubhaft."

Dass Nichtnazis von Nazis herausgehauen wurden, war zu dieser Zeit noch nicht so ungewöhnlich.

Ein Präsident im KZ, ein Torjäger auf der Flucht

1935 weilte der junge amerikanische Collegestudent Gordon Craig zu einem Sommerstipendium in München. Craig, der später zu einem ausgewiesenen Experten für deutsche Geschichte avancierte, erinnerte sich 47 Jahre später in seinem Essayband „Über die Deutschen" wie folgt: „München, wo ich den größten Teil des Frühsommers verbrachte, war eine schöne Stadt mit breiten Straßen und springenden Fontänen, aber ihr Reiz wurde beeinträchtigt durch Spruchbänder vor Ladenfronten mit dem Text: ‚Wer beim Juden kauft, ist ein Volksverräter!' oder durch säuberlich beschriftete Schilder im Englischen Garten, die besagten: ‚Juden sind hier unerwünscht'. Es war zudem nur zu offenkundig, dass für die Universität, einst ein Symbol deutscher Größe auf dem Gebiet des Geistes, schlimme Zeiten angebrochen waren. Eine Vorlesung über Richard Wagner, der ich erwartungsvoll entgegengesehen hatte, stellte sich als eine Übung in Nationalsozialismus und NS-Propaganda heraus. (...) Und das war noch nicht das Schlimmste. Eines Tages ging ich durch den Lichthof (wo sieben Jahre später Hans und Sophie Scholl antinazistische Flugblätter zu ihren Kommilitonen herunterwerfen sollten, wofür sie anschließend zum Tode verurteilt wurden) in die Aula, um mir einen Vortrag Julius Streichers, des Gauleiters von Franken, über nationalsozialistische Rassenpolitik anzuhören. Dreieinhalb Stunden goss dieser fast aus seiner braunen Uniform platzende grobschlächtige Kerl solche Kübel von Schmutz aus, wie ich es in einem öffentlichen

Abriss der Synagoge am Lenbachplatz.

Vortrag, geschweige denn in einem Hörsaal nicht für möglich gehalten hätte. (...) Das Publikum in der Aula hörte aufmerksam zu, und viele machten sich Notizen."

Das Jahr 1938 sah eine Eskalation der Gewaltmaßnahmen gegen Juden, die ihren Höhepunkt in der so genannten „Reichskristallnacht" fanden. In der Nacht vom 9. auf den 10. November zündeten SA-Männer und Parteiformationen überall im Reich jüdische Gotteshäuser an, demolierten jüdische Geschäfte und Wohnungen. Über 26.000 Juden wurden festgenommen und in Konzentrationslager verfrachtet. Im München waren es ungefähr 1.000 männliche Juden, die verhaftet, ins KZ Dachau verschleppt, verprügelt und gedemütigt wurden. 24 von ihnen kamen in Dachau ums Leben. Die alte Synagoge an der Herzog-Rudolf-Straße ging in Flammen auf, jüdische Geschäfte und Kaufhäuser wurden demoliert. Einige Monate zuvor war bereits die Synagoge am Lenbachplatz abgerissen worden – aus „verkehrstechnischen Gründen", wie es hieß. In den folgenden Jahren wurden tausende Münchner Juden in den Vernichtungslagern der Nazis ermordet. Als die US-Armee in München einmarschierte, wurden nur noch 84 Juden gezählt. Heute verfügt die Stadt immerhin wieder über die drittgrößte jüdische Gemeinde in Deutschland.

Unter den in der „Reichskristallnacht" Verhafteten befand sich auch Kurt Landauer, den die Nazis aus der Wäschefirma Rosa Klauber abholten. Landauer wurde nach Dachau gebracht. Im Zugangsnummernbuch des Konzentrationslagers finden sich bezüglich Landauer folgende Angaben: Häftlingsnummer: 20029. Die Spalte „Zugangsdatum" ist bei Landauer leer. Aus dem Vorhergehenden ergibt sich allerdings, dass es der 10.11.1938 gewesen sein muss. Als Haftgrund wird „Schutzhäftling/Jude" genannt, als Beruf „kaufm. Angestellter". Die Adresse wird mit „Klemenstrasse 41" angegeben. Landauer wohnte in Schwabing und nahe dem ersten Bayern-Platz.

In einem Bericht von Otto Blumenthal, einem Mithäftling Landauers, steht über die ersten Stunden im Lager zu lesen: „Wir wurden in eine Baracke geführt und mussten unsere Sachen und Kleider abgeben. Sämtliche Seifen, Zahnbürsten und Zahnpasten wurden uns fortgenommen und auf einem Haufen auf der Erde gesammelt. (...) Wir waren nun splitterfasernackt und konnten jetzt sehen, wie viele von uns blutige Striemen hatten. Wir erhielten Schuhe, richtige, sehr feste Kommissstiefel, einen Sträflingsanzug, blau-weiß gestreift, aus ... Sommerdrillich, ein Hemd, wurden wie die Zuchthäusler kahl geschoren, alle Bärte fielen, alle Schnurrbärte, und mit den neu empfangenen Sachen ging's hinein in den Baderaum. Hier feierte nun der Sadismus unserer Wärter wahre Orgien. Was sie mit den nackten, wehrlosen Juden dort anstellten, spottet jeder Beschreibung. Duschen mit fast kochend heißem Wasser, Duschen mit eiskaltem Wasser, Abspritzen mit Wasserschläuchen, Abbürsten mit Schrubbern und Besen."

Folter im KZ Dachau

Nach vier Wochen wurde Landauer gemeinsam mit anderen Gefangenen wieder freigelassen. Blumenthal über den Tag der Entlassung: „Die Turmuhr über dem ‚Schurhaus', der Wache, schlug gerade halb zwei, es war auf die Minute genau vier Wochen nach meiner Verhaftung, als wir das Tor des Konzentrationslagers hinter uns ließen und wieder in die Welt traten. Eine Gruppe marschierte an uns vorbei, arme Kameraden, die noch weiter schmachten mussten. Sie sangen: ‚Und kommt einmal die schöne Zeit, wo aus der Schutzhaft wir befreit…‘ Wir marschierten jetzt auf die Straße, zum Bahnhof Dachau. Noch immer unter SS-Begleitung. Vorne setzten sie die Hüte auf. Welches Gefühl! Die Welt, Autos. Jeder Schritt ein Schritt in die Freiheit, nach Haus! In Dachau bestiegen wir den Zug nach München, die SS blieb zurück, wir waren frei. In München erwartete uns ein jüdisches Komitee. Wir wurden in einen abgesperrten Warteraum geführt und bekamen Tee und trockenes Brot. Jetzt erst merkten wir, dass wir Hunger hatten. Wir waren erschöpft vor Aufregung und Freude und sehr gerührt, dass für uns gesorgt wurde.“

Landauer gehörte zu den frühzeitig Freigelassenen, „weil ich als früherer Frontkämpfer zur schnelleren Entlassung kam“. Da während seiner Haftzeit die Firma Rosa Klauber arisiert worden war und Landauer durch die Nachfolgefirma Lüdecke & Straub mit sofortiger Wirkung seiner Dienste enthoben wurde, war der ehemalige Bayern-Präsident zur Erwerbslosigkeit verurteilt.

Landauer flieht in die Schweiz

In der Zeit vom 1. Januar 1938 bis zum Auswanderungsverbot vom 1. Oktober 1939 gelang reichsweit noch etwa 170.000 Menschen die Flucht ins Ausland. So auch Kurt Landauer, der am 15. Mai 1939 in die Schweiz nach Genf emigrieren konnte, dorthin, wo auch sein bereits 1934 verstorbener Freund Walther Bensemann Zuflucht gefunden hatte. Zu diesem Zeitpunkt war es für flüchtende Juden schon äußerst schwierig, in das „neutrale“ Land zu gelangen. In Genf lebten bereits Angehörige der Familie Klauber, die Landauer bei der Einwanderung halfen. Außerdem unterhielt Landauer Kontakte zum FC Servette, gegen den die Bayern vor 1933 wiederholt Freundschaftsspiele ausgetragen hatten. Am 7. November 1943 gastierte der FC Bayern in Zürich, wo die Mannschaft gegen die Nationalelf der Schweiz ein Freundschaftsspiel bestritt. Magdalena Heidkamp gegenüber dem „Bayern Magazin“ über dieses denkwürdige Spiel: „Im vorletzten Kriegsjahr glaubte keiner mehr an den Sieg der deutschen Armee, aber man durfte es nicht aussprechen. Um unsere Stärke zu zeigen, organisierte das deutsche Sportkomitee ein Freundschaftsspiel des FC Bayern gegen die Nationalelf der neutralen Schweiz in Zürich. Die Spieler wurden ins Sicherheitsamt befohlen und mit folgenden Auflagen vertraut gemacht: erstens tadelloses Auftreten, zweitens würden Gestapobeamte mitfahren, damit den jungen, wehrmachtsfähigen Spielern nicht einfallen würde, im Ausland zu bleiben, drittens sei es möglich, dass deutsche Emigranten versuchten, mit den Spielern Kontakt aufzunehmen. Jede Annäherung werde strengstens bestraft.“

Was den letzten Punkt anbelangt, so hatten die Nazis wohl vor allem Kurt Landauer im Sinn, der tatsächlich im Stadion erschien und das Spiel von der Tribüne aus verfolgte. Die Mannschaft ließ es sich nicht nehmen, ihrem langjährigen Präsidenten zuzuwinken, wofür sie anschließend gescholten wurde. Ein direkter Kontakt wurde indes verhindert. Magdalena Heidkamp: „Kaum in Zürich angekommen, trat schon ein Page auf meinen Mann zu und übergab ihm eine Nachricht von Herrn Landauer, der im Vestibül auf ihn wartete. Beim Öffnen des Briefes tippte jemand meinem Mann auf die Schulter: Gestapo: ‚Geben Sie mir den Zettel. Lassen Sie sich nicht einfallen, sich dem Mann zu nähern, Sie stehen unter Beobachtung.‘ Es wurde Conny unmöglich gemacht, mit Landauer Kontakt aufzunehmen, die Gestapo ließ ihn nicht aus den Augen.“

Kurt Landauers Geschwister Dr. Paul, Franz und Leo wurden von den Nazis ermordet. Schwester Gabriele wurde zunächst deportiert und kam später ums Leben. Paul wurde im November 1941 in den Osten deportiert. Mit etwa 1.000 anderen Juden wurde er am 25. November 1941 in Kowno (Kaunas/Litauen) von Angehörigen der Einsatzgruppe A erschossen. Franz Landauer konnte 1939 den nationalsozialistischen Judenjägern zunächst durch Flucht nach Amsterdam entkommen. Als ihn der Verwalter des Anwesens von Schwester Gabriele wegen angeblicher despektierlicher Äußerungen über die Nazis denunzierte, wurde Franz Landauer verhaftet und in München vor Gericht gestellt. Auf der Fahrt nach München wurde Franz Landauer von einem Gestapo-Beamten „begleitet“, der von ihm wissen wollte, ob er ein Bruder des berühmten ehemaligen Bayern-Präsidenten sei. Als Franz Landauer dies bejahte, offenbarte sich der Gestapo-Mann als Bayern-Fan, was für den Gefangenen wenigstens eine angenehme Reise zur Folge hatte. In München wurde Franz Landauer freigesprochen, und er kehrte anschließend nach Amsterdam zurück. Nach einer erneuten Verhaftung kam Franz Landauer 1943 im KZ Westerbork ums Leben. Leo Landauer, der 1939 nach Berlin gezogen war, kam in Majdanek um. Gabriele Landauer, verheiratete Rosenthal, wurde am 4. April 1942 nach Piaski deportiert und gilt seither als verschollen.

Außer Kurt überlebte nur noch eine weitere Schwester namens Henny den Nazi-Terror. Henny Landauer hatte 1919 den Rechtsanwalt Dr. Julius Siegel geheiratet. 1934 emigrierte das Paar nach Palästina. Zuvor hatte die SA Julius Siegel, nachdem sich dieser für einen vom Regime bedrängten Bürger eingesetzt hatte, mit abgeschnittenen Hosenbeinen und einem Schild mit der Aufschrift „Ich bin Jude und will mich nicht gegen die Polizei beschweren“ durch die Straßen gejagt. Henny Landauer-Siegel starb 1973 in Israel. Ihr Sohn Uri kehrte Mitte der 1950er Jahre nach München zurück, wo er in die Fußstapfen seines Vaters trat und als Rechtsanwalt arbeitete.

Auch Oskar Rohr, Schütze des 1:0 im DM-Finale von 1932, bekam es mit den Nazis zu tun. Rohr, der zur Saison 1934/35 von den Grasshoppers Zürich zum französischen Profiklub Racing Straßburg gewechselt war, floh 1940 nach dem Einmarsch der Wehrmacht nach Sète im unbesetzten Südfrankreich. Im November 1942 wurde der ehemalige Nationalspieler von deutschen Soldaten arrestiert und in das KZ Karlsruhe-Kieslau verschleppt. Von dort wurde er an die „Ostfront“ geschickt. Als Stürmer einer „Heeresflak-Auswahl“ erzielte er in einem Spiel gegen die „Luftnachrichten“ fünf Tore. Rohr überlebte NS-Herrschaft und Krieg und kickte anschließend noch einige Jahre in der Oberliga Süd.

Nazifizierung und Widerstand

Siegfried Herrmann

Als kommissarischen Nachfolger von Landauer wählte eine außerordentliche Mitgliederversammlung am 12. April 1933 zunächst dessen langjährigen Assistenten Siegfried Herrmann. Der gesamte interne Vereinsbetrieb des FC Bayern geriet für einige Jahre durcheinander. Die bereits zitierte Vereinschronik von 1950: „Viele Männer zogen sich von ihren Ämtern zurück. Andere wieder witterten Morgenluft und glaubten im Trüben fischen zu können. Auch begannen gewisse Kräfte jetzt schon mit einem Wettlauf um die Gunst der neuen Herrscher im Staate. Die Leitung versuchte, sich dem Neuen wenigstens im Sport entgegenzustellen, aber schließlich waren die Ereignisse stärker als der Wille eines Einzelnen." Als Siegfried Herrmann 1934 aus beruflichen Gründen zurücktrat, wurde sein Nachfolger der Rechtsanwalt Dr. Karlheinz Oettinger, der jedoch bereits 1935 von Dr. Richard Amesmeier abgelöst wurde. Amesmeier war ein bewährtes Klubmitglied. Im Gegensatz zu vielen anderen Vereinen drückte sich der FC Bayern noch immer davor, eine Parteigröße an seine Spitze zu hieven. Innerhalb von nur zwei Jahren „verschliss" der FC Bayern drei Präsidenten. 1937 war auch die „Ära" Amesmeier vorüber. Der neue „Vereinsführer" war nun der Oberlehrer Franz Nußhardt. Auch Nußhardt trug kein Parteiabzeichen, und auch seine Ära währte nur kurz. 1938 wurde der Oberregierungsrat Dr. Kellner als sein Nachfolger bestellt. Erstmals stand nun ein Mann an der Vereinsspitze, der für die braunen Machthaber „tragbar" war. Nußhardt blieb dem Klub jedoch erhalten. Offiziell war er nur noch „zweiter Mann", aber tatsächlich war es Nußhardt, der das Gros der Vorstandsarbeit bewältigte.

Am 9. April 1943 wurde schließlich der Bankier Sauter vom Gausportwart zum „Kommissarischen Gemeinschaftsführer", also zum „Vereinsboss", ernannt und blieb dies auch bis zum Ende von Krieg und NS-Herrschaft, wenngleich von ihm schon bald nichts mehr zu hören und zu sehen war. Sauter war der Wunschkandidat der aktiven Nazis im Verein gewesen, und nach seiner Amtsübernahme änderte sich das Verhältnis des Klubs zur Partei und Stadtverwaltung gewaltig. In den Klubnachrichten des FC Bayern schrieb Sauter über seine Wahl folgende tiefbraune Zeilen: „Ich habe dieses ehrenvolle Amt in einer Zeit übernommen, in der das deutsche Volk seinen schwersten Kampf um Sein oder Nichtsein führt, und ich freue mich, feststellen zu können, dass unser Klub den tiefen Sinn der Leibesübungen in höchstem Maße erfüllt hat, den Sinn nämlich, aus der ihm anvertrauten Jugend harte und entschlossene Kämpfer für Führer,

„Für Führer, Volk und Vaterland"

Volk und Vaterland heranzuziehen. Viele unserer Mitglieder tragen das graue Ehrenkleid, und mancher brave Kamerad hat die Treue zu den hohen Idealen mit seinem Blut besiegelt und ist vor dem Feinde geblieben. Wir werden sie nie vergessen, und ihr Heldentum soll uns immer Vorbild und Ansporn sein. Auch wir in der Heimat haben in diesem Ringen um Deutschlands Zukunft Pflichten zu erfüllen, und nicht unsere kleinste soll es sein, den FC Bayern trotz aller zeitbedingten Schwierigkeiten auf seiner bisherigen stolzen Höhe weiterzuführen und ihm darüber hinaus eine dauernde Spitzenstellung unter den Großvereinen zu sichern." Eben dies gelang freilich erst nach dem Ende der Nazidiktatur.

Die Nazifizierung des FCB benötigte eine deutlich längere Anlaufzeit als die vieler anderer Münchner Sportvereine. Dabei gab es auch beim FCB bereits in den frühen 1930ern bekennende Nazis, die allerdings zunächst nur eine kleine Minderheit bildeten. Die NSDAP war insbesondere in der Skiabteilung stark vertreten. Die Wintersportler stellten auch den so genannten „Dietwart", der für die nationalsozialistische Umerziehung im Klub verantwortlich war. Außerdem übernahmen sie schon bald nach der Machtergreifung die Klubzeitung.

Dass der Klub zunächst sportlich und finanziell abfiel, hatte zumindest auch damit zu tun, dass ihm noch eine Zeit lang Mitglieder vorstanden, die nicht im ausreichenden Maße über die nun notwendigen politischen Verbindungen verfügten. Der FC Wacker und der TSV 1860 setzten viel früher Vereinsmitglieder an ihre Spitze, die zugleich in der NSDAP waren und die Weihe des Gausportführers besaßen. Im „Arbeiterverein" TSV 1860, bei dem im Sommer 1933 40% der Mitglieder ohne Arbeit waren, gelangten die Nazis bereits kurz nach der Machtergreifung in Amt und Würden. Von 1934 an wurde die Position des Vereinsvorsitzenden von SA-Mitgliedern bekleidet. Vom 7. April 1936 bis zum Ende von Naziherrschaft und Krieg hieß der Vereinsvorsitzende Dr. Emil Ketterer. Ketterer gehörte der NSDAP bereits seit 1923 an, war Mitbegründer des Nationalsozialistischen Ärztebundes München-Oberbayern, seit 1931 SA-Mitglied und Abgeordneter im von den Nazis gleichgeschalteten Münchner Stadtrat. Gegenüber Oberbürgermeister Fiehler betonte Ketterer Anfang Februar 1941, dass das Führerprinzip im TSV 1860 immer stark ausgeprägt gewesen sei und „dass ein prozentual großer Teil der Mitgliedschaft sehr früh bei der Fahne Adolf Hitlers zu finden war" – im Gegensatz zu einem anderen Münchner Verein. Seit spätestens 1941 wurde die TSV-Fußballabteilung vom SA-Obersturmführer Sebastian Gleixner geleitet, der der Partei seit 1928 angehörte und wie Ketterer im Stadtrat saß. Nach dem Krieg wurde Gleixner wegen seiner Naziaktivitäten zu fünf Jahren Arbeitslager, zehnjährigem Berufsverbot und Vermögensentzug bis auf 1.000 DM verurteilt.

Anders als der FC Bayern, an dem auch nach seiner „Arisierung" der Ruf des „Juden-Clubs" haften blieb, durfte sich der TSV 1860 der Protektion durch die braunen Machthaber erfreuen, weshalb er die Kriegsjahre besser bewältigen konnte. Dem FCB wurde nicht verziehen, dass er sich so lange seiner Nazifizierung widersetzt hatte. Wann immer die Löwen finanzielle Probleme plagten, und dies war ziemlich häufig, durften sie sich der Unterstützung durch die NSDAP-Stadtratsfraktion und des Amts für Leibesübungen sicher sein. So erwarb die Stadt u.a. das Stadion an der Grünwalder Straße. Während Spieler des FC Bayern an die Front beordert wurden, mussten ihre Kollegen vom TSV 1860 nur „Arbeitsdienst" verrichten und durften in München bleiben, wo sie dem Verein weiterhin verfügbar waren. Sowohl nach dem Gewinn der Bayerischen Fußballmeisterschaft 1941 wie der Südbayerischen Fußballmeisterschaft 1943 wurden die Funktionäre und Spieler des TSV 1860 ins Haus des Oberbürgermeisters eingeladen. Als der FC Bayern 1944 die „Südbayerische" gewann, wurde ihm solche „Ehre" nicht zuteil. Anton Löffelmeier in „München und der Fußball": „Die Tatsache, dass der FC Bayern viele jüdische Mitglieder hatte, die teilweise in leitender Funktion mitarbeiteten, und dass noch dazu ein Jude jahrelang den Verein geleitet hatte und man sich im März 1933 nicht sofort von ihm getrennt hatte, sollte den Bayern das ganze ‚Dritte Reich' hindurch als Makel anhängen."

1933-1942 Sportlicher Abstieg und Finanzkrise

Bei der Olympiade 1936 in Berlin gehörten mit Simetsreiter, Goldbrunner und Moll drei Bayern-Akteure zum deutschen Aufgebot. Gegen Luxemburg kamen „Schimmi" Simetsreiter und Goldbrunner auch zum Einsatz. Drei der Tore zum deutschen 9:0-Sieg gingen auf das Konto von Simetsreiter. Doch das Mitwirken der drei FCB-Spieler konnte nicht darüber hinwegtäuschen, dass der Klub die schwerste Krise seit seiner Gründung erlebte. Die Kader der Bayern-Mannschaften wurden immer kleiner, schließlich konnten nur noch fünf Teams den Spielbetrieb aufrechterhalten. Die Zahl der Mitglieder sank stetig, und die Jugendpolitik der Nazis hatte zur Folge, dass von der ehemals sehr großen Jugendabteilung des Vereins bald nur noch 170 Jugendliche aktiv waren. Seit 1936 befand sich die Sportjugend unter den Fittichen der Hitler-Jugend (HJ). Während bei den Zehn- bis Vierzehnjährigen die gesamte sportliche Betreuung einschließlich des Wettkampfwesens vom Jungvolk übernommen wurde, durften die Vierzehn- bis Achtzehnjährigen in ihren Vereinen bleiben, sofern sie der HJ und den HJ-Gruppen innerhalb der Sportvereine angehörten. Von den einstmals 26 Firmen- und Privatmannschaften waren bald nur noch 18 übrig, wofür allerdings vor allem ein Mangel an Disziplin verantwortlich war. Die Mitgliederzahl des Klubs sank unter 900. Auch in wirtschaftlicher Hinsicht plagten den Klub arge Probleme.

Mit Beginn der Saison 1933/34 hieß die oberste Liga in Deutschland „Gauliga". Die Einführung der Gauligen bedeutete, dass es nun erstmals eine reichsweit vergleichbare höchste Spielklasse gab, denn bis dahin wurde in den verschiedenen Regionen des deutschen Reiches in den unterschiedlichsten Systemen gespielt. Zunächst existierten 16 Gauligen: Ostpreußen, Pommern, Brandenburg-Berlin, Schlesien, Sachsen, Mitte, Nordmark, Niedersachsen, Westfalen, Niederrhein, Mittelrhein, Hessen, Südwest, Baden, Württemberg und Bayern. Ihre Meister ermittelten in vier Gruppen à vier Mannschaften die Teilnehmer des Halbfinales zur Deutschen Meisterschaft, die wiederum im K.o.-System die Endspielteilnehmer ausspielten. Mit Hitlers Eroberungspolitik veränderte sich die Zahl der Gauligen ständig.

In der Auftaktsaison 1933/34 sowie im folgenden Spieljahr 1934/35 wurde der FC Bayern Dritter bzw. Vierter im „Gau 16". Der TSV 1860 wurde 1933/34 mit nur einem Punkt Rückstand auf den 1. FC Nürnberg Vize-Meister und 1934/35 Fünfter.

Beim 80. Aufeinandertreffen von Roten und Blauen kam es am 11. November 1934 zum Eklat. Der FCB führte 30 Sekunden vor dem Schlusspfiff durch Tore von Schneider und Krumm mit 2:1, als Schiedsrichter Hauger ein angebliches Handspiel des Bayern-Verteidigers Bader im Strafraum mit einem Elfmeter ahndete. Der Sechziger Pledl ließ sich die Chance zum 2:2 nicht entgehen. Im „Fußball" schrieb Dr. Friedebert Becker: „Das Einschlagen des Geschosses war der Einschlag in das Pulverfass der empörten Stimmung." Die Bayern-Anhänger stürmten das Spielfeld. Becker: „Schneller als man es sich erzählt, überflutet die erregte Menge den Platz, rottet sich vor dem Kabinengang zusammen. Der Schiedsrichter ist mit einem Faustschlag davongekommen. Handgemenge hier und dort. Blitzschnell packt Polizei zu, sperrt den Eingang. Als die Übermacht wächst, kommen im Trab zwei berittene Schutzleute zur Hilfe. Die Menge flieht. Die Situation ist gerettet." Die aufgeheizte Atmosphäre auf und neben dem Spielfeld mag auch eine Folge der politischen Verhältnisse gewesen sein, standen sich doch zwei Vereine gegenüber, von denen der eine durch die Nazi-Machtergreifung und „Arisierung" der Vereine geschwächt worden war, während der andere den neuen Machthabern sehr nahe stand und von den neuen Verhältnissen zu profitieren gedachte.

Ausschreitungen im Lokalderby

Nach dem Schlusspfiff war Bayerns aufgebrachter Kapitän Conny Heidkamp auf den Kabineneingang zugestürmt und hatte seiner Mannschaft zu verstehen gegeben, ihm zu folgen. Doch hatte Heidkamp eine mittlerweile obligatorische Geste vergessen: Die Mannschaften hatten sich gegenüber den Tribünen entlang der beiden Geraden mit dem „deutschen Gruß" zu verabschieden. Magdalena Heidkamp: „Am nächsten Tag brachten die Zeitungen auf der Titelseite die Überschrift: ‚Conny Heidkamp verweigert deutschen Gruß'. Ich begann Angst um meinen Mann zu bekommen, denn die Nazis verstanden in dieser Beziehung keinen Spaß. Aber es passierte nichts."

1935/36 und 1936/37 konnte sich der FCB auf den 3. Platz verbessern. 1936/37 wurde die Elf von Dr. Michalke trainiert, der zuvor den 1. FC Nürnberg betreut hatte. Als die Bayern auf eigenem Platz vom „Club" mit 1:7 vorgeführt wurden, kam es um Michalke zu einer schweren Krise. Die folgenden vier Spielzeiten waren für den FCB die schwierigsten. 1937/38 wurde man Fünfter, 1938/39 Siebter und 1939/40 gar nur Achter. In dieser Saison, der wohl schwächsten des FC Bayern seit seiner Gründung, konnte der Klassenerhalt erst am allerletzten Spieltag gesichert werden.

Der Ausbruch des Krieges hatte eine erhebliche Beeinträchtigung des Spielbetriebs bewirkt. Auch für den FCB, der in der Saison 1939/40 auf einen Schlag 243 Mitglieder an die Hitler-Armee abgeben musste und vorübergehend mit dem im Norden Schwabings beheimateten FC Alte Haide zur Stadtbezirksmannschaft „Schwabing" fusionierte, während der TSV 1860 eine Spielgemeinschaft mit Post München bildete. Kurzzeitig kam es sogar zu einer Kombination FCB/TSV 1860, die sich jedoch ebenfalls als nicht stark genug erwies, um mit den fränkischen Vereinen Nürnberg und Fürth konkurrieren zu können. Als der Reichssportführer diese Zweckbündnisse für unzulässig erklärte, wurden sie wieder aufgelöst.

Am 29. Januar 1939 bestritt Jakob „Jakl" Streitle gegen Belgien sein zweites Länderspiel und geriet auf das Titelblatt der „Fußball-Woche".

Aber nicht nur die Zahl der Aktiven, auch der Zuschauerzuspruch ließ deutlich nach. Nur 5.000 sahen im März 1940 im Dantestadion das Derby zwischen den Bayern und den Sechzigern (0:1). 1940/41 wurde der FC Bayern erneut nur Siebter. Allerdings umfasste die Bayern-Gruppe aufgrund einer Aufstockung der Liga nun 13 Vereine.

Der sportliche Abstieg des FC Bayern wird auch daraus ersichtlich, dass der Verein in der Münchner Stadtauswahl dieser Zeit kaum vertreten war. In der Saison 1940/41 kam es zu zwei Städtespielen gegen Rom, wo mit den Mussolini-Faschisten Verbündete des Hitler-Regimes herrschten. Die beiden Begegnungen endeten jeweils mit Niederlagen. Beim 0:1 in München stellte der FCB mit Goldbrunner und Simetsreiter nur zwei Spieler. Der TSV 1860 war mit vier Akteuren vertreten, vom Post SV waren zwei Spieler dabei. Beim 2:5 in Rom spielte Simetsreiter erneut mit, während Goldbrunner fehlte. Dafür stand mit Scheithe ein Bayern-Spieler im Tor. Die Sechziger stellten diesmal sogar sechs Akteure, der Post SV erneut zwei.

In der Saison 1940/41 gewann der FCB zwar beide Derbys gegen den TSV 1860 (4:1 und 1:0), von denen das zweite sogar von immerhin 12.000 Zuschauern besucht wurde. Aber während die Löwen Meister wurden, endete der FCB nur auf dem 7. Platz.

Als Meister spielte der TSV 1860 in der Endrunde zur Deutschen Meisterschaft in einer Gruppe mit Rapid Wien, Kickers Stuttgart und VfL Neckarau. Rapid zählte zu den stärksten österreichischen Teams; 1930 hatte es den Mitropapokal gewonnen, den Vorläufer des heutigen Europapokals, an dem die Meister und Pokalsieger aus Österreich, Italien, Jugoslawien, Ungarn und der Tschechoslowakei teilnahmen. Gegen Rapid war der TSV 1860 chancenlos und musste sich deshalb mit dem 2. Platz seiner Gruppe begnügen. Die Wiener wurden anschließend durch ein 4:3 über den FC Schalke 04 „Großdeutscher Meister".

Auch 1941/42 war für den FCB keine Besserung in Sicht. Die Bayern schienen ein Abonnement auf einen Platz im unteren Mittelfeld zu besitzen. Vor ihnen lagen nicht nur die Löwen, die Dritter wurden, sondern auch der FC Wacker, der in Bayerns „Katastrophensaison" 1939/40 in die Eliteklasse aufgestiegen war und nun den 5. Platz belegte. In dieser Saison wechselte der Klub auch sein Stammlokal: Vom „Domhof" zog man ins „Scholastika" um, dessen Wirt Xaver Heilmannseder den Klub unterstützte und ihm nach dem Krieg auch für eine kurze Zeit vorstehen sollte.

Weitere Gönner in den nun folgenden Kriegs- und Hungerjahren waren die Vereinsmitglieder und Geschäftsleute Toni Weh und Karl Hötzl. Weh besaß eine Metzgerei in der Augustenstraße, Hötzl einen Lebensmittelladen in der Georgenstraße. Dass der FC Bayern in diesen Jahren sportlich nicht von der Bildfläche verschwand, hatte er wohl nicht zuletzt Conny Heidkamp zu verdanken. In seinem Schlafzimmer hortete das Ehepaar Heidkamp Lebensmittel für die Akteure. Als Xaver Heilmannseder ohne Lebensmittelkarten kein Essen mehr herausgeben durfte, kaufte Conny Heidkamp diese auf dem Schiebermarkt. Magdalena Heidkamp: „Das war nicht ungefährlich, denn die Razzien wurden immer häufiger und die Strafen härter. Man warnte mich, mein Mann stünde mit einem Fuß im Gefängnis. Aber ihm ging es nur darum, die Spieler zu halten, die zweimal wöchentlich nach dem Training eine warme Mahlzeit brauchten."

1942-1945 Kriegsspiele

In der folgenden Saison 1942/43 bewegte sich die Leistungskurve des FCB wieder stark nach oben. Dabei kam ihm entgegen, dass die Gauliga Bayern vor der Saison zweigeteilt wurde. Die Münchner Klubs spielten in der Gruppe „Gau Südbayern". Zwar lagen die Löwen in der Endabrechnung als Meister erneut vor den Bayern, aber immerhin reichte es zum 3. Platz. Die Teilnahme an der Deutschen Meisterschaft musste sich der TSV 1860 allerdings über ein Ausscheidungsspiel gegen den württembergischen Gauligameister erkämpfen. Nach einem 3:0-Sieg über den VfB Stuttgart schalteten die Löwen in der DM-Vorrunde auch Hessenmeister Kickers Offenbach (2:0) aus. Eine Runde später kam jedoch gegen Vienna Wien (0:2) das Aus für die Münchner. Im Juni 1943 standen sich der FCB und der TSV 1860 auch im Endspiel um die Meisterschaft des Sportgaus München-Oberbayern gegenüber. 15.000 pilgerten zur Grünwalder Straße, die größte Kulisse, die das Münchner Derby während der Kriegsjahre mobilisieren konnte. Der TSV 1860 siegte mit 2:0. Den Bayern blieb in dieser Saison noch der Gewinn des oberbayerischen Pokals. Nach Siegen gegen Teutonia (9:0), TSV 1860 (4:0) und FC Wacker (8:0) wurden im Endspiel auch noch die Münchner Bajuwaren 6:1 bezwungen. In der siegreichen Mannschaft spielten: Brückl, Wagner, Unger, Heidkamp, Streitle, Hofner, Simetsreiter, Seidl, Lindemann und Maschauer.

Es dauerte bis zur Saison 1943/44, bevor der FCB wieder eine Südbayerische Meisterschaft feiern durfte. Bereits am 6. Februar 1944 stand der FCB als Meister fest, nachdem der FC Wacker mit 1:0 geschlagen wurde. 29:1 Punkte bedeuteten einen uneinholbaren

Vorsprung. Anschließend schluderte man etwas, weshalb die Kluft zum Vize-Meister KSG Post/BC Augsburg am Ende „nur" vier Punkte betrug. Am vorletzten Spieltag besiegte der FCB den TSV 1860 mit 7:1. Es war der höchste Derbysieg des FCB seit 25 Jahren.

Der Gewinn der Südbayerischen Meisterschaft bedeutete, dass der FCB zum ersten Mal seit dem Triumph von 1932 wieder um die Deutsche Meisterschaft kämpfen durfte. Ein 6:0-Sieg in einem Freundschaftsspiel gegen den 1. FC Nürnberg ließ die Erwartungen in die Höhe schnellen. Doch Bayerns Meisterträume zerplatzten bereits im ersten Ausscheidungsspiel. Der FCB unterlag dem VfR Mannheim nach Verlängerung 1:2.

Manche merkwürdigen Resultate aus jener Zeit sind allerdings wesentlich auf die Kriegsumstände zurückzuführen: Zuweilen kickte das „letzte Aufgebot" des Vereins, an anderen Tagen konnte man sich durch Fronturlauber oder durch auswärtige Spieler, die als Soldaten in München stationiert waren, unverhofft verstärken. In der Saison 1944/45 brach der Spielbetrieb dann fast völlig zusammen. Im Gau Bayern konnte nur in München die Saison zu Ende gebracht werden, da man hier bereits im September begonnen hatte.

Der FC Bayern wurde mit 14 Siegen und einem Unentschieden überlegen Meister der Gruppe „München-Oberbayern", in der fast ausschließlich Münchner Klubs spielten. Die ehemalige „Gauliga Bayern" war weiter aufgelöst worden. Es gab nun aufgrund der Transportprobleme sechs Gruppen, außer „München-Oberbayern" noch „Schwaben", „Unterfranken", „Mittelfranken" (u.a. 1. FC Nürnberg und SpVgg. Fürth), „Bayreuth Nord" und „Bayreuth Süd/OberpfalzNiederbayern". In den anderen Gruppen musste der Spielbetrieb jedoch vorzeitig abgebrochen werden.

Der FC Bayern verlor in dieser Saison nur ein Spiel. Das letzte Spiel vor dem Ende des Zweiten Weltkriegs fand am 23. April 1945 statt. Der FC Bayern schlug in einem Freundschaftsspiel den TSV 1860 mit 3:2. Stunden vor dem Spiel hatten die Bayern-Akteure ihren Mitspieler Wittmann tot aus den Trümmern eines bei einem Luftangriff zerstörten Hauses geborgen.

Die Vereinsführung des FC Bayern bestand in den letzten Monaten des Krieges praktisch nur noch aus dem Geschäftsführer Willy Plank. Aufgrund der Bombenangriffe musste der Verein wiederholt sein Klublokal wechseln. Vom „Bürgerbräu" zog man in den „Rheinhof", von dort zum „Excelsior". Alle drei Lokale gehörten dem Klubmitglied und Gönner Carl Geisel.

Keine Erfolge im neuen Pokalwettbewerb

1935 war in Deutschland der Vereinspokal eingeführt worden. Als Vorbild diente der „FA-Cup" in England, der dort bereits seit 1872 existierte und die Fans in Massen anzog. Reichssportführer Hans von Tschammer und Osten war, gemeinsam mit dem DFB-Präsident Felix Linnemann, die treibende Kraft hinter der Pokal-Idee: „Das Cup-Finale im Wembley-Stadion ist alljährlich der größte Tag für die englischen Fußballer. Neben der ‚Viktoria' wird es für die deutschen Vereine nun eine zweite Trophäe geben, die eines sehr nahen Tages an Bedeutung den Kämpfen um die Deutsche Meisterschaft ebenbürtig sein wird."

Zwar gab es bereits seit längerem Stimmen, die den Vereinspokal forderten, aber möglich wurde dies erst durch die zentralistische Sportpolitik der Nazis, die dem ausgeprägten Regionalismus der Landesverbände ein Ende bereitete. Der Wettbewerb, zu dem alle 14.000 in der Fußballsparte des DLR registrierten Vereine zugelassen wurden (für die Gau- und Bezirksklassenvereine war die Teilnahme Pflicht), wurde nach seinem Stifter „Tschammer-Pokal" genannt.

Der FC Bayern hatte im Tschammer-Pokal wenig zu melden. Im Auftaktjahr 1935 unterlag man in der 1. Hauptrunde dem FV Ulm 94 (Gauliga Württemberg) nach Verlängerung mit 4:5. 1936 markierte erneut eine Ulmer Mannschaft das Aus für die Bayern. Diesmal war es der SSV Ulm (ebenfalls Gauliga Württemberg), der in der 1. Hauptrunde beim FC Bayern mit 4:3 die Oberhand behielt. 1938 wurde zwar zunächst Union Böckingen mit 7:0 geschlagen, aber in der nächsten Runde unterlag der FCB beim VfR Mannheim 1:2. 1940 kam das Aus gegen den Wiener Sportklub (0:1), 1943 beim BC Augsburg (0:3).

Anders der TSV 1860, der 1942 mit dem Tschammer-Pokal seine erste nationale Trophäe gewann. In der 1. Hauptrunde besiegten die Löwen den „großdeutschen Meister" Rapid Wien mit 5:3. In der 2. Hauptrunde mussten die Münchner zu den Stuttgarter Kickers reisen, wo sie 3:1 gewannen. Im Achtelfinale wurde die SG SS Straßburg mit 15:1 besiegt. (Die SG SS war erst 1940 gegründet worden. Alle der SS angehörigen Kicker hatten ihre Stammvereine zu verlassen, um sich dem neuen Klub anzuschließen.) Allein zehn Treffer gingen auf das Konto des Nationalspielers Ernst Willimowski, dessen Mitwirken die Löwen seiner Versetzung nach Bayern und ihren guten Nazi-Kontakten zu verdanken hatten. Im Viertelfinale behielt man mit 7:0 gegen den FV Stadt Düdelingen die Oberhand, und auch der Halbfinalgegner TuS Lipine, ein oberschlesischer Zweitligist, bereitete beim 6:0 keine Probleme. Im Finale mussten sich die Löwen vor 80.000 Zuschauern mit dem mittlerweile sechsfachen Deutschen Meister FC Schalke 04 auseinander setzen. Gegen die zwar spielerisch und technisch besseren, aber in die Jahre gekommenen Schalker gewannen die vom Studienrat Dr. Max Schäfer trainierten Löwen 2:0 und holten somit ihren ersten nationalen Titel. Zehn Jahre nach dem Meisterschaftsgewinn des FC Bayern kam nun auch der Vereinspokal erstmals nach München.

Als der Krieg zu Ende war, wurde eine andere Bilanz gezogen: 60 Millionen Opfer hatte der von Hitler angezettelte Wahnsinn gefordert. Darunter befanden sich auch zwei prominente Bayern-Akteure: Josef Bergmaier und Franz Krumm. In München fanden etwa 6.000 Menschen durch den Krieg den Tod, etwa 15.000 wurden verletzt. Durch Tod, Evakuierung und Flucht war die Bevölkerungszahl von 824.000 (1939) auf 479.000 gesunken. Die historische Altstadt war zu 90% zerstört, die gesamte Stadt im Durchschnitt zu 50%.

Im KZ Dachau, vor den Toren Münchens, wurden zwischen 1933 und 1945 etwa 200.000 Häftlinge registriert. Mehr als 30.000 Insassen kamen aufgrund gewalttätiger Schikanen, gezielter Ermordung oder der menschenverachtenden Umstände ihrer Unterbringung ums Leben.

Resümee

In den Jahren der Nazi-Herrschaft büßte der FC Bayern erheblich von seiner nationalen Bedeutung ein. Selbst regional spielte er keine führende Rolle mehr. Hierfür waren nicht zuletzt die neuen politischen Verhältnisse verantwortlich. Durch die „Arisierung" des Fußballsports verlor der FC Bayern wichtige Köpfe wie seinen Präsidenten Kurt Landauer und Jugendleiter Otto Beer. Als vormaliger „Judenklub" war der FC Bayern den braunen Machthabern stets suspekt und konnte nicht auf staatliche Protektion spekulieren. Auch die Reamateurisierung des 1933 auf dem Sprung zum Professionalismus befindlichen deutschen Spitzenfußballs machte dem FC Bayern zu schaffen. Zumindest hieß es damals in der „Fußball-Woche": „Nicht überall ist die Umstellung vom Spesen-Amateur auf den ‚bargeldlosen' Amateur von heute auf morgen ohne Verlust möglich gewesen. Besonders schwer scheint es in dieser Hinsicht Bayern München gehabt zu haben. Wie anders sollte man es deuten, wenn Hans Tusch, ein alter Bayern-Freund, im Münchner ‚Sport-Telegraf' in einem größeren Artikel von einem Umlagerungsprozess der Spielstärke spricht, der bei Bayern am krassesten zum Ausdruck komme, und wenn in diesem Aufsatz mit deutlicher Bezugnahme auf die Rothosen von Verfallserscheinungen geschrieben wird. (...) Wenn man das liest, dann darf man wohl die Folgerung ziehen, dass es bei Bayern im Gegensatz zum Lokalrivalen 1860 beträchtliche Schwierigkeiten bei der Umstellung auf das neue Amateurgesetz geben wird."

Zwar gewann der FCB zwölf der 24 Gauliga-Derbys gegen den TSV 1860 (fünf Begegnungen gingen an die Löwen, sieben endeten unentschieden), aber trotzdem weist der TSV 1860 mit zwei Meisterschaften (eine bayerische und eine südbayerische) und drei Vize-Meisterschaften die deutlich bessere Gauligabilanz auf. Erst gegen Ende der NS-Zeit schlug das Pendel wieder in Richtung der Bayern. So gab es in den letzten fünf Begegnungen vor dem 8. Mai 1945 vier Bayern-Siege bei einem Unentschieden.

Aber auch die Löwen waren in den Jahren der NS-Herrschaft keine wirkliche nationale Größe mehr, trotz ihrer Protektion durch die Nazis und des Pokaltriumphs von 1942. Der Pokalsieg war der einzige nationale Titel, den ein Münchner Fußballklub in den Jahren der NS-Herrschaft erringen konnte. Aufgrund des Absackens von FC Bayern und TSV 1860 verlor München seinen Status als zweite süddeutsche Fußballmetropole.

Den Münchner Fußball kennzeichnete Stagnation, die Münchner Vereine gerieten aus den Schlagzeilen. Seine einstige Klasse flammte ein letztes Mal 1933 auf, als eine bayerische Auswahl, in der zahlreiche Münchner kickten, eine Auswahl Berlins im „Hitler-Pokalendspiel" mit 6:1 an die Wand spielte. Im gleichen Jahr schlug eine Münchner Stadtauswahl den schottischen Champion Glasgow Rangers mit 4:3. Für die schottischen Profis, die zu den besten Vereinsmannschaften der Welt gerechnet wurden, war dies die einzige Niederlage auf ihrer Kontinent-Tournee. Doch fortan ging es in München bergab.

Der mit Abstand leistungsstärkste Klub der Gauliga Bayern war in diesen Jahren der 1. FC Nürnberg, der fünfmal die Gauliga Bayern und nach deren Zweiteilung zweimal die Nordbayerische Meisterschaft gewann. Als Bayerischer Meister durften sich außerdem der 1. FC Schweinfurt (2), der mit Albin Kitzinger und Andreas Kupfer in diesen Jahren zwei Nationalspieler in seinen Reihen hatte, die SpVgg. Fürth (1) und – wie bereits erwähnt – der TSV 1860 (1) feiern.

Der „Club“ war im Zeitraum 1933-45 auch der einzige bayerische und süddeutsche Vertreter, der eine Deutsche Meisterschaft gewann (1936). Zweimal – 1934 und 1937 – wurden die Nürnberger Vize-Meister. Der Bezwinger hieß jeweils Schalke 04. Der einzige weitere süddeutsche Klub, dem in dieser Zeit der Einzug ins Meisterschaftsfinale gelang, war der VfB Stuttgart. Der „Club“ gewann außerdem noch 1935 das erste nationale Pokalfinale.

Die sportlichen Probleme des FC Bayern in der Zeit der Nazi-Herrschaft schlugen sich auch in der Bilanz der DFB-Endrundenteilnehmer nieder. In der Bilanz für die Jahre 1933-45 belegt der FC Bayern nur den 81. Platz. Der TSV 1860 kommt immerhin noch auf den 26. Platz. In der Gesamtbilanz aller DM-Endrunden seit 1903 verschlechterte sich der FCB von Platz 10 (1903-1933) auf Platz 32. Der Fall des TSV 1860 war deutlich geringer. Statt auf Platz 9 rangierten die Löwen nur noch auf Platz 16.

Das Absacken des FC Bayern hatte allerdings nicht nur politische Gründe. Darin drückte sich auch ein sozialer Machtwechsel im deutschen Fußball aus, dessen sichtbarste Manifestation der kometenhafte Aufstieg des „Arbeitervereins“ FC Schalke 04 war. Es dominierten nun bis zur Einführung der Bundesliga die Klubs aus dem Westen Deutschlands, die zumeist im proletarischen/schwerindustriellen Milieu beheimatet waren. Im Gegensatz zum FC Bayern herrschten beim FC Schalke 04 auch unter dem Nazi-Regime professionelle Verhältnisse. Schalke und andere Vereine genossen die Protektion durch die lokale Schwerindustrie, die sie mit Arbeitsplätzen und Sportanlagen versorgte. Im Ruhrgebiet breitete sich ein informeller Professionalismus aus, den das Verbot des „Bargeld-Professionalismus“ geradezu begünstigte. Die „Arbeitervereine“ verfügten über einen Standortvorteil, der bis in die 1950er Jahre hinein Bestand haben sollte. Auch die Nazis besaßen ein größeres Faible für diese Klubs, die in der Regel „judenfrei“ waren und von denen sich einige für die NS-Ideologie vom „deutschen Arbeiter“ instrumentalisieren ließen.

Zwischen 1933 und 1945 gingen sieben der zwölf Meistertitel in den Westen, sechs davon gewann der FC Schalke 04, mit dem sich der 1. FC Nürnberg nun den Status des Rekordmeisters teilen musste.

Chaos vor dem Bayern-Tor in der Oberligasaison 1950/51: Im Spiel gegen Regensburg verlieren die FCB-Verteidiger samt Torhüter Schmalzl die Übersicht – und der Ball passiert die Linie.

1945 bis 1963

Probleme in der Oberliga

Mannschaft ohne Klub

Das Ende der Nazi-Herrschaft bedeutete auch das Aus für die alte Führungsriege, die politisch diskreditiert war. So manche Funktionärskarriere wurde abgepfiffen. Nun übernahmen wieder Männer den Vorsitz, die während der NS-Zeit wenig zu bestellen hatten oder sogar emigrieren mussten. In den ersten Monaten nach Kriegsschluss wurde der Klub zunächst von Franz Xaver Heilmannseder und anschließend von Josef Bayer kommissarisch geleitet. Bayer war seitens US-Behörden mit der Ausarbeitung einer neuen Satzung betraut worden. Zu seiner Unterstützung holte Bayer Siegfried Herrmann aus Wien zurück. Die erste Mitgliederversammlung, auf der die neue Satzung einstimmig verabschiedet wurde, fand in den Katakomben des zerstörten Theaters am Gärtnerplatz statt. Die neue Satzung wurde den Alliierten zum Zwecke der Lizenzerteilung vorgelegt; die Genehmigung ließ allerdings noch etwas auf sich warten. Siegfried Herrmann beerbte Josef Bayer später als Vorsitzender und bekleidete diese Funktion bis August 1947.

Der FC Bayern war zunächst eine Mannschaft ohne Klub. Obwohl der Verein noch gar nicht wieder richtig existierte, bestritt der FC Bayern bereits am 24. Juni 1945 sein erstes Nachkriegsspiel. Gegner war der FC Wacker, gespielt wurde auf dem Wacker-Platz an der Kidlerstraße, und das Ergebnis lautete 4:3 für die „Blausterne", die kurz vor dem Kriegsende noch einmal einen kleinen Aufschwung erlebt hatten. Die Begegnung war allerdings illegal, da der Vorsitzende Xaver Heilmannseder es versäumt hatte, das Spiel bei der amerikanischen Militärregierung anzumelden. Heilmannseder musste sein Vergehen mit einer Haftstrafe büßen. Es bedurfte einer persönlichen Fürsprache des neuen Polizeipräsidenten Seisser, um den Bayern-Boss nach 48 Stunden wieder freizubekommen.

Die Alliierten betrachteten den organisierten Sport zunächst mit großer Skepsis. So hieß es in den Ausführungsbestimmungen der alliierten Verordnungen 8 bis 13 vom September 1945, in denen es um die Wiedergründung von Sportvereinen ging: „Die Mil.-Reg.-Kommandanten werden (...) daran erinnert, dass die Geschichte von Sportvereinen unter dem Naziregime zeigt, dass sie ein mächtiges Werkzeug zur Verbreitung von Nazilehren und Einprägung von Militarismus bildeten. Es ist klar, dass die gegenwärtige Lockerung der Einschränkung ihrer Tätigkeit eine Gefahr enthält, dass sie wieder in dieser Weise missbraucht werden.“ Die Organisationen des Sports durften zunächst nur „örtlichen Charakter haben“ und „das Niveau des Kreises nicht übersteigen“. Außerdem bedurften sie einer Genehmigung seitens der alliierten Behörden.

Eine Woche nach der ersten Begegnung mit dem FC Wacker traf der FC Bayern erneut auf die „Blausterne“, diesmal auf dem in der Nähe der Säbener Straße gelegenen Platz der Bayerischen Wechsel- und Hypothekenbank. Der FC Bayern gewann „legal“ mit 3:1. Am 29. Juli 1945 spielte der FCB erstmals wieder gegen den TSV 1860. Erneut wurde auf dem Platz der Hypobank gekickt. Das erste Nachkriegsderby endete mit einem 2:2-Remis. Einen Monat später kam es zu einer Neuauflage, diesmal an der Grünwalder Straße, wo man seit deren Beschädigung durch Bombenangriffe in der Nacht vom 2. zum 3. Oktober 1943 nicht mehr gespielt hatte. 12.000 Zuschauer sahen einen klaren 4:0-Sieg des FCB. Die Einnahme aus den Eintrittsgeldern wurde Verfolgten des Nazi-Regimes gespendet. Für den FC Bayern bestritten diese historische Begegnung: Fink, Haringer, Streitle, Reiter, Moll, Mayer, Seidl, Heibach, Fritz, Steppberger und Simetsreiter.

Bei den Freundschaftsspielen dieser Zeit handelte es sich häufig um so genannte Kalorien- und Kartoffelspiele. Attraktive Gastmannschaften wurden mit Naturalien bezahlt, denn Nahrungsmittel zählten mehr als das wertlos gewordene Geld. Der FC Bayern gehörte zu den „am besten verpflegten Mannschaften im Süden“ (Herbert Moll), da an seiner Spitze mit Heilmannseder ein Gastwirt stand und einige Metzger und Bäcker als Mäzene wirkten. Aber auch politisch verfügte der FC Bayern – dank seiner Geschichte als „Judenklub“ und dank der Person Kurt Landauers – bald wieder über gute Karten.

Landauer zurück in München

Am 26. Juni 1947 war Kurt Landauer aus seinem Schweizer Exil zurückgekehrt. Das „Sport-Magazin“ meldete: „Kurt Landauer, süddeutscher Fußballpionier, ist zurück aus der Emigration.“ Nur wenige Wochen später, am 19. August 1947, wurde Landauer zum Nachfolger Herrmanns gewählt. Landauers „Wiedervereinigung“ mit dem FC Bayern verlief nicht problemlos. Der Präsident verlangte von Conny Heidkamp, ihm sämtliche Belege für Ausgaben während der Kriegsjahre vorzulegen. Ein unmögliches Unterfangen. Magdalena Heidkamp: „Mein Mann war ratlos. Er hat fast ausschließlich mit Schiebern und Bestechungen zu tun gehabt, wer gab da schon Quittungen? Wer hatte fürs ‚Organisieren‘ – wie man es nannte – schon Belege bekommen? Selbst als der Geschäftsführer des Vereins, Herr Plank, Connys Angaben bestätigte, nütze es nicht viel.“ Möglicherweise hing die brüske Haltung des Präsidenten mit Erinnerungen an die Exil-Zeit zusammen: Offenbar unterstellte Landauer dem damaligen Bayern-Kapitän Heidkamp (zu Unrecht), er habe beim Bayern-Gastspiel 1943 in Zürich den Kontakt zwischen Mannschaft und Ex-Präsidenten verhindert.

Trotz starker Zerstörungen: Das Stadion an der Grünwalder Straße blieb Publikumsmagnet.

Zur Versöhnung kam es erst, als der FC Bayern seinen 50. Geburtstag feierte. In seinem Vortrag zur Geschichte des Vereins erklärte Landauer: „Wir wollen die letzten Jahre vergessen und Gnade walten lassen." Magdalena Heidkamp: „Ich merkte, wie mein Mann blass wurde, und zum einzigen Mal in meiner 60-jährigen Ehe sah ich Tränen in seinen Augen schimmern. Unter dem Tisch suchte ich seine Hand und hielt sie fest. Auch das ging vorbei. Und als er hörte, dass der Ehrenvorsitzende und frühere Polizeipräsident Siegfried Herrmann bei einer Versammlung sagte, ‚wenn Conny Heidkamp nicht gewesen wäre, würde der FC Bayern heute nicht mehr bestehen', war das Balsam auf seine Wunden. Sie fingen an zu heilen."

Der mittlerweile 63-jährige Landauer, der nun erneut in der Bayern-Heimat Schwabing, nämlich in der Virchowstraße 14, wohnte, war zunächst erwerbslos. In seinem Wiedergutmachungsverfahren führte Landauer aus: „In der Schweiz hatte ich keinerlei Verdienstmöglichkeiten und bin dann auch aus diesem Grunde wieder nach Deutschland zurückgekehrt. (...) Nach meiner Rückkehr habe ich zunächst gar nichts getan, es war mir nicht möglich gewesen, irgendwo unterzukommen. Dies gelang mir erst ein Jahr nach der Währungsreform durch das persönliche Entgegenkommen des Herrn Stadtrats Richard Pflaum, wo ich dann in seinem Verlag, dem Richard Pflaum Verlag München, ab 1. November 1948 bis zum 31. Oktober 1949 tätig gewesen bin."

Ein weiterer Nazi-Gegner war schon in den letzten Kriegstagen in Amt und Würden zurückgekehrt. Seit dem 4. Mai 1945 hieß Münchens Oberbürgermeister erneut

Karl Scharnagl. Bereits vier Tage vor dem Ende des Zweiten Weltkriegs hatten die Alliierten den integren Politiker und alten Landauer-Bekannten zum neuen Stadtoberhaupt ernannt. Scharnagl in seiner ersten Rede vor dem von der Besatzungsmacht eingesetzten Stadtrat: „Wir können uns nicht scharf genug trennen von allen jenen, die durch ihre Mitarbeit in mehr oder minder großem Maße die NSDAP hochgebracht und ihr verbrecherisches Treiben so viele Jahre hindurch gestützt haben. Wir wollen keine Hass- und Vergeltungspolitik betreiben, wir wollen und müssen aber verhindern, dass auch nur Reste dieser verkommenen Anschauung gewissenloser Elemente in unserer Bevölkerung und vor allem im öffentlichen Leben bestehen bleiben können."

In einem vom 20. August 1947 datierten Schreiben Landauers an die alliierten Behörden, in dem er diesen mitteilt, er habe wieder die Leitung des FC Bayern übernommen, hieß es: „Getreu den Traditionen unseres Clubs werden wir auch weiterhin Ihre Bestrebungen zu fördern helfen." Bereits im Mai 1945, eine Woche nach der Kapitulation, hatte der FC Bayern gegenüber dem neuen Oberbürgermeister geltend gemacht, dass „wir bisher als ‚Juden-Club', der es ablehnte, sich eine nationalsozialistische Vereinsführung aufzwingen zu lassen, mit allen Mitteln gedrückt wurden". Der FC Bayern erklärte gegenüber dem Oberbürgermeister seine Bereitschaft, „bedingungslos und treu Gefolgschaft zu leisten", da für den Klub „mit Ihrer Amtsübernahme ... eine Zeit neuen Aufbaus begonnen" habe. Der FC Bayern beabsichtige, die baldige Wiederaufnahme des Spielbetriebs, um „Entspannung und Unterhaltung zu bringen".

Mit Landauer und Scharnagl verfügte der FC Bayern nun über beste Voraussetzungen für den Start in die demokratische Republik – auch und gerade gegenüber dem Lokalrivalen TSV 1860. Während die Behörden dem TSV 1860 wegen dessen enger Verquickung mit den braunen Machthabern mit gewisser Reserviertheit begegneten, konnte der FC Bayern seine anfängliche Abneigung gegenüber der Nazi-Diktatur, das langjährige Mitwirken jüdischer Bürger und seine Verfolgten geltend machen. Die Person Landauer war dabei von unschätzbarer Bedeutung. Die Tatsache, dass ein vom Nazi-Regime verfolgter Jude an der Spitze des Vereins stand, erschien als glaubwürdigster Beweis für ein lauteres – sprich: demokratisches – Ansinnen des Vereins. Ingo Schwab in „München und der Fußball" (1997): „Die Bayern erfreuten sich des Einsatzes ihres ehemaligen ... und neuen Vorsitzenden Kurt Landauer. Auch wenn der TSV 1860 München am 8. Januar 1946 gemeinsam mit dem FC Bayern Oberbürgermeister Scharnagl für die ‚Münchener Nothilfe' jeweils 1.500,– Mark spendete, hatte sich der TSV 1860 anfangs einer unübersehbaren Reserviertheit zu stellen."

Gute Karten beim Neuanfang

Wie hoch Landauers Reputation im Nachkriegs-München eingeschätzt wurde, dokumentiert ein Streit des FC Bayern mit der amerikanischen Militärverwaltung und der Stadtverwaltung aus dem Jahre 1949. Landauer warf Direktor Lülff, Leiter des Amtes für Leibesübungen, vor, bei der Beschlagnahmung von Teilen der neuen Bayern-Heimat an der Säbener Straße durch das amerikanische Militär nicht genügend Widerstand geleistet zu haben. Lülff wurde daraufhin vom Stadtrat Lettenbauer in Schutz

Kurt Landauer im Alter von 77 Jahren mit Ehefrau Maria und Neffen Uri Siegel.

genommen. Der Leiter des Stadtamtes sei vom zuständigen amerikanischen Offizier dreimal hinausgeworfen worden. Es sei unter der Würde eines Deutschen, sich von einem Offizier einer Siegerarmee so behandeln zu lassen. Landauer antworte lapidar: „Wenn man etwas erreichen will, muss man oft gehen…“ Woraufhin Lettenbauer sich genötigt sah, auf die unterschiedlichen Möglichkeiten von Behörde und Landauer zu verweisen: „Das sei durch die persönliche Verbindung von Herrn Landauer zu den Leuten möglich gewesen, die Herrn Landauer als Privatmann anders einschätzen als einen Beamten oder Angestellten einer Behörde, der bei diesen Herren ein Dreck sei.“ Der Historiker Ingo Schwab schreibt, Landauer habe „mit diplomatischem Geschick wie auch mit energischem, gelegentlich rücksichtslosem Vorgehen seinem Vereine Steine aus dem Weg“ geräumt. „Statt um Hilfe zu bitten, bietet Landauer Hilfe an.“ Landauers beachtliche Reputation gestattete dem FC Bayern, die Phase der Bittstellerei, in der sich viele Vereine aufgrund ihrer Verstrickung mit den entmachteten braunen Herrschern und der Besatzungssituation zunächst fanden, zu überspringen, um sich stattdessen als Partner und sogar treibende Kraft zu präsentieren.

Jüdische Bürger spielten somit in der Geschichte des FC Bayern in drei entscheidenden Phasen eine wichtige Rolle. Seine Gründung hatte der Klub ganz wesentlich den jüdischen Freunden Josef Pollack und Gustav Rudolf Manning zu verdanken. Bei seinem Aufstieg an die nationale Spitze war Kurt Landauer federführend. Und Landauer war es auch, der dem Klub in den Nachkriegsjahren kraft seiner Biografie bei den Verhandlungen mit der Stadt und der amerikanischen Militärverwaltung einen Startvorteil gegenüber dem lokalen Konkurrenten und einen schnellen Übergang in die Normalität verschaffen konnte.

Landauers vierte und letzte Präsidentschaft endete 1951, als die Mitgliederversammlung ihn aus dem Amt wählte. Sein Nachfolger wurde mit Julius Scheuring ein Kandidat der Handballabteilung, die den Fußballern ihre Dominanz und ihre Erfolge neidete.

Am 22. September 1945 wurde im Gasthof „Krone“ in Fellach bei Stuttgart die „Vereinigung der Süddeutschen Fußballklubs“ aus der Taufe gehoben und die Oberliga Süd gegründet. Initiiert wurde die Versammlung von den drei Stuttgarter Funktionären Dr. Fritz Walter, der auch erster „Oberliga-Präsident“ wurde, Gustav Sackmann und Ernst Schnaitmann. Der Süden setzte sich an die Spitze der Bewegung zur Reorganisation des Fußballsports in der späteren Bundesrepublik. Doch das Treffen war noch in anderer Hinsicht „revolutionär“: Die Anwesenden beschlossen einstimmig, „den Amateurstandpunkt fallen zu lassen“. Sieben Tage später erhielt der junge Verband vom Stuttgarter Stadtkommandanten Jacklson die Lizenz zur Durchführung einer Oberligasaison.

Die Oberliga Süd war die erste und in der Saison 1945/46 auch die einzige der später insgesamt fünf Oberligen (Süd, Südwest, Nord, West und Stadtliga Berlin). Im Gründungsjahr gehörten ihr folgende Klubs an: FC Bayern, 1860 München, 1. FC Nürnberg, SpVgg. Fürth, VfB Stuttgart, Stuttgarter Kickers, Schwaben Augsburg, BC Augsburg, SV Waldhof Mannheim, VfR Mannheim, Schweinfurt 05, Eintracht Frankfurt, FSV Frankfurt, Kickers Offenbach, Phönix Karlsruhe und Karlsruher FV. Sechs Städte waren gleich mit zwei Klubs vertreten.

Der Anpfiff zur neuen Oberliga erfolgte am 4. November 1945. Der FC Bayern musste zum 1. FC Nürnberg reisen, wo er vor 16.000 Zuschauern mit 1:2 unterlag. Trotz der teilweise chaotischen Umstände im Nachkriegsdeutschland konnte die Saison 1945/46 ohne Spielausfälle durchgeführt werden. Da aus der Kriegsgefangenschaft laufend neue Spieler zu den Mannschaften stießen, änderte sich deren Gesicht häufig. Sportlich regenerierte sich der nun von Richard Högg trainierte FC Bayern erstaunlich schnell. Die Säulen der ersten Nachkriegsmannschaften waren Moll, Simetsreiter, Streitle und der noch immer aktive Heidkamp. Der FCB belegte in der Auftaktsaison den 6. Platz. Die meisten Treffer erzielte mit 17 Hans Holzmüller. Das erste Nachkriegspunktspiel gegen die Sechziger gewann der FCB mit 1:0. Im Rückspiel gab es ein 2:2-Remis.

Oberliga-Fußball in der Nachkriegszeit: 1946 schlugen die Bayern den BC Augsburg mit 5:1. Vierfacher Torschütze war „Schäberl“ Holzmüller (Mitte).

Beim Spiel gegen Eintracht Frankfurt 1947 standen die Zuschauer auf den zerstörten Hausdächern an der Grünwalder Straße. Links Bayern-Stürmer Herbert Moll.

Was den Zuschauerzuspruch anbetraf, so war die neue Liga eine Erfolgsstory. Die 240 Spiele wurden von rund zwei Millionen Fans besucht. Im Unterhaltungssektor war der Fußball im zerstörten und demoralisierten Land nahezu konkurrenzlos.

1946/47 endete der FCB lediglich auf dem 11. Platz. Vorübergehend zierte der Klub gar das Tabellenende. Trainiert wurde der FCB von seinem ehemaligen Stürmerstar Josef Pöttinger. Erst als Bertl Moll die Rolle des Spielführers übernahm, konnte die alte Harmonie wiederhergestellt und der Klassenerhalt gesichert werden. Obwohl sich der FC Bayern in den unteren Gefilden der Tabelle aufhielt, die Löwen hingegen von der Meisterschaft träumen durften, fiel die Derby-Bilanz mit einem 2:0-Sieg und einem 1:1 erneut zugunsten der Roten aus. In dieser Saison mussten mehrere Spiele wegen Zuschauerausschreitungen abgebrochen werden, und aufgrund der noch unklaren Transferbedingungen gab es ein reges Bäumchen-wechsel-dich-Spiel. Die entwickeltere Organisation des süddeutschen Fußballs zog auch Spieler aus anderen Regionen der späteren Bundesrepublik an. Der Interzonen-Fußballausschuss sah sich schließlich genötigt, bei Wechseln eine automatische dreimonatige Sperre zu verhängen.

Die Saison 1947/48 war von besonderer Brisanz, da aus dem Feld der 20 Mannschaften nicht weniger als sechs absteigen mussten. Der Verband wollte die Liga auf 16 Vereine reduzieren. Der FCB wurde Vierter. Da er punktgleich mit den Stuttgarter Kickers war, wurde ein Entscheidungsspiel um den 3. Platz anberaumt, in dem der FCB deutlich mit 1:5 unterlag. Der TSV 1860 wurde Vize-Meister und qualifizierte sich somit für die erst-

42.000 beim Lokalderby

mals wieder ausgespielte Endrunde zur Deutschen Meisterschaft. Dort unterlagen die Sechziger allerdings bereits in der Vorrunde dem 1. FC Kaiserslautern vor 30.000 Zuschauern in Worms mit 1:5. Beim Derby blieb alles beim Alten. Im Hinspiel besiegte der FCB den TSV 1860 vor der Rekordkulisse von 42.000 Zuschauern mit 3:2. Das Rückspiel endete 1:1.

Im April 1948 wurde dem FC Bayern das Pachtverhältnis für die von ihm genutzten Plätze der Bayerischen Hypotheken- und Wechselbank gekündigt. Das Geldinstitut meldete Eigenbedarf an. Damit der Klub nicht über Nacht heimatlos wurde, verlängerte man den Pachtvertrag noch einmal um ein Jahr. Zwischenzeitlich wurde nach einer neuen Anlage gesucht. Das Amt für Leibesübungen trat dem FCB schließlich einen Teil der Spielplätze an der Säbener Straße ab. Die neue Heimat des FC Bayern hieß somit Neuharlaching. Das Amt machte bei seiner Entscheidung auch wirtschaftliche Überlegungen geltend. Durch die Spiele der Bayern im Stadion an der Grünwalder Straße flossen nicht unbeträchtliche Summen ins öffentliche Säckel. Die Stadt wollte sich diese Einnahmequelle erhalten, was aber nur möglich war, „wenn die Mannschaft von ‚Bayern' gut ist – die Voraussetzung hierzu sind anständige Trainingsmöglichkeiten".

Im Dezember 1947 hatte in der Fellacher „Krone" die „erste deutsche Fußball-Profi-Tagung" stattgefunden, auf der die Funktionäre der Oberliga Süd die Einführung des Berufsspielertums für die Zeit nach der Währungsreform ankündigten. Die treibenden Kräfte waren Gustav Sackmann und Albert Bauer. Am 30. Juli 1948 wurde schließlich ein Vertragsspielerstatut angenommen, das sich am Schweizer Vorbild orientierte. Das Statut war allerdings nicht mehr als ein Kompromiss zwischen Amateurismus und Professionalismus. Spesen und Prämien durften monatlich 320 DM nicht überschreiten. Transfers waren nur nach Saisonende gestattet. Werner Skrentny in seiner „Geschichte der Oberliga Süd": „Das Unternehmen Profifußball, für das Militärbehörden und Landesregierungen bereits Lizenzen ausgegeben hatten, war gescheitert und Gustav Sackmann nunmehr eine Unperson im Süd-Fußball." 62 Jahre nach Einführung des Profifußballs in England kamen entsprechende Gedanken für den deutschen Fußball immer noch zu früh.

Der FC Bayern wurde in der ersten Vertragsligasaison 1948/49 mit einem Punkt Vorsprung auf den Lokalrivalen Dritter. Die Derbys endeten mit zwei Siegen (2:0 und 1:0) für den FCB. Als Dritter erhielt der FCB die Chance, über ein Qualifikationsspiel die Endrunde um die Deutsche Meisterschaft zu erreichen. Der Gegner war mit dem FC St. Pauli ein Verein, zu dem sich in späteren Dekaden ein recht delikates Verhältnis entwickeln sollte. Die Begegnung endete vor 18.000 Zuschauern in Hannover 1:1 n.V., so dass ein zweites Entscheidungsspiel notwendig wurde. Zum Entsetzen von Trainer Alv Riemke ließ sich Präsident Landauer überreden, dies bereits am folgenden Tag und an gleicher Stelle auszutragen, anstatt nun in den Süden umzuziehen. Der FC St. Pauli behielt vor erneut 18.000 Zuschauern mit 2:0 die Oberhand.

Der Nürnberger Max Morlock, hier verfolgt vom Bayern-Spieler Hans Bayer, war einer der Stars der Oberliga Süd.

1949-1954 Magere Jahre

Es folgten die magersten Jahre in der Nachkriegsgeschichte des FCB. 1949/50 belegte der FC Bayern in der Endabrechnung nur den 13. Platz. Ganze drei Punkte trennten den FCB vom Abstieg. Das erste Derby gegen den TSV 1860 gewann der FCB nach einem schwachen Spiel beider Mannschaften mit 1:0. Im Rückspiel gab es nach 16 Spielen und fast sieben Jahren erstmals wieder einen Sieg für die Löwen (3:2). Die Achillesferse war in dieser und den folgenden Spielzeiten die Abwehr, die mit 70 Treffern in 30 Spielen die zweitmeisten der Liga kassierte. Auch die Löwen kamen nur auf den 9. Platz. Die „Abendzeitung“ schrieb von einer „Münchner Fußballkrise“.
Der Münchner Sportjournalist Michael Steinbrecher nahm in jener Saison das Ritual aufs Korn, sich nach dem Abpfiff noch einmal am Mittelkreis zu versammeln: Dieses sei „eine überflüssige Einrichtung der Nazi-Zeit“; außerdem habe es bei brisanten Begegnungen Tumulte provoziert. Ein Spieler des Lokalrivalen wurde während der Spielzeit 1949/50 Deutschlands erster Italien-Legionär. Ludwig Janda wechselte im November 1949 vom TSV 1860 zum AC Fiorentina Firenze. Die Sechziger kassierten 30.000 DM Ablöse für den Münchner, der seinen ehemaligen Mitspielern bald zu berichten wusste: „Für ein gewonnenes Spiel gibt es hier soviel wie bei 1860 den ganzen Monat.“ Doch Janda schwärmte nicht nur von den Verdienstmöglichkeiten, die sich Kickern jenseits des Brenners boten: „Diese Sonne, dieses Land und diese Luft – da kann man nicht anders als glücklich sein!“

1950/51 langte es für den FC Bayern nur zum 9. Platz. Die Distanz zum ersten Abstiegsplatz betrug lediglich sieben Punkte. Trotzdem machte der FCB von sich reden: Mit David Davidson verpflichtete er als erster süddeutscher Klub nach dem Krieg einen englischen Übungsleiter. Der FCB schien sich seiner alten Tugenden zu besinnen. Da der sportliche Erfolg ausblieb, musste Davidson allerdings vorzeitig die Koffer packen und erneut Alv Riemke Platz machen. Für Riemke war es bereits der dritte Feuerwehreinsatz beim FC Bayern. 1947/48 hatte er den glücklosen Josef Pöttinger abgelöst, 1948/49 Dietl.

1951/52 schnitt man um eine Position besser ab, aber erneut mit einem negativen Punktekonto. Trainiert wurden die Bayern nun von Dr. Max Schäfer. Der promovierte Sportlehrer war vom TSV 1860 gekommen, den er 1942 zum Pokalsieg geführt hatte. Der Wechsel des strengen Motivators und akribischen Theoretikers hatte für einigen Wirbel gesorgt. Bei den Löwen ging es nach seinem Weggang kräftig bergab. Der FCB hingegen verbesserte sich 1952/53 um einen weiteren Platz nach oben, diesmal sogar mit ausgeglichenem Punktekonto. Schäfer musste ohne die zum BC Augsburg bzw. Stuttgarter Kickers gewechselten Stürmer Franz Bachl und Rudolf Scholz planen. Ersatz kam u.a. in Gestalt von Gerd Schädlich, der zuvor für Holstein Kiel gekickt hatte. An Abwehrorganisator Jakob „Jakl" Streitle nagte derweil der Zahn der Zeit. Streitle zeigte ungewohnte Schwächen und kam nur auf wenige Einsätze. Der TSV 1860 musste derweil den Weg in die 2. Liga antreten. Obwohl das letzte Spiel der Löwen nur noch von statistischem Wert war, kamen 12.000 Zuschauer ins Stadion Grünwalder Straße, um noch einmal ein Münchner Oberligaderby zu erleben. Voller Wehmut hieß es in einer Vorschau der „Süddeutsche Zeitung": „Ja, die Alten waren doch besser. Die Schönheit des Fußballs hat allgemein und insbesondere bei den Münchner Lokalspielen arg gelitten."

„Die Schönheit hat gelitten"

Das erste Derby in dieser Saison hatte der FC Bayern 2:1 gewonnen. Vor dem Rückspiel kursierte in München das Gerücht, der FC Bayern wolle dem Lokalrivalen Nachbarschaftshilfe leisten. Denn ein Abstieg der Sechziger bedeutete für den FCB den Verlust einer lukrativen Einnahme. In den vergangenen Jahren hatte das Derby im Schnitt 25.000 Zuschauer mobilisiert, die die Kassen der Rivalen klingeln ließen. Mit Besuchen von „nur" 17.000 bzw. 12.000 war die Saison 1952/53 eine Ausnahme. Schiedsrichter der Begegnung war ausgerechnet ein Nürnberger, obwohl der „Club" ebenfalls im Abstiegskampf steckte. Entsprechend miserabel soll seine Leistung ausgefallen sein. Das letzte Derby endete mit einem Remis. Die Löwen gingen zunächst 2:0 in Führung, kassierten dann aber noch zwei Bayern-Treffer und außerdem einen (unberechtigten) Platzverweis.

1953/54 tummelte sich der FC Bayern die vierte Saison hintereinander im Tabellenmittelfeld. Trainer Schäfer war zum TSV 1860 zurückgekehrt, doch mit Georg Bayerer saß erneut ein Ex-Löwe auf der Trainerbank. Bayerer gehörte zu den Pokalsiegern von 1942. Diesmal sprang Platz 9 heraus. Immerhin konnte ein Problem gemil-

Mit einem Freundschaftsspiel gegen Manchester City verabschiedete sich Jakl Streitle (links) am 9. Mai 1954 aus der 1. Mannschaft. Rechts Manchesters Torwartlegende Bernd Trautmann.

dert werden: Mit dem vom TuS Neuendorf gekommenen Ex-Nationalspieler Karl Adam zwischen den Pfosten kassierte die Abwehr erstmals seit vier Spielzeiten wieder weniger als 50 Tore.

Am 9. Mai 1954 beendete der 15fache Nationalspieler Jakob Streitle, Bayerns wichtigster Akteur der Nachkriegsjahre, seine Spielerkarriere in der Ligamannschaft des FC Bayern. Zum Abschiedsspiel kam Manchester City mit dem deutschen Torwart Bernd Trautmann an die Grünwalder Straße. Vor 33.000 Zuschauern endete die Partie mit einem Remis (3:3).

Ein Bayer als Weltmeister

Als im Juni 1954 die Fußballweltmeisterschaft in der Schweiz angepfiffen wurde, war von Bayern-Seite lediglich Hans Bauer dabei, der allerdings auf nur zwei Einsätze kam – als Herberger im ersten Aufeinandertreffen mit den Ungarn aus taktischen Erwägungen eine zweite Garnitur auflaufen ließ, die dann auch prompt mit 3:8 unterlag, sowie beim 7:2-Sieg gegen die Türkei. Die Deutschen gewannen den Titel auch ohne nennenswerte Unterstützung aus München – was 20 Jahre später undenkbar gewesen wäre. Mit Erich Hahn verpasste ein weiterer Bayern-Spieler die WM-Teilnahme, allerdings aus eigenem Verschulden. Er hatte die Einladung Herbergers zu einem Lehrgang nicht wahrgenommen, um stattdessen die Trabrennbahn zu besuchen.

München bereitete den „Helden von Bern“ zwei Tage nach ihrem Sensationssieg einen begeisterten Empfang. Herberger und Co. waren in einem roten Sondertriebwagen der Bundesbahn von Lindau nach München gebracht worden. Die „Süddeutsche Zeitung“ berichtete über die Ankunft am Hauptbahnhof und die folgende Fahrt zum Rathaus: „Um 16.10 sitzen sie bereits alle blumenüberladen in den offenen Mercedes-Wagen. Bahnpolizisten und Schutzleute versuchen inzwischen verzweifelt, die Menge zurückzuhalten. Frauen und Kinder schlüpfen unter den Seilen durch, Männer springen darüber. Um 16.15 setzt sich der Zug, an der Spitze der Chef der berittenen Polizei auf dem Paradepferd Prinzeß, in Bewegung … ein Triumphzug durch die Münchner Straßen. Hunderttausende haben sich aufgestellt. Der Verkehr in der Innenstadt ist vollständig lahmgelegt, die Häuser mit dicht besetzten Fenstern werden zu lebendigen Fassaden.“ Auf dem noch immer vom Krieg gezeichneten Marienplatz freute sich Oberbürgermeister Wimmer besonders darüber, „dass mit Hans Bauer, Mitglied des FC Bayern, auch ein Münchner in der deutschen Expedition stand“.

Was der Bürgermeister nicht wusste: Ihren WM-Titel hatten die Deutschen nicht zuletzt einem ehemaligen Bayern-Pionier zu verdanken. Denn dass die Deutschen neun Jahre nach Kriegsende wieder an einer WM teilnehmen durften, war keineswegs selbstverständlich gewesen. Als 1950 beim FIFA-Kongress in Rio de Janeiro die Wiederaufnahme des DFB in die globale Fußballfamilie auf der Tagesordnung stand, saß auch Gus Manning mit am Verhandlungstisch – jener frühere süddeutsche Funktionär, der einst von Freiburg aus die Bayern-Gründung eingefädelt hatte. Manning vertrat die USA in der FIFA-Exekutive und gehörte zu den vehementesten und aufgrund seiner jüdischen Herkunft wohl auch glaubwürdigsten Befürwortern einer Rückkehr des DFB in die FIFA.

1954-1956 Zweitklassig

1954/55 endete der FC Bayern auf dem 16. und letzten Platz. Es blieb der einzige Abstieg der Bayern in ihrer heute über 100-jährigen Geschichte. Nur 15 Punkte wusste das Team zu verbuchen. Die Distanz zum rettenden Ufer betrug nicht weniger als elf Zähler. Das Training leitete zunächst Georg (Schorsch) Knöpfle, der allerdings kurz vor dem Jahreswechsel von Präsident Dr. Adolf Fischer geschasst wurde. Knöpfle, dem ein hervorragender Ruf vorauseilte, war bereits der achte FCB-Trainer in zehn Jahren, und seine Verpflichtung war mit hohen Erwartungen verknüpft gewesen. Doch der Bayern-Kader war für eine erfolgreiche Arbeit viel zu mittelmäßig. Das Training wurde nun von den alten Kämpen Jakl Streitle und Bertl Moll übernommen. Streitle war nach dem Ende seiner aktiven Karriere Verbandsjugendtrainer geworden, Moll Spielausschuss-Vorsitzender des FC Bayern. Nach zwei Siegen in Folge – am 23. Januar 1955 daheim gegen den Karlsruher SC (2:1) und eine Woche später auswärts bei Hessen Kassel (ebenfalls 2:1) – schöpfte man in München wieder Hoffnung. Doch die verbleibenden elf Begegnungen vom 20. bis zum 30. Spieltag blieb der FC Bayern sieglos. Die niederschmetternde Bilanz: ein Unentschieden, zehn Niederlagen, was 1:21 Punkte bedeutete. Erstaunlicherweise verzeichnete der Klub trotz seines miserablen sportlichen Abschneidens den besten Zuschauerschnitt der Liga (15.600). In der gleichen Saison wurden die Löwen wieder erstklassig.

In der 2. Liga Süd mussten sich die Großstädter in der Saison 1955/ 56 u.a. mit ASV Cham, TSV Straubing, FC Penzberg, VfL Neustadt und VfB Helmbrechts messen. Der FCB wurde hinter dem FC Freiburg Vize-Meister, was für den Wiederaufstieg in die Oberliga und damit die Rückkehr in die Erstklassigkeit reichte. Beide Begegnungen gegen die Freiburger gingen verloren (0:2 auswärts und 1:2 daheim). Zwar erzielte der FCB mit 89 Toren mit Abstand die meisten Treffer, trotzdem war der Aufstieg eine knappe Angelegenheit. Der Drittplatzierte FC Singen 04 lag nur zwei Punkte hinter dem FCB. Entscheidend waren letztlich die direkten Aufeinandertreffen mit den Schwarzwäldern, die der FCB beide Male klar für sich entscheiden konnte (4:0 daheim, 4:1 in Singen).

Immerhin 13.000 Zuschauer besuchten im Schnitt die Heimspiele in der 2. Liga Süd. Den größten Zuspruch verzeichnete man beim Spitzenspiel gegen den FC Freiburg, als 30.000 an die Grünwalder Straße pilgerten. In Kassel mobilisierte das Gastspiel der Bayern sogar 55.000 Zuschauer, die einen 3:2-Sieg des FCB sahen.

Erneut gaben sich Rote und Blaue die Klinke in die Hand, denn während die Bayern wieder erstklassig waren, musste der TSV 1860 nach nur einjährigem Gastspiel zum zweiten Male in die 2. Liga Süd. Obwohl die Löwen Letzter wurden, durften sie bei einem Schnitt von 19.000 die zweitmeisten Zuschauer der Liga in ihrem Stadion begrüßen – mehr noch als die Bayern in ähnlicher Lage ein Jahr zuvor.

Gut behütet: Als Anerkennung für den Aufstieg schenkte ein Münchner Fachhändler jedem Bayern-Spieler einen Hut.

1956/57 Erstmals Pokalsieger

1956/57 wurde der Aufsteiger FC Bayern Zehnter. Seit Saisonbeginn hieß der Trainer Willibald Hahn. Vor seinem Engagement bei den Bayern hatte der Österreicher die Nationalmannschaft Norwegens trainiert. Bei den Zuschauern belegten die Bayern allerdings mit einem Schnitt von 20.867 (der drittbeste, der bis dahin von einem Klub der Oberliga Süd erzielt worden war) den 1. Platz. Dieser Zuschauerzuspruch bedeutete einen neuen Vereinsrekord für den FCB. Die meisten Zuschauer kamen am 19. Spieltag gegen den späteren Oberligameister 1. FC Nürnberg. Der FCB gewann vor 35.000 Zuschauern durch ein Tor von Velhorn mit 1:0, die erste Auswärtsniederlage für die Franken. Nach dem 26. Spieltag befanden sich die Bayern sogar auf einem Abstiegsplatz. Die deftigste Niederlage kassierte man ersatzgeschwächt mit 1:8 bei der SpVgg. Fürth. Sieben Punkte aus den verbleibenden vier Spielen sicherten dem Neuling dann doch noch den Klassenerhalt.

Der FC Bayern zählte also mitnichten zu den Top-Teams der Bundesrepublik. Trotzdem errang man in diesem Jahr die erste nationale Trophäe seit der Meisterschaft von 1932: den DFB-Pokal, der zu diesem Zeitpunkt allerdings noch ein eher stiefmütterliches Dasein fristete und bei weitem nicht die Bedeutung hatte wie sein englisches Vorbild.

Der FC Bayern besaß bis dahin nicht gerade das Image einer Pokalmannschaft. Kämpferische Tugenden rechnete man nicht zu seinen Stärken, eher war die Mannschaft dafür bekannt, in Schönheit zu sterben. Der Auftakt im Pokalwettbewerb verlief dementsprechend nicht gerade verheißungsvoll. Bei der zweitklassigen SpVgg. Neu-Isenburg kam der FC Bayern auch nach Verlängerung über ein 2:2-Remis nicht hinaus. Das Wiederholungsspiel in München konnte der FCB dann allerdings mit 4:0 klar für sich entscheiden. Auch in der 2. Runde musste sich der FCB nur mit Zweitklassigkeit messen. Der TSV Straubing wurde 3:1 besiegt. In der 3. Runde wurde es erstmals ernst, als die Bayern mit Kickers Offenbach den späteren Vize-Meister ihrer Oberliga empfingen, der es in der DM-Endrunde hinter dem späteren Deutschen Meister Borussia Dortmund ebenfalls zum 2. Platz bringen sollte. Der FC Bayern gewann nach hartem Kampf 3:2. Die nächste Hürde hieß Hessen Kassel, erneut nur eine zweitklassige Adresse. Wie schon gegen Neu-Isenburg, musste der FCB nach einem 1:1 n.V. in Kassel in die Wiederholung, die er 3:1 gewann.

Damit stand der FC Bayern im süddeutschen Pokalendspiel. Gegner war mit Schweinfurt 05 eine Mannschaft aus dem unteren Mittelfeld der Oberliga Süd. Der FC Bayern gewann 4:1 und durfte nun erstmals den süddeutschen Raum verlassen. In der Qualifikationsrunde mussten die Münchner nach Berlin reisen, wo sie den Spandauer SV vor 10.000 Zuschauern mit 4:1 besiegten. Im Halbfinale empfing der FCB mit dem 1. FC Saarbrücken den Vize-Meister der Oberliga Südwest. Vor 24.000 Zuschauern stand es nach 90 Minuten 1:1, so dass die Teams in die Verlängerung mussten. Bereits unmittelbar nach dem Wiederanpfiff erzwangen Jobst und Siedl mit einem Doppelschlag die Entscheidung für die Münchner. Der FC Bayern hatte zum ersten Mal in sei-

Der FC Bayern vor dem Anpfiff im Rosenaustadion. Von links: Bauer, Fazekas, Manthey, Knauer, Mayer, Siedl, Sommerlatt, Jobst, Landerer, Velhorn, Huber.

ner Vereinsgeschichte das Finale um den deutschen Vereinspokal erreicht. Hier galt er allerdings als krasser Außenseiter. Der Gegner hieß Fortuna Düsseldorf und hatte im Halbfinale beim Nordmeister Hamburger SV mit 1:0 gewonnen.

Das Finale fand am 29. Dezember 1957 statt, und sein Austragungsort befand sich mit dem Augsburger Rosenaustadion vor Münchens Haustür. Folglich gab sich die Mehrheit der über 40.000 Zuschauer als Anhänger des FC Bayern zu erkennen. Petrus meinte es gut mit den Bayern. In der Nacht zuvor war es zu schweren Schneefällen gekommen, was die Süddeutschen bevorteilen sollte. Die Westdeutschen kamen mit dem gefrorenen rutschigen Boden nicht zurecht, während die Bayern von Beginn an aufs Fortunen-Tor drückten, jedoch immer wieder an Düsseldorfs Amateur-Nationaltorhüter Görtz scheiterten. Die Fans der Bayern staunten nicht schlecht über die ungewohnten kämpferischen Tugenden, die ihre Elf an den Tag legte. In der 80. Minute erzielte Bayerns Spielmacher Rudi Jobst das Tor des Tages. Drei Anläufe benötigte Jobst, bevor die Lederkugel endlich im Fortunen-Netz zappelte. Für Kurt Sommerlatt war es der dritte Pokalsieg in Folge, da er den „Pott“ bereits 1955 und 1956 mit dem Karlsruher SC gewonnen hatte. Auch der Rückkehrer Gerhard Siedl hatte bereits im Vorjahr mit den Karlsruhern den „Pott“ in seinen Händen halten dürfen.

„Dieser Angriffselan, dieses Pokalfeuer…“

Im „Sportmagazin“ schrieb Chefredakteur Fiederer anschließend: „Ich kann mich kaum erinnern, jemals eine solche einseitige Begegnung eines Endspiels miterlebt zu haben. Schon vom Anstoß weg ließen die Bayern keinen Zweifel daran aufkommen, wer sich den Pokal holen würde. Dieser Angriffselan, dieser stürmische Schwung, dieses

Pokalfeuer, das in der ganzen Mannschaft wild brannte, warf die Fortuna aussichtslos in die Verliererbahn." Im Tor der Bayern stand der ungarische Internationale Arpad Fazekas, der von MTK Budapest gekommen war und auf dieser Position eine jahrelange Krise des FCB beendete. Am 27. Oktober 1957 hatte Fazekas sein Debüt im Bayern-Dress gegeben, als der FCB am 12. Spieltag die Stuttgarter Kickers mit 4:1 besiegte. Weitere Leistungsträger waren Kapitän Hans Bauer, der erst 20-jährige Stopper Wiggerl Landerer sowie Torschütze Rudi Jobst. Der FCB gewann seinen ersten DFB-Pokal mit folgender Aufstellung: Fazekas, Knauer, H. Bauer, Mayer, Landerer, Manthey, Velhorn, W. Huber, Siedl, Sommerlatt, Jobst.

1957-1962 Die kurze Ära Endler

Wer gehofft hatte, der überraschende Pokalsieg würde beim FC Bayern einen deutlichen Leistungsschub bewirken, sah sich bald getäuscht. 1957/58 endete der Klub mit einem ausgeglichenen Punktekonto auf dem 7. Platz, eine Position hinter Aufsteiger TSV 1860, der sechs Punkte mehr aufweisen konnte. Beim ersten Oberligaderby seit vier Jahren platzte die Grünwalder Straße mit über 40.000 Zuschauern aus allen Nähten. Selbst die Lichtmasten wurden erklommen, und über Lautsprecher wurde die Menge immer wieder angewiesen, noch etwas enger zusammenzurücken. Das Spiel geriet zum Thriller. In der 69. Minute ging der TSV 1860 mit 2:1 in Führung, doch innerhalb von nur vier Minuten verwandelte der FCB den Rückstand in eine 3:2-Führung. Wenige Minuten später gelang den Löwen dann noch der Ausgleich zum 3:3. Das Rückspiel gewannen die Löwen 4:3. Erneut drängten 40.000 ins Stadion. Am 25. Spieltag gewann der FCB bei BC Augsburg 2:1, nichtsdestotrotz wurde Trainer Willibald Hahn entlassen. Die Interimslösung hieß erneut Bertl Moll. Unter seiner Regie holte die Mannschaft aus den letzten fünf Spielen sieben Punkte.

Noch stärker als die sportliche Stagnation plagten den FCB finanzielle Probleme. Auch in dieser Hinsicht hatte der Klub aus dem Pokalsieg kein Kapital schlagen können. Vor Beginn der Saison 1958/59 standen die Bayern vor der Zahlungsunfähigkeit. Ein finanzkräftiger Fachmann war gefordert, und der Klub entdeckte ihn im Fabrikanten Roland Endler, der im niederrheinischen Neuß Schweißstäbe herstellen ließ, seinen Wohnsitz aber in München hatte. Schon vor seiner Wahl zum FCB-Präsidenten, bei der der Kandidat im Übrigen nicht anwesend war und seine Zustimmung telegrafisch übermittelte, hatte Endler dem Verein wiederholt Geld zugesteckt. Dem neuen Mann gelang es, die FCB-Finanzen wieder in Ordnung zu bringen. Der FC Bayern gab sich nun wieder ambitioniert.

Anstelle von Willibald Hahn übernahm mit der Saison 1958/59 ein anderer Österreicher das Training: Adolf Patek. Der Österreicher genoss den Ruf eines Erfolgstrainers. Mit dem Karlsruher SC war Patek 1956 DFB-Pokalsieger und Deutscher Vize-Meister geworden. In seinem Gefolge stießen einige hochkarätigere Akteure zum FCB, wie der Ungar Josef Zsamboki und später der Jugoslawe Milos Milotinovic. Von der SpVgg.

Fürth kamen der Ex-Weltmeister Karl Mai und Klaus Kuhnert. In der Saison 1958/59 gab auch das Talent Peter Grosser sein Debüt im Dress der Roten. In seiner ersten Saison als Ligaspieler absolvierte Grosser bereits 24 Spiele, in denen er 15 Treffer erzielte. Der FC Bayern wurde Vierter, die beste Platzierung seit einer Dekade bzw. der Saison 1948/49. Die Roten zelebrierten nicht nur erfolgreichen, sondern auch ansehnlichen Fußball. Ihr modernes Angriffsspiel wurde mit 79 Toren belohnt, womit sie die zweitmeisten Treffer in der Liga schossen. Auch die Zuschauer honorierten die Aufbruchstimmung: 22.800 pilgerten im Schnitt zur Grünwalder Straße, der beste Zuschauerschnitt des FC Bayern in seinen 17 Jahren Oberligazugehörigkeit, der erst in der Bundesliga übertroffen werden sollte.

Im Pokal kam für den Pokalverteidiger das Aus in der 3. Hauptrunde. Gegner war der Lokalrivale TSV 1860. Die Begegnung blieb auch nach 120 Minuten torlos. Für die „Süddeutsche Zeitung" („SZ") sah „alles ein wenig nach Abmachung aus: das Unentschieden und damit die Neuansetzung, die für ein Lokalspiel überaus freundliche Atmosphäre unter den Spielern, das Dutzend vergebene Torchancen". Die Roten haderten mit dem Schiedsrichter, dessen Pfeife nach einem klaren Foul an Zsamboki im Strafraum stumm geblieben war. Auch das Wiederholungsspiel brachte keine Entscheidung. Zwar hatten die beiden Keeper Fazekas und Bechthold mächtig zu tun, doch ein Tor mochte erneut nicht fallen. Nach 240 torlosen Minuten musste das Los entscheiden. Die „SZ": „Und dann pfiff der Unparteiische ab, versammelte die Spieler um sich, warf das Geldstück und erklärte 1860 zum Sieger. Arm in Arm verließen die Spieler das ramponierte Rasenpodium, der Beifall schlug ihnen noch einmal entgegen."

Zur Saison 1959/60 stieß der spätere Nationalspieler Willi Giesemann vom VfL Wolfsburg zum FC Bayern. Mit Giesemann kam auch dessen Vereinskamerad Tietze. Ein weiterer Neuzugang aus dem Norden war Lörincz von Altona 93. Das „neue Geld" des FC Bayern wurde zum Problem für den DFB. Beim Versuch, professionellere Verhältnisse einzuführen, war der FCB mit den Statuten in Konflikt geraten. Der Verband ermittelte, dass der Verein in der Saison 1957/58 seinen Kickern Urlaubsgeld in Höhe von insgesamt 16.000 DM und weitere 6.000 DM „Überbezahlung" gewährt hatte. Der DFB-Rechtsausschuss verurteilte den Klub wegen „unkorrekter Buchführung" zu acht Punkten Abzug in der Saison 1959/60 und 10.000 DM Geldstrafe. Die betroffenen Spieler mussten jeweils 150 DM blechen und die „illegalen" Gelder zurückzahlen.

Proteste gegen DFB-Strafe

Ganz Fußball-München – einschließlich des TSV 1860 und dessen Präsidenten Adalbert Wetzel – solidarisierte sich mit dem FC Bayern gegen das DFB-Urteil. Bei der Berufungsverhandlung erhielt der Klub Unterstützung durch den städtischen Rechtsreferenten und SPD-Oberbürgermeister-Kandidaten Dr. Hans-Jochen Vogel. Das DFB-Bundesgericht bestätigte zunächst die Strafe, die aber schließlich nach einer Intervention von DFB-Präsident Dr. Peco Bauwens um vier Punkte reduziert wurde. Begründet wurde dies mit den „großen Verdiensten" des Klubs und mit Rücksicht auf dessen bevorstehendes 60-jähriges Jubiläum. Vier Punkte weniger bedeuteten, dass der FC

Bayern in der Endabrechnung vom 5. auf den 8. Platz abrutschte. Der TSV 1860 wurde Vierter. Bester Torschütze des FC Bayern war in dieser Saison der junge Peter Grosser, der auf 18 Treffer kam. Der Zuschauerschnitt lag in dieser Saison deutlich unter dem Vorjahr, was auf die erhöhten Eintrittspreise zurückgeführt wurde.

Das erste Derby dieser Saison war das torreichste seit Dekaden und weckte bei einigen Beobachtern Erinnerungen an die „goldenen" frühen 1930er Jahre. Vor 32.000 Zuschauern besiegte der FCB den TSV 1860 mit 6:4. Die euphorische „SZ" schlug dem Bundestrainer vor, anstatt der Nationalmannschaft eine Münchner Stadtauswahl zu den kommenden Länderspielen zu entsenden. Im Rückspiel revanchierten sich die Löwen mit einem 3:1-Sieg.

1960/61 war der FC Bayern zurück im Mittelmaß. Ein ausgeglichenes Punktekonto und Platz 8 standen am Ende zu Buche. Auch für die Löwen gab es nicht viel zu holen. Mit zwei Punkten Vorsprung auf den FCB wurden sie Sechster.

1961/62 spielte der FCB dann zum ersten Mal in seiner Oberligageschichte ernsthaft um die Meisterschaft mit. Trainiert wurde der FCB nun vom „Meistermacher" Helmut Schneider, der 1956 und 1957 mit Borussia Dortmund Deutscher Meister geworden war. Unter Adolf Pateck hatte sich die Mannschaft zwar spielerisch weiterentwickelt, doch die Fans mochten den Wiener nicht. Die Bayern begannen schwach und bewegten sich anfangs gar in der Abstiegszone. Null Punkte und 1:8 Tore lautete die Bilanz aus den ersten beiden Spielen. Trainer Schneider benötigte einige Zeit, um seine Idealformation zu finden. Doch dank einer Serie von 15 Spielen ohne Niederlage (12 Siege, 3 Remis) vom 12. bis 26. Spieltag konnten die Bayern die zunächst weit enteilten Topteams von Eintracht Frankfurt und 1. FC Nürnberg bei der Vergabe der ersten beiden Plätze noch in Bedrängnis bringen. Sowohl die Eintracht wie der „Club" wurden in der Rückrunde besiegt – die Frankfurter vor 25.000 Zuschauern an der Grünwalder Straße mit 2:0, die Nürnberger vor 40.000 Zuschauern an der Noris durch zwei Tore von Rainer Ohlhauser mit 2:1. In der Hinrunde hatten die Bayern gegen die beiden Teams ein Remis erzielt. Beim 1:1 gegen den „Club" in München sahen über 50.000 Zuschauer zu, Zuschauerrekord für ein Bayern-Spiel in der Oberliga Süd.

Eine 0:3-Niederlage am 27. Spieltag beim Karlsruher SC beendete die beeindruckende Serie. Aus den verbleibenden drei Spielen holten die Bayern nur noch drei Punkte und landeten so am Ende auf dem undankbaren 3. Platz. Der Abstand zum Meister 1. FC Nürnberg und Vize-Meister Eintracht Frankfurt betrug jeweils drei Punkte. Die Löwen wurden nur Siebter, gewannen aber das erste Derby mit 4:0. Im Rückspiel siegte der FCB in einer mitreißenden Partie mit 3:2. Die Presse zitierte einen spanischen Taxifahrer mit den Worten: „Hätte es nicht so geschneit, ich würde geglaubt haben, mich zu Hause in Barcelona befunden zu haben." Rainer Ohlhauser belegte in dieser Saison mit 23 Treffern den 3. Platz in der Torschützenliste der Oberliga Süd.

Während der Fußballweltmeisterschaft in Chile war mit Willi Giesemann auch ein Bayern-Akteur im bundesdeutschen Kader. Der Abwehrspieler wusste zu gefallen, konnte aber auch nicht verhindern, dass das Herberger-Team im Viertelfinale ausschied.

Harte Jahre in der Oberliga. Bayern-Verteidiger Brandmaier (links) attackiert den Karlsruher Strittmaier.

Die Bundesliga kommt

Am 28. Juli 1962 um 17.45 Uhr beschloss der im Goldsaal der Dortmunder Westfalenhalle tagende Bundestag des DFB mit 103:26 Stimmen endlich die Einführung einer eingleisigen nationalen Liga, die Bundesliga getauft wurde. Der Verband hatte sich gegen diese Neuerung lange gesträubt, da sie zwangsläufig die Einführung des Vollprofis bedeutete. Zu den vehementesten Befürwortern der neuen Liga gehörten Bundestrainer Sepp Herberger und Franz Kremer, Präsident des 1. FC Köln. Der Fusionsklub aus der rheinischen Dienstleistungsmetropole war zu diesem Zeitpunkt wohl der modernste Verein im deutschen Fußball und erfüllte damit eine Rolle, die nur wenige Jahre später der FC Bayern übernehmen sollte. Folgerichtig wurden die Kölner in der Auftaktsaison 1963/64 auch erster Meister der neuen Liga.

Die revolutionären Veränderungen im bundesdeutschen Ligafußball waren eine Reaktion auf die geringe Konkurrenzfähigkeit der hiesigen Klubs im internationalen Vergleich. Im Europapokal der Landesmeister bestand der größte Erfolg in Eintracht Frankfurts Einzug in das Finale von 1960, wo die Hessen Real Madrid mit den Weltstars di Stefano, Puskas, Gento und Co. mit 3:7 unterlagen. Der Wettbewerb wurde von den hoch professionellen Teams aus Spanien, Portugal und Italien dominiert. Von 1956, dem Jahr des ersten Europapokalfinales, bis 1963, als der Startschuss zur Bundesliga erfolgte, hieß der Sieger fünfmal Real Madrid, zweimal Benfica Lissabon und einmal AC Mailand. Aber auch die Nationalelf gab Anlass zur Sorge. Beim WM-Turnier 1958 in Schweden war der Weltmeister von 1954 nur noch Vierter geworden, 1962 in Chile kam das Aus bereits im Viertelfinale.

In anderen europäischen Fußballnationen wurde bereits seit vielen Jahren in zentralen Ligen und unter professionellen Bedingungen gekickt. Der bundesdeutsche Vereinsfußball drohte zudem personell auszubluten. Zwischen 1960 und 1963 emigrierten mit Brülls, Geiger, Haller, Rahn, Schnellinger, Schütz, Stürmer, Szymaniak und Waldner nicht weniger als neun Nationalspieler, da sie in Deutschland ihren Traum vom Profifußballer nicht verwirklichen konnten. Die Spieler zog es vornehmlich ins italienische Lira-Paradies.

Ein uneingeschränktes Ja zum Profifußball bedeuteten die Beschlüsse des DFB-Bundestags von Dortmund allerdings immer noch nicht. Der alte Amateurgedanke schimmerte noch an allen Ecken und Enden des ersten Bundesligastatuts durch. Die Spieler wurden zwar als „bezahlte Angestellte eines lizenzierten Vereins“ beschrieben, denen aber gestattet war, „neben ihrer fußballsportlichen Betätigung einen weiteren Beruf auszuüben, soweit dadurch ihre vertraglichen Verpflichtungen gegenüber ihrem Verein nicht beeinträchtigt werden“. An anderer Stelle hieß es recht idealistisch und puritanisch: „Der Spieler muss einen guten Leumund haben“, oder: „Spieler dürfen ihren Namen für Reklamezwecke nicht zur Verfügung stellen.“ Gehälter, Handgelder, Prämien und Ablösesummen wurden vom Statut exakt limitiert. Die monatlichen Grundbezüge (Grundgehalt plus Leistungsprämie) durften im Regelfall 1.200 DM nicht überschreiten. Um einen VW-Käfer zu erwerben, bedurfte es somit fast vier Monatsgehälter. Eine Höherdotierung „besonders qualifizierter Spieler“ war zwar nach dem Statut möglich, doch musste der Verein dafür zunächst eine gutachterliche Stellungnahme bzw. Genehmigung des Spielausschusses einholen. Die Sonderprämien für Meistertitel und Pokalsieg durften 2.000 DM bzw. 1.500 DM nicht überschreiten. Die Höchstprämie betrug 5.000 DM, vorgesehen für Spieler, die 700 Spiele für ihren Klub absolviert hatten. Ablösesummen durften nur bis zu einer Höchstsumme von 50.000 DM frei vereinbart werden. Im Falle der Freigabeverweigerung durch den alten Verein drohte eine Sperre von zwölf Monaten. Vereinswechsel waren überhaupt nur nach Ablauf der Saison möglich.

„Der Spieler muss einen guten Leumund haben…“

Die Entscheidung für das Vollprofitum war deshalb für die Spieler mit einem nicht unerheblichen Risiko behaftet. Denn größere Rücklagen ließen sich aus den Gehältern und Prämien nicht bilden. Nicht von ungefähr machten im ersten Jahr der Bundesliga (1963/64) lediglich 34 Spieler den Fußball offiziell zu ihrem Beruf. Von mitunter größerer Bedeutung als die Monatsgehälter und Prämien war die Hilfe der

Vereine bei der Jobsuche und beim Aufbau einer bürgerlichen Existenz. Helmut Sohre resümierte einige Jahre später in seinem Buch „Bundesliga intim“: „Die Bundesliga ist weder eine Zufallsschöpfung noch eine willkürliche Maßnahme. Sie ist ein Kind ihrer Zeit, logisch gewachsen. Doch das damit verbundene Lizenzspielertum ist in unserer Epoche der Halbheiten – auch eine Halbheit. Weder Fisch noch Fleisch! Es entstand, weil man aus vielerlei Gründen – nicht zuletzt auch aus steuerlichen – das offene Bekenntnis zum Profitum scheute. Ein Sportverein, der eine Abteilung seines Unternehmens als Berufssport deklariert, verliert die Gemeinnützigkeit. Das heißt, er bekommt keine Steuervergünstigungen und keine Staatszuschüsse für die Jugendabteilung mehr. (…) Es wäre falsch, aus der Gehalts- und Prämienliste für Bundesligaspieler auf deren tatsächliches Einkommen zu schließen. Die Vereine zahlen, was ihnen ein Spieler wert erscheint, zahlen mehr und geben die Erhöhung hintenrum: in Form besonderer Vergünstigungen, oder indem man den Spielern Geschäfte oder Arbeitsplätze beschafft, wo sie zwar bezahlt werden, aber nicht zu arbeiten brauchen. Wie weiland schon in Zeiten der Vertragsliga!“

Erst der Bestechungsskandal von 1970/71 bewirkte schließlich die Reinigung des Bundesligastatuts von den letzten Resten des Amateurgedankens. Der DFB gab alle Geldbeschränkungen auf; Ablösesummen, Spielergehälter und Prämien konnten fortan frei ausgehandelt werden, was zur Folge hatte, dass sie in astronomische Höhen schnellten und sich die Kluft zwischen den wohlhabenderen und ärmeren Vereinen weiter vergrößerte. Die heutige Fassung des Bundesligastatuts hat mit dessen Originalausgabe kaum mehr etwas zu tun.

1962/63 Löwen vorn

Bevor sich das bundesdeutsche Fußballpublikum an der neuen Liga ergötzen durfte, galt es noch, die letzte Oberligasaison 1962/63 zu absolvieren.

Zuvor verpflichtete der FC Bayern von der SpVgg. Fürth den 50fachen Nationalspieler Herbert „Ertl“ Erhardt. Bei der WM in Chile hatte der 32-jährige Stopper und Verteidiger zu den Leistungsträgern im DFB-Team gezählt. Bei seinem Wechsel kassierte Erhardt ein Handgeld von 50.000 DM, wovon er sich ein Haus bauen konnte. Ansonsten verpflichtete der Klub nur namenlose junge Talente. So auch den 18-jährigen Torwart Josef „Sepp“ Maier vom TSV Haar. Sein Oberligadebüt gab der spätere Weltklassekeeper am 30. Dezember 1962 in Frankfurt, als der FCB der Eintracht mit 1:2 unterlag. Maier kam in seiner ersten Bayern-Saison auf vier Oberligaeinsätze. Bayerns Nr. 1 war Fritz Kosar.

Die Saison begann für den FCB mit einem Debakel. Vor 43.000 Zuschauern an der Grünwalder Straße unterlagen die Roten Eintracht Frankfurt mit 0:5. Die nächste „Klatsche“ ließ nicht lange auf sich warten. Am 4. Spieltag verlor man beim SSV Ulm mit 1:6. Das Problem der Mannschaft war die fragile Abwehr. In 30 Meisterschaftsspielen sollte der FC Bayern 52 Tore kassieren.

Nach der Niederlage von Ulm begann sich die Mannschaft zu stabilisieren. Am 6. Spieltag gewannen die Roten das Derby gegen die Blauen durch Treffer von Ohlhauser (2) und Sieber mit 3:1. 45.000 Zuschauer durften mit Auerhammer, Brunnenmeier und Küppers (TSV 1860) sowie Erhardt, Giesemann und Olk (FC Bayern) gleich sechs Nationalspieler bewundern. Der Münchner Fußball schien die Mittelmäßigkeit zu verlassen und erneut zum Marsch an die nationale Spitze zu blasen. Für Aufregung sorgte Löwen-Keeper Petar „Radi" Radenkovic, der sich wenige Minuten vor dem Abpfiff bei einem seiner berüchtigten Ausflüge in Richtung gegnerischer Hälfte verdribbelte und von Grosser zu Fall gebracht wurde. Die „SZ" schrieb anschließend: „Dass es so schlimm war, um sich gleich einem Toten in die Kabine tragen zu lassen, nahmen dem Löwen-Torwart nicht einmal seine Freunde ab. (...) Mögen die Sechziger auch mit dem Schicksal hadern, an spielerischer Eleganz und Wucht wurden sie von den Bayern übertroffen, selbst als sie noch komplett waren."

Bis zum Rückspiel kassierte der FC Bayern nur zwei Niederlagen, darunter ein 2:5 beim Karlsruher SC. Das letzte Oberliga-Derby zwischen den Roten und den Blauen am 3. Februar 1963 wurde zu einem echten Spitzenspiel, standen sich doch der Tabellenführer (TSV 1860) und sein ärgster Verfolger gegenüber. Trotz eisiger Kälte fanden 35.000 Zuschauer ins Stadion an der Grünwalder Straße. Das Duell versprach eine Vorentscheidung über die Titelvergabe, die in diesem Jahr wegen der Einführung der Bundesliga von besonderer Brisanz war. Beim Halbzeitpfiff stand es 1:1, wobei die Bayern das bessere Team waren. In der 55. Minute brachte Brunnenmeier die Löwen mit 2:1 in Führung. Eine Viertelstunde später gelang Heiß auch noch das 3:1, womit die Partie entschieden war. Die „SZ" machte sich angesichts der Stärke von Roten und Blauen für zwei Münchner Bundesligisten stark: „Will man in der Bundesliga die augenblicklich erfolgreichsten deutschen Mannschaften vereinen, so kann man die beiden Münchner Klubs nicht übersehen. Will man andererseits eine Bundesliga der Traditionsmannschaften, dann, meine Herren, kann München ganz energisch auf den Tisch klopfen."

Am Ende landete der FC Bayern erneut auf dem undankbaren 3. Platz, vier Punkte hinter Meister TSV 1860, der damit Münchens einzigen Titelgewinn in 18 Jahren Oberliga verbuchen konnte. Bayerns Rainer Ohlhauser wurde mit 24 Treffern erneut Dritter in der Torschützenliste, die mit Nationalspieler Rudi Brunnenmeier von einem Löwen angeführt wurde. Noch vor Ablauf der Saison verließ Helmut Schneider den Klub unter unrühmlichen Umständen. Erst wenige Monate zuvor war Schneiders Vertrag vorzeitig verlängert worden. Doch der ehrgeizige neue Präsident Wilhelm Neudecker hatte einen anderen Trainer im Auge.

Auch Willi Giesemann beendete seine Dienste für den FC Bayern. Der elfmalige Nationalspieler wechselte von der Isar an die Alster, um in der neuen Eliteklasse für den Hamburger SV zu spielen.

Resümee

Nach dem Kriege dominierte im deutschen Fußball zunächst erneut der Süden. Mit dem 1. FC Nürnberg stellte er 1948 den ersten deutschen Nachkriegsmeister. Der Süden besaß einen organisatorischen Vorsprung, wohl auch bedingt durch das laxere und kooperativere Agieren der dortigen alliierten Institutionen. So durfte in Bayern bereits am 18. Juli 1945 der Landessportbund gegründet werden. Im November desselben Jahres wurde außerdem die „Arbeitsgemeinschaft der Süddeutschen Landesverbände" ins Leben gerufen. Auch begann der Süden als Erster mit der Bezahlung von Spielern. Insbesondere der Westen hinkte dem Süden zunächst hinterher.

Der Münchner Fußball lieferte zur Dominanz des Südens zunächst allerdings keinen bedeutenden Beitrag. Der Pokalsieg von 1957 katapultierte den FC Bayern nicht zurück in den Kreis der deutschen Spitzenklubs, sondern blieb ein Intermezzo, ein typisches Pokal-Ereignis.

Als der Westen organisatorisch den Anschluss gefunden hatte, holte er auch wieder sportlich auf. Von den 16 Deutschen Meistertiteln, die von 1948 bis 1963 ausgespielt

Rainer Ohlhauser schoss in der Regionalliga die meisten Tore für den FC Bayern.

wurden, gewann der Westen sechs, fünf davon gingen ins Ruhrgebiet: Borussia Dortmund wurde dreimal Meister, Rot-Weiß Essen, Schalke 04 und der 1. FC Kön jeweils einmal. Der Süden kam ebenfalls auf sechs Titel – jeweils zwei Meisterschaften gewannen der 1. FC Nürnberg und der VfB Stuttgart, jeweils einmal waren VfR Mannheim und Eintracht Frankfurt erfolgreich. Die Münchner Vereine gingen leer aus und stiegen erst in den 1960ern wieder in den Kreis der Topadressen des deutschen Fußballs auf.

In der ewigen Tabelle der Oberliga Süd (1945/46 bis 1962/63) belegt der FC Bayern Rang 5, der TSV 1860 Rang 9. Vor den Bayern liegen der 1. FC Nürnberg, Kickers Offenbach, VfB Stuttgart und Eintracht Frankfurt. Zwischen den viertplatzierten Frankfurtern und dem FCB besteht eine Kluft von 107 Punkten. Die Differenz zu den erstplatzierten Nürnbergern beträgt gar 185 Zähler. In der ewigen Tabelle aller bundesdeutschen Oberligen kommt der FC Bayern auf den 15. Platz, der TSV 1860 gar nur auf Rang 24. Dem Münchner Fußball war es immer noch nicht gelungen, seine ursprüngliche Bedeutung zurückzuerobern. Münchens Fußballchronist Michael Steinbrecher konstatierte, dass FC Bayern und TSV 1860 „in diesen Jahren der Stagnation nicht nur das Glück“ fehlte, sondern „vielmehr noch Kaltblütigkeit, ‚Biss’ und jene roboterhafte Sachlichkeit, die dem modernen Fußball anhaftet. Noch immer waren sie zu sehr in den Barockstil, in den Schnörkelkurs vergangener Jahre ihrer ‚Schönheitstänze’ verliebt. Zwar fehlte es in den Nachkriegsjahren nicht an Spielerpersönlichkeiten, aber über lange Zeiträume waren sie doch zu dünn gesät.“

Viele Probleme des FC Bayern waren hausgemacht. Dazu zählte ein eklatanter Mangel an Geduld, Kontinuität und zeitweise auch Geld. Im Zeitraum 1945-62 verschliss der FC Bayern nicht weniger als 13 Trainer. Bald sprach man davon, der Trainer, der zu den Bayern passe, müsse erst noch geschaffen werden. Der Trainer war das schwächste Glied in der Bayern-Hierarchie; oft wurde den Auffassungen der Spieler mehr Gehör geschenkt als denen ihres Übungsleiters. Das Gesicht der Mannschaft veränderte sich ständig, und nach dem Rückzug von Kurt Landauer begann sich das Personalkarussell auch auf der Vorstandsebene zu drehen. Zwischen 1945 und 1962 walteten acht verschiedene Präsidenten ihres Amtes. Erst gegen Ende der Oberligaära wurde es für die beiden Münchner Klubs besser, wobei sich der Aufstieg des TSV 1860 zwar rasanter, aber keineswegs solider vollzog.

Unter dem Präsidenten Endler erhielt der FC Bayern wieder professionellere Züge und weckte Erinnerungen an die ambitionierte Politik vor 1933. Mit Giesemann, Milutinovic und Zsamboki wurden namhafte und wohl auch nicht ganz billige Akteure verpflichtet, mit Adolf Patek und Helmut Schneider große Trainernamen. Der Sprung nach ganz oben gelang trotzdem nicht.

Garanten des Aufschwungs: Jungstars Franz Beckenbauer und Gerd Müller, hier beim Training mit der Nationalelf.

1963 bis 1976

Vom Regionalligisten zum Europapokalsieger

Ein Mann baut seinen Verein

Noch vor der Saison 1962/63 hatte Roland Endler sein Präsidentenamt aufgegeben. Zum Nachfolger in dieser für die Bundesligaqualifikation so wichtigen Zeit bestellte eine Mitgliederversammlung im April 1962 im Salvatorkeller Wilhelm Neudecker. Der autoritäre Unternehmer (Sepp Maier: „Ein Alleinherrscher, der keinen Widerspruch duldete“), der sich in einer typischen Nachkriegskarriere vom Maurer zum Baulöwen hochgearbeitet hatte und im Nachkriegsboom zum Millionär geworden war, schien anfangs keineswegs unumstritten. Neudecker war zunächst nur als Interimslösung und Platzhalter vorgesehen, da sein Vorgänger lediglich eine einjährige Pause einlegen wollte. Doch Endler hatte seine Rechnung ohne den arbeitswütigen und ehrgeizigen Neudecker gemacht, der den Klub nun bis 1979 führen sollte – die längste Amtszeit eines Bayern-Präsidenten überhaupt. Neudecker: „Erst Monate später erfuhr ich, dass ich nur ein Lückenbüßer für ein Jahr sein sollte. Da habe ich gearbeitet wie ein Verrückter. Ich wollte allen beweisen, dass ich sehr wohl der richtige Mann war.“

Was unter Endler begonnen hatte, fand unter Neudecker seine konsequente Fortsetzung: Der Klub wurde mit unternehmerischer Philosophie und Energie geführt. Nach Auffassung Neudeckers schloss diese Philosophie allerdings einen demokratischen Führungsstil weitgehend aus.

In einem wichtigen Punkt unterschied sich Neudeckers Herangehensweise von der Endlers. Setzte Endler auf kurzfristige Besserung durch Verpflichtung fertiger und namhafter Spieler, war Neudecker der Auffassung, dass „nur durch harte Arbeit ein solider Dauererfolg möglich ist. Ein mit hohen Krediten arbeitender Betrieb ist nicht krisenfest.“ Auf den Lizenzspielerkader übertragen bedeutete dies zunächst, dass Neudecker auf spektakuläre Verpflichtungen verzichtete. Stattdessen setzte er „auf die Jugend, die in unserem Verein hervorragende Lehrmeister besitzt, und auf vielleicht noch ungeschliffene, aber lernbegierige Provinz-Fußballer, deren Talente mehr versprechen als große Namen“. Neudeckers Lokal- und Regional-Patriotismus hatte handfeste ökonomische Gründe. Wollte man sich nicht erheblich verschulden, ließ die Vereinskasse keinen anderen Weg zu. Wie sein Vorgänger fand Neudecker in dieser Kasse gähnende Leere vor. Um den Spielern ihre Gehälter zu zahlen, musste der Präsident mit seinem Privatvermögen bürgen. Neudecker war sich aber auch nicht zu schade, das Spielfeld höchstpersönlich mit einer Planierwalze zu bereiten.

Dass das Kalkül des Präsidenten aufging, hatte auch mit Glück zu tun. Mit Sepp Maier, Franz Beckenbauer und Gerd Müller versammelte der FC Bayern gleich drei Nachwuchskräfte bei sich, die in den folgenden Jahren zu Weltklassespielern aufsteigen sollten. Der Journalist Ulfert Schröder schrieb deshalb: „Bayerns Aufstieg begann auf dem Spielfeld und nicht auf dem Schreibtisch. Das ist eine Tatsache, die sehr oft übersehen wird."

Der FC Bayern der ersten Neudecker-Jahre war eine Kopie der Biografie seines Präsidenten. Neudecker übertrug seine persönlichen Erfahrungen umstandslos auf den Verein. Der Klub und seine kickenden Angestellten hatten sich am leuchtenden Beispiel ihres Präsidenten zu orientieren. Nachdem der FC Bayern in die nationale Spitze vorgestoßen war, musste Neudecker allerdings seine Prinzipien relativieren. Die einstigen Nachwuchskicker wurden mit ihrem Aufstieg zu Schlüsselspielern der Nationalelf immer teurer. Neudecker später: „Die Achse Maier-Beckenbauer-Müller wurde von keinem Trainer geschaffen, sondern von mir, durch ein immer wieder erneuertes, besonderes finanzielles Engagement." Neudecker zahlte Schwarzgelder, die schließlich Strafbefehle und eine existenzbedrohende Steuernachzahlung zur Folge hatten.

Neudecker holt einen Manager

Neudeckers revolutionärste Maßnahme war die Abschaffung des ehrenamtlichen Spielausschussvorsitzenden (oder Obmanns) zugunsten eines dotierten Technischen Direktors bzw. Managers sowie die Schaffung einer professionellen Führungsstruktur. Zunächst wurde das „Arbeitspferd" des Vereins, Geschäftsführer Walter Fembeck, mit mehr Kompetenzen ausgestattet. Die Position des Technischen Direktors bekleidete der Versicherungsdirektor Robert Schwan, einst Gemüsehändler auf dem Münchner Viktualienmarkt. Neudecker führte den Neuen 1964 mit folgenden Worten ein: „Das ist Herr Robert Schwan, den die Vorstandschaft soeben als Spielausschussvorsitzenden bestätigt hat. Ich würde sagen, dass er unser Klubmanager ist." 1966 wurde Schwan offiziell Bayerns erster hauptamtlicher Manager. Sein Anfangsgehalt betrug monatlich 5.000 DM. Ulfert Schröder über das Duo Neudecker/Schwan: „Neudecker hatte sein millionenträchtiges Baugeschäft verkauft, um Bundesliga-Boss zu werden. Schwan verzichtete auf einen Stuhl im Top-Management einer Versicherung, um im Fußballgeschäft zu Ruhm zu kommen. Beide, Neudecker und Schwan, waren also Brüder im Geiste."

Robert Schwan hatte zwar nach eigenem Bekunden vom Fußball „keine Ahnung", war aber mit Geschäftssinn und großem Organisationstalent ausgestattet. Das hauptamtliche Management ermöglichte eine professionellere Suche nach neuen Angestellten. Die Personalpolitik, die Schwan betrieb, ähnelte der eines modernen Industriebetriebs. Aber der FC Bayern war auch der erste Klub, der sich um die berufliche Zukunft seiner Akteure sorgte. Noch zu Regionalligazeiten führte Schwan ein Prämiensystem ein. Beim

Wilhelm Neudecker.

FC Bayern wurde mehr gezahlt als anderswo und als erlaubt war. Das monatliche Grundgehalt eines Regionalligaspielers durfte 160 DM nicht überschreiten. Einschließlich Prämien durfte der Zweitligakicker nicht mehr als 400 DM einstreichen. Franz Beckenbauer: „Unser Manager Robert Schwan hatte das sofort überrissen. Er dachte sich, mit so einem Blödsinn steigen wir nie auf. Wir hatten gute Spieler, Olk, Rainer Ohlhauser, Borutta Kalle, teilweise internationale Spieler. Manchmal, wenn er ganz gut aufgelegt war, zahlte er eine Prämie von 400 Mark pro Nase. Wir haben damals total gegen das Bundesligastatut verstoßen." Werner Olk hatte von Hannover 96 den Weg nach München gefunden, Karl Borutta stand von 1955 bis 1960 in der Oberligamannschaft von Schalke 04.

Schwans Hauptaugenmerk galt jedoch dem Gewinn an gesellschaftlicher Hoffähigkeit des immer noch mit einer proletarischen Duftnote behafteten Sports. Für die Spieler wurde ein Englischlehrer engagiert, der sie in der Sportschule Grünwald unterrichtete. Die Mannschaft stieg bei Reisen in den besten Hotels ab, um zu lernen, „wie man sich benimmt". Die Fußballer sollten so geformt werden, dass ihr Beruf auch die Anerkennung der „besseren Gesellschaft" erfuhr. Dies sollte wiederum die „bessere Gesellschaft" und wohl auch deren Geld in die Nähe des Klubs und in seine Arena bringen. Als Modell für den neuen Spielertyp galt Franz Beckenbauer, dem sich Schwan mit besonderer Intensität widmete. Auf dem gesellschaftlichen Parkett war der Kaiser eine Kreation seines Managers, mit dem er bis zu dessen Ableben Tür an Tür lebte. Für Beckenbauer handelte Schwan beim DFB-Ligaausschuss ein „Sondersalär" aus. Anstatt der vorgeschriebenen monatlichen 1.200 DM durfte das Jahrhunderttalent 1.400 DM brutto einstreichen. Durch Werbeverträge sorgte Schwan für eine weitere Aufstockung des Kaiser-Gehalts.

Aufgrund seiner Sozialgeschichte und seines Standorts München eignete sich der FC Bayern für das Schwan'sche Modernisierungsprojekt besser als die meisten anderen Bundesligisten. München war keine Proletarierstadt, und der FCB genoss bereits seit seiner Gründung nicht zu Unrecht einen bürgerlich-elitären Ruf. Aufgrund dieser historischen Vorgaben musste sich der FC Bayern nicht verstellen.

In der Ära Wilhelm Neudecker entwickelte der FC Bayern auch das Image vom „CSU-Verein". Der Bauunternehmer war zunächst SPD-Kandidat für die Landtagswahlen gewesen, wechselte dann aber zur CSU („Die Jusos haben alles kaputt gehauen"), die dem FC Bayern diesen Schritt mit der Befreiung von der Vergnügungssteuer entlohnte. Seine konservativen Positionen verfocht Neudecker mit der für Konvertiten typischen Leidenschaft. Landesvater und CSU-Alleinherrscher Franz-Josef Strauß suchte bewusst die Nähe zum Klub und seinen Stars. Strauß, geboren in der Schwabinger Schellingstraße, wurde für einige Spieler – namentlich Franz Beckenbauer – zur politischen Vaterfigur.

FC Bayern muss draußen bleiben

Da der FC Bayern 1961/62 und 1962/63 in der Oberliga Süd jeweils den 3. Platz belegt hatte, ging die Vereinsführung wie selbstverständlich davon aus, zu den 16 Gründungsmitgliedern der Bundesliga zu gehören. Außerdem hatte der FC Bayern in der „ewigen Zuschauertabelle" der Oberliga Süd den zweithöchsten Zuspruch zu verzeichnen. Werner Skrentny in seinem Buch über die „Geschichte der Oberliga Süd 1946-63": „Den höchsten Durchschnittsbesuch der Vereine erreichte der 1. FC Nürnberg in seiner Meisterschafts-Saison 1947-48 mit 23.533. Überhaupt führten die Cluberer fünfmal die Zuschauer-Tabellen an, sechsmal der FC Bayern München, viermal der VfB Stuttgart, je einmal 1860, der Karlsruher SC und Hessen Kassel. (...) ‚1860 war beliebter als der FC Bayern', sagen heute gestandene Kenner der Münchner Fußballszene, doch die Zuschauer-Zahlen erzählen eine andere Geschichte: Zwar war der ‚Löwen'-Anhang stets in stattlicher Zahl an der Grünwalder Straße präsent, die Bayern aber waren wesentlich öfter Zuschauer-Spitzenreiter."

Für die neue Eliteklasse hatte es 46 Bewerber gegeben. Am 16. Oktober 1962 hatte der DFB-Beirat folgende geografische Aufteilung der 16 Bundesliga-Plätze vereinbart: je fünf Vereine aus dem Süden und Westen, drei aus dem Norden, zwei aus dem Südwesten und einer aus Berlin. Bei der Auswahl der 16 Glücklichen galten als Kriterien das Abschneiden in den letzten zehn Jahren mit stärkerer Gewichtung der letzten fünf Jahre und besonders starker Gewichtung der laufenden Saison. Hinzu kamen die wirtschaftliche Leistungsfähigkeit und die technischen Voraussetzungen, womit vor allem das Stadion gemeint war.

Als am 24. August 1963 der 1. Spieltag der neuen Liga angepfiffen wurde, stand zwar der TSV 1860 auf dem Spielfeld, nicht aber der FC Bayern. Denn am 11. Mai 1963 hatte der Klub vom DFB folgenden Brief erhalten: „Liebe Sportkameraden! Wir bedauern, Ihnen mitteilen zu müssen, dass der Bundesliga-Ausschuss des DFB Ihrem Gesuch um Aufnahme in die Bundesliga nicht stattgeben konnte. Nach der schon vorab erfolgten Benennung der Vereine 1. FC Nürnberg und Eintracht Frankfurt standen für die Bewerber aus dem Bereich des Süddeutschen Fußball-Verbandes nach dem Beschluss des DFB-Beirats noch drei Plätze zur Verfügung. Einer dieser drei Plätze wurde dem TSV 1860, als dem süddeutschen Meister dieses Jahres, zugesprochen. Überdies war das Gremium der Auffassung, dass es wenigstens im Jahre der Einführung der Bundesliga im allgemeinen Interesse des gesamten Fußballs nicht ratsam erscheint, zwei Vereinen am gleichen Ort eine Lizenz für die Bundesliga zu erteilen." Die verbleibenden zwei Süd-Plätze gingen an den VfB Stuttgart und den Karlsruher SC, die beide in den Spielzeiten 1961/62 und 1962/63 schlechter abgeschnitten hatten als der FCB. In der „ewigen Tabelle" der Oberliga Süd belegte der KSC lediglich den 11. Platz.

Neudecker tobte, sprach von „fadenscheinigen Begründungen" und klagte auf „Gerechtigkeit für den FC Bayern". Der Präsident verfasste ein 13-seitiges Protestschreiben. Der FC Bayern sah sich als Opfer einer Verschwörung – ein Gefühl, das bei einem

„Tschik" Cajkovski (rechts) mit seinem Kollegen vom Lokalrivalen, Max Merkel.

Mann von der Mentalität Neudeckers zusätzliche Kräfte freisetzte. Außer dem FC Bayern hatten noch zwölf weitere Klubs Beschwerde gegen ihre Nichtberücksichtigung eingelegt. Am 1. Juni 1963 wurden alle Beschwerden vom DFB-Bundestag abgelehnt. Alemannia Aachen und Kickers Offenbach bemühten sogar ordentliche Gerichte, indes ohne Erfolg.

Im Nachhinein betrachtet war die Ablehnung des Antrags ein ausgesprochener Glücksfall für den Klub. Wäre der FC Bayern zur neuen Eliteklasse zugelassen worden, hätte er das Gesicht seiner Mannschaft einschneidend verändern müssen. Dies hätte nicht nur erhebliche finanzielle Belastungen bedeutet, sondern auch den Reifeprozess einer jungen Mannschaft torpediert, die einige Jahre später bundesdeutsche und europäische Fußballgeschichte schreiben sollte. Die große Bayern-Elf wäre vielleicht gar nicht zustande gekommen, sondern frühzeitig auseinander gerissen worden. Der FC Bayern geriet nicht in die Versuchung, die gleichen Fehler zu begehen wie der TSV 1860, der in großem Stil einkaufte und sich dabei schließlich übernahm. Als 1972 das Olympiastadion mit seinen immensen Einnahmemöglichkeiten fertiggestellt war, verfügte der FC Bayern über die stärkste und attraktivste Mannschaft in seiner Geschichte, während der Lokalrivale mit der Zweitklassigkeit und geringeren Zuschauerzahlen vorlieb nehmen musste.

Zweitklassigkeit als Glücksfall

Noch zu Oberligazeiten durfte der FC Bayern erstmals in einem europäischen Pokalwettbewerb mitspielen. Im April 1955 war in Basel der Internationale Messepokal ins Leben gerufen worden. Der Vorläufer des UEFA-Cups war ein Kräftemessen europäischer Messestädte (Barcelona, Basel, Frankfurt/M., Köln, Kopenhagen, Lausanne, Leipzig, London, Mailand, Wien, Zagreb). Zunächst wurden die beteiligten Städte durch Auswahlmannschaften vertreten. Bei der zweiten Ausrichtung des Wettbewerbs ließ man dann auch Klubmannschaften zu, die aber aus einer Messestadt stammen mussten. Der FC Bayern stieß in der Saison 1962/63 in diesem Wettbewerb bis in die 3. Runde vor. In der 1. Runde wurde der FC Basel (3:0) ausgeschaltet, danach Drumcondra Dublin (6:0 und 0:1). In der 3. Runde erwies sich Dynamo Zagreb als eine Nummer zu groß. In München verlor der FC Bayern mit 1:4, in Zagreb erreichte er immerhin ein torloses Remis. Dynamo qualifizierte sich anschließend noch für das Endspiel, unterlag hier aber dem FC Valencia. Der Zuschauerzuspruch war eher mager. Drumcondra Dublin wollten nur 2.500 sehen, zur Begegnung mit Dynamo Zagreb fanden sich auch nicht mehr als 8.000 ein.

1963 verpflichtete der Zweitligist FC Bayern mit dem Jugoslawen Zlatko Cajkovski einen Trainer, der erst ein Jahr zuvor den 1. FC Köln zur Deutschen Meisterschaft geführt hatte. Für einen lediglich zweitklassig kickenden Klub ein höchst ambitioniertes Unterfangen. Unter der Regie des ehemaligen Weltklassespielers (Außenläufer) begann nun der kometenhafte Aufstieg des Klubs. Cajkovski , der einen hemmungslosen Offensivfußball spielen ließ, verstand es, bei einer jungen Truppe, die eine bemerkenswerte Ansammlung von Talenten darstellte, Begeisterung und Spielfreude zu wecken. Dieter Brenninger: „Der war ein echtes Vorbild für uns, weil er selbst aktiv war und fußballerisch einfach Weltklasse darstellte. Was der am Ball konnte... Wir haben echt Respekt vor ihm gehabt, da er in der Lage war, uns alles selbst vorzumachen. Und ehrgeizig war er. Bei den Trainingsspielchen wollte er immer mitmachen. Wenn es nicht aufging, hat er einen von uns in die Kabine geschickt, nur um selbst mitspielen zu können. ‚Du ein bisschen verletzt, geh in Kabine und lass dich massieren.'"

Die Aufsteiger der späten 1960er Jahre, Gladbach und Bayern, werden oft als krasse Gegensätze betrachtet. Tatsächlich sind die Parallelen zwischen den beiden Teams verblüffend. Beide bedienten sich eines Managers; beide Teams waren jung und von Offensivdrang geprägt; und beide Teams hatten mit Beckenbauer und Netzer zwei überragende Spielerpersönlichkeiten, die von ihrem Charakter her allerdings sehr unterschiedliche Typen waren.

1963/64 Regionalliga

Unterhalb des neuen Oberhauses Bundesliga wurden fünf Regionalligen gebildet, deren Einzugsbereiche denen der alten Oberligen entsprachen. Der FC Bayern spielte in der Regionalliga Süd. Vor der Saison 1963/64 musste der Klub seinen Spielmacher Peter Grosser an den nun klassenhöheren Lokalrivalen abtreten – ein Wechsel, der hohe Wellen schlug. Beim Bayern-Anhang war Grosser nun unten durch, für die Sechziger zunächst noch immer ein „Roter". Der exzellente Techniker avancierte zur spielbestimmenden Figur im Mittelfeld des TSV 1860 und trug erheblich dazu bei, dass der Verein nun die erfolgreichsten Jahre seiner Geschichte erlebte.

Trotz des Grosser-Wechsels wurde der FCB hinter Hessen Kassel Vize-Meister und qualifizierte sich somit für die Aufstiegsrunde der Regionalligameister und -vizemeister. Es hätte auch der Meistertitel sein können, aber am vorletzten Spieltag unterlag der FCB nach einem fröhlichen Scheibenschießen daheim gegen die TSG Ulm 46 mit 4:6. Eine Niederlage, die vollauf beabsichtigt war, wovon allerdings der dreifache Torschütze Jaworski nichts wusste. Jaworski war lediglich Ersatzspieler, der nur auflaufen durfte, weil die halbe Stammelf an diesem Tag die Bank drücken musste. Zunächst waren nur Kapitän Kunstwadl und zwei weitere Spieler eingeweiht, aber Jaworskis unerwarteter Torhunger erforderte eine offenere Informationspolitik. Nachdem Jaworski in der 73. Minute das 4:3 erzielt hatte, wurden auch die anderen Bayernspieler unterrichtet, so dass die Gäste in den verbleibenden Minuten noch dreimal zulangen konnten. Denn als Meister wäre der FC Bayern in eine vermeintlich stärkere Aufstiegsrundengruppe gekommen, in der man vor allem den Westmeister Alemannia Aachen fürchtete. Jaworski, der in dieser Saison nur drei Regionalligaspiele für den FCB bestritt, durfte auch am letzten Spieltag noch einmal ran. Beim 3:3 in Neu-Isenburg schoss der offensichtlich unterschätzte Stürmer alle drei Bayern-Treffer.

Im ersten Aufstiegsrundenspiel siegte der FCB beim FC St. Pauli mit 4:0. In diesem Spiel gab der 18-jährige Franz Beckenbauer sein Debüt. Als „Giesinger Junge" wäre Beckenbauer, ein Fan der Sechziger, beinahe ein Blauer geworden – wäre da nicht die berühmte Ohrfeige gewesen. Als der 13-jährige Beckenbauer 1958 mit dem SC 1906 München gegen die Löwen spielte, erhielt er von einem Gegenspieler eine schallende Watsch'n, die sein Verhältnis zu den Blauen arg beeinträchtigen sollte. Noch auf dem Spielfeld entschied Beckenbauer, sich nicht dem TSV 1860 anzuschließen. Gemeinsam mit vier Mitspielern namens Heigl, Neudecker, Steiner und Vogel wechselte Beckenbauer stattdessen zum FC Bayern. Pfingsten 1964 hatte Beckenbauer bei einem Turnier des FCB seine letzten Spiele in der Jugendmannschaft bestritten. Um in der Aufstiegsrunde mitzuwirken, benötigte er eine Sondergenehmigung des Süddeutschen Fußballverbands, da er nach dem Stichtag geboren war. „Tschik" Cajkovski war zunächst wenig begeistert, als Neudecker Beckenbauer zum Training der 1. Mannschaft beorderte, und begrüßte den Nachwuchsspieler mit den Worten: „Haben schon gehört, Sie sind kein Kämpfer." Beim gemeinsamen Abendessen der Mannschaft im Salvatorkeller am Nockherberg verdonnerte der kugelrunde Jugoslawe das Leichtgewicht zu einer regelrechten Fresskur. Beckenbauer: „‚Essen Sie', forderte mich der Trainer immer wieder auf und schleppte eigenhändig doppelte Portionen an meinen Tisch. Die kräftigen Mahlzeiten taten mir gut. Ich merkte von Woche zu Woche, wie ich den Anforderungen, die an mich gestellt wurden, körperlich besser gewachsen war."

„Fresskur" für den jungen Beckenbauer

Cajkovskis Aufstiegsrundenkalkül ging nicht auf. Zwei Niederlagen in sechs Spielen – daheim gegen Borussia Neunkirchen (0:2) und auswärts vor über 50.000 im Berliner Poststadion gegen Tasmania Berlin (0:3) – bedeuteten das Scheitern. Borussia Neunkirchen wurde mit einem Punkt Vorsprung Gruppensieger und Bundesligist. Der FC Bayern musste einen neuen Anlauf nehmen.

1964/65 Aufstieg in die Bundesliga

In der Saison 1964/65 stürmte erstmals der junge Gerd Müller für den FCB. Wie Beckenbauer wäre auch Müller beinahe bei den Blauen gelandet. 1964 hatten sich Bayern-Geschäftsführer Walter Fembeck und sein Löwen-Kollege „Wiggerl" Maierböck fast gleichzeitig nach Nördlingen aufgemacht, allerdings traf Bayerns Mann eher bei den Müllers ein. Müller erwartete eigentlich einen Löwen-Emissär und wurde erst mit der Zeit gewahr, dass er mit den Bayern verhandelte: „Plötzlich, im Verlaufe des Gespräches, dämmerte mir aber doch, dass hier irgend etwas nicht stimmte. Das konnten keine Herren vom TSV 1860 München sein – und das waren sie wirklich nicht: Ihre Namen lauteten Fembeck und Sorg, und sie kamen vom FC Bayern München! (...) Wir redeten und redeten. Inzwischen war es schon halb drei Uhr geworden. Und ungefähr zu dieser Zeit kamen auch noch die Herren vom TSV 1860 München! Wir wussten im Moment nicht, was wir machen sollten. Schließlich gelang es aber doch, Herrn Fembeck und Herrn Sorg hinten zum Hofeingang hinauszubringen, während vorne Herr Maierböck vom TSV 1860 hereinmarschierte." Gemäß dem Sprichwort, „wer zuerst kommt, mahlt zuerst", unterzeichnete Müller für den FCB. Ausschlaggebender war allerdings, dass die Bayern dem stämmigen Stürmer einen Profivertrag anboten, während die Löwen ihn zunächst für ein Jahr als Amateur verpflichten wollten.

In jenen Jahren waren die Starspieler in München nicht bei den Bayern versammelt, sondern beim TSV 1860. Gerd Müller: „Mir war klar, dass ich in diesem großen Klub überhaupt keine Chance gehabt hätte, da in der 1. Mannschaft zu dieser Zeit ja lauter Stars spielten. Wer hätte da ausgerechnet auf mich zurückgreifen sollen?" Nicht auszuschließen, dass die Geschichte der beiden Klubs völlig anders verlaufen wäre, wären Müller und Beckenbauer nicht bei den Roten, sondern den Blauen untergekommen. Auch Müller war bei Cajkovski zunächst nicht wohl gelitten. Beim ersten Anblick des Stürmers entfuhr es dem Trainer: „Was soll isch mit dieses Junge, diese Figur, unmöglich." Müllers Einsatz in der Regionalligamannschaft erfolgte auf Befehl von Neudecker, nachdem der FC Bayern am 10. Spieltag daheim gegen Waldhof über ein Unentschieden (1:1) nicht hinausgekommen war. Müller: „Ich kam erst mit 18 zu den Bayern und kannte niemanden. Für mich war damals die Reserverunde wichtig. Ich machte drei Tore gegen 1860, wir gewannen 5:2. Die Erste spielte nur 1:1. Da hat Präsident Neudecker ein Machtwort gesprochen und gesagt: Der Müller muss spielen. Da musste mich Tschik Cajkovski aufstellen."

Sein Debüt gab Müller am 11. Spieltag beim FC Freiburg. Der FC Bayern gewann mit 11:2, wobei ein Treffer auf Müllers Konto ging. Beim folgenden 9:1-Heimsieg über die TSG Ulm 46 waren es bereits deren vier. Obwohl in den ersten zehn Spielen nicht dabei, brachte Müller es bis zum Saisonende in 26 Spielen auf 32 Tore. Nur Rainer Ohlhauser, der mit 42 Toren (36 Spiele) Torschützenkönig der Liga wurde, traf häufiger. Am Ende hatte der FC Bayern als Meister zwar „nur" drei Punkte Vorsprung vor dem SSV Reutlingen, aber eine sagenhafte Torbilanz. 146-mal versenkten die Bayern den

Mit einem 2:0-Sieg über Tennis Borussia Berlin in der Bundesligaaufstiegsrunde kamen die Bayern der Bundesliga wieder ein Stückchen näher.

Ball ins gegnerische Netz, was im Schnitt vier Treffer pro Spiel bedeutete. Außer Ohlhauser und Müller spielten noch Rudolf Nafziger (13 Tore), Jakob Drescher (7 Tore) und Dieter Brenninger (11 Tore) in Bayerns Wundersturm.

Franz Beckenbauer, der nun den Nationalspieler Erhard auf dem Stopperposten endgültig ablöste, kam in seiner ersten kompletten Saison in der 1. Mannschaft auf 31 Regionalligaeinsätze (16 Tore). Im Tor der Bayern stand wie bereits im Vorjahr der junge Sepp Maier, der nur 32-mal hinter sich greifen mussten. Die höchsten Siege wurden gegen Emmendingen und Darmstadt 98 (jeweils 10:0) sowie – wie bereits erwähnt – gegen den Freiburger FC (11:2) und Ulm 46 (9:1) erzielt. Gegen Vize-Meister Reutlingen gewann der FCB jeweils deutlich mit 5:0 und 3:0.

In dieser Saison 1964/65 spielten der FC Bayern und der FC Wacker München ein letztes Mal in einer Liga. Ihr letzter Höhenflug hatte die „Blausterne“ in die Regionalliga katapultiert. Das Hinspiel gewann der FC Bayern bei Wacker mit 9:2, wobei Beckenbauer und Ohlhauser jeweils drei Tore erzielten. Im Rückspiel gab es nur einen mageren 1:0-Sieg. Das Tor des Tages markierte Gerd Müller. Am Ende der Saison landete der FC Wacker auf dem 17. von 19 Plätzen. Der FC Bayern verließ die Liga nach oben, der FC Wacker indes nach nur einem Jahr durch die Kellertür.

In der Saison 1967/68 gelang den nun drittklassigen „Blausternen" der Einzug ins Finale um die Deutsche Amateurmeisterschaft, wo sie Marathon Remscheid nach Verlängerung mit 3:5 unterlagen. 1969/70 und 1971/72 kehrten die Wackeraner nochmals in die Zweitklassigkeit zurück, mussten diese jedoch jeweils nach nur einem Jahr wieder verlassen. Mit dem Abstieg von 1972 war das Kapitel Vertragsfußball für den FC Wacker endgültig beendet. 1979/80 musste Wacker erstmals auch die Oberliga verlassen. Bis Ende der 1980er Jahre waren die „Blausterne" eine Fahrstuhlmannschaft zwischen dritter und vierter Spielklasse. In den Spielzeiten 1982/83, 1983/84 und 1984/85 durfte der FC Wacker letztmalig offizielle Derbys mit einem der beiden Münchner „Großen" bestreiten, denn auch der TSV 1860 war in diesen Jahren nur Oberligist. Die Saison 1982/83 schloss Wacker als Fünfter sogar vor den Löwen ab. Der letzte und endgültige Abstieg aus der 3. Liga erfolgte 1988/89. Die einst so ruhmreichen „Blausterne" verschwanden nun im Keller des Amateurfußballs.

„Bayern spielen bezaubernden Fußball"

Doch zurück zum FC Bayern, der nun für das Unternehmen Bundesliga überreif zu sein schien, obwohl das Durchschnittsalter der Truppe lediglich 21,8 Jahre betrug und im 25-köpfigen Kader nicht weniger als 14 Eigengewächse standen. In der Aufstiegsrunde leistete sich der FCB nur einen Ausrutscher. Zum Auftakt gewannen die Bayern bei Tennis Borussia Berlin durch zwei Müller-Tore mit 2:0. Einen Spieltag später verlor man in Saarbrücken mit 0:1. Doch in den verbleibenden vier Spielen gaben die Bayern nur noch einen Punkt ab. Am 3. Spieltag gewann der FCB daheim vor 42.000 Zuschauern gegen Alemannia Aachen 2:1, wobei die Entscheidung durch Ohlhauser erst sieben Minuten vor Schluss fiel. Das Rückspiel am Aachener Tivoli endete 1:1, für die Bayern traf erneut Ohlhauser.

Am vorletzten Spieltag musste die Begegnung gegen den 1. FC Saarbrücken die Vorentscheidung bringen. Vor 45.000 Zuschauern im Stadion Grünwalder Straße gewann der FC Bayern durch Tore von Ohlhauser, Nafziger, Beckenbauer und Müller (2) 5:0. Saarbrückens Trainer Jupp Derwall nach dem Abpfiff: „Selbst mit zwei Torhütern hätten wir die Schlappe nicht verhindern können. Diese Bayern spielen einen bezaubernden Fußball, sie wären zweifellos eine Bereicherung für die Bundesliga." Das 8:0 am letzten Spieltag bei Tennis Borussia war nur noch das Sahnehäubchen. Der FC Bayern wurde mit drei Punkten Vorsprung vor den Teams aus Saarbrücken und Aachen Gruppensieger und somit endlich wieder erstklassig. Auf dem Münchner Flughafen Riem wurde die Mannschaft am Samstagabend von über 6.000 Fans empfangen. Hunderte stürmten das Rollfeld. Zu den ersten Gratulanten zählte Adalbert Wetzel, der Präsident des TSV 1860: „München hat Platz für zwei erstklassige Vereine, wir wünschen dem FC Bayern viel Erfolg."

Der FC Bayern erkämpfte den Bundesligaaufstieg mit folgender Mannschaft: Maier, Olk, Kunstwadl, R. Grosser, Beckenbauer, Borutta, Nafziger, Müller, Ohlhauser, Drescher, Brenninger.

Während der Aufstiegsrunde hatte Neudecker verkündet: „Wenn wir in die Bundesliga kommen, marschiere ich rund um den Tegernsee." Als Neudecker seinen Marsch antrat, wurde er auf der 27,5 Kilometer langen Strecke von über 500 Anhängern begleitet, die eine Fußballprozession veranstalteten. Sogar eine inoffizielle Abordnung des TSV 1860 war dabei. Die Runde um den Tegernsee besaß Symbolwert: Während die Löwen ihre Basis im Münchner Stadtgebiet hatten, begann der FC Bayern nun das Bundesland Bayern zu erobern.

In der Aufstiegssaison verfügte der Klub über keine eigene Anlage (die Säbener Straße war noch eine städtische Bezirkssportanlage), geschweige denn ein Klubheim. Die Geschäftsstelle befand sich noch in der Landwehrstraße und wurde von lediglich vier Personen betrieben. Der Lokalrivale besaß eine deutlich bessere Infrastruktur. Aber während sich andere Bundesligaklubs, namentlich der TSV 1860, in finanzielle Abenteuer stürzten und wenig Weitsicht zeigten, wurde beim FC Bayern mit Bedacht kalkuliert. Nach Abschluss der Aufstiegsrunde wies das Vereinskonto ein Plus von 250.000 DM auf. Neu verpflichtet wurden lediglich der Nationalverteidiger Hans Nowak (Schalke 04), Stopper Dietmar Danzberg (Meidericher SV) und der Jugoslawe Vuckov. Neudecker später: „Wir wären auch ohne diese Einkäufe ausgekommen, aber wir wollten auf Nummer sicher gehen."

Als 1965 der erste Bundesligaskandal seine Kreise zog, waren auch die Bayern mit von der Partie. Allerdings nur am Rande: Bei seinem Wechsel hatte Nowak von den Bayern ein Handgeld von 40.000 DM erhalten, was damals noch nicht zulässig war. Tatsächlich spielten die drei Neuerwerbungen kaum eine Rolle: Vuckov kam in dieser Bundesligasaison nur einmal zum Einsatz, Danzberg zweimal, und selbst Nowak bestritt nur sechs Spiele. Im Prinzip spielte die gleiche Mannschaft, die noch in der Vorsaison in der Regionalliga gekickt hatte.

„Tschik" Cajkovski war von Neudeckers Einkaufspolitik wenig angetan: „Der Präsident hat mir keine fertigen Spieler gekauft." Aber in der Vereinsführung hielt man nichts von teuren Primadonnen. Neudecker und Schwan vertraten die Auffassung, dass zu einem „vorbildlichen" Fußballer auch ein „vorbildliches" Privatleben gehöre. Der FC Bayern benötige Spieler, die gewillt seien, für ihr Geld etwas zu leisten. Hier sprach erneut Neudeckers eigene Biografie. Während der Regionalligazeit hatte Schwan jeden Spieler an seinem Arbeitsplatz besucht und sich bei dessen Chef nach der Arbeitsmoral erkundigt. Schwan gelangte dabei zu der Ansicht, dass die besten Spieler auf dem Platze auch die fleißigsten Arbeiter waren.

Nicht wenige Fans zweifelten vor dem Anpfiff der dritten Bundesligasaison an der Bundesligafähigkeit der jungen und nur geringfügig verstärkten Bayern-Truppe. Auch Trainer Cajkovski gab sich bescheiden: „Wir sind zufrieden, wenn wir uns in der Bundesliga halten."

Zur Premiere ein 0:1 gegen die Löwen

Das Abenteuer Bundesliga begann mit dem Münchner Derby, das der Titelaspirant TSV 1860 vor 44.000 Zuschauern 1:0 gewann. Das „Tor des Tages" fiel bereits in der 1. Minute durch Konietzka. Der Torjäger hatte zunächst Danzberg k.o. geschossen. Als sich Sepp Maier um seinen Mannschaftskameraden kümmerte, nutzte Konietzka die Gelegenheit, den Ball im Bayern-Tor zu versenken. Die niveaulose Begegnung wurde mit äußerster Härte geführt.

Dieter Danzberg kassierte kurz vor dem Abpfiff den ersten Platzverweis in der Bundesligageschichte des FC Bayern. „Ich war nach einem Zweikampf über Konietzka gestiegen, ohne ihn zu berühren. Doch der schrie – es folgten der Verweis und acht Wochen Sperre! Sogar Schiri Ott entschuldigte sich später." Der Danzberg-Verweis sollte zu einem Markstein für das Bayern-Spiel und die Karriere eines jungen Mannes geraten. Anstelle des Duisburgers rückte auf die Position des Mittelläufers nun Franz Beckenbauer, den der Trainer vor dem Spiel gegen die Löwen als Gegenspieler des kräftigen Sechzigers Rudi Brunnenmeier für körperlich zu schwach befunden hatte. Außerdem war Beckenbauer angeschlagen. Aufgrund einer Mandeloperation hatte er an der Saison-Vorbereitung kaum teilnehmen können. Während Beckenbauer die Feuerprobe bestand, kehrte Dieter Danzberg nur noch einmal und erst am letzten Spieltag ins Bayern-Team zurück.

Was zu diesem Zeitpunkt noch niemand ahnen konnte: Das 150. Derby war bereits eine Vorentscheidung im Kampf um die Meisterschaft. Der kommende Meister hatte den späteren Tabellendritten besiegt. Der FC Bayern avancierte zur Überraschungsmannschaft der Saison. Der Niederlage zum Auftakt folgten sechs Siege in Folge. Der Neuling eroberte sogar zwischenzeitlich die Tabellenspitze. Im September besiegte der FC Bayern den Karlsruher SC mit 5:1. Franz Beckenbauer war der überragende Mann auf dem Platz. Cajkovski nach dem Schlusspfiff: „Ich sage Euch, Franz Beckenbauer ist Sonderklasse. Er ist Superklasse! 25 Jahre lang habe ich Fußball gespielt, und ich habe die Besten der Welt kennen gelernt. Ich spiele länger Fußball, als der Junge hier alt ist. Aber ich habe nie einen besseren Spieler gesehen."

Loblieder auf den künftigen Kaiser

Cajkovskis Kollegen sollten dieses Urteil bald bestätigen. Alt-Bundestrainer Sepp Herberger über den Ausnahmespieler: „Was andere nicht mit den Händen können, macht er am Ball mit den Füßen." Hennes Weisweiler erklärte Beckenbauers oft aufreizend ökonomische Spielweise mit dessen Spielintelligenz: „Beckenbauer denkt nach, erst dann läuft er. Deswegen macht er auch so viele Schritte weniger als seine Arbeitskollegen." Die Anhänger des die Physis betonenden Ruhrpott-Fußballs taten sich hingegen schwer mit der Beckenbauer'schen Spielökonomie, die sie als pomadig, nachlässig und arrogant denunzierten. Die in Essen beheimatete „Westdeutsche Allgemeine Zeitung" rügte später einen Auftritt des jungen Liberos mit folgenden Worten: „Man muss schon ein eingefleischter Bayern-Fan sein, um seine Starallüren und seine Überheblichkeit ohne Kopfschütteln zu verkraften."

Das erste Münchner Lokalderby in der Bundesliga gewann der TSV 1860. Timo Konietzka bejubelt seinen Treffer in der 1. Minute, Sepp Maier ist geschlagen.

Sein Debüt im Nationaldress gab Beckenbauer bereits am 26. September 1965 in Stockholm. Für die Elf von Helmut Schön ging es um die Fahrkarte zur WM in England. Die Deutschen gewannen mit 2:1. Beckenbauers Einstand wurde zum Auftakt einer neuen Bayern-Ära der Nationalelf. Bis 1970 sollte Beckenbauer dort im Mittelfeld agieren, während er im Verein die Position des Liberos schon früher bekleidete.

Mit Beckenbauer betrat ein neuer Typus des Nationalspielers die Bühne, der die Ära der Fritz Walters beendete. Beckenbauer über den Kapitän des Fußballweltmeisters von 1954: „Ich merkte, dass wir doch ziemlich verschiedene Charaktere sind. Vielleicht ähnelte unsere Spielweise, unsere Technik einander; aber er besaß doch etwas vom Mannschaftsgeist von 1954; er glaubte an Kameradschaft und Nationalehre. Für mich ist eine Fußballmannschaft eine Interessensgemeinschaft. Titel sind dazu da, dass sie gewonnen werden. Das ist für mich nicht nur ein sportliches Ziel, sondern auch eine wirtschaftliche Notwendigkeit." Mit dem Kabinenritual seiner älteren Kollegen im DFB-Dress, die sich vor dem Auflaufen zum Schwur versammelten und die Hände drückten, konnte der junge Münchner nichts anfangen: „War ich nun im Stockholmer Rasunda-Stadion, oder befand ich mich in einem Theater? Sollte anschließend Fußball gespielt werden, meinetwegen für Deutschland und den Botschafter, für Uwe und Schimmi, auch für Schön und Cramer, vor allem aber für mich, oder sollte ein Theaterstück aufgeführt werden?"

In der Rückrunde der Bundesliga deutete sich der Machtwechsel in München bereits an, als der FCB den Lokalrivalen glatt mit 3:0 besiegte. Im Gegensatz zum Hinspiel sahen die 40.000 Zuschauer eine äußerst faire Partie. Als Zeichen der Versöhnung hatte Sechziger-Kapitän Peter Grosser rote Nelken mit aufs Spielfeld gebracht. Erst am vorletzten Spieltag schied der FC Bayern aus dem Titelrennen aus, als er daheim dem 1. FC Köln mit 1:4 unterlag, während der TSV 1860 beim frischgebackenen Europapokalsieger Borussia Dortmund 2:0 gewann. In der Endabrechnung belegte der Neuling FC Bayern den 3. Platz, punktgleich mit Vize-Meister Borussia Dortmund und nur drei Punkte hinter Meister 1860 München, dessen Abstieg nun aber begann. Die Löwen waren der Modernität und Dynamik der Bayern schon bald nicht mehr gewachsen.

Auch bei den Zuschauern mauserte sich der FC Bayern schon in seiner ersten Saison zur Attraktion der Liga. Insgesamt sahen 1.140.000 Zuschauer die Spiele des Aufsteigers, davon etwa 60 % bei auswärtigen Auftritten. Noch hatten allerdings die Blauen auch beim Zuschauerzuspruch die Nase vorn: 29.316 besuchten im Schnitt die Heimspiele der Sechziger, 24.843 waren es beim FC Bayern. In der Zuschauergunst rangierte der FCB damit an 9. Stelle in der Liga.

Der Weg zum zweiten Pokaltriumph

Im DFB-Pokal empfingen die Bayern in der 1. Runde den Vorjahressieger Borussia Dortmund. Vor 30.000 Zuschauern an der Grünwalder Straße behielt der FCB mit 2:0 die Oberhand. Auch in den folgenden beiden Runden durfte der FCB zu Hause spielen. Eintracht Braunschweig wurde 1:0 besiegt, der 1. FC Köln mit einem 2:0 ausgeschaltet, wobei 38.000 anwesend waren. Im Viertelfinale mussten die Bayern zum Hamburger SV reisen und gewannen dort 2:1. Im Halbfinale kam es zum bayerischen Derby mit dem alten Rivalen 1. FC Nürnberg, der Heimvorteil genoss. 58.000 Zuschauer sahen eine packende Partie, in der Ohlhauser den FC Bayern nach 29 Minuten in Führung brachte, aber Brungs eine halbe Stunde später ausgleichen konnte. Nach 90 Minuten musste die Begegnung in die Verlängerung. In der 98. Minute erzielte Nowak den Siegtreffer für die Bayern, womit sich die Investition für den Neuzugang amortisiert hatte. Um seine Stammspieler für das schwere Finale zu schonen, ließ Cajkovski am letzten Bundesligaspieltag in Bremen seine zweite Garnitur auflaufen. Trotzdem reichte es zu einem Remis (1:1).

Das Finale fand in Frankfurt statt, und der Gegner hieß Meidericher SV, in der ersten Bundesligasaison 1963/64 überraschend Vize-Meister. Aufgrund ihres sensationellen Abschneidens in der Liga galten die Bayern gegenüber dem Tabellenachten als leicht favorisiert. Vor dem Finale bezog der FCB Quartier in „Ritters Parkhotel" in Bad Homburg. Als die Spieler bei drückender Hitze ohne Krawatte zum Mittagessen erschienen, intervenierten die Hotelleitung und einige Gäste. Manager Robert Schwan ließ die Hotelleitung wissen: „Gut, dann frühstücken wir nur hier und essen anderswo." Da 15 Spieler plus umfangreiches Begleitpersonal eine erkleckliche Einnahme bedeuteten, lenkte das Parkhotel ein. Der Kompromiss lautete: beim Mittagessen ohne Schlips und abends mit Krawatte.

Neudecker, Cajkovski und Kapitän Werner Olk präsentieren Münchens Bürgern den DFB-Pokal.

Als die Partie am 4. Juni 1966 um 16.00 Uhr angepfiffen wurde, füllten 60.000 Zuschauer das weite Rund des Waldstadions. Wie schon neun Jahre zuvor in Augsburg, waren auch diesmal die Bayern-Anhänger in der Mehrheit. Die Duisburger begannen unerwartet offensiv und gingen in der 28. Minute durch Mielke 1:0 in Führung. Doch nur drei Minuten später gelang Ohlhauser per Kopf der Ausgleich. In der 60. Minute knallte Brenniger, der beste Bayern-Akteur an diesem Nachmittag, nach brillanter Vorarbeit von Nafziger zum 2:1 ins Duisburger Netz. Ein Elfmetergeschenk ermöglichte den Meiderichern in der 72. Minute durch Heidemann den Ausgleich. Doch der Schiedsrichter ließ Gerechtigkeit walten: In der 77. Minute durfte auch Brenninger zum Elfmeterpunkt schreiten. Er verwandelte sicher zur erneuten Bayern-Führung. Die endgültige Entscheidung fiel fünf Minuten später. Zunächst wehrte Beckenbauer einen Meidericher Angriff ab. Ohlhauser nahm den Ball auf und marschierte mit dem Leder über das halbe Spielfeld. Derweil spurtete Beckenbauer an der weit aufgerückten Meidericher Verteidigung vorbei, um sich den von Ohlhauser in den freien Raum gespielten Ball zu erlaufen und zielgenau im langen Toreck zu versenken.

Für den anwesenden Bundestrainer Schön war Beckenbauers Tor zum 4:2 „die Krönung“ eines Spiels, das er als „das beste Cupfinale zweier erstklassiger Mannschaften nach dem Krieg“ bewertete. „Tschik“ Cajkovski dachte in der Stunde des Triumphes auch an den Lokalrivalen: „Jetzt 1860 in München kann nicht zu groß werden“, diagnostizierte er erleichtert. Beim anschließenden bayerischen Volksfest vor dem Waldstadion und auf dem Rückweg nach München sah man auch zahlreiche Sechziger-Fahnen.

Der TSV 1860 Meister, der FC Bayern Pokalsieger. Die heimliche Hauptstadt, die seit dem Meisterschaftsgewinn der Bayern von 1932 keine bedeutende Rolle mehr im deutschen Fußball gespielt hatte, war nun tatsächlich die Hauptstadt der Bundesrepublik, wenn auch „nur" fußballerisch besehen. In der folgenden Saison wurde der deutsche Fußball auf der europäischen Bühne sowohl im Meister- wie im Pokalsiegerwettbewerb durch München vertreten.

Auf dem Marienplatz wurden die Roten von 20.000 Menschen begeistert begrüßt. An den Straßenseiten standen lebensgroße Pappbilder von Franz Beckenbauer, als habe er das Spiel allein entschieden. Anders als beim Empfang des Meisters TSV 1860 regnete es an diesem Tag nicht. Sepp Maier über die Rückkehr des Pokalsiegers: „Der Empfang unserer siegreichen Mannschaft stellte alles in den Schatten, was wir kannten. Unser Wagen-Konvoi musste sich buchstäblich bis zum Marienplatz durchkämpfen. Wir wurden von den Einwohnern der bayerischen Landeshauptstadt mindestens so gefeiert wie acht Tage zuvor der Deutsche Fußballmeister TSV 1860 München."

Jubel um die Underdogs

Die damalige Situation war eine Umkehrung der heutigen Verhältnisse. Nicht der TSV 1860, sondern der FC Bayern war der Underdog. Nicht die Bayern, sondern die Sechziger waren „die Reichen". Dass die Löwen in dieser Saison um einen Titel spielen würden, hatten man angesichts ihres teuren Teams und ihres sportlichen Abschneidens in den Vorjahren nicht anders erwartet. Bei aller Freude über die Meisterschaft für die Sechziger: Es war der kometenhafte Aufstieg der Nobodys vom FC Bayern, der den Stoff lieferte, aus dem die Fußballträume sind.

Die offizielle Pokalfeier des FC Bayern fand im Löwenbräukeller statt, wo zuvor schon die Sechziger ihre Meisterschaft begossen hatten. Spontaner Kommentar von Oberbürgermeister Dr. Joachim Vogel nach dem Pokaltriumph der Bayern: „Was wollen die Bürger unserer Stadt noch mehr: München erhielt die Olympischen Spiele 1972 zugesprochen, 1860 wurde Deutscher Fußballmeister, und nun dieser tolle 4:2-Sieg der jungen Elf von Bayern gegen Meiderich."

Eine Umfrage am Ende der Saison ergab, dass nicht der Deutsche Meister TSV 1860 oder Borussia Dortmund, in dieser Saison erster Europapokalsieger des deutschen Fußballs, die sympathischste Bundesligamannschaft der Saison 1965/66 stellten, sondern der FC Bayern. Und dies mit deutlichem Vorsprung. Das damalige Image des FC Bayern unterschied sich fundamental vom heutigen. Der FC Bayern machte durch Offensivfußball und junge Talente auf sich aufmerksam. Das Team wurde damals ähnlich charakterisiert wie drei Jahrzehnte später eine andere Überraschungsmannschaft: der SC Freiburg.

Viele Spieler aus dem Kader des Pokalsiegers kamen aus Bayern, die Mehrzahl davon sogar aus München: Beckenbauer, Nafziger (ehemals TSV Gauting), Kosar, Kunstwadl, Maier (ehemals TSV Haar), Brenninger (Bürgermeistersohn aus Altenerding), Kupferschmidt, Rigotti, Müller (Nördlingen), Drescher. Rainer Ohlhauser kam aus dem nordbadischen Dilsberg, Dieter Koulmann hatte ursprünglich beim südbadischen TSV Blumberg gekickt. Nord- oder Westdeutsche waren nur der aus Hannover gekommene Mann-

1966 wurde Franz Beckenbauer als erster Bayer zum Fußballer des Jahres gewählt.

schaftskapitän und Student Werner Olk sowie die beiden Ex-Schalker Hans Nowak und Karl Borutta. Und der Trainer kostete den Verein „nur“ schlappe 5.000 DM, weniger als die Hälfte, die der Lokalrivale für seinen „Meistermacher“ Max Merkel berappen musste.

Bei der WM in England waren vom FC Bayern Franz Beckenbauer und Sepp Maier dabei. Zum Einsatz kam allerdings nur Franz Beckenbauer, der vier Treffer erzielte, eine der überragenden Spielerpersönlichkeiten des Turniers war und erheblichen Anteil daran hatte, dass das bundesdeutsche Team bis ins Finale vordrang, wo es dem Gastgeber unglücklich mit 2:4 n.V. unterlag.

Am 16. April 1966 war in Rom eine für den FC Bayern wegweisende Entscheidung gefallen. An diesem Tag hatte das Internationale Olympische Komitee (IOC) die Olympischen Sommerspiele 1972 nach München vergeben. Ein „Großstadion“ für München war bereits seit längerem ein Thema gewesen. Mit den Erfolgen des TSV 1860 und des FC Bayern war München zu Deutschlands Fußball-Hochburg Nr. 1 aufgestiegen. Das Stadion an der Grünwalder Straße war unter diesen Umständen nicht mehr ausreichend. Das Fassungsvermögen betrug lediglich 45.000. Mit 3.800 fiel die Zahl der Sitzplätze zu gering aus. Die beschränkte Zuschauerkapazität und die geringe Zahl von Sitzplätzen bedeuteten eine arge Beschneidung der Verdienstmöglichkeiten. Unter diesen Bedingungen war eine zu Weltklasse reifende Mannschaft nicht zu halten. Eine ausverkaufte Grünwalder Straße brachte höchsten 350.000 Mark brutto ein. Die Situation drohte die Konkurrenzfähigkeit von Roten und Blauen national wie international zu beeinträchtigen. Mit der Entscheidung von Rom war klar, dass die Stadt München ein neues, großes, modernes Stadion bauen musste.

1966/67 Die erste europäische Trophäe

In seiner 2. Saison in der Bundesliga wurde der FC Bayern Sechster, sechs Punkte hinter dem Überraschungs- und Übergangsmeister Eintracht Braunschweig. Die Löwen wurden Vize-Meister. Die Bayern waren nicht ganz schuldlos daran, dass der Lokalrivale das Meisterschaftsrennen verlor. Nicht nur, weil sie das erste Derby gegen die Sechziger 3:0 gewonnen hatten. (Im Rückspiel behielt der TSV 1860 mit 1:0 die Oberhand.) In Braunschweig waren die Bayern mit 2:5 untergegangen, was wohl auch am fehlenden Einsatzwillen lag.

Im DFB-Pokal musste der Cupverteidiger zunächst zur zweitklassigen Berliner Hertha reisen. Erst in der Verlängerung siegten die Bayern mit 3:2. Dabei war man sogar zunächst in der 94. Minute mit 1:2 in Rückstand geraten, aber zwei Müller-Tore bewahrten den Favoriten noch vor einer Blamage. In der folgenden Runde ging es ins Ruhrgebiet, zum drittklassigen Bergbauverein SpVgg. Erkenschwick. Der Underdog wehrte sich tapfer und konnte bis zur 69. Minute ein 1:1 halten, bevor es erneut Müller war, der den FCB auf die Siegerstraße brachte. Am Ende hieß es 3:1 für die Rothosen. Auch in der 3. Runde mussten die Bayern reisen. Beim Ligakonkurrenten Schalke 04 gab es einen knappen 3:2-Sieg, womit der FCB im Halbfinale stand. Dort wurde dem FC Bayern ausgerechnet der Lokalrivale zugelost. Viele Experten sprachen angesichts dieser Paarung vom „vorweggenommenen Endspiel“. Drei Tage vor dem großen Spiel ereilte den FC Bayern eine Hiobsbotschaft: Beim Länderspiel gegen Jugoslawien hatte sich Gerd Müller nach einem unglücklichen Zusammenprall mit Torhüter Pantelic den

Vor dem Finale um den DFB-Pokal: Nafziger, Koulmann, Brenninger, Kupferschmidt, Müller, Ohlhauser, Roth, Schwarzenbeck, Beckenbauer, Maier, Olk.

Endspiel um den Europapokal der Pokalsieger: Gerd Müller köpft aufs Tor der Rangers.

rechten Unterarm gebrochen und fiel deshalb aus. „Tschik“ Cajkovski war deprimiert: „Ein Jahr arbeitet man auf das große Ziel zu, und dann passiert so etwas.“ Aber trotz dieses Handicaps besiegten die Bayern den Rivalen vor 44.000 Zuschauern mit 3:1. „Elf Bayern kämpften sich für Müller ins Finale“, schrieb die Presse anschließend. Für die Löwen wurde diese Saison zum Wendepunkt in ihrer Bundesligageschichte. Seit den frühen 1960ern Jahren waren sie die Nummer 1 in München gewesen. Nun hatten die Bayern dem TSV 1860 nicht nur das Meisterstück vermasselt, sondern die Löwen auch noch höchstpersönlich aus dem Pokal geworfen. Der Wandel im Kräfteverhältnis der beiden Rivalen nahm immer deutlichere Konturen an.

Im Finale traf der FC Bayern am 10. Juni 1967 im Stuttgarter Neckarstadion auf den Hamburger SV. Gerd Müller war inzwischen wieder in die Mannschaft zurückgekehrt. Ein Orthopäde hatte ihm eine Ledermanschette angefertigt. Hans Nowak fiel hingegen verletzt aus, für ihn durfte der junge Hans-Georg „Katsche“ Schwarzenbeck debütieren. Der kantige Abwehrspieler erledigte seine Aufgabe hervorragend. Sein Gegenspieler Uwe Seeler war bei ihm völlig abgemeldet. Jeweils zwei Tore von Müller und Brenninger bedeuteten einen klaren 4:0-Sieg. 72 Minuten lang sah es allerdings nicht danach aus. Zwar waren die Bayern in der 23. Minute in Führung gegangen, aber danach bekamen die 70.000 Zuschauer von den Rothosen wenig zu sehen. Der Mannschaft war deutlich anzumerken, welche Strapazen der Tanz auf drei Hochzeiten – Meisterschaft, DFB- und Europapokal – bedeutet hatte. Die Bayern taten

Pokalfinale: Katsche schaltet „uns Uwe“ aus

Brenninger (links) und Maier mit der ersten europäischen Trophäe.

nicht mehr, als die Hamburger von ihnen forderten, und dies war nicht gerade viel. Erst in der Schlussphase bewies die Mannschaft ihre wahre Klasse. In München bereiteten einen Tag später 50.000 Menschen den Pokalsiegern erneut einen begeisterten Empfang.

Zehn Tage zuvor hatte man in der Isarmetropole einen noch größeren Erfolg feiern dürfen: den Gewinn des Europapokals der Pokalsieger, was dem Lokalrivalen zwei Jahre zuvor verwehrt geblieben war. Der Weg ins Finale gestaltete sich zunächst äußerst mühselig. Aufgrund der Regelung, dass Auswärtstore doppelt zählen, hätte bereits in den ersten Runden das Aus kommen können. Gegen Tatran Presov und Shamrock Rovers Dublin erzielte der FCB auswärts jeweils ein 1:1 und gewann daheim jeweils mit 3:2. Gegen die Rovers gelang Gerd Müller der Siegtreffer erst wenige Minuten vor Schluss. Im Viertelfinale kassierte der FCB zunächst bei Rapid Wien eine 0:1-Niederlage. Auch beim Rückspiel in München stand es nach 90 Minuten 1:0 – diesmal allerdings für den FCB. In der Verlängerung gelang Müller dann noch das 2:0. Eine klare Angelegenheit wurde hingegen das Halbfinale. In München besiegte der FC Bayern Standard Lüttich 2:0. Im Rückspiel demonstrierten die Rothosen fantastischen Fußball, der auch den belgischen Zuschauern tosenden Beifall abnötigte. Die Bayern gewannen mit 3:1, wobei alle drei Tore auf das Konto von Gerd Müller gingen.

Im Finale hieß der Gegner Glasgow Rangers, die in der ersten Runde den bundesdeutschen Cupverteidiger Borussia Dortmund ausgeschaltet hatten. Erst vier Tage vor dem Finale hatte sich Gerd Müller zum Training zurückgemeldet. Austragungsort war Nürnberg, was den Bayern einen gewissen Heimvorteil verlieh. Nicht nur wegen der geografischen Nähe, sondern auch, weil man hier 35 Jahre zuvor den bis dahin größten Erfolg der Vereinsgeschichte errungen hatte.

Der FC Bayern bestritt sein erstes Europapokalfinale mit folgender Aufstellung: Maier, Nowak, Kupferschmidt, Roth, Beckenbauer, Ohlhauser, Olk, Nafziger, Müller Koulmann und Brenninger.

In der Mannschaft, die am 31. Mai im Nürnberger Stadion auflief, standen nicht weniger als neun Spieler, die noch zwei Jahre zuvor in der Regionalligamannschaft des FC Bayern gekickt hatten. Neu dabei waren lediglich der Ex-Schalker Hans Nowak und Franz „Bulle" Roth, der zwei Jahre zuvor noch für den C-Klassenverein TSV Bertelshofen gespielt hatte. Zwei glänzend aufgelegte Torhüter machten es den Offensivkräften nahezu unmöglich, den Ball im Netz unterzubringen. Nach 90 torlosen Minuten ging es in die Verlängerung, in der „Bulle" Roth zum Helden des Abends avancierte. In der 109. Minute erzielte der Allgäuer nach einem Pass von Ohlhauser das entscheidende Tor zum 1:0-Sieg der Bayern. Resümee der „Times": „Die Bayern verstanden sich auf die Deckung, und sie hatten in Beckenbauer einen Spieler, der noch stärker war als der Beste in der Abwehr der Rangers."

Durch den doppelten Pokalgewinn waren die Bayern erstmals wieder seit 1932 die unumstrittene „Number One" in München – und nicht nur dort. Die Saison 1966/67 war die bis dahin erfolgreichste in der Geschichte des Klubs. Die bundesdeutsche Sportjournaille honorierte dies, indem sie die Bayern zur Mannschaft des Jahres 1967 wählte. Gerd Müller wurde mit 28 Toren erstmals Torschützenkönig, musste sich aber die „Kanone" mit dem Dortmunder Lothar Emmerich teilen. Anschließend wurde der Torjäger auch noch zum Fußballer des Jahres gewählt.

Bayern vorn: 1967/68 stand der FC Bayern erstmals vor den Löwen in der Bundesliga-Schlusstabelle. Im Lokalderby klärt Bayern-Spieler Jung vor Perusic.

1967/68 Reifeprozesse

Im Jahr darauf blieb der FC Bayern trophäenlos. Meister wurde der von Max Merkel trainierte 1. FC Nürnberg, der damit seine Rekordmeisterbilanz auf neun Titel ausbauen konnte. Den absoluten Höhepunkt der Vorrunde bildete der 7:3-Sieg des Tabellenführers Nürnberg gegen den Tabellenzweiten Bayern am 16. Spieltag, dem 65.000 Zuschauer an der Noris beiwohnten. Gerd Müller: „Die Nürnberger legten ein Spiel hin, dass uns Hören und Sehen verging." Der „Kicker" kürte den 1. FC Nürnberg bereits vor Abschluss der Hinrunde zum neuen Meister. Neun Monate zuvor hatten die Münchner noch dem „Club" seine letzte Heimniederlage zugefügt.

Einen Spieltag später folgte mit einem 0:4 daheim gegen den MSV Duisburg ein weiteres Debakel. Doch in der Rückrunde holte der FC Bayern aus den ersten zehn Spielen 15 von 20 möglichen Punkten, darunter Siege gegen Borussia Dortmund (2:0), Karlsruher SC (2:0), Eintracht Frankfurt (3:0) und Noch-Meister Braunschweig (3:0). Vor dem 28. Spieltag hatten sich die Bayern bis auf drei Punkte an die führenden Nürnberger herangepirscht, und die Franken mussten noch nach München reisen. Doch ausgerechnet der Lokalrivale bereitete den Meisterschaftsträumen ein Ende, denn im 156. Münchner Derby behielten die Löwen mit 3:2 die Oberhand. Dabei fiel das Ergebnis aus Sicht der Bayern sogar noch schmeichelhaft aus. Die beiden Bayern-Treffer fielen erst in der letzten Viertelstunde. Löwen-Trainer Albert Sing sah die beste Saisonleistung seines Teams. Sein Gegenüber „Tschik" Cajkovski: „So ist Fußball. 1860 spielen vor ein paar Wochen Bezirksklasse und heute wie Weltmeister." Goalgetter Gerd Müller wirkte behäbig und übergewichtig.

Das 2:0 des „Club" am 33. Spieltag beim Rückspiel vor 27.000 Zuschauern an der Grünwalder Straße war zugleich dessen Meisterstück. In der Endabrechnung landete der FC Bayern auf Rang 5, neun Punkte hinter dem Deutschen Meister und fünf Punkte vor dem TSV 1860, der nur Zwölfter wurde. Obwohl die dritte Saison in der Bundesliga die bis dahin schwächste der Bayern war, konnten sie mit dem für heutige Verhältnisse bescheidenen Schnitt von 21.942 den Lokalrivalen in der Zuschauergunst erstmals überflügeln. Die Bayern hatten sich als Top-Adresse etabliert.

Im DFB-Pokal mussten die Bayern in der 1. Runde zum Regionalligisten Jahn Regensburg reisen. Vor 25.000 Zuschauern sah es bis zur 64. Minute nach einer Sensation aus, denn die Gastgeber führten mit 1:0. Dann gelang Müller der Ausgleich. 1:1 stand es auch noch nach 90 Minuten. Erst in der 108. Minute führte ein Eigentor der Regensburger den FC Bayern auf die Siegerstraße. Erneut Müller und Roth stellten schließlich einen 4:1-Sieg sicher. In der 2. Runde wurde der MSV Duisburg vor nur 12.000 Zuschauern mit 3:1 besiegt. Zum Viertelfinale gegen den 1. FC Nürnberg kamen hingegen 40.000, wohl in Erwartung einer Revanche für die 3:7-Niederlage in der Meisterschaft. Doch zunächst sahen die Bayern-Fans die Nürnberger Führung durch Brungs, der bereits in der 2. Minute traf. Ohlhauser und Müller drehten bis zur 32. Minute den Spieß um. Der FC Bayern verstand es, die 2:1-Führung bis zum Abpfiff zu verteidigen.

Leiden für den FC Bayern: Branco Zebec (rechts) und Manager Robert Schwan.

Franz Beckenbauer (rechts) im Dortmunder Stadion „Rote Erde", einer Zitadelle lokaler Arbeiterkultur. Während der Kaiser leichtfüßig und schweißlos durch die gegnerischen Reihen läuft, blickt sein Dortmunder Gegenspieler schon arg verschwitzt und zerzaust drein.

Im Halbfinale trafen die Bayern auf den West-Regionalligisten VfL Bochum. 40.000 Zuschauer an der Bochumer Castroper Straße sahen einen sensationellen 2:1-Sieg des Underdogs. Der Anschlusstreffer durch Ohlhauser fiel erst in der 90. Minute.

Im Europapokal überstand der Klub die ersten beiden Runden problemlos. In der 1. Runde gewann der Pokalverteidiger gegen Panathinaikos Athen 5:0 und 2:1. Beim Hinspiel in München wurden die Athener von 10.000 griechischen Arbeitsimmigranten angefeuert, die fast die Hälfte der Zuschauer an der Grünwalder Straße ausmachten. Die 2. Runde gegen Vitoria Setubal wurde mit 6:2 und 1:1 genommen. In der 3. Runde wurde es schwieriger. Beim FC Valencia erreichte man dank eines Eigentores der Spanier ein 1:1. Beim Rückspiel erzielte Müller bereits in der 3. Minute die 1:0-Führung, aber der FC Bayern hatte Mühe, den knappen Vorsprung über die Zeit zu bringen.

Als Trapattoni gegen Müller kickte...

Im Viertelfinale traf der FC Bayern auf den AC Mailand, bei dem neben Rivera und dem deutschen Nationalspieler Schnellinger auch ein gewisser Trapattoni mitwirkte. Vor 90.000 Zuschauern im Hexenkessel des San Siro Stadions versuchten die Mailänder ihren Gast zu überrennen, aber die Bayern hielten überraschend gut mit und gestalteten die Partie bis zum Halbzeitpfiff offen. In der 49. Minute fiel dann der Mailänder Führungstreffer durch Sormani. Als Maier beim Abschlag den Ball aus der Hand fallen ließ, war der Mailänder mit gestrecktem Bein dazwischen gesprungen. Von Sormanis Bein trudelte der Ball ins Tor der Münchner. Die Szene erregte die Gemüter. Ein zorniger Sepp Maier wollte dem Schiedsrichter an den Kragen, was Müller und Ohlhauser nur mit Mühe verhindern konnten. In der 62. Minute holte Giovanni Trapattoni Bayerns Gustl Jung im Strafraum von den Beinen, doch der portugiesische Schiedsrichter Garcia verweigerte den fälligen Strafstoß. In der 73. Minute gelang Prati auch noch das 2:0, was zugleich der Endstand war. Beim Rückspiel vor über 50.000 im überfüllten Grünwalder Stadion ließ der FC Bayern zwar nichts unversucht und bot eine erstklassige Vorstellung, doch die Abwehrmauer der Mailänder erwies sich als unüberwindbar. Die Bayern hatten Pech, als ein Schuss von Ohlhauser von der Lattenunterkante auf die Torlinie prallte. Das 0:0 bedeutete das Aus für den FC Bayern, aber mitnichten eine Schande. Denn der AC Mailand marschierte weiter bis ins Finale, wo er den Hamburger SV mit 2:0 bezwang.

Die Bayern waren in den Cajkovski-Jahren eine erfolgreiche Pokalmannschaft, die überdies in der Meisterschaft immer wieder mit spektakulären Resultaten aufwartete. Aber meisterlich wurden die Rothosen erst nach dem Weggang des lustigen Jugoslawen und einigen zusätzlichen Investitionen. Franz Beckenbauer, der 1968 zum zweiten Mal zum „Fußballer des Jahres" gewählt wurde, über die Ära Cajkovski: „Die Zeit mit dem Individualisten Tschik, der junge Talente wie kaum ein anderer fördern konnte, wird keiner von uns vergessen. Er hat schließlich die Mannschaft aufgebaut. Aber nach fünf Jahren war ‚seine Platte' ziemlich abgelaufen. Eigentlich ganz natürlich. Zum Meister der Bundesliga hätte es mit seiner Spielweise des Sturm und Drang wohl nicht gereicht."

1968/69 Das erste Double

Cajkovskis Nachfolger wurde mit Branco Zebec erneut ein Jugoslawe, der aber exakt das Gegenteil seines Vorgängers darstellte, sowohl bezüglich der Führung der Mannschaft wie deren taktischer Einstellung. Franz Beckenbauer: „Branco brachte uns methodisches Denken und Handeln bei. Bei Tschik war alles improvisiert. Er bildete uns mehr durch seine spontane Laune aus, aber dieses Ernsthafte, Professionelle führte Branco ein. Als er kam, war unsere Jugend vorbei. Wir wurden Profis. Vom Trainingsaufwand her, von der Lebensweise. Auch das taktische Verhalten. Er ließ Spielzüge einüben. Brenninger zog als Linksaußen in die Mitte, sein Verteidiger ging mit, die Seite war frei, dann stieß Pumm in diesen freien Raum, es erfolgte der Wechsel. Die Leute staunten: Das gibt's nicht, das haben wir noch nie gesehen." Der strenge Übungsleiter verstärkte die Abwehr. Denn um eine 34 Spieltage währende Saison erfolgreich zu bestehen, benötigte man nicht nur eine Tormaschine, sondern auch eine gute Verteidigung und taktische Souveränität. Das Spiel der Münchner war zwar nun weniger spektakulär und unbeschwert, aber dafür organisierter und disziplinierter, gemäß der Devise des genialen Taktikers: „Es zählt nur der Erfolg."

Vor der Saison hatte der FC Bayern zwei österreichische Nationalspieler verpflichtet. Vom Meister 1. FC Nürnberg kam der Mittelfeldspieler Gustl Starek, von Wacker Innsbruck der Abwehrspieler Peter Pumm. Beide begannen ihre Karriere beim Wiener Vorortverein SC Simmering.

... und Rehhagel ein Tor für die Bayern schoss

Wohin die Reise unter Zebec ging, wurde bereits am 1. Spieltag deutlich. Die Bayern gewannen gegen den 1. FC Kaiserslautern 2:0, wobei das Ergebnis bereits nach 18 Minuten feststand. In der 7. Minute erzielte Rainer Ohlhauser das 1:0, nur elf Minuten später traf Otto Rehhagel ins eigene Netz. Anschließend beschränkten sich die Bayern gegen die schwachen Lauterer darauf, das Spiel nach Hause zu schaukeln. Die Experten waren zunächst verunsichert: Formkrise oder gewiefte Taktik, lautete die Frage. Eine derartige Spielweise war man aus der Cajkovski-Zeit nicht gewohnt. Doch am 2. Spieltag bestätigten die Bayern ihre neue taktische Identität. Im Derby behielt der FCB mit 3:0 die Oberhand, wobei es erneut ungewohnt unspektakulär zuging. Ihre erste Niederlage kassierten die Bayern erst am 11. Spieltag mit einem 0:1 bei Werder Bremen.

Kurz vor dem Ende der Hinrunde geriet die Bayern-Maschine ins Stocken. Zwei torlosen Unentschieden gegen Kickers Offenbach und Borussia Mönchengladbach folgte eine 0:1-Niederlage bei Hannover 96, das von einem alten Bekannten trainiert wurde: „Tschik" Cajkovski. Schwerwiegender als die Niederlage war, dass Gerd Müller in der äußerst hektischen Partie nach einer Tätlichkeit gegen Jupp Heynckes vom Platz gestellt wurde. Franz Beckenbauer erhielt eine Geldstrafe wegen Zuschauerbeleidigung, und als ein Fan Sepp Maier attackierte und beleidigte, bekam dieser vom Keeper eine „gedonnert" (Beckenbauer). Gerd Müller erhielt eine achtwöchige Sperre, fehlte aber nur in vier Spielen. In dieser Zeit blieb der FC Bayern sieglos und konnte nur zwei

Punkte holen. Gegen Kaiserslautern und den TSV 1860 setzte es Niederlagen (1:3 bzw. 0:2), gegen den Hamburger SV und Schalke 04 erreichte man jeweils nur ein Unentschieden (2:2 bzw. 0:0). Doch die Mannschaft behielt die Nerven, und als Müller aufs Spielfeld zurückkehrte, fand die Krise ein Ende: Bei Hertha BSC gewann der FC Bayern durch zwei Müller-Tore 2:1.

Die Vorentscheidung fiel am 29. Spieltag, als der FC Bayern im Dortmunder Stadion „Rote Erde" durch ein Tor von Helmut Schmidt in der vorletzten Minute mit 1:0 gewann. Mit dem gleichen Ergebnis – Torschütze: Gerd Müller – wurde an der Grünwalder Straße der 1. FC Köln besiegt, womit auch die letzten statistischen Zweifel beseitigt waren. Dass man am 31. Spieltag beim offiziellen Noch-Meister und späteren Absteiger 1. FC Nürnberg mit 0:2 unterlag, tat der Freude keinen Abbruch mehr. Der Abstand zum Zweiten Alemannia Aachen maß am Ende acht Punkte. So frühzeitig und souverän hatte noch keine Mannschaft die Liga gewonnen. Mit 61 Toren hatten die Bayern (gemeinsam mit Gladbach) die meisten Tore geschossen, und mit 30 Treffern ging fast die Hälfte davon auf das Konto von Gerd Müller, der erneut Torschützenkönig wurde. Wäre da nicht die Sperre gewesen, es wären wohl noch einige Tore mehr geworden. Viel entscheidender war jedoch, dass der FCB auch die wenigsten Gegentore kassiert hatte. 31 Gegentreffer waren 20 weniger, als Vize-Meister Aachen hinnehmen musste.

Müller macht den Meister

Das letzte Saisonspiel bestritt der FC Bayern daheim gegen Hannover 96. Vor dem Spiel kam „Tschik" Cajkovski in die Bayern-Kabine, um „seine Jungs" zu beglückwünschen. Obwohl es zur Meisterschaft laut Beckenbauer des „kühlen Mathematikers Zebec" bedurfte, „unter dem alles viel professioneller ablief, der einen neuen Stil mit mehr Systematik und Disziplin prägte", hatte auch Cajkovski seinen Beitrag zum Titelgewinn geleistet. Beckenbauer: „Die gute Kameradschaft, die in den Jahren mit Tschik gewachsen war, bildete die wichtigste Voraussetzung für den Erfolg, an den keiner von uns zu Beginn der Saison gedacht hat. Schließlich gehörten wir keineswegs zu den Favoriten." Im Meisterschaftsrennen kamen nur 13 Spieler zum Einsatz.

Mit 25.177 mobilisierte der FC Bayern seinen bis dahin besten Zuschauerschnitt. Die Löwen, die in dieser Saison Zehnter wurden, kamen nur auf 16.012. In der Zuschauertabelle belegte der Meister aus der Isar-Metropole den 3. Platz, hinter Hertha BSC Berlin (42.843) und dem bayerisch-fränkischen Rivalen 1. FC Nürnberg (25.884). Dieser stieg als 17. und Vorletzter ab, wodurch die neue Führungsposition der Bayern im Süden der Republik weiter untermauert wurde. Für einen Meister aus einer Metropole war der Zuschauerzuspruch jedoch eher gering. In Stuttgart, Hamburg, Frankfurt oder Köln wären sicherlich mehr gekommen. Der FC Bayern mobilisierte auswärts deutlich mehr als daheim, was wohl nur teilweise am zu kleinen Stadion lag. Als der FC Bayern am 28. Spieltag beim damaligen Tabellenzweiten VfB antrat (0:3), waren 74.000 im Neckarstadion. In Frankfurt (1:1) wollten 60.000 die Bayern sehen, in Hamburg 50.000 und in Köln 43.000. Nur sechs Heimspiele des FC Bayern wurden dagegen von 30.000 und mehr Zuschauern besucht, nämlich die gegen Hertha BSC, VfB Stuttgart,

Borussia Dortmund, 1. FC Nürnberg, Eintracht Braunschweig und natürlich das Stadtderby. Nur 17.000 sahen am 27. Spieltag die Partie gegen den späteren „Vize“ Alemannia Aachen (1:1), und selbst beim Meisterstück am 30. Spieltag gegen den 1. FC Köln waren nicht mehr als 27.000 anwesend. Allerdings verzeichnete die Liga in dieser Saison insgesamt keinen guten Schnitt. 21.407 bedeuteten den bis dahin zweitschlechtesten Zuschauerzuspruch in ihrer noch jungen Geschichte.

Nach der Meisterschaft gewannen die Bayern auch noch den DFB-Pokal und damit das erste „Double“ ihrer Vereinsgeschichte. Als einzigem Verein war dies bis dahin 1937 Schalke 04 gelungen. In der 1. Runde tat sich der FC Bayern wie gehabt sehr schwer. Der Bundesligaaufsteiger Kickers Offenbach, der direkt wieder abstieg, wurde erst im Wiederholungsspiel mit 1:0 besiegt. In München war auch nach 120 Minuten kein Tor gefallen. Am Bieberer Berg köpfte das Tor des Tages Gerd Müller. In der 2. Runde empfing der FC Bayern den Nord-Regionalligisten Arminia Hannover. Die Bayern waren zwar drückend überlegen, aber erlöst wurden sie erst in der 84. Minute, als Ohlhauser das 1:0 erzielte. Das Viertelfinale gegen den Hamburger SV war für viele das vorweggenommene Endspiel. 64.000 kamen ins Volksparkstadion, um die Neuauflage des Finales von 1967 zu sehen. Zwei Treffer von Müller sorgten für einen 2:0-Endstand. Im Halbfinale gegen den 1. FC Nürnberg genoss der FC Bayern Heimrecht. 25.000 sahen an der Grünwalder Straße einen 2:0-Sieg. Erneut hieß der zweifache Torschütze Gerd Müller. Der Weg des FC Bayern ins Finale war bezeichnend für den neuen Stil der Mannschaft. In fünf Spielen hatte man nur sechs Treffer erzielt, aber auch kein Gegentor zugelassen.

Das Finale fand am 14. Juni 1969 vor 64.000 Zuschauern in Frankfurt statt, und der Gegner war mit Schalke 04 die beste Mannschaft der Bundesliga-Rückrunde. Bereits nach 13 Minuten gingen die Bayern durch Müller in Führung, nur sechs Minuten später gelang den Schalkern durch einen Gewaltschuss von Pohlschmidt der Ausgleich. In der 35. Minute schoss Müller das 2:1, was zugleich auch der Siegtreffer war. Die Schalker bemühten sich redlich, aber gegen die Souveränität der Bayern, die den Anschein erweckten, als täten sie nicht mehr als unbedingt notwendig, war kein Kraut gewachsen. Sieben der acht Pokaltreffer gingen auf das Konto von Gerd Müller.

„Wie ein Gummibaum“

Schalkes Trainer Gutendorf nach dem Schlusspfiff: „Ich gratuliere meinem Kollegen Branco Zebec, dass er das große Glück hat, einen Gerd Müller zu besitzen.“ „Dieser Müller ist ein Phänomen“, schrieb die „Westdeutsche Allgemeine“ über den Auftritt des Mannes, der Schalkes Pokalträume zerstörte. „Wie ein Gummibaum federt Müller auf seinen dicken Beinen unberechenbar vor dem Tor herum, so dass kein Gegenspieler weiß, was er in den nächsten Zehntelsekunden tun wird, und wenn die Chance da ist, so nimmt Müller sie wahr – und dies ergab die beiden Tore, die Bayern München den Pokal bescherten.“

Vor dem Spiel war Müller zum zweiten Mal nach 1967 als „Fußballer des Jahres“ geehrt worden. Zum vierten Mal in Folge ging dieser Titel an einen Bayern-Akteur. Müllers Konkurrenten um die Auszeichnung waren fast nur Bayern, denn drei der vier meistgenannten Spieler trugen das gleiche Trikot wie der „Bomber“. Der FC Bayern

Nach dem Pokalsieg über Schalke lassen Müller, Brenninger und Schwarzenbeck (von links) in der Kabine den „Pott" kreisen.

gewann in Frankfurt mit folgender Mannschaft: Maier, Beckenbauer, Olk, Schwarzenbeck, Pumm, Ohlhauser, Roth, Starek, Müller, H. Schmidt, Brenninger.

Der DFB-Pokalsieg von 1969 war bereits der dritte für den FC Bayern innerhalb von vier Jahren und der vierte insgesamt, womit der Klub sich nun „Rekord-Pokalsieger" nennen durfte. Der Aufstieg zum Rekordmeister hatte indes erst begonnen.

Wenige Monate nach dem Pokalsieg, am 21. Oktober 1969, wählte der Deutsche Bundestag den ehemaligen Widerstandskämpfer und späteren Friedensnobelpreisträger Willy Brandt zum neuen Bundeskanzler. Erstmals in der Geschichte der Bundesrepublik war es zu einem politischen Machtwechsel gekommen, und erstmals war der Bundeskanzler ein Sozialdemokrat. In seiner Regierungserklärung versprach Brandt: „Wir wollen mehr Demokratie wagen." Die größte Aufmerksamkeit galt indes der Deutschland- und Außenpolitik der sozialliberalen Koalition aus SPD und FDP, die eine Abkehr von den Mustern des Kalten Krieges bedeutete. Die folgenden „Ostverträge", die auf eine Normalisierung des Verhältnisses zum anderen deutschen Staat DDR und den anderen Staaten Osteuropas durch Anerkennung der existierenden Grenzen zielten und einen Wandel der dortigen Verhältnisse durch Annäherung intendierten, stießen zunächst auf den erbitterten Widerstand konservativer Politiker wie Franz-Josef Strauß, die Brandt in die Ecke des „Vaterlandverrats" drängten. Franz Beckenbauer erklärte in einem TV-Interview, Strauß sei ein großer Politiker, der Bundeskanzler hingegen ein nationales Unglück. (Beckenbauer später: „Mir lag der CSU-Vorsitzende zwar näher als der spätere Friedensnobelpreisträger, aber das mit dem nationalen Unglück war wirklich eher ein Scherz.") Ein Sturm der Entrüstung brach aus. Einige Mitglieder des FC Bayern drohten mit ihrem Austritt. Der Klub selbst sah sich zu einem „halbherzigen" (Beckenbauer) Dementi genötigt. In gegnerischen Stadien wurde Beckenbauer mit Pfeifkonzerten empfangen.

1969/70 Die Abiturienten kommen

1969/70 hieß der Meister Borussia Mönchengladbach. Die Borussen hatten von den Bayern gelernt und ebenfalls ihre Abwehr verstärkt. Der FC Bayern wurde mit vier Punkten Rückstand Vize-Meister. In der Hinrunde besiegten die Borussen die Bayern mit 2:1, wobei Müller eine Viertelstunde vor Schluss aus drei Metern Entfernung nur die Lattenunterkante traf. In der Rückrunde revanchierten sich die Bayern daheim mit einem 1:0-Sieg. Der TSV 1860 musste nach dieser Saison die Bundesliga als Siebzehnter verlassen, obwohl die Löwen am 7. März 1970 im vorerst letzten Derby vor 40.000 Zuschauern mit 2:1 die Oberhand behielten. Torschützenkönig wurde mit 38 Treffern Gerd Müller, was ein neuer Bundesligarekord war. Beim 6:2-Sieg am zweitletzten Spieltag gegen Rot-Weiß Oberhausen hatte Müller gleich viermal zugeschlagen. Für Werner Olk war es der letzte Auftritt im Bayern-Dress vor heimischem Publikum. Nur 8.000 Zuschauer sahen die Abschiedsvorstellung des Kapitäns.

Im DFB-Pokal qualifizierte sich der FC Bayern durch klare Siege gegen die unterklassigen Klubs Wattenscheid 09 (6:1) und Jahn Regensburg (4:0) für das Viertelfinale, wo er beim alten Rivalen 1. FC Nürnberg antreten musste. Es war das vierte Aufeinandertreffen von Münchnern und Franken im DFB-Pokal seit der Saison 1965/66. Doch anders als 1965/66, 1967/68 und 1968/69 behielt dieses Mal der „Club" die Oberhand, obwohl der Regionalligist als krasser Außenseiter in die Partie gegangen war. Nach 31 Minuten führte der „Club" vor 70.000 Zuschauern im Nürnberger Stadion bereits mit 2:0. In der 2. Halbzeit bliesen die Bayern zwar zur Großoffensive, aber mehr als der Anschlusstreffer durch Roth sprang nicht heraus. Ab der 70. Minute musste der FCB mit zehn Mann auskommen, nachdem Schwarzenbeck des Feldes verwiesen worden war.

Mit Gerd Müller wurde 1970 erstmals ein deutscher Kicker zum „Europäischen Fußballer des Jahres" gewählt, obwohl diese Auszeichnung, initiiert und organisiert vom französischen Fachblatt „France Football", bereits seit 1956 verliehen wurde. Ihr erster Träger war der legendäre Stanley Matthew gewesen.

Wie sehr die Bayern und Gladbacher nun den Bundesligafußball dominierten, zeigt ein Blick auf den vorläufigen 40-Mann-Kader des Bundestrainers für das WM-Turnier in Mexiko. 13 Spieler waren Akteure des Meisters oder des Vize-Meisters. Die Gladbacher stellten Luggi Müller, Sieloff, Vogts, Netzer, Dietrich, Laumen, Köppel und Wimmer, die Bayern Maier, Gerd Müller, Beckenbauer, Roth und Brenninger.

Im Europapokal spielte der FC Bayern 1969/70 erstmals im Meisterwettbewerb. Zwar kam das Aus im prestigeträchtigsten aller europäischen Wettbewerbe bereits in der 1. Runde, aber trotzdem hinterließen die Bayern einen guten Eindruck. Im Hinspiel gegen den französischen Meister AS St. Etienne stand es nach 90 großartigen Minuten durch Tore von Brenninger und Roth 2:0. Doch im Rückspiel ließ ein ganz auf Offensive eingestelltes und blendend aufgelegtes französisches Team dem Deutschen Meister keine Chance. Am Ende hieß es 3:0 für St. Etienne.

Mit Lattek kommt ein „Siegertyp"

Für die Saison 1970/71 hatten sich die Bayern bereits frühzeitig mit Udo Lattek als neuem Trainer geeinigt. Neudecker war des Zebec'schen „Eigensinnes" überdrüssig. Der bis dahin ziemlich unbekannte Lattek hatte sein Engagement Franz Beckenbauer zu verdanken, der ihn als Assistenten von Bundestrainer Helmut Schön kennen und schätzen gelernt hatte. Beckenbauer: „Er war freundlich, souverän, nicht anbiedernd, was bei Assistenten nicht selbstverständlich ist. Viele holen sich ihre Bestätigung durch eine verschwörerische Kumpelhaftigkeit, versuchen, sich durch Gefälligkeiten eine gewisse Wertschätzung zu erwerben. Lattek hatte nichts davon an sich, er war geradlinig, ehrlich, selbstbewusst. Als Fußballer entwickelt man – und ich weiß, es geht nicht nur mir so – ein Gespür für Siegertypen, die vieles dem Willen zum Erfolg unterordnen, manche sogar alles. Bei Udo Lattek hatte ich das Gefühl." Lattek war weniger als Übungsleiter gefragt, denn als Motivator. Beckenbauer: „Wir Bayern waren damals eine Supertruppe, aber irgendwer musste sie schließlich bei Laune halten." Robert Schwan über den Neuen: „Wir hatten schon lange ein Auge auf ihn geworfen."

Nachdem die Bayern aus den drei Spielen gegen Werder Bremen (0:1), MSV Duisburg (2:0) und den TSV 1860 (1:2) nur drei Punkte geholt hatten, wurde Zebec am 13. März 1970 vorzeitig entlassen. Nur einen Tag später gab Lattek sein Debüt: Der spätere Absteiger Alemannia Aachen wurde mit 6:0 überfahren. Aus den verbleibenden sieben Begegnungen holte Lattek immerhin noch elf von 14 möglichen Punkten. Unter Lattek sollte der FCB die erfolgreichste Ära seiner Vereinsgeschichte einläuten. Beckenbauer und Co avancierten nun zu einer europäischen Spitzenmannschaft.

Die erste große Aufgabe des neuen Trainers bestand in der drastischen Verjüngung der Bayern-Elf zur Saison 1970/71. Mit Rainer Ohlhauser und Kapitän Werner Olk verabschiedeten sich zwei langjährige Leistungsträger am Ende der Saison 1969/70 vom FC Bayern und zogen sich ins „Rentnerparadies" Schweiz zurück. Olk schloss sich dem FC Aarau an, Ohlhauser den Grasshoppers Zürich.

Als Ersatz holte Lattek die beiden Jugendnationalspieler Uli Hoeneß (TSG Ulm) und Paul Breitner (ESV Freilassing) nach München, die er noch aus seiner Zeit als DFB-Jugendtrainer kannte. Diese Bekanntschaft war ausschlaggebend, dass die beiden Talente nicht zum ebenfalls interessierten TSV 1860, sondern zum FC Bayern fanden.

Lattek setzte voll auf die Jugend. Zum Zeitpunkt ihrer Verpflichtung waren Hoeneß und Breitner erst 18 Jahre alt. Bereits 17-jährig hatte Hoeneß in der Amateur-Nationalmannschaft debütiert. Neben dem Fußball wollte Hoeneß in München Betriebswirtschaft studieren. Ein studierender Fußballspieler war damals eine Sensation. Noch vor Saisonbeginn brachte der „Kicker" eine Story über Hoeneß mit dem Titel „Studium als Stimulans". Auf die Frage, ob es für den „aufgeweckten Blondschopf" nicht ein Handicap sei, dass er neben seiner harten Profiarbeit sein Studium absolvieren müsse, antwortete dieser: „Im Gegenteil, ich brauche geradezu mein Studium als Stimulans für den Fußball. Es wäre schrecklich für mich, wenn ich als ‚Nur-Fußballprofi' leben müsste. Meine Leistung würde sogar darunter leiden."

Präsident Neudecker (links) und sein neuer Trainer Udo Lattek.

Jung Siegfried: Der neue Bayern-Profi Uli Hoeneß.

Der „rote Paul“: Neuling Paul Breitner.

Als bei den Betriebswirten kein Platz frei war, fing Hoeneß mit Anglistik an. Der „Kicker" berichtete aus dem Trainingslager der Bayern aus der Sportschule Grünwald: „Überraschend, wie die Spieler, die im Vorjahr noch in der DFB-Jugendauswahl kickten, die Strapazen überstanden. Hoeneß und Breitner hielten mit, als hätten sie schon immer unter Profibedingungen trainiert. Hoeneß, der wie sein Freund Paul Breitner körperlich voll da ist, entwickelt gewaltigen Ehrgeiz: ‚Jetzt muss man sich einen Platz in der Mannschaft erkämpfen. Auf eventuelle Verletzungen zu warten, um dranzukommen, darauf verlasse ich mich nicht.'"

Ein neuer Typus von Fußballspieler

Hoeneß und Breitner sollten einen neuen Typus von Fußballer repräsentieren, der die gesellschaftliche Fortentwicklung des Fußballs dokumentierte, aber auch Ausdruck des damaligen Zeitgeistes war. Ein Typus, der nicht von ungefähr bei den bürgerlichen Klubs Bayern München und Borussia Mönchengladbach seinen Einstand feierte und nicht bei den „proletarischen" Klubs aus dem Ruhrgebiet. Da spielte es auch keine Rolle, dass die Vereinsspitzen von Bayern und Gladbach mit Konservativen besetzt waren, die Vorstandssitze der Ruhrgebietsklubs indes mehr mit Sozialdemokraten. Der gesellschaftliche Fortschritt des Fußballs vollzog sich unter bürgerlicher Ägide und im bürgerlichen Milieu. Der deutsche Vereinsfußball erfuhr einen neuerlichen sozialen Machtwechsel.

Breitner und Hoeneß verfügten über ein enormes Selbstbewusstsein, das für das eine oder andere Opfer ihrer intellektuellen Schlagfertigkeit die Grenzen zur Arroganz überschritt. Insbesondere der Pädagogikstudent Breitner avancierte zum Kronzeugen für die Vereinbarkeit von Intelligenz und Balltreterei. Einen erheblich größeren Einfluss auf die weitere Entwicklung des Profifußballs sollte allerdings der politisch zurückhaltendere der beiden nehmen: Uli Hoeneß. Eine weitere Neuerwerbung mit Abitur war der 21-jährige Rainer Zobel, der von Hannover 96 kam, und vom VfR Pforzheim wurde der gleichaltrige Edgar Schneider geholt. Bereits ein Jahr zuvor hatte beim FC Bayern ein anderer Abiturient unterschrieben: der langmähnige Karl-Heinz „Charly" Mrosko, zuvor für die Stuttgarter Kickers am Ball. Kein anderer Bundesligist konnte sich Anfang der 1970er auch nur annähernd so vieler Abiturienten rühmen wie der FC Bayern. Der „Kicker" schrieb einige Monate später über Hoeneß, Breitner und Co: „Uli Hoeneß zählt zur neuen Generation des Fußballprofis, obwohl er bis 1972 Amateur bleiben und erst dann Geld verdienen will. Es sind die jungen Intellektuellen, die Abiturienten und Studenten Karl-Heinz Mrosko, Paul Breitner, Edgar Schneider und Jürgen Ey und der Schüler Rainer Zobel, der das Reifezeugnis anstrebt. Es verwundert nicht, dass sie beim FC Bayern unter Trainer Udo Lattek zusammengefunden haben, der einst selbst das Abitur ablegte, ehe er Sport und Englisch studierte." Hoeneß selbst zitiert die Zeitschrift mit dem Satz: „Die heutige Art Fußball zu spielen, setzt eine gewisse Intelligenz voraus."

Zwischenspiel: Der FC Bayern und die 68er

„Wir waren natürlich Teil dieser 68er-Generation, die sich gegen das Establishment auflehnte und auch gegen die verkrusteten Hierarchien im Verein." So Uli Hoeneß in einem Interview der „SZ" anlässlich des 100. Geburtstags des FC Bayern. „Wir", das waren damals u.a. auch noch Rainer Zobel und Charlie Mrosko, vor allem aber Paul Breitner. Bei keinem anderen Bundesligaverein gab es so viele bekennende „68er" wie beim FC Bayern, der damit ein großes Modernisierungspotenzial bei sich versammelte.

Den Vogel schoss der Kriegsdienstverweigerer Paul Breitner ab, der sich vor den Feldjägern im Kohlenkeller versteckt hatte. Der „rote Paul", wie Breitner bald von den Medien getauft wurde, ließ sich mit der „Peking Rundschau" vor einem Mao-Poster ablichten und erklärte zu seinem größten Wunsch „eine Niederlage der Amerikaner in Vietnam". Doch das Bild vom „roten Paul" wirkte erst so richtig im Kontrast zum stockkonservativen Präsidenten, mit dem er immer wieder aneinander geriet. Neudecker grummelte über den Pädagogikstudenten mit Afro-Look: „Der gibt sich sozialistisch und verdient mehr als zehn Arbeiter zusammen." Als der FCB 1970 zum Europapokalspiel gegen den tschechoslowakischen Vertreter Skoda Pilsen reiste, schlug Neudecker Breitner vor, den Mannschaftsbus zu verlassen, um in den „Sozialismus" überzusiedeln. Breitner schrieb Anfang der 1980er über seine ersten Jahre bei den Bayern: „Der FC Bayern, nehmen wir ihn her, ist ‚schwarz'. Und da musste ich dann erfahren, dass man einem, der von der ‚Schwärze' nicht überzeugt ist, genauer und voreingenommener aufs Maul schaut… Man hat größere Schwierigkeiten als zum Beispiel als CSU-ler in Essen. (…)"

In einem Interview mit der linken Zeitschrift „Konkret" enthüllte Breitner 1982, was es mit seinem linken Image tatsächlich auf sich hatte: „Ich kam in einer Phase nach München, in der in ganz Deutschland jeder, der jung war und sich zu irgendwas Politischem geäußert hat, ein Linker war. Ein Maoist, ein Kommunist, Leninist und sonstnochwas. Ich habe damals in einem Interview auf die Frage, was ich denn lese, gesagt, dass ich mich für Jerry Cotton und Western interessiere. Und als die fragten: Was haben Sie denn dabei, habe ich geantwortet: irgendwelche Bücher und Psychologie

Paul und Mao.

„Am nächsten Tag war ich der Rote"

und wahrscheinlich auch den Lenin oder so. Aha, auf Wiederschaun, am nächsten Tag war ich der Rote, der Linke. Es hat sich mittlerweile vielleicht manches geändert, aber nicht das: dass ein junger Mensch, der kritisch ist, der sich kritisch äußert, dass der sofort links, das heißt: suspekt ist. Als ich mit 19, 20 nach München kam, in ein stockkonservatives Land mit einem noch stockkonservativeren Verein, hab' ich gesagt, ich mach' euren Firlefanz mit der High Society nicht mit, ich mach' dies nicht mit und ich mach' das nicht mit. Aber nicht, weil ich jemanden provozieren wollte, sondern weil es gegen mich, den Menschen Paul Breitner ging. Ich hab' mir eins geschworen: Ob ich beim FC Bayern oder sonstwo bin, egal was rauskommt, ich möchte jederzeit Dinge sagen können, die viele sich nicht zu sagen trauen, weil sie die Hosen voll haben, weil sie eben als Deutsche schön stur gerade denken, weil man mit 40 so denken muss, wie man mit 20 gedacht hat, und weil man Angst hat, dass der Nachbar sagt, man habe seine Meinung geändert und sei ‚umgefallen'. Natürlich muss der suspekt sein und als aggressiver Typ gelten, der einen Gedanken ausspricht, den sich andere nicht auszusprechen trauen."

Er habe, meinte Breitner, sich das linke „Image aufgebaut, weil es mir Spaß gemacht hat. Jahrelang hat mir das unheimlich Spaß gemacht." Doch schließlich habe es ihn „genervt". „Zuerst, als ich gemerkt hab', dass es die Leute ärgert, als ich gemerkt hab', da kannst du Leute reizen, verunsichern, hab' ich gesagt: und jetzt in die Vollen, jetzt noch eine und noch eine. Das ging dann so weit, dass ich mich am Ende in einer Sackgasse angelangt sah. In einer Situation, in der ich schon gar nicht mehr interpretieren konnte. Da war nur noch irgendein Anspruch da, fertig, auf Wiederschaun. Ich weiß nicht, wo das hingegangen wäre, wenn ich '74 nicht nach Madrid gegangen wär'." Jeder Spitzenspieler erhalte „irgendwann einmal seine feste Rolle. Der Sepp Maier ist zum Beispiel nicht unbedingt der lustigste Mensch, aber seine Rolle war es eben, der Gaudi-Macher zu sein. Der Sepp hat das irgendwann mal durchschaut und sich gesagt, die Rolle spiel' ich, und vor allem spiel' ich die zu meinem Besten. Bei mir ist das genauso, wobei ich immer den Kritischen, früher mal den Linken, abgeben muss, weil man sonst keinen hat, oder weil man zu faul ist, sich einen anderen zu suchen."

Der „Linksradikalismus" der „wilden" 1970er Jahre war häufig weniger Ausdruck einer entwickelten politischen Überzeugung als eine Modeerscheinung, die kam und wieder ging. Dies galt auch für Paul Breitner. Mitte der 1980er Jahre war vom Breitner'schen Linksradikalismus nur noch die Lust zur Provokation geblieben. Der „rote Paul" war mittlerweile im konservativ-liberalen Lager angelangt und bekannte sich als FDP-Wähler. In der „Bild" schrieb Breitner ganz im Sinne des sich anbahnenden neuen Zeitgeistes: „Mitte der 70er Jahre wurden wir ein Volk der Gleichmacher. Die Mittelmäßigen wollten und sollten plötzlich so viel verdienen wie die Guten. Ein tödlicher Schritt."

1970/71 Latteks erste Trophäe

„Ich habe hier eine disziplinierte, begeisterungsfähige Truppe vorgefunden, wie ich sie mir in meinen kühnsten Träumen nicht besser ausmalen konnte. Es liegt nun an mir, diesen Geist zu erhalten, sportlich das Beste herauszuholen", sprach Udo Lattek beim Trainingsauftakt der Bayern.

In der ersten kompletten Lattek-Saison 1970/71 musste der FC Bayern bei der Titelvergabe erneut den Gladbachern den Vortritt lassen, obwohl der FCB bei Halbzeit die Nase vorn hatte. Die Entscheidung fiel erst am 34. Spieltag. Vor dem letzten Spieltag hatten Gladbacher und Bayern mit jeweils 48:18 ein identisches Punktekonto. Da das Torverhältnis des FC Bayern um einen Treffer besser ausfiel (74:34 gegenüber 73:34), waren die Münchner Tabellenführer. Zum Saisonfinale mussten beide Klubs reisen, die Gladbacher nach Frankfurt, die Bayern zum MSV Duisburg. Zur Halbzeit hieß der Meister FC Bayern: In Duisburg stand es 0:0, in Frankfurt 1:1. Doch in der 55. Minute ging der MSV durch Budde in Führung. Zehn Minuten später erhöhte der gleiche Spieler auf 2:0, während zeitgleich Köppel für Gladbach traf, das am Ende mit 4:1 gewann. Damit war der Borussia als erstem Verein seit Gründung der Bundesliga die Titelverteidigung gelungen.

Im direkten Vergleich der beiden Teams hatten die Bayern im Hinspiel in München durch ein Tor von Schwarzenbeck bis zur 64. Minute mit 1:0 geführt. Den Aus-

Sepp Maier, die „Katze von Anzing", bei Flugübungen (gemeinsam mit Ersatztorhüter Seifert, links).

gleich markierte Sieloff vom Elfmeterpunkt. In der 74. Minute brachte Müller seine Farben ein zweites Mal in Führung, doch ein Blackout Beckenbauers ermöglichte den Gladbachern den erneuten Ausgleich zum Endstand von 2:2. Anstatt den Ball einfach weit nach vorne zu schlagen, „verfummelte" sich der Kaiser in der letzten Spielminute und leitete damit einen Gladbacher Konter ein, den Heynckes erfolgreich abschloss. Äußerst ruppig agierten die Bayern beim Rückspiel auf dem Gladbacher Bökelberg. Insbesondere Netzer und Heynckes wurden Opfer bayerischer „Holzhackerei". Nichtsdestotrotz gewannen die Hausherren mit 3:1.

In Anbetracht der starken Verjüngung und des starken Umbruchs beim Personal war der 2. Platz durchaus respektabel. Von den 17 eingesetzten Spielern waren mit Beckenbauer (24), Breitner (18), Ey (23), Hoeneß (18), Koppenhöfer (24), Mrosko (23), Müller (24), Roth (24), Schwarzenbeck (22) und Seifert (21) zehn beim Saisonstart jünger als 25 Jahre. Sepp Maier zählte auch erst 26 Lenze. Und sieben der 17 Akteure waren Neuerwerbungen. Nichtsdestotrotz herrschte zwischenzeitlich schlechte Stimmung rund um das Team. Nach einem torlosen Remis am 11. Spieltag gegen Kickers Offenbach schrieb Hans Schiefele im „Kicker" unter der Überschrift „Wandern die Bayern aus?": „Was bei den Münchnern – von spielerischen Elementen abgesehen – bedenklich stimmt, ist ein gewisser Mangel an Spielfreude, an Begeisterung. Zwar mühen sich gerade die neu verpflichteten Spieler bestimmt redlich ab, doch bei einem Teil der Mannschaft ist das Spiel schon zu sehr zur Routine geworden. Sattheit, Überbeanspruchung oder gar Unzufriedenheit – was sind die Gründe? Zugegeben, die Mannschaft wird stark strapaziert. Aber der Vereinsführung bleibt gar keine andere Möglichkeit, als mit Gast- und Pokalspielen die Gehälter für die hoch dotierten Profis einzuspielen. Dennoch drängt es einige auszuwandern. Dieter Brenninger, so stand es jüngst in einer Münchner Tageszeitung zu lesen, habe Ambitionen nach der Schweiz. Dorthin also, wo zuletzt allerdings schon betagtere Mannschaftskameraden wie Werner Olk und Rainer Ohlhauser ihre Zelte aufgeschlagen haben. Auch Franz Roth hat seine Fühler bereits ins Land der Eidgenossen ausgestreckt. Und wenn man Nationalstürmer Gerd Müller sprechen hört, dann würde er keine Sekunde zögern, nach Italien zu gehen, wenn die Ausländersperre aufgehoben wird. Man sieht, leicht hat es die Vereinsführung nicht; denn höhere Honorare für die Angestellten auszuschütten als bisher, würde alle kaufmännischen Prinzipien über den Haufen werfen. Gemessen am spielerischen Können ist ohnehin nur einer ‚ordnungsgemäß' bezahlt, nämlich Franz Beckenbauer. Dieser freilich im Vergleich zu den anderen vielleicht sogar unterbezahlt."

Aber auch bei den Mitgliedern und Fans herrschte Unruhe. Nach dem Europapokalsieg von 1967 und dem Double von 1969 hatte sich die Erwartungshaltung erheblich verändert. Nach elf Spieltagen lagen die Bayern zwar nur einen Punkt hinter Spitzenreiter Mönchengladbach und hatten erst eine Niederlage kassiert (am 7. Spieltag verlor man beim Aufsteiger Arminia Bielefeld, vom „Kicker" als „Arminias größter Sieg in 65 Jahren Bestehen" gefeiert), nichtsdestotrotz wurde Neudecker auf der Bayern-Geschäftsstelle am Goethe-Platz täglich von Mitgliedern und Fans bedrängt, er möge einschreiten, um ein weiteres Absinken der Mannschaft zu verhindern. Neudecker klagte: „Ich verliere bald die Lust. Ich kann das nicht verstehen, eine kleine Schwäche, die die Mannschaft zeigt, braucht doch keine Panikstimmung auszulösen." Der „Kicker": „‚Die Bayern-Elf befindet sich im Umbruch', hieß der Tenor der Kritik in den ersten Wochen. Inzwischen freilich hat sich herausgestellt, dass es vor allem für die neuen Leute enorm schwer ist, den Sprung in die Bundesliga auf Anhieb zu schaffen. Hinzu kam das Problem mit verletzten Spielern, von denen Erich Maas am meisten betroffen ist. Doch entscheidend mag für die ersten Rückschläge gewesen sein, dass bei Gerd Müller erst jetzt die enormen Anstrengungen von Mexiko nachwirken. Selbst Franz Beckenbauer leidet darunter, wiewohl man es bei ihm dank seiner Routine und seiner Position (Libero) in der Mannschaft nicht in diesem Maße spürt." Müller kam in der Hinrunde nur auf zehn Tore, das erste davon erst am 4. Spieltag gegen Rot-Weiß Essen.

Unruhe im Bayern-Lager

Tatsächlich schlug Latteks junge Garde recht ordentlich ein, war aber anfangs überfordert, da die Säulen der Mannschaft, an denen sich die Jungen orientieren und aufrichten sollten, zunächst ihrer Form hinterherhinkten. Uli Hoeneß, dem der „Kicker" am 8. Februar 1971 erstmals sein Titelblatt widmete („Bayerns bester Kauf: Der Aufstieg des Uli Hoeneß"), brachte es auf 31 Einsätze (6 Tore), Paul Breitner auf 21 (2 Tore), Rainer Zobel auf 34 (3 Tore) und Edgar Schneider auf 20 (2 Tore). Die hohe Zahl der Einsätze, die die Frischlinge absolvierten, hatte aber auch damit zu tun, dass die Kader damals deutlich kleiner waren als heute. Der FC Bayern ging mit 18 Spielern in die Saison. Zum Einsatz kamen davon 17, wobei Seifert und Ey jeweils lediglich eine Einwechslung verbuchen konnten. Der FC Bayern konnte gar nicht anders, als seine jungen Neuerwerbungen zum Zuge kommen zu lassen.

Die Saison 1970/71 ging aber vor allem wegen des Bestechungsskandals in die Bundesligageschichte ein. In den Skandal waren Spieler und/oder Funktionäre der Vereine Hertha BSC Berlin, VfB Stuttgart, Schalke 04, Arminia Bielefeld, MSV Duisburg, Rot-Weiß Oberhausen, Eintracht Braunschweig, Kickers Offenbach und 1. FC Köln verwickelt – die halbe Bundesliga also. Auch der FC Bayern wurde kurzzeitig mit Bestechungsvorwürfen in Verbindung gebracht. Denn einer der Hauptakteure war Kölns Torhüter Manfred Manglitz gewesen. Am 31. Spieltag hatte der FCB die Kölner 7:0 besiegt und damit auch etwas für das Torverhältnis getan – Anlass für allerlei Spekulationen, die aber nie bewiesen wurden.

Trost für die entgangene Meisterschaft spendete erneut der DFB-Pokal. Traditionsgemäß tat sich der FC Bayern zunächst schwer, was fast schon als gutes Zeichen gewertet werden konnte. In der 1. Runde musste der FCB gegen den Regionalligisten Hessen Kassel nachsitzen. Beim 2:2 in Kassel rannten die Bayern zweimal einem Rückstand hinterher. Das Wiederholungsspiel in München gewann der FCB vor nur 8.500 Zuschauern klar mit 3:0. Auch in der 2. Runde mussten die Bayern eine Sonderschicht einlegen. Einem 1:1 beim 1. FC Kaiserslautern folgte ein fulminantes 5:0 an der Grünwalder Straße, bei dem Gerd Müller alle fünf Treffer erzielte. Der Zuschauerzuspruch war mit 11.500 erneut mager. Im Viertelfinale wurde der MSV Duisburg 4:0 besiegt, im Halbfinale gewann man durch ein Müller-Tor bei Fortuna Düsseldorf 1:0. Im Finale wartete der 1. FC Köln auf die Bayern.

Zuvor hatte der FC Bayern aber noch einen Strauß mit dem DFB auszufechten. Gerd Müller war in einem Länderspiel gegen Peru vom Platz gestellt worden. Einige Tage vor dem Pokalfinale in Stuttgart sprach der DFB gegen Müller eine Strafe aus. Dass Müller dann trotzdem im Finale auflaufen durfte, hatte er seinem Kollegen Beckenbauer und dem russischen Torwartidol Lew Jaschin zu verdanken. Jaschin hatte Beckenbauer zu seinem Abschiedsspiel eingeladen, doch der Münchner musste verletzungsbedingt absagen. Als der DFB Gerd Müller bat einzuspringen, antwortete dieser: „Das geht doch nicht, ihr habt mich doch gesperrt." Erst als die DFB-Funktionäre eine Begnadigung des Torjägers in Aussicht stellten, erklärte sich Müller spielbereit. Drei Tage vor dem Finale erhielten Müller und der FC Bayern grünes Licht aus Frankfurt.

Dramatisches Finale im DFB-Pokal

Die 71.000 im Stuttgarter Neckarstadion sahen am 19. Mai 1971 ein dramatisches Finale, das als eines der besten in die Geschichte des Wettbewerbs einging. Die Kölner waren in diesen Jahren nach den Bayern und Gladbachern mit Spielern wie Soskic, Thielen, Weber, Flohe, Overath, Rupp und Löhr das dritte „Star-Team" der Bundesliga. In der 14. Minute gingen die Domstädter durch Rupp mit 1:0 in Führung. In der 52. Minute sorgte Beckenbauer, der beste Mann auf dem Platz, für den Ausgleich zum 1:1 – laut eigenem Bekunden das wichtigste Tor seiner Karriere in einem seiner besten Spiele. Gute zehn Minuten später mussten die Bayern mit nur zehn Mann auskommen, nachdem Koppenhöfer wegen einer Catcheinlage gegen Löhr des Platzes verwiesen worden war. Doch die Kölner wussten diesen Vorteil weder in der regulären Spielzeit noch in der Verlängerung zu nutzen. Als nur noch zwei Minuten zu spielen waren und sich die Zuschauer bereits mit einem Wiederholungsspiel abgefunden hatten, hämmerte der ehemalige Pforzheimer Edgar Schneider, der in der 68. Minute für „Bulle" Roth hereingekommen war, den Ball aus gut 20 Metern in den rechten Winkel des Kölner Tores. Für Udo Lattek war der „Pott" die erste Trophäe mit dem FC Bayern. Viele weitere sollten folgen.

Der FC Bayern feierte seinen fünften Sieg in einem DFB-Pokalfinale mit folgender Mannschaft: Maier, Koppenhöfer, Breitner, Roth (68. Schneider), Beckenbauer, Schwarzenbeck, Zobel, Mrosko, Müller, Hoeneß (87. Hansen), Brenninger.

1971/72 Finale im Olympiastadion

In der Saison 1971/72 holte Udo Lattek seinen ersten Meistertitel mit den Bayern. Die ersten 14 Meisterschaftsspiele blieb der FCB ohne Niederlage. Am 15. Spieltag verloren die Bayern bei Eintracht Frankfurt mit 2:3, aber nur einen Spieltag später wurde der spätere Absteiger Borussia Dortmund mit 11:1 überfahren, bis heute der höchste Bundesligasieg des FC Bayern. Der ärgste Konkurrent der Bayern war in dieser Saison

Der Kaiser trifft: Beckenbauers 1:1 im DFB-Pokal gegen den 1. FC Köln.

nicht Gladbach, sondern der FC Schalke 04, und der Spielplan wollte es, dass die beiden Teams ausgerechnet am letzten Spieltag der Hin- und Rückrunde aufeinander trafen. Am 17. Spieltag verlor der FC Bayern „auf Schalke" mit 0:1, wodurch die Königsblauen mit drei Punkten Vorsprung Herbstmeister wurden.

Die Entscheidung fiel auch in dieser Saison erst am letzten Spieltag. Nach 33 Spieltagen führten die Bayern die Tabelle mit einem Punkt Vorsprung an, so dass ihnen beim direkten Aufeinandertreffen bereits ein Remis zur Meisterschaft gereicht hätte. Erstmals durfte der FCB im Olympiastadion kicken, das mit 80.000 Zuschauern ausverkauft war und dem Klub mit 1,2 Mio. Mark die erste Millioneneinnahme seiner Geschichte bescherte. Vor dem Anpfiff wurden sieben Spieler geehrt, die kurz zuvor mit der deutschen Nationalelf erstmals die Europameisterschaft errungen hatten. Vom FC Bayern waren beim 3:0-Sieg über die UdSSR im Brüsseler Heysel-Stadion Maier, Beckenbauer, Schwarzenbeck, Breitner, Hoeneß und der zweifache Torschütze Müller beteiligt gewesen, vom FC Schalke 04 Erwin Kremers.

Ein solches „Endspiel" stellte in der Bundesliga-Geschichte eine absolute Ausnahme dar und elektrisierte die Massen. Hinzu kam das Flair des neuen Stadions. Für Franz Beckenbauer war das Spiel das Highlight seiner Bundesligakarriere schlechthin: „Wir spielten vor 80.000 Zuschauern auf einem Teppich, es war die Schau." Der FC Bayern gewann dieses „Finale" durch Tore von Hansen, Breitner, Hoffmann, Hoeneß und Beckenbauer mit 5:1, wobei Hoeneß' Treffer zugleich Tor Nr. 100 für das torhungrigste Team der Liga war.

101 Saisontore – Rekord für die Ewigkeit

Die Bayern stellten in dieser Saison mit 101 Treffern einen Tor-Rekord auf, der noch heute Bestand hat. Allein 40 dieser Treffer gingen auf das Konto von Gerd Müller, der damit seine alte Bestmarke aus der Saison 1969/70 brach. Seine Verfolger Klaus Fischer (Schalke 04) und Hans Walitza (VfL Bochum) lagen 18 Tore hinter dem Münchner. Müllers Rekord aus der Saison 1971/72 hat noch heute Bestand. Dass diese 40 Tore noch jemals übertroffen werden, gilt gemeinhin als unwahrscheinlich. Dabei befand sich der Goalgetter, der mit einem Wechsel zu Hertha BSC liebäugelte, zunächst in einer Formkrise. Vom 1. bis zum 10. Spieltag traf Müller nur viermal ins gegnerische Netz. In den verbleibenden sieben Spielen der Hinrunde erzielte Müller dann 14 Tore, vier davon beim Kantersieg über den BVB.

Im DFB-Pokal gab es in dieser Saison erstmals Hin- und Rückspiele, eine Unsitte, die sich nicht bewährte und nur zwei Jahre später wieder abgeschafft wurde. Der Pokal verlor dadurch deutlich an Reiz, jedenfalls wenn es zum Duell David gegen Goliath kam. Denn nach dem Motto „Man sieht sich immer zweimal im Leben" bestand für Goliath nun die Chance, eine Auswärts-Schlappe zu Hause wieder wettzumachen. Den Underdogs blieben nur noch Achtungserfolge. Regionalligist Fortuna Köln besiegte den FC Bayern im Hinspiel der 1. Runde zwar mit 2:1, aber im Rückspiel hatte der Pokalverteidiger keine Probleme, die Verhältnisse wieder geradezurücken. Die Fortunen wurden mit 6:0 abgefertigt. In der 2. Runde musste Eintracht Braunschweig die Segel streichen. In Braunschweig gab es ein 0:0, in München siegte der FCB nach Verlängerung mit 3:1, wobei der Braunschweiger Spieler Grzyb so freundlich war, nicht nur die Führung seiner

Meister 1972: Beckenbauer triumphiert mit Eleganz, Maier lächelt schelmisch.

Mannschaft zu besorgen, sondern auch den Ausgleich für den FC Bayern. Im Viertelfinale kam es zur Neuauflage des Finales vom Vorjahr. Der FC Bayern besiegte den 1. FC Köln in München glatt mit 3:0, womit die Angelegenheit bereits geklärt zu sein schien. Doch im Rückspiel gelang den Kölnern ein 5:1-Sieg.

Im Europapokal der Pokalsieger nahm der FC Bayern die erste Hürde ohne Probleme. Bei Skoda Pilsen siegten die Münchner 1:0, im Rückspiel gab es gar einen 6:1-Sieg, bei dem nur 5.000 zusahen. In der 2. Runde musste der FCB zum Shankly-Team FC Liverpool reisen. Eine Saison zuvor hatte man noch in der 4. Runde des Messe-Cups gegen die „Reds" den Kürzeren gezogen, 0:3 und 1:1 lauteten damals die Resultate. Bei der Neuauflage ermauerten sich die Münchner an der Liverpooler Anfield Road ein 0:0. Im Rückspiel an der Grünwalder Straße lieferten die Bayern vor über 40.000 Zuschauern ihre wohl beste Saisonleistung ab. Nach 27 Minuten lag der FCB durch zwei Müller-Tore mit 2:0 in Front. In der 37. Minute verkürzte Roy Evans auf 1:2. Doch die Bayern ließen sich nicht beirren. In der 57. Minute hämmerte Hoeneß den Ball aus spitzem Winkel und vollem Lauf zum 3:1-Endstand ins Liverpooler Netz. Eine überragende Vorstellung bot an diesem Abend vor allem das Bayern-Mittelfeld mit den „Lattek-Küken" Breitner, Hoeneß und Zobel.

Viel schwerer als gegen die Liverpooler taten sich die Münchner gegen den nächsten Gegner Steaua Bukarest. In Bukarest erreichten die Münchner ein 1:1. Das Rückspiel endete torlos, aber da bei Gleichstand die erzielten Auswärtstreffer doppelt zählten, zog der FC Bayern ins Halbfinale ein. Dort ging es gegen die Glasgower Rangers, die sich für das verlorene Finale von 1967 revanchieren wollten. Im Hinspiel in München kam der FCB vor 40.000 Zuschauern über ein 1:1 nicht hinaus. Breitner brachte seine Farben zwar nach 21 Minuten in Führung, doch kurz nach Wiederanpfiff unterlief Zobel ein Eigentor. Die raue Gangart der Schotten behagte den Bayern nicht. Das Rückspiel verloren sie vor 80.000 Zuschauern im Ibrox-Park mit 0:2.

1972/73 Elf Punkte Vorsprung

In die Saison 1972/73 ging der mit sechs frisch gebackenen Europameistern bewaffnete FC Bayern als klarer Favorit und wurde dieser Rolle auch vollends gerecht. Es war die bis zur Saison 2002/03 souveränste Meisterschaftskampagne eines Bundesligaklubs. Am Ende betrug der Vorsprung des FC Bayern auf den „Vize" 1. FC Köln elf Punkte, was bis zur Einführung der Drei-Punkte-Regelung (1995/96) Rekord blieb. Vom ersten bis zum letzten Spieltag hieß der Spitzenreiter FC Bayern. Das Torverhältnis der Bayern war gegenüber den Kölnern gleich um 49 (!) Treffer besser. Nur einmal geriet der Bayern-Express ins Stocken. Im Dezember/Januar laborierte die Mannschaft an ihrer schon traditionellen Winterkrise, als sie die Auswärtsspiele in Köln und Bremen knapp verlor, wodurch Fortuna Düsseldorf nach Minuspunkten kurzzeitig gleichziehen konnte. Sepp Maier erklärte dies mit den in München herrschenden Witterungsverhältnissen, die einen Standortnachteil bedeuteten, denn über einen beheizten Trai-

Meister 1973: Sepp Maier führt die Ehrenrunde im Olympiastadion an.

ningsplatz verfügten die Bayern damals noch nicht. „Wenn draußen Eis, Matsch und Schnee lagen, mussten wir immer in der Halle trainieren und waren dann im Ernstfall diese Verhältnisse nicht mehr gewöhnt."

Ihr Meisterstück lieferten die Bayern bereits am 30. Spieltag mit einem 6:0-Heimsieg über den 1. FC Kaiserslautern ab, bei dem Gerd Müller fünf Tore erzielte. Als am letzten Spieltag „Verfolger" Köln in München gastierte, war die Begegnung nur noch von statistischem Wert. 50.000 kamen zur Meisterschaftsfeier und sahen ein 1:1. Für die Boulevardpresse war der grandiose Meister schon damals ein Objekt der Begierde. Die Mannschaft ließ die Journalisten in ihre Umkleideräume, was sich rächen sollte. Eine lokale Boulevardzeitung veröffentlichte Fotos der nackten Spieler, wie sie ausgelassen im Entmüdungsbecken feierten. Die Fotos wurden zwar zum Auflagenhit, sorgten aber nicht nur in der Öffentlichkeit, sondern auch innerhalb des Klubs für Ärger. Paul Breitner sah sich zu der Frage genötigt: „Kann denn in diesem Scheiß-Verein niemand gescheit feiern?" Die Torjägerkanone ging mit 36 Treffern erneut an Gerd Müller. Den Titel Fußballer des Jahres schien dagegen Mönchengladbach abonniert zu haben: Berti Vogts (1971), Günter Netzer (1972 und 1973).

Nach dem Gewinn der Meisterschaft 1972 hatte Neudecker ein höheres Ziel ausgegeben: „Der Europacup der Landesmeister fehlt uns noch in unserer Sammlung." Aber auch in der Saison 1972/73 blieb diese Trophäe für den FC Bayern noch unerreichbar. Die Mannschaft agierte auf der europäischen Bühne noch nicht souverän genug. In den ersten beiden Runden schalteten die Bayern die relativ schwachen Mannschaften von Galatasaray Istanbul und Omonia Nikosia problemlos aus. Gegen Istanbul spielte man auswärts 1:1 und gewann daheim 6:0. Nikosia wurde in München 9:0 und im Rückspiel (das der FC Bayern gegen Zahlung von 25.000 DM nach Augsburg geholt hatte) 4:0 geschlagen. Doch in der 3. Runde erwies sich Ajax Amsterdam, das den Wettbewerb bereits 1971 und 1972 gewonnen hatte und außerdem amtierender Weltcup-Sieger war, als noch zu stark. Dabei sah es im Amsterdamer Olympiastadion für die Münchner zunächst gar nicht schlecht aus. Bis zur Halbzeit gelang es den Bayern, die Cruyff-Elf durch eine geschickte Drosselung des Tempos in Schach zu halten. Doch in der 52. Minute ging Ajax durch Ari Haan 1:0 in Führung. Die Niederländer ließen noch drei weitere Tore folgen, während die Bayern selbst klarste Chancen vergaben. Im Rückspiel gelang dem FCB vor 74.000 Zuschauern im Olympiastadion immerhin ein 2:1-Achtungserfolg. Die Münchner konnten sich damit trösten, dass sie gegen den späteren Sieger des Wettbewerbs ausgeschieden waren. Der Triumph der Amsterdamer markierte zugleich Höhepunkt und Ende der niederländischen Ära in diesem Wettbewerb. Für Ajax war es nach 1971 und 1972 der dritte Sieg im Landesmeistercup, und 1970 hatte Feyenoord Rotterdam diesen Wettbewerb gewonnen.

In Amsterdam war Sepp Maier über die vier Gegentreffer so frustriert gewesen, dass er nächtens seine Torwart-Utensilien aus dem Hotelfenster warf. Maier später: „Die Holländer hatten besonders glatte Bälle. Deshalb habe ich die Innenseite meiner Handschuhe mit Schaumstoff verklebt. Es hat aber nicht geholfen, weil es an jenem Abend geregnet hat." Maier war jedoch ein überaus zuverlässiger, auf der Linie katzengewandter Torhüter. In diesen Jahren avancierte er zur unumstrittenen Nr. 1 in der Bundesliga. Zudem wurde Maier auch deren Unterhaltungsstar. Der Karl Valentin des bundesdeutschen Fußballs sprang beispielsweise minutenlang in Torwartmontur einer verwirrten Taube hinterher, und als er einmal in Dublin von gegnerischen Fans mit Obst beworfen wurde, wich er einem heranfliegenden Apfel geschickt aus, um ihn dann vom Rasen aufzuheben, zu putzen und genüsslich zu verspeisen.

Ein Mann, drei Tore. Gerd Müller freut sich beim 4:1 gegen den HSV über seinen Hattrick.

1973/74 Endlich europäische Spitze

Zur Saison 1973/74 durfte der FC Bayern mit Jupp Kapellmann und Bernd Gersdorff zwei weitere Abiturienten begrüßen. Paul Breitner war trotzdem nicht begeistert: „Den brauchen wir nicht", lautete sein erster Kommentar zur Kapellmann-Verpflichtung. Die Ablöse, die der FC Bayern für den Mittelfeldmotor an den 1. FC Köln zu entrichten hatte, raubte der Konkurrenz den Atem. 800.000 DM bedeuteten damals eine Rekordsumme. Die restriktive Verpflichtungspolitik, die Cajkovski noch beklagt hatte, galt für seine Nachfolger zusehends weniger. Während Kapellmann zu einem Leistungsträger avancierte, verbrachte Gersdorff nur wenige Monate in München. Noch während der Saison kehrte er wieder zur damals nur zweitklassigen Braunschweiger Eintracht zurück.

Bevor der FC Bayern seine dritte Meisterschaft in Folge feiern durfte, musste er sich lange Zeit ein Kopf-an-Kopf-Rennen mit den Gladbachern liefern. Nach fünf Spieltagen stand der FC Bayern mit 9:1-Punkten an der Tabellenspitze. Am 6. Spieltag reiste der FCB nach Schalke. Müller und Co. schossen hier zwar fünf Tore, kassierten aber auch fünf, was für die Bayern höchst ungewöhnlich war. Der Meister wirkte müde.

Aus den folgenden drei Begegnungen holte der FCB nur einen Punkt und musste neun Treffer hinnehmen. Ein 4:2 gegen den MSV Duisburg verschaffte den Bayern zwar wieder etwas Luft, aber im nächsten Spiel erlebten sie ein Debakel, das noch lange für Gesprächsstoff sorgte. Beim 1. FC Kaiserslautern führten die Münchner zur Pause bereits mit 4:1, aber am Ende gewannen die „Roten Teufel" mit 7:4. Es war das Spiel des Flügelflitzers Seppl Pirrung, dem die Bayern nach dem Schlusspfiff spontan ein Angebot unterbreiteten. (Der Umworbene lehnte jedoch mit Rücksicht auf seine Frau ab.) Pirrung: „Wenn es zehn Minuten länger gegangen wäre, dann hätten wir denen zehn Stück reingemacht. Der Beckenbauer wusste gar nicht mehr, wo die Mittellinie ist." Der Kaiser selbst machte für die Krise vor allem einige Jungstars verantwortlich, namentlich Breitner und Hoeneß. Letzterer später: „Ja, wir haben schon mal abgehoben. Herrje, wir waren damals noch blutjung und hatten doch schon fast alles erreicht, was sich ein Fußballer erträumen kann. Unsere Freunde und Gegner haben uns aber immer wieder auf den Boden zurückgeholt..."

Die einst so stabile Bayern-Abwehr geriet in der Hinrunde dieser Saison immer wieder völlig aus den Fugen. 34 Treffer kassierten die Bayern in den ersten 17 Spielen. Nach dem Debakel auf dem Betzenberg sprach Neudecker ein Machtwort: „Wer glaubt, nicht mehr die volle Leistung bringen zu können, soll die Hand heben. Er bekommt von mir sofort die Freigabe." Die Drohung verfehlte ihre Wirkung nicht. Aus den folgenden fünf Begegnungen holte der FC Bayern neun Punkte. Am letzten Spieltag der Hinrunde wurde Borussia Mönchengladbach vor 70.000 Zuschauern im Olympiastadion nach atemberaubenden 90 Minuten mit 4:3 besiegt. „Großartig!", entfuhr es Alt-Bundestrainer Sepp Herberger. „Was für ein Nachmittag", pries sein Nachfolger Helmut Schön das Gesehene. Im Duell der punktgleichen Spitzenteams fielen

Bayern-Gladbach: Selbst Sepp Herberger schwärmte

Konzentriert und selbstbewusst: Paul Breitner.

fünf der sieben Treffer in den ersten 25 Minuten, die vielleicht besten 25 Minuten seit Einführung der Bundesliga. Die Bayern gingen bereits in der 4. Minute in Führung, doch der neue Borussen-Kapitän Wimmer glich für die nun Netzer-losen Gladbacher postwendend aus. In der 18. Minute beendete der Däne Jensen eine Traumkombination über zehn Stationen mit der 2:1-Führung für die Gäste. Nur zwei Minuten später (20.) markierte Müller den Ausgleich, weitere drei Minuten später (23.) erzielte Zobel per Kopf die 3:2-Führung für die Bayern. In der 64. Minute erhöhte Hoeneß auf 4:2, doch in der 88. Minute verkürzte Bohnhof auf 3:4. In der Schlussminute wäre demselben Spieler mit einem Distanzschuss fast noch die Punkteteilung gelungen.

Am Abend des Spieltags lud Beckenbauer seine Mitspieler ins „Universum"-Kino ein, wo die Premiere seines Filmwerks „Libero" lief. Auf dem Feld hatte der „Kaiser" glänzend Regie geführt. Deutlich weniger gut fielen die Noten für den Libero auf der Leinwand aus. Der „Kicker" mochte hier nicht mehr als einen „filmähnlichen Streifen" entdecken.

Nach einem Ausrutscher zum Rückrundenstart (2:4 in Düsseldorf) gab es bis zum 34. Spieltag für den FC Bayern keine Niederlage mehr. Aus den 15 Spielen zwischen dem 19. und 33. Spieltag holte der FCB 26 von 30 möglichen Punkten. Gegen Schalke 04 gab es am 23. Spieltag vor 68.000 Zuschauern im Olympiastadion einen 5:1-Sieg, wobei Müller drei Tore erzielte. Der Hamburger SV wurde am 32. Spieltag auf eigenem Gelände mit 5:0 besiegt. Als am 33. Spieltag Borussia Mönchengladbach in Düsseldorf 0:1 verlor, der FC Bayern indes daheim gegen Kickers Offenbach durch ein Müller-Tor mit 1:0 gewann, bedeutete dies den Meistertitel für die Münchner. Das Saisonfinale eine Woche später bei Borussia Mönchengladbach war somit ohne Bedeutung. Zwischenzeitlich hatten die Bayern noch einen größeren Triumph zu feiern, von dem noch die Rede sein wird. Die Strapazen einer Siegesfeier waren ihnen beim Auftritt auf dem Bökelberg jedenfalls deutlich anzumerken. Elf großzügige und nur bedingt wettkampffähige Münchner schenkten den Gladbachern einen 5:0-Sieg.

Abgesehen von diesen fünf Gegentreffern, hatte die Abwehr in der Rückrunde zur alten Stabilität zurückgefunden und vor dem letzten Spieltag ganze 14 Treffer zugelassen. Trotzdem hatte der FC Bayern in dieser Saison die Meisterschaft nicht in erster Linie seiner Abwehr, sondern seiner Offensive zu verdanken, die es auf 95 Tore brachte. Nach den Bayern sollte nur noch der Hamburger SV (1981/82) mit derartig vielen Toren Meister werden. Vize-Meister Mönchengladbach kam auf 93 Tore, womit Bayern und Gladbacher addiert 188 Tore schossen. Niemals zuvor und niemals danach wurde in einem Kopf-an-Kopf-Rennen um die Deutsche Meisterschaft so häufig ins Netz getroffen.

Als erstem Klub seit Einführung der Deutschen Meisterschaft 1903 war es dem FC Bayern gelungen, den Titel dreimal in Folge zu gewinnen; ein Kunststück, das bis heute nur noch Borussia Mönchengladbach (1975, 1976, 1977) und zweimal die Bayern selbst (1985, 1986, 1987 und 1999, 2000, 2001) schafften. Einen Hattrick – wenngleich keinen lupenreinen – feierte in dieser Saison auch Franz Beckenbauer, der zum dritten Mal zum „Fußballer des Jahres" gewählt wurde. Die Torjägerkanone musste sich Gerd Müller (30 Tore) in dieser Saison mit dem Gladbacher Jupp Heynckes teilen.

Im DFB-Pokal qualifizierte sich der FC Bayern nach Siegen gegen MSV Duisburg (3:1), Werder Bremen (2:1) und Hannover 96 (3:2) für das Halbfinale, wo Eintracht Frankfurt auf die Münchner wartete. 62.000 Zuschauer im Frankfurter Waldstadion sahen ein dramatisches Spiel. Nach einer torlosen ersten Halbzeit schoss Hölzenbein in der 49. Minute die Frankfurter in Führung. In der 60. Minute gelang Hoeneß der Ausgleich, nur zwei Minuten später Breitner per Elfmeter sogar das 2:1. Drei Minuten nach der Bayern-Führung konnte Sepp Maier einen Elfmeter von Grabowski parieren. Doch in der 68. Minute erzielte der Frankfurter Rohrbach den erneuten Gleichstand. Die Entscheidung fiel in der letzten Spielminute, als der Schiedsrichter ein zweites Mal im Bayern-Strafraum auf den Elfmeterpunkt zeigte. Diesmal lief Kalb an und verwandelte den Strafstoß zum 3:2-Siegtreffer für die Eintracht.

Seinen größten Erfolg feierte der FC Bayern in dieser Saison im Europapokal der Landesmeister. Dabei wären die Münchner beinahe schon über den ersten Gegner gestolpert, den weithin unbekannten schwedischen Vertreter Atvidaberg FF. Im Hinspiel siegte der FC Bayern mit 3:1, wobei zwei der vier Treffer Eigentore waren. Zunächst war Dürnberger für die Schweden erfolgreich, dann traf deren Spieler Olsson für die Bayern. Im Rückspiel drehten die Schweden voll auf und kamen unerwartet ebenfalls zu einem 3:1-Sieg. Auffälligster Atvidaberg-Akteur war der zweifache Torschütze Torstensson, von dem Präsident Neudecker so beeindruckt war, dass er ihn zur Bundesliga-Rückrunde nach München holen ließ. Als der FC Bayern im Dezember das Pokalspiel bei Werder Bremen 2:1 gewann, erzielte der Schweden-Import bereits das Siegtor. Doch zurück nach Atvidaberg, wo sich in der Verlängerung nichts mehr tat, so dass ein Elfmeterschießen entscheiden musste. Kapellmann verwandelte den ersten Strafstoß, doch Torstensson konnte ausgleichen. Dann vergab Fehleinkauf Gersdorff, und Atvidaberg ging in Führung. Da die Schweden ihre letzten beiden Elfmeter verschossen, Hoeneß und Beckenbauer indes verwandelten, zog der FC Bayern doch noch in die nächste Runde ein.

Als Achtelfinalgegner wurde dem FC Bayern DDR-Meister Dynamo Dresden zugelost. Zum ersten Mal kam es in einem Europapokalwettbewerb zu einem deutsch-deutschen Duell. Die Dresdener hatten in der Vorrunde immerhin Juventus Turin ausgeschaltet. Die beiden Begegnungen gegen Dynamo wurden zu einem unvergesslichen Erlebnis in der Europapokalgeschichte des FCB, nicht nur aufgrund ihrer politischen Brisanz. Am 24. Oktober 1973 wurde vor 55.000 Zuschauern im Olympiastadion das Hinspiel angepfiffen. Der FCB lief mit folgender Formation auf: Maier, Dürnberger, Roth, Zobel, Hansen, Beckenbauer, Schwarzenbeck, Müller, Hoeneß, Hoffmann, Schneider. Die Mannschaft von Dynamo Dresden: Boden, Dörner, Helm, Wätzlich, Geyer, Häfner, Schade, Ganzera, Heidler, Rau (ab 84. Schmuck), Sachse (ab 75. Riedel).

Deutsch-deutsches Duell im Europapokal

Nach 13 Minuten gingen die Gäste durch einen von Sachse verwandelten Elfmeter in Führung. Doch die Bayern zeigten sich wenig beeindruckt. In der 17. Minute glich Hoffmann aus, in der 26. Minute sorgte Dürnberger für die 2:1-Führung. In der 34. Minute gelang erneut Sachse der Ausgleich. Durch ein Tor von Heidler in der 42. Minute lag Dynamo zur Halbzeit gar mit 3:2 in Führung. Im Olympiastadion ging die Angst vor einer Blamage um. Das Bayern-Publikum durfte erst in der 71. Minute etwas aufatmen, als „Bulle“ Roth den Ausgleich erzielte. Zwölf Minuten später schoss Müller dann auch noch den Siegtreffer zum 4:3-Endstand. Ein knapper Sieg bei drei Gegentoren – die Bayern waren noch einmal mit einem ziemlich blauen Auge davongekommen, während sich Dynamo einer guten Ausgangsposition erfreuen durfte. Denn das 3:4 bedeutete, dass im Rückspiel bereits ein 1:0 zum Weiterkommen reichen würde.

Paul Breitner, der das Spiel wegen einer Verletzung nur vom Spielfeldrand aus verfolgen konnte: „Immer wenn wir ein Tor schossen, sprang ich in die Höhe und vergaß meinen Gips völlig. Die Tore waren gut für mein Gemüt, aber weniger für mein Bein. Solche guten und dramatischen Cup-Spiele habe ich ganz selten erlebt.“

Vor der Begegnung in Dresden kam es zu einem peinlichen Eklat, als der strikt antikommunistische Präsident Neudecker anordnete: „Wir fahren nur bis Hof, bleiben dort bis zum Spieltag und reisen erst dann nach Dresden weiter!“ Als offizielle Begründung nannte der Bayern-Boss „den Höhenunterschied“ zwischen Dresden und München. Tatsächlich fürchteten sein Trainer und sein Manager, man würde den Bayern-Spielern im DDR-Hotel leistungshemmende Mittel ins Essen mischen, weshalb der FCB seine eigene Verpflegung mitnahm. Uli Hoeneß 14 Jahre später: „Damals habe ich die Maßnahme verstanden. Heute räume ich ein, dass wir überreagiert haben und selbst schuld waren, wenn uns Abneigung entgegenschlug!“ Am meisten enttäuscht ob dieser arroganten Haltung waren vermutlich die zahllosen heimlichen Bayern-Fans in der DDR.

Am 7. November 1973 war das Dresdener Rudolf-Harbig-Stadion mit 36.000 Zuschauern bis auf den letzten Platz gefüllt. Das Gastspiel des BRD-Meisters war eines der größten Ereignisse in der Geschichte des DDR-Fußballs. Da Lattek davon ausgehen durfte, dass sich die Dresdener Abwehr voll auf Gerd Müller konzentrieren würde, postierte er den schnellen Hoeneß auf Höhe der Mittellinie in Lauerposition. Für Hoeneß’ Gegenspieler Eduard Geyer, der später als letzter Auswahltrainer der DDR in die Sportgeschichte eingehen sollte und 1997 den Drittligisten Energie Cottbus ins DFB-Pokal-Finale und später in die 1. Bundesliga führte, wurde der Abend zum Alptraum. Zwei Alleingänge des Bayern-Stürmers bedeuteten nach nur 13 Minuten die 2:0-Führung für den FCB. Als Hoeneß auf dem Weg zum zweiten Tor mit dem Ball am Fuß im Dynamo-Strafraum auftauchte, schrie Radioreporter Oskar Klose aufgeregt: „Jetzt legen sie ihn um!“ Aber Hoeneß ließ sich nicht umlegen. Wenige Minuten vor der Pause gelang Dynamo durch Wätzlich der Anschlusstreffer, sieben Minuten nach dem Wiederanpfiff Schade mit einem herrlichen Kopfball sogar der Ausgleich. Und es kam noch ärger: In der 56. Minute erzielte Häfner sogar die 3:2-Führung. Aufgrund der größeren Zahl auswärts erzielter Treffer stand Dynamo plötzlich im Viertelfinale. Doch die Freude währte nur zwei Minuten, denn in der 58. Minute besorgte Müller den Ausgleich zum 3:3, was zugleich der Endstand war.

Im Viertelfinale besiegte der FC Bayern vor 70.000 Zuschauern im Olympiastadion den Ajax-Bezwinger ZSKA Sofia mit 4:1. Zweifacher Torschütze war die Neuerwer-

Bayerns Auftritt in Dresden: sportlich erfolgreich, politisch blamabel.

bung Torstensson, der somit in diesem Wettbewerb gleich für zwei Teams traf. In der 83. Minute verschoss Müller einen Foulelfmeter. Im Rückspiel wurde es noch einmal spannend, als die Bulgaren kurz nach der Halbzeit 2:1 in Führung gingen. Doch die Münchner schaukelten ihren Vorsprung aus dem Hinspiel über die Zeit.

Der Halbfinalgegner hieß Ujpest Dosza Budapest, und das erste Spiel fand in der ungarischen Hauptstadt statt. Vor 82.000 Zuschauern gingen die Bayern in der 62. Minute durch Torstensson in Führung. In der 82. Minute konnte Fazekas zwar ausgleichen, dennoch hatte der FC Bayern sich eine ausgezeichnete Ausgangsposition erarbeitet. Im Rückspiel vor 74.000 Zuschauern im Olympiastadion war es erneut Torstensson, der seine Farben in der 35. Minute in Führung brachte. Für den Schweden war es bereits sein sechster Treffer im laufenden Wettbewerb. In der 70. Minute unterlief dem Ungarn Horvath ein Eigentor. Zehn Minuten später erzielte Müller den 3:0-Endstand. Zum ersten Mal seit 1960, als Eintracht Frankfurt Real Madrid mit 3:7 unterlag, stand wieder eine deutsche Elf im Finale des Meisterwettbewerbs.

Auch 1974 kam der Endspielgegner aus Madrid, allerdings vom Lokalkonkurrenten Atletico. Präsident Neudecker lobte für den Titel eine Prämie von 30.000 DM aus, die Chefetage der Madrilenen versprach ihren Angestellten 22.000 DM. Das Finale fand am 15. Mai 1974 im Brüsseler Heysel-Stadion statt, das mit 55.000 Zuschauern gut gefüllt war. Die Bayern gingen als Favorit in das Spiel. Die Bayern-Mannschaft an die-

Schwarzenbeck erschießt Atletico...

sem Abend: Maier, Hansen, Beckenbauer, Breitner, Roth, Zobel, Schwarzenbeck, Müller, Torstensson (46. Dürnberger), Hoeneß, Kapellmann. In der 1. Halbzeit spielten die Münchner zielstrebiger und geradliniger, aber nach dem Wiederanpfiff nahm Atletico das Heft mehr und mehr in die Hand. Nur die Schussschwäche der Spanier rettete den FC Bayern in die Verlängerung. Als noch ganze sechs Minuten zu spielen waren, gelang Atletico durch einen Freistoß von Luis die verdiente 1:0-Führung. Die Partie schien gelaufen, aber ein Mann mit dem für Spanier unaussprechlichen Namen Schwarzenbeck riss die Spieler und Fans Atleticos aus ihren schönsten Europapokal-Träumen. In der vorletzten Minute traf er aus rund 30 Metern flach und platziert zum 1:1, so dass das Finale zum ersten Mal in der Geschichte des Wettbewerbs wiederholt werden musste. Des Kaisers Putzer, dessen Hauptaufgabe eigentlich war, für Beckenbauer die „Drecksarbeit" zu erledigen und ihm bei seinen Vorstößen den Rücken freizuhalten, kommentierte seinen Gewaltschuss: „Do hätt' net amoi da Pelé zielen kenna." Atletico Madrid, der Arbeiterverein aus dem Süden der spanischen Hauptstadt, sollte mehr als zwei Jahrzehnte benötigen, um sich von Schwarzenbecks Granate zu erholen.

Beim Wiederholungsspiel zwei Tage später (17. Mai 1974) und an gleicher Stätte wurden 30.000 Zuschauer Zeugen der bis dahin brillantesten Europapokal-Vorstellung des FC Bayern in seiner Geschichte. Die gleiche Formation wie bei der ersten Begegnung ließ den Madrilenen diesmal nicht den Hauch einer Chance und gewann durch jeweils zwei Tore von Müller und Hoeneß mit 4:0. Es war der Abend des Uli Hoeneß, der eine unglaubliche Partie ablieferte. In Erinnerung bleibt vor allem sein zweiter Treffer zum 4:0, der von vielen als „Tor des Jahres" betrachtet wurde. Aus der eigenen Hälfte stürmte Hoeneß mit dem Ball am Fuß in Richtung Atletico-Tor, umspielte Adelardo und Eusebio, als wären diese überhaupt nicht existent, ließ auch noch Keeper Reina aussteigen und kickte den Ball lässig über die Linie. Die italienische „Corriera dello sport" prognostizierte anschließend: „Er wird bald zu den besten Fußballern der Welt gehören." Der 22-Jährige selbst hielt es für das beste Spiel seines Lebens: „Wenn man Glück festhalten könnte, dann wäre jetzt der richtige Moment."

...und Hoeneß macht das Spiel seines Lebens

Shooting-Star Hoeneß hatte sich seit seiner Ankunft in München mehr und mehr zum Motor des Bayern-Spiels entwickelt. Er spielte intelligent und technisch versiert. Die Gegner fürchteten insbesondere seine schnellen Konter, die allerdings auch sehr kraftraubend waren und zum frühen Ende seiner Karriere beitragen sollten.

Als Lattek im Frühjahr 1971 das Zepter beim FC Bayern übernommen hatte, zweifelten nicht wenige an der Qualifikation des Trainers. Für einen Klub vom Format und mit den Spielern eines FC Bayern galt der DFB-Trainer als zu unerfahren. Drei Jahre später hatte Lattek auch dem letzten Skeptiker bewiesen, dass er der richtige Mann zum richtigen Zeitpunkt am richtigen Ort war. Drei deutsche Meistertitel, ein DFB-Pokalsieg und als Krönung der Gewinn des Europapokals der Landesmeister sprachen eine mehr als deutliche Sprache.

Der FC Bayern gewinnt erstmals den europäischen Meistercup. Hintere Reihe (von links): Schwarzenbeck, Roth, Breitner, Zobel, Hansen, Müller, Beckenbauer, Hoeneß. Vorn: Maier, Kapellmann, Torstensson.

Uli Hoeneß auf dem Weg zu einem Weltklassetor.

▶ EINWURF

Der FC Bayern und Europa

Die Jahre 1974-76 waren die bis heute erfolgreichsten in der Geschichte des FC Bayern. Neun Jahre nach dem Aufstieg in die Bundesliga gewann der FCB erstmals die Krone der europäischen Pokalwettbewerbe, den Meistercup. Die Titelverteidigung 1975 und 1976 bedeutete, dass der FCB nun zu den renommiertesten Adressen im europäischen Fußball zählte. Zuvor war nur Real Madrid, das den Wettbewerb sogar fünfmal in Folge gewann, und Ajax Amsterdam der Hattrick gelungen.

Mit den Europacup-Siegen 1974, 1975 und 1976 avancierte der Klub zum internationalen Repräsentanten des deutschen Fußballs. In diesen Jahren verließ der FCB auch den bayerischen Raum und mobilisierte Anhänger im gesamten damaligen Bundesgebiet und auch in der DDR. Zugleich bedeutete der Titel-Hattrick eine enorme Bürde: Als Beckenbauer 20 Jahre nach dem ersten Titelgewinn den UEFA-Cup als einen Wettbewerb für „Enttäuschte" denunzierte, war klar, woran der FC Bayern sich seither misst – und gemessen wird: Die Krone muss es sein, alles andere sind nur Trostpreise.

Als Vater der europäischen Wettbewerbe gilt der Franzose Gabriel Hanot, ein ehemaliger Nationalspieler, der Chefredakteur für Fußball bei der Sportzeitung „L'Équipe" war. Am 16. Dezember 1954 veröffentlichte Hanot in seiner Zeitung den Vorschlag, eine Europameisterschaft der besten Klubs durchzuführen. Nur zehn Monate später erfolgte der Startschuss zum ersten Landesmeisterwettbewerb. Das erste Finale fand 1956 in Paris statt und wurde von Real Madrid gewonnen.

Ursprünglich wollte Hanot eine europäische Liga statt eines Wettbewerbs mit K.o.-System. Auch manche Klubpräsidenten, darunter Real Madrids Santiago Bernabeu, favorisierten diese Struktur. Doch unter dem Druck einiger nationaler Verbände, die um ihren Einfluss fürchteten, verwarf die UEFA die Euroliga-Idee. Stattdessen einigte man sich auf einen Pokalwettbewerb. Allerdings sollte es Rückspiele geben. Damit war für die Großen eine gewisse Kalkulierbarkeit garantiert. Bedeutete im nationalen Pokal ein Ausrutscher gegen einen Kleinen bereits das Aus, so gab es im europäischen Wettbewerb noch die Möglichkeit, die Scharte auszuwetzen.

Damals ahnten nur wenige, welche kommerziellen Möglichkeiten der Europacup bot. Um einen derartigen Wettbewerb zu etablieren, bedurfte es einiger technischer Voraussetzungen, die erst in den 1950ern gegeben waren: die Ausweitung des zivilen Luftverkehrs, um Mannschaften und eine große Zahl von Fans über große Entfernungen zu transportieren; die Installierung von Flutlichtanlagen, so dass internationale Begegnungen auch unter der Woche möglich wurden; vor allem aber die Verbreitung des Fernsehens, das

Europacup-Begegnungen aus weit entfernten Stadien in Millionen von Haushalten strahlte. Der Europacup war immer schon vor allem Fernseh-Fußball; heute wird ein Champions-League-Spieltag durchschnittlich von 340 Mio. TV-Zuschauern allein in Europa konsumiert, dazu von weiteren 140 Mio. in anderen Kontinenten. Die Ehe Fußball und Fernsehen als Herzstück des Europapokals bewirkte nicht nur die Popularisierung des Wettbewerbs und einiger „großer Teams", sondern forcierte auch die Kommerzialisierung des Spiels. Durch die Fernsehübertragungen gewannen Banden- und später Trikotwerbung einen immensen Stellenwert.

Kaiserliche Trophäe: Europapokal der Landesmeister.

Ende der 1980er Jahre drängte vor allem der AC-Mailand-Besitzer Berlusconi auf eine Reform des Europacups. Er störte sich daran, dass sein teures Team durch Unwägbarkeiten frühzeitig ausscheiden könnte: schlechte Tagesform, miserable Bodenverhältnisse, Fehlentscheidungen des Schiedsrichters oder einen überraschend starken Gegner. Dies hätte die Refinanzierung der gewaltigen Investitionen in sein Team und sein TV-Imperium gefährdet. Der rechtslastige Unternehmer und Medienmogul verkörperte zugleich die nun einsetzende Deregulierung der Fernsehlandschaft, die bis dahin öffentlich-rechtlich organisiert war. Nun drängten private TV-Gesellschaften auf den Markt und konkurrierten um Senderechte von Fußballveranstaltungen, was deren Preise in die Höhe trieb. Dabei deckten sich die Interessen der TV-Anstalten und der großen europäischen Klubs. Die um die Refinanzierung ihrer enormen Investitionen fürchtenden TV-Anstalten benötigten eine gewisse Garantie dafür, dass die attraktiveren Adressen des europäischen Fußballs möglichst lange im Wettbewerb überlebten, um hohe Einschaltquoten und damit verbunden hohe Werbeeinnahmen zu sichern. Eine deutsche oder italienische Anstalt, die für ihr Land die Rechte erworben hatte, musste ein Interesse daran haben, dass der nationale Vertreter nicht gleich in den ersten Runden ausschied. Auch die Sponsoren des Wettbewerbs waren daran interessiert, dass nicht dänische oder norwegische Klubs, sondern deutsche, englische, italienische, spanische oder französische die Endphase des Wettbewerbs dominierten, da ihre Länder einen großen und kaufkräftigen Markt darstellten. Deshalb galt es, das Risiko für „die Großen" zu vermindern.

Seit der Saison 1992/93 heißt der ehemalige Europapokal der Landesmeister Champions League. Sie ist ein Kompromiss zwischen dem alten Pokalmodus und einer Europaliga. Seither wurde der Modus wiederholt reformiert, mit dem Ergebnis, dass er die großen Fußballnationen und deren Repräsentanten (bzw. die fünf Länder, die für 90 % der TV-Gelder aufkommen) immer stärker bevorteilt.

Der FC Bayern betrachtet sich als „natürlichen Kandidaten“ der Champions League. Das große Interesse an der Meisterliga hat nicht nur finanzielle Gründe, sondern auch psychologische. Wenn Borussia Dortmund oder ein anderer deutscher Verein in der Champions League spielt, der FC Bayern indes „nur“ im UEFA-Cup, wird die Philosophie vom Münchner Branchenführer schwerer vermittelbar.

Als die Hegemonie der Münchner im deutschen Vereinsfußball durch Borussia Dortmund bedroht wurde, machte sich der FC Bayern für einen zweiten deutschen Vertreter in der Champions League stark. Seit der Saison 1997/98 ist auch dem Bundesliga-Vize-Meister ein Platz in der exklusiven Liga garantiert. Uli Hoeneß damals: „Wenn ein zweiter deutscher Vertreter in der Champions League mitspielen darf, sind Borussia Dortmund und wir auf Jahre dabei. (...) Jeder noch so starre Traditionalist muss begreifen, dass das Fernsehen eine gewisse Sicherheit der Refinanzierung braucht, wenn es 60 Millionen Mark im Jahr investiert.“

Wohl nicht nur das Fernsehen, sondern auch der FC Bayern. Mit der Reform wurde die Champions League noch deutlicher zu einem Exklusivzirkel der Großen. Vorbei die Zeiten, wo der FC Bayern München im Europacup an einem Klub wie Shamrock Rovers Dublin zu scheitern drohte, wovon man in Irland noch heute erzählt. Die neu strukturierte Champions League war ein Schritt in Richtung Europaliga. Einschließlich des Finales bestritt der FC Bayern in der Saison 2000/01 17 Spiele in der Champions League, was einer halben Bundesligasaison entspricht. Auch in finanzieller Hinsicht erfuhr die Champions League gegenüber den nationalen Ligen eine erhebliche Aufwertung. Für 1996/97 wurden die Brutto-Gesamteinnahmen der Champions League mit 293 Mio. DM beziffert. Die Zugehörigkeit zum „Champions-League-Klub“ hatte erheblichen Einfluss auf das nationale Kräfteverhältnis und führte dazu, dass die Schere zwischen „reich“ und „arm“ noch weiter auseinander ging. 2001, im Jahr des Champions-League-Sieges, kam der FC Bayern europäisch auf TV-Honorare in Höhe von 91,5 Mio. DM. Dagegen nahmen sich die 46,5 Mio. DM, die der FCB im Bundesliga-TV-Geschäft erzielte, die höchsten aller Bundesligaklubs, fast bescheiden aus.

1997 gewann mit Borussia Dortmund erstmals ein deutscher Verein die Champions League. Nach dem FC Bayern und dem Hamburger SV war der BVB der dritte deutsche Verein, der den prestigeträchtigsten europäischen Landesmeister-Cup gewann. 1999 erreichte auch der FC Bayern erstmals das Finale der Champions League, unterlag aber Manchester United unglücklich mit 1:2.

2001 war es dann endlich so weit: Im Finale von Mailand schlug der FC Bayern den FC Valencia nach Elfmeterschießen. In der deutschen Rangliste des europäischen Meisterwettbewerbs führt der FC Bayern seither mit vier Titeln vor dem Hamburger SV (1) und Borussia Dortmund (1). Addiert man sämtliche europäischen Wettbewerbe seit der Einführung des Europapokals der Landesmeister 1956, so führt der FC Bayern klar mit sechs Trophäen (viermal Landesmeister/Champions League, einmal Pokalsieger-Cup, einmal UEFA-Cup) vor Borussia Dortmund, Borussia Mönchengladbach und dem Hamburger SV, die auf jeweils zwei Trophäen kommen.

Auch wenn der „Europäisierung“ des Fußballs eine steigende Bedeutung zukam, hielt FCB-Manager Uli Hoeneß nichts von der Einrichtung einer Europaliga auf Kosten der nationalen Ligen: „Bundesliga am Samstag und Europapokal während der Woche. Wir müssen die nationalen Ligen hochhalten.“ Bereits im Februar 1997 erteilte der Manager der Euroliga eine Absage: „Ich bin total gegen eine Europaliga, denn dann wäre die nationale Liga tot. Das kann nicht im Interesse der Bayern sein.“ Sein Präsident ging hingegen davon aus, dass die Liga unweigerlich kommen würde, und wollte dann natürlich dabei sein. Beckenbauer: „Europa wächst zusammen, die Währungen verschwinden, es wird den Euro geben. Und die Europaliga, ob wir wollen oder nicht.“

Der Manager agierte weitsichtiger. Die Bundesliga war für den FC Bayern von enormer Bedeutung und blieb die Basis seiner Identität. Über eine komplette Saison besehen mobilisierte der Klub hier erheblich mehr Fans als in den europäischen Wettbewerben, zumal wenn man nicht nur die Heim-, sondern auch die Auswärtsspiele berücksichtigte. Finanziell machte das zwar weniger her als die in der Champions League erzielbaren Einnahmen. Aber der FC Bayern benötigte den direkten Kontakt zu seinen Fans. Allein von Fernseh-Auftritten konnte nicht nur der Fußballklub, sondern auch das Unternehmen FC Bayern nicht leben. Die Bundesliga war ohne den FC Bayern genauso wenig vorstellbar wie der FC Bayern ohne die Bundesliga.

Im Februar 2003 schloss Karl-Heinz Rummenigge Pläne zur Gründung einer Europaliga für seinen Klub kategorisch aus, nachdem die italienische „Gazetta dello Sport“ berichtet hatte, die G14, ein Zusammenschluss von europäischen Spitzenklubs, beabsichtige die Champions League ab der Saison 2006/07 durch eine Superliga mit zwei Divisionen zu ersetzen. Für Uli Hoeneß wird das Projekt Europaliga dann interessant, wenn aufgrund der wirtschaftlichen Situation in der Bundesliga die Kluft zwischen Spitzenvereinen und „dem Rest“ zu groß geworden sei. ■

Bayern-Fans vor dem Europapokal-Finale 1974 in Brüssel, traditionsbewusst in Lederhosen.

Zwischenspiel: Bayern kontra DFB

Die deutsche Nationalmannschaft bestritt die Fußballweltmeisterschaft 1974 mit sechs Bayern in der Stammformation: Maier, Beckenbauer, Schwarzenbeck, Breitner, Hoeneß, Müller. Das „Bayern-Prinzip“ hatte sich in der Nationalelf endgültig durchgesetzt.

Die WM geriet zu einem Markstein in der Entwicklung des Verhältnisses des FC Bayern zum DFB. Was damals geschah, wirkt bis heute fort. Zumal mit Beckenbauer, Breitner und Hoeneß drei maßgebliche Akteure von 1974 noch heute im Geschäft sind, von denen zwei – Hoeneß (Manager FC Bayern) und Beckenbauer (Präsident FC Bayern, Vize-Präsident DFB, WM-Organisationschef 2006) – wichtige Positionen bekleiden.

Beim WM-Turnier sah sich nun auch der DFB mit einem neuen Spielertyp konfrontiert. Selbstbewusst wurde von Beckenbauer und Co. die Gängelung durch die selbstherrlichen DFB-Funktionäre hinterfragt und der Verteilungskampf um die Einnahmen aus dem Spiel aufgenommen. Nicht zufällig waren es vor allem Bayern-Akteure, die diesen neuen Spielertyp repräsentierten, der nicht mehr länger allein für die „nationale Ehre“ seine Knochen hinhalten wollte, sondern als kühl kalkulierender Geschäftsmann daherkam.

Bereits bei der WM 1966 hatte Beckenbauer seinem Mitspieler Overath erklärt: „Wenn wir Weltmeister werden, dann kommen doch erst einmal die großen Zahltage.“ Die Nach-Vermarktung bestand für Beckenbauer aus Werbung für Frisiercreme sowie Tütensuppen der Firma Knorr. Auch eine Schallplatte („Gute Freunde kann man niemals trennen“) wurde besungen. Vom Werben für Kreditkarten war man aber auch 1974 noch weit entfernt. Erst mit der WM 1990 erfuhr das Sponsorentum des Fußballs eine einschneidende Änderung, die seinen Hauptdarstellern das große Geld brachte.

Vor Beginn des Turnieres war den Spielern zu Ohren gekommen, dass der brasilianische Fußballverband für den Titelgewinn über 100.000 DM pro Spieler ausgelobt hatte. Das DFB-Team sollte indes nur 30.000 DM pro Nase erhalten. Als die Spieler und deren Wortführer (Beckenbauer, Breitner, Overath, Grabowski) mehr Geld verlangten, drohte der DFB, notfalls mit einer zweiten Mannschaft anzutreten. Verhandlungsführer des DFB war der Schweinfurter Hans Deckert, den die Journalisten Thomas Kistner und Ludger Schulze als einen „Poltergeist, dem der Wandel vom Nazi-PG zum Demokraten keinerlei Mühe bereitet hatte“ porträtierten. Deckert brüllte Beckenbauer an: „Das ist Erpressung, schändlich für deutsche Sportsmänner. Ich habe geglaubt, ich wäre unter sauberen jungen Männern.“ Einige Spieler, allen voran Paul Breitner, waren bereits abreisebereit. Auch der sensible Bundestrainer Helmut Schön („Wir sind doch alle eine Familie“) drohte mit seiner Abreise. Der DFB lenkte schließlich ein. Der Kompromiss bestand in einer Erhöhung der Prämie auf 70.000 DM, für den DFB eine bittere Niederlage. Beckenbauer über die Bundesadler tragende Zweckgemeinschaft im schleswig-holsteinischen Malente: „Es war nicht viel, was wir an Gesprächsthemen hatten. Wir, 22 junge, durchtrainierte Männer, dachten mehr an Geld als an Frauen.“

Missmutige Bayern-Gesichter im Kreis der Nationalmannschaft: Beckenbauer, die Rebellen Hoeneß und Breitner, Schwarzenbeck (von links).

Nach der 0:1-Schlappe im deutsch-deutschen Duell nahm die Macht der Spieler weiter zu. Beckenbauer wurde heimlicher Bundestrainer, indem er Helmut Schön die Aufstellung der Mannschaft soufflierte. Der liberale Schön zeigte sich in dieser Situation als der richtige Mann zur richtigen Zeit am richtigen Platz. Ausgerechnet ein Bayern-Spieler wurde Opfer dieses Wechsels in der sportlichen Leitung. Weil Hoeneß seine Deckungsaufgaben vernachlässigt hatte, wurde er von Beckenbauer vorübergehend aus dem Team bugsiert. Im ersten Finalgruppenspiel gegen Jugoslawien durfte „Jung Siegfried" erst ab der 70. Minute mitwirken. Beckenbauers Maßnahme sollte für das Bayern-interne Klima noch Folgen haben.

Das Finale der Weltmeisterschaft fand sinnigerweise im Münchner Olympiastadion statt und war somit für mehr als die Hälfte der teilnehmenden DFB-Spieler ein Heimspiel. Beide Tore zum glücklichen 2:1-Sieg am 7. Juli 1974 gegen die spielerisch besseren Niederländer erzielten mit Breitner und Müller Bayern-Spieler. Kapitän war Franz Beckenbauer, einer der besten Akteure war Weltklasse-Keeper Sepp Maier. Unvergessen bleibt der Moment, in dem sich der junge Breitner kess den Ball schnappte, um den Elfmeter zum 1:1-Ausgleich zu verwandeln. Eine Szene, die typisch war für den damaligen Zeitgeist. Für die linke Zeitschrift „Konkret" war der Elfmeter die größte Provokation, die sich Breitner je geleistet habe. Er habe damit die „gesamte Hierarchie im WM-Team, inklusive Herrn Helmut Schön, zur Seite geschoben. Es gab 'ne Hackordnung innerhalb der Mannschaft. Da gab es den Kaiser, Franz Beckenbauer, Elfmeter schießen sollte entweder Gerd Müller oder Uli Hoeneß – und ohne jede Absprache greift einer den Ball, nimmt allen die Verantwortung ab, sprengt jede Hierarchie..."

Breitner selbst betrachtete den Vorgang acht Jahre später weniger pathetisch: „Verantwortung abzunehmen, hat nichts mit Sprengen einer Hierarchie zu tun. (...) Wissen'S was, ich bin am Tag danach morgens um zehn, Schichtarbeiterprogramm, hingegangen und hab' gesagt: So, jetzt schaust du dir die Show an. Ich hab' das gesehen. Die Szene, als ich hinter dem Bernd Hölzenbein herlauf, der geht in den Strafraum rein,

Foul, Elfmeter, ich nehm mir den Ball, geh hin, leg ihn hin. Als ich das im Fernsehen gesehen hab': Ich war weg. Ich hab' geschwitzt, mir war schlecht, ich war fix und fertig. Das hat vielleicht eine halbe Minute gedauert. In dieser halben Minute, wie ich diese Szene gesehen hab', ist mir bewusst geworden, was ich gemacht hatte. Und vor allem für den Fall, dass das in die Hose gegangen wär'. Was ich damit angestellt hätte. Nur, in der Situation, wo sich das abgespielt hat, hat das nichts mit dem Sprengen einer Hierarchie zu tun. Ich wusste, dass der Uli nicht wollte – er hatte im Halbfinale einen verschossen. Und der Gerd wollte von Haus aus nicht. Ich hab' genau gewusst, wenn's jetzt nicht geht, in diesem Endspiel, dann bricht sowohl der Uli zusammen als auch der Gerd."

Den Siegtreffer markierte Gerd Müller: „Da hatte ich Glück, dass mir der Ball weggesprungen ist. Ich gehe nach vorn, die drei Holländer gehen mit, dann zurück, der Ball springt mir an den linken Fuß und dann war ich einfach schneller. Das haben eben die Torjäger."

Beim anschließenden Festbankett im Hilton-Hotel kam es zum Eklat. Zunächst sah sich DFB-Funktionär Hermann Joch bemüßigt, den nicht nur siegestrunkenen Sepp Maier zu maßregeln, nachdem dieser den bayerischen Ministerpräsidenten Alfons Goppel mit einem fröhlichen „Servus, Alfons" begrüßt hatte. Die Situation eskalierte, als eine hoffnungslos verstaubte DFB-Männerriege den Spielerfrauen den Zutritt verwehrte. Erneut wurde die Rebellion von einem Bayern-Akteur angeführt: Uli Hoeneß, dessen Vorbehalte gegenüber dem DFB wohl auch von dieser Weltmeisterschaft herrühren.

Beckenbauer schilderte den Vorfall in seinem Buch „Einer wie ich": „Die offizielle Feier war bereits im Gange. Niemand wusste, wo unsere Frauen waren. Nur Susi Hoeneß war auf einmal unter uns. Wir gingen in den Bankettsaal und nahmen an unseren Tischen Platz; die Speisen wurden aufgetragen. Da trat ein Ober an unseren Tisch und sagte zu Frau Hoeneß: ‚Ich muss Sie leider bitten, den Saal zu verlassen.' ‚Wer hat das gesagt?', brauste Uli Hoeneß auf. ‚Der Herr Deckert hat angeordnet, dass die Spielerfrauen, pardon die Damen, nicht hier platziert werden dürfen.' ‚Dann soll er zu mir kommen.' Die Taktlosigkeit unseren Frauen gegenüber verschlug uns den Atem, und wir weigerten uns, der Aufforderung nachzukommen. Plötzlich stand Deckert an unserem Tisch. Er blickte auf Susi und befahl: ‚Keine Frauen. Sie haben doch die Einladung gelesen!' ‚Aber da sind ja auch andere Frauen', sagte Uli Hoeneß. Er wies auf die Mädchen am Pressetisch und auf einige ältere Damen im Nerz und mit gefährlich schaukelnden Perücken an der Funktionärstafel. Deckert legte die Hände flach auf den Tisch und erwiderte wütend: ‚Das sind die Damen der Offiziellen, das ist etwas ganz anderes. Hier herrscht noch Zucht und Ordnung. Maßen Sie sich nicht Rechte an, die Ihnen nicht zustehen.' ‚Halten Sie doch die Luft an', sagte Hoeneß, stand auf und ging mit seiner Frau aus dem Saal. Ich folgte ihm. Auch die Holländer, die bislang unlustig mit ihren Servietten gespielt hatten, erhoben sich. Immer wieder drängte sich einer der geladenen Funktionäre mit seiner Gattin zu ihnen, ach-

Beckenbauer über den DFB: „Jahrmarkt der Eitelkeiten"

WM-Rebellen im Foyer: Müller, Herzog, Nigbur und Breitner.

tete darauf, dass die Fernsehkameras auf ihn gerichtet waren, und sprach möglichst jovial mit Cruyff und Neeskens. Es war peinlich. (...) Im Zorn verließ ich den Saal, diesen Jahrmarkt der Eitelkeit. Noch nie hatte mich die Inhaltslosigkeit und Unaufrichtigkeit der üblichen Festansprachen mit ihrem Gerede von Kameradschaft, Einigkeit und Fairness derart angewidert. Draußen im Foyer herrschte keine offizielle Regie mehr, die Luft war sauber, das Fest festlicher. Zufällig begegnete ich Joch (Anmerk.: DFB-Funktionär), der mich begrüßte, als sei er mein Vormund. ‚Na, Franz, alles in Ordnung?' ‚Nichts ist in Ordnung, das wissen Sie doch, wenn unsere Frauen nicht ebenso wie Ihre...' ‚Hör endlich damit auf', unterbrach er mich ärgerlich. ‚Du als Kapitän der Mannschaft müsstest doch einen Funken Sinn für Disziplin haben.' Joch bekam meinen ganzen Zorn zu spüren: ‚Ihr seid durch und durch Feierabendfunktionäre. Bei uns, beim FC Bayern, hätten euch die Leute längst zum Teufel gejagt.' (...) Die Taktlosigkeit und Unhöflichkeit Frauen gegenüber, wie ich sie bei uns erlebt habe, scheint mir etwas typisch Deutsches zu sein. Man kann dieses Verhalten nicht damit entschuldigen, dass Fußball eben Männersache sei und Frauen nichts dabei zu sagen hätten: Das Weib schweige in der Gemeinde, wie einst beim heiligen Paulus. Die Fußballer – der ganze Weltverband, der DFB – sind in der Tat eine Gesellschaft von Männern, verrannt und vernarrt in ihren Fußball wie kleine Kinder, denen man die Murmeln weggenommen hat. Abgesehen davon, dass solche Banketts meines Erachtens eine überholte Tradition – auch nicht für die Spieler, sondern die Funktionäre geschaffen sind, damit sie sich mit uns, den ‚Negern', wie es mitunter den Anschein hat, zur Schau stellen können, eines hätte man zumindest tun müssen, als man wusste, dass unsere Frauen anwesend waren: wenigstens einen Nebenraum für sie besorgen oder eine kleine Nachfeier organisieren, auf der sie mit uns zusammen sein konnten. Beim FC Bayern wäre das selbstverständlich gewesen. Das ist einfach eine Frage des Taktes. Männergesellschaft hin, Männergesellschaft her, was wären wir Spieler ohne die Frauen? (...) Mit seiner geschlossenen Gesellschaft hatte sich der DFB selbst an den Pranger gestellt. Gerd Müller erklärte noch in der gleichen Nacht seinen Rücktritt aus der Nationalmannschaft. Andere schlossen sich an. (...) Die skandalösen Ereignisse auf der missratenen Weltmeisterschaftsfeier füllten tagelang die Presseberichte in aller Welt. Das Nachspiel hatte das Hauptspiel überschattet."

Müllers Rücktritt war allerdings bereits vor dem Eklat beschlossene Sache. Der Torjäger: „Die Entscheidung aufzuhören haben Wolfgang Overath, Jürgen Grabowski und ich bereits am Donnerstag vor dem Endspiel verkündet. Helmut Schön hat gesagt, wir sollten ruhig sein und der Presse noch nichts sagen. Ich habe so früh aufgehört, weil ich einfach nicht mehr wollte, ich hatte eine kleine Tochter, war aber kaum noch zu Hause, weil wir mit dem FC Bayern immer so viele Spiele gehabt haben."

Die Spieler wollten nicht länger als Spielball der Funktionäre dienen. Sie wussten, dass sie es waren, die die Zuschauer mobilisierten, die Kassen der Vereine und Verbände klingeln ließen und die biedere Funktionärswelt mit Glanz versahen. Die Profis verdienten mittlerweile mehr Geld als so mancher Funktionär und vermochten ihren Marktwert korrekt einzuschätzen. Auch über die Rolle ihrer Frauen dachte diese Generation anders als die Funktionäre. Der Eklat im Hilton war typisch für jene Jahre: Eine ähnliche Szene hätte sich in den 1970ern auch anderswo und zu einem anderen Anlass ereignen können.

1974/75 National ein Flop, europäisch top

Am 30. Oktober 1973 hatte der DFB-Bundestag die Trikotwerbung legalisiert. Diese durfte allerdings 250 Quadratzentimeter auf der Vorderseite des Leibchens nicht überschreiten. Als Vorkämpfer hatte sich Eintracht Braunschweigs Präsident Günter Mast profiliert. Der Spirituosen-Produzent markierte den Übergang vom Mäzenatentum zum Sponsorentum, denn an der Eintracht interessierte Mast vor allem die mit seinem Engagement verbundenen Werbeeffekte. Am 24. März 1973 war die Eintracht erstmals mit dem Hirschgeweih auf dem Trikot aufgelaufen, wofür sie von Mast pro Saison 160.000 DM kassierte. Paul Breitner, der später von Mast zur Eintracht geholt wurde, pries noch viele Jahre später dessen Professionalität. „Mast ließ keinen Zweifel daran, dass es ihm um Jägermeister ging. Das gefiel mir." Und Uli Hoeneß, den Breitner als „Enkel Masts" titulierte: „Mast hat den Fußball als Werbeträger entdeckt, das kann er sich ans Revers heften." 1971 hatte Breitner mit Hoeneß die USA besucht. Beide waren beeindruckt vom Ausmaß der Vermarktung des Profisports im Land der unbegrenzten Möglichkeiten.

In die Saison 1974/75 starteten allerdings erst sechs Mannschaften mit einem Schriftzug auf der Brust: der FC Bayern („adidas"), Hamburger SV („Campari"), Fortuna Düsseldorf („Allkauf"), MSV Duisburg („Brian Scott"), Eintracht Frankfurt („Remington") und natürlich Eintracht Braunschweig („Jägermeister").

Nach dem ersten Sieg im Landesmeisterwettbewerb und dem bayerischen Beitrag zum bundesdeutschen WM-Gewinn stand der FC Bayern auf dem Gipfel seiner Geschichte. Und trotzdem knisterte es in Verein und Mannschaft gewaltig. Eine Achse Lattek-Hoeneß-Breitner führte einen versteckten Machtkampf gegen ihren Kapitän und dessen Manager. Beckenbauer später: „Bei Hoeneß hatte sich wohl die Idee festgesetzt, ich würde ihm seine Karriere nicht gönnen, ihn nicht zu groß werden lassen wollen beim FC Bayern und in der Nationalelf. Er fand einen Verbündeten in Udo Lattek." Den Trainer habe das Gefühl geplagt, „seine Bilanz würde nicht genügend gewürdigt. Hoeneß, Breitner und Lattek bildeten eine verschwörerische Allianz. Eine spöttische Bemerkung beim Essen, eine kleine Bösartigkeit beim Training, die Luft hatte plötzlich einen giftigen Geruch. Manches bekamen wir nicht gleich mit. So hatte sich ein Damenkränzchen gebildet, Udo Latteks Frau führte Regie. In diesem Kreis wurde dann besprochen, wie ungerecht es doch bei den Bayern zuginge, alles drehe sich nur um Beckenbauer, Müller und Maier. Wieviel mehr Geld die drei verdienen würden, viel mehr als ihre Männer. Und dann erst dieser Robert Schwan, ein Tyrann und Diktator, der nur im Sinn hätte, sich und Beckenbauer die Taschen zu füllen." Der Kapitän verdächtigte den Trainer, er bevorzuge Abiturienten und Studenten.

Die Weltmeister sind müde: 0:6 in Frankfurt

Zum Saisonauftakt ging eine mit fünf Weltmeistern bestückte Bayern-Elf im Frankfurter Waldstadion gegen Kickers Offenbach mit 0:6 unter und begann die Saison als Tabellenletzter. Mit dabei war ein junger Spieler namens Karl-Heinz Rummenigge, der vom westfälischen Landesligisten Borussia Lippstadt zum FC Bayern gestoßen war. Rummenigge später: „Ich hatte das Glück, 1974 zum FC Bayern zu kommen, da waren Männer wie Franz Beckenbauer, Paul Breitner, Gerd Müller, Uli Hoeneß und Sepp Maier. Man brauchte nur Augen und Ohren offen zu halten, man hat so viel gelernt – nicht nur auf dem Platz, sondern auch außerhalb des Platzes –, dass man da unheimlich von profitieren konnte."

Doch zunächst einmal plagten die Weltmeister Verschleißerscheinungen. Beckenbauer, der einschließlich des WM-Turniers bereits über 100 Spiele absolviert hatte, fühlte sich „hundemüde". Die Vielfachbelastung der letzten Jahre – Meisterschaft, DFB-Pokal, europäische Wettbewerbe sowie die Turniere der Nationalmannschaft inklusive Qualifikationsspiele – hatten nicht nur beim „Kaiser" ihren Tribut gefordert. Doch Übungsleiter Lattek diagnostizierte beim Libero lediglich einen vorübergehenden Muskelkater. Beckenbauer: „Ich hörte den Spott heraus, ich sah die Blicke, die er mit Uli Hoeneß und Paul Breitner wechselte. Ich wusste: Es gibt Ärger. Ich fühlte mich wie in einem Rudel von Wölfen. Ich stellte mir vor, dass es dort so sein müsste: Die Jungen sind es leid, die Führung des Leittiers zu akzeptieren, auch wenn es für alle nur ein Vorteil war, die Erfahrung, die Stärke des Alten, die den Erfolg bei der Jagd garantierten." Präsident Neudecker ließ die Rebellen auflaufen. Die Achse Lattek-Breitner-Hoeneß wurde auseinander gerissen, als Neudecker Breitner an Real Madrid verkaufte. In ihrer Abneigung gegen Intellektuelle waren sich der ehemalige Maurer und Beckenbauer einig.

In Spanien regierte noch der Diktator Franco, dessen fußballerische Liebe Real Madrid galt. Auf die politischen Zustände im Franco-Spanien angesprochen, erwiderte Breitner lapidar: „Ich bin knallharter Profi, und für Geld spiele ich überall." 25 Jahre später wusste Breitner über diese Zeit zu berichten: „Ich habe den Francismus noch 15 Monate erlebt. Für Franco, seine Ideologie, war Real das einzige echte Aushängeschild. Und unter Franco groß zu werden, hieß, ganz groß zu werden. Spanien war international isoliert. Die Grenzen waren dicht. Wir Spieler zum Beispiel mussten unsere Pässe abgeben, ich konnte nur ausreisen, wenn ich vom Verein meinen Pass zurückbekam. Und der einzige geachtete Repräsentant dieses Landes war Real. Und deswegen wurde der Klub in so unvorstellbarer Weise hofiert. Wir hatten allein sechs Mannschaftsärzte, 20 Schreiner, 20 Gärtner, 600 Angestellte im Stadion. Auf dem Vereinsgelände gab es eine Filiale der Banco Popular, dort zahlten die Mitglieder ihre Beiträge ein. Und nach jedem Spiel lag am Montag, um 10 Uhr, unsere Prämie im Schließfach."

Breitners Erfahrungen bei Real sollten nach seiner Rückkehr zum FC Bayern für die weitere Entwicklung des Klubs noch eine Rolle spielen. In Madrid erlebte Breitner, was einen „richtig großen" Klub ausmacht. „Was das Image, die Größe, den sportlichen Erfolg des Klubs betraf", hatte Breitner ähnliches mit dem FC Bayern vor. „Andere Dinge waren in der Demokratie, in Deutschland, natürlich nicht vorstellbar. Zum Beispiel die Sache mit dem Finanzbeamten, der jedes Jahr einmal zu unserem Kapitän Amancio kam und zu dem sagte: Ich gebe dir hier eine Liste und da trägst du bitte ein, was jeder Spieler an Steuern bezahlen will. Und dann haben meine Mannschaftskameraden umgerechnet so 300, 400 Mark fürs Jahr angegeben."

In der deutschen Bundesliga tat sich Breitners Ex-Verein derweil schwer. Den vorläufigen Tiefpunkt bildete am 28. September 1974 ein 0:2 daheim gegen Schalke 04. Eine beispiellose Serie war zu Ende gegangen. Nach 73 Heimspielen ohne Niederlage, in denen man 135:11 Punkte geholt und 257:72 Tore geschossen hatte, hatte der FC Bayern in der Bundesliga erstmals wieder auf eigenem Platz verloren. Und es kam noch schlimmer: Nach weiteren Niederlagen näherte sich das Team der Abstiegszone. Eine Situation, wie man sie in nunmehr zehn Jahren Bundesliga noch nie erlebt hatte. Udo Lattek wusste die Mannschaft immer weniger zu motivieren, „oder wollte das nicht mehr" (Beckenbauer). Dies war umso schwieriger geworden, da einige Spieler nach dem gigantischen Jahr 1974, das ihnen mit Meisterschaft, Europapokal und Weltmeisterschaft gleich drei Trophäen eingebracht hatte, offenkundig satt waren. Typisch hierfür war eine Äußerung von Uli Hoeneß vor dem Anpfiff des WM-Turnieres: „Wenn wir Weltmeister werden, haben wir für unser Leben ausgesorgt!" Hinzu kamen Latteks Alkohol-Eskapaden. In Liechtenstein warf der Trainer die Hotelbesitzerin in den Swimmingpool, in einem Hotel bei Düsseldorf bombardierte er ein in der Empfangshalle angebrachtes Relief mit allerlei Obstsorten. Der gute Ruf des FC Bayern, auf den Neudecker und vor allem Schwan penibel bedacht waren, drohte Schaden zu nehmen.

Udo Lattek muss gehen

Im Dezember 1974 einigten sich Vorstand und Trainer auf eine Auflösung des Vertrags zum Saisonende. Doch nur wenig später, am 2. Januar 1975, flatterte Lattek die fristlose Kündigung ins Haus. Beckenbauers Abschiedsgruß an den Trainer, mit dem er noch lange eine Intimfeindschaft pflegte: „Lattek war bei uns nur der Kofferträger, der hat doch nie den Mund aufgemacht beim Vorstand." Der Kaiser hatte Lattek zum FC Bayern gebracht, und der Kaiser sorgte auch für seine Entlassung.

Als Nachfolger Latteks kam erneut ein DFB-Mann und Beckenbauer-Kandidat: Dettmar Cramer, unter dem Beckenbauer Jugendnationalspieler gewesen war und der dem Kaiser als Trauzeuge gedient hatte. In der Bundesliga brachte der Trainerwechsel zunächst nicht den gewünschten Erfolg, trotz Cramers geduldiger Fehleranalyse und der Verstärkung der desolaten Abwehr durch den schwedischen Nationalverteidiger Bjørn Andersson. Zum Cramer-Einstand gab es gegen Kickers Offenbach eine 2:3-Heimniederlage, die Cramer anschließend mit einer Ausführlichkeit und analytischen Tiefe sezierte, dass die Journalisten bis 19 Uhr im Olympiastadion ausharren mussten. In den folgenden drei Spielen holte der FC Bayern nur einen Punkt. Besser wurde es erst mit einem 3:1-Sieg gegen den Wuppertaler SV am 22. Spieltag. In den verbleibenden zwölf Spielen verloren die Bayern nur noch dreimal. Am vorletzten Spieltag konnten auch drei Müller-Tore eine 5:6-Niederlage bei Fortuna Düsseldorf nicht verhindern. Am Ende sprang für den FC Bayern nur der 10. Platz heraus, die schlechteste Platzierung seit dem Bundesliga-Aufstieg. Das Punktekonto war mit 34:34 ausgeglichen. Der Abstand zum ersten Absteiger VfB Stuttgart betrug zehn Punkte. Das Torverhältnis war hingegen mit 57:63 negativ. Trotz eines wiederholt glänzend aufgelegten Sepp Maier – nicht von ungefähr wurde die Nr. 1 zum „Fußballer des Jahres" gewählt – hatten nur sechs Teams mehr Gegentreffer kassiert. Cramers brutale Diagnose: „Ihr seid eine sterbende Mannschaft."

Erstmals seit drei Jahren ging die Torjägerkanone nicht an Gerd Müller, der mit 23 Treffern hinter Gladbachs Jupp Heynckes (27) und dem Kölner Dieter Müller (22) auf dem 3. Rang landete. In den acht Spielzeiten 1966/67 bis 1973/74 hatte der Torschützenkönig sechsmal Gerd Müller geheißen. Nur 1967/68 (Hannes Löhr/1. FC Köln) und 1970/71 (Lothar Kobluhn/Rot-Weiß Oberhausen) musste Müller anderen den Vortritt lassen. Doch war Müller mit seinem Torjägerlatein noch immer nicht am Ende.

Auch im DFB-Pokal spielte der FC Bayern in dieser Saison keine Rolle. Das Aus kam in der 3. Runde in Gestalt einer 2:3-Heimniederlage gegen den MSV Duisburg. Nach 61 Minuten hatten die Duisburger vor nur 15.000 Zuschauern bereits mit 3:0 geführt.

Kaschiert wurde die fatale Entwicklung allerdings durch die erfolgreiche Verteidigung des Europapokals, wodurch „manches wieder gerade gebogen" (Neudecker) wurde. Beckenbauer: „Für den Europapokal reichte es noch, aber in der Bundesliga ging es über weite Strecken nicht mehr."

In der 1. europäischen Runde kam es wie im Vorjahr zum deutsch-deutschen Duell, diesmal mit dem 1. FC Magdeburg. In dessen Reihen stand jener Jürgen Sparwasser, der bei der WM 1974 das DDR-Team zum Sieg über den großen Bruder BRD geschossen hatte. Sparwasser schlug auch gegen die Bayern zu. Beim Hinspiel vor 70.000 im Olympiastadion lag der FCB zur Halbzeit durch ein Eigentor von Hansen und einen Sparwasser-Treffer 0:2 zurück. Zwei Müller-Tore (darunter ein Elfmeter) sorgten nach Wiederanpfiff zunächst für den Ausgleich, bevor der Magdeburger Enge mit einem Eigentor den 3:2-Siegtreffer für den FC Bayern erzielte. Wie schon ein Jahr zuvor Dynamo Dresden hatten sich die Magdeburger für das Rückspiel eine gute Ausgangsposition erarbeitet.

Peinlichkeiten beim Gastspiel in der DDR

Auch der zweite Auftritt des FC Bayern bei den „Brüdern und Schwestern" verlief nicht ohne Peinlichkeiten. Vermeintlichen DDR-Spionen schlug man ein Schnippchen, indem die Mannschaftsbesprechung in die freie Natur verlegt wurde. Erneut befürchteten die Bayern-Bosse, dass ihnen die Stasi etwas ins Essen täte. Folglich fuhr der Bayern-Tross gleich mit zwei Bussen nach Magdeburg, einer davon ein Speisebus, in den man zum Essen aus dem Hotel umzog. Sepp Maier über die makabren Szenen, die sich vor Hotel und Bus abspielten: „Die Ober taten uns wirklich Leid. Die haben beinahe geweint, als wir im Bus blieben. Sie hatten sich so darauf gefreut, uns bedienen zu können, mit uns zu sprechen und zu diskutieren. (...) Hunderte von Leuten standen um die Busse herum, sahen uns beim Essen zu. (...) Stell dir vor, da stehst du morgens auf, bist geduscht und rasiert, dann gehst runter zum Bus, um zu frühstücken. Vopos drängen die Leute zurück. Platz für die Herren Stars aus dem Westen – und zwar ein bisschen plötzlich. Der Kaffee wird kalt. Du glaubst, du träumst..." Der „Bomber" rettete die Bayern auch bei ihrem zweiten deutsch-deutschen Duell. Nach 54 Minuten lagen die Bayern in Magdeburg durch zwei Müller-Tore 2:0 in Front. Sparwasser – natürlich – gelang nur noch der Anschlusstreffer.

Erst im März 1975 bestritt der FC Bayern die nächste Europapokalrunde. Gegen Ararat Eriwan gewann man daheim vor 65.000 Zuschauern mit 2:0. Im Rückspiel unterlag man vor 70.000 Zuschauern mit 0:1, womit das Halbfinale erreicht war. Gegner war der französische Meister St. Etienne, den man noch von der ersten Teilnahme am Landesmeisterwettbewerb in schlechter Erinnerung hatte. Das Hinspiel in Frankreich endete 0:0. Im Rückspiel erzielte Beckenbauer bereits nach zwei Minuten die 1:0-Führung. Die Franzosen berannten nun das Münchner Tor, aber in der 69. Minute erlöste Dürnberger die 74.000 Zuschauer mit dem 2:0, wobei es bis zum Schlusspfiff blieb.

Im Finale musste der FC Bayern am 28. Mai 1975 in Paris gegen Leeds United antreten. Die Engländer galten als Favorit und bestimmten auch das Spiel, aber die Tore erzielten die Bayern. In der 72. Minute traf „Bulle" Roth zur 1:0-Führung, nur sechs Minuten später machte Müller mit dem 2:0 alles klar. Die Akteure der Bayern

Die Sieger von Paris. Hinten von links: Roth, Dürnberger, Beckenbauer, Wunder, Weiß, Müller, Torstensson; vorn: Kapellmann, Maier, Zobel, Schwarzenbeck.

im Finale: Maier, Schwarzenbeck, Beckenbauer, Zobel, Dürnberger, Kapellmann, Roth, Andersson (5. Weiß), Hoeneß (42. Wunder), Torstensson, Müller.

Während der 90 Minuten hatten die Bayern mit einigen Schicksalsschlägen zu kämpfen. Zunächst schied Verteidiger Andersson nach einem brutalen Foul des späteren walisischen Nationaltrainers Terry Yorath aus. Die Folge sollte eine eineinhalbjährige Zwangspause für den Schweden sein. Kurz vor dem Halbzeitpfiff musste auch Uli Hoeneß nach einer Attacke von Grey vom Platz humpeln. Hoeneß, ein Jahr zuvor noch der strahlende Held, zog sich eine schwere Knieverletzung zu, die das frühe Ende seiner Karriere einläutete. Beckenbauer nannte die Engländer anschließend „die schmutzigste Mannschaft, die ich je kennen lernte". Sie und ihre „unmöglichen Fans" – nach dem Schlusspfiff hatten Leeds-Anhänger schwere Ausschreitungen provoziert – würden zusammenpassen. „Die sollen künftig auf ihrer Insel bleiben und uns nicht mehr belästigen."

Allerdings kam auch Beckenbauer nicht umhin, den Sieg der Bayern als glücklich zu bezeichnen. Vom Glanz des Vorjahresfinales war nichts mehr übrig geblieben. Die Experten waren sich einig, eines der schwächsten Europacup-Endspiele gesehen zu haben. Der französische Schiedsrichter Kitabdijian versagte den Engländern ein klares Tor und einen nicht minder klaren Elfmeter und wurde anschließend von der UEFA aufgrund seiner schwachen Vorstellung für weitere europäische Cup-Spiele gesperrt.

Beim FC Bayern fielen an diesem Abend neben den Torschützen noch zwei weitere Spieler auf: Sepp Maier, der zwischen den Pfosten eine Weltklasseleistung bot, und ein Nobody namens Sepp Weiß, der für den verletzten Andersson ins Spiel gekommen war und den gegnerischen Spielmacher Billy Bremner weitgehend zur Bedeutungslosigkeit verurteilte. Die Mannschaft des FC Bayern spielte in Paris auch gegen ein Damoklesschwert namens Max Merkel, den Präsident Neudecker als möglichen Nachfolger für den in der Bundesliga erfolglosen Dettmar Cramer ins Gespräch gebracht hatte.

1975/76 Hattrick im Europapokal

In der Bundesliga zeigte sich der FC Bayern in der Saison 1975/76 zwar deutlich verbessert, aber zu mehr als einem 3. Rang reichte es trotzdem nicht. Realistisch war als Saisonvorgabe lediglich „oben mitspielen" formuliert worden. Auffallend war erneut die hohe Zahl der Gegentore, die die Bayern kassierten. Meister wurden die nun von Udo Lattek trainierten Gladbacher, deren Spielweise unter der Leitung des ehemaligen Bayern-Trainers eine weitere Defensivierung erfuhr. In der Hinrunde verlor eine ersatzgeschwächte Bayern-Elf auf dem Bökelberg mit 1:4. Im Rückspiel revanchierte sich der FCB eindrucksvoll. Die Bayern boten vor 75.000 Zuschauern Fußball vom Feinsten, spielten so gut wie schon lange nicht mehr. Der Lohn war ein glatter 4:0-Sieg, aber die Gladbacher hätten sich auch über eine zweistellige Packung nicht beklagen können. Der überragende Mann auf dem Platz war der zweifache Torschütze Uli Hoeneß. Im letzten Meisterschaftsspiel wurde Hertha BSC Berlin mit 7:4 besiegt. Das Spiel war Balsam auf die wunde Seele Gerd Müllers, der bereits seit drei Spielen auf sein 300. Bundesligator wartete. Gegen die Hertha schlug Müller in seinem 350. Bundesligaspiel gleich fünfmal zu. In der Torschützenliste belegte Müller mit 23 Treffern hinter dem Schalker Klaus Fischer (29) und gleichauf mit dem Berliner Erich Beer den 2. Platz. Franz Beckenbauer wurde zum vierten und letzten Male Fußballer des Jahres.

Im DFB-Pokal musste sich der FC Bayern in den ersten vier Runden nur mit unterklassigen Gegnern messen. Erst im Viertelfinale erwartete den FCB mit dem 1. FC Köln ein Klassenkollege. 50.000 Zuschauer im Müngerdorfer Stadion wurden Zeugen der besten Saisonleistung der Bayern, die nach fantastischem Spiel 5:2 gewannen. Die 90 Minuten gerieten zu einem einzigen Müller-Festival. Während Gerd Müller für den FC Bayern dreimal traf, schoss Namensvetter Dieter Müller die beiden Kölner Treffer. Im Halbfinale musste der FC Bayern zum Hamburger SV reisen. Nach 120 Minuten stand es 2:2, so dass es zur Neuauflage in München kam. Die Bayern konnten den Heimvorteil nicht nutzen. Acht Minuten vor dem Abpfiff scheiterte Müller mit einem Elfmeter an HSV-Keeper Rudi Kargus. Als die 52.000 sich bereits auf eine erneute Verlängerung einstellten, gelang dem Hamburger Eigl mit dem Schlusspfiff der 1:0-Siegtreffer für die Gäste.

Während der FC Bayern in der Bundesliga seine Spitzenposition an Borussia Mönchengladbach abtreten musste, blieb er in Europa weiterhin die Nr. 1. In der 1. Runde des Europapokals hatte der FC Bayern mit dem luxemburgischen Vertreter Jeunesse Esch keine Probleme. Der FCB gewann auswärts mit 5:0 und daheim mit 3:1. Erneut schwierig gestaltete sich in der 2. Runde das Aufeinandertreffen mit dem schwedischen Meister. Bei Malmö FF unterlagen die Bayern mit 0:1. Im Rückspiel dauerte es bis zur 59. Minute, bevor Dürnberger per Elfmeter die Führung erzielen konnte. Ein Schwede versetzte den Schweden dann den K.o.-Schlag: Conny Torstensson erzielte in der 77. Minute den 2:0-Endstand. Im Viertelfinale erreichte der FC Bayern bei Benfica Lissabon zunächst ein 0:0. Im Rückspiel war Geduld gefragt. Beim Halbzeitpfiff war zwischen den beiden Teams noch immer kein Tor gefallen, aber Dettmar Cramer ließ keinen Zweifel daran, dass sich dies ändern würde. „So wie ihr heute spielt, fallen bald Tore." Der Trainer sollte Recht behalten. Je zweimal Dürnberger und Müller sowie einmal Rummenigge sorgten bei einem Gegentreffer der Portugiesen für einen klaren 5:1-Sieg.

Im Halbfinale stand ein Wiedersehen mit Paul Breitner und Günter Netzer auf dem Programm, die mit Real Madrid ebenfalls unter die letzten Vier vorgedrungen waren. Vor 111.000 Zuschauern im Bernabeu-Stadion erkämpften sich die Bayern dank eines herrlichen Müller-Tores ein 1:1-Remis. Einem jungen Fan der Madrilenen ging das Ergebnis so stark an die Nieren, dass er nach dem Schlusspfiff Müller und den Schiedsrichter niederschlug. Im Rückspiel sollte es für den jungen Mann noch schlimmer kommen. Vor 78.000 Zuschauern gewann der FC Bayern durch zwei Müller-Tore mit 2:0. Müllers Treffer zum 1:0 war sein 50. Europacup-Tor. Neben dem Torschützen hieß der überragende Bayern-Akteur an diesem Abend Jupp Kapellmann, der seine Mannschaft immer wieder nach vorne trieb.

Das Finale fand am 12. Mai 1976 im Glasgower Hampden Park statt, und der Gegner war Frankreichs Meister AS St. Etienne. Die Bayern vertrauten ihren Routiniers, neu dabei waren nur der Linksverteidiger Horsmann und das Riesentalent Karl-Heinz Rummenigge. Letzterem flatterten allerdings vor dem großen Showdown arg die Nerven. Der Manager zum Trainer: „Der Rummenigge, der dreht gleich durch." Cramer ordnete an, dem Benjamin einen Cognac zu verabreichen. Rummenigge trank gleich zwei und lieferte eine grandiose Vorstellung. „Nach diesem Spiel waren alle Hemmungen vorbei. Ich machte plötzlich Sachen wie noch nie in meinem Leben. Wie ich auch dribbelte und trickste, es gelang mir alles", berichtete der Jungstürmer anschließend.

Wie schon ein Jahr zuvor waren die Münchner mit dem Glück im Bunde. Die erste Halbzeit gehörte eindeutig den Franzosen, die zweimal nur Latte respektive Pfosten trafen. Durch ein Freistoßtor von „Bulle" Roth in der 56. Minute gewann der FC Bayern mit 1:0. Der Allgäuer entschied damit nach 1967 zum zweiten Mal in seiner Karriere ein europäisches Finale. Für den FC Bayern spielten an diesem Abend: Maier, Hansen, Schwarzenbeck, Beckenbauer, Kapellmann, Roth, Dürnberger, Rummenigge, Müller, Hoeneß, Horsmann.

1974 wurden die Bayern noch europaweit gefeiert, zwei Jahre später waren sie ein ungeliebter Sieger. Zu kühl und leidenschaftslos hatten sie nach Auffassung vieler Beobachter ihr Pensum abgespult. Die Sympathien galten dem Verlierer. Die „Times" schrieb,

Häme aus England: „Fußballparasiten"

Beckenbauer sei über den Rasen gewandert wie ein Boulevardflanierer, der auf seinen Morgenaperitif warte. „Er zeigte kaum Schweiß, war aber Dreh- und Angelpunkt." Die „Sun" behauptete, der FC Bayern habe den Europapokal „wie ein Dieb geangelt", und die „Daily Mail" trauerte: „Jetzt gehört der höchste Preis dem Fußballparasiten." Den Bayern konnte es egal sein. Nach dem Hattrick in der Bundesliga war ihnen dieses Kunststück nun auch in Europa gelungen. Ihr Erfolg schien den Bayern selbst unheimlich zu werden. Jedenfalls äußerte Neudecker beim Festbankett die Befürchtung, dass sein Klub „sich noch zu Tode siegen werde". Des Präsidenten Befürchtungen erwiesen sich jedoch als unbegründet: Der Sieg von Glasgow markierte das Ende der ersten europäischen Ära des FC Bayern. Die nächsten Jahre im europäischen Meisterwettbewerb sollten dem englischen Fußball gehören.

Zunächst aber gewann der FCB noch als erster deutscher Verein den Weltpokal. 1974 und 1975 hatten die Bayern auf die Finalspiele gegen den Südamerika-Vertreter verzichtet, da es sich dabei jeweils um einen argentinischen Klub gehandelt hatte. Die argentinische Liga plagte in diesen Jahren ein miserabler Ruf. Auf dem Feld ging es zumeist äußerst ruppig zu, und von den Rängen hagelte es zuweilen Steine und Rauchbomben. Aber 1976 war der Gegner mit Cruzeiro Belo Horizonte eine brasilianische Adresse. Zum ersten Finale am 21. November 1976 fanden nur 18.000 den Weg ins Olympiastadion. Am Nachmittag hatte es in München plötzlich heftig geschneit. Das Wetter bevorteilte zwar die Bayern, aber ein großes Spiel gestattete es nicht. Durch Tore von Gerd Müller und Jupp Kapellmann gewann der FCB mit 2:0. Einen Monat später fand in Belo Horizonte das Rückspiel statt. 117.000 Zuschauer kamen ins Stadion. In Südamerika genoss der Wettbewerb einen ungleich höheren Stellenwert als in Europa. Der Gastgeber entfachte zwar ein regelrechtes Feuerwerk, doch die Abwehrschlacht der Bayern wurde mit einem torlosen Remis belohnt. Held des Abends war Sepp Maier, der eine Reihe von Großchancen der Brasilianer fantastisch parierte.

Bei der EM-Endrunde in Jugoslawien waren in der DFB-Auswahl vom FC Bayern mit Maier, Beckenbauer, Schwarzenbeck und Hoeneß „nur" noch vier Akteure dabei. Der FC Bayern stellte trotzdem noch immer den größten Block. Im Finale gegen die CSSR kam es zum Elfmeterschießen. Uli Hoeneß setzte seinen Elfmeter in die Wolken, und die CSSR wurde Europameister. Eine Szene mit Symbolwert: Auch in der Nationalelf war die große Ära der Bayern nun vorerst vorbei.

Resümee

Die elf Spielzeiten 1965/66 bis 1975/76 sind bis heute die erfolgreichsten in der Geschichte des FC Bayern. Zwischen dem Aufstieg in die Bundesliga und dem Gewinn der ersten europäischen Trophäe lagen nur zwei Jahre. Der FC Bayern gewann viermal die Deutsche Meisterschaft, viermal den DFB-Pokal, einmal den Europokal der Pokalsieger, dreimal den Europapokal der Landesmeister und einmal den Weltpokal. Die

Aller guten Dinge sind drei. Maier und Hansen mit dem Pokal auf Ehrenrunde.

Bayern sammelten innerhalb von elf Jahren nicht weniger als 13 nationale und internationale Titel. Welch große Rolle der FC Bayern in den 1970ern international spielte, wird aber nicht nur aus der Zahl gewonnener Trophäen ersichtlich. Im Zeitraum 1970-76 wurden dreimal Bayern-Akteure zum Europäischen Fußballer des Jahres gekürt: 1970 Gerd Müller, 1972 und 1976 Franz Beckenbauer. Von den elf Wahlen zum deutschen Fußballer des Jahres entfielen sieben auf Bayern-Spieler: 1966, 1968, 1974 und 1976 Franz Beckenbauer, 1967 und 1969 Gerd Müller, 1975 Sepp Maier. Maier gewann diesen Titel auch noch 1977 und 1978. Sechsmal ging die Torjägerkanone nach München, jeweils an Gerd Müller.

Die Erfolge, die die deutsche Nationalmannschaft in diesen Jahren mit dem dritten Platz beim WM-Turnier 1970, dem Gewinn der Europameisterschaft 1972, dem WM-Sieg 1974 und der Vize-Europameisterschaft 1976 feierte, wären ohne den Beitrag des FC Bayern nicht möglich gewesen. Die Bayern bildeten das Gerüst der Nationalmannschaften dieser Zeit.

Die Bayern waren in den 1970er Jahren neben Liverpool und Ajax Amsterdam die europäische Mannschaft schlechthin. Aber die Bayern waren nicht die einzige deutsche Mannschaft, die auf der europäischen Bühne Akzente setzte. Die besten Jahre des FC Bayern waren auch die besten der Bundesliga. Der Hamburger SV gewann 1977 den Europapokal der Pokalsieger, Borussia Mönchengladbach 1975 und 1979 den UEFA-Cup. Und außer den bereits erwähnten Bayern-Akteuren wurden mit Kevin Keegan

(Hamburger SV, 1978 und 1979) und Alan Simonsen (Borussia Mönchengladbach, 1977) auch noch zwei Legionäre als beste europäische Fußballer ausgezeichnet. 1980 und 1981 ging diese Auszeichnung dann mit Karl-Heinz Rummenigge wieder an einen Bayern-Spieler. Von 1970 bis 1981 wurden somit achtmal Bundesligaspieler „Europas Fußballer des Jahres“, was ebenfalls die damalige Stärke der Liga und ihr Ansehen in Europa belegt. 1996 war Matthias Sammer der erste deutsche Bundesligaspieler, der diese Auszeichnung erhielt und nicht dem FC Bayern angehörte.

Modernität und Professionalität waren die wichtigsten Gründe für den Erfolg des FC Bayern, aber sicherlich spielte auch der Zufall mit. Der FC Bayern hatte in den 1960ern das Glück, mit Beckenbauer, Maier und Müller drei der außergewöhnlichsten Talente des deutschen Fußballs bei sich zu versammeln. Später kamen mit Breitner und Hoeneß noch zwei weitere Weltklassespieler hinzu. Die späten 1960er und frühen 1970er Jahre wurden von Spielern geprägt, die technisch perfekter waren als die Generation davor und die Generationen danach. Dieses Phänomen sah man nicht nur in der Bundesliga, sondern beispielsweise auch in England.

Der FC Bayern hatte mit Maier, Beckenbauer, Breitner, Schwarzenbeck, Roth, Hoeneß und Müller die sieben wichtigsten Spieler der Europapokalmannschaft von 1974 kostenlos oder zu Spottpreisen erworben, und es war ihm gelungen, fast alle diese Akteure über einen langen Zeitraum an sich zu binden. Franz Beckenbauer kickte fast 13 Jahre in der 1. Mannschaft des FC Bayern, Gerd Müller und Sepp Maier brachten es sogar auf fast 15 bzw. fast 17 Jahre. Auch Georg Schwarzenbeck diente dem FC Bayern 17 Jahre. Franz Roth, Bayerns „Mister Europacup“, blieb dem Klub elf Jahre erhalten, und Uli Hoeneß kam auf immerhin acht Jahre.

Allerdings konnten die Stars nur gehalten werden, indem ihre Gehälter kräftig angehoben wurden. Ulfert Schröder: „Müller wollte so viel verdienen wie Beckenbauer, Maier wurde wegen einer Gehaltserhöhung vorstellig, Franz Roth handelte einen für seine Verhältnisse großartigen Vertrag aus, Breitner und Hoeneß stellten Forderungen und sahen sie erfüllt. Wilhelm Neudecker meldete nach jeder neuen Verhandlung den Erfolg: Es ist uns gelungen, den Spieler beim FC Bayern zu halten. Der Preis dafür? Die Mannschaft Bayern Münchens wurde zum Moloch, der sich selbst aufzufressen droht. Sechs Millionen Mark pro Saison sind nötig, um die Unkosten abzudecken und sämtliche Verträge zu erfüllen. Sechs Millionen Mark, die verdient, die hereingespielt sein wollen. Keine andere Bundesliga-Mannschaft ist so teuer, keine steht unter einem derartigen Zwang zur Arbeit, unter einem solchen Druck, erfolgreich zu sein.“

Aus dem Bundesligageschäft allein waren die Ausgaben nicht zu bestreiten, schon gar nicht vor dem Bezug des Olympiastadions. Deshalb nutzen die Bayern jeden freien Termin, um national und international Turniere und Freundschaftsspiele zu bestreiten. Die Gagen lagen zwischen 5.800 und 50.000 DM pro Auftritt. Schröder: „Sie können im Monat weit über 20.000 Mark verdienen, aber sie müssen im Jahr weit über hundert Spiele machen, manchmal vier in neun Tagen. (…) Bis zur Saison 1973, als die Bundesliga-Geschäfte wieder zu blühen begannen, stimmten die bayerischen Wahrscheinlichkeitsrechnungen jedenfalls. Mit einer Million Mark Einnahmen aus 24 Freundschaftsspielen und mehreren ausverkauften Häusern im Verlauf der ersten Bundesliga-Halbserie hatten die Bayern ihren Haushalt für 1973/74 schon abgesichert."

Da der FC Bayern bald das höchste Gehaltsniveau der Liga besaß, musste er keine Spieler an heimische Konkurrenten abtreten. Der einzige spektakuläre Abgang war der von Paul Breitner 1974 zu Real Madrid, der aber nur bedingt finanzielle Gründe hatte. 1966 bezog „uns Uwe", damals der beste Stürmer in der Bundesrepublik, jährlich 49.500 DM – inklusive Treue- und Punktprämien. Wenn man bedenkt, dass das Durchschnittseinkommen der Bundesbürger damals bei monatlich 824 DM lag, war dies bereits viel Geld. Zehn Jahre später verdiente Gerd Müller, der neue „Bomber der Nation", beim FC Bayern ca. eine halbe Million DM jährlich – weniger als Franz Beckenbauer, der sein Salär durch erhebliche Werbeeinnahmen weiter aufbessern konnte, aber immerhin zehnmal so viel wie einst Uwe Seeler.

Leisten konnte sich der FC Bayern sein hohes Gehaltsniveau vor allem dank des Olympiastadions, das er genau zur rechten Zeit beziehen konnte. Als das „Billig-Team" der Bayern teurer wurde, besaß der Verein das Geld, um es zusammenzuhalten. Sepp Maier: „Wir bekamen doppelt so viele Prämien wie vorher." Borussia Mönchengladbach sollte später nicht zuletzt an einer zu kleinen Arena scheitern. Vor den Gladbachern hatte bereits Borussia Dortmund, der erste Europapokalsieger der Bundesrepublik, dieses Schicksal erlitten. Der BVB konnte aus dem Triumph von 1966 kein Kapital schlagen. Der Fußball wurde immer teurer, während die Einnahmen der Borussen sich nicht weiterentwickelten.

Mit den Triumphen im Europapokal wurde aus dem bayerischen FC Bayern ein „deutscher Verein". Nun gab es nicht mehr nur in München und in Bayern Fans der Roten, sondern auch im Ruhrgebiet oder im Norden der Bundesrepublik, ergo in den Einzugsbereichen der Konkurrenten. Das Fernsehen spielte hierbei eine zentrale Rolle. Bayern-Spiele waren nun in voller Länge auch im hintersten Dorf der Republik zu verfolgen. Somit war auch ein permanenter Vergleich mit den Qualitäten des eigenen lokalen und regionalen Fußballs möglich.

Die Jahre 1974-76 schufen einen Mythos. Noch 20 Jahre später hielt sich – nicht nur bei Bayern-Fans – hartnäckig die Auffassung, der FCB gehöre allein schon deshalb in den (ehemaligen) europäischen Landesmeisterwettbewerb, weil nur er dazu in der Lage sei, den Großen in Europa Paroli zu bieten. Erst der Sieg Borussia Dortmunds in der Champions League 1997, der erste Erfolg eines deutschen Vereins im reformierten Landesmeisterwettbewerb, kratzte an diesem Mythos.

Ohne die internationalen Erfolge der 1970er Jahre wären auch die heutigen Merchandising-Umsätze nicht denkbar. Uli Hoeneß 1996, also 20 Jahre nach dem letzten Sieg im alten Europapokal der Landesmeister: „Wenn ich in Uerdingen, bei einem Auswärtsspiel sehe, dass die Hälfte der Zuschauer bei Toren des FC Bayern jubelt, dann steht für mich fest: Die Basis dafür wurde mit den Europacupsiegen in den 70ern gelegt. Ohne internationale Erfolge und ohne Tradition kein aktuelles Merchandising."

Bayern und Gladbach, Beckenbauer und Netzer

Als der FC Bayern und Borussia Mönchengladbach 1965 gemeinsam in die Bundesliga aufstiegen, war dies der Beginn einer langjährigen Konkurrenz. Beide Teams waren anfangs von einem nahezu ungezähmten Offensivgeist beseelt (wobei die Gladbacher genau betrachtet „Konterfußball“ praktizierten), gemäß der Philosophie ihrer beiden Trainer „Tschik“ Cajkovski und Hennes Weisweiler. Die Bayern wirkten allerdings später berechnender, taktisch intelligenter, abgebrühter sowie effektiver. Außerdem schien ihnen das Glück öfter hold zu sein als den Gladbachern.

Franz Beckenbauer über die Jahre der Bayern-Gladbach-Dominanz: „In dieser Zeit war der absolute Höhepunkt, es stimmte auch international. Es waren aus beiden Klubs 1972 neun Spieler Europameister, 1974 acht Weltmeister. Die Nationalelf bestand aus Bayern und Gladbachern. Die UEFA-Pokalsieger, wir Europacupsieger der Meister: Es hat nur so gescheppert, wir wurden mit dem Putzen der Pokale nicht fertig. Die Gladbacher spielten schönen Fußball, sie hatten nur nicht diese Killermentalität. Die hatten wir. Uns warf man diese Sachlichkeit vor, die man braucht. Sich am eigenen Spiel zu berauschen, kann gefährlich werden. Das war bei den Borussen so, aber sie spielten toll.“

Offensivgeist kontra Sicherheit?

Die Behauptung, die Gladbacher hätten einen atemberaubenden torreichen Offensivfußball praktiziert, der das Scheitern bewusst in Kauf nahm, die Bayern indes einen aus Quergeschiebe bestehenden Ergebnisfußball, lässt sich allerdings statistisch kaum belegen. „Der 7:1-Sieg Gladbachs gegen Inter Mailand im Europapokal wäre Bayern nie passiert“, schreibt Netzer-Biograf Helmut Böttiger. Aber den Gladbachern passierte er auch nur einmal, und Bayerns 4:0 1974 gegen Atletico Madrid war kaum weniger beeindruckend. „Bayern gewann nicht hoch und verlor nicht hoch. Gladbach dagegen tat beides“, schreibt Böttiger weiter. Auch diese Behauptung stimmt nur eingeschränkt.

Als die Bayern in der Saison 1968/69 erstmals Bundesligameister wurden, erzielten sie in 34 Begegnungen 61 Tore, fürwahr keine sensationelle Ausbeute. Gladbach kam als Dritter auf die gleiche Zahl, kassierte aber 15 Treffer mehr (46 statt 31). Für den Titelgewinn des FCB war somit nicht eine höhere Zahl geschossener Tore, sondern die bessere Abwehrarbeit verantwortlich. Tatsächlich war das Bayern-Spiel unter

Gerd Müller machte die Tore, er verhinderte sie: Sepp Maier im Freiflug.

Zebec pragmatischer und defensiver geworden, und die Mannschaft agierte nun taktisch überlegter. In der folgenden Saison 1969/70 wurde Gladbach erstmals Meister, der FC Bayern Vize-Meister. Die meisten Tore erzielte allerdings nicht der Meister, der auf 71 Treffer kam, sondern mit 88 Treffern der Vize-Meister. Auch der 1. FC Köln schoss mehr Tore als die Weisweiler-Schützlinge, nämlich 83. Dafür ließ Gladbach mit 29 die wenigsten Gegentreffer zu, acht weniger als der FC Bayern.

In Gladbach war also zwischenzeitlich nichts anderes passiert als bereits zuvor in München: Die Gladbacher hatten ihren Hurra-Stil gezähmt und ihre Abwehr verstärkt – und zwar auf Geheiß von Spielmacher Günter Netzer. Helmut Böttiger: „Es ging in den Konflikten zwischen Weisweiler und Netzer immer um dasselbe Thema: das Angriffsspiel. Denn Netzer war nicht der Mann, der Weisweilers Ideal entsprach: angreifen, Flügelspiel, den Gegner hetzen, bis er fällt. Weisweiler wollte die bedingungslose Offensive, er ließ sich davontragen von Kombinationsspiel und Sturmwirbel. Netzer hingegen war kein Enthusiast. Er war sachlich, kalkuliert. (...) Netzer wollte Weisweiler früh davon überzeugen, dass er auch den Erfolg zu sehen hatte: ‚Ich glaube, das war der größte Kampf: dass ich gesagt habe, ich kann's nicht mehr hören, wie sie uns alle loben, wie toll wir spielen und wie großartig wir sind, aber wir gewinnen nie. Diese Bayern spielen langweiligen Fußball, aber die holen eine Meisterschaft nach der anderen. Das muss sich ändern. Wir müssen etwas für die Abwehr tun.'"

Vor der Meisterschaftssaison verpflichtete Weisweiler die bewährten Abwehrkräfte Ludwig Müller (1. FC Nürnberg) und Klaus-Dieter Sieloff (VfB Stuttgart). Erst mit ihnen erlangte die Borussia die für den Titelgewinn notwendige Reife. 1970/71 lautete der Zieleinlauf erneut Gladbach vor Bayern. Gladbach schoss mit 77 Treffern die meisten Tore, allerdings nur drei mehr als der FC Bayern. Außerdem verfügten die Gladbacher über die beste Abwehr. Vogts und Co. ließen nur 35 Gegentreffer zu, einen weniger als der FC Bayern.

1971/72 waren dann wieder die Bayern an der Reihe. Die 101 Treffer, die Müller und Co. in dieser Saison erzielten, sind bis heute Bundesligarekord. Die zweitmeisten Treffer schoss mit 82 der Tabellendritte Gladbach. Über die beste Abwehr verfügte Vize-Meister Schalke, der 35 Gegentore kassierte, drei weniger als der FC Bayern.

Auch 1972/73 lief die Tormaschine des FC Bayern auf Volltouren. Der FC Bayern schoss 93 Tore. Mit 29 musste er die mit Abstand wenigsten Gegentore hinnehmen. Die zweitmeisten Tore schoss mit 82 der Tabellenfünfte Gladbach, dessen Abwehr in dieser Saison allerdings einem Torso glich: 61-mal musste ihr Keeper den Ball aus dem eigenen Netz holen. 1973/74 wurde viel geschossen und viel kassiert. Bayern wurde Meister und schoss dabei mit 95 erneut die meisten Tore, kassierte aber auch 53 Gegentore. Vize-Meister Gladbachs 93 Tore bedeuteten die zweitmeisten Treffer. Bei den Gegentoren sahen die Gladbacher mit 52 sogar geringfügig besser aus als die Bayern.

Dem Titel-Hattrick des FC Bayern folgte ein Titel-Hattrick der Gladbacher: 1974/75 wurden die Gladbacher mit dem zweitbesten Sturm (86 Tore, der Dritte Frankfurt schoss drei mehr) und der besten Abwehr (40 Gegentore) Meister. Die Bayern landeten in dieser Saison nur auf Platz 10. 1975/76 gelang den Gladbachern das Meisterstück mit dem lediglich viertbesten Sturm (66 Tore). Trainer am Bökelberg war allerdings nun einer, der zuvor den FC Bayern trainiert und eingestellt hatte: Udo Lattek. Mehr Tore als der bescheidene Meister schossen der Dritte FC Bayern (72), der Sechste Schalke 04 (76) und der Neunte Frankfurt (79), während der Siebente Kaiserslautern auf die gleiche Trefferzahl wie der Meister kam. Die Abwehr der Gladbacher schnitt mit nur 37 Gegentreffern besser als die Angriffskräfte ab. 1976/77 reichten den Gladbachern sogar nur 58 Tore zur Verteidigung der „Salatschüssel". Gleich sieben Teams schossen mehr: Vize-Meister Schalke (77), der Vierte Frankfurt (86), der Fünfte Köln (83), der Sechste Hamburg (67), der Siebente Bayern München (74), der Achte Dortmund (73) und selbst noch der Neunte Duisburg (60). Von den neun Teams der oberen Hälfte der Tabelle erzielte also nur eine Mannschaft – nämlich der Dritte Eintracht Braunschweig – weniger Tore als der Meister. Das Prunkstück der Gladbacher war erneut die Abwehr, mit 34 Gegentreffern (Vize-Meister Schalke kassierte 52) in dieser Saison die beste der Liga.

Gladbacher wie Bayern errangen ihre Meistertitel nicht durch ungezähmten Offensivgeist, sondern auch und gerade durch kontrolliertes Spiel und gute Abwehrarbeit. Addiert man die von Bayern und Gladbach im Zeitraum 1968/69 bis 1976/77 geschossenen Tore, dann liegt der FCB mit 715:676 Toren vorn. Bei der Abwehrarbeit sieht es umgekehrt aus: Gladbach kassierte 374 Treffer, Bayern hingegen 402. Die Statistik widerspricht somit der These von den offensiven Gladbachern und defensiven Bayern.

Die Spielgestalter

In den Spielgestaltern Netzer und Beckenbauer „personalisierte (sich) der prinzipielle Gegensatz Bayern-Gladbach“ (Böttiger). Dass die Spieler beider Mannschaften fußballerisch durchaus miteinander konnten, wenn sie dies nur wollten und zudem auch noch mussten, beweist das legendäre 3:1 der bundesdeutschen Elf gegen England vom 29. April 1972 in Wembley, als es zum „historischen Kompromiss“ zwischen den beiden Antipoden kam. Vom FC Bayern waren Maier, Beckenbauer, Schwarzenbeck, Breitner, Hoeneß und Müller dabei, von der Borussia lediglich Netzer und Wimmer. Netzer traf vom Elfmeterpunkt, die anderen beiden Treffer markierten Hoeneß und Müller. Auch der Gewinn der Europameisterschaft 1972 durch die vielleicht beste Nationalmannschaft in der deutschen Fußballgeschichte war eine Bayern-Gladbach-Koproduktion. Im Finale in Brüssel (3:0 gegen die UdSSR) war außer den genannten Akteuren noch Heynckes dabei. Beim Gewinn der Weltmeisterschaft 1974 spielten im Finale sechs Bayern, aber nur zwei Gladbacher: Rainer Bonhof und Berti Vogts. Das „Prinzip Bayern“ hatte sich durchgesetzt, und im Mittelfeld führte statt Netzer Overath Regie, der sich als der beständigere Nationalmannschaftsakteur erwiesen hatte. Netzer war bei diesem Turnier – von seiner Einwechslung beim Spiel gegen die DDR (0:1) abgesehen – nur Zuschauer. Netzer über das Missverständnis Nationalmannschaft: „Meine Art Fußball zu spielen, war sehr kompliziert. Im Gegensatz zu Overath. Der hat einfach klar, ohne Risiko gespielt.“ Der Kölner stand damit der Bayern-Spielweise näher. Netzer war der „einfache lange Pass nicht gut genug. Es musste etwas Besonders sein. Das ging nur in Verbindung mit den Gladbachern.“ In der Nationalmannschaft sei Gerd Müller nicht für ihn gelaufen wie bei den Gladbacher Jupp Heynckes. „Gerd Müller ist stehen geblieben wie eingemauert, wollte den Ball auf den Fuß gespielt haben. Das war eine ganz andere Art, Fußball zu spielen. Und deshalb hat das auch nicht so gut funktioniert.“

Nicht nur Netzer, sondern auch Beckenbauer war mit Offensivgeist ausgestattet. Auf dem Spielfeld bestand der hauptsächliche Unterschied darin, dass Beckenbauer eine andere Position besetzte, die Verantwortung für die Defensive beinhaltete. Wenngleich er die Rolle des Liberos sehr frei und nach Möglichkeit offensiv interpretierte. Beckenbauer liebte es, sich nach vorne zu orientieren, um mit Gerd Müller Doppelpass zu spielen. Für seine Absicherung sorgte dann vornehmlich Schwarzenbeck. Auch Netzer hatte mit Wimmer, Vogts und Bleidick seine Wasserträger. Die größte Stärke von Beckenbauer und Netzer war ihre Spielintelligenz. Beide veränderten das Image des deutschen Fußballs im Ausland, der dort bis dahin zwar als kampfstark, aber technisch bieder und wenig intelligent galt. Netzer, vor allem aber der leichtfüßigere Beckenbauer arbeiteten nicht Fußball, sie spielten ihn.

Der größte Unterschied zwischen den beiden Spielgestaltern war kein fußballerischer, sondern außerhalb des Spielfelds angesiedelt. Er bestand in ihrer unterschiedlichen Wirkung auf und Wahrnehmung durch die Öffentlichkeit. Beide waren von zentraler Bedeutung für die Mobilisierung eines neuen Publikums. Betraf dies im Falle Beckenbauers mehr die Münchner Society und ihre Schicki-Mickis, so fühlten sich durch den introvertierten Netzer Kulturschaffende und Intellektuelle, einschließlich der linken Intelligenz, sowie die Frauen angesprochen. Netzer „schien auf der Suche zu sein nach einem Glück, das irgendwo in der Ferne lag und das ihn nie erreichte. Dieses Image ist haarscharf auf jene Gruppen der Gesellschaft zugeschnitten, die bisher noch nie von einem Fußball-Star emotionell berührt wurden: auf die Intellektuellen und die Frauen. Deshalb erschienen im Lichtkreis Netzers Künstler, Fotografen, Fernseh-Regisseure und junge Leute, die nie ein Fußballstadion besuchen würden. (...) Er strebte nicht nach dem so genannten ‚Besseren' wie Beckenbauer, und das bewahrte ihn vor den Pfiffen. Er ist aber auch kein Kumpel wie Müller, und das machte ihn suspekt" (Ulfert Schröder).

Während Netzer und sein Fußball in die Feuilletons der seriösen Zeitungen Einzug hielten, blieb Beckenbauer in erster Linie ein Objekt der Boulevardblätter. Der Münchner entsprach deren Bild vom Star erheblich besser als der Gladbacher. Beckenbauer war distanziert und leutselig zugleich. Wie sehr Beckenbauer die Skepsis der Intellektuellen verletzte, dokumentiert sein Buch „Ich. Wie es wirklich war". Ein Aufsatz des Tübinger Rhetorikprofessors Walter Jens aus dem Jahre 1976, in dem er sich kritisch mit dem damaligen Kapitän der Nationalmannschaft auseinander setzte, beschäftigte Beckenbauer auch noch 16 Jahre danach.

Rebellen?

Die Auseinandersetzung zwischen Bayern und Gladbachern wurde von außen politisiert. Für Norbert Seitz lieferte „‚swinging Gladbach' die Begleitmusik zur frühen Reformphase der sozialliberalen Koalition". Und Holger Jenrich schreibt: „Borussia gegen Bayern..., das hieß für viele Schönheit gegen Erfolg, Links gegen Rechts, Progressivität gegen Pragmatismus."

Netzer selbst hat eine derartige politische Etikettierung stets abgelehnt. Der Spieler Netzer war unpolitisch, wenngleich er durch die Aura, die ihn umgab, wie kein anderer Akteur einen Zeitgeist zu repräsentieren schien, der einen Bruch mit dem dumpfen, spießigen Konservativismus der Adenauer-Ära suchte und kreative Kräfte freisetzte.

Die Kapitäne und Spielgestalter: Beckenbauer und Netzer.

Netzer fuhr nicht Opel oder Mercedes, sondern einen Ferrari; er kleidete sich gern schwarz und trug lange Haare; er betrieb eine Disco, was damals noch etwas völlig anderes bedeutete als heute; seine Freundin Hannelore passte so gar nicht in das damalige Milieu der Fußballerbräute; und außerdem hieß es, er lese Hesse – für einen Fußballer damals eine Sensation. Aber Netzer zählte auch zu den ersten Bundesligakickern, die mit dem Mythos von den „elf Freunden" brachen und ihr Verhältnis zu Verein und Mitspielern als vornehmlich geschäftliche Beziehung definierten. Er sah sich als Modernisierer, aber keineswegs als politischer Rebell. Netzer selbst: „Sie haben in uns jungen Burschen etwas gesehen, was ihren politischen Einstellungen sehr, sehr nahe kam. Sie haben die Bayern assoziiert mit der konservativen Politik, dem Establishment. Und wir waren die jungen Himmelsstürmer. Wir wollten ausbrechen aus dem normalen Leben. Die Bayern standen für die CDU/CSU, wir für die Linken. Da hat man mir zu viel der Ehre angetan. Ich habe keine politischen Ambitionen gehabt."

Waren die Gladbacher tatsächlich „linker" und „rebellischer" als die Bayern? Die meisten und auffälligsten Langhaarigen hatten nicht die Gladbacher, sondern die Bayern. Allen voran Paul Breitner mit seinem Afro-Look, der ihm schon als Jugendnationalspieler den Ärger der DFB-Funktionäre einbrachte. Gladbach hatte nur Netzer, die Bayern hingegen die selbstbewussten Studenten Breitner und Hoeneß, die mit den konservativen Fußballautoritäten immer wieder aneckten, den unkonventionellen Sepp Maier, die bekennenden „68er" Rainer Zobel und Charly Mrosko. Was die Spieler anbetraf, so war beim FC Bayern damals sicherlich mehr Modernität, Intelligenz und Aufmüpfigkeit versammelt als bei Borussia Mönchengladbach.

Netzer war im Übrigen einem Wechsel zum FC Bayern nicht abgeneigt. Doch die Bayern kamen zu spät, und außerdem war es Politik des Gladbacher Managers Grasshoff, seine Stars, wenn man sie schon gehen lassen musste, nach Möglichkeit ins Ausland zu verscherbeln, um nicht die heimische Konkurrenz zu stärken. Als Netzer bereits bei Real Madrid unterschrieben hatte, eilte Schwan in die spanische Hauptstadt, um dem Spielmacher ein Angebot zu machen. Als Gehalt schwebte Schwan „die Beckenbauer-Ebene" vor. Ausgelöst wurde die Schwan-Expedition allerdings erst durch die Weigerung des DFB, Netzer die Freigabe zu erteilen. Real hatte sich gesperrt, die Neuerwerbung ohne Einschränkung für die Nationalmannschaft abzustellen. Wäre es dem Bayern-Manager gelungen, Netzer aus Madrid loszueisen, hätte sich der FCB als „Retter des deutschen Fußballs" präsentieren können. Doch Netzer lehnte die Bayern-Offerte ab. Netzer zu Schwan: „Aber Robert, warum bist du denn nicht vier Wochen früher gekommen? Du hast doch gewusst, dass ich wechsle. Ich will das jetzt hier unter allen Umständen durchziehen, ich bleibe in Madrid." Netzer konnte sich durchaus vorstellen, für den FC Bayern zu spielen, obwohl er einschränkt, „dass der Neudecker mit mir immer absolute Schwierigkeiten gehabt hat, schon wegen meiner langen Haare und so weiter. Für den war es ja nie denkbar gewesen, dass ich da spiele." ■

Die Heimstatt eines Serien-Meisters: das Münchner Olympiastadion.

1976 bis 1991

1976 bis 1991

„Forever Number One"

1976/77 Der Kaiser auf der Flucht

Nach dem Gewinn des Weltcups 1976 begann für die Bayern eine Zeit des Umbruchs. Leistungsträger wie Franz Beckenbauer, Gerd Müller und Uli Hoeneß sollten bald ihren Abschied nehmen, der spielerische Glanz vergangener Jahre war dahin, und neue Erfolge blieben zunächst aus. Lediglich als Siebenter beendete der FC Bayern die Bundesligasaison 1976/77; Meister wurden die weiterhin von Udo Lattek trainierten Gladbacher, denen damit als zweitem Klub nach den Bayern der Titel-Hattrick in der Bundesliga gelang und die mit ihren nun fünf Titeln vorübergehend Bundesliga-Rekordmeister waren. Es sollte allerdings die bis heute letzte Meisterschaft für die Borussen sein.

Vor dem Anpfiff des ersten Meisterschaftsspiels gegen Fortuna Düsseldorf (2:1) nahm Franz Beckenbauer zum zweiten Mal die Auszeichnung „Europäischer Fußballer des Jahres" entgegen. Im gleichen Spiel musste Verteidiger Björn Andersson, der sich gerade erst von seiner im Europapokalfinale 1975 erlittenen schweren Verletzung erholt hatte, erneut lädiert den Platz verlassen. Das Verletzungspech sollte den Bayern auch im weiteren Verlauf der Saison treu bleiben.

Die Mannschaft präsentierte sich äußerst unberechenbar. Nach mäßigem Auftakt gelang am 5. Spieltag ein 9:0-Sieg gegen Tennis Borussia Berlin, bei dem Gerd Müller bereits zum fünften Mal in seiner Profikarriere fünf Treffer in einem Spiel erzielte. Dies war der Auftakt einer kleinen Serie von drei Siegen, in denen man insgesamt nicht weniger als 19 Tore schoss. Doch wer geglaubt hatte, der FCB würde sich nun konsolidieren, sah sich nur 14 Tage später getäuscht. In der eigenen Arena verlor der FC Bayern gegen Schalke 04 sage und schreibe 0:7, bis heute die höchste Heimniederlage der Bayern in der Bundesliga. Schalkes Präsident Günther Siebert sah „die Alpen versetzt". Die Wiedergutmachung erfolgte nur weitere zwei Spieltage später, als der FCB daheim den Hamburger SV mit 6:2 abfertigte. Ein ähnliches Bild bot sich auch gegen Ende der Saison. Beim Aufsteiger 1. FC Saarbrücken unterlag der FC Bayern mit 1:6. Prominenter Augenzeuge des Debakels war der Saarbrücker Oberbürgermeister Oskar Lafontaine. Die folgenden beiden Spiele gegen Rot-Weiß Essen und den Karlsruher SC gewannen die Bayern dann 5:1 und 5:0.

0:7-Heimpleite gegen Schalke

Die denkwürdigste Partie in dieser Saison war das Auswärtsspiel am 6. Spieltag in Bochum. An der Castroper Straße führten die Gastgeber zur Halbzeit bereits 3:0. Kurz nach Wiederanpfiff konnte der VfL gar auf 4:0 erhöhen, so dass die Partie gelaufen schien. Rummenigges Tor zum 1:4 hakten die Bochumer Fans als „Ehrentreffer“ ab. Doch Dettmar Cramer peitschte seine Mannschaft unverdrossen nach vorn. Am Ende gewannen die Bayern durch weitere Treffer von Schwarzenbeck und je zweimal Müller und Hoeneß 6:5. Sepp Maier: „Nach dem Abpfiff lagen sich alle in den Armen: auf der Tribüne und auf dem Platz. Wir feierten und die Bochumer feierten mit. Was für ein tolles Spiel.“ Am letzten Spieltag empfing der FC Bayern den Tabellenführer Borussia Mönchengladbach. Das Hinspiel auf dem Bökelberg hatten die Borussen mit 1:0 gewonnen. Vor 77.000 Zuschauern im ausverkauften Olympiastadion zitterten sich die Gladbacher zur Meisterschaft. Zwar führten die Gäste bereits nach 22 Minuten mit 2:0, doch in der 36. Minute gelang Müller der Anschlusstreffer zum 1:2. Die in dieser Saison gewöhnlich nur mittelmäßigen Bayern liefen gegen den alten Rivalen zur Höchstform auf, während sich die Gladbacher offenbar für das vier Tage später stattfindende Europapokalfinale schonten. In der 90. Minute verlängerte Wittkamp einen Lupfer von Beckenbauer, der am Nachmittag des 21. Mai 1977 sein letztes Bundesligaspiel für den FC Bayern bestritt, über seinen Torwart Kneib hinweg zum Ausgleich für die Bayern. Die Gladbacher mussten weiter auf ihren ersten Sieg in München warten.

Mit 65 Gegentreffern kassierte der FC Bayern so viele wie noch nie zuvor seit seinem Aufstieg in die Bundesliga und fast doppelt so viele wie Meister Mönchengladbach. Mit 74 Toren schossen die Bayern allerdings auch 16 Tore mehr als die Borussen. Da der fünftplatzierte 1. FC Köln Pokalsieger wurde, konnte sich der FC Bayern mit seinem 7. Platz für den UEFA-Cup qualifizieren. Torschützenkönig wurde in dieser Saison erneut ein Müller, allerdings nicht Gerd. Der Kölner Dieter Müller schoss 34 Tore, sechs mehr als sein zweitplatzierter Namensvetter vom FC Bayern. Einziger Titel in dieser Saison: Sepp Maier wurde zum zweiten Male zum „Fußballer des Jahres“ gewählt.

Im DFB-Pokal kam es in der 4. Runde zum vereinsinternen Duell von Profis und Amateuren. Die 6.500 Zuschauer sahen eine torreiche Begegnung, in der sich die FCB-Amateure gut verkauften. Für die Profis spielten: Licht, Weiß, Beckenbauer, Schwarzenbeck, Horsmann, Kapellmann, Roth, Torstensson, Hoeneß, Müller (82. Seneca), Rummenigge (24. Künkel). Und für die Amateure: Schrobenhauser, Gruber, Grosser, Leidecker, Önal, Kirschner, Augenthaler, Schenk, Summerer (75. Radlmeyer), Ehrensberger, Reisinger.

Nach 13 Minuten stand es durch einen Treffer von Reisinger 1:0 für die Amateure. Doch zwischen der 18. und 27. Minute schoss Müller mit einem Hattrick eine 3:1-Führung für die Profis heraus. In der 29. Minute verkürzte Kirschner auf 3:2, aber Künkel stellte mit dem Halbzeitpfiff den alten Abstand wieder her. Gegen Ende wurde es noch einmal kurzzeitig spannend, als Önal in der 76. Minute das 3:4 erzielte. Doch vier Minuten später sicherte Müller mit seinem vierten Treffer den Profis die Vereinsmeisterschaft und den Einzug ins Viertelfinale. Dort kam es zum Duell zwischen der heim-

Franz Beckenbauer spielte 1977 zum letzten Mal im Kreis seiner Bayern-Kollegen.

lichen Hauptstadt und der verhinderten Hauptstadt. Der FC Bayern ging bei Hertha BSC Berlin zwar bereits nach sechs Minuten durch Kapellmann in Führung, aber Granitza konnte in der 31. Minute per Strafstoß ausgleichen. In der Verlängerung schoss Weiß die Bayern ein zweites Mal in Führung, aber auch diesmal reichte es nicht. Die Berliner erzielten in den verbleibenden 25 Minuten noch drei Treffer, wobei der letzte auf das Konto eines Ex-Bayern ging: Bernd Gersdorff.

Im Europapokal zeigte sich recht bald, dass die Bayern kein europäisches Spitzenteam mehr waren. In den ersten beiden Runden schaltete man Köge BK (5:0 und 2:1) sowie Banik Ostrau (1:2 und 5:0) aus. Drei der sieben Treffer gegen die Dänen schoss mit Torstensson ausgerechnet ein Skandinavier im Bayern-Dress. In der 3. Runde kam dann gegen Dynamo Kiew das Aus. Im Hinspiel in München gab es vor 75.000 Zuschauern durch ein Tor von Künkel einen knappen 1:0-Sieg. Im Rückspiel hielten die Bayern vor 110.000 Zuschauern lange Zeit gut mit. In der 41. Minute verschoss Oleg Blochin für die Gastgeber einen Elfmeter. In der 83. Minute zeigte der österreichische Schiedsrichter Linemayr erneut für Dynamo auf den Elfmeterpunkt. Diesmal konnte Burjak zum 1:0 verwandeln. Nur vier Minuten später gelang Kiew durch Slobodjan auch noch das 2:0.

Am Ende der Saison verabschiedete sich Franz Beckenbauer vom FC Bayern, um in der Northern American Soccer League (NASL) für Cosmos New York zu kicken, sportliches Aushängeschild und Abschreibungsobjekt des Medien-Riesen „Warner Communications“. Der erste „Alt-Promi“, den es in die Liga zog und der zu ihrem Aushängeschild schlechthin wurde, war 1974 Pelé gewesen, den Cosmos New York mit einem Dreijahresvertrag für 4,5 Mio. Dollar köderte. Pelé folgten neben Beckenbauer auch Giorgio Chinaglia (Italien), Johan Cruyff und Johan Neeskens (Niederlande), George Best (Nordirland), Kazimierz Deyna (Polen), Teofilio Cubillas (Peru), Carlos Alberto (Brasilien), Gordon Banks (England), Eusebio und später Gerd Müller.

Beckenbauer zahlt seine Ablöse

Nach Beckenbauer verließ auch Robert Schwan, der den Cosmos-Deal ausgehandelt hatte, den Verein. Ausschlaggebend für den spektakulären Wechsel waren wohl weniger die sportliche Krise des FC Bayern als private Probleme, genauer: Schwierigkeiten in der Ehe und Steuerrückstände in Höhe von 1,8 Mio. DM. Das Finanzamt München I hatte gegen den „Kaiser“ ein Steuerstrafverfahren eröffnet, das ihn schließlich rund eine Million Mark kosten sollte. Beckenbauer und die Springer-Presse saßen noch nicht in einem Boot. Die „Bild-Zeitung“ walzte die Steuerprobleme ihres späteren Starkolumnisten genüsslich aus, und einige Monate später wusste ein weiteres Springer-Blatt, „Die Welt“, auch noch zu berichten, der Kaiser habe sich in eine Münchner Fotografin verliebt. Die Boulevardpresse sezierte die Person Beckenbauer so gnadenlos, dass ihm eigentlich gar nichts anderes übrig blieb, als zu emigrieren.

Von Neudecker besaß Beckenbauer die Zusicherung, den FC Bayern für eine Ablösesumme von einer Mio. DM verlassen zu dürfen. Cosmos New York war bereit, diese Summe zu akzeptieren, aber plötzlich erhöhte der FCB-Präsident seine Forderung auf 1,75 Mio. DM. Neudecker wollte gegenüber den Mitgliedern unbedingt den Eindruck vermeiden, er verkaufe die Galionsfigur zum Schleuderpreis. Da Cosmos nicht bereit war, mehr als 1,4 Mio. zu zahlen, musste Beckenbauer den Differenzbetrag von 350.000 selbst tragen. „Bloß weg hier“, dachte der Kaiser wohl. „Beckenbauer ist vergessen“, lautete der Nachruf des selbstherrlichen DFB-Präsidenten Hermann Neuberger („Spieler sind zu ersetzen, Funktionäre nicht“) auf den bis heute genialsten deutschen Balltreter. Da der Kaiser nun lediglich in einer „Operettenliga“ kicke, genüge er nicht mehr länger den Ansprüchen der Nationalelf.

Mit des Kaisers Abgang brach das Dreigestirn Beckenbauer-Müller-Maier, das gemeinsam mit dem FC Bayern vier Meistertitel, vier DFB-Pokale und vier Europapokale sowie mit der Nationalmannschaft je einen Europameister- und Weltmeistertitel gewonnen hatte, auseinander. Eine glorreiche Ära ging zu Ende, aber zugleich bot dies auch die Möglichkeit zum Neuanfang, der allerdings seine Zeit benötigen sollte. Außer Beckenbauer verließen auch die beiden Schweden Andersson und Torstensson den Verein.

Während sich Beckenbauer nach zwölf Jahren von der Bundesliga verabschiedete, kehrte ein anderer Aktiver der großen Bayern-Jahre in die Bundesrepublik zurück. Paul Breitner zog es jedoch zunächst nicht in die Isar-Metropole, sondern ins Zonenrandgebiet, wo er sich Eintracht Braunschweig anschloss. Braunschweigs Mäzen „Jägermeister“ Günter Mast erhoffte sich von dem Enfant terrible mehr Glanz für seine graue Provinztruppe.

1977/78 Sportlicher Tiefpunkt und Trainertausch

In der Saison 1977/78 sah die Bundesliga das schlechteste Abschneiden des FC Bayern seit dem Aufstieg von 1965. Der FCB wurde nur Zwölfter. Die Meisterschaft gewann der 1. FC Köln aufgrund des besseren Torverhältnisses vor Borussia Mönchengladbach. Aus den vier Begegnungen gegen die beiden Spitzenteams konnte der FC Bayern nur einen Punkt holen, beim 1:1 im Heimspiel gegen Borussia Mönchengladbach. Müllers Tor zum 1:0 war auch der einzige Treffer, der den Bayern gegen die beiden Klubs gelang. Da der FC Bayern bereits die vierte Saison in Folge den Gladbachern nicht das Wasser reichen konnte, wollten „nur" 48.000 das Spiel sehen.

Zum ersten Mal beendete der FCB eine Bundesligasaison mit einem negativen Punktekonto (32:36), was bis heute nur noch einmal passieren sollte. Auch das Torverhältnis fiel mit 62:64 negativ aus. Nur die beiden Absteiger FC St. Pauli und 1. FC Saarbrücken sowie Borussia Dortmund und der Hamburger SV mussten mehr Gegentore hinnehmen.

Zuschauer strömen zum Münchner Derby

Durch den Wiederaufstieg des TSV 1860 kam es am 15. Spieltag nach über sieben Jahren Pause erstmals wieder zu einem Münchner Stadtderby in der Bundesliga. Die Zeit dazwischen hatten Rote und Blaue mit Freundschaftsspielen überbrückt, von denen einige erstaunliche Zuschauermassen mobilisierten. Im Juli 1973 sahen 46.000 einen 3:0-Sieg der Bayern gegen den Regionalligisten. 1975 kamen sogar 57.000 zum Freundschaftsderby, das die Bayern erneut 3:0 gewannen. Als im nächsten Jahr erneut über 40.000 ins Olympiastadion strömten, schrieb die „SZ": „Die Trainer bekunden ungeniert ihr Desinteresse am Lokalkampf und legen Wert auf die Feststellung, dass sie deshalb den Trainingsstress nicht mindern werden. Das Fußballvolk eilt herbei mit Fahnen und Transparenten, vollführt einen Höllenlärm, als ginge es um die Weltmeisterschaft, und zeigt sich in der Tat nur mäßig enttäuscht über die erwartungsgemäß bescheidene Vorstellung." Das vorletzte Freundschaftsderby gewann der FC Bayern 1:0. Wie sehr München einem „echten" Stadtderby entgegenfieberte, dokumentierte ein Testspiel der beiden Klubs vor dem Saisonstart 1977/78. 67.000

Der Aufsteiger triumphiert im Lokalderby: Mit 3:1 bezwangen die Löwen den FC Bayern. Hier Kapellmann im Duell mit Hartwig (links).

kamen ins Olympiastadion und sahen einen 2:1-Sieg des frischgebackenen Aufsteigers. Uli Hoeneß nörgelte anschließend, die Löwen hätten sich auf das Freundschaftsderby wohl gewissenhafter vorbereitet als auf ihr Pokalspiel drei Tage später in Bielefeld.

Als es dann endlich ernst wurde, behielten die Löwen zunächst erneut die Oberhand. Am 12. November 1977 erlebten 78.000 Zuschauer die für lange Zeit letzte Niederlage des FC Bayern gegen die Sechziger. Durch Tore von Scheller (2) und Kohlhäufl bei einem Gegentreffer von Karl-Heinz Rummenigge verlor der FCB 1:3, obwohl die Löwen bereits abgeschlagen auf Rang 18 lagen. Aber auch die Bayern waren zu diesem Zeitpunkt als Vierzehnter in Abstiegsgefahr. Der FC Bayern verlor nicht nur zwei Punkte, sondern auch Karl-Heinz Rummenigge, den Schiedsrichter Biwersie des Platzes verwies, weil er seinem Gegenspieler Hofeditz eine Watsch'n verpasst hatte. Hofeditz soll gegenüber dem Bayern-Stürmer eine – so Rummenigge – „unglückliche Aussage" gemacht haben. Es blieb der einzige Platzverweis in der Karriere des Lippstädters.

Zum Rückspiel am 32. Spieltag kamen „nur" 63.000 ins Olympiastadion. Der Abstieg des TSV 1860 war längst besiegelt, und der FC Bayern nicht mehr als unteres Mittelmaß. Die Partie endete 1:1, und den Löwen, die am Ende neun Punkte vom rettenden Ufer trennte, blieb der schwache Trost, dass sie in dieser Saison wenigstens die Bilanz gegen den Lokalrivalen positiv gestalten konnten.

Am 2. Dezember 1977 war es zu einem sensationellen Trainertausch zwischen München und Frankfurt gekommen. Während der Ungar Gyula Lorant, der bei der Eintracht die moderne Raumdeckung eingeführt hatte, an die Isar wechselte, zog Dettmar Cramer an den Main um. Trotz erheblicher Sprachprobleme (Klaus Augenthaler 1997: „Im Vergleich zu Gyula Lorant spricht Trapattoni perfekt deutsch") kehrte der neue Besen zunächst recht ordentlich. Aus den ersten vier Spielen unter Lorants Regie holte der FCB sechs Punkte, darunter einen 2:1-Sieg über den ehemaligen Lorant-Klub Eintracht Frankfurt, aber anschließend stellte sich wieder das alte Bild ein. Am letzten Spieltag setzte es für den FC Bayern in Kaiserslautern eine 0:5-Niederlage.

Trotz des schlechten Abschneidens in der Meisterschaft wurde Gerd Müller – gemeinsam mit seinem Kölner Namensvetter Dieter – mit 24 Treffern zum siebenten und letzten Male Torschützenkönig. Und der tapfere Sepp Maier, der in den letzten vier Bundesligaspielzeiten nicht weniger als 242-mal hatte hinter sich greifen müssen, was einem Schnitt von fast 1,8 Gegentoren pro Spiel entsprach, wurde zum dritten und letzten Male zum „Fußballer des Jahres" gewählt.

Im DFB-Pokal erlebte der FC Bayern seine erste dicke Blamage. Nach mühsamen Siegen gegen den 1. FC Saarbrücken (2:1) und Eintracht Trier (3:1) unterlag der FC Bayern beim Zweitligisten FC Homburg 1:3. Es war nicht der letzte Reinfall des FC Bayern in diesem Wettbewerb. Fortan verfolgte das Fußballvolk – sofern es nicht mit den Bayern sympathisierte – die Auftritte der Münchner bei DFB-Pokalspielen in der frohen Erwartung, dass der Goliath gegen David scheitern würde.

Im UEFA-Cup, an dem der FC Bayern erstmals teilnahm, überstand die Mannschaft die ersten beiden Runden nur deshalb problemlos, weil sie sich mit zweit- und drittklassigen Gegnern auseinander setzen musste. Gegen Mjöndalen IF siegte man 8:0 und 4:0, gegen Marek Stanke Dimitrov wurde es indes bereits ziemlich eng. In München gewann der FCB vor 14.000 Zuschauern mit 3:0. Beim Rückspiel stand es bereits nach 37 Minuten 2:0 für die Gastgeber, wobei es zum Glück für die Bayern bis zum Schlusspfiff blieb. In der 3. Runde traf der FC Bayern mit Eintracht Frankfurt auf einen Bundesligisten. Obwohl die Frankfurter in der Liga nur oberes Mittelmaß waren, setzte es zwei Niederlagen. In Frankfurt verlor der FCB mit 0:4, in München vor nur 13.000 Zuschauern mit 1:2.

Das Ausscheiden aus UEFA- und DFB-Pokal sowie die schlechte Platzierung in der Bundesliga bedeuteten, dass der FC Bayern in der Saison 1978/79 in keinem europäischen Wettbewerb vertreten sein würde. Die letzte europalose Saison des FC Bayern lag mit 1968/69 bereits acht Jahre zurück.

Bei der WM 1978 in Argentinien waren von den sechs Bayern-Akteuren, die vier Jahre zuvor den WM-Titel gewonnen hatten, nur noch Sepp Maier und Hans-Georg Schwarzenbeck dabei. Der einzige weitere Bayern-Spieler war Karl-Heinz Rummenigge. Die Bayern-Ära der Nationalmannschaft war nun Vergangenheit. Die Ex-Bayern Franz Beckenbauer (Cosmos New York) und Paul Breitner (Real Madrid / Eintracht Braunschweig) blieben unberücksichtigt. Sehr zur Freude von DFB-Boss Hermann Neuberger, der den beiden Kickern unverändert ihren Wechsel ins Ausland verübelte. Die Weigerung des DFB, bei Beckenbauers amerikanischen Arbeitgeber eine Freigabe zu erwirken, veranlasste die CSU-Abgeordneten Dionys Jobst und Richard Stücklen zu einer skurrilen, aber durchaus ernst gemeinten Anfrage im Bundestag: „Ist die Bundesregierung bereit, sich einzuschalten, dass der Rekord-Nationalspieler Franz Beckenbauer vom amerikanischen Fußballklub Cosmos für die deutsche Nationalmannschaft zu den Spielen bei der WM in Argentinien freigegeben wird, ohne dass dadurch die deutsch-amerikanische Freundschaft Schaden nimmt?"

Der Kaiser als Thema im Bundestag

Im Vorfeld der WM kam es zum letzten bemerkenswerten politischen Auftritt Paul Breitners. In Argentinien regierte eine brutale Militärdiktatur, die Tausende von Bürgern ermordete und verschwinden ließ. Den DFB, namentlich seinen Präsidenten Hermann Neuberger, focht das alles nicht an. Die FIFA und Neuberger waren einzig und allein an einem ordnungsgemäßen Ablauf des Turniers interessiert. Und diesbezüglich kam ihnen die Militär-Junta, angetreten mit dem Versprechen, das politische und wirtschaftliche Chaos zu beenden, gerade recht. Neuberger verstieg sich sogar zu offenen Sympathiebekundungen mit den Diktatoren, als er diesen attestierte, eine „Wende zum Besseren" herbeigeführt zu haben.

In einem Beitrag für den „Stern" riet Breitner seinen früheren Mitspielern: „Verweigert dem General den Handschlag!" Mit der DFB-Führung ging Breitner hart ins Gericht: „Hermann Neuberger, der Präsident des DFB, hätte als Vize-Präsident des Weltfußballverbands FIFA Möglichkeiten genug gehabt, politisch auf die Zustände in Argentinien einzuwirken. Aber er hat von der Diktatur wohl ebenso wenig bemerkt wie

Bundestrainer Helmut Schön." Eine Umfrage des „Stern" unter den Nationalspielern bezüglich einer Petition von Amnesty International verlief ziemlich deprimierend. Zu den wenigen positiven Ausnahmen gehörte Sepp Maier: „Ich werde dem General nicht die Hand schütteln und meine Hände auf dem Rücken verstecken."

1978/79 (I) Ein Autokrat und 16 Revoluzzer

Zur Saison 1978/79 durfte der FC Bayern die Heimkehr eines „verlorenen Sohnes" feiern. Von Eintracht Braunschweig wurde Paul Breitner verpflichtet. 1,96 Mio. DM kostete den FC Bayern die Rückkehr des mittlerweile 27-Jährigen. In Braunschweig hatte Breitner eine enttäuschende Saison verlebt. Seinem Führungsanspruch mochte niemand folgen, und alleine konnte er es auch nicht richten. Breitner schoss zwar in 30 Spielen zehn Tore, aber mehr als der 13. Platz war für die „Jägermeister" nicht herausgesprungen.

Der „Leithammel" Breitner, der den Bayern bei seiner Ankunft die Meisterschaft versprach, sollte nun den Bayern aus ihrer Krise helfen. Neudecker mochte den „Revoluzzer" zwar noch immer nicht, wusste aber dessen Qualitäten als Fußballer und Antreiber zu schätzen und sprang deshalb über seinen schwarzen Schatten. Für Verein und Mannschaft sollte sich die Investition lohnen, nicht indes für den Präsidenten. Das Team benötigte nach Beckenbauers Weggang dringend einen neuen Häuptling. Der zweite Coup Neudeckers bestand in einer Vertragsverlängerung für Karl-Heinz Rummenigge. Eine neue Achse nahm Gestalt an, die bald „Breitnigge" getauft wurde.

In der Hinserie präsentierten sich die Bayern zunächst nicht anders als ein Jahr zuvor: Zum Auftakt verlor man bei Borussia Dortmund 0:1, um im folgenden Spiel den MSV Duisburg mit 6:2 aus dem Olympiastadion zu fegen. Eine Woche später gab es „auf Schalke" eine 0:1-Niederlage, aber am 5. Spieltag konnten die Bayern mit einem 2:0-Sieg auf der Bielefelder „Alm" nach 22 Monaten erstmals wieder auswärts einen doppelten Punktgewinn verbuchen.

In den folgenden Wochen eskalierte die Auseinandersetzung zwischen Trainer Lorant und Breitner, der auch während seiner zweiten Karriere beim FC Bayern die Konfrontation nicht scheute, aber zunächst deutlich hinter den Erwartungen blieb. Der „Kicker" schilderte eine Szene vom Trainingsplatz der Bayern: „Trainer Lorant hat im Abstand von 30 Metern zwei bewegliche Tore aufgestellt, mittenmang steht Paul Breitner allein. Lorant lässt Flanken auf ihn schlagen. Breitner soll direkt verwandeln, mit links, mit rechts, mit dem Kopf. Lorant erzählt: ‚Die Zuschauer lachten ihn aus. Er traf fast keinen Ball. Ich sah, dass er mit dem linken Fuß überhaupt nicht schießen kann. Kopfbälle nahm er mit dem Scheitel statt mit der Stirn. Es war eine einzige Katastrophe.' Die Szene der unfreiwilligen Lächerlichmachung – so Lorant – vergaß der Star dem Trainer nie." Für den „Kicker" deuteten alle Anzeichen darauf, „dass es sich hier immer mehr um ein 1,8-Millionen-Missverständnis handelt. (...) Was ist los mit Paul Breitner? In München wächst die Unzufriedenheit mit ihm. Er, der stets als Führungs-

Das 5:1 für die Fortuna. Ein (beabsichtigtes?) Debakel nimmt seinen Lauf.

autorität anerkannt werden will, als Kopf der Truppe, gar als ‚Spielmacher', geht immer häufiger im allgemeinen Mittelmaß unter." Lorant wird mit den Worten zitiert: „Wie wollen Sie einen 1,8 Millionen teuren Spieler rausschmeißen? Da wirft der Präsident lieber den Trainer raus. (...) Breitner ist ein Egoist durch und durch, privat, geschäftlich, spielerisch, deshalb funktioniert das bei ihm nicht. Er will nur, dass alle für ihn arbeiten. (...) Breitner ein Gerechtigkeitsfanatiker? Er ist genauso fanatisch, wenn es um Wein, klassische Musik, Kleidung, Autos oder Politik geht. Wie will ein Mann eine Mannschaft überzeugen, von dem ich weiß, dass er monatelang nicht mit dem eigenen Vater gesprochen hat?"

Unterstützung erhielt Breitner vor allem von seinem ehemaligen WG-Genossen Uli Hoeneß. Das sensationelle Ausscheiden in der 2. Runde des DFB-Pokals daheim gegen den Zweitligisten VfL Osnabrück (4:5) bedeutete zusätzliches Öl im Feuer. Der immer noch am Knie lädierte Hoeneß sollte eigentlich längst beim Hamburger SV spielen, doch dessen Manager Günter Netzer forderte eine Arthroskopie, die der Spieler entschieden ablehnte. Daraufhin nahm ihn Neudecker wieder auf, aber der Trainer wollte Hoeneß keinen Stammplatz garantieren. Als die Differenzen mit dem Trainer nicht mehr zu kitten waren, wechselte Hoeneß für eine Leihgebühr von 150.000 DM zum abstiegsgefährdeten 1. FC Nürnberg. Hoeneß' Brutto-Monatsgehalt betrug laut Auskunft des stolzen „Club"-Präsidenten Lothar Schmechtig 5.000 DM. Zum ersten Hoeneß-Auftritt pilgerten 56.000 Zuschauer ins Nürnberger Stadion, die allerdings nur eine 0:2-Niederlage ihrer Mannschaft gegen Schalke 04 sahen. Der Weltmeister von 1974 war nur noch ein Schatten früherer Tage. Hoeneß absolvierte elf Einsätze für den „Club“. Ein Tor gelang ihm nicht. Bereits am 21. März 1979 sollte sich Hoeneß wieder in Richtung München verabschieden, wo ihn große Aufgaben erwarteten.

Am 16. Spieltag verlor eine lustlos agierende Bayern-Elf bei Fortuna Düsseldorf mit 1:7. Man konnte sich nicht des Eindrucks erwehren, dass einige Bayern-Akteure bewusst ins Fortunen-Messer gelaufen waren. Gyula Lorant nach dem Spiel: „Ich habe meinen Spielern ausdrücklich verboten, dass sie alle auf Abseits spielen. Das geschah entgegen allen Abmachungen.“ Und an die Adresse von Breitner und Rummenigge gewandt: „Sie haben sich hängen lassen.“ Als Lorant eine Woche später im Krankenhaus lag, tönte Breitner: „Wir werden beweisen, dass wir Herrn Lorant ohne Weiteres entbehren können.“ Woraus jedoch zunächst nichts wurde, denn die Hinrunde endete mit einer 0:1-Pleite gegen den HSV.

Im Februar gab Lorant schließlich auf. Nachfolger wurde sein Co-Trainer und Landsmann Pal Csernai. Bei den Spielern war Csernai außerordentlich beliebt, da er sie in seine Entscheidungen mit einbezog. Aber Neudecker betrachtete Csernai lediglich als Interimslösung. Als neuer Cheftrainer schwebte ihm mal wieder sein Bruder im autoritären Geiste vor: Max Merkel. Geschäftsführer Fembeck und Manager Schwan zeigten sich wenig begeistert, aber Neudecker „war halt immer ein bisschen für Zucht und Ordnung“ (Fembeck). Der „Kicker“ prognostozierte Merkel bei den Bayern „einen Tanz auf dem Vulkan. Merkel wird in München nicht auf einen jubelnden Empfang rechnen dürfen.“

Die Mannschaft lehnte Merkel entschieden ab. Für sie hatte Neudecker mit seinem Autoritätsfimmel überdreht. Der Präsident hatte den Emanzipationsdrang seiner Spieler offenbar unterschätzt. Das Rad der Geschichte war seit dem Aufstieg in die Bundesliga nicht stehen geblieben – dank des FC Bayern. Dem Bayern-Boss war offensichtlich entgangen, dass sich das Verhältnis der Spieler zu ihren Vorständen und Arbeitgebern erheblich gewandelt hatte. Neudeckers Angestellte waren intelligente und selbstbewusste Großverdiener. Ihr Selbstbewusstsein war ein zwangsläufiges Nebenprodukt der Politik des FC Bayern, für seine balltretenden Angestellten gesellschaftliche Anerkennung zu mobilisieren.

Der Präsident musste schließlich in einen Kompromiss einwilligen: Sollte Csernai aus den folgenden beiden schweren Auswärtsspielen in Braunschweig und Mönchengladbach zwei Punkte holen, „dann kann er Cheftrainer bleiben“. In Braunschweig erreichten die Bayern ein torloses Remis, doch auf dem Rückflug nach München erfuhr Breitner durch einen Journalisten von der Verpflichtung Max Merkels. Kapitän Sepp Maier und Paul Breitner beschlossen ein Veto der Mannschaft. Breitner: „Ich habe die Mannschaft zusammengetrommelt und gesagt: ‚Es geht mir nicht um den Herrn Merkel, sondern um die Zusage des Präsidenten, dass wir zwei Spieltage Zeit haben. Und jetzt hat er gelogen, und das lassen wir uns nicht bieten. Der Merkel ist morgen um

Spieler-Aufstand auf dem Flughafen

zehn Uhr an der Säbener Straße, und wir machen frei. Und wir treffen uns wieder am Montag um zehn Uhr, wo, das sag ich euch noch. Hamma uns?‘ Kein Widerspruch. Dann hab ich den Neudecker angerufen: ‚Herr Neudecker, Sie können morgen den Herrn Merkel präsentieren, aber ohne die Mannschaft.‘ ‚Das ist Aufstand, das ist Aufruhr‘, sagte er. Da sag ich: ‚Wie immer Sie meinen. Sie haben uns belogen, mit so einem Grantler will ich nichts mehr zu tun haben. Am besten, Sie treten zurück.‘“

Er kann auch anders: Im Streit um Max Merkel zeigte sich Sepp Maier einmal nicht als Witzbold, sondern als Kopf der Spieler-Revolte.

Die Beratung und Abstimmung der Spieler hatte auf dem Frankfurter Flughafen bei der Zwischenlandung auf dem Rückweg von Braunschweig stattgefunden. Sepp Maier redete sich in der Öffentlichkeit in Rage: „Herr Neudecker machte mit mir und Paul Breitner letzte Woche eine Frist zur Hauptversammlung des Klubs am 2. April aus. (...) Dann erfahren wir aus dem Fernsehen, dass mit Max Merkel alles bereits klar sei, bis auf einige kleine ‚Detailprobleme‘. Ja, wo gibt’s denn so etwas! Ich hab’ in Braunschweig mit 38 Grad Fieber gespielt, für unseren Trainer Csernai, der Hervorragendes geleistet hat. Der Paul Breitner hatte letzte Woche acht Kilo abgenommen nach einer Darmgrippe und spielte auch. Und der Herr Neudecker verkündet – ohne uns auch nur informiert zu haben – ‚der Merkel kommt‘. (...) Wie kann man nur als Präsident einen Mann verpflichten, der die letzten Jahre nichts anderes getan hat, als den FC Bayern mit Dreck zu bewerfen. Herr Neudecker erzählt uns dauernd, der FC Bayern müsse sparen und hätte kein Geld mehr! Er lässt Spieler wie den Dürnberger und den Horsmann in Vertragsverhandlungen hängen und holt nun einen Trainer, von dem man zur Genüge weiß, dass er nicht gerade einer der billigsten im Lande ist. (...) Wir Spieler wollen auch unser Mitspracherecht. Der Herr Neudecker soll nicht in Panik verfallen, sondern uns endlich einmal in Ruhe arbeiten lassen. Nur Unruhe, nur Unruhe, allein sechs Trainer waren bei uns in den vergangenen Wochen im Gespräch. (...) Der Präsident soll auch einmal seine eigenen Fehler zugeben. Warum müssen bei uns immer nur die Trainer an allem schuld sein?“ Merkel schlug in gewohnter Weise zurück: „Müssen die nach dem 0:0 in Braunschweig in einem Siegestaumel gewesen sein, wenn sie so eine

Abstimmung machen! Auch daran kann man sehen, wie weit es mit dem ruhmreichen FC Bayern gekommen ist. Da wagen also Ersatzspieler gegen einen Max Merkel abzustimmen, Spieler, die noch gar nicht auf die Welt gekommen sind, Leute, deren Namen ich nicht einmal genau kenne."

Welch enorme Bedeutung die „Bayern-Revolution" für den deutschen Fußball und das Verhältnis Verein-Trainer-Spieler hatte, wird auch daraus ersichtlich, dass Sepp Maier zu den Vorgängen in der „Tagesschau" befragt wurde. Der Aufstand der Bayern-Spieler wurde fast wie eine Staatsaffäre behandelt, und tatsächlich nahmen nicht nur Fußballfans daran Anteil.

Einen Tag nach dem Spieler-Votum, am 19. März 1979, trat Neudecker nach 17 Jahren auf der Kommandobrücke des FC Bayern zurück: „Die Mannschaft hat sich gegen Merkel und damit auch gegen meine Person ausgesprochen. Der Vereinsführung auf diese Weise das Handeln einzuschränken, kann von mir nicht geduldet werden. Deshalb ziehe ich meine Konsequenzen." Neudecker weiter: „Mit einem solchen Kapitän und dieser Mannschaft kann ich nicht mehr weiterarbeiten." Zuvor hatte Neudecker Csernai noch mit einem neuen Zwei-Jahres-Vertrag ausgestattet. Die Geschäftsführung übernahmen bis zum Ende der Saison Schatzmeister Willi O. Hoffmann und Vize-Präsident Karl Pfab. Wenig später wurde Hoffmann dann offiziell zum Nachfolger von Wilhelm Neudecker als Bayern-Präsident gewählt. Neuer Schatzmeister wurde Fritz Scherer.

Auch wenn der Präsident die Rädelsführer als „Anarchisten" denunzierte: Der Konflikt Breitner/Maier kontra Neudecker war nicht in erster Linie politisch motiviert, sondern Ausdruck des Wandels, den der Fußball erfahren hatte. Mit Breitner siegten nicht die Roten, sondern die Modernisierer. Es war alles andere als ein Zufall, dass sich die vielleicht bedeutendste Spielerrevolte in der Geschichte des deutschen Profifußballs beim FC Bayern ereignete. Und es ist sicherlich auch kein Zufall, dass der FC Bayern heute der einzige Klub der Bundesliga ist, der von ehemaligen Spielern geführt wird.

1978/79 (II) **Hoeneß kommt**

Noch vor seinem Abgang hatte Neudecker mit Uli Hoeneß einen Nachfolger für Robert Schwan bestellt, was bei den Spielern nicht nur auf Gegenliebe traf. Im Juli 1979 nahm Hoeneß seine Tätigkeit auf. Mit 27 Jahren wurde er zum jüngsten Manager der Bundesligageschichte.

Als Hoeneß sein Amt antrat, plagten den FC Bayern 3,5 Mio. DM Schulden wegen einer zurückliegenden Steuergeschichte. Hoeneß: „Neudecker hatte vor, mich zu verheizen, weil er damals schon wusste, dass diese Steuerprobleme auf den Verein zukommen. Er hat gemerkt, hier geht alles den Bach runter."

Neben dem Aufbau einer schlagkräftigen Mannschaft, die auch in Europa wieder nach den Sternen greifen sollte, galt sein Hauptaugenmerk dem Ziel, dem FC Bayern eine größere Unabhängigkeit von seinen Zuschauereinnahmen zu verschaffen. Da der

1978 spielten sie noch gemeinsam beim FC Bayern. Ein Jahr später kehrte Uli Hoeneß als Manager zurück, und Gerd Müller verließ den Verein Richtung USA.

Zuschauerzuspruch stark vom Wetter, vom aktuellen Tabellenstand und vom Spannungsgehalt der Liga bestimmt wurde, erschwerte er eine mittelfristige Finanzpolitik. Deshalb galt es, neue Einnahmequellen zu erschließen. Um an größere Summen von Sponsorengeldern heranzukommen, musste sich der Klub besser als bisher verkaufen. Denn anders als die aussterbende Spezies des klassischen Mäzens forderte der Sponsor eine Gegenleistung.

„Verrückte" Visionen des neuen Managers

Eine noch viel größere und schwierigere Aufgabe war es, die Einnahmen aus den TV-Übertragungsrechten zu erhöhen. Dies erforderte eine völlig neue Medienlandschaft und geriet somit auch zum politischen Projekt. Noch mehr als sein Vorgänger Schwan erwies sich Hoeneß als ein Mann mit Visionen, der dem Rest der Branche weit voraus war. Thomas Kistner und Ludger Schulze schreiben, Hoeneß habe bereits Ende der 1970er Jahre einen Vortrag vor Münchner Wirtschaftstudenten über die Zukunft der Branche Profifußball gehalten. „Hoeneß sprach von Pay-per-View und seiner Erwartung, dass die Fernsehrechte an der Bundesliga irgendwann einmal eine Milliarde Mark pro Jahr bringen würden. Außer einer Hand voll Experten hatte in Deutschland, wo es nur die beiden öffentlich-rechtlichen Anstalten gab, niemand von so einer verrückten Sache gehört, bei der man sich gegen Bares sein Wunschprogramm erstellen kann. Und ARD und ZDF zahlten für die Rechte einen geringen Beitrag von wenigen Millionen. Auf seinen visionären Vortrag hin wurde der junge Manager als geistiger Amokläufer verspottet. Hoeneß betrieb in den Jahren danach die Kommerzialisierung seines Sports mit gewissenhafter Akribie. Selbstbewusst und unbeirrbar schwang er sich gegen heftige Kritik zum Vorreiter des gesamten Fußballbetriebs auf."

Anders als Neudecker besaß sein Nachfolger Hoffmann (Hoeneß: „Ein angenehmer und kreativer Mann") nicht die Mentalität des Alleinherrschers, sondern sah seine Aufgabe primär im Repräsentieren. Das Tagesgeschäft – neben wie auf dem Platz – vertraute er den „Revoluzzern" an. Paul Breitner: „Hoffmann hat gesagt: ‚Ihr zwei macht das jetzt. Sie, Paul, das Fußballerische, und Sie, Uli, das Finanzielle. Und ich, ich repräsentier.' Und wir haben geantwortet: ‚Wunderbar, Herr Hoffmann, Sie brauchen sich um nichts zu kümmern. Schaun's bloß, dass Ihr Kopf so oft wie möglich in der Zeitung ist.'"

An seinem ersten Arbeitstag erschien Hoeneß im Sakko und mit Notizblock in seinem Büro, um dies nach nur zwei Stunden wieder zu verlassen. Für den neuen Manager gab es nichts zu tun. Doch das sollte Hoeneß schnell ändern.

Die „Revolution" beim FC Bayern bewirkte einen Modernisierungs- und Professionalisierungsschub, der dem FC Bayern seine vorübergehend verlorene Avantgarderolle zurückgab. Das Vorbild für Hoeneß und Breitner hieß Real Madrid. Hoeneß: „Real war das Nonplusultra, der Fußballklub schlechthin. Fünfmal hintereinander Europapokalsieger der Landesmeister. Die haben ganz in Weiß gespielt. Ohne irgendeinen Werbestreifen. Das war der Wahnsinn. Und diese Uneinholbarkeit des Vereins..." Paul Breitner über die Folgen der „Revolution": „Ich habe in diesem Verein eine Rolle übernommen, die viel Verantwortung bedeutet. Wir haben jetzt einen Manager, mit dem ich jahrelang selbst gespielt habe. Wir haben den Spielbetrieb um die Mannschaft herum fast perfekt auf die Bedürfnisse der Spieler abgestimmt. Wir haben einen neuen Präsidenten und einen neuen Trainer bekommen. In dieser Phase habe ich die Möglichkeit gehabt, gewisse Erfahrungen einzubringen, die ich bei Real Madrid gemacht hab': Was es heißt, eine Mannschaft zu führen, was es heißt, eine Mannschaft zu betreuen, und was es heißt, auf alle Bedürfnisse einzugehen, die eine Mannschaft während des Spielbetriebs und auch außerhalb des Spielbetriebs hat."

Mit der „Revolution" wurde das Umfeld der Mannschaft weiter perfektioniert. Hierzu gehörte auch die medizinische Abteilung. Breitner: „Damals, als ich vom FC Bayern zu Real Madrid ging, war in der Bundesliga überhaupt nichts von dem Bewusstsein zu spüren, dass wir das Kapital der Vereine sind, dass wir wie hochgezüchtete Traber oder Galopper eben sehr vorsichtig und auch sehr bewusst von der medizinischen Seite her betreut werden müssen. Als ich 1974 wegging, haben wir nicht einmal eine Unterwasserwanne gehabt, wir haben überhaupt nichts gehabt, kein Gerät, gar nichts. Ich hab' in Madrid gesehen, dass man es auch anders machen kann. (...) Wir haben nun versucht, einen optimalen Physiotherapeuten, sprich Masseur, zu bekommen, der mehr kann, als nur die Muskeln zu lockern, sondern der auch ein bisschen was weiß von Verletzungen, Zerrungen, Muskelfaseranrissen. Wir haben versucht, einen Vereinsarzt für uns zu gewinnen, der wirklich rund um die Uhr für die Mannschaft da ist, den man auch mitten in der Nacht anrufen kann. Wir haben es in Verbindung mit diesen Leuten geschafft, dass wir in unserer Geschäftsstelle, das heißt, bei den Umkleidekabinen, bei den Duschen, dort, wo wir uns umziehen und auf das Training vorbereiten, eine medizinische Abteilung haben, die wirklich den Anforderungen der Bundesliga gerecht wird."

Das Verhältnis Hoeneß-Breitner entwickelte sich indes nicht konfliktfrei. Uli Hoeneß im Rückblick: „Ich als Manager des Vereins, Paul als Manager der Mannschaft. Wir sind oft zusammengeprallt. Manchmal haben wir Monate nicht geredet. Ich saß ganz vorne im Bus, Paul ganz hinten. Er hat mich unglaublich gefordert. Doch ohne ihn hätte ich den Job nicht so gut gemacht." Laut Hoeneß waren Breitners Hauptforderungen „bessere Spieler, bequemeres Reisen, bessere Betreuung der Mannschaft, weniger Freundschaftsspiele." Auch habe sich Breitner „gerade für die jungen und kleineren Spieler eingesetzt".

Paukenschlag zum Neubeginn

Das erste Post-Neudecker-Spiel fand am 24. März 1979 in Mönchengladbach statt. Der FC Bayern spielte auf dem Bökelberg wie befreit auf, demonstrierte Fußball allererster Güte, führte zur Halbzeit bereits mit 5:1 und gewann schließlich – ohne Gerd Müller! – mit 7:1. Die abstiegsbedrohten Gladbacher waren mit diesem Ergebnis sogar noch gut bedient. Denn hätten die Bayern nicht wiederholt Pfosten und Latte getroffen und einige hochkarätige Chancen vergeben, wäre auch eine zweistellige Niederlage möglich gewesen. Dreifacher Torschütze war Karl-Heinz Rummenigge, neben Breitner der überragende Mann auf dem Platz. „Rummenigge nicht zu fassen", schrieb der „Kicker". Pal Csernai verkündete nach dem Abpfiff, nun sei bewiesen, dass sein Konzept des Mitspracherechts der Spieler erfolgreich sei. In den verbleibenden zehn Meisterschaftsspielen kassierten die Bayern nur noch eine Niederlage, am 32. Spieltag beim 2:4 in Nürnberg. Am letzten Spieltag gewann der FCB beim von Branco Zebec trainierten neuen Meister Hamburger SV mit 2:1, ein Sieg mit Symbolgehalt. In der Endabrechnung belegte der FCB den 4. Platz und zählte damit nach zwei Jahren des Übergangs und der Abstinenz wieder zu den Top-Teams der Liga, und mit der kommenden Saison war er sogar wieder meisterschaftsreif.

Neben Wilhelm Neudecker gab es in der Saison 1978/79 beim FC Bayern noch einen weiteren Verlierer: Gerd Müller. Am 3. Februar 1979 war der „Bomber" im Frankfurter Waldstadion zum ersten Mal überhaupt in seiner Bundesligalaufbahn ausgewechselt worden. Acht Minuten vor dem Abpfiff nahm Trainer Csernai Müller wegen „Formschwäche" aus dem Spiel. Des Weiteren warf der Trainer dem Torjäger vor, er habe gegen die Mannschaft gespielt. Das erzürnte Denkmal: „Das lasse ich mir nicht gefallen." Müller vermutete einen Racheakt, „weil ich bis zum Schluss zu Trainer Lorant gehalten habe. Für mich ist Csernai gestorben." Bereits damals kursierte aber auch das Gerücht, Müller leide an einem Alkoholproblem. Zehn Tage nach der Auswechslung von Frankfurt wechselte der Torjäger ablösefrei nach Fort Lauderdale in die USA. Paul Breitner, der neue „Leithammel", war auch am Weggang des Bombers nicht ganz schuldlos. Karl-Heinz Rummenigge: „Mit Bomber Gerd Müller (...) ging's rapide bergab. Er verfiel wie ein Denkmal aus bröselndem Sandstein. Breitner hetzte gegen ihn. So sehr, dass Müller einem Freund gestand: ‚Ich habe schon Angst, wenn ich ihn nur sehe.'" In seiner letzten Saison im Bayern-Dress kam Müller nur noch auf 19 Einsätze, in denen er neun Tore erzielte. Erstmals seit vielen Jahren war ein anderer als Gerd Müller erfolgreichster Bayern-Torschütze: Karl-Heinz Rummenigge, der es auf 14 Treffer brachte.

Zu den Neuzugängen gehörte auch Dieter Hoeneß, der jüngere Bruder des Bayern-Managers und dessen erste Verpflichtung. Nur läppische 175.000 DM mussten die Bayern für den „Langen“ an den VfB Stuttgart überweisen, da seine Ablöse festgeschrieben war. Obwohl der große Blonde mit dem etwas verschlafenen Blick in der Vorsaison für den VfB immerhin 16 Treffer markiert hatte, fragte sich so mancher damals, was ein Klub mit dem Renommee und den Ambitionen eines FC Bayern mit diesem doch oft recht unbeholfen wirkenden Spieler anzufangen gedachte und ob es sich bei seiner Verpflichtung nicht eher um einen klassischen Fall von „Familienwirtschaft“ handeln würde. Bruder Uli: „Es war zwar ein Super-Transfer, aber für mich ganz schwierig. Mir wurde noch Jahre später vorgeworfen, dass ich meinen Bruder immer bevorzugt behandeln würde. Dabei war ich strenger zu ihm als zu anderen.“ In der Öffentlichkeit wurde gemunkelt, Hoeneß sei der Spitzenverdiener im Team. Nachdem Hoeneß in der Vorbereitungsphase wiederholt zu glänzen wusste, jubelte ihn die Boulevardpresse vorschnell zum Superstar hoch, was den Neid einiger Kollegen provozierte. Die ersten Meisterschaftsspiele verbrachte die Neuerwerbung häufig auf der Bank, weshalb der Stürmer sich schon bald mit Abwanderungsgedanken trug. Doch der sympathische „Lange“ sollte sich als ausgesprochener Glücksfall erweisen und wurde für den FC Bayern der richtige Mann zum richtigen Zeitpunkt. In seiner ersten Saison beim FC Bayern erzielte er wie im Vorjahr 16 Treffer. Vor allem aber langte Hoeneß in Europapokalbegegnungen zu, was ihm den Spitznamen „Mister Europacup“ einbrachte.

Die neue Saison begann für den FC Bayern alles andere als berauschend. Zunächst wurde Sepp Maier, das letzte verbliebene Glied der genialen Bayern-Achse der 1970er, bei einem Autounfall lebensgefährlich verletzt. Maier wollte seine Karriere unbedingt fortsetzen, aber Pal Csernai erteilte derartigen Plänen eine Absage, um die neue Hierarchie mit Paul Breitner an der Spitze nicht zu gefährden. Für Maier kam der junge Walter Junghans zwischen die Pfosten, der es kurzzeitig sogar zum B-Nationalspieler brachte. Libero Georg Schwarzenbeck erlitt am 2. Spieltag beim 1:1 in Schalke einen Achillessehnenriss. Nach zehn Spieltagen hatte der FC Bayern erst 11:9 Punkte auf seinem Konto. Gegen Meister Hamburger SV, der sich als härtester Titelkonkurrent entpuppen sollte, hatte man am 3. Spieltag daheim vor 78.000 Zuschauern 1:1 gespielt. In Mönchengladbach verlor der FC Bayern mit 1:2, in Frankfurt (2:3) und daheim gegen den 1. FC Köln (1:2) war man ebenfalls punktlos geblieben. Insbesondere Karl-Heinz Rummenigge steckte in einer Krise. Doch die Bayern gerieten nicht in Panik, und dem Psychologen Csernai gelang es, Rummenigge wieder aufzurichten, indem er ihm eine Sonderrolle gestattete und von sämtlichen Deckungsaufgaben entband.

Am 11. Spieltag gewann der FCB bei Werder Bremen mit 4:1. Bis zum Ende der Hinserie gab der FC Bayern nur noch einen Punkt ab, nämlich beim 1:1 am 17. Spieltag in Braunschweig. Einen Spieltag zuvor wurde Vize-Meister VfB Stuttgart vor 60.000 Zuschauern im Olympiastadion durch Tore von Breitner (2), Rummenigge und Dieter

Erfolgsgaranten: Das Duo „Breitnigge" durfte auf dem Marienplatz so manche Trophäe feiern. Zwischen Rummenigge und Breitner: ein dem FC Bayern ergebener Nachwuchsreporter namens Waldemar Hartmann.

Hoeneß mit 4:0 geschlagen. Der Rückrundenstart verlief zunächst wenig verheißungsvoll. Der FCB unterlag am 18. Spieltag in Leverkusen 0:1, und 14 Tage später ging auch das Spitzenspiel in Hamburg verloren. Vor 61.000 Zuschauern gewann der HSV im Volksparkstadion 3:1. Doch Pal Csernai blieb ruhig und ließ sich in seinem Optimismus nicht beirren: „Die Meisterschaft liegt im Bereich unserer Möglichkeiten." Der Trainer sollte Recht behalten, denn der FC Bayern blieb in den folgenden zehn Spielen ungeschlagen und holte 18:2 Punkte. Gegen Werder Bremen gewannen die Bayern 7:0, wobei Rummenigge, Breitner und Dieter Hoeneß jeweils zwei Tore erzielten.

Das letzte Spiel der Siegesserie war das Derby gegen den TSV 1860. Vor 78.000 Zuschauern gewann der FCB nach meisterlichem Spiel 6:0. Eine Gala-Vorstellung bot erneut die Achse „Breitnigge", die sich zum Hirn und Herz des neuen Bayern-Spiels entwickelt hatte und fast blind verstand. Addiert erzielte das Duo in dieser Saison in Meisterschaft, DFB-Pokal und UEFA-Pokal 52 Tore. Rummenigge später: „Paul war mein bester Partner, dabei haben wir nie über einen Spielzug oder Taktik geredet, die Laufwege und das Zuspiel wurden nie trainiert. Alles geschah intuitiv. Als Paul aus Braunschweig zurückkam, sagte er nur das zu mir: Geh' nie über die Mittellinie zurück! Den eigenen Strafraum sah ich dann nie mehr." Breitner, der vom dynamischen Außenverteidiger zum Spielgestalter mutiert war, und Rummenigge erzielten in dieser Saison 39 der insgesamt 84 Bundesligatore der Bayern. Breitner pflegte bald besonders wichtige

FIFA verärgert über Breitners Küsse

Tore seines Partners in folgender Weise zu zelebrieren: Er stürmte auf Rummenigge zu, nahm dessen Haupt in beide Hände, rieb seinen Bart an dessen Wangen und drückte ihm anschließend einen Kuss ins Gesicht. Die prüde FIFA nahm diese Szene zum Anlass, sich mit den Gefühlsausbrüchen bei Fußballspielen zu beschäftigen. Im Oktober 1981 veröffentlichte sie ihr Verdikt: „Das ist unmännlich, übertrieben gefühlsbetont und deshalb (!) unangebracht." Sogar über Sanktionen wurde diskutiert, allerdings ohne Ergebnis.

Am 31. Spieltag verlor der FC Bayern bei Borussia Dortmund zwar mit 0:1, aber drei Siege in den verbleibenden drei Spielen bedeuteten am Ende einen Vorsprung von zwei Punkten auf den Hamburger SV. Am 32. Spieltag wurde Fortuna Düsseldorf mit 6:0 abgefertigt, wobei Rummenigge drei Tore erzielte. Eine Woche später schossen Horsmann (2) und Dieter Hoeneß beim späteren Dritten VfB Stuttgart einen 3:1-Sieg heraus, dem 71.000 Zuschauer beiwohnten. Am 34. Spieltag schlugen die Bayern Eintracht Braunschweig vor 70.000 Zuschauern im Olympiastadion durch Tore von „Breitnigge" mit 2:1. Mit 84 Toren erzielte der FCB die zweitmeisten Treffer (nur der HSV kam auf zwei mehr), und 33 Gegentore bedeuteten die beste Abwehr. Zum ersten Mal seit sechs Jahren hieß der Deutsche Meister wieder FC Bayern München, obwohl die Neuerwerbungen vor der Saison mit Wolfgang Dremmler, Hans Weiner, Wolfgang Kraus und Dieter Hoeneß relativ namenlos waren. Die Meisterschaftsfeier geriet zu einer der größten und ausgelassensten in der Geschichte des Vereins, so dass Paul Breitner ein altes Urteil revidieren durfte: „Mensch, kann dieser Scheißverein jetzt feiern", bemerkte der Kapitän zufrieden. Karl-Heinz Rummenigge wurde mit 26 Treffern nicht nur Torschützenkönig, sondern gewann auch die Wahl zum „Fußballer des Jahres". Zu Beginn der Saison hatte Rummenigge noch verunsichert gewirkt und war vielfach belächelt worden. Doch anschließend beigeisterte der Westfale durch atemberaubende Dribblings.

Im DFB-Pokal „gelang" dem FC Bayern in dieser Saison allerdings der Blamagen-Hattrick. Nach Homburg 1977/78 und Osnabrück 1978/79 war es nun die SpVgg. Bayreuth, die die Bayern in der 3. Runde stolpern ließ. Die Bayreuther schlugen den FCB mit 1:0.

Besser lief es zunächst im UEFA-Cup. Der FC Bayern startete mit einem 2:0-Auswärtssieg bei Bohemians Prag. Beim Rückspiel in München musste der FC Bayern zwar mit dem letzten Aufgebot auflaufen, schaffte jedoch ein 2:2. Auch der nächste Gegner stellte den FC Bayern vor keine größeren Probleme. Beim dänischen Vertreter AGF Aarhus gewann der FCB durch zwei Rummenigge-Treffer 2:1. Die Atmosphäre beim Rückspiel war grausam. Während in Aarhus die Arena mit 23.000 Zuschauern ausverkauft war, verloren sich in München nur etwas mehr als 4.000 Zuschauer im weiten Rund des Olympiastadions. Die Teilnahme am europäischen Wettbewerb und die Aufeinandertreffen mit großen Namen waren beim Bayern-Anhang längst eine Selbstverständlichkeit, weshalb Mittwochspiele gegen Teams wie Aarhus nur die Hartgesottensten der Hartgesottenen mobilisieren konnten. Die Bayern-Führung ließ erstmals wissen, dass die europäischen Wettbewerbe in ihrer hergebrachten Form die sportlichen und finanziellen Bedürfnisse des Vereins nicht mehr befriedigen könnten. Präsident Hoffmann: „Bei den Spielen der ersten Runden kann man nichts gewinnen, weder sportlich noch finanziell." Der FC Bayern besiegte die dänischen Gäste 3:1 und durfte sich nun auf einen attraktiveren Gegner freuen.

Gegen Roter Stern Belgrad war dann erstmals etwas Stimmung in der Bude. 37.000 Zuschauer – fast ein Drittel von ihnen Arbeitsimmigranten aus Jugoslawien – sahen einen 2:0-Sieg der Bayern, die bereits alles hätten klar machen können. Doch kurz vor Schluss vergab Breitner die große Chance zum 3:0, als er einen Strafstoß verschoss. So musste der FC Bayern im Rückspiel noch einmal kräftig zittern. Nach 50 Minuten führten die Belgrader 3:0, und die Bayern schienen schon so gut wie ausgeschieden. Doch Breitner und Co. gaben nicht auf. Zwei Tore von Dieter Hoeneß sicherten dem FCB doch noch den Einzug ins Viertelfinale. Mit dem FC Bayern, Borussia Mönchengladbach, VfB Stuttgart, Eintracht Frankfurt und dem 1. FC Kaiserslautern waren nicht weniger als fünf der acht verbliebenen Vereine Bundesligisten. Den Bayern wurden die Lauterer zugelost. Auf dem Betzenberg verlor der FCB 0:1. Auch im Rückspiel gingen zunächst die Lauterer in Führung. Doch wie bereits gegen Roter Stern Belgrad gelang es den Bayern auch an diesem Abend, durch enormen Einsatzwillen den Spieß noch einmal umzudrehen. Am Ende gewann der FC Bayern 4:1. Zweifacher Torschütze war erneut Dieter Hoeneß.

Im Halbfinale kam es zu einem weiteren bundesligainternen Duell, was den Bayern-Anhang aber offensichtlich langweilte. Jedenfalls wollten nur 14.000 das Hinspiel gegen Eintracht Frankfurt sehen, das der FCB mit 2:0 gewann. In Hessen war das Interesse am Wettbewerb und am Gegner ungleich größer. 50.000 kamen ins Waldstadion. Durch zwei Treffer des österreichischen Nationalspielers Bruno Pezzey konnten die Gastgeber den Vorsprung der Bayern aus dem Hinspiel egalisieren. In der Verlängerung erhöhten die Frankfurter zunächst auf 3:0, aber 14 Minuten vor Schluss gelang den Bayern durch Dremmler der Anschlusstreffer, was zum Finaleinzug gereicht hätte. Doch die Frankfurter spielten sich nun in einen wahren Angriffsrausch. Zwei weitere Treffer, darunter ein vom späteren Löwen-Trainer Lorant verwandelter Elfmeter, sorgten für einen 5:1-Sieg der Eintracht, die sich anschließend auch noch in den Endspielen gegen Borussia Mönchengladbach durchsetzen konnte. Sieben der 20 UEFA-Cup-Tore des FC Bayern gingen auf das Konto von Dieter Hoeneß.

Als die deutsche Nationalmannschaft im Juni in Rom Europameister wurde, stand mit Karl-Heinz Rummenigge, der zum besten Spieler der EM gewählt wurde, nur ein Bayern-Akteur in der Endspielformation. Kein Wunder, dass Paul Breitner kein gutes Haar an der Derwall-Elf ließ und einen fundamentalen Wandel im Nationalmannschaftskick ausmachte: „Nichts gegen die Sieger von Rom, sie sind immer noch die Besten, aber mit Verlaub gesagt: ein Cullmann, ein Dietz, ein Zehnkämpfer Briegel, ein Allofs in seiner Italienform hätten 1972 gerade vorm Fernseher ihren Stammplatz gehabt... Vom Weltklasse-Fußball zur Kraftmeierei..."

1980/81 Seriensieger

In der Saison 1980/81 konnte der FC Bayern die Meisterschaft erfolgreich verteidigen. Am 2. Spieltag gewann der FC Bayern nach einer torreichen Partie gegen Borussia Dortmund mit 5:3. Einer 0:3-Niederlage am 3. Spieltag in Düsseldorf folgte eine Serie von 18:0 Punkten. Darunter ein 2:1-Sieg vor 78.000 Zuschauern im Olympiastadion gegen den Hamburger SV, der erneut der härteste Widersacher im Titelkampf war. Wenige Wochen später verstärkte sich der HSV durch einen alten Bekannten: Im November 1980 kehrte der mittlerweile 35-jährige Franz Beckenbauer aus den USA in die Bundesrepublik zurück und feierte an der Alster ein Wiedersehen mit Branco Zebec.

Die Serie der Bayern riss am 13. Spieltag beim Angstgegner Kaiserslautern, der gegen den Spitzenreiter mit 4:2 die Oberhand behielt. Anstatt eines Alleingangs an der Spitze folgte nun eine wenig meisterliche Talfahrt von lediglich 15 Punkten aus 13 Spielen. Ein Grund hierfür war der häufige Ausfall von Paul Breitner, bei dem sich Verschleißerscheinungen bemerkbar machten. Karl-Heinz Rummenigge fehlte dadurch der geniale Vorbereiter. Acht Spiele hintereinander, vom 13. bis zum 21. Spieltag, blieb Rummenigge ohne Treffer. Den Endpunkt der Mittelmäßigkeit bildete ein 1:1 im Derby gegen die Löwen, das nun für 13 Jahre das letzte sein sollte, da der Lokalrivale erneut den Weg in die Zweitklassigkeit antreten musste. Das Remis blieb bis zur Saison 1996/97 der letzte Punktverlust des FC Bayern in einem Meisterschaftsspiel gegen den Lokalrivalen. Das Hinspiel hatte der FC Bayern mit 3:1 gewonnen, aber mehr als der Sieg sorgte ein Top-Zuschlag von 100 Prozent für Gesprächsstoff. Obwohl es sich um ein Heimspiel der Löwen handelte, schob deren Schatzmeister Müller dem Bayern-Manager die Schuld zu: „Diese Idee ist nicht auf meinem Mist gewachsen, doch Manager Uli Hoeneß hat gesagt, der FC Bayern sei eben eine Topmannschaft, und er sehe den Zuschlag so auch für das Derby als gerechtfertigt an." Viele Fans quittierten dies mit Wegbleiben. „Nur" 53.000 kamen ins Olympiastadion, ca. 25.000 weniger als bei den beiden vorausgegangenen Derbys.

Kaiser in Hamburg, Meister in München

Nach dem 1:1 am 26. Spieltag gegen den TSV 1860 ging der FC Bayern in der Bundesliga nur noch als Sieger vom Platz – 16:0 Punkte und 30:5 Tore lautete die Bilanz aus den verbleibenden acht Partien. Gegen Eintracht Frankfurt gewann der FCB mit 7:2 (zur Pause stand es noch 0:0!), bei Borussia Mönchengladbach mit 4:1. Die eigentliche Wende war bereits kurz vor dem Derby erfolgt. Am 25. Spieltag sah es beim Spiel der Bayern im Hamburger Volksparkstadion zunächst nach einer Vorentscheidung für den HSV aus. Die Hanseaten hatten zu diesem Zeitpunkt einen Vorsprung von drei Punkten auf die Bayern, und nach 54 Minuten führte der Gastgeber und Tabellenführer mit 2:0. Doch die Achse „Breitnigge" krempelte mal wieder die Ärmel hoch, packte erfolgreich die Brechstange aus und schaffte noch den Ausgleich. Die Treffer erzielten Rummenigge und Breitner, wobei das 2:2 erst in der letzten Minute fiel. Dieter Hoeneß: „Wir hatten damals die Kerle, die ein Spiel noch herumreißen konnten." Wie tief

Beckenbauer wurde mit dem HSV nur Vize, während Paul Breitner mit den Bayern den Titel holte – nicht so elegant wie der Kaiser, aber effektiver.

der Schock bei den Hamburgern saß, wurde einen Spieltag später deutlich. Bei Borussia Dortmund ging der HSV mit 2:6 unter, und der Kaiser wurde von einem jungen türkischen Spieler namens Erdal Keser getunnelt.

Am Ende betrug der Vorsprung des Meisters Bayern München auf Vize-Meister Hamburg vier Punkte. Auch das Torverhältnis der Münchner war deutlich besser. Mit 89 Toren erzielten die Bayern mit Abstand die meisten Treffer, und 41 Gegentore bedeuteten die zweitbeste Abwehr. Trotz seiner zwischenzeitlichen Flaute kam Karl-Heinz Rummenigge in dieser Saison auf 29 Treffer, eine Zahl, die seither nicht mehr erreicht wurde. Dabei war ihm Paul Breitner nicht nur mit Vorlagen behilflich. Gegen Ende der Saison verzichtete der etatmäßige Strafstoßschütze zweimal zugunsten von Rummenigge und leistete somit seinem Kollegen Schützenhilfe im Zweikampf mit Dortmunds Manfred Burgsmüller. In den letzten drei Spielen gelangen Rummenigge sieben Tore.

Der 29-jährige Breitner wurde zum Fußballer des Jahres gekürt. Bis zum Jahr 1999 war er der letzte Bayern-Spieler, dem diese Ehre zuteil wurde. Für Karl-Heinz Rummenigge war die Saison 1980/81 die schönste seiner zehnjährigen Bayern-Zeit. „Die große Bayern-Elf aus den 70er Jahren erlebte damals eine Wiedergeburt, wir hatten eine perfekte Mannschaft. Taktisch spielten wir die totale Raumdeckung; die Pärchen passten optimal zusammen; die Mischung zwischen Häuptlingen und Indianern stimmte; und mental waren wir unheimlich stark. Weil es auch menschlich hundertprozentig stimmte. Nach den Spielen gingen wir meist essen und zogen durch die Diskotheken."

Die „Frankfurter Rundschau" schrieb Jahre später über diese Meisterschaft: „Von den vielen Meisterschaftsfotos, die in der Geschichte der Bundesliga bislang entstanden sind, kann die Momentaufnahme im Münchner Olympiastadion mit am wenigsten überzeugen. Bis auf Karl-Heinz-Rummenigge, der mit entblößter Brust und triumphierender Geste die Schüssel in die Höhe reckt, vermittelt das Bild eher verhaltene Freude. Die Mienen der schwitzenden Kicker, die gerade ihre Arbeit gegen Absteiger Bayer Uerdingen erledigt haben (4:0), verraten die Gelassenheit von Seriensiegern."

Während im DFB-Pokal gegen den 1. FC Kaiserslautern rasch das Aus gekommen war, übersprang der FC Bayern im Europapokal der Landesmeister die erste Hürde problemlos. Olympiakos Piräus wurde auswärts 4:2 und in München 3:0 geschlagen. Im Achtelfinale erlebte die Landeshauptstadt endlich mal wieder ein europäisches Fußballfest. Gegen Ajax Amsterdam gewann der FC Bayern vor 50.000 Zuschauern mit 5:1, wobei Rummenigge und Dieter Hoeneß jeweils zwei Tore erzielten. Das Ajax-Publikum war so frustriert, dass zum Rückspiel nur noch 11.000 kamen. Zwar führte Ajax bereits nach 18 Minuten mit 2:0, doch die Sensation blieb aus. Neun Minuten vor dem Abpfiff konnte Rummenigge auf 2:1 verkürzen. Auch Banik Ostrau konnte die Bayern nicht ernsthaft fordern. Im Hinspiel bedurfte es zwar eines von Breitner in der vorletzten Minute verwandelten Elfmeters, um mit einem beruhigenden 2:0-Vorsprung zum Rückspiel zu fahren. Dieses gewannen die Bayern dann 4:2. Nach 38 Minuten führten sie bereits mit 4:1.

Im Halbfinale musste der FC Bayern an die gefürchtete Liverpooler Anfield Road reisen. Der Landesmeistercup wurde in diesen Jahren von den englischen Teams dominiert. Seit dem letzten Triumph der Bayern war der Cup jedes Jahr auf die Insel gegangen. 1976/77 und 1977/78 hieß der Sieger FC Liverpool, 1978/79 und 1979/80 Nottingham Forest. Auch die wiedererstarkten Bayern konnten die Serie nicht brechen. Zwar ertrotzte man an der Anfield Road nach einem großartigen Kampfspiel ein torloses Remis, aber ein 1:1 im Rückspiel in München bedeutete, dass der FC Bayern ungeschlagen ausschied. Das Remis beendete eine Serie von 21 Siegen in 21 Europapokalbegegnungen im Olympiastadion. Das Finale gewannen die Engländer gegen Real Madrid mit 1:0. Für Karl-Heinz Rummenigge war das Ausscheiden eine verpasste Chance. Der Stürmer zehn Jahre später: „Ich ärgere mich heute noch darüber, dass wir nicht den Europapokal holten. Es wäre viel leichter gewesen als heute, denn mit Liverpool und Real Madrid zählten wir zu den besten Mannschaften Europas."

1981/82 Der Mann mit dem Turban

Vor der Saison 1981/82 wurde der FC Bayern als Top-Favorit gehandelt. Der zweite Titel-Hattrick galt so gut wie sicher, zumal nachdem die Bayern einen Start von 10:0 Punkten hingelegt hatten. Außerdem musste Konkurrent Hamburg auf seinen Star Kevin Keegan verzichten, der nach England zurückgekehrt war. Aber dem Österreicher Ernst Happel gelang es, dem HSV einen neuen Stil einzutrichtern, der an Modernität nichts zu wünschen übrig ließ. Die Elf spielte offensiv und aggressiv, praktizierte das so genannte Pressing und verstand sich auch im Aufstellen der Abseitsfalle. Eine wahre Torlawine überrollte die Bundesliga. Der HSV erzielte 95 Treffer, die beste Marke seit der Saison 1973/74, als der FC Bayern die gleiche Zahl erreichte. Aber nicht nur der HSV liebte in dieser Saison die Offensive. Mit 1.079 Toren wurden nach 34 Spieltagen die zu diesem Zeitpunkt drittmeisten in der Geschichte der Bundesliga notiert.

Ihre erste Niederlage kassierten die Bayern am 6. Spieltag beim 1:3 in Braunschweig. Auch die folgenden beiden Auswärtsspiele gingen verloren, in Dortmund mit 0:2, beim 1. FC Köln, der ebenfalls um den Titel mitspielte, gar mit 0:4. Die vierte Auswärtsniederlage in Folge ereignete sich am 12. Spieltag ausgerechnet im Hamburger Volksparkstadion. Der FC Bayern unterlag dem HSV mit 1:4. Aus Münchner Sicht war die Niederlage etwas unglücklich, denn bis zur Halbzeit kontrollierten die Bayern die Partie und lagen auch mit 1:0 in Führung. Die HSV-Treffer drei und vier fielen erst in den letzten sechs Minuten. Auch das Rückspiel konnten die Hamburger gewinnen. Vor 78.000 Zuschauern im Olympiastadion lagen die Bayern zur Halbzeit erneut in Front. In der 64. Minute konnte Dieter Hoeneß gar auf 3:1 erhöhen. Doch die Meisterschaftsträume währten nur kurz. Über die Münchner ergoss sich eine ähnlich kalte Dusche wie eine Saison zuvor über den HSV. Zunächst konnten von Heesen und Hrubesch ausgleichen. In der Schlussminute gelang Hrubesch dann sogar noch der 4:3-Siegtreffer. HSV-Gaststar Franz Beckenbauer musste bei diesem Spiel zuschauen. Nur noch zehnmal wurde der Kaiser in dieser Saison eingesetzt, denn Ernst Happel hatte in dem erst 20-jährigen Holger Hieronymus einen talentierten Nachfolger gefunden.

Der HSV-Sieg bedeutete nicht nur einen empfindlichen Bodenverlust im Kampf um die Meisterschaft, sondern auch das Ende einer Serie von 43 Bundesligaheimspielen ohne Niederlage. In der Endabrechnung belegten die Bayern fünf Punkte hinter Meister HSV und zwei hinter Vize-Meister 1. FC Köln den 3. Platz. Bester Torschütze des FC Bayern war in dieser Bundesligasaison Dieter Hoeneß, der 21 Tore erzielte und damit beim Kampf um die Torjägerkanone ebenfalls den 3. Platz belegte. Für den „Langen" war dies zugleich seine beste Torausbeute in zwölf Jahren Bundesliga.

Obwohl im Titelkampf unterlegen, beendete der FC Bayern auch diese Saison nicht trophäenlos. Im DFB-Pokal wurden zunächst die Amateurvereine SC Jülich (8:0) und SC Neckargerach (5:1) ausgeschaltet. Auch Borussia Dortmund (4:0) und der Freiburger FC (3:0) stellten die Bayern vor keine Probleme. Im Viertelfinale musste der FCB zum SV Werder reisen. In der 25. Minute gingen die Bremer durch einen von Reinders verwandelten, indes fragwürdigen Elfmeter 1:0 in Führung. Aber wieder einmal drehten Breitner und seine Mitstreiter ein scheinbar verlorenes Spiel noch um. In der 78. Minute besorgte der Häuptling höchstpersönlich den Ausgleich. 16 Minuten später, das Spiel war mittlerweile in der Verlängerung, erzielte Breitner auch noch den 2:1-Siegtreffer.

Breitner: Zwei Tore für den Freund

Das Spiel hatte einen dramatischen Hintergrund. Nur wenige Tage zuvor war Uli Hoeneß bei einem Flugzeugabsturz als einziger Insasse mit dem Leben davongekommen. Am 17. Februar 1982 hatte sich Hoeneß mit drei Freunden auf dem Flug nach Hannover befunden, wo die Nationalmannschaft gegen Portugal spielte. Kurz vor der Landung stürzte der Privatflieger ab. Während seine Begleiter starben, kam der Manager wie durch ein Wunder nur mit Knochenbrüchen davon. Die Suche nach der Maschine und ihren Insassen war zunächst stundenlang erfolglos geblieben. Kurz vor Mitternacht wurde Hoeneß schließlich im Schwarzen Moor von einem Förster entdeckt. Hoeneß' erste Worte waren: „Ich friere." Es herrschten vier Grad minus.

Breitner, der eine Nacht lang an Hoeneß' Krankenbett gewacht hatte, wollte zunächst in Bremen nicht auflaufen. Nach dem Abpfiff widmete der Kapitän seine beiden Treffer dem Freund: „Ich will nicht sentimental sein. Aber wenn ich jemals für jemanden Tore geschossen habe, dann diesmal für Uli." Während sich Hoeneß von seinen Verletzungen erholte, passte Breitner im Büro in der Säbener Straße auf, dass sich dort keiner breit machte. Hoeneß: „Er hat sie alle weggebissen. Solche Erlebnisse haben uns zusammengeschweißt."

Nach einem 2:1 im Halbfinale gegen den VfL Bochum – Torschützen: Rummenigge und Breitner (natürlich) – kam es beim Endspiel in Frankfurt zum bayerischen Derby mit dem 1. FC Nürnberg, der in der Bundesliga zu diesem Zeitpunkt noch im Abstiegskampf steckte. Zur Halbzeit führte der Außenseiter vor 61.000 Zuschauern sensationell, aber völlig verdient mit 2:0. Zu allem Überfluss drohte den Bayern auch noch das Aus von Dieter Hoeneß, der sich bereits in der 13. Minute bei einem Zusammenprall mit dem Nürnberger Vorstopper Reinhardt eine klaffende und stark blutende Platzwunde an der Stirn zugezogen hatte und nur noch mit einem „Turban" weiterspielen konnte. „Dieter, komm, beiß die Zähne zusammen, wir brauchen dich", beschwor Pal Csernai seinen kopfballstarken Sturmtank. Hoeneß wurde in der Kabine genäht. In der 54. Minute gelang Rummenigge der Anschlusstreffer, elf Minuten später Kraus der Ausgleich. In der 72. Minute verwandelte Breitner einen Foulelfmeter zur 3:2-Führung. Den Schlusspunkt setzte aber „der Mann mit dem Turban", der in der 89. Minute mit seinem Schädel (!) den 4:2-Endstand besorgte. Zuvor hatte Hoeneß bereits per Kopf zwei Tore vorbereitet. Dieter Hoeneß in einem Interview 20 Jahre nach dem Finale von Frankfurt: „Ich werde noch regelmäßig darauf angesprochen. Übrigens auch von Jugendlichen, die damals noch gar nicht geboren waren. Das ist scheinbar auch von so manchem Vater weitererzählt worden. (...) Die Sache mit dem Turban verkörpert etwas, wozu ich auch stehe. Dass nämlich neben allem Geschäft und neben aller Show, die mittlerweile dazu gehören, in erster Linie der pure Fußball zählt – sich eben auch bedingungslos für sein Team einzusetzen.

Zur Siegerehrung nahm er den Turban ab: Dieter Hoeneß.

Ich gebe zu, wenn es nicht das Pokalfinale gewesen wäre, wäre ich wahrscheinlich rausgegangen. Es sah allerdings von außen auch schlimmer aus, als es wirklich war. Meine hochschwangere Frau ist vor dem Fernseher fast wahnsinnig geworden."

Eine elfjährige Abstinenz, in der der FC Bayern wiederholt bereits in den ersten Runden über unterklassige Gegner stolperte, war beendet. Der FC Bayern gewann seinen sechsten DFB-Pokal mit folgenden Spielern: Müller, Weiner, Beierlorzer (25. Niedermayer), Augenthaler, Horsmann, Kraus, Dürnberger, Breitner, Dremmler, D. Hoeneß, Rummenigge.

Dramatisch ging es auch im Europapokal der Landesmeister zu. In der 1. Runde gewannen die Bayern gegen Östers Växjö auswärts 1:0 und daheim 5:0. In der 2. Runde wurde Benfica Lissabon ausgeschaltet. Im Hinspiel in der portugiesischen Hauptstadt trennte man sich torlos. Beim Rückspiel in München gelang Dieter Hoeneß ein Hattrick, und die Bayern gewannen mit 4:1. Im Viertelfinale traf der FCB auf Universitatea Craiova. Die Achse „Breitnigge" schoss auswärts einen 2:0-Sieg heraus, so dass im Rückspiel bereits ein 1:1-Unentschieden zum Weiterkommen reichte. Im Halbfinale mussten die Bayern zunächst zum Armeeklub ZSKA Sofia reisen. Bereits nach 18 Minuten schien die Bayern-Mission hoffnungslos gescheitert zu sein, denn die Bulgaren führten mit 3:0. Noch vor dem Halbzeitpfiff konnten Dürnberger und Dieter Hoeneß auf 2:3 verkürzen. Die Bulgaren erzielten zwar kurz nach dem Wiederanpfiff ein viertes Tor, aber den letzten Treffer in dieser Partie schossen die Bayern, für die Breitner in der 82. Minute das 3:4 markierte. Drei Auswärtstore bedeuteten eine hervorragende Ausgangsposition für das Rückspiel, das zum Abend des Duos „Breitnigge" wurde. Zweimal Breitner, zweimal Rummenigge hießen die Torschützen beim klaren 4:0-Sieg vor 45.000 Zuschauern.

Frust beim Saisonfinale

Mit dem Birminghamer Klub Aston Villa hatte sich bereits zum sechsten Mal hintereinander ein englisches Team für das Meistercupfinale qualifiziert, das in Rotterdam stattfand. Vor dem DFB-Pokal-Finale hatte Paul Breitner orakelt: „Dieses Finale in Frankfurt ist für uns viel schwieriger als das in Rotterdam. Weil es das erste ist. Gewinnen wir, fahren wir ganz locker und cool nach Holland und werden gewiss auch das zweite Finale gewinnen. Bei einer Niederlage liegt in Rotterdam ein solcher Druck auf uns, dass wir uns dann dieses Finale selbst schwerer machen, als es eigentlich ist. Haben wir vor dem Finale gegen Aston Villa bereits Meisterschaft und Pokal verspielt, bietet Rotterdam die allerletzte Chance, statt der erträumten drei und der geplanten zwei Titel gerade noch mal einen Titel zu gewinnen." Doch auch aus dem geplanten zweiten Titel wurde nichts. Vor 45.000 Zuschauern dominierten die Bayern zwar das Spiel über weite Strecken und verzeichneten auch eine Reihe von Einschussmöglichkeiten, doch das Tor des Tages erzielte in der 67. Minute der Gegner. Einen der seltenen Konter der Engländer verwandelte White zum 1:0. Der „Guardian" schrieb: „Die Deutschen sahen bis zum Gegentreffer wie der sichere Sieger aus." Aber auch nach dem Führungstreffer der Engländer hatten die Bayern noch ihre Chancen. Drei Minuten vor dem Abpfiff versetzte Dieter Hoeneß den Villa-Keeper Spink, aber Schiedsrichter Konrath entschied auf Abseits. „Diese Saison hätte ein bösartiger Regisseur gegen uns nicht schlimmer gestalten können", resümierte ein enttäuschter Pal Csernai.

Die anschließende Fußballweltmeisterschaft in Spanien verlief für das DFB-Team nicht gerade glorreich, obwohl die Nationalelf erst im Finale an Italien scheiterte. An dem wenig begeisternden Spielstil der deutschen Kicker waren die Bayern – Karl-Heinz Rummenigge, Wolfgang Dremmler und vor allem Paul Breitner – nicht unbeteiligt. Breitners Rückkehr in die Nationalmannschaft, die auch von der Boulevardpresse betrieben wurde, war bei einigen Funktionären und Spielern, namentlich Bernard Dietz, dem Kapitän der EM-Elf von 1980, auf Bedenken gestoßen. Doch Derwall setzte sich durch, kürte Breitner gar zum Kapitän, während Dietz aus dem Kader verbannt wurde und zu Hause bleiben musste. Dietz schrieb später über die Ankunft Breitners im Kreis der Nationalmannschaft: „Es lässt sich nicht leugnen, dass sich damit die Atmosphäre in unserem Kreis abrupt änderte. Wo wir vorher ungezwungen locker miteinander umgingen, spürte man plötzlich Verkrampfung. Cliquen bildeten sich plötzlich wieder. Was über 2½ Jahre an kameradschaftlichem Miteinander funktionierte, war von heute auf morgen vorbei. (...) Jeder ist, wie er ist, und er ist nun mal sicherlich nicht ein Mann, der sich ein- und unterordnet, wie wir alle es bis dahin im für mich richtigen Verständnis von Teamgeist praktizierten."

Aston Villa - FC Bayern 1:0. Dieter Hoeneß und Paul Breitner können ihr Pech noch nicht fassen.

1982/83 Verletzungspech und finanzielle Probleme

Mit dem Belgier Jean-Marie Pfaff konnte der FC Bayern bei Saisonbeginn einen neuen Mann zwischen den Pfosten begrüßen. Die Premiere der neuen Nummer eins ging allerdings gehörig in die Hose: Beim Saisonauftakt in Bremen lenkte der spätere Weltklassekeeper einen Einwurf von Uwe Reinders ins eigene Netz, und Werder gewann mit 1:0. Nach dem Abschied von Sepp Maier war die Torhüterposition zum wunden Punkt des Bayern-Spiels geworden. Walter Junghans, der stark begonnen hatte, und Manfred Müller erwiesen sich als zu wenig konstant und letztlich für einen Klub mit den Ansprüchen des FC Bayern nicht gut genug. Pfaff nahm seinen Lapsus aus dem Bremen-Spiel gelassen: „Dieses Tor war positiv für mich. Ich war sofort überall bekannt; vom Fernsehen wurde es zehnmal wiederholt." Die restlichen 33 Spieltage machte der Belgier vor allem durch fantastische Paraden von sich reden. Die Vorstandsetage gelangte zu der Erkenntnis, dass Pfaff „der beste Einkauf seit Jahren" sei. Während Junghans und Müller im Vorjahr noch 56 Treffer kassiert hatten, musste Pfaff in seiner ersten Saison nur 33-mal hinter sich greifen. Gemeinsam mit dem Hamburger SV verzeichneten die Bayern die wenigsten Gegentore. Das Meisterschaftsrennen machten allerdings erneut allein die Hanseaten, und dies mit acht Punkten Vorsprung auf den FC Bayern, der Vierter wurde. Hauptsächlicher Widersacher der Hamburger war der Nachbar Werder Bremen, der erst im Vorjahr wieder aufgestiegen war und lediglich aufgrund des schlechteren Torverhältnisses scheiterte. Der HSV gewann in dieser Saison im Übrigen auch als letzte deutsche Mannschaft bis zum Champions-League-Sieg von Borussia Dortmund 1997 den Europapokal der Landesmeister.

Die Bayern spielten gegen den späteren Meister zweimal unentschieden – 2:2 daheim und 1:1 in Hamburg. Beim Spiel im Olympiastadion, vor der Saisonrekordkulisse von 72.000, kam es zu tumultartigen Szenen, als Schiedsrichter Eschweiler in der 91. Minute im Strafraum der Bayern auf den Elfmeterpunkt zeigte. Bayern-Verteidiger Horsmann war nach einer Magath-Flanke gehechtet und hatte im Fallen den Ball versehentlich mit dem Arm gestreift. Als Bayern-Fans den Platz stürmen wollten, drohte ein Spielabbruch. Erst nach einer fünfminütigen Unterbrechung konnte der längste Strafstoß der Bundesligageschichte ausgeführt werden. Alle Aufregung erwies sich als überflüssig: Nationalspieler „Manni" Kaltz scheiterte an Jean-Marie Pfaff.

Ein wesentlicher Grund, warum die Bayern in den Titelkampf nicht ernsthaft eingreifen konnten, war das große Verletzungspech. Insbesondere in der Rückrunde musste Pal Csernai immer wieder improvisieren. Der Pechvogel schlechthin war Paul Breitner, der in dieser Saison so ziemlich alle Fußballerverletzungen erlitt: Oberschenkelzerrung, Kapselriss, Bänderriss, Absplitterung im Sprunggelenk. Die Kette der Verletzungen veranlasste Breitner, schon frühzeitig das Ende seiner Karriere anzukündigen.

Zwei Spieltage vor Saisonende trennte sich der FC Bayern von Pal Csernai. Dem introvertierten Ungarn mit dem Seidenschal wurde u.a. vorgeworfen, die Arroganz auf die Spitze getrieben zu haben. Hauptsponsor „Iveco“ sah in Csernai einen „schlechten Werbeträger“. Interimstrainer wurde bis zum Saisonende Reinhard Saftig.

Im DFB-Pokal scheiterte der Pokalverteidiger bereits in der 2. Runde. Schon die erste Hürde gestaltete sich unerwartet mühevoll. Beim Amateurligisten ASV Bergedorf lag der FC Bayern bis zur Schlussminute mit 0:1 zurück, bevor Dieter Hoeneß noch der Ausgleich gelang. In der Verlängerung ließ Hoeneß drei weitere Treffer folgen. Den Schlusspunkt zum 5:1-Sieg setzte Paul Breitner. Die in den unteren Gefilden der Erstklassigkeit angesiedelte Braunschweiger Eintracht war dann allerdings Endstation. In Braunschweig verloren die Bayern mit 0:2.

Vier Treffer im Nebel

Im Europapokal der Pokalsieger überstand der FC Bayern die 1. Runde nur dank seines glänzend aufgelegten Keepers und des auswärts erzielten Tores. Bei Torpedo Moskau spielten die Bayern 1:1, im Rückspiel genügte ihnen ein 0:0. In der nächsten Runde musste der FC Bayern nach London zu Tottenham Hotspur reisen. Erneut war es Pfaff, der den Münchnern ein Remis rettete. Wie in Moskau hieß es nach 90 Minuten 1:1. Die Führung der Londoner durch Archibald aus der 4. Minute hatte Breitner in der 53. Minute egalisieren können. Beim Rückspiel lag ein dichter Nebel über dem Rasen des Olympiastadions. Wenn Tore fielen, bemerkten dies viele der 55.000 Zuschauer nur dank der Durchsagen des Stadionsprechers. Trotz der vertrauten Edgar-Wallace-Atmosphäre hatten die Londoner die größeren Probleme. Der FC Bayern behielt die Orientierung und gewann mit 4:1. In der 3. Runde wartete auf den FC Bayern erneut eine Mannschaft von der britischen Insel. Gegen den von Alex Ferguson trainierten schottischen Vertreter FC Aberdeen kam der FC Bayern daheim über ein 0:0 nicht hinaus. Im Rückspiel dominierten die Bayern zwar die Partie und gingen zweimal durch Augenthaler und Pflügler in Führung, aber 13 Minuten vor Schluss verwandelten die Schotten innerhalb von nur 40 Sekunden einen 1:2-Rückstand in eine 3:2-Führung. Aberdeen gewann später auch das Endspiel gegen Real Madrid und sollte bis heute der letzte schottische Gewinner einer europäischen Trophäe bleiben.

Zum ersten Mal seit drei Jahren war der FC Bayern wieder trophäenlos geblieben. Vor allem aber plagten den Klub finanzielle Probleme, obwohl Schatzmeister Scherer nach der Hinrunde vermelden konnte: „Vom Finanziellen her können wir auf die erfolgreichste Vorrunde seit Vereinsbestehen zurückblicken und unsere Schulden auf 1,5 Millionen Mark reduzieren.“ Hierzu hatte vor allem der erfreuliche Zuschauerzuspruch beigetragen. Dennoch blieb die Situation angespannt. Als Pal Csernai seine Fühler nach seinem für Ajax Amsterdam spielenden Wunschkandidaten Sören Lerby ausstreckte, mahnte ihn Präsident Willi O. Hoffmann: „Das ist unser letztes Geld, überlegen Sie gut.“ Schatzmeister Scherer gab später zu: „Wir hatten Angst, von oben zu verschwinden.“

1983/84 Lattek, die Zweite

Csernais Nachfolger wurde Udo Lattek, dessen zweite Bayern-Ära nun begann. In seiner Saisonplanung musste der neue Trainer auf Paul Breitner verzichten. Sören Lerby, der im Mittelfeld dessen Nachfolge antreten sollte, konnte die von Breitner hinterlassene Lücke nicht auf Anhieb schließen. Aber die Favoritenrolle besaßen die Münchner ohnehin nicht. Diese gebührte dem Titelverteidiger Hamburger SV, dessen Trainer Happel kurz beschied: „Wenn wir nicht Meister werden, ist es ein verlorenes Jahr." Es wurde ein verlorenes.

Bis zum vorletzten Spieltag konnten sich noch fünf Teams Chancen auf die Meisterschaft ausrechnen: Hamburg, Stuttgart, Mönchengladbach, Bremen und der FC Bayern. Die Bayern erreichten in Dortmund nur ein 1:1. Der HSV verlor gegen Frankfurt 0:2, während der VfB Stuttgart bei Werder Bremen mit 2:1 gewann und neuer Meister wurde. Überragender Akteur der Stuttgarter war der Isländer Asgeir Sigurvinsson, der es in der Saison 1981/82 beim FC Bayern nur auf 17 Einsätze gebracht hatte, davon lediglich sechs über die volle Distanz. Anschließend war der Mittelfeldregisseur an den Neckar gewechselt. Der FC Bayern wurde mit nur einem Punkt Abstand Vierter. 1.097 Tore fielen in dieser Saison, ein neuer Bundesligarekord. Die Bayern hatten hierzu nicht unerheblich beigetragen, denn mit 84 Toren waren sie die

Weltklassekeeper Jean-Marie Pfaff.

Der volkstümliche Bayern-Präsident Willi O. Hoffmann (rechts) und sein Schatzmeister Fritz Scherer (links). Eingerahmt: Udo Lattek.

torhungrigste Mannschaft der Liga. Karl-Heinz Rummenigge wurde mit 26 Treffern zum dritten und letzten Male Torschützenkönig.

Daneben gab es noch eine weitere Erfolgsmeldung: Am 15. Spieltag gewann der FC Bayern beim 1. FC Kaiserslautern durch ein Tor von Klaus Augenthaler 1:0. Held des Tages war aber Jean-Marie Pfaff, der einen Elfmeter von Brehme parierte. Der Sieg auf dem Betzenberg war der erste seit acht Jahren. Zuvor hatte es sechs Niederlagen und zwei Unentschieden gegeben. Ein frustrierter Paul Breitner hatte zwischenzeitlich vorgeschlagen, lieber zu Hause zu bleiben und die Punkte „gleich per Post" auf den „Betze" zu schicken. Dass am 23. November 1983 der Bann endlich brach, lag vielleicht an der neuen Kluft, mit der die Bayern aufliefen. Der um psychologische Tricks nicht verlegene Manager Hoeneß ließ die Mannschaft für die Reise an den verfluchten Ort in den Farben der brasilianischen Nationalmannschaft einkleiden.

Im DFB-Pokal musste der FC Bayern zunächst beim Zweitligisten Hessen Kassel antreten. Lerby und zweimal Michael Rummenigge schossen bereits in den ersten 18 Minuten einen glatten 3:0-Sieg heraus. Der jüngere der beiden Rummenigge-Brüder stand auch schon in der Saison 1982/83 im FCB-Kader, kam jedoch nur auf einen Bundesligaeinsatz. Ein Jahr später avancierte der „kleine Rummenigge" zur Entdeckung der Saison. Rummenigge wirkte in 33 Bundesligabegegnungen mit und erzielte mit zwölf Toren so viele wie anschließend nie wieder.

Mit Siegen gegen Augsburg, Uerdingen und Bocholt erreichte der FC Bayern das Halbfinale, und diese Begegnung gegen den Zweitligisten Schalke 04 sollte als eines der größten Spiele in die Geschichte des DFB-Pokals eingehen. Das dramatische Aufeinandertreffen wurde erst mit dem 17. Tor entschieden. Im Gelsenkirchener Parkstadion wurden die Bayern von über 70.000 Zuschauern erwartet. Die Begegnung begann zunächst ganz nach dem Geschmack des Favoriten. Nach zwölf Minuten führte der FCB durch Tore von Karl-Heinz Rummenigge und Reinhold Mathy bereits mit 2:0. Doch nur eine Minute später gelang Kruse der Anschlusstreffer. In der 19. Minute besorgte das 18-jährige Nachwuchstalent Olaf Thon sogar den Ausgleich. Michael Rummenigge gelang im Gegenzug die erneute Bayern-Führung. 3:2 lautete auch der Pausenstand. Nach dem Wiederanpfiff ging es mit dem Toreschießen munter weiter. Erneut war es der junge Thon, der in der 61. Minute den Ausgleich für die Gastgeber schoss. In der 72. Minute brachte Stichler die Schalker zum ersten und einzigen Mal in diesem Spiel in Führung, aber Michael Rummenigge konnte acht Minuten vor dem Abpfiff zum 4:4 egalisieren. In der Verlängerung wurde dann das Dutzend voll gemacht. Zweimal gingen die Bayern durch Dieter Hoeneß in der 112. und 118. Minute in Führung, aber beide Male gelang den Schalkern der Ausgleich – zunächst in der 115. Minute durch Ex-Nationalspieler Dietz, dann in der Schlussminute durch Thon. Der dreifache Torschütze Thon, zweifellos der Spieler des Abends, hatte die Bayern so nachhaltig beeindruckt und geärgert, dass seine Verpflichtung nur noch eine Frage der Zeit war. Zumal das Talent nach dem Schlusspfiff bekannte: „Eigentlich bin ich ja Bayernfan, ich schlafe sogar in deren rot-weißer Bettwäsche." Auch im Wiederholungsspiel boten die Schalker den Bayern lange Zeit erfolgreich Paroli. Vor 40.000 Zuschauern im Olympiastadion lag der FCB durch Tore von Karl-Heinz Rummenigge und Dieter Hoeneß zur Halbzeit mit 2:0 in Führung. Doch erneut konnten

Pokal-Sternstunde auf Schalke

Das legendäre Pokalspiel gegen Schalke: Olaf Thon trifft gegen Pfaff.

die Schalker einen Zwei-Tore-Vorsprung der Bayern ausgleichen. In der 79. Minute erzielte Karl-Heinz Rummenigge schließlich den Siegtreffer zum 3:2.

Wie schon bei den Pokalsiegen der Bayern 1966, 1969 und 1982 fand das Finale in Frankfurt statt. Gegner war Borussia Mönchengladbach. Zur Freude auch vieler neutraler Fans, die sich immer ein Finale zwischen den beiden alten Rivalen gewünscht hatten. Bis dahin waren sich Münchner und Gladbacher noch nicht ein einziges Mal in dem seit 1935 existierenden Wettbewerb begegnet. Die von Jupp Heynckes trainierten Gladbacher waren die Überraschungsmannschaft der Saison. In der Bundesliga hatten die Borussen mit dem 3. Platz so gut abgeschnitten wie seit der Vize-Meisterschaft 1978 nicht mehr. Bereits vor dem Finale hatte sich der FC Bayern für die kommende Saison der Dienste des besten Borussen Lothar Matthäus versichert. 2,27 Mio. DM mussten die Bayern für Matthäus berappen, zu diesem Zeitpunkt der teuerste Transfer in der Geschichte der Bundesliga. Der Wechsel wurde auch als Methode gewertet, den Endspielgegner zu demoralisieren und eine Gladbacher Renaissance im Keime zu ersticken. Jupp Heynckes: „Das ist ein herber Rückschlag. Schließlich wollte ich um Lothar Matthäus eine neue, große Mannschaft aufbauen." „Typisch Bayern", dachten nicht wenige Fußballfans. Manager Hoeneß war mal wieder der Buhmann der Liga, zumal sein Gladbacher Gegenüber Helmut Grashoff seinen Star Matthäus auf die beim DFB hinterlegte „Schutzliste" gesetzt hatte. Jeder Verein durfte auf dieser Liste zwei Spieler vermerken, auf deren Weiterverpflichtung sie aus Gründen der Sicherung ihrer sportlichen Leistungsfähigkeit besonderen Wert legten. Zweifeln an seiner Loyalität gegenüber seinem Noch-Arbeitgeber begegnete Matthäus, indem er sich selbst öffentlich in die Pflicht nahm. Er wolle sich nach fünf Jahren Gladbach unbedingt mit dem Pokalsieg im Gepäck nach München verabschieden.

Mit dem zu Inter Mailand wechselnden Karl-Heinz Rummenigge gab an diesem Tag auch auf Seiten der Bayern ein wichtiger Spieler seine Abschiedsvorstellung. Seit der Bekanntmachung des Wechsels war es Rummenigge, der als Teenager beinahe in Gladbach gelandet wäre, nicht entgangen, „dass die Zuschauer mich kritischer beurteilen. Ich hänge mich, seit mein Wechsel feststeht, noch mal richtig rein. Ich will den FC Bayern mit einem Titel verlassen."

Im Finale bestimmte der FC Bayern zunächst das Geschehen und entwickelte mächtig Druck in Richtung gegnerisches Gehäuse. Aber das erste Tor erzielten in der 31. Minute die Gladbacher. Nach einer Ecke von Matthäus verwandelte Mill mit einem wuchtigen Kopfstoß zum 1:0 und stellte damit den Spielverlauf auf den Kopf. Die Gladbacher drehten nun auf. Frontzeck traf nur den Außenpfosten, und Mill versagten völlig frei vor Pfaff die Nerven. Nach der Halbzeitpause berannten die Bayern erneut das Gladbacher Tor, scheiterten aber zunächst wiederholt an Torwart Sude, der an diesem Tag wohl das beste Spiel seiner Karriere absolvierte. Der lediglich durchschnittliche Keeper galt ansonsten eher als Achillesferse der Gladbacher Mannschaft. Erst in der 82. Minute konnte Dremmler, der ansonsten eine schwache Leistung bot, nach einem Pfos-

Showdown zwischen alten Rivalen

Während die Gebrüder Rummenigge den Pokalsieg feiern, verdrückt der Noch-Gladbacher Matthäus einige Tränen.

tenschuss von Mathy zum 1:1 abstauben. Die Verlängerung blieb torlos, so dass erstmals in der Geschichte des DFB-Pokals ein Finale per Elfmeterschießen entschieden werden musste. Für die Gladbacher trat als Erster Matthäus an, der den Ball jedoch völlig verzog und in den Frankfurter Abendhimmel jagte. Da Augenthaler den vierten Bayern-Elfer vergab, musste auch das Elfmeterschießen verlängert werden. Beim achten Durchgang fiel dann die Entscheidung. Für die Gladbacher war eigentlich Mill vorgesehen, der jedoch bei einem Zweikampf mit Hoeneß eine Gehirnerschütterung erlitten hatte. Statt seiner trat Ringels an und verschoss. Im Gegenzug konnte Michael Rummenigge verwandeln und krönte damit seine erfolgreiche Saison. Lothar Matthäus sprach anschließend von der „bittersten Stunde" in seiner Laufbahn. Dass nicht nur Matthäus, sondern auch Ringels seine Chance nicht genutzt hatte, war kein Thema. Geredet wurde nur über Matthäus. Gladbach-Anhänger und Bayern-Hasser behaupteten unisono, der Neu-Bayer sei manipuliert worden und habe seinen Elfmeter bewusst verschossen. Als „Beweis" diente die Tatsache, dass Matthäus nicht gerade knapp und unglücklich gescheitert war. In den folgenden Jahren wurde Matthäus auf dem Gladbacher Bökelberg stets mit „Judas-raus"-Rufen empfangen.

Der FC Bayern gewann seinen siebten DFB-Pokal mit folgender Aufstellung: Pfaff, Augenthaler, Martin, Grobe, Dürnberger (58. Hoeneß), Nachtweih, Dremmler, Kraus (46. Mathy), Lerby, K.-H. Rummenigge, M. Rummenigge.

Im UEFA-Pokal bekam der FC Bayern in der 1. Runde lediglich einen schwachen Sparringspartner zugelost, auch wenn man sich im Hinspiel bei Anorthosis Larnaca zunächst schwer tat. Ein Tor von Mathy sicherte einen 1:0-Sieg. Nur 8.000 sahen dann im Rückspiel ein 10:0 der Bayern, bei dem Klaus Augenthaler drei Tore schoss. In der 2. Runde gab es ein Wiedersehen mit Pal Csernai, der nun das Team von PAOK Saloniki trainierte. Csernai wusste, dass seine alte Mannschaft gegen defensiv eingestellte Teams ihre Probleme hatte. Entsprechend ließ er spielen. Nach insgesamt 210 Minuten war zwischen den beiden Teams noch immer kein Tor gefallen. Beim anschließenden Elfmeterschießen entschied erst die 10. Runde über das Weiterkommen. Nachdem der Grieche Maloufas an Jean-Marie Pfaff gescheitert war, schritt der Bayern-Keeper selbst zum Elfmeterpunkt. Pfaff verwandelte gegen seinen griechischen Kollegen, und die Bayern siegten 9:8. In der 3. Runde empfingen die Bayern wie schon im Vorjahr Tottenham Hotspur. In einem großartigen Spiel traf nur Michael Rummenigge vier Minuten vor dem Abpfiff ins Netz. Das knappe 1:0 sollte sich als zu wenig erweisen. An der Londoner White Hart Lane konnten die Bayern zwar bis zur Halbzeit ein 0:0 halten, aber am Ende hatten die Heißsporne mit 2:0 die Nase vorn.

Am Ende der Saison wurde Karl-Heinz Rummenigge für 10,5 Mio. DM an Inter Mailand verkauft, bis dahin die höchste Summe, die ein ausländischer Klub jemals für einen Bundesligaspieler auf den Tisch geblättert hatte. Für den FC Bayern ein Glücksfall, denn Rummenigges Karriere hatte ihren Zenit überschritten. Ein oder zwei Spielzeiten später hätte man diesen Preis nicht mehr erzielen können. Der Transfererlös trug erheblich zur Sanierung des verschuldeten Klubs bei.

Bei der Europameisterschaft in Frankreich spielten in der Stammformation ein scheidender und ein werdender Bayern-Star: Karl-Heinz Rummenigge und Lothar Matthäus. Die enttäuschende DFB-Auswahl schied bereits nach der Vorrunde aus. Franz Beckenbauer unterzog den deutschen Fußball einer längst überfälligen Fundamentalkritik: „Wir büßen für alte Fehler. Auf deutschen Fußballplätzen wurden Leichtathleten herangezogen, keine Fußballer." Einige Tage später trat Jupp Derwall als Bundestrainer zurück. Sein Nachfolger wurde Beckenbauer, der jedoch wegen fehlender Trainerlizenz „Teamchef" genannt wurde. Die „Lichtgestalt" sollte das arg ramponierte Ansehen des deutschen Fußballs aufpolieren. In einer Umfrage des Bielefelder Emnid-Instituts, die sich mit dem Ansehen von Berufsständen beschäftigte, waren die Profi-Fußballer noch hinter Grundstücksmaklern und Finanzbeamten auf dem letzten Platz gelandet. Bei seinem Amtsantritt diagnostizierte Beckenbauer eine „tiefe Krise" des deutschen Fußballs. „Wir benötigen zehn Jahre zur Regeneration." Sechs Jahre später war das DFB-Team Weltmeister, und die Bundesliga erlebte einen neuen Boom.

1984/85 Eine neue Ära

In die Saison 1984/85 ging der FC Bayern ohne große Ambitionen. Nach dem Verkauf von Rummenigge wähnte sich Lattek „auf dem Nullpunkt, mal wieder vor dem Neuanfang". Manager Hoeneß prognostizierte ein „Aufbau- oder Zwischenjahr". Lattek verfügte zwar über einen 26-köpfigen Mammut-Kader mit viel Talent, doch große Namen und klare hierarchische Strukturen waren hierin nicht zu erkennen. Erst im Laufe der Saison entwickelte sich der Antreiber Sören Lerby zum neuen Chef auf dem Platz. Neben Matthäus durfte der Trainer an Neuzugängen noch den Zweitligatorjäger Roland Wohlfarth, der vom MSV Duisburg kam, den Abwehrspieler Norbert Eder vom Absteiger 1. FC Nürnberg und das zuvor beim TSV 1860 kickende Talent Ludwig „Wiggerl" Kögl begrüßen. Aus der eigenen Jugend stieß noch der kleine Manfred Schwabl zum Kader. Latteks Neue schlugen sich prächtig, wie allein schon die Zahl der Bundesligaeinsätze in ihrer ersten Saison dokumentiert. Norbert Eder bestritt sämtliche 34 Spiele, Matthäus war 33-mal dabei, Wohlfarth, der in seiner ersten Saison immerhin 12 Tore schoss, 32-mal und der dribbelstarke kleine „Wiggerl" Kögl, der bald zum Joker und Publikumsliebling avancierte, 27-mal. Lediglich Manfred Schwabl, der später eine Zwischenetappe beim 1. FC Nürnberg einlegte, kam noch nicht zum Zuge.

Auftakt zur großen Bayern-Dominanz

Die Mannschaft ohne Stars legte einen Rekordstart von 12:0 Punkten hin. Beendet wurde die Serie durch eine 1:2-Heimniederlage am 7. Spieltag gegen den Neuling Waldhof Mannheim. Erstmals entwickelte sich ein Zweikampf FC Bayern - SV Werder, bei dem der Überraschungssieger – so musste man in dieser Saison sagen – am Ende die Münchner waren, die die Tabellenführung vom ersten bis zum letzten Spieltag verteidigten. Die endgültige Entscheidung fiel allerdings erst am letzten Spieltag. Die Bayern, die zu diesem Zeitpunkt mit zwei Punkten Vorsprung führten, reisten zur

Braunschweiger Eintracht, die Bremer ins Dortmunder Westfalenstadion. Während Borussia Dortmund noch um den Klassenerhalt bangen musste, waren die Braunschweiger bereits abgestiegen. In der 48. Minute erzielte Dieter Hoeneß nach Vorarbeit von Kögl das goldene Tor im Eintracht-Stadion. Werder verlor bei der Borussia 0:2, und der FC Bayern wurde mit vier Punkten Vorsprung zum achten Male Deutscher Meister. Für Lothar Matthäus war die Ursache des Erfolgs die zunächst fehlende Hierarchie: „Weil viele Spieler Macht haben und ausüben wollten, entwickelte sich ein fruchtbarer Konkurrenzkampf, der das Team nach vorne trieb." „Völlig neu" war für Matthäus „die Medienlandschaft in München, der ständige Rummel selbst beim Training. Nie hatte man Ruhe. Daran musste ich mich erst gewöhnen." Er tat es, indem er selbst Teil dieser Landschaft wurde.

Die Meisterschaft von 1985 bildete die Basis für eine in der Bundesliga bis dahin beispiellose Dominanz eines einzelnen Vereins. In den folgenden fünf Jahren sollte der FC Bayern vier weitere Meisterschaften einfahren. In der Montagsausgabe der alternativen „taz" wurde bald die Bundesligatabelle erst ab Rang zwei abgedruckt.

Die bayerische Vorherrschaft schien sich auch im DFB-Pokal zu bestätigen. Lattek's Truppe erreichte mühelos das Halbfinale, wo es zu einer Neuauflage des Vorjahrsfinales kam. Auch diesmal behielt der FC Bayern gegenüber Borussia Mönchengladbach die Oberhand, musste sich allerdings für den knappen Sieg bei seinem überragenden Keeper Pfaff und Schiedsrichter Heitmann bedanken. Dieser wertete in der Verlängerung einen Sturz von Dieter Hoeneß im Gladbacher Strafraum zur Überraschung der Spieler und der 52.000 auf den Rängen des Olympiastadions als elfmeterreif. Hoeneß, den Gladbachs Keeper Sude anschließend als einen „zwei Meter langen Tolpatsch" bezeichnete, hatte seit seiner Einwechslung wiederholt versucht, Strafstöße zu provozieren. Lerby ließ sich die Chance nicht entgehen und verwandelte in der 100. Minute zum 1:0, bei dem es dann auch blieb.

Das DFB-Pokalfinale fand erstmals in Berlin statt und endete mit einer Sensation. Bei ihrer bereits achten Finalteilnahme gingen die Bayern erstmals nicht als Sieger vom Platz. Anstelle der favorisierten Münchner holte Außenseiter Bayer Uerdingen den Pokal. Sehr zur Freude der Mehrheit der 70.000 Zuschauer, die zwar beileibe keine Fans der Krefelder waren, aber schon gar nicht den Bayern den neuerlichen Triumph gönnten. Der FCB erzielte zwar in der 8. Minute durch seine Nummer neun (Dieter Hoeneß) die Führung, aber bereits in der 9. Minute konnte Uerdingens Nummer acht (Horst Feilzer) ausgleichen. Das Uerdinger Siegtor zum 2:1-Endstand fiel in der 66. Minute durch Schäfer.

Im Europapokal der Pokalsieger spielte der FC Bayern in den ersten beiden Runden gegen die international zweitklassigen Teams von FK Moss und Trakia Plovdiv. Im ersten Spiel gegen Moss lag der FCB vor nur 5.000 Zuschauern zwar bereits nach zwei Minuten durch ein Tor des Spielers Kollshagen mit 0:1 zurück, erholte sich jedoch von dem Schreck und gewann 4:1. Das Rückspiel in Moss endete 2:1 für den FCB. Erneut wusste nur Kollshagen die Bayern zu ärgern. Erheblich enger wurde es gegen Plovdiv.

Pflügler, Wohlfarth und Kögl (von links) feiern in Braunschweig eine nicht geplante Meisterschaft.

Im Hinspiel gewann der FC Bayern zwar vor einer erneut enttäuschenden Kulisse von nur 9.500 Zuschauern mit 4:1, aber im Rückspiel führten die Gastgeber nach 51 Minuten mit 2:0. Die Bayern brachten das Ergebnis über die Zeit und durften sich nun auf attraktivere Gegner freuen.

Gegen den AS Rom fand sich im Olympiastadion mit 60.000 Zuschauern endlich wieder eine Kulisse ein, die an die großen Europapokalereignisse der 1970er Jahre erinnerte. Der FC Bayern gewann durch Tore von Augenthaler und Dieter Hoeneß mit 2:0 und durfte sich somit gute Chancen auf ein Weiterkommen ausrechnen. Im Rückspiel in Rom konnten die Bayern durch einen von Matthäus verwandelten Elfmeter noch vor der Halbzeit ihre Führung ausbauen. In der 79. Minute fiel zwar der Ausgleich, doch nur eine Minute später erzielte Kögl den 2:1-Endstand. Für „Wiggerl" war es der erste Treffer in einem Pflichtspiel für die Bayern. Die nächste Station war Latteks Wunschgegner FC Everton. Vor 67.000 Zuschauern kam der FCB daheim über ein 0:0 nicht hinaus. Beim Rückspiel im mit 50.000 Zuschauern gut gefüllten Goodison Park brachte Dieter Hoeneß seine Farben zwar nach 38 Minuten 1:0 in Führung, aber am Ende siegten die Gastgeber 3:1. Der FC Bayern war wieder mal am späteren Sieger eines europäischen Wettbewerbs gescheitert, denn mit dem gleichen Ergebnis gewann der FC Everton auch das Finale gegen Rapid Wien.

1985/86 Hoeneß kontra Lemke: „Reine Ideologie"

Die Saison 1985/86 gilt noch heute als eine der denkwürdigsten der Bundesligageschichte. Für den FC Bayern begann sie allerdings mit einem wunderschönen Eigentor. Beim Saisonauftakt in Uerdingen knallte der von Bayer Leverkusen gekommene Helmut Winklhofer den Ball aus 25 Metern in den Winkel des eigenen Gehäuses. Die Bayern verloren mit 0:1, und die Nation wählte Winklhofers Treffer zum „Tor des Monats". Uli Hoeneß war empört: „Eine bodenlose Frechheit, ihn auch noch einzuladen. Wir dürfen uns nicht mehr gefallen lassen, dass die uns vom Fernsehen verarschen. Wir müssen wieder arroganter werden."

Taten folgten auf dem Fuß. Die Saison entwickelte sich bald erneut zum Zweikampf zwischen dem SV Werder und den Bayern. Als die Bremer am vorletzten Spieltag der Hinrunde in München gastierten, verletzte sich Rudi Völler bei einem Foul von Augenthaler so schwer, dass er erst wieder im Rückspiel gegen die Bayern mitwirken konnte – und auch dies nur für zwölf Minuten. Völler war von der Mittellinie aus aufs Bayern-Tor gestürmt, als ihm der Bayern-Libero von der Seite in die Beine trat. Fast noch schlimmer als das Foul war dessen Rechtfertigung durch Udo Lattek: „Spielen Sie mal gegen einen Rudi Völler. Gegen so einen Mann den Ball zu spielen, das ist unmöglich; der ist zu schnell." Man erinnerte sich an einen Aufsatz von Ewald Lienen mit dem Titel „Ellenbogengesellschaft Gewalt im Sport", geschrieben im Jahre 1983. Dort stand u.a. zu lesen: „Die ständig vorhandene Brutalität in der Bundesliga ist Ausdruck des für unsere Ellenbogengesellschaft typischen Existenzkampfes, den jeder Einzelne für sich allein führen soll und muss. Sie ist gleichzeitig Ausdruck des perversen Materialismus unserer Gesellschaft, der dazu führt, dass Spieler ihren eigenen finanziellen Erfolg höher einstufen als solidarisches Verhalten und Gesundheit ihrer Spielerkollegen. (...) Der Bundesligafußball ist (...) zu einem brutalen Existenzkampf heruntergekommen, weil sportlicher Ehrgeiz durch teilweise rücksichtslosen finanziellen Ehrgeiz ersetzt worden ist." Aber man durfte sich auch an eine Aussage von Paul Breitner erinnern: „Ich behaupte: Wir müssen die Jugendlichen lehren, foul zu spielen! Das klingt jetzt vielleicht brutal, aber was hilft es, ständig um den heißen Brei herumzureden... Denn eines ist klar, und das gilt für Schüler genauso wie für Bundesligaprofis: Bevor ich dem Gegenspieler erlaube, ein Tor zu schießen, muss ich ihn mit allen Mitteln daran hindern – und wenn ich das nicht mit fairen Mitteln tun kann, dann muss ich es eben mit einem Foul tun. Lieber einen Freistoß als ein Tor. Wer das nicht offen zugibt, der lügt sich was vor – oder er ist kein Fußballer."

Augenthalers Tritt gegen Rudi Völler

Obwohl Augenthaler einige Entlastungszeugen hatte (so meinte Bremens „Manni" Burgsmüller, er „glaube nicht, dass einer versucht, dem Berufskollegen die Knochen einzutreten"), nährte Latteks fatale Äußerung den Verdacht, bei dem Foul habe es sich um einen wohlkalkulierten Akt von Körperverletzung gehandelt, um die Meisterschaftschancen des Konkurrenten zu schmälern. Denn das Opfer war nicht irgendwer, son-

Wurde vorübergehend zum Buhmann: Klaus Augenthaler.

dern die Seele und größte Trumpfkarte des Bremer Spiels, Torschützenkönig 1982/83, „Vize-König" 1984/85 und Fußballer des Jahres 1983. Völler später: „Eines ist sicher: Mit mir wäre Werder in dieser Saison Meister geworden." Die Bayern gewannen das Duell dank zweier Treffer des eingewechselten Dieter Hoeneß mit 3:1 und konnten so den Abstand zu den Grün-Weißen auf einen Punkt verringern. Dabei spielte der Sieger eine Halbzeit lang in Unterzahl, denn auch die Bayern hatten einen kleinen Verlust zu beklagen: Ein genervter Lothar Matthäus trat gegen Bruno Pezzey nach und wurde des Feldes verwiesen.

Klaus Augenthaler wurde für den Rest der Saison zum Buhmann der Liga. Als der FC Bayern eine Woche später auf dem Mönchengladbacher Bökelberg auflief, begleitete Augenthaler bei jedem Ballkontakt ein gellendes Pfeifkonzert. Seine Gegenspieler attackierten ihn so gnadenlos, als wollten sie ihren Berufskollegen Völler rächen. Augenthaler anschließend: „Heute bin ich Freiwild gewesen. Die haben versucht, mich umzuhauen." Der FC Bayern verlor in Mönchengladbach 2:4, während die Bremer den VfB Stuttgart mit 6:0 abfertigten und mit drei Punkten Vorsprung Herbstmeister wurden.

Trotz des Ausfalls von Rudi Völler schienen die Meisterschaftschancen der Bremer größer zu sein als im Vorjahr. Und nach zwei Vize-Meisterschaften 1983 und 1985 war es ohnehin für viele nur rechtens, wenn die Grün-Weißen endlich den Titel holen würden. „Ganz Deutschland steht hinter uns!", verkündete Bremens Trainer Otto Rehhagel, und mit dieser Einschätzung lag er nicht einmal so falsch, lässt man einmal die große bundesweite Schar der Bayern-Fans unberücksichtigt.

Die ersten acht Spiele der Rückrunde blieb der FCB ungeschlagen. Gegen Uerdingen, Hannover und Saarbrücken schossen die Bayern jeweils fünf Tore. Nach dem 5:0-Sieg am 21. Spieltag in Hannover prophezeite Udo Lattek: „Wir schnappen Werder noch den Titel weg." Franz Beckenbauer war skeptischer: „Ich glaube schon, dass Werder Bremen es diesmal schafft." Am 26. Spieltag gab es eine eiskalte Dusche: Beim Heimspiel gegen Fortuna Düsseldorf lagen die Bayern nach 50 Minuten 0:3 zurück. Am Ende stand es 2:3, und Sören Lerby erklärte das Meisterschaftsrennen für gelaufen. Doch aus den folgenden sechs Spielen holten die Bayern zehn Punkte.

Als der FC Bayern am 33. Spieltag zum Rückspiel an die Weser reiste, war der Vorsprung der Grün-Weißen mittlerweile auf zwei Punkte geschrumpft. Die Bremer spürten wieder den Atem der Bayern im Nacken und wankten. Aus den letzten beiden Spielen hatte Werder nur noch einen Punkt geholt. Und trotzdem: Ein Sieg über die Bayern, und die Meisterschaft wäre perfekt gewesen. Am Abend des 22. April 1986 war Werder im Weserstadion die überlegene Mannschaft, und der FC Bayern musste sich wiederholt bei Jean-Marie Pfaff bedanken, dass er nicht in Rückstand geriet. Drei Minuten vor Schluss der Begegnung machte sich Bremen fertig zum Jubeln. Als der eingewechselte Völler erstmals versuchte, in den Strafraum der Bayern einzudringen, prallte der Ball gegen Lerbys Schulter. Schiedsrichter Volker Roth sprach den Gastgebern einen mehr als zweifelhaften Strafstoß zu. Ausgleichende Gerechtigkeit für das Augenthaler-Foul im Hinspiel, dachten nicht nur Werder-Fans. Auf dem Rasen und am Spielfeldrand spielten sich tumultartige Szenen ab. Bayerns Co-Trainer Coordes schoss den Ball auf die Tribüne, was seinen Spielern Zeit gab, Bremens Elfmeterschützen Kutzop zu verunsichern. Kutzop: „Pflügler zog mich am Ohr, ein anderer Bayer bespuckte mich." Dem Bremer, bis dahin der sicherste Elfmetertreter der Liga, versagten prompt die Nerven. Sein Schuss, bis heute der berühmteste, weil tragischste Strafstoß in der Bundesligageschichte, touchierte nur den rechten Pfosten. Jean-Marie Pfaff erinnerte sich Jahre später: „Unser Trainer Lattek hatte mich gut vorbereitet auf Kutzop. ‚Bleib so lange wie möglich stehen, beweg dich nicht', hatte er mir geraten. Ich hab mich nicht bewegt, als Kutzop anlief, mich erst ganz spät für die rechte Ecke entschieden. Der Ball flog nach links, und das Geräusch, das dann folgte, höre ich noch heute: das Klatschen von Leder gegen einen Aluminiumpfosten. Herrlich."

Kutzop versemmelt Bremer Meisterschaft

Kutzop trifft das Aluminium.

Obwohl es beim Zwei-Punkte-Abstand blieb und den Bremern somit bereits ein Unentschieden am letzten Spieltag in Stuttgart zur Meisterschaft reichte, schien sich das Blatt unaufhaltsam zugunsten der Bayern zu wenden. Die Werderaner wirkten nach dem Spiel blass, ja fast mutlos, die Bayern indes putzmunter. Es kam, wie es kommen musste. Am letzten Spieltag siegte der FC Bayern daheim gegen Borussia Mönchengladbach mit 6:0. Bereits nach 13 Sekunden markierte Lothar Matthäus, der an diesem Nachmittag sein bis dahin bestes Spiel im Bayern-Dress absolvierte, den ersten Treffer. Die Bayern kombinierten nach Belieben und schossen gegen eine schwache Gladbacher Mannschaft Tore wie im Training. Nach Matthäus trafen noch Dieter Hoeneß (2), Wohlfarth (2) und Mathy. Die Vorstellung der Gäste grenzte schon an Leistungsverweigerung und Wettbewerbsverzerrung. Während die Bayern ein Schützenfest zelebrierten, unterlag eine müde Bremer Mannschaft in Stuttgart mit 1:2. „Das war die Hölle", kommentierte Lattek die 90 Minuten von München und Stuttgart. „Das ist ein Traum", korrigierte ihn Sören Lerby. Aufgrund des besseren Torverhältnisses (FCB: 82:31, SV Werder: 83:41) wurde der FC Bayern zum neunten Male Deutscher Meister und schloss damit zum 1. FC Nürnberg auf. Die Bayern standen in dieser Saison nur einmal auf Platz eins, und dies am letzten Spieltag. In der Endphase der Saison hatten sich die Münchner als die deutlich nervenstärkere Elf erwiesen, während die Bremer offenbar Angst vor der eigenen Courage bekamen. Die Münchner Niederlage gegen Düsseldorf blieb die einzige in der Rückrunde, und in den letzten acht Spielen kassierte man nur drei Gegentreffer. Werder drohte das Schicksal eines „ewigen Zweiten". Innerhalb von vier Jahren war man dreimal „Vize" geworden, zweimal nur aufgrund des

Nach dem Sieg gegen Mönchengladbach lassen sich Dieter Hoeneß (mit Schale) und Pflügler von den Fans feiern.

schlechteren Torverhältnisses. Meistermacher Lattek tönte in Richtung des Kollegen Rehhagel: „Der hat noch keinen Titel gewonnen und ich schon zwölf!"

Das Duell zwischen dem FC Bayern und dem SV Werder war von den beiden Managern zum Politkampf hochstilisiert worden. Viele Linke hielten es mit dem SV Werder, allerdings nicht wegen der Bremer Spielästhetik. Das Daumendrücken für Werder war Pragmatismus pur. Die Bayern standen für Geld, Macht und Arroganz. Ihre Nähe zur CSU und ihre Sympathien für die von den Linken immer noch nicht verwundene politische Wende von 1982 waren weithin bekannt. Als Bremens Keeper Dieter Burdenski vor laufender Kamera erklärte, „die Bayern sind die arroganteste Mannschaft der Bundesliga. Für den deutschen Fußball wäre es besser gewesen, wir hätten den Titel geholt", nickten allerdings nicht nur die Anhänger der Bonner Oppositionsparteien. Selten wurde ein Deutscher Meister von den Fans anderer Vereine so gehasst wie der von 1985/86. Was der Freude bei den Bayern jedoch keinen Abbruch tat – im Gegenteil.

Die Meisterschaftsfeier glich einem Wahlabend in der Parteizentrale einer siegreichen Partei. Als das Bayern-Team in der St.-Emmerans-Mühle bei Oberföhring eintraf, saß Ministerpräsident Franz-Josef Strauß mit Tochter und Sohn bereits am gedeckten Tisch. Strauß: „Ich freue mich wie ein Kind über die Meisterschaft." Daraufhin Uli Hoeneß: „Dass Herr Strauß heute Abend da ist, das ist für mich die größte Freude." Anschließend rechnete Hoeneß mit seinem Bremer Widersacher ab: Willi Lemke sei „ein Volksverhetzer. Der hat uns als Feindbild aufgebaut. Das war Klassenkampf, reine Ideologie: Wir die arroganten Millionarios, sie die Underdogs der Bundesliga." Lemke müsse lernen, „dass er nicht mehr bei der SPD ist, die leider an zweiter Stelle steht, aber hoffentlich dort noch lange stehen wird".

Diesmal gelingt das Double

Nur eine Woche später durften die Bayern erneut feiern. Nach der Meisterschaft holten sie auch den DFB-Pokal, das nach 1969 zweite Double in der Geschichte des Klubs. Der Weg ins Finale erfolgte fast ausschließlich über Auswärtsspiele. In der 1. Runde siegte man bei Kickers Offenbach 3:1, und in der 2. Runde wurde mit dem gleichen Ergebnis beim 1. FC Saarbrücken gewonnen. In der 3. Runde musste der FC Bayern mal wieder zum VfL Bochum. Als dort auch nach 120 Minuten noch keine Entscheidung gefallen war (1:1), kamen die Bayern in den Genuss ihres einzigen Heimspiels. Sören Lerby wurde zum Spiel in Bochum aus Dublin eingeflogen, wo er für Dänemark gegen die Republik Irland um die WM-Qualifikation gespielt hatte. Als die Dänen nach 58 Minuten dort mit 3:1 führten, durfte Lerby das Spielfeld verlassen, um zum Flughafen zu hasten, wo ein gecharterter Jet auf ihn wartete. Vom Düsseldorfer Flughafen ging es dann im Porsche zum Ruhrstadion, wo Lerby noch 75 Minuten mitwirkte. Der Däne spielte innerhalb von sechs Stunden in zwei verschiedenen Ländern 133 Minuten Fußball.

Das Wiederholungsspiel gewann der FCB vor nur 6.500 Zuschauern mit 2:0. Im Viertelfinale siegte man auf dem Kaiserslauterer Betzenberg souverän 3:0. Die Lauterer Fans sangen „Brehme raus!", denn kurz vor dem Spiel war der Wechsel des Abwehrspielers zum FC Bayern bekannt geworden. Nach dem 2:0-Halbfinalsieg bei Waldhof Mannheim traf der FC Bayern im Endspiel ausgerechnet auf seinen „Meistermacher" VfB Stuttgart, und einige Fans der Bayern dachten unmittelbar nach dem Meisterschaftsgewinn wie Dieter Hoeneß: „Die haben so toll gekämpft, von mir aus kann der VfB jetzt ruhig Pokalsieger werden." Doch rechtzeitig zum Anpfiff packte den FC Bayern wieder der Ehrgeiz. Gegen eine schwache Stuttgarter Elf, die zudem noch durch den Ausfall ihres etatmäßigen Keepers Roleder gehandicapt war, gewann der FCB durch drei Tore von Wohlfarth und zwei von Michael Rummenigge mit 5:2. Für Lothar Matthäus war es in seinem dritten Pokalfinale in Folge endlich der erste Sieg. Dieter Hoeneß nach dem Schlusspfiff: „Irgendwie bedauere ich ja doch, dass wir gewonnen haben." Was damals wohl keiner ahnte: Der DFB-Pokalsieg von 1986 sollte bis zum Jahr 2000 der letzte des FC Bayern sein. In den folgenden Jahren bestand die Aufgabe des FC Bayern in diesem Wettbewerb vornehmlich darin, durch sensationelle Niederlagen den Nachweis zu liefern, dass der DFB-Pokal seine eigenen Gesetze und einen besonderen Reiz hat.

Freuen sich über das Double: Lerby, Präsident Scherer, Lattek und Co-Trainer Coordes (von links).

Einige Bayern-Fans hatten in dieser Saison sogar von einem dreifachen Titelgewinn geträumt, dem „Triple“. Vor dem ersten Spiel im Europapokal der Landesmeister hatte Lattek verkündet: „Jetzt wollen wir endlich den Pokal.“ Die Herausforderung schien leichter geworden zu sein, da die englischen Teams aufgrund der Katastrophe beim Finale 1985 vom Wettbewerb ausgeschlossen waren. Zunächst schaltete der FC Bayern durch ein 2:1 auswärts und ein 4:1 daheim Gornik Zabrze aus. In der 2. Runde kam es zum deutsch-österreichischen Duell mit Austria Wien. Im Hinspiel siegte der FC Bayern vor 64.000 Zuschauern im Olympiastadion mit 4:2. Drei der vier Bayern-Treffer gingen auf das Konto von Mathy. Auch das Rückspiel verlief torreich und spannend. In der 71. Minute ging die Austria durch Toni Polster 2:1 in Führung. Ein weiterer Treffer der Wiener hätte für den FC Bayern das Aus bedeutet, doch in der 80. Minute gelang

Nachtweih der Ausgleich. Nur zwei Minuten später schoss Michael Rummenigge die Bayern gar in Führung. Der Ausgleich in der 88. Minute durch einen von Polster verwandelten Strafstoß war nur noch von statistischer Bedeutung. Doch aus dem „Triple" wurde nichts. Endstation im Europapokal war für die Bayern in der 3. Runde das Brüsseler Team RSC Anderlecht. Der FCB führte zur Halbzeit im Olympiastadion bereits 2:0, aber 18 Minuten vor dem Abpfiff gelang den Belgiern der Anschlusstreffer, womit sie sich eine gute Ausgangsposition erarbeiteten. Auch beim Rückspiel hieß es nach 45 Minuten 2:0 für die Heimmannschaft, aber im Gegensatz zu den Bayern brachten die Belgier den Vorsprung über die Zeit.

Nachzutragen bleibt noch ein kleiner Eklat aus der Winterpause, der die zwischenzeitlich fast in Vergessenheit geratene Rivalität zwischen dem FC Bayern und dem nur noch drittklassig kickenden TSV 1860 in Erinnerung rief. Beim Festbankett des FC Bayern zum Münchner Hallenturnier ergriff der angetrunkene Löwen-Präsident Karl Heckl, zugleich auch Mitglied beim FCB, das Mikrofon, um die Anwesenden lautstark mit einem selbst gedichteten Verslein zu malträtieren: „Alle Löwen lachen, wenn die Bayern pleite machen." Hoeneß-Gattin Susi sah sich genötigt, den Mikro-Stecker aus der Dose zu ziehen. Heckl einige Tage später: „Ich hab' halt seit Wochen keinen Champagner mehr getrunken, hätte die Frau Hoeneß den Stecker bloß früher rausgezogen."

Bei der Weltmeisterschaft 1986 in Mexiko wurde das von Franz Beckenbauer trainierte DFB-Team erneut Vize-Weltmeister. Vom FC Bayern kamen Klaus Augenthaler, Norbert Eder, Dieter Hoeneß und Lothar Matthäus zum Einsatz, aber nur Eder und Matthäus hatten einen Stammplatz. Als weiterer Bayern-Spieler wirkte bei der WM Jean-Marie Pfaff mit, der mit Belgien Vierter wurde. Im deutschen Lager kam es zum Eklat, als die vier Nationalspieler Augenthaler, Jakobs, Dieter Hoeneß und Uli Stein die DFB-Kaserne verließen, um Land und Leute zu erkunden. Im Hotel durften zwar nicht die Spielerfrauen wohnen, wohl aber die bundesdeutschen Klatschkolumnisten, die öffentlich petzten, dass die vier „Ausbrecher" erst weit nach Mitternacht in die Unterkunft zurückgekehrt waren. Beckenbauer schalt die „Viererbande" „Idioten", woraufhin deren Sprecher Dieter Hoeneß den Teamchef unterbrach: „Stopp, du darfst alles zu mir sagen, aber nicht Idiot. Ich weiß, was ich im Kopf hab' und weiß, was du im Kopf hast, und deshalb sagst du nicht Idiot zu mir." Beckenbauer moderater: „So war es ja nicht gemeint, aber was müsst ihr euch auch erwischen lassen!" Daraufhin Hoeneß: „Wir konnten gar nicht anders. Das Camp ist doch hermetisch abgeriegelt. Das war doch generalstabsmäßig vorbereitet von den Kettenhunden der Presse." Der Teamchef verdonnerte die Vier zu Geldstrafen: „Jakobs 5.000 Mark, Hoeneß 5.000 Mark, Augenthaler 5.000 Mark und Stein 10.000 Mark." Die höhere Geldstrafe für Stein begründete Beckenbauer mit den angeblichen Erwartungen einer von der Boulevardpresse manipulierten Öffentlichkeit. Als Stein daraufhin mit dem Rückflug drohte, solidarisierten sich Hoeneß und Augenthaler mit ihm, indem sie ebenfalls um ihr Rückflugticket baten. Dem Kaiser blieb nichts anderes übrig, als alle Geldstrafen zu suspendieren.

„Ich weiß, was du im Kopf hast"

1986/87 Rekorde und Pleiten

In der Saison 1986/87 mussten die Bayern auf die Dienste ihres Mittelfeldrackerers Sören Lerby verzichten, der sich dem AS Monaco anschloss. Spektakulärste Neuverpflichtung war Abwehrspieler Andreas Brehme vom 1. FC Kaiserslautern, der auch am WM-Turnier teilgenommen hatte. Vom 1. FC Nürnberg wechselte der junge und mit großer Spielintelligenz ausgestattete Hans Dorfner an die Isar.

Zum Saisonauftakt kam Borussia Dortmund ins Olympiastadion und verkaufte sich erstaunlich gut. Die Begegnung endete 2:2, und dass die Dortmunder nicht beide Punkte mit nach Hause nahmen, hatten die Bayern Frank Mill zu verdanken. Dieser umspielte zwar die komplette Bayern-Abwehr einschließlich Keeper Pfaff, brachte dann aber das Kunststück fertig, den Ball vor dem leeren Tor stehend an den Pfosten zu schieben. Obwohl der FC Bayern in der Hinrunde nur eine einzige Niederlage hinnehmen musste, nämlich am 12. Spieltag daheim beim 0:3 gegen Bayer Leverkusen, quälte er sich mehr durch das Programm, als dass er spielte. Dass die Pleite gegen die Chemie-Truppe der einzige doppelte Punktverlust in der gesamten Saison sein sollte, ahnten zu diesem Zeitpunkt selbst die kühnsten Optimisten nicht. Denn die Souveränität vergangener Jahre schien verflogen zu sein. Den Nationalspielern waren die Strapazen der WM in Mexiko anzumerken, die Mannschaft wirkte erschöpft und ausgelaugt. Nur Pfaff und Augenthaler waren Ausnahmen. Während der Belgier seinen Kasten sauber hielt, erzielte der Libero in Nürnberg, Berlin und „auf Schalke“ wichtige Auswärtstreffer. In der Rückrunde konnte Augenthaler allerdings verletzungsbedingt nur viermal über die volle Distanz mitwirken. In der Winterpause, die in dieser Saison so lang war wie noch niemals zuvor, schickte Manager Hoeneß die Mannschaft ins Trainingslager nach Bahrein. Der Betriebsausflug zeitigte die gewünschte Wirkung. In der Rückrunde präsentierte sich ein völlig anderer FC Bayern, der nicht ein Spiel verlor und aus den 17 Begegnungen 29 von 34 möglichen Punkten holte.

Das Titelrennen wurde dadurch zu einer langweiligen Angelegenheit. Am 22. Spieltag spielte der FC Bayern beim hartnäckigsten Widersacher Hamburger SV. Vor 61.000 Zuschauern im Volksparkstadion gingen die Münchner durch das erste Bundesligator des Dänen Lars Lunde mit 1:0 in Führung. In der 81. Minute gelang dem HSV der Ausgleich, aber anstatt den einen Punkt zu verteidigen, bliesen die Bayern zur allgemeinen Verblüffung erneut zum Angriff. Zwei Minuten vor dem Abpfiff nutzte Michael Rummenigge einen kapitalen Fehler von HSV-Keeper Uli Stein zum 2:1-Siegtreffer. Nun gab es keinen ernsthaften Titelkonkurrenten mehr, und am Ende schafften die Bayern ihren zweiten Titel-Hattrick mit sechs Punkten Vorsprung vor dem HSV. Der dritte Meistertitel in Folge war in der Gesamtwertung der zehnte, womit der FC Bayern den 1. FC Nürnberg als Rekordmeister ablöste.

Während man das rasche Aus im DFB-Pokal (0:3 gegen Fortuna Düsseldorf) noch als Betriebsunfall abtat, geriet Bayerns Kampagne im Europapokal der Landesmeister zu einer der größten Enttäuschungen in der Vereinsgeschichte. Die Bayern fühlten sich

Süßstoff für den Erfolgstrainer nach der Meisterschaft 1987.

überreif, den Landesmeistercup endlich wieder nach München zu holen. Vor allem Trainer Udo Lattek wünschte sich dies als Abschiedsgeschenk. Im Hinspiel der 1. Runde gewann der FC Bayern durch zwei Tore von Mathy beim PSV Eindhoven 2:0. Das Rückspiel endete mit einem torlosen Remis, da PSV-Keeper van Breukelen einen Strafstoß von Matthäus parieren konnte. In der 2. Runde gab es ein Wiedersehen mit Austria Wien und Toni Polster. In München gewann der FC Bayern mit 2:0, in Wien endete die Partie 1:1, wobei Polster erneut ein Tor gegen die Bayern schoss. Die 3. Runde brachte eine weitere Wiedersehensfeier, diesmal mit dem RSC Anderlecht. Der FC Bayern revanchierte sich eindrucksvoll für sein Ausscheiden gegen den gleichen Gegner im Vorjahr. Bereits im Hinspiel in München machten die Bayern alles klar: 5:0 hieß es nach 90 Minuten durch Tore von Michael Rummenigge, Pflügler, Dieter Hoeneß (2) und Wohlfarth. Das Rückspiel geriet so zur bloßen Formsache. Trotzdem fanden sich hier deutlich mehr Zuschauer ein als zwei Wochen zuvor in München. Vor 35.000 Zuschauern endete die Partie mit einem 2:2-Remis, wobei die Gastgeber zweimal in Führung gingen.

Im Halbfinale musste sich der FC Bayern mit Real Madrid messen. Die Experten bezeichneten die Auslosung als vorweggenommenes Endspiel. 75.000 kamen zum Hinspiel ins Olympiastadion und sahen eine brutal harte Partie, die die Heimmannschaft mit 4:1 für sich entscheiden konnte. Die Madrilenen mussten zwei Elfmeter, die Matthäus beide verwandelte, und zwei Platzverweise hinnehmen. Eine der beiden roten Karten traf den kleinen Juanito, der dem am Boden liegenden Matthäus mit beiden Beinen ins Gesicht sprang. Das Opfer: „Ich dachte, der will mich umbringen." Die UEFA verhängte anschließend eine mehrjährige Sperre gegen Juanito.

„In Madrid gibt es Kleinholz"

Für das Rückspiel mussten die Bayern einen heißen Tanz befürchten. DFB-Teamchef Franz Beckenbauer schwante Böses: „In Madrid gibt es Kleinholz." Vor 103.000 Zuschauer im Bernabeu-Stadion mussten die Bayern auf Matthäus, Dorfner und Michael Rummenigge verzichten. Rauchbomben und bengalische Feuer hüllten das Spielfeld anfangs in einen dichten Nebel. Am Spielfeldrand versetzte Madrids ehemaliger Nationalspieler del Bosque Manager Hoeneß einen Kinnhaken, während sich Jean-Marie Pfaff in seinem Strafraum nicht nur eines Steinhagels erwehren musste. Auch zwei Messer und eine lange Eisenstange flogen in Richtung des Keepers. Nach einer Viertelstunde drohte ein Spielabbruch. Doch Pfaff ließ sich nicht einschüchtern, sondern avancierte mit schier unglaublichen Reflexen und Paraden zum Held des Abends. Die Madrilenen gingen zwar in der 27. Minute durch ein Eigentor von Wohlfarth mit 1:0 in Führung, und nur drei Minuten später verloren die Bayern Klaus Augenthaler durch einen Platzverweis. Doch die „Rote" für „Auge" bedeutete lediglich einen zusätzlichen Motivationsschub für die Bayern. Der FCB überstand Reals Sturmlauf schadlos und durften somit Wien buchen, wo das Finale stattfinden sollte. Gegner war der FC Porto, der als Außenseiter galt.

K.o.-Tor mit der Hacke

Die Bayern gaben sich siegessicher. Uli Hoeneß sah sich „am Anfang einer neuen großen Ära", und Fritz Scherer, der im Vorjahr vom Schatzmeister zum Präsidenten aufgestiegen war, hatte bereits seine Sieger-Rede vorbereitet. Obwohl der FC Bayern auf Klaus Augenthaler verzichten musste, der neun Tage zuvor wegen eines komplizierten Bandscheibenvorfalls operiert worden war und aufgrund seines Platzverweises von Madrid ohnehin nicht hätte

FC Porto - FC Bayern 2:1. „Wiggerl" Kögl wird auf dem Weg zum gegnerischen Tor angegriffen.

Frust über die Finalniederlage: Nachtweih, Matthäus, Eder und Michael Rummenigge (von links).

spielen können, lief im Praterstadion zunächst alles wie geplant. Die Masse der 58.000 Zuschauer feuerte die Bayern an, und in der 25. Minute brachte Kögl seine Farben per Kopf mit 1:0 in Führung. Dies war auch der vollauf verdiente Halbzeitstand. Die Bayern hatten das Spiel klar dominiert und waren immer wieder gefährlich vor des Gegners Tor aufgetaucht. Doch nach dem Wiederanpfiff brach das Bayern-Spiel immer mehr zusammen. Die technisch versierteren Portugiesen erhielten Oberwasser, und in der 78. Minute erzielte der Algerier Madjer mit der Hacke den Ausgleich. Ein Tor, das bis heute in keiner Geschichte des Europapokals fehlen darf. Nur zwei Minuten später gelang dem eingewechselten Brasilianer Juary nach Vorarbeit von Madjer auch noch der Siegtreffer.

Die unerwartete Niederlage wurde für die Bayern-Macher zum Knackpunkt und Alptraum. Noch zehn Jahre später bezeichnete Uli Hoeneß das 1:2 von Wien als größte Enttäuschung seines Lebens. Udo Lattek äußerte nach dem Abpfiff: „Dies ist die bitterste Niederlage meines Lebens. Ich muss mir gratulieren, dass ich aufhöre. Ich bin nicht mehr dazu in der Lage, die Verantwortung dafür zu tragen, dass Spieler nicht das bringen, was sie eigentlich können." Gemeint war vor allem der restlos enttäuschende Lothar Matthäus. Beim anschließenden Bankett wurde Matthäus von Mitspielern, Trainer und Vorstand völlig isoliert. Auch Uli Hoeneß erblickte in Matthäus den Hauptschuldigen: Die Niederlage sei lediglich den „nervlichen Problemen des Lothar Matthäus, nicht aber unserer Auffassung vom Fußball“ geschuldet gewesen. Die europäische Presse ergoss sich in Schadenfreude über die Bayern. Die schwedische Zeitung „Expressen“: „Endlich hat die Feigheit in einem Europapokalspiel verloren.“ Mit dem FC Porto habe „das Gute die Oberhand behalten über ein destruktives Profil“.

Der schwarze Abend von Wien trübte die Feier des zehnten Meistertitels und den Abschied von Udo Lattek. Nach dem letzten Spieltag floß zwar in der Kabine der Champagner, aber Stimmung wollte nicht aufkommen. Stattdessen schwiegen sich die Spieler betreten an. Hans Dorfner über die Auswirkungen von Wien auf die Moral der Mannschaft: „Die Truppe war nachher völlig am Boden. Die Endphase der Meisterschaft lief fast wie in Trance ab. Der Titel wurde von den meisten nur noch registriert, aber nicht mehr bejubelt. Selbst bei der Meisterfeier ging kaum einer aus sich heraus.“ Statt eines Europapokalsiegers hinterließ Lattek eine zerstrittene Mannschaft ohne Rückgrad, in der sein Nachfolger viel Aufräumarbeit leisten musste.

Bei der Verabschiedung von Udo Lattek bemühte man sich, die Fassade zu wahren. Lattek war beleidigt, weil die Bayern ihm eine zweijährige Verlängerung seines Vertrags verweigert hatten. Enttäuscht entschied er sich für eine Offerte des 1. FC Köln, der ihn als Sportdirektor verpflichtete. Udo Jürgens sang zu Latteks Abschied im Olympiastadion „Merci Cherie“. Der Trainer zog sich auf dem Rasen bis auf die Unterhose aus und warf seine Kleider in die Südkurve. Immerhin: die Fans wollten bei der Trauerstimmung nicht mitmachen. Einen Tag nach dem letzten Meisterschaftsspiel wurden die Mannschaft und ihr scheidender Trainer auf dem Marienplatz von Zehntausenden gefeiert. Präsident Scherer verabschiedete Lattek mit den Worten: „Du kamst als Angestellter und gingst als Freund.“

Im Pausenfüller Supercup traf Meister FC Bayern auf Pokalsieger Hamburger SV. Ein vernachlässigenswertes Ereignis, wäre da nicht der berühmte Faustschlag von Uli Stein gewesen. Der „Stein“-Schlag gegen Bayerns Neuerwerbung Jürgen Wegmann bedeutete für den Keeper das Ende seines siebenjährigen Gastspiels an der Alster. Nachdem Wegmann in der 87. Minute den 2:1-Siegtreffer für die Bayern markiert hatte, fiel er über Stein ins Hamburger Tornetz. Stein bemühte sich später um eine reichlich theatralische Darstellung: „Außer sich vor Freude, stößt er (gemeint ist Wegmann, d. V.) einen Schrei aus, der in einem unartikulierten ‚Tooaua‘ endet. (...) Der Zeitraffer rast. Hundertstelsekunden liegen zwischen Reiz und Reaktion. Wir sitzen uns gegenüber wie Kinder im Sandkasten. Unsere Blicke treffen sich. Ich fühle den Blackout kommen. Der Kopf bäumt sich vergebens gegen den Körper auf. Meine Hand ballt sich zur Faust. Ich ergebe mich dem Reflex. Meine Faust schnellt hoch an sein Kinn.“ Bayern-Manager Uli Hoeneß versuchte vergeblich, zugunsten des gegnerischen Keepers zu intervenieren: „Ich wollte den Schiedsrichter noch vom Platzverweis abhalten, weil's doch nicht so schlimm war.“ Auch Jürgen Wegmann nahm Stein in Schutz: „Das war keine Absicht. Ich glaube, das war ein Reflex.“

Trainer-Rivalen: Jupp Heynckes (links) und Udo Lattek.

1987/88 Ein Rheinländer in München

Zum Nachfolger von Udo Lattek bestellte der FC Bayern Josef „Jupp“ Heynckes, was von einigen Beobachtern als gezielter Seitenhieb interpretiert wurde. Denn Lattek und Heynckes waren tief verfeindet. Lattek später: „In der Branche muss man mit Neid und Missgunst leben. Gerade Otto Rehhagel und Jupp Heynckes haben mich immer gehasst, weil ich sie immer locker weggefegt habe.“ Doch die Aversion war gegenseitig. Als sich Borussia Mönchengladbach 1979 von Lattek trennte, verdächtigte der Geschasste die Spieler Heynckes und Vogts als Drahtzieher. Der neue Bayern-Trainer hatte zwar noch keinen Titel auf seinem Konto, besaß aber dennoch einen exzellenten Ruf. Acht Jahre hatte Heynckes die Gladbacher trainiert und sich in dieser Zeit redlich bemüht, den Großen der Branche Paroli zu bieten. In den Spielzeiten 1983/84 bis 1986/87 war seine Mannschaft stets unter den besten Vier zu finden gewesen, was angesichts der geringen finanziellen Mittel, über die der Klub verfügte, als große Leistung zu werten war.

Das Titelrennen 1987/88 wurde zum Dreikampf zwischen Bremen, München und Köln. In Köln sorgte der Sportdirektor Lattek anfangs für viel Wirbel, u.a. indem er sich aus Aberglauben weigerte, seinen blauen Pullover zu wechseln, und Publikumsliebling Pierre Littbarski aus Paris zurück an den Rhein holte. Doch schon am 20. Februar 1988 war die Show vorbei, und Lattek wechselte als gut dotierter Chefkolumnist zur neuen Zeitschrift „Sport-Bild“. In der Domstadt hinterließ er mit Trainer Christoph Daum einen gelehrigen Schüler.

Die Erwartungshaltung an Heynckes und die Mannschaft war immens groß und wurde zunächst auch bestätigt. Nach drei Spielen hatte der FC Bayern sechs Punkte auf seinem Konto und bereits elf Tore erzielt. Sieben davon gingen auf sein Sturmduo Wohlfarth/Wegmann. Jürgen Wegmann war vom FC Schalke 04 zu den Bayern gestoßen. Ein wirklicher Klassestürmer war er nicht. Am 2. Spieltag deklassierte der

FCB den Hamburger SV mit 6:0. ARD-Sportmoderator Klaus Schwarze nahm dies zum Anlass, den Bayern vorzeitig zum Titel zu gratulieren. Uli Hoeneß gab sich realistischer: „Wir spielen jetzt beängstigend gut, fast perfekten Fußball. Aber wir werden aufgrund der kurzen Sommerpause noch in ein Loch fallen." Des Managers Prognose sollte sich früher bestätigen, als ihm recht war. Bereits am 4. Spieltag gab es beim späteren Absteiger FC Homburg eine 2:3-Niederlage. Die Schlappe im Saarland bedeutete das Ende einer beeindruckenden Serie: 25 Spiele in Folge waren die Bayern in der Bundesliga ungeschlagen geblieben. Auch an Heynckes' alter Wirkungsstätte verlor der FCB am 6. Spieltag mit 0:2. Der Trainer hatte vor der Reise nach Mönchengladbach Missfallensbekundungen auf dem Bökelberg erwartet, doch das Gegenteil war der Fall. Der Gladbacher Anhang feierte den Neu-Bayern mit frenetischem Beifall und „Heynckes!"-Rufen.

Der Rest der Saison verlief durchwachsen. Am 9. Spieltag besiegte der FC Bayern Weder Bremen vor 62.000 Zuschauern mit 2:1, Auftakt einer Serie von sieben Siegen. Beendet wurde diese durch eine 0:3-Schlappe am 16. Spieltag beim VfB Stuttgart. In der Rückrunde landeten die Bayern Kantersiege gegen den FC Homburg (6:0) und Schalke 04 (8:1). Im Bremer Weserstadion unterlag man indes mit 1:3. Werder Bremen wurde dann auch endlich Meister, zu einem Zeitpunkt, wo kaum noch jemand damit gerechnet hatte. Vor der Saison hatte der „Stern" noch über die mittlerweile Völler-lose Mannschaft getitelt: „Antreten zum Abtakeln". „Wir haben die Vorherrschaft der Bayern gebrochen", jubelte Bremens Kapitän Mirko Votava. Rehhagels Mannen gelang das Meisterstück dank einer starken Defensivleistung. Nur 22 Gegentore waren Bundesligarekord. Die Bayern, die vier Punkte hinter Bremen und punktgleich mit Vize-Meister 1. FC Köln Dritter wurden, kassierten deren 45. Dafür verfügten die Bayern mit 83 Toren über den mit Abstand besten Sturm. Meister Werder schoss 22 Tore weniger. Erfolgreichster Torschütze der Bayern war in dieser Saison Lothar Matthäus, der auf 17 Treffer kam – zwei weniger als der neue Torschützenkönig. Der spielte beim VfB Stuttgart und hieß Jürgen Klinsmann.

Im DFB-Pokal ging es nach einem Erstrundensieg über Rot-Weiß Essen auf den Gladbacher Bökelberg. In einer ziemlich müden Begegnung gingen die Bayern zweimal in Führung, doch nach 120 Minuten stand es 2:2, so dass es zur Neuauflage in München kam. Auch in München musste das Spiel nach 90 Minuten beim Stand von 1:1 in die Verlängerung. Zwei Tore von Michael Rummenigge und tollkühne Paraden von Pfaff gegen Hochstätter und Bruns sicherten den Bayern einen 3:2-Sieg und den Einzug in die 3. Runde. Um 21.34 Uhr wurden die 42.000 Zuschauer im Olympiastadion Zeuge, wie zum zweiten Mal in der Bayern-Geschichte ein Spieler nachträglich eingeflogen wurde: Heynckes wechselte für Winkelhofer die walisische Neuerwerbung Mark Hughes ein, die noch zwei Stunden zuvor in Prag beim EM-Qualifikationsspiel CSSR-Wales mitgewirkt hatte. Unmittelbar nach Spielschluss hatte Manager Hoeneß Hughes in einem gecharterten Lear-Jet ins Olympiastadion geholt. Die Gladbacher reagierten mit Entsetzen und Unglauben. Von ihrer Bank schallte es: „Da kommt doch der

Die Fans des FC Bayern verabschieden Jean-Marie Pfaff.

Hughes", woraufhin auf dem Spielfeld Michael Frontzeck ohne hinzusehen antwortete: „Das geht nicht, der spielt in Prag." Der Manager hätte sich seine spektakuläre Aktion allerdings sparen können, denn der offensichtlich müde Waliser wusste keine Akzente mehr zu setzen. Anschließend schlug der FC Bayern im bayerischen Derby den 1. FC Nürnberg mit 3:1. Diesmal sahen die 61.000 Zuschauer im Olympiastadion einen frischeren Mark Hughes, der auch ein Tor erzielte. Im Viertelfinale musste der FCB beim Pokalverteidiger Hamburger SV antreten und verlor 1:2.

Auch im Europapokal der Landesmeister gab es für den FC Bayern in dieser Saison nichts zu holen. In der 1. Runde wurde die Hürde Sredec Sofia mit 4:0 in München und 1:0 in der bulgarischen Hauptstadt noch problemlos genommen. Gegen den schweizerischen Vertreter Xamax Neuchatel war allerdings bereits das große Zittern angesagt. Im Burgenland verlor der FCB zunächst 1:2. Im Rückspiel hätte den Bayern bereits ein 1:0 genügt, aber um ein Haar wäre selbst daraus nichts geworden. In der 59. Minute verschoss Matthäus einen Elfmeter. Viele der 28.000 Zuschauer im Olympiastadion hatten bereits die Hoffnung aufgegeben, als Pflügler in der 88. Minute doch noch der entscheidende Treffer gelang. In der Schlussminute konnte Wegmann sogar noch auf 2:0 erhöhen. Im Viertelfinale gab es ein Wiedersehen mit Real Madrid, dem Halbfinalgegner vom Vorjahr. Vor 70.000 Zuschauern stand es in München nach 47 Minuten durch Tore von Pflügler, Eder und Wohlfarth bereits 3:0. Auch anschließend dominierten die Bayern das Spiel, aber in der 88. und 90. Minute gelangen den Spaniern durch Butrageno und Sanchez noch zwei Treffer, die ihre Ausgangsposition fürs Rückspiel entscheidend verbesserten. In Madrid führte Real vor 90.000 Zuschauern zur Halbzeit mit 2:0. Die Bayern warfen zwar anschließend alles nach vorne, aber die zweiten 45 Minuten blieben torlos.

Heynckes krempelt den Kader um

Zum ersten Mal seit der Saison 1982/83 war der FC Bayern trophäenlos geblieben. Jupp Heynckes betrachtete die Mischung der Mannschaft als „überholungsbedürftig" und vollzog einen scharfen Schnitt. Der Trainer ließ nicht weniger als sechs Nationalspieler ziehen: Matthäus und Brehme wechselten zu Inter Mailand und füllten die Kasse des FC Bayern. Mark Hughes kehrte zu seinem Stammverein Manchester United zurück, Norbert Eder wechselte zum FC Zürich in die Schweiz und Michael Rummenigge wurde der erste spektakuläre Einkauf der aufstrebenden Dortmunder Borussia. Auch Keeper Jean-Marie Pfaff wurde verabschiedet, obwohl sein Vertrag noch bis 1989 lief. Heynckes, einst ein großer Bewunderer des Keepers, mochte nicht mehr länger mit ihm planen und setzte statt seiner auf den jüngeren Raimond Aumann. Zwischen Pfaff und Aumann herrschte eine unerbittliche Rivalität, die sich zuweilen sogar in Handgreiflichkeiten entlud. Pfaffs letzter Auftritt im Olympiastadion erfolgte am 33. Spieltag, als der FC Bayern den VfB Stuttgart mit 2:1 schlug. Während des Spiels wurde der Keeper mit Sprechchören gefeiert, nach dem Abpfiff trugen ihn Fans auf den Schultern vom Platz.

Heynckes Neue waren zum Saisonstart 1988/89 der junge Schalker Olaf Thon, die Nürnberger Stefan Reuter und Roland Grahammer sowie der Schwede Johnny Ekström, zuletzt in Diensten des italienischen Erstliga-Absteigers FC Empoli. Der Wechsel von Reuter und Grahammer verursachte eine nachhaltige Schwächung der Nürnberger. 1987/88 hatte der „Club" noch den 5. Platz und damit den UEFA-Cup erreicht, nun sollte er bis zum letzten Spieltag um den Klassenerhalt zittern.

Viel Geld gab Heynckes für seine neue Mannschaft nicht aus, und Klaus Augenthaler wettete mit Uli Hoeneß um 2.000 DM, dass diese umgebaute Truppe „nie und nimmer" die Meisterschaft erringen würde. Doch der „neue" FC Bayern sollte alle Skeptiker eines Besseren belehren. Die Neuen ersetzten die Abgänge fast problemlos.

Bevor das Meisterschaftsrennen angepfiffen wurde, fand in der Bundesrepublik die Europameisterschaft statt. Das Beckenbauer-Team scheiterte im Halbfinale an den Niederlanden, die auch Europameister wurden. Vom FC Bayern spielten Lothar Matthäus, Hans Pflügler und Andy Brehme mit.

1988/89 Heynckes kontra Daum

Am Beginn der neuen Saison stand eine grandiose Serie: Das umgebaute Bayern-Team blieb vom 1. bis zum 23. Spieltag ungeschlagen. Die erste Niederlage erfolgte am 24. Spieltag beim 1:2 in Mönchengladbach. Bis zu diesem Zeitpunkt führten die Bayern die Tabelle scheinbar uneinholbar an. In der Liga machte sich gähnende Langeweile breit. Der Niederlage auf dem Bökelberg folgten zwei Remis, so dass die Kölner wieder Hoffnung schöpften. Allen voran ihr Trainer Christoph Daum, der den Gladbacher Sieg über die Bayern öffentlich prophezeit hatte.

Für Schlagzeilen und Unterhaltung sorgte in dieser sportlich eher langweiligen Saison vor allem der verbale Schlagabtausch zwischen dem FC Bayern (Hoeneß, Heynckes) und eben Christoph Daum, der sogar den Bundespräsidenten auf den Plan rief. Der sich als Lautsprecher gerierende „Cassius" Daum versorgte den FC Bayern und seine „Abteilung Attacke" mit einem neuen Feindbild. Lattek-Schüler Daum tönte, die Wetterkarte sei interessanter als ein Gespräch mit Jupp Heynckes, und der Bayern-Trainer sei ein Mann, der in letzter Minute immer das sprichwörtliche Pech habe. „Warum sollte sich das jetzt ändern?" Im „Sportstudio" des ZDF zeigte Daum seinem Münchner Kollegen einen Vogel. Später rechtfertigte Daum sein Verhalten: Der Bundesliga habe Langeweile gedroht, „deshalb habe ich etwas Wirbel gemacht".

Ein Schalker im Trikot des FC Bayern: Olaf Thon.

FC Bayern - SSC Neapel. Klaus Augenthaler foult Diego Maradona.

Der eher zurückhaltende und integre Heynckes schien mit den permanenten und unterhalb der Gürtellinie zielenden Attacken seines Gegenspielers zeitweise überfordert und konnte froh sein, Uli Hoeneß an seiner Seite zu wissen, der sich der Demontage eines Mitglieds seiner Bayern-Familie mit aller Macht widersetzte. Daum viele Jahre später: „ Ich hatte bis dahin nie etwas mit Hoeneß zu tun gehabt. Deshalb war ich überrascht, wie er Heynckes verteidigte, sich zu seinem Anwalt machte und sich dabei nicht scheute, mit seinen Argumenten ständig unter die Gürtellinie zu gehen." Für Hoeneß wurde Christoph Daum zur Persona non grata. Wann immer Christoph

Daum in den folgenden Jahren einen Anbiederungsversuch in Richtung FC Bayern unternahm, wie beispielsweise nach seiner Rückkehr aus der Türkei in die Bundesliga, zeigte Hoeneß ihm nur die kalte Schulter.

3:1-Sieg gegen „Cassius"

Als der Streit zwischen München und Köln eskalierte, sah sich Bundespräsident von Weizsäcker zur Intervention genötigt. Zur Besonnenheit mahnend, erschien er zum direkten Aufeinandertreffen der beiden Teams am 31. Spieltag. Aber erst der überzeugende 3:1-Sieg des FC Bayern bei den Domstädtern beendete das verbale Gefecht und ließ „Cassius" Daum verstummen. Held des Abends war der dreimalige Torschütze Roland Wohlfarth, der zuvor in elf Spielen nicht mehr getroffen hatte. Heynckes vollführte neben und auf dem Spielfeld wahre Luftsprünge. „Ich glaube, meine Mannschaft hat heute auch für mich gespielt und gegen den Trainer des 1. FC Köln", diktierte der erleichterte Sieger den Journalisten, was Kapitän Klaus Augenthaler später bestätigte. Am Ende wurde der FC Bayern mit satten fünf Punkten Vorsprung vor den Kölnern Meister. Bereits am drittletzten Spieltag war die Meisterschaft endgültig entschieden. Der FC Bayern besiegte Bayer Uerdingen mit 5:0, und die Südkurve sang: „Seppl Heynckes, du bist die größte Show." Mit seinem ersten Meisterstück hatte sich der Rheinländer einen festen Platz in den Herzen der treuen Fans erkämpft. Das Torverhältnis von 67:26 bedeutete, dass der FCB sowohl die meisten Tore erzielt wie die wenigsten Treffer kassiert hatte.

Während es im DFB-Pokal gegen den Karlsruher SC eine trostlose 3:4-Heimpleite setzte, wurde es im UEFA-Cup spektakulär. Zunächst schaltete der FC Bayern Legia Warschau (daheim 3:1, auswärts 7:3) und Dunajska Streda (daheim 3:1, auswärts 2:0) aus, bevor er in der 3. Runde mit Inter Mailand einen echten Knüller vorgesetzt bekam. Im Hinspiel in München verloren die Bayern vor 70.000 Zuschauern gegen das Team von Matthäus und Brehme 0:2. Anschließend bezifferte Klaus Augenthaler die Chancen, die nächste Runde zu erreichen, auf 1:99. Doch Heynckes Versprechen, dass sich die Mannschaft in Mailand rehabilitieren würde, wurde wahr. 75.000 Zuschauer im Meazza-Stadion wurden Zeugen des „Wunders von Mailand", wie das Spiel anschließend getauft wurde. Wohlfarth, Augenthaler und Wegmann brachten die Bayern bei einem Gegentreffer von Serena noch vor dem Halbzeitpfiff mit 3:1 in Front. In der zweiten Halbzeit veranstaltete Inter einen einzigen Sturmlauf auf das Bayern-Tor. Aber dank einer Weltklassevorstellung von Raimond Aumann, die den Abschied von Jean-Marie Pfaff endgültig vergessen ließ, gelang den Mailändern kein Treffer mehr.

Im Viertelfinale musste der FCB beim Edinburger Klub Heart of Midlothian auflaufen. Die Schotten gewannen 1:0, aber im Rückspiel schossen die Bayern noch einen Treffer mehr und zogen somit ins Halbfinale ein. Dort wurde ihnen erneut ein italienischer Klub zugelost, Diego Maradonas SSC Neapel. Im Hinspiel unterlagen die Bayern vor 82.000 Zuschauern im Stadion Sao Paulo etwas unglücklich mit 0:2. Die gute Leistung gab Mut für das Rückspiel. Zu mehr als einem 2:2, bei dem die Gäste zweimal in Führung gingen, reichte es vor 73.500 Zuschauern jedoch nicht. Die Maradona-Elf schlug anschließend in den Finalspielen auch noch den VfB Stuttgart.

1989/90 Opel und Klassenkampf

1989 stieg der Autohersteller Opel beim FC Bayern ein. Die sechs Mio. DM, die Opel nun pro Jahr zahlte, waren damals der mit Abstand lukrativste Deal eines Bundesligaklubs und gewährte den Bayern gegenüber ihren Konkurrenten einen nicht unerheblichen finanziellen Vorsprung. Der FC Bayern und Opel wurden zu Synonymen. Der FC Bayern wurde „Ein Opel-Team", so stand es auch auf der Post des Klubs. Auf den Eintrittskarten dominierte die Opel-Werbung, im Fanartikelkatalog posierten später Bayern-Akteure mit Opel-Fahrzeugen. Neben den Bayern sollten später auch die Nationalmannschaften Frankreichs und Irlands sowie die europäischen Klubs Paris St. Germain, Standard Lüttich, AC Mailand und Sparta Prag in den Genuss des Opel-Sponsorings kommen.

1994 kam eine Studie der Ufa zu dem Ergebnis, dass Opel beim FC Bayern einen Wiedererkennungswert von 43,7 % erreiche. Der in dieser Hinsicht zweitbeste Werbepartner eines Bundesligaklubs kam nur auf 24,2 %. Bis zum Herbst 1996 konnte Opel seinen Bekanntheitsgrad auf 61 % steigern. 1989 rangierten die Rüsselsheimer meist an zweiter, dritter Stelle beim Autoverkauf, doch 1996 waren sie beim Absatz die Nr. 1: in München, in Bayern, in Europa. Opels Sport-Engagement hatte 1985 begonnen. Der Ruf des Autokonzerns ließ damals arg zu wünschen übrig. Opel-Fahrer galten als konservativ, spießig und jenseits der 50 – ausgestattet mit Bierbauch, Hosenträgern und Pepitahütchen. Opel bevorzugte zwecks Image-Korrektur die Ballsportarten. Opel-Aufsichtsrat Wilhelm Gäb: „Ich glaube, dass Ballsportarten in besonderem Maße Kreativität und Teamgeist fordern, Eigenschaften, die man auch in einem großen Unternehmen dringlich benötigt. Ein Ball verbindet Menschen." Und kein Ball bewegte und verband so viele Menschen wie der Fußball.

Im Oktober 1996 nahm der Konzern auch noch Franz Beckenbauer unter Vertrag. Gäb: „Beckenbauer ist zwar mit der Elite assoziiert. Aber kein Mensch in Deutschland hat Ressentiments gegen ihn. Weil sie fühlen, dass er auf den kleinen Mann zugeht, dass er nicht abgehoben ist. Deshalb ist er für uns der ideale Partner. Wir wollen eine der großen geschichtlichen Figuren des deutschen Sports an unsere Marke binden. Wir werden zwar mit der jungen Generation verbunden bleiben, aber Franz Beckenbauer ist wie Steffi Graf, wie Max Schmeling." Von der Ehe mit Beckenbauer versprach sich der Konzern vor allem eine Verbesserung seiner internationalen Marktchancen. Gäb: „Wenn Sie mit Beckenbauer in Shanghai auftreten oder in São Paulo oder in Tokio, kennt ihn jeder. Wenn er da zusammen mit unserem Management auftritt, hat die Firma Opel ein wärmeres, ein freundlicheres Gesicht."

Für die Saison 1989/90 verstärkte sich der FC Bayern mit Thomas Strunz vom Zweitligaaufsteiger MSV Duisburg, mit Manfred Schwabl, der nach drei erfolgreichen Lehrjahren vom 1. FC Nürnberg zurückkehrte, und mit den Stürmern Alan McInally (Aston Villa) und Radmilo Mihajlovic. Natürlich durfte unter den Neuen nicht ein Spieler vom härtesten Widersacher dieser Jahre fehlen: Vom 1. FC Köln wechselte der 24-jährige Nationalverteidiger Jürgen Kohler zu den Bayern, der in der Vorsaison noch gegen Roland Wohlfarth gespielt hatte. „In der neuen Saison sind wir noch stärker!", hatte Heynckes nach dem eher unerwarteten Titelgewinn verkündet. Der Trainer sollte Recht behalten.

Zum Auftakt gab es einen 3:2-Sieg über den 1. FC Nürnberg. Alle drei Tore gingen auf das Konto des neuen schottisch-jugoslawischen Stürmerduos, das die Presse „Turbo-Duo Mic und Mac" taufte. Doch die Euphorie über die vermeintlichen Goalgetter sollte sich als vorschnell erweisen. Roland Wohlfarth überlebte die Herausforderung. Mit eher mageren 13 Treffern wurde er wie im Vorjahr Bayerns erfolgreichster Torschütze. McInally kam immerhin auf zehn Tore, Mihajlovic nur auf vier. Richtige Klassestürmer besaß der FC Bayern in diesen Jahren nicht. Die Stars standen in der Abwehr oder im Mittelfeld. Den spektakulärsten Treffer der Saison schoss denn auch ein Abwehrspieler: Klaus Augenthaler, allerdings im DFB-Pokal, bei dem der FC Bayern in der 3. Runde ausscheiden sollte. Im Erstrundenspiel gegen Eintracht Frankfurt glückte „Auge" ein Schuss aus 49,80 Metern Entfernung, der sich hinter dem überraschten und zu weit vor seinem Kasten postierten Uli Stein ins Netz senkte. Der Treffer ging als Tor des Monats, Tor des Jahres und Tor des Jahrzehnts in die Annalen ein.

Kabbeleien am Millerntor

Am 5. Spieltag der Bundesliga fertigten die Bayern den 1. FC Köln ab, auch in dieser Saison der erste Herausforderer der Münchner. Vor 68.000 Zuschauern im Olympiastadion gewannen die Bayern 5:1. Drei Tore gingen auf das Konto des überragenden Olaf Thon. Eine Blöße gaben sich die Bayern nur zwischen dem 10. und dem 18. Spieltag, als man drei Niederlagen einstecken musste, darunter ein 0:4 in Nürnberg, und dreimal unentschieden spielte. Zu einem Eklat kam es im Vorfeld des Bayern-Gastspiels beim „Underdog" FC St. Pauli, das die Bayern am 15. Spieltag mit 2:0 gewannen. Uli Hoeneß erwirkte beim DFB ein Verbot der offiziellen Stadionzeitschrift „MillernTor-Magazin". Auf deren Titelblatt stand groß zu lesen: „St. Pauli gegen Bayern München: DER KLASSENKAMPF". In diesem Sinne hatte sich vor dem Spiel auch St.-Pauli-Trainer Helmut Schulte geäußert: „Das ist doch klar, da kämpft auf dem Spielfeld Kapital gegen Arbeit." Hoeneß' Einschreiten geriet zum Eigentor. Sämtliche bedeutenden Tageszeitungen kommentierten den Zwist, in der Regel zugunsten des „Underdogs", und verhalfen somit der inkriminierten Publikation zu bundesweiter Bekanntheit.

Im Frühjahr 1991 sollte sich das „MillernTor-Magazin" etwas Neues einfallen lassen. Anstatt dem FC Bayern „klassenkämpferisch" zu begegnen, ergoss man penetrante Lobhudeleien über die Gäste. Die Schlagzeile lautete nun: „Hoeneß kommt! DIE GRÖSSTE SHOW DER WELT." Darunter stand das Versprechen: „Diesmal garantiert Bayern-freundlich." Hoeneß hatte aus seinem Eigentor gelernt und attestierte dem Magazin generös, „eines der bestgemachten Stadionmagazine der Bundesliga" zu sein. Fortan fand man auf dem Titelblatt des „MillernTor-Magazin" ein kleines Gütesiegel mit dem Kopf des Bayern-Managers und dem Hinweis: „Empfohlen von Uli Hoeneß".

Nach dem Debakel von Nürnberg blieb der FC Bayern die verbleibenden 16 Spiele ungeschlagen. Am Ende wurde er mit sechs Punkten Vorsprung vor dem 1. FC Köln

Das Heft, das Hoeneß' Zorn erregte – und die ironische Antwort der St.-Pauli-Fans.

Meister. Das Meisterstück erfolgte drei Spieltage vor Schluss durch ein bescheidenes 1:0 daheim gegen den FC St. Pauli, das nur 18.000 Zuschauer sehen wollten. Bei Spielern und Verantwortlichen fiel der Jubel verhalten aus. Uli Hoeneß: „Bei sechs Punkten Vorsprung gibt es keine Euphorie mehr. Am Ende wurde es uns zu leicht gemacht, weil die Konkurrenz viel zu früh aufgesteckt hat." Und Jupp Heynckes erklärte: „Der erste Titel war wichtiger für mich." Für Klaus Augenthaler war es „eine durch und durch unspektakuläre Bundesligasaison, die für mich völlig im Schatten von Europapokal und Weltmeisterschaft stand". Die Überlegenheit der Bayern drückte sich auch im Torverhältnis aus, das um 26 Tore besser ausfiel als das der Kölner. Mit 64:28 Toren stellten die Bayern erneut sowohl den besten Angriff wie die beste Abwehr, wobei die Defensive mit Keeper Raimond Aumann, Libero Klaus Augenthaler, Hansi Pflügler und Jürgen Kohler sicherlich mehr zum Meisterschaftsgewinn beigetragen hatte als das Sturmduo McInally/Mijhajlovic.

So nüchtern wie Spieler und Chefetage die Meisterschaft zur Kenntnis nahmen, so begeistert feierten die Fans. Am letzten Spieltag präsentierte sich der FC Bayern als Showunternehmen und somit mal wieder seiner Zeit voraus. Das Spiel gegen Borussia Dortmund wurde erst um 18.00 Uhr angepfiffen, ein Novum für die Liga. Die Zeit bis zum Anstoß wurde mit allerlei Showeinlagen und viel Musik vertrieben. Im Olympiastadion stieg ein Volksfest, bei dem das Spiel nur Nebensache war. Nach dem Schlusspfiff fand ein großes Open-Air-Konzert mit italienischer Rockmusik statt. „Die Zukunft gehört dem FC Bayern", hieß es vollmundig und optimistisch in einer offiziellen Publikation, die in diesem Jahr anlässlich des 90. Geburtstags des Klubs erschien.

Zwar ohne Titel, doch trotzdem erfolgreich schnitten die Bayern im Europapokal der Landesmeister ab. Dort wartete mit Glasgow Rangers, dem Finalpartner von 1967, gleich in der 1. Runde ein harter Brocken. Beim Hinspiel im Ibrox Park musste der FCB auf Torhüter Raimond Aumann verzichten. Für den etatmäßigen Keeper sprang der junge Amateur Sven Scheuer ein, der seine Sache ausgezeichnet machte. Die Rangers gingen zwar in der 25. Minute durch Walters in Führung, aber Kögl, Thon und Augenthaler schossen noch einen 3:1-Sieg heraus, der mehr als die halbe Miete bedeutete. Im Rückspiel gab es ein torloses Remis. Die 2. Runde war eine Übung der leichteren Sorte, wenngleich sich der FCB bei ihrer Bewältigung keineswegs mit Ruhm bekleckerte. Der albanische Vertreter Nentori Tirana wurde in München mit 3:1 und auswärts mit 3:0 geschlagen.

In der 3. Runde gab es ein Wiedersehen mit Sören Lerby, der nun für den niederländischen Meister PSV Eindhoven kickte, Gewinner des Landesmeistercups 1988. Im gleichen Jahr hatten Keeper van Breukelen, van Aerle und Vanenburg mit der Nationalmannschaft der Niederlande auch die Europameisterschaft gewonnen. In München gingen die Bayern erst in der 75. Minute durch Wohlfarth mit 1:0 in Führung. Nur zwei Minuten später konnte der Däne Flemming Povlsen für die Gastgeber ausgleichen. Die Hoffnungen der Eindhovener währten nur kurz, denn weitere drei Minuten nach dem Ausgleich besorgte Grahammer den 2:1-Siegtreffer. Das Rückspiel in der Philipps-Stadt gewann der FCB durch ein Tor von Augenthaler in der Schlussminute 1:0. Uli Hoeneß jubelte: „Wir gehören jetzt zur Creme des europäischen Fußballs, das nimmt uns kei-

Die Schale geht baden: Die Spieler nach dem Titelgewinn 1990.

ner mehr. Mit Milan, Benfica Lissabon und Marseille sind wir im stärksten Halbfinale, das es je gab." Nur einige Monate zuvor hatte Hoeneß noch an der europäischen Konkurrenzfähigkeit seines Klubs gezweifelt. Angesichts der astronomischen Summen, mit denen sich die italienischen Klubs AC und Inter Mailand sowie Juventus Turin auf dem Transfermarkt engagierten, könne es mit einem Sieg im Landesmeisterwettbewerb in näherer Zukunft nichts werden.

Von den verbliebenen Top-Mannschaften erwischten die Bayern wohl den schwersten Gegner. Für das Olympiastadion kündigte sich der Titelverteidiger AC Mailand mit der Weltklasse-Achse Rijkaard, Gullit, van Basten an. Die Karten für das Spiel gegen die als weltbeste Mannschaft gehandelten Mailänder waren so begehrt wie schon lange nicht mehr bei einer Europapokalbegegnung der Bayern. Insgesamt hatte der Klub 300.000 Kartenwünsche zu bearbeiten. Doch zunächst mussten die Bayern nach Mailand reisen. Das Meazza-Stadion erwies sich erneut als gutes Pflaster für Raimond Aumann, der an diesem Abend nur durch einen Elfmeter von van Basten zu bezwingen war. Im Rückspiel gingen die Bayern vor 73.000 Zuschauern in der 62. Minute durch Strunz, die Entdeckung dieser Saison, mit 1:0 in Führung. Dabei blieb es bis zum Ende der regulären Spielzeit. In der Verlängerung konnte der eingewechselte Borgonovo in der 100. Minute zunächst ausgleichen. McInally brachte die Bayern zwar in der 106. Minute erneut in Führung, doch da die Mailänder im Gegensatz zu den Bayern ein Auswärtstor erzielt hatten, reichte der 2:1-Sieg nicht zum Einzug ins Finale. Die Zuschauer bewiesen ein gutes Gespür für die Situation und verabschiedeten ihre Elf mit stehenden Ovationen. Uli Hoeneß: „Das war das Beste, was ich je von unserer Mannschaft gesehen habe." Im italienischen „Corriere dello Sport" stand zu lesen: „Milan hat das Endspiel erreicht gegen eine Mannschaft, die zur Zeit der beste Vertreter der deutschen Fußballschule ist." Im Finale schlugen die Mailänder Benfica Lissabon 1:0.

Glanzlicht im Europapokal

Trotz des Ausscheidens im Europapokal spielte der FC Bayern 1989/90 seine beste Saison seit Jahren. Als die Bayern auf dem Marienplatz ihre Meisterschaft feierten, kündigte Jupp Heynckes vom Rathausbalkon einen neuen Anlauf auf die europäische Spitze an. „Ich verspreche euch allen, dass wir im nächsten Jahr den Europapokal holen", rief der Trainer im Überschwang den Fans zu, die mit einem Jubelsturm antworteten. Für Uli Hoeneß lautete das Ziel für die 1990er Jahre, „mit den Italienern nicht nur gleichzuziehen, sondern eines Tages vor ihnen zu stehen".

Die Weltmeisterschaft 1990 in Italien gab solchen Hoffnungen Auftrieb. Franz Beckenbauers Team gewann den Titel. Vom FC Bayern kamen Klaus Augenthaler, Jürgen Kohler, Hans Pflügler, Stefan Reuter und Olaf Thon zum Einsatz, Raimond Aumann drückte die Ersatzbank. Mit den Italien-Legionären Matthäus und Brehme standen außerdem noch zwei Ex-Bayern im DFB-Team. Beckenbauers Resümee: „Diese neue Fußball-Begeisterung, die jetzt wieder in Deutschland herrscht, der hohe Stellenwert, den der Fußball hier zu Lande nach 16 Jahren nun wieder hat, dies sind die wichtigsten Ergebnisse meiner Arbeit."

Bayern besiegt den AC Mailand 2:1. Hier Jürgen Kohler und van Basten im verbissenen Zweikampf.

Anders als 1974 wurde der Titel mit einer Reihe von Legionären errungen. Mit Berthold, Brehme, Matthäus, Völler und Klinsmann standen fünf Spieler des Weltmeisters bei italienischen Klubs unter Vertrag. Mit Reuter, Kohler, Hässler, Möller und Riedle sollten weitere den Rufen aus Italien folgen. Wie schon vor der Gründung der Bundesliga drohte dem heimischen Vereinsfußball auf europäischer Ebene der Verlust an Konkurrenzfähigkeit.

1990/91 Ende eines Kollektivs

Die neue Saison brachte folgenreiche Veränderungen im Mannschaftsgefüge der Bayern. Dafür sorgten u.a. der exzentrische Mittelfeldspieler Stefan Effenberg (Borussia Mönchengladbach) und der dänische Dribbelkünstler Brian Laudrup (Bayer Uerdingen), für die der Verein zusammen ca. 10,3 Mio. DM ausgab. Vom als Talentschuppen bekannten Berliner Verein Hertha Zehlendorf kam Christian Ziege zu den Bayern. Und aus Karlsruhe verpflichtete man das Talent Michael Sternkopf. Dieser hatte bis dahin zwar lediglich 33 Bundesligaspiele absolviert, aber Hoeneß plante, aus dem kleinen, langmähnigen

Offensivspieler einen „Fußball-Agassi" zu formen – der spätere Steffi-Graf-Gatte Andre Agassi pflegte zu jener Zeit noch mit seinen wehenden Haaren eine Zielgruppe zu beeindrucken, die auch Hoeneß als Kundschaft im Blick hatte: weibliche Zuschauer..

Der FC Bayern war nun zwar höchst ansehnlich besetzt, und Präsident Scherer sprach vom „jüngsten und wohl erfolgversprechendsten Lizenzspieler-Kader der Vereinsgeschichte". Aber mit der Ankunft von Effenberg und Laudrup ging die Cliquenwirtschaft los. Klaus Augenthaler: „Ob zu Beckenbauers Zeiten, in der Ära Breitner und Rummenigge oder als ich Kapitän war, immer gab es eine klare Hierarchie, drei, vier absolut unumstrittene Spieler, die sich einig waren. Da hatten Unruhestifter keine Chance." Die Saison 1990/91 markierte das Auflösen solch klarer Hierarchien und das Ende der Bayern-Elf als Kollektiv.

Bittere Heimpleite gegen St. Pauli

Die Saison endete mit einer der größten Sensationen in der Geschichte der Bundesliga. Nicht der favorisierte FC Bayern, sondern der 1. FC Kaiserslautern, der erst ein Jahr zuvor nur knapp dem Abstieg entronnen war, gewann das Meisterschaftsrennen. Bereits der Saisonstart verlief für bayerische Verhältnisse mager. Einem 1:1 daheim gegen Bayer Leverkusen folgte ein 0:0 beim FC St. Pauli. Aus den folgenden fünf Spielen holte der FC Bayern zwar neun Punkte, darunter auch einen 4:0-Sieg gegen die gut gestarteten, aber allgemein unterschätzten Lauterer, aber am 8. Spieltag setzte es beim 0:1 in Bremen die erste Saisonniederlage. Bis zum Ende der Hinrunde gesellten sich noch zwei weitere Niederlagen hinzu. In Köln unterlag man 0:4, in Dortmund 2:3. Am 19. Spieltag wollten nur 15.000 Zuschauer im weiten Rund des Olympiastadions mit ansehen, wie ihre Elf gegen den späteren Absteiger St. Pauli mit 0:1 unterlag.

Am 22. Spieltag mussten die Bayern den gefürchteten Betzenberg erklimmen. Lange Zeit sah es nach einem Sieg des Meisterschaftsfavoriten aus. Roland Wohlfarth, der in dieser Saison zum zweiten Mal in seiner Karriere Bundesligaschützenkönig wurde, brachte seine Farben bereits nach vier Minuten 1:0 in Führung. Die Bayern demonstrierten alte Souveränität, und weitere Treffer schienen nur noch eine Frage der Zeit zu sein. Bis zur 60. Minute mussten die Zuschauer im Stadion und die Zuhörer vor den Radios den Eindruck gewinnen, dass an diesem Spieltag die aus den Fugen geratenen Machtverhältnisse in der Liga wieder geradegerückt würden. Doch dann gelang Hotic der Ausgleich. Fünf Minuten später zeigte Schiedsrichter Assenmacher Bayerns Manfred Bender die rote Karte. Der Betzenberg verwandelte sich in einen Hexenkessel, und wie so oft in dieser Saison sollten die Fans des FCK den weiteren Verlauf der Partie nicht unerheblich mitgestalten. Selten spielten Zuschauer bei der Vergabe eines Meistertitels eine so große Rolle wie in der Saison 1990/91. Die 40.000 peitschten ihre „Roten Teufel" in Richtung Bayern-Tor. Der Druck wurde ständig größer, und in der 85. Minute gelang Stefan Kuntz schließlich das Siegtor zum 2:1. Jupp Heynckes schob die Verantwortung für die Niederlage dem Schiedsrichter zu, der Stefan Kuntz nach einer angeblichen Tätlichkeit in der ersten Halbzeit nur Gelb gezeigt hatte. Heynckes: „Wir sind es ja schon gewohnt, mit zehn Mann zu spielen, aber heute

Obwohl er kein Stürmer von internationaler Klasse war, gehörte Roland Wohlfarth viele Spielzeiten hindurch zu den zuverlässigsten Torschützen des FC Bayern.

haben wir mit zehn gegen zwölf gespielt." Der Trainer war so außer sich, dass er einem Ordner in den Allerwertesten trat. Die „Frankfurter Allgemeine Zeitung" schrieb anschließend, „die Großmeister des deutschen Fußballs" hätten auf dem Betzenberg „Gift und Galle" gespuckt.

Die Meisterschaft blieb bis zum letzten Spieltag offen. Zum Showdown empfing der FCB die bereits abgestiegenen Uerdinger. Die Lauterer mussten zum 1. FC Köln reisen und hatten es somit vermeintlich schwerer. Doch die Bayern kamen vor 70.000 Zuschauern über ein mageres 2:2 nicht hinaus, während die von 40.000 Fans nach Köln begleiteten „Roten Teufel" im Müngersdorfer Stadion eine glanzvolle Vorstellung boten und mit 6:2 gewannen. Das „Puppenhaus der Bundesliga" war Deutscher Meister, die Provinz hatte über die Metropole gesiegt.

Die Bayern erwiesen sich als schlechter Verlierer. Schon nach der Niederlage auf dem Betzenberg hatte Stefan Effenberg gemäkelt, die Lauterer könnten „doch nur Ecken schießen und einwerfen". Uli Hoeneß quittierte den Ausgang der Meisterschaft mit der Bemerkung: „Ob das für den deutschen Fußball gut war, wird sich erst im Europacup erweisen." Was nichts anderes hieß, als dass der Manager im Interesse des deutschen Fußballs einen Abonnementsmeister FC Bayern sehen wollte.

Dass die Lauterer mit relativ bescheidenen Mitteln zu Werke gingen, war völlig unumstritten. Dennoch war der Titelgewinn durch den FCK nicht weniger verdient als die elf Bundesligameisterschaften des FC Bayern zuvor. Für die Vermarktung der Liga war es ein Segen, dass nicht der Favorit, sondern ein krasser Außenseiter gewann. Mit dem 1. FC Kaiserslautern wurde eine Mannschaft Meister, die weniger durch brillante Einzelkönner auffiel als durch einen Teamgeist, der nostalgische Erinnerungen an den Fußballkollektivismus der 1950er Jahre wachrief. Das Team profitierte von seinem provinziellen Umfeld. Der Weltstadt München mit ihrem reichhaltigen Freizeitangebot stand die kleinste Bundesligastadt gegenüber, in der – mangels Alternativen – alles auf den FCK konzentriert war. Der FCK wurde in einem Milieu Meister, das mit den Trends dieser Jahre wenig zu tun hatte.

Eine Strafe hatten die Bayern für die Lauterer doch noch parat. Wie gehabt, warb man mit dem Sturmtank Bruno Labbadia deren auffälligsten Akteur ab. Mit dem Publikumsliebling der Pfälzer wurde der FCB bereits vor dem Saisonfinale einig. 1,8 Mio. DM mussten die Münchner für ihre Neuerwerbung überweisen.

Erwähnenswert bleibt aus dieser Bundesligasaison noch das Heimspiel des FC Bayern gegen den Karlsruher SC im März 1991. Weniger aufgrund des glatten 3:0-Sieges der Gastgeber, sondern weil die Südkurve im Olympiastadion für 13 Minuten leer blieb. Die Fans des FCB protestierten auf diese Weise gegen Pläne des DFB, ihre geliebten Stehränge abzuschaffen.

Das Thema DFB-Pokal war in dieser Saison für den FC Bayern schnell erledigt. Der erste Auftritt beim Amateurverein FV 09 Weinheim war zugleich auch der letzte und die Pokalsensation schlechthin. Vor 10.000 Zuschauern unterlag der FCB in Weinheim mit 0:1, wobei Thomas Strunz des Platzes verwiesen wurde. Das Tor des Tages fiel in der 26. Minute durch einen Elfmeter.

Pokal-Niederlage beim FV 09 Weinheim

Im Europapokal der Landesmeister drang der FC Bayern dagegen erneut bis ins Halbfinale vor. In der 1. Runde trat man zunächst bei Apoel Nikosia an. Bei den nicht einmal zweitklassigen Zyprioten blamierte sich der FCB um ein Haar. Zweimal gingen die Gastgeber in Führung. Erst in der 87. Minute gelang McInally der Ausgleich zum 2:2. Zwei Minuten später besorgte Strunz dann noch den 3:2-Siegtreffer. Auch beim 4:0 im Rückspiel, in dem Mihajlovic ein lupenreiner Hattrick gelang, seine wohl erinnerungswürdigste Leistung im Bayern-Trikot, bekleckerte man sich nicht mit Ruhm. Keine Probleme hatten die Bayern in der 2. Runde mit ZSKA Sofia. Nur 11.500 Zuschauer sahen in München einen 4:0-Sieg. Zum Rückspiel in Sofia kamen gar nur noch 6.000 und erlebten erneut einen klaren Bayern-Sieg (3:0). Im Viertelfinale bot sich den Bayern die Möglichkeit, Revanche für die Schmach von Wien zu nehmen, denn der Gegner war der FC Porto. In München gab es allerdings zunächst nur ein Unentschieden. Die Bayern gingen in der 30. Minute durch Bender 1:0 in Führung, aber Domingos konnte in der 64. Minute zum 1:1 ausgleichen, was auch der Endstand war. Ab der 16. Minute mussten die Bayern auf Klaus Augenthaler verzichten, der eine rote Karte kassierte. Im

Aufmunterung oder Anspruch? Die Erwartungen der Bayern-Fans und der Sponsoren sind hoch.

Rückspiel in Porto trafen die Münchner bereits in der 19. Minute erstmals ins gegnerische Netz. Schütze war der junge Christian Ziege, der erst seinen zweiten Europapokaleinsatz absolvierte und dabei erstmals von Beginn an zum Zuge kam. In der 68. Minute machte Bender mit dem 2:0 alles klar.

Im Halbfinale empfingen die Bayern das Team von Roter Stern Belgrad. Erstmals war das Olympiastadion mit 73.000 Zuschauern gut gefüllt. Es ließ sich zunächst gut an für die Gastgeber, die nach 23 Minuten durch Wohlfarth die 1:0-Führung erzielten. Kurz vor der Pause gelang Pancev der Ausgleich. In der 70. Minute fiel dann auch noch der 2:1-Siegtreffer für Roter Stern. Doch die Bayern gaben sich noch nicht auf. Zwar gingen die Belgrader im Rückspiel nach 25 Minuten durch einen Treffer des Spielers Mihajlovic, ein Namensvetter des Bayern-Akteurs (aber besser als dieser), mit 1:0 in Führung, aber nach der Pause gelang es den Bayern zunächst, den Spieß umzudrehen. Augenthaler in der 61. und Bender in der 63. Minute brachten den FCB mit 2:1 in Front. Als sich alles bereits auf eine Verlängerung einstellte, unterlief ausgerechnet Augenthaler in der 90. Minute ein Eigentor, bei dem Keeper Aumann höchst unglücklich aussah. Das 2:2 bedeutete nicht nur das Ausscheiden der Bayern, sondern zugleich auch Augenthalers letzten Europapokaleinsatz. Das Denkmal mochte nach dieser Saison nicht mehr und beendete seine Spielerkarriere. Fast überflüssig zu erwähnen, dass Roter Stern Belgrad anschließend auch das Finale gewann.

Resümee

Als der FC Bayern 1976 für lange Zeit zum letzten Male den Europapokal der Landesmeister und einige Monate später auch noch den Weltpokal gewann, hatte die Mannschaft den Zenit ihrer Leistungsfähigkeit bereits überschritten. Begeistern konnten die Bayern nicht mehr. Nur Routine und das Glück des Erfolgreichen hielt den FCB noch an der Spitze. Es folgte eine Übergangsphase von drei Jahren, die nicht nur einen Umbau der Mannschaft, sondern auch eine Neubesetzung in der Führung des Vereins sowie einen Modernisierungs- und Professionalisierungsschub brachte, bis der FC Bayern wieder national Spitze war. Von 1979/80 bis 1989/90 gewann der Verein dann sieben Deutsche Meisterschaften. Den DFB-Pokal holten die Bayern dreimal. Auf nationaler Ebene waren die Bayern in den 1980ern deutlich erfolgreicher als in den 1970ern. Eingefahren wurde diese erfolgreiche Bilanz mit lediglich drei Trainern: Pal Csernai, der mit dem Klub zweimal Meister und einmal Pokalsieger wurde; Udo Lattek, dreimal Meister und zweimal Pokalsieger; sowie Jupp Heynckes, zweimal Meister.

Über die Verdienste des statistisch gesehen mit Abstand erfolgreichsten Bayern-Trainers Udo Lattek streiten sich die Experten. Eine weit verbreitete Meinung wird von Robert Schwan repräsentiert: „Die Intelligenz des Trainers Lattek besteht darin, immer gewusst zu haben, welchen Klub er zu welchem Zeitpunkt wählen muss." Mit anderen Worten: Lattek heuerte nur dort an, wo ihm das verfügbare Spielermaterial Erfolg garantierte. Als Beleg hierfür dient insbesondere Latteks Wechsel zu Borussia Mönchengladbach. Der Coach hatte 1975 bereits bei Rot-Weiß Essen unterschrieben, als er die Kunde von Weisweilers Abschied in Mönchengladbach vernahm. Lattek ließ die Essener sitzen und wechselte statt nach Bergeborbeck zum Bökelberg. Gleicher Meinung wie Schwan ist auch Bernd Schuster, der unter Lattek in Barcelona trainierte. „Er kann nur Teams trainieren, die oben stehen." Und Franz Beckenbauer teilte bereits während Latteks erster Bayern-Ära einem Zeitungsreporter mit: „Wir sind so gut, dass wir auch mit Ihnen Meister würden."

Rainer Zobel, ein anderer ehemaliger Lattek-Spieler, hält dagegen: „Dieses Klischee, Lattek könne nur mit fertigen Mannschaften arbeiten, ist falsch." Weitgehend unumstritten ist, dass Latteks Stärken weniger seine Trainingsmethoden waren als seine Motivationskünste. Zobel: „Udo wusste genau, wer Streicheleinheiten benötigt, wem er in den Hintern treten musste. Und so holte er aus jedem das Optimale heraus. Er ist ein ausgezeichneter Menschenkenner." Ob in München oder in Mönchengladbach: Die Gründe, warum man Lattek hier wie dort nach einiger Zeit entließ oder nur noch für einen beschränkten Zeitraum beschäftigen wollte, waren die gleichen: des Trainers latente Alkoholprobleme und seine Neigung, nach einigen Erfolgen die Zügel schleifen zu lassen, um sich anderen Interessen zu widmen.

Am Ende der zweiten Lattek-Ära waren die Bayern nicht mehr nur der populärste und an Titeln reichste Verein im bundesdeutschen Fußball, sondern auch der verhassteste. Hass auf die Bayern hatte sich zwar bereits während der Jahre der Bayern-Gladbach-Konkurrenz entwickelt, aber damals nicht das Ausmaß angenommen wie nun Mitte der 1980er Jahre. Der Höhepunkt dieser Entwicklung war sicherlich die Saison 1985/86, als der FC Bayern den Herausforderer Werder Bremen im Kampf um den Titel noch kurz vor dem Ziel abfing. Unter den Anhängern anderer Vereine breitete sich ein Ohnmachtsgefühl aus. Es schien, als habe der FC Bayern das Glück auf ewig gepachtet und ein Abonnement auf den Meistertitel. Der Hass auf die Bayern nährte sich allerdings nicht nur vom Geschehen auf dem Spielfeld. Mit ihrer häufig kampfbetonten Rhetorik gossen Hoeneß und Lattek zusätzliches Öl ins Feuer.

Bayern gegen den Rest der Welt?

Im öffentlichen Bewusstsein waren der Manager und der Trainer die Repräsentanten bayerischer Arroganz schlechthin. Es waren Hoeneß und Lattek, an denen sich die Fans anderer Vereine besonders rieben. Je mehr den Bayern Ablehnung und Hass entgegenschlugen, desto arroganter und kämpferischer reagierten sie. Willi Lemke wusste, wie er die öffentliche Meinung für seine Interessen mobilisieren konnte, indem er das Bild vom reichen Moloch FC Bayern zeichnete, dem der SV Werder im Interesse der Liga, ja des gesamten bundesdeutschen Fußballs, Paroli bieten müsse. Hoeneß wäre nicht Hoeneß gewesen, hätte er diese Herausforderung nicht angenommen und die Polarisierung seinerseits forciert.

Die Stärke der Bayern lag in den 1980ern nicht zuletzt im mentalen Bereich. Nicht nur, dass sie sich durch den Hass und die Kampagnen der anderen nicht einschüchtern ließen; sie verstanden es zudem, diese Ressentiments für ihre Zwecke zu instrumentalisieren. Dass es der FC Bayern mit „dem Rest der Welt" aufnehmen musste, war bald nicht mehr eine Not, sondern eine Tugend. Während der Saison 1990/91 ging diese Fähigkeit allerdings verloren. Anders als bei einigen Meisterschaftsrennen zuvor, war die Mannschaft nicht mehr in der Lage, im entscheidenden Moment kollektiv alle mentalen und physischen Kräfte zu mobilisieren. In den folgenden Jahren sollten Cliquenwirtschaft, Egoismus und Hahnenkämpfe in München regieren und damit einen wesentlichen Pfeiler der bayerischen Erfolgsstrategie untergraben: klare und akzeptierte Hierarchien im Mannschaftsgefüge. Hatten Führungsspieler den Klub verlassen, war es stets relativ schnell gelungen, eine neue Struktur aufzubauen, in die junge und neue Spieler integriert wurden.

Obwohl der FC Bayern in den 1980ern keinen europäischen Titel gewann, zählte er immer noch zu den besten Adressen in Europa. Im Europapokal der Landesmeister erreichte er zweimal das Finale und dreimal das Halbfinale. Allerdings wurde Ende der 1980er Jahre die internationale Konkurrenzfähigkeit des FC Bayern durch die Einkaufspolitik der italienischen Topklubs stark beeinträchtigt. Mit Matthäus und Brehme hatten die Bayern 1989 zwei wichtige Spieler an Inter Mailand verloren, die mit ihrem neuen Klub 1991 den UEFA-Cup gewannen. Ein Grund mehr für das Vereinsmanagement, sich nach neuen Einnahmequellen umzuschauen, um im Poker um die Spieler mithalten zu können.

▶ EINWURF

„Anpfiff“ fürs Privatfernsehen

Erstmals waren in der Saison 1988/89 die Fernsehrechte für die Bundesliga mit RTL an einen Privatsender gegangen. Ufa-Manager Bernd Schiphorst hatte dem DFB ein Angebot unterbreitet, dem dieser nicht widerstehen konnte. Anstatt der 18 Mio. DM, die ARD und ZDF in der Saison 1987/88 gemeinsam bezahlt hatten, war Schiphorst bereit, 40 Mio. DM auf den Tisch zu legen. Die Ufa musste schließlich insgesamt 190 Mio. DM für die vier Spielzeiten 1988/89 bis 1991/92 berappen, also zwischen 40 und 55 Mio. pro Saison. Das Publikum, sofern es damals schon die Privaten empfangen konnte, erhielt dafür eine von der Ufa-Tochter „RTLplus“ ausgestrahlte über dreistündige Fußballsendung namens „Anpfiff“, die von Uli Potofski moderiert wurde und zeitweilig die Nerven strapazierte. „Anpfiff“ gelang es zwar noch nicht, die traditionsreiche ARD-„Sportschau“ zu verdrängen, „aber ohne uns wäre die Sportschau noch heute konkurrenzlos“ (Potofski).

Mit dem Aufstieg der Privaten und der Deregulierung der bis dahin ausschließlich öffentlich-rechtlichen TV-Landschaft bot sich für die Bundesliga erstmals die Möglichkeit, hoch zu pokern. Die Öffentlich-Rechtlichen wollten die Rechte nicht abgeben, während die Privaten die Übertragung von Fußballspielen als Mittel zur Imagepflege sahen. RTL-Sportchef Uli Potofski später: „Durch die Fußball-Übertragungen haben wir den Sender hoffähig gemacht.“ Die Folge war eine langjährige, für die Sender ruinöse Preisexplosion. Als die ARD für die Spielzeit 1964/65 den ersten Globalvertrag mit dem DFB über die TV-Rechte an der Bundesliga abschloss, kostete dieser die Anstalt 647.000 DM. Noch in der Saison 1984/85 wies die Bilanz von Eintracht Frankfurt unter der Position „Fernsehübertragungen“ eine Summe von lediglich 249.435,42 DM aus. Als die Bayern 1981 im Halbfinale des Europapokals der Landesmeister gegen den FC Liverpool antraten, mussten sie mit einem Boykott drohen, um 300.000 DM zu erhalten. „Heute bekommen deutsche Klubs zweieinhalb Millionen Mark in der ersten Runde des UEFA-Pokals, wenn sie gegen Famagusta antreten“, durfte Uli Hoeneß Jahre später zufrieden feststellen. Insbesondere in den europäischen Wettbewerben sollte sich die Privatisierung der TV-Landschaft bezahlt machen.

War im politischen Bereich die CSU die treibende Kraft der Privatisierung, weil die ARD angeblich „zu rot“ berichtete, so profilierte sich diesbezüglich in der Bundesliga der FC Bayern, vor allem in Gestalt von Uli Hoeneß. Er warf den öffentlichen Anstalten vor, den Fußball permanent schlechtzureden. Der Wechsel zu den Privaten bot hier einen erheblichen Vorteil. Deren Abhängigkeit von Werbeeinnahmen implizierte näm-

TV-kompatible Faninszenierung im Olympiastadion.

lich, dass sie das erworbene Produkt schönreden mussten. Dass sie nach wenigen Jahren erneut beim DFB und den Vereinen um die Senderechte buhlen mussten, verstärkte den Zwang zur geschönten Präsentation des Ligaalltags: Die Auftraggeber mussten bei Laune gehalten werden. Die neue virtuelle Wirklichkeit schlug sich auch in einigen Printmedien nieder, die nicht als Miesepeter dastehen wollten.

Die neue Präsentation des Fußballs trug zweifellos zum folgenden Boom bei. Obwohl das Fernsehen nun deutlich mehr Fußball zeigte, stiegen die Besucherzahlen stetig an, was die Experten von einem „Synergieeffekt" sprechen ließ. Das Fernsehen vermittelte den Bürgern, dass der Fußball wieder absolut „in" sei, weshalb bald auch diejenigen dabei sein wollten, die das Spiel und seine Austragungsstätten bis dahin eher links liegengelassen hatten. 1988/89, in der ersten „Anpfiff"-Saison, war davon allerdings noch nicht viel zu spüren gewesen: Nur 17.631 besuchten im Schnitt ein Bundesligaspiel; der eigentliche Boom-Auslöser war die WM 1990 in Italien. 1990/91 waren es dann bereits 20.176, und in der Saison 2003/04 schließlich 35.048.

Zweifellos richtig war die Kritik der Bayern, dass der Fußball unter Wert bezahlt würde. Uli Hoeneß: „Wir verlangen von den Anstalten nur den Preis, den sie für Sendungen mit ähnlichen Einschaltquoten bezahlen. Dann sind 100 Millionen ein Pap-

Entwicklung der Zuschauerzahlen in der Bundesliga nach Einführung des Privatfernsehens (Schnitt pro Spiel) *Quelle: Der Kicker*

1988/89: 17.631	1994/95: 27.702	2000/01: 28.421
1989/90: 19.765	1995/96: 29.107	2001/02: 31.057
1990/91: 20.508	1996/97: 28.681	2002/03: 31.911
1991/92: 23.634	1997/98: 31.112	2003/04: 35.048
1992/93: 25.173	1998/99: 30.901	2004/05: 35.183
1993/94: 26.100	1999/00: 28.920	2005/06: 38.191

penstiel, 500 müssten wir kriegen. Die Öffentlich-Rechtlichen haben uns erpresst, die Zeiten beginnen aufzuhören." Die Bayern fochten hier einen Kampf, von dem der gesamte Profifußball profitierte.

Mit den Privaten und den steigenden TV-Einnahmen kamen bald auch die astronomisch dotierten Stars. Freilich kosteten sie die Vereine nicht nur Geld, sie verbesserten auch deren Vermarktungsmöglichkeiten. Auch dies war eine Entwicklung, die Hoeneß nicht nur voraussah, sondern geradezu predigte. Der Manager: „Wir müssen attraktive Ausländer holen, die heutigen kennt keiner mehr. Weg vom kollektivistischen Denken, hin zum Star, der auch mehr verdienen darf und seine Freiheiten hat. Daran darf sich der Fan reiben, freuen, ärgern."

Die Beckhams, Figos, Zidanes, van Nistelrooys und Co. kamen allerdings nicht nach München, weil der FC Bayern sie nicht bezahlen konnte bzw. wollte oder ihnen die Bundesliga einfach nicht interessant genug erschien. Dennoch schnellten die Zuschauerzahlen weiter in die Höhe, im Vorfeld der WM 2006 auch bedingt durch neue oder modernisierte Arenen und durch die Vorfreude auf das Ereignis. Die Bundesliga registrierte den höchsten Zuschauerzuspruch in Europa.

Bei den TV-Einnahmen lagen die Bundesligaklubs allerdings weiterhin hinter den Vereinen aus Spanien, England, Italien und Frankreich – trotz deutlicher Einnahmesteigerungen aus neuen TV-Vereinbarungen. Mit der Saison 2003/04 gingen die Bundesligarechte an die ARD und damit die Öffentlich-Rechtlichen zurück. Die Privaten hatten gewissermaßen ihre Schuldigkeit getan – sie hatten das Monopol der Öffentlich-Rechtlichen gebrochen, die Preise in die Höhe getrieben und den Event-Charakter des Fußballs forciert. Die 1. und 2. Bundesliga kassierten aus den neuen TV-Verträgen nun insgesamt 320 Mio. Euro pro Jahr. Der FC Bayern konnte jährlich ca. 16 Mio. Euro aus dem Bundesligageschäft erzielen. Die jünsten TV-Verträge für die Spielzeiten 2006/07 bis 2008/09 werden mit insgeamt 1,27 Mrd. Euro dotiert. Von den jährlich 420 Mio. Euro entfallen 78,5 % bzw. ca. 318 Mio. Euro auf die 1. Bundesliga. Für den FC Bayern wurde errechnet, dass er bei einem optimalen Saisonverlauf in der Bundesliga seine Einnahmen von bislang 15,8 Mio. Euro auf 27,3 Mio. Euro steigern könnte.

„Kaiserzeit“ beim FC Bayern: 1994 rückte Beckenbauer erst auf die Trainerbank, dann auf den Präsidentenstuhl.

1991 bis 1998

1991 bis 1998

Krisen, Chaos und Triumphe

1991/92 Abstiegsängste

Vor dem Saisonstart 1990/91 waren im offiziellen Bayern-„Jahrbuch“ folgende vor Optimismus nur so strotzende Zeilen zu lesen: „Wie nie zuvor hat der FC Bayern heute aber auch seine langfristigen Ziele, seine sportliche Zukunft fest in die Hand genommen. Die Saison 1990/91 ist für die Münchner der Startschuss in ein neues Jahrzehnt, der Beginn – so hoffen alle – in eine neue, große Ära.“

Der Ausgang der Saison 1990/91 ließ bereits arge Zweifel daran aufkommen, die nun 1991/92 bestätigt wurden. Mit dem Wechsel von Jürgen Kohler und Stefan Reuter zu Juventus Turin sowie dem Abschied von Klaus Augenthaler verlor die Mannschaft an Substanz und Leitfiguren. Augenthalers Karriereende bedeutete zugleich, dass das vorerst letzte Bindeglied zur Basis verschwand.

Der Ausverkauf der Bundesliga durch die italienische Seria A setzte sich unvermindert fort, wobei der FC Bayern der Hauptbetroffene war. Stefan Effenberg: „Das Schicksal der Bayern ist es, dass die reichen Italiener immer erst in München suchen und erst dann gucken, was sonst noch rumläuft. Die haben nun einmal ein Faible für Spieler, die von einem Verein kommen, der etwas rüberbringt. Und diesen Ruf hat der FC Bayern immer noch.“ Insbesondere für das Hierarchieproblem war keine Lösung in Sicht. Außer Labbadia wurden für den Sturm noch die Brasilianer Bernado und Mazinho verpflichtet. Die Lücken in der Abwehr sollten der Italien-Heimkehrer Thomas Berthold und der vom Karlsruher SC abgeworbene Oliver Kreuzer schließen. Aber Mazinho und Berthold erwiesen sich mehr oder weniger als Fehlinvestitionen, während der im „Jahrbuch“ noch abgefeierte Bernado („Der Mann vom FC São Paulo könnte für ‚Fußball-Zauber‘ beim FC Bayern sorgen“) nach nur fünf Einsätzen in Bundesliga und Europacup wieder aus München verschwand. Aus der eigenen Jugend stießen Christian Nerlinger und Markus Münch zum Profi-Kader.

Die Pleite vom Vorjahr sowie die Personalwechsel und das junge Alter der Mannschaft nötigten Manager Hoeneß zur Bescheidenheit: „Wir starten nicht in die Saison mit dem Ziel, unbedingt Meister zu werden und den UEFA-Cup zu holen. Das wäre nach dieser Zäsur zu vermessen. Niemand weiß, wie der Umbruch klappen wird.“ Hoeneß sprach gar vom Saisonziel „Nicht-Abstieg“. Anders Präsident Scherer, der finanzielle Zwänge geltend machte: „Das Erreichen eines UEFA-Cup-Platzes ist sportlich und wirtschaftlich unsere unabdingbare Notwendigkeit."

Der Manager sollte mit seinem Zweckpessimismus Recht behalten. Der Umbruch klappte nicht und konnte auch nicht klappen; nicht nur, weil die Chemie der Mannschaft und deren Personalbestand nicht stimmten, sondern auch, weil die Führung dem inneren und äußeren Druck, den sie selbst über Jahre hinweg aufgebaut hatte, nicht standhielt und anfing, Chaos zu produzieren.

Daneben existierte noch ein viel grundsätzlicheres Problem, das den Klub zwar nicht aus heiterem Himmel überraschte, dessen Existenz aber in den Jahren zuvor vom Erfolg kaschiert wurde. Der „Spiegel": „In dem von Manager Hoeneß vorgegebenen Streben nach Professionalität entfernte sich der Klub weiter als alle anderen Bundesligavereine von der Ursprünglichkeit des Fußballs. Der FC Bayern, stellen jetzt Altvordere fassungslos fest, war in den letzten Jahren wie ein blühender Baum, dessen Wurzeln, ohne dass es einer bemerkte, längst abgestorben waren."

Keine Bindung zur Basis, keine Leitfigur auf dem Platz – den Klub plagten folglich gleich zwei Probleme. Spieler, die beim FC Bayern Leistungsträger und Hoffnungsträger waren und perspektivisch zu Führungspersönlichkeiten avancieren konnten, verließen den Verein in Richtung Lira-Paradies. München war für sie nur eine Transitstelle. Mit der Zeit war nicht einmal der Weg über den FC Bayern notwendig, weil die italienischen Klubs nun ihre Fühler überallhin ausstreckten. Der Aufbau einer leistungsstarken Truppe mit akzeptierten Leithammeln und einer zumindest mittelfristigen Perspektive war bei einem derart großen Mangel an personeller Kontinuität kaum möglich. Wobei die Frage blieb, ob dies wirklich so sein musste, oder ob es nicht möglich gewesen wäre, bei wenigstens einem oder zwei umworbenen Spielern „Nein" zu sagen – auch um den Preis, diese mit italienischen Gehältern auszustatten. So aber musste sich die Mannschaft Jahr für Jahr neu sortieren, und zwar nicht an ihrem Rande, sondern stets in ihrem Zentrum.

Der Verkauf von Rummenigge, Brehme, Matthäus, Kohler, Reuter, später noch Effenberg und Laudrup brachte ca. 60 Mio. DM in die Kasse des FC Bayern. Die italienische Kaufwut sanierte den Klub und stärkte sein finanzielles Fundament. Schatzmeister Kurt Hegerich feierte den Verkauf von Kohler und Reuter als „Sternstunde des Klubs", als ob der Sinn und Zweck des FC Bayern im Erzielen hoher Transfererlöse bestehen würde. Aber die Hoffnung, die verkauften Leistungsträger durch preiswerteres Personal von anderen Bundesligaklubs oder aus der Provinz einigermaßen adäquat ersetzen zu können, also das sportliche Leistungsniveau zu halten und zugleich das finanzielle Polster auszubauen, erwies sich als illusorisch. Anstelle gestandener Profis tauchten beim FC Bayern nun Akteure auf, die mit der Herausforderung, einen weltläufigen Verein zu repräsentieren, nicht fertig wurden. Spieler wie Tschiskale, Ekström, Mihajlovic oder McInally waren eines so ambitionierten Klubs nicht würdig. Dass nicht einer der genannten Namen einschlug, konnte eigentlich kaum verwundern. Ihre Verpflichtung sah zu sehr nach einem puren Glücksspiel mit äußerst geringen Gewinnchancen aus. Und was

Reich an Geld, arm an Stars

die Besseren unter den Neuen anbetraf, so forderte der auf die Spitze getriebene Angestelltenfußball, der keinerlei emotionale Bindung des Kickers an den Verein mehr kannte, seinen Tribut. Dass der Mythos von den „elf Freunden" im Profifußball nicht mehr funktioniert, hatte bereits Günter Netzer erkannt. Aber Netzer war es nun auch, der davor warnte, dass die wie moderne Unternehmen geführten Klubs „zu synthetisch" würden.

Wurde vom 1. FC Kaiserslautern geholt: Bruno Labbadia.

Bedingt durch den Fall der Mauer, war die Liga zur Saison 1991/92 auf 20 Vereine aufgestockt worden. Eine weitere Neuerung war die Einführung der so genannten „Ampel-Karte" (Gelb-Rot), die ein Spiel Sperre nach sich zog.

Aus den ersten beiden Spielen holte der FC Bayern nur einen Punkt. Zum Saisonauftakt spielte man bei Werder Bremen 1:1, während die Premiere daheim mit einer peinlichen 1:2-Niederlage gegen Hansa Rostock, einen der beiden neuen Ostvertreter in der Bundesliga, endete. Nach drei Siegen in Folge schien die Bayern-Welt wieder einigermaßen in Ordnung zu sein. Doch in den folgenden neun Spielen verzeichnete der FCB nur einen Sieg. Auftakt der Negativserie war eine 0:2-Niederlage gegen den VfL Bochum, die zweite Niederlage im erst dritten Heimspiel der Saison. Nur gegen den 1. FC Kaiserslautern konnten die Bayern daheim 1:0 gewinnen. Die Heimspiele gegen Aufsteiger Stuttgarter Kickers und Borussia Dortmund gingen hingegen 1:4 bzw. 0:3 verloren. War das Olympiastadion in der Vergangenheit eine nahezu uneinnehmbare Festung gewesen, die viele Gastmannschaften im Gefühl einer ohnehin nicht zu vermeidenden Niederlage betraten, so fehlte nun einem Sieg bei den Bayern bald die Aura des Besonderen. Auswärtssiege in München wurden zunehmend entwertet. Wer in München gewann, konnte trotzdem absteigen, wie es die Stuttgarter Kickers und Rostock dann auch taten. Sieben Niederlagen mussten die Bayern in dieser Bundesligasaison zu Hause einstecken. Drei Partien endeten unentschieden, nur neun konnten gewonnen werden.

Seit dem 6. Spieltag plagte den FCB auch noch ein Torwartproblem. Raimond Aumann laborierte an einer langwierigen Verletzung, und sein Stellvertreter Gerald Hillringhaus erwies sich wiederholt als überfordert.

Auch im DFB-Pokal durften die Gegner der Bayern wieder einmal herzhaft lachen. In der 2. Runde (die erste überstanden alle Erstligisten per Freilos) unterlag der FC

Bayern daheim dem Zweitligisten FC Homburg nach Verlängerung mit 2:4. Nur 9.000 Zuschauer wollten die Blamage sehen.

Die 1:4-Heimniederlage am 12. Spieltag gegen die Stuttgarter Kickers bedeutete das Aus für Trainer Heynckes. Die Führungsetage wich dem Druck der Boulevardpresse und der Haupttribüne, was sie noch teuer zu stehen kommen sollte. Hoeneß sah den Rausschmiss später als schweren Fehler und bekannte, dass er in der Heynckes-Diskussion zu wenig Rückgrat bewiesen habe. Die Trainer-Entlassung sei eine schwache Phase seines Schaffens für den FC Bayern gewesen: „Der Jupp und ich, wir waren sehr gut befreundet. Als ich ihm bei mir zu Hause mitteilen musste, dass sein Vertrag nicht verlängert wird, da habe ich geweint." Der Mensch Hoeneß habe sich total gesträubt, doch der Manager musste „die Sache durchziehen. Das war ein Fehler."

Fan-Duelle um Heynckes

Um die Person des Trainers hatten sich die Stehplatz-Fans in der Südkurve und die sitzenden Dauerkartenbesitzer auf der Haupttribüne heftige verbale Schlachten geliefert, die die Vereinsführung auf den Plan riefen. Präsident Scherer schrieb im Editorial des „Bayern-Magazin": „Die Zuschauer auf der Südtribüne und die von der Haupttribüne haben sich lautstarke Duelle wegen Trainer Jupp Heynckes geliefert. Ich weiß, dass die Sorge um unseren Verein jedem am Herzen liegt. Jeder will nur das Beste für den Verein. Aber hier müssen wir jetzt zusammenhalten, uns alle in Solidarität üben. Deshalb bitte ich vor allem unsere Zuschauer auf der Haupttribüne und unsere Jahreskarten-Inhaber in diesen turbulenten Wochen nochmals um Besonnenheit." Aber auch im damals noch von Bajuwaren dominierten Klubvorstand hatte Heynckes Feinde. Schatzmeister Kurt Hegerich kritisierte die mangelhafte Volksverbundenheit des Rheinländers, dem „brauchtümlerische Anbiederung ein Gräuel" (Helmut Schümann) war. Hegerich: „Jo, mei, der Heynckes, der ko no ned amal an g'scheit'n Schweinsbraten ess'n."

Ohne Zweifel hatte Heynckes Fehler begangen, zumal bei den Neuverpflichtungen, aber mit dem Abgang des harten und gewissenhaften Arbeiters wurde Kontinuität nun für einige Jahre zum Fremdwort. In sportlicher Hinsicht sollte der FC Bayern in den nächsten Jahren einer permanenten Baustelle ähneln.

Zum Heynckes-Nachfolger wurde Sören Lerby bestellt, dessen einzige Qualifikation darin bestand, ein „super Typ" (Thomas Berthold) und eine Stimmungskanone zu sein. Zudem hatte er einer der letzten erfolgreichen Bayern-Mannschaften angehört. Präsident Scherer wurden zwei prominente Vize-Präsidenten zur Seite gestellt: Franz Beckenbauer und Karl-Heinz Rummenigge. Günter Netzer bemerkte kritisch, die beiden neuen Vizes könnten ihrem Klub „auf dem Fußballplatz besser helfen".

Der neue Trainer und die beiden ehemaligen Weltstars sollten den Willen der Führung unterstreichen, eine Rückkehr zu den guten alten Zeiten einzuleiten. Die Äußerung von Rummenigge: „Wir hatten zwar Schulden, waren aber erfolgreich und beliebt", deutete schon frühzeitig auf eine Kehrtwende in der Transferpolitik hin. In die gleiche Richtung war auch eine Kritik Beckenbauers an Uli Hoeneß zu interpretieren. Der Kaiser zum Manager: „Die ganzen Millionen auf der Bank nützen dir nichts,

Auch gegen Werder Bremen verlor der FC Bayern beim Rückrundenstart zu Hause 3:4.

wenn du keine Punkte hast. Man muss auch mal auf eine Ablösesumme verzichten, wenn man international im Geschäft bleiben will." Beckenbauer war der Auffassung, dass in München in den letzten Jahren „viel Qualität verschenkt" wurde und „zu viel und zu schnell verkauft". Gleichzeitig philosophierte er über ein notwendiges „Ausmisten" und drohte den verunsicherten Profis mit „Abschiebung in den Kindergarten". Zunächst aber wolle er in Einzelgesprächen versuchen, den Spielern jene Einstellung zu vermitteln, die den FC Bayern früher stark gemacht habe.

Das Engagement von Beckenbauer und Rummenigge diente zugleich der Rettung der alten Führungsetage. Namentlich Scherer und Hoeneß waren stark in die Kritik geraten, die sich vor allem an der Verpflichtungspolitik rieb. Der Manager sollte sich vereinsintern nie wieder einem solchen Ausmaß der Kritik ausgesetzt sehen.

Lerbys Verpflichtung geriet zum Flop. Dem bereits erwähnten 0:3 gegen den BVB folgte am 14. Spieltag eine 2:3-Niederlage beim VfB Stuttgart, was ein Trainerdebüt von 0:4 Punkten bedeutete. Einen Spieltag später durfte der FC Bayern eine weitere Notlösung begrüßen. Zwischen den Pfosten stand nun der mittlerweile 37-jährige Ex-Nationalkeeper Harald „Toni" Schumacher. Die Bayern besiegten Borussia Mönchengladbach mit 3:0, und der Aushilfskeeper sprach von einem „wunderschönen Gefühl". Acht Bundesligaspiele bestritt Schumacher für den FC Bayern. Am 23. Spieltag sollte dann wieder Aumann das Tor hüten.

Zur Rückrunde wurde die desolate Mannschaft durch den 30-jährigen Alois Reinhardt, der bei Bayer Leverkusen zuletzt nur noch zweite Wahl gewesen war, und den 31-jährigen niederländischen Nationalspieler Jan Wouters, der von Ajax Amsterdam kam, verstärkt. Reinhardt und Wouters, beide eher biedere Fußballhandwerker, wie ein Verein sie holt, der sich im freien Flug nach unten wähnt, waren als dringend erforderliche Hilfsmaßnahme gegen den offensichtlichen Mangel an Routine und Robustheit gedacht. Während Reinhardt nur zehnmal im Bayern-Trikot auflief, wurde Wouters zu einer wichtigen Größe im FCB-Team.

Als Trainer hilflos: Sören Lerby.

Nach der Winterpause setze sich der Abwärtstrend zunächst fort. Ein Remis in Duisburg (1:1) und ein knapper Heimsieg gegen den KSC (1:0) ließen zwar kurzzeitig hoffen, doch die nächsten beiden Spiele daheim gegen Werder Bremen und auswärts bei Hansa Rostock gingen mit 3:4 bzw. 1:2 erneut verloren. Am 7. März 1992 unterlagen die Bayern in Kaiserslautern mit 0:4. Der FCB befand sich längst in Abstiegsgefahr. Wenige Tage später musste auch Sören Lerby seine Koffer packen. Drei Trainer in einer Saison, das hatte es in München seit dem Aufstieg in die Bundesliga noch nie gegeben. Für Lerby kam direkt vom Sponsor Opel „Sir" Erich Ribbeck. Mittlerweile ging es längst um den Ruf des Vereins. Sportlich konnte Ribbeck nicht mehr viel bewirken. Das erste Spiel unter seinem Kommando wurde zwar gegen den Hamburger SV vor nur noch 20.000 Zuschauern im Olympiastadion mit 2:0 gewonnen, aber in den verbleibenden zehn Spielen ging der FCB fünfmal als Verlierer vom Platz. Vier Spiele gewann „Sir Erich", eines endete unentschieden.

Am Ende der längsten Saison der Bundesligageschichte belegte der FC Bayern den 10. Platz, die schlechteste Platzierung seit der Saison 1977/78. Nur fünf Punkte trennten den Rekordmeister vom besten Absteiger. Und mit 36:40 gestaltete sich das Punktekonto erstmals seit jener Spielzeit wieder negativ. Die Spielzeiten 1977/78 und 1991/92 sind bis heute die einzigen der Bayern in der Bundesliga, in denen der Klub mehr Spiele verlor als gewann. Die Gegner trafen 61-mal ins Bayern-Netz, was die drittmeisten Gegentreffer in der Liga bedeutete. Nur die Keeper der Absteiger Stuttgarter Kickers und Fortuna Düsseldorf mussten noch öfter hinter sich greifen.

Auch international war für die Bayern in dieser Saison absolut nichts zu holen. In der 1. Runde des UEFA-Cups stand die irische Mannschaft Cork City auf dem Programm. Vom spielerischen Niveau her entsprach die League of Ireland nicht mal der 2. Bundesliga, trotzdem kamen die Bayern in Cork über ein 1:1 nicht hinaus, wobei sie sogar zunächst in Rückstand gerieten. Im Rückspiel gab es ein mühsames 2:0. Das erste Tor der Bayern fiel erst in der 75. Minute (Labbadia), und zum zweiten Treffer bedurfte es eines von Ziege verwandelten Strafstoßes. In der 2. Runde erlitt der FC Bayern dann sein wohl größtes Europapokal-Debakel. Ausgerechnet in seinem Heimatland Dänemark erlebte Sören Lerby seine schwärzeste Stunde als Trainer. Der gastgebende B 1903 Kopenhagen überfuhr die Bayern mit 6:2. Im Rückspiel ließen die Sensationssieger nichts mehr anbrennen. Mehr als ein 1:0-Sieg durch ein Tor von Mazinho in der 89. Minute war für die Bayern nicht drin.

„ran" an den Ball: Zur Saison 1992/93 wechselten die Bundesligarechte von der Ufa/RTL und der ARD zur Kirch-/Springer-Tochter ISPR, die sie an Sat.1 weiterleitete. Die Vereine kassierten nun noch mehr Geld, und die Ware Fußball wurde noch bunter. Die Ufa blieb aber weiterhin im Geschäft, über den Pay-TV-Sender „Premiere" und dessen Live-Übertragung des „Topspiels der Woche". Die Ufa durfte sich dafür bei Uli Hoeneß bedanken, der hier das eigentliche Geschäft der Zukunft witterte. „Pay-TV ermöglicht uns künftig, dass wir bei großen Spielen im Europacup oder um die Meisterschaft bis zu fünf Millionen Mark erhalten. In ein paar Jahren werden die großen Sport-Veranstaltungen alle im Pay-TV-Bereich senden. Das ist die Zukunft des Sports – und auch des Fußballs." Hoeneß hatte sich in den letzten Jahren immer mehr zum Medienmanager des deutschen Fußballs entwickelt, der gegenüber seinen Kollegen über einen erheblichen Vorsprung an Wissen und Visionen verfügte. Dem Rest der Branche blieb nicht viel anderes übrig, als dem Bayern-Manager zu folgen.

Die Verpflichtungspolitik für die Saison 1992/93 trug deutlich die Handschrift von Beckenbauer und Rummenigge. Nicht länger kleckern, sondern klotzen hieß die Devise. Mit aller Macht wollte man eine Wiederholung der Vorsaison verhindern. Im „Jahrbuch" des Klubs hieß es: „Die Fans dürfen wieder hoffen. Der FC Bayern scheint, nach einer ‚etwas anderen' Saison, wieder auf dem Weg nach oben. Möglich gemacht hat dies das beherzte Handeln der Klub-Verantwortlichen. (…) Der FC Bayern 92/93 ‚mit neuem Gesicht' zu altem Erfolg. Oh, was hatte die letzte Saison weh getan. Hohn, Spott, Schadenfreude… Jeder – selbst die, die sich sonst nie getraut hatten, durften dem FC Bayern 91/92 ‚gegens Schienbein treten'. Und das meist auch noch ungestraft. Doch Vorsicht, Freunde, der FC Bayern kommt zurück. Stark, selbstbewusst. Und er wird in diesem Spieljahr schon einige Rechnungen begleichen."

23,5 Mio. DM wurden in neue Spieler investiert, was Bundesligarekord war. Allerdings nahm der Klub allein durch den Verkauf von Effenberg und Laudrup über 17 Mio. DM ein. Auch Strunz (VfB Stuttgart) und Bender (Karlsruher SC) mussten gehen. Auf der Suche nach neuen Spielern wurden die Bayern erneut in Karlsruhe fündig. Nach Michael Sternkopf verpflichtete der FCB mit Mehmet Scholl sein zweites Teenie-Idol. Karlsruhes Trainer Winfried Schäfer lästerte, man könne dem FC Bayern auch Schaufensterpuppen verkaufen. Teuerster Einkauf war Thomas Helmer von den aufstrebenden Dortmundern, der den Verein ca. 8 Mio. DM kostete, gefolgt vom Brasilianer Jorginho (5,6 Mio. DM), Kapitän der Nationalmannschaft seines Landes und zuletzt bei Bayer Leverkusen unter Vertrag. Außerdem kamen Markus Schupp (SG Wattenscheid 09) und … Lothar Matthäus (4 Mio. DM). Aufgrund der hohen Einnahmen aus dem Verkauf von Effenberg, Laudrup und Co. hatte der Klub keine größeren Probleme mit der Finanzierung seiner teuren Rundumerneuerung.

Als Beckenbauer und Rummenigge Vize-Präsidenten wurden, ahnte Schatzmeister Kurt Hegerich noch nicht, was auf ihn zukam. Beckenbauer: „Zu unseren Besprechun-

Die Rückkehr des Lothar Matthäus

gen hätten wir ihm eigentlich immer Beruhigungstropfen mitbringen sollen. Wir waren davon überzeugt, dass wir nicht auf einen langfristigen Neuaufbau setzen konnten, denn mehrere Jahre Mittelmaß – das akzeptiert das Publikum in München, wo es derartig viele Freizeitmöglichkeiten gibt, nicht. Außerdem: Es gibt in der Bundesliga ja genug Vereine, die langfristig planen und dabei nie übers Mittelfeld hinauskommen. Der FC Bayern ist seinen Fans und auch der Bundesliga schon immer etwas mehr schuldig gewesen."

In der Saison 1992/93 begann die Rückkehr der Italien-Legionäre in die finanziell wieder erstarkte Bundesliga. Den Anfang machte Ex-Bayern-Akteur Stefan Reuter, der im Sommer 1992 von Juventus Turin zu Borussia Dortmund wechselte. In den meisten Fällen spielte aber auch eine Rolle, dass die Spieler in Italien nicht wie gewünscht sportlich zurechtkamen.

Lothar Matthäus hatte sich im April 1992 beim Punktspiel Inter Mailands gegen den AC Parma einen Kreuzbandriss zugezogen. Infolge dieser Verletzung geriet auch die Beziehung des Mittelfeldstars zu seinem Arbeitgeber in Mitleidenschaft. Der verletzte Spieler kam aus den Schlagzeilen; niemand schien sich mehr für ihn zu interessieren. Für Lothar Matthäus war dies eine unerträgliche Situation. Nach seiner Operation in den USA trainierte er heimlich und verbissen in den Bergen. Über seinen langjährigen Freund und Manager Norbert Pflippen ließ er in Erfahrung bringen, ob sein alter Klub an einer Verpflichtung interessiert sei. Am 25. August 1992 war es schließlich so weit. In der Annahme, der Spieler sei von einem Comeback noch weit entfernt, ließ Inter Matthäus für 4 Mio. DM zurück nach München ziehen. In der Chefetage der Bayern hatte sich vor allem Beckenbauer für die „Rückkehr des verlorenen Sohnes" (Scherer) stark gemacht. Die Idee, seinen WM-Kapitän von 1990 zurückzuholen, hegte Beckenbauer schon länger.

Die Bayern begannen die Saison souverän. Nach sechs Spielen standen fünf Siege und ein Unentschieden zu Buche. Die Zuschauer strömten ins Stadion wie noch nie zuvor. Beim ersten Heimspiel gegen den 1. FC Kaiserslautern (1:0 durch einen Treffer des Ex-Lauterers Labbadia) waren 64.000 anwesend. Am Ende der Saison sollte der FCB mit 46.058 Zuschauern den bis dahin mit Abstand höchsten Zuschauerschnitt seiner Bundesligageschichte verzeichnen, fast 14.000 mehr als im Vorjahr.

Am 19. September 1992 feierte Matthäus im Heimspiel gegen Wattenscheid 09 sein Bundesliga-Comeback, das allerdings wenig verheißungsvoll ausfiel. Kurz vor Schluss fingen sich die Bayern noch den Ausgleichstreffer zum 1:1. Einem 2:1-Sieg bei Borussia Dortmund folgte eine kurze Durststrecke von zwei Unentschieden und einer Niederlage. Gegen Werder Bremen unterlag der FC Bayern daheim mit 1:3. Heimkehrer Matthäus geriet zusehends in die Kritik. Am 14. Spieltag schlug Matthäus zurück: Beim 4:2-Sieg in Leverkusen schmetterte der Star einen Eckball von Scholl aus 20 Metern Entfernung volley in den Winkel. Danach schoss der Rückkehrer noch weitere wichtige und spektakuläre Tore, die den Medienrummel um ihn und seine Person weiter kräftig ankurbelten. Lothar und Neu-Partnerin Lolita plauderten pausenlos oder ließen über

Er ist wieder da: der „Loddar".

sich plaudern, dass es dem Manager nur so auf die Nerven ging. Hoeneß bezeichnete Matthäus ironisch als „unseren neuen Pressesprecher" und legte Matthäus nahe, die korrekte Rangfolge zu beherzigen: erst Fußball spielen, dann quasseln.

Am 12. Dezember 1992, dem letzten Spieltag der Hinrunde, veranstaltete die Bundesliga einen Aktionstag unter dem Motto „Friedlich miteinander – Mein Freund ist Ausländer". Die Aktion war gedacht als eine Antwort auf die rapide steigende Ausländerfeindlichkeit in Deutschland, die sich vor allem in brutalen Angriffen auf Wohnheim-Insassen äußerte. Der FC Bayern, in dessen Jugendbereich zu diesem Zeitpunkt ca. 50 % der Kicker Ausländer waren, stellte mit Matthäus, Wouters und Ziege drei seiner Bundesligaakteure für einen TV-Spot zur Verfügung. Der Spot dokumentierte aber lediglich die Unzulänglichkeit der Kampagne, die in erster Linie eine PR-Aktion in eigener Sache war, mit der der DFB sein Image aufpolieren wollte. Denn zwei der Darsteller gerieten später selbst in den Verdacht rassistischer Ausfälle: zunächst Lothar Matthäus, später dann – nach seiner Rückkehr in die Niederlande – auch Jan Wouters. Am Aktionstag selbst demonstrierten rund 2.000 in- und ausländische Kinder im Olympiastadion mit einer Menschenkette für ein friedliches Zusammenleben. Noch erhebender waren allerdings die vieltausendfachen „Nazis-raus!"-Rufe, die aus der Südkurve schallten. Gegner war an diesem Tag der FC Schalke 04, und Mitglieder der umtriebigen Schalker Fan-Initiative durften ihr Transparent „Schalker gegen Rassismus“ auf der Laufbahn herumführen.

Vor dem Saisonfinale blies die „Abteilung Attacke“ in bekannter Manier zur Schlussoffensive gegen Werder. Zum bisher letzten Mal erlebte die Bundesliga das Titelrennen als Zweikampf zwischen dem FC Bayern und Werder Bremen. Wie schon 1985/86 widerstand Hoeneß auch diesmal nicht der Verlockung, das Duell zu politisieren. Rehhagels Aussage, der beste Fußball werde langfristig dort gespielt, wo sich das meiste Geld befinde, sprich: in München, konterte der Bayern-Manager mit den Sätzen: „Wahrscheinlich hat Rehhagel sich selbst gemeint, weil Werder mit Abstand am meisten Geld hat in der Liga. Ich möchte nicht deren Konten untersuchen mit ihren GmbHs, die sie links und rechts vorgeschaltet haben. Die haben riesige Gewinne, weisen aber nie einen aus. Im SPD-Ländle Bremen werden diese Dinge in den Medien nicht so hinausposaunt, weil die alle unter einer Decke stecken. Ich rege mich furchtbar auf, wenn der Manager Lemke von den Millionarios spricht.“ Auch an Werders Spielstil ließ Hoeneß kein gutes Haar: „Dieses langsame Gekicke hintenrum – damit holen die keinen hinter dem Ofen hervor.“ Es sei kein Zufall, dass Werder nur 17.000 Zuschauer habe. Hoeneß: „Der Herr Lemke hat gesagt, er hätte gerne das Olympiastadion. Das gebe ich ihm, weil er es nur einmal im Jahr braucht – wenn Bayern München kommt.“ Vermutlich war es aber weniger Lemkes politischer Standort selbst, der Hoeneß in Rage brachte, auch wenn eine Frau Seebacher-Brandt, die zum Freundeskreis des Werder-Managers zählte, etwas später im „FAZ“-Magazin schrieb: „Der Glaube, dass Lemke links sei, hat heute nur noch im Weltbild des Uli Hoeneß Platz.“ Den Bayern-Manager nervte vielmehr die doppelbödige politische Moral des Bremer Kollegen. Lemke war in diesen Jahren vor allem ein umtriebiger Trendsetter mit Organisationstalent, der erklärtermaßen bereit war, für Geld so ziemlich alles zu machen. Der Werder-Manager wurde zum Modell für den „neuen Sozialdemokraten“, dessen Qualität darin bestand, einen noch gewiefteren „Kapitalisten“ abzugeben als viele Konservative.

Am 28. Spieltag fuhr der FC Bayern als Tabellenführer ins Bremer Weserstadion. Einen Spieltag zuvor hatte man den 1. FC Saarbrücken mit 6:0 abgekanzelt. Weil das Fernsehen es so wollte, wurde an einem Montagabend gespielt. Die Bayern begannen überlegen und gingen durch Ziege mit 1:0 in Führung. Doch zwei von Wynton Rufer verwandelte Elfmeter, von denen zumindest einer fragwürdig war, bedeuteten die 2:1-Führung für die Bremer. Nach zwei weiteren Treffern durch Herzog und Hobsch stand es am Ende 4:1. Damit hatten die Bremer in beiden direkten Aufeinandertreffen die Oberhand behalten. Die Bayern blieben Tabellenführer, aber das Blatt begann sich nun zu wenden – und zwar anders als in der Saison 1985/86. Diesmal war Werder psychologisch im Vorteil. Nicht Otto Rehhagel, sondern Erich Ribbeck, der noch nie einen nationalen Titel errungen hatte, drohte ein Loser-Image. Am 32. Spieltag gewann Werder in Saarbrücken 4:0, während der FC Bayern beim KSC mit 2:4 unterlag. Bayern und Werder standen nun punktgleich an der Spitze. Am 33. Spieltag schlug der FCB daheim den abstiegsbedroh-

Kreuzer, Mazinho, Wouters und Ziege (von links) setzen gemeinsam mit ausländischen Balljungen ein Zeichen gegen Ausländerfeindlichkeit.

ten VfL Bochum mit 3:1. Zeitgleich bezwang Werder im Nordderby den Hamburger SV mit 5:0. Bei Erich Ribbeck machte sich Frustration breit: „Sicherlich mache ich mir meine Gedanken über den HSV. Ein dummer Zufall, es kommt schon Wut hoch." Der hohe Sieg der Bremer bedeutete, dass sie nun erstmals die Tabellenführung übernahmen, da ihr Torverhältnis um einen Treffer besser ausfiel als das der Münchner.

Am 34. Spieltag mussten die Bremer – wie in der tragischen Saison 1985/86 – nach Stuttgart reisen, die Bayern indes zum FC Schalke 04. Vom Papier her hatten die Bayern die leichtere Aufgabe. Denn während für die Schalker die Saison bereits gelaufen war, besaß der besser platzierte VfB noch Chancen auf einen UEFA-Cup-Platz. Und außerdem war da noch das Trauma vom 26. April 1986. Raimond Aumann erklärte: „Wenn wir nicht Meister werden, sind wir die Deppen der Nation." Sie wurden die Deppen, denn die Bremer schossen in Stuttgart einen souveränen 3:0-Sieg heraus, während die Bayern vor 70.000 Zuschauern in Gelsenkirchen über ein 3:3 nicht hinauskamen. 32 Spieltage waren die Bayern an der Spitze gewesen, aber am Ende hatten die Bremer mit nur einem Punkt Vorsprung die Nase vorn. Die Parallelen zur Saison 1985/86 waren frappierend. Kein Regisseur hätte die Revanche der Bremer besser inszenieren können. Mit 74 Toren schossen die Bayern auch in dieser Saison die meisten Tore, elf mehr als der neue Meister. Mit ebenfalls elf Treffen hieß Bayerns erfolgreichster Torschütze Bruno Labbadia. So mancher erinnerte sich wehmütig der Zeiten eines Gerd Müller.

„Mit dem zweiten Platz kann ich gut leben", kommentierte Ribbeck den Ausgang des Meisterschaftsrennens und widersprach damit der „Number-One"-Philosophie. Vor dem Saisonfinale hatte er bereits verkündet, seine Bayern müssten nicht Meister werden. Von der mentalen Stärke, Entschlossenheit und Aggressivität, mit der die Bayern die Saison 1985/86 für sich entschieden hatten, war sieben Jahre später nichts mehr zu spüren. Werder wurde in einer Manier Meister, die man bis dahin nur von den Bayern kannte.

1993/94 Es rettet uns ein höheres Wesen...

„Sowas passiert uns nie wieder", versprach Keeper Raimond Aumann vor der neuen Saison. Die personelle Aufrüstung ging deshalb weiter. Für ca. 12 Mio. DM engagierten die Bayern mit dem Kolumbianer Adolfo Valencia, Marcel Witeczek (1. FC Kaiserslautern) und Alexander Zickler (Dynamo Dresden) gleich drei neue Stürmer. Keinen der drei Neuen begleitete indes der Ruf internationaler Klasse. Die Verpflichtungspolitik wirkte ein wenig inkonsequent: Valencia war eigentlich nur zweite Wahl. Im Ringen um den 9,5 Mio. DM teuren Italien-Rückkehrer Karlheinz Riedle ließ der FCB Borussia Dortmund den Vortritt, das damit bei der kostspieligen Rückholaktion deutscher Stars aus dem verlorenen italienischen Paradies die Nase vorn hatte. Vor Riedle waren bereits die Versuche geplatzt, den Frankfurter Yeboah und Ruud Gullit nach München zu holen. Gullit sollte den FCB um kosmopolitanes Flair und Spielkultur bereichern. Die Verbindung zwischen dem FCB und dem Star der EM 1988 hatte Jan Wouters hergestellt. Noch Mitte Juni 1993 erklärte Gullit gegenüber dem niederländischen „De Telegraaf": „Im Großen bin ich mit den Bayern einig." Als Grund dafür, warum Gullit dann doch nicht kam, kursierte zunächst die Furcht seiner Freundin vor dem Rassismus in Deutschland. „Bild am Sonntag" unterstellte dagegen, Gullit habe ein „linkes Spiel" betrieben. Dem an Knieproblemen laborierenden Spieler sei es lediglich darum gegangen, „von einer der ersten Fußball-Adressen in Europa geprüft und für gesund" erklärt zu werden, um „mit dem Gütesiegel der Bayern und ihres international anerkannten Arztes Dr. Müller-Wohlfahrt" ausgestattet, seine Ausgangsbedingungen im Vertragspoker mit anderen Vereinen zu verbessern. Besonders bitter für das Blatt: „In Holland feixen sie. Ist doch vielen der Spruch von Gullit in den Ohren: ‚Nach Deutschland? Nie!'"

Trotzdem sahen sich acht von 18 Bundesligatrainern bemüßigt, den FC Bayern zum Meisterschaftsfavoriten zu küren. Präsident Scherer sah dies nicht anders: „Unser Ziel muss der Gewinn eines Titels sein. Das sind wir unseren Anhängern schuldig." Auch Erich Ribbeck erklärte: „Wir wollen dieses Jahr Meister werden."

Die Saison verlief für die Topteams Bayern und Borussia zunächst äußerst holperig. Als die Bayern am 9. Spieltag bei Borussia Dortmund antraten (1:1), sprach die „Sport-Bild" vorschnell vom „Duell der Versager". Die Bayern hatten bis dahin nur neun von 16 möglichen Punkten geholt.

Zur Winterpause lagen die Bayern nach 20 Spieltagen zwar nur einen Punkt hinter der Spitze, aber die Aussicht, erneut nur als Zweiter zu enden, sorgte beim „Number-One"-Verein für Unruhe. Zumal man seit vier Spielen nicht mehr gewonnen hatte. Gegen Schalke, Leverkusen und Dynamo Dresden hatte es jeweils nur ein mageres 1:1 gegeben, beim Neuling Freiburger SC unterlag man gar mit 1:3. Der Sportlehrer Erich Ribbeck wurde schließlich von der Bank geschubst, auf der nun der Kaiser höchstpersönlich Platz nahm. Uli Hoeneß später zu dieser Entscheidung: „Wir konnten nicht ewig das Bild vom FC Bayern vorgaukeln, ohne dass sich die Erfolge einstellten. Die Philosophie der Nummer eins muss auch irgendwann stimmen."

Der Kaiser rückt auf die Trainerbank

Ribbeck hatte bei den Spielern an Autorität verloren. Jan Wouters hatte dem Trainer ins Gesicht gesagt: „Trainer, Sie sind der einzige Mann im Verein, der keine Ahnung vom Fußball hat.“ Sogar Ribbeck-Liebling Olaf Thon war vom Trainer abgerückt. Thomas Berthold behauptete später, Ribbeck sei nur noch eine Marionette gewesen. Das Training habe sowieso Klaus Augenthaler gemacht: „Ribbeck trainiert wie vor 30 Jahren.“

Beckenbauers Premiere ging in die Hosen: Am 21. Spieltag verloren die Bayern daheim gegen den VfB Stuttgart 1:3. Doch einen Spieltag später begann die Wende: Der FCB siegte beim VfB Leipzig mit 3:1. Auch die folgenden drei Begegnungen gegen Duisburg (4:0), Meister Bremen (2:0) und Wattenscheid (3:1) wurden gewonnen. Gegen Borussia Dortmund gab es nur ein mageres 0:0. Einige Tage zuvor, am 5. März 1994, war die Bayern-Legende Conny Heidkamp verstorben. Das Spiel wurde für eine Trauerminute unterbrochen. Während die Zuschauer sich von ihren Plätzen erhoben, gedachte der Stadionsprecher des Todes des Kapitäns der ersten Meistermannschaft des FC Bayern. Siege gegen den Hamburger SV (2:1) und den 1. FC Köln (1:0) komplettierten eine Serie von sieben Spielen ohne Niederlage und 13:1 Punkten. Am 29. Spieltag reiste der FCB auf den Mönchengladbacher Bökelberg. Bis zur 89. Minute sah es so aus, als würden die ersatzgeschwächten Bayern ein torloses Remis über die Runden bringen und ihre Serie fortsetzen. Aber zwei Tore von Heiko Herrlich ließen den Bökelberg dann doch noch toben. Auch Lothar Matthäus tobte: „Normalerweise bin ich stolz, Kapitän dieser Mannschaft zu sein, aber heute…“

25 Jahre nachdem er mit dem FC Bayern erstmals Meister geworden war, durfte der Kaiser auch als Trainer die „Salatschüssel“ hoch halten.

Die Bayern regenerierten sich einen Spieltag später mit einem 2:1-Sieg über Eintracht Frankfurt, bevor es erneut auf Bergtour ging. Am 31. Spieltag stand das Auswärtsspiel beim 1. FC Kaiserslautern auf dem Programm, der zu diesem Zeitpunkt vier Punkte hinter den Bayern rangierte. Die Bayern unterlagen auf dem „Betze“ mit 0:4. Der „Kaiser“ war sprachlos und stellte sich nicht einmal den Fragen der Presse. In seiner gesamten Karriere als Teamchef der DFB-Auswahl und Trainer von Olympique Marseille hatte Beckenbauer keine so hohe Niederlage hinnehmen müssen. Nur noch zwei Punkte trennten die Bayern von den „Roten Teufeln", das Meisterschaftsrennen war wieder offen.

Am 32. Spieltag gewann Kaiserslautern in Wattenscheid 2:0, während der FCB im bayerischen Derby einen 2:1-Sieg über den 1. FC Nürnberg verbuchen konnte. Das Spiel sollte in die Kuriositätenliste der Bundesliga eingehen. In der 24. Minute schob Helmer den Ball am Nürnberger Tor vorbei. Aber zur Überraschung der Spieler beider Mannschaften und der 63.000 Zuschauer im ausverkauften Olympiastadion zeigte Schiedsrichter Osmers auf den Anstoßpunkt: 1:0 für den FC Bayern. Dass Helmer den Schiedsrichter nicht korrigierte, brachte ihm das Negativimage vom „eiskalten Profi" ein. In der 65. Minute erhöhte Helmer auf 2:0, in der 79. Minute erzielte Sutter den Anschlusstreffer. Da Aumann nur eine Minute später einen Foulelfmeter des Ex-Bayern Schwabl parierte, sahen sich die abstiegsbedrohten Franken zum Protest genötigt. Drei Tage später annullierte das DFB-Sportgericht das Spiel und beantragte seine Neuansetzung. Doch bevor es dazu kam, mussten die Bayern in Karlsruhe antreten, wo sie im Vorjahr auf dem Weg zur Meisterschaft gestolpert waren. Diesmal reichte es beim KSC immerhin zu einem 1:1, aber da der 1. FCK sein Heimspiel gegen Borussia Dortmund mit 2:0 gewann, waren die Pfälzer bei einem Spiel mehr nach Pluspunkten Spitzenreiter: Die Lauterer hatten davon 41, die Bayern 40.

Das Wiederholungsspiel gegen den 1. FC Nürnberg brachte eine Vorentscheidung zugunsten der Münchner. Nach einer schwachen 1. Halbzeit spielten sich die Bayern in einen Rausch und gewannen hoch mit 5:0. Am letzten Spieltag musste der 1. FCK zum Hamburger SV reisen, während die Bayern – wie im Vorjahr – Schalke 04 empfingen. Diesmal ließ der Rekordmeister nichts mehr anbrennen. Kaiserslautern gewann in Hamburg zwar 3:1, aber ein 2:0-Sieg der Bayern durch Tore von Matthäus und Jorginho sorgte dafür, dass der verflixte 13. Meisterschaftstitel endlich unter Dach und Fach war. Vier Jahre hatte der Klub auf diesen Titel gewartet, für FCB-Verhältnisse eine lange Zeit. Erfolgreichste Torschützen der Bayern waren in dieser Saison Adolfo Valencia und Mehmet Scholl, die beide auf elf Treffer kamen. Trotzdem trennte sich der Klub von dem Kolumbianer, dessen mangelhaften Integrationswillen man beklagte.

Im DFB- wie im UEFA-Pokal hatte der FC Bayern in dieser Saison nur mäßige Leistungen gezeigt und war vorzeitig gegen Dynamo Dresden bzw. Norwich City ausgeschieden. Doch in der Schlussphase der Meisterschaft zeigten sich die Bayern mental erheblich gefestigter als in der Vorsaison, was sicherlich ein Verdienst von Beckenbauer war. Bedeutete damals die klare Niederlage in Bremen eine Wende im Titelkampf zugunsten des Konkurrenten, so überstanden die Bayern ihr diesjähriges Spitzenspieldebakel relativ schadlos. In den folgenden drei Spielen hatte der FCB nur einen Punkt abgegeben, und auch die Neuansetzung des bayerischen Derbys hatte die Mannschaft nicht irritieren können.

Das Glück war den Bayern auch wieder hold. Hätte der Schiedsrichter Helmers Phantomtor nicht gegeben, wäre es zu keinem Wiederholungsspiel gekommen und

Mit 5:0 demütigten die Bayern den alten Rivalen aus Nürnberg.

die Bayern hätten sich gegen den „Club" mit einem Punkt begnügen müssen. Der Deutsche Meister hätte 1. FC Kaiserslautern geheißen, und der 1. FC Nürnberg wäre nicht abgestiegen.

Der Titelgewinn 1993/94 festigte den Mythos vom Kaiser, dem einfach alles gelingt, was er nur anpackt. Dass es ein Titelgewinn ohne Glanz und Gloria war, der mehr der Schwäche der Konkurrenz geschuldet war – die Bremer mussten Luft holen, und die Dortmunder absolvierten eine klassische Übergangssaison – interessierte eingefleischte Monarchisten nur mäßig. Wohl in keiner anderen Region sind der Glaube und die Hoffnung an die Allmacht eines höheren Wesens, das alles zum Besseren wende, so ausgeprägt wie in Bayern. Es war nur noch eine Frage der Zeit, genauer: von Monaten, bis man die „Lichtgestalt" auf den Thron und ins Präsidentenamt des FC Bayern hieven würde. Der Countdown für den Flug nach Hollywood hatte begonnen.

Nach der Saison räumte Beckenbauer seinen Platz draußen auf der Bank und zog sich wieder ins Präsidium zurück. Sein Nachfolger wurde Giovanni Trapattoni, der erste italienische Trainer in der Bundesliga. Die Bayern präsentierten ihren neuen Mann als „erfolgreichsten Vereinstrainer der Welt", was statistisch zwar zutraf, aber trotzdem nicht die volle Wahrheit war. Denn der Wechsel Trapattonis an die Säbener Straße wurde auch deshalb möglich, weil er in Italien als Auslaufmodell galt. Für Schlagzeilen sorgten jenseits des Brenners mittlerweile andere Übungsleiter. Aber an die aktuell Großen der europäischen Branche sollte der FC Bayern weder vor der Saison 1994/95 noch den folgenden herankommen. Trotz dieser Einschränkungen war die Verpflichtung von Trapattoni, dessen Funktion der „Kicker" auch darin sah, „die Inzucht deutscher Trainingsarbeit zu inspirieren und das verkrustete System zu reformieren", ein Glücksfall für den FC Bayern und die Liga. Der Klub benötigte allerdings viel Zeit, bevor er dies erkannte.

Die Verpflichtung von Trapattoni hatte nicht nur sportliche Gründe. Präsident Hoffmann hatte dem FC Bayern einst Volksnähe und regionale Folklore verordnet. Nachdem der FC Bayern sein Abonnement auf den Meistertitel verlor und seine Starspieler an die Seria A, wirkte der bayerische Folklorismus allerdings zuweilen peinlich und provinziell. Präsident Scherer, Professor für Wirtschaftswissenschaften, war zwar ein ausgezeichneter Wirtschaftsfachmann und hatte einiges dazu beigetragen, dass der zusehends zu einem Unternehmen mutierende Verein solider geführt wurde als viele „normale" mittelständische Unternehmen. Aber einen „Klub von Welt" assoziierte man mit Scherer nicht gerade. Der „Spiegel" über die Ära Scherer: „Wie ein kleiner Bruder der CSU glaubt der FC Bayern, die Nation ständig von der eigenen Größe überzeugen zu müssen. Bislang hielt Präsident Fritz Scherer dann eine Rede, in der er, bajuwarisch zünftig, die Gegner niedermachte. Und schon hatte der alte Oans-zwoa-gsuffa-Stallgeruch ‚die Führung', wie Hoeneß die Funktionäre gern nennt, wieder eingeholt."

Signor Giovanni Trapattoni.

Deshalb suchten die Bayern für den Trainerposten „eine Figur, einen Typ, einen Namen" (Hoeneß). Signor Trapattoni, so das Kalkül, würde den Verein von seinem provinziellen Stallgeruch befreien und zwischen Mailand und Madrid wie-

Oliver Kahn in Aktion.

der gesellschaftsfähig machen. Schließlich bewegte sich der Italiener bereits seit Jahren dort, wo der FC Bayern wieder hinwollte: auf höchstem europäischen Parkett.

Ebenfalls aus Italien kam Jean Pierre Papin, „Europas Fußballer des Jahres“ 1991 (damals noch bei Olympique Marseille aktiv). Papins Verpflichtung bedeutete zwar, dass der FC Bayern nun der einzige Verein der Welt war, bei dem gleich fünf ehemalige europäische „Fußballer des Jahres“ in irgendeiner Funktion aktiv waren. Aber der Franzose hatte den Zenit seines Könnens längst überschritten. Papin plagten außerdem Verletzungen und private Probleme. Vom Absteiger Nürnberg wurde der offensive Mittelfeldspieler Alain Sutter geholt, und zur Rückrunde wurde für den Offensivbereich auch noch der bulgarische Internationale Emil Kostadinov vom spanischen Spitzenklub Deportiva La Coruña ausgeliehen. Keine der drei Offensivkräfte wusste sich zu etablieren. Eine erheblich glücklichere Hand bewies das Management bei der Verstärkung der Defensivabteilung. Vom Hamburger SV kehrte der ausgeliehene Markus Babbel zurück, dem in dieser Saison der Sprung in die Nationalelf gelang. Der nach Papin teuerste und prominenteste Neuzugang war jedoch Oliver Kahn, der Torwartaufsteiger der letzten Jahre, der vom Karlsruher SC kam und dessen Verpflichtung für eine tiefe Verstimmung bei seinem Vorgänger Aumann sorgte. Der enttäuschte Aumann vermied einen Zweikampf um die Nummer eins, indem er in der Türkei anheuerte.

Aumann flüchtet vor Oliver Kahn

Eine schwere Verletzung (Kreuzbandriss) legte Kahn zwar in dieser Saison für lange Zeit lahm, aber anschließend sollte der überaus ehrgeizige Keeper zu einem der besten Einkäufe in der Bundesligageschichte des Klubs avancieren.

Der FC Bayern startete zwar mit einem standesgemäßen 3:1-Sieg über den VfL Bochum in die neue Spielzeit, aber bereits am folgenden Spieltag gab es im Breisgau den ersten herben Dämpfer. Der FCB unterlag dem SC Freiburg, Überraschungsmannschaft dieser Saison, mit 1:5. In den folgenden sieben Spielen blieben die Bayern zwar ungeschlagen, darunter waren aber vier Unentschieden. Das erste Münchner Stadtderby seit mehr als 13 Jahren gewann der FCB mit 3:1. Vor 64.000 Zuschauern im erstmals in dieser Saison ausverkauften Olympiastadion ging es ziemlich rustikal zur Sache. Die spielerisch klar unterlegenen Löwen waren zu diesem Zeitpunkt nach Punkten Tabellenletzter, nach roten Karten indes Tabellenführer. Beim 180. Aufeinandertreffen mit den Bayern hagelte es zwei weitere Platzverweise für den TSV 1860. Einer der Sünder war mit Schwabl ein ehemaliger Bayern-Spieler, aber mit Nerlinger durfte auch ein FCB-Akteur vorzeitig duschen. Löwen-Torjäger Pacult resümierte nach dem Schlusspfiff: „Sie spielen es irgendwo ein bisschen abgeklärter, irgendwo etwas sicherer als wir." Und sein Präsident Wildmoser: „Bis wir so weit sind, werden noch viele Jahre ins Land ziehen." Nicht einmal im Stadion war Bayerns Weltmeister Jorginho, der seinen Abgang aus München vorbereitete. Im „Kicker" holte er zur Generalkritik an seinem Noch-Arbeitgeber aus: „Beim FC Bayern merke ich nie diese Anerkennung wie in Leverkusen, nicht vom Präsidium, nicht von den Fans." Vize-Präsident Beckenbauer sei „leider auch Zeitungskolumnist. Das ist nicht gut. Aber beim FC Bayern reden sowieso viele Leute zu viel. Hier ist immer großes Theater. Das gefällt mir nicht."

Pokalpleite gegen Vestenbergsgreuth

Am 10. Spieltag kassierte der FCB beim späteren Meister Borussia Dortmund eine 0:1-Niederlage. Bis zum Ende der Rückrunde verloren die Bayern dann kein Ligaspiel mehr, wohl aber eines im DFB-Pokal, wo es die Pleite der Saison schlechthin setzte. Der FC Bayern gastierte im Nürnberger Frankenstadion, wohin der drittklassige TSV Vestenbergsgreuth für sein DFB-Pokalspiel gegen den Rekordmeister ausgewichen war. Das Spiel wurde von den Öffentlich-Rechtlichen Sonntag Abend zur besten Sendezeit live gezeigt. Die Begegnung mobilisierte nicht nur die große Bayern-Anhängerschaft, sondern auch die nicht minder große Schar der Bayern-Hasser. Letztere wurden nicht enttäuscht. Das Spiel endete 1:0 für die Gastgeber. Die Pokalgeschichte des FC Bayern war um eine weitere Pleite reicher.

Am 14. November 1994 brach beim FC Bayern die „Kaiser-Zeit" an. Fast 3.000 Mitglieder waren zur Jahreshauptversammlung in der Olympiahalle erschienen, um der Inthronisierung von Franz Beckenbauer beizuwohnen. Zugunsten der Lichtgestalt zog sich Fritz Scherer, der dem Klub seit 1985 vorgestanden hatte, auf den Posten des Vize-Präsidenten zurück. Ursprünglich wollte Rummenigge Scherer herausfordern. Manager Hoeneß demonstrierte im drohenden Disput öffentlich Neutralität: „Ich bin für den FC Bayern." Um eine öffentliche Auseinandersetzung um den Präsidentenposten zu vermeiden, intervenierte der bayerische Ministerpräsident Edmund Stoiber in seiner Funktion als Verwaltungsbeirat und machte politisch einige Punkte, indem er mit Beckenbauer eine unwiderstehliche Kompromisslösung ins Spiel brachte, die Scherer zum freiwilligen Rückzug bewog. Scherer: „Unter Franz Beckenbauer zu arbeiten, ist für mich kein Abstieg." Auch Rummenigge verzichtete. Für die neue Führungsstruktur wurde eigens die Satzung geändert. Kurt Hegerich schied aus dem Präsidium aus, und Scherer kehrte faktisch auf die Position des Schatzmeisters zurück, die er bereits vor seiner Präsidentenwahl sechs Jahre lang bekleidet hatte.

Der Kaiser versprach, „den FC Bayern wieder in die Nähe der noch über uns stehenden Klubs AC Mailand und FC Barcelona zu bringen". Von einem Beckenbauer an der Spitze erhoffte sich der Klub nicht nur gestalterische Maßnahmen – diese blieben weiterhin vor allem dem Manager überlassen –, sondern auch mehr Glamour, Medienresonanz und Sponsoren. Der FC Bayern schien zu stagnieren, während andere Klubs – namentlich Borussia Dortmund – zum Branchenführer aufholten. Über ein dezidiertes Programm verfügte Beckenbauer nicht. Es sei denn, man wollte seine pure Erscheinung als Programm werten. Jedenfalls entwickelte sich der Klub unter der Regentschaft des Medienlieblings immer schneller zu einem hollywoodartigen Unternehmen. Uli Hoeneß etwa ein Jahr nach der Kaiser-Krönung: „Wir haben längst die Ebene eines Fußballvereins verlassen." Unter Beckenbauer habe man eine Erlebniswelt aufgebaut, in der der Sportbetrieb nur noch eine Abteilung ist. „Wir vermitteln Lebensfreude, das ist unsere Philosophie."

„Lebensfreude ist unsere Philosophie"

Kaum war Beckenbauer im Amt, wurde in Sachen Personalpolitik kräftig zugelangt. Bereits vor Beginn der Rückrunde konnten die Bayern die Verpflichtung von Bremens österreichischem Internationalen und Spielmacher Andreas Herzog sowie die Rückkehr von Thomas Strunz vom VfB Stuttgart vermelden. Für Schlagzeilen sorgte allerdings vor allem eine andere Personalie: Otto Rehhagel sollte zur neuen Saison Giovanni Trapattoni beerben. Trapattoni hatte dem Präsidium bereits frühzeitig seine Absicht mitgeteilt, in die Heimat zurückzukehren. Beckenbauer über den Trapattoni-Nachfolger: „Otto Rehhagel ist optimal für uns, der ideale Mann für den FC Bayern." Als Begründung nannte der Kaiser Rehhagels Erfolgsbilanz sowie den Wunsch nach Kontinuität. Außerdem bevorzugte der Neu-Präsident nach dem „gescheiterten" Experiment mit Trapattoni wieder einen Mann alter deutscher Schule. Mit der Wahl eines deutschen Kandidaten zog der FC Bayern allerdings auch Konsequenzen aus den sprachlich bedingten Kommunikationsproblemen seines Vorgängers.

Schon unmittelbar nach der Vertragsunterzeichnung wurde Rehhagel mit den Münchner Gepflogenheiten konfrontiert. Im Haus von Uli Hoeneß war in Anwesenheit des Gesamtvorstands der Vertrag perfekt gemacht worden. Bereits am nächsten Morgen konnte Rehhagel auf dem Rückflug nach Bremen die Details der Vereinbarung (Rehhagel: „Wort für Wort") den Zeitungen entnehmen. Rehhagel zu Frau Beate: „Hier müssen wir mit allem rechnen." Rainer Holzschuh schrieb anschließend im „Kicker":

Scherer, Beckenbauer, Rummenigge und Hoeneß präsentieren den „idealen Trainer" (Mitte).

„Jeder aus der Troika Beckenbauer/Rummenigge/Hoeneß verfügt in der Medienlandschaft über eigene Hauspostillen, die beiden Präsidialen sind zudem für abnorm hohes Entgelt journalistische Verpflichtungen eingegangen. Die öffentliche Handhabung der letzten Vertragsgespräche haben die Schwachstellen beim FC Bayern deutlich werden lassen. Vielleicht würde ein Schielen auf die Bremer Medien-Mentalität, wie sie Otto mehr als ein Jahrzehnt lang verkörperte, dem deutschen Meister gut tun. Aber dem stehen die Tatsachen in München wohl unwiderruflich und brutal entgegen."

In Bremen registrierte man bald merkwürdige Wandlungen beim Noch-Trainer. Hierzu gehörte insbesondere sein Umgang mit den Boulevardmedien. Kaum hatte er den Münchnern seine Zusage erteilt, präsentierte sich Rehhagel dem Klatsch-und-Tratsch-Blatt „Bunte", wie man dies zuvor nur vom Kaiser kannte: elegant und wortreich. Die bei Rehhagel bis dahin verpönte „Sport-Bild" durfte ihn und Gattin Beate durch seine zukünftige Heimat Schwabing begleiten. In Bremen bemühte sich Rehhagel, ein Kind des Ruhrgebiets, seine Kulturbeflissenheit unter Beweis zu stellen. In München sollte nun der gekonnte Umgang mit der High-Society und den Schickimickis hinzukommen. Auch in politischer Hinsicht passte sich der Neue den neuen Verhältnissen an. Allerdings war Rehhagel – auch wenn ihm ein „sozialdemokratischer Fußball" unterstellt wurde und trotz seiner Freundschaft mit dem Theaterintendanten Jürgen Flimm – nie ein Linker gewesen. Flimm warnte seinen Freund nun vor „zu viel CSU, Loden und Medien" in München. Aber als 1995 in Bremen die Senatswahlen anstanden, bekannte sich Rehhagel – nach einem Gespräch mit dem Bundeskanzler – öffentlich zur CDU. Nicht wenige interpretierten dies als Hieb gegen die Werder-Spitze und als Konzession an den FC Bayern. Rehhagel schreckte nicht davor zurück, seine Gattin der bayerischen Staatspartei als Kultusministerin anzudienen, was die CSU allerdings dankend ablehnte.

Vor Beginn der Rückrunde ereilte Trapattoni mal wieder eine Hiobsbotschaft. Das Verletzungspech blieb den Bayern weiterhin treu: Nachdem bereits Kahn, Papin, Helmer und Kostadinov unters Messer geraten waren, zog sich Lothar Matthäus in einem Freundschaftsspiel beim Regionalligisten Arminia Bielefeld ohne gegnerische Einwirkung einen Achillessehnenriss zu und fiel somit für den Rest der Saison aus. Kommentar von Thomas Helmer: „Schlimmer kann es nicht kommen." Bis zum Comeback des von seinen Boulevardfreunden als „Torminator" Gepriesenen sollte es 297 Tage dauern.

Die ersten sechs Begegnungen der Rückrunde blieben die Bayern ungeschlagen, wobei allerdings nur zwei Siege zu Buche standen. Das letzte Spiel dieser Serie war ein höchst glücklicher 1:0-Sieg im zweiten Derby. Die Löwen waren gegenüber dem Hinspiel nicht wiederzuerkennen. Thomas Helmer sprach anschließend von einer „unverdienten Niederlage für die bessere Mannschaft", während Hoeneß Pjotr Nowak, den polnischen Spielmacher der Sechziger, pries: „Wir haben keinen, der mal den Ball hält, so wie der Nowak." Erst beim 1:3 in Köln gab es wieder eine Niederlage für den FCB, der erneut eine „Sechser-Serie" folgte – diesmal sogar mit fünf Siegen. Einer dieser Siege wurde allerdings anschließend annulliert. Beim 5:2 in Frankfurt war der Bayern-Bank ein peinlicher Fehler unterlaufen, als sie einen Amateur zu viel einwechselte.

Am 31. und 32. Spieltag zog der FC Bayern daheim gegen Karlsruhe (0:1) und auswärts in Leverkusen (0:2) zweimal den Kürzeren. Obwohl aus den verbleibenden zwei Spielen gegen Absteiger Dynamo Dresden (1:0) und den späteren Vize-Meister Werder Bremen (3:1) vier Punkte geholt wurden, konnte der FCB einen UEFA-Cup-Platz nur mit Fremdhilfe erreichen. Denn in der Endabrechnung der Bundesliga belegte der FC Bayern lediglich den 6. Platz. Mit sechs Niederlagen – einschließlich des gegen die Bayern gewerteten Spiels von Frankfurt! – erlitt der FCB nur eine mehr als Meister Borussia Dortmund. Das Problem war die hohe Zahl der Unentschieden. Mit 13 waren die Bayern hier Spitzenreiter. Vom 19. bis 22. Spieltag spielten die Bayern viermal in Folge remis. 55 Tore waren die magerste Torausbeute der Bayern in ihrer Bundesligageschichte. Erfolgreichster Torschütze war mit zwölf Treffern Mittelfeldspieler Christian Ziege. Erfolgreichster Stürmer war Alexander Zickler, wozu neun Tore reichten.

Ausgerechnet der alte Rivale Borussia Mönchengladbach, der punktgleich, aber bedingt durch das bessere Torverhältnis einen Rang höher abschloss, sorgte dann dafür, dass die Bayern auch 1995/96 in Europa vertreten waren. Da Gladbach den DFB-Pokal gewann, rückten die Bayern doch noch in den UEFA-Cup.

Erste Meriten in der Champions League

Überraschend gut schlug sich der FC Bayern in der Champions League, dem ehemaligen Europapokal der Landesmeister. Dabei konnten die Bayern in den sechs Gruppenspielen nur Dynamo Kiew besiegen. Zu Hause wurden die Ukrainer 1:0 geschlagen, während auswärts ein fulminanter 4:1-Sieg heraussprang. Beim Rückspiel in Kiew ging es nicht nur um einige Millionen, die dem Klub bei Erreichen des Viertelfinales winkten, sondern auch um den Kopf des Trainers. Da man beide Spiele gegen Paris St. Germain verloren hatte (0:2 in Paris, 0:1 in München) und in den Begegnungen gegen Spartak Moskau jeweils über ein Remis nicht hinauskam (1:1 auswärts, wobei Babbel der Ausgleich erst in der letzten Minute gelang, und 2:2 daheim), mussten die Bayern nicht nur Kiew schlagen, sondern zugleich auch auf Schützenhilfe aus Paris hoffen. Denn Spartak verfügte bei einem Punktegleichstand mit den Bayern über das bessere Torverhältnis. Vor der

Reise nach Kiew übte der frischgebackene Präsident heftig Kritik: „Wir zeigen Angsthasenfußball, und das liegt am Charakter der Spieler. Die sind zu fade, berechnend, kalkulierend." Der Weg der Jugend sei beendet. Die Mannschaft benötige „ein neues Gesicht", weshalb man „nach dieser Saison einen radikalen Schnitt" machen müsse. Es sollte nicht das letzte Mal sein, dass sich Beckenbauer in dieser Weise äußerte.

Dank des überzeugenden Sieges in Kiew und Pariser Schützenhilfe zogen die Bayern ins Viertelfinale ein, wo sie auf IFK Göteborg trafen. In München gab es ein torloses Remis. Im Rückspiel in Göteborg mussten die Bayern nach 21 Minuten mit nur zehn Mann auskommen, da Keeper Sven Scheuer vom Platz flog. Seinen Platz zwischen den Pfosten nahm Bayerns dritter Torwart Uwe Gospodarek ein. Obwohl in Unterzahl, gingen die Bayern in der 64. Minute durch Zickler überraschend in Führung. Acht Minuten später erhöhte Nerlinger auf 2:0. Den Schweden gelang zwar zunächst der Anschlusstreffer und in der Schlussminute auch noch der Ausgleich, aber da die Bayern auswärts zweimal zugeschlagen hatten, schied Göteborg aus. Die Bayern hatten sich ins Halbfinale gemogelt. Dort wurden ihnen allerdings deutlich die Grenzen aufgezeigt. Ein 0:0 in München und ein 2:5 auswärts gegen den späteren Champions-League-Sieger Ajax Amsterdam bedeuteten das Aus. Die Finalteilnahme wäre auch des Guten eindeutig zu viel gewesen, denn dass sich die Bayern mit der bescheidenen Bilanz von zwei Siegen, fünf Unentschieden und drei Niederlagen zu den besten Vier in Europa zählen durften, war schon kurios genug. Der Abschied wurde den Bayern finanziell versüßt. Immerhin 23,4 Mio. DM durfte der Klub als Einnahme aus diesem Wettbewerb verbuchen. 12,4 Mio. waren UEFA-Prämien, 5,1 Mio. kamen aus dem Fernsehpool, und der große Rest beinhaltete vor allem die Zuschauer-Einnahmen aus den fünf Heimspielen.

Bayern gegen Ajax: Alain Sutter im Zweikampf mit Reiziger.

1995/96 Zwischen Dreamteam und FC Hollywood (I. Akt)

Wenn es einer in München als Stürmer schaffen würde, dann nur Jürgen Klinsmann, hatte Bruno Labbadia einmal geäußert. Die Bayern ließen diesem Hinweis des Ex-Spielers Taten folgen. Im Mai durfte das Bayern-Management in Sachen Klinsmann Vollzug melden. Der zu diesem Zeitpunkt populärste deutsche Fußballprofi erteilte dem FC Bayern seine Zusage. Der Präsident war zufrieden: „Mit dieser Verpflichtung hat der FC Bayern die Weichen für eine erfolgreiche Zukunft gestellt." Das „neue Gesicht" seiner Mannschaft nahm weiter Konturen an. Die ARD räumte der Rückkehr des blonden Stürmers in die Bundesliga gar einen 20-minütigen „Brennpunkt" ein. Die Bayern mussten zwar lediglich eine Ablösesumme von drei Mio. DM an Tottenham überweisen (Klinsmann hatte sich diese niedrige Summe in seinem Vertrag festschreiben lassen), dafür kassierte aber der Spieler die Differenz zu seinem auf ca. sechs Mio. DM tarierten „wahren Marktwert". Klinsmann, der von der „wohl schwierigsten Entscheidung seines Lebens" sprach, begründete seinen Wechsel zum deutschen Rekordmeister wie folgt: „Ich habe wirklich viel erreicht in meinem Fußballer-Leben, aber eines noch nicht: einen Vereinstitel. Was mir im kommenden Jahr mit Tottenham wohl kaum möglich scheint, will ich mit den Bayern schaffen: Meister werden, im Europapokal erfolgreich sein. Deshalb habe ich mich für den Verein entschieden, wo mir dies am ehesten möglich erscheint. Bayern wird eine große Mannschaft besitzen, dort will ich dabei sein." Wie sich erst später herausstellte, wollte Klinsmann außerdem nach sechs Jahren Ausland testen, ob er noch nach Deutschland passe. „Ich dachte, am ehesten komme ich mit der deutschen Mentalität noch in München klar."

Der Coup mit Klinsmann

Aber nicht nur die sportliche Leitung durfte sich die Hände reiben, sondern auch die Merchandising-Abteilung. Schließlich hatte Klinsmann bei Tottenham nicht nur viele Tore erzielt, sondern auch erhebliche Umsätze beim Vertrieb mit Fanartikeln beschert. Hinzu kam noch das positive Image des Vorzeige-Profis. Beckenbauer: „Zu Klinsmann braucht man nichts zu sagen. Das ist ein Image- und Sympathieträger im deutschen Fußball." So mancher versprach sich von der Klinsmann-Verpflichtung eine Reform des äußeren Erscheinungsbildes des FC Bayern. Rainer Holzschuh äußerte im „Kicker" gar die Hoffnung, dass Klinsmann ein „Gegenpol zu der Schickimicki-Szene an der Isar" werde, „der sich so mancher Sport-Star gerne unterwirft". Mit Klinsmann hatte der FC Bayern endlich wieder einen Stürmer von internationalem Rang und Namen in seinen Reihen.

Einer, der auf den Neuen ganz und gar nicht enthusiastisch reagierte, war Lothar Matthäus. Er mache sich keine Gedanken über einen Doppelpass mit Klinsmann, sondern über seine Verletzung, ließ der amtierende Leithammel des FC Bayern die Journalisten wissen. Dass Matthäus und Klinsmann sich bestenfalls sportlich respektierten, aber ansonsten überhaupt nicht leiden mochten, war ein offenenes Geheimnis. „Er denkt zu viel", hatte Matthäus mal über seinen Nationalmannschaftskameraden geäußert, der ihn als einziger Nationalspieler öffentlich für die ihm vorgeworfenen rassistischen und sexistischen Ausfälle gerügt hatte. Nach dem Desaster der DFB-Elf bei der WM 1994 in den USA, für das nicht zuletzt Matthäus verantwortlich gemacht wurde, der die „Bild" ständig mit Informationen aus dem deutschen Quartier versorgt haben soll, war der Stern des „Torminators" stetig gesunken – der von Klinsmann indes im gleichen Maße gestiegen. Seine einzigen, wenn auch nicht einflusslosen Verbündeten waren Beckenbauer und die „Bild" geblieben. Dass Bundestrainer Berti Vogts öffentlich nicht ihn, sondern Klinsmann als „besten Botschafter" des deutschen Fußballs pries, konnte Matthäus nicht verkraften.

Die Verpflichtung von Klinsmann ließ vermuten, dass ein Teil der Bayern-Führung, namentlich wohl der Manager, an einer Schwächung von Lothar Matthäus in seiner Funktion als sportlicher Repräsentationsfigur des Klubs interessiert war. Zumindest sollte dem Fußballpublikum eine alternative Identifikationsmöglichkeit zu dem notorischen Plappermaul angeboten werden. Spätestens der Streit um vermutete rassistische Ausfälle des Kapitäns hatte beim Manager wohl die Erkenntnis reifen lassen, dass der FCB eine neue Repräsentations- und Identifikationsfigur benötige. Hoeneß war noch nie ein Matthäus-Freund gewesen. Ein Mann mit den intellektuellen Ansprüchen und marktpolitischen Ambitionen des Bayern-Managers konnte die kulturellen Defizite im öffentlichen Bayern-Bild nicht auf sich beruhen lassen. Dass der FC Bayern in die nächste Saison sowohl mit Matthäus wie mit Klinsmann gehen wollte, dokumentierte allerdings das Dilemma des Vereins.

Der Weggang von Giovanni Trapattoni bedeutete menschlich wie fachlich einen herben Verlust – nicht nur für den FC Bayern, sondern für die gesamte Liga. Obwohl Trapattoni private Gründe anführte, wurde man das Gefühl nicht los, dass der Trainer mit entschieden mehr Rückendeckung durch die Vereinsspitze womöglich geblieben wäre. Als Präsidium und Spieler erkannten, was sie mit dem Italiener verloren, war es bereits zu spät. Nachdem alles vorüber war, erweckte Trapattoni den Eindruck, als bedauere er seine Entscheidung: „Vor vier Monaten war für mich die Entscheidung klar. (...) Hätte man mich vor zwei Monaten gefragt, ob ich bleiben will, hätte ich wahrscheinlich ja gesagt." Die größten Probleme seien die Sprache („Ich konnte nur 60 Prozent bringen. Meine Stärke ist, mit den Spielern zu reden, zu erklären"), vor allem aber „ein gewisses Fehlen von Disziplin" beim FC Bayern. „Eine Art von Verhalten und Gewohnheiten, die für mich völlig unbekannt, völlig unfassbar waren. Das war noch schlimmer als meine sprachlichen Probleme."

Wenngleich dem Italiener eine Trophäe verwehrt blieb, hatte er unter schwierigen Bedingungen Erstaunliches geleistet. Das ihm zur Verfügung stehende Spielerreservoir bestand zu einem nicht unerheblichen Teil aus Amateuren und eigenen Nachwuchsleuten, auch aufgrund des großen Verletzungspechs, das die Bayern in dieser Saison verfolgte. Trapattonis Arbeitsbedingungen waren denkbar schlecht: Die Mannschaft wusste spätestens seit der Winterpause, dass ihr Übungsleiter sie bereits zum Saisonende, wenn nicht gar früher, wieder verlassen würde. Aber auch das Ensemble selbst war eines mit höchst ungewisser Zukunft. Der Trainer stellte sich vorbehaltlos vor seine Elf, die es ihm mit redlichen Bemühungen dankte. Beim vorletzten Bundesligaheimspiel der Bayern verabschiedete sich sein Karlsruher Kollege Winfried Schäfer mit den Worten: „Ich möchte mich bedanken bei Trap. Er hat hier viel geleistet als Ausländer. Ich finde es schade, dass er geht. Er ist ein Riesentyp. Trap, alles Gute."

„Der psychologische Vorteil liegt auf unserer Seite. Dortmund muss nach seinen Investitionen Meister werden – wir nicht." Das hatte Otto Rehhagel vier Spieltage vor Schluss der Saison 1994/95 festgestellt. Nun befand sich Rehhagel, der in Bremen nie unter dem Druck superteurer Einkäufe arbeiten musste, selbst in dieser Situation.

Versammlung der Superstars

Borussia Dortmund hatte sich sein Starensemble peu à peu zusammengekauft, hatte analysiert, wo noch Lücken sind, um diese dann kompetent zu füllen. Die Bayern legten sich indes zur Saison 1995/96 gleich vier hochkarätige Stars auf einen Schlag zu. Außer Klinsmann, Andreas Herzog und Thomas Strunz kam noch für die Ablöse von 8 Mio. DM der Spielmacher des 1. FC Kaiserslautern und Schweizer Nationalspieler Ciriaco Sforza. Fußballtaktisch betrachtet war die Verpflichtung von gleich drei potenziellen Mittelfeldregisseuren etwas unverständlich, zumal es ja bereits Mehmet Scholl gab. Sforza wusste später zu berichten, dass die Bayern-Bosse „selbst nicht gewusst" hätten, wie die Rollenverteilung im Mittelfeld aussehen sollte. „Sie sagten immer, der Trainer weiß schon, was er tut."

Zwei Eckpfeiler des Dreamteams: Jean Pierre Papin und Jürgen Klinsmann.

Nach Auffassung vieler Experten konnte es 1995/96 nur einen Meister geben: FC Bayern. Auf 75 Mio. DM wurde der Marktwert der Rehhagel-Truppe taxiert, in der sich zwölf Nationalspieler aus fünf Nationen ein Stelldichein gaben. Bundestrainer Berti Vogts entdeckte eine „halbe Europa-Auswahl". Für Klaus Augenthaler war das Aufgebot „das Beste, was der FC Bayern in den letzten 20 Jahren hatte. Mit diesen Spielern kann man den Gegner unter Druck setzen, ohne auch nur einmal zu grätschen." Und Manager Hoeneß sah seinen Klub bereits auf einer Ebene mit den ganz Großen in Europa angelangt: „Wir haben jetzt eine Ansammlung von großen Stars, so, wie es der AC Mailand schon seit Jahren kennt." Hoeneß formulierte das sportliche Ziel wie folgt: „Wir wollen Deutscher Meister werden und außerdem mal wieder im DFB-Pokal etwas weiter kommen als zuletzt. Und wir wollen uns international weiter profilieren." Der Manager fügte allerdings einschränkend hinzu: „Das heißt nicht, dass am 18. Mai nächsten Jahres alles erledigt sein muss. Wir haben einen neuen Trainer, wir haben neue Spieler. Man muss den Leuten Zeit geben. Wir stehen heuer nicht unter Titelzwang. Im zweiten oder dritten Jahr sieht das dann schon anders aus."

Als Otto Rehhagel an einem Montag im Juli erstmals das Training der Bayern leitete, drängelten sich über 6.000 Menschen auf dem Bayern-Gelände an der Säbener Straße. An einen ordentlichen Trainingsablauf war kaum zu denken. Damit die Spieler ihren Übungsleiter verstehen konnten, musste dieser ein Megafon benutzen. Einige Tage später zog man ins Trainingslager nach Meisdorf in Sachsen-Anhalt. 120 Journalisten beobachteten dort die Saisonvorbereitung des Dreamteams. Das Trainingslager glich mehr einer Sympathie- und Merchandisingtour. Die Bayern wollten den Ostmarkt erobern, wo es bereits vor dem Fall der Mauer viele Bayern-Fans gegeben hatte. Die Expedition und ihre mediale Aufbereitung wurde von Opel designt. Bayern-Vize Scherer: „Sponsern heißt nicht Geldgeben, sondern Partnerschaft. Die (gemeint ist Opel, d.V.) haben ihr Gebiet, wo sie sich ausweiten wollen, wir auch." Manager Hoeneß sprach von einem „klaren Konzept" beider Unternehmen: „Immer in den Osten." Dort habe es „auch früher viele Bayern-Fans" gegeben, „aber auch viele vom System infizierte Menschen". Die alternative „taz" kommentierte bissig: „Nun aber, nach der ‚Befreiung' (Hoeneß), soll zwischen blühenden Landschaften ein einig Volk leben dürfen. Glücklich Opel fahrend und von Kopf bis Fuß mit Bayern-Produkten eingekleidet." Das Dreamteam sollte nicht nur Titel einfahren und unterhaltsamen Fußball zelebrieren, sondern auch die Kassen klingeln lassen wie noch niemals zuvor in der Geschichte des deutschen Vereinsfußballs. Der Begriff vom Dreamteam stand für die totale Verbindung von Fußball und Kommerz nach dem Vorbild der populären US-amerikanischen Profisportarten.

Zum Auftakt sieben Siege in Folge

In der Saison 1995/96 spielte die Bundesliga erstmals nach der Drei-Punkte-Regelung. Für den FC Bayern lief es zunächst wie geschmiert. Mit sieben Siegen in Folge, darunter ein 6:2 in Karlsruhe und ein 3:2 auf dem gefürchteten Betzenberg, die nach der neuen Zählweise 21 Punkte bedeuteten, gelang dem FCB ein neuer Bundesliga-Startrekord. München leuchtete. Allerdings nur bis zum 8. Spieltag, an dem der erste echte Offenbarungseid angesagt war. Der FCB musste zum amtierenden Meister nach Dortmund reisen, den zunächst erhebliche Startschwierigkeiten geplagt hatten. Aber gegen den FCB zeigten sich die Borussen von ihrer souveränen Seite und gewannen 3:1. Das nur scheinbar unschlagbare Dreamteam hatte seine erste Schlappe erlitten; sein Durchmarsch war jäh gestoppt worden. Ihren ersten Dämpfer hatten die Bayern bereits zuvor im DFB-Pokal erhalten. Bei Fortuna Düsseldorf verlor der FC Bayern mit 1:3. Doch hatten Rehhagels Probleme bereits weit vor dem 8. Spieltag begonnen: nämlich am 34. Spieltag der Vorsaison, als sein alter Arbeitgeber Werder beim FC Bayern mit 1:3 verlor. Der damaligen Rehhagel-Truppe, die als Bundesligaspitzenreiter mit einem Punkt Vorsprung vor Verfolger Dortmund nach München gereist war, kostete dies den bereits sicher geglaubten Titel. Statt eines frischgebackenen Meisters übernahm lediglich ein „Vize“ das Kommando an der Säbener Straße. Die Bayern hatten sich an diesem letzten Spieltag für ihren scheidenden Trainer zerrissen und damit seinem Nachfolger bereits vor dessen Ankunft in München empfindlich die Flügel gestutzt. Das Entsetzen, mit dem Rehhagel damals das für ihn offenbar völlig Unglaubliche verfolgte, offenbarte die fatale Fehleinschätzung, sein zukünftiger Arbeitgeber und seine zukünftigen Untergebenen würden ihm auf dem Weg zu weiteren Meisterehren schon keinen Stein in den Weg legen.

Musste sich im Medienrummel per Megafon Gehör verschaffen: Übungsleiter Otto Rehhagel.

Die Probleme des Otto Rehhagel

Recht bald wurde klar, dass Rehhagel seinen neuen Job – wie er später selbst eingestand – gnadenlos unterschätzt hatte. Die Vielzahl der in München und Umgebung stationierten Boulevardblätter und -sender und das allgemein größere Medieninteresse am FC Bayern waren dabei nicht einmal das eigentliche Problem. Auch nicht die halbstündige tägliche Pressekonferenz, die Beckenbauer seinem Trainer abgerungen hatte. Das Hauptproblem war vielmehr, dass diese gar nicht notwendig war, um für Klamauk und Schlagzeilen zu sorgen. Denn die Boulevardmedien verfügten ohnehin über genügend Informanten im Klub. Das Hauptproblem war somit nicht die andere Medienlandschaft, sondern der andere Verein. Außerdem beanspruchten Beckenbauer und Hoeneß im Gegensatz zu den Bremer Vorgesetzten und Mitstreitern, Fußballfachleute zu sein. Zumindest Beckenbauer leitete hieraus ein permanentes Interventionsrecht ab, das er in der Regel öffentlich wahrnahm.

Aber auch die Geschichte und das Gesicht der Mannschaft waren völlig anders als in Bremen. In Bremen hatte Rehhagel die Stars selbst geformt. Spieler wie Herzog und Basler erwarben erst unter Rehhagel ihren Star-Status. Daher konnte Rehhagel mit der Loyalität seiner Leistungsträger rechnen. Und der Kader der Bremer war nicht so hochkarätig, dass auf der Bank auch Nationalspieler Platz nehmen mussten. In München wurde Rehhagel ein Haufen fertige Stars vorgesetzt, denen des Trainers Philosophie „Die Mannschaft ist der Star" völlig fremd war und die befürchteten, unter Rehhagels Rotationssystem einen Karriereknick zu erleiden. Beckenbauer unterschätzte dieses Problem völlig. So erklärte er vor dem Saisonstart in einem Interview: „Wenn du bei einer solchen Mannschaft einen schwachen Trainer hast, dann kann das kaum was werden. Aber der Otto ist ein starker, erfahrener Mann, der sich mit diesen Leuten auskennt." Im Gegensatz zu seinem Vorgänger Trapattoni, der in Turin selbst einen Star wie Platini auf der Bank schmoren ließ, ohne deshalb Schwierigkeiten zu bekommen, war Rehhagel im Umgang mit einer derartigen Situation völlig ungeschult.

Ein weiteres Erschwernis war Beckenbauers Erwartungshorizont bezüglich der Bayern-Spielweise. Beckenbauer vor dem Saisonstart: „Geh mal zurück in den letzten Jahren, wann du einmal wirklich ein gutes Fußballspiel von den Bayern gesehen hast. Da musst du schon lange nachdenken. Was wir wollen", sprach der Fußballästhet, „ist, endlich wieder schönen Fußball zu sehen." Wieso man hierfür ausgerechnet einen Otto Rehhagel holte, war unverständlich. Einer wusste, dass Rehhagel nicht der richtige Mann war, beugte sich jedoch dem Votum der anderen und trug deren Entscheidung mit: der loyale Uli Hoeneß.

Blieben noch die Fans, bei denen Rehhagel bei weitem nicht so wohl gelitten war, wie es zunächst anmutete. Auch im Fußball gilt: Geliebt wird der Verrat, nicht aber der Verräter. Dass man die Werderaner geschwächt hatte, fand man ja ganz gut. Aber einen Mann, der jahrelang als der Herausforderer schlechthin gegolten hatte, schließt man nicht von einem Tag auf den anderen ins Herz. Bei den Fans war Rehhagel somit noch viel erfolgsabhängiger als sein Vorgänger Trapattoni. Als die Bayern, nur einen Spieltag nach dem Spiel in Dortmund, gegen Gladbach auch ihre erste Heimniederlage erlitten und das TV in den Gastraum des Stadions Bilder einer auf der Ehrentribüne sitzenden Beate Rehhagel einspielte, lautete der deftige Kommentar an den Biertischen: „Scheiß Oide, hau ab, und nimm deinen Oiden gleich mit."

Am 9. Spieltag kam Borussia Mönchengladbach ins Olympiastadion. Bei den Gästen führten mit Effenberg und Sternkopf zwei Ex-Bayern erfolgreich Regie. Die Gladbacher gewannen mit 2:1, ihr erster Sieg in München in 30 Jahren gemeinsamer Bundesligageschichte. Vor dem Spiel soll Beckenbauer im VIP-Bereich Vertrauten lautstark zugezischt haben: „Wisst's, was der Wahnwitzige wollte? Der wollte den Scholl auf die Tribüne setzen. Das hab' ich verhindert." Der „Wahnwitzige" war Otto Rehhagel.

Lieblinge der Münchner Fans: Mehmet Scholl und Manni Schwabl.

Als der FC Bayern am 10. Spieltag zum „Klassenkampf" beim FC St. Pauli antrat, eskalierte die Auseinandersetzung zwischen Kaiser Franz und König Otto. Ein Klinsmann-Tor aus der 10. Minute reichte, um dem FC Bayern die gewünschten drei Punkte zu sichern. Doch der Präsident, der die Partie als Co-Kommentator von „Premiere" vom Tribünendach aus verfolgte, wollte mehr und ließ kein gutes Haar an Mannschaft und Trainer. In der Schlussphase des Spiels sprudelte es aus ihm nur so heraus: Das Dreamteam wurde als „Schülermannschaft" beschimpft, die ein „Katastrophenspiel" abgeliefert habe. Höhepunkt war die Bemerkung: „Die sollen froh sein, dass ich nicht mehr der Trainer bin." Rehhagel war sichtlich schwer geschockt, als ihm die Kommentare seines Präsidenten zu Ohren kamen. Der Trainer sprach nicht länger von seinem „Freund Franz", sondern nur noch von „Herrn Beckenbauer". Nach nur zehn Bundesligaspieltagen wirkten Präsident und Trainer hoffnungslos zerstritten, die vorgebliche „Traumehe" Beckenbauer-Rehhagel wie ein „großer Irrtum" („Der Spiegel"). Und ein Drittel des Dreamteams trug sich öffentlich mit Abwanderungsgedanken.

Bis zur Winterpause holte der FC Bayern noch 14 von 21 möglichen Punkten und belegte bei Halbzeit hinter den Dortmundern den zweiten Platz. In der Vorweihnachtszeit konnte die Merchandising-Abteilung des FCB neue Rekordumsätze vermelden. In den ersten drei Monaten der Saison waren bereits eine halbe Million Trikots verkauft worden. Ein Drittel davon entfiel allein auf Klinsmann und seine Nummer 18. Weitere Renner waren die Trikots von Scholl, Ziege, Zickler und Matthäus. Der gute Verkauf des Scholl-Trikots war laut Uli Hoeneß „ein Grund, dass sich der Verein so sehr hinter

Mehmet stellte". Die Haltung der Vereinsführung bei der Rehhagel-Scholl-Kontroverse wurde also nicht nur von sportlichen Überlegungen geleitet. Vor dem Weihnachtsfest verzeichnete der Klub einen täglichen Umsatz von 300.000 DM.

Bosman und die Folgen

Derweil beschäftigte sich die Liga mit den Folgen des so genannten Bosman-Urteils, mit dem das bis dahin gültige Transfersystem beendet wurde. Während der Rest der Bundesliga die Pleite vieler Vereine beschwor und einige DFB-Funktionäre die Befürchtung äußerten, deutsche Mannschaften würden ihren „nationalen Charakter" verlieren, gab man sich in München und Dortmund moderat. Was das Transfersystem anbetraf, so war dies bereits vorher aus den Fugen geraten, nämlich durch die TV-Gelder, die eine Zwei-Klassen-Gesellschaft geschaffen hatten.

Trotzdem waren es natürlich vor allem die Reichen und Superreichen, die – neben den Spielern – von dem Urteil profitieren sollten. Würden die Ablösesummen wegfallen, würden die angebotenen Spielergehälter zum entscheidenden Faktor werden. Und in dieser Hinsicht waren die Bayern und der BVB innerhalb der Bundesliga konkurrenzlos.

Nach dem Bosman-Urteil stellten die Bayern als Erste auch das Bundesliga-interne Transfersystem zur Disposition, was einer uralten Forderung der Spielervereinigung VdV entsprach. Mitte Januar 1996 forderte Beckenbauer in seiner „Bild"-Kolumne: „Die Ablösesummen müssen weg. Wenn nicht, droht uns das Chaos." Sollte das System der Ablösesummen innerhalb Deutschlands aufrechterhalten werden, während es im übrigen Europa durch das bindende EU-Urteil wegfallen würde, käme auf die Bundesliga eine Prozesslawine zu. Zugleich würde die Bundesliga mit ausländischen Spielern überschwemmt (weil billiger als deutsche Verpflichtungen), während deutsche Nationalspieler mit „irren Gehältern ins Ausland gelockt" würden. Den kleinen Vereinen stellte Beckenbauer – als Trostpflästerchen für wegfallende Transfererlöse – eine „Ausbildungs-Entschädigung" von „200.000 Mark oder mehr" in Aussicht. Für außergewöhnliche Spieler würde man ohnehin auch in Zukunft Geld zahlen. „Wenn Topklubs aus dem In- und Ausland einen Spieler unbedingt haben wollen, werden sie künftig Spieler aus laufenden Verträgen herauskaufen und Millionensummen zahlen."

Parallel zum Vorpreschen Beckenbauers griff Uli Hoeneß das Verteilungssystem bei den TV-Geldern aus dem Europapokal-Topf an, an dem gemäß Globalvertrag zwischen Ufa und DFB alle Profivereine partizipierten: „Die Rechte bringen ca. 60 Millionen. Davon gehen sechs Millionen an die UEFA, noch einmal soviel an den Live-Pool. Bleiben rund 45 Millionen Mark übrig, die nach dem Gießkannenprinzip verteilt werden. (...) Mit Gerechtigkeit hat das nichts mehr zu tun. Franz Beckenbauer hat mit Recht von einem sozialen Verteilungswahn gesprochen. (...) Die Herren [Straub und Mayer-Vorfelder, d.V.] sind eher die Interessenvertreter der restlichen 34 Profiklubs. Aber nicht von Bayern und Dortmund, den so genannten Zugpferden. Im Gegenteil. Das lassen wir uns nicht mehr bieten." Der streitbare Manager hatte in Mayer-Vorfelder ein neues Feindbild gefunden. Hoeneß drohte außerdem, in Zukunft TV-Verträge selbst auszuhandeln. Immerhin werde der FC Bayern „überall als Flaggschiff gehandelt, aber abkassieren tun andere". Innerhalb der Liga drifteten die Interessen auseinander. Allerdings wollte Hoeneß mitnichten die gesamte Bundesliga in Frage stellen. Seine Politik war vielmehr, die Liga sportlich und finanziell zu erhalten, aber nicht zu dem Preis der „Gleichmacherei". Wenn der FC Bayern besser arbeite als viele andere, dann müsse dies auch honoriert werden.

In die Rückrunde startete der FC Bayern mit einer 1:2-Niederlage beim Hamburger SV. Wieder wurde gemunkelt, Beckenbauer habe sich in die Aufstellung eingemischt – erneut zugunsten von Mehmet Scholl, dem dann auch besten Bayern auf dem Platz. Im folgenden Heimspiel gegen den Karlsruher SC setzte es eine deftige 1:4-Niederlage. Anschließend stellte Beckenbauer erstmals die eigene Einkaufspolitik in Frage: „Wir müssen uns grundsätzlich die Frage stellen: Haben wir nicht einen Fehler in der Einkaufspolitik gemacht? Wenn dem wirklich so ist, werden wir im nächsten Jahr eine ganz andere Mannschaft haben. Vielleicht haben wir zu viele Künstler gekauft. Wir wollten uns eigentlich zurücklehnen und schönen Fußball nach dem Gewürge der letzten Jahre sehen."

Ein 6:1-Sieg bei Bayer Uerdingen schien kurzzeitig wieder alles vergessen zu machen, weshalb Bayern-Hasser Max Merkel meckerte: „Einmal gewonnen, und schon laufen sie wieder mit dicker Brust und großer Klappe durchs Land, die Bayern." Vor dem Derby am 21. Spieltag rangierten die Bayern unverändert auf Platz zwei, der TSV 1860 immerhin auf Platz sieben. Die Löwen erlebten einen Boom wie schon lange nicht mehr. Bayern-Hasser aller Couleur fieberten mit den Blauen und hofften auf den Beginn einer Wachablösung in der bayerischen Metropole. Löwen-Dompteur Werner Lorant verkündete vollmundig: „Ich schenke unseren Fans den Sieg gegen die Bayern!" Das Derby wurde von „Premiere" live übertragen. Berichte vom Spiel waren weltweit in 120 Ländern zu sehen. Live oder zeitversetzt wurden u.a. China, Hongkong, Japan, Thailand, Südamerika, Südafrika und der Nahe Osten versorgt.

Krisengespräch zwischen Hoeneß (rechts) und Rehhagel. Matthäus lauscht.

Die erhoffte Wachablösung blieb jedoch aus. Der FC Bayern gewann das Derby klar mit 4:2. Ein erleichterter Präsident: „So, jetzt haben wir wieder ein halbes Jahr Ruhe vor 1860." In den ersten 30 Minuten bot der FCB eine „Weltklasseleistung", so Hoeneß und Rummenigge unisono. Bereits nach 26 Minuten lag der FCB durch jeweils zwei Tore von Klinsmann und Zickler mit 4:0 in Front. Kurz vor der Pause erzielte Bodden, der wenig später gemeinsam mit Oliver Kahn vom Platz gestellt wurde, den Anschlusstreffer. In der zweiten Halbzeit kamen die Löwen wesentlich besser ins Spiel und konnten durch Winkler noch auf 2:4 verkürzen. Zweimal rettete der für Kahn gekommene Scheuer mit Glanzparaden, während Borimirov nur den Pfosten traf. So aber konnte die „SZ" titeln: „Das Dreamteam verteidigte sein Revier."

Der Hauptgrund für den zwischenzeitlichen Aufschwung der Bayern war wohl, dass einige Spieler – mit Unterstützung der Führungsetage – das Heft selbst in die Hand genommen hatten. Die „Führungspersönlichkeiten" Klinsmann, Helmer und Matthäus hatten sich bemüht, „mit konstruktiver Kritik und Einzelgesprächen das Team auf den richtigen Weg zu bringen" (Helmer), und nach der 1:4-Pleite gegen den KSC hatten sich die Nationalspieler des FCB im Rahmen der Vorbereitung auf das Länderspiel gegen Portugal darauf geeinigt, künftig Forechecking und Pressing à la Turin, Milan und Amsterdam zu spielen. Erstmals ließen sich nun zumindest Ansätze dieser modernen Spielweise registrieren.

Bei den Bayern schien es endlich „rund" zu laufen, da ereilte sie ein erneuter Rückschlag. Beim SC Freiburg gab es für den FC Bayern auch im dritten Anlauf nichts zu gewinnen. Den Bayern gelang zwar bereits nach 15 Minuten durch einen Klinsmann-Elfer die Führung, aber in der zweiten Halbzeit brach der FCB regelrecht zusammen und konnte sich nicht eine echte Torchance erarbeiten. Der FCB unterlag mit 1:3, womit das Team sogar noch gut bedient war, denn der SC spielte mit dem Dreamteam zeitweise Katz und Maus. Zu allem Überfluss flog kurz vor Schluss auch noch Helmer wegen eines völlig überflüssigen Handspiels vom Platz. Anschließend verabschiedete er sich vom Publikum mit dem bösen Fingerchen. Die „Frankfurter Rundschau" beschrieb die Gastspiele des FC Bayern in Freiburg als „einen Trip in ein alternatives Fußballreich". Es sei „kein Zufall, dass ausgerechnet die Reise nach Freiburg alle Jahre wieder die Nerven des FC Bayern blank legen" würde.

Diesmal konnte auch die „Selbstverwaltung der Stars" („SZ") das Führungs- und Autoritätsvakuum nicht füllen. „Die Selbstverwaltung funktioniert nur mit beschränkter Haftung. Wenn etwas schiefgeht, ist der andere schuld", konstatierte die Zeitung.

Mobbing im Dreamteam

Nach dem Spiel im Breisgau eskalierte die Auseinandersetzung zwischen Matthäus und Klinsmann/Helmer. Matthäus beschlich bereits seit längerem das Gefühl, dass seine beiden Vereinskameraden ihn aus der Nationalmannschaft mobben wollten. Damit lag er nicht falsch, nur dass an der „Verschwörung" noch weitere Nationalspieler beteiligt waren. Niemand sagte es Matthäus offen ins Gesicht. Stattdessen versteckte man sich hinter Formulierungen wie „ein Matthäus, der seine Leistung bringt, hat selbstverständlich einen Platz in der Nationalelf" oder Lobgesängen auf Dortmunds Matthias Sammer. Überdies wurde ständig die tatsächlich gute Stimmung im DFB-Team gepriesen, die allerdings erst existierte, seitdem Matthäus dort verletzungsbedingt ausgefallen war. An die Adresse von Klinsmann gewandt, der nach Matthäus' Ausfall die schwarz-rot-goldene Kapitänsbinde übernommen hatte, drohte Bayerns Nr. 10: „Eines ist klar: Sollte ich in der Nationalelf wieder spielen, dann hat er das Kapitänsamt nicht mehr." Der ehemalige Vorzeigefußballer forderte sogar ein TV-Duell mit Klinsmann: „Am besten wäre es, dieses Problem vor einem Millionenpublikum ein für allemal zu lösen."

Dem FC Bayern drohte Hollywood total. Nach dem Spiel gegen Kaiserslautern (2:0) kam es vor der Sat.1-Kamera zu einer wenig glaubwürdigen Versöhnungszeremonie zwischen Klinsmann und Matthäus. Bei Klinsmann hatte das permanente Theater mittlerweile tiefe Spuren hinterlassen: „Die Randgeschichten" erschwerten die Konzentration auf das Wesentliche, „die Spiele zu gewinnen. Deswegen fehlt uns die Konstanz." Die vielen Topspieler und die vielen Topleute in der Führung stellten Einzelinteressen vor den Mannschaftsgeist, „deshalb bringt der FC Bayern nur 50 bis 60 Prozent seines Potenzials". Er sei von Inter Mailand her einiges gewohnt, trotzdem habe er derartige Zustände noch niemals so massiv erlebt wie in München.

Bei Bayer Leverkusen gewann der FC Bayern am 24. Spieltag nach einem starken Bundesligaspiel mit 2:1. Einen Spieltag später fand das Rückspiel gegen den BVB statt. Bereits im November 1995, also fast ein halbes Jahr vorher, war die Partie restlos ausverkauft gewesen. 200.000 Vorbestellungen waren zu diesem Zeitpunkt in der Säbener Straße eingegangen. Der FCB hätte wohl gut und gerne 500.000 Tickets verkaufen können. Doch das von den Boulevardmedien Sat.1, „Bild" und Co. zum „Spiel des Jahres", „Superschlager", „Existenzkampf pur", „Duell der Giganten" und „Megahit" hochstilisierte Spitzenspiel geriet zu einer faden Angelegenheit. „Der Berg kreißte heftig, aber gebar leider nur eine Maus", urteilte Ludger Schulze enttäuscht in der „SZ". Gegen einen schwachen Spitzenreiter gewann der FCB durch ein Tor von Scholl verdient mit 1:0. Das Tor, von den „ran"-Machern als „Supertreffer" gefeiert, war lediglich das Produkt einer verunglückten Flanke. Der Torschütze: „Der Ball versprang vorher, sonst wäre er bei Klinsmann gelandet."

Bei Borussia Mönchengladbach verloren die Bayern am 26. Spieltag 1:3. Gegen den FC St. Pauli reichte es eine Woche später im Olympiastadion nur zu einem 1:1. Die Schlinge um Rehhagels Kopf war schon so gut wie zugezogen, da gewannen die Bayern am 28. Spieltag in Stuttgart durch einen Klinsmann-Treffer mit 1:0. Rehhagel ließ sich ausgiebig feiern. Wohl wissend, was die Stunde geschlagen hatte, suchte der Trainer demonstrativ den Schulterschluss mit Mannschaft und Fans, während ein bei Rehhagel in Ungnade gefallener Fotograf rüde umgerempelt wurde. Die Entlassung kam nach einer 0:1-Heimniederlage am 30. Spieltag gegen Hansa Rostock.

Dass der Schritt von langer Hand vorbereitet worden war und man lediglich einen geeigneten Zeitpunkt abgewartet hatte, wurde auch daraus ersichtlich, dass Pressemann Hörwick im gleichen Atemzug bereits den Übungsleiter für die neue Saison

Eklat um Rehhagel

präsentieren konnte: Rehhagels Vorgänger Giovanni Trapattoni wurde auch sein Nachfolger. Die Entscheidung für Trapattoni kam vor allem auf Wunsch der Spieler zustande, die den „Maestro" noch in bester Erinnerung hatten. Bis zum Saisonende sollte die Mannschaft – wie bereits in der Saison 1993/94 – von Beckenbauer trainiert werden.

Einige Tage nach Rehhagels Entlassung wurde bekannt, dass sich der Trainer vor dem Rostock-Spiel eine rassistische Entgleisung geleistet hatte. „Denken Sie daran. Die Neger nehmen uns die Arbeitsplätze weg!", gab Rehhagel seinen Spielern mit auf den Weg. Die Spieler aber hatten oder wollten keine Angst vor dem „schwarzen Mann" haben und ließen zu, dass „der Neger" Akpoborie das entscheidende Tor schoss und damit zwar nicht ihren Arbeitsplatz, wohl aber den ihres Übungsleiter raubte. Rehhagel dementierte den Vorfall nicht, sondern war nur fassungslos, dass seine Bemerkung jenseits der Kabinentür gedrungen war.

Als Beckenbauer am 30. April 1996 um 10.14 Uhr zum zweiten Mal die Trainingsleitung beim FC Bayern übernahm, pilgerten über 3.000 Wundergläubige zur Säbener Straße. Beckenbauer enthüllte einen Teil seines Erfolgsgeheimnisses: Die Probleme mit der Boulevardpresse, die Rehhagel mürbe gemacht hatten und gegen die die Vereinsführung angeblich wehrlos gewesen war, existierten mit einem Schlag nicht mehr. Rehhagel hatte sich eine Absperrung gegen allzu aufdringliche Journalisten gewünscht, aber nur Beckenbauer bekam sie auch. Der Kaiser ließ außerdem wissen, dass er keine Kamerateams mehr auf dem Platz dulde, solange er dort sei.

Wie bereits in der Saison 1993/94 ging auch Beckenbauers zweiter Bundesligaeinstieg zunächst gründlich daneben. Diesmal allerdings ohne Happy-End. Schauplatz war das Bremer Weserstadion. Der FC Bayern spielte zunächst groß auf und lag bereits nach 23 Minuten durch zwei Treffer des vom Kaiser wieder ausgegrabenen Kostadinov 2:0 in Führung. Die Werder-Abwehr wirkte völlig konfus. Kurz vor dem Halbzeitpfiff gelang den Grün-Weißen der Anschlusstreffer. Nach dem Wiederanpfiff präsentierte sich den Zuschauern eine völlig andere Werder-Mannschaft, die bis zur 65. Minute den Rückstand in eine 3:2-Führung verwandelte. Kommentar Willi Lemke: „Die Bayern haben uns vor einem Jahr die Meisterschaft geklaut. Nun haben wir Revanche geübt. Es steht nun 1:1." Und Bernd Hobsch: „Wir haben heute auch ein bisschen für Otto Rehhagel gespielt." Die Bremer Fans skandierten hämisch: „Ohne Otto habt ihr keine Chance."

Gegen den 1. FC Köln gab es zwar daheim einen 3:2-Sieg, aber im folgenden Auswärtsspiel unterlag der FC Bayern Schalke 04 mit 1:2. Derweil baute Dortmund ausgerechnet im Olympiastadion sein Meisterstück. Ein 2:2 gegen die Löwen genügte, um bereits einen Spieltag vor Saisonschluss den zweiten Titelgewinn in Folge zu feiern. Nachdem das Titelrennen endgültig gelaufen war, hatte der Kaiser, dessen Bundesligabilanz mit einem Sieg und zwei Niederlagen eher dürftig ausfiel, keine Lust mehr auf das Traineramt. Beim letzten Bundesligaspiel gegen Fortuna Düsseldorf (2:2) durfte Klaus Augenthaler die Bank drücken. Zehn Niederlagen kassierten die Bayern in dieser Bundesligasaison, Meister Dortmund indes nur vier. Nur zehn Vereine verloren häufi-

Schalke (hier: Nemec) stellt den Bayern (hier: Herzog) ein Bein, die stolpern drüber, verlieren 1:2, und Franz ist Vize-Kaiser.

ger als das vermeintliche Dreamteam, Absteiger Kaiserslautern genauso häufig. Trotzdem konnte der FC Bayern mit einem Zuschauerschnitt von 59.353 seinen erst im Vorjahr aufgestellten Rekord noch einmal deutlich verbessern.

In der Erfolgsanalyse waren sich alle einige, was den Unterschied zwischen Bayern und Borussia in dieser Saison ausgemacht hatte. Andy Möller: „Wir konnten uns auf das Wesentliche konzentrieren. Deshalb haben wir uns durchgesetzt." Das Meisterschaftsrennen 1995/96 wurde weniger auf dem Feld als in den Führungsetagen entschieden.

Trotzdem durfte der FC Bayern auch nach dieser chaotischen Saison eine Trophäe in die Vitrinen der Säbener Straße stellen. Noch unter Otto Rehhagel waren die Bayern über die Stationen Lokomotive Moskau, Raith Rovers, Benfica Lissabon, Nottingham Forest und FC Barcelona ins Finale des UEFA-Cups vorgedrungen, von Beckenbauer verächtlich als „Cup der Versager" tituliert. Bei allen fünf Auswärtsbegegnungen hatten die Bayern einen Sieg davon getragen. Zum ersten Male seit der Schmach von Wien (1987) stand der FCB wieder in einem europäischen Finale.

Das erste der beiden Finalspiele gegen Girondins Bordeaux am 1. Mai 1996 in München war zugleich auch Beckenbauers Premiere. Trainiert wurde das französische Team von Gernot Rohr, einem Neffen des legendären Bayern-Stürmers Oskar „Ossi" Rohr. Vor 63.000 Zuschauern im Olympiastadion gewann der FCB durch Tore von Helmer und Scholl 2:0. Der FC Bayern bestritt das erste Finale in folgender Besetzung:

Sieg im „Cup der Versager"

Kahn, Matthäus (54. Frey), Kreuzer, Helmer, Babbel, Hamann, Sforza, Ziege, Scholl, Papin (69. Witeczek), Klinsmann. Auch das Rückspiel in Bordeaux ging an die Münchner. Durch Tore von Scholl, Kostadinov und Klinsmann gewannen sie vor 36.000 Zuschauern mit 3:1. Damit hatten die Bayern in den zwölf Spielen des Wettbewerbs nur eine einzige Niederlage, nämlich zum Auftakt gegen Lokomotive Moskau, kassiert, der zehn Siege und ein Unentschieden gegenüberstanden. Die UEFA-Cup-Kampagne stand in einem scharfen Kontrast zum Abschneiden in der Bundesliga. Zwischen Marienplatz und Münchner Freiheit ging die Post ab. Von einem „Cup der Versager" war hier nichts zu spüren. Zum ersten Mal seit 20 Jahren durfte der Klub wieder einen europäischen Triumph feiern. In Bordeaux spielte der FC Bayern mit folgender Mannschaft: Kahn, Matthäus, Babbel, Helmer, Frey (60. Zickler), Strunz, Sforza, Ziege, Scholl, Kostadinov (75. Witeczek), Klinsmann.

Mit insgesamt 15 Toren hatte Jürgen Klinsmann erheblich zum Erfolg beigetragen. Beim 4:1-Heimsieg gegen Benfica Lissabon waren sämtliche Bayern-Tore auf das Konto des blonden Schwaben gegangen. Mit 16 Toren war Klinsmann auch in der Bundesliga der erfolgreichste Bayern-Schütze gewesen, gefolgt von Mehmet Scholl (10). Zumindest seine Verpflichtung hatte sich bezahlt gemacht.

Bayern - Bordeaux: Helmer erzielt per Kopf das 1:0.

Scholl (links) und Kahn feiern den 2:0-Sieg.

1996/97 Zwischen Dreamteam und FC Hollywood (II. Akt)

Nach der Saison 1995/96 musste das Dreamteam wieder bei Null beginnen, denn außer dem Trainer verließen mit Sforza und Herzog auch noch die teuersten Verpflichtungen die Säbener Straße vorzeitig. Und ein Dritter aus dem vermeintlichen Traum-Quartett bereitete seinen Abgang vor: Jürgen Klinsmann zog aus dem Theater Konsequenzen, indem er sich in seinen Vertrag eine Klausel einbauen ließ, die ihm gestattete, den FCB zum 30. Juni 1997 – also ein Jahr vor Ablauf seines Vertrags – ablösefrei zu verlassen.

Nach der Bundesligasaison waren die Bayernspieler Kahn, Babbel, Helmer, Scholl, Strunz, Ziege und Klinsmann mit der Nationalmannschaft nach England gefahren und waren dort Europameister geworden. Im Tor musste Oliver Kahn noch dem Frankfurter Andreas Köpke den Vortritt lassen. Nicht dabei war der unerwünschte Lothar Matthäus, während Klinsmann die Kapitänsbinde trug und drei Tore zum EM-Titel beisteuerte. Aus England schickten die Bayern-Nationalspieler ein Fax an Beckenbauer, in dem sie ihn baten, Matthäus zu bändigen. Die Absender befürchteten, dass ansonsten einer chaotischen Saison eine noch chaotischere folgen würde. Doch der Präsident beschied das Anliegen von Klinsmann und Co. abschlägig.

Das sportliche Ziel war klar: „Wir wollen Meister werden", erklärte Sportchef Rummenigge forsch. Und doch war der Titel nur Mittel zum Zweck. Manager Hoeneß: „Wir wollen in der Bundesliga vorne stehen, denn wir gehören in die Champions League." Der Präsident formulierte in einem Rückblick die Bedingungen für eine erfolgreiche Meisterschaftskampagne: „Noch nie", so Beckenbauer, habe es beim FCB „so viel Unruhe wie im Vorjahr" gegeben. „Der Streit und die Eifersüchteleien haben uns den Titel gekostet." Im Arbeitsjahr 1996/97, so Beckenbauers Wunsch, möge es deshalb „ein bisschen ruhiger, vornehmer, seriöser" zugehen.

Der spektakulärste Neuzugang war einer, dessen Verpflichtung sich Manager Hoeneß noch einige Monate vorher „nicht vorstellen" konnte: das acht Mio. DM teure Bremer Enfant terrible Mario Basler, der quasi im Tausch für Andreas Herzog kam, für den der FCB fünf Mio. DM kassierte. Angesichts der Unruhe, die beim FCB bereits ohne Basler existierte, ein gewagtes Unterfangen, das Beckenbauer mit seiner Vorliebe für Individualisten begründete.

Weitere erwähnenswerte Neuzugänge waren Markus Münch (2,6 Mio. DM) und Samuel Osei Kuffour (ablösefrei), die von Bayer Leverkusen bzw. vom 1. FC Nürnberg an ihre alte Wirkungsstätte zurückkehrten; Carsten Jancker von Rapid Wien (1,5 Mio. DM), der in der Vorsaison im Europapokal für einige Schlagzeilen gesorgt hatte; last but not least Ruggiero Rizzitelli (4,5 Mio. DM) vom italienischen Seria-A-Absteiger AC Turin, der ein Wunschkandidat Trapattonis war. Auch nach dem Bosman-Urteil investierte der FCB immerhin noch 17,55 Mio. DM in die Verstärkung seiner Mannschaft, was etwas über 20 % der gesamten Transferausgaben der Liga waren.

Als Giovanni Trapattoni am 2. Juli um 11.15 Uhr zum ersten offiziellen Training bat, war für ihn „ein Traum wahr geworden". „Mit noch mehr Begeisterung als beim ersten Mal" würde er die Mannschaft übernehmen. Er sei zurückgekehrt, „um eine ganz große Mannschaft aufzubauen. Ich glaube, der FC Bayern hat eine glorreiche Zukunft vor sich, wir stehen am Beginn einer neuen Ära. (...) Bayern gehört neben dem AC Mailand, Juventus Turin, dem FC Barcelona, Real Madrid und Paris St. Germain zu den besten Teams Europas. (...) Jetzt kenne ich bei Bayern alles bestens, um 100 Prozent besser. Und natürlich verstehe ich die Sprache besser. Das macht vieles leichter. (...) Ordnung und Disziplin werden wieder in die Mannschaft einkehren. Auf dem Platz und auch außerhalb."

Trapattoni verordnete der Mannschaft eine neue Taktik. Die Nationalspieler des FCB hatten sich mit ihrem neuen Trainer bereits nach der EM-Begegnung gegen Italien erstmals zusammengesetzt. Die Spieler berichteten Trapattoni, wie die perfekt positionierte und organisierte Squadra Azzurra es verstanden hatte, der DFB-Auswahl mit permanentem Pressing Raum und Zeit für den eigenen Spielaufbau zu nehmen. Trapattoni erläuterte den Spielern, dies läge am System. Zu diesem Zeitpunkt hatte sich der Maestro längst entschlossen, auch den FCB auf dieses aggressive Defensivkonzept umzustellen: von einem 3-5-2-System mit festem Libero und zwei Manndeckern auf eines mit zwei Viererketten in Mittelfeld und Abwehr. Vier Abwehrspieler sollten sich (fast) immer auf einer Linie mit demjenigen Verteidiger bewegen, der gerade den Angriffsspieler des Gegners attackiert. Die vier Mittelfeldspieler hatten sich stets auf die ballnahe Seite zu verschieben und in Abstimmung mit der hinteren Viererreihe den Ballbesitzer zu stören. Die beiden nicht mehr als zehn Meter voneinander entfernt positionierten Viererreihen sollten das Spielfeld verriegeln. Das anspruchsvolle, viel Intelligenz fordernde System konnte aber vor dem Saisonstart nicht genügend einstudiert werden, da die EM-Teilnehmer für einen Teil der Saisonvorbereitung ausfielen. Hinzu kam der verletzungsbedingte Ausfall einiger in diesem System unersetzlicher Spieler, weshalb das Experiment bald eingestellt und Matthäus wieder als Libero installiert wurde.

Trapattonis Defensiv-System

Trapattonis Deutschkenntnisse waren zwar besser als bei seinem ersten Amtsantritt, ließen aber trotzdem noch arg zu wünschen übrig. Wichtige Nuancen gingen nach wie vor verloren. Hinzu kamen offensichtliche Differenzen zwischen der Fußballphilosophie des Trainers und den Erwartungen des Präsidenten, der vor der Saison abermals die Hoffnung geäußert hatte, der FC Bayern möge nicht nur erfolgreichen, sondern auch mitreißenden, spektakulären Fußball bieten – kurzum: „Fußball zum Genießen". Trapattonis Steckenpferd war aber immer schon, und Beckenbauer hätte dies wissen müssen, ein erfolgsorientierter Defensivfußball gewesen. Ein FCB-Akteur später: „Ein 1:0-Sieg ist ihm wichtiger als ein 5:2. Hauptsache, wir machen keine Fehler nach hinten."

Der hauptsächliche Wert der Trapattoni-Verpflichtung lag jenseits der Debatte um das richtige Spielsystem: Hinsichtlich Autorität, Ausstrahlungskraft und der Fähigkeit zur Menschenführung übertraf er seine Vorgänger Ribbeck und Rehhagel um Längen. Außerdem war er ein intelligenter Sturkopf, der selbst einem Beckenbauer die Stirn bot.

Erbitterte Kontrahenten: Jürgen Klinsmann und Lothar Matthäus.

Und irgendwie suchten die Bayern ja einen, an dessen Autorität sie glauben konnten und der sie erzog. Seine Biografie und seine internationale Reputation nötigten dem Kaiser und seinen Mitstreitern eine gewisse Zurückhaltung ab. So wie mit Otto Rehhagel konnte man mit einem Trapattoni nicht umspringen.

Die ersten sieben Spieltage blieb der FC Bayern mit fünf Siegen und zwei Unentschieden unbesiegt, ohne beeindrucken zu können. Insbesondere daheim hatte man mit einigen Gegnern erstaunliche Mühe. Gegen die Aufsteiger VfL Bochum und Arminia Bielefeld sprangen nur ein 1:1 bzw. ein knappes 1:0 heraus. Gegen die wiedererstarkte Leverkusener Bayer-Elf gewann man zwar 4:2, aber als am 7. Spieltag der Karlsruher SC ins Olympiastadion kam, durfte erneut gezittert werden. Den 1:0-Sieg hatte man vor allem einer Weltklasseleistung von Oliver Kahn zu verdanken. Ralf Itzel in der „SZ“: „Seine Fanghände schnellen momentan so punktgenau zum Ball wie die Zunge eines Frosches in Richtung Fliege.“ Es sollte nicht die letzte Galavorstellung des Keepers in dieser Saison sein.

In der 1. Runde des UEFA-Cups verloren die Bayern in Valencia mit 0:3. Einen derart großen Rückstand hatten sie im Europacup noch nie aufholen können. Im Rückspiel bot der FC Bayern zwar seine bis dahin beste Saisonleistung, aber da es nur zu einem 1:0-Sieg reichte, schied der Klub 132 Tage nach seinem Sieg im UEFA-Cup-Finale erstmals in seiner Vereinsgeschichte in der 1. Runde eines europäischen Wettbewerbs aus. Manager Hoeneß konnte dem Ausscheiden sogar etwas Positives abgewinnen: „Wir wollen Deutscher Meister werden. Dann spielen wir in der Champions League.“ Das klang zwar nach Pfeifen im Winde, war aber mehr. Der UEFA-Cup blieb für den FCB nur ein Trostpflaster. Das eigentliche Ziel war unverändert die Champions League, die exklusive und lukrative Gesellschaft der vermeintlich Besten.

Klinsmann: „Engel oder Egoist?“

Derweil wunderte sich Klinsmann, „dass immer wieder Details aus meinem Arbeitsvertrag weitergeleitet werden. (...) Gewisse Dinge werden gesteuert, dahinter steckt System. Infos werden im rechten Moment gestreut.“ Dass der Stürmer so hochsensibel reagierte, hatte seinen guten Grund. Es war ja nicht das erste Mal, dass Inhalte aus seinem Arbeitsvertrag an die Öffentlichkeit gerieten. Schon einige Monate nach seiner Ankunft in München waren Auszüge daraus in „Bild“ und „Sport-Bild“ zu lesen gewesen. Auch damals wurde damit Stimmung gemacht. Während Klinsmann schon damals von einem schweren Vertrauensbruch sprach, spielte Beckenbauer die Affäre herunter: Es sei halt schwer für ihn, den Informationsfluss zu verhindern. Für Klinsmanns Annahme, es würde bayernintern gegen ihn Stimmung gemacht, gab es auch diesmal Indizien. Des Kaisers Hausblatt „Sport-Bild“ mischte kräftig mit. Einem devoten Matthäus-Interview folgte in der gleichen Ausgabe eine Klinsmann-Story mit dem Titel „Engel oder Egoist?“ Klinsmann später: „Ich habe schnell kapiert, wie es läuft: Entweder du arbeitest mit bestimmten Medien zusammen – dann wirst du gedeckt; oder du kriegst auf den Deckel.“ Trotz wiederholter Versöhnungsaktionen sollte die Matthäus/Klinsmann-Kontroverse ein „nicht wegzudiskutierendes Grundproblem“ (Thomas Helmer) bleiben.

Die erste Bundesliganiederlage ereignete sich wie im Vorjahr am 8. Spieltag. Der FCB musste im Bremer Weserstadion antreten, wo er das letzte Mal vor fast 17 Jahren, genauer: 6.064 Tagen gewonnen hatte. Ausgerechnet ein Ex-Bayer wurde zum Helden des Tages: Andy Herzog, der zwei der drei Bremer Tore zum klaren und hoch verdienten 3:0-Sieg der Werderaner beisteuerte. Auch der dritte Treffer ging auf das Konto eines Ex-Bayern: Bruno Labbadia.

Nach dem Schlusspfiff gaben sich die Profis selbstkritisch. Allen voran Oliver Kahn, der in den letzten Wochen – angesichts des Machtvakuums, das der Streit zwischen Matthäus und Klinsmann hinterließ – immer mehr zur Führungsperson aufgestiegen war. Kahn: „Wir haben die besten Einzelspieler, aber das sagt nichts. Entscheidend ist, wie wir uns als Mannschaft auf dem Platz präsentieren, und das ist teilweise eine Schande. Die Mischung stimmt so nicht. In dieser Mannschaft spielen elf Stars, von denen jeder dermaßen von sich überzeugt ist, dass er alles richtig macht und über jede Kritik erhaben ist. Es gibt keinen Spieler, der gerne bereit ist, den Dieter Eilts zu spielen, die Drecksarbeit zu machen." Kahns bemerkenswertester Satz war indes folgender: „Vielleicht ist das System hier so, dass jeder, der nach München kommt, zum Egoisten gemacht wird." Andy Herzog bestätigte dies: „In diesem Verein musst du ein Schwein sein."

Vor dem Pokalspiel beim alten Rivalen Mönchengladbach traf sich die Mannschaft zu einer offenen Aussprache. Oliver Kahn analysierte anschließend: „Bei uns liegt einiges mit der Hierarchie im Argen." Auch für Klaus Augenthaler war das Hierarchieproblem mit der wichtigste Grund dafür, „dass wir in den letzten Jahren immer wieder erlebt haben, dass ein hochkarätiges Ensemble die Erwartungen nicht erfüllen konnte. Das Wir-Gefühl fehlt. Wir haben bei den Bayern immer noch zu viele Häuptlinge und zu wenig Indianer. Es muss einen geben, der auf dem Feld die Marschrichtung des Trainers umsetzt. Den kann nicht der Trainer bestimmen, den kann auch nicht der Präsident kaufen. Ein richtiger Kapitän muss sich seine Führungsposition langfristig erarbeiten. (...) In den besten Zeiten hat sich die Mannschaft des FC Bayern selbst kontrolliert. Wenn einer nicht dazu passte, haben wir ihm das schon ausgetrieben. (...) Heute kochen viele ihr eigenes Süppchen, denken vor allem ans persönliche Weiterkommen." Eine neue Hierarchie entstand aber auch weiterhin nicht. Vor lauter vermeintlichen Köpfen war die Mannschaft letztendlich kopflos.

„Zu viele Häuptlinge, zu wenig Indianer"

Der Doomsday blieb aus. Die Bayern siegten auf dem Bökelberg 2:1, durften sich dabei aber einmal mehr bei ihrem Keeper bedanken. Auch beim 2:1-Heimsieg am 9. Spieltag gegen den HSV wusste der FCB keine Glanzlichter zu setzen. Um 16.57 Uhr sah sich der Stadionsprecher des FCB genötigt, die 60.000 Bayern-Fans um Gnade und Lautstärke zu bitten: „Eine gute Viertelstunde noch, liebe Fans, und die Mannschaft braucht ein bisschen Unterstützung gegen einen sehr starken HSV!" Die „SZ" konstatierte anschließend einen „schon traditionell mäßigen Unterhaltungswert" bei FCB-Heimspielen. Die Zeitung weiter: „Der Mythos FC Bayern verschleiert nur, dass der Renommierklub längst ein taktisches Verhältnis zur eigenen Spielqualität hat. Wer sind diese legendären Bayern, vor denen angeblich die Liga erzittert? (...) Ein als Medienereignis apostrophiertes Ensemble (muss) sich immer wieder auf den Hinweis zurückziehen, dass es in einer Tradition der Beckenbauers, Müllers oder auch nur Lerbys steht."

Am 10. Spieltag spielte der FCB beim 1. FC Köln, trainiert vom notorischen Kohlenpott-Großmaul Peter Neururer, der seiner Elf die „leichteste" Partie der Saison prognostizierte. Der FC Bayern gewann nicht nur mit 4:2, sondern zeigte sich auch stark formverbessert. Zum „Spieler der Woche" avancierte Jürgen Klinsmann. Bereits einige Tage zuvor hatte der von Bundestrainer Bertie Vogts öffentlich psychologisch aufgepäppelte Torjäger beim WM-Qualifikationsspiel in Armenien endlich wieder ein persönliches Erfolgserlebnis feiern können. Dass die Rehabilitierung des Torjägers zunächst im Rahmen der Nationalmannschaft erfolgte, war symptomatisch für das Klima an der Säbener Straße. Nach 429 torlosen Minuten traf Klinsmann endlich auch wieder für den FC Bayern, und dies gleich zweimal.

Gerangel gab es um das anschließende Heimspiel gegen Meister Borussia Dortmund. Die Ansetzung des Spiels auf einen Sonntagabend provozierte Fan-Proteste. Hoeneß stellte klar, dass es „nicht der angeblich geldgierige FC Bayern" gewesen sei, der das Spiel auf diesen für anreisende Fans unmöglichen Termin gesetzt habe. Zugunsten ihrer großen auswärtigen Fangemeinde sei der Klub sogar bereit gewesen, auf die 300.000 DM Gage aus der Live-Übertragung zu verzichten. Schuld sei auch nicht Sat.1, sondern der DFB. Hoeneß: „Das ist nicht in Ordnung, dass wir uns auf Kosten unserer Fans Vorschriften machen lassen müssen." Auch der Gipfel 1996/97 hielt nicht, was die „ran"-Macher ihrer Kundschaft versprochen hatten. Das Spiel, in mindestens 20 Länder übertragen, endete torlos. Beide Teams spielten taktisch höchst diszipliniert und „kontrollierten sich gegenseitig fast bis zur Neutralisation" („Kicker").

Vor dem 184. Derby gegen die Löwen machte Ludger Schulze in der „SZ" eine überraschende Beobachtung. „Erstmals seit langer Zeit herrscht intern Friede, zählebige Zerwürfnisse und spontane Streitereien sind geschlichtet. Das Fußballteam des FC Bayern vermittelt ein Bild seltener Homogenität. Es scheint, als stellen die Spieler ihre individuellen Interessen in den Dienst der Gemeinschaft, so wie es das DFB-Team unter Bundestrainer Berti Vogts und Kapitän Jürgen Klinsmann bei der EM in England vorgemacht hatte. Erkennbar jedenfalls ist der Wille – ganz anders als im Vorjahr – mit dem Trainer zu kooperieren. Giovanni Trapattoni genießt allgemeinen Respekt und hohe Autorität unter den Spielern, dank seiner seriösen Erscheinung und seines Fachverstands auch außerhalb des Vereins." Eine Zwischenbilanz ergab, dass der FCB zwar nicht gerade attraktiv spielte, aber – von den Niederlagen in Valencia und Bremen abgesehen – abgeklärt und erfolgreich. Die Darbietungen waren von erheblich größerer Kontinuität gekennzeichnet als im Vorjahr.

Vor dem Anpfiff kam es zu einer Premiere im Olympiastadion. An den Eingängen zur Südkurve wurden die Bayern-Fans von Kollegen und Ordnern mit roten und weißen Papptafeln ausgestattet, die zu einer Choreographie beitragen sollten, wie man sie aus Italien und Spanien sowie vom UEFA-Cup-Finale in Bordeaux her kannte.

Ruppigkeiten beim Münchner Derby: Zickler, Bodden, Nowak, Matthäus, Ziege (v. l.).

Südländisches Flair im Olympiastadion

Den Zaun zum Spielfeld zierte ein langes Transparent mit der Aufschrift: „In München gibt es nur einen Verein – FC Bayern!" „Endlich herrschte mal so etwas wie südländisches Flair im weiten Oval", konstatierte der Berichterstatter des Fan-Magazins „match live" später zufrieden.

Das Derby endete mit einem mageren 1:1. Obwohl der TSV 1860 ab der 58. Minute mit nur zehn Spielern auskommen musste, war er am Ende dem Sieg näher als der FCB, den nur einige großartige Reflexe von Oliver Kahn vor einer Niederlage bewahrten. Die Fans der Löwen feierten ihren ersten Punktgewinn gegen den FCB seit ihrer Rückkehr in die 1. Bundesliga, „als sei soeben die Rückeroberung der Landeshauptstadt gelungen" („SZ"). Nach dem Spiel wurden nicht zum ersten Mal taktische Differenzen zwischen Mannschaft und Trainer evident. Während Klinsmann monierte, man habe versäumt, das 2:0 zu erzielen und zu wenig Druck entwickelt, beklagte sich Trapattoni über den Fehler, der zum Ausgleich geführt hatte: „Die kleinen Situationen sind entscheidend."

Als Anfang November in Nürnberg die Präsidenten und Manager der Klubs der 1. und 2. Liga tagten, wurde der FC Bayern einmal mehr seiner Sonderrolle gerecht. Thema war vor allem der Paragraf 11 in den Lizenzspielerverträgen, der zwölf Jahre zuvor in die Musterverträge der Profis für den Fall eingebaut worden war, dass das Transfersystem eine grundlegende Änderung erfahren sollte – was nun mit dem Bosman-Urteil vom 15. Dezember 1995 geschehen war. Dieser Paragraf räumte Verein und Spielern die Option ein, einen auslaufenden Vertrag zu gleichen Bedingungen um ein Jahr zu verlängern. Die Präsidenten der 36 Profiklubs beschlossen mit 35 Ja-Stimmen abermals einen Solidarpakt mit selbstbeschränkender Wirkung. Die Vereine verpflichteten sich, keinem Spieler ein Transferangebot zu unterbreiten, dessen aktueller Arbeitgeber von Paragraf 11 des Lizenzspieler-Mustervertrags Gebrauch machen will. Nur eine Enthaltung wurde gezählt, und diese stammte vom FC Bayern. Für den FCB bedeutete der Solidarpakt, dass er sein Werben um Stuttgarts Giovane Elber einstellen musste. Stuttgarts Präsident Mayer-Vorfelder wertete die Bemühungen des FCB um Elber und dessen Mannschaftskameraden Schneider als Versuch, „den VfB zu schwächen". Wie schon so häufig, waren wohl auch jetzt nicht zufällig Spieler eines Mitkonkurrenten um den Meistertitel Hauptadressat von Münchner Abwerbeversuchen. FCB-„Vize" Rummenigge warf Mayer-Vorfelder eine Instrumentalisierung des Ligaausschusses für VfB-Interessen vor. In seiner „Bild"-Kolumne legte Beckenbauer wenig später noch kräftig nach: „Wir vom FC Bayern überlegen, künftig nicht mehr an den Sitzungen des Ligaausschusses teilzunehmen." Die Bayern wollten nicht länger „als Alibi für eine demokratische Abstimmung dienen, wenn ohnehin die Mehrheit immer das Gegenteil von unseren Vorschlägen entscheidet". Der Paragraf 11 sei der „dümmste aller Paragrafen, die je gemacht wurden".

Mitte November ging es im DFB-Pokal gegen den alten Rivalen Werder Bremen. Seit dem Debakel vom 8. Spieltag hatte der FCB nicht mehr verloren. Der FCB nutzte die Chance zur Revanche und gewann hoch verdient mit 3:1. Zwei Tore gingen auf das Konto von Klinsmann. Am 14. Spieltag musste der FCB zum Angstgegner SC Freiburg reisen, wo es bis dahin nur Niederlagen gehagelt hatte. Nach enttäuschenden, torlosen 90 Minuten, die zeitweilig wie ein Freundschaftsspiel anmuteten, konnte der FCB immerhin seinen ersten Punktgewinn im Breisgau feiern. Eine Woche später empfing der FC Bayern den Tabellenletzten Hansa Rostock, neben den Freiburgern ein weiterer Newcomer, der in die Rubrik der „Angstgegner" gehörte. Aus den bis dahin vier Bundesligabegegnungen zwischen den beiden Teams hatten die Bayern erst einen Punkt geholt. Zwei Basler-Tore (davon eines per Strafstoß) sorgten zwar bei einem Gegentreffer von Akpoborie für den ersten Sieg der Bayern über die Ostdeutschen, allerdings nur, weil der Schiedsrichter den Gästen acht Minuten vor dem Ende einen klaren Foulelfmeter verweigerte. Die 55.000 Zuschauer sahen einen „grottenschlechten, absolut katastrophalen Kick" (Thomas Strunz) und quittierten dies mit einem Pfeifkonzert. Ludger Schulze sprach in der „SZ" von der „sportlichen Bankrotterklärung der bestsortierten Bundesliga-Mannschaft". Beckenbauer befand die 90 Minuten als „nur noch zum Lachen. Mit Fußball hat das nichts mehr zu tun."

Dennoch schienen die Resultate den Trainer zu bestätigen. Denn trotz des wiederholten Gewürges durfte sich das Team nach 15 Spieltagen als Spitzenreiter feiern. Am 16. Spieltag stand das Aufeinandertreffen zwischen der erfolgreichsten und abwehrstärksten (FC Bayern) und der spielstärksten und torgefährlichsten Mannschaft (VfB Stuttgart) auf dem Programm. Der Ex-Stuttgarter Thomas Strunz vor dem Anpfiff: „Wenn man auf die Punkte schaut, haben wir alles richtig gemacht. Wenn man unser

Spiel anschaut, dann nicht." Vom Anspruch her müsste der FC Bayern so spielen wie der VfB, „mal vier oder fünf zu null gewinnen". Der Unterschied zum VfB sei: „Da sind sieben, acht Spieler bereit, für die drei Stars zu arbeiten." Die 53.000 Zuschauer im seit Wochen ausverkauftem Gottlieb-Daimler-Stadion sahen ein unterhaltsames, zeitweise gar äußerst hitziges Kampfspiel, in dem ein vom Spielaufbau her ziemlich unflexibel und schematisch agierender FC Bayern bereits in der 7. Minute durch ein Elfmetertor des ordentlich spielenden Baslers mit 1:0 in Führung ging. Die Stuttgarter dominierten zwar und erarbeiteten sich auch mehr Chancen, mussten aber bis zur 80. Minute warten, bevor Libero Verlaad der Ausgleich gelang. Nur kurz vor dem Ausgleich hatte Kahn einen abgefälschten Schuss mit einem schier unglaublichen Reflex zunächst an die Latte und anschließend über das Tor lenken können. Der „Kicker" sprach von der „Torwartparade des Jahres".

„Torwartparade des Jahres"

Während der Weihnachtsfeier der Bayern ließ es sich der weitsichtige Hoeneß nicht nehmen, Spielern und Sponsoren mitzuteilen, „dass wir uns darauf vorbereiten müssen, dass es in den nächsten zwei, drei Jahren eine Stagnation gibt. Möglicherweise haben wir vorläufig den Boom hinter uns, werden die Wachstumsraten niedriger." Tatsächlich plagten die Liga zu diesem Zeitpunkt Schulden in Höhe von 500 bis 600 Mio. DM. Das Bosman-Urteil hatte die ohnehin prekäre Situation vieler Klubs weiter verschlechtert. Viele Vereine hatten gegenüber den Banken ihre Spieler bzw. die potenziellen Transfererlöse als Sicherheit angegeben, um an Kredite zu kommen. Ein immer schon unseriöses Verfahren, das vielen Klubs ein Leben auf Pump ermöglichte, nun aber mit dem Bosman-Urteil hinfällig wurde. Ein zusätzliches Problem war die Explosion der Spielergehälter. Willi Lemke: „Die Spieler verlangen die Verdoppelung oder sogar Verdreifachung ihres Gehalts und drohen mit dem Wechsel zur Konkurrenz zum Nulltarif." Lemke weiter: „Je höher die europäischen Wettbewerbe dotiert werden, desto weiter geht die Schere zwischen armen und reichen Klubs auseinander." Deshalb müsse der DFB die Gelder für die Fernsehübertragungen stärker als bisher nach dem Solidarprinzip vergeben. Ein Drittel der Vereine stünde vor der Pleite.

Die Schere zwischen Arm und Reich

Aber auch am FCB war das Bosman-Urteil nicht spurlos vorbeigegangen. Schatzmeister Scherer wusste zu berichten, dass Bosman der Grund sei, warum der Gewinn des Klubs nach Steuern im vergangenen Geschäftsjahr um fast ein Drittel schrumpfte. Da die Spieler in der Bilanz keine Aktiva mehr darstellen würden, sei eine Wertberichtigung notwendig gewesen. Außerdem habe sich beim FC Bayern die Bezahlung der Spieler seit Bosman „annähernd verdoppelt". Trotzdem mochte Scherer Lemkes düstere Szenarien nicht teilen: Die Ablösesummen hätten sich beim TV-Boom nach einiger Zeit auch wieder auf einem „erträglichen Niveau" eingependelt, und irgendwann müssten die Vereine „einfach nein zu den Forderungen der Spieler" sagen.

Derweil konnten die Bayern im Ligaauschuss einen historischen Sieg verbuchen. Thema war die Aufteilung der TV-Gelder aus den neuen Verträgen mit der ISPR und „Premiere". 255 Mio. DM waren jährlich zu verteilen. Vor der Sitzung hatte Rumme-

Leistungsträger, die mit der Situation bei den Bayern nicht glücklich wurden: Ruggiero Rizzitelli (rechts) und Christian Ziege (unten).

nigge gestöhnt: „Wir Bayern werden nur als Lokomotive benutzt und dann in die Ecke gestellt. Wir Bayern sind doch mittlerweile die Deppen der Nation. Dabei wären ohne den FC Bayern diese TV-Verträge gar nicht möglich gewesen." Die Anwesenden beschlossen nun, dass ein Teil dieser Summe, nämlich 16 Mio., „leistungsbezogen" vergeben werden sollte. Ab der Saison 1997/98 sollten nun pro Spieltag 470.000 DM je nach Tabellenplatz ausgeschüttet werden. Der Tabellenführer kassiert 50.000 DM, der Tabellenletzte indes nur 2.750 DM. Bei 34 Spieltagen sind so maximal 1,68 Mio. DM zusätzlich zu erspielen. Gemessen an den sonstigen Einnahmen der Bayern und der Dortmunder war dies nicht gerade viel, nur etwas mehr als ein Fünftel der ca. 8 Mio. DM Festgeld, die jeder Erstligist beziehen würde. Entscheidender war, dass mit diesem Beschluss erstmals „das absolute Solidarprinzip gebrochen wurde" („SZ").

Der Rückrundenauftakt verlief verheißungsvoll. Vor der Minuskulisse von 33.000 Zuschauern wurde der FC St. Pauli mit 3:0 besiegt. Zweifacher Torschütze war Jürgen Klinsmann, der gemeinsam mit dem ebenfalls überzeugenden Zickler stürmte. Nur vier Tage später trat der FC Bayern im Viertelfinale des DFB-Pokals beim Karlsruher SC an. Uli Hoeneß verkündete vor der Begegnung: „Wir nehmen in diesem Jahr den Pokal sehr ernst, das Double ist absolut unser Ziel." Die bereits seit einiger Zeit zu beobachtende Unsitte, einer überzeugenden Vorstellung eine schwache folgen zu lassen, setzte sich auch in Karlsruhe fort. Der FC Bayern unterlag einer engagiert agierenden KSC-Mannschaft 0:1 und durfte ein weiteres Saisonziel von seiner Liste streichen. Uli Hoeneß: „Ich bin wahnsinnig enttäuscht, wir wollten unseren Anhängern endlich mal wieder ein Pokal-Finale präsentieren, ein Fest für die Fans bieten."

Am 21. Spieltag traf der FCB mit Bayer Leverkusen erstmals in der Rückrunde auf einen Mitkonkurrenten um den Titel. „Eine Werbung für den Fußball" erhoffte sich der Kaiser vom Auftritt seiner Mannen, der live übertragen wurde. Die Zuschauer im Stadion und vor den Fernsehgeräten verfolgten zwar ein attraktives Spiel, das aber nur für die Gegner des FC Bayern ein Genuss war. In der ersten Halbzeit wirkten die Bayern weitgehend abwesend. Ohne übermäßig zu glänzen, schossen die Leverkusener bis zur Pause eine 3:0-Führung heraus. Nach dem Wiederanpfiff wirkten die Gäste zwar engagierter und kamen sogar auf 2:3 heran, aber am Ende hieß es 5:2 für Leverkusen. Da die Mannschaft nur wenige Tage später auf der Bielefelder „Alm" antreten musste, blieb man gleich im Westen. Vor dem Spiel gegen den Neuling kündigte der verletzte Strunz eine „Trotzreaktion" an: „Schade um die Bielefelder. Sie werden das ausbaden müssen, was wir in Leverkusen verbockt haben." Doch die biederen, aber einsatzfreudigen Bielefelder gewannen 2:0 und brachten den Bayern die zweite Niederlage binnen vier Tagen bei. Die niederschmetternde Bilanz des Ausflugs in den Westen lautete somit null Punkte und 2:7 Tore, und aus einem Vorsprung von drei Punkten war ein Rückstand gleichen Ausmaßes geworden. Es war wohl vor allem das Verdienst des loyalen Uli Hoeneß, dass der Laden nach der neuerlichen Schmach nicht auseinander flog. Obwohl offensichtlich anderer Meinung als Beckenbauer und Rummenigge, die Trainer und Mannschaft öffentlich kritisierten (Hoeneß: Trapattoni sei ein „Klassemann", den er für seinen Stil, das Team in Schutz zu nehmen, bewundere), deckte der Manager seine Mitstreiter, indem er beschwor, man lasse sich „nicht auseinander dividieren", und Ruhe statt Hektik propagierte.

Der Kaiser tobt auf der Krisensitzung

Am Vorabend der Begegnung gegen Schalke 04 erschien der Präsident im Mannschaftquartier und las seinen Angestellten die Leviten: Als Kernaussage gab ein Informant weiter: „Ihr seid eine Scheißmannschaft!" Vor der offiziellen Krisensitzung hatten bereits die Nationalspieler des Klubs getagt, um ihren Kapitän abzusägen. Einmal mehr wurde Matthäus verdächtigt, die Springer-Presse mit Internas zu versorgen. Künftig sollte Thomas Helmer die Binde tragen, was jedoch am Einspruch von Beckenbauer und Trapattoni scheiterte. Obwohl es auf der Sitzung von Mannschaft, Trainer und Präsidium zwei Stunden lang hoch hergegangen war – Oliver Kahn: „So brutal, so schonungslos hatte ich es noch nie erlebt" –, zeigte die Aussprache doch ihre gewünschte Wirkung. So ganz Unrecht hatte Beckenbauer ja nicht. Angesichts der Gehälter, die seine Angestellten kassierten, und der unbescheidenen Selbsteinschätzung ihrer fußballerischen Qualitäten, durfte das Präsidium tatsächlich etwas mehr als nur gegenseitige Schuldzuweisungen erwarten. Jedenfalls riss sich die Mannschaft anschließend merklich am Riemen.

„Die Arena war ausverkauft, prall gefüllt die Pressetribüne, und überall zu spüren dieses eigenartige Prickeln, das die alljährliche Bayern-Krise verursacht. Eine Mischung aus Schauder und Gaudi, wie beim berühmtesten Schausteller auf dem Oktoberfest: Auf geht's beim Schichtl!, hereinspaziert zur nächsten Hinrichtung. Würde heute der Kopf des italienischen Misters rollen?" So die „SZ" über die Stimmung vor dem Anpfiff der Partie gegen Schalke. Doch aus der Hinrichtung wurde nichts. Der FC Bayern gewann 3:0, wobei allerdings zwei der drei Tore erst in den letzten beiden Minuten fielen. „Wir haben uns irgendwie ins Ziel gerettet", urteilte Oliver Kahn über eine dürftige Vorstellung. Und Jürgen Klinsmann, einmal Vorbereiter, einmal Torschütze und damit Bayerns auffälligster Akteur: „Ich möchte nicht wissen, was hier los gewesen wäre, wenn wir nicht gewonnen hätten." Christian Ziege wusste es: „Die Hölle wäre los gewesen." Lothar Matthäus lief ohne Kapitänsbinde auf – aus Protest gegen den „Putschversuch" der Nationalspieler. Auch den Spielberichtsbogen wollte er zunächst nicht unterzeichnen.

Klinsmann tritt ab – und „Bild" tritt nach

Vier Tage nach dem Kaiser-Gewitter gab Klinsmann seinen Abschied aus München bekannt. „Ich werde die Bayern zum Saisonende verlassen. Die Tendenz war schon lange vorhanden. Das hat sich über Wochen gedanklich entwickelt, vielleicht passt meine Person nicht hierher. (...) Ich habe halt den konservativen Standpunkt, dass man alles intern regeln sollte. Aber damit kam ich beim FC Bayern nicht durch. (...) Ich hatte immer wieder Gespräche mit dem Verein und merkte, dass ich mich mit meiner Philosophie und meinem Charakter schwertat. (...) Bevor ich kam, hieß es: Wir wollen von deiner internationalen Erfahrung lernen. Dann reibst du dich über einen sehr langen Zeitraum jeden Tag bei der Arbeit auf, und es ändert sich gar nichts. Nach ein paar Monaten wusste ich, dass die gar nichts anderes annehmen wollten." Klinsmann kündigte einen Abschied „mit Stil" an, das Ziel sei weiterhin die Meisterschaft. Die „Bild" verpasste ihrem Hassobjekt noch einen kräftigen Fußtritt: „Bayern atmet auf – Klinsmann geht und keiner weint ihm nach", titelte das Boulevardblatt. Dass Klinsmann der erfolgreichste und zuverlässigste Stürmer des FC Bayern seit vielen Jahren gewesen war; dass es nicht zuletzt seiner Person zu verdanken war, dass der Klub nach 20 Jahren der Abstinenz endlich wieder eine europäische Trophäe hochhalten durfte; dass sich kein anderer Bayern-Akteur – Kahn ausgenommen – auf dem Spielfeld so kämpferisch gegeben hatte wie der blonde Schwabe, das alles bremste die vorgeblichen Bayern-Freunde nicht. Denn Klinsmann störte das Zusammenspiel von FC Bayern und Boulevardpresse. Sportlich wie kommerziell war das mit Klinsmann verfolgte Kalkül für den Klub vollends aufgegangen. Als Klinsmann den FC Bayern nach zwei Jahren verließ, hatte er in 83 Pflichtspielen 47 Tore erzielt. Außerdem war er der beste Trikotverkäufer des Vereins gewesen. Nur eines konnte auch Klinsmann nicht: den Klub reformieren. Die Gegenkräfte innerhalb und außerhalb des Klubs erwiesen sich als zu mächtig.

Beim ohne seinen verletzten Spielmacher Thomas Häßler kopf- und ideenlos wirkenden Karlsruher SC kam der FC Bayern durch zwei Zickler-Treffer zu einem 2:0-Sieg. Da die Dortmunder am Vortag verloren hatten, durften sich die Bayern schon zwei Wochen nach ihrem Sturz wieder als Tabellenführer feiern.

Kehrtwende in der Medienpolitik

Einen Tag später erlebte die Säbener Straße eine Premiere. Die Presse wurde ausgesperrt, was bis dahin nur beim Abschlusstraining der Fall gewesen war. Absperrgitter und Ordner verhinderten den Zutritt. Hoeneß: „Wir werden englische Verhältnisse kreieren und das Gelände für viele Tage schließen. So kann es nicht weitergehen." Bereits am Vortag hatte Beckenbauer in einem Zeitungsinterview angekündigt, man werde „die offensive Medienpolitik, die zu unserer Philosophie gehörte, zur nächsten Saison total überdenken". Über seine eigene umfängliche Medientätigkeit und die einiger seiner Spieler verlor der Kaiser allerdings kein Wort. Die „SZ": „Ein paar altbekannte Schwachstellen weist die hermetisch angelegte Sicherheitsstrategie auch nach Inkrafttreten auf – die Funktelefone der Spieler nämlich hat der Verein ebensowenig einkassiert wie die Reporterverträge seines Präsidenten mit Boulevardpresse und Fernsehwirtschaft."

Bei der Pressekonferenz vor dem Auswärtsspiel in Hamburg (das die Bayern 2:0 gewannen) ließ die Vereinsführung sogar ein Tonband mitlaufen, um zu überprüfen, ob die Äußerungen der Spieler auch richtig wiedergegeben würden. Der scheidende Co-Trainer Augenthaler zum Bayern-Medienzirkus: „Für die Geister, die der FC Bayern in Form des immensen Medieninteresses rief, ist er selbst verantwortlich." Außerdem sei der Trubel „in erster Linie ein Problem der Mannschaft, da kein Spieler zu einem Interview gezwungen wird".

In Interviews mit der „SZ" und dem „Spiegel" erläuterte Hoeneß anschließend die Gründe für die Kehrtwende in der Medienpolitik des Vereins, die letztlich bedeuteten, dass das Projekt „FC Hollywood" – sofern sich dahinter tatsächlich jemals eine ausgeklügelte Strategie verborgen hatte – vom Manager für gescheitert erachtet wurde. „Die Spieler sind in dieser total öffentlichen Situation überfordert. (...) Wenn man pausenlos Interviews gibt, macht man Fehler. (...) Die Spieler haben sich darin (gemeint sind die Schlagzeilen, d.V.) gesonnt, natürlich. Sie haben gar nicht gemerkt, dass die Leute, mit denen sie gesprochen haben, gar nichts mit Fußball zu tun haben, sondern nur noch die Boulevardgeschichten wollten. (...) Bei uns wird nur noch darüber diskutiert, wer der beliebteste Spieler von ‚Bravo Sport' oder anderen Blättchen ist. (...) Dadurch, dass wir im Moment den Star total gläsern machen, wird es auf die Dauer langweilig für das Publikum. Es weiß alles. Wir müssen wieder ein Mysterium um den Star bauen. (...) Im Moment ist das Beiwerk wichtiger als die Ware."

Als die „SZ" Hoeneß darauf hinwies, dass Jürgen Klinsmann seit eineinhalb Jahren gefordert habe, diese Entwicklung einzudämmen, der FC Bayern ihm aber nicht glauben wollte, antwortete der Manager: „Ich bin ja lernfähig. Als er kam, war die Spirale noch nicht so hochgedreht. Wir werden den FC Bayern jetzt nur noch mit Sport, Sport, Sport präsentieren. (...) Dann haben wir nicht mehr den FC Hollywood, sondern wieder den Fußballclub Bayern München."

Wenig später kündigte auch der Kaiser eine zaghafte Veränderung seiner Medienpolitik an. Mit der „Bild"-Zeitung sei er übereingekommen, die wöchentliche Kolumne umzustellen auf einen monatlichen Kommentar, in dem es um grundsätzliche und nicht um aktuelle Themen gehe. Und sollte der FCB 1997/98 in der Champions League spielen, würde er Mittwoch abends nicht mehr im RTL-Studio sitzen. Sein Engagement für „Premiere" würde allerdings weiterlaufen, denn: „Wann komme ich sonst schon nach Rostock?" Zuvor war Beckenbauers Medienpolitik erstmals aus dem Verein heraus öffentlich kritisiert worden: von Uli Hoeneß und Thomas Helmer, der nach den Debakeln in Leverkusen und Bielefeld immer mehr zum eigentlichen Chef der Mannschaft aufgestiegen war. Der sich stets diplomatisch gebende Helmer („man muss beide Seiten verstehen", „viele Faktoren spielen eine Rolle") profitierte von der neuen Medienpolitik seines Klubs, durch die er faktisch zum Pressesprecher der Mannschaft ernannt wurde. Die „SZ": „Man erinnert sich an die letzte wirklich intakte Bayern-Mannschaft: jene, die trotz vieler Verletzungen mit Kapitän Helmer 1995 ins Champions-League-Halbfinale kam."

In der Bundesliga wurde es nun spannend. Gegen den 1. FC Köln führte der FCB daheim nach 59 Minuten bereits mit 3:0, doch am Ende bedurfte es einer Glanzparade von Oliver Kahn, um einen knappen 3:2-Sieg sicherzustellen. Das Sturmduo Klinsmann/Rizzitelli wusste erneut zu überzeugen. Mit Klinsmann und Rizzitelli in der Spitze, dem dahinter operierenden Basler und dem auf die rechte Mittelfeldseite zurückbeorderten Zickler schienen die Bayern endlich ihre ideale Angriffskombination gefunden zu haben. Bei den Dortmundern war der Verschleiß, den die vergangenen drei Bundesliga-Spielzeiten und die zahlreichen Europapokalspiele bedeutet hatten, mittlerweile nicht mehr zu kaschieren. Beim MSV Duisburg unterlag Hitzfelds letztes Aufgebot 2:3, so dass die Bayern mit ihrem fünften Sieg in Folge den Vorsprung gegenüber der Borussia auf sechs Punkte ausbauen konnten. Härtester Verfolger war nun Leverkusen, dessen Rückstand allerdings auch schon fünf Punkte betrug.

Endspurt in der Meisterschaft

Am Wochenende 19./20. April stieg in Dortmund und Stuttgart der „Doppel-Gipfel" der Liga. Beim Spiel des amtierenden Meisters gegen den Rekordmeister und Spitzenreiter standen sich zwei Teams im Ablöse-Gesamtwert von über 125 Mio. DM gegenüber. Trapattoni wünschte sich „elf Löwen" für das Spiel – er bekam sie. Die Begegnung begann furios. Zunächst gerieten Basler und Möller aneinander. Nur Sekunden später erzielte Riedle die Dortmunder Führung. Das Spiel war gerade zwei Minuten alt, aber Bayerns Antwort folgte postwendend. In der 4. Minute konnte Rizzitelli ausgleichen. In der 2. Halbzeit überwand Riedle Kahn ein weiteres Mal, doch der Schiedsrichter erkannte (fälschlicherweise) auf Foul, so dass es beim 1:1 blieb. Trotz des aberkannten Riedle-Treffers war das Remis aus Bayern-Sicht keineswegs unverdient.

Wenn's beim FC Hollywood um Leistung ging, stand er im Blickpunkt: Oliver Kahn.

Am folgenden Tag siegte Bayer Leverkusen beim VfB Stuttgart (2:1), so dass alles auf einen Finalkampf Bayern - Bayer hindeutete.

Gegen Fortuna Düsseldorf bot der FC Bayern eine grandiose Leistung, die auch nicht die Schwäche des Gegners schmälern konnte. Am Ende stand es 5:0, den herrlichsten von fünf herrlichen Treffern hatte Rizzitelli erzielt. Der Italiener, von vielen bereits als Fehleinkauf apostrophiert und eigentlich schon auf der Rückreise in sein Heimatland, mauserte sich zum besten Bayern-Akteur der Rückrunde. Im Olympiastadion jagte eine Welle die andere, und zur Stimmung trug auch bei, dass Meister BVB auf der Bielefelder „Alm" das gleiche Schicksal ereilte wie einige Wochen zuvor den FC Bayern. Der BVB verlor mit 0:2, lag nun bereits neun Punkte hinter den Bayern und war aus dem Meisterschaftsrennen endgültig ausgeschieden.

Vor dem Derby am 30. Spieltag schrieb Hans Eibele in der „SZ": „Erstmals seit 30 Jahren geht es für die Sechziger um mehr als Schadensbegrenzung." Tatsächlich hatte das Derby die Stadt schon lange nicht mehr in einem solchen Ausmaß elektrisiert. Die Löwen spielten nicht gegen den Abstieg und marodierten auch nicht jenseits von gut und böse im Mittelfeld der Liga herum, sondern rangierten auf Platz 6 und wollten in den UEFA-Cup. Die lokale Fußballöffentlichkeit hatte einen neuen Traum: Zum ersten Mal seit der Saison 1966/67 könnten wieder zwei Münchner Vereine in den europäischen Wettbewerben vertreten sein. Lothar Matthäus: „Wenn München in einem Atemzug mit Mailand, Rom und Madrid genannt wird, dann könnte man von einer europäischen Fußball-Hochburg sprechen."

Die 69.000 im Olympiastadion bekamen das spannendste Derby seit dem Wiederaufstieg der Löwen geboten. Bereits nach 18 Minuten führten die Gastgeber mit 2:0, aber kurz vor dem Halbzeitpfiff gelang Klinsmann der Anschlusstreffer. In der 57. Minute konnte der eingewechselte Scholl gar ausgleichen. Doch die Partie war noch lange nicht entschieden. In der 71. Minute zeigte der Schiedsrichter Ziege die gelb-rote Karte. In der 82. Minute gingen die Löwen erneut in Führung. Da Matthäus nur eine Minute später ebenfalls Gelb-Rot sah, gab niemand mehr auch nur einen Pfifferling auf den FC Bayern. Doch die Roten bewiesen Moral. In der 88. Minute gelang „Joker" Carsten Jancker der Ausgleich zum 3:3-Endstand. Ganze zwei Minuten fehlten den Löwen zum ersten Meisterschaftssieg über den FC Bayern seit dem 12. November 1977. Die Roten hatten die blaue Herausforderung noch einmal erfolgreich abgewehrt. Die beiden Platzverweise in dieser Partie blieben die einzigen gegen den FC Bayern in dieser Saison, in der er die fairste Mannschaft der Liga stellte.

Gegen den Tabellenletzten und bereits abgestiegenen SC Freiburg kam der FCB im Olympiastadion über ein 0:0 nicht hinaus. Als Erfolg blieb lediglich zu verbuchen, dass man bereits zum 16. Mal in dieser Saison zu Null gespielt hatte. Als Klinsmann in der 80. Minute bereits zum zwölften Mal in dieser Saison ausgewechselt wurde, kam es zum Eklat. Der erzürnte Star quittierte die Entscheidung des Maestros mit einem Wutausbruch und demolierte am Spielfeldrand einen hölzernen Werbezylinder. Dass Trapattoni und Klinsmann nicht gerade Freunde waren, weil sie unterschiedlichen taktischen Auffassungen frönten, war nichts Neues. Trotzdem stimmte diese Szene nicht nur so manchen Bayern-Fan traurig, waren hier doch zwei Opfer ein und derselben falschen Politik aneinander geraten, deren Nerven bis zum Äußersten strapaziert waren. Beide agierten als Reformer, wenn auch in unterschiedlicher Weise; beide wollten einen Sinneswandel beim FC Bayern herbeiführen, um aus ihm eine wirklich große Adresse zu machen; aber beide wurden bei ihren Bemühungen schwer enttäuscht, ja bis ins Mark verletzt. Es sprach für Klinsmann, dass er sich noch in der Kabine bei Trapattoni entschuldigte.

Motivation auf dem Weg zur Dusche

Bei Hansa Rostock gelang der Mannschaft nur einen Spieltag später die Rehabilitierung, was mal wieder die These zu bestätigen schien, dass der FC Bayern nur unter Druck zur Hochform auflaufen würde. Motivationshilfe erhielt die Mannschaft aus Leverkusen und Rostock. Oliver Kahn: „Jeder von uns wusste tausendprozentig, worum es bei Hansa ging, die Sprüche ließen wir die anderen machen: den Rostocker Trainer, die Rostocker Spieler, die Leverkusener Seite. Alles, was von da an großen Tönen kam, hefteten wir uns an die Pinwand in unserer Kabine. Unser Pressesprecher Markus Hörwick und jeder Spieler brachte Artikel – alles, was wir an provozierenden Schlagzeilen fanden. Auf dem Weg unter die Dusche konnten und mussten wir alles lesen. (…) Wenn ein Spieler das alles liest und registriert, weiß er, wie er zu reagieren hat – falls er ein Herz hat."

Trapattoni ließ im Ostsee-Stadion überraschend offensiv spielen und setzte hinter den beiden Spitzen Klinsmann und Rizzitelli nicht nur Basler ein, sondern auch Scholl.

FC Bayern - VfB Stuttgart 4:2. Witeczek bejubelt sein „Traumtor" zum 4:2, das die Meisterschaft bedeutete. Jancker und Nerlinger (rechts) freuen sich mit ihm.

Nach dem „besten Saisonspiel" (Hoeneß) stand es 3:0 für die Bayern. Die besten Noten verdiente sich Klinsmann, der nach Bekanntgabe seines Wechsels zu Sampdoria Genua wie befreit aufspielte und auch ein Tor erzielte, sowie Basler, Scholl und der für den verletzten Matthäus als Libero agierende Helmer. Klinsmann anschließend: „Es wird höchste Zeit, dass die Tortur aufhört. (...) Bei einem Meistertitel kann man sicher nicht alles vergessen, aber vieles."

Eine Woche später durfte Klinsmann von einem „kleinen Happy End" sprechen. Während der FC Bayern einen aggressiv zu Werke gehenden VfB Stuttgart mit 4:2 schlug, verlor Bayer Leverkusen beim nicht minder motivierten 1. FC Köln 0:4. Vier Punkte Vorsprung vor dem letzten Spieltag bedeuteten den 14. Deutschen Meistertitel. Als im Olympiastadion um 17.20 Uhr der Schlusspfiff ertönte, überwanden Tausende die Absperrungen, stürmten das Spielfeld und rissen hemmungslos quadratmetergroße Rasenstücke heraus. Als die Bayern-Spieler bei ihrer Ehrenrunde den Block der Stuttgarter Fans passierten, beschleunigten sie ihr Tempo. Oliver Kahn: „Sonst hätten wir Helme gebraucht. Was da an Gegenständen auf uns herabprasselte – unglaublich. Und doch normal. Denn wer in Deutschland gönnt den Bayern schon den Titel?"

Aufgrund der vorzeitigen Meisterschaftsentscheidung geriet das von den Bayern zunächst so gefürchtete Endspiel beim alten Rivalen Borussia Mönchengladbach zur bloßen Formsache. Der neue Deutsche Meister nahm die Sache dennoch zumindest so

Der neue Kapitän Thomas Helmer mit der Meisterschale.

ernst, dass er seine weiße Weste bewahrte. Das Spiel endete 2:2, und Klinsmann verabschiedete sich mit seinem 15. Saisontreffer. Der Ball wäre auch ohne Klinsmanns Mithilfe ins Tor gegangen, aber durch seinen Einsatz erleichterte der scheidende Stürmerstar seinen Widersacher Lothar Matthäus um 10.000 DM. Der Mannschaftskapitän war nämlich mit Uli Hoeneß die Wette eingegangen, dass Klinsmann es nicht auf zehn Rückrunden-Treffer bringen würde. Kommentar Klinsmann: „Mit den 10.000 Mark Wetteinsatz hätte man vielen Kindern in Afrika eine Freude machen können."

Der Titelgewinn des FC Bayern war sportlich verdient. Die Bayern kassierten mit Abstand die wenigsten Niederlagen (drei gegenüber sieben der Leverkusener und neun der Dortmunder) und Gegentore (34). Und trotz der so viel kritisierten Trapattonischen Defensivtaktik schoss das Team 68 Tore, was nach Stuttgart (78) und Leverkusen (69) noch immer die drittmeisten waren. Seit der Blamage am 22. Spieltag in Bielefeld war der FC Bayern ungeschlagen geblieben. Der Titelgewinn war allerdings weniger einem überlegenen System geschuldet als der Tatsache, dass der FC Bayern von allen Bundesligavereinen das beste Spielerpotenzial versammelte. Hätte dieses Starensemble nicht rechtzeitig erkannt, dass es nur als Kollektiv Erfolge feiern konnte, wäre aus dem 14. Meistertitel nichts geworden.

Matthäus und sein „geheimes Tagebuch"

Wenige Tage nach der Meisterschaftsfeier zog Kapitän Matthäus ein „geheimes Tagebuch" aus der Tasche, in dem er noch einmal kräftig in Richtung Klinsmann und anderer Kollegen trat. Herausgeber des „banalen Werkes" („SZ"), für das ein angeblich von Existenzängsten geplagtes Auslaufmodell 400.000 DM kassierte, waren zwei, die der Kaiser gut kannte: der stellvertre-

Meistermacher: Giovanni Trapattoni (rechts) und Klaus Augenthaler.

tende Sportchef von „Premiere“ und ein Chefreporter der „Bild“. „Kranken Menschen soll man helfen“, empfahl Thomas Helmer, während Oliver Kahn unwirsch klarstellte: „Ich bin nicht Lothars Erziehungsberater.“

Recht hatte der Keeper, aber wer war dann für Lothars Erziehung verantwortlich? Einer, der hierfür kraft seiner Funktion im Verein zumindest eine Mitverantwortung trug, gab sich wie immer, wenn es um Eskapaden seines „Bild“-Kollegen geht, moderat. Doch der Kaiser konnte nicht verhindern, dass er nun selbst in die Schusslinie geriet. Die „SZ“ über die Affäre: „Wer trägt die Verantwortung, wenn immer wieder so viel Vorhersehbares über die teure öffentliche Arbeitsgemeinschaft hereinbricht, wer nimmt den schlichten Plauderer Matthäus in Manndeckung, in Schutz vor sich selbst und für die anderen? Zweimal schon haben die Nationalspieler des FC Bayern ihren Klubpräsidenten Franz Beckenbauer aufgefordert, den ehrpusseligen Altstar Matthäus vom Kapitänsamt zu entbinden, zweimal verpuffte das bemerkenswerte Misstrauensvotum. Längst köchelt, nun brodelt an der Basis ein dumpfer Zorn auf die Klubführung, was ‚sehr bedenklich' sei, findet Thomas Helmer, denn ‚der Punkt ist erreicht für uns Spieler, dass wir eine gewisse Machtlosigkeit spüren‘. (...) Es sei doch klar, klagt Helmer, dass Matthäus' jüngste Attacke ‚niemals ohne Genehmigung von oben‘ – sprich: mit Wissen der Bayern-Bosse – stattfinden konnte, und ohnedies ist landauf, landab bekannt, dass Beckenbauer wie Matthäus im selben Haus publizieren lassen.“

Wenige Tage später entschied das Präsidium einstimmig, Matthäus vom Kapitänsamt zu entbinden. Als Nachfolger wurde Thomas Helmer bestellt, als dessen Stellvertreter Oliver Kahn. Trapattoni wollte die völlige Trennung von Matthäus, aber der Kaiser ließ seinen Lieblingsschüler erneut nicht im Stich.

1997/98 Zwei Pokale und ein Abschied

Nicht Matthäus, sondern Jürgen Klinsmann verließ die Bayern zum Saisonende. Klinsmann wechselte ablösefrei zu Sampdoria Genua. Die Bayer-Führung erhoffte sich vom Abschied des Torjägers einen größeren innerbetrieblichen Frieden. Auch Marcel Witeczek wechselte ablösefrei. Sein neuer Arbeitgeber hieß Borussia Mönchengladbach. Oliver Kreuzer durfte sich für die Ablöse von 800.000 DM dem FC Basel anschließen. Der neben Klinsmann prominenteste Abgang war der von Christan Ziege, der für 10,2 Mio. DM zum AC Mailand ging.

In die Verstärkung des Teams wurden ca. 30 Mio. DM investiert, wobei mit 12,5 Mio. der größte Batzen auf den Brasilianer Giovane Elber entfiel, der beim VfB Stuttgart mit Krassimir Balakow und Fredi Bobic als „magisches Dreieck" ein äußerst unterhaltsames und erfolgreiches Trio gebildet hatte, das für Spielkultur und Tore sorgte. In der Vorsaison hatten die Stürmer Bobic und Elber in der Bundesliga zusammen 36 Tore für die Schwaben erzielt. Mit Elbers Weggang fiel das „magische Dreieck" nun auseinander. Von Athletico Bilbao kam der französische Baske und Nationalspieler Bixente Lizarazu, der das defensive Mittelfeld verstärken sollte. Für die Bayern war der Franzose ein alter Bekannter: Beim UEFA-Pokal-Finale 1996 hatte er das Trikot von Girondins Bordeaux getragen. Weitere Mittelfeldspieler kamen mit Michael Tarnat und Thorsten Fink vom Karlsruher SC, der damit wieder einmal wichtige Leistungsträger an den FC Bayern abgeben musste. Der gebeutelte KSC-Trainer Schäfer nahm es gelassen: „Das kann man nicht verhindern. Ich sehe es auch gar nicht so negativ. Schließlich bestätigt das doch, dass beim KSC gute Arbeit geleistet wird." Am Ende der Saison stiegen die Karlsruher, im Vorjahr noch auf dem 6. Platz, in die Zweitklassigkeit ab.

„Alle haben den Mund zu halten"

Giovanni Trapattoni gedachte das Spielsystem der Bayern „erheblich zu perfektionieren". Das Bayern-Spiel müsse sicherer werden, die Spieler sollten es aus dem Effeff beherrschen. Bei den sportlichen Zielen nannte der Maestro „die Titelverteidigung an allererster Stelle". Was die Champions League anbetraf, so attestierte Trapattoni seinem Kader „die Qualität, ins Finale zu kommen". Voraussetzung sei allerdings: „Weniger reden, mehr Fußball spielen." Auf einem „Friedensgipfel" in Hongkong hatte Präsident Beckenbauer dem gekränkten Matthäus und allen anderen Spielern mitgeteilt: „Alle haben den Mund zu halten."

Vor Anpfiff der Bundesliga gewann der FC Bayern erstmals den Ligapokal, der die fußballlosen Wochen verkürzen und der Einstimmung auf die neue Saison dienen sollte. Im Finale besiegte der FCB den DFB-Pokalsieger VfB Stuttgart vor 15.000 Zuschauern in Leverkusen mit 2:0. Torschütze war neben Basler ausgerechnet der Ex-VfB'ler Giovane Elber.

Hingegen ging der Bundesligastart voll in die Hose. Am 1. Spieltag empfing der FC Bayern den von Otto Rehhagel trainierten Wiederaufsteiger 1. FC Kaiserslautern. „Unser Ziel kann nur Klassenerhalt lauten", hatte der ehemalige Bayern-Trainer erklärt,

Misslungener Saisonauftakt: Der Aufsteiger (und spätere Meister) 1. FC Kaiserslautern gewinnt im Olympiastadion. Hier köpft Michael Schjönberg den Treffer des Tages.

aber ein normaler Aufsteiger war der 1. FCK mit seinem Personal nicht. Die Lauterer gewannen durch ein Tor von Schjönberg aus der 80. Minute mit 1:0. Der Torschütze: „Wer bei Bayern gewinnt, kann auch jeden anderen schlagen." Schjönberg sollte Recht behalten. Der Sieg in München blieb keine Momentaufnahme. Rehhagel verspürte sichtlich Genugtuung, doch es sollte für ihn noch viel besser kommen.

Nach einem 1:1 im nächsten Spiel bei Borussia Mönchengladbach konnte der FCB erst am 3. Spieltag gegen den VfL Wolfsburg den ersten Sieg einfahren. Beim 5:2 erzielte Giovane Elber seine ersten beiden Bundesligatore für den FCB. Auch die folgenden vier Begegnungen gegen den Hamburger SV (2:0), Hansa Rostock (3:1), Hertha BSC (3:0) und den 1. FC Köln (3:1) gestaltete der FC Bayern siegreich. Die Bayern verloren erst wieder am 15. Spieltag. In Leverkusen, seit Beginn der Saison 1996/97 vom aus der Türkei heimgekehrten Hoeneß-Erzfeind Christoph Daum trainiert, unterlag das Team mit 2:4. Nach einer längeren Verletzungspause war erstmals wieder Matthäus dabei.

Die Rückrunde begann wie die Hinrunde. Gegen den 1. FC Kaiserslautern gab es für die Bayern erneut nichts zu holen. Die 0:2-Niederlage auf dem „Betze" bedeutete, dass den Bayern in dieser Saison in der Bundesliga gegen die Rehhagel-Elf kein Tor gelang. Die folgenden vier Spiele wurden allesamt gewonnen, doch in den vier Partien vom 23. bis 26. Spieltag holten die Bayern nur einen Punkt und verbuchten lediglich ein Tor, für das sie noch nicht einmal verantwortlich waren. Beim 1:2 bei Hertha

BSC Berlin traf Berlins Torjäger Preetz für die Münchner. Gegen Köln verlor man daheim mit 0:2, gegen Schalke auswärts mit 0:1. Gegen den VfL Bochum kam man im Olympiastadion nicht über ein torloses Remis hinaus. Die Champions-League-Begegnungen mit Borussia Dortmund (s.u.) eingerechnet, blieben die Bayern 562 Minuten ohne Torerfolg. Fünf Siege und drei Unentschieden aus den verbleibenden acht Spielen, darunter ein 3:1-Sieg am 30. Spieltag im Derby gegen die Sechziger, reichten nicht, um den Lauterern noch die Meisterschaft streitig zu machen. Die Entscheidung fiel am vorletzten Spieltag: Während der 1. FC Kaiserslautern sein Heimspiel gegen den VfL Wolfsburg mit 4:0 gewann, kamen die Bayern beim MSV Duisburg über ein torloses Remis nicht hinaus.

Erstmals in der Geschichte der Bundesliga wurde ein Aufsteiger Deutscher Meister. Günter Netzer sprach von der „größten Leistung, die im Fußball je vollbracht wurde". Ein gerührter und aufgewühlter Otto Rehhagel: „Ein unglaubliches Märchen ist heute zu Ende gegangen." Rehhagel in Richtung FC Bayern: „Es gibt einen Fußballgott – und der sieht alles. Die Rechnung kommt immer, manchmal gleich, manchmal ein wenig später." Uli Hoeneß gratulierte den Lauterern artig, um im nächsten Atemzug zu verkünden: „Im nächsten Jahr wollen wir wieder Meister werden."

Die Bayern traten nur selten als Mannschaft auf. Trapattoni hatte noch immer Probleme damit, aus der Ansammlung von Individualisten eine Einheit zu formen. Der Trainer: „Das Kollektiv besteht aus elf Mann. Wenn ich den Begriff ‚Kollektiv' vor meinen Jungs verwende, gucken die mich ziemlich ungläubig an."

Mit 69 Toren schossen die Bayern sechs mehr als der Meister. 37 Gegentore bedeuteten nach Schalke (32) die zweitwenigsten der Liga. Entscheidend war letztlich der Durchhänger von Mitte Februar bis Mitte März und dass man Spiele gegen den direkten Konkurrenten verlor. Denn der Vorsprung der Lauterer betrug nur zwei Punkte.

In der Champions League wurde der FC Bayern zunächst punktgleich mit Paris St. Germain, aber mit dem besseren Torverhältnis, Gruppensieger, was die Qualifikation für das Viertelfinale bedeutete. Das Heimspiel gegen die Franzosen gewann der FCB durch Tore von Elber (2), Jancker (2) und Helmer mit 5:1. Beim Rückspiel besiegte Paris die Bayern mit 3:1. Ihre zweite Niederlage kassierten die Bayern im letzten Gruppenspiel daheim gegen IFK Göteborg (0:1), als Oliver Kahn einen harmlosen Kullerball unter dem Fuß hergleiten ließ.

Probleme mit den Neonazis

Zu einem Eklat kam es beim Heimspiel gegen Besiktas Istanbul. In Anspielung auf eine vermeintlich kollektive Kaufgewohnheit der türkischen Immigranten in Deutschland, wedelten Fans in der Südkurve mit Aldi-Tüten und skandierten dazu: „Ihr könnt zum Aldi fahren!" Die geschmacklose, wenn auch ironisch gemeinte Aktion sorgte für Schlagzeilen, da ein gewisses Fan-Spektrum bereits zuvor ins Visier geraten war. So waren Schlachtrufe wie „SS, SA, Bavaria" und „Wer soll unser Führer sein? Carsten Jancker!" registriert worden. Auf einem Empfang in der Staatskanzlei hatten einige Bayern-Fans in den frühen Morgenstunden, in Unkenntnis der Geschichte ihres eigenen Vereins, „Ajax ist ein

Judenklub" gegrölt. Ein Fanzine aus dem Siegerland hielt mit seiner rassistischen und neonazistischen Einstellung nicht hinterm Berg. Der Autor dieses Buches erhielt Morddrohungen, nachdem er über derartige Aktivitäten geschrieben hatte.

Der Verein hatte das Problem zunächst geleugnet, doch nach der „Aldi-Aktion" bestand dringender Handlungsbedarf, zumal auch der Sponsor Opel aufmerksam wurde. Einige Fan-Gruppen erhielten von Hoeneß und dem Fan-Beauftragten Raimond Aumann eine unmissverständliche Warnung. Als einige Fans den Bayern-Verantwortlichen einen Wechsel zu einer schwarz-rot-goldenen Spielkluft empfahlen, hielt Hoeneß dem entgegen, dass der FC Bayern eine internationale Adresse sei. Carsten Jancker wurde später angewiesen, sich die Haare wachsen zu lassen, und sah sich zu einer Aktion gegen Ausländerfeindlichkeit „genötigt".

Derartige Negativschlagzeilen beschränkten sich allerdings nicht nur auf einige Fan-Gruppen. Auf dem Oktoberfest hatte Lothar Matthäus einem Niederländer, der den Star fotografieren wollte, zugerufen: „Dich haben sie beim Adolf wohl vergessen." Im offiziellen „Bayern-Jahrbuch" war im Steckbrief von Mehmet Scholl die primitive Politparole zu lesen gewesen: „Hängt die Grünen auf, solange es noch Bäume gibt." Wie sich später herausstellte, war dieser Satz vom Pressesprecher hineingeschrieben worden. In den folgenden Jahren zeigte sich insbesondere Hoeneß darum bemüht, das in der Öffentlichkeit entstandene Bild vom „rechten Bayern-Rambo" zu korrigieren.

Borussia kickt Bayern aus der Champions League. Hier setzt sich Heiko Herrlich gegen Markus Babbel durch.

In Sachen Ausländerfeindlichkeit sollte der FC Bayern fortan aktiver agieren als viele andere Bundesligisten. Was die „Aldi-Affäre“ anbetraf, so hängten die hierfür verantwortlichen Fans beim folgenden Spiel ein Transparent mit der Aufschrift „Entschuldigung, Besiktas Istanbul“ auf.

Doch zurück aufs Spielfeld: Im Viertelfinale der Champions League kam es zum innerdeutschen Duell mit Borussia Dortmund, die im Vorjahr als erster deutscher Verein diesen Wettbewerb gewonnen hatte. Ausgerechnet im Münchner Olympiastadion hatten die Borussen das hoch favorisierte Team von Juventus Turin mit 3:1 besiegt. Für das Duell gegen den FC Bayern mobilisierten die krisengeschüttelten Borussen ihre letzten Kräfte. In der Bundesliga hatten die Bayern zweimal die Oberhand behalten und dabei keinen Borussen-Treffer zugelassen: 2:0 hieß es in Dortmund, 4:0 am letzten Spieltag im Olympiastadion. Auch in der Champions League trafen die Schwarz-Gelben zunächst 199 Minuten nicht ins Bayern-Tor. In München trennten sich beide Teams torlos. Im Rückspiel war nach 90 Minuten noch kein Tor gefallen, so dass das Spiel in die Verlängerung musste. In der 109. Minute gelang Stephane Chapuisat das 1:0 für die Borussen, was auch der Endstand war. In Erinnerung blieb von diesem Spiel aber vor allem der Aufwärmrekord von Thomas Strunz, der erst in der 110. Minute den Platz betreten durfte.

Nach dem Ausscheiden aus der Champions League holte ein frustrierter Trapattoni zum Rundumschlag aus. Seine „Habe fertig“-Rede erlangte Kultstatus und gehört zweifellos zu den Highlights der Bundesligageschichte. Wochenlang kolportierten die Medien des Maestros Redekünste, äußerten zuweilen aber auch Verständnis für seinen Zorn über die unprofessionelle Einstellung seiner Spieler. Wenige Wochen später erklärte Trapattoni, dass er nach der Saison zurück in seine italienische Heimat wolle. Auch die zweite Amtszeit beim FC Bayern konnte ihn nicht begeistern.

Der Maestro verabschiedete sich mit dem Gewinn des DFB-Pokals. In der 1. Runde gewann der FC Bayern bei der DJK Waldberg mit 16:1. Die Hürde VfL Wolfsburg überwand der FCB erst nach Elfmeterschießen. Beim Bundesliganeuling hatten die Bayern nach 44 Minuten mit 0:2 zurückgelegen. Kurz vor dem Halbzeitpfiff gelang Elber der psychologisch wichtige Anschlusstreffer zum 1:2. Zickler und Tarnat schossen bis zur 85. Minute eine 3:2-Führung heraus, die jedoch von Roy Präger in der 88. Minute egalisiert wurde. Die Verlängerung blieb torlos. Im Achtelfinale gelang den Bayern mit einem 2:1-Sieg auf dem Betzenberg eine kleine Revanche für die in der Bundesliga erlittene Schmach. Im Viertelfinale bezwangen die Bayern Bayer Leverkusen im Olympiastadion mit 2:0. Auch im Halbfinale genoss der FCB Heimrecht. 32.000 Zuschauer sahen einen 3:0-Sieg gegen Pokalverteidiger VfB Stuttgart, wobei dieses Ergebnis bereits nach 25 Minuten feststand.

Der FC Bayern stand erstmals wieder seit zwölf Jahren in einem DFB-Pokalfinale. Am 16. Mai 1998 hieß der Gegner wie 1966 MSV Duisburg. Der FC Bayern ging als haushoher Favorit in die Partie, doch der Underdog, der die Bundesligasaison mit einem 8. Platz abgeschlossen hatte, erwies sich als unbequemer Gegner. In der 20.

„Ich habe fertig": Trapattonis Rede

„Es gibt im Moment in diese Mannschaft, oh, einige Spieler vergessen ihnen Profi was sie sind. Ich lese nicht sehr viele Zeitungen, aber ich habe gehört viele Situationen: Erstens: Wir haben nicht offensiv gespielt. Es gibt keine deutsche Mannschaft spielt offensiv. Und die Namen offensiv wie Bayern. Letzte Spiel hatten wir in Platz drei Spitzen: Elber, Jancker und Zickler. Wir müssen nicht vergessen Zickler. Zickler ist eine Spitzen mehr Mehmet e mehr Basler. Ist klar diese Wörter, ist möglich verstehen, was ich hab' gesagt? Danke. Offensiv, offensiv ist wie machen in Platz. Zweitens. Ich habe erklärt mit diese zwei Spieler: Nach Dortmund brauchen vielleicht Halbzeitpause. Ich habe auch andere Mannschaften gesehen in Europa nach diese Mittwoch. Ich habe gesehen auch zwei Tage de Training. Ein Trainer ist nicht ein Idiot! Ein Trainer sehen, was passieren in Platz. In diese Spiel waren zwei, drei oder vier Spieler, die waren schwach wie Flasche leer. Haben Sie gesehen Mittwoch, welche Mannschaft hat gespielt. Mittwoch? Hat gespielt Mehmet, oder gespielt Basler, oder gespielt Trapattoni? Diese Spieler beklagen mehr als spielen! Wissen Sie, warum die Italien-Mannschaften kaufen nicht diese Spieler? Weil wir habe gesehen viele Male solche Spiel. Haben gesagt, sind nicht Spieler für die italienische Meister.

Strunz! Strunz ist zwei Jahre hier, hat gespielt zehn Spiele, ist immer verletzt. Was erlauben Strunz? Letzte Jahre Meister geworden mit Hamann eh … Nerlinger. Diese Spieler waren Spieler und waren Meister geworden. Ist immer verletzt! Hat gespielt 25 Spiele in diese Mannschaft in diese Verein! Muss respektieren die anderen Kollegen! Haben viele nette Kollegen, stellen sie die Kollegen in Frage! Haben keinen Mut an Worten, aber ich weiß, was denken über diese Spieler! Mussen zeigen jetzt, ich will, Samstag, diese Spieler mussen zeigen mich, eh, seine Fans, mussen alleine die Spiel gewinnen. Muss allein die Spiel gewinnen. Ich bin müde jetzt, Vater diese Spieler eh, verteidige immer diese Spieler!!! Ich habe immer die Schulde über diese Spieler. Einer ist Mario, einer, ein anderer ist Mehmet! Strunz dagegen, egal, hat nur gespielt 25 Prozent diese Spiel! (Pause) Ich habe fertig."

Minute gingen die Zebras durch Salou sogar in Führung. Fast eine Stunde liefen die Bayern dem Rückstand hinterher, dann gelang Markus Babbel in der 70. Minute der erlösende Ausgleich.

Kurz vor Ablauf der regulären Spielzeit brachte Mario Basler mit einem von halblinks getretenen Freistoß den FC Bayern mit 2:1 in Führung. Wenige Minuten später hatte das Zittern ein Ende. In seinem zehnten Pokalfinale hatte der FC Bayern zum neunten Male den Pott geholt. Matchwinner Basler anschließend: „Ich schieße nur die wichtigen Tore." Der FC Bayern gewann das Pokalfinale mit folgenden Spielern: Kahn, Matthäus, Babbel, Helmer (34. Fink), Lizarazu (34. Jancker), Hamann, Nerlinger, Tarnat, Basler, Elber, Scholl (76. Strunz).

Resümee

„Wir müssen aus dem FC Bayern wieder mehr machen. Es muss künftig wieder eine Ehre sein, dieses Trikot tragen zu dürfen. (...) Wenn ein Spieler zu uns kommt, fängt es für ihn erst an. Da darf man nicht zufrieden sein und sagen: So, jetzt bin ich beim FC Bayern, jetzt habe ich alles erreicht." So Franz Beckenbauer im Januar 1995 gegenüber dem „Kicker". Einer der Gründe, warum sich, so Beckenbauer, „Spieler, die nach München geholt wurden, nicht weiterentwickeln", war zweifellos, dass einige von ihnen bereits den puren Verpflichtungsakt als Höhepunkt ihrer Karriere betrachteten. An der Säbener Straße angelangt, folgt der Ruhm schon automatisch, lautete der Irrglaube, der durch das in den 1970ern und 1980ern entstandene „Number-One"-Image und die zahlreichen Bayern-Nationalspieler in diesen Dekaden genährt wurde. Für den Fall, dass das Kalkül nicht aufging, blieb immerhin der Trost, den eigenen Marktwert erhöht zu haben.

Ein Problem war möglicherweise auch, dass durch die in der Bundesliga einzigartige Rundumversorgung, die der Klub seinen Akteuren gewährte, die Eigenverantwortung nicht gerade gestärkt wurde, wohl aber das im Fußball ohnehin weit verbreitete Peter-Pan-Syndrom. Die Attraktivität einer Fußballerkarriere bestand demnach nicht zuletzt darin, dass sich mit ihr das Erwachsenwerden herauszögern ließ.

Die Spieler – schlecht erzogene Kinder?

Uli Hoeneß analysierte korrekt, es sei eines der Hauptprobleme der Bayern und des modernen Profifußballs, „dass der Spieler nicht kapiert, dass der Arbeiter oder der einfache Mann Fußballer sehen will, die ihre Arbeit hundertprozentig machen wollen". Das Spiel sei „in seinem Kern nach wie vor ein Proletariersport – im besten Sinne des Wortes". Dies traf in der Tat selbst für einen Klub wie den FC Bayern zu. Auch die Spieler des FC Bayern wurden immer wieder an „proletarischen Werten" gemessen. Die schärfste Kritik an der Spielergeneration der 1990er Jahre stammte aus dem Mund von Klaus Augenthaler: „Die wissen nicht, wie gut es ihnen geht. Sie haben ihr Hobby zum Beruf gemacht und brauchen sich keine Sorgen zu machen. Sie sind versorgt. Aber sie realisieren das nicht. Das wirkliche Leben ist oft ganz weit weg; die Spieler werden schon mit 19, 20 für Millionenbeträge gehandelt; alles wird ihnen abgenommen. Ich glaube manchmal, sie sind so behütet, dass sie gar nicht mehr wissen, was um sie herum passiert: Arbeitslosigkeit, Betriebe werden geschlossen, jeder hat Schulden... Manche unserer Jungs ahnen gar nicht, wie das ist, wenn man am Mittleren Ring für 800 Mark im Monat wohnen muss und einem jeden Morgen ein paar hunderttausend Autos durchs Zimmer fahren. Weil sie das nicht realisieren, fehlt ihnen auch die Dankbarkeit – und der Wille, Leistung für den Luxus, in dem sie leben, zu bringen."

Der im Profifußball auch ohne den FC Bayern existierende Egoismus wurde an der Säbener Straße kräftig genährt. Der Klub erweckte zeitweise den Anschein, Umsätze und Schlagzeilen seien ihm wichtiger als der sportliche Erfolg. So war es nicht verwunderlich, dass einige seiner Angestellten als nahezu alleinigen Zweck ihrer fußbal-

Die Erwartungen der Bayern-Fans sind eindeutig: Zumindest die Meisterschale muss es sein.

lerischen Tätigkeit die Erhöhung des Kontostandes und eine größtmögliche Präsenz in den Medien betrachteten. Als der FC Bayern seine neue Medienpolitik präsentierte, schrieb Ludger Schulze in der „SZ“: „Wer gibt schon gern zu, dass seine Kinder schlecht erzogen sind.“ Dass viele Bayern-Profis halt so sind, wie sie sind, dass viele von ihnen vergaßen, „dass der Erfolg eines Sportlers in erster Linie von seiner Leistung auf dem Platz abhängt und nicht von der Zahl geführter Interviews und verkaufter Trikots“ (Schulze), daran war der Klub nicht ganz unschuldig.

Mit dem finanziellen Erstarken der Bundesliga war der FC Bayern zwar nicht mehr länger eine Transitstelle für die Reise über den Brenner, aber eine strategisch orientierte Personalpolitik ließ zunächst auf sich warten. Ruhe und Kontinuität blieben Fremdwörter. Die Führung verstand nicht, wie große Mannschaften entstehen und was diese ausmacht. Ein Korsett von Leistungsträgern, mit dem sich mittel- bis langfristig planen ließ, entwickelte sich auch weiterhin nicht. Was die Struktur der Mannschaft anbetraf, war dies Mitte der 1990er Jahre der wesentlichste Unterschied zum Dortmunder Konkurrenten. Wiederholt wurden die falschen Spieler verpflichtet. Der FC Bayern ließ sich bei der Auswahl keine Ruhe, Charakterprüfungen fanden nicht statt. Der Klub holte zu viele vermeintliche Stars, zu wenige Wasserträger, zu wenige ehrgeizige Talente, die bereit gewesen wären, sich zunächst ins zweite Glied zu fügen. Die Folgen charakterisierte Thomas Strunz wie folgt: „Bei Bayern ist das ein Spiel der Eitelkeiten. Da ist es schwer, eine feste Hierarchie aufzubauen…“ Und Oliver Kahn: „Es gehören eine gewaltige Leistung, Charakterstärke und Härte dazu, diese Mannschaft zu führen. Das ist sehr schwierig.“ Einige Spieler, unter ihnen Kahn, bedeuteten dem Vorstand während der Saison 1996/97, „dass wir keinen mehr brauchen. Wir haben den besten Kader.“ Oliver Kahn im Dezember 1996: „Jedes Jahr der große Schnitt, so kommt man nicht weiter. Man soll Trapattoni zwei Jahre Zeit geben, eine Riesenmannschaft aufzubauen.“

Angesichts des schnellen Heuerns und Feuerns konnte keine wechselseitige Loyalitätsbeziehung zwischen Spielern und Verein entstehen. Der FC Bayern kaufte vor allem Namen, statt gezielt Positionen zu besetzen. Hoeneß gab dies als kommerzielle Strategie aus: „Die Namen machen es. Wenn ich Namen anbiete, sagt der Kunde: Mensch, da muss ich hin.“ Auf dem Feld lebte die Mannschaft mehr von der Addition individueller Fähigkeiten als vom Zusammenspiel.

Auch bezüglich der Übungsleiter entstand keine Kontinuität. In den 26 Jahren von 1965 bis 1991 hatte der FC Bayern achtmal den Trainer gewechselt. In den lediglich sieben Jahren von 1991 bis 1998 fand (einschließlich der Hitzfeld-Verpflichtung) nur ein Trainerwechsel weniger statt. Sören Lerby und Otto Rehhagel waren Fehlverpflichtungen. Zweimal musste der Kaiser höchstpersönlich einspringen. Giovanni Trapattoni wurde im Abstand von einem Jahr gleich zweimal verpflichtet und resignierte beide Male. Dabei war der Maestro noch der erfolgreichste Trainer in diesen „wilden Jahren“: Mit dem Gewinn der Meisterschaft 1997, dem DFB-Pokal 1998 und der Vize-Meisterschaft 1998 konnte sich seine Bilanz durchaus sehen lassen. Kontinuität aber stellte sich erst wieder mit der Ankunft von Ottmar Hitzfeld ein.

Holte so manche Trophäe nach München: Meistertrainer Ottmar Hitzfeld.

1998 bis 2006

1998 bis 2006

Neue Höhenflüge

1998/99 Das Drama von Barcelona

Beim WM-Turnier in Frankreich waren vom FC Bayern Oliver Kahn, der zum letzten Mal bei einem Turnier zum Zuschauen verdammt war, Markus Babbel, Thomas Helmer, Lothar Matthäus. Dietmar Hamann, Michael Tarnat und der für Frankreich spielende Bixente Lizarazu dabei. Während das DFB-Team im Viertelfinale gegen Kroatien ausschied, wurde Lizarazu mit der Équipe tricolore Weltmeister.

Trapattonis Nachfolger wurde Ottmar Hitzfeld, bis zum Ende der Saison 1996/97 Cheftrainer des Rivalen Borussia Dortmund. Mit dem BVB hatte Hitzfeld 1995 und 1996 die Deutsche Meisterschaft sowie 1997 die Champions League gewonnen. Der zunächst in der Schweiz tätige Hitzfeld war in den Jahren bei den Schwarz-Gelben nicht nur zum Toptrainer des deutschen Fußballs avanciert, sondern besaß auch international eine ungeheure Reputation. Bei Trapattoni mochte man noch unterstellen, der FCB habe sich der Dienste des Italieners nur versichern können, weil dieser den Zenit seiner Karriere zum Zeitpunkt seiner Verpflichtung bereits überschritten hatte und in seiner Heimat als Auslaufmodell galt. Nicht so im Fall Ottmar Hitzfelds, der im Sommer 1998 auch international zu den begehrtesten Männern seiner Zunft zählte. In Dortmund quittierte man den Wechsel zum Konkurrenten mit säuerlicher Miene.

Mit Hitzfeld hatte der FC Bayern endlich die gewünschte, sowohl von den Spielern wie der Vorstandsetage respektierte starke Trainerpersönlichkeit an Bord. Schon während der Saison 1996/97 hatten die Bayern mit ihm geliebäugelt. Als bei Borussia Dortmund ein Konflikt zwischen dem Trainer und seinem Präsidenten ausbrach, soll Hoeneß geäußert haben, dass dieser leider vier Wochen zu spät komme. Ansonsten hätte man Hitzfeld schon damals zum FC Bayern geholt.

Nach dem Dortmunder Sieg in der Champions League hatte sich der völlig ausgezehrte Übungsleiter eine Pause gegönnt. Die Entscheidung zum Rückzug auf den ruhigeren Posten des „Sportdirektors" wurde Hitzfeld auch dadurch erleichtert, dass die BVB-Führung seinen Vorstellungen bezüglich eines Umbaus des überalterten, satten und damit auch perspektivlosen Kaders nicht folgen konnte und mochte. Hitzfeld: „Ich hatte viel Kraft investiert die ganze Zeit, ich war ausgelaugt, das hat man mir auch angesehen. Am Schluss hat auch etwas die Freude gefehlt. Man muss auch Spaß haben am Job. Die Auszeit war optimal für mich. Ich hatte nie den Stress eines Trainers, der täglich unter Druck steht. Es war der richtige Zeitpunkt, und ich bin dankbar und glücklich, dass ich dieses Jahr gehabt habe."

Große Erwartungen an den neuen Trainer

Die Erwartungen an den neuen Trainer waren vielschichtig: In erster Linie hatte er natürlich erfolgreich zu sein. Aber auch die alte Forderung nach einem attraktiveren Spielstil, die Trapattoni nicht hatte erfüllen wollen und können, tauchte wieder auf. Beckenbauer wünschte einen „erfolgreichen und schönen Fußball", Hoeneß einen begeisternden Mix aus „unterhaltendem und erfolgreichem Fußball". Rummenigge verwies diesbezüglich auch auf den Unterhaltungscharakter des Spiels im TV-Zeitalter. Hitzfeld versprach: „Wir werden offensiver spielen, mit mehr Druck, mit mehr Risiko", geprägt von einer „anderen Mentalität als sie Trapattoni hatte". Der Libero sollte in Zukunft nicht weit hinter der Abwehr, sondern auf Höhe der Manndecker oder sogar weit davor agieren. In dem wenig harmonisierenden Spielerkader sollte Hitzfelds Autorität für Ruhe und Disziplin sorgen. Last but not least sollte mit Hitzfeld ein endgültiger Schlussstrich unter die „Hollywood"-Ära gezogen werden. Von der Ankunft Hitzfelds versprach man sich wohl auch ein wenig „Dortmunder Verhältnisse". Hitzfeld: „Ich glaube, der FC Bayern hat auch gelernt, dass nicht so viel an die Öffentlichkeit dringen darf. Aber ich bin kein Trainer, der nur ein einziges gültiges Erfolgsrezept hat. Es kommt immer auch auf die Verhältnisse an, die vorherrschen. Trotzdem muss man mannschaftsinterne Probleme mannschaftsintern lösen und nicht in den Medien. Das muss ein klares Ziel des FC Bayern sein."

Als prominentere Abgänge hatte der FC Bayern nur Nerlinger (Borussia Dortmund) und Rizzitelli (FC Piacenza) zu verdauen. Die Neuerwerbungen nahmen sich deutlich hochkarätiger aus. Prominentester und teuerster Neuzugang war Rückkehrer Stefan Effenberg, der erneut von Borussia Mönchengladbach zu den Bayern stieß. Der Wechsel kostete die Bayern neun Mio. DM. Hingegen mussten die Bayern für Jens Jeremies, der sich beim Lokalrivalen TSV 1860 zu einem Hoffnungs- und Leistungsträger entwickelt hatte und zu den WM-Fahrern gehörte, nur 1,5 Mio. DM bezahlen. Thomas Linke (Schalke 04) und Hasan Salihamidzic (Hamburger SV) wechselten ablösefrei. Vom Bundesligaabsteiger Arminia Bielefeld kam der iranische Stürmer Ali Daei.

Auf der Gehaltsliste des FC Bayern standen 17 Ex- oder Noch-Nationalspieler. Neun von ihnen hatten am WM-Turnier in Frankreich teilgenommen. Laut Hoeneß hatte der FC Bayern noch nie zuvor einen Kader mit derart vielen erstklassigen Spielern besessen. Die Ansammlung von Stars bedeute, dass der Konkurrenzkampf „noch nie" so groß gewesen wäre, weshalb „Unruhe aufkommen" könne. Ein Problem sahen die Verantwortlichen allerdings in der WM-bedingten Belastung vieler Spieler. Rummenigge erinnerte diesbezüglich an leidige Erfahrungen des FC Bayern. Jedesmal nach einem großen Turnier habe der FC Bayern in der anschließenden Meisterschaftsrunde nicht so gut abgeschnitten wie erhofft. Nach dem WM-Sieg 1974 waren die Bayern Zehnter geworden, nach den WM-Turnieren 1978 und 1982 jeweils Vierter, nach 1990

Wieder an Bord beim FC Bayern: „Cheffe" Effenberg.

Zweiter, nach 1994 Sechster. Bis zum Winter würden die Folgen der Belastung anhalten. Ottmar Hitzfeld: „Wir müssen uns bis Weihnachten eben durchmogeln." Der Trainer erklärte selbstbewusst und ganz im Sinne der Bayern-Führung: „Wir werden Deutscher Meister." Giovane Elber wollte noch mehr: „Ich will mit dem FC Bayern die Champions League gewinnen."

Wie im Vorjahr startete der FC Bayern auch in diese Saison mit dem Gewinn des Ligapokals. Im Finale wurde der VfB Stuttgart vor 15.000 Zuschauern in Leverkusen mit 4:0 besiegt. Dreifacher Torschütze war der Ex-VfB'ler Giovane Elber, den vierten Treffer markierte Carsten Jancker.

Bayern-Durchmarsch in der Meisterschaft

In der Bundesliga hatte der FC Bayern nach sechs Spieltagen das Optimum von 18 Punkten auf seinem Konto. Den ersten Punktverlust erlitten die Bayern am 7. Spieltag beim 2:2 daheim gegen Hitzfelds alten Arbeitgeber Borussia Dortmund. Die erste Niederlage kassierte man am 10. Spieltag bei Eintracht Frankfurt (0:1). Einen Spieltag später gewann Hitzfeld sein erstes Derby gegen die Sechziger vor 69.000 Zuschauern mit 3:1 und bestand am letzten Spieltag der Hinrunde auch den sensiblen Test gegen Verfolger Bayer Leverkusen. Der FC Bayern gewann im Olympiastadion durch Tore von Tarnat und Elber problemlos mit 2:0.

Die Rückrunde geriet zum Abbild der Hinrunde: Der FC Bayern begann mit sechs Siegen in Folge, bevor es nach Dortmund ging, wo man sich wie im Hinspiel mit einem 2:2-Remis trennte. Wie in der Hinrunde gab es zwei Niederlagen (1:2 in Kaiserslautern und 0:2 in Nürnberg), und am letzten Spieltag gewannen die Bayern in Leverkusen mit 2:1. Das Bayer-Team war in dieser Saison der härteste Konkurrent der Bayern, doch gefährden konnte es Hitzfelds Team nicht. Denn am Ende trennten den neuen Meister FC Bayern und Vize-Meister Leverkusen 15 Punkte. Meister durften sich die Bayern bereits nach einem 1:1-Remis am 31. Spieltag daheim gegen Hertha BSC Berlin nennen. Mit 76:28 Toren hatten die Bayern sowohl die meisten Tore geschossen wie auch die wenigsten kassiert. Erfolgreichste Torschützen waren Giovane Elber und Carsten Jancker, die jeweils auf 13 Treffer kamen.

Und die Bayern tanzten auch auf den beiden anderen Hochzeiten bis zum Finale mit, nicht zuletzt dank des von Hitzfeld betriebenen Rotationsystems, das seinen Akteuren auch bei einem gedrängten Terminplan immer wieder Pausen gestattete und zugleich den kompletten Kader bei Laune hielt. Hitzfeld: „Die Spieler sehen schnell ein, dass sie nicht ins zweite Glied zurückgestuft werden, wenn sie sich einmal ein Päuschen auf der Reservebank gönnen dürfen."

Für die Champions League mussten sich die Bayern als Vize-Meister zunächst noch qualifizieren. Gegen den FK Obilic Belgrad gewannen sie daheim mit 4:0. Das Rückspiel (1:1) wurde somit mehr oder weniger zur puren Formsache. In den Gruppenspielen der Vorrunde erwischte der FCB mit Brøndby IK Kopenhagen, Manchester

Souveräner Meister 1999: FC Bayern München.

United und FC Barcelona ein schweres Los. In Kopenhagen gab es zum Auftakt eine 1:2-Niederlage. Gegen United spielte man daheim 2:2, wobei der Ausgleich für die Bayern erst in der 90. Minute durch ein Eigentor Sheringhams fiel. Im letzten Spiel der Hinrunde gab es endlich den ersten Sieg. Der FC Bayern schlug den FC Barcelona im Olympiastadion durch ein Tor von Effenberg mit 1:0. Die beiden Heimspiele gegen Manchester und Barcelona wurden von insgesamt über 110.000 Zuschauern besucht. Die Bayern begannen die Rückrunde mit dem strategischen Nachteil von zwei Auswärtsspielen. Doch in Barcelona gewann die Hitzfeld-Elf vor 85.000 Zuschauern mit 2:1. Den Siegtreffer markierte Salihamidzic in der 87. Minute. Gegen Brøndby gab es einen 2:0-Heimsieg. Bei Manchester United erreichten die Bayern ein Remis (1:1). Den Ausgleich erzielte erneut Salihamidzic. Elf Punkte bedeuteten vor Manchester United den Gruppensieg und das Viertelfinale. Hier traf der FC Bayern auf den 1. FC Kaiserslautern, mit dem er noch eine Rechnung offen hatte. In München gewannen die Bayern mit 2:0, auf dem Betzenberg sogar mit 4:0, womit der FCB erfolgreich Revanche für die Schmach vom Vorjahr nahm.

Das Halbfinale führte die Bayern zunächst nach Kiew, wo Dynamo nach 43 Minuten durch zwei Treffer von Schewtschenko bereits mit 2:0 in Führung lag. Kurz vor dem Halbzeitpfiff gelang Tarnat der Anschlusstreffer. Die Freude der Münchner war nur von kurzer Dauer, denn in der 50. Minute stellte Kossowski den alten Abstand wieder her. In der 78. Minute konnte Effenberg auf 2:3 verkürzen, eine Minute vor dem Ende der regulären Spielzeit gelang Jancker sogar noch der Ausgleich. Mit einem Remis und drei Auswärtstoren hatten sich die Bayern eine hervorragende Ausgangsposition erkämpft. Das Rückspiel gewann der FCB durch ein Tor von Basler aus der 35. Minute vor 60.000 Zuschauern im Olympiastadion mit 1:0.

Zum ersten Mal seit der Schmach vom 27. Mai 1987 in Wien stand der FC Bayern wieder im Finale des europäischen Landesmeisterwettbewerbs. Am 26. Mai 1999 kam es im Nou-Camp-Stadion des FC Barcelona zu einem Wiedersehen mit dem Vorrundengegner Manchester United. Dieses Mal musste es einen Sieger geben.

United hatte gerade den fünften Meistertitel binnen sieben Jahren sowie das FA-Cup-Finale gewonnen, musste aber in Barcelona auf die gesperrten Roy Keane und Paul Scholes verzichten. Beim FC Bayern fehlten Elber und Lizarazu. 90.000 Zuschauer erlebten eines der dramatischsten Finale in der Geschichte des Europapokals. Für die Bayern sollte es noch weitaus tragischer verlaufen als zwölf Jahre zuvor in Wien.

United-Manager Alex Ferguson schrieb später über das Spiel: „ Die Bayern spielten genau so, wie ich es mir vorgestellt hatte. Sie verließen sich auf lange Bälle, die auf ihre Sturmspitzen Carsten Jancker und Alexander Zickler geschlagen wurden.“ Nichtsdestotrotz ging der FC Bayern bereits in der 6. Minute in Führung. Der italienische Schiedsrichter Collina hatte am Rande des Strafraumes auf einen Freistoß für die Bayern erkannt. Markus Babbel sperrte Nicky Butt am Ende der Mauer, und Baslers kunstvoll geschlagenes Geschoss schlug zum 1:0 ein. United benötigte eine Viertelstunde, um den Rückstand zu verarbeiten. Doch blieben die „Reds“ auch im weiteren Verlauf des

Zwei Tore für die Ewigkeit

Spiels unter ihren spielerischen Möglichkeiten. Ferguson: „Wenigstens waren wir das einzige Team mit einer positiven Einstellung. (…) Die Deutschen waren darum bemüht, das Spiel zu töten. Mit einer derartig unproduktiven Philosophie hatten sie den Sieg nicht verdient, aber als die Minuten dahin rannen, erschien es immer wahrscheinlicher, dass sie unsere Pläne durchkreuzen würden." 24 Minuten vor dem Schlusspfiff brachte Ferguson Routinier Teddy Sheringham für Jesper Blomqvist. Die Engländer drangen nun besser durch die Bayern-Abwehr hindurch. Die reguläre Spielzeit war bereits abgelaufen, die Farben des FC Bayern am Pokal angebracht und UEFA-Präsident Lennart Johannson auf dem Weg zur Siegerehrung, als David Beckham von links eine Ecke vor das Bayern-Tor trat, die Teddy Sheringham zum Ausgleich verwandelte. Keine Minute später die gleiche Situation noch einmal. Die Bayern hatten einen völlig überflüssigen Eckball verschuldet. Erneut legt sich Beckham den Ball zum Eckstoß hin. Den Abwehrspielern der Bayern stand die Panik ins Gesicht geschrieben. Es kam, wie es kommen musste: Der Norweger Ole Gunnar Solskjaer erzielte das 2:1 für Manchester. An diesem Abend fühlten sogar viele Bayern-Gegner mit dem Branchenführer.

So mancher sah die Herausnahme von Abwehrchef Matthäus als Ursache der Niederlage. Zehn Minuten vor dem Abpfiff hatte Matthäus um seine Auswechslung gebeten, was ihm von Mehmet Scholl den Vorwurf einbrachte, er verdrücke sich immer, wenn es eng würde. Der Trainer später über die tragische Nacht von Barcelona: „Wir zogen uns damals nach dem frühen Tor zu weit zurück, ManU ging ein riesiges Tempo, und wir haben in der ersten Halbzeit nicht Fußball gespielt, sondern nur die Bälle hoch nach vorne geschlagen. Effenberg flogen die Bälle nur noch über den Kopf."

Oliver Kahn bezeichnete das 1:2 von Barcelona als „Mutter aller Niederlagen". So manche Mannschaft wäre nach einem derartigen Genickschlag nicht mehr aufgestanden, hätte resigniert. Nicht so die Bayern. Jens Jeremies: „Diese Schmach hat uns die Kraft gegeben, nicht locker zu lassen, bis wir es sind, die ganz oben stehen."

Im nationalen Pokalwettbewerb sollte es gut zwei Wochen später erneut zu einem Krimi mit unglücklichem Ausgang für die Bayern kommen. Schon der Weg ins DFB-Pokalfinale war nicht einfach gewesen, sieht man vom 5:0-Endstand beim aufstrebenden Drittligisten LR Ahlen ab. In der 2. Runde gab es ein Wiedersehen mit einem sehr alten und einem jungen Bekannten: der SpVgg. Fürth, mit der man sich vor dem Ersten Weltkrieg und in den 1920er Jahren begeisternde Duelle geliefert hatte, und dem TSV Vestenbergsgreuth, gegen den man in der Saison 1995/96 so sensationell ausgeschieden war. Der Traditionsverein und der Dorfverein hatten zur SpVgg Greuther Fürth fusioniert. Der FC Bayern schlidderte um Haaresbreite an einer erneuten Pleite vorbei. Nach 120 Minuten stand es zwischen dem Zweitligisten und dem Rekordmeister vor 31.000 Zuschauern im Nürnberger Stadion noch immer 0:0. Das Elfmeterschießen gewannen die Bayern dann mit 4:3.

Im Achtelfinale kam es zur Neuauflage des Finales vom Sommer 1998. Erneut hatten die Bayern mit dem MSV Duisburg ihre liebe Mühe. Nach 50 Minuten führten

Carsten Jancker im Champions-League-Finale gegen Manchester United: kämpferisch während des Spiels, abgrundtief enttäuscht nach dem Abpfiff.

die „Zebras“ durch zwei Tore von Beierle mit 2:0. In der 56. Minute gelang Elber der Anschlusstreffer. Vier Minute später markierte der Brasilianer auch den Ausgleich. Jeremies und Lizarazu schossen dann doch noch einen 4:2-Sieg heraus.

Eine zumindest nach Toren klare Sache war das Viertelfinale gegen den VfB Stuttgart, den bis dahin vermeintlich stärksten Gegner des FC Bayern im DFB-Pokal. Die Bayern gewannen vor nur 13.000 Zuschauern im Olympiastadion wie im Vorjahr mit 3:0. Im Halbfinale musste der FCB ins Ruhrgebiet zum Zweitligisten Rot-Weiß Oberhausen reisen, wo die Bayern zu einem relativ mühelosen 3:1-Sieg kamen.

Im Finale kam es am 12. Juni 1999 in Berlin zum alten Klassiker Werder Bremen gegen Bayern München. Die Bremer gingen bereits in der 4. Minute durch Maximow in Führung. Kurz vor dem Halbzeitpfiff konnte Jancker ausgleichen. 1:1 stand es in Berlin auch noch nach 120 Minuten.

Elfmeter-Krimi im DFB-Pokalfinale

Die letzten Minuten mussten die Bayern mit zehn Mann und ohne Basler auskommen, der in der 114. Minute die gelb-rote Karte gesehen hatte. Im Elfmeterschießen lagen die Bayern nach dem jeweils zweiten Schuss in Front, nachdem Todt für die Bremer an Kahn gescheitert war. Die Führung hielt bis vor dem letzten Elfmeter der „ersten Zehn“. Dann schoss Bayerns letzter Schütze Effenberg das Leder über das Tor. Als Rost Bremens sechsten Elfmeter versenkte und im Anschluss daran auch noch den Schuss von Matthäus parierte, war das Finale zugunsten der Bremer entschieden. Zum zweiten Mal war Lothar Matthäus zur tragischen Gestalt eines DFB-Pokalfinales geworden.

Die Bayern hatten in dieser Saison bis zur letzten Sekunde auf drei Hochzeiten getanzt. Am Ende gewannen sie nur einen Titel, aber der totale Triumph wurde nur um Haaresbreite verpasst. Einer durfte sich dann doch noch über eine weitere Auszeichnung freuen: Rekordnationalspieler Lothar Matthäus wurde zum zweiten Mal nach 1990 zum Fußballer des Jahres gewählt.

Fädelt so manchen Deal ein: Bayern-Manager Uli Hoeneß.

1999/2000 Schützenhilfe aus dem Vorort

Vor der Saison brachte der FC Bayern das Thema „Einzelvermarktung“ auf den Tisch. Der Rekordmeister konnte sich einen erheblich größeren Anteil am TV-Kuchen ausrechnen, sofern er seine Spiele in eigener Regie vermarkten würde. Der FC Bayern besaß das mit Abstand größte Fan-Potenzial, dazu noch bundesweit verstreut, und garantierte somit den TV-Anstalten und deren Werbekunden die größten Einschaltquoten. Der Verein drohte sogar mit der rigorosen Aussperrung von TV-Kameras, sollte ihm nicht zumindest die eigenständige Veräußerung der Livespiele im Pay-TV gestattet werden.

Für den Rest der Liga, die Dortmunder ausgenommen, war die Zentralvermarktung indes ein Akt „sozialer Marktwirtschaft“ (Leverkusen-Manager Reiner Calmund). DFB- und Liga-Funktionär Gerhard Mayer-Vorfelder sprach sich für eine anteilige Verteilung der TV-Gelder aus, woraufhin Hoeneß höhnte, der CDU-Rechtsaußen wolle wohl „den Sozialismus im Fußball einführen“.

Die Drohung mit dem Alleingang zeitigte den gewünschten Effekt. Der Ligaausschuss holte Uli Hoeneß mit ins Verhandlungsboot. Am 29. April 2000 schloss der Ligaausschuss einen neuen, bis zum 30. Juni 2004 datierten TV-Vertrag mit dem Kirch-Konzern, der den 36 Profiklubs der 1. und 2. Liga bis zum Ende der Saison 2003/04 1,5 Mrd. Euro einbringen sollte: 340 Mio. in der Saison 2000/01, 360 Mio. für 2001/02, 370 Mio. für 2002/03 und 460 Mio. für 2003/04. Die Zentralvermarktung wurde zwar beibehalten, indes erfuhr das Solidarprinzip gleich in zweierlei Weise eine weitere Aufweichung. 80 % der Gelder gingen an die Erstligisten. Zwischen den 18 Erstligisten wurde das Geld zusätzlich gesplittet: Ein Drittel ging zu gleichen Teilen an alle 18 Teams, das zweite Drittel gestaffelt nach den Platzierungen der vergangenen drei Jahre, das letzte nach dem aktuellen Tabellenstand. Für die Saison 2001/02 sollte dies bedeuteten, dass der FC Bayern 24 Mio. Euro aus dem Topf erhielt, Energie Cottbus indes nur zehn Mio. Dabei waren die „kleinen“ Vereine erheblich abhängiger von den TV-Geldern als der FC Bayern. Beim FCB betrug der Anteil der Bundesliga-TV-Gelder am Gesamtumsatz lediglich 13,9 Prozent, beim SC Freiburg und Hansa Rostock, denen Einnahmen aus dem Europapokal fehlten, die weniger Fan-Artikel vertrieben und weniger zahlungskräftige Sponsoren besaßen, indes 60,7 bzw. 52 Prozent. Zum anderen holte sich der FC Bayern bei Kirch eine kräftige Kompensation für den Verzicht auf die Einzelvermarktung. Was die Mitstreiter von Uli Hoeneß in der Liga-Kommission nicht wussten: Bereits einige Monate zuvor, am 9. Dezember 1999, hatten Uli Hoeneß, Karl Hopfner und Dr. Fritz Scherer für die FC Bayern Sport-Werbe AG einen eigenen TV-Vertrag mit Kirch unterzeichnet. Bevor der Ligaausschuss mit Kirch verhandelte, hatten Kirch und der FC Bayern bereits einen eigenen Kuchen gebacken, der dem Rekordmeister bis 2005 97,5 Mio. Euro garantierte. Bedingt durch die Pleite des Konzerns kassierten die Bayern davon allerdings nur 21,5 Mio. Euro.

Als dieser „Deal“ während der Saison 2002/03 aufflog, war die Empörung groß. Die Kritik, die Bayern hätten mit ihrem Vorgehen das Solidarprinzip über den Hau-

Wirbel um die Kirch-Millionen

fen geworfen und sich von Kirch einkaufen lassen, war hingegen überzogen und auch nicht sonderlich ehrlich. In der Vereinbarung zwischen Kirch und dem FC Bayern hieß es, dass das Geld nur unter „nachfolgend genannten Voraussetzungen" fließen sollte: Der Bayern-Vorstand werde „sich auch weiterhin dafür einsetzen, dass die zentrale Vermarktung sämtlicher TV-Rechte aufrechterhalten bleibt". Darum würden sich die Verantwortlichen des Klubs auch „weiterhin bestmöglich bemühen und insoweit auch auf andere Bundesligavereine einwirken". Doch hatten sich die Bayern nicht Leo Kirch gebeugt, sondern der Mogul dem Marktwert des FC Bayern und dessen Status als Branchenführer.

Angesichts der allgemeinen Empörung drohte der Kaiser für den Fall, dass die Deutsche Fußball-Liga (DFL) die Rückzahlung der 21,5 Mio. fordere, mit dem Rückzug aus der Bundesliga: „Die Bundesliga soll schauen, wie sie ohne uns weitermachen will. Da melden wir uns in Italien an, spielen gegen Juventus, Milan und Rom." So weit sollte es denn doch nicht kommen. Der FC Bayern erklärte sich in einer Art Vergleich damit einverstanden, 3 Mio. Euro aus den Kirch-Millionen zurückzuzahlen, davon 2,5 Mio. an die Liga und 0,5 Mio. für humanitäre Zwecke im Irak.

Die Affäre zerrüttete das Verhältnis des FC Bayern zur Deutschen Fußball-Liga, die den Deal als „moralisch verwerflich" verurteilt hatte, was Rummenigge als „größten Witz" bezeichnete. Denn Fakt war, dass die Liga mit Hilfe von Hoeneß den lukrativsten TV-Vertrag ihrer Geschichte ausgehandelt hatte, von dem auch die so genannten „Kleinen" profitierten. Hoeneß später: „Es ist unser aller Aufgabe, dem FC Bayern optimale Einnahmemöglichkeiten zu verschaffen. Das haben wir getan, und wir haben immer darauf geachtet, dass wir dadurch andere nicht beschädigen. Wir haben weder der Liga noch irgendeinem Verein Geld weggenommen." Der „Deal" war ein geradezu idealtypisches Dokument der Hoeneß'schen Interpretation des Solidargedankens: Die „Großen" müssen den „Kleinen" helfen, aber die „Großen" können den „Kleinen" nur helfen, wenn es ihnen selbst gut geht. Hoeneß war kein Fußball-Sozialist, sondern ein Fußball-Philanthrop.

Wie auch immer, es wunderte niemanden, dass der FC Bayern sich auch in der neuen Saison für gutes Geld personell verstärken konnte. Teuerste Neuerwerbung war Paulo Sergio. Der Ex-Leverkusener kehrte für 14 Mio. DM vom AS Rom in die Bundesliga zurück. Für die Abwehr wurde von Borussia Mönchengladbach der schwedische Nationalspieler Patrick Andersson verpflichtet. Aus Asuncion wurde der erst 17-jährige Roque Santa Cruz geholt. Die 10 Mio. DM für den Nachwuchsstürmer wurden als Investition in die Zukunft betrachtet. Thomas Helmer verließ den Verein nach sieben Jahren und 191 Bundesligaspielen und trat noch fünfmal für Hertha BSC vor den Ball. Auch Ali Daei wechselte zur Hertha.

Die Strapazen der vorherigen Saison und deren tragisches Ende hatten Spuren hinterlassen. Kahn, Effenberg und Elber gingen angeschlagen in die neue Saison. Nichtsdestotrotz war der Liga-Pokal wieder Bayern-Sache. Im Finale gewann der FC Bayern gegen Werder Bremen vor 13.000 Zuschauern in Leverkusen durch Tore von Sergio und Tarnat mit 2:1.

In der Bundesliga verlief der Start holperig. Am 1. Spieltag kam der FC Bayern daheim gegen den Hamburger SV über ein 2:2-Remis nicht hinaus, wobei der Ausgleich durch Elber erst in der letzten Minute fiel. Am 2. Spieltag unterlag der Meister beim Vize-Meister Bayer Leverkusen mit 0:2. Einen Spieltag später empfingen die Bayern den Underdog SpVgg Unterhaching. Der Münchner Vorortklub bereicherte die Landeshauptstadt um ein weiteres Bundesligaderby. Drei Vereine aus einer Stadt gleichzeitig in der Bundesliga hatte es in der Geschichte der Liga noch nie gegeben. Im mit 63.000 Zuschauern ausverkauften Olympiastadion gewannen die Bayern durch das erste Bundesligator von Santa Cruz mit 1:0.

Denkwürdiges ereignete sich am 5. Spieltag beim Gastspiel der Bayern im Frankfurter Waldstadion: In der hochdramatischen und aggressiv geführten Partie parierte Oliver Kahn in der 52. Minute beim Stande von 0:1 einen Strafstoß von Fjörtof. In der 56. Minute traf Kuffour den eigenen Keeper so unglücklich am Kopf, dass dieser gegen Ersatzkeeper Bernd Dreher ausgewechselt werden musste. Dreher stand gerade sieben Minuten zwischen den Pfosten, dann musste auch er mit einem verdrehten Knie das Handtuch werfen. Nun rückte Feldspieler Michael Tarnat auf die Torwartposition. Er überstand sein knapp 30-minütiges Torwartdasein ohne Gegentreffer. Zwei Minuten nach dem zweiten Torwartwechsel erzielte Elber den Ausgleich. Unglücksrabe Kuffour gelang in der 80. Minute sogar noch der Siegtreffer zum 2:1.

Der 3:1-Sieg gegen Hertha BSC Berlin am 8. Spieltag wurde von Schlagzeilen um Sven Scheuer und Mario Basler überschattet, die nach nächtlichen Eskapaden vom Dienst suspendiert wurden. Die Bayern-Führung und Ottmar Hitzfeld kannten keine Gnade, und vier Wochen später wechselte Basler zum 1. FC Kaiserslautern. Stress gab es aber auch mal wieder mit Lothar Matthäus. Dieser sollte und wollte den FC Bayern zum Saisonende verlassen. Doch herrschten zwischen dem Spieler und dem Klub unterschiedliche Auffassungen über den genauen Termin des Abschieds. Schließlich einigte man sich auf März 2000. Am 10. Spieltag eroberte der FCB durch einen 5:0-Heimsieg gegen den VfL Wolfsburg erstmals die Tabellenspitze, die in den Wochen vorher von Borussia Dortmund bekleidet wurde. Doch mit dem BVB sollte es nun stetig bergab gehen. Am 13. Spieltag gab es erstmals seit 22 Jahren wieder einen Sieg des TSV 1860 im Münchner Derby. Die Blauen erlegten die Roten durch ein Tor von Thomas Riedl aus der 65. Minute mit 1:0. Einen Spieltag später konnten die Leverkusener mit den Bayern gleichziehen. Der FCB kam gegen Borussia Dortmund nur zu einem 1:1-Remis, während Leverkusen Werder Bremen mit 3:2 besiegte.

Zweikampf Bayern gegen Bayer

Der Zweikampf Bayern gegen Bayer sollte den weiteren Saisonverlauf beherrschen. Am 17. Spieltag gewannen die Bayern bei Werder Bremen mit 2:0 und wurden mit zwei Punkten Vorsprung auf Leverkusen Herbstmeister. Einen Spieltag später war der Vorsprung wieder egalisiert, denn auch in Hamburg kam der FC Bayern gegen den HSV nicht über ein Remis

(0:0) hinaus. So kam es am 19. Spieltag im Olympiastadion zum Showdown zweier punktgleicher Teams.

Vor dem Spiel hatte Hoeneß getönt, die Leverkusener würden auch „in hundert Jahren nicht vor Bayern stehen". Eine wohl kalkulierte Provokation. Hoeneß ging davon aus, dass Daum nicht zurückkeilen, „sondern den Druck an die Mannschaft weitergeben würde. Nach zehn Minuten waren vier seiner Spieler verwarnt." Hoeneß später: „In solchen Momenten finde ich mich richtig gut." Tatsächlich gab es für Christoph Daum auch bei seinem zehnten Auftritt im Olympiastadion (fünfmal mit Leverkusen, dreimal mit dem 1. FC Köln, zweimal mit dem VfB Stuttgart) nichts zu holen. Bereits in der 2. Minute gingen die Bayern durch ein Eigentor des Leverkuseners Hoffmann mit 1:0 in Führung. Kurz vor der Pause erhöhte Effenberg auf 2:0. Scholl und Zickler schossen dann bei einem Gegentreffer von Ballack einen souveränen 4:1-Sieg heraus. Bayer präsentierte sich als ein Team ohne jeglichen Biss. Der „Kicker" erteilte anschließend drei Bayer-Akteuren die Note 5. Einzig und allein Michael Ballack wurde besser als mit einer 4 benotet.

Eine Woche später gewannen die Bayern das „kleine Derby" bei der SpVgg Unterhaching im mit 10.300 Zuschauern ausverkauften kleinen Sportpark des Vorortvereins mit 2:0. Dabei mussten die Bayern-Fans bis zur 73. Minute warten, bevor sie Sergio mit dem 1:0 erlöste Der zweite Treffer durch Scholl fiel erst in der 90. Minute. Der Bayern-Sieg beendete eine Serie von 25 ungeschlagenen Heimspielen der Hachinger.

Am 21. Spieltag konnten die Bayern ihren Vorsprung auf fünf Punkte ausbauen. Der FCB schlug daheim den MSV Duisburg mit 4:1, während sich Leverkusen in Schalke mit einer Punkteteilung begnügen musste (1:1). Am 23. Spieltag konnte Leverkusen den Abstand auf zwei Punkte verkürzen, als die Bayern in Stuttgart mit 0:2 verloren. Bereits im Hinspiel waren die Bayern mit 0:1 unterlegen gewesen. Für Lothar Matthäus war das Spiel im Gottlieb-Daimler-Stadion sein 464. und letzter Bundesliga-auftritt. In der 55. Minute kam für ihn Andersson aufs Feld, der in der folgenden Saison zum neuen Abwehrchef avancieren sollte. Am 25. Spieltag erreichte Leverkusen erneut einen Gleichstand: Bayer gewann beim Aufsteiger und späteren Absteiger SSV Ulm 1846 mit 9:1, während die Bayern bei Hertha BSC Berlin unentschieden (1:1) spielten. Die Wachablösung erfolgte am 27. Spieltag: Die Bayern kamen beim VfL Wolfsburg über ein Remis (1:1) nicht hinaus, wofür sie sich sogar noch bei Oli Kahn bedanken mussten. Zu allem Überfluss wurde Elber nach einer Tätlichkeit auch noch des Feldes verwiesen.

Die Bayern hatten aus den letzten fünf Spielen nur sechs Punkte geholt. Der TSV 1860 sah sich zur Schützenhilfe nicht in der Lage. Leverkusen gewann bei den Löwen mit 2:1. Am 29. Spieltag konnten die Bayern dank eines 2:1-Sieges beim SC Freiburg und eines Remis der Leverkusener in Rostock (1:1) nach Punkten egalisieren und dank des besseren Torverhältnisses erneut die Tabellenführung übernehmen. Oliver Kahn wurde in der Schlussphase von einem Fanatiker mit einem Golfball am Kopf getroffen, konnte aber weiterspielen. Die Freude über die Tabellenführung währte nur einen Spieltag lang, denn auch das zweite „große Derby“ ging an die Löwen. Das Siegtor für die Blauen erzielte im mit 69.000 Zuschauern randvollen Olympiastadion ausgerechnet Ex-Löwe Jeremies, der ins eigene Tor traf. Leverkusen gewann gegen Bielefeld und lag nun drei Spieltage vor Schluss mit drei Punkten in Front.

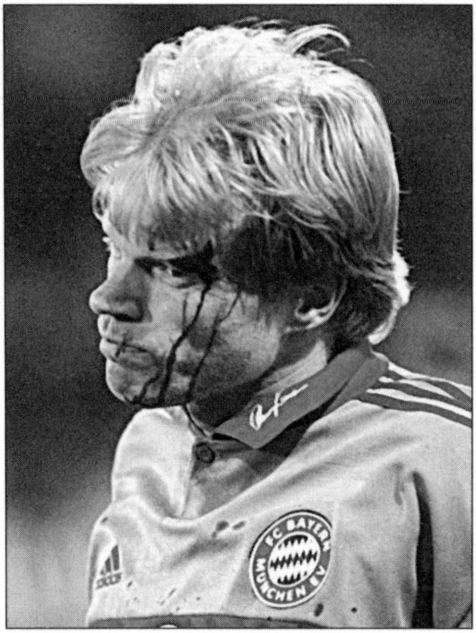

Oliver Kahn, nachdem ihn in Freiburg ein Golfball am Kopf getroffen hatte.

An dieser Situation sollte sich bis vor dem letzten Spieltag nichts ändern, denn beide Teams blieben vom 31. bis 33. Spieltag ohne Punktverlust. Vor dem Anpfiff des 34. Spieltags führte Leverkusen mit 73 Punkten, die Bayern hatten 70 auf ihrem Konto, verfügten aber mit 70:27 gegenüber 74:34 über das bessere Torverhältnis. So oder so würde die Vergabe der Meisterschale in München erfolgen, denn Bayer musste zur frisch geretteten SpVgg Unterhaching, während die Bayern einige Kilometer weiter nördlich im Olympiastadion Werder Bremen empfingen. In Unterhaching war DFB-Präsident Egidius Braun zugegen, im Olympiastadion wurde der Verband durch seinen Vize Gerhard Mayer-Vorfelder vertreten. Mit ihrer Annahme, die Verleihung der Schale würde wohl eher im Sportpark Unterhaching erfolgen, waren die DFB-Oberen keineswegs allein. Schließlich genügte den Leverkusenern bereits ein Punkt im Sportpark Unterhaching, während die Bayern gegen Werder nicht nur unbedingt gewinnen, sondern auch auf eine Niederlage von Bayer hoffen mussten. Einige Experten entdeckten aber einen psychologischen Vorteil der Münchner, die derartige Situationen gewohnt seien. Ein selbstbewusster Jens Jeremies: „Wir sind mental am stärksten, wir können diese Qualität am besten abrufen.“

Das Wunder von Haching

Die Bayern boten im ausverkauften Olympiastadion eine teilweise mitreißende Vorstellung und gingen bereits in der 2. Minute durch einen Kopfball von Jancker in Führung. In der 12. Minute erhöhte derselbe Spieler auf 2:0, erneut per Kopf. Nur vier Minuten später traf Sergio zum dritten Mal für seine Farben. Der Jubel der 63.000 kannte keine Grenzen, als weitere vier Minuten später die Nachricht vom Hachinger Führungstreffer die Runde machte. Michael Ballack hatte ins eigene Netz getroffen. Im Olympiastadion gelang Bode in der 40. Minute der Anschlusstreffer zum 1:3. Zur Halbzeit waren die Bayern Meister, aber würde der Underdog auch die zweiten 45 Minuten gegen Leverkusen erfolgreich überstehen? Während im Olympiastadion die Bayern das Tempo drosselten und sich nichts mehr tat, gelang dem Ex-Bayern Markus Oberleitner einige Kilometer weiter süd-

München dankt seiner Vorstadt.

lich sogar noch das 2:0 für die SpVgg. Was an Schüssen aufs Hachinger Gehäuse kam, wurde vom ausgezeichneten Keeper Gerhard Tremmel pariert. Der Keeper anschließend: „Wir wollten Bayern zum Meister machen, nur so kommen solche Leistungen zustande. Ich habe in der Jugend bei Bayern gespielt, da hängt mein Herz dran."

Als Schiedsrichter Fandel die Partie im Sportpark abpfiff, war Bayer am Boden und Bayern – dank des nun um sieben Zähler besseren Torverhältnisses – Meister. „Haching, Haching", hallte es von den Rängen des Olympiastadions. Ottmar Hitzfeld: „Unterhaching hat Geschichte geschrieben, sensationell, was sie geleistet haben. Auch meine Mannschaft hat Sensationelles geleistet." „Wir haben das Wunder vollbracht", jubelte Kapitän Stefan Effenberg, der in den Tagen zuvor die Hachinger kräftig starkgeredet hatte („Unterhaching ist die beste Mannschaft der Bundesliga"). Für Oliver Kahn war es die bis dahin „schönste Meisterschaft". Uli Hoeneß ließ gegenüber seinem Erzfeind Nachsicht walten. „Daum tut mir Leid. (…) Es war vor allem Glück dabei. Weil wir zugeben müssen, dass die Leverkusener in der Rückrunde absolut ebenbürtige Gegner waren; sie hätten den Titel genauso verdient gehabt. (…) Diese Meisterschaft war so großartig wie jene 1986, als wir im letzten Spiel noch die Bremer abfingen. Nur diesmal kam der Titel noch überraschender, weil nicht zu erwarten war, dass die Unterhachinger noch die Leverkusener schlagen würden."

Von seinen fünf Niederlagen leistete sich der neue Meister vier gegen den TSV 1860 und den VfB Stuttgart. Bitter für den Vize-Meister: Leverkusen verlor nur drei Spiele, davon je eines gegen die Bayern und Unterhaching. Mit 73 Toren erzielten die Bayern einen Treffer weniger als der Rivale. Garant des Titelgewinns war die Abwehr, die wie im Vorjahr nur 28 Tore zuließ. Erfolgreichster Torschütze der Bayern war mit 14 Treffern Giovane Elber, gefolgt von seinem Landsmann Paulo Sergio (13). Aufsteiger der Saison war Publikumsliebling Hasan Salihamidzic, der in 30 Bundesligaspielen und sämtlichen Champions-League-Begegnungen auf dem Feld stand.

München hatte seinen Ruf als Deutschlands Fußballhochburg Nr.1 mal wieder bestätigt, und dieses Mal trugen nicht nur die Bayern dazu bei, die nach der Meisterschaft auch noch den DFB-Pokal holten (s.u.). Der TSV 1860 wurde in der Meisterschaft Vierter, die beste Platzierung der Löwen seit der Saison 1966/67. Die SpVgg Unterhaching, für viele der Abstiegskandidat Nr. 1, belegte vor Borussia Dortmund den 10. Platz. Und mit dem Löwen Martin Max war auch der Torschützenkönig der Liga ein Münchner. Ebenfalls an die Isar ging der Titel „Fußballer des Jahres“, der erstmals und hoch verdient Oliver Kahn zugesprochen wurde.

Weit, aber nicht ganz ans Ziel gekommen war man in der Champions League. Dort erwartete die Bayern mit dem FC Valencia, Glasgow Rangers und PSV Eindhoven eine zumindest formal nicht einfache Gruppe. Gegen Eindhoven gewannen die Bayern zum Auftakt daheim mit 2:1. Zweifacher Torschütze war Paulo Sergio. Das Rückspiel in Eindhoven war eine Kopie des Hinspiels. Der Gastgeber ging in Führung, der Gast glich aus, der Gastgeber ging erneut in Führung, was der Endstand war. Wie im Hinspiel gab es auch im Rückspiel in der 90. Minute einen Platzverweis. Im Olympiastadion wurde der Niederländer van Bommel des Platzes verwiesen, in der Philipps-Arena Jens Jeremies. Im Glasgower Ibrox-Park musste der erst 20-jährige Stefan Wessels zwischen die Pfosten. Wessels hatte zuvor erst viermal das Bayern-Trikot getragen, und dies nur bei den Amateuren in der Regionalliga. Der junge Keeper bot bei seinem Debüt im Profi-Team eine souveräne Vorstellung und wurde mit einem neuen Vertrag belohnt. Rangers

Beim glorreichen 4:1-Sieg gegen Real Madrid steuerte Zickler zwei Treffer bei.

und Bayern trennten sich unentschieden (1:1), wobei der Ausgleich durch Tarnat erst in der 90. Minute fiel. Um in die Zwischenrunde zu gelangen, mussten die Bayern im Rückspiel unbedingt die Punkte behalten. Durch einen von Thomas Strunz verwandelten Elfmeter und dank eines starken Oliver Kahn gewann der FC Bayern mit 1:0. Gegen den FC Valencia, der mit drei Punkten mehr als die Bayern Gruppensieger wurde, spielten die Bayern in München und in Valencia jeweils 1:1.

Glanzlichter gegen Real Madrid

In der Zwischenrunde hießen die Gegner Rosenborg Trondheim, Dynamow Kiew und Real Madrid. Höhepunkte waren die beiden Begegnungen gegen die „Königlichen" aus der spanischen Hauptstadt, in denen der FC Bayern insgesamt acht Tore schoss und die der Klub jeweils als Sieger beendete. In Madrid führte der FCB nach 24 Minuten durch Scholl und Effenberg mit 2:0. Eine Minute später gelang Morientes der Anschlusstreffer, aber Thorsten Fink stellte noch vor dem Halbzeitpfiff (39.) den alten Abstand wieder her. Nach dem Wiederanpfiff konnte Raul auf 2:3 verkürzen. Das letzte Wort hatten allerdings die Bayern: In der 67. Minute erzielte Sergio das 4:2, was zugleich auch der Endstand war. Das Rückspiel in München geriet zu einem Fußballfest. Scholl, Elber und Zickler (2) schossen einen 4:1-Sieg heraus. Die Heimspiele gegen Kiew (2:1) und Trondheim (2:1) wurden ebenfalls gewonnen. In Rosenborg gab es ein Remis (1:1), in Kiew mit 0:2 die einzige Niederlage. Der FC Bayern wurde mit drei Punkten Vorsprung auf Real Madrid überraschend souverän Gruppensieger.

Im Viertelfinale trafen die Bayern auf den FC Porto und erhielten so die Chance zur Revanche für die Schmach von 1987. In Porto gingen die Portugiesen in der 47. Minute durch Jardel in Führung, aber zehn Minuten vor dem Abpfiff gelang seinem Landsmann Sergio der Ausgleich. 1:1 war auch der Endstand. In München das umgekehrte Bild: In der 15. Minute erzielte Sergio die Führung, in der 90. Minute glich Jardel aus. Alles sah nach einer Verlängerung aus, als Thomas Linke im Gegenzug das viel umjubelte 2:1 gelang.

Im Halbfinale kam es zu einem Wiedersehen mit Real Madrid. In Madrid mussten die Bayern auf den verletzten Stefan Effenberg verzichten. Dieses Mal waren die Madrilenen auf dem Posten. Bereits in der 4. Minute ging Real durch Anelka in Führung. In der 33. Minute unterlief Jeremies sein zweites tragisches Eigentor in dieser Saison. 95.000 Zuschauer sahen den 2:0-Sieg der Madrilenen, 35.000 mehr als beim Zwischenrundenspiel. Im Rückspiel sah es zunächst gut aus für den FCB, denn Jancker brachte seine Mannschaft bereits in der 12. Minute in Führung. In der 31. Minute dämpfte Anelkas Ausgleichstreffer die Hoffnungen der Münchner. Zum Weiterkommen benötigten die Bayern nun noch drei Tore, doch mehr als das 2:1 durch Elber in der 54. Minute sprang nicht mehr heraus. Die Südkurve verabschiedete die erschöpften Spieler mit Ovationen. Ottmar Hitzfeld: „Das Publikum war fantastisch. Eigentlich hätten wir jedem Einzelnen die Hand schütteln müssen." Kapitän Stefan Effenberg: „In der nächsten Saison sind wir wieder da. Irgendwann gewinnen wir diese Champions League schon!" Von den vier Begegnungen mit Real Madrid hatten

Sergio und Elber präsentieren die Trophäen des Doubles – und die Fans auf dem Marienplatz feiern.

die Bayern drei gewonnen und dabei immerhin elf Tore geschossen (Real Madrid: sechs), aber im Finale standen die Königlichen, die dieses dann auch gegen den FC Valencia gewannen.

Die Bayern nahmen es gelassen. Einen gewissen Trost spendete der DFB-Pokal. Über die unterklassigen Stationen SV Meppen (4:1), Waldhof Mannheim (3:0) und FSV Mainz 05 (3:0) erreichten die Bayern zunächst das Halbfinale, wo ihnen mit Hansa Rostock erstmals ein Erstligist begegnete, der allerdings seinen Stammplatz in der unteren Hälfte der Bundesligatabelle hatte. Nur 10.000 Zuschauer im Olympiastadion sahen einen 3:2-Sieg der Bayern. Zweifacher Torschütze war der junge Roque Santa Cruz.

Das Finale am 27. Mai 2000 in Berlin hieß wie im Vorjahr Bayern München gegen Werder Bremen. Oliver Kahn nach dem Spiel: „Ich hatte noch nie so einen großen Druck wie vor diesem Pokalfinale verspürt, weil alle nur darauf gewartet haben, dass wir wieder eins auf den Sack kriegen." Vor 76.000 Zuschauern im Olympiastadion revanchierten sich die Bayern für die unglückliche Niederlage im Vorjahr mit einem souveränen und hoch verdienten 3:0-Sieg. Auf das erste Bayern-Tor mussten die Fans des FCB allerdings bis zur 57. Minute warten, als Elber zum 1:0 traf. In der 83. Minute sorgte Sergio mit dem 2:0 für eine Vorentscheidung. Den Schlusspunkt setze in der 90. Minute der erst kurz zuvor eingewechselte Mehmet Scholl. Eine starke Vorstellung bot Stefan Effenberg, von Hitzfeld als „tolle Führungs- und Integrationsfigur" gelobt.

Der DFB-Pokalsieger 2000: Kahn, Tarnat, Kuffour, Andersson, Babbel, Jeremies, Effenberg (81. Fink), Sergio, Salihamidzic, Elber (86. Scholl), Jancker (73. Santa Cruz). Zum dritten Mal nach 1969 und 1986 hatten die Bayern das Double aus Meisterschaft und Pokal geschafft.

Im Februar 2000 beging der Rekordmeister sein 100-jähriges Jubiläum. Eröffnet wurden die Feierlichkeiten mit einer großen Geburtstagsparty für die Bayern-Fans und Fanklubs in der Alabama-Halle. Uli Hoeneß begrüßte die Anwesenden mit den Worten: „Die Eröffnung unseres Jubiläumsjahres ist diese Party. Ihr seid uns wichtig, und deshalb feiern wir mit euch."

Drei Wünsche zum Hundertjährigen

Einen Tag später wurde im Prinzregententheater der offizielle Festakt vollzogen. 850 Gäste hatte der FC Bayern eingeladen. Zu den Gratulanten gehörten Bundesinnenminister Otto Schily („Wenn es den FC Bayern nicht gäbe, müsste man ihn erfinden"), Bayerns Ministerpräsident Edmund Stoiber („Der FC Bayern ist eine Sport- und Wirtschaftsgröße weit über unsere Grenzen hinaus"), Münchens Oberbürgermeister Christian Ude, DFB-Präsident Egidius Braun und UEFA-Präsident Lennart Johannsson („Die UEFA ist stolz auf diesen Musterverein"). Die Festrede hielt Victor von Bülow alias Loriot, der die Anwesenden mit einer kleinen Kulturgeschichte des Fußballs als dem Ursprung der menschlichen Zivilisation unterhielt. Präsident Franz Beckenbauer hatte drei Geburtstagswünsche für seinen Verein: „Unabhängigkeit, den Sieg in der Champions League und ein reines Fußballstadion in München."

2000/01 Wahnsinn und Elfmeterdrama

Bei der EM in Belgien/Niederlande blamierte sich das von Erich Ribbeck betreute DFB-Team nach Kräften und durfte bereits nach der Vorrunde die Heimreise antreten. Nur einen winzigen Punkt holte die Nationalmannschaft aus den drei Gruppenspielen. Vom FC Bayern waren Oliver Kahn, Markus Babbel, Thomas Linke, Mehmet Scholl, Jens Jeremies und Carsten Jancker dabei. Hinzu kamen noch die Ex-Bayern Lothar Matthäus (New York Metro Stars), Dietmar Hamann (FC Liverpool) und Christian Ziege (Middlesborough FC). Es sollte dem FC Bayern vorbehalten bleiben, den arg ramponierten Ruf des deutschen Fußballs auf der internationalen Bühne zu polieren.

Obwohl der FC Bayern weiter dem ersten Gewinn der Champions League hinterherrannte, verzichtete der Klub auch vor der Saison 2000/01 auf italienische oder spanische Transferdimensionen, was ihm Teile des nach Stars gierenden Boulevards verübelten. Insbesondere Hoeneß sah sich in der Kritik. Der Manager nannte die 116 Mio. DM, die Real für Luis Figo hinblätterte „Wahnsinn". Angesichts der hohen Verschuldung der Madrilenen war eine derartige Transferpolitik für den Bayern-Manager nur „unsolide". „Für mich ist kein Spieler der Welt 50 Millionen Mark wert. Selbst wenn ich eine Milliarde Mark zu Verfügung hätte, würde ich da nicht mitmachen. Außerdem garantieren diese hohen Summen auch keine Erfolge, siehe Inter Mailand. Es ist ja gerade das große Kunststück, mit den Investitionen, wie der FC Bayern sie leistet, die anderen immer zu schlagen. Und das freut mich diebisch. (...) Was hilft es, einem fremden Spieler das Geld hinterherzuwerfen, wenn man noch gar nicht sicher sein kann, dass dieser einen weiter bringt. Meine Theorie ist daher, die eigenen Spieler, von denen man weiß, was sie können, ordentlich zu bezahlen und dafür lieber auf den einen oder anderen Transfer zu verzichten."

An Neuzugängen hatten die Bayern lediglich den 23-jährigen französischen Abwehrspieler Willy Sagnol vom AS Monaco (15 Mio. DM) sowie den aktuellen Mannschaftskapitän der Schweizer Nationalmannschaft, Ciriaco Sforza vom 1. FC Kaiserslautern, zu verzeichnen. Die Verpflichtung des 12,8 Mio. DM teuren Sforza war innerhalb der Führungsetage und der Mannschaft umstritten.

Nach der Saison 1995/96 hatte Sforza die Bayern nach nur einem Jahr fluchtartig und nachtretend verlassen. Als erstmals über eine Rückkehr Sforzas spekuliert wurde, drohten seine ehemaligen Mitspieler Kahn und Scholl mit einem neuen Arbeitgeber. Sforza versprach artig, Verantwortung zu übernehmen und den „absoluten Erfolg mit der Mannschaft" anzustreben. Zu seinen Fürsprechern gehörte neben Hitzfeld auch Kapitän Effenberg. An Abgängen hatten die Bayern neben Lothar Matthäus nur noch Markus Babbel zu beklagen, der in die englische Premier League zum FC Liverpool wechselte, wohin es 1998 bereits Dietmar Hamann gezogen hatte. Die Vereinsführung hatte aus den Fehlern der Vergangenheit gelernt. Hoeneß: „Es ist viel besser, wenn man ein eingespieltes Team hat." Kapitän Stefan Effenberg gab zu bedenken, dass „acht, neun neue Spieler" nur „dieses Durcheinander" fördern würden.

Im „Kicker“ hieß es vor der Saison bezüglich der europäischen Ambitionen des FC Bayern: „Hitzfeld und in seiner Person der gesamte FC Bayern München – der Sisyphos des modernen Fußballs? Der Fußballtrainer und -klub, die sich vereint mühen, das große Ziel zu erreichen, aber nur Etappen gewinnen? Nein und ja. Denn wie weiland die griechische Mythengestalt den Stein immer wieder den Berg hoch rollte und stets vergebens, so versuchen die Bayern bereits seit 24 Jahren unerfüllt, die bedeutendste Trophäe des europäischen Klub-Fußballs in ihre Gloriensammlung einzureihen, den Pokal für den Sieg in der Champions League, früher Europapokal der Landesmeister. (…) Und so steht auch für das Arbeitsjahr 2000/2001 wieder wie gemeißelt: Zuallererst ist alles Trainieren, Trachten und Toreschießen der Bayern auf die kontinentale Königsklasse gerichtet: ‚Irgendwann kommt der Punkt', meint Oliver Kahn, ‚da sind wir reif: für Platz eins in der Champions League.‘“ Daneben gab es aber noch ein weiteres Ziel: den dritten Gewinn der Deutschen Meisterschaft in Folge, was den dritten Titel-Hattrick für die Bayern bedeuten würde.

Hitzfeld kündigte auch für die neue Saison Rotation und taktische Flexibilität an: „Die Rotation wird angesichts des Programms in Bundesliga und Champions League bleiben, ebenso setzt sich der Trend zur Linienabwehr fort. Weniger gravierend scheint mir, ob mit zwei, drei, vier oder einem Stürmer angegriffen wird. Entscheidend ist die Philosophie, die dahinter steckt: dass eine Mannschaft in die Offensive geht und Entschlossenheit zeigt.“ Defizite sah der Coach in Sachen Spielintelligenz: „Das Spiel aus der Abwehr heraus muss sich verbessern, wir müssen schneller auf Offensive umschalten.“

Die Generalprobe beim Ligapokal gelang jedenfalls: Mit 5:1 überfuhr der FC Bayern Hertha BSC und holte die wenig bedeutsame Trophäe zum vierten Mal hintereinander. Die Berliner waren auch der Auftaktgegner in der Meisterschaft; sie verließen das Münchner Olympiastadion mit einer Niederlage in nahezu gleicher Höhe – 4:1. Den Ehrentreffer für Hertha markierte mit Ali Daei ein ehemaliger Bayern-Akteur.

Am 2. Spieltag übernahmen die Bayern nach einem 3:0-Sieg in Bochum erstmals die Tabellenführung. Einem Sieg gegen den VfL Wolfsburg (3:1) folgte die erste Niederlage beim VfB Stuttgart (0:2). Neuer Tabellenführer war nun Schalke 04, das sich in dieser Saison als härtester Konkurrent im Titelrennen erweisen sollte. Das „kleine Derby“ gegen Unterhaching wurde am 5. Spieltag nach einem harmlosen Spiel vor 48.000 Zuschauern im Olympiastadion mit 3:1 gewonnen. Dabei war der Underdog zunächst in der 21. Minute in Führung gegangen. Am 7. Spieltag erlitten die Bayern beim 0:1 gegen Hansa Rostock ihre erste Heimniederlage. Mittlerweile nahm die so genannte „Daum-Affäre“ ihren Lauf. Nach dem EM-Debakel war Leverkusens Trainer Christoph Daum als neuer Bundestrainer und Retter des deutschen Fußballs ausgeguckt worden. Sein vehementester Befürworter war Gerhard Mayer-Vorfelder. Seit Daums Trainertagen in Stuttgart verband die beiden eine Männerfreundschaft. Allerdings sollte Daum erst nach Ablauf seines Vertrags in Leverkusen zum DFB übersiedeln. Bis zum 1. Juli 2002 sollte Rudi Völler beim DFB als „Interimslösung“ regieren. Ende September 2000

Wirbel um Daums Kokain-Affäre

Internationales Flair: Roque Santa Cruz und Willy Sagnol.

hatte die Staatsanwaltschaft Köln Ermittlungen gegen Daum wegen dubioser Immobiliengeschäfte aufgenommen. Bereits seit vielen Jahren begleitete Daum das Gerücht, er sei Konsument von Drogen. Erstmals war dies im Juni 1995 in der „Welt am Sonntag" ausgesprochen worden. Am 26. September 2000 wurden die Spekulationen erneut in der Münchner „Abendzeitung" thematisiert: „Die Gerüchte überschlagen sich. Von Schnupf-Orgien ist die Rede, von wilden Partys mit Prostituierten, die nun ihr Wissen zu versilbern trachten." Am 2. Oktober 2000 zitierte die „Abendzeitung" Uli Hoeneß: „Wenn das alles Fakt ist, worüber geschrieben wurde, auch unwidersprochen vom verschnupften Daum, dann kann er nicht Bundestrainer werden." Es gehe „um sein privates Umfeld, seine Werbeverträge, um Erpressungsversuche und Prostituierte, wovon er ja selber gesprochen hat, um all die Scheiße geht es, um seine Außendarstellung und um die Frage, ob das alles geeignet ist, oberster Trainer in einem Land wie Deutschland zu sein". Wie sich später herausstellte, enthielt der Artikel auch Zitate, die nicht von Hoeneß stammten. Hoeneß später: „Ein Journalist hatte geschrieben, dass Daum mit Kokain und Prostitution zu tun habe. Als das fünf Tage später nicht dementiert war, habe ich zum ersten Mal gesagt, das kann doch nicht sein, dass da keiner etwas sagt. An Daums Stelle hätte ich den Journalisten 17 Anwälte auf den Hals geschickt mit dem Auftrag, eine Gegendarstellung zu erreichen."

Der Artikel der „Abendzeitung" löste einen Sturm der Entrüstung aus. Dem Manager wurde eine persönlich motivierte Unter-die-Gürtellinie-Attacke unterstellt, gerichtet gegen eine Person, mit der Hoeneß nach eigenem Eingeständnis „immer ein Problem" hatte. So erinnerte man sich eines Satzes aus der Zeit der Daum-Heynckes-Kontroverse: „Leute wie Daum müssen wir in Zukunft im Keim ersticken." Auch wurde vermutet, die Attacken gegen Daum würden nicht zuletzt dessen Ziehvater Mayer-Vorfelder und der DFB-Führung gelten. Durch eine Demontage von Mayer-Vorfelder und des designierten Bundestrainers Daum würden die Bayern versuchen, den DFB, letztes Bollwerk gegen die fußballpolitischen und ökonomischen Hegemonie-Gelüste des FC Bayern, zu übernehmen.

Christoph Daum Jahre nach der Affäre: „Uli Hoeneß ist immer am besten informiert." Jeder, der Hoeneß nur ein wenig richtig einzuschätzen wusste, konnte sich denken, dass der Manager das Thema nicht ohne Grund angesprochen hatte. Nichtsdestotrotz wurde die Daum-Erkenntnis kaum beherzigt. Von der „Bild"-Zeitung bis zur Justizministerin Däubler-Gmelin wurde Hoeneß für Aussagen gescholten, die er überhaupt nicht getätigt hatte. „Bild" machte in geradezu volksverhetzender Manier gegen Hoeneß Front. Das Blatt wollte den Bayern-Manager mit aller Macht aus dem Amt mobben. „Bild" war der „Anti-Boulevard-Hoeneß" schon seit längerem ein Dorn im Auge. Dass sich auch sein Freund Paul Breitner auf die Seite der Hoeneß-Attackierer schlug, muss den Manager tief getroffen haben. Jedenfalls kam es über die „Daum-Affäre" zum Bruch zwischen Hoeneß und Breitner, die einst als „junge Wilde" beste Freunde gewesen waren, in Trainingslagern ein Doppelbett geteilt und gemeinsam für Unterhosen geworben hatten. Im Fernsehen hatte Breitner zum Hoeneß-Daum-Disput geäußert: „Am Ende dieser Sache wird es einen von beiden nicht mehr geben." Zwischen Hoeneß und Breitner hatte es immer wieder gekracht. Hoeneß: „Wir konnten uns streiten wie die Besenbinder, aber wenn's drauf ankam, war jeder für den anderen da." Doch dieser Krach war anders als alle vorherigen. Hoeneß später: „Ich grübele immer noch, warum er sich nicht bei mir informiert hat, bevor er ins Fernsehstudio ging." In der Vergangenheit hatte Susi Hoeneß zwischen den beiden impulsiven Charakteren vermittelt. Hoeneß: „Paul hat manchmal gesagt, ich sei ein Arschloch. Dann hat er meine Frau angerufen und gefragt: ‚Wie geht's dem Arschloch?' Aber jetzt hat meine Frau ihn eigentlich fallen gelassen, und da kaut er, glaube ich, schwer dran." Und Breitner: „Seit der Daum-Sache war nix mehr." Auch von seinem Präsidenten Franz Beckenbauer hatte sich Hoeneß anfangs mehr Unterstützung erhofft. Die Journalisten Thomas Kistner und Ludger Schulze: „Als Präsident des FC Bayern neigte Beckenbauer eher seinem Manager zu. Aber das konnte er nicht deutlich sagen, denn als ‚Bild'-Mann war er auf Redaktionslinie getrimmt." Massive Rückendeckung erhielt der Manager hingegen von Karl-Heinz Rummenigge und Fritz Scherer.

Öffentliches Mobbing gegen Hoeneß

Am 8. Spieltag musste der FC Bayern ins Cottbusser „Stadion der Freundschaft" reisen. Obwohl die „Abendzeitung" zwischenzeitlich eingestehen musste, dass sie Hoeneß falsch zitiert hatte, schlug dem Bayern-Manager alles andere als Freundschaft entgegen. Energie-Präsident Dieter Krein tat das Seine, um den Mob zu mobilisieren. Hoeneß sei

Entscheidend ist auf dem Platz: Salihamidzic überzeugte.

„ein relativ unflätiger Mensch". Man würde ihn aber in Cottbus in Ruhe lassen, sofern sich der Manager anständig aufführe. Hoeneß musste mit Bodyguards zur Trainerbank geleitet werden. Daheim in München wurde seine Familie vielfach beleidigt; im Internet wurde eine Prämie von 10.000 DM für denjenigen ausgesetzt, dem es gelänge, Hoeneß „von der Bank zu schießen". Beim Nürnberger Arbeitsamt ging ein anonymer Hinweis ein, der Manager beschäftige in seiner Wurstfabrik illegale Arbeiter, woraufhin rund 40 Fahnder und Polizisten das Gelände der Firma „Howe" besetzten, die Geschäftsräume durchsuchten und die Angestellten verhörten. Nach einigen Stunden musste die Streitmacht wieder ergebnislos abziehen. Dass die Bayern beim Abstiegskandidaten mit 0:1 unterlagen, geriet zur Nebensächlichkeit. Währenddessen wurde Daum beim Gastspiel seiner Mannschaft in Bremen nicht nur von den Leverkusener Fans umjubelt.

Am 21. Oktober 2000, dem 9. Spieltag der Bundesliga, erhielt Christoph Daum ein positives Ergebnis seiner Haaranalyse und warf bei Bayer Leverkusen das Handtuch. Die Nachricht schlug wie eine Bombe ein. Thomas Kistner und Ludger Schulze: „Es war ein sonniger Herbsttag. Kurz nach zwölf Uhr klingelte das Handy eines Freundes der Familie Hoeneß. Susi Hoeneß war am Apparat, und die sonst so resolute Frau des Managers klang ein wenig durcheinander. Sie sprach in Halbsätzen, die immer wieder von den gleichen Wortfetzen unterbrochen wurden: ,Unfassbar, unglaublich.' Erst allmählich begriff der Bekannte: Christoph Daum sei angeblich positiv getestet worden. Ihr Mann habe soeben einen entsprechenden Anruf des DFB-Direktors Wilfried Straub bekommen. Mehr wisse sie nicht, fügte Frau Hoeneß an, nein, ihr Mann sei nicht zu sprechen, der habe sich wortlos zurückgezogen. Gemeinsam erwogen die Gesprächspartner die Möglichkeit, ob sich das Satireblatt ,Titanic' nicht einen Scherz erlaubt und einen Stimmenimitator ans Telefon gesetzt habe."

Am Nachmittag erklärte Bayer-Manager Reiner Calmund auf einer Pressekonferenz: „Christoph Daum ist ab sofort nicht mehr Trainer von Bayer 04 Leverkusen." Gerhard Mayer-Vorfelder zog für den DFB nach: „Der Handschlagvertrag mit Daum ist gegenstandslos." Daum selbst setzte sich zunächst einmal in die USA nach Miami ab. Der zur Unperson abgestempelte Uli Hoeneß hatte Recht behalten. Daum entschuldigte sich später bei Hoeneß und äußerte Verständnis für dessen Agieren: „Ich kann sein Vorgehen ja verstehen. Er tat es, um die Bayern oder in dem Fall den deutschen Fußball zu schützen." Reiner Calmund später: „Ich glaubte meinem Trainer und den Gutachten der Ärzte, aber Uli Hoeneß wusste mehr." Zwei Monate später kam es zur Aussprache zwischen den Managern. Calmund: „Uli Hoeneß holte mich von der Straße ab, führte mich in seine Wohnung. Seine Frau spielte den Friedensrichter. Es war ein tolles Gespräch, seitdem ist alles ausgeräumt. Im privaten Gespräch kann Uli Hoeneß auch Fehler eingestehen."

Der FC Bayern übernahm an dem Tag, an dem der nach dem Bestechungsskandal von 1971 größte Skandal der Bundesliga zu Ende ging, mit einem 3:1-Sieg im „großen Derby" gegen den TSV 1860 (3:1) wieder die Tabellenführung. Die Tore erzielten Elber (2) und Salihamidzic. Am 11. Spieltag besiegte der FC Bayern Borussia Dortmund durch Tore von Elber, Scholl (2), Salihamidzic (2) und Sergio hoch mit 6:2. Bester Spieler auf dem Platz war der Bosnier Hasan Salihamidzic, der nicht nur zwei Tore schoss, sondern auch als Vorbereiter glänzte. Einen Spieltag später gingen die Bayern im Spitzenspiel bei Schalke 04 zwar zweimal durch Elber und Sergio in Führung, doch am Ende behielten die Gastgeber mit 3:2 die Oberhand. Es folgte die bereits zweite Heimniederlage und fünfte Niederlage insgesamt in der laufenden Saison: Die Bayern unterlagen dem späteren Absteiger Eintracht Frankfurt im Olympiastadion mit 1:2. In den verbleibenden vier Spielen der Hinrunde gab es zwei Siege (u.a. ein 2:0 daheim gegen Bayer Leverkusen) und zwei Remis. Herbstmeister wurde mit 31 Punkten der FC Schalke 04, Zweiter mit zwei Punkten Rückstand Bayer Leverkusen. Die Bayern folgten einen weiteren Punkt dahinter auf dem 3. Platz.

Die Rückrunde begann der FC Bayern mit vier Siegen und konnte am 20. Spieltag die Tabellenführung zurückerobern, als auch Schalke bei Energie Cottbus strauchelte (1:4). Am 22. Spieltag verloren die Bayern das „kleine Derby" im erstmals nach dem Umbau mit 15.000 Zuschauern ausverkauften Sportpark Unterhaching sensationell mit 0:1. Ein elfmeterreifes Foul von Hargreaves an Oberleitner wurde noch nicht einmal geahndet. Ein enttäuschter Ottmar Hitzfeld: „Wir hatten diese Punkte für die

Kahn faustet – ins gegnerische Tor

Meisterschaft fest eingeplant." Die „Süddeutsche Zeitung" titelte: „Auch der FC Bayern hat jetzt sein Unterhaching." Der gesamte Kader des Underdogs kostete so viel wie das Jahresgehalt eines Stefan Effenberg. Nach einer 2:3-Niederlage in Rostock mussten die Bayern am 24. Spieltag die Tabellenführung an die wieder genesene Dortmunder Borussia abgeben. Aus den letzten drei Spielen hatte der Titelverteidiger nur einen Punkt geholt. Als in Rostock die letzte Spielminute angebrochen war, rammte der mit in den gegnerischen Strafraum aufgerückte Kahn einen Eckball mit beiden Fäusten ins Hansa-Tor. Schiedsrichter Merk konnte nicht anders, als dem frustrierten Keeper die rote Karte zu zeigen. Im „Kicker" schrieb Karl-Heinz Heimann: „Mit Anlauf den Ball ins gegnerische Tor zu boxen, hat in den bisher 37 ½ Jahren Bundesliga noch kein Torhüter fertig gebracht! Der Zustand des Meisters ist alles andere als rosig." In der „Frankfurter Allgemeinen Zeitung" nahm Roland Zorn den Keeper gegen überzogene Anwürfe in Schutz: „Dreimal schon ist der Badener auf Anordnung des 23. Mannes geflogen. Vom Platz, nach Fouls oder Aussetzern wie in Rostock. Ist der für manchen weltbeste Schlussmann deswegen schon ein Exzentriker oder Neurotiker? Böse verletzt hat Kahn noch niemanden absichtlich wie so manche Feldspieler, die sich, manchmal sogar ungestraft, kleinere oder größere Gemeinheiten erlaubt haben. Der Torwart der Bayern hat nur eine, nicht einmal besonders originelle Macke. Er ist kein guter Verlierer. Um Niederlagen zu verhindern, fallen ihm schon mal sonderbare Aktionen wie in Rostock ein."

Einen Spieltag später war der FC Bayern nach einer 2:0-Revanche gegen Cottbus wieder Tabellenführer. Mit dem gleichen Resultat endete am 26. Spieltag das zweite Derby gegen den TSV 1860. Torschützen beim 2:0-Sieg waren Bayerns Brasilianer Elber und Sergio. Doch es gelang den Münchnern nicht, sich von ihren Verfolgern abzusetzen, denn prompt kassierten sie beim 2:3 gegen Werder Bremen eine weitere Niederlage. Zweifacher Torschütze und auffälligster Akteur war Bremens Claudio Pizarro, der am Ende der Saison den 3. Platz in der Torschützenliste belegte und folgerichtig zum FC Bayern wechselte. Hektisch und hart verlief das Gastspiel bei Borussia Dortmund, das mit einem Remis (1:1) endete. Santa Cruz brachte die Bayern bereits in der 6. Minute mit 1:0 in Führung. Nach 35 Minuten erhielt Lizarazu die gelb-rote Karte und die Bayern waren nur noch mit zehn Mann auf dem Feld. In der 52. Minute gelang Bobic der Ausgleich für die Gastgeber. Drei Minuten später musste auch Effenberg nach einem Foulspiel gegen Evanilson vorzeitig unter die Dusche. Neben den Platzverweisen hagelte es noch neun gelbe Karten für die Bayern. Mit zwei Spielern in Unterzahl verteidigten die Bayern das Remis. Passender Schlusspunkt der Partie war die rote Karte für Effenberg-Opfer Evanilson in der 90. Minute. Sowohl Dortmunder wie Münchner haderten anschließend mit Schiedsrichter Strampe. Der BVB, weil Strampe bei regulären Treffern von Rosicky und Bobic auf Abseits entschied. Die Bayern beklagten den Platzverweis von Effenberg, den sie für völlig überzogen hielten.

Am 29. Spieltag kam es zum direkten Aufeinandertreffen des Tabellenführers mit seinem unmittelbaren Verfolger. Einen Punkt trennten Bayern und Schalker zu diesem

Zeitpunkt. Die Bayern gingen zwar bereits in der 3. Minute durch Jancker in Führung, doch anschließend wurden die Hausherren vom Schalker Sturmduo Mpenza und Sand nach allen Regeln der Fußballkunst vorgeführt. In der 14. Minute erzielte Sand auf Vorarbeit von Mpenza den Ausgleich. In der 48. Minute traf der gleiche Spieler mit dem Kopf zum 2:1. Die Vorbereitung kam erneut von Mpenza. Auch der dritte Treffer zum Endstand von 3:1 für die Gäste ging auf das Konto des Dänen, und erneut glänzte sein belgischer Kollege als Vorbereiter. Die beiden Stürmer erhielten anschließend in der „Kicker"-Wertung die Noten 1,5 (Mpenza) und 1 (Sand). Die Bundesliga hatte einen neuen Tabellenführer.

Fünf Spieltage vor Schluss führte Schalke (52) mit zwei Zählern vor den Bayern (50). Dahinter waren noch vier weitere Teams im Rennen, denn Leverkusen, Dortmund, Hertha BSC und Kaiserslautern hatten allesamt nur einen Punkt weniger als die Bayern. Die wohl spannendste Schlussphase der Bundesligageschichte deutete sich an. Am 31. Spieltag konnten die Bayern mit Schalke wieder gleichziehen. Der FCB schlug daheim den SC Freiburg mit 1:0, während Schalke im Nachbarschaftsderby beim VfL Bochum über ein 1:1 nicht hinauskam. Aufgrund des besseren Torverhältnisses behielten die Schalker allerdings die Tabellenführung. Nach dem 32. Spieltag waren nur noch Schalke und Bayern im Rennen. Beide Teams gewannen ihre Spiele (Schalke: 2:1 gegen Wolfsburg, Bayern: 1:0 in Leverkusen durch ein Tor von Santa Cruz). Der Vorsprung vor dem Tabellendritten Borussia Dortmund betrug nun bereits fünf Punkte.

Der 33. Spieltag sah einen erneuten Wechsel an der Tabellenspitze. Bis zur 90. Spielminute hieß der Tabellenführer unverändert Schalke 04. In Stuttgart stand es bei der Begegnung zwischen dem VfB und Schalke 0:0, in München lautete der Spielstand beim Spiel der Bayern gegen Kaiserslautern 1:1. Dabei hatten die Gäste zunächst in der 5. Minute durch Lokvenc die Führung erzielt, die Jancker erst in der 66. Minute ausgleichen konnte. In der 90. Minute erzielte Balakow in Stuttgart die 1:0-Führung für den VfB. Fast zeitgleich schoss der erst Sekunden zuvor eingewechselte Zickler in München die Bayern zum nicht mehr für möglich gehaltenen 2:1-Sieg. Der in diesen Wochen eigentlich formschwache Torschütze: „Beim Schuss steckte viel Frust dahinter." Einen Spieltag vor Schluss der Meisterschaft führte der FC Bayern mit drei Punkten Vorsprung die Tabelle an. „Die Zeit" widmete ihre Titelstory dem vorletzten Spieltag: „Magie und Wahnsinn des Fußballs siegen über Geld, Logik und Kalkül. (…) Zwei Orte, zwei Spiele, zwei neunzigste Minuten, zwei Schüsse in sieben Sekunden. Sieben verrückte Sekunden, in denen alles Kalkül, alle Taktik, die vermeintliche Logik einer ohnehin turbulenten Saison nichts mehr gelten. Zuerst kassiert Schalke 04, der Tabellenführer, beim Abstiegskandidaten VfB Stuttgart ein Tor. Und sieben Sekunden später, in München: Zickler. Gerade eingewechselt, strebt er in den Strafraum, entschlossen wie nie zuvor, schießt, der Ball prallt ab, kommt zurück in hohem Bogen, er muss ihn volley nehmen. Das hat er noch nie gut gekonnt, aber diesmal stimmt alles: ein magischer Augenblick voller Geschwindigkeit, Wucht, Wut, Ehrgeiz, Präzision. Tor, Abpfiff,

Meisterschaftsfinale: „Magie und Wahnsinn"

zwei zu eins für Bayern München. Die sieben verrückten Sekunden bergen das ganze Geheimnis des Fußballs, den Grund für seine einzigartige Anziehungskraft: Es ist der Triumph des Irrationalen in einer durchkalkulierten Welt."

„Ganz Deutschland wird gegen uns sein, aber was Schöneres gibt es doch gar nicht", freute sich Oliver Kahn vor dem letzten Spieltag. Die Bayern befanden sich in einer fast identischen Situation wie Bayer Leverkusen ein Jahr zuvor. Die Münchner mussten nach Hamburg reisen, doch ein Remis genügte zum Titelgewinn. Schalke 04 musste auf einen Ausrutscher der Bayern hoffen und sein eigenes Heimspiel gegen die bereits abgestiegenen Unterhachinger gewinnen. Doch der FC Bayern war nicht Bayer Leverkusen.

Ein Meister für fünf Minuten

Zunächst lief alles für die Bayern. Im Gelsenkirchener Parkstadion führte Unterhaching nach 26 Minuten mit 2:0. Bis zum Halbzeitpfiff konnten die Schalker durch Sand und Asamoah ausgleichen. In Hamburg war in den ersten 45 Minuten kein Tor gefallen. Der FC Bayern war bei Halbzeit Meister. In der 69. Minute ging Unterhaching in Gelsenkirchen erneut in Führung. In Hamburg stand es immer noch 0:0. In Gelsenkirchen begann nun die blau-weiße Schlussoffensive. In der 73. Minute gelang Schalke der erneute Ausgleich durch Böhme. Derselbe Spieler brachte nur eine Minute später sein Team erstmals in Führung. In der 89. Minute erhöhte Sand auf 5:3, was auch der Endstand war.

Im entscheidenden Spiel um die Deutsche Meisterschaft schenkte der HSV den Bayern nichts: Präger versucht, Effenberg zu stoppen.

Eine Minute später erzielte Barbarez in Hamburg die 1:0-Führung für den Hamburger SV. In Gelsenkirchen war das Spiel zu Ende. Um 17.18 Uhr machte im Parkstadion die Falschmeldung die Runde, auch in Hamburg sei Schluss und es sei beim 1:0 für den HSV geblieben. Die Fans feierten den Deutschen Meister Schalke 04. Währenddessen lief das Spiel zwischen dem HSV und dem FC Bayern nicht nur in Hamburg, sondern auch auf der Anzeigentafel in Gelsenkirchen weiter, was von den freudetrunkenen Fans jedoch nicht wahrgenommen wurde. Als in der AOL-Arena HSV-Keeper Schober einen Rückpass überflüssigerweise mit den Händen aufnahm, anstatt den Ball einfach wegzuschlagen, entschied Schiedsrichter Merk auf indirekten Freistoß für die Bayern. Stefan Effenberg: „Wir wissen ja, dass Patrick Andersson einen sehr guten Schuss hat. Und aus dieser Entfernung ist es ja das Beste, voll draufzuhauen, also kam nur noch Patrick in Frage. Da habe ich ihn gerufen und direkt gesagt: Komm her, hau' das Ding rein, dann fahren wir nach Hause." Patrick Andersson: „Als ich vorgegangen bin zum Freistoß, dachte ich mir: Cool bleiben, jetzt liegt's an dir! Stefan Effenberg tickte den Ball also an, ich wusste, dass ich nur noch wenig Zeit hatte. Also versuchte ich nur, den Ball sauber zu treffen. Ich habe keine Lücke gesehen, sondern wollte den Ball einfach nur durchpressen. Mit Gewalt eben. Und dann war er drin. Dann ist in meinem Kopf alles geplatzt, es war die totale Explosion." Um 17.23 Uhr hieß der Deutsche Meister nicht mehr Schalke 04, sondern FC Bayern München.

Patrick Andersson, von vielen zunächst als Fehleinkauf apostrophiert, gehörte nicht nur wegen seines legendären Tores von Hamburg, im Übrigen des Schwedens erster Pflichtspieltreffer für den FC Bayern, zu den Gewinnern der Saison. Nach Sforza und Jeremies, die beide die Erwartungen nicht erfüllten, war Andersson bereits der dritte Abwehrchef der Bayern – mangels Alternativen. Mit seiner konservativen Spielweise verlieh er der Abwehr mehr Stabilität und stand zugleich für einen Wandel im Bayern-Spiel, der seiner Mannschaft Erfolge und Titel brachte.

Dass der FC Bayern das Spiel in Hamburg noch drehte, hatte er nicht zuletzt der Mentalität seines Keepers zu verdanken, der die Mannschaft unverdrossen nach vorne trieb. Kahn: „Ich habe das 0:1 gekriegt und mir eigentlich dabei gar nichts gedacht. Und dann schoss mir durch den Kopf: Es geht bestimmt noch drei Minuten. Da dachte ich mir, wir müssen weitermachen! Immer weitermachen! Immer weiter! Wir haben noch in der 90. Minute an uns geglaubt, mit einem immensen Willen. Man kann die Dinge anscheinend erzwingen. Genau dieser Charakter hat uns zum Meister gemacht." Nach Barbarez' Treffer hatten Beckenbauer und Hoeneß resigniert, nicht indes Hitzfeld, Kahn und Effenberg. Beckenbauer: „Es ist ein Wunder, dass wir Meister geworden sind." Und Uli Hoeneß: „Ich dachte, es ist vorbei. Wahnsinn, diese Reaktion des Teams." Karl-Heinz Rummenigge schwante, „uns wird scheibchenweise zurückgezahlt, was wir in Barcelona 1999 erlebt haben".

Erfolgreichster Torschütze war mit 15 Treffern Giovane Elber. Oliver Kahn, sowohl in der Bundesliga wie international ein großartiger Rückhalt, wurde zum zweiten Mal in Folge zum Fußballer des Jahres gewählt.

Trotz des Gewinns der Meisterschaft fiel das Gesamturteil der Verantwortlichen nicht durchweg positiv aus. Franz Beckenbauer: „Die Bundesliga hat uns nicht so viel Freude bereitet wie in den letzten Jahren." Mit seinem Urteil von einer „durchwachsenen Bundesligasaison" lag Karl-Heinz Rummenigge völlig richtig, zumindest gemessen an den eigentlichen Ansprüchen des FC Bayern. Der neue Meister leistete sich neun Niederlagen. Beide Begegnungen mit dem härtesten Herausforderer wurden verloren. Als „Aufbauhilfe Ost" wurde die Bilanz gegen die ostdeutschen Vereine Hansa Rostock und Energie Cottbus verspottet. Gegen Hansa blieben die Bayern ohne Punktgewinn, gegen Energie Cottbus wurden nur drei Zähler geholt. Vier der neun Niederlagen ereigneten sich gegen spätere Absteiger (SpVgg Unterhaching, Eintracht Frankfurt) oder akut abstiegsgefährdete Teams (VfB Stuttgart, Energie Cottbus).

Unfreiwillige „Aufbauhilfe Ost"

Nicht zu vergessen das Debakel von Magdeburg: In der 2. Runde des DFB-Pokals musste der Rekordmeister und Rekord-Pokalsieger in den Osten reisen, wo die Bayern der 1. FC Magdeburg erwartete. 1974 hatten die Magdeburger als einziger DDR-Verein mit dem Europapokal der Pokalsieger eine europäische Trophäe gewonnen. Doch 26 Jahre später war der Verein nur noch ein Schatten seiner großen Tage und viertklassig. Uli Hoeneß beschlich vor dem Auftritt beim Spitzenreiter der NOFV-Oberliga Süd ein ungutes Gefühl: „Wir sind ein bisschen unruhig, die Magdeburger sind unheimlich selbstbewusst." Immerhin wurde Hoeneß nicht wie kurz zuvor in Cottbus und Bremen mit Pöbeleien bedacht. Die 26.000 Zuschauer quittierten mit Beifall, dass der Bayern-Manager mit 3.000 DM aus der eigenen Tasche eine Sammlung für krebskranke Kinder der städtischen Uniklinik unterstützt hatte. Vom Anpfiff an entwickelte sich ein typischer Pokalfight, bei dem der Außenseiter über sich hinauswuchs, während die Bayern in allen Mannschaftsteilen schwächelten. In der 66. Minute ging Magdeburg durch Ofodile in Führung, doch Salihamidzic konnte in der 79. ausgleichen. Bei diesem Spielstand blieb es bis zum Abpfiff der regulären Spielzeit. Die Verlängerung blieb torlos, so dass die Mannschaften zum Elfmeterschießen schreiten mussten. Kahn, ohnehin nicht gerade als Elfmeter-Töter bekannt, konnte nicht einen einzigen Elfmeter des Viertligisten parieren. Ein halbes Jahr später sollte Kahn nach einem für ihn erfolgreicher verlaufenden Elfmeterschießen frotzeln können: „Ich halte die Dinger halt erst, wenn's wichtig ist." Da Kahns Gegenüber Dreszer die Elfer von Jeremies und Elber abwehrte, zog der Viertligist in die nächste Runde. Die DFB-Pokalgeschichte des FC Bayern war um eine Peinlichkeit reicher.

Die unsteten Leistungen in der Bundesliga und die Pokal-Pleite waren wohl nicht zuletzt der starken mentalen Konzentration der Mannschaft auf die Champions League geschuldet. Allerdings wusste der FC Bayern auch auf europäischer Bühne in der Vorrunde kaum zu glänzen. Mit Helsingborg IF, Rosenborg Trondheim und Paris St. Germain hatte er ein relativ leichtes Los gezogen. In Helsingborg gewannen die Bayern zum Auftakt mit 3:1. Mit dem gleichen Ergebnis wurde daheim Rosenborg Trondheim geschlagen, wobei es bis zur 73. Minute 1:0 für die Gäste stand. Bei Paris St. Germain gab es dann durch ein Tor in der 90. Minute eine 0:1-Niederlage. Das Rückspiel gewannen die Bayern wenige Wochen später mit 2:0. Hingegen kam man gegen Helsingborg im Olympiastadion über ein torloses Remis nicht hinaus. In Trondheim lagen die Bayern im letzten Spiel bis zur 88. Minute mit 0:1 in Rückstand, bevor Jeremies doch noch der Ausgleich gelang. 11 von 18 möglichen Punkten waren keine strahlende Bilanz, reichten aber zum Gruppensieg (einen Punkt vor St. Germain) und Weiterkommen.

In der Zwischenrunde hatten es die Bayern mit Olympique Lyon, Arsenal London und Spartak Moskau zu tun. Gegen Lyon und Moskau gab es daheim jeweils einen 1:0-Sieg, bei Arsenal erkämpfte man ein Remis. In Highbury lag das Team von Trainer Arsène Wenger, einst ein Wunschkandidat des FC Bayern, nach 55 Minuten durch Tore von Henry und Kanu mit 2:0 in Front. Nur eine Minute später gelang Tarnat der Anschlusstreffer, und in der 66. Minute markierte Scholl den Ausgleich zum 2:2, was auch der Endstand war.

In der Nacht vor dem Bayern-Gastspiel bei Spartak Moskau musste das Luzhniki-Stadion von gefrorenem Schnee befreit werden. Die russische Armee bohrte das Eis auf. Die Brocken wurden dann von der Rasenheizung geschmolzen. Anschließend wurden Humus und grüne Sägespäne auf das Spielfeld geschüttet. Die Bayern ließen sich von den äußeren Verhältnissen nicht abschrecken. Spieler des Abends waren Mehmet Scholl, der zwei Treffer (davon ein Foulelfmeter) zum 3:0-Sieg seines Teams beisteuerte, und der starke Keeper Oliver Kahn. Das dritte Tor für die effektiveren Bayern erzielte Paulo Sergio. Da Arsenal zeitgleich über ein Remis (1:1) gegen Lyon nicht hinauskam, benötigten die Bayern aus ihren letzten beiden Auftritten auswärts gegen die Franzosen und daheim gegen die Engländer nur noch einen Punkt.

Nichtsdestotrotz wurde die Angelegenheit zu einer Zitterpartie, denn in Lyon wurde ein völlig chancenloses Bayern-Team nach allen Regeln der Fußballkunst auseinander genommen und unterlag Olympique mit 0:3. „Wunderschön gespielt, super kombiniert, tolle Tore geschossen", resümierte Stefan Effenberg die 90 Minuten von Lyon und meinte damit die Darbietung der Gastgeber. Beim anschließenden Bankett im Salon Tête d'Or des Hilton Hotels drosch Präsident Beckenbauer vor laufender Kamera sowie ca. 500 ausgewählten Fans und Sponsoren kräftig auf die Seinen ein. „Das ist eine andere Sportart, die wir spielen. Das ist nicht Fußball. Das ist Uwe-Seeler-Traditionsmannschaft, Altherrenfußball. Wenn Ihr so weiter spielt, werden die ganzen Trophäen sicherlich nicht nach München gehen." Beckenbauer schlug den Spielern einen Berufswechsel vor.

Der Kaiser schimpft: „Altherrenfußball

Ein sichtlich irritierter Manager Hoeneß verließ das Bankett frühzeitig. Auch Ottmar Hitzfeld, dessen Autorität Beckenbauers Brandrede zu untergraben drohte, zeigte sich tief getroffen. Oliver Kahn murrte am Buffet: „Jetzt heißt es: ihr. Doch wenn es gut läuft, heißt es im Präsidium: wir." Eine ähnliche Rede hatte Beckenbauer zuletzt im März 1998 gehalten. Damals ließ der Präsident seine Spieler wissen, dass sie ohne ihre Profiverträge unter den Isarbrücken hausen müssten. Als Erster schlug Kapitän Stefan

Die Fans wissen (und zeigen), was sie wollen.

Effenberg öffentlich zurück: „Solche Dinge kann man auch intern regeln. (…) Wenn man so in eine Ecke getrieben wird, werde ich persönlich unangenehm. Wenn das über einen längeren Zeitraum so geht, werde ich Reaktion zeigen." Nichtsdestotrotz zeitigte die Rede ihre gewünschte Wirkung. Auf Initiative von Effenberg und Kahn trafen sich die Spieler zu einer Geheimsitzung, in der man sich ohne Funktionäre und Trainer auf Ziele und Aufgaben verständigte. Hitzfeld ließ die Mannschaft gewähren, und die Mannschaft sollte ihren Trainer nicht enttäuschen. Hitzfeld erklärte Beckenbauers Brandrede einige Zeit später sogar für „legitim". „Man braucht alle Verantwortlichen, die zum richtigen Zeitpunkt etwas sagen müssen, dazu sind sie auch da." Für Hoeneß („Heikle Dinge bespreche ich mit Spielern nur unter vier Augen, sonst würde der Trainer geschwächt") war Beckenbauers Rundumschlag „die Grenze".

Lyon wurde zum Wendepunkt der Saison. Ihr letztes Gruppenspiel gegen Arsenal London gewannen die Münchner vor 58.000 Zuschauern im Olympiastadion durch ein Tor von Elber aus der 10. Minute mit 1:0. Bei den Bayern überragte Thorsten Fink, dessen Aufgabe es gewöhnlich war, Stefan Effenberg den Rücken frei zu halten und die Drecksarbeit im defensiven Mittelfeld zu leisten. Hoeneß: „Das war der beste Fink, den ich je gesehen habe. Er hat gespielt wie Rastelli in seinen besten Zeiten." Auch für Ottmar Hitzfeld war Finks Auftritt „sein bester im Trikot des FC Bayern."

Mit dem Sieg über die Engländer hatten sich die Bayern bereits zum vierten Mal in Folge für das Viertelfinale der Champions League qualifiziert. Dort kam es zur Neuauflage des Finales von 1999. Der FC Bayern nutze die Chance zur Revanche. In Manchester gewannen die Bayern vor 66.584 Zuschauern im legendären Old Trafford-Stadion durch ein Tor von Paulo Sergio aus der 86. Minute verdient mit 1:0. Franz Beckenbauer zeigte sich wieder versöhnt und attestierte der Mannschaft eine „großartige Leistung". Alle Spieler seien „bis an ihre Schmerzgrenze gegangen. Man sieht, was unsere Mannschaft zu leisten im Stande ist, wenn sie wirklich gefordert wird." Das Boulevardblatt „The Sun" prognostizierte düster: „Die Revanche für Barcelona ist schon verloren." Beim Rückspiel vor 60.000 im Olympiastadion musste United auf den gelb gesperrten Beckham verzichten. Nach 40 Minuten führten die Bayern durch Treffer von Elber und Scholl mit 2:0. In der 2. Halbzeit gelang Giggs in der 49. Minute nur noch der Anschlusstreffer für das Team von Alex Ferguson.

Nach dem erfolgreich überstandenen Viertelfinale ließ sich Jens Jeremies am Knie operieren. Am 15. Februar hatte die Kämpfernatur beim Heimspiel gegen Spartak Moskau einen Schlag aufs Knie erhalten. In den folgenden Wochen kickte Jeremies nur unter Schmerzen und musste schließlich vor dem grandiosen Saison-Finale erneut unters Messer.

Im Halbfinale gegen Real Madrid, nur zwölf Tage nach seiner Operation, war Jens Jeremies jedoch dabei. Von vielen Beobachtern wurde die Partie als vorweggenommenes Finale betrachtet. Es war das bereits fünfte Aufeinandertreffen der beiden Teams innerhalb von nur 15 Monaten. Im natürlich mit 75.000 Zuschauern ausverkauften Bernabeu-Stadion hatten die Madrilenen mehr Ballbesitz und waren auch nach Ansicht von Ottmar Hitzfeld „spielerisch besser", doch die Stars in Weiß zerschellten an der Dreierkette mit Patrick Andersson, Sammy Kuffour und Thomas Linke sowie dem überragenden Keeper Oliver Kahn, der mehrere Großchancen entschärfte. Die Bayern verlegten sich aufs Kontern. In der 55. Minute überraschte Giovane Elber den jungen Real-Keeper Iker Casillas mit einem Volleyschuss aus 25 Metern von halblinks. Anschließend tänzelte der Torschütze in Richtung Eckfahne und küsste sein linkes Knie. Der Brasilianer dankte der medizinischen Abteilung des FC Bayern: „Dass ich spielen konnte, war ein Wunder." Nur zwölf Tage vor dem Spiel waren Elber aus dem Gelenk seines linken Knies Knorpelteile arthroskopisch entfernt worden. Die Bayern verteidigten die Führung bis zum Abpfiff. Ein Reporter von „El Mundo" resümierte: „Die Bayern haben die Berliner Mauer wieder aufgebaut." Reals portugiesischer Star Luis Figo glaubte, „noch nie so viele Verteidiger auf einmal gesehen zu haben". Hoeneß pries Andersson später als „Turm in der Schlacht", für Hitzfeld war Kahn der „beste Torhüter der Welt". Auch Franz Beckenbauer war zufrieden: „In einem Jahr fünfmal gegen Real zu spielen und viermal zu gewinnen – es gibt nicht viele Vereine, die das von sich sagen können."

Halbfinale: „Bayern ist größer als Real!"

Im sechsten Spiel der beiden Teams sollte den Bayern auch noch der fünfte Sieg gelingen, obwohl Hitzfeld beim Rückspiel in München auf Effenberg verzichten musste,

Schoss wichtige Tore für den FC Bayern in der Champions League: Giovane Elber.

der in Madrid nach einer Grätsche gegen Figo die gelbe Karte gesehen hatte. Statt seiner kam der aus der eigenen Jugendabteilung stammende kanadische Youngster Owen Hargreaves zum Einsatz. „Do you know Hargreaves?", wurde Real-Star Roberto Carlos am Morgen des Spiels von einem CNN-Reporter gefragt. Der kleine Brasilianer antwortete mit Achselzucken. Auch Stürmerstar Raul konnte mit dem Namen nichts anfangen. Sein Kollege Figo wusste immerhin so viel: „Ein Nachwuchsmann, spielt für Effenberg." Der 20-Jährige nutzte bei seinem ersten Europapokalauftritt die Chance der Stunde und begeisterte das ausverkaufte Olympiastadion mit seiner frechen und stürmischen Spielweise. Hargreaves grätschte und verteilte die Bälle. Und als nach 60 Minuten der ebenfalls starke Scholl von Krämpfen geplagt den Rasen verlassen musste, übernahm Hargreaves auch noch die Standards. Die „Daily Mail" schrieb anschließend über den Auftritt des von Hitzfeld zum „Matchwinner" gekürten zukünftigen englischen Nationalspielers: „Englands Fußball hat zum ersten Mal seit 1966 Grund, Deutschland dankbar zu sein. Bayern Münchens liebende Fürsorge und Förderung hat ein unerwartetes Juwel in Form eines englischen Spielers hervorgebracht."

Die Bayern begannen mit offensiver Ausrichtung und stürmisch, erarbeiteten sich zwei Großchancen, bevor Elber bereits in der 8. Minute die Führung gelang. Anschließend zog man sich zurück. In der 18. Minute konnte Figo ausgleichen. Die Bayern massierten sich weiterhin vor und in ihrem Strafraum, überließen den Gästen das Mittelfeld und verlegten sich aufs Kontern. Eine Standardsituation mündete in der 34. Minute in der erneuten Führung für die Münchner durch Jeremies. In der 2. Halbzeit erhöhte Real den Druck, verhedderte sich aber immer wieder im Defensivgürtel der Bayern oder rannte in die Abseitsfalle der Münchner. Trotz Feldüberlegenheit spielten die Madrilenen keine echte Torchance heraus. So blieb es bis zum Schlusspfiff beim durchaus verdienten 2:1 für den FC Bayern. Die spanische Zeitung „Marca" konstatierte anschließend: „München macht sein Spiel und ist ein gerechter Finalist. Einspruch unmöglich." In „El Mundo" war zu lesen: „Zerschellt. Real gegen Bayern wieder ohne die kleinste Chance. Madrid verlor in der historischen Hölle." In Italien schrieb „La Repubblica": „Die Deutschen applaudieren General Catenaccio Ottmar Hitzfeld." Auf den Punkt brachte es der „Corriere della Sera": „Bayern ist größer als Real!"

Beeindruckende Choreografie der

Ralf Wiegand schrieb in der „Süddeutschen Zeitung" nach dem Finaleinzug: „Zuzutrauen ist den Bayern inzwischen alles, weil sie mit wütender Entschlossenheit ein Ziel verfolgen: Wäre der Europapokal ein Tier und der FC Bayern sein Jäger, die Hatz ginge jetzt wohl zu Ende, nach 25 Jahren, in denen die Münchner alles getan haben, um sich die Trophäe zu sichern wie das Geweih eines Zwölfenders. 25 Jahre, in denen sie so oft den Kurs wechselten wie ein betrunkener Kapitän auf hoher See. Mal setzten sie auf die eigene Jugendarbeit, dann wieder auf internationale Stars, mal ging es nicht mit einem Spielmacher, dann nicht ohne, sie übten die Viererkette und blamierten sich mit Verliererkette, kauften König Otto und feuerten Clown Rehhagel und holten sogar verzweifelt die Vergangenheit zurück: Trapattoni, Effenberg, Sforza. Der Weg führte sie trotzdem nahe ans Ziel, weil aus jedem Fehler, den der Verein begangen hat, eine Lehre gezogen wurde, bis der Inbegriff eines deutschen Fußballklubs übrig blieb. Sparsam, fleißig und familiär, bis an die Grenze der Spießigkeit, aber straff geführt von einem strengen Trainer. Mehr Weißbier als Champagner, mehr Preußen als Bayern. Europa ärgert sich respektvoll über diesen FC Bayern wie über die deutsche Nationalmannschaft zu ihren besten Tagen, als die nicht glänzte und schon gar nicht für Klamauk taugte, sondern emsig Stein auf Stein setzte, bis sie ihren eigenen Weltmeister-Palast gebaut hatte. So ist der FC Bayern 2001 auch, ein gefürchtetes Gebilde, an dem man sich den Schädel einrennen kann, fähig trotz allem zu effizienter Emotionalität wie gegen Madrid, dem größten Ereignis auf dem Weg ins Finale."

Im Endspiel standen sich mit dem FC Bayern und dem FC Valencia die Verlierer der Champions-League-Finale 1999 und 2000 gegenüber. Noch weit mehr als die

Bayern-Fans beim Finale der Champions League in Mailand.

Bayern galten die von Hector Cupar trainierten Spanier als Defensivkünstler. Hitzfeld sprach deshalb von einem „unangenehmen Gegner, schwerer zu spielen als Manchester oder Real Madrid. Real und ManU spielen spektakulärer, offensiver, Valencia hingegen praktiziert einen sehr nüchternen Fußball, sehr effektiv und erfolgsbezogen."

Finale: Kahn als Elfmeter-Töter

Das Finale fand am 23. Mai 2001 im Mailänder Giuseppe-Meazza-Stadion statt. Für die dem FC Bayern zur Verfügung stehenden 23.000 Karten waren in der Säbener Straße über 50.000 Vorbestellungen eingegangen. Die in der „L'Opera del Calcio" versammelten Fans bewiesen, dass sie in Sachen Choreographie von ihren südeuropäischen Kollegen mehr als gelernt hatten. Eine der Hintertortribünen war komplett durch Tausende von hoch gehaltenen Papptafeln in Rot und Weiß eingehüllt, die sich zum Bild des Pokals und dem Datum „23.5.2001" formierten. Über die gesamte Breite der Tribüne verkündete ein Transparent: „Heute ist ein guter Tag, um Geschichte zu schreiben!!!"

74.500 Zuschauer wurden Zeugen eines furiosen Auftakts. Bereits in der 2. Minute zeigte der niederländische Schiedsrichter Dick Jol erstmals auf den Elfmeterpunkt. Bei einem Gestochere im Bayern-Strafraum hatte der schwache Referee ein Handspiel der Bayern gesehen. Medieta versenkte den Strafstoß platziert im linken Eck, wobei Kahn mit der Hand fast noch dran war. In der 6. Minute bot sich die Chance zum Ausgleich, nachdem Angloma Effenberg im Strafraum gefoult hatte. Doch Valencia-Keeper Canizares konnte Scholls schlecht geschossen Elfmeter mit dem Fuß parieren. In der 49. Minute erhielten die Bayern eine weitere Chance. Lizarazu hatte zu Elber gepasst, der Angloma aussteigen ließ. Die anschließende Flanke des Brasilianers wurde von Carboni mit der Hand in Richtung eigenes Tor abgelenkt. Den überflüssigen Handelfmeter verwandelte Effenberg souverän zum 1:1-Ausgleich. Fünf Minuten vor Schluss der regulären Spielzeit rettete Kahn vor Zahovic. In der Verlängerung besaßen beide Teams noch jeweils eine Chance. In der 92. Minute scheiterte Elber mit einem Linksschuss an Canizares. Fünf Minuten vor Schluss holte Kahn einen Schlenzer von Mendieta aus der rechten Torecke. Somit war klar, dass an diesem Abend die Tore nur vom Elfmeterpunkt aus fallen würden.

Auch im Elfmeterschießen gerieten die Bayern zunächst in Rückstand, und dies nicht das letzte Mal. Sergio schoss über das Tor, Mendieta verwandelte. Salihamidzic traf für die Bayern, Carew für Valencia. Auch Zickler nutze seine Chance, während Zahovic an Kahn scheiterte. Die Bayern hatten ausgeglichen. Dann scheiterte Andersson an Canizares, aber auch Carboni konnte Kahn nicht überwinden. Kahn: „Dieser Elfer war der Wahnsinn. Ich lag schon in der anderen Ecke, riss die Hand noch hoch, da geht der Ball gegen die Latte und springt einen halben Meter vor mir auf."

Den letzten Elfmeter der „Fünfer"-Runde konnten beide Teams verwandeln. Effenberg traf für die Bayern, Baraja für Valencia. Sechster Bayern-Schütze war Lizarazu, der ebenso traf wie auch Valencias Kily Gonzales. Die Entscheidung fiel mit den Elfmetern 16 und 17 an diesem Abend. Zunächst verwandelte Thomas Linke zum 6:5. Im Gegenzug konnte Kahn um exakt 23.32 Uhr Pellegrinos Schuss parieren. Auf der Tribüne herzte ein völlig ausgelassener Franz Beckenbauer den Bundesinnenminister Otto Schily. Nach zwei Stunden und 47 Minuten war das Finale zugunsten der Bayern entschieden. Um 23.44 Uhr durfte mit Stefan Effenberg erstmals wieder nach 25 Jahren ein Kapitän des FC Bayern München die prestigeträchtigste europäische Trophäe gen Himmel recken. Oliver Kahn erhielt aus den Händen Pelés eine eigene Trophäe: Der Torhüter wurde zum besten Spieler des Finales gekürt.

Die Verlierer von 1999 hatten einen begeisternderen Fußball gespielt als die Sieger von 2001. Doch das Team von 2001 hatte rechtzeitig zu einer Strategie gefunden, die den Erfolg ermöglichte. Der „Kicker": „Der Zweck heiligt die defensiven Mittel." In der Vor- und der Zwischenrunde hatte es sieben Siege, drei Remis und zwei Niederlagen gegeben, ab dem Viertelfinale nur noch Siege. Der Sieg im Finale von Mailand war völlig verdient. Der FC Bayern stellte die aktivere Mannschaft und ging weniger destruktiv zu Werke. Er gewann das Finale mit folgender Aufstellung: Kahn, Kuffour, Andersson, Linke, Sagnol (46. Jancker), Effenberg, Hargreaves, Lizarazu, Salihamidzic, Elber (100. Zickler), Scholl (108. Sergio).

„Der Fußballgott ist ein Bayer"

Die spanische „As" charakterisierte das Finale als „Welttag der Elfmeter". Der Fußballgott sei wieder einmal „ein Bayer" gewesen. In England schrieb „The Independent": „15 Minuten vor Mitternacht hatte ein Vierteljahrhundert des Wartens und des Leidens ein Ende."

Bester Spieler des Champions-League-Finales: Oliver Kahn mit der lang ersehnten Trophäe.

Und „L'Équipe", in deren Redaktionsstuben einst der Europapokal erfunden wurde: „Die Bayern sind wieder die Großen! Sie wandeln wieder auf den Spuren ihrer glorreichen Vergangenheit."

Oliver Kahn in einem Rückblick auf 1999: „Der Schmerz von damals hat uns die Kraft gegeben. Was diese Mannschaft an Willen gezeigt hat, wie sie nicht eine Sekunde gezweifelt hat, das habe ich persönlich noch nie erlebt." Der Keeper sprach später von einer „völlig neuen Konzentrationsebene", die er beim Finale erreicht hätte: „Ich war ganz, ganz weit weg. Vor der Verlängerung habe ich mich mit dem Rücken auf den Rasen gelegt, alle viere von mir gestreckt und mir einen schönen Ort vorgestellt, wo alles ganz ruhig ist. Dann sah ich mich im Tor und wie die Bälle von mir abprallen, wie ich das Elfmeterschießen gewinne. Ansonsten habe ich wenig um mich herum wahrgenommen. Ich wusste nicht einmal, dass der dritte Elfmeter, den ich gehalten hatte, der entscheidende war." Uli Hoeneß: „Er hat viele Jahre brutal dafür gearbeitet. Jetzt erntet er das, was er gesät hat." Und Karl Heinz Rummenigge: „Oliver Kahn hat das Spiel im Elfmeterschießen alleine gekippt. Wir waren zweimal tot. Er ist der beste Torwart der Welt."

Die Spieler und ihr Trainer erklärten den Triumph nüchterner. Bixente Lizarazu: „Wir spielen seit drei Monaten konzentrierter, in der Mannschaft herrscht ein anderer Geist." Und Patrick Andersson, den Hitzfeld im März zum Abwehrchef befördert hatte, wodurch die Mannschaft mehr Stabilität errang: „ Wir sind eingespielt, jeder weiß, was der andere macht." Ottmar Hitzfeld führte den „unglaublichen Willen der Mannschaft" ins Feld.

Voll des Lobes für den Sieger von Mailand und dessen Politik war auch Jupp Heynckes, der sich anschließend in einem Interview mit der „Welt am Sonntag" treffsicher äußerte: „In München stimmt einfach alles: die Infrastruktur, der Trainerstab, das Präsidium – mit einem sehr starken Karl-Heinz Rummenigge, der übrigens, das bekomme ich immer wieder von Funktionären bestätigt, auch bei den Verhandlungen der G14 ein herausragender Kopf ist. Dazu die klugen Persönlichkeiten aus Politik und Wirtschaft im Verwaltungsrat: Das ist einzigartig in Europa." Auf die Frage, ob der FC Bayern nicht eine Verpflichtungspolitik à la ManU und Real Madrid betreiben müsse, antwortete Heynckes: „Hargreaves ist der Beweis, dass es auch anders geht. Viele europäische Profis rechtfertigen Summen von 50 Millionen und mehr doch nicht. Die Bayern sparen durch Informationsvorsprung Geld: Sie holen neben überdurchschnittlichen und erfahrenen Bundesligaprofis viel versprechende Talente, die ihren Marktwert binnen weniger Spiele um das X-fache steigern. Die Bayern sind nicht nur Fußballfachmänner, sondern auch Kopf- und Kaufleute. Darüber hinaus haben sie Spieler, die auf die Jüngeren Einfluss nehmen wie Effenberg und Kahn mit ihrer Entschlossenheit, oder auch Andersson mit seinem Ehrgeiz und seiner Aggressivität."

Als Franz Beckenbauer der Mannschaft in der Kabine gratulierte, erinnerte sich Effenberg der Brandrede von Lyon: „Für eine Altherren-Mannschaft war das doch nicht so schlecht…" Der glücklichste Mensch unter lauter glücklichen Menschen war aber wohl Uli Hoeneß. Für den Manager erfüllte sich mit dem Gewinn der Champions League ein Lebenstraum, der ihn seit seinem Einzug in die Säbener Straße verfolgt hatte.

Nach ihrer Heimkehr wurde die Mannschaft auf dem Marienplatz von 30.000 Menschen begeistert gefeiert. Auf dem Rathausbalkon forderte Sammy Kuffour ganz nach dem Geschmack der Fans: „Wir wollen rot-weiße Trikots." Allein aus der Champions League verbuchte der FC Bayern eine Einnahme von 46 Mio. Euro. Der Umsatz des Klubs stieg auf 173 Mio. Euro, womit der FC Bayern in der Tabelle der umsatzstärksten Klubs hinter Manchester United auf Rang zwei kletterte. Der Gewinn nach Steuern betrug 28,5 Mio. Euro. Der Wert des FC Bayern wurde anschließend auf 750 Mio. Euro taxiert. Karl-Heinz Rummenigge: „Wir sind einzigartig. Als Europas Nummer eins werden wir noch mehr gejagt werden als bisher schon, und deshalb müssen wir alle unsere Anstrengungen noch intensivieren."

Der Triumph von Mailand markierte aber auch das Ende einer großen Mannschaft. Gesiegt hatte ein Team, das wenig Zukunft besaß und seine letzte Chance ergriffen hatte. Mit Stefan Effenberg, Paulo Sergio, Ciriaco Sforza, Thomas Linke, Michael Tarnat, Thorsten Fink, Bixente Lizarazu und Oliver Kahn waren acht Spieler jenseits des 30. Lebensjahres angelangt. Ein Umbau war dringend erforderlich.

2001/02 Durchatmen und neu positionieren

Der FC Bayern pumpte mit seinen Neuverpflichtungen über 40 Mio. DM in den Geldkreislauf der Liga. Es kamen Niko Kovac (Hamburger SV, 11 Mio. DM), dessen Bruder Robert Kovac (Bayer Leverkusen, 16,7 Mio. DM), Claudio Pizarro (Werder Bremen, 16 Mio. DM) und Pablo Thiam (VfB Stuttgart, ablösefrei). Uli Hoeneß: „Wir haben statt einem ganz großen Star eben Pizarro, Thiam und die Kovac-Brüder gekauft (...) und wir haben Erfolg. Ich biete dem Fan ja gar nichts, wenn ich zehn Stars habe, die nichts können. Der Fan will eine funktionierende Mannschaft. Er will einen Salihamidzic, keinen Superstar, der nicht läuft."

Einige Monate zuvor hatte der FC Bayern zugunsten von Borussia Dortmund auf das tschechische Supertalent Tomas Rosicky von Sparta Prag verzichtet. Rosicky war ein Kandidat für die Nachfolge der Mittelfeldmotoren Effenberg und Scholl. Die Vereinsführung beschloss, erstmals in der Geschichte des FC Bayern mehr als 20 Mio. DM für einen Spieler auszugeben. Doch als die Forderungen diese Grenze deutlich überstiegen, nahmen die Bayern Abstand von einer Verpflichtung. Uli Hoeneß: „Wir sind nicht bei 20 Mio. ausgestiegen, wir waren in einer für den FC Bayern ganz neuen Dimension. Wir sind weiter gegangen, als jemals zuvor. Aber irgendwann kommt der Punkt, an dem du dich fragen musst, ob das Preis-Leistungs-Verhältnis noch okay ist." Hoeneß informierte den ebenfalls um die Dienste des Tschechen buhlenden BVB: „Borussia Dortmund und wir sind Konkurrenten bis zu einem gewissen Punkt. Doch wir hatten das Gefühl, dass beide Vereine gegeneinander ausgespielt werden sollen, um den Preis nach oben zu treiben. (...) Natürlich waren wir an Tomas Rosicky interessiert. Aber irgendwann hatten wir die Nase voll vom Gehabe seines Beraters. Er hatte uns signalisiert, dass man sich bei einer Ablöse von 25 Mio. treffen könnte. Am nächsten Tag ist er dann mit unserem Angebot bei den Dortmundern hausieren gegangen, und der Spieler sollte statt 25 Mio. auf einmal 30 Mio. Mark kosten. Solche Geschäftspraktiken sind mit dem FC Bayern nicht zu haben." Franz Beckenbauer berichtete, Dortmunds Präsident Gerd Niebaum habe bei ihm angerufen und den FC Bayern gebeten, aus dem Poker um Rosicky auszusteigen: „Wir haben es getan. Warum? Weil der BVB umgekehrt genauso reagiert hat, als wir Paulo Sergio vom AS Rom geholt haben."

Patrick Andersson wechselte zum FC Barcelona und spülte dadurch 15 Mio. DM in die Bayern-Kasse. Der ehemalige Nürnberger Michael Wiesinger schloss sich für eine Ablöse von 1,5 Mio. DM dem TSV 1860 an.

Nach dem dritten Titel-Hattrick lautete das Ziel, als erste Mannschaft die Deutsche Meisterschaft viermal in Folge zu gewinnen. Doch bereits der Auftakt ging daneben: Am 1. Bundesligaspieltag verlor der FC Bayern bei den wiederaufgestiegenen Gladbachern mit 0:1. Beim ersten Heimspiel einen Spieltag später wurde die Scharte gegen Schalke 04 wieder ausgewetzt. Im ausverkauften Olympiastadion schlug der Deutsche Meister den Deutschen Vize-Meister durch Tore von Pizarro, Scholl und Niko Kovac mit 3:0. Das Gastspiel bei Bayer Leverkusen, nun trainiert von Klaus Toppmöller („Bye, bye Bayern…"), endete am 3. Spieltag mit einem Remis (1:1). Es folgte eine Serie von neun Siegen, davon sieben „zu Null". Beim 2:0-Heimsieg am 4. Spieltag gegen den FC St. Pauli gab es ein Wiedersehen mit Ciriaco Sforza, der in den ersten drei Spielen wegen „Trainingsrückstand" nicht einmal auf der Bank gesessen hatte. Die Bayern-Fans sahen das vielleicht beste Spiel des Schweizers im Bayern-Trikot, der sich in der Vorsaison nach einer mäßigen Vorrunde mit Knieproblemen herumgeschlagen hatte und sich nicht im Team etablieren konnte. In der 13. Minute erzielte er die 1:0-Führung. Es sollte sein einziger Bundesligatreffer in dieser Saison bleiben. Auch im zweiten Jahr bei den Bayern brachte es der Spieler mit der ambitiösen Rückennummer 10 nur auf 16 Einsätze.

Das Heimspiel gegen den SC Freiburg am 6. Spieltag (1:0) wurde überschattet vom Terroranschlag auf das World Trade Center in New York. Wie in den anderen acht Bundesligastadien erschien auch auf der elektronischen Anzeigetafel des Olympiastadions eine Gedenkbotschaft: „Der gesamte deutsche Fußball und seine Fans trauern mit den Angehörigen der Opfer des Terroranschlags vom vergangenen Dienstag. Unsere ungeteilte Solidarität gehört in diesen schweren Stunden dem amerikanischen Volk. Dieses Spiel findet statt, um zu demonstrieren, dass wir Terror verabscheuen." Auf das ansonsten übliche Musik- und Rahmenprogramm wurde verzichtet. Die Spieler trugen Trauerflor. Im Publikum wurden US-Fahnen und Solidaritätstransparente entrollt. Der FC Bayern ging aber noch einen Schritt weiter als die Konkurrenz: Die Bandenwerbung war in Absprache mit den Sponsoren komplett entfernt worden. Stattdessen wurden rund um das Spielfeld weiße Tafeln mit der grünen Aufschrift „Give peace a chance!" und einer Friedenstaube platziert. Uli Hoeneß ließ es sich nehmen, über die Ursachen des

Gedenkminute für die Opfer des Terroranschlags in New York.

Terrorismus zu sprechen: „Über Genua (bei den Demonstrationen gegen den Weltwirtschaftsgipfel war ein Demonstrant von der Polizei getötet worden) oder Kyoto (bei der Weltklimakonferenz waren Fortschritte von den USA blockiert worden). Ob die Reichen immer reicher und die Armen immer ärmer werden müssen. Auch Präsident Bush muss über seine Alleingänge nachdenken." Für die Szene des Tages sorgte Torschütze Giovane Elber, der nach seinem Treffer mit beiden Händen eine Friedenstaube formte.

Nach 31 Punkten aus 12 Spielen...

Gegen den VfB Stuttgart gewannen die Bayern am 8. Spieltag mit 4:0. Giovane Elber lief gegen seinen alten Verein wie gewohnt zu Hochform auf. In seinem 195. Bundesligaspiel schoss der Brasilianer drei Tore, darunter auch seinen Treffer Nr. 100. Anschließend deklassierte der FCB im Münchner Derby den TSV 1860 mit 5:1. Die Bayern lagen nun zwei Punkte hinter Spitzenreiter 1. FC Kaiserslautern, der einen Spieltag später seine Visitenkarte im Olympiastadion abgab. Die Bayern gewannen auch dieses Spiel deutlich mit 4:1. Mann des Tages war Hasan Salihamidzic, der zwei Tore erzielte und bei den anderen beiden Treffern durch Santa Cruz und Pizarro den Vorbereiter spielte. Erstmals in dieser Saison stand der FC Bayern an der Tabellenspitze, und schon wurden wieder Stimmen laut, die einen Alleingang des Rekordmeisters prophezeiten. 31 Punkte nach den ersten zwölf Spieltagen bedeuteten einen neuen Rekord seit der Einführung der Drei-Punkte-Regelung. Nur in der Saison 1980/81 hatten die Bayern noch besser abgeschnitten. Umgerechnet auf die Drei-Punkte-Regelung waren es damals nach den ersten zwölf Spielen 33 Punkte gewesen.

...3 Punkte aus 7 Spielen

Die Siegesserie des FC Bayern endete am 13. Spieltag, als man bei Werder Bremen mit 0:1 unterlag. Fortan ging es wochenlang bergab, und Ottmar Hitzfeld erlebte seine erste schwerere Krise seit seinem Amtsantritt an der Säbener Straße. Vom 13. bis 19. Spieltag blieben die Bayern sieglos. Aus sieben Bundesligaspielen holte der Rekordmeister nur drei Punkte. Außer in Bremen verloren die Bayern noch bei Hertha BSC (1:2), in Dortmund (0:1) und bei Schalke 04, wo der FCB am 19. Spieltag beim 1:5 ein regelrechtes Debakel erlebte, die höchste Niederlage für die Bayern seit siebeneinhalb Jahren, als man mit dem gleichen Resultat in Freiburg unterlag. Sieben sieglose Spiele in Folge hatte es für den FC Bayern seit über 30 Jahren nicht mehr gegeben. Die „Süddeutsche Zeitung" schrieb nach dem Debakel von Schalke: „Es war einmal eine Mannschaft, die eine Menge qualifizierter Stars sowie zwei unangefochtene Autoritäten (Kahn und Effenberg, d.V.) vereinte und die mit viel Gemeinschaftsgefühl ein großes Werk vollbrachte. Diese auf den Höhen aller Wettbewerbe angelangte Mannschaft erschien einem in Schalke als Ansammlung kleiner Lichter und verirrter Geister, angeführt von der tragischen Figur Stefan Effenberg. Es wurde ein komplettes Desaster."

Bei nun acht Punkten Rückstand auf die Spitze riet Vize-Präsident Karl-Heinz Rummenigge, „erst einmal unser Minimalziel dritter Platz in Angriff zu nehmen". Rummenigge schimpfte über „Kindergartentore" und eine Vorstellung, die „eine Beleidigung für den Namen FC Bayern" gewesen sei. Die Presse registrierte atmosphärische Störungen.

Stanislawski legte Jancker aufs Kreuz, und der FC St. Pauli nannte sich fortan „Weltpokalsiegerbesieger".

Jancker und Zickler wollten weg, Sforza und Pizarro wüssten nicht, wo ihre Zukunft liegen würde, und der nach wochenlanger Verletzungspause ins Team zurückgekehrte Effenberg spüre subversive Aktivitäten seiner Kollegen. Einen Spieltag später verschafften sich die Bayern mit einem 2:0-Heimsieg über Bayer Leverkusen ein wenig Luft. Doch bevor eine Wende zum Besseren eintrat, verlor der FC Bayern beim Neuling und späteren ersten Absteiger FC St. Pauli sensationell mit 1:2. „Und so spielt ein Absteiger", feixten die Fans des Stadtteilvereins lautstark. Nach dem Sieg geriet ein T-Shirt zum Renner, auf dem sich der FC St. Pauli zum „Weltpokalsiegerbesieger" deklarierte.

In dieser Situation holte auch Uli Hoeneß zur Abrechnung mit seinen Spielern aus: „Die Spieler begreifen nicht, dass Fußball aus totaler Arbeit besteht – sieben Tage die Woche. 30 Minuten nach Spielschluss werden schon wieder Karten gespielt und Sprüche geklopft. Die Spieler essen Scampi und ich habe eine schlaflose Nacht. Jeder sieht, dass wir einen Dreck spielen. Wir versuchen uns seit neun Spielen über die Zeit zu retten. Aber jetzt ist der Zeitpunkt gekommen, den Finger in die Wunde zu legen. Die erste Halbzeit in St. Pauli war der Tiefpunkt. Wir sind vom Letzten vorgeführt worden." Die „Abendzeitung" widmete anschließend den „Scampi-Bayern" zwei Seiten. Stefan Effenberg, der mittlerweile mit Atletico Madrid verhandelte, wurde als schwabbeliger „Cheffe du Cuisine" porträtiert. Doch wie seinerzeit die Lyoner Rede des Präsidenten, zeigte auch die „Scampi-Rede" des Managers die gewünschte Wirkung. Am 22. Spieltag trennte sich der FC Bayern vom späteren Deutschen Meister Borussia Dortmund im Olympiastadion mit einem 1:1. Amoroso hatte die Gäste in der 78. Minute in Führung gebracht, die jedoch sein Landsmann Elber nur drei Minuten später ausgleichen konnte. Nicht auszudenken, was gewesen wäre, hätten die Bayern auch noch diese Partie verloren. Durch das Remis rutschte der FC Bayern zunächst auf den 6. Platz ab. Vom Tabellenführer Borussia Dortmund trennten die Bayern weiterhin acht Punkte, und mittlerweile schien selbst die Qualifikation für die Champions League in Gefahr zu geraten. Doch eine Serie von vier Siegen, darunter ein 6:0-Kantersieg gegen Energie Cottbus und ein 2:1-Sieg im Derby-Rückspiel gegen den TSV 1860, brachte den FC Bayern noch einmal zurück ins Meisterschaftsrennen. Beim Derby fiel das Siegtor erst Sekunden vor dem Schlusspfiff durch einen Kopfball von Thorsten Fink. Für die Bayern war es der 100. Derbysieg. Eine von den Fans des „Club Nr. 12" vorbereitete Choreographie, bei der zum Text „Rot schlägt Blau" ein mächtiger roter König einen schmächtigen blauen Bauern zur Seite kickte, wurde von der Polizei – weil zu provokativ – verboten.

Langsam ging's bergauf: Nach dem 26. Spieltag war die Distanz der Bayern zum neuen Tabellenführer Bayer Leverkusen auf drei Punkte geschrumpft. Am 27. Spieltag trennten sich der 1. FC Kaiserslautern und die Bayern auf dem „Betze" torlos, doch die Partie verlief alles andere als friedlich. Nach einem dramatischen Pokalfight (s.u.) war die Atmosphäre zwischen den beiden Klubs aufgeheizt. Oliver Kahn: „Hier ist der Neid und Hass in seiner Reinkultur zu sehen." In der 12. Minute parierte Kahn, bester Spieler auf dem Platz, einen arrogant getretenen Foulelfmeter des Ex-Bayern-Spielers Mario Basler. Nach dem Spiel wurde der Bayern-Bus bespuckt und mit Bierdosen beworfen. Uli Hoeneß machte für die unschönen Szenen die sportliche Führung des FCK verantwortlich: „Es ist unerträglich, wie Andy Brehme und seine sportlichen Helfer bei jeder Szene an die Bande rennen und die Zuschauer gegen den Schiedsrichter und vor allem die gegnerische Mannschaft aufbringen. Da braucht man sich nicht zu wundern, wenn sich die Zuschauer so benehmen, wie sie es hier tun, nämlich teilweise wie Tiere."

Nach dem 29. Spieltag, die Bayern hatten auch beim HSV nur 0:0 gespielt, gab selbst Oliver Kahn das Meisterschaftsrennen verloren. Der Abstand auf Leverkusen betrug mittlerweile wieder sieben Punkte. Der FC Bayern war zwar weiterhin ungeschlagen geblieben, hatte aber zu häufig nur unentschieden gespielt. Am 30. Spieltag reichte es daheim gegen Werder Bremen erneut nur zu einem Remis (2:2), womit das Meisterschaftsrennen für die Bayern endgültig beendet schien. Es bedurfte schon einer gewaltigen Kraftanstrengung, um wenigstens den 3. Platz zu erreichen, der zur Teilnahme an der Qualifikation zur Champions League berechtigte, denn mittlerweile rangierten die Bayern zwei Punkte hinter Schalke auf Rang vier. Der FC Bayern gewann jedoch die verbleibenden vier Spiele und besaß vor dem letzten Spieltag sogar noch Chancen auf den Titel, sollten sowohl Borussia Dortmund und Bayer Leverkusen patzen. Die Borussen waren mit 67 Punkten Tabellenführer, gefolgt von Bayer Leverkusen (66) und dem FC Bayern (65), wobei Letztere über das beste Torverhältnis verfügten. Doch alle drei Teams gewannen ihre Spiele, womit sich an der Reihenfolge nichts mehr änderte. Mit sechs Niederlagen verbuchten die Bayern drei weniger als im Vorjahr, als sie Meister wurden. Oliver Kahn kassierte lediglich 23 Gegentore und spielte 19-mal

„zu Null", was neuer Bundesligarekord war. Mit 17 Treffern war Giovane Elber Bayerns erfolgreichster Torschütze, gefolgt von Claudio Pizarro, der 15-mal traf. Der vor seiner Ausmusterung stehende Carsten Jancker hingegen erzielte bei 18 Einsätzen kein einziges Tor, durfte aber trotzdem mit der DFB-Elf zur WM nach Asien fahren.

Der FC Bayern war letztlich an seinem eklatanten Zwischentief vom 13. bis 19. Spieltag gescheitert und spielte, wie Oliver Kahn befand, zu häufig „nur 0:0". Als Problem erwies sich auch der lange Ausfall von Stefan Effenberg. Vom 2. bis einschließlich 12. Spieltag hatte Effenberg nur zuschauen können. Als er am 13. Spieltag in Bremen ins Team zurückkehrte, mangelte es ihm sichtbar an der notwendigen Fitness. Der Kapitän war häufig nur ein Schatten seiner besten Tage, die erst einige Monate zurücklagen. In der vergangenen Saison war Effenberg noch ein Erfolgsgarant gewesen, doch nun wurde das Bayern-Spiel mit dem Kapitän für einige Wochen langsamer, berechenbarer und erfolgloser. Als schmerzlich erwies sich auch der verletzungsbedingte lange Ausfall von Hasan Salihamidzic, der den Bayern 14 Spieltage in Folge fehlte, wodurch die rechte Außenbahn verwaist war.

Als Maßstab in der Champions League sollte sich wieder einmal Real Madrid erweisen. In der Vorrunde bekam es der Titelverteidiger mit Sparta Prag, Spartak Moskau und Feyenoord Rotterdam zu tun. Der FC Bayern galt in dieser Gruppe als klarer Favorit. Beim Auftakt gab es allerdings gegen Sparta Prag nur ein mageres torloses Remis. In Moskau gewannen die Bayern nach einer taktischen Glanzleistung mit 3:1, wobei Giovane Elber zwei Tore erzielte. Die Bayern hatten Glück, dass der russische Serienmeister dreimal Aluminium traf und die Anfangsphase des Spiels völlig verschlief. Karl-Heinz Rummenigge nach dem Schlusspfiff: „Diese Mannschaft ist besser als im letzen Jahr. In Patrick Andersson haben wir nur einen Spieler verloren – aber vier hinzubekommen. Und alle vier spielen." Vor dem Spiel bei Feyenoord Rotterdam wurde ein Airbus A 321 von FCB-Partner Aero Lloyd auf den Namen FC Bayern getauft. Vize-Präsident Dr. Scherer: „Zum ersten Mal in der Luftfahrtgeschichte wurde ein Flugzeug auf den Namen eines Fußballvereins getauft. Das macht uns stolz." Willi Hermsen, Chef des Münchner Flughafens, widmete seine Taufrede den Gemeinsamkeiten von FC Bayern und Airbus: „Eleganz, Schnelligkeit, überzeugendes Flügelspiel und eine enorme Schubkraft – das sind Attribute, die zu der Mannschaft ebenso passen wie zu ihrem fliegenden Namensvetter." Das Spiel in Rotterdam endete dann allerdings mit einem weniger schubkräftigen 2:2.

Ein Airbus namens FC Bayern

Eine Galavorstellung boten die Bayern jedoch beim 5:1-Heimsieg gegen Spartak Moskau. Jeweils zwei Tore gingen auf das Konto von Elber und Pizarro. Gegen das harmlos agierende Team von Feyenoord Rotterdam kamen die Bayern in München zu einem 3:1-Sieg. Zweifacher Torschütze war Roque Santa Cruz, zugleich auch bester Spieler auf dem Platz. 40.000 Zuschauer bedeuteten den besten Vorrunden-Besuch im Olympiastadion. Gegen Prag und Moskau waren nur 20.000 bzw. 25.000 gekommen. Mit 14 Punkten und 14:5 Toren wurden die Bayern problemlos Gruppensieger, nachdem in Prag das letzte Gruppenspiel mit 1:0 gewonnen werden konnte.

Titelgerangel zwischen dem FC Bayern und Borussia Dortmund. Hier Sagnol und Amoroso im textilen Zweikampf.

In der Zwischenrunde erwartete die Bayern wieder einmal Manchester United, FC Nantes und Boavista Porto. In Old Trafford kam der FC Bayern zu einem 1:1-Remis, wobei die Tore spät fielen. In der 74. Minute hatte van Nistelrooy die Hausherren in Führung gebracht, in der 87. Minute konnte Sergio für die Bayern ausgleichen. In Nantes konnte der FC Bayern endlich sein Frankreich-Trauma besiegen. Bei den letzten drei Begegnungen in der Champions League auf französischem Boden hatte es jeweils Niederlagen gesetzt: 1:3 und 0:1 bei Paris St. Germain und 0:3 in Lyon. Das Tor des Abends zum glücklichen 1:0-Sieg für den FC Bayern erzielte Sergio. Die Zuschauer im Stadion und vor dem Fernseher sahen ein ödes Spiel, das man als Plädoyer für die Abschaffung der Zwischenrunde interpretieren durfte. In Porto spielten die Bayern 0:0, das Rückspiel wurde durch ein Tor von Santa Cruz mit 1:0 gewonnen. Torlos endete auch das Rückspiel gegen Manchester United vor 68.217 Zuschauern im Olympiastadion, womit sich die Bayern bereits zum fünften Mal in Folge für das Viertelfinale der Champions League qualifiziert und ihr Minimalziel erreicht hatten. Das Torverhältnis der Bayern betrug nach fünf Zwischenrundenspielen 3:1 – mehr als vier Treffer waren nicht gefallen. Die „Frankfurter Rundschau" schrieb über das Spiel: „Der FCB ist der Fleisch gewordene Pragmatismus. Keine Mannschaft steht in Europa defensiv so gut wie die Bayern und braucht so wenig Tore für den Erfolg. (...) Am Mittwoch kontrollierten die Münchner den hochgelobten United-Sturm fast schon erschreckend souverän. (...) Als einziges Team ist der FCB in der Champions League weiter ungeschlagen, und im gegnerischen Strafraum vertraut er auf das Chaos-Prinzip: Einer seiner südamerikanischen Solokünstler hat immer mal irgendeinen guten Einfall, notfalls muss eine Standardsituation her.“

Im Viertelfinale gab es ein Wiedersehen mit Real Madrid. Im Hinspiel lagen die Bayern vor 60.000 Zuschauern im Olympiastadion nach elf Minuten durch einen Treffer von Gerimi mit 0:1 zurück. In den ersten 45 Minuten wurden die Bayern-Akteure von ihren Gegenspielern geradezu lächerlich gemacht, was sich als Eigentor erweisen sollte. Da sie den Respekt vor den Bayern vermissen ließen, „wurden sie dafür bestraft“ (Oliver Kahn). Lange Zeit sah Real wie der sichere Sieger aus, zelebrierte Fußball mit Leichtigkeit. „Die haben uns provoziert mit Spitze, Hacke, eins, zwei, drei“, empörte sich Uli Hoeneß. Doch in der Halbzeit hätten die Bayern-Spieler in der Kabine zusammengesessen und beschlossen, „so nicht, von denen lassen wir uns nicht vorführen“. In den letzten zehn Minuten gelang den Bayern dann tatsächlich noch die Wende. In der 82. Minute erzielte Effenberg den Ausgleich. Pizarro gelang dann in der 87. Minute auch noch der Siegtreffer zum 2:1. Die „Frankfurter Rundschau“ urteilte über die Madrilenen: „Sie beherrschten den Ball, nicht aber das Spiel.“ Und über den FC Bayern: „Dem deutschen Rekordmeister ist es ein weiteres Mal gelungen, mit schnöder teutonischer Effizienz die königliche Magie zu entzaubern.“

Real spielt „Spitze, Hacke, eins, zwei, drei“

Vor dem Rückspiel in Madrid ereilte den FC Bayern die traurige Nachricht vom Tod von Rudi Egerer. Der Steuermann des Mannschaftsbusses hatte den FC Bayern über 20 Jahre lang kreuz und quer durch Deutschland und Europa gefahren. Egerer, seit 30 Jahren Bayern-Mitglied, starb 69-jährig nach langer und schwerer Herzkrankheit. Seinen Job als Bayern-Fahrer hatte bereits einige Zeit vorher seine Tochter Sandra übernommen. Bayern-Pressesprecher Markus Hörwick zum Tod des bayerischen Originals aus Kaltenberg: „Er war für die meisten Spieler mehr als nur der Busfahrer, sondern ein echter Freund.“

Währenddessen bereitete sich Real auch verbal auf das Heimspiel vor. „Maul stopfen“, forderte Luis Figo in Richtung FC Bayern. Zinedine Zidane bezeichnete das Spiel als „Stunde der Wahrheit“. Für den Einzug ins Halbfinale erwies sich der Vorsprung von München als zu knapp. Im Rückspiel konnten die Bayern bis zur 69. Minute ein torloses Remis halten, dann gelang Helguera die Führung für die Spanier. In der 85. Minute erhöhte Guti auf 2:0 für Real, was auch der Endstand war. Nach 19 Spielen (14 Siege, 5 Remis) musste sich der FC Bayern in der Champions League erstmals wieder geschlagen geben. Auf höchstem internationalen Niveau wurde in den letzten Jahren zunehmend offensiv gespielt. Real Madrid, Manchester United, FC Barcelona, Bayer Leverkusen, das in diesem Jahr ins Champions-League-Finale einzog, und Deportivo La Coruña bevorzugten allesamt die Attacke. Mit dem FC Bayern München schied der letzte und prominenteste Vertreter der defensiven Stärke aus der Champions League aus. Sechsmal hatten die Bayern in der laufenden Saison in der Champions League „zu Null“ gespielt. 15 der 21 Bayern-Tore der Champions-League-Saison 2001/02 gingen auf das Konto der Südamerikaner Elber (6), Pizarro (4), Santa Cruz (3) und Sergio (2).

Beim 2:1 gegen Real Madrid verschoss Effenberg einen Strafstoß.

Im Meisterschaftsrennen verloren, in der Champions League ausgeschieden – kein Titel also 2001/02 für die „Number One"? So, wie zuletzt im Jahr 1995? Nun, es gab da noch den DFB-Pokal. Dort erreichten die Bayern über die Stationen SC Paderborn 07 (5:1), VfL Osnabrück (2:0) und VfL Wolfsburg (2:1) zunächst das Viertelfinale, wo sie auf den Lauterer Betzenberg reisen mussten. Nach 120 kampfbetonten Minuten stand die Partie immer noch torlos, so dass ein Elfmeterschießen entscheiden musste. Bevor der Showdown begann, suchte Hoeneß den Schiedsrichter auf, um zu verhindern, dass automatisch auf das Tor der Lauterer Fans geschossen wurde. Hoeneß: „Wir wollten, dass ausgelost wird." Die Westtribüne hatte Oliver Kahn 60 Minuten lang mit Obst und Feuerzeugen beworfen. Die Fans und Mario Basler brachte die Intervention des Bayern-Managers in Rage. Basler denunzierte den Schiedsrichter anschließend vor laufender Kamera als „Hosenscheißer", der sich „von Hoeneß hat beeinflussen lassen". Der Schiedsrichter hatte im Sinne des FC Bayern entschieden und auf die Osttribüne bzw. den Gästeblock schießen lassen. Der FC Bayern bewies hier die besseren Nerven und gewann das Elfmeterschießen mit 5:3. Schiedsrichter Jansen begründete seine Entscheidung nachher mit „der Sicherheit der Spieler, weil auf der anderen Seite Gegenstände auf das Feld zu fliegen drohten". Im Halbfinale scheiterten die Bayern dann allerdings an Schalke 04. Die Blau-Weißen gewannen in der neuen Gelsenkirchener „Arena AufSchalke" nach Verlängerung mit 2:0. Damit war auch die Hoffnung wenigstens auf den DFB-Pokal entschwunden.

Eine Trophäe aus dem fernen Osten

Eine Trophäe durften die Bayern dann doch noch in den Schrank stellen. Als europäischer Champion waren sie für das Finale um den Weltpokal für Vereinsmannschaften qualifiziert. Bis dahin hatte es zwei deutsche Sieger in diesem Wettbewerb gegeben: 1976 Bayern München (gegen Belo Horizonte) und 1997 Borussia Dortmund (ebenfalls gegen Belo Horizonte). Borussia Mönchengladbach (1977 gegen Boca Juniors Buenos Aires) und der Hamburger SV (1983 gegen Gremio Porto Alegre) waren indes gescheitert. Das Finale fand am 27. November 2001 in Tokio statt, quasi als Werbeveranstaltung für den Fußball in Fernost, das für die Großen der Branche zu einem zusehends interessanten Markt geworden war. Seit 1981 firmierte der Wettbewerb als Toyota-Cup. Mit Südkorea und Japan fungierten ein halbes Jahr später erstmals asiatische Länder als Ausrichter des Fußball-Weltturniers. Gegner der Bayern war der argentinische Südamerika-Champion Boca Juniors Buenos Aires, der den Copa Libertadores zum zweiten Mal in Folge gewonnen hatte. Im Vorjahr hatten die Argentinier das Weltpokalfinale gegen Real Madrid gewonnen. Während in Südamerika dem Finale bereits Monate vorher entgegengefiebert wurde, hielt sich in Deutschland das Interesse in Grenzen. In Südamerika zählte die Veranstaltung schon immer erheblich mehr als in Europa und wurde als Prestigeduell zwischen den beiden traditionellen Säulen des Weltfußballs betrachtet. Boca-Juniors-Trainer Carlos Bianchi war sogar eigens nach München gereist, um die Bayern im Derby gegen den TSV 1860 zu beobachten. Bianchi: „Das ist eine große Mannschaft. Sie ist hervorragend besetzt, steht kompakt, spielt effizient. Zudem haben die Spieler viel Erfahrung. Die Geschlossenheit der Bayern ist das Beunruhigende, nicht die Klasse der einzelnen Spieler. Gut, die Stürmer sind natürlich sehr gefährlich." Nichtsdestotrotz ließen auch die Bayern Ambitionen aufflackern. Robert Kovac vor Antritt der mehr als elfstündigen Flugreise: „Wenn wir schon so weit fliegen, wollen wir den Cup auch gewinnen." Für Thorsten Fink ging es um einen Titel, „den man haben muss". Und Ottmar Hitzfeld verkündete sogar vor dem Anpfiff der Partie: „Wir sind nach Tokio gekommen, um Geschichte zu schreiben."

Die 51.360 Zuschauern sahen eine Partie mit wenigen Torchancen, wenig Bewegung und vielen Patzern. Beiden Teams waren die Strapazen der langen Anreise anzumerken. Präsident Beckenbauer fühlte sich zeitweise an das Münchner Duell „Obergiesing gegen Untergiesing" erinnert. Kurz vor dem Halbzeitpfiff wurde der Argentinier Delgado wegen Unsportlichkeit – einer „Schwalbe", die schon einem Langstreckenflug glich – vom Platz gestellt. In der 2. Halbzeit sorgten die in Überzahl spielenden Bayern für mehr Druck in der Hälfte der Argentinier, kesselten den Gegner regelrecht ein, konnten sich aber gegen die destruktive Spielweise von Boca Juniors nicht entscheidend durchsetzen. Es schien, als hätten die Juniors in dieser kalten japanischen Winternacht nichts anderes im Sinn, als sich in ein Elfmeterschießen zu retten. Oliver Kahn später: „Der Gegner hat mit allem gespielt, was es im Fußball an Möglichkeiten gibt." Uli Hoeneß drückte sich weniger diplomatisch aus: „Die Südamerikaner wollten überhaupt nicht Fußball spielen, die wollten nur provozieren. Jeder Zweikampf war ein Foul, wenn sie attackiert wurden, haben sie sich hingeschmissen."

„Wahnsinn! Ich bin Weltpokalsieger!"

Nach 90 torlosen Minuten musste das Spiel in die Verlängerung. Der FC Bayern kam nun zu seinen ersten eindeutigen Torchancen, und in der 110. Minute erzielte Kuffour die erlösende 1:0-Führung für die Bayern, als er den Ball aus dem Gewühl heraus in die Maschen drosch. Bei diesem Spielstand blieb es bis zum Abpfiff durch den dänischen Schiedsrichter Nielsen. Der FC Bayern hatte nicht nur nach Ansicht seines Präsidenten verdient gewonnen. Sammy Kuffour jubelte: „Endlich einmal habe ich ein ganz wichtiges Tor für Deutschland und den FC Bayern geschossen." Wohl wissend um die Bedeutung des Titels in seiner Heimat, freute sich der Südamerikaner Giovane Elber ganz besonders: „Wahnsinn! Ich bin Weltpokalsieger!" Für Uli Hoeneß war der Triumph von Tokio der „absolute Topabschluss der überragenden letzten Saison. Jetzt sind wir ganz oben und zumindest im vergangenen Jahr zu Recht die beste Mannschaft der Welt gewesen." Wer Zweifel an der Ernsthaftigkeit der Ambitionen des FC Bayern im 40. Weltpokalfinale gehegt hatte, den belehrten die Jubelszenen nach dem Abpfiff eines Besseren.

Mit ihrem zweiten Weltpokalsieg nach 1976 konnten die Bayern die Bilanz der Europäer leicht verbessern: 21 südamerikanischen Siegen standen nun 19 europäische gegenüber. Der FC Bayern gewann das 40. Weltpokalfinale mit folgenden Spielern: Kahn, Sagnol, Kuffour, R. Kovac, Lizarazu, N. Kovac (76. Jancker), Fink, Hargreaves (76. Sforza), Sergio, Elber, Pizarro (118. Thiam).

Vom Weltpokal abgesehen, eher ein Epilog zur vorausgegangenen Saison, war die Spielzeit 2001/02 also die erste trophäenlose seit dem Amtsantritt von Ottmar Hitzfeld. Mit dem 3. Platz in der Bundesliga, drei Punkte hinter dem neuen Deutschen Meister, dem Einzug in das Viertelfinale der Champions League und in das Halbfinale des DFB-Pokals war dieses Jahr für eine „Übergangssaison", von Oliver Kahn als „ein Jahr des Durchatmens" charakterisiert, gar nicht so übel. Andere Vereine, in Deutschland namentlich der Hamburger SV und Borussia Dortmund, hatten in vergleichbaren Situationen deutlich steilere Abstürze erlitten.

Von den Neuerwerbungen hatte nur Robert Kovac (29 Einsätze in der Bundesliga) die Erwartungen erfüllen können. Mit insgesamt 19 Treffern in der Bundesliga und der Champions League wies Pizarro (30 Einsätze) zwar keine schlechte Bilanz auf, doch in München war man sich sicher, dass der Peruaner noch mehr konnte. Niko Kovac (16 Einsätze) konnte sich nicht etablieren, was erst recht für Pablo Thiam (12 Einsätze) galt. Der personelle Umbau benötigte noch eine weitere Saison. Mit der Verpflichtung von Sebastian Deisler und Michael Ballack wurden diesbezüglich bereits frühzeitig die Weichen gestellt.

Statt Opel Ferrari

Die Neupositionierung des FC Bayern erfolgte aber nicht nur im sportlichen Bereich. Kurz vor Weihnachten 2001 bat die Adam Opel AG den FC Bayern um eine vorzeitige Beendigung der zu diesem Zeitpunkt zwölfjährigen Partnerschaft. Die Verbindung, die den Autohersteller zuletzt jährlich 15 Mio. Euro kostete, sollte eigentlich noch bis zum Juni 2003 laufen. Die Adam Opel AG verzeichnete für das Jahr 2001 eine Horrorbilanz. Kritiker meinten, man habe viel

Geld ausgegeben, ohne dass das Sieger-Image des FC Bayern, wie erhofft, das notorisch lahme und spießige Image der Automarke entscheidend aufpoliert habe. Als Opel 1989 beim FC Bayern einstieg, bedeutete dies einen erheblichen Qualitätssprung für das Fußball-Sponsoring. Mittlerweile war der FC Bayern dem Sponsor entwachsen. In der „Frankfurter Rundschau" schrieb Wolfgang Hettfleisch: „Den Bayern war der hessische Autobauer mit dem Biedermann-Image ohnedies nie genehm. Opel und die Münchner, das ist wie Flaschenbier und Kaviar und ging aus der Sicht der Fußballaristokraten nicht zusammen. Die Fußballer des FC Bayern brauchen sich ihrer Ferraris und Mercedes-Limousinen bald nicht mehr zu schämen."

Als Nachfolger angelte sich der FC Bayern den hoch defizitären Kommunikationsriesen Deutsche Telekom. „Das ist für unsere noch junge AG ein großer Tag. Wir sind glücklich und stolz auf die Zusammenarbeit mit der Deutschen Telekom", erklärte Karl-Heinz Rummenigge als Vorstandsvorsitzender der FC Bayern München AG. Wie sehr sich das Verhältnis Fußball und Wirtschaft gewandelt hatte und welch herausragende Position der FC Bayern genoss, verdeutlichten die Worte des Telekom-Chefs Ron Sommer, der den Klub als Vorbild für das eigene Unternehmen pries: „Der FC Bayern ist derzeit die spannendste und attraktivste Kommunikations- und Sponsoring-Plattform auf dem deutschen und europäischen Markt. Die Position der Nummer eins in der Welt hat Bayern München der Deutschen Telekom voraus." Der Wert des Telekom-Sponsorings wurde mit jährlich 20 Mio. Euro beziffert. Die Fans stellten sich vor allem die Frage, inwieweit der neue Hauptsponsor die Trikotfarben beeinflussen könnte. Rummenige beruhigte: „Unsere Farben rot-weiß-blau werden nicht verändert. Die Farbe beim Heimtrikot wird Rot bleiben, und im Sommer gibt es turnusgemäß ein neues Auswärtstrikot, das ganz in Weiß gehalten sein wird." Wohl nicht ganz zufällig erinnerte das neue Auswärtshemd an das königliche Trikot von Real Madrid.

Auf der Jahreshauptversammlung am 16. November 2001 konnte Schatzmeister Dr. Fritz Scherer den Anwesenden eine Rekordbilanz präsentieren. Der Umsatz für das Geschäftsjahr 2000/01 belief sich auf 338,7 Mio. DM. Als Gewinn konnte der Klub 55,8 Mio. DM ausweisen. Allein 105,4 Mio. DM wurden aus der Champions League eingenommen. Die Lizenzspielerabteilung hatten den Verein 147, 2 Mio. DM gekostet, deutlich mehr als im Vorjahr (104,7 Mio.).

Aus dem Klub wird eine AG

Die Versammlung beauftragte das Präsidium des FC Bayern, die notwendigen Schritte für die Umwandlung in eine Aktiengesellschaft vorzubereiten. Ein entsprechender Antrag erhielt die Zustimmung von 82,4 Prozent der Anwesenden. Der Gewinn der Champions League 2001 war als Beleg für die Erfolgsträchtigkeit einer eher konservativen Vereinspolitik interpretiert worden. Doch die Bayern-Macher sahen nun den Zeitpunkt gekommen, ein bis dahin eher familiär strukturiertes mittelständisches Unternehmen in ein Unternehmen nach Vorbild von Manchester United umzuwandeln.

Am 14. Februar 2002 war es dann so weit. Einer außerordentlichen Mitgliederversammlung wurde ein Ausgliederungs- und Übernahmevertrag zwischen dem FC Bay-

Haben auch in der Bayern-AG das Sagen: Karl-Heinz Rummenigge als Vorstandsvorsitzender und Uli Hoeneß als sein Stellvertreter.

ern München e.V. und der FC Bayern München AG vorgelegt, dem 1.358 der in der Olympiahalle anwesenden 1.513 Mitglieder zustimmten. 114 Mitglieder votierten gegen eine Ausgliederung von Lizenzfußballern, A- und B-Junioren und der Frauenfußballabteilung, 43 enthielten sich. Der Abstimmung war eine heftige Debatte vorausgegangen, in der einige der Anwesenden ihre Befürchtung äußerten, dass die Vereinsmitglieder künftig kein Mitsprachrecht mehr hätten und der Verein seine Unabhängigkeit preisgeben könnte. Dr. Fritz Scherer konterte dies mit dem Hinweis, dass der Verein in seine Satzung aufnehmen werde, „dass der FC Bayern e.V. mindestens 50 Prozent plus eine Aktie an seiner Tochtergesellschaft, der FC Bayern AG, halten müsse". Damit wolle man sicherstellen, „dass der FC Bayern Herr im eigenen Haus bleibt". Beckenbauer ergänzte, „im Falle eines Börsengangs werden unsere Mitglieder auf jeden Fall bevorzugt behandelt". Doch sei ein solcher Börsengang derzeit nicht beabsichtigt. Laut Karl-Heinz Rummenigge würde der Einfluss der Mitglieder auch dadurch gewahrt, dass „die Mitgliederversammlung den Präsidenten und den Vize-Präsident wählt, die ja Aufsichtsratsvorsitzender und Stellvertreter des Aufsichtsrates sind". Dieser Aufsichtsrat besaß, so Hoeneß, die Möglichkeit, „wie in jeder AG den Vorstand, baut er Mist, zu entlassen".

Vorsitzender des dreiköpfigen AG-Vorstands wurde Karl-Heinz Rummenigge, dem Uli Hoeneß und Karl Hopfner assistierten. Rummenigge hatte in den letzten Jahren eine immer größere Rolle im Verein gespielt und außerdem als „Außenminister" des Vereins viel Anerkennung erworben. Der Kernbereich des FC Bayern wurde somit von einem Preußen und Westfalen geführt. Den Aufsichtsrat bildeten Franz Beckenbauer als Vorsitzender sowie Dr. Fritz Scherer und Eckart Müller-Heydenreich als Stellvertreter. Perspektivisch wurden sechs Aufsichtsratsmitglieder anvisiert. Da der Präsident und der erste Vize-Präsident des Vereins automatisch dem Aufsichtsrat angehörten, bedeutete dies, dass ein Drittel der Mitglieder des Kontrollorgans von den Vereinsmitgliedern gewählt wurde.

Kritik am neuen Konzept

Für die kritischen Fans vom „Club Nr. 12" war dies zu wenig: „Insgesamt soll der Aufsichtsrat wohl sechs Sitze bekommen. Einen davon erhält die Firma Adidas. (Als Gegenleistung für den Kauf von zehn Prozent der Bayern-Aktien, d.V.). Das heißt also, dass Adidas bei uns mitreden wird. Zum Beispiel in der Frage, wer Chef unserer Bayern-AG wird. Laut deren Satzung (§ 8) bestimmt der Aufsichtsrat darüber, wer im Vorstand der AG sitzt, wer Vorstandsvorsitzender wird und wie viele Mitglieder der Vorstand hat. Und im Aufsichtsrat hat Adidas bei einem von sechs Sitzen immerhin 16,6 Prozent der Stimmen." Für den „Club Nr.12" war „der Weg zur AG ein schmutziger". Auf der außerordentlichen Mitgliederversammlung hätten mehrere Mitglieder Anträge gestellt, „die das Mitspracherecht der Vereinsmitglieder in der AG stärken sollten. So sollte die Kontrolle der AG durch den e.V. gestärkt werden – ein Anliegen, gegen das das Präsidium ausschließlich Zeitgründe vorbrachte. Für diese wichtigen Ergänzungen der Satzung sei keine Zeit mehr. Dabei stellte sich heraus, dass das Präsidium offensichtlich vorsätzlich unterlassen hatte, Anträge rechtzeitig auf die Tagesordnung zu setzen. Während die Gegner einer Kapitalgesellschaft ihre Stimmzettel hochhielten, wetterte Franz Beckenbauer vom Rednerpult: ‚Das sind also die Leute, die dem Präsidium misstrauen.' Auch zeigte sich, dass die oft getätigte Aussage der Präsidiums-Mitglieder ‚Für uns sind alle Fans gleich' nicht richtig ist. Den Antragstellern wurde öffentlich vorgehalten, ‚nicht einmal fünf Jahre im Verein' zu sein. Franz Beckenbauer unterstellte sogar, dass die Antragsteller als Saboteure ‚von irgendwem hierher geschickt' worden seien. (…) Ein Mitglied aus Ostdeutschland sagte: ‚Ich bin hierher gefahren, um mit Ja zu stimmen. Aber das will ich jetzt nicht mehr. So wie das hier abläuft, das erinnert mich an die DDR: Ihr dürft eine andere Meinung haben, aber am Ende müssen alle mit Ja stimmen.'"

Der FC Bayern war der erste deutsche Profiklub gewesen, der das Thema AG auf den Tisch gebracht hatte. Im Januar 1997 hatte Bayern-Vize Scherer verkündet, das „mittelständische Unternehmen" FC Bayern werde in spätestens fünf Jahren an der Börse notiert sein. 1998 erteilte der DFB grünes Licht für die Gründung von Kapitalgesellschaften zur Abwicklung des Profi-Spielbetriebs. In den folgenden Jahren agierte der FC Bayern allerdings in Sachen „Fußball-AG" erheblich zurückhaltender, aber auch umsichtiger als etwa der Konkurrent aus Dortmund. Im Zuge der New-Economy-Euphorie erschienen Fußballklubs als lukrative Anlageoptionen. Allein 1996/97 gingen in England mehr als ein Dutzend Klubs an die Börse. Als Borussia Dortmund diesen Schritt im Jahr 2000 vollzog, war die Spekulationsblase bereits geplatzt. Im März 2002 lag der Wert der BVB-Aktie trotz einer starken Mannschaft nur bei ca. 60 Prozent ihres Ausgabewertes. Selbst die Aktie von Manchester United, im Gegensatz zu vielen anderen Börsengängern ein profitables Unternehmen, erfuhr eine Talfahrt.

Die Fußball-AG als Anlageoption war von Beginn an von zwei strukturellen Problemen geprägt: Um die Konkurrenz auszustechen und an die Spitze zu gelangen, ließen sich viele Vereine auf eine teilweise erhebliche Verschuldung ein. Das Problem war nur, dass auch die Konkurrenz nicht schlief. Europaweit drängten gleich eine Reihe großer Namen mit aller Gewalt nach oben. Ein Prozess, der durch die Einführung der finanziell lukrativen Champions League erheblich verschärft wurde. Zwecks Refinanzierung der gewaltigen Investitionen wurde es zum absoluten Muss, die Champions League nicht nur zu erreichen, sondern möglichst in die Endrunden vorzudringen. Um dies zu gewährleisten, mussten wiederum immense Investitionen getätigt werden. So entstand ein Teufelskreis, in dem der Kollaps drohte, wenn die sportlichen Ziele verfehlt wurden. Erfolg ist im Fußball auch mit großem Geld nur bedingt planbar – eine dem Spiel (zum Glück) unverändert immanente Unwägbarkeit. Sie führte dazu, dass viele Klubs sich mit Schuldenbergen statt Gewinnen herumschlagen mussten und dass sich ambitionierte Vereine wie der Hamburger SV und Bayer Leverkusen gegen die finanziellen Folgen eines Abstiegs versichern ließen.

Das Agieren des FC Bayern in der AG-Frage war stark von dem Ansinnen geprägt, Herr im eigenen Hause zu bleiben. Die Gründung einer FC Bayern AG war eine Option auf die Zukunft. Ein späterer Börsengang wurde zwar nicht prinzipiell ausgeschlossen, vorerst aber auf Eis gelegt. Hoeneß: „Wir müssen versuchen, so lange wie möglich nicht an die Börse zu gehen. Dort hast du Zwänge, die du nicht mehr steuern kannst."

Die AG-Gründung war auch in einem Zusammenhang mit dem Stadionneubau zu sehen. Hoeneß: „Wir brauchen die AG für die Refinanzierung des Stadions." Zehn Prozent der Anteile der FC Bayern AG wurden für rund 150 Mio. DM an den langjährigen Ausrüstungspartner Adidas veräußert. Scherer: „Die zehn Prozent geben wir ab, weil wir das Geld dringend brauchen als Einlage für die Stadion GmbH, also für den Stadionneubau." Der Wert des Klubs wurde auf ca. 1,5 Mrd. DM bzw. gut 750.000 Euro taxiert.

Für den FC Bayern eine gute Investition: der Franzose Bixente Lizarazu.

Der Kaiser als Frühstücksdirektor?

Dem Organigramm nach stand Beckenbauer als Aufsichtsratsvorsitzender weiterhin an der Spitze und konnte den AG-Vorstand hinausschmeißen. De facto ähnelte aber seine neue Rolle der eines Frühstücksdirektors. Die operative Leitung lag nun allein bei Rummenigge, Hoeneß und Hopfner. Franz Beckenbauer fühlte sich nach der AG-Gründung abgeschoben, überflüssig und grollte vernehmlich, auch weil man ihn beim Abschluss des Vertrags mit der Telekom außen vor gelassen hatte. Statt der Telekom hatte Beckenbauer die Deutsche Post favorisiert. „Mein Einsatz ist nicht mehr gefragt", schmollte der Kaiser gegenüber dem „Kicker". Beckenbauer schloss einen Werbevertrag mit dem direkten Telekom-Konkurrenten O2 ab, was von manchem als bewusste Bosheit betrachtet wurde. Der Separat-Deal, der Gerüchte über ein Auseinanderbrechen des Trios nährte, geriet in eine Zeit, in der es, so Hoeneß, „uns schon getroffen hat. Weil der Deal mit Bayern München innerhalb der Telekom nicht unumstritten war. Der Konzern war in einer unglaublich zerrissenen Situation. Ron Sommer war in der Kritik und hatte unseren Vertrag mitverantwortet. Und da war es natürlich Wasser auf die Mühlen derer, die nicht so dafür waren, dass der Aufsichtsratsvorsitzende und Präsident des FC Bayern München Werbung für einen direkten Konkurrenten macht."

Tatsächlich war die AG-Gründung in diesem Stadium im Wesentlichen eine Reform und Professionalisierung der Führungsspitze, in der die Aufgaben und Kompetenzen neu sortiert wurden. Uli Hoeneß im März 2002: „Wenn wir mit Franz zusammensitzen, haben wir kein Problem. Und ich hoffe, dass es zu keinem Bruch kommt." Als Unruhestifter im Hintergrund machte Hoeneß Beckenbauers Berater Schwan und Fedor Radmann aus. Hoeneß sprach von „gewissen Unebenheiten, weil die Aufgabenverteilung nach der Einführung der AG eine andere geworden ist. Das Perverse ist ja, dass Franz Beckenbauer derjenige war, der uns überredet hat, diese Struktur aufzubauen. Wir waren nicht so dafür, speziell ich bin kein großer Freund einer AG. Und so kam es, dass sich, von Franz Beckenbauer angeschoben, gewisse Dinge entwickelt haben, und er selber dann am meisten überrascht war, was sich alles verändert hatte: in der Aufgabenverteilung, in der Verantwortung für die Mannschaft. Das hat ihn ein bisschen irritiert. (...) Wenn wir morgen neue Spieler holen, reden wir selbstverständlich mit Franz. Aber es gibt jetzt klare Strukturen, kein Wischiwaschi mehr. (...) Wir arbeiten schon seit langem so ähnlich, und jetzt gibt es noch einen Schub: Karl-Heinz Rummenigge kommt als Ganztagskraft dazu, wir sind total handlungsfähig, jeden Tag. Jetzt gibt es keine langen Wege mehr. (...) Franz hat seit Jahren nichts mehr mit dem Tagesgeschäft zu tun. Das ist eine Zustandsbeschreibung, keine Bösartigkeit ihm gegenüber. Jetzt ist alles perfekt. Franz bleibt uns erhalten als Figur und Person, da ist er wunderbar. Vorher als Präsident war es schlecht, er saß auf Samoa und sollte Verträge unterschreiben. Jetzt können Rummenigge, Hopfner und ich entscheiden, zwei Unterschriften von uns drei reichen. (...) Wir drei stehen wie eine Wand."

2002/03 Das vierte Double

Nach dem Saisonende fuhren zehn Akteure des FC Bayern zur Fußball-Weltmeisterschaft nach Japan/Korea, wo sie fünf Nationen vertraten. Für das DFB-Team spielten Oliver Kahn (Kapitän), Thomas Linke, Jens Jeremies und Carsten Jancker. Für den Titelverteidiger Frankreich Bixente Lizarazu und Willy Sagnol, für Kroatien die Brüder Niko und Robert Kovac, für England Owen Hargreaves und für Paraguay Roque Santa Cruz. Nicht dabei war Mehmet Scholl, der sich für das WM-Turnier nicht ausreichend fit fühlte und freiwillig verzichtete – zum Bedauern vieler Fußball-Gourmets. Scholl zählte seit Jahren zu den technisch versiertesten und kreativsten Spielern des deutschen Fußballs. Mit seinem an einen Straßenfußballer erinnernden Spielwitz bot er ein angenehmes Kontrastprogramm zum biederen Gekicke der Fraktion der „Rumpelfüßler" (Beckenbauer) im Nationaltrikot. Dass Scholl in seiner Nationalspielerkarriere nie an einem WM-Turnier teilnahm, entbehrte nicht einer gewissen Tragik.

Noch niemals zuvor hatten die Hoffnungen einer deutschen Nationalmannschaft so stark auf den Schultern eines Keepers gelastet wie im Sommer 2002. Oliver Kahn wurde zum „King Kahn" und „Torwart Titan" geadelt. Kahn galt als einziger Weltklassespieler in der DFB-Auswahl und sollte die in ihn gesetzten Erwartungen auch erfüllen. Vor allem im Viertelfinale gegen die USA durfte sich das Team von Rudi Völler bei seinem Keeper bedanken. Ausgerechnet im Finale unterlief Kahn ein schwerer Fehler, als er einen Ball Rivaldos aus 22 Metern von seiner breiten Brust wegprallen ließ. Ronaldo ließ sich die Chance nicht entgehen und staubte zum 0:1 ab.

Nichtsdestotrotz wurde Bayerns Nr. 1 zum besten Keeper des Turniers gewählt. Zu den positiven Überraschungen des Turniers gehörten auch die soliden Vorstellungen von Thomas Linke. Und der designierte Bayern-Spieler Michael Ballack hatte sich als der prägendste Feldspieler des DFB-Teams gezeigt.

Die Folgen der Kirch-Pleite

Die neue Saison wurde überschattet von den Folgen der Pleite des Kirch-Konzerns. Im April 2002 hatte mit Leo Kirch der wichtigste Geldgeber des deutschen Profifußballs Insolvenz angemeldet. In mehreren Verträgen hatte der Filmhändler zwischen 1992 und 2002 die Bundesligarechte von anfangs jährlich 74 Mio. Euro bis schließlich 358 Mio. Euro erworben. In Verbindung mit dem Bosman-Urteil vom Dezember 1995 hatte dies für die Fußballspieler einen Gehaltsboom bedeutet. Geld, das vormals zwischen den Vereinen wanderte, verließ nun den Bundesligakreislauf und verschwand auf den Konten von Spielern und Spielervermittlern.

Vereine und Spieler hingen gleichermaßen dem Irrglauben vom ewigen Reichtum an. Im Zeitraum 1992 bis 2002 stieg zwar der Gesamtertrag eines Bundesligisten um das Vierfache von 14,9 Mio. auf 62,5 Mio. Euro, doch noch schneller als der Gesamtumsatz stiegen die Gehälter (zwischen 1996 und 2001: 16 % gegenüber 21 %). In den zehn Jahren von 1992, als Sat.1 die Bundesliga-Berichterstattung übernahm, bis 2002 flossen 1,8 Mrd. Euro TV-Gelder. Doch im gleichen Zeitraum verzwölffachten sich die

Verbindlichkeiten der Liga von 50 auf 600 Mio. Euro, was nicht gerade für seriöses und weitsichtiges Geschäftsgebaren vieler Klubs sprach.

Aufgrund der Kirch-Pleite erhielt die Liga aus dem Vierjahresvertrag nur 1,21 Mrd. anstatt der insgesamt vereinbarten 1,53 Mrd. Euro, was immerhin 323 Mio. Euro weniger waren als ursprünglich eingeplant. Insbesondere die Klubs, die von ihrem Hauptsponsor deutlich geringere Zuwendungen kassierten als der FC Bayern, wurden empfindlich getroffen. Die 3 Mio. Euro, die der Lokalrivale TSV 1860 von seinem Hauptsponsor erhielt, entsprachen in etwa der Summe, die der FC Bayern vom Hauslieferanten Audi kassierte, der dem Klub außerdem noch 50 Fahrzeuge zur Verfügung stellte. Audi war beim FC Bayern aber „nur" ein „Nebensponsor". Hauptsponsor Telekom zahlte fast das Siebenfache der Summe, die die Löwen von ihrem wichtigsten Sponsor erhielten. Auch beim Sponsoring hatte sich die Kluft weiter vergrößert: Auf den „Champions-League-Plätzen" standen der FC Bayern (20 Mio. Euro) und der BVB (15 Mio. Euro). Es folgte eine Gruppe, die von Bayer Leverkusen (9,5 Mio. Euro) über Hertha BSC (8 Mio. Euro) bis zum FC Schalke 04 (7,5 Euro) reichte. Der 1. FC Kaiserslautern und der VfL Wolfsburg kassierten immerhin noch 6,8 bzw. 5 Mio. Euro. Der Rest der Liga musste sich mit Beträgen zwischen 2,5 und 3,5 Mio. Euro begnügen.

Nach der Saison 2002/03 hatte sich der FC Bayern von Paulo Sergio, Stefan Effenberg, Carsten Jancker und Ciriaco Sforza getrennt. Sergio wechselte ablösefrei in die Vereinigten Arabischen Emirate zu Al-Wahda Abu Dhabi, wo es sich für alternde Fußballstars gut leben und verdienen ließ. Stefan Effenberg kam beim VfL Wolfsburg unter, den er jedoch nach 19 Einsätzen wieder verließ, um sich ebenfalls ins neue Fußballrentner-Paradies Golfregion zu begeben. Carsten Jancker wechselte nach Italien zu Udinese Calcio. Ciriaco Sforza schloss sich ein drittes Mal dem 1. FC Kaiserslautern an.

Für Neuverpflichtungen flossen fast 25 Mio. Euro vom Festgeldkonto des FC Bayern. Vom „ewigen Vize" Bayer Leverkusen kamen Michael Ballack (6 Mio. Euro) und der Brasilianer Zé Roberto (9,5 Mio. Euro), wodurch die Leverkusener deutlich geschwächt wurden. Von Hertha BSC Berlin wurde Sebastian Deisler (9,2 Mio. Euro) verpflichtet. Mit Deisler waren sich die Bayern bereits vor dem Start der Saison 2001/02 einig geworden. Sein frühzeitiges Jawort sicherte der FC Bayern mit einem „Darlehen" über 20 Mio. DM ab. Ebenfalls mit Hilfe eines „Darlehens" bemühte sich das Management um die Dienste von Sebastian Kehl, dem 1,5 Mio. DM für das Versprechen überwiesen wurden, zum 1.7.2002 oder wahlweise 1.7.2003 beim FC Bayern anzutreten. Das „Scheckbuch-Gebaren" der Bayern stieß bei der Konkurrenz und der DFL auf Protest. DFL-Direktor Heribert Bruchhagen empfand es als „verwerflich und absolut nicht in Ordnung, wenn Spieler in der laufenden Saison bereits Gelder von ihrem künftigen Arbeitgeber in Empfang nehmen". Als Kehl dann Anfang 2002 zu Borussia Dortmund wechselte, wurde das Geld vom Spieler zurücküberwiesen. Um Probleme mit dem Finanzamt zu vermeiden, erstattete auch Deisler seine 20 Mio. DM zurück.

Die Neuverpflichtungen sollten vor allem das spielerische Niveau des Rekordmeisters mehren. Mit Ballack und Deisler war es den Bayern gelungen, zwei hoch gehan-

Dynamischer Einsatz: der neue Bayern-Star Michael Ballack.

delte Hoffnungsträger des deutschen Fußballs an die Säbener Straße zu locken. Mit 17 Treffern war Ballack in der Saison 2001/02 der mit Abstand torgefährlichste Mittelfeldspieler der Bundesliga gewesen. Deisler kam mit dem Ballast einer schweren Verletzung in München an, die ihn auch die WM-Teilnahme gekostet hatte. Die riesige Resonanz, die die WM-Turniere mobilisierten, sowie die Vergabe der WM 2006 nach Deutschland, nicht zuletzt dank des Engagements von Franz Beckenbauer, hatten beim FC Bayern ein neues Interesse an der Nationalmannschaft geweckt. Hoeneß sah sich diesbezüglich zur Korrektur früherer Ansichten genötigt, als er schon mal indirekt das Aus der klassischen Nationalmannschaften prophezeit hatte.

Die europäischen Topklubs sahen die nationalen Einsätze ihrer besten Spieler seit jeher mit gemischten Gefühlen. Spätestens seit der Einführung der Champions League, den damit verbundenen Selbstdarstellungs- und Einnahmemöglichkeiten für die beteiligten Vereine und Spieler sowie der Ausweitung des internationalen Terminkalenders befanden sich Vereins- und Nationalmannschaftsfußball in einer knallharten Konkurrenzsituation. Die Vereine, offizieller Arbeit- und Geldgeber der Akteure, die in der Regel auch noch eine beträchtliche Ablösesumme gekostet hatten, fürchteten Verletzungen ihrer Angestellten in mehr oder weniger belanglosen Freundschaftsspielen der Nationalteams. Für die Spieler wiederum waren seit Einführung der Champions League die Nationaleinsätze weniger bedeutsam geworden, um sich auf internationaler Bühne zu präsentieren und ihren Marktwert zu steigern. So war immer wieder zu beobachten, dass sich Spieler von Topklubs einige Tage vor Testspielen der Nationalmannschaft krank meldeten, um dann wenig später putzmunter in der Bundesliga aufzulaufen. Mit der Zeit geriet auch das Pflichtspielprogramm mehr und mehr in die Kritik. Der FC Bayern wollte nicht, dass seine Südamerikaner an der Copa America 2001 teilnahmen. Die unsichere innenpolitische Situation im Austragungsland Kolumbien dürfte dabei eine willkommene Ausrede gewesen sein. Karl-Heinz Rummenigge forderte eine geringere Zahl von Qualifikationsspielen vor einem WM-Turnier. Auch eine entschieden höhere finanzielle Kompensation für die Abstellung zur Nationalmannschaft wurde verlangt.

Die Streitfragen blieben, aber nichtsdestotrotz wurden die Interessen zwischen Nationalmannschaft und FC Bayern mit der Aussicht auf 2006 wieder kompatibler. Uli Hoeneß: „Wir wollen schauen, ob es uns gelingt, dass wir 2006 einen Block für die Nationalmannschaft stellen können." Zur Vermarktung des eigenen Namens konnte der FC Bayern das Turnier umso besser nutzen, wie die Nationalelf mit Bayern-Gesichtern gefüllt war.

Doch zurück zu den Neuverpflichtungen. Kritiker gaben zu bedenken, man habe über die Runderneuerung und Auffüllung des Mittelfelds die Defensive vernachlässigt. Der Kauf von Leverkusens Zé Roberto stand alternativ zur Verpflichtung eines hochkarätigen Abwehrspielers. Seit dem Weggang von Patrick Andersson fehlte dem FC Bayern der Abwehrchef. Nichtsdestotrotz sprach Rummenigge vom „besten Bayern-Kader aller Zeiten". Der AG-Chef und Beckenbauer forderten nicht nur erfolgreichen, sondern auch attraktiven Fußball. Rummenigge: „Wir wünschen uns über einen längeren Zeitraum die Spielweise, wie sie im September, Oktober des vergangenen Jahres gepflegt wurde. Fußball mit Leichtigkeit, Fußball mit Frische, Fußball als Spaß." Rummenigge verlangte freilich auch „in jedem Fall einen Titel". Die Medien tauften das Ensemble nach ersten Testspielauftritten „Ballett in Weiß". Assoziationen mit Real Madrid waren wohl durchaus beabsichtigt.

Nach dem trophäenlosen Jahr und den hochkarätigen Einkäufen war der Druck auf Ottmar Hitzfeld so groß wie noch nie zuvor seit seinem Amtsantritt in München. Hoeneß betonte, dass dem Trainer „alle Wünsche erfüllt" worden seien, folglich „auch er keine Ausrede mehr hat". Der Trainer selbst kündigte ein härteres Durchgreifen im großen Kader an.

Zum Auftakt gab es auf dem Mönchengladbacher Bökelberg ein torloses Remis. Dafür wurden im ersten Heimspiel gegen Aufsteiger Arminia Bielefeld gleich ein halbes Dutzend Tore geschossen. Beim 6:2-Sieg hieß der Torschütze viermal Giovane Elber. Es folgte ein 3:0-Sieg beim Hamburger SV. Am 4. Spieltag stand das Münchner Derby auf dem Programm. Der FC Bayern gewann vor 69.000 Zuschauern durch Treffer von Elber, Pizarro und Salihadmidzic mit 3:1, war erstmals Spitzenreiter und sollte diese Position bis zum Ende der Saison nicht mehr räumen.

Nach dem WM-Turnier war Oliver Kahn vom verhassten „Bayern-Olli" zum umjubelten „National-Olli" mutiert. Beim Saisonauftakt in Mönchengladbach war Kahn nicht wie üblich mit Bananen, sondern mit freundlichem Applaus begrüßt worden. Doch beim bayerischen Derby im Nürnberger Frankenstadion wurde der Keeper bereits wieder mit Hohn und Spott bedacht.

Die Leiden des Oliver Kahn

Anerkennung und Verachtung für den Bayern-Keeper lagen auch nach der WM dicht beieinander. Der FC Bayern gewann das bayerische Derby dennoch mit 2:1. Am 6. Spieltag kassierte das „weiße Ballett" bei Bayer Leverkusen mit 1:2 die erste Niederlage. Ein Griff Kahns in den Nacken des Leverkuseners Thomas Brdaric, der diesen angeblich in kurzzeitige Todesängste stürzte, erinnerte an vergangene Ausfälle gegen Andy Herzog oder Heiko Herrlich und diente allen „Kahn-Hassern" als Bestätigung ihrer Vorbehalte. Im Anschluss an Leverkusen wurde deutlich, dass der Patzer von Yokohama den „professionellsten aller Profis" („Tagesspiegel") doch intensiver und länger verfolgte, als von diesem öffentlich zugegeben. Kahn befand sich in einem psychischen Tief und dachte laut über die Rückgabe der DFB-Kapitänsbinde, ja sogar das Ende seiner Nationalspielerkarriere nach. Nicht nur die gegnerischen Fans, sondern auch die Medien kratzten an seiner Übergröße. Die Zeitungen schrieben, Kahn habe nach seinen Weltklasseleistungen in Japan und Südkorea in der Bundesliga und der Champions League nicht an seine außerordentlichen Vorstellungen anknüpfen können.

In den folgenden Monaten sollte es noch schlimmer kommen, als dieselben Medien, die Kahn während der WM zum Titanen erkoren hatten, den Keeper wegen einer Affäre mit einer 21-jährigen Schwabinger Disco-Schönheit tagtäglich vor einem Millionenpublikum vorführten. Gerüchte um Veränderung im privaten Umfeld und der Lebensführung des Keepers hatte es bereits vor der WM gegeben. Kahn war verstärkt in der Münchner Schicki-Micki-Szene gesichtet worden. Nun musste die Öffentlichkeit erfahren, dass ihr Idol außerhalb des Fußballplatzes keineswegs unfehlbar war. Die Art und Weise, wie die Medien den Skandal ausschlachteten, dürfte bei Kahn die Tendenzen zur eigenständigen „Oliver-Kahn-AG" verstärkt haben. Vor dem Länderspiel gegen Litauen (29. März 2003) schrieb die „Frankfurter Rundschau" über den Torwart: „Im Grunde taugt dieser Einzelgänger von seltsam zerrissener Wesensart nicht zur Leitfigur. Nicht auszuschließen, dass er das bereits erkannt hat. Kahn ist seinen Mitspielern längst entrückt, seine Aufgaben als Kapitän nehme er kaum noch wahr, ist aus Kreisen der Mannschaft zu hören. Die Oliver-Kahn-AG hat sich verselbstständigt. (...) Bayern-Trainer Ottmar Hitzfeld fürchtet nicht ohne Grund, Kahn könne ins Ausland wechseln oder die Nationalmannschaft im Stich lassen." Kahn bekannte später, er habe sich nach der WM „verheizt" gefühlt: „Die Power war irgendwie weg." In den folgenden Wochen avancierte ausgerechnet Oliver Kahn, Garant der Rückkehr des FC Bayern an die europäische Spitze, zum „Symbol einer Talfahrt", wie Jens-Christian Müller in der „Frankfurter Rundschau" schrieb.

Während in der Bundesliga im Großen und Ganzen alles nach Plan lief, bahnte sich in der Champions League ein Desaster an. In den Gruppenspielen der Vorrunde mussten sich die Bayern mit Deportivo La Coruña, RC Lens und dem AC Mailand messen. Bereits der Heimauftakt gegen Deportivo ging mit einer 2:3-Niederlage in die Hose.

Desaster in der Champions League

Dreifacher Torschütze war der Niederländer Roy Makaay, der sich damit den Bayern-Verantwortlichen geradezu aufdrängte. Es folgten ein Remis in Lens (1:1) und eine weitere Heimniederlage gegen den AC Mailand (1:2), so dass die Bayern nach Abschluss der Hinrunde nur einen Punkt auf ihrem Konto hatten. Zur Rückrunde blies Hitzfeld zur Aufholjagd. „Milan hat uns in München nicht vorgeführt, und neun Punkte sind noch möglich." 23-mal hatten sich die Münchner im vergangenen Jahrzehnt mit einer derartigen Alles-oder-Nichts-Konstellation konfrontiert gesehen, 15-mal gingen sie daraus als Sieger hervor. Doch auch das Rückspiel im Mailander Meazza-Stadion, wo der FC Bayern 14 Jahre zuvor eine 0:2-Heimniederlage gegen Inter ausgebügelt hatte und im Mai 2001 den größten Triumph seiner Vereinsgeschichte feiern durfte, ging verloren. Beim 1:2 verletzte sich Kahn und musste durch Wessels ersetzt werden. Ohne Kahn kassierten die Bayern am 10. Spieltag der Bundesliga gegen den Aufsteiger Hannover 96 drei Gegentore im heimischen Olympiastadion und mussten sich mit einem Punkt begnügen.

Drei Tage später erfolgte der K.o. in der Champions League. Ein 1:2 bei Deportivo La Coruña, Makaay erzielte dieses Mal „nur" einen Treffer, bedeutete die vierte Niederlage beim fünften Champions-League-Auftritt. Der FC Bayern stand damit bereits vor dem letzten Spieltag als Gruppenletzter fest. Auch im sechsten und letzten Spiel gegen den RC Lens kam der FC Bayern über ein 3:3-Remis nicht hinaus und blieb somit in der kompletten Vorrunde sieglos. In sechs Gruppenspielen hatte das „weiße Ballett"

1:2 gegen den AC Mailand: Elber und Pizarro scheitern an Milans Torhüter Pida. In der Champions League 2002/03 schieden die Bayern bereits in der Vorrunde aus.

lediglich zwei magere Pünktchen geholt, beide gegen die vorab als schwächstes Team der Gruppe apostrophierten Franzosen.

Zum ersten Mal seit Einführung der Champions League war der vierfache Europapokalsieger schon in der Vorrunde ausgeschieden und verpasste auch die Chance, als Gruppendritter wenigstens noch im UEFA-Cup weiterzukicken. Das letzte Mal, dass für den FC Bayern bereits in der ersten Runde in Europa das Aus kam, war in der Saison 1969/70 gewesen, als der FC Bayern bei seinem ersten Auftritt im Landesmeisterwettbewerb an St. Etienne scheiterte.

Uli Hoeneß bezifferte den Einnahmeverlust auf 15 Mio. Euro. Umso schwerer wogen die hohen Kosten eines Kaders, der auf die Doppelbelastung aus nationalen und internationalen Herausforderungen ausgerichtet war, nun aber überdimensioniert wirkte. Hinzu kam der Imageverlust. Ende Oktober war das Thema Europa für den FC Bayern bereits komplett erledigt. Mindestens zehn Monate würde der Exportartikel Nr. 1 des deutschen Fußballs nun ohne internationales Pflichtspiel bleiben. Das Merchandising blieb hingegen von der Entwicklung unberührt. Uli Hoeneß durfte verkünden, dass von den neuen blütenweißen Ballett-Leibchen bereits 250.000 verkauft seien und der Verein die Trikotnachfrage kaum bewältigen könne.

Das Ausscheiden bedeutete die größte Pleite in der Amtszeit Hitzfelds und in der jüngeren Klubgeschichte. Karl-Heinz Rummenigge sprach von einer „Blamage", „Schande", einem „Alptraum" und „schwarzen Tag für den FC Bayern". „Nach fünf sowohl sportlich als auch finanziell sehr erfolgreichen Jahren, in denen wir in Europa viele Freunde gewinnen konnten, ist dies ein herber Rückschlag." Den Spielern warf der Vorstandsvorsitzende der Bayern AG „Arroganz, indiskutable Leistungen und fehlende Leidenschaft" vor.

Die beiden anderen deutschen Vertreter, Borussia Dortmund und Bayer Leverkusen, zogen zwar in die Zwischenrunde ein, wo sie jedoch scheiterten. Unterm Strich sah die Saison das schlechteste Abschneiden der Bundesliga in Europa seit der Saison 1983/84. Uli Hoeneß nüchtern: „Wir sind nachlässig herausgeflogen, aber es war ein Betriebsunfall. Ein Imageverlust entsteht erst über Trends, wenn man zwei oder drei Jahre international keinen Rolle spielt."

Ottmar Hitzfeld, der nach der Pleite von La Coruña den Gewinn des Doubles zum neuen Ziel erkor, erinnerte äußerlich an sein letztes Trainerjahr bei Borussia Dortmund. Der 53-jährige Trainer geriet immer mehr in die Kritik. In der Boulevardpresse galt Hitzfelds Ablösung bereits als sicher. Rummenigge später: „Wir wurden von den Medien fast dazu genötigt, Hitzfeld zu entlassen." Ohne den psychologischen Wind aus Europa im Rücken drohte nun auch in der Bundesliga der Rückschlag. Franz Beckenbauer orakelte vor dem Gastspiel am 11. Spieltag bei Werder Bremen, „dass wir auch in Bremen drei Punkte lassen" und diagnostizierte „eine tote Mannschaft". „Der Lothar Matthäus hat als Erster seine Schuhe ausgezogen und in die Ecke gepfeffert, Andi Brehme den zweiten hinterher – und die haben rumgeschrien. Da war Leben drin. Jetzt sitzt jeder in der Kabine, zieht seine Schuhe aus, es macht keiner Muh, keiner ein Mäh, nichts." Beckenbauer sollte mit seiner düsteren Vorahnung Recht behalten. Im Bremer Weserstadion verlor eine passive und ideenlose Bayern-Mannschaft mit 0:2. Bei beiden Treffern machte Kahn keine gute Figur.

Als Erster aus der Führungsriege übte der Kaiser via Vertragspartner Premiere öffentliche Kritik am Trainer: „Als Trainer würde ich es als große Herausforderung ansehen, mal einen jungen Spieler auszubilden. Es ist einfach, immer nur zu sagen, ich will den Spieler haben oder den." Es war nicht das erste Mal, dass der Aufsichtsratsvorsitzende den mangelnden Mut des Trainers kritisierte. Diesbezüglich war Beckenbauer nicht der einzige Kritiker Hitzfelds in der Führungsetage. Derartige Kritik ereilte Hitzfeld bereits während seiner Zeit in Dortmund. In Dortmund wie in München arbeitete Hitzfeld fast ausnahmslos mit fertigen Spielern, die auch unter diesem Gesichtspunkt gekauft wurden. Für die erfolgshungrigen Vereine war dies eine kostspielige Angelegenheit. Den Bayern-Verantwortlichen mag als Alternative das Beispiel Manchester und Alex Ferguson vorgeschwebt haben. Ökonomisch war das Modell Manchester von großem Vorteil, da die rasante Wertsteigerung vieler Akteure unter dem Dach des Klubs erfolgte und dieser keine gigantischen Ablösesummen bezahlen musste, sondern in dem einen oder anderen Falle sogar mit dem Verkauf eines Spielers Einnahmen erzielen konnte. Allerdings kam auch Manchester mit Talentförderung alleine nicht über die Runden, und der Erfolg dieser Politik hing auch von Glück und Zufällen ab.

Rangeleien in der Führungsetage

Beckenbauer bemängelte außerdem den konditionellen Zustand des Teams, was ebenfalls als Kritik am Trainer empfunden wurde. Doch nicht nur Hitzfeld, sondern auch Rummenigge und Hoeneß erhielten vom Kaiser eine Breitseite: „Ich habe das schon vor Wochen kommen sehen. Aber...man war nachlässig, man hat nur zugeschaut." Später mischte sich auch noch Lothar Matthäus ein, der die Rückkehr zum „Beckenbauer-Absolutismus" forderte. Matthäus spekulierte auf Zwist und ein Revirement in der Führungsetage, bei dem auch seine Person Berücksichtigung finden würde.

Nur kurze Zeit später schlug Kapitän Kahn zurück. Mit ihrer Forderung nach „Zauberfußball" hätten Beckenbauer und Rummenigge vor der Saison ein „falsches Signal" ausgegeben. Kahn warf den beiden eine Abkehr von der „Bayern-Philosophie" vor. Der Erfolg des FC Bayern habe sich in den letzten Jahren in erster Linie auf eine effiziente Spielweise mit einer kompakten Abwehr begründet, aus der in der Offensive eiskalt zugeschlagen wurde. „Wir müssen zu dem zurück, was uns stark gemacht hat." Mit demonstrativem Lob versah Kahn indes den in diesen Tagen schweigsamen Manager und den Trainer: „So wie der Uli das macht, ist das absolut vorbildlich. Er sagt einem die Dinge unter vier Augen ins Gesicht. Er kommt zu uns und redet nicht über die Medien mit uns. Das macht Führungsqualität aus." Und zu Hitzfeld: „Ich glaube, es gibt keinen besseren Trainer für Bayern München als Ottmar Hitzfeld. Wir wollen mit Ottmar Hitzfeld Deutscher Meister werden. Wir sind überzeugt, mit diesem Trainer Meisterschaft und Pokal nach München zu holen." Bezüglich der Spielweise herrschte allerdings auch in der Mannschaft Uneinigkeit. Thomas Linke: „Wir haben unterschiedliche Fußball-Philosophien.“ Bixente Lizarazu: „Die Bayern wollten mit ein bisschen mehr Flair spielen, und sie haben davon geträumt, Real Madrid zu imitieren. Aber es gibt nur ein Real Madrid.“

Die von den Boulevardmedien angetriebene „Bayern-Krise“ veranlasste die ARD dazu, das DFB-Pokalspiel zwischen dem FC Bayern und Hannover 96 kurzfristig in sein Programm zu nehmen – in Erwartung einer weiteren Bayern-Niederlage und Eskalation der Krise. Doch über fünf Millionen Bayern-Fans und Bayern-Hasser sahen einen 2:1-Sieg der Hitzfeld-Elf. Angesichts der lediglich 8.000 Zuschauer im Olympiastadion bedeutete der öffentlich-rechtliche Voyeurismus eine willkommene Zusatzeinnahme.

Die Wende zum Besseren erfolgte am 12. Spieltag, als der FC Bayern mit Borussia Dortmund den amtierenden Meister und vermeintlich härtesten Konkurrenten empfing. Neben dem Schicksal Hitzfelds galt das öffentliche Interesse vor allem dem Duell der Keeper. Jens Lehmann wurde attestiert, sich in der Form seines Lebens zu befinden. Außerdem sei der lange Zeit als „schnöselig“, „arrogant“ und „unbeherrscht“ gehandelte Keeper souveräner geworden. Die 63.000 Zuschauer im ausverkauften Olympiastadion sahen nicht nur neun Vize-Weltmeister, sondern auch erneut eine nickelige und hektische Begegnung. Der bis dahin als einziges Team noch ungeschlagene Titelverteidiger dominierte die Begegnung zunächst und führte bereits nach sieben Minuten durch ein Tor von Jan Koller mit 1:0. Es sollte für viele Wochen das letzte Gegentor des FC Bayern bleiben. Wenige Minuten vor dem Halbzeitpfiff sah der Dortmunder Nationalspieler Thorsten Frings Gelb-Rot. Im zweiten Durchgang begingen die Gäste den Fehler, sich stärker zurückzuziehen, wodurch der FC Bayern immer besser ins Spiel fand. Nach gut einer Stunde gelang Santa Cruz der Ausgleich. Ein rotwürdiges Foul von Elber an Lehmann blieb ungeahndet. In der 66. Minute erzielte Pizarro die Münchner Führung. Lehmann behauptete (fälschlicherweise) eine Abseitsposition des Torschützen. Um dies dem Schiedsrichter mitzuteilen, rannte der Keeper bis zur Mittellinie. Schiedsrichter Weiner belegte den Lehmann-Protest mit Gelb. Da Lehmann bereits vorher eine „Gelbe“ kassiert hatte, musste der Kahn-Herausforder vorzeitig den Platz räumen. Als Ersatz ging der lange Goalgetter Jan Koller zwischen die Pfosten. Der Tscheche machte seine Sache gut, verhinderte im Duell 11 gegen 9 einen klareren Sieg der Münchner und wurde anschließend vom „Kicker“ zum besten Spieler der Partie gekürt. Der letzte Sieg der Borussen im Münchner Olympiastadion lag nun bereits elf Jahre zurück (3:0 am 12. Oktober 1991).

Nach dem Sieg über den alten Rivalen wurde die Krise für beendet erklärt. Am Abend des Spiels trug Beckenbauer, vom Sportpresseball in Frankfurt dem ZDF-Sportstudio zugeschaltet, ein versöhnliches Statement vor: „An der Situation sind wir alle schuld. Nicht nur die Mannschaft und der Trainer.“ Unter der Woche hatten sich Hoeneß und Rummenigge ihren Aufsichtsratschef zur Brust genommen. Nichtsdestotrotz erschien der „Kicker“ montags mit einem Schwarz-Weiß-Foto von Hitzfeld. Das Magazin, das sein Titelblatt bereits vor Ablauf eines Bundesligaspieltags fertigstellt, wollte offensichtlich für alle Eventualitäten gewappnet sein.

Am 14. Spieltag musste der FC Bayern auf den Lauterer Betzenberg. Mit nur sieben Punkten rangierten die von einer heftigen finanziellen und sportlichen Krise heimgesuchten Lauterer auf dem letzten Tabellenrang. Trotzdem wurde die Partie aufgrund der Vorfälle beim Pokalspiel im Frühjahr mit gewisser Spannung erwartet. Die „Sport-Bild" sprach von einem „Hass-Gipfel" und ließ ihre Leser wissen, dass der Gastgeber Uli Hoeneß „Leibwächter" zur Seite stellen würde. Diese hätten Hoeneß nicht nur vor tätlichen Übergriffen zu schützen, sondern vor allem auch auf das ordnungsgemäße Verhalten des Bayern-Managers zu achten. Hoeneß selbst bemühte sich um Deeskalation, indem er sich im „Kicker" für sein „Tiere-Zitat" entschuldigte.

Tatsächlich geriet die Partie zu einer ziemlich müden Angelegenheit. Selten zuvor erfuhren Bayern-Spieler und Bayern-Fans auf dem „Betze" so wenig Gegenwehr. Nach nur 16 Minuten war das Spiel durch Tore des Ex-Lauterers Ballack und Santa Cruz praktisch schon entschieden. Die mitgereisten Bayern-Fans sangen „Heimspiel in Lautern, wir haben ein Heimspiel in Lautern" und konfrontierten die Westtribüne mit der Frage: „Das soll die Hölle sein?"

Der FC Bayern beendete die Hinrunde als Herbstmeister. Der Vorsprung auf die zweitplatzierten Dortmunder betrug sechs Punkte.

Jahreshauptversammlung: Liebesgrüße aus Südtirol

„Einmal im Jahr wird aus dem Weltkonzern Bayern München wieder ein kleiner, fast provinzieller Verein. Am Ende jeder Jahreshauptversammlung dürfen die Mitglieder stets loswerden, was sie auf dem Herzen haben." So die „Frankfurter Allgemeine Zeitung" über die alljährliche Zusammenkunft der Bayern-Mitglieder Mitte November in der Olympiahalle. Den ulkigsten Beitrag hielt ein Vertreter eines Südtiroler Bayern-Fanklubs, der seinen Vortrag politisch-pathetisch mit „Es lebe der FC Bayern, es lebe Südtirol" abschloss. Die Führungsriege konnte den 1.435 erschienenen Mitgliedern einen Reigen von Rekorden präsentieren: Mit 95.195 wies der Klub die höchste Mitgliederzahl auf. Auch bei den registrierten Fanklubs (1.980) und Fanklub-Mitgliedern (121.348) war der FC Bayern Spitze. Nicht weniger beeindruckend waren die von Dr. Fritz Scherer referierten Wirtschaftsdaten: Das Eigenkapital betrug 41,2 Mio. Euro, das Anlagevermögen 39,6 Mio., das Bankguthaben 3,5 Mio., der Überschuss 1,6 Mio. Auch der Jahresabschluss der FC Bayern München AG wies eine positive Gewinn- und Umsatzentwicklung auf. Im Spielbetrieb hatte es durch das Ausscheiden im Viertelfinale der Champions League und die Kirch-Krise zwar Einnahmeverluste gegeben, doch konnten diese durch Mehreinnahmen im Sponsoring und im Fanartikelverkauf mehr als kompensiert werden. Während bei vielen anderen Vereinen der Absatz von Fanartikeln eher in den Keller ging, verzeichneten die Bayern hier mit einem Umsatz von 16,3 Mio. Euro (gegenüber 12,3 Mio. Euro im Vorjahr) einen neuen Rekord. Die Personalkosten waren von 86,7 Mio. Euro auf 98, 8 Mio. Euro gestiegen, was vor allem auf den Anstieg der Gehälter bei den Lizenzspielern zurückgeführt wurde. Beim Geldverdienen lag der FC Bayern allerdings längst wieder hinter dem internationalen Branchenführer und Vorbild Manchester United. Dessen Halb-

Ballett vor dem Bayern-Tor mit den Nationalmannschaftskollegen Oliver Kahn und Miroslav Klose. Die Bayern gewannen 2:0 auf dem Betzenberg.

jahreszahlen (!) sprachen von 139 Mio. Euro Umsatz und 52,5 Mio. Euro Gewinn vor Steuern, während die Bayern-AG für ein gesamtes Jahr 176 Mio. Euro Umsatz und 16,9 Mio. Euro Gewinn (vor Steuern) auswies.

Mit dem Ex-Präsidenten Willi O. Hoffmann und Ex-Kapitän Werner Olk durften die Verwaltungsratsvorsitzenden Eckhardt Müller-Heydenreich und Ministerpräsident Dr. Edmund Stoiber zwei neue Mitglieder in ihrem Gremium begrüßen. Hoffmann und Olk nahmen die Plätze des verstorbenen Willy Simetsreiter und Bernd Rauch ein. Rauch war als 2. Vize-Präsident in den Vereinsvorstand gewechselt und hatte in dieser Funktion den Bayern-Veteranen Hans Schiefele beerbt. AG wie Verein waren für bevorstehende Herausforderungen personalpolitisch bestens positioniert.

In die Rückrunde startete der FC Bayern mit einem 3:0-Sieg gegen Borussia Mönchengladbach. Am 20. Spieltag führte der FC Bayern daheim gegen den Hamburger SV bis zur 92. Minute durch einen Pizarro-Treffer mit 1:0. Dann gelang Hamburgs Japa-

„Zauberfuß" und „Traumfußball"

ner Takahara per Kopf doch noch der Ausgleich. Für Oliver Kahn war es der erste Gegentreffer seit 803 Minuten. Das 197. Münchner Stadtderby endete mit einem 5:0-Sieg der Roten, zugleich der höchste Saisonsieg der Bayern. Die 64.000 Zuschauer wurde Zeugen einer Gala-Vorstellung. Bester Spieler auf dem Platz war der dreifache Torschütze Mehmet Scholl. Die „Abendzeitung": „Scholls Zauberfuß hat mehr Gefühl als 22 Löwen-Füße." Für die „Süddeutsche Zeitung" entschied Scholl das Spiel „mit hohem künstlerischen Ausdruck und großer Effektivität". Der „Münchner Merkur" schrieb: „Die Bayern im Rausch. Mit dem 5:0 über 1860 festigten die Roten ihre Vorherrschaft." Zu den Zuschauern gehörte auch Ministerpräsident Edmund Stoiber (FC Bayern) und sein Kultusminister Hans Zehetmaier (TSV 1860).

Beim Aufsteiger Hannover 96 mussten sich die Bayern erneut mit einem Remis (2:2) begnügen. Nach Schweinsteiger durfte mit dem in Polen geborenen, aber in der deutsche U-19 kickenden Piotr Trochowski der zweite A-Junior in der Ligamannschaft des FC Bayern debütieren. „Die Bayern gähnen sich weiter in Richtung Titel", titelte die „Frankfurter Rundschau" ihren Spielbericht. Zur Halbzeit führte der Neuling dank kräftiger Mithilfe von Oliver Kahn mit 2:0. Hitzfeld zieh die Seinen, „Altherrenfußball" zelebriert zu haben. Die zeitgleiche Heimschlappe des BVB (1:2 gegen Werder) machte das Remis zum Punktgewinn. Uli Hoeneß konnte sich ein Grinsen nicht verkneifen: „Ich denke, Dortmund kann nicht mehr Meister werden."

Am 25. Spieltag gewann der FC Bayern beim VfL Bochum nicht nur deutlich mit 4:1, sondern bot auch bestechenden Fußball. Bochums Übungsleiter Peter Neururer wähnte „Außerirdische" auf dem Rasen des Ruhrstadions. Uli Hoeneß fühlte sich „wie im Traum" und sah „Fußball in Vollendung". Am 26. Spieltag gab es nur einen dürftigen 1:0-Sieg über Hansa Rostock; da die Konkurrenz jedoch erneut Punkte lassen musste, wuchs der Vorsprung auf 15 Zähler. Aus den folgenden drei Spielen holte der FCB allerdings nur einen Punkt. Gegen Bremen kassierte das Ensemble eine 0:1-Heimpleite, die erste Niederlage in der Bundesliga seit 16 Spielen bzw. dem Hinspiel im Bremer Weserstadion. Aus den 16 Begegnungen zwischen den beiden Duellen holten die Bayern 40 Punkte (12 Siege, 4 Remis). Im Olympiastadion war es die erste Heimniederlage des FC Bayern in der Bundesliga seit fast auf den Tag genau zwei Jahren, denn zuletzt hatte man dort am 14. April 2001 verloren (1:3 gegen Schalke 04). Die Bayern waren 33 Heimspiele in Folge ungeschlagen geblieben (25 Siege, 8 Remis). Das Spiel offenbarte zugleich die Grenzen der jungen Bayern-Garde: Bedingt durch den Ausfall von sechs Leistungsträgern durften neben Schweinsteiger auch Trochowski, U-21-Auswahlspieler Markus Feulner und Zvezdan Misimovic auflaufen.

0:1 hieß es auch nach 90 Minuten beim alten Rivalen Borussia Dortmund. Von der üblichen Hektik bei der Begegnung der beiden Giganten war dieses Mal nichts zu spüren. Vielmehr herrschte große Langeweile. Das Spiel entschied ein von Amoroso verwandelter Handelfmeter in der 61. Minute. Vorausgegangen war der erste (!) Eckstoß des Spiels. Auch im Westfalenstadion ging eine Serie zu Ende: Für den BVB war es der erste Sieg gegen den FC Bayern in einem Bundesligaspiel seit dem 1. Oktober 1995, als der BVB im Westfalenstadion mit 3:1 gewann. Dazwischen lagen 14 Spiele, von denen der FC Bayern sieben gewonnen hatte und sieben mit einem Remis endeten.

Souverän zum 18. Meistertitel

Doch der Vorsprung des FC Bayern war zu groß und die Konkurrenten zu schwach, um den 18. Titelgewinn noch zu gefährden. Ein 2:0-Sieg am 30. Spieltag in der neuen Wolfsburger Volkswagen-Arena bedeutete nicht nur das Ende der „Mini-Krise“, sondern auch den 18. Deutschen Meistertitel. Das letzte Mal, dass in der 40-jährigen Geschichte der Bundesliga eine Mannschaft so früh die Meisterschaft feiern konnte, war in der Saison 1972/73 gewesen. Auch damals hieß der Meister FC Bayern. Vier Spieltage vor Saisonende betrug der Vorsprung des FC Bayern nunmehr 13 Punkte. Spieler des Tages war Michael Ballack, der nach siebenwöchiger Verletzungspause Kreativität und Rhythmus ins Bayern-Spiel zurückbrachte. Ballack war es auch, der die 1:0-Führung in der 59. Minute durch Elber vorbereitete. Fast zeitgleich fiel der Ausgleich der Rostocker beim Tabellenzweiten VfB Stuttgart. Während es in Stuttgart bis zum Schlusspfiff beim Spielstand von 1:1 blieb, konnte Pizarro unter dem grauen Himmel von Wolfsburg noch das 2:0 markieren. Unter den 30.000 Zuschauern befanden sich 7.000 Bayern-Fans.

Der 18. Titelgewinn für den FC Bayern. Sammy Kuffour küsst die Schale.

Die Bayern nahmen den Titelgewinn routiniert zur Kenntnis. Zu groß war ihre Überlegenheit, zu schwach die Konkurrenz in dieser von Hoeneß als „blass“ charakterisierten Saison. Von der Dramatik der Titelgewinne 16 (Unterhaching) und 17 (Hamburg) war die Meisterschaft 2003 weit entfernt. Marcel Reif beschrieb das „Finale“ von Wolfsburg anschließend als „tristen Abschluss vor Abschluss einer tristen Saison“. Die Bayern seien für ihre Überlegenheit gestraft und zur ersten Meisterschaftsfeier in Wolfsburg verdammt worden: „In Wolfsburg! Nichts gegen Wolfsburg, aber ob das der rechte Ort ist für jemand, der kraft Selbstverständnisses und Anspruch doch eher in Madrid, Mailand, Manchester oder in Barcelona zu feiern pflegt?“ Die „Frankfurter Allgemeine Zeitung“ charakterisierte den FC Bayern als „Meister der Pflicht“. „Mit meist schmucklosen Siegen setzten sich endlich wieder wie früher die Rationalität des Handelns und die Effektivität der zuerst an Ergebnissen, danach an Erlebnissen orientierten Siege durch.“

„Kampfschwein im Designeranzug“

Ottmar Hitzfeld hatte trotzdem Tränen in den Augen. Das letzte Mal, dass bei Hitzfeld öffentlich die Tränen rollten, war bei seinem ersten Titelgewinn mit Borussia Dortmund gewesen. Damals drohte Hitzfeld das Schicksal eines „ewigen Verlierers“. Für den Erfolgscoach war es im fünften Jahr bei den Bayern die vierte Meisterschaft. Der Gesamtschnitt des Branchenführers lautete nun 17 Meisterschaften in 38 Ligajahren, womit seit dem Aufstieg von 1965 fast jeder zweite Titel an die Säbener Straße gegangen war. Im „Tagesspiegel“ beschrieb Stefan Herrmans den Bayern-Coach als „Kampfschwein im Designeranzug“. Für Hitzfeld sei der Schlusspfiff in Wolfsburg der Moment gewesen, „in dem er den Kampf gewonnen hatte – den Kampf um seine berufliche Existenz“. Das Ausscheiden aus der Champions League hatten viele Beobachter als Anfang vom Ende der Ära Hitzfeld betrachtet. In den folgenden Wochen und Monaten hatte Hitzfeld die Mannschaft härter an die Kandare genommen. Verstöße gegen die Disziplin, wie die öffentliche Kritik Michael Ballacks am 4-4-2-System, wurde mit Geldstrafen belegt. Das Training wurde intensiviert, wozu auch Waldläufe und Kraftraumaufenthalte gehörten. Mit dem Ausscheiden aus der Champions League war es auch mit Hitzfelds Rotationsprinzip vorbei. Stattdessen zimmerte der Trainer eine Stammelf, die in der Regel nur bei Verletzungen oder taktischen Erwägungen Veränderungen erfuhr.

Hitzfeld war es gelungen, im Jahr eins nach Effenberg den Aufbau einer neuen Mannschaft voranzutreiben. Ballack wurde mehr und mehr in die Chefrolle integriert. Mit Feulner und Schweinsteiger waren junge Talente an die Mannschaft herangeführt worden. Am 1. April 2003 hatten die Bayern-Verantwortlichen und Hitzfeld ihr Arbeitsverhältnis per Handschlag bis 2005 verlängert. Hoeneß und Rummenigge sahen sich in ihrem Festhalten am Trainer bestätigt. Der AG-Vorsitzende: „Er ist wie Phönix aus der Asche auferstanden.“ Nach dem Ausscheiden aus der Champions League habe Hitzfeld in „einer der schwierigsten Phasen seiner Trainerkarriere“ bewiesen, „dass er der erfolgreichste Trainer ist, den der FC Bayern je hatte.“ Der Manager ergänzte: „Ottmar Hitzfeld hat gezeigt, dass er bereit ist, mit jungen Spielern zu arbeiten und ältere weiterzubringen. Er hat das Klassenziel nicht nur erreicht, sondern auch potenziert. Und er hat, indem er die Spieler weiterentwickelt hat, den wirtschaftlichen Wert der Mannschaft erheblich gesteigert."

Der souveräne Meisterschaftsgewinn war aber auch dem frühen Ausscheiden aus dem europäischen Wettbewerb geschuldet. Uli Hoeneß: „So ein Vorsprung geht nur ohne Champions League." Dortmunds Christian Wörns, dessen Verein sechs Spiele mehr in der League absolvieren musste, meinte sogar: „Es hat den Wettbewerb verzerrt, dass die Bayern so früh aus der Champions League ausgeschieden sind." Der zwangsweise Verzicht auf Auslandsreisen bedeutete Zeitgewinn und weniger Reisestress. Dem Trainer wurde dadurch eine intensivere Arbeit mit seinem Team ermöglicht. Ein durch die Champions League vollgestopfter Terminkalender hätte wohl auch den Einbau junger Spieler erschwert.

Aufgrund seiner schweren Knieverletzung und den anschließend immer wieder auftretenden muskulären Problemen war der 9-Mio.-Euro-Einkauf Sebastian Deisler bis zum 32. Spieltag nur auf sieben Kurzeinsätze gekommen. Beckenbauer gab sich unzufrieden: „Es kann nicht sein, dass Deisler immer verletzt ist, wenn es ernst wird. Der Junge ist topfit, das ist eine Kopfsache." Am 6. Mai 2003 bestritt Sebastian Deisler sein erstes Spiel über 90 Minuten für den FC Bayern. Ort des Geschehens war das oberpfälzische Weiden, Gegner eine Kreisauswahl. Die Bayern gewannen mit 15:1. Vier Tage später stand Deisler nach zweimonatiger Pause auch in der Bundesliga wieder auf dem Platz, und dies ausgerechnet bei seinem alten Verein Hertha BSC. Deislers böse Vorahnung: „Ich werde sicherlich nicht gefeiert. Das ist nun einmal so, wenn man zu Bayern München geht." Der 22-jährige Hoffnungsträger wurde mit einem Pfeifkonzert und einem großen Transparent begrüßt, auf dem geschrieben stand: „Meister Deisler – wir pfeifen auf dich!" Nach nur fünf Minuten gingen die Herthaner durch ein Eigentor von Michael Ballack in Führung. Das erste Eigentor des Nationalspielers seit jenem verhängnisvollen Fauxpas von Unterhaching, der dem FC die Meisterschaft gebracht hatte. Anschließend hatten nur noch die Bayern das Sagen, die eine Spielfreude entwickelten, wie man sie in dieser Saison nur selten zu sehen bekommen hatte. Beim Halbzeitpfiff hieß es 5:1 für den neuen Deutschen Meister. Sämtliche Treffer gingen auf das Konto des überragenden Sturmduos Elber (3) und Pizarro. Sebastian Deisler glänzte zweimal als Vorbereiter. Nach dem Wiederanpfiff ließen es die Bayern etwas gemächlicher angehen. Am Ende siegten sie mit 6:3. Den letzten Treffer hatte Michael Ballack beigesteuert. Als Sebastian Deisler zehn Minuten vor dem Abpfiff das Spielfeld verließ, applaudierten selbst die Hertha-Fans.

Sein letztes Heimspiel absolvierte der FC Bayern gegen das Überraschungsteam vom VfB Stuttgart, das Vize-Meister wurde. Die Spieler präsentierten sich dem Publikum erstmals in den neuen rot-weißen Trikots, die die Fans seit vielen Jahren gefordert hatten und das Team ein wenig wie Arsenal London aussehen ließen. Der FC Bayern war zu seinen Traditionsfarben zurückgekehrt. Die Zuschauer waren aufgerufen, sich in Rot und Weiß zu kleiden. Die Bayern gewannen durch zwei Elber-Tore mit 2:1. Die „Schale“ wurde durch Rudi Völler überreicht. Anschließend ging es in Cabrios auf den Marienplatz, wo 15.000 Fans auf den Meister warteten. Die Ausgelassenheit kannte allerdings ihre Grenzen. Wohl auch, weil der befriedigende Abschluss einer noch Monate zuvor durch das Ausscheiden in der Champions League verkorksten Saison, noch ausstand.

Am letzten Spieltag verlor der FC Bayern nach einer drögen Vorstellung bei Schalke 04 mit 0:1. Den meisten Beifall gab es, als Oliver Kahn mit einem Abschlag den Video-Würfel in der Arena traf. Beim Abpfiff der Saison standen 75 Punkte auf dem Bayern-Konto, die zweithöchste Punktzahl eines Meisters seit der Einführung der Drei-Punkte-Regelung 1995. Der Vorsprung gegenüber Vize-Meister VfB Stuttgart (59 Punkte) betrug 16 Zähler, womit der FC Bayern seinen eigenen Rekord aus der Saison 1998/99 (78 gegenüber 63) brach. Die Bayern erzielten die mit Abstand meisten Treffer (70) und kassierten die wenigsten Gegentore (25). 17-mal – d.h. eine komplette Halbserie – spielte das Team „zu Null“. Die Überlegenheit des FC Bayern wurde aber auch dadurch dokumentiert, dass die Mannschaft als einzige der Liga keine Hinausstellung hinnehmen musste und in der Fair-Play-Tabelle ebenfalls Erster wurde.

Routinierter Jubel: Mit dem Pokalsieg 2003 holen die Bayern das vierte Double in ihrer Geschichte. DFB-Präsident Mayer-Vorfelder und Bundespräsident Rau, obwohl nicht gerade Bayern-Fans, freuen sich mit der Mannschaft.

Nach dem letzten Heimspiel des FC Bayern gegen den VfB Stuttgart war es in Schwabing zu Auseinandersetzungen zwischen Bayern-Fans und der Polizei gekommen. Nach der offiziellen Meisterehrung im Olympiastadion waren Tausende von Bayern-Fans nach Schwabing und in die Innenstadt weitergezogen. Laut Polizeibericht sei eine Gruppe von ca. 1.000 Bayern-Fans mit einem großflächigen Bayern-Emblem auf

der Leopoldstraße und Ludwigstraße in Richtung Stadtmitte gelaufen. Auf Höhe des Oskar-von-Miller-Rings hätten die Fans versucht, diesen mit dem Ablegen des Bayern-Emblems zu blockieren. Die Polizeikräfte hätten die Fans zum Verlassen der Straße aufgefordert, aber diese hätten lediglich mit dem Werfen von Steinen und Flaschen und dem Abfeuern von Leuchtspurmunition auf die Beamten geantwortet. Seitens einiger Fan-Gruppen wurde dieser Darstellung heftig widersprochen. Die Fans hätten an den Kreuzungen nur jeweils kurz verharrt, die Fahne ausgebreitet und einige Lieder gesungen. Es habe sich mitnichten um eine Blockade, sondern lediglich um ein völlig normales Feiern auf Münchens Straßen gehandelt. Der Polizeieinsatz wäre völlig unangemessen ausgefallen und überflüssig gewesen. Die „Schwabinger Krawalle" sollten noch ein Nachspiel haben.

Randale nach der Meisterfeier

Locker zum 11. DFB-Pokalsieg

Im DFB-Pokal traf der FC Bayern nach einem lockeren 3:0-Auftaktsieg bei den Amateuren von Werder Bremen und einem 2:1-Sieg über Hannover 96 im Achtelfinale auf den Cup-Verteidiger Schalke 04. Nach torlosen 120 Minuten entschied ein Elfmeterschießen zugunsten des FC Bayern. Nur 20.000 Zuschauer waren an diesem kalten Dezemberabend ins Olympiastadion gekommen, um das „vorgezogene Finale" zu verfolgen. Zum Viertelfinale gegen den bis dahin noch in Pflichtspielen ungeschlagenen Zweitliga-Spitzenreiter 1. FC Köln wurden im weiten Rund des Olympiastadions noch 7.000 Zuschauer weniger gezählt. Die Bayern veranstalteten gegen den völlig hilflosen Gegner ein Schützenfest. Beim 8:0-Sieg erzielte der A-Jugendliche Sebastian Schweinsteiger zwei Treffer. Im Halbfinale empfingen die Bayern das krisengeschüttelte Team von Bayer Leverkusen und kamen vor 16.000 Zuschauern zu einem locker herausgespielten 3:1-Sieg. Zwar hatten die Gäste die 1:0-Halbzeitführung der Bayern in der 51. Minute ausgleichen können, doch nur wenige Minuten später sorgte Elber mit einem Doppelschlag für den frühzeitigen Endstand.

Nur 56.000 Zuschauer sahen die vier Heimauftritte des FC Bayern im DFB-Pokal, was einen Schnitt von lediglich gut 14.000 pro Spiel bedeutete. Dass die Spiele an einem Termin unter der Woche stattfanden, für die vielen von weither anreisenden Bayern-Fans prinzipiell ungünstig, sowie der mangelhafte Stadionkomfort konnten nicht die einzigen Gründe für den mageren Zuspruch sein. Die Partie gegen Schalke wäre in der Gelsenkirchener Arena sicherlich ausverkauft gewesen. Der DFB-Pokal zog bei vielen Bayern-Fans halt erst ab dem Finale.

Dessen Anpfiff erfolgte am 31. Mai 2003 vor 70.490 Zuschauern auf der WM-Baustelle Olympiastadion Berlin. Gegner war der Bundesliga-Vierzehnte 1. FC Kaiserslautern, lange Zeit ein Abstiegskandidat, aber unter seinem belgischen Trainer Erik Gerets wiedererstarkt. Das „weiße Ballett" machte an diesem Abend bei seinem letzten Saisonauftritt seinem Namen alle Ehre. Nach nur zehn Minuten führte der Favorit mit 2:0. In der 3. Minute hatte Hargreaves einen Freistoß aus dem halblinken Mittelfeld vor das Lauterer Tor gezirkelt. FCK-Keeper Wiese zögerte beim Herauslaufen, während Ballack seinen Bewachern entwischte und den Ball mit dem Kopf in die Maschen wuchtete. Sieben Minuten später erlief Hargreaves einen Zé-Roberto-Pass im Strafraum. Kaiserslauterns Tchato traf mit seiner Grätsche Ball und Gegner. Schiedsrichter Lutz-Michael Fröhlich entschied auf Elfmeter, den Ballack unhaltbar in die Maschen drosch. Die Partie war bereits zu diesem Zeitpunkt entschieden, denn trotz ihres anschließenden Rückzugs blieben die Bayern spieltechnisch zu dominant, als dass man noch an ein Wunder glauben mochte. Erst das 3:0 in der 50. Minute durch Pizarro brachte wieder Leben ins Spiel. Nach einem Doppelpass mit Ballack hatte Pizarro den Lauterer Lembi getunnelt und den Ball über den herausstürzenden Wiese ins Tor gelupft. Die Bayern drehten nun noch einmal auf, und die Lauterer konnten von Glück sprechen, dass das Ergebnis nicht zum völligen Desaster geriet, denn Elber, Pizarro, Sagnol, Ballack sowie der später eingewechselte Scholl erarbeiteten und erspielten sich weitere gute Torchancen. Hitzfeld gönnte den eingewechselten Thorsten Fink und Michael Tarnat einen letzten Auftritt auf großer Bühne. In der 80. Minute gelang Klose der Ehrentreffer zum 1:3, was auch der aus Lauterer Sicht schmeichelhafte Endstand war.

Das vierte Double in der Geschichte des FC Bayern war perfekt. Mit 11 Siegen bei 13 Finalteilnahmen durfte sich der FC Bayern nicht nur Rekordmeister, sondern auch Rekordpokalsieger nennen. 169 Spiele, 123 Siege, 16 Unentschieden, 30 Niederlagen und 484:187 Tore lautete die Pokalbilanz des FC Bayern. Der „Kicker“ überschrieb seinen Bericht mit „Eine Klasse für sich“. Lauterns Trainer Gerets konstatierte einen „Weltunterschied“ zwischen seinen „roten Teufeln“ und dem „weißen Ballett.“ Der glücklichste Mann auf dem Platz hieß Michael Ballack. Der Mittelfeldmann hatte eine überragende Vorstellung geboten, die der „Kicker“ mit der Note 1 belohnte. Der einstige „ewige Vize“: „Im Sport zählen nur erste Plätze. Da ist es nach der letzten Saison sensationell, wenn man gleich im ersten Jahr zwei Titel holt.“

Der FC Bayern gewann das vierte Double in seiner Vereinsgeschichte mit folgender Mannschaft: Kahn, Kuffour, Linke, Sagnol, Jeremies (76. Fink), Lizarazu (4. Tarnat), Hargreaves, Ballack, Zé Roberto (76. Scholl), Pizarro, Elber.

Derweil beschäftigten sich der Vorstandsvorsitzende und der Manager bereits mit kommenden Aufgaben und höheren Zielen. Karl-Heinz Rummenigge: „Nächstes Jahr werden wir den Fokus auf die Champions League setzen.“ Und Uli Hoeneß: „Mit der Meisterschaft war es eine gute Saison. Mit dem Pokalsieg eine sehr gute Saison. Das Double ist gut, aber wir müssen es nicht noch schöner reden. Wir haben bewiesen, dass wir die dominante Mannschaft in Deutschland sind, aber das kann nicht das Maß aller Dinge sein. Wir müssen sehen, dass wir wieder international länger tanzen.“

Was die Neuerwerbungen anbetraf, so waren die Verantwortlichen nur mit Michael Ballack zufrieden. Nach dem Ausscheiden aus der Champions League hatte Beckenbauer noch den Wert des durch die Dreifachbelastung der vergangenen Saison plus WM ermüdeten Ex-Leverkuseners in Frage gestellt. Doch Ballack wischte alle Zweifel mit einer „unheimlichen Steigerung“ (Hoeneß) im Laufe der Saison hinweg und avancierte zum gewünschten Führungsspieler und Effenberg-Ersatz. Der Manager attestierte Ballack, er habe „eine unglaublich tolle persönliche Entwicklung“ gemacht und vollkommen verinnerlicht, „was den FC Bayern ausmacht. Er kommt offen auf einen zu, macht seinen Mund auf, sagt klar seine Meinung, eckt an, steht dazu und bestätigt alles auf dem Platz.“ Trotzdem sah Hoeneß auch bei Ballack „noch 20 Prozent Potenzial“. Harsche Kritik gab es hingegen für Zé Roberto und Deisler. Nach Hoeneß’ Auffassung hatte der Brasilianer „eine schlechte Saison“ gespielt, „im Verhältnis zu seinem Können und dem Geld, was er kostete“. Für Deisler sei „die Schonzeit vorbei, sein Knie macht keine Probleme mehr. Jetzt muss man Forderungen an ihn stellen. (…) Er muss in die Stammelf.“ Karl-Heinz Rummenigge forderte von Deisler ein Umdenken: „Ich glaube, er macht einen großen gedanklichen Fehler. Er meint, es reicht, wenn er trainiert und am Samstag spielt. Beim FC Bayern ist das nicht genug. Hier muss er auch außerhalb des Platzes seine Rolle spielen, ein Führungsspieler muss extrovertiert sein.“

2003/04 Patchwork-Truppe bleibt ohne Titel

Zur Saison 2003/04 gingen die TV-Bundesligarechte mit der ARD wieder an die Öffentlich-Rechtlichen, die 13 Jahre im Abseits gestanden hatten. Im Frühjahr 1988 hatte die Ufa (heute Sportfive) die Rechte für 20,45 Mio. Euro vom DFB erworben, und 1990 hatte RTL die ARD als Berichterstatter abgelöst. Nun holte sich die ARD die Rechte für 60 Mio. Euro (inklusive der Zweit- und Drittverwertung in den Regionalprogrammen) zurück. Sat.1 hatte hierfür in der zurückliegenden Saison 80 Mio. Euro bezahlt und einen Verlust von 50 Mio. Euro geschrieben. Seit dem Wechsel zu den Privaten und der dadurch bedingten Preisexplosion war noch keinem Sender die Refinanzierung seiner Fußball-Investitionen gelungen. Die von Hoeneß prophezeite stetige Aufwärtsentwicklung der Fernseheinnahmen war mit der Kirch-Pleite allerdings vorläufig gebremst worden. Ende der 1980er Jahre war es vor allem Hoeneß gewesen, der aus der Deregulierung der TV-Landschaft für den Fußball Kapital zu schlagen trachtete und die Privaten ins Geschäft brachte. Nun stellte sich Hoeneß an die Spitze einer Bewegung, die von den Öffentlich-Rechtlichen, auch mit Verweis auf die Gebührenpflichtigkeit dieser Sender und den daraus resultierenden moralischen Verpflichtungen, die Rettung der Bundesliga forderte.

Die alte ARD-„Sportschau“ war 1988 allein in Westdeutschland im Schnitt von 8,1 Mio. TV-Zuschauern verfolgt worden. Sat.1-Spitzenwert im wiedervereinigten Deutschland war ein Zuschauerschnitt von 6,8 Mio. in der Saison 1995/96. Anschließend ging es kontinuierlich bergab. In den Spielzeiten 2001/02 und 2002/03 betrug der Zuschauerzuspruch nur jeweils 4,6 Mio.

Volker Finke, Trainer des SC Freiburg, bot eine interessante Erklärung hierfür an: „Das Problem ist doch, dass bei Fußballübertragungen fast nichts mehr in der Totalen gezeigt wird. Es spitzt sich zu auf die individuelle Leistung, auf die Ich-AG, die auf dem Platz herumläuft. Bei jedem Klub liegt der Fokus auf zwei, drei Figuren, da ist die Kamera drauf, anstatt das Spiel in seiner Ganzheit zu zeigen. (…) Für alle, die im Stadion waren, ist das anschließend eine schöne Ergänzung – so dicht dran zu sein. Bloß: Um eine Spielsituation einschätzen zu können, ist das für die Fernsehgucker eine Katastrophe. In letzter Zeit gab es eine interessante Entwicklung: Die Zuschauerzahlen in den Stadien sind gestiegen, die bei ‚ran‘ sind gesunken. Das authentische Erlebnis wird offenbar wieder geschätzt, das freut mich.“ Finke verband diese Einschätzung mit der Hoffnung, „dass die Sportschau ‚ran‘ nicht allzu sehr nachmacht“. Die „Sportschau“-Macher warben mit „Fußball pur“ und „Die Bundesliga kommt nach Hause“. Karl-Heinz Rummenigges Erwartungen an die Rückkehr der „Sportschau“ lauteten: „Keine Show, sondern dass der Ball rollt. Die Zuschauer wollen Action sehen.“

Die Liga kommt „nach Hause“

Mit dem Argentinier Martin Demichelis von River Plate Buenos Aires und dem Jung-Nationalspieler Tobias Rau von Wolfsburg konzentrierte sich die Einkaufspolitik – anders als im Vorjahr, als die Runderneuerung des Mittelfelds betrieben wurde – zunächst auf die Defensive. Demichelis war nach Elber, Zé Roberto (Brasilien), Santa

Cruz (Paraguay) und Pizarro (Peru) bereits der fünfte Südamerikaner im Kader des FC Bayern. Für Rau musste der FCB 2,5 Mio. Euro auf den Tisch legen, für Demichelis 4,5 Mio. Als dritte namhafte „Neuverpflichtung" nannte Rummenigge den bisher dauerverletzten Sebastian Deisler. Bastian Schweinsteiger war schon während der Saison aus der Amateurabteilung in die Profielf hochgeschrieben worden. Der junge U-20-Nationaltorhüter Michael Rensing und sein Kollege Jan Schlösser traten an die Stelle von Stefan Wessels und Bernd Dreher. Außerdem hoffte man auf die Rückkehr der beiden Langzeitverletzten Hasan Salihamidzic und Roque Santa Cruz.

Während Wessels ablösefrei zum Bundesligaaufsteiger 1. FC Köln wechselte, wurde Dreher Jugendtorwarttrainer des FC Bayern. Thorsten Fink verstärkte die Regionalliga-Amateure des FC Bayern, blieb dem Profikader aber als Stand-by-Kraft erhalten. Niko Kovac und Michael Tarnat wechselten zu Hertha BSC Berlin bzw. Manchester City. Auch für diese Akteure kassierte der FC Bayern keine Ablöse.

Spitzen-Transfer für Roy Makaay

Einige Tage nach dem Bundesligaauftakt konnte der FC Bayern auch noch die Verpflichtung des niederländischen Stürmers Roy Makaay von Deportivo La Coruña bekannt geben, der das vakante Trikot mit der Nr. 10 erhielt. Der Torschützenkönig der spanischen Primera Division und Gewinner des „EMS Goldenen Schuhs" kostete den FC Bayern 18,75 Mio. Euro; dem Wechsel war ein wochenlanger Ablöse-Poker vorausgegangen. 18,75 Mio. Euro war die mit Abstand höchste Summe, die der Klub jemals für einen

Roy Makaay, der bisher teuerste Einkauf der Bayern-Geschichte.

Spieler ausgegeben hatte, und die zweithöchste in der Geschichte der Bundesliga überhaupt. Nur Dortmunds Amoroso war mit 25 Mio. Euro noch teurer gewesen, aber dessen Wechsel in die Bundesliga lag schon zwei Jahre zurück. In dieser Zeit hatte sich die Situation auf dem Transfermarkt weiter verändert, und die Umstände des Makaay-Wechsels waren hierfür symptomatisch. Die Ligen in Italien und Spanien waren von Insolvenzen und Crashs bedroht. La Coruña hatte seinen Profis in der vergangenen Saison ihre Saläre nur mit Verzögerung überweisen können. Uli Hoeneß hatte bereits einige Jahre vor dem Makaay-Wechsel angekündigt, dass irgendwann mal wieder in der Bundesliga – und nicht mehr nur bei Real Madrid, Manchester United oder dem AC Mailand – die großen Stars spielen würden. Die deutschen Topadressen mochten vielleicht nicht so viel zahlen wie die eine oder andere Adresse des südeuropäischen Fußballs, boten aber den Vorteil, dass die Spieler die vereinbarten Gehälter auch tatsächlich erhielten. Gleichzeitig waren die Spieler bescheidener geworden.

Die Makaay-Verpflichtung schraubte die Transferausgaben des FC Bayern auf ca. 26 Mio. Euro hoch, was gut der Hälfte der Ausgaben der Liga entsprach. Damit waren die Bayern vor dem VfL Wolfsburg (12,61 Mio.) einsame Spitze. Gegenüber dem Vorjahr waren die Ausgaben der Liga um die Hälfte gesunken. Auch bei den Etats war der FC Bayern trotz einer Verringerung um 2 Mio. Euro mit 60 Mio. Euro Spitze, gefolgt von Borussia Dortmund (51 Mio.), Hertha BSC (49,2 Mio.) und dem VfL Wolfsburg (48 Mio.). Am Ende der Skala stand u.a. Lokalrivale TSV 1860, dem 23 Mio. Euro zur Verfügung standen. Die Bundesliga musste in dieser Saison bei den TV-Geldern einen Rückgang von ursprünglich vorgesehenen 460 Mio. Euro auf 290 Mio. Euro verdauen.

Beim FC Bayern reagierte man auf diese Entwicklung. Hoeneß, dem Schuldenmachen unverändert ein Gräuel war und dem der Makaay-Poker und das unseriöse Verhalten der spanischen Verhandlungspartner sichtbar zusetzten: „Solange der FC Bayern Gewinne macht, wirtschaftlich gesund ist, werden die Spieler auch weiterhin gut verdienen. Aber wenn wir noch einmal so ein Jahr haben wie in der vergangenen Saison, als wir in der ersten Runde der Champions League scheiterten, dann werden auch wir bei neuen Verträgen die Grundgehälter um 30 bis 40 % reduzieren müssen." Hitzfeld sah in den ökonomischen Zwängen der Liga eine Chance: „Wir müssen von den Spielern immer mehr Verantwortungsgefühl verlangen, gegenüber Fans, Sponsoren, Medien. Wir sind alle in einer kritischen Lage und auf jeden Zuschauer angewiesen. (...) Jeder Klub kämpft ums Überleben. Spieler, die verkauft werden sollen, bringen die Vereine nicht los. Und neue Verträge sind nicht mehr so gut dotiert wie früher. Alles wird reduziert. Die Spieler wissen, dass schwierige Zeiten angebrochen sind. Die Leistungen werden besser werden; auch wenn es manche nie kapieren."

Franz Beckenbauer unterließ seine üblichen Forderungen nach schönem Fußball zugunsten eines „attraktiven": „Attraktiv heißt erfolgreich. Schön spielt Real Madrid." Ottmar Hitzfeld zu den Saisonzielen: „Wir wollen beide Titel verteidigen, und wir haben einen Riesen-Hunger in der Champions League. Auch Bayern München muss wieder in den Finalspielen dabei sein." Hoeneß ließ durchklingen, dass es in dieser Saison nicht zuletzt um internationale Wiedergutmachung gehe: „Die Champions League ohne Bayern München nach der Vorrunde kann nicht sein, darf nicht sein. Sie ist die große Herausforderung.“ Mit Blick auf die jüngste Reform der Champions League – Abschaffung der zweiten Gruppenphase, was dem europäischen Wettbewerb wieder mehr Unkalkulierbarkeit verlieh – forderte der Manager allerdings zugleich, „dass wir uns noch mehr auf die Bundesliga fokussieren müssen. Das Wichtigste ist immer die Meisterschaft.“ Michael Ballack erklärte zum Auftakt des Trainingslagers in Leipzig: „Es gibt mehrere Vereine auf einem Level. Aber ich sehe keinen Verein in Europa, der besser ist als wir. Wir haben die Klasse, ganz weit zu kommen.“

„Keiner in Europa ist besser als wir“

Die Saison versprach eine Rückkehr zu Hitzfelds bewährtem Rotations-System. Mit Elber, Pizarro, dem noch verletzten Santa Cruz und Neuzugang Makaay standen Hitzfeld allein für den Sturm vier hochkarätige Spieler zur Verfügung. In Hitzfelds 28-köpfigem Kader befanden sich 19 Nationalspieler aus zehn Ländern, die es addiert auf 621 Länderspiele brachten. 13 Akteure waren Ausländer. Von ihrer Altersstruktur war die Hitzfeld-Truppe trotz der geballten internationalen Erfahrung recht jung: Beim Saisonstart waren nur fünf Spieler (bzw. 17,86 %) über 30, darunter Stand-by-Akteur Thorsten Fink und der Torwart. 13 Spieler (bzw. 46,43 %) waren jünger als 25. Neun Akteure spielten früher oder noch immer in der von Hermann Gerland betreuten und als Talentschmiede firmierenden Regionalligamannschaft des FC Bayern. Der Altersdurchschnitt des Gesamtkaders betrug 24,7 Jahre.

Währenddessen zog Uli Hoeneß, wohl in Ermangelung nationaler Konkurrenz, gegen das einstige Vorbild und selbst ernannten internationalen Branchenführer Real Madrid vom Leder, der sein teures Starensemble um den größten Popstar des Weltfußballs, David Beckham, bereichert hatte: „So ein Affentheater habe ich noch nie erlebt, außerdem ist Beckham gar nicht so gut.“ Real Madrid sei auf der „Entwicklung vom Fußball-Klub zum Zirkus. Das ist gut für uns.“ Karl-Heinz Rummenigge ergänzte, dass hinter der Beckham-Verpflichtung eine „völlig andere Philosophie“ als beim FC Bayern stecke: „Wir tätigen unsere Transfers nur aus sportlichen Gründen; nicht, um mehr Trikots zu verkaufen oder um mehr Präsenz in Asien zu erreichen.“

Streit um Fanklubs

Das diesjährige Sommertheater drehte sich um Fans des FC Bayern. Anfang Juli teilte der FC Bayern in einer Presseerklärung die Streichung der drei Fanklubs „Red Sharks“, „Club Nr. 12“ und „Schickeria München“ aus der offiziellen Liste seiner Fanklubs mit. Mitglieder dieser Gruppierungen würde keine Dauerkarten mehr erhalten. Zur Begründung wurden „mehrmaliges vereinsschädigendes Verhalten, mehrfache Sachbeschädigung (u.a. gegen den eigenen Mannschaftsbus), massive Drohungen gegen andere Fanklubs und Verantwortliche des FC Bayern“ sowie die bereits erwähnten „Schwabinger Krawalle“ angegeben. In begleitenden Statements wurden die Klubs zudem in die Nähe von Rechtsradikalen gerückt. Die Betroffenen sprachen von „hanebüchenen“ und „völlig falschen“ Vorwürfen. Nicht nur viele Fanklubs des FC Bayern, sondern auch die Fans des FC St. Pauli und des bundesweiten Fan-Zusammenschlusses „Bündnis Aktiver Fußball-Fans“ (BAFF-Motto: „Gegen Rassismus & Kommerzialisierung, für eine lebendige Fan-Kultur“) sowie der Organisation „ProFANS“ solidarisierten sich mit den Angegriffenen. Ein Hintergrund des Konflikts war die Gründung der FC-Bayern-Aktiengesellschaft. In München war die AG-Konstruktion auf erheblich mehr Widerstand gestoßen als seinerzeit bei Borussia Dortmund. Die ausgeschlossenen Fan-Gruppen hatten sich als Speerspitze einer „Anti-Kommerzialisierungs-Bewegung“ profiliert, weshalb der Verdacht geäußert wurde, der AG-Führung ginge es in Wahrheit um die Ausgrenzung kritischer Stimmen. Beim „Club Nr.12“ handelte es sich um eine inoffizielle Dachorganisation „unabhängiger“ Bayern-Fans. Unter den 500 Mitgliedern des Klubs befanden sich fast 100 Vorsitzende anderer Fanklubs des FCB.

Neben der AG-Gründung gab es noch weitere Streitpunkte mit der Bayern-Führung, bei denen der „Club Nr. 12“ zumeist durch inhaltlich fundierte und konstruktive Beiträge aufgefallen war. So störte sich der Fanklub u.a. an der Vergabepraxis für Auswärtstickets. Und als sich die Bayern-Führung auf einen Umbau des Olympiastadions (anstatt des Neubaus eines reinen Fußballstadions) einlassen wollte, stieß dies ebenfalls auf den Widerspruch der Fans. Die „Red Sharks“ hatten u.a. gegen ein farblich auf den Sponsor abgestimmtes Trikot protestiert. Der Fanklub „Schickeria München“ wurde der sogenannten „Ultra“-Szene zugerechnet, von Christoph Biermann in der „Süddeutschen Zeitung“ als „letzte Wendung der Fan-Kultur“ beschrieben, „die seit rund vier Jahren in Deutschland einen ungeheuren Zulauf haben. Als ‚total intelligente, hoch motivierte Leute‘ beschreibt sie Thomas Schneider von der Koordinationsstelle Fan-Projekte (KOS) in Frankfurt. Die Ultras orientieren sich nicht mehr am Vorbild englischer, sondern dem italienischer Fans. Im Mittelpunkt steht eine möglichst opulente Selbstinszenierung durch große Schwenkfahnen und Kurvenchoreographien mit Papptäfelchen im Stile nordkoreanischer Jubelfeiern. Das gefällt auch vielen Fußballverantwortlichen. Einerseits sind die Ultras mit ihrem Sinn für Inszenierungen also durchaus geschäftskompatibel, aber unkritisch sind sie nicht.“

Das Verhältnis zwischen den genannten Fanklubs und dem FC Bayern war aber keineswegs nur von Kontroversen bestimmt. Vielmehr hatte es wiederholt auch Momente der Zusammen- und Zuarbeit gegeben. Der „Club Nr. 12“ hatte das offizielle „Bayern-Magazin“ mit Beiträgen zur Historie des Rekordmeisters versorgt. Auch die Beteiligung des „Club Nr. 12“ an der bundesweiten „Pro-15.30“-Kampagne, mit der sich Fans gegen zuschauerfeindliche Anstoßzeiten zur Wehr setzten, war vom FC Bayern begrüßt und in seinem Magazin ausführlich gewürdigt worden, zumal der Klub zu den Hauptleidtragenden der Sonntagsspiele gehörte. Da die Masse der Bayern-Fans von auswärts angereist kam, war der späte Sonntagnachmittag die denkbar ungünstigste Anstoßzeit. Des Weiteren hatte der „Club Nr. 12“, wie erwähnt, die beeindruckende und auch von der Vereinsführung gepriesene Choreographie beim Champions-League-Finale in Mailand organisiert.

Nach ihrem Ausschluss protestierten Mitglieder der „Schickeria München“ bei einem Spiel des FC Bayern in Rosenheim mit Transparenten, auf denen geschrieben

„Geschäftskompatibel, aber nicht unkritisch": Bayern-Fans mit ihrer Inszenierung beim DFB-Pokalfinale 2003.

stand: „Wir sind Fans, doch ihr wollt Kunden – Da wird schnell Gewalt erfunden", „Wir: Ultra-loyal! Euer Dank: Lüge und Verrat statt Dauerkart!" sowie „M - HH 1.600 km – Nur für die Show?" Am ersten Spieltag der Bundesliga kam es im Olympiastadion zu einem Schweige-Protest der Südkurve.

Nach einigen Wochen erkannte auch die Vereinsführung, dass eine kollektive Bestrafung der Fanklubs für die Taten Einzelner völlig überzogen war. Uli Hoeneß: „Wir müssen wieder Luft rausnehmen aus dem Ballon, sonst kriegen wird das nicht mehr gesteuert. Ich glaube, dass viele unschuldig sind. Das ist nur eine ganz kleine Minderheit. Ich halte nichts von Sippenhaft. Deshalb ist es unsere Aufgabe, die Unschuldigen herauszufinden und die Schuldigen zu bestrafen. Dann sind wir sicher bereit, mit den anderen zu reden. Und sie auch wieder aufzunehmen." Als Verantwortlicher für das sippenhafte Vorgehen wurde der Fan-Beauftragte Raimond Aumann ausgemacht, dem Hoeneß beim Bundesligaauftakt im Kabinengang die Leviten las.

Wenig später kam es zu einem konstruktiven Gespräch zwischen der FC Bayern AG und den betroffen Fanklubs, bei dem eine Reihe von Unklarheiten aus dem Weg geräumt werden konnten. Moderiert wurde das Gespräch vom hierfür eigens aus Nürnberg angereisten Radioreporter Günther Koch, dem beide Seiten anschließend für sein Engagement, das maßgeblich zu einem positiven Ergebnis beigetragen habe, dankten. Der FC Bayern rückte von seiner pauschalen Verurteilung der Fanklubs ab. Diese distanzierten sich ihrerseits eindeutig von jeder Form der Gewalt sowie den beiden Morddrohungen, die im Gästebuch eines der Fanklubs erschienen bzw. per E-Mail eingegangen waren.

Am 11. Juli 2003 trat der FC Bayern zu einem Benefiz-Spiel beim Zweitligaabsteiger FC St. Pauli an. Der Kultverein, unverändert ein wichtiger Bezugspunkt vieler linker Fußballfans, war in seiner Existenz bedroht. Mithilfe von Spendenaktion wollte er einen Fehlbetrag von 2 Mio. Euro ausgleichen. In dieser Situation hatte Hoeneß dem Hamburger „Stadtteilverein" spontan das Angebot eines Benefiz-Spiels unterbreitet. „Ausgerechnet Hoeneß, der Totengräber der kleinen Vereine", mochten manche denken; „typisch Hoeneß" hingegen andere, die den Manager und dessen Politik besser kannten und um seine ausgeprägte soziale Ader wussten. Hoeneß, am „Millerntor" viele Jahre das Hassobjekt schlechthin, erachtete die Paulianer für ein wichtiges und unverzichtbares Moment im Zirkus Profifußball. Schon nach dem Erstligaabstieg 1997 hatte der Bayern-Manager, trotz aller Schmähungen, die er am „Millerntor" erlitten hatte, erklärt: „Ich habe ein Faible für die Hamburger, die eine Nische besetzen. Toll finde ich die Fans, die machen aus jedem Heimspiel ein Fest." Einige St.-Pauli-Fans empfanden den Auftritt der Bayern dennoch als Verrat am Mythos.

St. Pauli verrückt: „Danke Uli Hoeneß"

Am Tag des Spiels wurden die Bayern und namentlich ihr Manager im mit 20.500 Zuschauern restlos ausverkauften Stadion mit Standing Ovations empfangen. „Danke Uli Hoeneß" war auf zahlreichen Spruchbändern zu lesen. Die Internetseite des FC St. Pauli berichtete anschließend: „Was für ein verrückter Tag: Auf der Anfahrt zum Stadion wurde der Bayern-Bus von einem ‚kleinen Rettungswagen' (von Fans organisiert) eskortiert und bei Ankunft am Millerntor bejubelt. Auch schon vor dem Anpfiff und beim Warmlaufen gab es Applaus für die Spieler des FC Bayern München, und besonders ihr Manager Uli Hoeneß wurde herzlichst von unseren Fans begrüßt und gefeiert. Irgendwie verkehrte Welt."

Der FC Bayern gewann am Millerntor mit 1:0. Wichtiger war indes, dass der FC Bayern dem finanziell schwer angeschlagenen Verein die gesamte Einnahme in Höhe von 200.000 Euro überließ.

Kurze Zeit später meinte ein Teil der Presse, den „eigentlichen Hoeneß" wiederentdeckt zu haben. Vor dem Start in die 41. Bundesligasaison hatte der Schuldenstand des deutschen Profifußballs mit 682 Mio. Euro eine neue Rekordhöhe erreicht. Parallel waren die Umsätze der Klubs von ca. 1,3 Mrd. auf ca. 1,21 Mrd. Euro gesunken. Als nun Pläne der DFL bekannt wurden, einen „Feuerwehrfonds" für finanziell schwache Vereine einzurichten, in den jene Klubs zahlen sollten, die eine festgelegte Obergrenze für Gehälter überschreiten, wetterte der Bayern-Manager: „Ich habe keine Lust, mit unserem hart verdienten Geld andere Vereine über Wasser zu halten."

Die Bundesligasaison begann mit einem auf den Freitagabend vorgezogenen und von der ARD live übertragenen Eröffnungsspiel, zum dem der Titelverteidiger den Aufsteiger Eintracht Frankfurt im Olympiastadion empfing. Vom Anpfiff bis zum Abpfiff dabei: Sebastian Deisler, der eine ansprechende Partie bot. Dennoch mochte

Bayern goes Kiez: Der neue St.-Pauli-Liebling Uli Hoeneß und ein altgedienter Pauli-aner beim Benefiz-Spiel.

Hoeneß dessen Vorstellung nicht überbewerten: „Sebastian hat ansatzweise gezeigt, was er kann. Es gab keinen Grund, jetzt zu zögern, ihn zu bringen. Der Beginn kommt sowieso ein Jahr zu spät für unseren Geldbeutel." Den Bayern genügten 30 starke Minuten zum 3:1-Sieg. Das erste Tor der Saison 2003/04 – für den FC Bayern wie die Liga insgesamt – markierte Zé Roberto, der sein bis dahin bestes Spiel für den FC Bayern ablieferte und vom „Kicker" mit der Note 1,0 belohnt wurde. Die Einschaltquote der neuen ARD-„Sportschau" betrug am 1. Spieltag beachtliche 5,4 Mio. Erster Studiogast war Uli Hoeneß. Im „Tagesspiegel" lobte Norbert Thomma die Premiere als „erfrischend bieder": „Der Ball wird wieder im Spiel gehalten, man sieht ihn rollen. Bei ‚ran' war Fußball so: Schuss aufs Tor – Schnitt – Gesicht des Trainers – Schnitt – Torwart hechtet – Schnitt – Ministerpräsident in VIP-Loge guckt entsetzt – Schnitt – Ball klatscht an Latte – Schnitt – Trainer wirkt erleichtert... Und jetzt noch einmal in Zeitlupe... Die Fachleute nennen das ‚Tribünenbeobachtung'. Kann man leicht drauf verzichten."

Sportlich folgte für den vermeintlichen Abonnementsmeister bereits am 2. Spieltag die erste Ernüchterung, als man bei Hannover 96 nur ein 3:3-Remis erreichte. Bis zur 39.

Minute hatten die Bayern sogar mit 0:2 zurückgelegen. Als schwächelndes Glied in der Sturmreihe wurde Giovane Elber ausgemacht, den der „Kicker" nach den ersten beiden Spieltagen jeweils mit einer 5 benotet hatte. Sein Tor gegen den Hamburger SV zum 2:0-Endstand am 4. Spieltag sollte sein letztes für die Bayern sein. Der Verein hatte keine Verwendung mehr für den erfolgreichsten ausländischen Stürmer in der Bundesligageschichte. Hitzfeld gab klar zu verstehen, dass die Zukunft den jüngeren Kollegen Makaay, Pizarro und Santa Cruz gehöre: „Es wäre für den gesamten Verein besser, wenn Giovane gehen würde." Hoeneß wurde noch deutlicher: „Es wäre eine Geisteskrankheit, Elber zu halten." Der Brasilianer verstand und wechselte zu Olympique Lyon.

Giovane Elber wird ausgemustert

Besser wurde die Mannschaft dadurch nicht. Am 5. Spieltag setzte es mit einem 2:3 beim VfL Wolfsburg die erste Saisonniederlage. Die Tabelle bot in den nächsten Wochen ein ungewohntes Bild, denn bis zum 16. Spieltag wechselte der Titelverteidiger nur zwischen den Rängen vier und fünf. „Auf Schalke" kassierte man am 11. Spieltag mit 0:2 die zweite Niederlage, eine Woche später wurde Borussia Dortmund im Olympiastadion mit 4:1 abgefertigt. Sebastian Deisler bot eine gute Leistung und bereitete zwei Tore vor. Es sollte allerdings für Monate der letzte Einsatz des „Jahrhunderttalents" für die Bayern sein. Dieses Mal war es nicht der Körper, der sich dem harten Bundesligageschäft verweigerte – sondern die Seele. Deisler musste sich mit einer schweren Depression in die Obhut von Fachleuten begeben.

Das Derby gegen die „Löwen" wurde am 13. Spieltag durch ein Tor von Makaay mit 1:0 gewonnen, aber im folgenden Heimspiel kam man gegen den Neuling, Tabellenletzten und späteren Absteiger 1. FC Köln über ein 2:2-Remis nicht hinaus. Auch bei Werder Bremen, das nach 14 Spielen vier Punkte vor den Bayern auf Platz zwei rangierte, musste man sich mit einem Remis (1:1) begnügen. Am 16. Spieltag kam der Spitzenreiter VfB Stuttgart ins Olympiastadion. Der Vorsprung des Magath-Teams auf die Bayern betrug sechs Punkte. Nach dem Abpfiff waren es nur noch drei, denn die Bayern gewannen dank eines Tores von Makaay, einer überragenden Vorstellung von Oliver Kahn und einer gehörigen Portion Glück mit 1:0. Die Niederlage der Schwaben kürte Werder Bremen zum neuen Tabellenführer. Einen Spieltag später holte sich Werder durch einen 3:0-Sieg über Hansa Rostock die Herbstmeisterschaft. Bayern gewann beim Aufsteiger Freiburg mit 6:0 und schob sich damit auf Platz zwei – die beste Platzierung des FCB in der Hinrunde.

Für die Rückrunde hatten sich die Bayern viel vorgenommen. Hitzfeld verlangte von seinen Spielern „zehn, zwanzig Prozent mehr Leistung und totale Hingabe dem Verein gegenüber". Schließlich „leben die Spieler beim FC Bayern im Paradies. Das Geld kommt pünktlich an. (...) Die Bundesliga ist wichtiger als die Champions League. Alles weitere ist Zubrot. Wir müssen wieder Meister werden."

Doch die Worte des Übungsleiters verfehlten ihre Wirkung. Bei Eintracht Frankfurt gab es nur ein 1:1, wodurch Werders Vorsprung auf sechs Punkte anwuchs. Nach einer 0:1-Niederlage am 20. Spieltag beim in dieser Saison sehr starken VfL Bochum, im

Vortänzer im „weißen Ballett": Michael Ballack.

Übrigen für die Bayern die erste im Ruhrstadion seit 19 Jahren, geriet der Titelveteidiger sogar neun Punkte ins Hintertreffen. In den nächsten Wochen schwankte der Abstand zu den Bremern zwischen sechs und neun Punkten. Das Meisterschaftsrennen schien gelaufen, als die Bayern am 29. Spieltag bei Borussia Dortmund mit 0:2 unterlagen.

Am 31. Spieltag gelang Werder ein 6:0-Kantersieg – gegen einen wehrlosen HSV, dessen schwache Darbietung die Bayern-Verantwortlichen (wie schon in der Saison 1992/93) verständlicherweise auf die Palme brachte. Uli Hoeneß: „So hat Hamburg schon einmal mit einem 0:5 in Bremen die Meisterschaft entschieden." Der Manager echauffierte sich besonders darüber, dass HSV-Trainer Toppmöller den völlig unerfahrenen Torwart Tom Starke aufgestellt hatte. Die „Bild am Sonntag" sprach sogar von „Schiebung". Bayern gewann in Köln mit 2:1, sodass es beim Sechs-Punkte-Abstand blieb.

Debakel gegen Werder Bremen

Dennoch herrschte noch Hochspannung, denn am folgenden Spieltag kam es zum Showdown: Die Münchner empfingen die Bremer im Olympiastadion. Nur im Falle eines Sieges konnten die Bayern noch eine Restchance auf die Meisterschaft wahren. Sollte hingegen Werder gewinnen, wären sie Meister. Selbst bei einem Remis durften die Bayern ihre Hoffnungen so gut wie begraben, denn Werders Tordifferenz war mit 72:28 gegenüber 66:33 klar besser. Hoeneß gab die Parole aus: „Wir müssen die jetzt wegfegen." Doch das „Endspiel" geriet für die Bayern zu einem Debakel. Beim Halbzeitpfiff führte Werder durch Tore von Klasnic (19.), Micoud (26.) und Ailton (35.) bereits mit 3:0, der höchste Pausenrückstand des Rekordmeisters in seinen Jahren im Olympiastadion überhaupt. Im zweiten Durchgang schalteten die Gäste einen Gang zurück, doch mehr als einen Treffer von Makaay (56.) brachten die Gastgeber nicht mehr zustande. Insbesondere die Vorstellung von Michael Ballack war einmal mehr eine einzige Enttäuschung. Dort, wo der FC Bayern in den vergangenen 32 Jahren neunmal in einem Heimspiel den Titel perfekt gemacht hatte, feierte nun Grün-Weiß.

Nach der folgenden Niederlage des FCB beim VfB Stuttgart (1:3) begann das große Zittern um Platz zwei, der die direkte Qualifikation für die Champions League bedeutete. Um diesen Platz kam es am letzten Spieltag zum Dreikampf zwischen Bayern (65 Punkte), Stuttgart (64) und Bayer Leverkusen (62). Sollte Bayern verlieren, Bayer gewinnen und der VfB auch nur unentschieden spielen, drohte sogar der Super-Gau, also der Verlust von Platz drei, der immerhin noch zur Qualifikation um den Einzug in die Champions League berechtigte – denn Stuttgart wie Leverkusen verfügten über ein besseres Torverhältnis als die Bayern.

Doch dazu kam es nicht, denn der FCB gewann sein letztes Heimspiel gegen den SC Freiburg durch Tore des wiedergenesenen Deisler und Lizarazu mit 2:0. Der Franzose dürfte sich besonders gefreut haben, denn es war nach sieben Jahren beim FCB sein (vorerst…) letzter Auftritt für den Rekordmeister.

Ein Problemkind war in dieser Saison die Abwehr, die 39 Tore kassiert hatte. In den Runden 2001/02 und 2002/03 waren es nur 25 gewesen. Selbst auf „Titan" Kahn war kein Verlass mehr, gerade in wichtigen Spielen wie gegen Werder Bremen. Das Team präsentierte sich nur selten als Einheit. Franz Beckenbauer: „Du kannst froh sein, dass du Zweiter bist, wie sich die ganze Saison hinzog."

Der nationale und europäische Pokalwettbewerb lieferte keine Entschädigung für die verlorene Meisterschaft. Im Gegenteil. Auf europäischer Ebene scheiterten die Bayern bereits im Achtelfinale, im nationalen Pokal kam man nur eine Runde weiter.

Zunächst hatte es im DFB-Pokal ein Wiedersehen mit Borussia Neunkirchen gegeben. Im Sommer 1964 hatten die Kicker aus der saarländischen Arbeiterstadt den Bayern durch einen 2:0-Sieg an der Grünwalder Straße den Aufstieg in die Bundesliga verwehrt und wurden ein Jahr vor dem späteren Rekordmeister erstklassig. In der Saison 2003/04 jedoch waren die Borussen nur noch viertklassig und unterlagen nun den Bayern mit 0:5. Gegen den gerade mal wieder zweitklassigen 1. FC Nürnberg benötigte der

Häufiger, aber letztlich nicht meisterlicher Jubel: Deisler, Jeremies, Lizarazu, Salihamidzic und Schweinsteiger (v.l.).

FCB im „Bayern-Derby" Verlängerung und Elfmeterschießen, gegen den Hamburger SV gab es einen glatten 3:0-Sieg. Im Viertelfinale mussten die Bayern zum gefürchteten Aachener „Tivoli" reisen. Der aufstrebende Zweitligist schlug den Pokalverteidiger mit 2:1 und zog später sogar ins Finale ein.

In der Champions League wurde Ballacks Prognose, kein Verein in Europa sei „besser als wir", rasch widerlegt. In der Gruppenphase hießen die Gegner Celtic Glasgow, RSC Anderlecht Brüssel und Olympique Lyon. Zum Auftakt gab es zwar durch zwei Makaay-Tore einen 2:1-Heimsieg gegen Celtic, doch bis zur 73. Minute lagen die Hausherren noch 0:1 zurück, und Franz Beckenbauer zürnte: „Wenn man die erste Halbzeit hernimmt, kann der Unterschied zu Real Madrid nicht größer sein." Es folgten zwei 1:1-Remis bei Anderlecht und in Lyon. In Lyon hatten die Bayern nach dem Führungstor von Makaay (28.) bereits den Sieg vor Augen, doch in der 88. Minute köpfte Luyindala den Ausgleich. Um ein Haar wäre dem „Trauma Manchester" das „Trauma Lyon" gefolgt, denn nur eine Minute später hatte Giovane Elber (!) für seinen neuen Verein den Ausgleich auf dem Fuß, doch Kahn parierte den Schuss aus kürzester Distanz mit einem großartigen Reflex.

Die Rückrunde begann mit einer 1:2-Niederlage daheim gegen Lyon. Den Siegtreffer für die Franzosen markierte ausgerechnet Giovane Elber. Es war Elbers 22. Treffer in der Champions League, 21-mal hatte der Verstoßene für die Bayern getroffen. Hitzfeld: „Das hat die Beine gelähmt, das war ein Schock. Nicht nur, dass das 2:1 fiel, sondern dass es durch Giovane fiel." Der Trainer wäre in der zweiten Halbzeit „am liebsten im Boden versunken, ich habe meine Mannschaft noch nie so schlecht gesehen." Die Bayern wirkten hilf- und konzeptionslos.

In Glasgow erreichten die Bayern nach einem rasanten Kampfspiel ein torloses Remis. Vor dem letzten Spieltag lag der FCB mit sechs Punkten auf dem letzten Platz, die drei anderen Klubs konnten jeweils sieben aufweisen. Mit viel Dusel bezwang ein schwacher FC Bayern Anderlecht im Olympiastadion mit 1:0 – dank eines geschenkten Strafstoßes, den Makaay kurz vor der Pause verwandelte. Lyon wurde mit zehn Punkten Gruppensieger, vor Bayern (9), Celtic und Anderlecht (jeweils 7). Von seinen sechs Gruppenspielen hatte der FCB nur zwei gewinnen können.

Keine Chance gegen Real Madrid

Somit hatte man zwar das Achtelfinale erreicht, doch dort war gegen Real Madrid Schluss für die Bayern. Im Hinspiel mussten sie sich mit einem 1:1-Remis begnügen, da Oliver Kahn sieben Minuten vor dem Abpfiff einen 35-Meter-Freistoß von Roberto Carlos unter seinem Körper durchrutschen ließ. Zuvor hatte Roy Makaay seine Farben mit 1:0 in Führung geschossen. Die Hoffnung, im Estadio Santiago Bernabeu, wo

Der Auftrag der Fans für das Spiel gegen Madrid war eindeutig, konnte aber nicht erfolgreich erledigt werden.

man am 29. Februar 2000 als erste deutsche Mannschaft gewonnen hatte (4:2, Zwischenrunde der Champions League) und auch am 1. Mai 2001 die Oberhand behalten hatte (1:0 im Halbfinale der Champions League), ein drittes Mal den Sieg davonzutragen, erfüllte sich nicht. Real gewann durch ein Tor des genial aufspielenden Zinedine Zidane mit 1:0. Seit dem Gewinn der Champions League 2001 hatten die Bayern in Europa deutlich an Boden verloren: Von seinen letzten 14 Champions-League-Begegnungen hatte der FC Bayern nur zwei gewonnen.

Trotz des teuersten Kaders aller Zeiten beendete der FC Bayern die Saison trophäenlos. Hitzfeld kommandierte ein Team ohne klar definierten Stil. Der „Kicker" im Dezember 2003: „Irgendwie greifen das pragmatische Münchner Modell und das ästhetische Leverkusener Prägung noch nicht vollends ineinander, das Gleichgewicht zwischen Individualität und Teamgeist ist bisher nicht ausbalanciert." Die vielleicht klügste Analyse lieferte der scheidende Bixente Lizarazu ab: „Wir sind nicht stabil genug. Und wir haben versucht, die Philosophie zu verändern: mehr Spektakel, mehr Offensive, ein bisschen wie Real Madrid. Aber man kann die Kultur eines Klubs nicht von jetzt auf gleich umstellen. Den erfolgreichen Stil des FC Bayern prägten zum Beispiel beim Gewinn der Champions League 2001 Disziplin, Zweikampf, Aggressivität – sozusagen das gegnerische Team killen. Das wollten wir anders machen und haben dabei unsere Zweikampfstärke verloren, die einstige Sicherheit fehlt. Der FC Bayern wird ein, zwei Jahre brauchen, um die richtige Balance zu finden. Mit dem Stil von Real kann Bayern aber keine Erfolge haben."

Vor allem aber, und dies war vielleicht der wesentlichste Unterschied zu den erfolgreichen Jahren der Ära Hitzfeld, funktionierte das Team nicht als Team, sondern war, wie Thomas Becker in der „Frankfurter Rundschau" schrieb, „eine Ansammlung von Ich-AGs, eine Patchwork-All-Star-Truppe ohne das, was in früheren Generationen Teamgeist hieß".

In den Reihen der Spieler war Michael Ballack in den Augen der Verantwortlichen der „Sündenbock" schlechthin. In der Tat spielte Ballack eine schwache Saison und ließ jene Leader-Qualitäten vermissen, die man an Stefan Effenberg so geschätzt hatte.

Das Ende der Ära Hitzfeld

Der zweite „Sündenbock" stand neben dem Spielfeld und war der Trainer. Ende März 2004 hatte Bayern-Präsident Beckenbauer noch verlauten lassen, Ottmar Hitzfeld könnte „von mir aus bis 2020 bleiben. Die Mannschaft hat mir in diesem Jahr nicht gefallen. Ich denke, das liegt in erster Linie an den Spielern." Einen Monat später versicherte Vorstandschef Karl-Heinz Rummenigge: „Wir planen die neue Saison mit Hitzfeld." Und Manager Uli Hoeneß verkündete zeitgleich: „Zwischen Rummenigge und mir und Hitzfeld ist fürs nächste Jahr alles klar." Das stimmte ganz offensichtlich nicht. Möglicherweise wollten die Verantwortlichen den Saison-Endspurt nicht gefährden, oder sie waren noch unterschiedlicher Auffassung. Gute zwei Wochen später und nach der Niederlage gegen Bremen waren die Pro-Hitzfeld-Bekenntnisse jedenfalls Schnee von gestern. Mit dem Ende der Saison 2003/04 endete auch die Ära Ottmar Hitzfeld. Der Chefcoach und sein

Die Vereinsführung wollte den Wechsel – von Ottmar Hitzfeld zu Felix Magath.

Assistent Michael Henke hatten den FC Bayern in 317 Pflichtspielen betreut und dabei vier deutsche Meistertitel sowie drei Pokalsiege errungen. Zudem fiel in Hitzfelds Zeit der Champions-League-Gewinn 2001; 1999 wurde das europäische Finale und 2000 das Halbfinale erreicht.

Die Entscheidung über die vorzeitige Trennung fiel in den frühen Morgenstunden des 18. Mai 2004 im Hause von Manager Hoeneß. Dem Erfolgstrainer, dessen Vertrag bis Juni 2005 lief, wurde der vorzeitige Abgang mit einer satten Abfindung versüßt. Die Bayern-Führung kritisierte an Hitzfeld einen zu sanften Umgang mit den verwöhnten Profis (Uli Hoeneß: „Ottmar war zu brav zu den Spielern. Hier konnten doch alle tun, was sie wollten"), eine zu lasche Trainingsarbeit und mangelhafte Fitness des Teams. Auch die von Hitzfeld bevorzugte zurückhaltende Spielweise wurde angeprangert.

Der Trainer selbst sah die Ursachen naturgemäß anders: „Wenn Sebastian Deisler durchgespielt hätte in dieser Saison, wäre ich nicht entlassen worden, sondern wäre Meister geworden. Der Kader war eben nicht der beste, den der Klub je hatte. Das hatte es schon zu Beginn der Saison geheißen und war schon damals grundfalsch."

Der „Charismatiker des Schweigens" (Helmut Böttiger) nahm die vorzeitige Auflösung seines Kontrakts nüchtern zur Kenntnis: „Der FC Bayern muss immer gewinnen, er muss viele Titel holen. Das sind keine Ziele, die ein Trainer sich hier setzt, das sind klare Aufträge, und wenn diese Aufträge nicht erfüllt werden, muss man eben gehen. Das ist wie in der Wirtschaft, das ist einfach so. Der FC Bayern ist ein extremer Verein. Nur Siege helfen dir, als Trainer zu überleben. Man wird ja nicht geschützt, man kann nicht in Ruhe etwas aufbauen, bei jeder Kleinigkeit stürzt alles wieder ein."

2004/05 Der „Schleifer" kommt

Viele Jahre war Felix Magath als „Schleifer" und „Feuerwehrmann" verrufen, doch beim VfB gelang es ihm, sein Image als Trainer aufzupolieren. In der Saison 2002/03 war er mit einer jungen Mannschaft überraschend Vizemeister geworden, 2003/04 Vierter. Magath wusste, dass der VfB nicht die notwendigen Mittel besaß, um das Team, dessen Stars er kreiert hatte, zusammenzuhalten oder gar zu verstärken. Vor seinem Engagement beim VfB hatte Magath noch mit einer Auswanderung geliebäugelt; er habe genug vom Business Bundesliga und ihren „verdorbenen Spielern", ließ er verlauten. Doch sein Ehrgeiz saß tiefer. Als die Bayern in dem „geläuterten Schleifer" den idealen Hitzfeld-Nachfolger sahen, ließ er sich nicht lange bitten.

Magath wurde geholt, „weil ich viel trainieren lasse, um die Spieler in puncto Fitness und Kondition auf Vordermann zu trimmen". Karl-Heinz Rummenigge: „Felix ist unser Wunschtrainer, weil bei ihm Fitness, Ordnung und Disziplin ganz oben stehen." Auf dem Spielfeld sollte der FC Bayern fortan agieren, anstatt zu reagieren, sollte einen offensiveren, aggressiveren und schnelleren Fußball mit überraschendem Tempowechsel zeigen. Auch in dieser Hinsicht schien einiges für Magath zu sprechen. Sein VfB hatte sich durch Lauffreudigkeit, eine schnelle Überbrückung des Mittelfelds – nicht mit langen Bällen, sondern feinem Passspiel – sowie frühes Attackieren des Gegners ausgezeichnet. Das Team besaß einen gewissen Unterhaltungswert.

Magaths erste Monate an der Säbener Straße gestalteten sich schwierig. Die Medien kamen mit seinen feinsinnigen und mit ironischen Untertönen versehenen Statements nicht klar. Die Profis mochten seine harten Trainingsmethoden nicht, bei denen auch Medizinbälle und Seile verwendet wurden. Karl-Heinz Rummernigge: „Alles Dinge, die es bei uns seit 15 Jahren nicht gegeben hat." Außerdem wurde der Trainingsplan nicht mehr eine Woche im Voraus bekannt gegeben – die Profis sollten ihre Woche nicht mit nicht-fußballerischen Aktivitäten verplanten. Für Magath hatte der Profi dem Klub jederzeit zur Verfügung zu stehen. Öffentlich kritisierte er das Verhalten seiner Profis – von mangelndem Trainingsfleiß bis zum exzessiven Haargel-Einsatz.

Natürlich rieb sich so mancher an diesem Klimawandel. Manager Hoeneß musste dem Trainer wiederholt als Ratgeber und Schlichter zur Seite stehen und zur Geduld mahnen. Laut Hoeneß wirkten Magaths Methoden im Trainingsalltag „anfangs wie ein Gewitter. Das waren Welten, die da aufeinandergeprallt sind." Man habe „von der weichen auf die harte Welle umgestellt", womit die Klubführung „ein Risiko" eingegangen sei. Rummenigge diagnostizierte einen „Kulturschock". So dauerte es einige Zeit, bis die Spieler die Führungs- und Trainingsmethoden ihres neuen Übungsleiters akzeptierten.

Bayerns teuerster Neueinkauf war der 26-jährige brasilianische Abwehrspieler und Weltmeister von 2002, Lucio, der für 12 Mio. Euro von Bayer Leverkusen geholt wurde, um die Abwehrprobleme der Bayern zu beheben. Nationalspieler Torsten Frings kam für 9 Mio. von Borussia Dortmund. Dem Wiedersehen mit Felix Magath, den er bereits bei Werder Bremen als Trainer „genossen" hatte, dürfte der 27-jährige Mittelfeld-All-rounder mit gemischten Gefühlen entgegengesehen haben. Als Magath an die Weser kam, war der vom Stürmer zum Mittelfeldspieler umgeschulte Frings eine etablierte Kraft gewesen. Doch unter dem neuen Trainer, der ihn verkaufen wollte, erlitt Frings einen Karriereknick.

Vom TSV 1860 kam der junge Andreas Görlitz, dem eine fußballerische Zukunft attestiert wurde. Görlitz sollte Willy Sagnol, dem zuweilen ein Mangel an Engagement vorgehalten wurde, Beine machen und galt außerdem als Kandidat auf die Nachfolge Bixente Lizarazus. Der Lokalrivale kassierte für den Verlust des 22-jährigen Hoffnungsträgers 2,5 Mio. Euro. Vom VfL Bochum wurde für 2 Mio. Euro der iranische Nationalspieler Vahid Hashemian verpflichtet. Mit seinen läuferischen Qualitäten hatte es der Stürmer vor allem Manager Uli Hoeneß angetan. Mit 16 Toren hatte Hashemian wesentlich dazu beigetragen, dass die „graue Maus" Bochum in der Saison 2004/05 im UEFA-Cup starten durfte.

Als Ergänzungsspieler war der Peruaner Paulo Guerrero zu betrachten, der 2002 von Allianza Lima zum FC Bayern gestoßen war. Der 20-Jährige hatte zunächst für die FCB-Amateure gekickt. Bis auf Lizarazu, der den FC Bayern nach sieben Jahren verließ und in die Heimat zu Olympique Marseille ging, hatte der FCB keine nennenswerten Abgänge zu verzeichnen. Magaths Kader versammelte somit 21 Nationalspieler aus elf Ländern, und der Trainer lobte: „Mir wurden mehr Wünsche erfüllt, als ich überhaupt hatte."

21 Nationalspieler aus 11 Ländern

Nach der trophäenlosen Saison 2003/04 gaben sich die Verantwortlichen für Bayern-Verhältnisse moderat. Uli Hoeneß wollte vor allem „guten Fußball sehen, dann kommt alles andere von allein. Wir haben keine sehr guten Erfahrungen gemacht, wenn wir vor einer Saison große Ziele verkündet haben." Insbesondere bezüglich Europa hielt man sich nach zwei enttäuschenden Champions-League-Kampagnen zurück. Der neue Trainer gab sich offensiver: „Ich bin zum FC Bayern gekommen, um Meister zu werden. Das kann der FC Bayern von seinem Trainer verlangen." Sogar die Champions League wolle er gewinnen, wobei Magath ausließ, wann dies der Fall sein sollte.

Den Bundesligaauftakt beim Hamburger SV gewannen die Bayern mit 2:0. Die erste Ernüchterung erfolgte nur einen Spieltag später, als die Heimpremiere gegen Hertha BSC Berlin mit einem 1:1-Remis endete. Bei Bayer Leverkusen erlitten die Bayern am 3. Spieltag eine derbe 1:4-Schlappe und waren damit noch gut bedient. Für Bayer-Trainer Klaus Augenthaler war es der erste Sieg gegen seinen Ex-Club. Anschließend führten Spieler und Trainer eine dringend notwendige Aussprache. Insbesondere Lucio, der zweitteuerste Einkauf in der Vereinsgeschichte, war auf die Barrikaden gegangen, nachdem ihn Magath in Leverkusen vorzeitig aus dem Spiel genommen hatte. Der Brasilianer kritisierte Magaths Taktik wie Trainingsmethoden: „So hart trainiert wie unter Magath habe ich noch nie, nicht in der Nationalelf, auch nicht in Leverkusen. Ich lebe von meiner Kraft und Spritzigkeit, beides ist im Moment nicht da." Das Ergebnis der Aussprache: Magath hielt sich mit öffentlicher Kritik an den Seinen fortan zurück. Außerdem wurde das Training ein wenig reduziert.

Abwehrspieler Lucio war der teuerste Neuzugang des FC Bayern 2004/05. Mit Magaths Trainingsmethoden hatte er zunächst seine Probleme.

Vier Punkte aus den ersten drei Spielen waren für bayerische Ansprüche etwas mager und verhießen nicht gerade einen souveränen Durchmarsch. Gegen Bielefeld gewannen die Bayen zwar am 4. Spieltag daheim durch einen Treffer von Roy Makaay 1:0. Doch die Zuschauer quittierten die lust- und kraftlose Vorstellung mit einem gellenden Pfeifkonzert.

Und Magaths Ensemble holperte weiter: 2:2 in Dortmund, 3:1 daheim gegen den SC Freiburg. Ein 2:1-Sieg bei Werder Bremen durch Tore von Ballack und Schweinsteiger, dem eine 0:1-Niederlage im Olympiastadion gegen Schalke 04 durch ein Tor von Asamoah in der 76. Minute folgte. Zwei 2:0-Siege gegen Hansa Rostock und den VfL Wolfsburg, aber das umgedrehte Resultat in Mönchengladbach – damit hatten die Bayern nach elf Spieltagen immerhin schon drei Niederlagen kassiert.

Hoeneß-Spitzen gegen Revierklubs

Erst anschließend gewann die Meisterschaftskampagne an Fahrt und Kontinuität. In den verbleibenden sechs Spielen der Hinrunde blieben Magaths Mannen ungeschlagen und holten 14 von 18 möglichen Punkten. Mittlerweile deutete einiges auf ein Kopf-an-Kopf-Rennen zwischen dem FC Bayern und Schalke 04 hin, das sich vor der Saison mit dem Bundesliga-Torschützenkönig Ailton und Mladen Krstajíc vom Meister Werder Bremen sowie Marcelo Bordon vom VfB Stuttgart kostspielig verstärkt hatte. Vor der Rückrunde blies Hoeneß zur Attacke, indem er die prekäre finanzielle Situation der Blau-Weißen thematisierte: „Wenn die Schalker so spielen wie in den letzten zehn Wochen, dann sind sie ein Herausforderer. Da liegen einige auf der Strecke herum, die sich die Zähne ausgebissen haben. Da sehe ich Schalke auch gefährdet, weil das Fundament nicht solide ist. (…) Wer alles auf Pump macht, geht unter, das ist so sicher wie das Amen in der Kirche." Bei seinem Kollegen Assauer sah Hoeneß falschen persönlichen Ehrgeiz: „Ich habe das Gefühl, Rudi Assauer will zum Ende seiner Karriere auf Teufel komm' raus Titel holen, und er treibt damit Schalke in ein großes Risiko."

Am 22. Spieltag gastierte im Olympiastadion ein anderer Revierverein, der mit risikoreicher Finanzpolitik frische Erfahrungen hatte: Borussia Dortmund. In den 1990er Jahren zum Bayern-Rivalen Nr. 1 avanciert, befanden sich die Schwarz-Gelben dank einer hanebüchenen Investitionspolitik mittlerweile in einer existenzbedrohlichen Krise. Hoeneß: „Der Unterschied zwischen Bayern und Dortmund war der: Die Dortmunder sind in der Bank links in die Kreditabteilung gegangen, wir rechts in die Festgeldabteilung. Die Dortmunder haben sich verhoben, wollten in fünf, sechs Jahren aufholen, was der FC Bayern in 30 Jahren aufgebaut hat." Im Olympiastadion gab es für die Borussen bereits seit Jahren nichts mehr zu holen. Der letzte schwarz-gelbe Sieg dort datierte aus der Saison 1991/92. Von insgesamt 28 Bundesligaspielen in der olympischen Arena hatten die Borussen nur fünf gewinnen können. Und dieses Mal kam es besonders schlimm. Bereits nach sechs Minuten lagen die Hausherren durch Tore von Salihamidzic (5.) und Makaay (6.) mit 2:0 in Front. Pizarro (28.) und erneut Makaay (34.) erhöhten bis zum Pausentee auf 4:0. Nach dem Wiederanpfiff zeigten sich die Bayern gnädig. Makaays drittes Tor zum 5:0 (55.) bedeutete deshalb den Endstand. Aus der Südkurve höhnte es: „Wenn wir wollen, kaufen wir euch auf" und „Wir wollen Gegner, schickt den S04."

Nach einem knappen 1:0-Sieg (Torschütze Ballack) über Werder Bremen verloren die Bayern am 25. Spieltag auch das zweite Duell mit Schalke 04. Erneut hieß es nach 90 Minuten 0:1, Torschütze war der Brasilianer Lincoln. Schalke übernahm damit die Tabellenführung, drei Punke vor den Bayern. Doch ein furioser Endspurt bescherte den Bayern dann doch noch den 19. Meistertitel – und dies mit einem satten Vorsprung von 14 Punkten. Die nach der Niederlage in Gelsenkirchen noch ausstehenden neun Spiele wurden samt und sonders gewonnen: 27 Punkte und 29:9 Tore lautete die Bilanz der Bayern für die Spieltage 26 bis 34, die der Schalker 10 Punkte und 16:19. Tore. Die Schalker erlitten fünf ihrer insgesamt elf Niederlagen in den letzten neun Spielen. Es war der souveränste Meisterschaftsgewinn nach der Saison 1998/99, als die Bayern vom Zweiten Leverkusen sogar 15 Punkte trennten.

Das Meisterstück gelang bereits am 31. Spieltag auf dem Lauterer „Betze". Bayern schlug den 1. FC Kaiserslautern klar mit 4:0, Schalke spielte daheim gegen Leverkusen nur 3:3, immerhin der erste Punktgewinn für die „Knappen" nach drei Niederlagen in Folge. Der Nachmittag geriet zum Makaay-Festival, denn der Torjäger traf auf dem Betzenberg dreimal. Häufig waren es feine individuelle Einzelleistungen gewesen, die den Bayern in dieser Saison zum Erfolg verholfen hatten. In Kaiserslautern basierte der Sieg hingegen endlich einmal auf einer kollektiv starken Mannschaftsleistung. Nach dem Schlusspfiff im Fritz-Walter-Stadion ließen die Fans den Manager mit Sprechchören hochleben – und nicht den Trainer.

Einmarsch zum letzten Auftritt im Olympiastadion, wo die Bayern – wie die große Fan-Inszenierung zeigt – von 1972 bis 2005 erfolgreich spielten. Im bayerischen Derby wurde der 1. FC Nürnberg mit 6:3 abgefertigt.

Letzter Titel im alten Stadion: Noch einmal jubelten Ballack & Co. über eine Meisterschaft.

Allerdings hatte sich das Verhältnis zwischen Magath und der Mannschaft inzwischen eingependelt. Mehmet Scholl: „Es gab eine Reihe von Missverständnissen, aber dann haben sich beide Seiten aufeinander zu bewegt." Der Trainer sah es ähnlich: „Es gab gewisse Schwierigkeiten, wir haben viel miteinander reden müssen" – für Magath eine gänzlich neue Erfahrung, denn die Kommunikation mit den Spielern zählte nicht zu seinen Hobbys und Stärken. Die Journalisten Hellmann / Kilchenstein schrieben über den Meistertrainer: Magath habe sich „angepasst, ohne sich selbst zu verbiegen. Magath will den Medizinball weiterhin griffbereit halten (‚Der ist immer bei mir'), den Spielstil offensiver gestalten (‚Die Umstellung ist noch nicht vollendet')."

Für den Trainer bedeutete die Meisterschaft seinen ersten Titel und einen gelungenen Abschluss seiner ersten Saison bei den Bayern. Ansonsten ereilte Magath das gleiche Dilemma wie seine Vorgänger, von denen ebenfalls nicht mehr und nicht weniger verlangt wurde, als schön und erfolgreich zu spielen. Ein Anspruch, der beim FC Bayern seit Mitte der 1990er Jahre noch jede Mannschaft und jeden Trainer wie ein Fluch verfolgt hatte. Der Erfolgsdruck (Magath: „Um hier hundertprozentig akzeptiert zu werden, brauche ich wenigstens einen Titel, das ist hier so") ließ dem neuen Trainer nur eine Entscheidung: Erfolgsorientierung vor Schönspielerei. Zur Rückrunde wurde mit dem Argentinier Demichelis ein weiterer defensiver Mittelfeldmann hereingenommen und „das spielerische Moment zurückgefahren" (Magath). Magaths Wunschteam agierte aus einer stabilen, geordneten Defensive heraus, verfügte über ein hohes Maß an Selbstdisziplin und optimale körperliche Fitness. Es trug sein Spiel schnell nach vorn, gab den Rhythmus vor, agierte taktisch flexibel.

Das Ende der Bundesliga-Saison 2004/05 markierte zugleich einen neuen Abschnitt in der Vereinsgeschichte. Am 33. Spieltag verabschiedete sich der FC Bayern aus dem Olympiastadion – mit einem satten 6:3-Sieg im bayerischen Derby über den 1. FC Nürnberg. Der neue Meister führte bereits zur Halbzeit durch Tore von Pizarro (8.), Ballack (24.), Makaay (31., 41.) und Deisler mit 5:0. In der 78. Minute war es dann erneut Deisler, der das halbe Dutzend vollmachte. Es war ein würdiger Abschied von einer Spielstätte, in der der Verein 33 Jahre lang Erfolge feiern durfte.

Das fünfte Double

Der DFB-Pokal bot Schalke 04 die Chance zur Revanche, denn erstmals bestritten der Meister und der Vizemeister das Finale. Im Viertelfinale hatten die Bayern beim SC Freiburg mit 7:0 gewonnen. In diesem Stadium des Wettbewerbs waren auch noch Bayerns Amateure dabei, die an der Grünwalder Straße gegen Werder Bremen mit 0:2 verloren. Im Halbfinale musste der FCB auf die Bielefelder „Alm", wo man einige Wochen zuvor in der Bundesliga spektakulär verloren hatte. Doch ein zweites Mal ließ sich Magaths Team nicht überraschen und gewann mit 2:0. Vizemeister Schalke blieb auch im DFB-Pokal nur Platz zwei, denn Bayern gewann das Finale in Berlin mit 2:1. Makaay hatte seine Farben in der 42. Minute in Führung gebracht, Lincoln gelang nur drei Minuten später vom Elfmeterpunkt der Ausgleich. Den Siegtreffer erzielte Salihamidzic in der 76. Minute. Für die Bayern war es das fünfte Double.

DFB-Pokalfinale 2005 gegen Schalke 04. Beim 1:0-Führungstreffer lässt Roy Makaay Torwart Frank Rost keine Chance.

Auf europäischer Ebene hingegen bestätigte sich die vielfach geäußerte Ansicht, die Bayern seien für einen internationalen Titel noch nicht wieder stark genug. In der Gruppenphase der Champions League hatten es die Münchner mit Maccabi Tel Aviv, Ajax Amsterdam und Juventus Turin zu tun. In Tel Aviv verhinderte Roy Makaay mit seinem Siegtreffer zum 1:0 einen Fehlstart der schwachen Bayern. Gegen Ajax Amsterdam präsentierten sie sich am folgenden Spieltag jedoch von ihrer stärksten Seite. Die Niederländer besaßen im Olympiastadion nicht den Hauch einer Chance. Dreifacher Torschütze beim verdienten 4:0-Sieg war ausgerechnet Roy Makaay, Treffer Nummer vier ging auf das Konto von Zé Roberto. Zwei 0:1-Niederlagen gegen Juventus stellten den Einzug ins Achtelfinale wieder in Frage, bevor ein 5:1-Sieg gegen Maccabi Tel Aviv am 5. Spieltag alles klar machte. Makaay traf zweimal. Beim letzten Gruppenspiel in Amsterdam, das mit einem 2:2-Remis endete, konnte sich der Niederländer erneut in die Torschützenliste eintragen. Nicht weniger als sieben der zwölf Vorrunden-Treffer des FC Bayern gingen auf sein Konto.

Im Achtelfinale empfingen die Bayern Arsène Wengers Arsenal London. Im Olympiastadion gelang die Entzauberung des hoch gelobten Premier-League-Klubs. Beim 3:1-Sieg hießen die Torschützen Pizarro (2) und Salihamidzic. Beim Rückspiel im Stadion Highbury erwartete den FCB ein heißer Tanz. In der 66. Minute gingen die „Gunners“ durch Thierry Henry die Führung. Ein zweites Gegentor hätte das Aus für die Bayern bedeutet, doch dank einer starken kämpferischen Vorstellung und disziplinierter Abwehrarbeit blieb es bis zum Schlusspfiff beim Spielstand von 0:1.

Im Spiel gegen Arsenal London begegneten sich zwei Rivalen für die Nummer 1 in der Nationalmannschaft. Im Hinspiel lag Kahn klar vorne: Er musste ein Tor kassieren, Lehmann deren drei.

Niederlage gegen „FC Chelski"

Im Viertelfinale ging es mit dem vom russischen Öl-Milliardär Roman Abramowitsch hochgepuschten FC Chelsea erneut gegen einen Klub aus der Premier League. Die Neureichen von der Stamford Bridge erwiesen sich als zu stark für die Bayern. In London ging „Chelski" bereits in der 4. Minute durch Joe Cole in Führung. Schweinsteiger gelang in der 52. Minute der Ausgleich, doch zwei Treffer des starken Frank Lampard (60., 70.) brachten die Hausherren mit 3:1 in Front. Didier Drogba gelang in der 81. Minute sogar das 4:1, womit das Ausscheiden der Bayern besiegelt schien. Doch in der Nachspielzeit konnte Ballack unter einem gellenden Pfeifkonzert einen Strafstoß zum 2:4 verwandeln und den Bayern wieder Mut machen.

Doch die leisen Hoffnungen wurden im Olympiastadion nach einer halben Stunde arg gedämpft, als Lampard das 1:0 für die Engländer schoss. Pizarro glich in der 65. Minute aus, und die Bayern bemühten sich redlich, aber in der 80. Minute brachte Drogba die Gäste erneut in Führung. Guerreros Ausgleichstreffer (90.) fiel viel zu spät. Dass Scholl dann in der Nachspielzeit (95.) sogar noch der Siegtreffer zum 3:2 gelang, war nur für die Moral und Statistik von Interesse. Für die Bayern war das Spiel gegen Chelsea der 100. und letzte Champions-League-Auftritt im Olympiastadion.

Daheim war der FC Bayern top und konkurrenzlos, doch in Europa gaben mittlerweile andere den Ton an. Felix Magath war sich trotzdem sicher, dass „wir weitergekommen wären, wenn wir das Rückspiel nicht im Olympiastadion, sondern bereits in der Allianz Arena ausgetragen hätten". Magath sah die Kluft zwischen seinem Team und den Chelseas und Co. nicht so groß wie die meisten Medien und einige andere Verantwortungsträger im Klub. Die folgende Saison sollte ihm nicht gerade Recht geben.

2005/06 Nur national die Nr. 1

Wie üblich musste zu Saisonbeginn das Personal neu sortiert werden. Prominentester Neuzugang der Bayern war der französische Abwehrspieler Valérien Ismael. Der 29-Jährige kam für 8 Mio. Euro von Werder Bremen. Der kopfballstarke 1,91 Meter große Hüne sollte an der Seite von Lucio der Innenverteidigung noch mehr Stabilität verleihen, zumal Robert Kovac ablösefrei zu Juventus Turin wechselte. De facto mussten die Bayern allerdings nur 3 Mio. Euro nach Bremen überweisen, denn für 5 Mio. erhielt Werder Torsten Frings, der bereits von 1997 bis 2002 an der Weser gekickt hatte. Auch in München waren Frings und Magath nicht miteinander warmgeworden. Frings besaß zunächst einen Stammplatz, bis zur Rückrunde fehlte er nur einmal in 26 Pflichtspielen. Doch dann zog Magath Martin Demichelis im defensiven Mittelfeld vor. Frings wurde an der Isar nicht heimisch: „Ich habe mich in München nie wohlgefühlt." Der Fußball-Arbeiter störte sich am Schickimicki-Umfeld der Bayern und am Star-Gehabe einiger seiner Mitspieler. Manche Kollegen, so meinte er, seien nur in die Disco gegangen, „damit sie wenigstens einmal in die Zeitung kommen". In Bremen sollte Frings wieder zur alten Stärke finden und zu einem Führungsspieler der Nationalmannschaft avancieren.

Mit Philipp Lahm, der bereits in der Jugend für die Bayern gekickt hatte und 2003 an den VfB Stuttgart ausgeliehen worden war, kehrte ein waschechter Münchner an die Säbener Straße zurück. Beim VfB war der 21-Jährige zum Nationalspieler aufgestiegen. Die Bayern mussten allerdings zunächst einige Monate auf seine Dienste verzichten, denn Lahm musste einen Kreuzbandriss auskurieren. Mit dem von Olympique Marseille zurückgekehrten 35-jährigen Bixente Lizarazu, der noch einmal einen Einjahresvertrag erhielt, stand Ersatz bereit. Lizarazu war auch deshalb willkommen, weil dem Klub ein geeigneter defensiver Linksfuß fehlte. In der Bundesliga waren die Linksfüße rar gesäht. Auch der als linker Verteidiger vorgesehene Lahm spielte lieber mit dem rechten Fuß. Tobias Rau, den die Bayern für die linke Außenbahn geholt hatten, ließ die erforderliche Klasse vermissen und verließ den FC Bayern in Richtung Arminia Bielefeld.

Der Liga fehlen „linke Füße"

Dem 26-jährigen technisch starken Ali Karimi, 86-facher Nationalspieler des Irans, wurden Spielmacherqualitäten nachgesagt. Seine (ablösefreie) Verpflichtung von Al-Ahli Dubai praktizierte Magath im Alleingang. So mancher hielt den Iraner für einen Werbegag, um den Absatz von Merchandising-Produkten des FC Bayern in Asien zu steigern. In der Winterpause holten die Bayern dann auch noch für 2,5 Mio. Euro den 22-jährigen Mittelfeldspieler Julio dos Santos von Cerro Portenso Asuncion, der in seiner Heimat nicht nur Nationalspieler, sondern auch Fußballer des Jahres war.

Neben Frings, Kovac und Rau hatte der FC Bayern noch weitere Abgänge zu verzeichnen: Sammy Kuffour wechselte zum AS Rom. Auch Karsten Linke und Alexander Zickler, der für den FC Bayern zwölf Jahre gekickt hatte und somit nach Mehmet Scholl der dienstälteste Bayern-Spieler war, durften ablösefrei gehen. Sie heuerten bei den Red

Bulls Salzburg an. Für Vahid Hashemian, der sich bei den Bayern (erwartungsgemäß) nicht durchsetzen konnte, musste Hannover 96 1,2 Mio. bezahlen.

Als erstes Saisonziel wurde die Verteidigung des Meistertitels ausgegeben, den Rummenigge zum „ehrlichsten aller Titel" erkor. Im DFB-Pokal und der Champions League sei man hingegen von der Auslosung abhängig. Allerdings konnten die Verantwortlichen nicht den Wunsch verhehlen, in Europa einen Schritt weiterzukommen. Magath: „Wir wollen in der Champions League mehr erreichen als letztes Jahr", was konkret nur bedeuteten konnte: mindestens Halbfinale. Dabei hofften die Verantwortlichen auch auf die Wirkung ihres neuen Fußball-Tempels. An der Säbener Straße setzte man unverändert auf die Strategie, die Rückkehr an die europäische Spitze in erster Linie mit Bordmitteln und dem Einkauf einiger der besten Bundesligaspieler zu bewerkstelligen, anstatt wie Real Madrid, Chelsea oder Milan tief in die Tasche zu greifen, um ausländische Weltstars zu verpflichten.

Die Bundesligisten übertrafen in dieser Saison beim Trikot-Sponsoring erstmals die 100-Mio.-Grenze (103,8 Mio. Euro). Das WM-Turnier im eigenen Land und die hierfür erfolgte Modernisierung der Stadionlandschaft halfen mit, die Krise der Branche nach der Kirch-Pleite vor vier Jahren zu überwinden. Die meisten Bundesligisten konnten einen neuen Rekord beim Verkauf von Dauerkarten verbuchen. Mit einem Zuschauerschnitt von 37.800 hatte die Bundesliga den höchsten in Europa verzeichnet. In der englischen Premier League lagen die Einnahmen aus dem Ticketing – aufgrund der höheren Eintrittspreise – trotzdem über denen der Bundesliga.

Da die Bundesliga unabhängig von der fußballerischen Qualität boomte, war die Gefahr groß, dass diese Entwicklung wieder kippen könnte. Im Hinblick auf die Weltmeisterschaft merkte Uli Hoeneß skeptisch an, dass „derzeit alles nur auf diese Karte gesetzt wird. Ich würde mir wünschen, dass die Dinge, die jetzt angesprochen werden, auch über 2006 hinaus Bestand haben, wenn die große Euphorie weg ist."

Bei den Transferausgaben ließ sich in der Bundesliga eine gewisse Bescheidenheit beobachten. Für 137 Spieler wurden 78 Mio. Euro ausgegeben. In der Saison 2001/02 waren noch 150 Mio. in die Verstärkung der Kader investiert worden. Zugleich sank der Anteil der Personalkosten am Umsatz auf 47 % (Italien: 73 %, Spanien: 64 %). Der FC Bayern war hier mit 60 Mio. Euro deutscher Spitzenreiter, gefolgt von Schalke (38,5), Leverkusen (36,0), Stuttgart (35,0) und Borussia Dortmund (26,0). Am Ende stand der FSV Mainz 05 mit 11,5 Mio. Euro.

Mit Einnahmen von insgesamt 1,1 Mrd. Euro lag die Bundesliga hinter der Premier League (2 Mrd.) und Serie A (1,15 Mrd.) auf Platz drei, vor allem wegen der geringeren Erlöse aus der TV-Vermarktung. Während in England 2005/06 stolze 710 Mio. Euro in die Vereinskassen wanderten und in Frankreich und Italien jeweils 550 Mio., musste sich die Bundesliga mit 320 Mio. begnügen.

Vor dem Start der Bundesliga-Saison ging der FC Bayern auf Fernost-Reise. Asien mit seinen 3,5 Milliarden Menschen galt als Wachstumsmarkt schlechthin für die europäischen Topadressen. Manchester United war bereits im Sommer 2001 nach Asien

Bei Mehmet Scholl reichte zwar die Kraft nicht mehr für 90 Minuten. Doch auch als Einwechselspieler konnte er immer noch spielerische Glanzpunkte setzen.

Marketing-Tour nach Japan

aufgebrochen, Real Madrid hatte im Sommer 2003 David Beckham als Türöffner für den asiatischen Markt verpflichtet. Kaum in Madrid angekommen, musste Beckham seinerzeit mit Real 19 Tage durch Asien touren. Allerdings waren die asiatischen Fans meist auf Top-Stars fixiert, und in dieser Hinsicht konnten die meisten Bundesligisten wenig bieten. Die Bayern hatten wenigstens Kahn und Ballack im Angebot. Uli Hoeneß erkannte: „Wir müssen aktiver werden. Die Dinge regeln sich nicht aus dem Sessel heraus. Man muss dahin, wo die Musik spielt." Zwecks Ankurbelung des Asien-Geschäfts richtete der FC Bayern eine Stelle mit dem Titel „Leiter Internationale Beziehungen" ein, die nun der renommierte Sportjournalist und Asien-Experte Martin Hägele bekleidete. Hägele empfahl den Bayern, die Asiaten „als Partner, nicht als Melkmaschinen" zu betrachten. Das „Abzocken" von Antrittsgagen à la Real Madrid und Manchester United hielt er für einen Fehler. Stattdessen favorisierte der Experte den Aufbau von langfristigen Verbindungen, mit Unterstützung der Sponsoren des Rekordmeisters.

Der FC Bayern hielt sich an den Rat. Im Land der aufgehenden Sonne schlug er den FC Tokio mit 3:0 und den japanischen Ex-Meister Jubilo Iwata mit 3:1 und verkaufte sich damit sportlich besser als die ebenfalls durch Japan tourenden Branchenführer ManU und Real. Karl-Heinz Rummenigge: „Der FC Bayern hat sich sympathisch und freundlich präsentiert." Und Uli Hoeneß: „Die Mannschaft hat nicht nur auf dem Platz, sondern auch außerhalb ein hervorragendes Bild abgegeben."

Die 43. Bundesligasaison wurde offiziell am 5. August 2005 in der Allianz Arena mit einem alten Klassiker angepfiffen: Der FC Bayern schlug Borussia Mönchengladbach mit 3:0. Bayerns erstes Pflichtspieltor im neuen Stadion schoss in der 28. Minute Owen Hargreaves. Die Tore zwei und drei fielen erst in den Schlussminuten. Beide Male hieß der Torschütze Roy Makaay. Die Tabellenführung mussten die Bayern allerdings Werder Bremen überlassen, das gegen Arminia Bielefeld mit 5:2 gewonnen hatte. Dies sollte sich nur einen Spieltag später ändern. Bayern siegte in Leverkusen souverän mit 5:2, wobei Makaay drei Tore gelangen. Nach 180 Spielminuten war der Rekordmeister Tabellenführer und sollte diese Position bis zum letzten Spieltag auch nicht mehr abgeben. Schon nach dem dritten Spiel, das gegen Hertha BSC Berlin erneut mit einer Drei-Tore-Differenz (3:0) gewonnen wurde, fragten die Experten: Wer soll diese Bayern stoppen?

„Wer soll diese Bayern stoppen?"

Zur Überraschungsmannschaft der Saison mauserte sich bereits früh der von Thomas Doll trainierte Hamburger SV, nach sechs Spieltagen härtester Verfolger der noch verlustpunktfreien Bayern. Am 7. Spieltag kam es zum direkten Duell; der FCB musste nach Hamburg. Der HSV gewann durch zwei Tore seiner niederländischen Neuerwerbung van der Vaart mit 2:0. Dadurch rückten die Hanseaten bis auf einen Punkt an den Tabellenführer heran, und der Nicht-Bayern-Teil der deutschen Fußballwelt atmete auf. Allerdings nur bis zum folgenden Spieltag, dann nahm der Bayern-Express seine Fahrt wieder auf. Die Bilanz aus den verbleibenden zehn Spielen bis zum Ende der Hinrunde, die der FCB mit einem 2:1-Sieg bei Borussia Dortmund abschloss: acht Siege, zwei

Verletzungen und Krankheit verfolgten Sebastian Deisler wie ein Fluch. Auch 2006 musste er auf eine WM-Teilnahme verzichten.

Remis (in Schalke und in Stuttgart). Der FC Bayern war mit sechs Punkten Vorsprung vor dem Hamburger SV Herbstmeister. Felix Magath kurz vor dem Weihnachtsfest: „Was die Mannschaft in diesem Jahr geleistet hat, ist überragend."

Standesgemäß ging es in die Rückrunde: 3:1 hieß es am 18. Spieltag nach 90 Minuten im Mönchengladbacher Nordpark, wo Roy Makaay wie schon im Hinspiel zweimal traf. Nach 21 Spieltagen war der Vorsprung der Bayern bereits auf zehn Punkte angewachsen. Am 24. Spieltag aber kam Verfolger Hamburger SV in die Allianz Arena und gewann mit 2:1. Das Siegtor durch de Jong fiel in der 89. Minute und bedeutete die erste Heimniederlage für den FC Bayern in der neuen Arena. Null Punkte und 1:4 Tore lautete somit die Bilanz der Bayern gegen Dolls Überraschungsteam.

Erneutes Pech für Deisler

Die Konkurrenz durfte wieder etwas Hoffnung schöpfen, zumal der Tabellenführer einen Spieltag später beim abstiegsgefährdeten VfL Wolfsburg über ein torloses Remis nicht hinauskam. Der Vorsprung war nun auf sechs Punkte zusammengeschmolzen. Schwerer wog allerdings eine neue Hiobsbotschaft in Sachen Sebastian Deisler, der sich im Training am wiederholt operierten rechten Knie eine Knorpelabsprengung zugezogen hatte. Der einstige Hoffnungsträger Nr. 1 des deutschen Fußballs fiel damit erneut einige Monate aus und musste – wie schon 2002 – auf das WM-Turnier verzichten.

Nach Siegen im Spitzenspiel daheim gegen Schalke 04 (3:0) und beim späteren Absteiger MSV Duisburg (3:1) sowie Patzern der Konkurrenz betrug der Vorsprung am Abend des 27. Spieltages wieder neun Punkte. Möglicherweise schwächte das beruhigende Polster die Konzentration der Bayern: Gegen den späteren Absteiger 1. FC Köln spielte man in der Allianz Arena nur 2:2, wobei die Gäste sogar zweimal in Führung lagen. Am 29. Spieltag folgte eine derbe 0:3-Niederlage im Bremer Weserstadion. Nutznießer war der HSV, der in Mönchengladbach mit 2:0 gewann und plötzlich nur noch vier Punkte hinter den Münchnern lag. Doch der 31. Spieltag brachte eine Vorentscheidung. Der HSV empfing die wiedererstarkten Leverkusener, Bayern musste an den Mainzer Bruchweg reisen, ebenfalls keine leichte Aufgabe, da die Mannschaft von Trainer Jürgen Klopp in dieser Saison engagiert und enthusiastisch auftrat. Tatsächlich lagen die Bayern nach nur 13. Minuten mit 0:2 zurück, für sie der schnellste 0:2-Rückstand seit 15 Jahren, doch die Mannschaft kämpfte sich wieder ins Spiel zurück. Es war mal wieder der Tag des Roy Makaay, der in der 29. Minute zunächst den Anschlusstreffer erzielte und acht Minuten später per Foulelfmeter den Ausgleich markierte. Dabei ignorierte Makaay die Regel, dass der Gefoulte niemals selbst schießen soll. Für den Niederländer war es trotz seiner insgesamt 17 Treffer eine eher durchwachsene Saison. Der „Kicker" bewertete acht seiner 31 Einsätze mit der Note 5.

Gegen Bayer Leverkusen machte der HSV zwar mächtig Dampf, unterlag aber mit 0:2. Fünf Punkte Vorsprung bei nur noch drei ausstehenden Begegnungen sollten nun reichen, und sie taten es auch. Zwar gewann der HSV in Köln mit 1:0, aber auch der FC Bayern konnte den 32. Spieltag erfolgreich gestalten. Gegner VfB Stuttgart ging in München zwar bereits nach sechs Minuten mit 1:0 in Führung, doch Santa Cruz, Pizarro und Schweinsteiger sorgten für einen souveränen 3:1-Sieg.

Die 20. Deutsche Meisterschaft

Ein Wochenende später musste der FCB auf den Lauterer Betzenberg. Eine brisante Partie, in der die Bayern keine Geschenke erwarten konnten, denn für die „Roten Teufel" ging es vor 50.754 Zuschauern um den Klassenerhalt. Zunächst sah es gut aus für die Gastgeber, die in der 26. Minute durch ihren Torjäger Altintop die Führung erzielten. Mit 0:1 – aus Bayern-Sicht – wurden auch die Seiten gewechselt. Im Berliner Olympiastadion führte der HSV gegen die Hertha beim Halbzeitpfiff mit 2:1 und hatte den Abstand auf die Bayern somit auf zwei Punkte verkürzt. Doch dann drehte sich das Blatt. In der 55. Minute gelang Hertha gegen den HSV der Ausgleich, und auf dem Betzenberg zogen die Bayern 13 Minuten später nach. Dem jungen Andreas Ottl, seit seinem elften Lebensjahr an der Säbener Straße und erst der fünfte waschechte Münchner in den letzten zehn Bundesliga-Jahren beim Rekordmeister, gelang der vielumjubelte Ausgleich. Aus zwei Punkten waren wieder fünf geworden, und nur eine Minute später waren es sogar deren sechs, denn in Berlin hatte Niko Kovac die Hertha mit 3:2 in Führung geschossen. In der 72. Minute erhöhte Hertha gar auf 4:2, dabei blieb es dann. Einen Spieltag vor Saisonschluss hatte der FC Bayern seinen 20. Meistertitel errungen. Die obligatorische Weißbierdusche blieb auf dem „Betze" allerdings aus. Im Angesicht des drohenden Abstiegs hatten die Hausherren dem Rekordmeister eine zünftige Siegesfeier untersagt.

Die Meisterschaft hatten die Bayern dank einer berauschenden Hinrunde gewonnen, in der 44 Punkte eingefahren wurden. In der Rückrunde waren es mit 31 satte 13 Punkte weniger. Doch die Konkurrenz war nicht reif genug, um dem schwächelnden Rekordmeister ernsthaft Paroli zu bieten. Marcel Reif kommentierte im „Tagesspiegel": „Der FC Bayern ist der Liga entwachsen, und dass dies überhaupt noch ab und an mal in Frage gestellt werden kann, liegt allenfalls an ihnen selber, an Arroganz, Lustlosigkeit und Pomadigkeit, wovon sie gestern in Kaiserslautern jede Menge zeigten."

Die nationale Überlegenheit der Bayern zeigte sich auch im DFB-Pokal. Zunächst traf der Titelverteidiger auf den brandenburgischen Oberligisten MSV Neuruppin, der für das größte Spiel seiner Vereinsgeschichte ins Berliner Olympiastadion ausgewichen war. Dort sahen 33.189 Zuschauer einen 4:0-Sieg der Favoriten. Weiter ging es mit dem kampfstarken Zweitligisten Erzgebirge Aue. Im Erzgebirgestadion lag lange Zeit eine Überraschung in der Luft, bis Michael Ballack zehn Minuten vor Schluss das erlösende 1:0 für die Bayern erzielte. Im Achtelfinale kam es drei Tage vor Heiligabend zum Topspiel FC Bayern gegen Hamburger SV. 113 Minuten berannten die Bayern in der Allianz Arena das Hamburger Tor, dann zog Owen Hargreaves auf 17 Metern einfach mal ab und traf zum entscheidenden 1:0. Auch gegen Mainz 05 mussten die Bay-

Im DFB-Pokal 2005/06 glänzte vor allem Pizarro mit Torgefährlichkeit. Er besorgte auch das entscheidende 1:0 im Finale gegen Eintracht Frankfurt.

ern in die Verlängerung . In der Allianz Arena war der Karnevalsverein sogar zunächst in Führung gegangen. Nur neun Minuten fehlten zur Pokalsensation, dann erzielte Pizarro, der eine starke Saison spielte, den Ausgleich. Als Guerrero in der Verlängerung das 2:1 gelang, schien die Partie entschieden zu sein, doch Mainz konnte ausgleichen. Das letzte Wort hatten dann aber die Bayern, für die Pizarro zum 3:2 traf und damit ein Elfmeterschießen verhinderte.

Im Halbfinale mussten die Bayern zum gefürchteten Hamburger Millerntor, wo Regionalligist FC St. Pauli in seliger Pokal-Euphorie schwelgte. Denn zuvor hatten die ewigen Underdogs nicht nur die Zweitligisten Wacker Burghausen und VfL Bochum ausgeschaltet; im Achtel- und Viertelfinale waren sogar Überraschungserfolge gegen Hertha BSC Berlin und Werder Bremen gelungen. Doch der fünfte Streich blieb aus. Mit 3:0 gewannen die Bayern, doch so klar war die Sache bei weitem nicht. Nach dem Führungstor durch Hargreaves sahen sich die Bayern im engen und natürlich ausverkauften Stadion einem enormen Druck ausgesetzt. Die Tore zwei und drei durch Pizarro fielen erst in den Schlussminuten.

Glanzlos zum erneuten Double

Im Finale kam der Gegner mit Eintracht Fankfurt aus den unteren Gefilden der Bundesliga und war zum Zeitpunkt der Begegnung noch vom Abstieg bedroht. Das Spiel war eine glanzlose Angelegenheit, die Vorstellung der Bayern ein Abbild ihrer Bundesligarückrunde: Ballack und Co. agierten ideenlos und mit wenig Bewegungsdrang. Oliver Kahn: „Die Mannschaft hat nicht gebrannt." Michael Ballack diagnostizierte eine „Pokal-Routine", die lähmend gewirkt habe. Magath hatte eine Formation aufs Feld geschickt, die von Sicherheitsdenken geprägt war. Der Sieg sollte offenbar mehr erarbeitet als erspielt werden.

Doch die Eintracht war zu schwach, um den Favoriten ernsthaft in Verlegenheit zu bringen. Nach der Pause zogen die Bayern an, zeigten 15 Minuten lang, wozu sie eigentlich in der Lage waren. In dieser Phase des Spiels fiel auch das Tor des Abends, als Pizarro – natürlich – in der 59. Minute nach einem Eckball am zweiten Pfosten aus drei Metern Distanz zum 1:0 einköpfte. Der DFB-Pokal war „Pizzas" Wettbewerb: Der Peruaner erzielte insgesamt fünf Treffer und war damit Bayerns erfolgreichster Torschütze. In der 87. Minute rettete Oliver Kahn den Bayern-Sieg, als er bei einem scharfen 15-Meter-Schuss von Amanatidis reaktionsschnell den linken Arm hochriss und den Ball noch ablenken konnte.

Für die Bayern war es der 13. Triumph im DFB-Pokal. Als erstem Klub überhaupt war dem FCB damit das Double zweimal in Folge gelungen; insgesamt war es das sechste in der Vereinsgeschichte. Auf nationaler Bühne schien der FCB konkurrenzlos und seine Dominanz erdrückend. Für die europäische Ebene aber galt das keineswegs. In der Champions League 2005/06 sollten, nach zufriedenstellendem Start, die Defizite ähnlich deutlich werden wie im Vorjahr.

In der Gruppenphase hießen Bayerns Gegner Juventus Turin, Club Brugge und Rapid Wien. Der FCB startete mit 1:0-Siegen daheim gegen Rapid und auswärts in

Pflichtübung nach dem Pokalgewinn: die Gratulationstour bei der Prominenz. Hier bitten zum Shakehands (von links) Bundespräsident Köhler (halb verdeckt), der scheidende DFB-Präsident Mayer-Vorfelder, die Fußball-Novizin und Bundeskanzlerin Angela Merkel sowie der neue DFB-Präsident Dr. Theo Zwanziger.

Brügge. Am 3. Spieltag kam Juventus Turin in die Allianz Arena. Die Bayern boten eine glänzende Vorstellung. „Juve" wurde von Beginn an mit attraktivem Offensivfußball unter Druck gesetzt. „Mann des Abends" war Sebastian Deisler, der in der 32. Minute das 1:0 erzielte und in der 38. das 2:0 durch den ebenfalls sehr starken Demichelis per Eckstoß vorbereitete. In der zweiten Halbzeit hätten die Hausherren noch weitere Tore schießen können. Erst in der Schlussminute gelang Ibrahimovic der Anschlusstreffer zum 1:2, was zugleich der erste Gegentreffer für die Bayern in der Allianz Arena war. Der Sieg war Bayerns erster über einen italienischen Vertreter im europäischen Landesmeisterwettbewerb seit 1990. Karl-Heinz Rummenigge hatte „den besten Auftritt" seines Klubs in der Königsklasse seit dem Finale von 2001 gesehen. „Juve"-Trainer Fabio Capello konnte dem nur zustimmen: „Bayern hat uns eine Lektion erteilt."

Das Rückspiel gewann Juventus zwar mit 2:1, doch einen Spieltag später räumten die Bayern mit einem beeindruckenden 4:0-Sieg bei Rapid Wien durch Tore von Makaay, Karimi und Deisler letzte Zweifel an einem Weiterkommen aus. Der FCB beendete die Gruppenphase mit einem 1:1-Remis beim Club Brugge und als Zweiter hinter Juventus Turin.

„Unser Ziel und Anspruch ist es, die Champions League zu gewinnen." So hatte Felix Magath nach der Bayern-Gala gegen „Juve" erneut die Erwartung formuliert, den

Chelseas, Milans, Turins und Barcelonas dieser Welt erfolgreich Paroli bieten zu können. Doch bereits im Achtelfinale wurden Magath und Co. auf den Boden der Tatsachen zurückgeholt. In München mussten sich die Bayern gegen Angstgegner AC Mailand mit einem 1:1-Remis begnügen. Ballack hatte seine Farben zwar in der 13. Minute mit einem Traumtor in Führung gebracht, doch in der 57. Minute zeigte Schiedsrichter Frank de Bleeckere im Bayern-Strafraum auf den Elfmeterpunkt, nachdem der Ball an Ismaels Arm geprallt war. Eine hochgradig umstrittene Entscheidung, doch Schewtschenko ließ sich die Chance zum Ausgleich nicht entgehen. Beim Rückspiel in Mailand wurden die Bayern dann an der Stätte ihres Champions-League-Triumphes von 2001 geradezu gedemütigt, als Milan den Rekordmeister völlig verdient mit 4:1 besiegte. Inzaghi hatte die „Rossoneri" bereits in der 8. Minute in Führung gebracht. In der 23. Minute setzte Schewtschenko einen (dieses Mal berechtigten) Strafstoß neben das Bayern-Tor. Doch zwei Minuten später bügelte der ukrainische Weltstar seine Nachlässigkeit wieder aus, indem er das 2:0 markierte. Ismael gelang nach einem Fehler von Milan-Keeper Dida in der 35. Minute zwar der Anschlusstreffer, doch Inzaghi (47.) und Kaká (59.) sorgten bereits eine gute halbe Stunde vor dem Abpfiff für klare Verhältnisse. In der Schlussphase konnte es sich die Hausherren sogar leisten, das Sturmduo Schewtschenko und Inzaghi vom Platz zu holen – zwecks Schonung für die nächste Aufgabe in der heimischen Liga.

Das Debakel von Mailand bedeutete einen Markstein in der jüngsten Geschichte des FC Bayern. Denn spätestens an diesem Abend dämmerte es Hoeneß und Co., dass jenes solide und sympathische Konzept, das 2001 noch den Champions-League-Sieg gebracht hatte, nicht mehr griff. Knapp 110 Mio. Euro hatten die Bayern seit dem Gewinn der Champions League für neue Spieler ausgeben, von denen einzig Roy Makaay, Martin Demichelis und Ali Karimi aus dem Ausland kamen und keine wirklichen Stars waren. Für deutsche Verhältnisse war das viel, aber eben deutlich weniger, als Real Madrid, Chelsea, Inter Mailand und andere in diesem Zeitraum in ihre Kader investiert hatten. In der „Süddeutschen Zeitung" schrieb Philipp Selldorf später: „Die Situation ist neu, und sie fordert das Selbstverständnis des FC Bayern heraus, der sich wegen der ungleichen Finanzen zwar immer hinter den Magnaten von Europas Fußball eingereiht hat, im Vertrauen auf seine Cleverness und solide Wirtschaft aber immer an seine Konkurrenzfähigkeit glaubte. Dieser Glaube hat durch den Mailänder Schock einen Knacks erlitten." Von seinen letzten 19 Auswärtsspielen in der Champions League hatte der FC Bayern nur zwei gewonnen. Nach dem früher praktizierten K.o.-System ohne Gruppenphase wäre das Aus für die Bayern 2003/04 (1:1 und 1:2 gegen Olympique Lyon) und 2004/05 (zweimal 0:1 gegen Juventus Turin) noch früher gekommen. „Der deutsche Fußball liegt am Boden", konstatierte der „Kicker" in Anbetracht der Tatsache, dass seit 2002 kein deutscher Klub mehr das Halbfinale erreicht hatte.

Bayerns Strategie geht nicht auf

Seit dem Ende der Ära Hitzfeld war man in München also keinen Zentimeter vorangekommen, und auch das neuerliche Double stand eher für Stagnation beim

Harte Realitäten: Gegen Angstgegner AC Mailand schieden die Bayern aus der Champions League aus. Hier Valerien Ismael im Zweikampf mit Alberto Gilardino.

Rekordmeister. Die Freude hielt sich demzufolge in Grenzen. Hinzu kam, dass Magaths Mannen in der Rückrunde spielerisch nur selten überzeugen konnten; dem Mittelfeld mangelte es an Kreativität. Rummenigge kritisierte die Spielweise als „zu routiniert, zu mühevoll". Tatsächlich wirkte das Bayern-Spiel häufig statisch, lediglich die Kurzauftritte des 35-jährigen „Teilzeitarbeiters" Mehmet Scholl sorgten ab und an für erfrischende Unterhaltung. Doch 90 Minuten machte der schmächtige Körper eines der größten Genies der Bundesligageschichte nicht mehr mit.

Auch das neue Stadion erfüllte nicht ganz die Erwartungen. Ein Teil der Fans, die sich viele Jahre für einen reinen Fußballtempel stark gemacht hatten, mokierte sich über das Schickimicki-Publikum, eine Fan-unfreundliche Architektur und eine zu kommerzielle Auslegung. Es kursierte sogar das böse Wort von der „Arroganz-Arena".

Aus der Fanszene bleibt auch ein ganz anderes Ereignis aus dieser Saison nachzutragen: Am Pfingstwochenende 2006 veranstaltete der sich zur Ultra-Szene bekennende Bayern-Fanklub „Schickeria München" sein erstes antirassistisches Fanklub-Turnier um den Kurt-Landauer-Pokal. Auf dem Programm stand aber nicht nur Fußball: Die Teilnehmer besuchten die KZ-Gedenkstätte in Dachau, sprachen mit ehemaligen Insassen des Lagers und veranstalteten Diskussionsrunden zu den Themen Repression und Rassismus. Ein kleines Beispiel für sinnvolle Fanarbeit jenseits der Boulevard-Schlagzeilen.

Der Sommer 2006 gehörte der Fußball-Weltmeisterschaft. Wie kein anderer deutscher Verein war der FC Bayern personell an dem Ereignis beteiligt. Franz Beckenbauer, FCB-Präsident, fungierte als Chef des Organisationskomitees. Im WM-Kader von Bundestrainer (und Ex-Bayern-Spieler) Jürgen Klinsmann standen mit Michael Ballack, Oliver Kahn, Philipp Lahm und Bastian Schweinsteiger vier Akteure des FC Bayern; mit einem fünften, Lukas Podolski, war der Wechsel an die Isar vereinbart. Und die nach Berlin wichtigste WM-Spielstätte war die Allianz Arena in München.

Das DFB-Team beendete die 18. Fußball-Weltmeisterschaft überraschend als Dritter, gehörte in spielerischer Hinsicht zu den positiven Überraschungen des Turniers und löste eine Euphorie aus wie keine andere deutsche Nationalmannschaft seit dem „Wunder von Bern". Ballack zog im defensiven Mittelfeld souverän die Fäden, und dass sich der torgefährliche Mittelfeldspieler auf eigenen Wunsch hin tiefer positionierte, zählte zu den Gründen, warum das Team erheblich besser (und erfolgreicher) spielte als noch Wochen zuvor und von vielen Experten erwartet. Auch wenn Ballack dadurch seiner Torgefährlichkeit beraubt wurde. Zu den Gewinnern des Turniers gehörte auch der starke Philipp Lahm, der beim Eröffnungsspiel gegen Costa Rica (4:2) in der heimischen Allianz Arena das erste Tor des Turniers erzielte. Bastian Schweinsteiger spielte weniger stark, aber besser als von vielen erwartet. Bei den Bayern war er kein Stammspieler mit sicherem Platz in der Startelf. In der Saison 2005/06 hatte er zwar 30 Bundesligaspiele absolviert, in 19 davon war er aber nur ein- oder ausgewechselt worden, und der „Kicker" hatte ihm lediglich die Durchschnittsnote 3,5 verpasst. Im „kleinen Finale" drehte der von Klinsmann geförderte und geforderte „Schweini" allerdings noch einmal voll auf und erzielte zwei Tore zum 3:1-Sieg über die Portugiesen.

Auffälligster Akteur dieser Begegnung war allerdings nicht Schweinsteiger, sondern sein Klubkamerad Oliver Kahn. Das „kleine Finale" war sein einziger Einsatz bei der WM und zugleich seine Abschiedsvorstellung in der Nationalelf. Kahn, den das Stuttgarter Publikum vom Aufwärmen bis zum Abpfiff frenetisch feierte, zeigte eine überragende Vorstellung. Nach den vielen Demütigungen, die der zur Nr. 2 degradierte WM-Held von 2002 in den Monaten zuvor erfahren musste, hätte der Abschied kaum besser gelingen können. Ansonsten wirkte er während des Turniers im Hintergrund. Neu-Bayer Lukas Podolski wurde zum besten Nachwuchsspieler des Turniers gewählt.

FC Bayern stellt 11 WM-Akteure

Insgesamt war der FC Bayern bei der WM mit elf Akteuren vertreten: Owen Hargreaves war einer von nur zwei Legionären bei den Engländern (der andere war David Beckham). Das Team von Trainer Sven Göran-Eriksson zählte zu den Favoriten, schied aber nach wenig überzeugenden Vorstellungen bereits im Viertelfinale aus. Nur ein Spieler durfte sich als Sieger fühlen: Der zuvor notorisch gering eingeschätzte und von den englischen Fans zuweilen sogar verlachte Owen Hargreaves war Englands Bester bei diesem Turnier. Eine Pleite erlebten auch Lucio und Zé Roberto mit Brasilien. Vor

Lukas Podolski (links) und Bastian Schweinsteiger waren in Klinsmanns Nationalteam bei der WM 2006 nicht nur Stammspieler, sondern als Duo „Poldi & Schweini" auch die Darlings der Medien. Als Neu-Bayer hatte Podolski allerdings in München noch Anlaufschwierigkeiten.

dem Turnier als der Favorit schlechthin gehandelt, durfte der Titelverteidiger bereits nach dem Viertelfinale nach Hause fahren. Willy Sagnol, der in der französischen Équipe Tricolore nahtlos an seine starken Leistungen in der Bundesliga anküpfte, war daran nicht schuldlos. Denn Frankreich besiegte Brasilien mit 1:0 und zog nach einem weiteren Sieg über Portugal ins Finale ein, wo Sagnol und Co. Italien erst im Elfmeterschießen unterlagen. Ali Karami war mit dem Iran angereist, das allerdings bereits nach der Vorrunde mit null Punkten wieder die Koffer packen durfte. Roque Santa Cruz und Bankdrücker Dos Santos kickten für Paraguay, für das jedoch ebenfalls nach der Vorrunde Schluss war.

Mit Zé Roberto und Michael Ballack, der zum FC Chelsea wechselte, verlor der FC Bayern vor Beginn der Saison 2006/07 zwei Spieler, die zu den wenigen in der Bundesliga zählten, die in die Kategorie „internationale Klasse" gehörten. Für beide Spieler konnte der Verein nicht einmal eine Ablöse kassieren. Die weiteren Abgänge hießen Guerrero (für 2,8 Mio. Euro zum Hamburger SV) sowie Lizarazu und Jeremies, die ihre Karriere 36- bzw. 32-jährig beendeten.

Bayerns Neueinkäufe kamen mit Daniel van Buyten vom Hamburger SV und Lukas Podolski vom Absteiger 1. FC Köln erneut aus der Bundesliga. Der große und kräftige Abwehrrecke van Buyten zählte in der Vorsaison zu den auffälligsten Akteuren der Liga.

Den Ruf eines internationalen Klassemannes genoss der 28-jährige Belgier indes nicht. Der 21-jährige Lukas Podolski galt als größtes Sturmtalent des deutschen Fußballs. Von Magath hieß es, er habe Podolski eigentlich nicht haben wollen. Ohnehin hätten die Bayern-Scouts den von Nürnberg zu Leverkusen wechselnden Stefan Kießling favorisiert. Für van Buyten und Podolski mussten die Verantwortlichen jeweils 10 Mio. Euro hinblättern. Die Bayern verzeichneten damit die teuersten Transfers in der Bundesliga. Verglichen mit dem, was in der englischen Premier League an Transfersummen verschoben wurde, waren dies fast schon bescheidene Beträge. Chelsea bezahlte allein für den Wechsel des 30-jährigen Andrej Schewtschenko von Mailand an die Stamford Bridge über 40 Mio. Euro.

Andere, mit denen die Verantwortlichen liebäugelten, wurden denn auch von der Konkurrenz weggeschnappt. Für den 17-jährigen argentinischen Wunderknaben Sergio Agüero von Independente Buenos Aires hatte der FC Bayern im April 2006 eine Offerte über 15,7 Mio. Euro unterbreitet, doch das Rennen machte Atlético Madrid, das 23 Mio. bot. Die Ankunft von Juan Román Riquelme, Spielmacher der argentinischen Nationalmannschaft und bei Villareal unter Vertrag, blieb ebenfalls Wunschdenken. Der niederländische Internationale Marc van Bommel sagte dem FCB ebenso ab wie sein Landsmann Ruud van Nistelrooy, der von Manchester United weg wollte und dann bei Real Madrid anheuerte. Der Manipulationsskandal in der der italienischen Serie A und der Zwangsabstieg von Juventus Turin warf noch eine Reihe von Weltstars auf den Markt, doch keiner von ihnen fand den Weg nach München.

Finanziell Erfreuliches gab es immerhin von der TV-Front zu berichten. Mit dem neuen TV-Vertrag, der den 36 Profiklubs in den folgenden drei Jahren 1,26 Mrd. Euro bescheren sollte, wurde auch ein neuer Verteilerschlüssel beschlossen. Statt der bis dahin 15,8 Mio. Euro konnte der FC Bayern nun auf 27,3 Mio. spekulieren.

Uli Hoeneß hatte schon zum Ende der vergangenen Saison die Ziele bescheiden formuliert: Der FC Bayern müsse nun „ein eingespieltes Team zusammenbasteln mit etwas weniger Konkurrenz in den einzelnen Mannschaftsteilen, damit die Spieler mehr Spielpraxis kriegen. Die Tatsache, dass wir einen zu großen Kader haben, mit zu vielen gestandenen Spielern, verleitet den Trainer immer wieder dazu, es allen recht zu machen. (…) Unsere Transferpolitik wird sehr zurückhaltend sein." Und Karl-Heinz Rummenigge: „National müssen wir stabil bleiben, und international müssen wir uns nach oben hangeln." Es schien, als seien die Verantwortlichen bereits mit dem Erhalt des Status quo zufrieden. Jedenfalls sollte der Klub nicht mehr Opfer zu hoher Ansprüche werden.

Manager und der Vorstandschef hatten offenbar registriert, dass die nationalen Erfolge des FC Bayern auch deshalb kaum noch Anerkennung fanden, weil der Klub den Eindruck erweckte, der Gewinn eines nationalen Titels sei nicht mehr als eine Pflichtübung, und das eigentliche Ziel sei der Triumph in Europa. Die Einsicht aus der vergangenen Saison, dass man der europäischen Spitze hinterherhinkte, erforderte mehr Bescheidenheit. Im Sommer 2006 waren deshalb in Sachen Champions League

Zwei starke Neuzugänge von den Benelux-Nachbarn: der Holländer van Bommel (links) und der Belgier van Buyten.

neue Zielvorgaben zu hören. Hoeneß wollte „zunächst mal die Vorrunde überstehen", Rummenigge „möglichst weiter kommen als im letzten Jahr" – also Achtel- bzw. Viertelfinale. Willy Sagnol assistierte den Verantwortlichen mit der Einschätzung: „Von Mannschaften wie Chelsea und Barcelona sind wir derzeit weit weg."

Wer kann Ballack ersetzen?

Die meistdiskutierte Frage lautete, wie die von Ballack hinterlassene Lücke zu schließen sei. Ein Nachfolger war nicht verpflichtet worden. Magath argumentierte, Ballack sei als Spieler durchaus zu ersetzen, das Problem sei mehr das Fehlen seiner Persönlichkeit. Die Leader-Rolle sollte Daniel van Buyten übernehmen. In spielerischer Hinsicht setzten Hoeneß und Rummenigge ihre Hoffnung in den bereits zur Winterpause 2005/06 zum FC Bayern gewechselten 23-jährigen paraguayischen Nationalspieler Julio dos Santos, der die Bayern-Verantwortlichen an den argentinischen Spielgestalter Riquelme erinnerte. In der Saison 2005/06 hatte Magath den Hoffnungsträger des paraguayischen Fußballs allerdings ignoriert. Magath bevorzugte seinen persönlichen Einkauf Ali Karimi, der am Ball zwar zu glänzen wusste, in seiner ersten Saison aber Probleme mit dem Tempo in der Bundesliga und Champions League hatte.

Schon lange nicht mehr begleitete den FC Bayern so viel Skepsis in die Saison, wenngleich nicht weniger als 18 Spieler des 24-köpfigen Kaders aktuelle oder ehemalige Nationalspieler waren. Nicht nur die „FAZ am Sonntag" sah einen FC Bayern, dessen „krachendes Selbstbewusstsein“ sich in eine „latente Unsicherheit“ gewandelt habe. Trotzdem lag der FC Bayern in einer Umfrage von Infratest wieder vorne: 43 % tippten auf den FCB als nächsten Meister, 11 % auf Werder Bremen. An Schalke 04 und den Hamburger SV glaubten nur je 2 %. Doch 37 % antworteten mit „ich weiß nicht“. In Bremen, Schalke und Hamburg schöpfte man lautstark Hoffnung.

Die wurde durch den Ligapokal weiter genährt. Denn im Finale dieses Wettbewerbs unterlag der FC Bayern Werder Bremen vor 41.300 Zuschauern im Leipziger Zentralstadion mit 0:2. Die WM und eine weitere Japan-Reise hatten offensichtlich Spuren hinterlasen. Zur Halbzeit wechselte Magath das matte WM-Trio Lahm-Schweinsteiger-Podolski komplett aus. Weder Santa Cruz, Schweinsteiger, dos Santos noch Ali Karimi waren in der Lage, das von Ballack hinterlassene Vakuum zu füllen. Der letzte Test vor dem Bundesligastart folgte einige Tage später daheim gegen den Lokalrivalen TSV 1860. Der Zweitligist gewann mit 3:0, und nicht wenige befürchteten für die Bundesligapremiere gegen Borussia Dortmund das Schlimmste.

Doch die Bayern, für die Oliver Kahn sein 500. Bundesligaspiel bestritt, besiegten im Eröffnungsspiel der Liga die aufgerüsteten Schwarz-Gelben souverän mit 2:0. Überragender Spieler war Roy Makaay, der in den 88 Minuten seines Mitwirkens überall zu finden war: mal Sturmspitze, mal als Spielmacher im zentralen Mittelfeld; mal rechts, mal links. In der 24. Minute markierte der Niederländer auch das erste Tor der 44. Bundesligasaison. Zehn-Millionen-Einkauf Podolkski musste auf der Bank 87 Minuten lang schmoren.

Einige Tage nach dem Debüt brach sich Valérien Ismael im Training das linke Waden- und Schienbein und fiel damit für lange Zeit aus. Magath empfand den Ausfall insbesondere mit Blick auf die europäische Herausforderung als bitter: „Mit Lucio, Ismael und Daniel van Buyten hätten wir ein echtes Bollwerk gehabt.“ Noch mehr als die Verletzung Ismaels hielten die Verantwortlichen die Wechselabsichten von Owen Hargreaves in Atem, dem ein lukratives Angebot von Manchester United vorlag, wo er in die Fußstapfen von Roy Keane treten sollte. ManU bot 25 Millionen Euro für den 25-jährigen Mittelfeldspieler, an dem auch die Londoner Klubs Arsenal und Tottenham Interesse signalisierten. So viel war bis dahin noch nie für einen Bundesligaspieler gezahlt worden, was auch die unterschiedlichen finanziellen Dimensionen zwischen Premier League und Bundesliga dokumentierte.

Hargreaves darf nicht nach England

Hargreaves machte aus seinem Wechselwunsch keinen Hehl: „Manchester wäre für mich ein großer Schritt.“ Die Formulierung „großer Schritt“ war ein Hinweis darauf, wo Hargreaves die Bayern im Vergleich zu ManU einordnete. Dabei dürfte es ihm nicht nur um Geld und um die Chance gegangen sein, seine Aussichten auf einen Stammplatz in der englischen Nationalelf zu verbessern. Die Fälle Ballack, van Nistelrooy und Hargreaves belegten, wie sehr der FC Bayern und die Bundesliga gegenüber einigen anderen Vereinen und Ligen in Europa an Attraktivät eingebüßt hatten. Angesichts der Probleme im Mittelfeld konnten die Bayern nicht auch noch Hargreaves

Owen Hargreaves zu Beginn der Saison 2006/07 im Frust: Erst musste er seine ManU-Träume begraben, dann setzte ihn eine Verletzung außer Gefecht.

ziehen lassen. So erklärte Hoeneß den Umworbenen, dessen Vertrag bis 2010 lief, kurzerhand für „unverkäuflich".

Eine Lehrstunde erhielten die Bayern-Spieler im katalanischen Stadion Nou Camp, wo sie gegen den FC Barcelona um die Trofeo Juan Gamper spielten – benannt nach Hans Kamper, dem aus der Schweiz stammenden Gründer von „Barca". Vor fast 78.000 Zuschauern wurden sie vom amtierenden Champions-League-Sieger nach allen Regeln der Fußballkunst vorgeführt und unterlagen mit 0:4. Karl-Heinz Rummenigge geriet ins Schwärmen: „Was Barcelona gezeigt hat, war für mich das Beste, was ich jemals gesehen habe." Die „Frankfurter Rundschau" formulierte es vom anderen Ende her: „Der FC Bayern ist international zweitklassig." Selbst Felix Magath gestand: „Im Moment stehen wir weit hinter Barca." Der Trainer hatte zunächst auf den Einsatz einiger Stammkräfte verzichtet. Anschließend musste er einsehen: „Wir können international nicht mithalten, wenn uns ein paar Spieler fehlen." Der Kommentator eines spanischen Fernsehsenders schimpfte über die Gäste: „Dieser Auftritt war eine bodenlose Frechheit. Bitte gebt uns unser Honorar zurück."

Für Uli Honeß war die wichtigste Erkenntnis aus diesem grausamen Auftritt, „dass wir noch nachlegen müssen". Der Manager sorgte dafür, dass seine Bayern die Heimreise nicht mit leeren Händen antraten. Einer von „Barcas" Reservisten war der Niederländer Mark van Bommel, der den Bayern noch vor der Saison abgesagt hatte. Für den 29-jährigen Mittelfeldspieler hatte Barcelonas Trainer Frank Rijkaard keine Verwendung mehr. Wohl aber der FC Bayern, der den Mittelfeldspieler nun für 6 Mio. Euro kaufte, um die von Ballack hinterlassene Lücke zu schließen – auch in dessen Funktion als „Leader".

Nach einem 2:1-Sieg beim Aufsteiger Bochum kam es am dritten Spieltag zum Bayern-Derby mit dem 1. FC Nürnberg, der erstmals seit der Saison 1967/68 als Spitzenreiter nach München reiste. In der Bayern-Kurve war auf einem riesigen Transparent zu lesen: „Seit 200 Jahren die Könige von Bayern“, womit die Vereinnahmung der Franken durch die Bayern im Jahre 1806 gemeint war. Doch das Team von Trainer Hans Meyer durfte auch die Heimreise als Spitzenreiter antreten, denn die Franken trotzten den Bayern ein torloses Remis ab.

In der Bielefelder Schüco Arena, vom Volksmund unverändert „Alm“ genannt, gelang Mark van Bommel bei seinem ersten Bundesligaeinsatz auch sein erstes Tor für die Bayern, doch am Ende siegten die Hausherren mit 2:1. Franz Beckenbauer, der Ballack mit verbalen Tritten verabschiedet hatte, gestand nun erstmals ein, dass der Weggang des Nationalmannschaftskapitäns „schmerzvoll“ sei. Zu allem Überfluss verloren die Bayern in Ostwestfalen auch noch Owen Hargreaves durch eine schwere Verletzung.

Gegen den Neuling Alemannia Aachen genügte den Bayern in der Allianz Arena eine engagierte halbe Stunde zum glanzlosen 2:1-Sieg, und beim Tabellenletzten VfL Wolfsburg erlitten sie mit 0:1 beim sechsten Bundesligauftritt bereits die zweite Niederlage. Und beide Male zog der Titelverteidiger gegen Teams aus dem unteren Tabellendrittel den Kürzeren. Da aber auch andere Meisterschaftsanwärter nicht so recht vom Fleck kamen (und die Bundesliga weiterhin schwächelte), reichten die bis dahin eingefahrenen zehn Zähler trotzdem zur Punktgleichheit mit dem Spitzenreiter, der Hertha BSC Berlin hieß und Bayerns nächster Gegner war.

Gala gegen Berlin, Desaster in Bremen

Vor dem Spitzenspiel forderte Rummenigge im hauseigenen „Bayern-Magazin“ einen anderen Stil für die Heimspiele. Noch mehr als die unbefriedigende Punktausbeute schien den Vorstandsvorsitzenden die mangelhafte Spielkultur zu ärgern, womit der Adressat seiner Worte auch und gerade der Trainer war. Rummenigges deutliche Worte blieben nicht ohne Folgen. Gegen Hertha ließ Magath mit drei Stürmern spielen, was an sich nichts Neues war. Neu war indes, dass diese Stürmer Makaay, Pizarro und Podolski hießen. Eine Konstellation, die Magath bis dahin für nicht kompatibel, weil in ihrer Spielanlage zu ähnlich gehalten hatte. Dafür blieb einer draußen, der bislang im „Dreier-Sturm“ stets dabei gewesen war: der lauf- und einsatzschwache Roque Santa Cruz. Vor der Viererkette spielte Andreas Ottl den defensiven Mittelfeldpart, während Mark van Bommel und Bastian Schweinsteiger die Angriffe aufbauten.

Die Bayern boten 60 Minuten lang attraktiven Angriffsfußball anstatt „schmuckloser Routine und Tendenz zum Standfußball“ („FAZ am Sonntag“). Bereits in der 9. Minute brachte Makaay den FCB in Führung – nach einem wunderschönen Zuspiel von Podolski. Nur sechs Minuten später fiel das 2:0 für die Hausherren, als Sagnol eine Flanke von Pizarro ins Netz drosch. Das 3:0 markierte Pizarro in der 54. Minute selbst. Danach ließen es die Bayern gemächlicher angehen, weshalb die Gäste bis auf 2:3 herankamen. In der 78. Minute traf mit Podolski auch der dritte Stürmer, der mit

Zwei Nationalspieler im Duell: Philipp Lahm contra Clemens Fritz. Werder Bremen fühlte sich auch in der Saison 2006/07 stark genug, den Bayern im Titelkampf die Stirn zu bieten.

dem 4:2 – erzielt nach einem schönen Solo – wieder für klare Verhältnisse sorgte. Dem starken Auftritt des Sturm-Trios lag keine ausgefeilte Taktik des Trainers zu Grunde. Makaay: „Wir sollten im Sturm selbst ausmachen, wer wo spielt."

Glücklichster Spieler auf dem Platz war Lukas Podolkski, der bis dahin nur sporadisch mitmachen durfte, es nichtsdestotrotz zum Publikumsliebling gebracht hatte. Seit seiner Ankunft hatte Magath mit dem jungen Spieler kaum gesprochen. Nun meinte er anerkennend: „Bei Podolski hat man gesehen, dass er hier angekommen ist. Das war eine klasse Partie von ihm."

Einen Spieltag später kam es zum nächsten Showdown mit einem Spitzenreiter, als die Bayern nach Bremen reisen mussten. Das Spiel wurde in 93 Ländern live übertragen, darunter die USA, Japan und China, und war zumindest phasenweise eine gelungene Werbung für die deutsche Bundesliga. Doch wer gehofft hatte, die Bayern hätten mit dem Hertha-Spiel endlich zu ihrer Linie gefunden, wurde enttäuscht. Der Meister verlor im Weserstadion verdient mit 1:3. Die erneute Nominierung des Dreier-Sturms führte zu einer hoffnungslosen Überforderung des Mittelfelds. Bremen stellte das selbstbewusstere und selbstsichere Team und ein funktionierendes Kollektiv. Mit Diego verfügte es zudem über den besten Kreativspieler auf dem Platz.

13 Punkte aus den ersten acht Spielen bedeuteten für die Bayern den schlechtesten Saisonstart seit 13 Jahren. Das Torverhältnis von 12:10 zeugte auch nicht gerade von Souveränität. Willy Sagnol schob den Fehlstart unverdrossen auf die WM-bedingte kurze Saisonvorbereitung: „Wir müssen bis Weihnachten durchhalten. Im Januar wird man den wahren FC Bayern sehen."

Highlight in Mailand

Gelegentlich sah man ihn im Herbst schon – ausgerechnet in der Champions League. Da die Bayern bereits seit fünf Jahren kein Halbfinale mehr erreicht hatten, waren sie bei der Auslosung der Gruppenphase nicht mehr unter die acht Topklubs gesetzt worden. Das Ergebnis der Ziehung erwies sich trotzdem als machbar, die dicken Brocken FC Barcelona, Real Madrid, FC Chelsea und Arsenal London landeten in anderen Gruppen. Die Bayern hatten es mit Spartak Moskau, Inter Mailand und Sporting Lissabon zu tun. Zum Auftakt gab es gegen Spartak Moskau einen klaren 4:0-Sieg in der Allianz Arena. Als höchste Hürde war Inter Mailand anzusehen, dessen Team vor dieser Saison erneut stark aufgerüstet wurde. In den vergangenen zwölf Jahren hatte Klubeigner und Mineralölunternehmer Moratti eine Milliardensumme in sein Kickerpersonal investiert. Vor der Saison 2006/07 waren es 45,3 Mio. Euro: für Patrick Viera und Zlatan Ibrahimovic vom Zwangsabsteiger Juventus Turin, für Fabi Grosso aus Palermo und Hernán Crespon von Chelsea London. Der letzte Sieg der Bayern in Italien lag bereits 18 Jahre zurück, datierte aus der Saison 1988/89, als Rummenigge und Co. Inter im UEFA-Cup mit 3:1 schlugen. Damals residierte der Rekordmeister im Grandhotel Brun, folglich zog man auch dieses Mal dort ein.

Die Bayern präsentierten sich in deutlich besserer Verfassung als 203 Tage zuvor beim 1:4-Debakel gegen den Lokalrivalen AC Mailand. Sie gewannen dank später Tore von Claudio Pizarro (81.) und Lukas Podolski (90.+1) mit 2:0 und konnten ihren Italien-Fluch besiegen. Nach dem anschließenden 1:0-Sieg bei Sporting Lissabon sowie einem torlosen Unentschieden im Rückspiel war das Nahziel Achtelfinale bereits nach vier Spielen erreicht. Der neuen Münchner Bescheidenheit zum Trotz: Etwas anderes hätte auch kaum jemand erwartet.

Resümee

Seit 1996 konnte der FC Bayern seine vorübergehend ins Rutschen geratene Position als Branchenführer rekonstruieren und anschließend auch stabilisieren. Es waren die erfolgreichsten Jahre seit der glorreichen Ära zwischen 1966 und 1976. Von den 1980ern unterschieden sich diese Jahre dadurch, dass nicht nur national, sondern auch international Titel geholt wurden. Im Zeitraum 1996 bis 2006 gab es nur zwei titellose Jahre. 1996 gewann der FC Bayern den UEFA-Cup, 1997 die Deutsche Meisterschaft, 1998 den DFB-Pokal, 1999 die Deutsche Meisterschaft, 2000 die Deutsche Meisterschaft und den DFB-Pokal, 2001 die Deutsche Meisterschaft, die Champions League und den Weltpokal. 2002 war dann das erste trophäenlose Jahr seit 1995, das aber nur eine Episode blieb, denn 2003 wurde der FC Bayern Deutscher Meister und DFB-Pokalsieger. Nach dem erfolglosen Jahr 2004 am Ende der Hitzfeld-Ära folgte 2005 und 2006 jeweils das Double. 1999 wurde mit Lothar Matthäus erstmals wieder seit 1981 (Paul Breitner) ein Bayern-Spieler zum „Fußballer des Jahres" gewählt. 2000 und 2001 ging diese Ehrung an Oliver Kahn, 2003 und 2005 an Michael Ballack.

Auch in der Nationalmannschaft spielte der FC Bayern nun wieder eine bedeutende Rolle. Einige Jahre zuvor hatte Uli Hoeneß noch die Nationalmannschaft mehr oder weniger zum Anachronismus erklärt. Dem Manager schwebte eine Art „Dreamteam" vor, das sich nur zu wichtigen Turnieren treffen sollte. Mit Oliver Kahn, Kapitän der Nationalmannschaft, und Michael Ballack stellte der FC Bayern nun wieder wichtige Führungsspieler. Nach den Pleiten von 1998 (WM) und 2000 (EM) hatte der FC Bayern wieder stärkeren Einfluss auf die Entwicklung der Nationalmannschaft genommen, was sich sowohl in Beckenbauers Wahl zum DFB-Vize-Präsidenten, der „Daum-Affäre" wie Karl-Heinz Rummenigges Mitwirken in der Task Force zur Nationalmannschaft manifestierte. Hoeneß erklärte, insbesondere die EM 2000, bei der Deutschland nicht einmal das Endspiel erreichte, sich aber Millionen das Finale Frankreich gegen Italien anschauten, habe bei ihm ein Umdenken bewirkt. Zumindest in Europa würden Nationalmannschaften nach wie vor Emotionen mobilisieren. Aber auch die Perspektive eines WM-Turniers im eigenen Land und die damit verbundenen „spin off"-Effekte für den Fußball in Deutschland überhaupt und den FC Bayern im Besonderen dürfte die Sichtweise der Verantwortlichen korrigiert haben.

FC Bayern als „FC Deutschland"

Hoeneß verfolgte nun die Vision von einem „FC Deutschland 2006". Durch die Verpflichtung der besten deutschen Spieler sollte – mit Blick auf die WM im eigenen Land – ein möglichst hoher Deckungsgrad zwischen dem FC Bayern und der Nationalmannschaft erreicht werden. Diesbezüglich lieferte sich der FC Bayern ein Kopf-an-Kopf-Rennen zunächst mit Borussia Dortmund, später mit Werder Bremen. Die Verpflichtungspolitik bestand aus vier Strängen: Jungnationalspieler aus dem eigenen Land (Deisler, Lahm, Podolski, Rau); junge Talente aus dem Ausland, von denen einige bereits als Jugendspieler zum FC Bayern fanden (Hargreaves, Santa Cruz, Demichelis, Kuffour, dos Santos); Talente aus dem eigenen Stall des „junior teams" und der Regionalligamannschaft (Hargreaves, Kuffour, Schweinsteiger, Ottl, Rensing, Lahm u.a.m.) sowie erfahrene in- und ausländische Top-Spieler (Lizarazu, Ballack, Zé Roberto, Makaay, van Bommel). Auf diese Weise gelang es den Bayern, hinter der Kulisse einer schlagkräftigen „ersten Elf" bereits das Gerüst für deren Nachfolgeprojekt aufzubauen.

Der FC Bayern sammelte seine Trophäen, ohne sich auf finanzielle Abenteuer einzulassen, was sowohl im nationalen wie internationalen Rahmen nahezu beispiellos war. In einer häufig dubios agierenden Branche avancierte der FC Bayern zu einem Inbegriff von Seriosität. Uli Hoeneß im April 2002: „Ich wollte nie den kurzfristigen Erfolg mit dem Risiko des Schuldenmachens erkaufen, sondern ich habe immer gesagt, dass ich erst stolz bin, wenn der FC Bayern die Champions League gewinnt und in diesem Jahr auch riesige Gewinne erwirtschaftet. (…) Das hat sich inzwischen auch international so herumgesprochen, dass uns die Kollegen vom AC Mailand gefragt haben, wie macht ihr das bloß? Ihr gewinnt die Champions League, in eurer Bilanz sind 50 Millionen Euro Gewinn, und wir haben 30 Spieler, sind nicht Meister geworden und haben im ersten Halbjahr 50 oder 60 Millionen Miese." Der Manager sah sich in seinen Prophezeiungen und seinem langen Atem bestätigt: „Ich habe das Gefühl, dass sich jetzt endlich bewahrheitet, was ich schon seit vielen Jahren gepredigt habe: dass die meisten ausländischen Vereine über ihre Verhältnisse leben. (…) Ich glaube, dass die Kluft zwischen den kleinen und großen Klubs immer größer wird, international gesehen. In Spanien können 60, 70 Prozent der Klubs nicht mehr so große Brötchen backen, in Italien 80 Prozent."

Schuldenfrei – „Wie macht ihr das?"

Selbst das lange Warten in Sachen Stadion zahlte sich nun aus, denn anstelle einer „halben" Lösung (= Umbau des Olympiastadions) gab es nun mit der reinen Fußballarena die beste aller denkbaren. Die Stadionpolitik erschien lange Zeit als Schwachpunkt der Bayern-Politik, als ein Bereich, wo der Branchenführer den Konkurrenten aus Dortmund, Leverkusen und Schalke hinterherhinkte. Wie schon Anfang der 1970er, als die Olympischen Spiele dem FC Bayern das Olympiastadion bescherten, war es auch dieses Mal mit der WM 2006 ein internationales Sportereignis, das die Problemlösung beförderte.

Mit Ottmar Hitzfeld fand der FC Bayern endlich den geeigneten Toptrainer, der nicht nur den Kader, sondern auch den Verein – im Zusammenspiel mit Hoeneß und Rummenigge – disziplinieren konnte. Der FC Bayern war nun wieder Fußball pur. Auf der Position des Sportlichen Leiters trat wieder Kontinuität ein. Sechs Jahre lang wirkte Hitzfeld beim FC Bayern ununterbrochen als Trainer – so lange wie vor ihm noch kein Übungsleiter.

Nach dem Champions-League-Gewinn 2001 erlebte der FC Bayern eine gewisse Flaute. Die Mannschaft bedurfte einer Verjüngung und Verbesserung. Hitzfeld gelang dieser Umbruch relativ schnell, auch dank der Unterstützung durch Hoeneß und Rummenigge. In Dortmund war Hitzfeld dies nach dem Champions-League-Sieg 1997 nicht

Gegen die europäischen Topklubs hoffen die Bayern auf Sternstunden. Im Oktober 2006 gab es eine: Mit 2:0 siegten sie bei Inter Mailand. Roy Makaay bejubelt mit Claudio Pizarro dessen Führungstreffer.

vergönnt gewesen. Nach einer trophäenlosen Saison 2003/04 sahen die Verantwortlichen dann allerdings den Zeitpunkt für einen Trainerwechsel gekommen.

Auch in struktureller Hinsicht gelang die Neupositionierung. Die Gründung der FC Bayern AG bedeutete eine Professionalisierung der Führungsarbeit und brachte mit Hoeneß und Rummenigge ein neues starkes Führungsduo hervor, das Beckenbauer nun auch offiziell aus dem operativen Tagesgeschäft verdrängte. Rummenigges Aufstieg war parallel zu einem gewissen Rückzug des Kaisers erfolgt, der durch die deutsche WM-Bewerbung in Anspruch genommen wurde. Beckenbauers Querschüsse verfehlten zusehends ihre Wirkung, was mit zur Ruhe im Verein beitrug.

Der FC Bayern versicherte sich auch weiterhin der Dienste seines Aushängeschilds. Doch wurde Beckenbauer auf das Feld seiner eigentlichen Stärken verwiesen: dem Knüpfen von Kontakten und Repräsentieren. Dass der Präsident des Vereins FC Bayern und Aufsichtsratsvorsitzende der FC Bayern AG zugleich auch DFB-Vizepräsident und OK-Chef für die WM 2006 war, konnte für den FC Bayern ja nicht schlecht sein. Die Neustrukturierung der Vereinsführung und die Neuformulierung der internen Arbeitsteilung erwiesen sich als geniale Personalpolitik. Der FC Bayern bewies einmal mehr in seiner Geschichte seine ungeheure Kraft zu Erneuerung.

International im Hintertreffen

In den Jahren nach dem Champions-League-Gewinn 2001 konnten die Bayern mit jeweils drei Meister- und Pokaltiteln ihren Status als nationaler Branchenführer wahren. Doch zugleich verlor man auf europäischer Ebene an Boden. Dem FC Bayern fehlt mittlerweile ein „Quäntchen internationaler Reputation“ (Hoeneß). International besitzt der FC Bayern zwar unverändert einen guten Namen. Seit der Saison 1997/98 ist der Klub ununterbrochen in der Champions League dabei und damit auf europäischer Ebene Deutschlands Repräsentationsverein Nr. 1. Aber seit 2001 ist man hier über das Viertelfinale nicht mehr hinausgekommen; und selbst dieses wurde nur zweimal erreicht. Zweimal war bereits im Achtelfinale Schluss, einmal sogar schon nach der Vorrunde. Zu den „ganz Großen“ zählt der FC Bayern seit einigen Jahren nicht mehr.

Im Vergleich zu einigen Topadressen Spaniens, Englands und Italiens sind die finanziellen Möglichkeiten des FC Bayern begrenzt. Das liegt vor allem an deren höheren TV-Einnahmen, an unterschiedlichen Besitzverhältnissen sowie einem anderen Umgang mit Geld. Die Klubs der englischen Premier League werden ab der Saison 2007/08 von den Pay-TV-Sendern 842 Mio. Euro kassieren, fast viermal so viel wie die Bundesligisten. Der Verkauf von TV-Rechten ins Ausland wird weitere 250 Mio. in ihre Kassen spülen, zwölfmal so viel, wie die deutschen Vereine auf diesem Markt erzielen. Vereine wie der FC Chelsea befinden sich in privatem Besitz, und Klub-Eigner Roman Abramowitsch stellte dem Klub in den vergangenen drei Jahren 500 Mio. Euro zur Verfügung. „Wie soll noch Wettbewerb möglich sein, wenn ein Oligarch wie Abramowitsch in nur einer Saison 204 Millionen Euro Verlust übernimmt, als begliche er soeben mal seine Hotelrechnung?“, fragte der „Spiegel“.

Internationale Ansprüche auch beim Marketing: Owen Hargreaves „bedient" japanische Fans auf einer Fernost-Tournee des FC Bayern.

Andere europäische Topvereine stürzen sich in immense Schulden, damit sie im Poker um internationale Starspieler mithalten können. Bei einem derartigen Finanzgebaren dreht sich einem Uli Hoeneß der Magen um. Folglich sind die Glücksritter der Globalisierung, die Oligarchen und Hasardeure zu den großen Feinden des Bayern-Managers avanciert.

Der von Hoeneß prognostizierte finanzielle Kollaps einiger Konkurrenten lässt allerdings auf sich warten. Auch eine andere Erwartung des Bayern-Managers trat nicht ein: Dass die Gehälter der Spitzenspieler in Europa drastisch fallen würden, blieb eine vergebliche Hoffnung. Im Frühjahr 2006 musste Hoeneß eingestehen: „Solange wir Idioten von diesen Oligarchen und dieser Rohölmafia mit ihren manipulierten Ölpreisen ausgenommen werden, dreht sich dieses Karussell weiter." Dem FC Bayern bleibe nichts anderers übrig, „als in Ruhe abzuwarten. Solange es aber Vereine wie Chelsea, Barcelona oder auch Inter Mailand gibt, die darüber hinaus alle auch noch 80 bis 100 Mio Euro mehr durch TV-Gelder einnehmen als wir, ist es sehr schwierig und allenfalls ein Zufall, wenn ein deutscher Klub die Champions League gewinnt. (...) Wir müssen versuchen, mit unseren Mitteln, die nun einmal bei uns in Deutschland wesentlich geringer sind als in anderen Ländern, uns in Ruhe in Wartestellung zu bringen, damit wir mittelfristig wieder angreifen können. Mit den wirtschaftlichen Möglichkeiten, die wir haben, kannst du mit den Panzern aus Chelsea und Barcelona und wie sie alle heißen, Juve und Milan etwa, nicht anstinken. Aber wir dürfen uns deshalb nicht verrückt machen lassen und müssen schauen, dass wir mal wieder etwas Überraschendes erreichen."

In den letzten Jahren fehlte es dem FC Bayern im Vergleich zu seinen Konkurrenten aber nicht nur an Geld. So schrieb Daniel Pontzen im Oktober 2006 im „Tagesspiegel": „Gegen die finanzstärkeren Klubs FC Chelsea und AC Mailand war das Ausscheiden an sich keine Schande. Was bei den Niederlagen mehr beunruhigte: Es fehlte eine klare Strategie, eine fc-bayerische Idee vom Fußball. Während der FC Barcelona den Ball in phänomenalem Tempo nach vorne zirkuliert, Arsenal London sein künstlerisch wertvolle Vertikalspiel zur Vollendung bringt und Werder Bremen immerhin seinen dynamischen Aktivfußballl konserviert, hat das Spiel des FC Bayern wenig Wiedererkennungswert. Die Erfolge beruhten häufig auf genialen Momenten von Spielern wie Zé Roberto und der Treffsicherheit von Roy Makaay und Michael Ballack. Auf nationaler Ebene reichte das."

Fehlt ein „bayerischer" Spielstil?

In einer zusehends von Finanzjongleuren beherrschten internationalen Fußballwelt wirkte die Politik des FC Bayern zuweilen konservativ und weltfremd. In Wahrheit ist sie weitsichtiger und verantwortungsvoller als die mancher Konkurrenten. Es bleibt zu hoffen, dass sich mit dieser Politik mittelfristig auch international wieder Triumphe erringen lassen.

Das Stadion an der Leopoldstraße in Schwabing (1910).

Die Bayern zu Hause

Rote und Blaue

Die Rivalität zum TSV München 1860

„In München geht es nicht so sehr darum, für welchen Verein man ist, sondern gegen welchen."
Ottfried Fischer, Schauspieler, Kabarettist und Sechziger-Fan

Das Münchner Derby zwischen dem FC Bayern und dem TSV 1860 ist das berühmteste und traditionsreichste Stadtderby des deutschen Fußballs. Mit 18 gemeinsamen Spielzeiten in 43 Jahren Bundesligageschichte ist das Derby zwischen Roten und Blauen einsamer Spitzenreiter vor dem Derby Hamburger SV gegen FC St. Pauli (7 Jahre), Hertha BSC Berlin gegen Tennis Borussia Berlin (2 Jahre) und 1. FC Köln gegen Fortuna Köln (1 Jahr).

Der Löwen-Klub TSV 1860 wird – zumal außerhalb Münchens – meist als der Münchner Traditionsverein porträtiert. Der FC Bayern wird dagegen oft abschätzig als „neureicher Aufsteiger" abgetan, dessen Spieler und Anhänger seit jeher lediglich „Zuagroaste" seien. Für viele „Bayern-Hasser" beginnt die Geschichte des Rekordmeisters erst mit dem Aufstieg in die Bundesliga, die der Löwen hingegen in den Pioniertagen des Fußballs. Ein Blick auf die über 100 Jahre alte Geschichte des Derbys zeigt, dass dieses Bild reichlich verzerrt ist.

Der TSV München 1860 wurde zunächst 1848 als „Münchener Verein" gegründet und war damals wohl der erste Turn- und Sportverein Münchens. Die staatliche Obrigkeit war mit dem Treiben der Turner allerdings nicht einverstanden, da sie darin eine Gefährdung für die öffentliche Ordnung erblickte. Folglich wurde der Verein 1850 verboten. 1860 wurde er als „Verein zur körperlichen Ausbildung" neu gegründet. Die Turnabteilung übte in den Hinterzimmern von Gastwirtschaften.

Die am 25. April 1899 gegründete Fußballabteilung des TSV 1860 (damals TV 1860), deren Vater der aufgeschlossene 1. Spielwart Rudolf Deprosse war, ist lediglich zehn Monate älter als der FCB. Da der FCB aus dem MTV hervorging, unter dessen Dach bereits drei Jahre vor der FCB-Gründung gekickt wurde, sind die Bayern genau betrachtet sogar älter als der Lokalrivale. Der vermeintlich jüngere FCB bestritt sein erstes offizielles Spiel tatsächlich 27 Monate früher als die Löwen, die sich erst am 27. Juli 1902 an die Öffentlichkeit trauten (2:4 gegen den 1. Münchener Fußball-Club von 1896).

Auch der Beitritt zum Süddeutschen Fußball-Verband erfolgte später als bei den Bayern, nämlich erst 1905. Die Sechziger kickten zunächst auf der städtischen Schyrenwiese in Untergiesing (wie auch der FCB), bevor sie sich 1904 auf dem neu eröffneten Waldspielplatz in Holzapfelkreuth niederließen. Der Platz lag ziemlich weit außerhalb

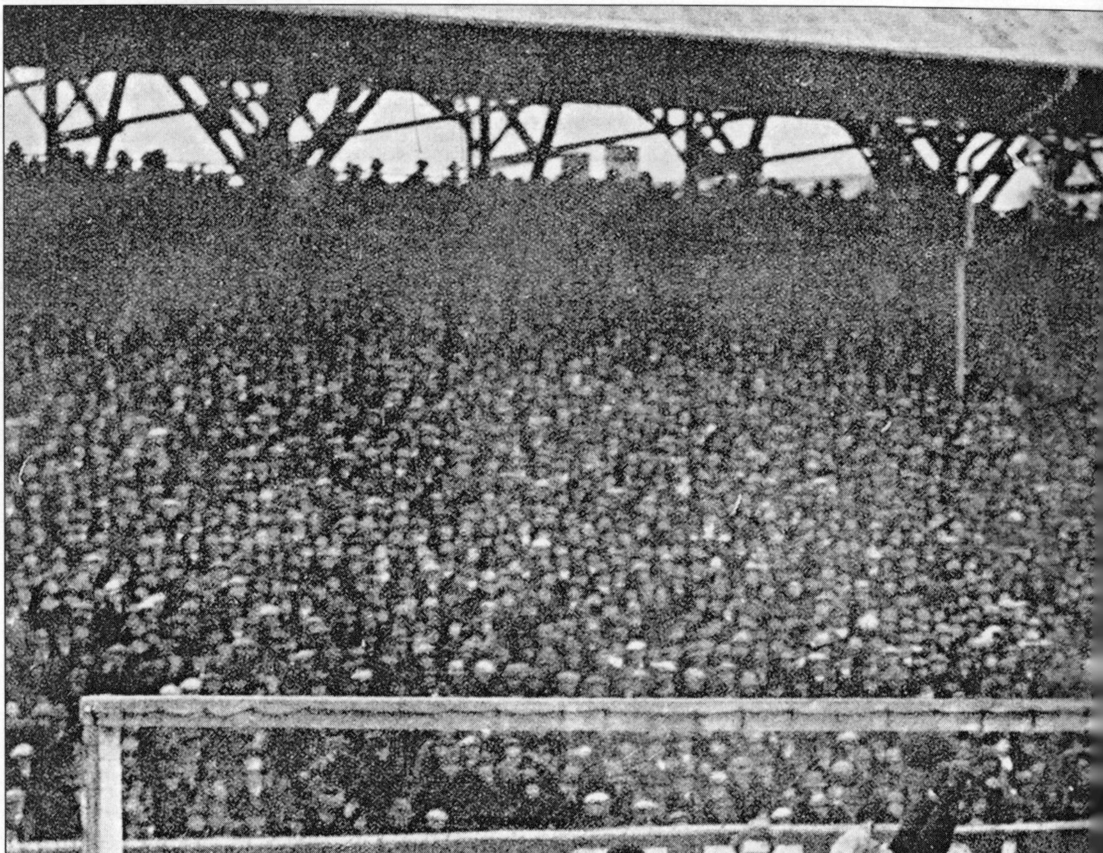

„Großer Besuch und großer Kampf" war laut Fachzeitung „Fußball" die Devise, wenn die Löwen auf den FC Bayern trafen. In dieser Szene aus dem Spiel von Januar 1932

wehrt 1860-Torwart Ertl einen Eckball der Bayern ab. Die Spieler von links: Schäfer, Neumeier, Eiberle, Krumm, Ertl, Schmid, Pledl, Stock, Rohr.

der Stadt und war nicht einmal mit der Straßenbahn zu erreichen. 1908 zogen die Löwen nach Giesing um, Münchens Fußball-Eldorado, wo ihr Ehrenmitglied Wilhelm Hilber den „Alpenplatz" in Pacht nahm, eine Wiese neben einer Gärtnerei. Giesing wurde zur Heimat des Klubs. Im Laufe des 19. Jahrhunderts hatte sich Giesing, gemeinsam mit dem benachbarten Stadtteil Au, zur ersten proletarischen Gegend Münchens entwickelt.

1911 wechselten die Löwen innerhalb Giesings zur Grünwalder Straße, wo 1927 das Heinrich-Zisch-Stadion entstand. Das erste Spiel an der Grünwalder Straße zwischen Blauen und Roten endete am 18. Februar 1912 mit einem 1:0-Sieg für die Bayern.

Sportlich dominierten meistens die Bayern

Der TSV 1860 stand anfangs klar im Schatten des FC Bayern und wurde erst später zum echten Rivalen. Das erste Derby überhaupt gewann der FCB am 21. September 1902 mit 3:0. Auch in den folgenden sieben Begegnungen hieß der Sieger sechsmal FC Bayern, einmal gab es ein Unentschieden. Es dauerte bis zum 26. April 1908, bevor den Löwen im neunten Derby erstmals ein Erfolgserlebnis beschert war. Der TSV 1860 siegte mit 2:0. Aber in den folgenden 14 Derbys bis zum Ersten Weltkrieg gab es für die Löwen nichts zu gewinnen: 12 Bayern-Siege und zwei Unentschieden weist die Derby-Chronik aus.

Das erste Derby gewann der FC Bayern

Den höchsten Bayern-Sieg über die Löwen überhaupt gab es am 3. Oktober 1909, als die Roten die Blauen in der Ostkreismeisterschaft mit 7:0 bezwangen. Der TSV 1860 muss diesbezüglich nicht ganz so weit zurückblicken: Am 27. Oktober 1918 besiegte man den FC Bayern 7:1. Die torreichste Begegnung war ein Freundschaftsspiel im Jahre 1915, das der FCB 9:4 gewann.

In der Bundesliga trafen die Klubs bislang 36-mal aufeinander. Das erste Spiel gewann der TSV 1860 am 14. August 1965 durch ein Tor von Timo Konietzka mit 1:0. 21-mal gewannen die Bayern, achtmal die Löwen, siebenmal gab es eine Punkteteilung. Zwischen dem 12. November 1977, als die Löwen mit 3:1 die Oberhand behielten (zugleich auch der höchste Derby-Sieg des TSV 1860 in seiner Bundesligageschichte), und dem 28. November 1999 blieb der FCB im Stadtderby ungeschlagen. Damals unterlagen die Bayern mit 0:1 und verloren auch das Rückspiel (1:2) gegen die Sechziger. Das torreichste Bundesligaderby war ein 6:1-Sieg des FCB am 10. Mai 1980, auch dies zugleich der höchste Bundesligasieg des FCB über den Lokalrivalen. Exakt diese beiden Begegnungen verzeichneten mit 78.000 auch den größten Zuschauerzuspruch in der Bundesliga. Der höchste Zuschauerzuspruch überhaupt bei einem Derby ereignete sich allerdings nicht in der Bundesliga, sondern im längst verstorbenen DFB-Liga-Pokal. 79.000 Zuschauer sahen 1972 einen 3:1-Sieg der Bayern. Die 36 Bundesligabegegnungen wurden von insgesamt über zwei Millionen Zuschauern verfolgt.

Von den bislang 202 Derbys (Stand: August 2006) gewann der FC Bayern 104; 50-mal siegte der TSV 1860; 48-mal gab es ein Unentschieden. Das Torverhältnis beträgt 432:285. Die letzten drei Derbys wurden nach dem erneuten Abstieg des TSV aus der

FC Bayern gegen TSV 1860 im März 1967 an der Grünwalder Straße. Gerd Müller köpft.

Erstklassigkeit (2004) als Freundschaftsspiele ausgetragen und von den „Löwen" samt und sonders gewonnen.

Betrachtet man die gesamte gemeinsame Geschichte der beiden Klubs, so stellte der FCB über weite Strecken die erfolgreichere Mannschaft – und dies bereits weit vor Beginn der Ära Schwan/Neudecker. Dies gilt für fast den gesamten Zeitraum 1900-1933 sowie für die Zeit von 1967 bis heute. Die Löwen hatten während der Nazi-Zeit die Nase vorn, wofür es auch politische Gründe gab. In der „Ewigen Tabelle der Oberliga Süd" (1945/46 - 1962/63) liegt der FC Bayern zwar vier Positionen vor den Löwen, denen hier jedoch als einzigem der Münchner Teams das Meisterstück gelang.

Das Etikett „Traditionsklub" stimmt also auch nicht in dem Sinne, dass die Löwen bis zur Einführung des Profifußballs die bessere Münchner Mannschaft gewesen wären. Selbst die ersten nationalen Titel holten die Bayern eher als die Löwen: 1932 wurden sie Deutscher Meister, erst zehn Jahre später der TSV Pokalsieger. Die lange Tradition des FC Bayern wird allerdings seltener wahrgenommen, weil die meisten seiner Erfolge jüngeren Datums sind und in die Zeit der Professionalisierung und Kommerzialisierung des deutschen Fußballs fallen. Bei vielen Löwen-Fans firmieren die Bayern auch als „die Geldsäcke aus Harlaching".

Die größte Zeit der Sechziger waren die Jahre 1962-1967. 1963 wurden die Löwen Meister der Oberliga Süd und qualifizierten sich somit – im Gegensatz zu den Bayern – für die neue Bundesliga. 1964 wurden sie DFB-Pokalsieger, 1965 zogen sie als erster deutscher Verein in das Finale des Europapokals der Pokalsieger ein. Der TSV 1860 unterlag West Ham United vor 90.000 Zuschauern im Londoner Wembley-Stadion mit 0:2. Der „Daily Telegraph" sprach am folgenden Tag von einem „Triumph des Fußballsports", während die „Times" sogar behauptete: „Niemals wurde Ihnen für Ihr Geld mehr geboten." Mit dem Europapokal verhielt es sich also wie mit der Deutschen Meisterschaft: Die Löwen standen zwar vor den Bayern erstmals im Finale, aber den ersten europäischen Titelgewinn verbuchte zwei Jahre später der FCB.

Diskussion in Bayern-Elf: Soll 1860 Meister werden?

1966 wurden die Löwen Bundesligameister, drei Jahre bevor den Bayern dies erstmals gelang. Es blieb bis heute die einzige Deutsche Meisterschaft und der letzte nationale Titel für die Blauen. 1967 reichte es immerhin noch zur Vize-Meisterschaft. Die Titelverteidigung scheiterte auch am FC Bayern. Ob der TSV 1860 oder Eintracht Braunschweig Meister werden würde, hing seinerzeit auch vom Abschneiden des FCB in Braunschweig ab. Die Bayern-Spieler setzten sich vor der Begegnung zusammen, um zu diskutieren, ob es besser wäre, wenn der Lokalrivale den Titel nicht gewinnen würde. Zwar entschied man sich schließlich für ein korrektes Spiel, „aber im Unterbewusstsein war doch eher die Überzeugung vorhanden: Wir versuchen es mal, aber wenn es nichts wird, ist es auch nicht so schlimm. Es wurde nichts, es konnte nichts werden" (Beckenbauer). Die Bayern verloren 2:5 (zur Halbzeit stand es bereits 0:4), und die Eintracht wurde mit zwei Punkten Vorsprung vor den Löwen Meister.

Der sportliche Höhenflug des TSV 1860 basierte Mitte der 1960er Jahre auf erheblichen Investitionen. Trainer Max Merkel bezog mit monatlich 10.000 bis 12.000 DM (die Angaben schwanken) für damalige Verhältnisse ein Traumgehalt. Auch eine Reihe von Spielern kassierte Höchstgehälter. Die finanziellen Löcher wurden immer größer. Die 400.000 DM, die der TSV 1860 aus dem Wembley-Finale einnahm, reichten nicht, um den wirtschaftlichen (und zugleich sportlichen) Niedergang zu stoppen. Im Europapokal der Landesmeister kam 1966/67 bereits in der 2. Runde gegen Real Madrid das Aus. Es war bis 1997 der letzte Auftritt des TSV 1860 auf der europäischen Bühne, die nun zu einem Privileg des FC Bayern wurde. Einschließlich der ersten Europapokalteilnahme in der Saison 1962/63 (Messecup) und der Saison 2006/07 war der FC Bayern bis heute 39-mal bei einem europäischen Wettbewerb dabei.

Typisch für die Mentalität, die in den Jahren des blauen Höhenflugs herrschte, ist die folgende Szene. Als der FC Bayern noch Regionalligist war, teilte Löwen-Präsident Adalbert Wetzel, der zunächst sein Geld mit einer Coca-Cola-Lizenz verdiente, dann Direktor einer Brauerei wurde, seinem Kollegen Wilhelm Neudecker mit: „Gehet Sie in'd Kirch und bete Sie, dass Sie aufsteige, sonst vernichte ich Sie!" Ein Satz, den Neudecker nie vergaß. Eigentlich wollte Wetzel sich nach dem Zweiten Weltkrieg dem FC Bayern anschließen, „doch die damalige Vorstandschaft wollte mich nicht haben". Ein ähnliches Schicksal sollte viele Jahre später auch Karl-Heinz Wildmoser ereilen (s.u.). Die beiden wichtigsten Macher der Löwen nach dem Kriege waren also ehemalige Bayern-Fans, deren Ambitionen jedoch vom „Nobelklub" abgewiesen wurden.

„Bodenständige" gegen „Neureiche", „Arbeiter" gegen „Akademiker"

Plakat von 1967.

Die Charakterisierung des Derbys als ein Duell von „Arbeitern" gegen „Akademiker" existierte bereits sehr früh. Tatsächlich waren beide Fußballabteilungen von Beginn an in unterschiedlichen sozialen Milieus beheimatet, und in den frühen Jahren standen die Begegnungen zwischen FCB und TSV auch für ein Derby zwischen dem „bürgerlichen" Schwabing und dem „proletarisch-kleinbürgerlichen" Giesing. Da in München keine Schwer--industrie wie im Ruhrgebiet existierte, sondern das mittelständische Milieu lange Zeit dominierend blieb, entwickelten sich die Löwen allerdings nicht zum Arbeiterverein à la Schalke; sie blieben eher eine kleinbürgerliche Vereinigung. Auf Grund seiner Turnertradition tummelten sich auch konservativ-nationalistische Akademiker und Mittelständler im Verein, von denen einige in der Weimarer Republik bereits sehr frühzeitig zu den Nazis überliefen. Im gewissen Sinne war die soziale und berufliche Komposition der Führungsriege der Sechziger für einen Fußballverein eher untypisch.

Solchen sozialen Etiketten entspricht die Charakterisierung der Bayern-Elf als ein Team von Individualisten, während der Löwen-Fußball mehr kollektive Züge trug. Offenbar verinnerlichten die Löwen stärker als die Bayern die typischen Merkmale des europäischen Arbeiterfußballs: Ausdauer, Kampfkraft, Kollektivität. Zu einem gewissen Ausmaß haben diese Unterschiede sich bis heute gehalten, obwohl die Akteure nicht mehr aus München bzw. den traditionellen Milieus beider Vereine kommen. Teilweise basiert der Unterschied natürlich auch auf den unterschiedlichen finanziellen Voraussetzungen beider Klubs: Nach seiner Rückkehr in die Bundesliga 1994 musste der TSV 1860 mit seinen geringeren finanziellen Ressourcen zunächst mehr auf kämpferische Mittel und mannschaftliche Geschlossenheit setzen. Teure Stars sind dagegen oft eher individualistische Fußballer. Allerdings haben die Unterschiede in der Spielweise abgenommen. Die „Süddeutsche Zeitung" beobachtete nach dem zweiten Derby in der Saison 1996/97: „Auf dem Rasen beherrschen die Blauen inzwischen vieles, was angeblich eher zu den Roten passt: durchdachtes Mittelfeldspiel, überrauschende Ideen. Der Klassenkampf von früher ist passé."

Der TSV 1860 ist – auf München bezogen – bodenständiger als der FC Bayern. Innerhalb der Stadtgrenzen ist der Verein populärer. Während 70 % der Stadionbesucher beim FC Bayern aus über 200 Kilometern Entfernung anreisen, sind dies bei den Löwen ganze 10 %. Der FC Bayern ist mehr der Klub der Hinzugezogenen, wobei allerdings ohnehin nur eine Minderheit der Münchner von sich behaupten kann, „echte Münchner“ zu sein. Selbst die zumindest in Bayern Geborenen sind in der Isar-Metropole in der Minderheit.

Während man bei den Löwen auch von den „Einheimischen“ spricht, wird der FC Bayern nicht erst seit dem Aufstieg in die Bundesliga (1965) als „Zuagroasten-Klub“ betrachtet. Tatsächlich lebten in der FCB-Heimat Schwabing schon zu Zeiten der Gründung des Vereins besonders viele Zugereiste. Wenn der ehemalige 1860-Präsident Wildmoser einmal forderte, von 20 Spielern seines Kaders müssten mindestens 15 bayerisch sprechen, dokumentiert dies, wo der TSV 1860 seine Stärken sah. Für Wildmoser war sein Klub „ein Münchner Verein in einer weiß-blauen Stadt unter weiß-blauem Himmel und in den Farben Weiß-Blau“. Aber bezogen auf Bayern wollte selbst der Kabarettist und Löwen-Fan Dieter Hildebrandt den Bayern die Bodenständigkeit nicht absprechen: Der FC Bayern gehöre zum Freistaat Bayern „wie die geheiligte Weißwurst oder der Fronleichnamszug“. In Bayern ist nicht der TSV 1860, sondern der FCB die Nummer 1, und darüber hinaus können die Blauen ohnehin nicht mit dem Appeal der Roten konkurrieren. Uli Hoeneß definierte vor einigen Jahren die unterschiedlichen Einzugsbereiche der beiden Klubs wie folgt: Der FC Bayern sei ein Klub für alle Deutschen und alle hier lebenden Ausländer, der TSV 1860 stehe für München und „ein bisschen für Bayern“. 1860-Präsident Wildmoser mache „auf bayerisch, bodenständig, die rustikale Art, ein gestandener Münchner, das lebt er aus“. Hoeneß hält es für falsch, „wenn 1860 anfangen würde, uns auf dem nationalen Markt zu bekämpfen“ und sagen würde, „wir wollen eine Kopie von Bayern München werden“.

„Ein Verein der gehobenen Kreise“

Paul Breitner äußerte sich vor vielen Jahren über die sozialen Unterschiede zwischen den beiden Münchner Rivalen: „Ich hab', als ich nach München kam, ziemlich viel davon mitbekommen, dass der FC Bayern der Verein der gehobenen Kreise war. Ich habe eine Zeit mitbekommen, so von '71 bis '74, in der der Fußball absolut gesellschaftsfähig war, in denen ich immer gesagt hab', die Leute tun bei uns im Stadion so und setzen sich so auf die Tribüne, wie sie früher in die Oper gegangen sind. Oder wie man auf dem Land draußen in die Kirche geht: um seinen neuen Pelzmantel, sein neues Sakko oder seinen neuen Anzug zu zeigen. (...) Wir hatten damals eine Vereinsführung, die auch sehr gern in der Gesellschaft eine Rolle spielte. Als dann die etwas schwächeren Jahre des FC Bayern kamen, hat sich das wieder gelegt. Mittlerweile kann man kaum mehr unterscheiden zwischen dem Niveau der Bayern-Fans und dem der 1860er Fans. Ein Unterschied ist noch da. Bei uns sind generell die teuren Plätze besser besetzt und bei den 1860ern die Stehkurve.“

Der FC Bayern mobilisiert zwar bei Weitem nicht nur die Besserverdienenden – Bayern-Fans sind in allen Schichten der Gesellschaft zu finden –, aber der TSV 1860 ist sicherlich immer noch mehr als der Lokalrivale ein Klub der kleinen Leute Münchens. Manni Schwabl, ehemals beim FC Bayern, später ein Löwe, im Januar 1997: „Wir sind insgesamt

Fußballzauberer kontra Handwerker? Bayerns Elber und Löwe Vanenburg.

anders als die Bayern: volksnah. Wir wollen kein Edelverein sein." Und der damalige Präsident Wildmoser: „Wir sind ein Verein des Volkes, Bayern ist ein bisschen elitär."

Erheblich sind die Unterschiede zwischen den beiden Rivalen auf der Führungsebene: Der FCB wird heute kollektiv geführt. Der TSV 1860 war hingegen in der langen Ära Wildmoser eine „One Man Show". Der Immobilienmakler und Großgastronom Karl-Heinz Wildmoser hatte den Verein 1992 übernommen. Der Chef der Sechziger war pikanterweise Bayern-Mitglied, aber mit seiner burschikosen Art passte er nicht so recht zum seriösen und gediegenen Image des FCB. Als der TSV 1860 noch in der Bayern-Liga spielte, wurde Wildmoser nachgesagt, statt den Auswärtsbegegnungen seiner eigenen Mannschaft beizuwohnen, würde er sich von den teuren Plätzen des Olympiastadions aus die Roten anschauen. Wildmoser benutzte den TSV 1860 als Vehikel zur ersehnten gesellschaftlichen Anerkennung.

Einige Löwen-Fans warfen Wildmoser vor, unter seiner Regie sei der Verein zu einer „Billigkopie des FC Bayern" verkommen. „We are blue, we are white, we are FC Bayern light!", dichtete eine skeptische Fan-Initiative. Kritisiert wurde vor allem der

Umzug vom traditionsreichen Sechzigerstadion in Giesing in die „öde Leichtathletikschüssel" des Olympiastadions, der Heimat des FC Bayern.

Die Ära Wildmoser fand am 9. März 2004 ein spektakuläres Ende, als Karl-Heinz Wildmoser und sein Sohn verhaftet wurden. Den Wildmosers wurde vorgeworfen, beim Bau der Allianz Arena Details aus der Aussschreibung an die Baufirma „Alpine Bau Deutschland GmbH" weitergegeben und dafür 2,8 Mio. Euro kassiert zu haben. Die Firma erhielt dann auch tatsächlich den Zuschlag. Wildmoser senior wurde allerdings wenige Tage später aus der Haft entlassen. Den Führungswechsel an der Spitze der Löwen konnte er aber nicht mehr verhindern.

„Rote" und „Schwarze"

Mit dem sozialen Klischee korrespondiert ein politisches: Die Blauen seien ein eher „roter Verein", die Roten indes ein Klub der „Schwarzen". Zu den Fans der Löwen zählen heute u.a. die Kabarettisten Dieter Hildebrandt, Gerhard Polt und Ottfried Fischer sowie der populäre Oberbürgermeister Christian Ude (SPD), der es aber auch mit den Bayern kann und diese als „hervorragenden Werbeträger" für die Stadt bezeichnet. Udes 1997 verstorbener Vater Karl, der 28 Jahre Chefredakteur der Literarischen Monatszeitschrift „Welt und Wort" war, lebte seit 1926 in der Bayern-Heimat Schwabing.

Die Mehrheit der fußballinteressierten kritischen Intellektuellen fühlt sich heute eher zu den Blauen hingezogen, da der FCB zu viel Schickimicki repräsentiere. Außerdem hält man es in diesen Kreisen traditionell eher mit dem Underdog. Doch wird das Bild von den „roten Blauen" durch einige prominente Schwarze getrübt: Bekennende Löwen-Fans sind u.a. Ex-Bundesfinanzminister Theo Waigel (CSU), der zum liberalen CSU-Flügel zählende ehemalige bayerische Kultusminister Hans Zehetmair sowie Strauß-Tochter Monika Hohlmeier, die auch dem Aufsichtsrat der Löwen angehört. Einer der Vorgänger Wildmosers war der CSU-Haushaltsexperte Erich Riedl, dem Herbert Wehner im Bundestag entgegenhielt: „Sie reden wie ein Absteiger, Sie!" Und bevor sich erstmals ein Bayern-Spieler öffentlich zur CSU bekannte, tat dies ein prominenter Löwe: Publikumsliebling Petar Radenkovic betrieb bereits in den 1960er Jahren Wahlkampf für die Schwarzen und wurde zu deren „Vorzeige-Ausländer".

„Sie reden wie ein Absteiger, Sie!"

Zum FC Bayern bekennen sich u.a. Landesvater Edmund Stoiber (CSU) und der CDU-Innenminister Wolfgang Schäuble. Auch der 2005 verstorbene konservative Publizist und langjährige Helmut Kohl-Berater Peter Boehnisch war ein „Roter". Als prominente Bayern-Fans gelten aber auch die Schauspielerinnen Iris Berben (Ex-68erin) und Senta Berger. Und der progressive Filmemacher Rainer-Werner Fassbinder, ein Schwabinger Bürger, war ebenfall ein Fan des FC Bayern.

Hans Eibele traf vermutlich den Nagel auf den Kopf, als er vor einigen Jahren schrieb: „Der Riss geht quer durch Familien, Freundeskreise, Betriebe und politische Parteien." Das gute Verhältnis zwischen FCB und CSU ist nicht zuletzt in den dauerhaften Erfolgen beider Seiten und der regionalen Ausrichtung des FC Bayern begründet. Hätte der TSV 1860 die sportliche Entwicklung des FC Bayern eingeschlagen, würde man wahrscheinlich Ähnliches den Löwen nachsagen.

Bayern-Hilfe

Ins Klischee passt auch nicht so recht, dass der FCB dem Lokalrivalen wiederholt bei finanziellen Problemen zu Hilfe eilte. 1965 hatte 1860-Präsident Wetzel bereits seine Villa verpfändet. Als immer noch Geld fehlte, griff der FCB den Löwen mit 100.000 DM unter die Arme. 1974 pumpte Löwen-Boss Riedl seinen Kollegen Neudecker beim Europacup-Empfang mit den Worten an: „Wenn Sie mir nicht 100.000 Mark geben, ist 1860 übermorgen kaputt." Neudecker zahlte, und die Löwen waren gerettet. Auch in der ƒra von Bayern-Präsident Willi O. Hoffmann unterstützte der FCB den Lokalrivalen finanziell. Während seiner Zeit in der 2. Liga und in der Bayern-Liga subventionierten die Roten den TSV wiederholt durch lukrative Freundschaftsspiele. Und als die Bayern 1984 Ludwig „Wiggerl" Kögl vom Lokalrivalen holten, hätten sie eigentlich nur eine Ablöse von 30.000 DM zahlen müssen, da die Löwen zu dieser Zeit nur Amateurligist waren. Doch der FCB überwies 100.000 DM.

Als der TSV 1982 aufgrund seiner immensen Schulden (8 Mio. DM) zwangsweise in die Bayern-Liga versetzt wurde, verstärkte dies lediglich das Klischee von den „reichen" Bayern und „armen" Löwen, obwohl die Löwen für ihre Schulden alleinverantwortlich waren. Der FCB ließ die Löwen sportlich und finanziell weit hinter sich, weil er in den Jahren, in denen entscheidende Weichen im deutschen Profifußball gestellt wurden, über das weitaus qualifiziertere Führungspersonal und Umfeld verfügte. Zuletzt griff der FC Bayern dem Lokalrivalen anlässlich des Skandals um den Bau der Allianz Arena kräftig unter die Arme (siehe dazu das folgende Kapitel „Spielstätten").

Der Vorsprung des FC Bayern ist wohl auf sehr lange Zeit uneinholbar, auf finanzieller wie auf sportlicher Ebene. Dies gilt erst recht, nachdem die Löwen die 1. Bundesliga am Ende der Saison 2003/04 zum vierten Mal verlassen mussten und selbst in der 2. Liga vorübergehend ihre Probleme hatten. Dass die Bayern in den alljährlichen Freundschaftsspielen seither regelmäßig unterlagen, lag wohl hauptsächlich daran, dass ihre Akteure auf dem Rasen das Kräftemessen nicht mehr so ganz ernst nahmen.

Unter den Spielern ist die Rivalität heute deutlich geringer ausgeprägt als noch in den 1960er Jahren. Der ehemalige Sechziger Bennie Lauth (Jahrgang 1981): „Gegen einige Bayern habe ich schon in der Jugend gespielt, wie Markus Feulner, den kenne ich schon ewig. Wenn man sich abends mal trifft, dann unternimmt man schon etwas gemeinsam, aber nicht regelmäßig." Hingegen Gerd Müller (Jahrgang 1945): „Wenn wir gegen Sechzig verloren hatten, habe ich mich Sonntag gar nicht aus dem Haus getraut. Aber damals war ein Lokalderby noch etwas anderes, da wurde schon sechs Wochen vorher darüber berichtet. (...) Nee, nee, zusammen weggehen, das gab's bei uns damals nicht."

Spielstätten, Trainingsplätze und Geschäftsstellen des FC Bayern

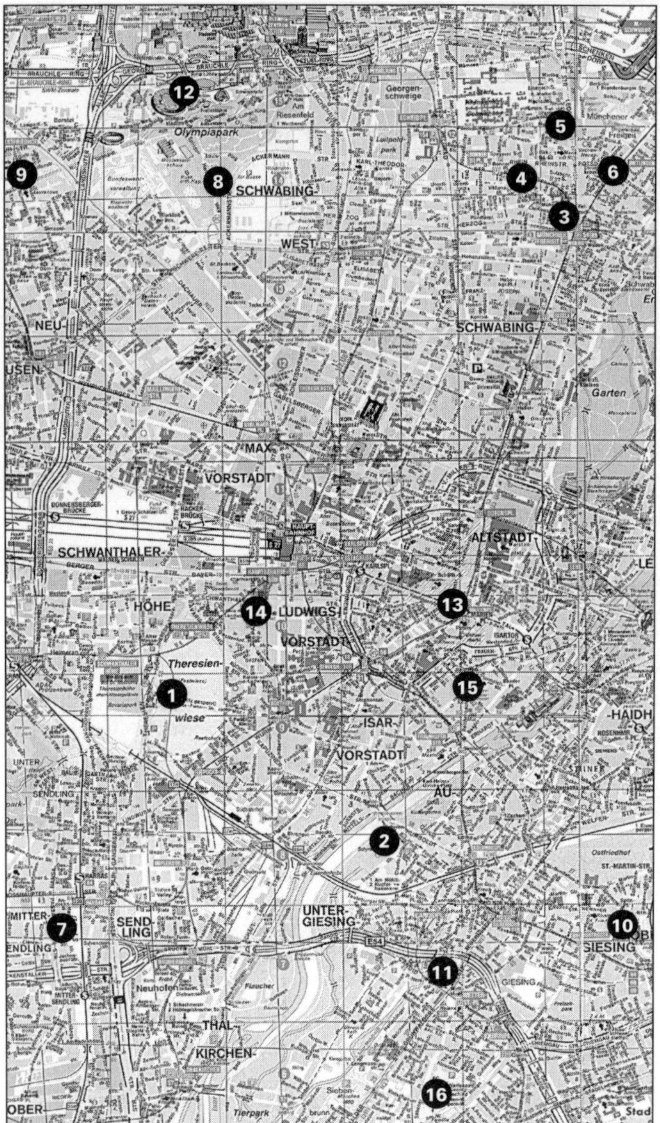

1. Theresienwiese: Erster „Fußballplatz" Münchens. Erste Heimspiele des FC Bayern 1900-1901
2. Schyrenwiese/Schyrenplatz: Spielstätte des FC-Bayern-Vorläufers Fußballabteilung des MTV von 1879
3. Clemensstraße: Erster Bayern-Platz. Spielstätte 1901-1906
4. Karl-Theodor-Straße: Alter MSC-Platz. Spielstätte 1906-1907
5. Leopoldstraße (Höhe Parzivalplatz): MSC-Platz. Spielstätte 1907-1922
6. Ungererstraße: Trainingsplatz der Altherren- und Jugendmannschaften ab 1912
7. Marbachstraße: MTV-Platz. Spielstätte 1922-1923
8. Oberwiesenfeld: Teutonia-Platz. Spielstätte 1923/24, 1925/26
9. Dantestadion: Trainingsplatz z.Z. von Trainer Richard Dombi. Spielstätte 1942/43
10. Schlierseestraße: Spielstätte 1944/45 und erste Nachkriegsmonate
11. Grünwalder Straße: Spielstätte 1926-1943 und 1946-1972
12. Olympiastadion: Spielstätte ab 1972
13. Weinstraße: Geschäftsstelle vor dem Zweiten Weltkrieg
14. Landwehrstraße: Geschäftsstelle zum Zeitpunkt des Bundesliga-Aufstiegs
15. Gärtnerplatz: Geschäftsstelle bis 1971
16. Säbener Straße: Trainingsplatz seit 1949, Geschäftsstelle seit 1971

Von der Schyrenwiese in die Allianz Arena

Die Spielstätten des FC Bayern

Ein Verein auf Wanderschaft

Nur wenige Klubs mussten in ihrer Geschichte so häufig umziehen wie der FC Bayern. Seine ersten Gehversuche machte er auf dem „Spielplatz an der Schyrenstraße“ in den Isar-Auen. Offiziell gespielt wurde hier allerdings nicht. Das Gelände diente nur zu Trainingszwecken und zum Spaß-Kick.

Seine ersten Heimspiele trug der FC Bayern auf der Theresienwiese aus, wo seit 1810 auch das Oktoberfest stattfindet. Die Bayern waren nur einer von mehreren Nutzern. Im April 1900 wurden hier der MTV München (7:1) und der FC Bavaria München (12:1) sowie im Mai der FC Nordstern München (15:0) abgekanzelt. Im Dezember 1901 ging es noch einmal gegen den MTV München. Die zweite Partie endete mit einem Remis (2:2). Im Mai 1901 empfing der FC Bayern auf der Theresienwiese auch noch den 1. Münchener FC 1896 und gewann mit 12:0. Fünf Spiele, vier Siege, ein Remis und 48:4 Tore lautet die stolze Theresienwiesen-Bilanz des FC Bayern.

Die Theresienwiese, auf der auch andere Rasensportarten betrieben wurden, war die Wiege des Münchner Fußballs. Bereits einige Jahre vor den Bayern hatten hier junge Kicker das neuartige Spiel ausprobiert. So auch Münchens erster Fußballklub Terra Pila. Der Münchner Fußballchronist Michael Steinbrecher schrieb über die „Wiesenfußballer“: „Honorige Bürger entsetzten sich in den 90er Jahren des vorigen Jahrhunderts bei ihren Sonntagnachmittagsspaziergängen zu Füßen der gusseisernen Mammut-Bavaria über das wilde Treiben ausgewachsener Mannsbilder, die sich nicht schämten, einer mit alten Lumpen ausgestatteten ‚Nudel‘ nachzujagen. Noch ahnten die schockierten Herren und Damen, die da lustwandelten, nicht, welchem Zweck jene ‚Male‘ dienten, die von den verrückten ‚Balltretern‘ mit Regenschirmen, Stöcken oder einem Bündel abgelegter Kleidungsstücke abgesteckt worden waren. Und eines Tages war sogar ein richtiger Lederball da, den sich die ‚spinnaten Halbstarken von 1886‘ aus Berlin hatten schicken lassen. Die Spieler waren Gymnasiasten, junge Kaufleute, Künstler und Handwerker.“

Terra Pila und der Bayern-Vorläufer MTV kickten ab 1898 auf dem städtischen Sportplatz, der dort im gleichen Jahr auf dem südlichen Teil der Theresienwiese angelegt worden war. Der TV von 1860 spielte auf dem Turnierspielplatz („Schyrenplatz“)

der bereits erwähnten Schyrenwiese in den Isar-Auen. Allerdings durften diese Anlagen nur während der Sommermonate benutzt werden. Der MTV besaß zudem noch einen Waldspielplatz in Gräfelfing.

1901 stellte der Kochherd- und Ofenfabrikant Friedrich Wamsler sen. dem FC Bayern ein umzäuntes Grundstück an der Schwabinger Clemensstraße zur Verfügung, wo der erste offizielle Bayern-Platz entstand. Für die damalige Zeit ein riesiger Schritt in die Zukunft, denn auf diese Weise befreite sich der FC Bayern schon frühzeitig von der Platzzuweisung des Magistrats und den damit verbundenen restriktiven Nutzungsbestimmungen. Das eigene Gelände bot nicht nur die Möglichkeit, Eintrittsgelder zu erheben und somit die Einnahmen zu verbessern. Da der Klub über die Nutzung des Geländes selbst bestimmen durfte, konnte der FC Bayern auch mehr trainieren als einige andere Klubs.

Der erste offizielle Bayern-Platz

Die Clemensstraße wurde am 31. Mai 1901 mit einem Spiel der „Ersten" gegen die „Zweite" des FC Bayern in Betrieb genommen. Bayern I gewann mit 12:2. Letztmalig kickten die Bayern hier im Mai 1907, als der 1. FC Nürnberg mit 5:1 geschlagen wurde.

Im September 1907 erfolgte der Umzug an die äußere Leopoldstraße (ebenfalls Schwabing), wo sich die Anlage des MSC befand, dem sich der FC Bayern am 1. Januar 1906 angeschlossen hatte. Der Platz lag auf Höhe des heutigen Parzivalplatzes. Zuvor hatte sich die Heimat des MSC an der Karl-Theodor-Straße befunden, doch die Anlage musste dem Neubau einer Schule weichen. Hier hatte auch der FC Bayern in der Saison 1906/07 eine Reihe von Spielen bestritten.

Die Leopoldstraße, im Übrigen Münchens erster Platz mit einer überdachten Sitzplatztribüne, blieb bis 1922 die Hauptspielstätte des FC Bayern. Die MSC-Anlage war sehr großzügig. Neben dem Fußballplatz gehörten hierzu auch noch ein Hockey-Spielfeld, Leichtathletikplätze, 14 Tennisplätze, ein nobles Klubhaus, Garderoben- und Waschräume sowie ein Wohnhaus für den Platzwart. Häufiger als an der Leopoldstraße spielte der FCB in seiner Geschichte nur noch an der Grünwalder Straße und im Olympiastadion.

Bayerns Stolz: Münchens erste Tribüne auf dem Platz an der Leopoldstraße.

1911 wurden ausgedehnte Wiesenflächen an der Ungererstraße gepachtet. Die „Erste“ spielte dort allerdings nie, wohl aber die damals „8 Altmannschaften, 1 Altherrn-Elf und 7 Jugendmannschaften“, die die 25-Jahres-Chronik des FC Bayern vermerkt. Die Ungererstraße liegt im Norden Schwabings. Die „Erste“ spielte weiterhin vornehmlich an der Leopoldstraße, deren Fassungsvermögen sich allerdings angesichts des Interesses, das der FC Bayern mobilisierte, als zu klein erwies.

In der Saison 1922/23 trug der FC Bayern fast alle Heimspiele auf dem MTV-Platz an der Marbachstraße in Sendling aus. 1923/24 und 1924/25 spielte der Klub häufig auf dem Teutonia-Platz am Oberwiesenfeld, nur unweit entfernt vom heutigen Olympiastadion. Die komfortable Anlage zwischen Lerchenauer- und Winzererstraße war 1921 eröffnet worden. Die hölzerne überdachte Sitztribüne war damals die bei Weitem größte in München. Das Fassungsvermögen des Stadions betrug offiziell 12.000. Am 22. Mai 1921 fanden sich beim Städtespiel München gegen Berlin sogar 20.000 Zuschauer auf der Anlage ein. Der FC Bayern war nicht der einzige Verein, der die Anlage nutzte, wurde aber ab Oktober 1923 Dauermieter des Teutonia-Platzes. 1936 wurde dieser Platz der Ausweitung militärischer Aktivitäten geopfert.

Das Stadion an der Grünwalder Straße

Ab 1925/26 wurde das Stadion an der Grünwalder Straße Hauptspielstätte des FC Bayern. Das „Grünwalder“ befindet sich in Giesing, der Heimat des TSV 1860, und war auch ursprünglich dessen Anlage. 1911 wurden ehemals landwirtschaftlich genutzte Flächen an der Grünwalder Straße gepachtet, um dort eine Sportanlage zu errichten. Pächter war der Uhrmachermeister Wilhelm Hilber. 1920 wurde von der Turnabteilung der Löwen die erste kleine Sitztribüne („Zündholz-Schachterl“) gebaut, die jedoch bereits 1925 wieder abgerissen werden musste. 1922 ging das Gelände in den Besitz der Löwen über. 1924/25 ließ der TSV 1860 eine neue 53 Meter lange Sitztribüne mit 1.600 Plätzen bauen, 1925 eine 110 Meter lange „Stehhalle“ für 25.000 Zuschauer. Im September 1926 war der Bau des Sechziger-Stadions mit einem Fassungsvermögen von 40.000 abgeschlossen. Die Presse sprach von „einer Münchner Sehenswürdigkeit“ und „Deutschlands schönster Vereinsanlage“. In Süddeutschland war diese Anlage damals konkurrenzlos.

1927 wurde das Sechziger-Stadion nach dem 1860-Vorsitzenden Heinrich Zisch benannt (Heinrich-Zisch-Stadion). Der Direktor Zisch hatte den Bau des Stadions mitfinanziert. 1937 ging die Anlage schließlich in städtischen Besitz über und erfuhr damit eine weitere Namensänderung. In den nächsten Jahren hieß sie Städtische Hanns-Braun-Kampfbahn. Der MSCler Hanns Braun war Münchens berühmtester Leichtathlet gewesen. Der Mittelstreckenläufer, der sowohl deutscher wie englischer Meister wurde und bei der Olympiade 1912 eine Silbermedaille gewonnen hatte, war im Ersten Weltkrieg gefallen. Bereits 1938 folgte die nächste und bis heute letzte Umbenennung in Stadion an der Grünwalder Straße.

1926 wurde das Stadion an der Grünwalder Straße eingeweiht – für die Zeitschrift

Zwei Jahre nach der Vollendung des „Sechzigers" war nahe dem Westfriedhof und dem Stadtteil Gern (unweit vom Oberwiesenfeld) mit dem Dantestadion eine weitere Arena errichtet worden, deren Fassungsvermögen 32.000 betrug. Das Spielfeld des Dantestadions wurde von der Ligamannschaft des FC Bayern zeitweise für Trainingszwecke genutzt.

In den Spielzeiten 1943/44, 1944/45 und 1945/46 musste der FC Bayern auf verschiedene Anlagen ausweichen. Grund war der Krieg: In der Saison 1943/44 waren Teile der Tribünen des Stadions an der Grünwalder Straße durch Bomben zerstört worden. In dieser Saison spielte der FCB vor allem im Dantestadion, das ansonsten von Wacker Münden genutzt wurde. In den ersten Monaten nach dem Krieg gastierte der FC Bayern auch häufig auf der Anlage an der Schlierseestraße in Ober-Giesing und auf dem Platz der Hypobank. Mit Beginn der Oberliga Süd kehrten die Bayern dann an die Grünwalder Straße zurück, wo sie bis einschließlich der Saison 1971/72 blieben.

Im öffentlichen Bewusstsein firmierte die Grünwalder Straße auch nach der Übernahme durch die Stadt als „das Sechziger" und wurde folglich mehr den Blauen als den Roten zugerechnet. Franz Beckenbauer: „Wir waren da nur Gast. Eines unserer letzten Regionalligaspiele wurde kurz vor Beginn in das Dantestadion verlegt, weil plötzlich jemandem eingefallen war, dass man den Rasen besser für die Löwen schont."

„Fußball" „ein stolzes Wahrzeichen für den Siegeszug des Fußballsports".

Die alte Anzeigetafel an der Grünwalder Straße sah so manches interessante Resultat.

Das Olympiastadion

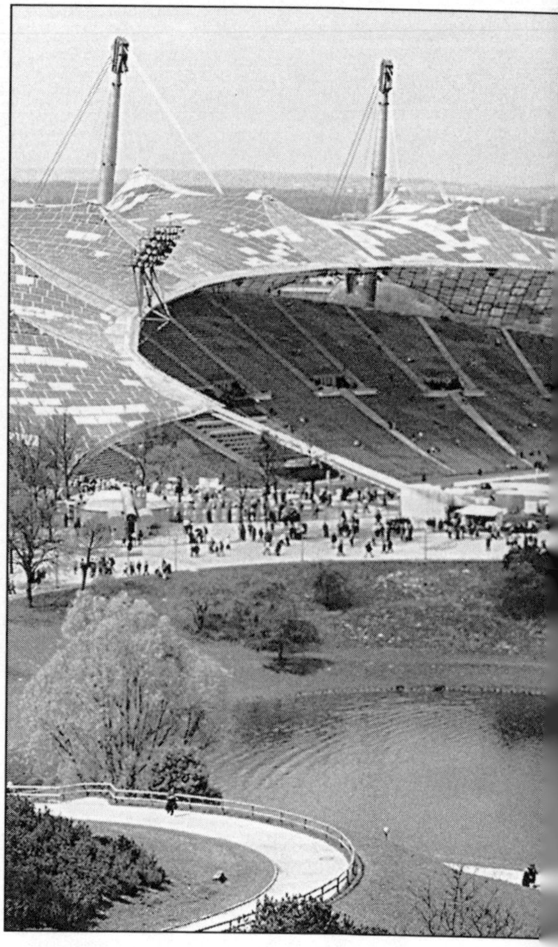

1964 wurde der TSV 1860 DFB-Pokalsieger. 1965 stießen die Blauen als erster deutscher Verein bis ins Finale des Europapokals der Pokalsieger vor, im Jahr darauf wurden sie Deutscher Meister, 1967 Vize-Meister. 1965 war auch der FC Bayern in die Bundesliga aufgestiegen. 1966 und 1967 gewannen die Roten den DFB-Pokal, 1967 holten sie mit dem Europapokal der Pokalsieger die erste europäische Trophäe nach München. Zwei Jahre später gewannen die Bayern ihre erste Bundesliga-Meisterschaft. Im Zeitraum 1964 bis 1969 gingen somit fünf nationale und ein internationaler Titel nach München; in der Saison 1966/67 wurde die Bundesrepublik in den europäischen Wettbewerben gleich durch beide Münchner Vereine vertreten – ein Status, den in Europa ansonsten nur noch Städte wie Madrid, Mailand oder London für sich reklamieren konnten. Zweifellos war die bayerische Landeshauptstadt zu Deutschlands Fußballmetropole Nr. 1 aufgestiegen. Doch über ein angemessenes Stadion verfügte sie nicht.

Auch in der Nationalmannschaft wirkten mittlerweile wieder Münchner mit. Vom TSV 1860 debütierten in den 1960er Jahren Rudi Brunnenmeier, Peter Grosser, Alfred Heiß, Engelbert Kraus, Hans Küppers, Bernd Patzke, Hans Rebele und Rudolf Steiner, vom FC Bayern Franz Beckenbauer, Dieter Brenninger, Sepp Maier, Rudolf Nafziger, Gerd Müller, Rainer Ohlhauser und Franz Roth. Anfang der 1970er sollten sich noch Paul Breitner, Uli Hoeneß und Georg Schwarzenbeck dazugesellen. Keine andere Stadt Deutschlands brachte in diesen Jahren so viele Internationale hervor wie die bayerische Metropole. Jedoch: Das letzte A-Länderspiel hatte München 1940 gesehen. Seither machte die Nationalmannschaft einen weiten Bogen um die bayerische Landeshauptstadt. Im Stadion an der Grünwalder Straße standen zu wenig Sitzplätze zur Verfügung – nur 3.800 der maximal 45.000 Plätze boten Sitzgelegenheiten –, und das Fassungsvermögen des „Sechziger" fiel für internationale Begegnungen zu gering aus. Vor 1972 war München neben Bremen die einzige deutsche Großstadt, die seit dem Zweiten Weltkrieg kein einziges A-Länderspiel zu sehen bekommen hatte. Wie sehr Münchens Fußballfreunde nach internationa-

Ausdruck einer „entspannten Gesellschaft": Zeltlandschaft im Münchner Olympiapark.

len Fußball-Großereignissen lechzten, dokumentieren die 40.000 Zuschauer, die am 6. März 1957 einen 4:0-Sieg der DFB-Amateure über Österreich sahen.

Münchens Stadion-Situation war ein untragbarer Anachronismus. Seit 1957 war München eine Millionenstadt, besaß aber ein kleineres Stadion als Berlin, Hamburg, Stuttgart, Hannover, Köln, Frankfurt, Ludwigshafen, Karlsruhe, Düsseldorf und Nürnberg. Der Zuschauerschnitt der Münchner Vereine lag zwar unter dem Fassungsvermögen der Grünwalderstraße, aber bei großen Begegnungen (und dies waren längst nicht mehr nur die Derbys) erwies sich das Stadion als viel zu klein, womit den Bayern und dem TSV 1860 wichtige Einnahmen entgingen.

Ein Geschenk des Himmels

In dieser Situation erwies sich die Vergabe der Olympiade 1972 nach München für den Münchner Fußball als Geschenk des Himmels, wobei nur der FC Bayern dieses zu nutzen wusste. Die Sechziger waren seit 1970 nur noch zweitklassig, weshalb es allein an den Bayern lag, das weite Rund der neuen Spielstätte mit Zuschauern zu füllen. Anders als das Stadion an der Grünwalder Straße wurde das Olympiastadion daher mehr mit dem FC Bayern als mit dem TSV 1860 in Verbindung gebracht.

Tatsächlich wäre der Aufstieg des FC Bayern zum nationalen Branchenführer und einer europäischen Topadresse ohne die olympische Arena und die mit ihr verbundenen Einnahmemöglichkeiten kaum möglich gewesen. Ohne das Olympiastadion, in dem der FC Bayern am 28. Juni 1972 Premiere feierte und bis zu seinem Auszug 2005 Erstliga-Fußball spielte, hätte der Verein mit den englischen, italienischen und spanischen Spitzenklubs kaum über einen längeren Zeitraum konkurrieren können.

Mit dem Umzug in das Olympiastadion kehrte der FC Bayern in die Nähe seiner alten Heimat zurück, denn die Anlage befindet sich am Rande Schwabings. Das Stadion ist das Herzstück des im Norden Münchens gelegenen Olympiageländes auf dem Oberwiesenfeld. Das Ödland war lange Zeit Exerzierplatz eines bayerisch-königlichen Kavallerie-Regiments. Um das Oberwiesenfeld waren zahlreiche Kasernen entstanden. Anschließend ließen sich hier einige Rüstungsfirmen nieder: BMW, 1916 als Bayerische Flugzeugwerke AG gegründet, Chemische Werke Barlocher (Riesstraße), Knorr-Bremse und Hurth-Maschinenfabrik (beide Moosacher Straße). Die Gegend war ein militärisch-industrielles Zentrum und firmierte auch als „Militärstadt". 1929 entstand auf dem Oberwiesenfeld der erste Münchner Verkehrsflughafen. Nach dem Zweiten Weltkrieg wurde dort Münchens Trümmerschutt abgeladen, der heute das Fundament der Hügellandschaft im Olympiagelände bildet.

Mit seiner aufsehenerregenden Architektur wurde das Oberwiesenfeld zu einem Wahrzeichen Münchens. Noch im Jahr 2000 wurde das Olympiastadion zu den vier bis fünf wichtigsten Bauwerken der deutschen Nachkriegsarchitektur gezählt und befand sich damit in Gesellschaft von u.a. Mies van der Rohes Berliner Nationalgalerie und Hans Scharouns Berliner Philarmonie.

Architektur und Demokratie

Dem in Stuttgart lebenden Architekten Günter Behnisch schwebte bei der Konzeption des Olympiaparks eine „demokratische Sportstätte" vor. Behnisch: „Wir wollten nicht die anonyme, die dumpfe Masse. Für uns war das Individuum ganz wichtig, das sich in seinem Handeln frei fühlt und doch aufgehoben ist in einer große Gemeinschaft." So besehen war die Arena auf dem Oberwiesenfeld ein radikaler Gegenentwurf zum Olympiastadion in Berlin. Während das Berliner Stadion und das benachbarte Reichssportfeld Monumente totalitärer nationalsozialistischer Baukultur waren und den braunen, bedrohlich wirkenden „Zwangskollektivismus" repräsentierten, stand München für eine von Individualismus geprägte Dekade sowie für den Geist von demokratischem Aufbruch und Reform, der Ende der 1960er / Anfang der 1970er durch die Bundesrepublik wehte.

Auch bei der Benennung der Straßen um das Stadion stand die Idee vom „anderen Deutschland" Pate. Der Kusoczinski-Damm wurde nach dem im Widerstand gegen die Nazis ums Leben gekommenen polnischen Olympiasieger über 10.000 Meter von 1932 getauft, der Werner-Seelenbinder-Ring nach dem von der braunen Diktatur hingerichteten Olympiaringer und kommunistischen Widerstandskämpfer. Auch Helene Mayer, Fechtolympiasiegerin von 1928 und sogenannte „Halbjüdin", ist eine Straße gewidmet.

Leichtigkeit und Transparenz

Das fast kreisrunde Stadion war zu zwei Dritteln ein Erdstadion und zu einem Drittel ein Hochbau. Seine Baukosten betrugen 137 Mio. DM. Davon entfielen 55 Mio. auf das weltberühmte Zeltdach, das sich über das Olympiastadion, die Olympiahalle, die Schwimmhalle und über einen Teil der Fußgängerzonen erstreckt. Das durchsichtige Dach sollte „Leichtigkeit und Transparenz" vermitteln. Die „Frankfurter Rundschau" im Juni 1997 anlässlich des 75. Geburtstags des Architekten: „Diese Zeltlandschaft, den Münchner Olympiapark überspannend, war eine Geste. Die durch Ankerblöcke gesicherten Spannseile und Tragschleifen, die an Masten hängende Membrankonstruktion, legten über das Stadion die Allgegenwart einer Aufbruchabsicht in Deutschland. Ausgerechnet im Bild deutscher Stadionarchitektur fand Günter Behnisch einen Ausdruck für die entspannte Gesellschaft."

Das Zeltdach besteht aus 75.000 Quadratmetern Acryl-Glasplatten, die von 58 Masten und Trägern gestützt werden. Zur „Leichtigkeit und Transparenz" trägt auch der Verzicht auf zähe Symmetrie und formale Ordnung bei. An Behnischs Zeichentisch entstand übrigens auch der Entwurf für den Plenarbereich des Bonner Bundestages, in dem bewusst die Stühle der Regierung auf gleicher Höhe stehen wie die der Abgeordneten. Aber das Lieblingsprojekt des genialen Architekten blieb das Münchner Olympiagelände.

Der Münchner Olympiapark umfasst 2,8 Millionen Quadratmeter. Die Errichtung des damals größten Freizeitgeländes in Europa benötigte sechs Jahre. Das Oberwiesenfeld ist noch immer Münchens Freizeitgelände schlechthin und eine der größten Touristenattraktionen der Stadt. Der Mittlere Ring teilt es in eine nördliche und eine südliche Hälfte. Im Süden befinden sich die Sportanlagen, im Norden das ehemalige Olympische Dorf. Der Bau des Dorfes bot die Chance, im städtebaulich noch wenig entwickelten Münchner Norden eine große öffentliche Fläche zu erschließen und ein neues Stadtviertel zu errichten. Tatsächlich wirken Olympiagelände und Olympisches Dorf nicht nur wie ein Stadtviertel, sondern wie eine eigene Stadt.

Das Stadion als Goldgrube

Deutschlands ästhetisch anspruchsvollstes Stadion wurde am 26. Mai 1972 mit dem Fußball-Länderspiel BRD - UdSSR offiziell eingeweiht. Die Schön-Elf gewann 4:1. Vom FC Bayern waren Maier, Schwarzenbeck, Beckenbauer, Breitner, Hoeneß und Müller dabei. Gerd Müller schoss alle vier Treffer. Am 7. Juli 1974 fand im Olympiastadion das Finale der Fußball-Weltmeisterschaft statt, das die BRD gegen die Niederlande 2:1 gewann. Mit Breitner und Müller waren erneut Bayern-Spieler die Torschützen. Außerdem standen vom FC Bayern noch Franz Beckenbauer (Kapitän), Sepp Maier, Uli Hoe-

Zu weitläufig für eine Fußballarena: das Olympiastadion.

neß und Georg Schwarzenbeck auf dem Feld. Auch bei der Europameisterschaft 1988 wurde das Finale in München ausgetragen. Die Niederlande schlugen die UdSSR 2:0.

Als Bund, Land und Stadt den Bayern 1972 das Olympiastadion „schenkten", erwies sich dies schon bald als Goldgrube, die dem FCB einen finanziellen Vorteil gegenüber der Konkurrenz schuf. Wobei Winfried Schäfer, dem der FC Bayern während seiner Amtszeit als Trainer des Karlsruher SC seine besten Spieler wegkaufte, einmal richtig bemerkte: „Andere Vereine haben damals auch ein Stadion bekommen und nichts daraus gemacht."

Als der FC Bayern am 28. Juni 1972 erstmals das Olympiastadion betrat, war es „fünf vor zwölf". Ohne die Genehmigung, das letzte Meisterschaftsspiel der Saison 1971/72 im Olympiastadion zu bestreiten, hätte der Klub einen Kredit aufnehmen müssen, um noch ausstehende Spielergehälter zahlen zu können. 79.032 Zuschauer sahen im bis heute einzigen „echten Bundesliga-Endspiel" gegen Schalke 04 einen 5:1-Sieg der neuen Hausherren und bescherten dem Klub mit 1,2 Mio. DM aus dem Ticketverkauf seine erste Millioneneinnahme. Ein einziges Spiel verbesserte den Zuschauerschnitt der Bayern auf die neue Rekordmarke von 27.748. Zuvor hatte die Höchstmarke bei 25.177 gestanden.

Im „Kicker" schrieb Helmut Dirscher über den gewonnenen Meistertitel 1972 und die Zukunft des FC Bayern: „Gerade jetzt, wo das Olympiastadion mit der doppelten Zuschauerkapazität als das Grünwalder Stadion für die Spiele im Europacup der Meister zur Verfügung steht, war es für das Star-Ensemble um Franz Beckenbauer lebenswichtig, im großen Fußball dabei zu sein. Dem weitblickenden Präsidenten Wilhelm Neudecker fiel der schwerste Stein vom Herzen, als die Europacup-Teilnahme Gewissheit war. Ich erinnere mich noch gut an die große Zeit des Lokalrivalen TSV 1860 München. 1964 nahm die brillante Truppe um Peter Grosser und Hennes Küppers am Europacup der Pokalsieger teil, 1966 am Europacup der Meister. Der Rubel rollte zwar; aber die Einnahmen blieben begrenzt, weil auf Giesings Höhen nur knapp 40.000 Zuschauer Platz fanden. (...) Für die Löwen kam es (das Olympiastadion) zu spät, viel zu spät; für die Bayern ... noch im richtigen Moment. (...) Es müsste doch mit dem Teufel zugehen, wenn diese gesunde Mischung nicht noch drei, vier Jahre eine Gewähr für den Verbleib in Deutschlands und Europas Spitzenklasse garantieren sollte."

Tatsächlich erwies sich das Olympiastadion als ideale Spielstätte für einen Verein, der sich anschickte, weit mehr zu sein als „nur" ein städtischer Repräsentationsverein – nämlich fußballerischer Repräsentant eines Bundeslandes, auf internationaler Ebene gar der gesamten Nation. Es waren wohl vor allem die Europapokalspiele, die das Image der olympischen Arena als „Bayern-Stadion" prägten. Daran änderte auch nichts, dass die Sechziger hier ab der Saison 1995/96 ebenfalls regelmäßig spielten. Sehr zum Unwillen vieler ihrer Fans, die einen Um- und Ausbau der Grünwalder Straße vorgezogen hätten.

Der Umzug in die olympische Arena beförderte „sozio-kulturelle" Veränderungen im Umfeld des Vereins. Das Olympiastadion ermöglichte die Mobilisierung eines neuen, konsumfreundlichen Publikums. Franz Beckenbauer über die Anfänge der „VIP-Politik" des FCB: „Wir zogen um ins Olympiastadion und hatten statt der 46.000 Plätze im Sechz'ger-Stadion fast 80.000 zu füllen, viel mehr Sitzplätze, die sich etwas teurer verkaufen ließen und auch gefragt waren. Es gab genügend Parkplätze und eine ideale Verkehrsanbindung , die U-Bahn fährt ja praktisch bis kurz vor die Tribüne. Nun gab es auch andernorts schöne, große Stadien, ausverkaufte Spiele und Rekordeinnahmen. Der FC Bayern hatte zum Glück nicht nur die beste Mannschaft, sondern auch das beste Management. Präsident Wilhelm Neudecker, Schatzmeister Willi O. Hoffmann und Manager Robert Schwan waren der Zeit voraus. Sie erahnten die ungeheuren Möglichkeiten, die auf den Fußball noch zukommen sollten. Sie erschlossen uns ein neues Publikum und dadurch neue Einnahmequellen." Das Olympiastadion verfügte in der Mitte der Haupttribüne über einen besonders komfortabel ausgestatteten Sektor mit bequemen Sitzen, viel Beinfreiheit und Teppichboden. Dieser Bereich wurde nun zum ersten echten VIP-Sektor in der Bundesliga.

Aus Italien und Spanien wusste man, dass neben dem traditionellen Fußball-Publikum auch elegant gekleidete Herren mit dunklem Anzug und Krawatte in die Arenen kamen. Der Fußball zog dort auch ein betuchteres Publikum an. Willi O. Hoffmann kam nun auf die Idee, die Plätze im VIP-Bereich des Olympiastadions als Jahreskarten anzubieten – für 1.000 DM, inklusive kaltem Büffet in der Halbzeitpause. Die VIP-Karten erwiesen sich als Renner.

Bis dahin ließ sich die Prominenz nur selten in den deutschen Stadien blicken. Lediglich die Politiker Stücklen (CSU), Mischnick (FDP) und Schmidt-Vockenhausen (SPD) wurden in den Stadien ihrer Vereine des Öfteren gesichtet. Auch Ruhrbischof Franz Hengsbach besuchte die Bundesliga. In München sah dies nun anders aus. Bald kam so viel Prominenz auf das Oberwiesenfeld, dass die Redaktionen neben den Sportreportern auch die Gesellschaftskolumnisten ins Olympiastadion schickten. Franz-Josef Strauß wurde ebenso gesichtet wie Schauerspieler, Sänger, Unternehmer, Banker und Vorstandsmitglieder großer und renommierter Firmen.

Nicht tauglich als Fußball-Arena

Andererseits wurde das Olympiastadion nie zu einer bebenden Kampfstätte. In der „Frankfurter Rundschau" schrieb Christian Thomas über die Anlage: „Vielmehr ist sie zuallererst ein Architekturereignis gewesen, als Fußballstadion nie richtig tauglich, trotz großer Spiele, unter bayerisch-blauem Himmel ebenso wie in tiefer ambrosischer Nacht. (...) Denn Fußballstadien, ein jeder Fan schätzt das, sind Orte einer fanatischen Konzentration, des Blicks auf das Arena-Innere. Insofern war das Münchner Olympiastadion schon immer ein belebter Anachronismus. Furchterregendere Kampfstätten kennt die Fußballwelt ganz gewiss, darunter steil aufsteigende Kathedralen, an denen die Rituale der Leidenschaft und der Kraftproben nicht, wie in München, abfließen können. Alles gestaut zwischen Old Trafford in Manchester und San Siro in Mailand, vom Dortmunder Westfalenstadion bis zur Ajax-Arena in Amsterdam – doch nicht so in München, wo die Oberkante der Ränge eingebettet ist in die Landschaft. Ein doppelter Saum hier. Die grüne Wiese rahmt das Fußballfeld – und eine weitläufige Parklandschaft fasst, welch ein Geniestreich, eine der wichtigsten Wiesen der Republik ein."

Angst hatten die Gegner trotzdem: Stefan Effenberg nach seinem Wechsel von Mönchengladbach zum FC Bayern: „Wir sind eigentlich immer selbstbewusst nach München gefahren, aber sobald wir in die Nähe des Olympiastadions kamen, war es mit unserem Mut vorbei..." Das allerdings lag nicht an einer beänstigenden Atmosphäre im Stadion, sondern an der Spielstärke der Hausherren.

Deren Bilanz im Olympiastadion liest sich beeindruckend. Der FC Bayern verbrachte dort 33 Bundesliga-Jahre. In dieser Zeit lag der Zuschauerschnitt nur fünfmal unter der 30.000er Marke. 17-mal holte der FC Bayern zwischen 1972 und 2005 die Deutsche Meisterschaft, siebenmal den DFB-Pokal, fünfmal eine europäische Trophäe, zweimal den Weltpokal. Insgesamt war er – Freundschaftsspiele mitgerechnet – fast 800-mal Gastgeber im Olympiastadion, davon fast 130-mal in europäischen Wettbewerben. In 73 % aller Partien gingen die Bayern als Sieger vom Platz, lediglich 10% der Heimspiele gingen verloren.

Nur den Zuschauerrekord hält nicht der FC Bayern, sondern Lokalrivale TSV 1860. Im Jahr 1973 durften die Löwen zu einem Regionalliga-Süd-Spiel (!) gegen den FC Augsburg über 80.000 Besucher begrüßen. Weitere 10.000 bis 20.000 Interessierte verfolgten damals das Geschehen auf dem Olympiagelände außerhalb des Stadions.

Ein Stadion im Wandel der Zeit

Anlässlich der Europameisterschaft 1988 wurde ein Teil der Stehplätze in Sitzplätze umgerüstet, was eine Verringerung der Kapazität auf 69.466 bedeutete. In der Saison 1996/97 gab es im Stadion 58.066 Sitzplätze und 11.400 Stehplätze. Voll ausgeschöpft wurde diese Kapazität allerdings nur selten. Da die Sicht in den unteren Sitzplatzreihen aufgrund der Bandenwerbung stark eingeschränkt war, gingen in der Regel maximal 64.000 Karten in den Verkauf. Nur bei den Derbys konnten es beide Vereine nicht lassen, einige tausend Karten mehr zu verkaufen.

Mittlerweile war eine weitere Umrüstung erfolgt. Die Stehplatzränge in der Südkurve (Bayern) und der Nordkurve (TSV 1860) wurden mit einem kompatiblen System ausgestattet, das bei internationalen Spielen eine vollständige Bestuhlung der Ränge ermöglicht. Die durchgezogenen Querstangen, von den Fans verächtlich „Hühnerstangen" getauft, beeinträchtigten bei Bundesliga-Spielen allerdings die Bewegungsfreiheit und die Stimmung in den Stehkurven.

Obwohl das Olympiastadion eine Menge Geld in die Kassen des FC Bayern spülte, zeigten sich die Vereinsoberen zunehmend unzufrieden mit der Anlage und dachten öffentlich über ein neues Stadion nach. Schwachpunkte des Olympiastadions waren seine Konzeption als Leichtathletikarena, die relativ flach ansteigenden Ränge, die damit verbundene Distanz der Zuschauer zum Spielfeld, die große Zahl unüberdachter Steh- und Sitzplätze sowie seine unzureichenden Modernisierungsmöglichkeiten. In Sachen Komfort und bei der Einrichtung von lukrativen Logen war der FCB gegenüber anderen Klubs wie Bremen und Kaiserslautern, Dortmund oder Leverkusen deutlich ins Hintertreffen geraten. In den 1990er Jahren geriet das Olympiastadion daher zu einer der anspruchslosesten Arenen der Liga. Beim Werben um neue Zuschauermilieus fiel den Stadien aber eine erhebliche Bedeutung zu. Wie kein anderer deutscher Verein hatte der FC Bayern am Imagewandel des Fußballs gestrickt, wobei ihm anfangs auch das Olympiastadion behilflich war. Doch in den 1990ern war die Spielstätte für dieses Bayern-Projekt nicht mehr zeitgemäß. Für einen Verein, der in allen übrigen Belangen Branchenführer des deutschen Fußballs war, entwickelte sich die einst gefeierte Arena zusehends zum Ballast.

FCB-Vize-Präsident Fritz Scherer erklärte bereits 1991: „Unser Wunsch ist es seit langem, ein echtes Fußballstadion zu haben. Ohne Laufbahn zwischen Spielfeld und den Zuschauertribünen. Nur kostet ein neues Stadion Hunderte von Millionen. Und die können wir derzeit nicht selbst finanzieren. Abgesehen davon bräuchten wir natürlich auch ein passendes Grundstück dafür." Uli Hoeneß: „Das Zeltdach und die Anlage sind zwar hübsch anzusehen, aber nicht mehr zeitgemäß."

Für Pressesprecher Markus Hörwick förderte das Olympiastadion ein negatives Image der Bayern: „Auch aus der Entfernung zum Spielfeld erklärt sich der Begriff der ‚unnahbaren Bayern'. Weil hier niemand sieht, wie Markus Babbel sich blutige Schrammen holt und Mehmet Scholl beim Sprinten den letzten Schnaufer tut." Ähn-

Die Geschäftsstellen des FC Bayern

Die Schaltzentrale des Vereins: Bayern-Geschäftsstelle an der Säbener Straße mit Fans, die beim Kartenverkauf anstehen.

Die Geschäftsstelle des FC Bayern befand sich viele Jahre in der Weinstraße 14/II (Stadtzentrum, zwischen Marienplatz und Frauenkirche). Im Zweiten Weltkrieg wurde das Haus total zerstört, weshalb man vorübergehend in die Agnes-Bernauer-Sraße 106 (Stadtteil Laim) umzog. Zum Zeitpunkt des Bundesligaaufstiegs residierte der Klub in der Landwehrstraße (Stadtzentrum, unweit vom Deutschen Theater), bevor 1971 der Umzug an die unweit des Stadions an der Grünwalder Straße gelegene Säbener Straße erfolgte.

Franz Beckenbauer musste sich noch Mitte der 1960er Jahre an der Säbener Straße in einer Holzhütte umziehen. Heute steht hier das gediegenste Trainingsgelände der Bundesliga, dessen Baumeister Wilhelm Neudecker war und dessen Ausbaumeister Uli Hoeneß ist. Die in einer guten Wohngegend von Harlaching gelegene Säbener Straße war zunächst eine Bezirkssportanlage, bevor sie vom FC Bayern in Erbpacht übernommen wurde. Das Trainingsgelände, wie wir es heute kennen, entstand 1970 unter der Regie von Wilhelm Neudecker. Als Vorbild diente ihm die vereinseigene Anlage des 1. FC Köln, damals das modernste Trainingsgelände im deutschen Fußball. Das neue Klubzentrum kostete damals 3,9 Mio. DM. Die Größe des Geländes beträgt 70.000 Quadratmeter. Die Trainingsmöglichkeiten bestehen in vier Rasenplätzen (einer davon mit Rasenheizung), einem Kunstrasenplatz und einer Mehrzweckturnhalle. Das Gelände soll in südlicher Richtung um ein kleines Stadion für die Amateure, Jugendmannschaften und Damenteams erweitert werden.

liche Gedanken hatte Jürgen Klinsmann bei seinem Abschied aus München: „Was sich diese Super-Fans von Herzen wünschen würden: Dass sie ihre Mannschaft einmal geschlossen in einem wirklichen Fußballstadion anfeuern dürfen. Da können sie noch viel mehr Einfluss auf das Spiel und die Leistung der Mannschaft nehmen. Denn im Münchner Olympiastadion ist es trotz des enormen Zuschauerschnitts sehr schwer, eine Stimmung wie in Mailand oder Dortmund rüberzubringen. Mit den Bayern-Fans in einem Stadion wie San Siro in Mailand hätte die Mannschaft pro Saison sechs, sieben Punkte mehr auf dem Konto." Ein Argument, das auch Uli Hoeneß strapazierte. Der Manager während der enttäuschenden Bundesligasaison 2001/02: „Ich wette, wenn du ein Stadion hättest wie in Kaiserslautern oder Dortmund, hätten wir zumindest alle unsere Heimspiele gewonnen." Stimmungsmäßig, so Hoeneß, entspräche das Stadion „dem Zentralfriedhof von Chicago".

Eine Interaktion zwischen Zuschauern und Spielern war in München tatsächlich erheblich schwieriger herzustellen als andernorts. Sie funktionierte nur bei besonderen sportlichen Anlässen wie K.o.-Spielen in der Champions League gegen Adressen wie Real Madrid und wenn das Stadion prall gefüllt war.

Der Weg nach Fröttmaning

Während andernorts alte Arenen umgebaut oder neue errichtet wurden, rührte sich in München diesbezüglich nichts und konnte sich auch nichts rühren. Architekt Günther Behnisch besaß für 70 Jahre die Urheberrechte an der Konstruktion, womit dem FC Bayern in Sachen Stadionmodernisierung die Hände gebunden waren.

Mitte der 1990er Jahre begann endlich eine intensivere Diskussion über einen fußballgerechten Umbau des Olympiastadions oder den Neubau einer „Bayern Arena" in München. Der 6. Juli 2000 geriet zu einem ähnlich entscheidenden Datum für den FC Bayern wie der 26. April 1966, als die Zukunft des Klubs durch die Vergabe der Olympischen Spiele nach München sichergestellt wurde. Denn im Juli 2000 beauftragte das FIFA-Exekutivkomitee Deutschland mit der Ausrichtung der WM 2006.

Wollte München zu den Spielorten gehören, musste in Sachen Stadion definitiv etwas passieren. Franz Beckenbauer, nicht nur Bayern-Präsident, sondern auch OK-Chef der WM 2006: „Ohne ein neues Stadion wird die Fußball-Weltmeisterschaft in München nicht stattfinden. Jetzt ist die Chance da, durch das Geschenk WM 2006 ein neues Stadion in München zu realisieren. Und Geschenke nimmt man üblicherweise an." Doch im langjährigen Hin und Her zwischen Umbau des Olympiastadions und Errichtung einer komplett neuen, reinen Fußballarena deutete zunächst alles auf eine „kleine Lösung" hin. Im Oktober 2000 einigten sich Freistaat, Stadt und Vereine auf ein vom Architekten Behnisch entwickeltes „Konsensmodell", das die Tieferlegung des Spielfelds, einen Abriss der Leichtathletikanlagen, das Einziehen steilerer Tribünen und die Errichtung eines zweiten tellerrandförmigen Ranges vorsah.

Das Ende der Debatte war aber damit noch immer nicht erreicht. Eine Initiative „Hände weg vom Olympiastadion" sammelte 40.0000 Unterschriften, um ein Bürgerbegehren durchzuführen. Aber auch viele Bayern-Fans rebellierten gegen das „Konsensmodell", das ihrer Vision von einem reinen Fußballstadion kaum gerecht wurde. Auch der Verein selbst betrachtete die Pläne letztlich nur als „kleineres Übel". Zu den Gegnern eines Umbaus und Befürwortern eines Neubaus gehörte auch Münchens Alt-Oberbürgermeister Hans-Jochen Vogel. Der unverändert populäre Politiker wies darauf hin, dass niemand mit dem Umbau des Olympiastadions glücklich sei – nicht die Denkmalschützer und auch nicht die Fans.

Das Ende des Konsensmodells

Das „Konsensmodell" verschwand im Papierkorb, als Behnisch selbst überraschend sein Veto einlegte. Bei einem weiteren Stadiongipfel am 19. Dezember 2000 setzte sich schließlich die einzig vernünftige Lösung durch: Neubau einer reinen Fußballarena. Noch einige Wochen zuvor war ein entsprechender Antrag auf der Jahreshauptversammlung des FC Bayern abgeschmettert worden. Ministerpräsident Edmund Stoiber prognostizierte seinerzeit, dass es auch „in 30 oder 40 Jahren" kein neues Stadion geben könnte.

Von 14 diskutierten Standorten blieb schließlich ein am Autobahnkreuz München-Nord (A9/A99) gelegenes Gewerbegebiet im nördlichen Stadtteil Fröttmaning übrig. Am 24. Juli 2001 beschloss der Münchner Stadtrat mit großer Mehrheit die Errichtung des Stadions an diesem Standort.

Bevor die Bagger anrollen durften, war zunächst die Hürde Bürgerentscheid zu nehmen. 910.000 Bürger waren aufgerufen, am Sonntag, 21. Oktober 2001, in einem von 260 Wahllokalen ihr Kreuzchen zu machen. Gültigkeit erreichte der Bürgerentscheid allerdings nur unter der Bedingung, dass sich daran mehr als zehn Prozent der Wahlberechtigten beteiligten. FC Bayern, TSV 1860, Stadt München und Land Bayern starteten eine gemeinsame Kampagne mit dem Motto „Ja zu München, Ja zum neuen Stadion". In exponierter Lage am nördlichen Münchner Stadteingang könne ein „weithin sichtbares neues Wahrzeichen für München" entstehen. CSU, SPD und FDP sowie der DGB schlossen sich der Kampagne an. Die Gegner machten mit Parolen wie „München braucht nicht zwei Stadien", „Keine Münchner Steuermillionen für ein neues Stadion" mobil. Franz Beckenbauer drohte für den Fall des Scheiterns damit, sich nach Alternativen umzuschauen, „auch außerhalb der Stadt. Dann lassen wir einfach München weg und sind nur noch der FC Bayern."

Das Bürgerbegehren ergab eine klare Mehrheit für die Stadionbefürworter: 337.399 Bürger begaben sich in die Wahllokale, was eine Beteiligung von 37,5 Prozent bedeutete – die höchste Wahlbeteiligung, die es je bei einem Bürgerentscheid in München gab. 228.897 (= 65,8%) votierten für einen Stadionneubau in Fröttmaning, 115.502 (= 34,2%) sprachen sich dagegen aus. Oberbürgermeister Christian Ude: „Das ist der Durchbruch für München als Fußballhochburg. Die Entscheidung ist das Ende der quälend langen Standortsuche."

Die Allianz Arena

Acht Konsortien mit renommierten Architektur-Büros an der Spitze bewarben sich um den Auftrag für den Stadionbau, darunter so prominente Adressen wie die des Reichstagsarchitekten Norman Foster and Partners (London/Berlin), Murphy/Jahn Inc. (Chicago/Berlin) und Herzog & de Meuron (Basel). Letztere hatten erst im Jahr zuvor den als Nobel-Preis für Architektur gehandelten „Pritzker-Prize“ erhalten. Zu internationaler Bekanntheit waren die Schweizer vor allem durch das Museum Tate Modern in London gelangt.

Vorgabe war ein reines Fußballstadion mit einer Kapazität von 66.000 Zuschauern. Hoeneß: „Wir sind uns mit 1860 einig, dass die Anhänger unserer Klubs eine Gänsehaut-Atmosphäre verdient haben. Ihnen sind wir einen Fußball-Tempel schuldig à la Bernabeu-Stadion in Madrid, Old Trafford in Manchester, Guiseppe-Meazza-Stadion in Mailand oder Nou Camp in Barcelona.“ Eine multifunktionale Arena à la Schalke wurde bewusst abgelehnt. Bei zwei Profi-Vereinen war eine ausreichende Auslastung gegeben. Uli Hoeneß: „Wir in München haben die Chance, ein auf Dauer profitables Stadion mit 40, 50 Spielen pro Saison zu bekommen.“

Einem 15-köpfigen „Obergutachter“-Gremium, bestehend aus Vertretern der Vereine, der Stadt und unabhängigen Fachgutachtern, fiel die Aufgabe zu, dem FC Bayern und dem TSV 1860 als Bauherren eine Empfehlung für die endgültige Entscheidung auszusprechen. Am 8. Februar 2002 war es so weit. Auf einer von TV-Moderator Günther Jauch geleiteten Pressekonferenz wurde ein einstimmiges Votum zugunsten der

„Homogene Form und unverwechselbare Identität“: die Allianz Arena.

Fast 70.000 Zuschauern bietet die neue Arena bei Bundesliga-Spielen Platz.

Alpine Bau Deutschland GmbH mit den Schweizer Architekten Jacques Herzog und Pierre de Meuron bekannt gegeben. Referenzprojekt von Herzog und de Meuron war ihr neuer St.-Jakob-Park in Basel („Wir wollten unser Traumstadion bauen“). Das mit Abstand modernste Stadion der Schweiz ist Spielstätte des FC Basel und avancierte zum glanzvollen Wahrzeichen der Stadt.

Möglicherweise steht dem Münchner Stadion eine ähnliche Karriere bevor. Die wesentlichsten Elemente ihrer ungewöhnlichen „Schlauchboot"-Konstruktion: ein Stadion mit drei Rängen, dessen Clou aus einer Kunststoffhülle aus 2.000 acht mal vier Meter großen Elementen besteht, die in den Vereinsfarben der Roten und Blauen zu erleuchten ist. Bei internationalen Spielen beträgt das Fassungsvermögen 66.000

Sitzplätze. Im unteren Rang finden 20.000 Zuschauer Platz, im mittleren 24.000 und im oberen 22.000. Alle Plätze sind überdacht. Bei Bundesligaspielen wächst die Kapazität durch Umwandlung von Sitz- in Stehplätze auf 69.901. In den unteren Rängen der Nord- und Südkurve werden durch Hochklappen der Sitze 13.500 Stehplätze geschaffen. Die Allianz Arena besitzt 106 Logen unterschiedlicher Größe für 1.374 Besucher und 2.200 Business-Seats. Für die Presse stehen 400 Plätze zur Verfügung. Im Innenbereich entfallen 6.000 Quadratmeter auf gastronomische Einrichtungen, darunter zwei Fan-Restaurants in Süd- und Nordkurve mit jeweils 1.000 Plätzen. Des Weiteren befinden sich im Bauch des Stadions u.a. die Megastores des FC Bayern und TSV 1860, Konferenz- und Büroräume, zwei Aufwärmhallen à 110 Quadratmeter, vier Kabinen (für Bayern, TSV 1860 sowie zwei für die Gästeteams). Der Zuschauerabstand zum Spielfeld beträgt 7,50 Meter. Die Gesamtkosten für das Stadion beliefen sich auf 340 Mio. Euro.

Mit seiner Konzeption trug das Stadion auch einem gewandelten Konsumverhalten Rechnung. Hoeneß im Januar 2003: „Der Bürger will nicht mehr bei Wind und Wetter ins Stadion gehen, er ist nicht mehr bereit, nur eine Bratwurst zu kaufen oder ein Bier. Der Bürger will heute seine Kinder im Stadion abgeben, er will seine Freundin mitnehmen, und die kommt nur mit, wenn sie nicht friert und nicht nass wird. Die Gesellschaft ist bequemer geworden – dem müssen wir auch als Fußballverein Rechnung tragen."

„Bei Tag und Nacht ein magischer Ort"

Die Gutachter lobten vor allem auch die ästhetische Qualität des Entwurfs: „Die Verfasser verbinden Fassade und Dach des Baukörpers zu einer homogenen Form und schaffen dadurch eine eindeutige und unverwechselbare Identität. Die rautenförmige, transluzente Umhüllung wird in der Vieldeutigkeit ihrer Erscheinung bei Tage und bei Nacht einen magischen Ort entstehen lassen, der die Vorfreude auf das Ereignis steigert. Auf subtile Art und Weise schafft dieser unterschiedlich – beispielsweise in den jeweiligen Vereinsfarben – illuminierbare Leuchtkörper den beiden Vereinen eine eigene Projektionsfläche für ihre Selbstdarstellung und Identifikation. Die Verfasser verlassen sich bei der formalen Ausbildung nicht auf die Inszenierung von Ingenieurtechnik, sondern erzeugen einen auf das Spielgeschehen konzentrierten Raum. Die architektonische Haltung im Inneren und Äußeren ist für das Thema ‚Fußballstadion' zukunftsweisend." Architekt Pierre de Meuron prophezeite: „Das neue Stadion wird Identifikationspunkt für die Stadt und die Klubs werden, eine Orientierungsmarke wie die Türme der Frauenkirche oder die Dächer des Olympiageländes sein. Es wird sich in der Erinnerung der Vorbeireisenden einprägen und Zielpunkt der Sehnsüchte in den Köpfen der Fans werden. Ein Pilgerort für Fußballbegeisterte." Franz Beckenbauer sprach von einem „einmaligen Stadion, anders als ein klassisches. Es wird das ungewöhnlichste Stadion der Welt werden."

Wie seinerzeit das Olympiastadion fand auch die neue Arena den Weg in die Feuilletons. Im „Tagesspiegel" hieß es lobend: „Innovationen haben es nicht leicht, in die heimische Fußballkultur Eingang zu finden. Vor diesem Hintergrund ist es umso bemerkenswerter, dass sich beim Münchner Stadionneubau zur Fußball-Weltmeisterschaft 2006 die Schweizer Architekten Jacques Herzog und Pierre de Meuron durchgesetzt haben. Das Basler Büro steht architektonisch für jenen Traditionsbruch und Stilwechsel, der von wohlmeinenden Fußballfunktionären hierzulande lediglich rhetorisch vollzogen wird. (...) Schönheit ist in deutschen Fußballstadien bislang kein Maßstab gewesen. Stattdessen triumphierten in hastig hochgezogenen Beton-Stahl-Konstruktionen die Funktionsansprüche von Ingenieuren. (...) Die Entwürfe von Herzog & de Meuron überzeugen, weil sie der gewandelten Rolle des Fußballs ästhetisch Rechnung tragen. (...) Deutschland bekommt erstmals ein Fußballstadion, das sich auf der Höhe der Zeit befindet – ein Stadium of Art." Auf der anderen Seite des großen Teichs befand die Zeitschrift „New Yorker" die Arena als „außerirdisch schön".

„Außerirdisch schön"

Der Sportsoziologe Gunter Gebauer betrachtete das Arena-Projekt als Indiz für den Wandel des nationalen Selbstverständnisses der Deutschen und Verbeugung vor dem Kommerz: „Bei den Olympischen Spielen 1972, dann zwei Jahre später bei der Fußball-WM, wollte die Bundesrepublik beweisen, wie sehr sich Deutschland verändert hat. (...) Inzwischen scheint die Phase, in der Deutschland der Welt seinen tiefgreifenden Wandel vom Faschismus zum liberalen Land unter Beweis stellen wollte, vergessen zu sein. (...) Die Organisatoren der nächsten WM verstehen den Hintergrund der Münchner Veranstaltungen von 1972 und 1974 nicht mehr. Politische Symbolik interessiert nicht. (...) Heute stellt sich Deutschland nicht mehr in der Pose des Vorzeigenden dar; es muss nicht mehr mit Erfolgen in Sport, Kultur und Wirtschaft um die Anerkennung anderer Länder werben. Jetzt, wo die Bundesrepublik in der internationalen Politik eine wichtige Rolle spielt, kann sich der DFB auf die Aufgabe konzentrieren, den Sport möglichst profitabel zu machen. (...) Wie die Inspiration der Organisatoren für die WM 2006 aussieht, wird vom FC Bayern formuliert: ein neues Stadion als Unterhaltungsmaschine für die ganze Familie; möglichst für ein ganzes Wochenende. Fußball ist dann nur noch der Anlass für ein multimediales Freizeitvergnügen. (...) Es gibt in Deutschland nicht mehr den Wunsch, sich mit einer Architektur geprägt von politischer Symbolik hervorzutun. Es herrscht das Ideal der Shopping Mall, der Einkaufszone."

Die Finanzierung des Neubaues verschlang insgesamt 340 Mio. Euro. Die Vereine mussten die Kosten für das Stadion und das unterirdische „größte Parkhaus Europas" mit 11.000 Auto- und 350 Omnibusplätzen begleichen. Die Kosten für die Infrastrukturmaßnahmen (u.a. U-Bahn und Straßenanbindung) wurden vom Bund, Freistaat und der Stadt übernommen. FC Bayern und TSV 1860 gründeten zu gleichen Anteilen eine Betreibergesellschaft, die vom FC Bayern ein Darlehen von 150 Mio. Euro erhielt. Das Geld kam aus dem Verkauf von 10 Prozent der FC-Bayern-Aktien an den strategischen Partner Adidas. Die Betreibergesellschaft musste diese Summe mit Zinsen an den FC Bayern zurückzahlen. Der FCB zahlte sich somit selbst die Hälfte der Zinsen, während der TSV 1860 die andere Hälfte übernahm.

Allianz auf 15 Jahre

Um das Projekt zu stemmen, benötigten die Vereine aber auch einen starken Partner aus der Privatwirtschaft. Sie fanden ihn in der Allianz AG, die dafür die Namensrechte am neuen Stadion erhielt. Der von der München Stadion GmbH und dem Versicherungsunternehmen unterzeichnete Vertrag hat eine Laufzeit von 15 Jahren, von 2006 bis 30. Juni 2021. Dr. Michael Albert, Vorsitzender des Vorstands der Allianz in Bayern: „Die Allianz hat seit über 50 Jahren ihren Firmensitz in Bayern. Wir freuen uns daher sehr, dass diese neue, in Europa einzigartige Sportstätte unseren Namen tragen wird." Bürgermeister Ude: „Nur über die wortwörtlichen Allianzen zwischen den beiden Vereinen, der Stadt und nun auch der Allianz AG ist dieses Großprojekt zu realisieren." Für die Namensvergabe kassierte die Stadion GmbH 92 Mio. Euro.

Die Eröffnung der Allianz Arena erfolgte nach fast dreijähriger Bauzeit am 30. Mai 2005 mit einem Freundschaftsspiel zwischen dem TSV 1860 und dem 1. FC Nürnberg, das die „Löwen" mit 3:2 gewannen. Einen Tag später feierten die Bayern ihren Einzug in das neue Stadion und mobilisierten dabei erheblich mehr Aufmerksamkeit als der Lokalrivale. Gegner der Bayern war die DFB-Nationalmannschaft, die mit 2:4 unterlag. Am 2. Juni 2005 wurde dann das erste „Arena-Derby" angepfiffen: Die Blauen besiegten die Roten durch ein Tor von Paul Agostino mit 1:0.

Wie das Olympiastadion wurde auch die Allianz Arena im öffentlichen Bewusstsein von Anfang an mehr mit dem FC Bayern als mit den Sechzigern assoziiert. Hierfür gab es mehrere Gründe: Wie schon zum Zeitpunkt des Umzugs in das Olympiastadion waren die Bayern erstklassig und in Europa präsent, der TSV 1860 indes nur zweitklassig. Die öffentliche Diskussion und Kampagne für ein neues Stadion wurde primär von den Bayern geführt, die den Neubau erheblich dringender benötigten als der Lokalrivale. Für den FC Bayern, dessen Anhänger überwiegend von außerhalb Münchens angereist kommen, war die Lage des Stadions vor den Toren der Landeshauptstadt und in Nachbarschaft zu einem Autobahnkreuz geradezu ideal. Nicht jedoch für den „Stadtverein" TSV 1860, für den die alte Grünwalder Straße eine geeignetere Heimat gewesen wäre. Dies gilt nicht nur für die Lage des Stadions, sondern auch für dessen Ausmaße. Für die Bedürfnisse der Sechziger erscheint die neue Arena eine Nummer zu groß, was bekanntlich bereits für das Olympiastadion galt.

Rote und Blaue waren von Anfang an höchst ungleiche Partner, was sich auch aus den Umsätzen des Geschäftsjahres 2000/01 ablesen lässt, in dem die Entscheidung für den Neubau fiel: 173,2 Mio. Euro der Bayern standen 35 Mio. Euro des TSV 1860 gegenüber. Uli Honeß im März 2002: „Es wird sich in den nächsten Jahren zeigen, ob die Sechziger ihren Beitrag leisten können. (...) Die Partnerschaft läuft so lange gleichberechtigt ab, wie jeder seinen wirtschaftlichen Verpflichtungen nachkommt. Und in dieser Frage kommt es für 1860 auf die sportliche Entwicklung an: ob sie auch international mitspielen." Sollten die Löwen ihren Verpflichtungen nicht nachkommen können, müsse der FC Bayern deren Part mit übernehmen – mit allen damit verbundenen Konsequenzen.

Die Allianz Arena während der WM 2006

Schoss in der Allianz Arena mit einem grandiosen Treffer das erste Tor der Fußball-Weltmeisterschaft 2006: Bayer Philipp Lahm, hier anschließend umarmt vom ehemaligen FCB-Kollegen Frings und dem Münchner Mitspieler Schweinsteiger.

Bei der Fußball-Weltmeisterschaft 2006 war die Allianz Arena nach dem Berliner Olympiastadion das bedeutendste WM-Stadion; u.a. gingen hier das Eröffnungsspiel sowie ein Halbfinalspiel über die Bühne.

Das Eröffnungsspiel wurde am 9. Juni angepfiffen. Deutschland schlug Costa Rica mit 4:2, und das erste WM-Tor in der Arena erzielte mit Philipp Lahm ein waschechter Münchner, der mit einem wunderschönen Schuss bereits in der 6. Minute traf. Die deutsche Nationalelf spielte noch ein zweites Mal in München, nämlich am 24. Juni 2006 im Achtelfinale gegen Schweden. Das DFB-Team bezwang Schweden nach einem furiosen Start durch zwei Tore des Neu-Bayern Lukas Podolski mit 2:0. Die Allianz Arena war somit ein gutes Pflaster für das Team von Jürgen Klinsmann.

Im Viertelfinale durfte die Allianz Arena pausieren. Im Halbfinale trafen am 5. Juli in München Frankreich und Portugal aufeinander. Die Franzosen gewannen durch einen von Zidane verwandelten Elfmeter mit 1:0.

Außerdem sah die Allianz Arena noch drei Vorrundenspiele: Tunesien gegen Saudi-Arabien 2:2 (14. Juni), Brasilien gegen Australien 2:0 (18. Juni) und Elfenbeinküste gegen Serbien-Montenegro 3:2 (21. Juni). Alle sechs WM-Begegnungen in der Allianz Arena waren mit jeweils 66.000 Zuschauern ausverkauft. Die Allianz Arena kam damit für fast zwölf Prozent des gesamten WM-Zuschaueraufkommens auf.

Doch ohne die Kooperation mit den Sechzigern hätten die Bayern die neue Arena wohl kaum realisieren können. Die finanzielle Belastung wäre für einen Verein allein zu hoch gewesen, und die Doppelnutzung versprach – im Gegensatz zu manch anderer Arena in Deutschland – eine profitable Auslastung. Zudem wäre im Fall eines Alleingangs wohl die notwendige Unterstützung durch Stadt und Land ausgeblieben. Uli Hoeneß: „Ohne sie (die Sechziger, d. V.) hätten wir die Genehmigung für den Stadionneubau nie bekommen."

In der Saison 2003/04 stieg der TSV 1860 aus der 1. Bundesliga ab. Der Verlust der Erstklassigkeit, die dadurch verstärkten finanziellen Probleme und ein Schmiergeldskandal, in dem der Sohn des Löwen-Präsidenten Wildmoser verwickelt war, hatten zur Folge, dass die Blauen im Frühjahr 2006 einer Insolvenz entgegentaumelten und ihren finanziellen Verpflichtungen in Sachen Allianz Arena nicht mehr nachkommen konnten. Die Löwen erhielten nun vom Lokalrivalen eine Finanzspritze in Höhe von 11 Mio. Euro und traten im Gegenzug ihre Anteile an der Allianz Arena Stadion GmbH ab. Der FC Bayern war damit alleiniger Gesellschafter des Stadions. Den Löwen blieb die Option, ihre Anteile bis 2010 zurückzukaufen – zuzüglich 6,5 % Zinsen.

Bei den Fans, die viele Jahre ein reines Fußballstadion gefordert hatten, traf die neue Arena keineswegs nur auf Begeisterung. Insbesondere die Ultra-Szene äußerte Kritik an der kommerziellen Auslegung der Allianz Arena, die bald nicht nur bei „Bayern-Hassern" als „Arroganz Arena" firmierte. Tatsächlich blieb die Stimmung deutlich unter den Erwartungen. Dazu trug die „Drei-Etagen-Konstruktion" bei, die auf Wunsch des TSV 1860 gewählt wurde und ihm die Möglichkeit gibt, den obersten Rang bei Heimspielen zu schließen. Doch auch das System zur Umwandlung von Sitz- ins Stehplätze erregte Unmut. Auf Drängen von Fan-Vertretern wurden zur Saison 2006/07 die Blöcke 112 und 113 in der Südkurve, auch in der Allianz Arena die „Bayern-Kurve", in lupenreine Stehplatzsektoren mit je 1.700 Plätzen umgewandelt; die ungeliebten „Hühnerstangen" fielen weg.

Insgesamt aber erwies sich die neue Arena als Zuschauermagnet. In der letzten Saison im Olympiastadion waren durchschnittlich 53.144 Besucher gekommen, was einer durchschnittlichen Auslastung von 84% entsprach. Die erste Arena-Saison 2005/06 dagegen mobilisierte 1.106.819 Zuschauer bei Bundesliga-Heimspielen der Bayern. Das waren 65.107 pro Spiel, also durchschnittlich fast 12.000 mehr und insgesamt 203.371 mehr als in der Vorsaison (Zahlen nach „Kicker"). Damit war der alte Zuschauerrekord aus der Saison 1995/96 gebrochen. Damals hatte der FC Bayern zum ersten und (bis 2005/06) einzigen Mal die Millionengrenze überschritten (1.016.028, Schnitt: 59.766). Der Arena-Auslastungsgrad von 98 % bedeutet praktisch, dass nahezu jedes Heimspiel ausverkauft war. Die Erfahrungen, die andere Vereine in den vergangenen Jahren mit neuen Stadion machten – beispielsweise der HSV mit der AOL-Arena –, zeigen, dass dieser vermehrte Zuspruch keine vorübergehende Erscheinung ist. Der FC Bayern darf sich dauerhaft auf ein volles Haus freuen.

▶ EINWURF

Steigende Zuschauerzahlen

Während der Bundesliga-Jahre im Stadion an der Grünwalder Straße (1965-72) blieb der Zuschauerschnitt des FC Bayern stets deutlich unter 30.000, da dem Zuschauerinteresse bei den Topspielen durch das begrenzte Fassungsvermögen des „Sechzigers" Grenzen gesetzt waren. Der beste Zuschauerschnitt wurde mit 27.748 in der Saison 1971/72 erzielt, der letzten im alten Stadion. Allerdings auch nur deshalb, weil der FC Bayern sein letztes Heimspiel bereits im neuen Olympiastadion austragen durfte. Die Begegnung gegen Schalke 04 wurde von 80.000 Zuschauern besucht, ca. 40.000 mehr, als in die Grünwalder Straße hineingegangen wären. Zieht man diese 40.000 ab, dann hätte der Schnitt für diese Saison bei gut 25.000 gelegen. In der Saison 1972/73, der ersten im neuen Stadion, wurde dann mit 30.943 erstmals die 30.000er-Grenze überschritten.

In den 20 Spielzeiten 1972/73 bis 1991/92 sank der Schnitt nur fünfmal unter die 30.000. Der beste Schnitt wurde in der Saison 1979/80 mit 38.056 erzielt, der schlechteste 1985/86 mit 26.562. Ein Vergleich der Zuschauerschnitte 1965-72 (Grünwalder Straße) und 1972-92 (Olympiastadion) ergibt 23.900 zu 32.320. Mit dem Umzug in die olympische Arena stieg der Zuschauerschnitt des FC Bayern somit um fast 10.000 pro Spiel, was dadurch ermöglicht wurde, dass sich der FC Bayern bei Topspielen nicht mit einer Kulisse von 40.000 begnügen musste.

Mindestens ebenso gravierend waren die Folgen des Umzugs in das Olympiastadion in diesen Jahren für den Zuschauerzuspruch im Europapokal. In der Saison 1972/73 kamen im Landesmeisterwettbewerb 70.000 gegen Galatasaray Istanbul, 20.000 gegen Omonia Nikosia und 74.000 gegen Ajax Amsterdam. An der Grünwalder Straße wären es zwangsläufig gut 60.000 weniger gewesen. Ein Jahr später, in der Saison 1973/74, durfte der FC Bayern im Olympiastadion 23.000 gegen Atvidaberg FF, 70.000 gegen Dynamo Dresden, 70.000 gegen ZSKA Sofia und 72.000 gegen Ujpest Budapest begrüßen. An der Grünwalder Straße hätte der FC Bayern auf die Eintrittsgelder von ca. 90.000 Zuschauern verzichten müssen.

In der Bundesliga erfuhr der Zuschauerzuspruch des FC Bayern ab 1992 einen deutlichen Sprung nach oben, der mit einem allgemeinen Fußballboom korrespondierte. 1992/93 wurde mit einem Schnitt von 46.036, was fast 16.000 mehr waren als im Vorjahr, erstmals die 40.000er-Grenze überschritten. 1994/95 folgte mit 54.839 der Sprung über die 50.000. In den folgenden Jahren sollte der Zuspruch nur noch einmal unter die 50.000er-Marke fallen, nämlich mit 49.268 in der Saison 2000/01. Das beste Ergebnis während der Jahe im Olympiastadion wurde in der Saison 1995/96 erzielt, als über eine Million die Stadiontore passierten und der FC Bayern mit 59.766 nur knapp unter der 60.000er-Grenze blieb. Für die Zeit 1992/93 bis 2002/03 beträgt der Zuschauerschnitt des FC Bayern 53.143, was gegenüber dem Zeitraum 1972 bis 1992 einen Anstieg um über 20.823 bzw. 61,9% bedeutet – trotz der Verringerung der Kapazität des Olympiastadions. Gegenüber dem Zeitraum 1957 bis 1972 sind es sogar 29.243 bzw. 122,4% mehr.

Während der Zuschauerschnitt in der Bundesliga gegenüber den 1970ern und 1980ern drastisch stieg, war im Europapokal eine gegenläufige Tendenz zu beobachten. Als der FC Bayern 2000/01 die Champions League gewann, kam der Klub in den sechs Heimspielen der beiden Gruppenphasen auf einen Schnitt von nur knapp 30.000. Mit dem Viertelfinale und dem Halbfinale verbesserte sich der Schnitt auf ca. 37.500. 1973/74 hatte der Schnitt fast 58.000 betragen, 1976/77 noch knapp 52.000. Allerdings ließ sich bereits in den 1980ern ein Rückgang feststellen, dessen Gründe sowohl eine übermäßige Gewöhnung an Europapokalspiele in München wie die allgemeine Attraktivitätskrise des Fußballs in dieser Dekade sein könnten. In der Saison 1986/87 kamen 32.000 gegen PSV Eindhoven, 48.000 gegen

Austria Wien, 16.000 gegen RSC Anderlecht und 75.000 gegen Real Madrid, was einem Schnitt von ca. 43.000 entspricht. Die mit der Versitzplatzung verbundene Reduzierung des Fassungsvermögens des Olympiastadions dürfte zwar auch eine Rolle spielen, aber keine entscheidende. Denn von acht Heimspielen in der Champions-League-Saison 2000/01 waren nur zwei ausverkauft.

Aufgrund der weiten Anreisewege vieler Bayern-Fans waren Mittwochspiele generell ein Problem. Besonders deutlich bekamen die Bayern dies im DFB-Pokal zu spüren. Angesichts der hohen Zahl von Europapokalspielen – 1973/74 hatte der FC Bayern vier Heimspiele, 2000/01 hingegen acht – wurde der Fan außerdem wählerischer. Hinzu kam der Modus der Champions League mit seinen Gruppenspielen, die in der Regel deutlich unattraktiver sind als K.-o.-Begegnungen. Es musste schon Manchester United oder Real Madrid sein, und es durfte sich um kein Gruppenspiel handeln, damit das Stadion restlos ausverkauft war.

Zur Saison 2005/06 zog der FC Bayern in die neue Allianz Arena, die über mehr Komfort und ein um gut 3.000 Plätze höheres Fassungsvermögen verfügt. Der FC Bayern steigerte seinen durchschnittlichen Zuschauerzuspruch gegenüber der Saison 2004/05 um 11.963 (= 22,5 %) von 53.144 auf 65.107, was für den Rekordmeister neuer Saisonrekord war. Lag die Stadionauslastung für 2004/05 bei 84 %, so betrug sie nun in der Allianz Arena 98 %. Durch die Ausweisung weiterer Stehplatzbereiche stieg das Fassungsvermögen der Allianz Arena zur Saison 2006/07 auf 69.000. Genauso hoch war auch der Zuschauerschnitt für die ersten vier Heimspiele in der Arena. ■

Zuschauerzahlen und Zuschauerschnitte des FC Bayern in der Bundesliga (1965-2006)

Grünwalder Straße

1965/66:	422.344 / 24.843
1966/67:	342.074 / 20.122
1967/68:	373.014 / 21.942
1968/69:	428.009 / 25.177
1969/70:	398.791 / 23.459
1970/71:	406.190 / 23.893
1971/72:	471.729 / 27.748 (letztes Heimspiel im neuen Olympiastadion)

Olympiastadion

1972/73	526.038 / 30.943
1973/74:	583.240 / 34.308
1974/75:	581.916 / 34.230
1975/76:	546.416 / 32.142
1976/77:	525.936 / 30.937
1977/78:	502.072 / 29.534
1978/79:	545.899 / 32.112
1979/80:	646.978 / 38.056
1980/81:	622.010 / 36.589
1981/82:	559.916 / 32.936
1982/83:	524.181 / 30.834
1983/84:	503.450 / 29.625
1984/85:	552.634 / 32.508
1985/86:	451.554 / 26.562
1986/87:	627.874 / 36.934
1987/88:	467.206 / 27.483
1988/89:	490.465 / 28.851
1989/90:	590.334 / 34.726
1990/91:	594.148 / 34.950
1991/92:	609.607 / 32.085
1992/93:	782.615 / 46.036
1993/94:	830.928 / 48.878
1994/95:	932.261 / 54.839
1995/96:	1.016.028 / 59.766
1996/97:	992.642 / 58.391
1997/98:	922.859 / 54.286
1998/99:	941.394 / 55.376
1999/00:	875.008 / 51.471
2000/01:	837.562 / 49.268
2001/02:	892.722 / 52.513
2002/03:	913.773 / 53.751
2003/04:	894.625 / 52.625
2004/05:	903.448 / 53.144

Allianz Arena

2005/06:	1.106.819 / 65.107
2006/07:	Durchschnitt 69.000 (nach vier Spielen)

Vorsprung durch Technik www.audi.de
Die Gesetze der Trägheit gelten für jeden.
TFSI® setzt sie für 5,7 Sekunden außer Kraft.
B SD 7159
S heißt Sport.
Der neue Audi S3 mit 195 kW (265 PS) und quattro®
Neue Kraft entsteht. Wenn die Leistung eines 2,0-Liter-TFSI-Motors dank permanentem Allradantrieb quattro konsequent in Beschleunigung umgesetzt wird. So schafft es der neue Audi S3 in nur 5,7 Sekunden von 0 auf 100 km/h. Selbst in Kurven kommt durch die Verbindung von quattro und S Sportfahrwerk kein Trägheitsgefühl auf. Eher ein Gefühl von unbegrenzter Fahrfreude.
Kraftstoffverbrauch in l/100 km: innerorts 12,4; außerorts 7,2; kombiniert 9,1; CO_2-Emission in g/km: kombiniert 217.
Audi

München

Heimspiel.
PAULANER MÜNCHEN
FC BAYERN MÜNCHEN
GUT, BESSER, PAULANER.
www.paulaner.de

Beeindruckende Choreographien der Bayern-Fans im Olympiastadion 1999 (oben) und zum 100. „Geburtstag“ des Derbys gegen den TSV 1860 München (unten).

Geschichtsträchtige Momente: das Champions-League-Finale 2001 im Mailänder Giuseppe-Meazza-Stadion (oben) und der 20. Meistertitel (2006 in der Allianz Arena, unten).

Feier zum Gewinn der Deutschen Meisterschaft 2006 auf dem Marienplatz in München.

RATHAUS APOTHEKE
KAUFHAUS DER SINNE

Fans bei der Meisterfeier auf dem Marienplatz.

Die teuersten Einkäufe in der bisherigen Geschichte des FC Bayern: Lucio und Roy Makaay.

Das Bayern-Lexikon

Lexikon der Spieler, Trainer, Funktionäre

Datenstand: 30.7.2006

Andersson, Björn (20.7.1951)
Der schwedische Abwehrspieler kam zur Saison 1974/75 zum FC Bayern. Während des Europapokalfinales 1975 zog sich Andersson nach einem brutalen Foul eine schwere Verletzung zu, die eine lange Zwangspause nach sich zog und einen Karriereknick bedeutete. In der Saison 1975/76 kam Andersson nur auf 6 Bundesligaspiele, 1976/77 waren es dann immerhin 23. Im Juli 1995 wurde Andersson Cheftrainer der Bayern-Jugend und deren A-Junioren. Seinerzeit wurde bewusst kein Deutscher für diese Position verpflichtet. Der damalige FCB-Jugendleiter Schumann: „Die deutschen Trainer sind in der Ausbildung hinter vielen Nationen zurück." Des Weiteren half Andersson Wolfgang Dremmler bei der Spiele- und Spielerbeobachtung, so in Skandinavien und Südamerika. Bei einem Kanada-Urlaub wurde Andersson auf Owen Hargreaves aufmerksam und lotste das Talent nach München. Auch für die Technikschulung der Profis wurde Andersson bereits engagiert. In der Saison 2003/04 wurde er als Reha- und Koordinationstrainer der Profis geführt.
◆ 47 Bundesligaspiele (1 Tor) für den FC Bayern (1974-77). Mit dem FC Bayern Europapokalsieger der Landesmeister 1975, 1976, Weltpokalsieger 1976. 4 A-Länderspiele für Schweden.

Andersson, Patrik (18.8.1971)
Der schwedische Abwehrrecke (Körpergröße: 1,86) begann seine Karriere 1980 bei Bjärreds IF. 1988 wechselte er zum schwedischen Topklub Malmö FF, von dort 1991 in die erste englische Liga zu Blackburn Rovers. In der Premier League kam Andersson jedoch in zwei Jahren nur auf 12 Einsätze. Zur Saison 1993/94 wurde Andersson von Borussia Mönchengladbach verpflichtet, wo er zum Stammspieler und Leistungsträger avancierte. Für seinen Trainer Bernd Krauss war er „einer der Besten seines Fachs. Wo andere Muskeln und Fleisch haben, hat er Sehnen." Von seinen Mitspielern erhielt er den Spitznamen „Klotz". Giovane Elber hatte an seinen ehemaligen Gegenspieler ähnliche Erinnerungen: „Er gehört zu den besten und härtesten Abwehrspielern. Er hat harte Knochen, kennt keine Schmerzen und lässt einem Stürmer kaum Luft zum Atmen." Mit den Gladbachern gewann Andersson 1995 den DFB-Pokal. Während seiner Gladbacher Zeit bemühte sich u.a. Real Madrid um die Dienste des schwedischen Nationalspielers, für den die Madrilenen 17 Mio. DM offerierten. Zu einem neuerlichen Vereinswechsel kam es jedoch erst im Sommer 1999, nachdem Mönchengladbach in die Zweitklassigkeit abgestiegen war. Da sein Vertrag ein Jahr später ausgelaufen wäre, erklärte sich Gladbach zu einem Verkauf ihres Leistungsträgers an den FC Bayern bereit. Die Bayern bezahlten 6 Mio. DM für den Abwehrspieler, der seine Qualitäten so beschrieb: „Im Zentrum stehen und Kommandos geben für das Spiel vor mir." Ein starkes Stellungsspiel glich häufig eine weniger entwickelte Grundschnelligkeit aus. Beim FC Bayern stand Andersson zunächst im Schatten von Lothar Matthäus. Nach dessen Wechsel in die USA entdeckte ihn Hitzfeld für die nun vakante Rolle des Abwehrchefs. Die Saison 2000/01 wurde zur erfolgreichsten in der Karriere des Schweden. Am letzten Spieltag der Bundesliga sorgte Andersson mit einem knallharten Freistoß in der Hamburger AOL-Arena dafür, dass der FC Bayern erneut Meister wurde. Wenige Tage später gewann Andersson mit dem deutschen Rekordmeister auch noch die Champions League. Nach der Saison 2000/01 wechselte er für 15 Mio. DM zum FC Barcelona. Für den FC Bayern hatte sich damit das zweijährige Gastspiel des Schweden in jeder Hinsicht gelohnt. Unterm Strich blieben einige Titel und ein Gewinn von 9 Mio. DM.

◆ 212 Bundesligaspiele (11 Tore), davon 38 Spiele (1 Tor) für den FC Bayern (1999-01). Mit dem FC Bayern Deutscher Meister 2000, 2001, DFB-Pokalsieger 2000, Champions-League-Sieger 2001. 96 A-Länderspiele (3 Tore) für Schweden. EM-Dritter 1992, WM-Dritter 1994. Schwedischer Fußballer des Jahres 1995.

Augenthaler, Klaus (26.9.1957)
Der gebürtige Fürstenzeller, der seine Fußballkarriere beim FC Vilshofen begann und als Jugendlicher Ministrant war, wechselte 1975 zunächst in die Jugendabteilung des FC Bayern. 1976 erhielt er seinen ersten Lizenzspielervertrag beim FCB, der mit 4.000 DM Grundgehalt plus Prämien dotiert war. Bis zu seinem Karrierende 1991 sollte der Profi Klaus Augenthaler für keinen anderen Verein spielen. Mit sieben deutschen Meistertiteln viele Jahre „Rekordmeister" der deutschen Fußballspieler, doch ein Titel war der beste für ihn: „Von der Spannung her geht nichts über die Deutsche Meisterschaft 1986. Erst setzt Kutzop am vorletzten Spieltag in Bremen in der letzten Minute den Elfer für Werder an unseren Pfosten. Und dann vergibt Bremen am letzten Spieltag auch den zweiten Matchball, verliert in Stuttgart. Wir haben zeitgleich Borussia Mönchengladbach mit 6:0 weggefegt und waren Meister. Diese Dramatik hatte wirklich was..." Augenthaler bestritt zwar 89 Europapokalspiele (14 Tore) für den FC Bayern, doch der Gewinn einer europäischen Trophäe blieb dem Bayern-Denkmal verwehrt. Das bayerische Urviech symbolisierte viele Jahre den Bezug des Vereins zur Region und erinnerte daran, dass auch beim FC Bayern Fußball gearbeitet werden muss.1983 bestritt Augenthaler gegen Österreich sein erstes von insgesamt 27 A-Länderspielen. Bei der WM 1986 flog er nach zwei Auftritten aus der Stammformation, und seine Länderspielkarriere schien beendet zu sein. Doch 1989 holte ihn Beckenbauer ins Aufgebot zurück. Im fortgeschrittenen Fußballeralter avancierte „Auge" zu einer wichtigen Säule der Nationalmannschaft, mit der er 1990 Fußballweltmeister wurde. Beckenbauer baute auf Augenthalers Erfahrung. Der Kaiser zu „Auge": „Du bekommst mit Kohler und Buchwald zwei Vorstopper, die räumen dir alles weg. Den Rest spielst du mit Anzug und Krawatte, gehst mit nach vorne, bietest dich als Anspielstation an, sorgst für Ruhe." Des Kaisers Kalkül ging auf. Beckenbauer später: „Es waren bittere Wochen für ihn, ohne Garantie auf einen Erfolg und einen Stammplatz. (...) Aber dann hat er sich durchgesetzt, unter Schweiß und Schmerzen. Das ist eine Charakterfrage." Nach der für den FCB enttäuschenden Saison 1990/91 beendete „Auge" seine aktive Karriere. „Ich ärgere mich nicht mehr mit euch 'rum", ließ er die Mannschaft wissen. Augenthaler wusste mit der nachrückenden Fußballergeneration wenig anzufangen. Anschließend wurde „Auge" zunächst Assistenztrainer beim FCB. In dieser Funktion arbeitete er unter Ribbeck, Beckenbauer, Trapattoni, Rehhagel und erneut Trapattoni. Nur mit Rehhagel, den er siezen musste, verstand er sich nicht. In diesen Jahren erhielt Augenthaler, Fußball-Lehrer mit der Diplom-Note 1,7, Cheftrainerofferten vom 1. FC Nürnberg, 1. FC Kaiserslautern und von Borussia Mönchengladbach, die er jedoch ablehnte. „Sie kamen zu früh. Das war kurz nach der Trainerschule."
Im Oktober 1996 eröffnete ihm Beckenbauer, dass sein Vertrag mit dem FCB nicht mehr verlängert würde. Die „Frankfurter Rundschau" über das Ende der 17-jährigen Ehe FCB-Augenthaler: „Die Entscheidung Beckenbauers ist eindeutig und ehrlich. Denn mehr als Tradition verbindet den FC Bayern von heute mit Klaus Augenthaler nicht mehr. Hier der nüchtern kalkulierende Großverein, der sich zum Wirtschaftsimperium aufschwingen will, dort der treuherzige Grantler, der alle Klischees des bayerischen Urviechs mit Hingabe erfüllt." Seine tiefe Enttäuschung über die Art, in der sich der FC Bayern von ihm trennte, tat der integere Augenthaler erst Wochen später

kund: „Den Abschied aus München habe ich mir anders vorgestellt. Schließlich habe ich einiges getan für diesen Verein. Für mich war der FC Bayern immer alles, da kann ich jetzt nicht einfach die Tür zumachen. Ich habe sogar rot-weiß gedacht, jetzt muss ich mir einen anderen Verein suchen.“ Die Form der unerwarteten Verabschiedung sei für ihn „kein kleiner Schubser“ gewesen, sondern „wie ein Schlag ins Gesicht“. Der Geschasste beklagte ein „grundsätzliches Problem der Kommunikation beim FC Bayern. Man hätte es mir früher sagen können, um meine Meinung einzuholen. Auf der einen Seite werde ich weggelobt, auf der anderen Seite wird aber der Vorwurf erhoben, dass die Mannschaft nicht fit sei.“ Das alte Präsidium – ohne Beckenbauer und Rummenigge – hatte Augenthaler 1989 versprochen, ihn zum Cheftrainer aufzubauen. Doch für das neue Präsidium war „Auge“ nie ein ernsthafter Kandidat. Die ihm nachfolgende Spielergeneration betrachtete Augenthaler kritisch: „Ich bin dafür, dass hart gearbeitet wird. Ich habe immer gesagt: Einer spielt nur so gut, wie er trainiert. Ich kann nicht die Woche über Larifari machen, und am Samstag bringe ich auf Knopfdruck eine Spitzenleistung. Normalerweise müssten die Jungs mit all ihrer Energie dabei sein. Aber da erkenne ich bei vielen Defizite. Die meisten jungen Profis spulen ihr Pensum runter und machen sich dann vom Acker. Nur schnell unter die Dusche und heim. Da ist kaum mal einer, der sagt: Ich hab' einen schlechten linken Fuß, ich übe jetzt mal 20 Minuten Distanzschüsse. Oder einer, der zehn Sprints ans Training anhängt.“ Noch zu Zeiten als Co-Trainer des FC Bayern holte Augenthaler zu einer Brandrede gegen verwöhnte Jungprofis aus: „Die wissen nicht, wie gut es ihnen geht. Sie haben ihr Hobby zum Beruf gemacht und brauchen sich keine Sorgen zu machen. Sie sind versorgt. Aber sie realisieren dies nicht. Das wirkliche Leben ist oft ganz weit weg; die Spieler werden schon mit 19, 20 für Millionenbeträge gehandelt; alles wird ihnen abgenommen. Ich glaube manchmal, sie sind so behütet, dass sie nicht mehr wissen, was um sie herum passiert: Arbeitslosigkeit, Betriebe werden geschlossen, jeder hat Schulden. Manche unserer Jungs ahnen gar nicht, wie das ist, wenn man am Mittleren Ring für 800 Mark im Monat wohnen muss und einem jeden Morgen ein paar hunderttausend Autos durchs Zimmer fahren. Weil sie das nicht realisieren, fehlt ihnen auch die Dankbarkeit – und der Wille, Leistung für den Luxus, in dem sie leben, zu bringen.“

Klaus Augenthaler diente dem FC Bayern insgesamt 22 Jahre: 16 Jahre als Spieler (1975-91), 6 als A-Jugendtrainer (1991-92) und Co-Trainer der Profis (1992-97). Im Sommer 1997 wurde er eher widerwillig Cheftrainer beim österreichischen Erstligisten Grazer AK. Unter den vorliegenden Angeboten wählte er wohl nicht zufällig die geografisch nächstliegendste Option, denn abgefunden hatte er sich mit seinem erzwungenen Abschied von München noch nicht. Augenthaler blieb bis zum 2. März 2000 bei den Grazern, mit denen er sich zweimal für den UEFA-Pokal qualifizieren konnte. Anschließend heuerte er beim damaligen Zweitligisten 1. FC Nürnberg an. In der Saison 2000/01 führte „Auge“ den ehemaligen Rekordmeister zurück in die 1. Bundesliga. Als die Nürnberger in der Saison 2002/03 vom Abstieg bedroht waren, wurde Augenthaler am 30. April 2003 entlassen. Augenthalers Abgang erfolgte gegen den erbitterten Protest der Fans, die nicht im Trainer, sondern im Präsidenten und den Spielern die Schuldigen für die Misere sahen. Nur 13 Tage später und zwei Spieltage vor Saisonschluss wurde Augenthaler vom ebenfalls abstiegsbedrohten Bayer Leverkusen verpflichtet. Unter seiner Führung gelang Bayer der nicht mehr für möglich geglaubte Klassenerhalt. Im September 2005 war sein Engagement in Leverkusen beendet, Ende Dezember des gleichen Jahres übernahm Augenthaler den VfL Wolfsburg.

Augenthalers Stärke sind seine „Bierruhe“, die mitunter auch auf sein Umfeld ausstrahlt, sowie seine ausgeprägte Bodenhaftung. Die sympathische Bayern-Legende ist kein Freund großer Reden, wohl aber feiner und humorvoller Ironien. Die „Frankfurter Rundschau“: „Ein Romanschreiber wird wohl nicht mehr aus ihm werden. Er ist eher Purist, zuständig für handfeste Tatsachen.“ Augenthalers schönstes Zitat: „Wir leben alle auf dieser Erde, aber eben auf verschiedenen Spielhälften.“

◆ 404 Bundesligaspiele (52 Tore) für den FC Bayern (1977-91). Mit dem FC Bayern Deutscher Meister 1980, 1981, 1985, 1986, 1987, 1989, 1990, DFB-Pokalsieger 1982, 1984 und 1986. 27 A-Länderspiele für den DFB, Weltmeister 1990.

Aumann, Raimond (12.10.1963)
Der Keeper kam 1980 vom Nachbarn FC Augsburg zum FC Bayern. Wegen seiner fünf Kilogramm Übergewicht, die ihn damals plagten, erhielt er von Karl-Heinz Rummenigge den Spitznamen „Balu", nach dem gleichnamigen Bären aus dem Film „Das Dschungelbuch". Nach dem Weggang von Jean-Marie Pfaff wurde Aumann 1988 die neue Nummer eins der Bayern. Viermal hütete er das Tor der Nationalmannschaft und gehörte zum WM-Aufgebot 1990. Sein größter internationaler Auftritt erfolgte beim 3:1-Sieg des FC Bayern am 7. Dezember 1988 in Mailand, als Aumann phantastisch hielt und erheblich dazu beitrug, dass sich der FC Bayern nach einer 0:2-Heimniederlage gegen die Italiener doch noch für die nächste Runde qualifizieren konnte. Nach der Saison 1993/94 erfuhr Aumann das gleiche Schicksal wie zuvor sein Vorgänger Pfaff: Der Keeper wurde mehr oder weniger abgeschoben, da die Bayern für die neue Spielzeit Oliver Kahn engagiert hatten. Aumann wechselte zu Besiktas Istanbul. Mit Besiktas wurde er zwar 1995 türkischer Meister, aber im November 1995 wurde das Vertragsverhältnis vorzeitig beendet. Aumann hängte im zarten Torwartalter von nur 32 Jahren seine Fußballschuhe an den berühmten Nagel, obwohl ihm diverse Angebote, vor allem aus dem Ausland, vorlagen. „Ich war ein bisschen müde, hatte keine Motivation mehr. Da hab ich mir gesagt, dann höre ich lieber auf." Aumann zahlte eine Ablösesumme und zog zurück nach München. „Mein Herz hing immer am FC Bayern. Hier bin ich groß geworden, hier habe ich meine größten Erfolge gefeiert. Dieser Verein ist meine Heimat." Auch der Klub zeigte ein Herz für seine ehemalige Nummer eins. Bereits bei seinem Abgang nach Istanbul hatte ihm der FCB mitgeteilt, „wenn du nach dem Fußball etwas suchst, dann melde dich bei uns". Am 1. April 1996 wurde Aumann Leiter der Abteilung Fan- und Fanklubbetreuung beim FC Bayern.
◆ 216 Bundesligaspiele für den FC Bayern (1984-94). Mit dem FC Bayern Deutscher Meister 1985, 1986, 1987, 1989, 1990 und 1994. 4 A-Länderspiele für den DFB.

Babbel, Markus (8.9.1972)
Der aus Gilching nahe München stammende Abwehrspieler, der zunächst für den TSV Gilching-Argelsried kickte, schloss sich bereits neunjährig der

FCB-Jugend an. 1989 wurde Babbel mit dem FC Bayern Deutscher Meister der B-Junioren. In der Bundesliga kickte der hoch aufgeschossene Babbel (1,90 m) für die Bayern erstmals in der Saison 1991/92, in der er jedoch nur zehnmal zum Einsatz kam. Anschließend wurde er an den Hamburger SV ausgeliehen, für den er 1992-94 60 Bundesligaspiele bestritt. 1994 holte der FC Bayern Babel zurück an die Säbener Straße – gegen dessen Willen. In der ersten Amtszeit Trapattonis erkämpfte sich Babbel wider Erwarten einen Stammplatz, den er auch unter Otto Rehhagel verteidigen konnte. In der zweiten Amtszeit des Italieners sank sein Stern jedoch etwas zugunsten von Samuel Kuffour. Vor der Saison 1997/98 scheiterte ein Wechsel Babbels zum englischen Branchenführer Manchester United. ManU-Trainer Alex Ferguson schätzte Babbels „exzellente deutsche Mentalität. Er ist diszipliniert, engagiert, ordentlich." Ferguson wollte 14 Mio. Pfund für Babbel hinblättern, zu diesem Zeitpunkt die höchste Summe, die jemals weltweit für einen Abwehrspieler bezahlt worden wäre. Im Sommer 2000 verließ Babbel den FC Bayern und wechselte tatsächlich in die englische Premier League, allerdings zum FC Liverpool. Am Aufschwung der „Reds", die 2001 in England Pokalsieger und Ligacupsieger wurden und als Krönung den UEFA-Cup gewannen, war Babbel stark beteiligt. Im Herbst 2001 ereilte ihn eine schwere Krankheit, Guillain-Barré-Syndrom genannt. Diese seltene Art einer Nervenentzündung führte zu Lähmungserscheinungen, die an den Beinen ansetzten und sich schließlich bis zum Kopf erstreckten. Babbel verbrachte einige Wochen in der neurologischen Station im Klinikum München-Harlaching und im Rollstuhl. Sein hartnäckiger Kampf gegen die Krankheit war von Erfolg gekrönt. Im August 2002 feierte er nach knapp einjähriger Zwangspause an der Anfield Road sein Comeback, frenetisch gefeiert von 44.000 Fans. Sein Trainer Gérard Houllier: „Es ist wunderbar, dass er wieder zurück ist. Es ist ein Wunder, ein Märchen, wenn man bedenkt, wie weit weg er von diesem Standard war." Babbel bezeichnete die Zeit der Krankheit als „gute Schule fürs Leben. Früher dachte ich den ganzen Tag nur an Fußball, Fußball, Fußball." Zur Saison 2004/05 kehrte Babbel in die Bundesliga zurück, wo er sich dem VfB Stuttgart anschloss.

◆ 286 Bundesligaspiele (12 Tore), davon 182 Spiele (9 Tore) für den FC Bayern (1991-92, 1994-00). Mit dem FC Bayern Deutscher Meister 1997, 1999, 2000, DFB-Pokalsieger 1998, 2000, UEFA-Pokalsieger 1996. 51 A-Länderspiele für den DFB, Europameister 1996.

Ballack, Michael (26.9.1976)

Selten schlug eine hochkarätige Verpflichtung des FC Bayern (Ablöse: 6 Mio. Euro) so schnell ein wie Michael Ballack. Bereits in seiner ersten Saison 2002/03 avancierte der hochaufgeschossene Mittelfeldspieler (Körpergröße: 1,89 m), wegen seiner exzellenten Ballbehandlung auch „der kleine Kaiser" genannt, zur unverzichtbaren Größe im Team von Ottmar Hitzfeld. In der Rückrunde gelang es Ballack, das von Effenberg hinterlassene Hierarchie-Vakuum zunächst zu füllen. Nicht nur auf dem Spielfeld, sondern auch auf dem Trainingsplatz übernahm Ballack lautstark das Kommando. Ottmar Hitzfeld zur schnellen Integration des Stars: „Sein Wort besitzt in der Mannschaft Gewicht. Wenn Kahn nicht mehr da ist, ist Michael der Kandidat für seine Nachfolge." Karl-Heinz Rummenigge: „Ballack ist der Chef im Ring. Wenn er spielt, wissen alle anderen, was sie zu tun haben." Und Uli Hoeneß: „Er hat total verinnerlicht, was Bayern München ausmacht." Der Gewinn des Doubles 2002/03 wurde ganz wesentlich mit dem Namen Ballack verbunden.

Der in Görlitz geborene Mittelfeldspieler, von den Talentspähern des DDR-Sports als Eisschnellläufer eingestuft, begann seine Karriere bei BSG Motor Karl-Marx-Stadt, woraus nach der Wende der FC Chemnitz wurde. Zur Saison 1997/98 wechselte Ballack in den Westen und in die Bundesliga zum 1. FC Kaiserslautern, der als Aufsteiger Deutscher Meister wurde. Zur Saison 1999/2000 wurde Ballack von Bayer Leverkusen verpflichtet, wo ihn bald das Trauma des „ewigen Vize" verfolgen sollte. Ballack wurde 1999/2000 und 2001/02 mit Bayer Leverkusen Vize-Meister. In der Saison 2001/02 verlor er mit den Leverkusenern außerdem das DFB-Pokalfinale und das Finale in der Champions League. Trotzdem war dies vielleicht seine beste Saison in der Bundesliga. Teile der Öffentlichkeit betrachteten ihn zunächst skeptisch, ähnlich wie einst den „großen Kaiser". Helmut Schümann im Oktober 2005 im „Tagesspiegel": „Was ihn so heraushebt, ist seine Freundlichkeit, er ist eloquent und smart, mit Abitur und gut aussehend, verbindlich und im Anzug so sicher wie am Ball. Das alles und sein Auftritt, sein Gang, bei dem er das Rückgrat durchdrückt, als sei ein Bückling nicht vorgesehen in seinem Lebensentwurf, hat ihm früher Kritik eingebracht. Die scheinbare Leichtigkeit des Seins machte ihn wohl zu so etwas wie dem ersten gesamtdeutschen Kicker, brachte ihm aber auch das vernichtende Urteil des ‚Spiegel' ein: ‚Zu schön, zu reich, zu kess, zu elegant.'" In der „Zeit" schrieb Anita Blasberg vor der WM 2006 über den damals einzigen Star mit internationaler Strahlkraft in der DFB-Auswahl: „Der Ball gehorcht ihm auch ohne Blickkontakt, das erinnert an Franz Beckenbauer, der den Deutschen auch lange fremd war, bevor er ihre Lichtgestalt wurde. Es ist seine Lässigkeit, die provoziert. Ballacks Trikot hängt schon beim Anpfiff über der Hose, er schwitzt wenig und er sieht immer ein wenig unbeteiligt aus."

Komplettiert wurde seine Sammlung zweiter Plätze in der Saison 2001/02 durch die Vize-Weltmeisterschaft bei der WM in Japan/Korea, die zugleich eine Wende in der Ballack-Rezeption einleitete. Ballack erzielte drei Tore bei dem Turnier, darunter das Siegtor zum 1:0 im Halbfinale gegen Gastgeber Südkorea. Aufgrund seiner zweiten gelben Karte, die für das Weiterkommen DFB-Teams möglicherweise ebenso wichtig war wie sein Siegtor, durfte Ballack dann aber im Finale nicht mitwirken. Torsten Frings hatte den Ball vertändelt, mit dem der Koreaner Lee Chun-Soo nun aufs deutsche Tor zulief. Ramelow hätte ihn stoppen können, zog aber den Fuß zurück, um keine Sperre zu riskieren. Ballack war sich indes für eine Grätsche nicht zu schade. Die „Times" schrieb über Ballack und das Spiel mit spürbarer Verblüffung: „Der Kerl kriegt eine Verwarnung. Er verpasst das Endspiel. Bricht er in Tränen aus? Nein, er macht weiter und erzielt das Siegtor." Helmut Schümann: „Damit war Ballack vom Makel befreit, vom Makel des Schnösels, des Wohlstandsjünglings, der auf dem Rasen den Kopf weit oben trägt und privat Prada."

Ballack definiert sich selbst als „flexiblen Mittelfeldspieler", den der eine Trainer „weiter vorne" und der andere „weiter hinten" spielen lasse. „Ob halblinks oder halbrechts, das ist mir egal." Die Bayern suchten einen Mann „im defensiven Mittelfeld, der auch Tore macht", wie Uli Hoeneß erklärte, was mit Ballacks Interessen – „Ich will vorne reingehen und Tore schießen" – nur teilweise korrespondierte. Mit der Ballack-Verpflichtung erfuhr das Bayern-Spiel zunächst die von Beckenbauer gewünschte Beschleunigung. Ballack forderte den Ball, verlagerte das Spielgeschehen durch weite Pässe, agierte als Vorbereiter und erwies sich hier als Meister des finalen Passes. Aber Ballack glänzte auch als Vollstrecker. Für Karl-Heinz Rummenigge war Ballack der „vielleicht torgefährlichste Mittelfeldspieler der Welt". Dabei traf Ballack nicht nur mit dem Fuß, sondern häufiger auch mit dem Kopf. Hinzu kam ein eleganter Bewegungsablauf. Uli Hoeneß über sein damaliges Aushängeschild: „Michael Ballack kann ein absoluter Weltstar werden." Für Rudi Völler war er dies bereits. Auch Ottmar Hitzfeld bezeichnete ihn als „einen Weltklassespieler". Der „Daiy Record" charakterisierte Ballack als „Beckham of Bavaria". Der „Spiegel" schrieb über ihn: „Michael Ballack weckt das Verlangen nach der Schönheit des Spiels." Das größte Lob hielt allerdings Beckenbauer parat: „Von allen Spielern, die mit mir verglichen werden, kommt er mir am nächsten."

Sein Privatleben hielt Ballack vor der Öffentlichkeit verschlossen. Ballack, im Besitz des Abiturs (sein Berater Michael Becker: „Der Balle ist kein typischer Fußballer, der liest Zeitung, kennt sich aus in der deutschen Grammatik, hat einen feinen Sinn für Ironie"), sah sich als politischen Menschen, der sich gegen rechte Gewalt äußerte und Gedanken über die Arbeitslosigkeit machte. Ballack galt als Vorzeigesportler und „Saubermann" und mobilisierte mit diesen Eigenschaften die werbende Industrie. Mit 1,5 Mio. Euro erzielte er 2003 nach Kahn (2,5 Mio.) die zweithöchsten Werbeeinnahmen bei den Bayern. Leopold Bonengl, Geschäftsführer des Ballack-Partners Sony: „Michael Ballack vereint alles, was Erfolg ausmacht: Fleiß, Energie, Teamfähigkeit."

Nichtsdestotrotz begann Ballacks Stern bei den Bayern-Verantwortlichen nach der trophäenlosen Saison 2003/04 zu sinken. Obwohl der FC Bayern in den Jahren mit Ballack dreimal das „Double" einfuhr, erinnerte man sich nun wieder lautstark an die Vorzüge des einstigen „Leaders" Stefan Effenberg. Mittlerweile hatte der Mittelfeldspieler auch das Interesse finanzkräftiger Klubs aus dem Ausland geweckt, was den Bayern zunächst durchaus recht war, da sie mit Ballacks Rollenverständnis nicht einverstanden waren und der Spieler eine hübsche Ablösesumme versprach. FC Barcelona und Chelsea London wollten ihn für den Part im zentralen defensiven Mittelfeld verpflichten. Doch Ballack erfüllte bei den Bayern seinen bis zum Sommer 2006 gültigen Vertrag. Der Ton gegenüber Ballack wurde schärfer, als er ein FCB-Angebot zur Vertragsverlängerung unbeantwortet ließ. Ballack sollte sich früher als einige andere Stammspieler entscheiden, war aber nicht dazu bereit, woraufhin Rummenigge öffentlich die Rücknahme der Bayern-Offerte verkündete. Rummenigge reduzierte ihn sogar auf einen „guten Kopfballspieler", ein Leitwolf und Führungsspieler wie Stefan Effenberg sei er hingegen nicht. Franz Beckenbauer stieß ins gleiche Horn: „Ballack ist kein Leader."

Zwischenzeitlich war Ballack unter Bundestrainer Jürgen Klinsmann zum Kapitän der DFB-Elf ernannt worden, er übernahm die Binde von seinem Klubkameraden Oliver Kahn, und zu deren wich-

tigstem (und zeitweise einzigem) Hoffnungsträger avanciert. Beim Start der WM 2006 wurde Ballack als einziger deutscher Feldspieler von internationaler Klasse geführt. Bereits einige Monate zuvor schrieb Helmut Schümann im „Tagesspiegel“: „Das gab es lange nicht mehr in Fußball-Deutschland, dass da einer ist, der Weltklasse spielt, und dies in einer Rolle, die allein zum wirklichen Weltstar taugt. Die ganz Großen des Fußballs, Pelé, Johan Cruyff, Franz Beckenbauer, Diego Maradona oder Zinedine Zidane waren Strategen, Lenker des Spiels, Charakterdarsteller und Bestimmer des Spielcharakters. So wie Michael Ballack.“ Dass die deutsche Elf bis ins Halbfinale vorstieß, lag auch daran, dass sich Ballack auf eigenen Wunsch in eine defensivere Position begab – obwohl dies seine Torgefährlichkeit reduzierte. Bis dahin hatte der Mittelfeldspieler in 65 Länderspielen 31 Tore erzielt. Auch beim FC Bayern wurde häufiger diskutiert, wo Ballack genau einzuordnen sei. Trainer Felix Magath ließ ihn aufgrund seiner Torgefährlichkeit lieber weiter vorne spielen. Ballack selbst sah seine Rolle indes, einem taktischen Wandel im internationalen Fußball entsprechend, defensiver. Michael Horeni in der „Frankfurter Allgemeinen Zeitung“: „Der Spielmacher des heutigen Fußballs ist für ihn eigentlich auf der Position der Nummer sechs beheimatet. Weil die Spieler dort heute mehr Ballkontakte haben und das Spiel vor sich sehen. ‚Da braucht man einen Superfußballer‘, sagt Ballack. Aber oft durfte er dort hinten im Mittelfeld nicht spielen, auch nicht bei den Bayern. Seine Torgefährlichkeit ist manchmal auch Last. Die Sechser-Rolle ist eigentlich eine Position für einen Arbeiter, für einen Kollektivspieler. Ein Job, wie ihn Ballack mag. Es ist ein Platz für einen Superstar, an dem das Scheinwerferlicht weniger grell leuchtet.“ Anders als einige Bayern-Verantwortliche wussten die besten Klubs Europas Ballacks Qualität zu schätzen. Michael Horeni: „Sie sehen in ihm einen anderen Ballack, einen reifen, ordnenden Spieler.“ Und Ottmar Hitzfeld über seinen ehemaligen Schützling: „In Deutschland bekommt Ballack nicht die Anerkennung, die er im Ausland genießt.“ Zur Saison 2006/07 wechselte Ballack zum vom russischen Ölmilliardär Roman Abramowitsch gepäppelten FC Chelsea. An der Stamford Bridge wurde er mit einem wöchentlichen Salär von 192.000 Euro zu einem Spitzenverdiener der lukrativen Premier League. Chelseas Trainer José Mourinho betrachtete Ballack als Schlüssel für den anvisierten Gewinn der Champions League. In München war man darum bemüht, Ballacks Weggang primär mit den besseren Verdienstmöglichkeiten in London zu erklären. Der „Spiegel“ hielt dagegen: „Die reine Gier also, aber das trifft es nicht ganz. Ballack hat ein paar Facetten, die nicht mehr nach München passten: Er kann eine Diva sein, leicht zu kränken, und die ständigen Nörgeleien in München verletzten ihn. Zugleich ist er einer der schlaueren Fußballer, neugierig, und deshalb genügt ihm München nicht mehr. Dort fühlte er sich vier Jahre lang missverstanden, während Mourinho ‚mir im ersten Gespräch sagte, wie er mich sieht und was er von mir will‘, sagt Ballack. Und vor allem geht es ihm um die hohe Kunst des globalisierten Fußballs, darum, wie man eine perfekte Mannschaft baut und anschließend dahin bringt, auch perfekt zu spielen.“
Als der FCB am 4. Spieltag der Saison 2006/07 bei Arminia Bielefeld verlor, gestand Beckenbauer ein, dass er den Weggang Ballacks als „sehr schmerzvoll“ empfinde. Nach der bereits dritten Saisonniederlage am 8. Spieltag bei Werder Bremen schrieb Stefan Hermans im „Tagesspiegel“: „Dass die Bayern Michael Ballack nicht halten konnten, ist ihnen nicht vorzuwerfen; dass sie ihn anschließend aus Trotz auf Roque-Santa-Cruz-Niveau heruntergeredet haben und sich nicht rechtzeitig um Ersatz bemüht haben – das allerdings werden sie inzwischen selbst als Fehler erkannt haben.“ Am gleichen Wochenende wurde Michael Ballack an der Londoner Stamford Bridge nach einer überzeugenden Leistung und seinem ersten Tor in der Premier League von den Chelsea-Fans gefeiert.
◆ 232 Bundesligaspiele (75 Tore), davon 107 Spiele (44 Tore) für den FC Bayern (2002-06). Mit dem FC Bayern Deutscher Meister 2003, 2005, 2006, DFB-Pokalsieger 2003, 2005. 2006. 74 A-Länderspiele (34 Tore) für den DFB. Vize-Weltmeister 2002, WM-Dritter 2006. Fußballer des Jahres 2002, 2003, 2005.

Basler, Mario (18.12.1968)
Der Supertechniker aus Neustadt an der Weinstraße startete seine Laufbahn 1974 beim VfL Neustadt. Basler besuchte die Hauptschule und begann eine Lehre als Maler/Lackierer, die er aber abbrach.

1984-89 gehörte er dem 1. FC Kaiserslautern an, wo der damalige Manager Geye jedoch sein Talent ignorierte und ihn vergraulte. 1989-93 kickte Basler in der 2. Liga für Rot-Weiß Essen und Hertha BSC Berlin. Erstligaspieler wurde er erst mit seinem Wechsel 1993 zu Werder Bremen, wo er unter Otto Rehhagel groß herauskam. 1993 wurde er mit Werder Supercup-Sieger, 1994 DFB-Pokal- und Supercup-Sieger. 1995 gewann Basler die Torjägerkanone (20 Tore). Sein Debüt in der Nationalmannschaft gab er am 23. März 1994 in Stuttgart gegen Italien. Als Basler Bremen nach der Saison 1995/96 in Richtung München verließ, waren nach eigenem Bekunden „von 20 Spielern 15 oder 16 froh, als ich weg war". 1997 wurde Basler mit dem FC Bayern Deutscher Meister. Nach anfänglichen Schwierigkeiten und Auseinandersetzungen mit Trapattoni kam der Stareinkauf immer besser in Fahrt und hatte schließlich einen nicht unerheblichen Anteil am Titelgewinn: Er bestritt in dieser Saison 27 Bundesligaspiele für den FCB, in denen er acht Tore schoss. 1998 gewann Basler mit den Bayern den DFB-Pokal, 1999 erneut die Deutsche Meisterschaft. Im DFB-Pokalfinale 1998 war Basler Schütze des entscheidenden Tores. Im Champions-League-Finale 1999 gegen Manchester United brachte er den FC Bayern mit einem genialen Freistoß zunächst in Führung. Es sollte zugleich auch sein letztes Pflichtspieltor für die Bayern sein.
„Super Mario" war schnell, technisch versiert und schussstark. Seine Freistöße, Ecken und langen Pässe trugen häufig das Prädikat „Weltklasse". Ein genialer Spieler, dessen einziges Problem zuweilen sein Gehirn war. Basler kokettierte gern mit der Mentalität eines „Prolls" („Ich fahre meist bis vor die Haustür"), besuchte gern die Spielbank und war Besitzer einiger Galopper. Seine Lieblingsspeise war Tiefkühlpizza; einigen Bierchen und Zigaretten war er alles andere als abgeneigt. Sein Lebenswandel bedingte konditionelle Probleme. Giovanni Trapattoni bemängelte die fehlende Einstellung „für den großen Fußball". Basler zu Trapattoni: „Mister, ich habe einen Körper wie Schwarzenegger." Trapattoni zu Basler: „Eher wie ein Suppenhuhn." Im Oktober 1999 waren die Klubverantwortlichen des FC Bayern der Unprofessionalität Baslers überdrüssig. Während einer Reha in Regensburg wurde er unter Alkoholeinfluss um drei Uhr nachts in eine Schlägerei verwickelt und anschließend vom FC Bayern suspendiert. Uli Hoeneß damals: „Das war nur die Spitze des Eisbergs." Basler kehrte zu seinem alten Verein 1. FC Kaiserslautern zurück, wo sein Ziehvater Otto Rehhagel trainierte. Basler versprach, „die Zahl meiner Fehler zu begrenzen", vergrätzte dann aber Rehhagel-Nachfolger Gerets, der ihn im Pokalfinale 2003 auf der Bank schmoren ließ. Zum Abschied holte Basler verbal gegen die Generation aktueller Nationalspieler aus. Bundestrainer Völler veranlasste dies zu einer Brandrede: Basler hätte in seiner Karriere ab und an mal lieber auf den Trainer hören sollen, „statt in zehn Minuten fünf Weizenbier abzupumpen und fünf Schachteln Marlboro zu rauchen". Basler über Basler: „Ich werde der Bundesliga mehr fehlen als umgekehrt." Nach dem Ende seiner aktiven Karriere versuchte sich Basler ohne großen Erfolg als Trainer beim Regionalligisten Jahn Regensburg, wo er allerdings vorzeitig entlassen wurde.
◆ 262 Bundesligaspiele (62 Tore), davon 78 Spiele (18 Tore) für den FC Bayern (1996 - 2000). Mit dem FC Bayern Deutscher Meister 1997, 1999, DFB-Pokalsieger 1998. Bundesligatorschützenkönig 1995. 30 A-Länderspiele (2 Tore)für den DFB.

Bauer, Hans (28.7.1927)
Kam zum FCB über den MTV und Wacker München. Bauer war ein eleganter, aber auch launischer Spieler, der als „Sonnyboy" gehandelt wurde. Bauer spielte 1948-59 in der Oberligamannschaft des FC Bayern und ist mit 226 Einsätzen Bayerns Rekordspieler für diese Zeit und Liga.1957 war Bauer Kapitän des Bayern-Teams, das in Augsburg durch ein 1:0 über Fortuna Düsseldorf den DFB-Pokal gewann. Bei der WM 1954 war Bauer der einzige

Münchner im DFB-Kader. Er kam zweimal zum Einsatz, beim 3:8-„Täuschungsmanöver" gegen Ungarn und beim 7:2-Sieg gegen die Türkei.
◆ 226 Oberligaspiele (3 Tore) für den FC Bayern (1948-59). Mit dem FC Bayern DFB-Pokalsieger 1957. 5 A-Länderspiele für den DFB.

Beckenbauer, Franz (11.9.1945)
„Unter den Zeitlosen des Spiels", wie der Sportfeuilletonist Hans Blickensdörfer die ganz Großen im Weltfußball charakterisierte, sei Franz Beckenbauer „wahrscheinlich sein Bedeutendster". Der TV-Moderator Günther Jauch über den vermutlich weltweit bekanntesten Nachkriegs-Deutschen: „Beckenbauer hat für das Image der Deutschen im Ausland mehr geleistet als 50 Jahre Diplomatie und zehn Goethe-Institute zusammen." Der Kabarettist Ottfried Fischer bemerkte einmal zur Popularität Beckenbauers: „Er ist der Einzige, der es schaffen könnte, der PDS in Bayern ein Direktmandat zu verschaffen." Beckenbauer über seine Stärken: „Ich kann mit Leuten umgehen, bin entscheidungsfreudig, ich scheue mich nicht vor Konsequenzen."
Der Sohn eines Postobersekretärs begann seine Fußballerkarriere in der Schülermannschaft des in Giesing beheimateten SC 1906 München. „Unsere Grundtechnik hatten wir von der Straße. Wir kickten mit Tennisbällen barfuß auf Kellerfenster, da musst schon aufpassen auf deine Zehnkapperl, das sie dir nicht runterhängen, wenn du in den Boden haust. Wir spielten jeden Tag. Heim von der Schule, Hausaufgaben, Fußball. Auf Kellerfenster oder in Giesing, wo ich aufwuchs, am Ostfriedhof, auf kleine Tore. Stundenlang. Einfach so." Der Einzige in der Familie Beckenbauer, der mit Fußball bereits vor dem Kaiser etwas zu tun hatte, war dessen Onkel Alfons, der dem Kader der Bayern-Meistermannschaft von 1932 angehörte und in der Arbeitersportbewegung aktiv war. Als „Giesinger-Junge" war Beckenbauer zunächst ein Löwen-Fan gewesen: „Jeden Sonntag ging ich ins Grünwalder Stadion, wenn 1860 oder Bayern spielte. Nach dem Mittagessen hielt mich nichts mehr zu Hause. Meistens war ich schon am Stadion, wenn die Tore noch geschlossen waren. Mein Stammplatz war ein Holzbalken, der die Pfeiler in der Stehhalle im Grünwalder Stadion verbindet. Da habe ich mir die Kehle für Kurt Mondschein und Wiggerl Zausinger heiser geschrien, die damals beim TSV 1860 stürmten. Ich war nämlich Anhänger der Sechziger, auch als diese von der Oberliga Süd in die zweite Liga abgestiegen waren."
Als Spieler wollte Beckenbauer daher eigentlich zum TSV 1860, meldete sich dann aber als 13-Jähriger beim FCB an, da ihm ein Löwen-Spieler bei einem Schülerturnier in Neubiberg eine Ohrfeige verpasst hatte. Als Beckenbauer vom SC 1906 zu den Bayern ging, kehrte sein älterer Bruder Walter gerade von den Bayern zum SC 1906 zurück. Beckenbauer: „Eigenartig: Er, den ich lange Jahre immer für besser hielt, ist Amateur geblieben." Beim FCB kickte der gelernte Versicherungskaufmann Beckenbauer, der zunächst als Lagerist beim Textilkaufmann Gottfried Dresbach, später in seinem erlernten Job bei Robert Schwan arbeitete, von 1958 bis 1977. Zunächst galt er als Stürmer und begann in der Lizenzmannschaft des FC Bayern als Linksaußen. Noch 1964 bemerkte Hans Schiefele, später Vize-Präsident der Bayern, in der „Süddeutschen Zeitung": „Nun ist kaum etwas dagegen einzuwenden, dass der schusskräftige Müller einmal eine Chance erhält. Doch Beckenbauer, eines der größten Sturmtalente, wieder mit Abwehraufgaben zu beschäftigen, scheint selbst bei dem zu erwartenden Erfolg der Bayern nicht ganz glücklich zu sein." Im Februar 1965 wurde Beckenbauer bei einem inoffiziellen Testspiel der DFB-Elf in Duisburg gegen Chelsea London von Bundestrainer Helmut Schön sogar auf die Position des Außenläufers gestellt. Seine zahlreichen Titel mit dem FC Bayern und der Nationalelf holte Beckenbauer dann aber als genialer Libero.

Im Mai 1977 wechselte Beckenbauer, nach insgesamt 558 Pflichtspielen und 69 Toren für den FC Bayern, in die US-Operettenliga zu Cosmos New York, wo er u.a. mit Pelé kickte und für ein dreijähriges Engagement die für damalige Verhältnisse gigantische Summe von 7 Mio. DM erhalten haben soll. Beckenbauers Umzug nach New York erfolgte aus privaten wie finanziellen Gründen. Seine Ehe war gescheitert, der Fiskus saß ihm im Nacken, und seine heutigen Freunde von der Boulevardpresse schlachteten diese Geschichten vor der Öffentlichkeit genüsslich aus. Für Cosmos trat Beckenbauer in 133 Spielen vor den Ball und erzielte dabei 23 Tore. 1977 wurde er mit Cosmos Meister der North American Soccer League (NASL). Im gleichen Jahr wurde der deutsche Import zum „US-Fußballer des Jahres“ gewählt. Die Zeit in New York beschrieb Beckenbauer später als „mit die schönste in meinem Leben. Als Fußballer hatte ich alles erreicht. In Amerika habe ich anfangs gestaunt, über diese Naivität, dieses Unprofessionelle. Aber ich wurde zu mehr Selbstständigkeit erzogen. Bei Bayern wurde dir vieles abgenommen, in New York wurdest du sehr gut bezahlt, musstest aber alles selbst erledigen. Es gab keinen, der dir eine Wohnung suchte.“
Als Beckenbauer im Dezember 1979 mit einer Weltauswahl in Dortmund spielte, wurde er von Günter Netzer, damals Manager des Hamburger SV, für die Bundesliga wiederentdeckt und zur Saison 1980/81 in die Hansestadt geholt. HSV-Trainer war damals Branko Zebec, den Beckenbauer bereits aus seiner Zeit beim FC Bayern kannte. Für den HSV bestritt Beckenbauer noch 28 Bundesligaspiele. 1982 wurde er mit dem Hamburger SV letztmals Deutscher Meister; sein Beitrag dazu war allerdings eher nachrangig.

Sein offizielles Nationalmannschaftsdebüt hatte Beckenbauer 20-jährig am 20.9.1965 in Stockholm gegeben, als die BRD-Elf in der WM-Qualifikation Schweden mit 2:1 besiegte. Die Frankfurter „Abendpost“ titelte damals: „Beckenbauer war der König.“ Im Text hieß es: „Franz Beckenbauer beherrschte das Mittelfeld. Ihm gehört im deutschen Fußball die Zukunft.“ Und im „Sport-Magazin“ schrieb dessen Chefredakteur Hans Fiederer, selbst einmal Nationalspieler: „Es war schon bewundernswert, wie kaltblütig Beckenbauer seine Chance wahrnahm und wie er sich dem Gegner stellte.“ Mit 103 A-Länderspielen war Beckenbauer der erste deutsche Nationalspieler, der die „Hunderter-Grenze“ erreichte und überschritt. Als Beckenbauer 1976 sein 100. Länderspiel bestritt, schrieb Walter Jens im „Stern“: „Ein Rätsel dieser Beckenbauer. Der bekannteste lebende Deutsche (bekannt wie das VW-Werk) hat mit dem, was man sich gemeinhin unter einem Deutschen vorstellt, diesem Kraftmenschen, Fanatiker und einzigem Schaffer, wenig gemein. Er ist kühl, salopp, undiszipliniert, ironisch, selbstironisch sogar. (...) Ein Rätsel dieser Mann. Er ist ein Freund von Franz-Josef Strauß; aber der Stil, den er auf dem Feld praktiziert, ist dem Strauß'schen Gehabe in jeder Weise entgegengesetzt. Wo der eine röchelt und röhrt, tänzelt der andere anstrengungslos. Wo der eine schäumt, bleibt der andere kühl bis ins Herz. Vilshofen kontra Sanssouci! Ein Rätsel dieser Mann. Während andere Athleten auf dem grünen Rasen ihrem Job nachgehen, spielt Beckenbauer Fußball im Stil von Versailles und beweist damit, dass dieser Sport auf eine Art betrieben werden kann, die auf den ersten Blick anachronistisch anmutet: mit Pomp und Launenhaftigkeit, mit einem Mindestmaß an Unterordnung und einem Höchstmaß an Spontaneität.“ Beckenbauer war die Verkörperung des modernen Liberos in einer Zeit, in der die Bundesliga als beste nationale Liga der Welt galt. Der Taktikexperte Uli Fuchs schrieb in der „taz“ über die historische Leistung des Fußballers Franz Beckenbauer: „Beckenbauers Spiel ... war ... jede Sekunde ein Angriff auf eine Fußballordnung, die so verkrustet und unbeweglich war wie die gesellschaftlichen Verhältnisse in der ausgehenden Adenauer-Ära. Wie es im Detail dazu kam, weiß keiner mehr ganz genau. Sicher ist nur, dass der junge Beckenbauer ab Mitte der 1960er Jahre aus dem bis dato rein defensiven Ausputzer einen Wandler zwischen den Welten machte. Damit wurde nicht nur eine Position verändert und der Libero erfunden; Beckenbauer stellte eine Auffassung in Frage, die bis dahin das Wesen des Spiels bestimmte: dass es in erster Linie ein Kampf Mann gegen Mann wäre und dass seine Organisation deshalb nach dem Prinzip einer strengen Arbeitsteilung funktioniere. Es hatte die Kreativen gegeben und die Drecksarbeiter – und dazwischen nichts. Bis der junge Franz aus der Position des hintersten Verteidigers den langen Weg nach vorne antrat. Es war damals noch ein einsamer Weg. In Europa war ihn allein Giacinto Fachetti gegangen – als Links-

verteidiger jener Mannschaft von Inter Mailand, die 1963 und 64 den Europapokal der Landesmeister gewann. Aber Beckenbauers Weg aus der Abwehrzentrale in die Offensive wog für die Entwicklung des Spiels noch ungleich schwerer. Weil er symbolisch wurde für die Idee der Moderne: In der Defensive (wo das schon vorher die Aufgabe des klassischen Ausputzers war) und in der Offensive Überzahlsituationen zu erzwingen. Ein technisch perfekter Spieler, der sich nicht zu schade war, auch bei der Kärrnerarbeit des Verteidigens mitzutun – so sieht heute mehr denn je das Anforderungsprofil an Profis aus, die händeringend gesucht werden. (...) Wirklich tragisch ist, dass die eigentliche Idee des Beckenbauer'schen Spiels ausgerechnet in Deutschland offensichtlich am wenigsten verstanden worden ist. Das schnelle Umschalten von Abwehr auf Angriff, der perfekte Kurzpass in der Spieleröffnung, der Versuch, in Ballnähe Überzahl zu erzielen – bei der 98er WM haben Frankreich, Holland und Brasilien allen Kulturpessimisten demonstriert, wie der Weg des Spiels ins Freie führt. Franz Beckenbauer ist ihn ab Mitte der 60er Jahre bei den Bayern vorausgegangen. Und dass er in der Nationalmannschaft erst 1971 Libero spielen durfte, liest sich heute fast schon als Menetekel." Und im „Kicker" schrieb Wolfgang Rothenburger anlässlich des 100. Geburtstags des DFB über den genialsten deutschen Fußballspieler des 20. Jahrhunderts: „Die Natur hatte ihm alles mitgegeben, was ein hochbegnadeter Fußballer braucht: eine traumwandlerische Sicherheit im Umgang mit dem Ball, die Kunst, meist dort zu sein, wo es die Spielentwicklung erfordert. Die Fertigkeit, Pässe über jede Distanz zu jedem anvisierten Mitspieler zu adressieren. Einmalig in seiner Art, Fußball zu zelebrieren, selbst schwierige Situationen mit fast provozierender Leichtigkeit zu meistern – eine Fähigkeit, die ihm mancher voreilig als Leichtsinn auslegte. Einen wie ihn wird es so schnell nicht wieder geben. Ein Jahrhundert-Superstar, jedoch ohne Starallüren." Die Franzosen bezeichneten Beckenbauer ob seiner undeutschen Leichtfüßigkeit und Eleganz als „Libero de charme".

Beckenbauer spielte mehrmals in der so genannten „Weltelf" und sah als „Gentleman am Ball" in den 30 Jahren seiner Karriere niemals eine rote Karte. Beckenbauer galt als erster deutscher Fußballspieler, der mit der Highsociety zu Tisch saß. Der Ex-Frankfurter Bernd Nickel: „Er hat den Fußball salonfähig und die Fußballer gesellschaftsfähig gemacht. Vorher war unser Spiel doch ein Proletensport." Während dem Gros der Bundesligakicker noch immer ein proletarischer Schweißgeruch anhaftete, erschien der Kaiser im Pelzmantel bei den Bayreuther Wagner-Festspielen und wurde in den Gazetten mehr mit Prominenten außerhalb der Fußballwelt als mit seinen Arbeitskollegen abgebildet. Beckenbauer: „Ich habe mich gesehnt nach Gesprächen, in denen das Wort Ball nicht vorkommt."

Als Trainer arbeitete Beckenbauer mit der deutschen Nationalmannschaft (Vize-Weltmeister 1986, Weltmeister 1990), Olympique Marseille (Meister 1991 und Finalteilnahme im Europapokal der Landesmeister) und dem FC Bayern (Deutscher Meister 1994, UEFA-Cup-Sieger 1996). Der Trainer Beckenbauer nahm vor allem Anleihen bei Ernst Happel, unter dem er beim HSV trainiert hatte. „Als ich Teamchef wurde, habe ich mich ein paar Mal mit ihm getroffen und gefragt: Herr Happel, könnten Sie mir ein bisschen helfen? Da hat er gesagt, das machst du selber, du hast so viel Erfahrung. Dann hat er mir aus seiner eigenen Trainingslehre Züge, Abläufe aufgezeichnet. Die stehen in keinem Lehrbuch, einzigartig; die habe ich heute noch im Keller unten. Trainingsformen. Der hat Taktik total trainiert. Alle Übungen, die er aufschrieb, habe ich irgendwann in mein Trainingsprogramm aufgenommen." Trotz seiner erfolgreichen Bilanz war das Trainergeschäft keine Erfüllung für Beckenbauer: „Ich weiß nicht, ob ich für das Tagesgeschäft geeignet gewesen wäre. Bei Olympique Marseille und beim FC Bayern habe ich es erlebt, vier, fünf Monate, als ich Erich Ribbeck abgelöst habe. Das ging. Oder vielleicht eine Saison. Aber dann fing ich es an mich zu langweilen. Ich konnte es nicht." Mit dem Brasilianer Mario Zagallo ist Beckenbauer der einzige Mensch auf diesem Planeten, der sowohl als Spieler wie als Trainer Weltmeister wurde.

Am 14. November 1994 wurde Beckenbauer zum Präsidenten des FCB gewählt. Zuvor hatte er seit 1991 das Amt des Vize-Präsidenten bekleidet. Damit diente Beckenbauer dem FC Bayern in vier Funktionen: sowohl als Spieler, Trainer, Vize-Präsident und Präsident. 1998 wurde Beckenbauer Vize-Präsident des DFB und führte anschließend erfolgreich Regie bei der deutschen Bewerbung für die Austragung der WM 2006. Der „Kicker" bezeichnete ihn anschließend als „Dauerpächter des Happy Ends". Hingegen ist seine Bilanz als Präsident des FC Bayern eher zweischneidig. Seine Kolumnisten-Tätigkeit und Werbeverträge sorgten wiederholt für Unruhe im Verein. Beckenbauers „Bild"-Kolumne wurden laut „Zeit" von einem Kenner medialer Mechanismen als eine „für alle brandgefährliche päpstliche Enzyklika" bezeichnet. Beckenbauers Verflechtung mit dem Boulevard sowie seine Sprunghaftigkeit erschwerten beim FC Bayern konzeptionelles und strategisches Arbeiten. Der Journalist Helmut Schümann charakterisierte Beckenbauer als „wahrscheinlich der einzige Mensch in diesem Land, der fortwährend Unsinn plappern darf" – was dem „Kaiser" auch den Spitznamen „Firlefranz" eintrug. In der „Zeit" schrieb Christof Siemes: „Franz Beckenbauer ist der einzige Amtsinhaber und Multifunktionär in der Bundesrepublik, der verzapfen kann, was er will, ohne ernsthaft kritisiert oder zur Verantwortung gezogen zu werden. (...) Der einzig feste Grund unter Beckenbauers Autorität ist sein fußballerisches Können. Oder jedenfalls die verklärte Erinnerung daran." Die Journalisten Thomas Kistner und Ludger Schulze: „Das Team des FC Bayern gewann erst wieder Gesicht und Identität, als Beckenbauer mit Beginn seiner WM-Botschaftertätigkeit das Feld an der Klubspitze de facto räumte und Karl-Heinz Rummenigge und Uli Hoeneß die Geschäfte überließ. Diese beiden waren es vor allem, die den Verein zum Champions-League-Gewinner machten."

Der Vereins-Boss über sich selbst: „Geduld zeichnet mich nicht aus. Rational muss man sagen, dass man mit Ungeduld nicht weiterkommt. Ich fürchte, dieser Widerspruch wird beim FC Bayern immer bleiben." Mit der Gründung der FC Bayern AG wurde Beckenbauer aus dem operativen Geschäft verbannt und das neue Führungsduo Hoeneß/Rummenigge offiziell etabliert.

Als der Verband Deutscher Sportjournalisten im Jahr 2000 seine 2.500 Mitglieder zur Wahl der „Mannschaft des Jahrhunderts", des „Trainers des Jahrhunderts" und „Spielers des Jahrhunderts" aufrief, war der Name Beckenbauer allgegenwärtig. „Mannschaft des Jahrhunderts" wurde der Weltmeister von 1954, aber auf den Plätzen 2 bis 5 war Beckenbauer stets vertreten: mit der EM-Elf von 1972, der Bayern-Elf von 1974-76 und der WM-Elf von 1974. Bei den Trainern landete Beckenbauer hinter Sepp Herberger, Hennes Weisweiler, Ernst Happel und Helmut Schön auf dem 5. Platz. Bei den Spielern wurde der Kaiser mit 557 Stimmen unangefochten Sieger. Der Zweitplatzierte Fritz Walter kam auf 135 Voten.

Dass die WM 2006 in Deutschland stattfand und zu einem großen Erfolg für das Land wurde, war ganz wesentlich das Verdienst von Franz Beckenbauer, Vorsitzender des WM-Organisationskomitees. Im Herbst 2006 war Beckenbauer deshalb erster Empfänger des neuen Walther-Bensemann-Preises der Deutschen Akademie für Fußballkultur. In der Laudatio hieß es: „Dank seines unglaublichen Engagements als Vorsitzender des WM-Organisationskomitees sicherte sich Deutschland zunächst den Zuschlag für die Austragung der WM 2006 und erlebte dann im Juni und Juli dieses Jahres die wohl schönste Weltmeisterschaft aller Zeiten, die Fußballfans aller Länder ‚zu Gast bei Freunden' werden ließ. Franz Beckenbauer wurde für Besucher aus aller Welt zur Symbolfigur des gastfreundlichen Deutschland."

Der „Kaiser" nimmt sich selbst weniger wichtig, als dies viele seine Verehrer tun. Als die „Woche" ihn einmal fragte, ob er das Gefühl habe, wichtig zu sein, antwortete der Kaiser: „Ich brauche nur nachts raufzuschauen, wenn sternenklarer Himmel ist, ich schaue mir unser Sonnensystem an, die Erde ist mit der kleinste Planet, von diesem Sonnensystem gibt's noch Milliarden andere. Und da fragen Sie, wie wichtig ich bin?"

◆ 424 Bundesligaspiele (44 Tore), davon 396 Bundesligaspiele (44 Tore) für den FC Bayern (1965-

77). Mit dem FC Bayern Deutscher Meister 1969, 1972, 1973, 1974, DFB-Pokalsieger 1966, 1967, 1969, 1971, Europapokalsieger der Pokalsieger 1967, Europapokalsieger der Landesmeister 1974, 1975, 1976, Weltpokalsieger 1976. 103 A-Länderspiele (14 Tore) für den DFB. Weltmeister 1974, Vize-Weltmeister 1966, WM-Dritter 1970, Europameister 1972, Vize-Europameister 1976. Fußballer des Jahres 1966, 1968, 1974 und 1976, Europas Fußballer des Jahres 1972 und 1976.

Bender, Manfred (24.5.1966)
Der 1,90 Meter große Spieler begann seine Karriere 1974 beim Turnerbund München. Zum FC Bayern kam Bender von der SpVgg Unterhaching. 1992 wechselte Bender zum Karlsruher SC und trug dort als Leistungsträger und Führungspersönlichkeit zum sportlichen Aufschwung bei. Zur Saison 1995/96 wäre Bender beinahe zum FCB zurückgekehrt, der für 1,6 Mio. DM ein Rückkaufsrecht besaß. Doch die Bayern holten statt seiner Andreas Herzog. Während der Saison 1996/97 ging Bender zum TSV 1860, für den er bereits als Jugendlicher 1979-82 gekickt hatte. Berti Vogts beschuldigte den Spieler einmal, sein Talent verschleudert zu haben. Dass er während seiner Zeit beim FCB nicht in die Nationalelf kam, lag allerdings laut Bender am damaligen Bayern-Coach Heynckes. „Vogts wollte mich 1991 zum Spiel gegen Russland einladen. Heynckes sagte aber: ‚Das ist noch zu früh.'"
◆ 229 Bundesligaspiele (42 Tore), davon 77 Bundesligaspiele (9 Tore) für den FC Bayern 1989-92). Mit dem FC Bayern Deutscher Meister 1990.

Bensemann, Walther (13.1.1873 - 12.11.1934)
Laut Festschrift „25 Jahre Deutscher Fußballbund" und „Kicker" (Jg. 1923, Ausgabe Nr. 5) gehörte Bensemann zu den Gründungsmitgliedern der Fußballabteilung des MTV München, aus der 1900 der FC Bayern hervorging. Bensemann, Sohn einer wohlhabenden jüdischen Familie in Berlin, lebte damals, wie er selbst schrieb, „in jenem Viertel, wo die Schelling- und die Türkenstraße liegen", also in der Bayern-Heimat Schwabing und in Nachbarschaft zur Universität. Auch nach seiner Münchner Zeit blieb Bensemann mit dem FC Bayern in Verbindung. So bot er seine Hilfe bei der Vermittlung von Freundschaftsspielen gegen ausländische Mannschaften an und war mit dem langjährigen Bayern-Präsidenten Kurt Landauer befreundet. Der FC Bayern war bei weitem nicht der einzige Verein, an dessen Entstehen Bensemann beteiligt war. Auch in Frankfurt, Würzburg, Karlsruhe, Freiburg, Mannheim, Gießen und Straßburg hinterließ Bensemann diesbezüglich Spuren und galt als wichtigster Fußballpionier im deutschen Süden. Prägend war sein Wirken vor allem in Karlsruhe, das vor dem Ersten Weltkrieg zu einer Hochburg der deutschen Fußballbewegung avancierte. Bereits 1891 hatte er dort den späteren Deutschen Meister Karlsruher FV gegründet. 1899 war Bensemann Initiator und Organisator der ersten Spiele eines englischen Auswahlteams auf deutschem Boden. 1920 gründete er den „Kicker", dessen Herausgeber und Chefredakteur in einer Person er war und dessen Leitmotiv der Fußballpionier wie folgt beschrieb: „Der ‚Kicker' ist ein Symbol der Völker-Versöhnung durch den Sport." Nach der Machtergreifung durch die Nazis emigrierte Bensemann nach Montreux am Genfer See, wo er im November 1934 starb. Das letzte große Fußballereignis, das der begnadete Schreiber erlebte, war die WM 1934 in Italien, „wo ihn deutsche Journalisten als Mahner vor der faschistischen Gefahr in Erinnerung behielten. Auch in Briefen an deutsche Freunde bekundete er seine Ablehnung des Hitler-Regimes" (Bensemann-Biograf Bernd-M. Beyer). In Deutschland wegen seiner jüdischen Herkunft sowie kosmopolitischen und liberalen Haltung verpönt, blieb es seinem alten Mitstreiter, FIFA-Generalsekretär Ivo Schricker, und dem Schweizer IOC-Mitglied Albert Mayer vorbehalten, das Andenken Bensemanns zu pflegen. 1937 fand in Genf unter namhafter Beteiligung das erste „Tournoi international de Football-Juniors pro memoria Walter Bensemann" statt. Weitere Turniere folgten 1938 in Straßburg und 1939 in Zürich. Nach dem Zweiten Weltkrieg wurde die Idee wiederaufgenommen. Als Schirmherren agierten Ivo Schricker (bis 1961), anschließend Albert Mayer, DFB-Präsident Peco Bauwens und FIFA-Präsident Sir Stanley Rous. Das letzte Turnier wurde 1991 in Karlsruhe durchgeführt.
Seit 2006 verleiht die Deutsche Akademie für Fußballkultur alljährlich den Walther-Bensemann-Preis. Die Akademie über ihren Preis: „Der Preis zeichnet Personen aus, deren langjähriges Wirken

in der Tradition Walther Bensemanns steht. Ein Preis für außergewöhnliches Engagement mit Mut und Pioniergeist, für mehr gesellschaftliche Verantwortung, Fairplay und interkulturelle Verständigung im Umfeld des Fußballs." Erster Preisträger wurde FCB-Präsident Franz Beckenbauer.

Bergmaier, Josef (5.3.1909 - 1943)
Kam zum FCB über den SV Pasing und den FC Wacker. Der achtfache Nationalspieler wurde auch „Berge" oder „Nasen" genannt. Seine Stärken waren Flankenläufe und Dribblings. In der Meisterelf von 1932 spielte Bergmaier auf Rechtsaußen. 1943 fiel Bergmaier an der „Ostfront".

Berthold, Thomas (12.11.1964)
Der Weltmeister von 1990 wurde beim FC Bayern zum teuersten Tribünensitzer der Vereinsgeschichte. Der Sohn eines Frankfurter Bankiers, der 1991 von AS Rom kam, ist noch Jahre danach für viele der Angestelltenfußballer par excellence. In München durfte er lediglich sein Golf-Handicap verbessern. Als er in seinem zweiten Jahr bei den Bayern wegen einer Knochenhautentzündung vier bis fünf Monate pausieren musste, machte das böse Wort des „Simulanten" die Runde. Besonders Schatzmeister Kurt Hegerich hatte es auf ihn abgesehen. Hegerich bezeichnete Berthold öffentlich als „bestbezahlten deutschen Golfprofi nach Bernhard Langer". Die Saison 1992/93 war für Berthold „das schlimmste Jahr meiner Karriere". Zur Saison 1993/94 wechselte Berthold zum VfB Stuttgart, wo er einer der wichtigsten Leistungsträger wurde. 1997 gewann er mit dem VfB den DFB-Pokal.
◆ 332 Bundesligaspiele (22 Tore), davon 30 Spiele (1 Tor) für den FC Bayern (1991-92). 62 A-Länderspiele (1 Tor) für den DFB. Weltmeister 1990.

Borutta, Karl (8.12.1935, †)
Der Abwehrspieler kam 1960 vom FC Schalke 04, mit dem er 1958 Deutscher Meister geworden war. 1965 stieg Borutta mit den Bayern in die Bundesliga auf.
◆ 29 Bundesligaspiele (0 Tore/1965-67), 42 Regionalligaspiele (6 Tore/1963-65) und 79 Oberligaspiele (0 Tore/1960-63) für den FC Bayern. DFB-Pokalsieger 1966 und 1967, Europapokalsieger der Pokalsieger 1967.

Brehme, Andreas (9.11.1960)
Der Hamburger kam 1986 vom 1. FC Kaiserslautern, für den er bis dahin in 154 Bundesligaspielen 34 Tore erzielt hatte. Trotz der Meisterschaft 1987 erlebte er seine Karriere-Highlights aber nicht in München. 1988 wechselte Brehme für 2,2 Mio. DM vom FC Bayern zu Inter Mailand. 1989 wurde er mit Inter Meister und zum besten Spieler der Saison gewählt. 1990 gewann Brehme mit dem DFB-Team die Fußballweltmeisterschaft und erzielte im Finale per Elfmeter das entscheidende Tor. Für Teamchef Beckenbauer war Brehme damals der „perfekteste Fußballer, den wir haben". Als Trainer u.a. beim 1. FC Kaiserslautern blieb der schlichte Hanseat hingegen eher glücklos.
◆ 301 Bundesligaspiele (50 Tore), davon 59 Spiele (7 Tore) für den FC Bayern (1986-88). Mit dem FC Bayern Deutscher Meister 1987. 86 A-Länderspiele (8 Tore) für den DFB. Weltmeister 1990.

Breindl, Robert
„Pius" war einer der Stars im Meisterteam von 1932. Dem Kämpferherz war erst zwei Jahre zuvor der Sprung aus der Jugend in die 1. Mannschaft gelungen. Das Finale in Nürnberg war für den erstklassigen Außenläufer erst sein 45. Spiel für den FCB.

Breitner, Paul (5.9.1951)
Der dynamische Abwehr- und Mittelfeldspieler kam vom ESV Freilassing zum FC Bayern, für den er 1970-74 und 1978-83 kickte. Von 1974 bis 1977 spielte Breitner bei Real Madrid und wurde mit den Madrilenen zweimal (1975, 1976) Spanischer Meister und einmal (1975) Pokalsieger. Breitner

wechselte für die Ablöse von 2 Mio. DM. 1977 kehrte er in die Bundesliga zurück, wo er zunächst für die Braunschweiger Eintracht und deren Mäzen Günter Mast antrat. Für die Eintracht absolvierte Breitner 30 Bundesligaspiele, in denen er 10 Treffer erzielte. 1978 schloss er sich dann für eine Ablöse von 1,96 Mio. DM ein weiteres Mal dem FC Bayern an. Breitner war während seiner zweiten Ära beim FCB der absolute Chef der Mannschaft, die Führungspersönlichkeit schlechthin. Sein Trainer Pal Csernai: „Paul war mein Chef auf dem Platz. Ich habe größere Künstler gesehen. Aber als Profi war er einmalig, vorbildlich." Sein Versuch, nach Beendigung der Spielerkarriere direkt ins Bayern-Präsidium zu wechseln, scheiterte an Uli Hoeneß. Zu Beginn ihrer gemeinsamen Karriere beim FC Bayern waren Breitner und Hoeneß noch Zimmergenossen gewesen. Während und nach Breitners zweiter Karriere kam es zum Zerwürfnis mit dem alten Freund. Als Breitner beim FC Bayern aufhörte, betätigte er sich als „Bild"-Kolumnist und schoss in dieser Funktion gegen den Bayern-Manager. Breitner Mitte der 1990er: „Wenn ich die Bayern kritisierte, dann kritisierte ich automatisch Uli Hoeneß, denn er war ja über zehn Jahre lang der FC Bayern schlechthin. Es war ein Wahnsinn, dass man eine über 17 Jahre währende Freundschaft mit den Füßen trat." Mit Beckenbauer verstand sich Breitner bereits während seiner ersten Zeit beim FC Bayern nicht. Gemeinsam mit Hoeneß opponierte er gegen die Achse Neudecker-Schwan-Beckenbauer. Den DFB-Team-Chef Beckenbauer denunzierte der „Bild"-Kolumnist Breitner als „Totengräber" des deutschen Fußballs. Breitner: „Beckenbauer verhindert guten Fußball." Höhepunkt seiner Angriffe gegen den ehemaligen Mitspieler waren das Vier-Länder-Turnier 1988 in Berlin und die folgende EM. Breitner hält sich heute zugute, dass seine Kritik dazu beigetragen habe, „dass der Franz umgeschwenkt ist und nicht mehr seinen Sechs-Verteidiger-Fußball gespielt hat, sondern den, mit dem wir 1990 schließlich Weltmeister wurden".

Breitner selbst wurde als Linksverteidiger zum Nationalspieler. 1971 hatte er bei einem Bundesligaspiel in Hannover aus personeller Not heraus auf dieser Position spielen müssen. Er tat dies so überzeugend, dass er es in die DFB-Elf schaffte, mit der er 1974 Weltmeister wurde. Später wurde seine Nationalmannschaftskarriere durch ein Zerwürfnis mit dem DFB unterbrochen. Breitner schoss gegen DFB-Funktionäre und bemängelte das Abspielen der Nationalhymne vor Länderspielen, wodurch er sich in seiner Konzentration beeinträchtigt fühle. Bei der WM 1982 in Spanien war Breitner wieder dabei, nun als dominierender Mittelfeldspieler. In einem Geheimpapier des DFB-Präsidenten Neuberger wurde er für das negative Bild des Vize-Weltmeisters verantwortlich gemacht. Uli Hoeneß sah in der WM und Breitners Verhalten die Ursache für das folgende Negativ-Image des Bundesligafußballs: „Es war schlecht seit 1982 bei der WM in Spanien, da hat die Mannschaft gezeigt: Man kann saufen und rauchen und trotzdem viel Geld verdienen. Das war der Anfang einer tiefen Krise." Der damalige Nationalkeeper Toni Schumacher schrieb über Breitner und die WM: „Der Leithammel und Spielmacher war Breitner. Ein Kämpfer, eine absolute Spielergröße. (...) Paul konnte schon rhetorisch jeden Gegner mundtot machen. (...) Er war hundertprozentig stark auf dem Spielfeld, ungeheuer vital. Außerhalb des Rasens war er nicht unbedingt ein Vorbild. Und er trank auch schon mal einen über den Durst. Er war der Leithammel, tonangebend bei Spiel und Training, und natürlich auch danach. Und wie das eben so geht, sind die Schlechteren und Schwächsten der Mannschaft seinem Beispiel gefolgt. (...) Breitner hat fast alles mitgemacht, aber mit einem gewaltigen Unterschied zu den anderen: Am nächsten Tag auf dem Spielfeld lief er wie ein Uhrwerk. Verrückt: Nur die, die mit ihm getrunken hatten, krebsten rum wie ein paar Schnapsleichen."

Während seiner ersten Bayern-Ära machte Breitner nicht nur sportlich auf sich aufmerksam, sondern auch durch kritische und provokative Äußerungen, weshalb die Boulevardpresse den ehemaligen Pädagogikstudenten bald den „roten Paul" taufte. Breitner ließ sich mit der kommunistischen „Peking-Rundschau" vor einem Mao-Poster ablichten und erklärte zu seinem größten Wunsch „eine Niederlage der Amerikaner in Vietnam". Die „New York Times" charakterisierte ihn euphemistisch als „neuen Heros der deutschen Gegenkultur". Gleichzeitig war Breitner außerordentlich geschäftstüchtig. Wenn nötig, würde er auch seinen Hintern vermarkten, verkündete er einmal. Seine „politischen" Provokationen wurden deshalb später auch als Teil einer Vermarktungsstrategie gedeutet.

Vom Rehhagel'schen Motto „Die Mannschaft ist der Star" hält der bekennende Individualist Breitner „nichts". Laut Breitner ist eine klare Hierarchie für jede überdurchschnittliche Fußballmannschaft ein „absolutes Muss. Das durfte ich als Lehrling unter Beckenbauer lernen, Kalle Rummenigge und ich zogen es ab 1978 ähnlich durch. Ohne klare Hierarchie entsteht die Situation, dass die Mannschaft gewinnt oder verliert, ohne zu wissen, warum. (...) Eine Führungsfigur muss immer überlegen, ob die Taktik passt. Und ob wir auf dem Platz umstellen müssen, ohne dass der (gemeint ist der Trainer) von außen eingreift. Eine überdurchschnittliche Mannschaft merkt nach fünf Minuten, ob die Taktik passt. (...) Heute fuchteln viele mit ausgestrecktem Zeigefinger herum und meinen, sie seien Führungsspieler."

Nachdem der ehemalige „Bild"-Kolumnist dreieinhalb Jahre weitgehend geschwiegen hatte, wurde Breitner Ende 1996 bei Sat.1 als Kommentator, Kritiker und Analytiker tätig. Zwischenzeitlich hatte er sich auch mit Beckenbauer und Hoeneß wieder versöhnt, die sogar öffentlich darüber nachdachten, Breitner in die Vereinsführung zu holen. Als mögliches Aufgabengebiet wurde die Nachwuchsarbeit des FCB gehandelt. Bis zum Ende der Saison 1996/1997 trainierte Breitner sehr erfolgreich den Nachwuchs des Amateurvereins TSV Brunnthal, wo auch sein Sohn Max mitspielte. Zur Saison 1997/98 wechselte er mit seiner B-Jugend-Mannschaft zum Münchner Vorstadt-Klub SpVgg Unterhaching. Letztendlich hielt man den ehemaligen Mitspieler aber wohl für zu unberechenbar und befürchtete für den Fall eines Mitwirkens des medien- und öffentlichkeitsorientierten Breitners zusätzlich Unruhe im Verein. Während der so genannten „Daum-Affäre" kam es zu einem neuerlichen Zerwürfnis zwischen Breitner und Hoeneß.

◆ 285 Bundesligaspiele (93 Tore), davon 255 Spiele (83 Tore) für den FC Bayern (1970-74, 1978-83). Mit dem FC Bayern Deutscher Meister 1972, 1973, 1974, 1980, 1981, DFB-Pokalsieger 1971, 1982, Europapokalsieger der Landesmeister 1974. 48 A-Länderspiele (10 Tore) für den DFB. Europameister 1972, Weltmeister 1974, Vize-Weltmeister 1982. Fußballer des Jahres 1981.

Brenninger, Dieter (16.2.1944)

Der auch „Mucki" genannte Bürgermeistersohn und Linksaußen kam 1962 von der SpVgg Altenerding zum FC Bayern. 1965 stieg Brenninger mit dem FCB in die Bundesliga auf, 1969 war er bei der ersten Bundesligameisterschaft der Bayern dabei. Mit 59 Toren belegt Brenninger in der ewigen Bundesliga-Torjägerliste des FC Bayern den 12. Platz. Zur Saison 1971/72 schloss sich Brenninger dem VfB Stuttgart an, für den er noch drei Jahre in der Bundesliga (81 Spiele, 15 Tore) und ein Jahr in der 2. Liga spielte.

◆ 271 Bundesligaspiele (74 Tore), davon 190 Spiele (59 Tore) für den FC Bayern (1965-71). 25 Oberligaspiele (14 Tore/1962-63) und 61 Regionalligaspiele (37 Tore/1963-65) für den FC Bayern. Mit dem FC Bayern Deutscher Meister 1969, DFB-Pokalsieger 1966, 1967, 1969 und 1971 und Europapokalsieger der Pokalsieger 1967. 1 A-Länderspiel für den DFB.

Cajkovski, Zlatko (24.11.1923)

„Ohne Fußball ich toter Mann", lautet auch heute noch seine Lebensphilosophie. Der Jugoslawe trainierte den FC Bayern 1963-68. Als Spieler kam Cajkovski auf 55 A-Länderspiele für Jugoslawien. Bereits als 16-Jähriger feierte er sein Debüt in der 1. Mannschaft von Hask Zagreb. 1945 wechselte der Außenläufer zu Partizan Belgrad, wo er zum Weltklassespieler aufstieg. 1948 und 1952 spielte Cajkovski in der Olympiavertretung Jugoslawiens, mit der er jeweils eine Silbermedaille gewann, 1950 und 1954 in der WM-Mannschaft. Die 0:2-Niederlage gegen die Bundesrepublik beim WM-Turnier in der Schweiz wurde für ihn zum einschneidenden

Erlebnis, das auch seine spätere Trainertätigkeit prägte. „Technik-Kondition-Taktik – das ist meine Reihenfolge. Kein Individualismus auf Kosten der Mannschaft. Oh, hätten wir damals nur die Disziplin der Deutschen gehabt, wir hätten nicht verloren." Cajkovski wurde auch in die Europaauswahl berufen.Während seiner Zeit als Spieler beim 1. FC Köln besuchte Cajkovski die Sporthochschule Köln und erwarb das deutsche Trainer-Diplom. Seine erste Trainerstation war der israelische Klub Hapoel Haifa, den er auf Anhieb vom 9. auf den 2. Platz führte und mit dem er den „Pokal des Staatsfeiertags" gewann. Nach einem kurzen Intermezzo in der Türkei, wo er das Amt des Nationaltrainers ausübte, landete „Tschik" in den Niederlanden, wo auch sein späterer Münchner Kollege Max Merkel den Grundstein seiner Trainerkarriere legte. Cajkovski führte die Mannschaft von DOS Utrecht in 14 Spielen ohne Niederlage vom Tabellenende auf den 5. Platz. 1961 kehrte „Tschik" zum 1. FC Köln zurück, diesmal als Trainer. 1962 wurden die Kölner zunächst Westmeister und holten anschließend auch noch den ersten deutschen Meistertitel in die Domstadt. Anschließend wechselte Cajkovski vom Rhein an die Isar, wo er Bayern München zunächst in die Bundesliga (1965) und anschließend zum DFB-Pokalsieg (1966) und ersten europäischen Titel (1967, Cup der Pokalsieger) führte. Im Gegensatz zum Löwen-Trainer Merkel pflegte Cajkovski einen liberalen Führungsstil und war bei seinen Spielern sehr beliebt. Gerd Müller: „Er war mehr der väterliche Freund." Seinen Spitznamen „Tschik" erhielt Cajkovski bereits während seiner jugoslawischen Jugendzeit. „Cik" heißt „Zigarettenstummel". Cajkovski maß nur 1,64 Meter. Nachdem der kugelrunde Gourmet mit den Bayern deren ersten Europacup gewonnen hatte, formulierte seine Gattin für den vor Rührung Gelähmten: „Er sein nun glücklichste Mensch von Welt, er fliegen auf Mond und machen Pokalsieger dort oben."

Cajkovski ließ beim Bayern-Training so lange spielen, bis seine Stammformation in Führung lag. Er hielt nichts von Systemdebatten und war ein Freund des unterhaltsamen, offensiven Spiels: „Ob ich 4-2-4 spiele, hängt ganz vom Gegner ab. Was hat das für einen Sinn, wenn der Gegner hinten mit sechs Mann operieren kann und ich nur vier Stürmer nach vorne bringen? Gar nichts! Es wird zu defensiv gespielt, und das macht allmählich das Fußballspiel uninteressant. Durch die Defensivtaktik spielt sich fast alles überwiegend im Mittelfeld ab. Die Zuschauer aber wollen Tore sehen, Kampfmomente und kein Hin und Her. Bewundern muss man die Südamerikaner. Sie sind Balljongleure, die nicht Fußball um jeden Preis spielen, sondern weil sie Freude daran haben. Die auch nicht um jeden Preis gewinnen wollen. Sie möchten nur spielen. Ich brauche Leute, die Witz und Verstand besitzen, und keine Automaten wie die Professionals, die gewinnen müssen, um ihren Kurswert hoch zu halten." Der „Kaiser" über seinen ehemaligen Übungsleiter: „Der Tschik hat nur improvisiert. Der wusste gar nicht, was er macht. Der hatte überhaupt kein Konzept. Aber es war einfach so."

Cramer, Dettmar (4.4.1925)
Der kleine „Fußball-Professor" begann als Spieler in Wiesbaden und Dortmund. Zwischen 1949 und 1963 arbeitete der „laufende Meter" (Sepp Maier), auch „Napoleon" genannt, als Cheftrainer beim Westdeutschen Fußballverband. Anschließend war Cramer drei Monate Redakteur beim ZDF, Trainer in Japan und beim DFB. 1967-74 arbeitete er als Trainer bei der FIFA, in deren Auftrag er Trainer, Spieler, Teams und Schiedsrichter in über 80 Ländern unterrichtete. Nach einem kurzen Intermezzo als USA-Trainer kam Cramer 1975 zum FC Bayern, mit dem er 1975 und 1976 den Europapokal der Landesmeister und 1976 den Weltpokal gewann. Der ehrgeizige Cramer galt als gewiefter Taktiker und guter Psychologe. Ein Sport-Kommentator charakterisierte ihn gar als „den größten Theoretiker unter den Trainern". Bayern-Präsident Neudecker über seinen Übungsleiter: „Wenn der Cramer uns einmal verlässt, besitzen wir alle die Hochschulreife." Franz Beckenbauer etwas respektvoller: „Ich kenne keinen Menschen, der so viel über Fußball weiß und der so spannend darüber reden kann wie er." Gerd Müller erinnert sich noch, dass Cramer („ein super Trainer") immer „zehn gegen zehn über das gesamte Feld, ohne Tore, Mann gegen Mann" spielen ließ. „Und wenn er dann den Kapellmann, den Verrückten, oder Sepp Maier, den Wahnsinnigen, gegen mich oder den Franz gestellt hat, hat unsere Mannschaft nie den Ball gekriegt, die sind uns ja immer davongerannt."

Während der Saison 1977/78 erfolgte seine Entlassung beim FCB. In einer Art Trainertausch ging Cramer zu Eintracht Frankfurt, deren Trainer Gyula Lorant den FCB übernahm. Im Juni 1978 war auch sein Engagement in Frankfurt beendet. 1981 wurde Cramer Nationaltrainer Saudi-Arabiens. Anschließend trainierte er noch Aris Saloniki (1981/82) und Bayer Leverkusen (1982-85), wo er zwar das Ansehen des Klubs enorm mehrte, aber die in ihn gesetzten sportlichen Erwartungen nicht erfüllen konnte. Cramer ist im Besitz von zwei Professorentiteln (ehrenhalber), des Bundesverdienstkreuzes sowie des höchsten japanischen Kulturordens. Sein Credo: „Der liebe Gott macht Spieler. Die Trainer machen Mannschaften." Cramer über den Fußball und sein Trainerdasein: „Ich habe den Fußball immer als Spiegel des Lebens betrachtet. Ein Auf und Ab in komprimierter Form. Als Trainer ist es wie im Leben: Erfolgreich führen bedeutet, mit Fantasie vorausschauen." Zu Cramers Zielen gehörte auch, aus Fußballern „anständige Menschen" zu machen: „Der individuelle Charakter ist wie ein Schicksal. Ich bin für meine pädagogischen Tricks oft belächelt worden. Aber nur Ecken schießen, das ist es doch nicht! Die Spieler müssen Verantwortung übernehmen. Und dazu müssen sie auch mitsprechen."

Csernai, Pal (21.10.1932)
Nur Cajkovski hielt sich als ausländischer Trainer beim FC Bayern länger als der Ungar mit dem seidenen Halstuch. Zunächst Assistent von Gyula Lorant, wurde Csernai am 19. Februar 1979 Cheftrainer der Bayern. Der 1955 aus Ungarn geflüchtete Musikliebhaber sollte nach vier erfolglosen Jahren eine neue Mannschaft aufbauen und tat dies mit Bravour. Unter Csernai kehrte der FC Bayern an die nationale Spitze zurück, wurde zweimal Deutscher Meister (1980, 1981) und gewann einmal den DFB-Pokal (1982). Außerdem konnte Csernai noch einen Einzug in das Finale des Europapokals der Landesmeister (1982) verbuchen, wo die Bayern nur knapp scheiterten. Seine Amtszeit endete am 16. Mai 1983, woran der damalige Hauptsponsor nicht schuldlos war. Der Taktiker Csernai führte in der Bundesliga die Raumdeckung ein, anfangs auch „Pal-System" genannt. Abgesehen von einem Pokalsieg mit Benfica Lissabon, verlief Csernais weitere Trainerkarriere erfolglos. Für Karl-Heinz Rummenigge war Csernai der „taktisch genialste Coach zu meiner aktiven Zeit". Nach seiner Trainerkarriere zog sich Csernai nach Budapest zurück, wo er 30 Seidentücher sein eigen nannte und sein Rentnerleben mit Tennis, Sauna, Massagen und Zeitungen genoss.

Danzberg, Dieter (12.11.1940)
Mit Strunz, Tarnat und Wohlfahrt waren gleich einige bekanntere Bayern-Akteure der 1990er Jahre ursprünglich Duisburger. Der erste Duisburger in der Bundesligageschichte des FC Bayern war allerdings Dieter Danzberg, der 1965 den frischgebackenen Aufsteiger verstärken sollte. In Duisburg ist Danzberg noch heute eine Legende: In der letzten Saison der Oberliga West 1962/63 schoss der Verteidiger binnen vier Tagen drei wichtige Tore für den MSV, die die Meidericher in die neue Bundesliga katapultierten, wo sie 1963 überraschend Vize-Meister wurden. Beim FC Bayern wurde Danzberg vor allem als unfreiwilliger Wegbereiter für die Libero-Karriere Franz Beckenbauers bekannt. Sein erster Bundesligaeinsatz für den FC Bayern dauerte nur wenige Minuten. Dann wurde Danzberg im Spiel gegen den TSV 1860 des Platzes verwiesen. Die Position des Mittelläufers wurde fortan von Beckenbauer übernommen. Danzberg kam anschließend nur noch einmal zum Einsatz, und dies erst am letzten Spieltag der Saison 1965/66. „In den acht Wochen meiner Sperre spielte das Team gut. Außerdem litt ich unter meiner Sprunggelenk-Operation. Traurig war ich, weil ich im Pokalfinale 1966 gegen Duisburg nicht zum Kader gehörte." Nach seiner Profizeit arbeitete Dieter „Pitter" Danzberg im Duisburger Problemstadtteil Hamborn als Sportlehrer an einer Schule für soziale Härtefälle. 1996 erhielt er für sein soziales Engagement aus den Händen von Bundespräsident Roman Herzog das Bundesverdienstkreuz. Mit Horst Buhtz und Toni Burghardt hat Danzberg zahlreiche Benefizspiele mit Stars organisiert.
◆ 17 Bundesligaspiele (1 Tor), davon 2 Spiele (0 Tore) für den FC Bayern (1965-66).

Deisler, Sebastian (5.1.1980)
Der Hoffnungsträger des deutschen Fußballs wurde wie sein ehemaliger Trainer Ottmar Hitzfeld in Lörrach geboren. Deisler begann beim FV Tumringen und spielte anschließend für den TuS

Stetten und den FV Lörrach. Bei den letzten beiden Vereinen kickte auch Hitzfeld. Im Alter von 15 Jahren zog Deisler weg von den Eltern in das Fußballinternat von Borussia Mönchengladbach. Sein Entdecker war Gladbachs Nachwuchstrainer Norbert Maier. Für seinen Jugendtrainer Klaus Rau war Deisler „ein echter Straßenfußballer". Für Borussia Mönchengladbach bestritt Deisler in seiner ersten Bundesligasaison 1998/99 17 Spiele (1 Tor), dann wechselte er zu Hertha BSC Berlin. Schon damals wollte der FC Bayern Deisler verpflichten, doch „das größte Talent des deutschen Fußballs" (Beckenbauer) gab dem Hauptstadt-Verein den Vorzug. Für die Herthaner war Deisler von 1999 bis 2002 in der Bundesliga 56-mal am Ball (9 Tore). Bei der EM 2000 war der 20-jährige „Basti Fantasti" jüngster Spieler im DFB-Kader. Im Sommer 2001, also noch vor seiner letzten Saison bei der Hertha, wurde sich Deisler mit dem FC Bayern einig. Die Ablöse betrug 9,2 Mio. Euro und war damit die zu diesem Zeitpunkt höchste in der Geschichte des FCB, die allerdings einige Monate später durch die Zahlung für Zé Roberto noch übertroffen wurde. Für Wirbel sorgte ein als „Darlehen" ausgegebenes Handgeld über 10 Mio. Euro, das Deisler später zurückerstattete. Am Tag, an dem das „Darlehen" ruchbar wurde, kam es für Deisler auch auf dem Spielfeld knüppeldick: Am 12. Oktober 2001 verletzte sich Deisler bei einem Bundesligaspiel der Hertha in Hamburg und musste an der rechten Kniescheibe operiert werden. Es war nicht Deislers erste nennenswerte Verletzung: Im September 1998 hatte er einen Kreuzbandanriss und Meniskusriss erlitten, im November 1998 folgte ein erneuter Meniskussriss (erneut am rechten Knie), im Dezember 1999 ein Kreuzbandriss plus Meniskusschaden (wieder rechts), im März 2000 eine Leistenoperation wegen Beckenschiefstands. Nur wenige Tage nach seiner Rückkehr aufs Spielfeld zog sich der Mittelfeldspieler am 18. Mai 2002 beim WM-Test der DFB-Auswahl gegen Österreich (6:2) erneut eine Verletzung an der Kniescheibe zu und musste folglich auf das WM-Turnier verzichten. Im Sommer 2002 musste sich Deisler stattdessen zwei Operationen unterziehen.

Erst im Dezember 2002 absolvierte die Neuerwerbung ihr erstes Einzeltraining beim FC Bayern. Sein Pflichtspieldebüt gab Deisler am 4. Februar 2003 im DFB-Pokalspiel gegen den Zweitligisten 1. FC Köln, sein erster Pflichtspieleinsatz seit 262 Tagen. Deisler damals über seinen Arbeitgeber: „Das ist der mit Abstand menschlichste Verein, den ich kennen gelernt habe. Ich liebe es, bei den Bayern zu spielen – mit Leuten wie Zé Roberto. Das hat Klasse, Niveau und Phantasie. Wenn ich Zé Roberto nach dem Training anschaue, dann wissen wir beide: Ja, das ist es! Von der fußballerischen Mentalität her bin ich Brasilianer." Doch in seiner ersten Saison für den FC Bayern bestritt Deisler nur acht Bundesligaspiele, davon keines über die volle Distanz. Der „Kicker": „Immer wenn ihn Hitzfeld losschicken wollte zur ersten großen Bundesliga-Mission, zwickte es Deisler hier in der Wade und dort im Oberschenkel." Die Verantwortlichen wurden deshalb zusehends grantiger. Vor dem Beginn der Saison 2003/04 verkündete Hoeneß: „Die Schonzeit für Deisler ist vorbei. Jetzt muss man Forderungen an ihn stellen. (...) In den Stadien muss es vor dem Anpfiff heißen: Mit der Nummer 26 Sebastian Deisler." Karl-Heinz Rummenigge, der Deisler einmal als „genialsten Spieler, den wir in Deutschland haben", bezeichnete, monierte den introvertierten Charakter des Hoffnungsträgers: „Sebastian hat ein Problem: Er horcht viel in sich hinein, er ist sehr introvertiert. Ein Führungsspieler muss extrovertiert sein. (...) Es wäre nicht schlecht, wenn ein Deisler Häuptling wäre. Er beherrscht als Fußballer Dinge, die kann kein anderer in Deutschland. Aber er will nur trainieren, spielen, ab nach Hause. Er hat außerhalb am liebsten seine Ruhe."

Am 1. Spieltag der Saison 2003/04 absolvierte Sebastian Deisler dann gegen Eintracht Frankfurt sein erstes Bundesligaspiel im Bayern-Trikot über die volle Distanz. Für Friedel Rausch, erster Profitrainer

Deislers, ist der Mittelfeldmann „ein Jahrhunderttalent, das irgendwann in einem Atemzug mit Walter, Seeler und Beckenbauer genannt wird“. Mehmet Scholl attestiert Deisler die Qualitäten eines Zinedine Zidane. Oliver Kahn über seinen Mitspieler: „Sebastian sieht den Fußball total anders als ich, was überhaupt nicht negativ sein muss. Bei mir ist es Arbeit, Kampf, Herausforderung, bei ihm Spaß. Deisler bringt so viel fußballerische Qualität mit.“
Doch die Freude währte nicht lange. Im November 2003 musste Deisler einen zehnwöchigen Klinikaufenthalt wegen einer schweren Depression antreten, wodurch er die EM 2004 verpasste. Deisler fand zurück ins Spiel, erlitt aber im Oktober 2004 einen Rückfall. In der Saison 2005/06 lieferte Deisler in der Champions League gegen Juventus Turin sein bis dahin bestes Spiel im Bayern-Trikot ab, doch nach der Winterpause kam er nie richtig in Tritt. Im März 2006 wurde das Leiden des Sebastian Deisler um ein weiteres Kapitel bereichert, als er sich im Training beim Zweikampf mit Owen Hargreaves eine Knorpelabsprengung im rechten Knie zuzog. Erneut fiel er für Monate aus und musste auch auf die WM in Deutschland verzichten. Sein einziges großes Turnier blieb somit bislang die verkorkste EM 2000, als der damals 20-Jährige mit dem DFB-Team ein Debakel erlebte.
Deisler über den Fußballer und Menschen Deisler: „Ich drücke mich über Fußball aus. Wenn ich spiele, gebe ich etwas von meiner Seele preis.“ Sein Lebensmotto hat er bei Bertold Brecht entlehnt: „Wer kämpft, kann verlieren. Wer nicht kämpft, hat schon verloren.“ Aber Deisler weiß auch: „Die Zeit lässt sich nicht austricksen wie ein Gegner auf dem Platz.“
◆ 131 Bundesligaspiele (10 Tore), davon 58 Spiele (8 Tore) für den FC Bayern (ab 2002). Mit dem FC Bayern Deutscher Meister 2003, 2005, 2006, DFB-Pokalsieger 2003, 2005, 2006. 36 A-Länderspiele (3 Tore) für den DFB.

Del'Haye, Kalle (18.8.1955)
Als er noch für Borussia Mönchengladbach stürmte, galt der kleine, leichtfüßige Blondschopf (Größe: 1,68 m, Gewicht: 56 kg) als Prototyp des Flügelflitzers. Mit den Gladbachern wurde Del'Haye dreimal Deutscher Meister und holte zweimal den UEFA-Cup. Jupp Derwall berief ihn 1980 in die Nationalelf und nahm ihn zur Europameisterschaft mit, wo er sich während des Finales jedoch nur warmlaufen durfte. Zur Saison 1980/81 wechselte Del'Haye für die damalige Rekordsumme von 1,265 Mio. DM vom Niederrhein an die Isar. Gladbachs Trainer Jupp Heynckes war darüber so erbost, dass Del'Haye beim zweiten UEFA-Cup-Finale gegen Eintracht Frankfurt nicht nominiert wurde. Mit dem FC Bayern wurde er zwar 1981 Deutscher Meister, doch das Meisterschaftsfoto zeigt ihn lediglich im Trainingsanzug. Bei den Bayern erfuhr seine Karriere einen herben Knick. Del'Haye wurde zum prominentesten Bankdrücker der Bundesliga. In vier Jahren mit dem FCB bestritt Del'Haye nur 74 Bundesligaspiele (7 Tore) im Bayern-Trikot. Zunächst kam Del'Haye mit Csernais „Pal-System“ nicht zurecht. Bei den Bayern lief für den klassischen Rechtsaußen zu viel durch die Mitte. Hinzu kamen persönliche Probleme, die Del'Hayes Zurückgezogenheit verstärkten und zur Folge hatten, dass er in München nie eine Lobby besaß. Zwei Monate vor dem Saisonende war seine Tochter Nadine gestorben, die mit einem schweren Herzfehler zur Welt gekommen war. Gegenüber dem Verein und seinen Mitspielern verschwieg Del'Haye den Schicksalsschlag: „Ich wollte nicht nach Ausreden suchen, sondern beweisen, dass ich mich da durchsetzen kann. Wer ein halbes Jahr auf der Intensivstation ein- und ausgeht, stellt fest, dass es außer Fußball noch andere Dinge im Leben gibt.“ 1984 wechselte Del'Haye zu Fortuna Düsseldorf, für die er noch zwei Jahre in der Bundesliga spielte.
◆ 184 Bundesligaspiele (21 Tore), davon 74 Spiele (7 Tore) für den FC Bayern (1980-84). Mit dem FC Bayern Deutscher Meister 1981, DFB-Pokalsieger 1982, 1984.

Demichelis, Martin (20.12.1980)
Der Argentinier wurde als Sohn eines LKW-Fahrers in der Provinz Córdoba geboren. Mit 15 verließ er das Elternhaus und ging in das Fußballinternat Renato Cesarini. 1998 wurde er von River Plate Buenos Aires verpflichtet, wo er zunächst in der Reservemannschaft kickte, auf der Pressestelle Zeitungsartikel ausschnitt und Botengänge erledigte. Im September 2001 gelang Demichelis der Sprung in die 1. Mannschaft. Im April 2002 musste der Abwehrspieler im Meisterschaftsspiel gegen Racing Club Buenos Aires kurz vor dem Abpfiff und beim

Stande von 0:0 ins Tor, nachdem der etatmäßige Keeper „rot" gesehen hatte und das Auswechselkontingent bereits erschöpft war. Demichelis parierte einen gefährlichen Feistoß und leitete im Gegenzug den Siegtreffer für sein Team ein, das zwei Wochen später die Meisterschaft feiern durfte. Zur Saison 2003/04 wechselte Demichelis für 5 Mio. Euro vom argentinischen Champion zum FC Bayern. Der Abwehrspieler gilt als multifunktional, bevorzugt allerdings das Zentrum der Viererkette. In seinem Heimatland gab man ihm den Beinamen „El Nueveo Mariscal", was „der neue Marshall" heißt. Der alte „Marshall" war Roberto Perfumo und galt als bester argentinischer Abwehrspieler der 1960er und 1970er Jahre. Perfumo über seinen potenziellen Nachfolger: „Er ist ein Riesentalent, ein Mann mit enormer Perspektive." Dr. Jose Aguilar, Präsident von River Plate, verglich Demicheles gar mit Franz Beckenbauer, da er sich ähnlich aufrecht wie seinerzeit der Kaiser über das Feld bewegt, den Ball am Fuß und mit dem Blick über das Spielfeld schweifend. Karl-Heinz Rummenigge, der den Argentinier vor dessen Verpflichtung gemeinsam mit Chef-Scout Wolfgang Dremmler zwei Monate beobachtet hatte: „Demichelis ist technisch versiert, ist kopfballstark und hat ein gutes Tackling. Mit ihm haben wir unseren absoluten Wunschspieler für die Defensive verpflichtet."
◆ 64 Bundesligaspiele (3 Tore) für den FC Bayern (ab 2003). Mit dem FC Bayern Deutscher Meister 2005, 2006, DFB-Pokalsieger 2005, 2006. 3 A-Länderspiele für Argentinien.

Dombi, Richard (27.2.1888 - 1963)
Der Wiener Richard „Little" Dombi war 1932 Bayerns erster Meistertrainer. Unter seinem Geburtsnamen Richard Kohn spielte er beim Wiener Athletic-Sport-Club und gehörte 1911 zu einer Gruppe von „Renegaten", die den Wiener Association Football Club gründeten. Zwischen 1908 und 1912 spielte er 6-mal für das Nationalteam Österreichs. Der Nationalspieler, berühmt für seine Schussgewalt, kickte vor dem Ersten Weltkrieg noch einige Zeit für MTK Budapest. In Ungarn erfolgte die Umbenennung von Kohn zu Dombi. Seine Trainerkarriere begann der kleine und untersetzte Dombi (deshalb der Spitzname „Little") 1924 bei Hertha BSC Berlin. Die nächsten Stationen lauteten Vienna Wien, Sportfreunde Stuttgart, Barcelona und VfR Mannheim und TSV 1860 München. Der ehemalige Internationale war ein Fußball-Globetrotter. Dombi agierte als Trainer, Geschäftsführer und Masseur in einer Person. Aufgrund seiner großen medizinischen Kenntnisse firmierte er als „der Wunderdoktor". Im Umgang mit seinen Spielern zeichnete ihn großes diplomatisches Geschick und Überzeugungskraft aus. Die Bayern trainierten damals nur an zwei Abenden in der Woche und jeweils nur eine gute Stunde. Dombi: „Die 70 oder 80 Stunden im Jahr sind eigentlich viel zu wenig für ein wirklich intensives Training. Aufgabe des Trainers ist daher, außer dem Konditionstraining zu obliegen, vor allem Fehler zu sehen und anhand dieser technischen Mängel seine Anordnung zu geben." Der von der Fußballphilosophie der „Budapester Schule" geprägte Dombi praktizierte ein für die damalige Zeit sehr ballorientiertes und höchst modernes Training, bei dem die Ballkontrolle auf engstem Raum und unter gegnerischem Druck im Vordergrund stand: „Vor allem kommt es mir darauf an, das Training mit dem Ball dem Spiel im Wettkampf anzupassen. Ich lasse nur in Bedrängnis köpfen oder stoppen, wie es eben während eines ernsten Spiels der Fall ist. Es gibt Spieler, die einwandfreie Ballbeherrschung besitzen, solange sie nicht angegriffen werden. Beim Wettspiel versagen sie dann meist trotz allen technischen Könnens."
Dombis Mentor war der berühmte Jimmy Hogan gewesen, einer der ersten prominenten Berufstrainer aus England, der auf dem Kontinent arbeitete – u.a. auch beim FC Bayern. Andreas Wittner über Richard Dombi in „Strategen des Spiels. Die legendären Fußballtrainer" (Göttingen 2005): „Hogan war ein großer Verfechter des ‚Schottischen Systems', das entgegen dem englischen ‚Kick and Rush' neben der technischen Fertigkeit auf präzisem Flachpassspiel und gutem Stellungsspiel basierte. Diese Spielausrichtung eignete sich hervorragend zur Ergänzung der technisch filigranen österreichisch-ungarischen Spielauffassung. Jimmy Hogan – unter seiner Regie startete M.T.K. Budapest eine sagenhafte Erfolgsserie von zehn Meisterschaften in Folge (1916 - 1925) – beeinflusste wohl am intensivsten das Fußballverständnis des zukünftigen Trainers Richard Dombi."
Dombi, ein österreichisch-ungarischer Jude, verließ den FC Bayern im Mai 1933, blieb dann noch einige Wochen in München, bevor er sich in die

Schweiz absetzte und eine Trainerstelle beim FC Basel übernahm. 1935-39 und 1951-55 war Dombi Cheftrainer von Feyenoord Rotterdam, wo er noch heute als der „Wunderdoktor“ verehrt wird. In seine erste Amtszeit fiel der Gewinn von zwei niederländischen Meistertiteln (1936, 1938). In einer Feyenoord-Chronik hieß es später: „Mit Worten ist es schier unmöglich, die Größe Dombis zu beschreiben. Vom Himmel gesandt wurde uns der größte Trainer, der jemals in den Niederlanden tätig war. Er war es, der Feyenoord eigentlich erst gelehrt hat, Fußball zu spielen.“ Richard Dombi starb 1963 nach langer Krankheit in Rotterdam.

Dorfner, Hans (3.7.1965)
Der kleine Mittelfeldspieler kam 1986 vom 1. FC Nürnberg zum FC Bayern. Noch während der Saison 1990/91 kehrte der technisch versierte Dorfner zum „Club“ zurück, wo der Meister des schnellen Kurzpassspiels unter Trainer Heinz Höher zum Spielmacher und kongenialen Partner von Stürmer Dieter Eckstein avancierte. 1988 zählte Dorfner zum EM-Aufgebot des DFB. Eine größere Karriere verhinderte Dorfners Verletzungsanfälligkeit.
◆ 188 Bundesligaspiele (22 Tore), davon 111 Spiele (16 Tore) für den FC Bayern (1986-91). Mit dem FC Bayern Deutscher Meister 1987, 1989, 1990. 7 A-Länderspiele (1 Tor) für den DFB.

Dreher, Bernd (2.11.1966)
Als der Stammkeeper des gerade aus der 1. Bundesliga abgestiegenen KFC Uerdingen 1996 ein Angebot vom FC Bayern bekam, „da bin ich mit dem Kopf an die Decke gesprungen vor Freude. Wenn man zu Bayern kommt, ist man erst einmal froh, dass man da ist.“ Für die Uerdinger hatte Dreher in der Bundesliga 132-mal das Tor gehütetet. Seine Bundesligakarrieren hatte er bei Bayer Leverkusen begonnen, wo er 12-mal zwischen den Pfosten stand. Bei den Bayern kam Dreher allerdings nun über ein Reservistendasein nicht hinaus. Mangels attraktiver Alternativen blieb der Rheinländer ein Bayer. Außerdem gefiel es ihm in München: „Es ist eine Ehre, für diesen Klub zu spielen, etwas ganz Besonderes.“ Ottmar Hitzfeld wusste zu schätzen, dass er sich auf Dreher verlassen konnte. Zu Recht darf Dreher von sich behaupten: „Auch ich bin ein kleiner Mosaikstein der Erfolge des FC Bayern.“ Nach der Saison 2002/03 beendete Dreher seine Profikarriere beim FC Bayern, blieb dem Klub aber weiterhin erhalten. Der Keeper wurde in den Trainerstab des „junior teams“ geholt, wo er die Torhüter der Nachwuchsmannschaften ausbildet. Zur Saison 2005/06 kehrte Dreher als „dritter Mann“ in den Kader zurück und durfte Anfang Oktober 2005 sogar noch einmal in der Bundesliga ran. Der damals 38-jährige Keeper behielt eine weiße Weste, und der FCB schlug den VfL Wolfsburg mit 2:0. Drehers Vertrag läuft bis zum Ende der Saison 2007.
◆ 152 Bundesligaspiele (0 Tore), davon 12 Spiele für den FC Bayern (1996-2003, 2005/06). Mit dem FC Bayern Deutscher Meister 1997, 1999, 2000, 2001, 2003, 2006, DFB-Pokalsieger 1998, 2000, 2001, 2003, 2006, Champions-League-Sieger 2001, Weltpokalsieger 2001.

Dremmler, Wolfgang (12.7.1954)
Der aus Salzgitter stammende Dauerläufer kam 1979 von Eintracht Braunschweig und durch Vermittlung von Paul Breitner zum FC Bayern. Dremmler: „Nur durch Paul Breitner bin ich zu den Bayern gekommen. Wir haben ein Jahr gemeinsam in Braunschweig gespielt. Ich war da sein Abfangjäger im Mittelfeld. Das hat ziemlich gut geklappt. Und als er zu Bayern kam, bin ich wenig später auch nach München gewechselt.“ In Braunschweig wurde Dremmler von Branko Zebec geformt. Für die Eintracht, mit der er in seiner ersten Saison 1973 wieder erstklassig wurde, hatte Dremmler bis dahin bereits 138 Bundesligaeinsätze absolviert. Sein erstes Länderspiel bestritt er am 21. März 1982 in Rio de Janeiro gegen Brasilien (0:1), zugleich auch sein beeindruckendstes Fußballerlebnis. 1982 gehörte er zum WM-Aufgebot des DFB, das Vize-Weltmeister wurde. Bis 1984 kam Dremmler als Abwehr und Mittelfeldspieler im Nationaltrikot zum Einsatz.
Der einstige Wasserträger Paul Breitners wurde später Chefscout des FC Bayern. Geholt hatten ihn Uli Hoeneß und Karl-Heinz Rummenigge. Dremmler: „Der Uli hat mich eines Tages angerufen und mich gefragt, ob ich mir so etwas wie Scouting für Bayern vorstellen könnte. Ich wusste damals noch nicht einmal, was das Wort ‚Scouting‘ überhaupt bedeutet. Eigentlich wollte ich damals nicht mehr zurück in den Fußball. Aber im Nachhinein kann ich sagen, dass das meine beste Entscheidung war. Ich bin wahnsinnig stolz, für einen so großen Klub tätig zu sein.“ Zu Beginn fand Dremmler „nicht ein-

mal ein Büro, geschweige denn einen Schreibtisch" vor. „Der Björn Andersson und ich brauchten zwei Jahre, um das Ganze erst einmal richtig aufzubauen und die Jugend neu zu strukturieren." Dremmler über seinen Arbeitsbereich: „Die Abteilung Sichtung ist in drei Schwerpunkte unterteilt: Das wären zum einen die Sichtung und Spielbeobachtung für den Profibereich und den Jugendbereich. Der dritte Schwerpunkt ist die weltweite Talentsichtung. Dabei unterstützen uns einige Mitarbeiter, die eben die ganze Welt bereisen."

◆ 310 Bundesligaspiele (15 Tore), davon 172 Spiele (6 Tore) für den FC Bayern (1979-86). Mit dem FC Bayern Deutscher Meister 1980, 1981, 1985, 1986, DFB-Pokalsieger 1981, 1984 und 1986. 27 A-Länderspiele (3 Tore) für den DFB, Vize-Weltmeister 1982.

Drescher, Jakob (23.6.1939)
Beim FC Bayern 1961-67. Drescher war fünf von sechs Spielzeiten eine feste Größe bei den Bayern und spielte für diese in drei Ligen. 1965 stieg Drescher mit dem FCB in die Bundesliga auf. 39 Oberligaspiele (5 Tore/1961-63), 53 Regionalligaspiele (18 Tore/1963-65) und 29 Bundesligaspiele (4 Tore/1965-67) für den FC Bayern. Mit dem FC Bayern DFB-Pokalsieger 1966, Europapokalsieger der Pokalsieger 1967.

Dürnberger, Bernd (17.9.1953)
Mit Paul Breitner hat Bernd Dürnberger zwei Dinge gemeinsam: Beide kamen vom ESV Freilassing zum FC Bayern, und beide waren sowohl an der erfolgreichen Ära der 1970er wie der frühen 1980er Jahre beteiligt. Der unspektakuläre Mittelfeldspieler, für Max Merkel „der wichtigste Spieler bei den Bayern, jeder Trainer würde sich nach ihm die Finger lecken!", kickte 13 Jahre für den FC Bayern. Nur fünf Bayern-Akteure – Maier, Müller, Schwarzenbeck, Augenthaler und Beckenbauer – trugen bis heute häufiger das Trikot des FCB in der Bundesliga. Wie Klaus Augenthaler spielte auch Dürnberger in seiner langen Profikarriere ausschließlich für den FC Bayern. Eine Ehre blieb dem gelernte Maurer allerdings verwehrt: Trotz seiner beeindruckenden Bilanz mit dem FC Bayern wurde „Wipf", wie Dürnberger gerufen wurde, niemals A-Nationalspieler.

◆ 375 Bundesligaspiele (38 Tore) für den FC Bayern (1972-85). Mit dem FC Bayern Deutscher Meister 1973, 1974, 1980, 1981, 1985, DFB-Pokalsieger 1982, 1984, Europapokalsieger der Landesmeister 1974, 1975, 1976, Weltpokalsieger 1976.

Eder, Norbert (7.11.1955)
Der Unterfranke, der seine Karriere beim VfB Bibergau begann, spielte zunächst sechs Spielzeiten für den 1. FC Nürnberg, bevor Uli Hoeneß den 29-Jährigen 1984 überraschend nach München lotste. Der harte, aber faire Manndecker lag zu diesem Zeitpunkt nach einer Leistenoperation im Krankenhaus. Sein Debüt in der Nationalelf feierte Eder erst 1986 im Alter von bereits gut 30 Jahren. Beckenbauer nahm den Abwehrspieler auch zur WM in Mexiko mit, wo er im Finale gegen Argentinien (2:3) sein neuntes und letztes Länderspiel absolvierte.

◆ 286 Bundesligaspiele (11 Tore), davon 132 Spiele (6 Tore) für den FC Bayern (1984-88). Mit dem FC Bayern Deutscher Meister 1985, 1986, 1987, DFB-Pokalsieger 1986. 9 A-Länderspiele für den DFB, Vize-Weltmeister 1986.

Effenberg, Stefan (2.8.1968)
Der gebürtige Hamburger begann seine Karriere beim Bramfelder SV und SC Viktoria Hamburg. 1986 wurde der Postangestellte vom Gladbacher Co-Trainer Wolf Werner bei einem DFB-Jugendlager entdeckt und zum Bökelberg gelotst, wo er sich schnell einen Namen machte und als „neuer Netzer" gefeiert wurde. Doch 1990 wechselte Effenberg von Borussia Mönchengladbach zum FC Bayern. Aus seinem Traum, mit den Bayern Deutscher Meister zu werden (was mit den Gladbachern zu dieser Zeit als völlig unmöglich erschien), wurde allerdings zunächst nichts. Die einzige Trophäe, die „Effe" wäh-

rend seiner ersten zweijährigen Dienstzeit mit dem FCB gewann, war 1990 der Supercup. 1992 wurde er zum FC Florenz abgeschoben, mit dem er in die Zweitklassigkeit abstieg. In Italien bestritt Effenberg 56 Ligaspiele. Danach ging es zurück auf den Bökelberg. Mit ihm wurde Mönchengladbach 1995 prompt DFB-Pokalsieger. In seine zweite Gladbacher Zeit fallen auch zwei UEFA-Pokal-Qualifikationen. Mit 5 Mio. DM war Effenberg absoluter Spitzenverdiener am Bökelberg, was den Neid der Kollegen provozierte. Mitspieler Martin Schneider: „Wer fünfmal so viel verdient wie ich, soll auch fünfmal so viel laufen." Effenberg: „Bevor ich kam, war hier Mittelmaß, und wenn ich gehe, wird hier wieder Mittelmaß sein." Der „Tiger" sollte mit seiner Prophezeiung Recht behalten.

1998 wurde Effenberg ein zweites Mal ein Bayer. Die folgenden Jahre gerieten zu den erfolgreichsten seiner Spielerkarriere. Trainer Ottmar Hitzfeld gelang die Domestizierung des „Tigers", indem er Effenberg zum Nachfolger des ausgemusterten Kapitäns Thomas Helmer kürte und gegen Kritik von außen verteidigte. Versuche, ihn in die Nationalmannschaft zurückzuholen, aus der er während der WM 1994 nach der sogenannten „Stinkefinger-Affäre" geflogen war, beschied Effenberg bis auf ein kleines Intermezzo unter Berti Vogts abschlägig. „Ich brauche Zeit zur Regeneration. Nur so kann ich auf diesem Niveau weiterspielen." Während seiner zweiten Bayern-Ära wurde Effenberg zum Garant des Erfolges. Die Krönung seiner Karriere war der Gewinn der Champions League 2001. Für Ottmar Hitzfeld, Effenbergs vehementesten Fürsprecher, war die Nr. 11 damals ein „Leader", „Stratege auf dem Platz" und der „beste Mittelfeldspieler der Welt". Hitzfeld war womöglich der einzige Trainer, der mit Effenberg zurechtkam und das Optimum aus ihm herauszuholen verstand. Nach dem Champions-League-Gewinn 2001 ging es mit Effenberg stetig bergab, wofür anfangs auch eine dreimonatige Fußverletzung ausschlaggebend war. Als Effenberg ins Team zurückkehrte, war er nur noch ein Schatten seiner besten Tage. Sein Comeback wurde von schrillen Pfiffen begleitet. Effenberg musste wieder einmal die Erfahrung machen, dass er – solange er erfolgreich war – zwar respektiert wurde, aber keineswegs geliebt. Präsident Beckenbauer zum Niedergang des Stars: „Effenberg war ein starker Charakter, er beanspruchte die Führungsrolle, konnte sie aber zuletzt nicht mehr ausfüllen. Seit zwei Jahren konnte er keinen mehr überlaufen, spielte nur den Ball weiter. Darunter litt unser Spiel." Mannschaftsintern wurden seine Lauffaulheit und seine mangelhafte Defensivarbeit kritisiert. Als Bankdrücker drohte der Egomane den innerbetrieblichen Frieden zu stören. Nach der Saison 2001/02 wurde Effenberg ausgemustert. Er wechselte zur „grauen Maus" VfL Wolfsburg, der sich von der „Effe"-Verpflichtung einen PR-Effekt versprach, für den der Verein ein Jahressalär von 1,5 Mio. Euro hinblättern musste. Der Effekt verpuffte: Im April 2003 verabschiedete sich Effenberg bereits wieder aus der VW-Stadt – nach nur 19 Auftritten im grün-weißen Trikot, in denen der übergewichtig wirkende einstige Leitwolf zumeist nur ein Mitläufer war und eine „Kicker"-Durchschnittsnote von 3,65 erreichte. Effenberg kehrte der Bundesliga den Rücken, um im neuen Fußball-Rentnerparadies Katar für den Klub Al Arabi zu kicken.

Außerhalb des Spielfelds spielte Effenberg häufiger nur Kreisliga und bediente wiederholt das Bild vom ignoranten Fußballprofi. Schon auf dem Bökelberg erwarb Effenberg – „Lieber Reizfigur als gar keine Rolle" – den Ruf eines Rüpels. Beim FC Bayern drohte er Trainer Jupp Heynckes Prügel an. In Florenz musste er vor aufgebrachten Fans flüchten. Effenberg kassierte diverse Strafanzeigen, u.a. wegen des Vorwurfs der Körperverletzung. Die „Bunte" taufte ihn „Klaus Kinski aus dem Stadion". In München ließ sich Effenberg gegenüber dem „Playboy" über Arbeitslose als „Drückeberger" aus, weshalb ihn Hitzfeld zwei Spiele nicht berücksichtigte. Im Frühjahr 2003 veröffentlichte „Effe" eine Autobiografie, die trotz oder wegen ihres peinlichen Inhalts zum Bestseller wurde. Helmut Schümann schrieb im „Tagesspiegel" über Effenbergs literarischen Erguss: „Boah, ey, könnte man mit Effenberg sagen, der hat schon mal einen Joint geraucht. Wahnsinn, Fußballer saufen. Und das Frauenbild, das er zum Besten gibt, hat er sich offensichtlich bei Auswärtsspielen nachts im Hotel auf dem Pornokanal angeeignet. Kurzum, in der Sprache Stefan Effenbergs könnte man sagen, dass er auf ein paar Sitzungen ein bisschen Mist abgesondert und den eklig, eklig, zwischen zwei Buchdeckel pressen ließ. (...) Effenberg hat mit seinen Beinen über 20 Millionen Euro erkickt, und was er im Buch über andere Körperteile berichtet, über Leber und Lende nämlich, dürfte auch einige Tantiemen abwerfen. Aber einen Platz in der Welt hat er damit nicht gefunden." Das härteste Urteil über Stefan Effenberg fällte Bayern-Legende Willy Simetsreiter: „Eigentlich ist das gar kein Fußballer. Der steht nur." Nichtsdestotrotz bleibt der Name Effenberg untrennbar verknüpft mit einer der erfolgreichsten Epochen des FC Bayern. Oliver Kahn zu den Glanzzeiten „Effes" in München: „Ohne Effenberg kann der FC Bayern München Spiele gewinnen, aber keine großen Titel." Karl-Heinz Rummenigge beim Abschied des schwierigen Stars: „Stefan Effenberg wird bei uns immer in Erinnerung bleiben, als einer der größten Spieler, die der FC Bayern je hatte."

◆ 370 Bundesligaspiele (71 Tore), davon 160 Spiele (35 Tore) für den FC Bayern (1990-92, 1998-2002). Mit dem FC Bayern Deutscher Meister 1999, 2000, 2001, DFB-Pokalsieger 1998, 2000, Champions-League-Sieger 2001, Weltpokalsieger 2001. 35 A-Länderspiele (5 Tore) für den DFB.

Elber, Giovane (23.7.1972)

Der Brasilianer Giovane Elber da Souza wechselte 1994 für die Ablöse von 3,3 Mio. DM von den Grasshoppers Zürich in die Bundesliga zum VfB Stuttgart. Vor seinem Eintreffen in Deutschland hatte der dribbelstarke Stürmer für seinen Heimatklub FC Londrina (1977-91), AC Mailand (1991) und Grasshoppers Zürich (1991-94) gekickt. Mit den Grasshoppers holte Elber 1994 den Schweizer Pokal und wurde Torschützenkönig. Als Elber in Zürich eintraf, war der Stürmer erst 19 Jahre alt. „Ich habe gedacht, ich schaffe das nicht, ich kann hier von Oktober bis März keinen Fußball spielen. Das kann sich niemand in Brasilien vorstellen, wenn ich am Telefon erzählt habe: ‚Mama, heute sind es minus 15 Grad.' Fragt sie: ‚Wie ist das?' Dann muss ich erklären: ‚Geh mal in den Kühlschrank. Wie viel Grad sind's da drin?' - ‚Vier, fünf.' – ‚Und jetzt überleg mal: Hier sind's miiiinus 15. Und nicht im Kühlschrank, sondern draußen!' Ich habe wirklich viel geweint. Ich kannte keine Winterreifen, ich kannte keine Eiskratzer, ich hatte noch nie in meinem Leben Schnee berührt." In Deutschland waren sein erster Eindruck die vielen Mercedes-Taxen am Flughafen. „In Brasilien fahren Multimillionäre Mercedes, aber nicht Taxifahrer. Als ich in Deutschland ankam, dachte ich: ‚Giovane, das ist ein reiches Land hier.' Dann, zweiter Eindruck: viele Schilder an den Straßen, viele Polizisten. Dritter Eindruck: ‚Wenn ich in Deutschland um zehn Uhr abends in ein Restaurant gehe, dann ist das leer.' Als Brasilianer denke ich natürlich: ‚Die Leute kommen noch.' Dabei sind sie schon wieder zu Hause."

In Stuttgart bildete Elber mit dem Bulgaren Krassimir Balakov und Deutsch-Kroaten Fredi Bobic das sogenannte „magische Dreieck", das einen spielerischen Höhenflug der Schwaben begründete. Zum Abschluss seiner Zeit in Stuttgart gewann Elber mit dem VfB 1997 den DFB-Pokal. Nach einem langen Hin und Her schloss sich der Ballvirtuose zur Saison 1997/98 dem FC Bayern an. Elber war nach Mazinho, Bernado und Jorginho bereits der vierte Brasilianer, der das Trikot des FC Bayern überzog. Die Ablöse für ihn betrug 12,5 Mio. DM und war zu diesem Zeitpunkt die höchste Summe, die der FC Bayern jemals für eine Neuerwerbung ausgegeben hatte und Bundesligarekord. Elber zu den Gründen seines Wechsels: „Ich will vorankommen, endlich einen internationalen Titel gewinnen und für die Nationalmannschaft meines Landes nominiert werden. Und das ist bei den Bayern eher möglich als in Stuttgart. Denn die Bayern gelten in Brasilien als Top-Adresse, als ein Weltverein. Jeden Sonntag werden Ausschnitte von Bayern-Spielen im brasilianischen Fernsehen gezeigt." Elber zeichnete nicht nur technische Brillanz aus, sondern auch „deutsches Durchsetzungsvermögen". Giovanni Trapattoni zu den Vorzügen Elbers gegenüber seinem Vorgänger: „Zu Hause haben wir immer wenig Platz, auswärts in 60 Prozent der Spiele. Also ist mir Elber lieber als Klinsmann, wegen seiner Gewandtheit am Ball." Für Joachim Streich, Rekordtorjäger der DDR, war

Elber „der Einzige in der Liga, der einen Gegenspieler auf dem Bierdeckel ausspielen kann". Im Vergleich zu Gerd Müller wirkte Elber quirliger und vielseitiger. Lief das Spiel der glorreichen 1970er Mannschaft mit Mittelstürmer Müller zumeist durch die Mitte, wich Elber auch auf die Flügel aus und beherrschte dank seiner Schnelligkeit auch das Konterspiel. Mit insgesamt 132 Bundesligatoren ist Elber der treffsicherste Ausländer in der Geschichte der Bundesliga. Bei den Bayern konnte er seine Tor-Bilanz kontinuierlich verbessern: 11, 13, 14, 15, 17, 21. Beim VfB Stuttgart war die Entwickung ähnlich verlaufen: 8, 16 und 17 Tore. In der Saison 2002/03 wurde Elber mit 21 Treffern Torschützenkönig (gemeinsam mit Thomas Christiansen vom VfL Bochum). Dabei erzielte Elber jeweils sieben der 21 Treffer mit dem rechten Fuß, dem linken Fuß und dem Kopf. Elbers Bundesligakollegen wählten den Brasilianer mit deutlichem Vorsprung zum besten Feldspieler der Saison. Auch die Fans des FC Bayern sahen im Brasilianer den „Spieler der Saison". In der „Kicker"-Rangliste tauchte er bei den Stürmern unter „Internationale Klasse" auf, die außer ihm nur noch der Dortmunder Jan Koller erreichte. Mit einer Quote von 0,55 Toren pro Spiel war Elber nach Gerd Müller der effektivste Stürmer in der Geschichte des FC Bayern – bis Roy Makaay kam. Auch in der Champions League war Elber für die Bayern mit insgesamt 21 Treffern erfolgeich auf Torejagd.
Der Journalist Helmut Schümann über den „deutschesten Brasilianer" der Bundesliga: „Derweil Landsleute wie Amoroso und Alves auch nach Jahren in Europa noch mit Regeln und Gesetzen hadern, hat sich Giovane Elber, Sohn eines – aha – Polizisten, eingefügt ins Deutschland-Klischee, nennt Weißbier sein liebstes Getränk, preist die Kleidsamkeit seiner vier Lederhosen und Sauberkeit sowie Disziplin und natürlich auch Landesvater Edmund Stoiber (‚Ich hätte ihn gewählt')."
Elber über seinen damaligen Arbeitgeber: „Der FC Bayern ist mein Leben. Ich habe hier Titel gewonnen, bin durch den Verein ein bekannter Spieler geworden." Aus Verärgerung über den Einkauf von Roy Makaay, durch den er seinen Stammplatz in der Bayern-Elf gefährdet sah, wechselte Elber Ende August 2003 für vermutlich 4,5 Mio. Euro zu Olympique Lyon. 2,4 Mio. Euro sollte er dort jährlich verdienen. Ausgesorgt hat er bereits: In der Nähe seiner Heimatstadt Londrina nannte Elber eine Rinderfarm mit 5.000 Viechern sein Eigen. „Wenn man die Zäune hintereinander aufstellt, dann reichen sie von München bis Nürnberg." Mit Lyon wurde Elber französischer Meister und schoss in 30 Spielen 11 Tore. Im Januar 2005 kehrte er in die Bundesliga zu Borussia Mönchengladbach zurück, kam aber nur noch auf vier Bundesligaeinsätze. Im Sommer 2006 ging Elber zurück in die Heimat zu Cruzeiro Belo Horizonte.
◆ 260 Bundesligaspiele (133 Tore), davon 169 Spiele (92 Tore) für den FC Bayern (1997-03). Mit dem FC Bayern Deutscher Meister 1999, 2000, 2001, 2003, DFB-Pokalsieger 1998, 2000, 2003, Champions-League-Sieger 2001 und Weltpokalsieger 2001. 15 A-Länderspiele (7 Tore) für Brasilien.

Endler, Roland
Zunächst im Spielausschuss des FC Bayern tätig, anschließend von 1958 bis 1962 Präsident des Klubs. Endler rettete den FC Bayern vor dem sportlichen und finanziellen Ruin. Der Fabrikant aus Neuß galt als ausgesprochen weitblickend. Endler nahm frühzeitig die Bundesliga ins Visier und ließ den FC Bayern gegen italienische, englische und südamerikanische Mannschaften antreten, um die sportliche Qualität des Teams zu prüfen. Die Vielzahl seiner Pläne überforderten Klub und DFB bisweilen. 1962 trat Endler überraschend zurück, überwarf sich mit der neuen Vorstandsetage und legte später auch noch Mitgliedschaft und Ehrenpräsidentschaft nieder. Später engagierte er sich für seinen in die Regionalliga aufgestiegenen Heimatverein VfR Neuß.

Fazekas, Arpad (23.6.1930)
Der Ungar kam 1957 von MTK Budapest. Der elegante Keeper glänzte durch sicheres Stellungsspiel und blitzschnelle Reaktionen und beendete die lange Torhütermisere des FC Bayern. Fazekas kam auch in der ungarischen Nationalmannschaft zum Einsatz.
◆ 100 Oberligaspiele für den FC Bayern (1957-61). Mit dem FC Bayern DFB-Pokalsieger 1957

Fembeck, Walter (15.2.1921)
Als Bayern-Geschäftsführer (1957-83) holte er Gerd Müller zu den Roten. Weitere Fembeck-Schnäppchen waren u.a. Ohlhauser, Roth, Dürnberger und

Augenthaler. Das Organisationsgenie, das sich bis zur Rasenpflege um fast alles kümmerte, hatte am Aufstieg des FCB einen wesentlichen Anteil. Fembeck kam aus der Handballabteilung, deren Leiter er war, bevor er die Nachfolge des plötzlich verstorbenen Karl Ambach antrat. Als Handballer war Fembeck nach dem Zweiten Weltkrieg maßgeblich am Wiederaufbau des Handballsports in Bayern beteiligt gewesen. Fembecks rustikale Art kam allerdings nicht überall an. Mitte der 1990er kritisierte er die Verpflichtungspolitik seines Vereins: „Der Dundee hat hier eine Woche trainiert, den haben sie nicht genommen, jetzt schießt er in Karlsruhe Tore. (...) Dabei ist es heute viel leichter, seit man Amateure bezahlen darf. Das war damals doch das Hauptproblem. Ich krieg' doch jetzt jeden Spieler, drum wund're ich mich bei uns, da rennen Trainer und frühere Spieler rum, aber wo ist die Entdeckung? Dann kauft man doch wieder Gott und die Welt. Wie wollen sie so den Grundstock einer Mannschaft bilden, wie früher. Da war Stabilität da."

Fink, Thorsten (29.10.1967)
Der gebürtige Dortmunder begann seine Karriere 1975 beim Vorortverein SV Roland Marten. Von dort ging es 1983 in die Jugend der großen Borussia. Profi wurde Fink indes nicht beim BVB, sondern bei der SG Wattenscheid 09, für die er von 1990 bis 1994 125 Bundesligaspiele bestritt. Nach dem Abstieg der Wattenscheider aus der Erstklassigkeit wechselte Fink zum Karlsruher SC. Zur Saison 1997/98 wurde der unauffällige, aber zuverlässige Mittelfeldspieler („Ich bin ein Mannschaftsspieler") zum FC Bayern geholt. In den folgenden fünf Jahren stand Fink, damals für Beckenbauer einer der wichtigsten Spieler des FC Bayern und für Hoeneß die Verkörperung des Klubs, fast immer auf dem Platz, obwohl es zu Beginn der Saison aufgrund der großen Konkurrenz und dem Willen der Führung, die Spielkultur zu fördern, zunächst häufig nicht danach aussah. Mit der Saison 2002/03 wurden seine Auftritte seltener. Der mittlerweile 35-Jährige musste Hitzfelds Verjüngungskur weichen. Statt bei den Profis mitzukicken, verstärkte Fink in einigen Begegnungen die Amateure des FC Bayern. Dem Profi-Kader blieb Fink als „Stand-by"-Akteur erhalten. Trotz seiner Bedeutung für den FC Bayern und seiner Erfolge mit dem Klub wurde Thorsten Fink nie Nationalspieler.

◆ 366 Bundesligaspiele (40 Tore), davon 149 (4 Tore) für den FC Bayern (1997-2003). Mit dem FC Bayern Deutscher Meister 1999, 2000, 2001, 2003, DFB-Pokalsieger 1998, 2000, 2003, Champions-League-Sieger 2001, Weltpokalsieger 2001.

Flick, Hans-Dieter (24.2.1965)
Der Mittelfeldspieler, der als Sechsjähriger einen Oberschenkelhalsbruch erlitt, begann seine Karriere beim Amateurklub BSC Mückenloch bei Heidelberg. 1985 wechselte Flick vom baden-württembergischen Oberligisten SV Sandhausen zum FC Bayern, mit dem er vier Meisterschaften gewann. Klaus Augenthaler über seinen ehemaligen Mitspieler: „Hansi war als Spieler ein Typ, der vieles hinterfragte, wenig als gegeben hingenommen hat. Ein intelligenter Junge, der sich immer Gedanken über seinen Job gemacht hat." 1990 unterschrieb Flick beim 1.FC Köln, wo er sich jedoch aufgrund von Verletzungen nicht etablieren konnte und im Alter von 28 Jahren seine Profikarriere wegen eines irreparablen Knieschadens beenden musste. 2002 wurde Flick Trainer beim aufstrebenden Viertligisten TSG Hoffenheim, als dessen Mäzen sich SAP-Gründer Dietmar Hopp betätigte. Flick führte den Klub bereits in seiner ersten Saison in die Regionalliga. In Hoffenheim wurde Flick zwar 2005 entlasssen, dennoch bescheinigten ihm die Verantwortlichen eine exzellente Arbeit. Seinen Trainerschein hatte Flick 2003 erworben und wurde – gemeinsam mit Thomas Doll – als Jahrgangsbester ausgezeichnet. Im August 2006 wurde er zum Assistenten von Bundestrainer Jogi Löw ernannt, der ihm bescheinigte: „Er vertritt eine offensive Fußballphilosophie und hat in seiner bisherigen Trainer-Tätigkeit bereits neue Wege beschritten."
◆ 148 Bundesligaspiele (6 Tore), davon 104 (5 Tore) für den FC Bayern (1985-90). Mit dem FC Bayern Deutscher Meister 1986, 1987, 1989, 1990, DFB-Pokalsieger 1986, Supercupsieger 1987.

Focke, Wilhelm (1878-1974)
Der Sohn des Bremer Senatssyndikus Dr. Johann Focke kickte vor seinem Umzug nach München für den Bremer Sportclub. Focke gehörte zum harten Kern der Rebellen, die den Auszug der Fußballer aus dem MTV 1879 und die Gründung des FC Bayern betrieben. Nach der Gründung bekleidete Focke die Position des 2. Kapitäns. Der begüterte Bremer kam auch für die Raummiete im Restaurant „Gisela" auf,

die der FC Bayern nach seiner Gründungsversammlung zu zahlen hatte. Focke studierte in München an der Akademie der Bildenden Künste, wo er Malunterricht bei Professor Karl Ritter von Marr nahm. Später setzte Focke sein Studium bei Ludwig von Hofmann in Weimar und Arthur Kampf in Berlin fort. Zu seinen Förderern gehörte Max Liebermann. Nach seiner Rückkehr in die norddeutsche Heimat erlangte Focke jedoch zunächst auf einem anderen Gebiet nationale Berühmtheit. Mit seinem Bruder Henrich (geb. 1890) gehörte Wilhelm Focke zu den Pionieren der Bremer Luftfahrt. 1908 tätigten Wilhelm und Henrich Focke die ersten Flugversuche mit einem Hängegleiter. Im gleichen Jahr wurde Wilhelm Focke das Patent für einen Drachenflieger erteilt, das die Grundlage für alle von Focke später entwickelten „Entenmodelle" bildete. 1909 erhielten die Rumpler-Werke in Berlin von Wilhelm Focke den Auftrag für den Bau des ersten Flugzeugs der Entenbauart. Am 16. September des gleichen Jahres gelang Focke mit diesem Flugzeug auf dem Bornstedter Feld bei Potsdam der erste Start. Nach dem Ersten Weltkrieg verlor Wilhelm Focke das Interesse an der Luftfahrt, um sich stattdessen auf die Malerei zu konzentrieren. Der Bohemien avancierte zu einem der berühmtesten Maler im Norden Deutschlands. Bruder Prof. Dr. e.h. Henrich hingegen gründete 1923 gemeinsam mit dem Ingenieur Georg Wulf die berühmten Focke-Wulf-Flugzeugbauwerke AG (ursprünglich: Bremer Flugzeugbau AG).

Francke, Paul

Der Mitbegründer des FC Bayern kam von Wacker Leizig zum MTV 1879. Francke wurde zum 1. Kapitän des FC Bayern gewählt, der damals auch für das Training und die Aufstellung verantwortlich war. Francke kehrte wenige Jahre später nach Leipzig zurück, wo er erneut für Wacker kickte. Paul Francke fiel im Ersten Weltkrieg.

Fürst, Fritz (3.7.1891)

Der Mittelstürmer kam über Bavaria München und TS München zum FCB. Er spielte 1910 und 1911 im FCB-Team, das hinter dem Karlsruher FV die Süddeutsche Vize-Meisterschaft gewann. Mit einem A-Länderspiel einer der drei FCB-Nationalspieler vor dem Ersten Weltkrieg.

Fußballer des Jahres

Seit 1960 führt das „Kicker"-Sportmagazin unter deutschen Sportjournalisten die Wahl des „Fußballer des Jahres" durch. Bei den bislang 46 Wahlen (1960 - 2005) ging 16-mal ein Spieler des FC Bayern als Sieger hervor: Michael Ballack (2003, 2005), Franz Beckenbauer (1966, 1968, 1974, 1976), Paul Breitner (1981), Oliver Kahn (2000, 2001), Sepp Maier (1975, 1977, 1978), Lothar Matthäus (1999), Gerd Müller (1967, 1969) und Karl-Heinz Rummenigge (1980). Ballack und Matthäus wurde diese Ehre auch noch jeweils einmal bei anderen Vereinen zuteil (Ballack: 2002 bei Bayer Leverkusen, Matthäus: 1990 bei Inter Mailand). Auf Platz zwei einer Rangliste nach Vereinen folgen mit deutlichem Abstand Borussia Mönchengladbach und der 1. FC Köln mit jeweils fünf Wahlsiegen. Am erfolgreichsten waren die Bayern in dieser „Disziplin" in den Jahren 1966 bis 1981. Bei den 16 Wahlen in diesem Zeitraum kam elfmal der Sieger vom FC Bayern. Es folgte eine Durststrecke von 17 Jahren, bevor 1999 mit Lothar Matthäus wieder ein Bayern-Akteur gewählt wurde.

Gablonsky, Max (1.1.1890 - 16.7.1969)

Der Stürmer war der erste Nationalspieler des FC Bayern (16. Mai 1910, 0:3 gegen Belgien). Insgesamt kam „Gaberl" auf vier Länderspieleinsätze. Für die Bayern absolvierte er bis 1922 500 Spiele. Gablonsky wurde mit dem FCB zweimal Ostkreismeister und einmal Südbayerischer Meister. Der Kicker war auch ein hervorragender Leichtathlet: Vor der Olympiade 1912 in Stockholm gehörte Gablonsky sogar zum Staffelkader über 4 x 100 m. Allerdings musste er wegen einer Prüfung auf eine Teilnahme an den Spielen verzichten. Das sportliche Multitalent wurde später Oberbaurat in Duisburg, wo er anlässlich des Länderspiels gegen Belgien sein Herz an eine Hotelierstochter verloren hatte.

Gerland, Hermann (4.6.1954)

Der „Bochumer Junge" begann als Elfjähriger bei Weitmar 09. Als B-Junior schloss sich Gerland dem VfL Bochum an. Sein erstes Bundesligaspiel absolvierte er noch als A-Jugendlicher gegen Eintracht Braunschweig. Gerland galt als „ehrliche Haut" und wurde wegen seiner kampfbetonten Spielweise von den Fans geliebt. Für seinen VfL lief er 1972-84 in 204 Bundesligaspielen auf (4 Tore). Nach dem Ende seiner Spielerkarriere (1984) arbeitete Gerland zunächst als Assistenztrainer für Bochums Chef-Coach Rolf Schafstall. Von 1986 bis 1988 saß er dann selbst im Chefsessel des VfL, der unter seiner Regie die Plätze 11 und 12 erreichte. 1988 wechselte Gerland zum 1. FC Nürnberg, wo er jedoch wegen ständiger Querelen mit dem Vorstand bereits im April 1990 entlassen wurde. Manager Höher, ein alter Bekannter aus Bochumer Zeiten, behauptete, das Boot Bundesliga und Nürnberg sei „zu groß“ für Gerland. Der heimatverbundene Gerland kehrte nicht nach Westfalen zurück, sondern zog noch weiter in den Süden, wo er beim FC Bayern als Amateur- und Nachwuchstrainer anheuerte und sich bald den Ruf eines „Diamantenauges“ erwarb. In der Saison 1999/2000 versuchte er sich ein weiteres Mal als Cheftrainer eines Erstligisten. Doch seine Mission bei Arminia Bielefeld war nicht von Erfolg gekrönt. Anschließend kehrte Gerland zum FC Bayern zurück, wo er seither die Regionalligamannschaft betreut. Die Fans nennen das Stadion an der Grünwalder Straße, Spielstätte der Amateure, mitunter auch liebevoll „Hermann-Gerland-Kampfbahn“.

Giesemann, Willi (2.9.1937)
Der Abwehrspieler kam 1959 zum FC Bayern und avancierte dort bald zu einem Leistungsträger. Am 26. Oktober 1960 feierte Giesemann in Belfast gegen Nordirland sein Nationalmannschaftsdebüt. 1962 durfte er zur WM in Chile mitreisen, wo er in der Vorrundenbegegnung gegen den Gastgeber (2:0) und im Viertelfinalspiel gegen Jugoslawien (0:1) zum Einsatz kam und anschließend gute Kritiken erhielt. Sein letztes Länderspiel bestritt Giesemann am 6. Juni 1965 in Rio de Janeiro gegen Brasilien. Bei einem Foul von Pelé erlitt er einen Beinbruch. Nach vier Oberligaspielzeiten beim FCB wechselte Giesemann 1963 in die neugeschaffene Bundesliga zum Hamburger SV, für den er in der Eliteliga bis 1968 104 Spiele (13 Tore) bestritt.
◆ 114 Oberligaspiele (13 Tore) für den FC Bayern (1959-63). 14 A-Länderspiele (0 Tore) für den DFB.

Goldbrunner, Ludwig (5.3.1908 - 26.9.1981)
Bereits als Neunjähriger dem FCB beigetreten, gehörte „Lutte“ zur Meisterelf von 1932. Der kampfstarke Goldbrunner war in den 1930er Jahren einer

der besten deutschen Stopper. Goldbrunner profitierte von der Arbeit der ausländischen Bayern-Trainer Konrad Weiß und Richard Dombi, beide Vertreter des „Donaufußballs“. Seine Spielweise galt als athletisch und modern. Sein erstes Länderspiel absolvierte Goldbrunner am 19. November 1933 in Zürich gegen die Schweiz. Zur festen Größe im DFB-Team avancierte er allerdings erst nach der WM 1934. Goldbrunner spielte 39-mal in der Nationalelf (u.a. bei der Olympiade 1936 in Berlin und der WM 1938 in Frankreich), womit er lange Zeit der Rekordnationalspieler der Bayern war. 1937 stand er in der legendären „Breslau-Elf“, die Dänemark mit 8:0 abkanzelte. Sepp Herberger über „Lutte“: „Überragend das Kopfballspiel. Mit seiner Abwehr leitet er meist gleich Angriffe ein.“ Goldbrunner brachte die besten Mittelstürmer Europas zur Verzweiflung, wie den Engländer Camsell, den Schotten Armstrong, den Italiener Piola, den Belgier Braine, den Tschechoslowaken Sobotka, den Holländer Bakhuys, den Franzosen Nicolas, den Spanier Langara und den Norweger Martinsen. Zweimal trug Goldbrunner die Kapitänsbinde: am 29. Januar 1939 beim 4:2-Sieg gegen Belgien in Brüssel und am 20. Oktober 1940, als das DFB-Team Bulgarien in München mit 7:3 besiegte. Es war zugleich Goldbrunners letztes Länderspiel. Beim FC Bayern war Goldbrunner von 1937 bis 1941 Kapitän. Nach dem Zweiten Weltkrieg war Goldbrunner noch Spielertrainer bei den Sechzigern.

Gospodarek, Uwe (6.8.1973)
In der Saison 1994/95 kam der Keeper Gospodarek zu zwei Einsätzen in der Champions League, die er unbesiegt und mit guten Noten überstand

(2:2 bei IFK Göteborg, 0:0 gegen Ajax Amsterdam). Anschließend wechselte Gospodarek zum VfL Bochum. In der Saison 2002/03 stieg er mit Jahn Regensburg in die 2. Liga auf, wechselte aber anschließend zum Ligakonkurrenten Wacker Burghausen.
◆ 64 Bundesligaspiele (0 Tore), davon 7 Spiele (0 Tore) für den FC Bayern (1991-95). Mit dem FC Bayern Deutscher Meister 1994.

Grahammer, Roland (3.11.1963)
Der Abwehrspieler begann seine Karriere bei der SpVgg Bärenkeller Augsburg. 1982 wechselte er zum prominenteren FC Augsburg, ein Jahr später zum 1. FC Nürnberg, für den er bis 1988 kickte. Nach der Saison 1987/88, der zweitbesten in der Bundesligageschichte der Nürnberger, wechselte Grahammer gemeinsam mit Stefan Reuter zum FC Bayern.
◆ 221 Bundesligaspiele (19 Tore), davon 102 Bundesligaspiele (2 Tore) für den FC Bayern (1988-93). Mit dem FC Bayern Deutscher Meister 1989, 1990.

Grosser, Peter (28.9.1938)
Der Spross einer Münchner Fußballerfamilie spielte fünf Jahre in der Oberligamannschaft des FC Bayern. Sein Vater hatte für den DSV München gekickt. Neben Peter Grosser kickten noch zwei weitere Grossers beim FC Bayern, die jedoch weitgehend in Vergessenheit geraten sind. Bruder Rudolf (Jg. 1944) gehörte zum FCB-Kader, dem 1965 der Aufstieg in die Bundesliga gelang. Dort blieb er noch zwei Spielzeiten bei den Bayern, kam jedoch insgesamt nur auf vier Einsätze (1 Tor). Robert Grosser (Jg. 1941) spielte eine Saison (1960/61) in der Oberligamannschaft des FC Bayern, musste sich dann aber aufgrund einer Verletzung reamateurisieren lassen. Doch zurück zu Peter Grosser, der den meisten Fußballinteressierten allerdings als Löwe in Erinnerung geblieben ist. Zum Start der Bundesliga (1963) schloss sich der großartige Techniker dem Lokalrivalen an. Grosser war der erste prominente FCB-Akteur, der zum TSV 1860 wechselte, was seinerzeit in München heftige Debatten auslöste. Nicht nur bei den Bayern, sondern auch bei den Löwen galt der Regisseur zunächst als „Verräter". 1964 holte Grosser mit dem TSV 1860 den DFB-Pokal, 1966 wurden die Löwen mit Grosser als Kapitän Deutscher Meister. Ein Jahr zuvor stand der TSV 1860 mit Grosser als erster deutscher Verein im Finale um den Europapokal der Pokalsieger, wo man West Ham United mit 0:2 unterlag. Für den TSV 1860 absolvierte Grosser bis 1969 130 Bundesligaspiele, in denen er 49 Tore erzielte. 1965 bestritt Grosser in der WM-Qualifikation gegen Schweden in Stockholm sein erstes A-Länderspiel und gab den Pass zum Siegtor von Uwe Seeler, das die Fahrkarte nach England bedeutete. In dieser Begegnung debütierte auch Franz Beckenbauer. Es folgte nur noch ein weiterer Einsatz 1966 gegen Nordirland. 1969 verließ Grosser den TSV 1860 wegen interner Querelen und schloss sich Austria Salzburg an. Nach dem Ende seiner Spielerkarriere trainierte Grosser den bundesweit für Schlagzeilen sorgenden aufstrebenden türkischen Klub Türk Gücü München und die SpVgg Unterhaching. Der erfolgreiche Geschäftsmann wurde später Vize-Präsident der Hachinger.
◆ 134 Oberligaspiele für den FC Bayern (65 Tore / 1958-63).

Hamann, Dietmar (27.8.1973)
Der eher unauffällige Mittelfeldspieler kam noch als Juniorenkicker von Wacker München zum FC Bayern. Als einer der Lieblingsspieler von Otto Rehhagel wurde er 1995/96 zum Stammspieler. Auch unter Trapattoni eroberte sich Hamann auf der rechten Mittelfeldseite zunächst einen Stammplatz, als Partner von Mario Basler. Doch Anfang März 1997 brach der talentierte Spieler im Keller seines Hauses zusammen und wurde mit gelähmter linker Körperhälfte ins Krankenhaus eingeliefert. Die schlimme Befürchtung, er habe einen Schlaganfall erlitten, bestätigte sich nicht. Dennoch erlitt seine Karriere zunächst einen kleinen Knick.

Nach der Saison 1997/98 wechselte Hamann in die englische Premier Division zu Newcastle United, von dort ein Jahr später für 8 Mio. Pfund zum FC Liverpool, mit dem er 2001 den UEFA-Cup und 2005 die Champions League gewann. Hamann begründete seinen Weggang aus München mit den Worten: „Um ein großer Spieler zu werden, muss man einmal aus den eigenen vier Wänden heraus." Erst nach seinem Wechsel auf die Insel erlangte Hamann, „Abräumer und Inspirator in einem" („Frankfurter Rundschau"), die ihm gebührende Anerkennung. Liverpools französischer Coach Gérard Houllier taufte den 1,89 m großen Hamann „the Kaiser". In der Nationalmannschaft wurde Hamann zu einer festen Größe, zumal nach einer großartigen Leistung beim WM-Qualifikationsspiel gegen England im Oktober 2000. Hamann krönte seine Vorstellung mit einem Freistoßtor aus gut 30 Metern Entfernung, das der DFB-Auswahl beim letzten Länderspiel im legendären Wembley-Stadion einen 1:0-Sieg brachte. In der Premier League wandelte sich der einstige Mitläufer beim FC Bayern zur fast weltgewandten Persönlichkeit. Vor und nach der EM 2000 war Hamann noch als Kritiker der Unzulänglichkeiten von DFB-Teamchef Erich Ribbeck bei Teilen der Öffentlichkeit und beim Boulevard in Ungnade gefallen. Hamann zog seine Konsequenzen: „Deutsche Zeitungen lese ich nur noch selten." Bei der WM 2002 war die gute Kooperation von Michael Ballack und Dietmar Hamann im zentralen Mittelfeld ein wesentlicher Grund dafür, warum das vor dem Turnier als chancenlos gehandelte DFB-Team bis ins Finale vordrang. Haman war der erste „moderne Sechser" im deutschen Nationalmannschaftsfußball. Unter Bundestrainer Jürgen Klinsmann verlor er seinen Platz in der Nationalmannschaft.
Bruder Matthias spielte in der Bundesliga für den Lokalrivalen TSV 1860 und den 1. FC Kaiserslautern.
◆ 106 Bundesligaspiele (6 Tore) für den FC Bayern (1993-98). Mit dem FC Bayern Deutscher Meister 1994, 1997, DFB-Pokalsieger 1998, UEFA-Cup-Sieger 1996. 59 A-Länderspiele (9 Tore) für den DFB, Vize-Weltmeister 2002.

Hansen, Johnny (14.11.1943)
Der dänische Abwehrspieler kam zur Saison 1969/70 zum FC Bayern. Seine erste Station auf deutschem Boden war der 1. FC Nürnberg gewesen, mit dem er aus der Bundesliga abgestiegen war. 1976 kehrte Hansen zu seinem Stammverein Vejle BK zurück.
◆ 185 Bundesligaspiele (7 Tore), davon 164 Spiele (7 Tore) für den FC Bayern (1969-76). Mit dem FC Bayern Deutscher Meister 1972, 1973, 1974, DFB-Pokalsieger 1971, Europapokalsieger der Landesmeister 1974, 1975 und 1976. 45 A-Länderspiele für Dänemark.

Hargreaves, Owen (20.1.1981)
Der Kanadier mit britischem Pass kam 15-jährig vom Calgary Foothills F.C. zum FC Bayern – auf Geheiß von Björn Andersson, der ihn als „einen Traum für jede Jugendabteilung" bezeichnete. Vater Colin ist Engländer und spielte für den englischen Profiklub Bolton Wanderers. Mutter Magret ist Waliserin. Hargreaves residierte zunächst im Jugendhaus des FC Bayern an der Säbener Straße. Der Mittelfeldspieler kickte zwei Jahre in der U-19 und bestritt 24 Spiele für die Amateure des FC Bayern. Nach einem Trainingsspiel Profis gegen Amateure wurde er von Hitzfeld in den Profikader geholt. Erstmals in der Anfangsformation stand Hargreaves am 21. April 2001 bei Eintracht Frankfurt. Der Kanadier avancierte bald zum Synonym für die hochwertige Jugendarbeit des FCB. Uli Hoeneß lobte bald sein „überragendes Talent". Karl-Heinz Rummenigge sah in Hargreaves „die Zukunft des FC Bayern", und Franz Beckenbauer attestierte ihm, das Zeug für die Effenberg-Nachfolge zu besitzen. Der flexible und über Distanzen von 10 bis 20 Metern extrem schnelle Hargreaves ist im Mittelfeld rechts, links und zentral, defensiv wie offensiv einsetzbar. Seine Spezialität sind die

Balleroberung und Ballverteilung im defensiven Mittelfeld. Das „Bayern Magazin" schrieb über den Jungstar: „Er ist für viele Nachwuchsspieler des FC Bayern ein Vorbild geworden. Hargreaves ist bei den ‚kleinen Bayern' nicht nur wegen seiner Spielweise so beliebt, sondern er ist einer von ihnen. Seine Entwicklung macht den jungen Talenten Mut, eine ähnliche Entwicklung starten zu können. Er ist der erste Spieler seit langem, der den Sprung aus der Jugendabteilung in den Profikader schafft und sich dort in Lichtgeschwindigkeit unentbehrlich machte."

In der Saison 2001/02 wurde Hargreaves von Sven Göran Eriksson in die englische Nationalelf geholt und gehörte bei der WM 2002 zur ersten Formation. Hargreaves war damals der einzige Legionär im Team der „Three Lions". Von der englischen Fußballöffentlichkeit wurden die Fähigkeiten Hargreaves lange verkannt. Möglicherweise spielte dabei auch eine Rolle, dass er für einen deutschen Verein kickte, denn Deutschland und sein Fußball sind in England nicht gerade populär. Bei den Fans der englischen Nationalmannschaft firmierte Hargreaves als „Lachnummer". Dies änderte sich während der WM 2006. England zählte zu den Favoriten des Turniers, enttäuschte aber auf ganzer Linie. Einzig Owen Hargreaves wusste zu überzeugen. Im Viertelfinale gegen Portugal war er in der defensiven Zentrale der überragende Akteur der „Three Lions". Anschließend wählten die englischen Fans ihr einstiges Hassobjekt zum besten Spieler ihres Teams. Beim Auftakt der Qualifikation zur EM 2008 zeigte Hargreaves erneut eine herausragende Leistung, rannte, kämpfte und passte von allen englischen Akteuren am besten und wurde vom „Guardian" als „Eckstein des neuen Englands" bezeichnet.

Nach der WM bemühte sich Manchester United um seine Dienste. ManU bot 25 Mio. Euro, doch die Bayern, ohnehin bereits geschwächt durch den Weggang von Michael Ballack, sagten kategorisch „nein". Uli Hoeneß war überhaupt nur bereit, bei einem Betrag jenseits von 100 Mio. Euro über einen Hargreaves-Wechsel nachzudenken. So musste Hargreaves, bei den Bayern vertraglich bis 2010 gebunden, seine Karriere an der Säbener Straße fortsetzen. Entgegen dem Eindruck, den einige deutsche Medien erweckten, hatte Hargreaves den Wechsel nicht wirklich forciert, weshalb er sich mit der Situation versöhnen konnte. „Bayern war immer gut zu mir!" Vor seiner Profikarriere war er mit seinem Stammverein kanadischer U-15-Meister und mit dem FC Bayern Deutscher-A-Junioren-Vize-Meister geworden.

◆ 136 Bundesligaspiele (5 Tore) für den FC Bayern (ab 2000). Mit dem FC Bayern Deutscher Meister 2001, 2003, 2005, 2006, DFB-Pokalsieger 2003, 2005, 2006, Champions-League-Sieger 2001, Weltpokalsieger 2001. 34 A-Länderspiele für England.

Haringer, Sigmund (9.12.1908 - 23.2.1975)

Das Mitglied der FCB-Meisterelf von 1932 zählte Anfang der 1930er Jahre zu den besten deutschen Außenverteidigern. Sein Debüt in der Nationalelf gab Haringer am 15. März 1931 in Paris, als die DFB-Elf Frankreich mit 0:1 unterlag. Sein erfolgreichstes Jahr im Nationaltrikot war 1934, als er fünfmal zum Einsatz kam und bei der WM in Italien zur Stammelf von Reichstrainer Otto Nerz gehörte. Sein letztes von 15 Länderspielen bestritt „Siggi" Haringer am 25. April 1937 gegen Belgien in Hannover. Die DFB-Elf gewann mit 2:1. Nach seiner Zeit beim FCB trat Haringer noch für Wacker München, wo er an der Seite von Hennes Weisweiler spielte, und den 1. FC Nürnberg vor den Ball. 1932 spielte Haringer eine Rolle in dem Film „Hinter Klostermauern". Nach dem Ende seiner Karriere bestritt Haringer seinen Lebensunterhalt mit einer Toto-Annahmestelle in München.

Hegerich, Kurt (29.1.1932)

Der Giesinger Junge kickte als Jugendlicher in Münchner Schüler-Auswahlmannschaften. Ein schwerer Autounfall beendete seine Karriere. 1978 wurde Hegerich Schriftführer, 1985 Schatzmeister des FC Bayern. 1994 schied der Reinigungsunternehmer („Fleißiges Lieschen"), Zeitungswissenschaftler und Lokalredakteur aus dem Vorstand aus. Seither ist Hegerich Ehrenmitglied des Vereins und Mitglied des Verwaltungsbeirats des FC Bayern.

Heidkamp, Conrad (27.9.1905 - 6.3.1994)

Der Kapitän der ersten Meistermannschaft von 1932 war ein „Preiß": Conny Heidkamp wechselte 1928 vom Düsseldorfer SC 99 zum FC Bayern und bekleidete dort die Position des rechten Verteidigers. Als „Vermittler" des Wechsels fungierte Ludwig „Wiggerl" Hofmann. Der Düsseldorfer und der Münchner trafen sich bei der Vorbereitung der

Nationalmannschaft auf die Olympischen Spiele 1928. Der FC Bayern besorgte dem Düsseldorfer eine Stellung als kaufmännischer Angestellter beim Deutschen Theater. Dort war Heidkamp für die Auszahlung der Gage verantwortlich. Zu den Empfängern gehörten Josephine Baker, Karl Valentin und die Tiller Girls aus New York. Wenig später wechselte Heidkamp zur Firma Siemens & Halske, wo er die nächsten 40 Jahre blieb. In der Nationalmannschaft kam Heidkamp erstmalig am 20. November 1927 in Köln gegen die Niederlande (2:2) zum Einsatz. Bei der Olympiade 1928 in Amsterdam drückte er allerdings nur die Bank. Sein letztes von neun Länderspielen absolvierte er am 28. September 1930 gegen Ungarn (5:3). Seine Nationalspielerkarriere wurde durch eine Meniskusoperation beendet. Während seiner Jahre im Dress des FCB fungierte Heidkamp als wichtiges Bindeglied zwischen Mannschaft, Trainer und Vereinsführung. Heidkamp hatte wesentlichen Anteil daran, dass der FCB Anfang der 1940er Jahre trotz der Kriegswirren wieder ein starkes Team präsentieren konnte. Der von einem Sportjournalisten als „feiner Spieler von vorbildlicher Fairness und sportlicher Einstellung“ charakterisierte Heidkamp war noch im Kriegsjahr 1943 eine Leitfigur des FCB-Teams. Mit 39 Jahren wurde der Routinier in der Saison 1943/44 mit dem FCB noch einmal Südbayerischer Meister. Heidkamp trug zehn Jahre die Kapitänsbinde des FC Bayern. Als Trainer arbeitete Heidkamp für den BC Augsburg (für den er auch vorübergehend spielte) und interimsmäßig für den FC Bayern, als dieser seinen englischen Trainer Davidson vorzeitig entließ. Heidkamp diente dem Verein außerdem als Spielausschussvorsitzender und Spielerbeobachter für den süddeutschen Raum. Heidkamp war auch Gründer eines Stammtisches der „Ehemaligen“ und übernahm hier die Ehrung der Jubilare.

Helmer, Thomas (21.4.1965)

Der Abiturient (Durchschnittsnote 1,8) begann seine fußballerische Laufbahn bei der Post SG Salzuflen in Ostwestfalen. Von dort ging es zum TSV, der dann mit der Post SG zum SC Bad Salzuflen fusionierte. 1984 wechselte Helmer zum Erstligisten Arminia Bielefeld, mit dem er jedoch abstieg. Nach einem Jahr in der 2. Bundesliga wurde der Abwehrspieler von Borussia Dortmund unter Ver-

trag genommen, wo er nun zur schwarz-gelben Renaissance beitrug. 1989 gewann Helmer mit dem BVB den DFB-Pokal, die erste nationale Trophäe für den Klub seit 24 Jahren. 1992 wurde er mit dem BVB Vize-Meister. Anschließend ging er zum FC Bayern. Sein Wechsel sorgte nicht nur wegen der hohen Ablösesumme für Schlagzeilen. Die ca. 8 Mio. DM waren damals Ligarekord. Um die hohe Ablöse zu umgehen, versuchte Hoeneß zunächst, Helmer beim französischen Erstligisten AJ Auxerre zu parken. Beim FC Bayern fand Helmer sowohl als Libero wie als Manndecker Verwendung. 1996 errang er mit der Nationalmannschaft in England die Europameisterschaft. Nach der WM 1998 erklärte Helmer seinen Rücktritt aus der Nationalmannschaft. In seinen letzten Jahren bei den Bayern gewann Helmer, zuvor als „blasser Mainstream“ charakterisiert, erheblich an Profil und Ansehen. Während der Saison 1996/97 wurde er bei einer Umfrage unter 22 Bundesligaschiedsrichtern zum „besonnensten Spieler der Liga“ gewählt. 1996 kürte ihn der „Kicker“ zum „Mann des Jahres“. Als Helmer während der Saison 1996/97 zum FCB-Führungsspieler aufstieg, schrieb Josef Kelnberger in der „SZ“: „Helmer gilt als das soziale Gewissen der Mannschaft. Kummerkasten, Vermittler zwischen den Spielern, zwischen Spielern und Trainer, Bindeglied zur Klubführung.“ Im Juni 1997 löste Helmer seinen charakterlichen Gegenpart Matthäus als Mannschaftskapitän ab. Auch in der Nationalmannschaft hatte er sich als Gegenspieler von Matthäus profiliert, was Letzteren einige Länderspiele kostete. Nach der Saison 1998/99 wechselte Helmer zu Hertha BSC Berlin, wo er jedoch nur noch fünf Bundesligaspiele bestritt.

◆ 390 Bundesligaspiele (41 Tore), davon 191 Spiele (24 Tore) für den FC Bayern (1992-99). Mit dem FC Bayern Deutscher Meister 1994, 1997, 1999, DFB-Pokalsieger 1998, UEFA-Cup-Sieger 1996. 68 A-Länderspiele (5 Tore) für den DFB, Europameister 1996.

Herzog, Andreas (10.9.1968)
Der offensive Mittelfeldspieler kam 1992 von Rapid Wien zu Werder Bremen und wurde bereits in seiner ersten Saison an der Weser Deutscher Meister. Zur Saison 1995/96 wechselte der österreichische Nationalspieler mit Otto Rehhagel zum FC Bayern. Herzog damals: „Werder erzielte in den vergangenen Jahren viele Erfolge. Doch Bayern ist in Europa immer noch eine bessere Adresse." Sein Traum, mit den Bayern nach ganz oben vorzustoßen, wurde allerdings zum Alptraum. Beim FCB erlitt Herzogs Karriere einen schweren Knick. In der Hinrunde wurde er neunmal ausgewechselt, zweimal durfte er gar nicht mitmachen. Nur fünfmal spielte der Österreicher über die volle Distanz. Herzog laborierte anfangs an einer Zehenverletzung, die er jedoch – aufgrund des großen Konkurrenzdrucks im Mittelfeld – verschwieg. Zum absoluten Tiefpunkt wurde das Bayern-Gastspiel beim VfB Stuttgart, als ihn der eigene Keeper Oliver Kahn „hart anfasste". Herzog später: „Ich war ganz gut drauf, hab' aber in der Defensivarbeit einen krassen Fehler gemacht. Da hat der Oli mich eben richtig durchgeschüttelt. Aber eigentlich ist er ein netter Kerl. Er war einer der wenigen, die mir geraten haben: Bleib' bei Bayern, im ersten Jahr haben alle Probleme. Wer weiß: Hätte ich auf ihn gehört, hätte ich mich vielleicht durchgesetzt." Der endgültige Bruch mit dem FCB erfolgte allerdings erst, nachdem Beckenbauer das Zepter übernommen hatte. Nach nur einer Saison kehrte Herzog zum SV Werder Bremen zurück: „Ich wollte verhindern, dass ich meinen Stolz verliere. Darum musste ich gehen." Sein einjähriges Gastspiel beim FCB wollte der Wiener trotzdem nicht missen. „Der FC Bayern war eine große Lebenserfahrung für mich." Bei Werder absolvierte Herzog noch sechs Bundesligaspielzeiten.
◆ 264 Bundesligaspiele (60 Tore), davon 28 Spiele (2 Tore) für den FC Bayern. Mit dem FC Bayern UEFA-Pokalsieger 1996. 103 A-Länderspiele (26 Tore) für Österreich.

Hesselink, Dr. Willem
Der Niederländer aus Arnheim, Spielmacher und Torjäger in einer Person, war in den Kindertagen des Klubs der erste Bayern-Spieler von internationalem Format. Als Vereinsgründer John sein Amt als Vereinsvorsitzender nach drei Jahren aufgab, wurde Hesselink sein Nachfolger.

Heynckes, Josef (9.5.1945)
Der gebürtige Hannoveraner, der als Trainer mit den Bayern zweimal Deutscher Meister wurde, war auch als Spieler erfolgreich. Meist auf Linksaußen kickend, wurde er mit Borussia Mönchengladbach viermal Deutscher Meister (1971, 1975, 1976, 1977) sowie je einmal DFB-Pokal- (1973) und UEFA-Cup-Sieger (1975). Außerdem wurde er 1974 und 1975 Bundesligatorschützenkönig. Heynckes bestritt 369 Bundesligaspiele (220 Tore) für die Gladbacher. In der Nationalmannschaft kam er 39-mal zum Einsatz (14 Tore). 1972 wurde er mit der DFB-Auswahl Europameister.1978 wurde Heynckes Trainer von Borussia Mönchengladbach. Trotz der geringen finanziellen Möglichkeiten des Vereins, der immer wieder von Heynckes geformte Talente und Leistungsträger verkaufen musste, gestaltete sich seine Bilanz beachtlich. 1980 qualifizierte er sich mit den Gladbachern für das Finale des UEFA-Cups, 1984 für das DFB-Pokalfinale. In den Spielzeiten 1984/85, 1985/86 und 1986/87 erreichte Heynckes mit den Gladbachern in der Bundesliga die Platzierungen 4, 4 und 3. Schon damals erwarb Heynckes sich den Ruf, arbeitswütig zu sein. Aufgrund seiner leichten Erregbarkeit und seiner dann leuchtend roten „Birne" taufte ihn Wolfram Wuttke „Osram". Der Trainer Heynckes

steht für Fleiß, Ehrgeiz, Disziplin, Ordnung, Seriosität und Autorität. Die alternative „taz" unterstellte ihm deshalb auch schon mal „Training im GSG-9-Stil". Gleichzeitig gilt Heynckes aber auch als äußerst sensibler Kopfmensch.
1987 verpflichtete Uli Hoeneß ihn als Nachfolger von Udo Lattek. Mit Heynckes wurde der FC Bayern 1989 und 1990 Deutscher Meister sowie zweimal Vize-Meister. Auf europäischer Ebene kam der Klub allerdings unter seiner Ägide über drei Halbfinalteilnahmen (1988/89 UEFA-Cup, 1989/90 und 1990/91 Cup der Landesmeister) nicht hinaus. Heynckes blieb trotzdem bis zum Beginn der Ära Hitzfeld der letzte FC Bayern-Trainer, der auf eine mehrjährige Erfolgsstrecke verweisen konnte. Bei den Bayern ließ Heynckes, beeinflusst von der Ajax-Schule, mit drei Verteidigern spielen. Der Befürworter der Raumdeckung wollte so die Zonen optimal besetzen. Moderner Fußball ist für Heynckes „Fußball als Automatismus", perfekte Ballkontrolle bei höchstem Tempo. Jürgen Kohler, der Heynckes beim FC Bayern erlebte: „Mit Disziplin und Autorität nimmt er es sehr genau." Kohler erinnert sich an eine „sehr gute Trainingsarbeit, eine harte Vorbereitung sowie viele technische und taktische Schwerpunkte". Heynckes Personalpolitik kannte keine Kompromisse. Beim FC Bayern sortierte er nach einer Saison Matthäus, Brehme, Pfaff und Michael Rummenigge aus, um junge Kräfte wie Thon, Reuter, Grahammer, anschließend noch Kohler, Effenberg und Laudrup einzubauen. Als der FC Bayern in der Saison 1991/92 sportlich ins Trudeln geriet, betrieb die Münchner Boulevardpresse den Abschuss des Trainers. Im Oktober 1991 wurde Jupp Heynckes entlassen. Ein Schritt, den Manager Hoeneß später öffentlich bereute. Heynckes galt als Anhänger einer „Niederländisierung" bzw. „Technisierung" des deutschen Fußballs und des „Systemfußballs". Sein Versuch, den Bayern die Viererabwehrkette zu verabreichen, scheiterte allerdings an der Langsamkeit seiner Akteure. Nach seinem Rausschmiss wechselte Heynckes zunächst zum spanischen Erstligisten Athletic Bilbao (1992-94). Mit einer ausschließlich aus Basken zusammengestellten Mannschaft konnte sich Athletic für den UEFA-Cup qualifizieren. 1994 kehrte Heynckes zurück in die Bundesliga zu Eintracht Frankfurt (1994 - 2.4.1995). Deren Verantwortliche erhofften sich von Heynckes' „preußischen Tugenden" die Disziplinierung ihrer „launischen Diva", damit diese endlich Meisterschaftsreife erlangen würde. Ein Unternehmen, das scheitern musste. Anschließend rechnete Heynckes mit der Bundesliga ab: „Die Spieler bekommen immer mehr Alibis für ihre Unzulänglichkeiten, für mangelnde Professionalität und ihre Defizite in ihrer beruflichen Ausbildung. Moral und Verantwortungsbewusstsein der Spieler bleiben auf der Strecke, die Vereine werden erpressbar. Leider haben wir zu wenige Führungskräfte mit Kompetenz und Rückgrat." Heynckes' nächste Station war der Kanarenverein CD Teneriffa (1995-97). Aufgrund seines erfolgreichen Engagements in Bilbao eilte Heynckes ein exzellenter Ruf voraus. Eine Lokalzeitung titelte vor Heynckes' Ankunft: „Gott hat unser Gebet erhört, Heynckes kommt." Teneriffa qualifizierte sich erstmals in der Vereinsgeschichte für den UEFA-Cup, wo man 1996/97 erst im Halbfinale an Schalke 04 scheiterte. Zur Saison 1997/98 unterschrieb Heynckes einen Zweijahres-Vertrag bei Real Madrid. Heynckes: „Real ist eine Nummer größer als Bayern München. Aber wer es bei Bayern vier Jahre lang ausgehalten hat, kann dem Druck bei jedem Klub der Welt standhalten." Mit Real gewann Heynckes 1998 die Champions League, musste aber trotzdem anschließend gehen. Seine nächsten Stationen hießen Benfica Lissabon (1999 - 20.9.2000), wo er nach der ersten Saison 14 Akteure suspendierte, und ein zweites Mal Athletic Bilbao (2001-03). Während seiner Jahre in Spanien und Portugal lernte Heynckes nicht nur die Sprachen dieser Länder, sondern auch einiges über die Bedeutung und Handhabung des „interkulturellen Dialogs" im globalisierten Fußball. Heynckes: „Eine Weltklassemannschaft braucht interkulturellen Dialog. Wenn ich aus einem Spieler Spitzenleistung holen will, muss ich seine Neigung als Fußballer genauso berücksichtigen wie seine Herkunft und Kultur."
Zur Saison 2003/04 kehrte Heynckes nach elf Jahren Ausland – die Zeit in Frankfurt ausgeklammert – in die Bundesliga zurück, wo er den FC Schalke 04 übernahm. Während seiner Jahre in Spanien war Heynckes ein kritischer Beobachter des Bundesligafußballs geblieben: „Die sportliche, fußballtechnische Ausbildung und die erzieherische Vorbereitung auf den Profi-Beruf ist in Spanien besser. Wie auch bei Ajax Amsterdam, wo die Spie-

ler jahrelang auf die Anforderungen vorbereitet werden und nicht nach dem ersten großen Auftritt überschnappen. (...) Der deutsche Fußball muss vor allem im Nachwuchsbereich besser organisiert werden." Auch mit dem Showbusiness Fußball kann Heynckes nichts anfangen: „Ich sehe mich nicht als Entertainer des Fußballs, sondern immer noch als Fußball-Lehrer."
Im September 2004 musste sich Heynckes bereits wieder von Schalke verabschieden und kehrte Anfang Juli 2006 zu seinem alten Klub Borussia Mönchengladbach zurück. Heynckes hat in seiner Trainerkarriere noch nie einen Vertrag gebrochen oder seinen ehemaligen Arbeitgeber anschließend mit Dreck beworfen. Obwohl er hierfür mehrfach gute Gründe besessen hätte.

Hitzfeld, Ottmar (12.1.1949)
Seine Spielerkarriere begann der Lörracher beim TuS Stetten und FV Lörrach. Als Profi spielte Hitzfeld für den VfB Stuttgart (Saison 1977/78: 22 Spiele / 5 Tore), vor allem aber in der Schweiz, wo er beim FC Basel, FC Lugano und FC Luzern unter Vertrag stand. Als B-Nationalspieler stürmte Hitzfeld beim olympischen Fußballturnier 1972 in München gemeinsam mit Uli Hoeneß. Hitzfeld war bei allen sechs Auftritten der Olympiaauswahl dabei und erzielte fünf Tore. So auch bei der 2:3-Niederlage gegen die DDR, als die Torschützen Hitzfeld und Hoeneß hießen. Seine Trainerkarriere begann Hitzfeld in der Schweiz. Erste Station war in der Saison 1983/84 der SC Zug. Von 1984 bis 1988 trainierte er den FC Aarau, wo er modernen Offensivfußball spielen ließ. Hitzfeld: „So konnte ich auf mich als Trainer aufmerksam machen." Mit Aarau, das unter Hitzfeld zum „FC Wunder" avancierte, gewann der Trainer 1985 seinen ersten Titel, den Schweizer Vereinspokal. Bei Grasshoppers Zürich ließ es Hitzfeld anschließend pragmatischer angehen, wohl wissend, dass er beim Renommierklub primär an Resultaten gemessen wurde. Mit den Grasshoppers wurde er 1990 und 1991 Meister sowie 1989 und 1990 Pokalsieger. Als Hitzfeld zur Saison 1991/92 in die Bundesliga zu Borussia Dortmund wechselte, war der Trainer hierzulande weitgehend unbekannt. Doch die Hitzfeld-Verpflichtung geriet für den BVB zur Erfolgsstory. Kein Bundesligatrainer der Borussia konnte sich so lange im Amt halten wie der studierte Mathematiker und Zahnarztsohn. In seiner ersten Saison im Westfalenstadion wurde Hitzfeld mit dem BVB überraschend Vize-Meister. 1992/93 erreichte er das Finale des UEFA-Cups, wo sich Juventus Turin aber als eine Nummer zu groß für die Schwarz-Gelben erwies. 1995 holte Hitzfeld dann die erste Bundesligameisterschaft nach Dortmund und ins Ruhrgebiet, 1996 folgte die Titelverteidigung. Die Krönung seiner Tätigkeit in Dortmund war der Gewinn der Champions League 1997. Anschließend wurde Hitzfeld von den Journalisten aller bedeutenden Fußball-Fachblätter Europas zum „Welttrainer des Jahres" gewählt. Bei den BVB-Verantwortlichen war Hitzfeld allerdings mittlerweile in Ungnade gefallen. Der Trainer forderte eine personelle Erneuerung des Teams, was jedoch bei den Verantwortlichen auf Ablehnung stieß und wofür wohl auch das notwendige Geld fehlte. Hitzfeld nahm seinen Hut und regenerierte seinen leeren Akku auf dem eigens für ihn beim BVB geschaffenen Posten eines Sportdirektors.
Im Sommer 1998 folgte Hitzfeld dem Ruf nach München. Mit dem Gentleman-Trainer kehrte wieder Kontinuität in der sportlichen Führung des Rekordmeisters ein. Es begann die erfolgreichste Ära des Vereins seit den glorreichen 1970ern. Hitzfeld führte den FC Bayern zunächst an die nationale und anschließend auch die europäische Spitze zurück. In seiner ersten Saison 1998/99 verpasste Hitzfeld nur knapp das „Triple" aus Meisterschaft, DFB-Pokal und Champions League. Zwei Jahre später gewann der FC Bayern zum ersten Mal seit 1976 wieder die europäische „Königsklasse" und beendete damit eine 25 Jahre lange Durststrecke in diesem Wettbewerb. Hitzfeld wollte anschlie-

ßend aufhören, doch Manager Hoeneß lehnte den Rücktrittswunsch ab. Der Trainer verspürte einen „unwahrscheinlichen Substanzverlust". Nach einer trophäenlosen Saison 2001/02 und dem vorzeitigen Aus in der Champions League 2002/03 wähnte sich Hitzfeld vor dem Rausschmiss beim FC Bayern: „Ich führe einen täglichen Überlebenskampf." Doch der Trainer überlebte die Krise und Querschüsse Franz Beckenbauers, und am Ende der turbulent begonnenen Saison 2002/03 stand immerhin das Double aus Meisterschaft und Pokal. In der Krise bewährte sich einmal mehr Hitzfelds Anpassungsfähigkeit. Hitzfeld-Biograf Josef Hochstrasser: „Sein oberstes Prinzip ist es, sich immer zu fragen: Was muss ich tun, damit ich dem Arbeitgeber gegenüber bestehen kann? Und es ist Cleverness, sich da jeweils an die Bedingungen anzupassen."

Die Saison 2003/04 sollten dann allerdings Hitzfelds letzte beim Rekordmeister sein. National wie international ging der Klub leer aus. Dem Übungsleiter wurde ein zu sanfter Umgang mit den Profis und ein zu weiches Training vorgeworfen. Hitzfeld selbst sah die Ursachen für den sportlichen Misserfolg im Verletzungspech und einer Überschätzung des Kaders durch die Bayern-Führung. Wie schon beim BVB war auch bei den Bayern nach dem sechsten Jahr Schluss. Sowohl in Dortmund wie in München waren diese sechs Jahre an einem Stück „Vereinsrekord". Ottmar Hitzfeld holte binnen von zwölf Jahren sechs Meistertitel – zwei mit dem BVB, vier mit dem FC Bayern –, prägte damit eine Ära und ist nach Udo Lattek der erfolgreichste Bundesligatrainer aller Zeiten. Und neben Dettmar Cramer der einzige deutsche Coach, der die europäische Königsklasse gleich zweimal gewann.

Josef Hochstrasser beschrieb das Leben des ehrgeizigen Erfolgstrainers als einen Kampf gegen drohende Einsamkeit, als permanentes Ringen um Anerkennung und Selbstständigkeit. „Er ist wohl immer auf der Suche nach einem Zuhause." Hitzfeld sei im Prinzip ein konfliktscheuer Mensch. Der Bayern-Trainer duzte seine Spieler, die ihn ihrerseits siezen mussten. Hitzfeld galt als sachlich (Thorsten Fink: „Der rastet nie aus") und war kein Freund lautstarker Verbalattacken. Auch bei Rückständen bevorzugte er in der Kabine den moderaten Ton. Thomas Strunz attestierte ihm „eine natürliche Autorität in der Ansprache". Jürgen Kohler weiß zu berichten, dass Hitzfeld aber auch „knallhart" sein konnte, insbesondere in personellen Entscheidungen. Hitzfeld über seine Personalpolitik: „Oft habe ich Angst vor mir, weil ich so gefühllos entscheide. Aber anders hast du keine Chance. Anders würdest du dich in der Bundesliga aufreiben." Nach seinem Abschied vom FC Bayern nahm Hitzfeld eine Auszeit und lehnte auch das Angebot von DFB-Chef Mayer-Vorfelder ab, die Nachfolge von Rudi Völler als Bundestrainer anzutreten.

Hoeneß, Dieter (7.1.1953)

„Uli war immer einen Schritt voraus, er ist ja auch der Ältere von uns, ein Jahr und zwei Tage. (...) Wenn man meinen Werdegang sieht, könnte man schon glauben, ich wollte ihm stets nacheifern. Ein Plan war das allerdings nicht, es dem Uli zu zeigen, unterbewusst kann das aber durchaus ein Antrieb gewesen sein." So Dieter Hoeneß über sich und seinen Bruder im Oktober 2006 gegenüber dem Journalisten Helmut Schümann vom „Tagesspiegel". Anlass war das bevorstehende Gastspiel der von ihm geführten Berliner Hertha in der Münchner Allianz Arena. Hertha lag vor dem „Duell" der beiden Hoeneß-Brüder vor den Bayern – zum ersten Mal, seit Dieter Hoeneß beim Hauptstadtverein eingestiegen war. Nach dem Spiel war die alte Rangordnung allerdings wieder hergestellt.

Die Parallelität der beiden Karrieren ist tatsächlich verblüffend: Uli Hoeneß wurde 1972 Nationalspieler, Bruder Dieter 1979. Im gleichen Jahr wurde Uli Hoeneß Bundesliga-Manager, Bruder Dieter übernahm erstmals 1990 diese Position. Und beide spielten nacheinander erfolgreich bei den Bayern – Dieter erst, als Bruder Uli dort schon Manager war. Für Uli Hoeneß war der „Lange" der beste Einkauf seiner Manager-Karriere. Dieter kam 1979 für die Ablöse von „nur" 175.000 DM vom VfB Stuttgart. Dieter Hoeneß hatte das Kicken fünfjährig beim VfB Ulm begonnen. Neun Jahre später wechselte er zum Lokalrivalen TSG Ulm 1846. Damals hütete er noch das Tor und soll dabei nicht schlecht ausgesehen haben. Immerhin wurde der Keeper Hoeneß in die württembergische Schüler- und Jugendauswahl berufen. Während seiner D-Jugend-Jahre wechselte „der Lange" ins Feld. Uli Hoeneß: „Ich habe früher, in der D-Jugend des VfB Ulm, vorne die Tore geschossen, die er hinten reinließ. Irgendwann hatte er die Nase voll und hat aufgehört." 1973 wechselte Hoeneß zum drittklassigen VfR Aalen. 1975 erfolgte sein erstes Profiengagement beim VfB Stuttgart, der damals noch in der 2. Liga Süd kickte. 1977 kehrte er mit dem VfB wieder in die 1. Liga zurück, 1979 wurde er mit den Schwaben Vize-Meister. In dieser Saison erzielte er 16 Tore, seine beste Ausbeute während seiner Zeit beim VfB. Anschließend wechselte er zum FC Bayern, für den er bis Ende der Saison 1986/87 kickte. Hoeneß gehörte zum WM-Aufgebot 1986. Sein sechstes und letztes Länderspiel war das Finale gegen Argentinien (2:3), in dem Hoeneß eingewechselt wurde.

Nach Beendigung seiner aktiven Karriere stieg Hoeneß zunächst in leitender Funktion bei der Sportmarketing-Abteilung des Bayern-Sponsors Commodore ein (1987-90). Später wurde er Manager beim VfB Stuttgart (1990-95), mit dem er 1992 die Meisterschaft gewann. Hoeneß' Stern sank mit der Einwechslung des vierten Ausländers während des Europapokalspiels der Stuttgarter bei Leeds United. Im April 1995 trennte sich Mayer-Vorfelder von Hoeneß und Trainer Jürgen Röber wegen anhaltender Erfolglosigkeit und atmosphärischer Störungen.1989 erklärte Uli Hoeneß in einem Interview: „Wenn ich in Berlin arbeiten würde, mit einem Springer dahinter, könnte ich dem FC Bayern Paroli bieten, ohne Probleme." Den Job übernahm allerdings nicht Uli, sondern Dieter Hoeneß – nicht mit dem Springer-Verlag im Rücken, sondern mit der Bertelsmann-Tochter Ufa. Im November 1996 wurde Hoeneß zunächst Vize-Präsident beim „schlafenden Riesen" (wie Franz Beckenbauer die Berliner bezeichnet hatte, nachdem 75.000 zu einem Zweitligaspiel der Hertha gegen den 1. FC Kaiserslautern gekommen waren). Zuvor hatte die Ufa den Konkurs des Traditionsvereins verhindert. Weitere Ufa-Unterstützung sorgte für die Rückkehr in die Erstklassigkeit und die Etablierung des Vereins im oberen Drittel der Bundesliga. Im Mai 1997 übernahm Hoeneß auch noch den Manager-Posten beim Hauptstadtverein. Seit Juli 2001 ist Hoeneß Geschäftsführer der Hertha BSC KGaA, die er zuweilen mit Härte führt. Hoeneß' Ausfälle gegen Schiedsrichter sind gefürchtet („Wenn ich samstags auf dem Weg ins Stadion bin, greifen noch die selben Mechanismen wie als Spieler. Dann bin ich kaum ansprechbar."), doch abseits des Spielfelds gilt er als sympathischer, zurückhaltender und freundlicher Mensch.

Der „Kicker" im Januar 2002 über den Hertha-Manager: „Hoeneß hat den Verein auf Kurs gebracht – auf seinen Kurs. Die sportliche Metamorphose von einem mausgrauen Zweitligisten zu einem Europapokal-Teilnehmer, die Umwandlung des Klubs in eine Kapitalgesellschaft, das neue Vereinszentrum für Talente zwischen 14 und 18 Jahren, die Sanierung des Olympiastadions: Hoeneß' Verdienste sind gewaltig. Seine Machtfülle ist es auch. Hoeneß ist beim Berliner Traditionsverein Außen-, Innen- und Justizminister in einer Person." Der Psychotherapeut Wolfgang Schmidbauer schrieb über das berühmteste Brüderpaar des deutschen Fußballs in der „Zeit": „Beide waren Nationalspieler und sind erfolgreiche Fußballmanager. Sie haben einen gemeinsamen Geburtstag nur knapp verfehlt (Uli: 9.1.1952, Dieter 7.1.1953). Als Manager des Erfolgsklubs Bayern München ist Uli Hoeneß bis heute der Erfolgreiche, Ehrgeizige, Dynamische, vor allem aber auch der Umstrittene. Der kleine Hoeneß galt schon als Spieler als fleißiger Arbeiter und ehrlicher Kämpfer, weniger elegant, aber grundsolide. Die alte Rivalität der Fußballbrüder, die sich während ihrer Zeit bei Bayern München lauthals stritten, scheint begraben. Schon längere Zeit sind sie wie Winnetou und Old Shatterhand." Uli Hoeneß über Dieter: „Mein Bruder ist ein Mann von Ideen und Visionen. Er ist jemand, der bereit ist, daran hart zu arbeiten. Der vor schwierigen Aufgaben nicht kapituliert und den Satz ‚Das geht nicht' nicht kennt. Dass er es als Fußballer mit einem durchschnittlichen Talent so weit gebracht hat, bewundere ich an ihm. (...) Dieter ist ähnlich wie ich. Er will den sportlichen Erfolg nur auf der Basis des wirtschaftlichen." In ihrer Jugend sei er, Uli, „schon ein bisschen der Gewissenhaftere" gewesen. „Dieter war als Jugendlicher eher unbekümmert. Ich war der, der im Geschäft mitgeholfen hat, der an der Kasse stand (die Familie Hoeneß betrieb in Ulm eine Metzgerei). So war Dieter nicht. Dieter war eher der Künstler, der gemalt hat. Er war eher musisch veranlagt als ich. Ein begnadeter Maler eigentlich. Ölgemälde und so. Ich habe meinen Platz auf dem Fußballplatz gesehen. Da wollte ich weiterkommen, alles andere hat mich nicht interessiert. (...) Dieter hat dann doch alles nachgeholt. Er hat sich nicht beirren lassen. Nie. Dabei fand er immer, wenn er etwas angefangen hat, ungünstigere Voraussetzungen vor als ich. Mit Stuttgart fing er in der zweiten Liga an und stieg auf. Als er zum FC Bayern kam, war die große Ära schon fast vorbei. Trotzdem war er sehr erfolgreich. Als er bei Commodore angefangen hat, war die Firma auf dem absteigenden Ast, und er hat erfolgreich gearbeitet. Als er zu Hertha kam, war der Verein unten, in der zweiten Liga, und er hat ihn in kürzester Zeit nach oben gebracht. Was er in Berlin geleistet hat, ist sicherlich mit dem zu vergleichen, was ich mit Bayern München gemacht habe." Dieter Hoeneß' größter Wunsch ist tatsächlich: „Ich möchte einmal mit der Meisterschale in der Hand durch das Brandenburger Tor fahren."

◆ 288 Bundesligaspiele (127 Tore), davon 224 Spiele (102 Tore) für den FC Bayern (1979-87). Mit dem FC Bayern Deutscher Meister 1980, 1981, 1985, 1986, 1987, DFB-Pokalsieger 1982, 1984, 1986. 6 A-Länderspiele (4 Tore) für den DFB, Vize-Weltmeister 1986.

Hoeneß, Uli (5.1.1952)

„Die Erfolgsgeschichte des FC Bayern hat einen Namen: Uli Hoeneß. Er war und ist der Motor des Vereins. Er ist mit Herzblut und Begeisterung beim FC Bayern. (...) Wir brauchen ihn. Und wer einen Flugzeugabsturz, eine Notoperation und 32 Jahre FC Bayern überlebt hat, der ist unzerstörbar. (...) Als er 1970 nach München kam, machte der FC Bayern einen Umsatz von zwölf Millionen und ein paar hunderttausend Mark Gewinn. Heute sind es 350 Millionen Umsatz und ein Gewinn von 55 Millionen. Dazu haben auch andere beigetragen, aber Uli ist der Motor dieses Klubs." So Franz Beckenbauer in seiner Laudatio zum 50. Geburtstag des Bayern-Managers im Jahre 2002. Für Keeper und Kapitän Oliver Kahn verkörperte Hoeneß

„die totale Identifikation mit dem FC Bayern. Uli Hoeneß ist eben der FC Bayern schlechthin." Für den „Kicker" ist Hoeneß der „Patron Bavariae", für die „FAZ" ein „Gutmensch im Kampfanzug". Für viele Anti-Bayern ist Hoeneß indes das Hass-Objekt schlechthin. Dabei ist Hoeneß einfach nur der fähigste Vereinsmanager des deutschen und internationalen Fußballs. Wie kein anderer Manager bestätigt Hoeneß die These, dass über den Status eines Vereins die Qualität seines Managements entscheidet. Hoeneß' Stärke liegt nicht zuletzt darin, dass sein Handeln einzig und allein davon bestimmt ist, zum Wohle des FC Bayern zu agieren. Im Gegensatz zu einigen seiner Kollegen, die von Verein zu Verein springen, ist für Hoeneß ein Arbeitsplatzwechsel völlig undenkbar. Selbst sein „Erzfeind" Christoph Daum spart nicht mit Respekt vor den Triebfedern Hoeneß'schen Handelns: „Hoeneß schützt bedingungslos und mit allen Mitteln seine Familie. Und seine Familie darf man durchaus Bayern München nennen."

Als Sohn eines Ulmer Metzgermeisters musste Hoeneß samstags an der Kasse aushelfen. Die Journalisten Ludger Schulze und Thomas Kistner schreiben über diese Zeit in einem Porträt des „getriebenen Antreibers": „Fehlte mittags, wenn der Laden schloss, eine Mark, robbte der Junge auf den Knien über den Boden, bis er das Geldstück irgendwo zwischen den Holzbohlen herausgepult hatte. Wochenlang arbeitete er in den Ferien, um sich endlich einen eigenen Lederball kaufen zu können. Noch heute weiß er den Preis: ‚34 Mark'. Der Umgang mit Geld, sagt er unumwunden, ‚hat mich schon immer fasziniert.'" Das Elternhaus prägte auch Hoeneß' spätere Manager-Philosophie, den sportlichen Erfolg nur auf der Basis des wirtschaftlichen zu suchen. Hier wurde „nie mehr Geld ausgegeben, als da war". Schuldenmachen ist Hoeneß zuwider. „Das ist eine rein menschliche Sache. Manche können mit Schulden leben und sind bereit, gewisse Risiken einzugehen. Meine Sache ist das nicht. Ich habe noch nie Schulden gemacht, auch im Privaten nicht." Der Manager wird nicht müde, das unseriöse Geschäftsgebaren einiger großer Namen des europäischen Fußballs zu geißeln, wovon sich der FC Bayern bewusst absetzt: „In kritischen Phasen gehen Firmen zum Soliden zurück. Und wir stehen für solide Finanzpolitik. An der Börse werden die Aktien hochgehen, die solide und gesund sind, und nicht die, die eine schöne Story erzählen, die sie so vorher nie beweisen mussten. Ich habe mir immer gewünscht, dass das auch im Fußball so kommt."

Hoeneß galt schon sehr früh als eines der größten Talente des deutschen Fußballs. Im Trikot der Bayern wurde der geniale Konterspieler vor allem durch seine kraftvollen und schnellen Alleingänge berühmt. Hoeneß begann seine Karriere fünfjährig beim VfB Ulm. 1965 wechselte er zum ambitionierteren Lokalrivalen TSG Ulm. 1967 war Hoeneß Spielführer der deutschen Schüler-Nationalmannschaft, die im Londoner Wembleystadion den bis dahin als hoch überlegen geltenden Fußballnachwuchs Englands mit 6:0 deklassierte und von einer rosigen Zukunft des deutschen Fußballs kündete. In der Jugendnationalmannschaft spielte Hoeneß 20-mal. Während seiner Schulzeit stellte er sich den Wecker auf sechs Uhr, um noch vor Schulbeginn zu trainieren. Dabei konnte er nicht auf eine Förderung durch das Elternhaus bauen: „Bei uns zu Hause war es eher so, dass die Eltern auf die Schule geschaut haben. Die Mutter, die die starke Person war, hat sich auf Fußball nie verlassen. Sie hat viel mehr Wert darauf gelegt, dass wir das Abitur machten. Eine Karriere als Fußballer war ja längst nicht das wie heute. Es war gar nicht im Bereich des Vorstellbaren." Hoeneß' Interesse galt auch damals nicht allein dem Fußballspiel. An seinem Gymnasium war er Schülersprecher. Als er sein Abitur baute („Diese Mär vom Einserkandidaten stimmt nicht. Ich hab das Abitur mit 2,4 gemacht. Obwohl ich 50 Tage gefehlt habe wegen Fußball im letzten Jahr."), hinterließ er selbstredend die reichste Schülermitverwaltung Baden-Württembergs. „Unsere Schülerzeitung hat damals defizitär gearbeitet. Der Chefredakteur war ein guter Schreiber, aber ein Chaot. Also habe ich ihn schreiben lassen und habe selbst das Geld besorgt. Ich bin direkt in die Kaufhäuser in Ulm gegangen, um Anzeigenkunden zu werben. Und wir haben angefangen, Feste zu veranstalten, Schülerfeste, die waren bald legendär in der Stadt. Das haben wir drei Jahre gemacht und viel Geld verdient."

Zum FC Bayern kam Hoeneß 1970, gemeinsam mit Paul Breitner. Sein Ziehvater war damals Udo Lattek, der den Ulmer bereits aus seiner Zeit als DFB-Jugendtrainer kannte. Lattek war es zu verdanken, dass Hoeneß nicht bei dem ebenfalls um seine Dienste buhlenden Lokalrivalen TSV 1860 landete. Hoeneß behielt zunächst offiziell seinen Amateurstatus. Trotzdem stand der Spieler auf der Gehaltsliste des FC Bayern, als Angestellter der Geschäftsstelle. Präsident Neudecker: „Er ist für die Frankiermaschine verantwortlich." In der Amateurnationalmannschaft spielte Hoeneß 22-mal und gehörte – wie auch Ottmar Hitzfeld – zum DFB-Team beim olympischen Fußballturnier 1972. Sein Debüt in der Nationalmannschaft feierte er bereits als 20-Jähriger am 29. März 1972 in Budapest gegen Ungarn, wo er auf Anhieb ein Tor erzielte. Im gleichen Jahr wurde er mit der DFB-Auswahl Europameister.

Die Saison 1973/74 war die erfolgreichste in der Karriere des Spielers Uli Hoeneß. Mit 18 Treffern erzielte Hoeneß die meisten Tore seiner Bundesligajahre, wurde mit dem FC Bayern Deutscher Meister und gewann den Europapokal der Landesmeister, wozu er mit einem fantastischen Tor beitrug. Die Krönung erfolgte einige Wochen später mit dem Gewinn des WM-Titels. 1976 stand Hoeneß mit der Nationalelf auch im EM-Finale, verschoss hier aber beim Elfmeterschießen gegen die CSSR, die daraufhin Europameister wurde.

Am 21. Oktober 1978 wechselte Hoeneß vom FCB zum 1. FC Nürnberg, für den er jedoch in der Bundesliga nur elfmal zum Einsatz kam. Dem Wechsel vorausgegangen war ein Streit mit Bayern-Trainer Gyula Lorant. Hoeneß' kräftezehrendes Spiel hatte ihm schon bei den Bayern immer wieder körperliche Probleme bereitet. Eine ständige Reizung des Knies bedeutete schließlich in der Saison 1978/79 das vorzeitige Ende seine Karriere. Im Europapokalfinale gegen Leeds United 1975 hatte ihm sein

Gegenspieler Gray einen Tritt verpasst, von dem er sich nicht mehr richtig erholte. Hoeneß beendete seine Spielerkarriere 27-jährig. Für die Bayern war dies dennoch ein Glücksfall, denn der Klub profitierte von der zweiten Karriere des Uli Hoeneß noch ausgiebiger als von dessen erster. Im Juli 1979 wurde Hoeneß beim FC Bayern jüngster Manager der Bundesligageschichte. Unter dem Manager Hoeneß wurde der FCB seither 13-mal Deutscher Meister, 6-mal DFB-Pokalsieger und gewann jeweils einmal den UEFA-Cup, die Champions League und den Weltpokal. Nicht weniger beeindruckend als die sportliche liest sich für diesen Zeitraum die wirtschaftliche Bilanz des FCB. Der Klub erzielte Rekord-Umsätze und stieß bei Sponsoren-Verträgen in neue Dimensionen vor. Unter Hoeneß entwickelte sich der FC Bayern zu einem modernen Fußballunternehmen und zählt heute zu den weltweit wirtschaftlich stabilsten Top-Adressen. Hoeneß über seine Tätigkeit Ende 1996: „Der sportliche Teil der Managementaufgabe beträgt nur noch 10 Prozent, der wirtschaftliche 90 Prozent." Eine Aussage, die dokumentierte, wie sehr sich die Position des Managers seit den ersten Amtstagen von Uli Hoeneß geändert hat – nicht ohne sein Zutun.

„Mister FC Bayern" bekämpft seine Konkurrenten nicht nur sportlich und finanziell, sondern liebt auch die psychologische Kriegsführung. Der Manager bezeichnete sich selbst einmal als „Abteilung Attacke". Die „FAZ": „Ein falsches Wort genügt, und das Gesicht des FC Bayern färbt sich rot. Die Augen, die in dem Gesicht einen zu geringen Platz erhalten haben, fixieren den Gegner mit unverhohlener Kampfeslust, als käme ihnen nie eine andere Aufgabe zu. Der schweigende, schrumpfende Mund, der eigentlich kein Mund mehr ist, sondern ein lippenloser Strich, wartet nur auf das passende Stichwort, um seine Waffen aus den Tiefen eines bebenden Körpers zu entlassen. So einschüchternd kann Uli Hoeneß aussehen, wenn er sich für den FC Bayern in die Kampfzone stürzt." Christoph Daum über Jekyll-and-Hyde-Charakter des Gegenspielers: „Ich glaube, es hängt mit dem immensen Druck zusammen, den sich Uli macht. Seine Aussagen nach dem Meisterschaftsgewinn in Wolfsburg waren für mich charakteristisch: Er sagte, Real Madrid würde sich nur vor Bayern München fürchten. Das ist wohl die Denkweise, die ihn bestimmt. Und mit Real und auch Manchester United mithalten zu müssen, die ein ganz anderes Imperium hinter sich haben, ist wirklich eine Belastung. Und nur ein mit allen Wassern gewaschener Manager kann das schaffen. Und so verhält er sich denn – entgegengesetzt zu seiner menschlichen Seite."

Hoeneß über Hoeneß: „Ich suche die Konfrontation nicht, aber ich gehe ihr auch nicht aus dem Weg. Ich habe noch nie von hinten geschossen, ich gehe immer frontal auf die Leute zu, auf die, die uns mögen, aber auch auf die, die uns bekämpfen. Damit bin ich gut gefahren in meinem Leben. (...) Ich bin immer einer, der sich stellt, ganz egal, ob Sieg oder Niederlage. (...) Wenn ich anfangen muss, jedes Wort weichzuspülen, nur weil das eben zeitgemäß ist, dann bin ich falsch in dem Geschäft. Ich will nicht ständig prüfen, ob es für mein Seelenleben besser wäre, dem nächsten Konflikt aus dem Weg zu gehen. Oder mich fragen, wie jedes meiner Worte in der Öffentlichkeit ankommt. In unserer Gesellschaft wird halt die offene Meinung nicht mehr gewünscht. Geradlinigkeit und Ehrlichkeit, das gefällt niemandem. Ich werde mich trotzdem nicht ändern. (...) Ich streite nicht um des Streitens willen. Ich versuche im eigenen Umfeld zunächst immer den Konsens zu finden. Aber meine Gegner werde ich weiter attackieren. Ich bin nicht der Liebling der Nation. (...) Ich bin halt einer mit Ecken und Kanten. Viele Leute bilden sich ihr Urteil aus meinen Auftritten nach einem Spiel – sie erleben mich in Hektik und nicht selten mit rotem Kopf. Aber es würde mich sehr treffen, wenn jemand, der mich kennt, mich mit einem solchen Charakter in Verbindung bringen würde. Ich bin nicht arrogant, ich bin nicht brutal, nicht aufbrausend. Ich glaube, man kann keinen besseren Freund haben als mich. Es ist halt schade, dass die Mehrheit nicht sagt: Der Hoeneß, der ist okay." 99 Prozent der Menschen, die auf der Couch in seinem Büro säßen, „sagen oder schreiben kein schlechtes Wort über mich".

Hoeneß ist ein begnadeter Autodidakt, der vom abgebrochenen Studenten der Pädagogik, Anglistik und Geschichte zum gewieften Geschäftsmann mutierte. Auch wenn die Vermarktung der eigenen Person zunächst nicht von Erfolg beschieden war: Als Hoeneß 1973 in Rottach-Egern heiratete, bot er die Exklusivrechte für Interviews und Fotos an. 25.000 DM sollte der Spaß kosten, doch niemand griff zu.

Eine zweite Fehleinschätzung kostete ihn wunde Finger: Vor der WM hatten Hoeneß und Breitner sich verpflichtet, jedes Exemplar eines Buches über das Weltfußballfest handschriftlich zu signieren. Die Auflage des Buches überschritt unerwartete 300.000 Exemplare. Hoeneß versuchte sich damals auch als Kolumnist der „Ulmer Zeitung". „Das meine ich", hieß seine Kolumne, die erstmals im November 1972 erschien und ihm 150 DM pro Artikel einbrachte.
Glück im Unglück hatte Hoeneß, als er am 17. Februar 1982 schlafend den Absturz einer Privatmaschine überlebte, deren übrige drei Insassen ums Leben kamen. Hoeneß Jahre später. „Ich bin mit einem neuen Leben beschenkt worden. Doch der Sonnyboy ist in mir gestorben." Zehn Jahre später musste sich Hoeneß einer lebensbedrohlichen Darmoperation unterziehen.
Als Besitzer einer Wurstfabrik und Siemens-Aktionär ist Hoeneß finanziell unabhängig. Mit seinem Freund Werner Weis gründete er 1983 in Nürnberg die Firma Howe. Die Wurstfirma begann mit 19 Angestellten. 2001 waren es 200, die täglich bis zu drei Millionen Würste produzierten. Hoeneß: „Aus einem Handwerksbetrieb wurde eine der modernsten Fabriken in Europa." Die Zeitschrift „ÖKO-TEST" verlieh den Hoeneß'schen Würsten schon einmal das Prädikat „sehr gut". Die Leitung der Firma hat Hoeneß mittlerweile seinem Sohn Florian übergeben.
Das „zweite Gesicht" des Uli Hoeneß ist das eines „Sozialtiers". Menschen, die ihn näher kennen, charakterisieren ihn deshalb auch als „sentimentalen Hund". Hoeneß saß tagelang am Krankenbett Gerd Müllers, als dieser während einer Alkoholentziehungskur ins Leberkoma fiel. Anschließend besorgte er ihm eine Anstellung als Trainer beim Verein. Als der Däne Lars Lunde, der von 1986 bis 1988 beim FC Bayern kickte, einen schweren Verkehrsunfall erlitt, nahm Hoeneß ihn bei sich auf und pflegte ihn wochenlang. Dem in eine persönliche Lebenskrise geratenen Mehmet Scholl bot Hoeneß an, bei ihm zu wohnen. Oliver Kahn: „Er tut eben alles für seine Spieler." Auch die zahlreichen Benefiz-Aktionen des FC Bayern für UNICEF, amnesty international, Ärzte ohne Grenzen, Krebskranke, Fußballinvalide etc. gehen auf Hoeneß zurück. Die „FAZ": „Wenn Vereine, ob groß oder klein, in Not geraten, ist auf Hoeneß mit seinen Bayern Verlass. Verletzt sich ein Profi eines anderen Klubs schwer, schicken die Münchner Blumen oder spielen, sogar, wie für den an einer Nervenkrankheit leidenden Wolfsburger Nowak."
Hoeneß – „Ich mahne für die Schwachen in Verein und Gesellschaft" – griff aber wiederholt auch in seine eigene Tasche, ohne dies an die große Glocke zu hängen. So spendete Hoeneß u.a. dem „Münchener Bündnis gegen Rechts" 50.000 DM. Die Kosovo-Hilfe erhielt gar 100.000 DM und die Irak-Hilfe ebenfalls eine sechsstellige Summe. Viele seiner Spenden bleiben anonym. Anlässlich seines 50. Geburtstags kündigte Hoeneß an, „über die kommenden Jahre, die ich noch beim FC Bayern arbeite, eine Million Mark für wohltätige Zwecke zu spenden. (...) Wer so erfolgreich war als Spieler und jetzt im Beruf und wer so viel Glück hatte wie ich, der muss an andere auch etwas zurückgeben. (...) Ob der Franz, der Kalle (Rummenigge) oder ich, wir haben nie vergessen, wo wir herkommen: aus ganz einfachen Verhältnissen. Und dass der Fußball uns die Möglichkeit gegeben hat, die soziale Leiter hochzusteigen. Wir geben dem Fußball durch das Medium FC Bayern vieles zurück. (...) Ich bin ein zutiefst sozialer Mensch, der überzeugt ist, dass unsere Gesellschaft nur überleben kann, wenn die Leute, die etwas zu sagen haben, sozial eingestellt sind. Wer mich kennt, der weiß, dass ich nie nach dem Motto gelebt habe ‚Nach oben buckeln, nach unten treten', sondern genau umgekehrt. Wer oben sitzt, hat's immer schwer mit mir. Der muss gut sein und sich meinen Fragen stellen. Wer am Boden liegt, hat's mit mir ganz leicht."
Sein ehemaliger Mitspieler „Katsche" Schwarzenbeck nennt Hoeneß einfach nur „einen großartigen Menschen". Das dickste Kompliment kommt von einem, der es besonders gut wissen muss: Mehmet Scholl, der dienstälteste Akteur 2006/07: „Wir haben mit Uli Hoeneß einen so menschlichen Manager, der so viel Herz und so viel Wärme hat, das ist unglaublich. Der ist immer für die Spieler da. Klar tritt der anders auf nach außen, da erlebt man immer nur, wie er den FC Bayern hart verteidigt. Aber wenn irgendein anderer Verein in Schwierigkeiten wäre, dann wäre Uli Hoeneß der Erste, der sagt, der FC Bayern tut alles, damit ihr da rauskommt. So viel Menschlichkeit wie beim FC Bayern findet man anderswo im Profifußball nicht."
Der Manager über sich selbst: „Ich bin ehrgeizig, zuverlässig, ehrlich und sozial." Dies bescheinigt

ihm auch so mancher Konkurrent: Als der Freiburger SC um den Bayern-Akteur Alain Sutter warb, gestattete Hoeneß dem weit weniger auf Rosen gebetteten Finke-Verein einen kräftigen Preisnachlass – aus Sympathie für deren Offensivfußball. Und als dem FC St. Pauli, wo man ihn noch bei jedem Gastspiel der Bayern geschmäht hatte, vor der Saison 2003/04 der Lizenzentzug drohte, bot Hoeneß dem just in die Regionalliga abgestiegenen „Kiez-Klub" ein Benefizspiel seiner Bayern an. Hoeneß: „Dieser Verein hat mit Bundesliga-Geschichte geschrieben. Es ist schade, dass er absteigen muss." Zuvor hatten schon eine Reihe anderer Vereine von der philanthropischen Ader des Bayern-Managers profitiert.

In sein Privatleben gewährt Hoeneß keinen Einblick. „Über mein Privatleben gibt es nichts zu erfahren. Das habe ich immer so gehalten, das soll so bleiben. (…) Diesen ganzen Druck hältst du nur aus, wenn du dir im Privaten eine Käseglocke zulegst, dir eine Oase schaffst, in die du dich zurückziehen kannst." Die Journalisten Ludger Schulze und Thomas Kistner über den zweifellos fähigsten Manager des deutschen Fußballs: „Hoeneß ist auf geradezu amateurhafte Art Fußballfan, aber er beherrscht das Business wie kein anderer. Zweifellos ist Geld für ihn ein Aphrodisiakum, auch wenn er selbst energisch dementiert, dass es für ihn eine erotische Beziehung hat. Und dennoch ist er alles andere als ein Protz. Noch immer wohnt er mit seiner Familie in derselben Doppelhaushälfte in Ottobrunn, die er mit der Weltmeisterprämie von 1974 gekauft hatte. Und immer noch müssen die Archive der Zeitungen lange suchen, bis sie ein Foto von Ehefrau Susi entdecken. Hoeneß ist stolz darauf, nie in den Klatschspalten erschienen und niemals im Kreis der Münchner Schickeria gesichtet worden zu sein. Und es gibt keinen, der ihn privat kennen lernt und noch immer als Ekel der Liga betrachtet."

Hoeneß äußert sich auch immer wieder zu gesellschaftspolitischen Themen. In den letzten Jahren gehörte die zunehmende Oberflächlichkeit der „Spaßgesellschaft" zu seinen Angriffsobjekten. Diesbezüglich nahm Hoeneß wiederholt das von ihm einst forcierte Privatfernsehen aufs Korn. Dem Sender RTL 2 bescheinigte er anlässlich dessen „Big Brother"-Serie, über die er mit seinen Spielern stritt, dieser produziere „keine Sendung, die wichtig ist für die Gesellschaft. Hier wird Kohle gemacht, indem die Menschen manipuliert werden." Als Deutschland via RTL den „Superstar" suchte, schäumte Hoeneß: „Diese Oberflächlichkeit, diese Verona-Feldbusch-Kultur muss aufhören. Man muss wieder ein Buch lesen, man muss wieder mit seinen Freunden in die Kneipe gehen und diskutieren. Über die Politik, über die sozialen Probleme und nicht vor dem Fernseher sitzen und ‚Deutschland sucht den Superstar' schauen. Vielleicht mal fünf Minuten, aber so etwas darf nicht das Zentrum unserer Gedanken sein." Wiederholt nahm Hoeneß auch die mangelnde Zivilcourage vieler Mitbürger in Sachen Rechtsradikalismus aufs Korn. Der Manager in einem Interview mit der „Frankfurter Rundschau" im Januar 2001: „Das ist für mich ein Drama. Ich bin aus Überzeugung ein weltoffener Mensch. In meiner Wurstfabrik in Nürnberg beschäftige ich zu 40% Ausländer, Bürger aus verschiedenen Nationen. Ich halte nichts von großen Reden. Toleranz für jeden, der links oder rechts von mir steht, ist das Wichtigste auf der Welt. (…) Ich sage meine Meinung, wenn es zu einer Diskussion kommt. Ich spreche mit unseren Fans und sage denen, dass ich sie aus dem Stadion schmeiße, wenn ich rechtslastige Parolen höre. Unsere Fanklubs sind angewiesen, solche Wirrköpfe erst gar nicht aufzunehmen. Ich würde nicht davonlaufen, wenn irgendwo ein Ausländer belästigt wird. Ich würde es in Kauf nehmen, mir ein blaues Auge einzufangen. (…) Mein Sohn wurde einmal niedergeschlagen, weil er einem Ausländer in der U-Bahn geholfen hat. Ich habe ihn sehr gelobt."

Auch die deutsche Krankheit des Herumjammerns provoziert Hoeneß'schen Widerspruch: „Es darf nicht das Maß aller Dinge werden, was ich mir alles leisten kann. (…) Wissen Sie was eine Krise ist? In Argentinien, in Afghanistan, das sind Krisen. Wir müssen lernen, dass es nicht immer nach oben geht, sondern dass man auf dem hohen Niveau, auf dem wir angelangt sind, auch mal eine Zeitlang geradeaus laufen kann, ohne unzufrieden zu werden. Das ist das Problem in unserem Land. Dass man glaubt, dass es eine Katastrophe ist, wenn der Lebensstandard nicht immer noch mehr steigt. (…) Wir leben im besten Land der Welt, in einer Gesellschaft mit dem besten Sozialsystem und einer optimalen Alterssicherung. Wir sind aber auch Weltmeister im Meckern und der Besserwisserei!"

Der bekennende CSU-Wähler Hoeneß gerierte sich wiederholt als Querdenker und bezeichnet sich

selbst als „liberalsten Menschen, den ich kenne". Die „SZ" charakterisierte ihn schon mal als „weltoffenen Visionär". Gegenüber der „taz" erklärte Hoeneß einmal: „Unseren SPD-Bürgermeister hier würde ich sogar wählen, und zehn Grüne im Bundestag sind mir lieber als zehn Republikaner." Für Hoeneß gibt es „eine gewisse Annäherung der Standpunkte. Elemente der Grünen gab es vor 20 Jahren nicht bei der CDU und der SPD. Heute kann keine Partei ohne Umweltbewusstsein regieren."
Als der grüne Außenminister Joschka Fischer wegen seiner Straßenkämpfer-Biografie ins Schussfeld der Medien und Opposition geriet, hatte er in Hoeneß einen prominenten Fürsprecher: „Er ist der beste Außenminister, den wir je hatten. Auch im Vergleich zu Hans-Dietrich Genscher. Der war ein guter Mann, aber ich bin überzeugt, dass Fischer für die heutige Zeit der Richtige ist. Das ist zum Beispiel ein Mann, den ich 100-prozentig wählen kann."
Obwohl der FC Bayern ein hochmodernes Unternehmen ist, hat Hoeneß hier für eine fast familiäre Atmosphäre gesorgt, die der Produktivität des Unternehmens nur zuträglich ist. Hierzu gehört auch Hoeneß' personalpolitisches Faible für ehemalige Bayern-Spieler: „Wir versuchen die Spieler, die sich bei uns ganz besonders ausgezeichnet haben, anschließend einzugliedern: Sepp Maier, Gerd Müller, Hans Pflügler, Raimond Aumann, sie alle sind dem Klub in verschiedenen Funktionen verbunden geblieben. Das sind Leute, die nicht sagen, es ist jetzt 17 Uhr, ich gehe nach Hause, sondern lieber fragen, wo ist die Arbeit, die jetzt erledigt werden muss?"
Ähnliches würde Hoeneß auch gerne bei seinen Kickern erreichen: „Ich persönlich möchte diesen Weg in der Behandlung und Erziehung der Spieler noch mehr gehen, in der Auseinandersetzung mit ihnen. Ich möchte ihre Bindung zum Verein verstärken, damit sie nicht für 500.000 DM zusätzlich den Verein verlassen. Die Spieler sollen begreifen, dass vier Millionen Mark Gehalt nicht glücklicher machen als drei; und sie sollen einsehen, dass es besser ist, gute Berater zu haben, die drei Millionen klug anlegen, als windige Berater, die vier herausholen und dann drei kaputtmachen."
Als Kriterien für einen erfolgreichen Fußball-Manager nennt Hoeneß: 1. Wirtschaftliche Unabhängigkeit, um jederzeit allein im Sinne des Vereins handeln zu können. („Ich bin der unabhängigste Mensch im Fußball. Weil ich alles für den FC Bayern tue, aber nichts für mich.") 2. Totale Identifikation mit dem Verein, weshalb es auch nicht möglich wäre, von einem Verein zum anderen zu wechseln. 3. Spielererfahrungen auf höchstem Niveau. Wohl nicht ganz zufällig werden alle von Hoeneß genannten Kriterien in der Bundesliga ausschließlich vom Bayern-Manager erfüllt.
Wer einmal im Büro des Bayern-Managers saß, ist erstaunt über dessen Schlichtheit und geringe Größe. Vom „Glamour-Klub" FC Bayern ist hier nichts zu spüren. Der Manager über sein Verhältnis zum FC Bayern: „Der FC Bayern ist ein Teil von mir, ein Kind von mir, ein dominantes Stück in meinem Leben. Er ist für mich schon fast wie eine Ersatzfamilie. Ich habe eine wunderbare Familie, eine Frau, zwei Kinder, aber wenn ich im Stadion sehe, wie die Zuschauer in der Fan-Kurve schunkeln und wie sie singen, dann krieg' ich die Gänsehaut. Oder wenn wir im Westen irgendwo spielen, da warten 20.000 Bayern-Fans auf uns, da denk' ich schon, wir bieten den Leuten etwas. Und ich sage meinen Spielern oft, wenn sie irgendwo einen Scheißdreck gespielt haben: Ihr wisst gar nicht, was ihr denen übers Wochenende angetan habt."
Anlässlich seines 50. Geburtstages kündigte Hoeneß seinen Rücktritt für 2006 an: „Irgendwann muss ich auch meiner Frau sagen können: So, das war's!" Er könne sich dann eine Rolle „im Aufsichtsrat, im Präsidium oder als Berater" vorstellen. „Ich betrachte mich dann als Elder Statesman, der im Hintergrund die Dinge mitprägt." Bekanntlich wurde aus dem Rücktritt nichts.
◆ Als Spieler 250 Bundesligaspiele (86 Tore), davon 239 Bundesligaspiele (86 Tore) für den FC Bayern (1970-79). Mit dem FC Bayern Deutscher Meister 1972, 1973, 1974, DFB-Pokalsieger 1971, Europapokalsieger 1974, 1975, 1976, Weltpokalsieger 1976. 35 A-Länderspiele (9 Tore) für den DFB, Weltmeister 1974, Europameister 1972, Vize-Europameister 1976.

Hörwick, Markus (14.8.1956)
Der jetzige Mediendirektor des FC Bayern war 1974 bis 1979 Redakteur der „Bild"-Zeitung in München. 1979 wechselte Hörwick in die PR-Abteilung von Adidas, 1981 übernahm er die Lektorats-Leitung beim Copress-Verlag. Am 1. Juli 1983 stieg Markus Hörwick als Leiter der Abteilung

Presse- und Öffentlichkeitsarbeit (heute: Direktion Medien und Kommunikation) beim FC Bayern ein. Aufgabe der Abteilung war die „intendierte und kontinuierliche Vermittlung zwischen den Repräsentanten des Vereins und den Medienvertretern sowie die eigeninitiierte Öffentlichkeitsarbeit". Das operative Tagesgeschäft der Abteilung beschrieb Hörwick so: „Organisation und Durchführung der täglichen Pressegespräche, Kanalisierung und Filterung der Medienanfragen, Kontaktpflege zu Journalisten und Vermittlungsfunktion, Informationsverbreitung durch vereinseigene Medien." Hörwick plädierte für die Einführung „italienischer Verhältnisse" beim FC Bayern: „Die großen italienischen Klubs wie der AC und Inter Mailand, Juventus Turin und Lazio Rom haben Trainingszeiten, in denen sich die Spieler um 9 Uhr treffen und erst abends gegen 17 Uhr wieder das Vereinsgelände verlassen. In der Zwischenzeit haben sie sich nur mit einem zu beschäftigen: mit ihrem Job – Fußball! Dadurch haben die Spieler sehr viel Zeit, neben Training und Massage auch miteinander zu reden, was für das Klima und die Atmosphäre innerhalb der Mannschaft enorm wichtig ist. In Italien nehmen sich die Spieler unter diesen Bedingungen auch zwangsläufig Zeit, Videos zu studieren, sich intensiv mit dem nächsten Gegner oder Gegenspieler zu beschäftigen. Auch Sponsorentermine lassen sich so sehr viel leichter realisieren. Der zwingende Verbleib auf dem Trainingsgelände rund sieben oder acht Stunden am Tag lässt auch intensive Kontakte zu den Medien zu. Da trifft man sich in den Trainingszentren und da können sich Journalisten mit allen Spielern ausführlich unterhalten. Man hat Zeit füreinander. Da gibt es reichlich Gelegenheit für Einzelinterviews oder auch für Gespräche in größerer Runde. Ich frage: Warum sollte dieses Modell nicht auch in Deutschland denkbar sein? Bezahlt wird von allen Klubs genug, um dies einzufordern."

Hoffmann, Willi O. (30.6.1930)
Der volksnahe und lebensfrohe Nachfolger von Wilhelm Neudecker war Präsident des FC Bayern von 1979 bis 1985. Hoffmann, auch „Champagner-Willi" genannt, bemühte sich um ein volkstümliches Antlitz des FC Bayern und führte in der Bundesliga die Lederhosen ein: „Wir wollten richtig bayerisch sein, ich bin ein gebürtiger Münchner – da lag es

nahe. In den Stadien hat man immer gesungen ‚Zieht den Bayern die Lederhosen aus', das war auch ein Anreiz. Und 1979, als ich gerade drei Monate Präsident war, da hatten wir das letzte Saisonspiel in Hamburg. Der HSV stand als Meister fest, wir haben 2:1 gewonnen, nach dem Spiel ist es zu Krawallen gekommen. Gefeiert haben die Hamburger schon vor dem Spiel – aber so steif, dass wir gedacht haben: Wir müssen einen Gegenpunkt setzen. Mit Beginn der kommenden Saison traten wir in Lederhosen auf. Die Idee trugen auch der Uli Hoeneß, der gerade Manager geworden war, und Paul Breitner voll mit." Premiere feierten die Lederhosen bei einem Auswärtsspiel in Düsseldorf. Hoffmann: „Das war zu komisch – der Pal Csernai, unser ungarischer Trainer, in Tracht. Oder der Hanne Weiner, ein Berliner. Aber der Augenthaler als Original-Bayer hat natürlich toll ausgesehen. (…) Wir waren einfach so: volkstümlich. Es ging immer oktoberfestmäßig zu. (…) Wir haben das Bayerntum gepflegt." 1985 verzichtete der gelernte Steuerfachmann aufgrund geschäftlicher Probleme auf eine erneute Kandidatur. Unter der Regie des bei den Fans beliebten Präsidenten wurden nicht nur drei Meisterschaften und zwei Pokalsiege errungen. Es gelang auch die finanzielle Gesundung des Vereins, der zum Ende der Ära Neudecker arg ins Schlingern geraten war. 2002 wurde Willi O. Hoffmann in den Verwaltungsbeirat des FC Bayern gewählt.

Hofmann, Ludwig (9.6.1900 - 2.10.1935)
In den 1920er Jahren zählte „Wiggerl" zu den technisch versiertesten Linksaußen der Münchner Schule. Hofmann, der sich dem FC Bayern 1916 vom FC Isaria kommend anschloss, begann als

Mittelstürmer, bevor ihn der englische Trainer Townley auf die linke Außenposition versetzte. Townley teilte dem Stürmer mit, dass man „im Fußball viel erreichen kann, auch Dinge, die nicht angeboren sind". Der Trainer überredete Hofmann, seinen linken Fuß mit dem rechten Schuh einzukleiden. Aufgrund einer Verletzung konnte Hofmann beim Endspiel von 1932 nicht mitwirken und verbrachte das Spiel – gemeinsam mit Josef Pöttinger – hinter dem Tor. Der 18-fache Nationalspieler (4 Tore) war einige Jahre der beste Linksaußen des deutschen Fußballs. Zu den Höhepunkten der deutschen Länderspielgeschichte zählt das „Hofmann-Festival" vom 28.9.1930. Deutschland spielte in Dresden gegen Ungarn und lag zur Halbzeit mit 0:3 zurück. Dank einer fantastischen Vorstellung der Nur-Namensvetter Ludwig und Richard Hofmann (Dresdner SC) konnten die Deutschen den Spieß in der 2. Halbzeit noch umdrehen. Deutschland gewann mit 5:3, wobei drei Tore direkt auf das Konto der idealen Kombinationspartner Richard (1) und Ludwig Hofmann (2) gingen. 1931 wurde „Wiggerl" nach einer 0:1-Niederlage gegen Frankreich von Reichstrainer Otto Nerz ausgemustert. Seinen Platz nahm mit Hans Welker ausgerechnet ein Vereinskamerad ein. Hofmann nahm auch am olympischen Turnier 1928 in Amsterdam teil. In der Saison 1933/34 wurde er für kurze Zeit Trainer des FCB. Zu Beginn der Spielzeit 1935/36 starb „Wiggerl" im Alter von nur 35 Jahren an den Folgen einer Hirnhautentzündung.

Hofmeister, Ludwig (5.12.1887 - 3.10.1959)
Der Torhüter spielte für die Bayern 1905-13 und 1920-22. 1910 wurde Hofmeister mit dem FCB Bayerischer Meister. Zweimal stand der Keeper im Tor der Nationalmannschaft, beide Male gegen die Niederlande. Das erste Mal am 17. November 1912 in Leipzig, als die DFB-Auswahl mit 2:3 unterlag. Das zweite Mal am 5. April 1914 in Amsterdam, bei dem es ein 4:4-Remis gab. Zu diesem Zeitpunkt hütete Hofmeister allerdings bereits das Tor der Stuttgarter Kickers, denn seit 1911 hatte sich Hofmeister beim FC Bayern im Schatten des Weltklassekeepers Pekarna befunden. Ein Bruder namens Josef spielte auf der Position des Außenläufers ebenfalls beim FC Bayern.

Hopfner, Karl (28.8.1952)
Der Betriebswirt begann 1983 als Geschäftsführer des FC Bayern. Später wurde Hopfner, vor seinem Engagement für den FC Bayern in leitender Position bei einem Industrieunternehmen tätig, auch noch einer der Geschäftsführer der FC Bayern Sport-Werbe GmbH. Seit der Gründung der FC Bayern München AG gehört Hopfner deren dreiköpfigen Vorstand an und ist hier für die Bereiche Finanzen und Rechnungswesen, Personal und Recht, Versandhandel und Outlets, IT, Administration und Spielorganisation verantwortlich. Außerdem vertritt Hopfner die AG in der Stadion GmbH. Als auch international anerkannter Fachmann wurde Hopfner in den UEFA-Ausschuss der Verwaltungsexperten berufen.

Horsmann, Udo (30.3.1952)
Der Abwehrspieler kam zur Saison 1975/76 vom westfälischen Amateurverein SpVgg. Beckum zum FC Bayern. Horsmann war damals Bayerns bester Neuzugang und als Verteidiger einer der „Ausputzer" des Kaisers. Zu seinen besten Zeiten verdiente Horsmann „so um die 400.000 DM jährlich" beim FCB, obwohl er nicht zu den „ganz Großen" gehörte. Horsmann in einem Interview 2002: „Viel Geld für vergleichsweise wenig Arbeit. Wenn ich da an meine Zeit als Mercedes-Vertreter denke. Da habe ich schmerzhaft erfahren müssen, wie knüppelhart jemand arbeiten muss für diese 150.000 Mark. Als einst verwöhnter Fußballer begreifst du dann erst richtig, wie schwer es heutzutage doch ist, dieses Geld überhaupt zusammenzubringen. Ich glaube, das ist dem Bundesligaspieler dieser Tage nicht im Geringsten bewusst, der kann das nicht nachvollziehen. (...) Die Gehälter sind inzwischen unmoralisch geworden, geradezu obszön. Aber das ist kein Vorwurf an die Spieler. Ich kann verstehen, dass sie nehmen, was sie bekommen können. Doch eine Relation zu einem normal arbeitenden Menschen gibt's nicht mehr. Der Vorwurf für diese Entwicklung auf dem Fußballplatz ist ein gesellschaftliches Problem."
Horsmann lebt mittlerweile in einer Altbauwohnung am Bonner Platz im Münchner Stadtteil Schwabing, besuchte Vorlesungen an der Universität („Alles, woran ich Spaß habe. Philosophie, Themen zur Kommunikation oder zur Ethik im Journalismus"), spielt Saxophon und gab sogar ein kleines Konzert: „Es war in einem kleinen Hinter-

zimmer einer Schwabinger Wirtschaft. Ich spielte ‚Summertime' und zwei Stücke von Herbie Hancock. Ungefähr hundert Leute waren da. Das Ganze hat mich mehr aufgeregt als die 100.000 im Bernabeu-Stadion im Europacup gegen Real Madrid."
◆ 242 Bundesligaspiele (20 Tore) für den FCB (1975-83). Mit dem FC Bayern Deutscher Meister 1980, 1981, DFB-Pokalsieger 1982, Europapokalsieger der Landesmeister 1976, Weltpokalsieger 1976.

Ismael, Valérien (28.9.1975)
Der Franzose aus Straßburg kam zur Saison 2005/06 für 8 Mio. Euro von Werder Bremen und war in jener Saison Bayerns spektakulärster Einkauf. Die Bremer hatten Ismael im Sommer 2003 von Racing Straßburg in die Bundesliga geholt. Der 1,91 m große Defensivspieler hatte wesentlichen Anteil daran, dass Werder in der Saison 2003/04 das „Double" gewann. Ismael äußerte Interesse daran, sich einzubürgern, um für Deutschland spielen zu können, doch Bundestrainer Klinsmann lehnte ab.
◆ 94 Bundesligaspiele (8 Tore), davon 30 Spiele (0 Tore) für den FC Bayern (ab 2005). Mit dem FC Bayern Deutscher Meister 2006, DFB-Pokalsieger 2006.

Jakob, Hans (16.6.1908 - 23.3.1994)
Der legendäre Nationalkeeper aus Regensburg (SSV Jahn) war Bayerns „Kriegstorwart". Als Jakob während des Zweiten Weltkriegs nach München dienstverpflichtet wurde, schloss er sich dem FC Bayern an. Jakob: „Damit erfüllte sich ein lang gehegter früherer Wunsch." Sein Länderspieldebüt gab Jakob am 2. November 1930 in Breslau gegen Norwegen (1:1), bei dem er die norwegischen Stürmer zur Verzweiflung brachte. Bei der WM 1934 in Italien musste Jakob zunächst seinem Rivalen Kreß den Vortritt lassen, der dann aber im Halbfinale patzte. Beim Spiel um den 3. Platz (3:2 gegen Österreich) stand dann Jakob im Tor. Sein letztes Länderspiel bestritt der populäre Keeper am 24. September 1939 in Budapest gegen Ungarn (1:5). In 38 Länderspielen behielt Jakob 11-mal eine „weiße Weste". Hans Jakob war bis 1967 Rekordnationaltorhüter der DFB-Auswahl, dann wurde er vom Dortmunder Hans Tilkowski abgelöst.

Jancker, Carsten (28.8.1974)
Der bullige Stürmer (1,93 m, 92 kg, Schuhgröße 47) wurde in Mecklenburg-Vorpommern geboren. 1986-91 kickte er für Hansa Rostock, zuvor für TSG Wismar, 1991 holte ihn der 1. FC Köln, aber Morten Olsen mochte ihn nicht einmal auf die Bank setzen. 1995 wechselte Jancker zu Rapid Wien, wo er einen kometenhaften Aufstieg erlebte. 1995/96 erzielte Jancker im Europapokal der Pokalsieger sechs Tore für die Wiener und hatte damit maßgeblichen Anteil an ihrem überraschenden Einzug ins Finale. Die Presse taufte ihn „Turbo-Jancker". Zur Saison 1996/97 wechselte Jancker für 1,7 Mio. DM zum FC Bayern, wo er jedoch zunächst im Schatten von Klinsmann, Zickler und Rizzitelli blieb. Lothar Matthäus: „Ich hätte ihm geraten, das Angebot vom 1. FC Kaiserslautern anzunehmen. Auf der Bank ist noch keiner besser geworden." Doch Jancker kam in seinem ersten Jahr auf immerhin 22 Einsätze, erzielte aber nur ein Tor. In der folgenden Saison 1997/98 waren es bei 29 Einsätzen bereits 13, ebenso 1998/99 (bei 26 Einsätzen). Der „Stern" attestierte Jancker die „Kraft eines mecklenburgischen Werftarbeiters, gepaart mit dem Raumgefühl

eines Billardspielers". Für seine bullige Gestalt war Jancker erstaunlich filigran mit dem Fuß, während sein Kopfballspiel – trotz seiner Größe – häufig dilettantisch anmutete. Paul Breitner bezeichnete ihn deshalb als „weißen, glatzköpfigen Brasilianer". Und Franz Beckenbauer noch Anfang 2002: „Die anderen sind als Südamerikaner doch alle irgendwie gleich, ob Elber, Pizarro, Sergio oder Santa Cruz. Doch Jancker ist hierzulande eine Rarität geworden." Jancker besäße Qualitäten, „wie nur wenige Stürmer auf der Welt". Oliver Kahn attestierte ihm: „Er schaut nicht auf sich, er kloppt sich rein für die Mannschaft." Zwischenzeitlich hatte die Torgefährlichkeit des Stürmers stetig abgenommen, auch weil er immer weniger zum Einsatz kam. In seiner letzten Saison 2001/02 traf Jancker in 18 Spielen, von denen er nur drei über die volle Distanz bestreiten durfte, nicht ein einziges Mal ins gegnerische Tor. Trotzdem nahm ihn Rudi Völler zur WM nach Asien mit.

Bei Uli Hoeneß war Jancker zusehends in Ungnade gefallen; nicht nur wegen mangelhafter Torausbeute. Janckers öffentliches Erscheinungsbild drohte das Image des FC Bayern zu beschädigen. Einige Klub-Angestellten behandelte Jancker wiederholt in rüpelhafter und arroganter Weise. Dem Zeugwart wurden die dreckigen Stollenschuhe vor die Füße geschleudert, mit der Aufforderung, diese aufzuheben. Auch mit seinen Kollegen ging Jancker nicht immer pfleglich um. Nachdem Jancker beim Training gegen seinen schwarzen Mitspieler Sammy Kuffour besonders hart eingestiegen war, bestellte ihn Hoeneß zum Rapport. Leverkusens Trainer Berti Vogts wurde von Jancker vor laufender Kamera als „Arschloch" beschimpft. Die „Frankfurter Rundschau": „Der Mann gilt als böser Bube der Liga, als Risiko-Faktor; unberechenbar, jähzornig, ein Vulkan, der jederzeit ausbrechen kann. Die Liste seiner Ausraster ist lang und nicht schön anzusehen." Für Dortmunds Keeper Jens Lehmann war Jancker „ein Gossenjunge". Andere Nationalmannschaftskollegen beklagten einen „Hohlraum" unter Janckers Glatze. Hinzu kamen Gerüchte um Verbindungen mit der rechten Szene. Noch zu Wiener Zeiten war Jancker zur Ikone rechtsradikaler Fans aufgestiegen. Hierzu trug nicht nur sein martialisches äußerliches Erscheinungsbild bei: groß, kräftig, blauäugig, glatzköpfig, sondern auch eine merkwürdige Art, seine Tore zu feiern: mit ausgestrecktem Arm und zwei gen Himmel gespreizten Fingern, worin eine Frankfurter Juristin den sogenannten „Kühnen-Gruß" erblickte. Rechtsradikale Bayern-Fans skandierten „Unser Führer, Carsten Jancker." Der Gepriesene ließ die politische Vereinnahmung lange Zeit widerstandslos über sich ergehen und behauptete gegenüber kritischen Fragestellern Unwissenheit. 1997 wurde Jancker von Hoeneß angewiesen, sich die Haare wachsen zu lassen. Jancker hielt nicht viel von der auferlegten Imagekorrektur: Nach nur vier Wochen kehrte er zur Glatze zurück, da er in dieser Zeit das Tor nicht getroffen hätte. Im März 2001 bekam Jancker dann kalte Füße, nachdem im „Tagesspiegel" ein Artikel erschienen war, der dem Stürmer vorwarf, er leiste dem Rechtsradikalismus Vorschub. Jancker bat den „Tagesspiegel"-Journalisten Helmut Schümann: „Richten Sie Manager Hoeneß aus, dass der Verein eine Aktion gegen Rechts machen soll und ich dabei in vorderster Linie zur Verfügung stehe." Im Sportstudio des ZDF verkündete Jancker, dass „rechtsextreme Gewalt das Schlimmste ist. Ich verabscheue das." Für viele Beobachter kam seine Distanzierung reichlich spät. Zur Saison 2002/03 ließ der FC Bayern Jancker für 2,5 Mio. Euro zu Udinese Calcio ziehen. 2004 kehrte er in die Bundesliga zum 1.FC Kaiserslautern zurück. 2006 erfolgte der Wechsel nach Shangai/China in die Altersteilzeit.

◆ 178 Bundesligaspiele (53 Tore), davon 143 Spiele (48 Tore) für den FC Bayern (1996-02). Mit dem FC Bayern Deutscher Meister 1997, 1999, 2000, 2001, DFB-Pokalsieger 1998, 2000, Champions-League-Sieger 2001, Weltpokalsieger 2001. 33 A-Länderspiele (10 Tore) für den DFB, Vize-Weltmeister 2002.

Janzon, Norbert (21.12.1950)
Der gebürtige Berliner kam 1977 vom Karlsruher SC zum FC Bayern, wo er vier Jahre blieb. Anschließend wechselte Janzon zum FC Schalke 04.

◆ 200 Bundesligaspiele (59 Tore), davon 84 Spiele (20 Tore) für den FC Bayern (1977-81). Mit dem FC Bayern Deutscher Meister 1980, 1981.

Jeremies, Jens (5.3.1974)
Der defensive Mittelfeldspieler, der beim FC Bayern zumeist als „Staubsauger vor der Abwehr" agiert, begann seine Karriere 1980 in der DDR bei Motor

Görlitz. 1986 verließ Jeremies seinen Heimatverein und schloss sich dem „großen" FC Dynamo Dresden an. In der Saison 1994/95 bestritt Jeremies zehn Bundesligaspiele für die Dresdener, die am Ende auf dem letzten Platz landeten. Anschließend wechselte er in den Westen zum TSV 1860. Dort avancierte er schnell zum Leistungsträger. Als die Nationalmannschaft am 15. November 1997 in Südafrika antrat, war Jeremies der erste Löwen-Spieler seit 1975, der das DFB-Trikot tragen durfte. Nach drei Spielzeiten und 78 Bundesligaspielen für den TSV 1860 wechselte er zur Saison 1998/99 zum FC Bayern. Zuvor durfte er noch an der WM 1998 in Frankreich teilnehmen, wo er zu den Besseren in der enttäuschenden DFB-Auswahl gehörte. Auch bei der EM 2000 und WM 2002 war Jeremies dabei. Ottmar Hitzfeld über den im defensiven Mittelfeld angesiedelten „Fußball-Arbeiter": „Jens ist ein absoluter Aggressiv-Leader." Unvergessen bleibt Jeremies' Beitrag zum Champions-League-Sieg 2001. Nur zehn Tage nach einer Knieoperation stand Jeremies im Halbfinale gegen Real Madrid schon wieder auf dem Feld und markierte den Siegtreffer zum 2:1 über die „Königlichen". Anschließend bereitete das Knie erneut Probleme. Das Finale durfte Jeremies, nun für 259 Tage außer Gefecht, nur von der Tribüne aus verfolgen. Nach der Saison 2005/06 beendete Jeremies seine Karriere.

◆ 251 Bundesligaspiele (9 Tore), davon 163 Spiele (6 Tore) für den FC Bayern (1998-2006). Mit dem FC Bayern Deutscher Meister 1999, 2000, 2001, 2003, 2005, 2006, DFB-Pokalsieger 2000, 2003, 2005, 2006, Champions-League-Sieger 2001, Weltpokalsieger 2001. 55 A-Länderspiele für den DFB, Vize-Weltmeister 2002.

John, Franz (28.9.1872 - 17.11.1952)

Der erste Präsident des FC Bayern München wurde in der Bergstraße im mecklenburgischen Pritzwalk geboren. Seine Eltern waren der Postsekretär Friedrich Wilhelm Gotthelf Max John und Ida John (geborene Siepermann). John begann seine Fußballerkarriere beim VfB Pankow (heute: VfB Einheit Pankow). In Jena ließ er sich zum Fotografen ausbilden. Nach seinem Umzug nach München, wo er in der Amalienstraße 62 – an der Nahtstelle zwischen Altstadt und Schwabing – wohnte, schloss sich John den Fußballern des MTV 1879 an. Mit Josef Pollack und Gus Manning betrieb John die Gründung des FC Bayern und dessen Beitritt in den Süddeutschen Fußballverband. John war auch Gründer des Bayerischen Schiedsrichterkollegiums.1904 kehrte er nach Pankow zurück, wo er ein Fotolabor und -atelier betrieb. Joachim Rechenberg, Journalist und Mitarbeiter des Panke-Museums in Pankow, der Recherchen über den ersten Bayern-Präsidenten anstellte, im „Bayern-Magazin": „Er war ein richtiger Künstlertyp. Die schönen Frauen in seinem Fotoatelier lernte er oft auch näher kennen." Dem Fußball blieb der Bayern-Pionier auch nach seiner Zeit in München treu. John wurde Präsident seines Stammvereins VfB Pankow und blieb dies zwei Jahre. Außerdem war er Mitglied im Satzungsausschuss des Verbandes Brandenburgischer Ballspielvereine. Zu seinen Hobbys zählte das Abfassen von Stegreifen, die er bei kleinen Festen vortrug.

In den 1920er Jahren wurde John vom FC Bayern zum Ehrenvorsitzenden ernannt. 1936 verlieh ihm der Klub die Goldene Ehrennadel. Allerdings waren seine Verbindungen nach München seit seiner Rückkehr nach Pankow immer geringer geworden. Das „Bayern Magazin": „Es ist nicht einmal bekannt, ob er noch jemals in die bayerische Landeshauptstadt zurückgekehrt ist." Nach seinem Tod wurde John im östlich von Berlin gelegenen Fürstenwalde beerdigt. Er war zeit seines Lebens unverheiratet und hatte keine Nachkommen. Zunächst kümmerten sich Johns ehemalige Vereinskameraden vom VfB Pankow um die Grabstätte. Als diese ebenfalls das Zeitliche gesegnet hatten, verfiel das Grab zusehends. Anlässlich seines 100. Jubiläums nahm sich der FC Bayern der Stätte an und versah sie mit einem Grabstein, auf dem in goldener Schrift die Verdienste Johns gewürdigt werden.

Jorginho (17.8.1964)
Jorge de Amorim Campos wechselte 1989 von Flamengo Rio de Janeiro in die Bundesliga zu Bayer Leverkusen. 1992 schloss sich der aus bettelarmen Verhältnissen stammende, tiefgläubige und sozial engagierte Christ dem FC Bayern an, für den er bis Mitte der Saison 1994/95 kickte. Mit Brasilien wurde Jorginho 1983 Junioren-Weltmeister und 1994 Weltmeister. Nach der Hinrunde der Saison 1994/95 wechselte der bei den Fans beliebte Abwehr- und Mittelfeldspieler in die neue japanische Profiliga zu den Kashima Antlers.
◆ 154 Bundesligaspiele (15 Tore), davon 67 Spiele (5 Tore) für den FC Bayern (1992-95). Mit dem FC Bayern Deutscher Meister 1994. Weltmeister 1994.

Junghans, Walter (26.10.1958)
Der erste Bayern-Keeper nach Sepp Maier war ein Hamburger und hütete das Bayern-Tor von 1978 bis 1982. Als Junghans zum FC Bayern stieß, war Maier noch die unumstrittene Nr.1 und spottete: Bevor dieser ihn beerbe, würde aus Junghans ein „Althans" werden. Maiers Autounfall ließ Junghans dann doch eher zum Zuge kommen. Bei der EM 1980 gehörte er zum DFB-Kader und ging als einziger deutscher Europameister in die Geschichte ein, der in seiner Karriere kein Länderspiel bestritt. Nach seiner Zeit in München (Fortgang wg. Jean-Marie Pfaff ???) spielte Junghans in der Bundesliga, 2. Liga und Oberliga noch für Schalke 04, Hertha BSC Berlin und Fortuna Köln. Nach dem Ende seiner aktiven Karriere arbeitete er als Torwarttrainer bei Benfica Lissabon (unter José Mourinho) und Athletic Bilbao (unter Jupp Heynckes).
◆ 205 Bundesligaspiele (0 Tore), davon 67 Spiele (0 Tore) für den FC Bayern (1978-82). Mit dem FC Bayern Deutscher Meister 1980, 1981 sowie DFB-Pokalsieger 1982.

Kahn, Oliver (15.6.1969)
Der spätere Weltklassekeeper und Kapitän des FC Bayern begann seine Karriere 1976 in der F-Jugend des Karlsruher SC, für den sein Vater Rolf (ein U-23 Länderspiel, 11 Bundesligaspiele/1 Tor) ebenfalls gekickt hatte. Im Tor spielte Kahn erst ab der E-Jugend, nachdem ihm sein Großvater eine komplette Torhüter-Kollektion „Modell Sepp Maier" geschenkt hatte. Kahn: „Ich war nie ein begnadetes Talent. Was ich heute kann, habe ich mir mit viel

Fleiß und hartem Training erarbeitet. Besonders in der Pubertät, so mit 14, hatte ich große Probleme mit der Koordination, weil die körperlichen Proportionen durcheinandergerieten. Mit 15 fiel ich dann auch folgerichtig bei der Sichtung zur Jugendnationalelf durchs Sieb." Kahn wurde aus allen Auswahlmannschaften ausgemustert – weil zu klein und körperlich zu schwach. Der Keeper: „Aus dieser Erniedrigung habe ich meine Motivation gezogen, aus der Schmach." Mit 16 fing er mit Krafttraining an, „um die körperlichen Defizite aufzuholen. Das habe ich dann wohl übertrieben. Ich wurde zu schwer und unbeweglich. Heute habe ich die richtige Balance zwischen Kraft und Beweglichkeit gefunden. Mit Durchschnittlichem habe ich mich nie zufrieden gegeben. Mir ist nichts zugeflogen. Das ist alles ein Produkt harter Arbeit." Sein Bundesligadebüt im Trikot des KSC erfolgte 18-jährig im November 1987 und geriet zum Desaster. Der KSC unterlag dem 1. FC Köln mit 0:4. Kahn: „Eine Katastrophe. Da war's eigentlich schon wieder vorbei für mich." Damals war Kahn noch Vertragsamateur, und Karlsruhes Stammkeeper hieß Alexander Famulla, den Kahn genauso verdrängte, wie er den zweiten Keeper Stefan Wimmer nicht hochkommen ließ. Wimmer: „Olli hat jeden, der Handschuhe anhatte, als Feind betrachtet." Famulla erinnert sich, wie ihn Kahn, nachdem er nur noch die Nr. 2 war, beim Training neben dem Tor hatte warten lassen: „Olli hat mich nicht reingelassen. Ich war acht Jahre älter als er. Aber er hat mich da stehen lassen wie ein Kind."
Kahns Gehalt betrug zunächst monatlich brutto DM 1.000 plus Prämien, erst 1991 wurde Kahn Vollprofi. 1994 wurde der Zerberus zum besten

Bundesligatorhüter gewählt. Zur Saison 1994/95 wechselte er nach 128 Bundesligaspielen im Trikot des KSC für die Ablöse von 4,6 Mio. DM zum FC Bayern, wo er Raimond Aumann zwischen den Pfosten ablöste. Die Ablöse war die höchste, die bis dahin in der Bundesliga für einen Torwart gezahlt wurde. Nach seinem Wechsel zum FC Bayern wähnte sich Kahn zunächst unter einem starken Druck. Nicht nur wegen der hohen Ablösesumme. Viele Fans waren mit der Abservierung Aumanns nicht einverstanden gewesen. Eine Mischung aus Druck, Verunsicherung und Übermotivation war nach Auffassung vieler Beobachter der Grund für die schwere Verletzung (Kreuzbandriss), die sich Kahn im November 1994 beim Heimspiel gegen Leverkusen zuzog. Kahn erkannte, dass man sich in München „total auf die eigene Leistung konzentrieren" muss. Der überaus ehrgeizige und trainingsbesessene Keeper, der sich mit seiner sportlichen Aufgabe beim FC Bayern so identifiziert wie vielleicht kein anderer seiner Kollegen, war somit für den FCB wie geschaffen. Kahn zu seinen Gründen, von Karlsruhe nach München zu wechseln: „Wenn der Boris Becker jedes Turnier gewinnt, ist das toll, gewinnt er Wimbledon, wird er unsterblich. Die zehn, 15 großen Spiele kriegst du auf Dauer nur in München. Alle, die groß waren, sind in den entscheidenden Spielen klasse gewesen."

Während der Saison 1996/97 stieg Kahn beim FC Bayern zum Führungsspieler auf. Er glänzte nicht nur zwischen den Pfosten, sondern auch durch korrekte Analysen zum richtigen Zeitpunkt. Unzufrieden mit anderen prominenten Namen skandierten die Fans „Außer Olli könnt ihr alle gehen." Der „Kicker" schrieb nach Abschluss der Hinrunde: „Nur 14 Gegentore ließ er in 16 Spielen zu, bei denen er den Bayern-Kasten hütete – eine beeindruckende Quote. Aber Oliver Kahn beeindruckte nicht nur auf dem sportlichen Sektor. Auch in der nicht einfachen hierarchischen Struktur des bayerischen Star-Ensembles gewann der Abiturient deutlich an Konturen, schreckte nicht vor deutlicher, aber wohl berechtigter Kritik an Mitspielern zurück. Längst etablierte sich der Keeper (...) als einer der vielfach zitierten Junior-Chefs bei den Bayern." Nach dem Gewinn der 14. Meisterschaft kürte ihn Uli Hoeneß zum „Spieler der Saison". Kahn sei „ein Vorzeigeprofi, der uns über kritische Phasen hinweggerettet hat. Ein Vorbild an Einstellung."

Auf dem Feld ist Kahn nach eigenem Bekunden „nur bedingt zurechnungsfähig". Das Torwartspiel sei ein „ständiger Kampf im Kopf". Als Torwart befände er sich auf einer „Psycho-Position". Ein Mitspieler aus der Nationalmannschaft bestätigte, dass der Keeper auf dem Spielfeld ein völlig anderer Mensch als daneben sei. Kahn freue sich nicht über gewonnene Spiele, sondern sei darüber „erleichtert". Kahns sportliches Vorbild ist sein Torwarttrainer Sepp Maier. Unter der Anleitung von Sepp Maier verbesserte das Kraftpaket seine Sprungkraft und Beweglichkeit. Kahn: „Unter ihm wurde ich geschmeidig." Kahn über die Faszination des Torwartdaseins: „Als Feldspieler kann ich alles wettmachen. Kämpfen, grätschen, machen, tun. Der Torwart kann gar nichts machen. Halte ich den ersten Ball, läuft es wie von selbst. Kommt aber nichts, und kommt nichts, und kommt nichts, du bist heiß ohne Ende, und der erste, der kommt, ist drin – das ist die besondere Situation beim Torwart. Dieser ständige Kampf im Kopf. Das ist das Faszinierende." Natürlich habe er als Torwart-Ängste. „Der Grad zwischen Versager und Held ist nirgendwo schmaler als beim Torwart. Früher hat mich das extrem belastet. Heute suche ich das geradezu. Ich nutze die Angst. Wer Angst hat, ist wach und konzentriert. Dafür ist die Angst ja da. Inzwischen brauche ich die Angst. Manchmal frage ich mich: Wo ist die Angst?"

Nach der WM 2002, bei der Kahn trotz eines Lapsus im Finale gegen Brasilien als Held gefeiert wurde, sorgte der Keeper zunächst vor allem neben dem Spielfeld für Schlagzeilen. Kahn wurde wiederholt in Münchens Schickimicki-Disco P1 gesichtet (Helmut Schümann: „Der FC Bayern und das P1, das ist offensichtlich eine unselige Verbindung"), kippte seine Ehe durch eine Affäre mit einer 21-Jährigen und fiel als Verkehrssünder auf. Jörg Hanau schrieb in der „Frankfurter Rundschau": „Oliver Kahn, die Werbe-Ikone, der Torhüter des FC Bayern München, war nach der Weltmeisterschaft in Südostasien nicht mehr derselbe. Selbst gute Freunde attestierten dem deutschen Superstar im deutschen Tor einen nicht zu übersehenden Realitätsverlust. Die mediale Überhöhung wirkte auf die Psyche eines Mannes, der den Aufstieg von der Leit- zur Kultfigur nicht wirklich ohne Folgen überstand. Der Supermann im Tor verlor nicht nur mental die Bodenhaftung, sein Hunger nach Leben trieb den ehe-

dem vorbildlichen Profi in eine gelegentlich bizarr anmutende Metamorphose." Fortan wurde Kahn vom Boulevard Tag und Nacht beschattet und gnadenlos vorgeführt. Die „Frankfurter Rundschau" diagnostizierte, Kahn sei „am öffentlichen Anspruch, ein besserer Mensch als der Durchschnittsbürger zu sein, gescheitert. Einem Anspruch, den er nie an sich selbst gestellt hat." Kahn beteuerte, sich seiner Vorbildfunktion „absolut bewusst" zu sein: „Ich sehe doch, wenn ich zum Stadion fahre, all diese kleinen Jungen mit dem Schriftzug ‚Kahn' hinten auf ihrem Torwart-Trikot. Aber ich bin nicht auf die Welt gekommen, um permanent meine Vorbildfunktion zu erfüllen oder den Erwartungen anderer gerecht zu werden. Ich kann mir nicht ständig auf die Zunge beißen und mir sagen: Jetzt muss ich wieder Vorbild sein. Ich mache viele Fehler, auf dem Sportplatz und im Leben."
Vor Beginn der Saison 2003/04 mahnte Rummenigge: „Wir wollen den Oliver Kahn der Saison 2001 wiederhaben, der als Torwart das Champions-League-Finale fast alleine gewann." In der Bundesliga hatte Kahn 803 Minuten lang seinen Kasten sauber gehalten und damit seinen eigenen Rekord aus der Saison 1998/99 (736) gebrochen. Das Ende der Rekordzeit kam, als der Japaner Naohiro Takahara ihn beim Gastspiel des Hamburger SV im Olympiastadion in der 90. Minute mit einem Kopfball bezwang. Ein ärgerliches Tor, denn die folgenden vier Spiele gewann der FC Bayern wieder „zu null", und beim fünften Spiel im Bochumer Ruhrstadion fiel das Gegentor erneut erst in der 90. Minute. Es hätten also auch 1.252 Minuten sein können. In der Bundesliga hatte Kahn also sein Niveau gehalten, „aber in der Champions League nicht immer", wie Rummenigge bemerkte. Kahn gelobte Besserung: Das Sportliche solle „wieder im Vordergrund stehen." Kahn trennte sich von seinem Manager und übertrug alle Medienfragen an den Verein.
Auch in den folgenden Spielzeiten lieferte der Keeper immer wieder große Spiele ab, griff aber auch häufiger als früher daneben und wurde von kleineren Verletzungen geplagt. In der Nationalmannschaft verlor Kahn in der Ära Klinsmann seinen Stammplatz an Jens Lehmann, der dann auch bei der WM 2006 die Nr.1 war. Ausschlaggebend dafür waren nicht so sehr Kahns häufiger nur noch durchschnittlichen Darbietungen. Vielmehr bevorzugte das neue Trainergespann einen Torhüter, der Spielzüge vorausahnt und mitspielt anstelle eines mehr reagierenden Keepers. Trotz der Rückversetzung erklärte sich Kahn nach einer Bedenkzeit bereit, als Ersatzmann an der WM teilzunehmen. Nach seinem einzigen Einsatz im Spiel um den 3. Platz erklärte er dann seinen Rücktritt von der Nationalmannschaft, während er in München die Nr. 1 blieb.
Im Frühjahr 2003 erhielt Kahn als nach Karl-Heinz Rummenigge und Franz Beckenbauer dritter Bayern-Spieler den Ehrenring in Gold der Stadt München. 1999, 2001 und 2002 wurde Kahn von der Internationalen Förderation für Fußball-Historie und -Statistik (IFFHS) als weltbester Torhüter ausgezeichnet. In einer internationalen „Top-20"-Rangliste der Fußball-Großverdiener wurde Oliver Kahn mit dem 14. Platz als einziger Deutscher geführt. Sein Jahressalär wurde mit 7,65 Mio. Euro angegeben, was allerdings inzwischen von Michael Ballack bei Chelsea locker übertroffen wird. Das politische Vorbild des politisch interessierten Torhüters heißt Helmut Schmidt: „Den habe ich bewundert, wegen seiner Ausstrahlung, was der gesagt hat, hatte Hand und Fuß, war unheimlich präzise. Kein Blender wie so viele."
◆ 499 Bundesligaspiele (0 Tore), davon 370 Spiele (0 Tore) für den FC Bayern (ab 1994). Mit dem FC Bayern Deutscher Meister 1994, 1997, 1999, 2000, 2001, 2003, 2005, 2006 DFB-Pokalsieger 1998, 2000, 2003, 2005, 2006, UEFA-Pokalsieger 1996, Champions-League-Sieger 2001 und Weltpokalsieger 2001. 86 A-Länderspiele (0 Tore), Vize-Weltmeister 2002, WM-Dritter 2006. Fußballer des Jahres 2000, 2001.

Kapellmann, Josef (19.12.1949)
Der Medizinstudent, auch „laufende Apotheke" genannt, kam 1973 vom 1. FC Köln zum FC Bayern. Seine erste Bundesligastation war Alemannia Aachen gewesen. Mit den Aachenern wurde der Mittelfeldspieler 1969 19-jährig überraschend Vize-Meister – hinter dem FC Bayern. Als die Aachener nur ein Jahr später wieder abstiegen, wechselte Kapellmann zum 1. FC Köln. Zur Saison 1972/73 kam er als damals teuerster Einkauf in der Bundesligageschichte zum FC Bayern. Kapellmann ließ sich von Manager Robert Schwan und Trainer Udo Lattek zusichern, dass er weiter studieren durfte. „Ich war schon so was wie ein Unikum in der Truppe.

Während die anderen Schafkopf spielten, saß ich mit dem Anatomiebuch in der Ecke. Mit der Zeit haben mir aber auch Sepp Maier, Gerd Müller und Franz Beckenbauer Respekt gezollt." Kapellmann hatte als Fußballprofi 52 Prüfungen zu überstehen. „Deshalb bin ich beim Waldlauf auch schon einmal mit auf den Händen geschriebenen Chemie- und Biologie-Formeln gejoggt. So konnte ich gleichzeitig lernen und trainieren." 1974 gehörte Kapellmann zum WM-Kader der DFB-Auswahl. Nach der Rückkehr von Paul Breitner kam er bei den Bayern nicht mehr zurecht und wechselte zum Lokalrivalen TSV 1860, der ihn mit einem hervorragend dotierten Vertrag ausstattete. Für die Sechziger kickte Kapellmann noch zwei Spielzeiten, bevor eine schwere Knieverletzung seine Karriere beendete. In der Saison 1981/82 arbeitete er als Manager für den TSV 1860. Nach Reibereien mit Löwen-Präsident Riedl, der später die Einstellung Kapellmanns als seinen größten Fehler bezeichnete, zog sich Kapellmann aus dem Fußballgeschäft zurück, beendete sein Medizinstudium und wurde Chefarzt für Orthopädie eines kleinen Klinikums in Vögtareuth bei Rosenheim. Ein Raubein namens Werner Lorant übrigens, später Trainer des TSV 1860, kniff Kapellmann einmal so kräftig in die Hoden, dass dieser ins Krankenhaus eingeliefert werden musste.

◆ 338 Bundesligaspiele (36 Tore), davon 165 Spiele (17 Tore) für den FC Bayern (1973-79). Mit dem FC Bayern Deutscher Meister 1973, 1974, Europapokalsieger der Landesmeister 1974, 1975, 1976, Weltpokalsieger 1976. 5 A-Länderspiele für den DFB.

Klinsmann, Jürgen (30.7.1964)

Keiner verstand so schön zu jubeln wie „Klinsi", wofür der Torjäger eine logische Erklärung parat hielt: „Der Druck entlädt sich beim Torschuss – ein Wahnsinns-Feeling. So ähnlich wie beim Sex..."

Den im schwäbischen Botnang aufgewachsenen Kosmopoliten Klinsmann zog es schon als Jugendlichen ins Ausland. „Mit 15 oder 16 bin ich in Europa herumgereist und mit 18 zum ersten Mal in die USA geflogen. Ich möchte ins Ausland, um andere Leute und andere Lebensweisen kennen zu lernen. Da war es nur logisch, dass ich die Chance, eines Tages im Ausland zu spielen, wahrnehmen würde." Zunächst aber erlernte der Sohn eines Bäckermeisters das Bäckerhandwerk. Seine Fußball-

karriere begann 1973 beim TB Gingen. Über den SC Geislingen kam er 1980 zu den Stuttgarter Kickers. Zur Saison 1982/83 wurde er in deren Zweitliga-Kader aufgenommen. Klinsmann profilierte sich in der 2. Liga als erfolgreicher Torschütze und wechselte 1984 zum großen Lokalrivalen VfB. 1987 wurde ein von ihm per Fallrückzieher erzielter Treffer zum „Tor des Jahres" gewählt, 1988 wurde Klinsmann Torschützenkönig. Bereits 1987 wollte ihn der AS Monaco kaufen, doch der VfB erteilte keine Freigabe. Fortan ließ Klinsmann sich niedrige Ablösesummen in seine Vertragswerke schreiben, was ihm seitens der Boulevardpresse später als Abzockerei ausgelegt wurde. 1989 hatte er dann die Wahl zwischen Inter Mailand und Real Madrid, entschied sich jedoch wegen Matthäus und Brehme und der relativen Nähe zur Heimat für die norditalienische Modemetropole. Als Klinsmann den VfB verließ, hatte er für die Schwaben in 156 Bundesligaspielen 79 Tore geschossen.

1991 gewann Klinsmann mit Inter den UEFA-Cup. Als er in der folgenden Saison in eine Formkrise geriet, versuchte Mailands Präsident Ernesto Pelegrini, den Stürmer vorzeitig loszuwerden. Nach drei Jahren bei Inter, in denen er 95 Ligaspiele bestritt und 34 Tore schoss, wechselte Klinsmann zur Saison 1992/93 zum AS Monaco. Dort kam er bis zum Ende der Saison 1993/94 in 65 Ligaspielen zum Einsatz und erzielte dabei 29 Tore. 1994 wechselte Klinsmann für die Ablöse von 5,2 Mio. DM zum Londoner Klub Tottenham Hotspur. Klinsmann erhielt ein Handgeld von 1,25 Mio. DM und einen mit 210.000 DM netto monatlich dotierten Vertrag, was zu diesem Zeitpunkt der am besten dotierte Kontrakt war, den ein Fußballprofi in England jemals unterzeichnet hatte. Bei Tottenham erlebte er seine vielleicht schönste Zeit. „Mir gefiel die englische Art, Fußball zu spielen, weil ich es als Stürmer natürlich liebe, Tore zu machen. Um die zu erzielen, braucht man die entsprechenden Mitspieler, die einem den Ball zuspielen." Als Klinsmann in England eintraf, war ihm die Boulevardpresse zunächst alles andere als wohlgesonnen. Der Schwabe wurde als unbeliebtester deutscher Fußballer aller Zeiten gehandelt. Wegen seiner angeblichen „Schwalbensucht" denunzierte ihn die „tabloids" als „the cheating Kraut" und „diver": der betrügerische Kraut und Taucher. Doch Klinsmann gelang es binnen kürzester Zeit, die Herzen der Fans zu erobern – dank seiner Intelligenz, seines Humors, seiner kosmopolitanen Anpassungsfähigkeit, vor allem aber seines bedingungslosen Einsatzes auf dem Fußballfeld und 29 Pflichtspieltoren in nur einem Jahr.

Als Klinsmann sich im Sommer 1995 von der Insel verabschiedete, lag ihm die englische Fußballgemeinde zu Füßen. Der Stürmer wurde mit Nachrufen verabschiedet, wie sie normalerweise nur verstorbenen Fußball-Legenden zuteil werden. In einem Land, das den europäischen Kontinent und den dortigen Fußball mit großer Skepsis betrachtet, war es Klinsmann gelungen, die Tür für weitere ausländische Profis zu öffnen. 1995 wurde Klinsmann in England zum Fußballer des Jahres gewählt, als zweiter Deutscher nach Bernd Trautmann und erst dritter Ausländer überhaupt. Ebenfalls 1995 wurde er „Vize" bei der Wahl von Europas Fußballer des Jahres.

Klinsmanns neuer Arbeitgeber wurde der FC Bayern. Angeblich wollte ihn Franz Beckenbauer lebenslänglich an die Bayern binden, zunächst als Spieler, dann als Funktionsträger. Als Klinsmann 1996 mit dem FC Bayern den UEFA-Cup gewann, erzielte er mit 15 Toren einen neuen Rekord in den europäischen Wettbewerben. 1997 gewann Klinsmann mit dem FC Bayern seine erste und auch letzte Deutsche Meisterschaft. In seinen zwei Jahren bei den Bayern schoss er in 65 Bundesligaspielen 31 Tore und war damit der erfolgreichste und zuverlässigste Bayern-Stürmer seit den besten Tagen von Roland Wohlfarth. Dennoch lag Klinsmann im Dauerclinch mit der „Bild"-Zeitung. Erstmals angelegt hatte er sich mit dem Boulevardblatt schon zu Stuttgarter Zeiten, als dieses seine Geislinger Privatadresse abdruckte. Während der EM 1996 veröffentlichte das Blatt ein Foto von Klinsmann mit nacktem Oberkörper, dazu eine aus einer englischen Zeitung abgepinnte Story über nackte deutsche Spieler im Hotel. Das Foto war unmittelbar nach einem Spiel entstanden und wurde gewählt, weil sich die Räuberpistole mit Klinsmann besser verkaufen ließ. Der Betroffene unterbreitete der „Bild" ein Friedensangebot. Das Blatt sollte für einen wohltätigen Zweck spenden. Doch „Bild" lehnte ab, woraufhin Klinsmann die Sache an den DFB übergab, der gegen die Story klagte. Seither verging kaum eine Woche, in der das Boulevardblatt nicht gegen den Stürmer feuerte.

Die „Bild"-Kampagnen, die defensive Taktik von Trapattoni sowie Dauer-Querelen mit seinem Antipoden Lothar Matthäus waren die Gründe, warum Klinsmann den FC Bayern nach der Saison 1996/ 97 vorzeitig verließ. Bundestrainer Berti Vogts, mit dem Klinsmann eine Abneigung gegen die Auswüchse des Kommerzes und den Voyeurismus der Medien verband, zum Abschied des Stürmers aus München: „Der FC Bayern verliert einen Weltklassestürmer. Und die Bundesliga verliert eine ihrer größten sportlichen Attraktionen, die wegen ihrer Charakterstärke ein absolutes Vorbild ist." Klinsmann wechselte zu Sampdoria Genua, wo er bis Dezember 1997 spielte. Vom Januar 1998 bis Juni 1998 schnürte Klinsmann noch einmal für Tottenham die Fußballstiefel. Anschließend ging er in die USA, wo er sich in Newport Beach, einem idyllischen kalifornischen Küstenstädtchen in der Mitte von San Diego und Los Angeles, mit seiner amerikanischen Frau und seinem Sohn niederließ. Klinsmann arbeitete dort für die Sportmarketingfirma „Soccer Solutions". Im Juli 2003 enthüllte die „San Diego Union Tribune", dass Klinsmann ab und an unter dem Pseudonym „Jay Goppingen" für den Viertligisten Orange County Blue Star gekickt habe. Für den bekennenden Kosmopoliten Klinsmann war der Fußball auch ein Vehikel, die Welt kennen zu lernen. „Wenn ich später einmal zurückblicke auf meine Laufbahn, werde ich wohl nicht nachzählen, wie viele Tore ich erzielt habe, sondern wesentlich wird dann für mich sein, dass ich in anderen Ländern gelebt, deren Sprache einigermaßen gelernt habe, und das gibt mir eine große Befriedigung. Das sind Erfahrungen, die einen innerlich bereichern."

Nach der EM 2004 wurde Klinsmann Bundestrainer und setzte einen umfassenden Reformprozess in Gang. Im „Tagesspiegel" kommentierte Stefan Hermanns, Klinsmanns Amtszeit sei der „entschiedenste Bruch in der Geschichte des Deutschen Fußball-Bundes". Misstrauisch beäugt und zeitweise gemobbt von „Bild", veränderte Klinsmann gemeinsam mit Assistent Joachim Löw und Teammanager Oliver Bierhoff die organisatorischen Strukturen, Trainingsmethoden und Spielweisen der Nationalelf. Nach dem begeisternden WM-Turnier 2006 verabschiedete er sich als Bundestrainer, um eine private Auszeit zu nehmen.

◆ 221 Bundesligaspiele (110 Tore), davon 65 Spiele (31 Tore) für den FC Bayern (1995-97). Mit dem FC Bayern Deutscher Meister 1997 und UEFA-Cup-Sieger 1996. 108 A-Länderspiele (47 Tore). Weltmeister 1990, Europameister 1996. Fußballer des Jahres in Deutschland 1988 und 1994 und in England 1995.

Kögl, Ludwig (7.3.1966)

Der 1,71 m kleine „Wiggerl" kam 1984 vom Lokalrivalen TSV 1860 zur Säbener Straße. Im Frühjahr 1984 war Kögl aus den A-Junioren der Löwen in deren „Erste" hochgerückt, die damals in der Bayernliga spielte. Im oberbayerischen Penzberg geboren, kickte Kögl zunächst zehn Jahre für den dortigen FC, bevor es via TSV Starnberg zu den Löwen ging. Sein erstes Jahr bei den Bayern war zugleich auch sein größtes: Kögl wurde mit den Bayern überraschend Meister. Eigentlich hatte der Neuling nur das Ziel, in einem 26-köpfigen Kader zum 16er Aufgebot zu gehören. Kögl stand dann in jedem Spiel im 16er Aufgebot, spielte 13-mal von Beginn an und wurde 14-mal als Joker eingewechselt. Bereits beim ersten Punktspiel der Saison in Bielefeld durfte Kögl ran. Als die Bielefelder beim Stande von 1:1 immer stärker wurden, wusste Lattek sich nicht anders zu helfen, als den 18-Jährigen aufs Feld zu schicken. Kögl bereitete zwei Tore vor, und der FCB gewann noch mit 3:1. Lief es fortan bei den Bayern nicht, schallte der Ruf nach „Wiggerl" durchs Münchner Olympiastadion. In der gleichen Saison erhielt der Aufsteiger auch seine erste Berufung in die Nationalelf. Es folgte allerdings nur noch eine weitere. Kögl: „Das lag auch an meinen vielen Verletzungen. 1986 wäre ich sonst bei der WM dabeigewesen. Außerdem hatte ich damals noch wirklich gute Spieler vor mir wie Völler oder Kalle Rummenigge."

1990 wechselte Kögl zum VfB Stuttgart, mit dem er 1992 den Meistertitel holte. Als Kögl ging, bemerkte der damalige Bayern-Präsident Scherer: „Den Mensch Wiggerl kann man nicht ersetzen, das war ein Symbol des FC Bayern." 1996 verließ Kögl Stuttgart und die Bundesliga, um in der Schweizer Nationalliga für den FC Luzern zu kicken. Kögl: „Von den Leuten und der Landschaft her war es in Luzern am schönsten. Dort habe ich ‚im Paradies' meinem Beruf nachgehen dürfen." 1999 kehrte Kögl noch einmal in die Bundesliga und nach München zurück, wo er den Aufsteiger SpVgg Unterhaching verstärkte. Für die Hachinger spielte „Wiggerl" noch zwei Spielzeiten, in denen er auf 21 Einsätze kam. Nach dem Ende seiner Karriere ließ sich Kögl mit seiner Familie in seinem Heimatort Penzberg nieder, wo er die A-Jugend seines Stammvereins trainierte.

◆ 309 Bundesligaspiele (23 Tore), davon 149 Bundesligaspiele (8 Tore) für den FC Bayern (1984-90). Mit dem FC Bayern Deutscher Meister 1985, 1986, 1987, 1989, 1990, DFB-Pokalsieger 1986. 2 A-Länderspiele für den DFB.

Kohler, Jürgen (6.10.1965)

Der Abwehrspieler begann seine Bundesligakarriere 1983 bei Waldhof Mannheim. 1987 wechselte er zum 1. FC Köln, 1989 dann zum FC Bayern. Kohler: „Ein Wechsel zu den Münchner Bayern ist ein Traum für jeden Fußballprofi – doch traumhaft war meine Situation anfangs zumindest nicht." Im Transfergerangel zwischen Köln und München geriet Kohler zwischen alle Fronten und wurde von den rheinischen Fans als „Drückeberger" und „Feigling" denunziert. In München angekommen, warfen ihn zunächst Verletzungen zurück. Kohler: „Von meiner Topform war ich zugegebenermaßen ein gutes Stück entfernt. Doch ich habe mich durch harte Trainingsarbeit wieder herangekämpft." Nach zwei Spielzeiten wechselte er 1991 für die Ablöse von 15 Mio. DM – für einen Abwehrspieler damals eine astronomische Summe – zu Juventus Turin. Mit „Juve" wurde Kohler 1995 Italienischer Meister und 1993 UEFA-Pokalsieger. Während seiner Jahre in Italien lernte der vormals als „Klopper" verschriene Abwehrspieler technisch und taktisch enorm dazu. Zur Saison 1995/96 kehrte er in die

Bundesliga zurück. Mit Borussia Dortmund wurde er 1996 und 2002 Deutscher Meister und gewann 1997 die Champions League.

◆ 398 Bundesligaspiele (28 Tore), davon 55 Bundesligaspiele (6 Tore) für den FC Bayern (1989-91). Mit dem FC Bayern Deutscher Meister 1990. 105 A-Länderspiele, Weltmeister 1990. Fußballer des Jahres 1997.

Koppenhöfer, Herwarth (25.5.1946)

Der Abwehrspieler, dessen Stammverein der FC Wacker Weidenthal war, kam 1969 vom 1. FC Kaiserslautern. Nach drei Jahren beim FC Bayern wechselte Koppenhöfer zur Saison 1972/73 zum VfB Stuttgart. Anschließend kam er in der Bundesliga noch bei Kickers Offenbach und Hertha BSC Berlin einige Male zum Einsatz.

◆ 213 Bundesligaspiele (1 Tor), davon 71 Spiele (0 Tore) für den FC Bayern (1969-72). Mit dem FC Bayern Deutscher Meister 1972 und DFB-Pokalsieger 1971.

Koulmann, Dieter (4.12.1939, †)

Der Mittelfeldspieler stieß 1963 zum FC Bayern. 1965 stieg Koulmann mit den Bayern in die Bundesliga auf. 1968 wechselte er zu Kickers Offenbach, wo er jedoch nur ein Jahr blieb. Nach dem Abstieg der Kickers aus der Erstklassigkeit absolvierte Koulmann noch zwei Bundesligaspiele für den MSV Duisburg.

◆ 101 Bundesligaspiele (15 Tore), davon 77 Spiele (12 Tore) für den FC Bayern (1965-68). 48 Regionalligaspiele (11 Tore) für den FC Bayern (19963-65). Mit dem FC Bayern DFB-Pokalsieger 1966 und 1967 und Europapokalsieger der Pokalsieger 1967.

Kovac, Robert (6.4.1974)

Der jüngere der Kovac-Brüder ging zunächst den Weg seines Bruders Niko: 1980-88 Rapide Wedding, 1988-95 Hertha Zehlendorf. 1995 wechselte der Abwehrspieler zum Zweitligisten 1. FC Nürnberg. Nur ein Jahr später nahm ihn Bayer Leverkusen unter Vertrag. Während sein zeitgleich eingetroffener Bruder die Leverkusener 1999 in Richtung Hamburg verließ, blieb Robert beim „Chemie-Klub" bis 2001, absolvierte 127 Bundesligaspiele für Bayer und wurde zweimal Vize-Meister. Anschließend kam es zum Wiedersehen der Kovac-Brüder beim FC Bayern München. Die Bayern

zahlten 8,35 Mio. Euro für den Neuen, der damit die zu diesem Zeitpunkt teuerste Neuerwerbung der Vereinsgeschichte war. Im Gegensatz zu seinem Bruder Niko konnte sich Robert Kovac auf Anhieb etablieren und kam bereits in seiner ersten Saison beim Rekordmeister auf 29 Bundesligaeinsätze. Trainer Ottmar Hitzfeld bezeichnete ihn als „Volltreffer". Niko Kovac über seinen Bruder: „Robby ist schnell, zweikampfstark, aggressiv, kopfballstark und hat für einen Abwehrspieler eine überragende Technik. Er ist total besessen in der Ausübung seines Berufs." Im Sommer 2005 wechselte Robert Kovac ablösefrei zu Juventus Turin. Bruder Niko bestritt im Zeitraum 2001-03 34 Bundesligaspiele (3 Tore) für die Bayern und wechselte anschließend zu Hertha BSC Berlin.

◆ 221 Bundesligaspiele (1 Tor), davon 94 Spiele für den FC Bayern (2001-05). Mit dem FC Bayern Deutscher Meister 2003, 2005, DFB-Pokalsieger 2003, 2005, Weltpokalsieger 2001. 59 A-Länderspiele für Kroatien.

Kraus, Wolfgang (20.8.1953)

Nach acht Bundesligajahren bei Eintracht Frankfurt wechselte der Mittelfeldspieler zur Saison 1979/80 an die Säbener Straße. Mit Eintracht Frankfurt hatte Kraus zweimal den DFB-Pokal geholt (1974, 1975). 1984 ging Kraus zum FC Zürich.

◆ 327 Bundesligaspiele (47 Tore), davon 138 Spiele (17 Tore) für den FC Bayern (1979-84). Mit dem FC Bayern Deutscher Meister 1980, 1981 sowie DFB-Pokalsieger 1982 und 1984.

Krauthausen, Franz (27.2.1946)

Der Offensivspieler kam 1971 vom Ruhrpott-Klub

Rot-Weiß Oberhausen. Krauthausen kickte zwei Spielzeiten für den FC Bayern und wurde beide Male Deutscher Meister. Anschließend kehrte er zu Schalke 04 ins Revier zurück.
◆ 131 Bundesligaspiele (25 Tore), davon 57 Spiele (9 Tore) für den FC Bayern (1971-73). Mit dem FC Bayern Deutscher Meister 1972 und 1973.

Kreuzer, Oliver (13.11.1965)
Kam 1991 für die Ablöse von 5,5 Mio. DM vom Karlsruher SC, was damals in der Bundesliga Rekord für einen Abwehrspieler war. Kreuzer wurde als Nachfolger für den nach Italien abgewanderten Jürgen Kohler verpflichtet. Viereinhalb Jahre war Kreuzer Stammspieler. Während der Saison 1996/97 rutschte er ins dritte Glied ab, als ihm auch noch der junge Samuel Kuffour den Rang ablief. Nach sieben Jahren beim FCB wechselte der Verteidiger mit der rauen Spielweise und dem weichen Herz im Sommer 1997 zum FC Basel. Die Ablöse betrug 800.000 DM.
◆ 282 Bundesligaspiele (14 Tore), davon 150 Spiele (8 Tore) für den FC Bayern (1991-97). Mit dem FC Bayern Deutscher Meister 1994 und 1997 sowie UEFA-Cup-Sieger 1996.

Krumm, Franz (16.10.1909)
Das Mitglied der Meistermannschaft von 1932 kam vom kleinen FC Vorwärts zum FCB. Im Finale in Nürnberg erzielte Krumm das entscheidende 2:0. Trickreicher Techniker mit gutem Torschuss, der meistens halbrechts spielte, aber auch halblinks einsetzbar war. In der Nationalmannschaft kam Krumm zweimal zum Einsatz. Das erste Mal wenige Monate nach dem Titelgewinn am 25. September 1932 in Nürnberg. Beim 4:3-Sieg über Schweden konnte sich Krumm auch in die Torschützenliste eintragen. Neben Krumm waren bei dieser Partie vom FC Bayern auch noch Haringer, Bergmaier und der zweifache Torschütze Rohr dabei. Krumms zweiter und letzter Einsatz erfolgte am 1. Januar 1933 in Bologna, wo man mit 1:3 unterlag. Auch bei diesem Auftritt war der „Bayern-Block“ komplett vertreten. Der schimmelblonde Krumm kam – wie sein Mannschaftskamerad Josef Bergmaier, mit dem er ein Flügelgespann bildete – beim Russlandfeldzug 1943 ums Leben.

Kuffour, Samuel Osei (3.9.1976)
Der erste Verein des Ghanaers hieß Fantomas Kumasi, wo er von 1983 bis 1990 kickte. Die Saison 1990/91 verbrachte Kuffour bei King Feisals Babies FC Kumasi. Drei Tage vor seinem 15. Geburtstag wechselte der Abwehrspieler zum AC Turin. Zuvor war Kuffour mit Ghana U-17-Weltmeister 1991 geworden. Mit 14 Jahren war Kuffour der jüngste Spieler im Team der Afrikaner. Am 1.7.1993 wechselte Kuffour vom AC Turin zum FC Bayern. Entdeckt hatte ihn Bayerns „Diamantenauge“ Hermann Gerland bei der U-20-WM in Australien. Uli Hoeneß stand einer Verpflichtung zunächst skeptisch gegenüber, doch Gerland bedeutete dem Manager, dass er die 50.000 DM für einen Wechsel notfalls aus eigener Tasche bezahlen würde.Der Ghanaer spielte in der Saison 1994/95 zunächst für die Amateure des FC Bayern, kam dann aber unter Trapattoni auch neunmal in der Bundesliga zum Einsatz. Der Italiener entwickelte sich zu einem der größten Fans und Förderer des Ghanesen. Trapattoni pries Kuffours „feine Technik“, seinen Ehrgeiz und seinen Biss. Während der Saison 1995/96 wurde Kuffour zunächst ausgemustert und an den Zweitligisten 1. FC Nürnberg ausgeliehen, mit dem er in die Regionalliga abstieg. Zur Saison 1996/97 kehrte der Abwehrspieler an die Säbener Straße zurück. Im Oktober 1996 wählte ihn der „Kicker“ zum „Mann des Monats“, nachdem er mehrere Begegnungen hintereinander zu den Besten im FCB-Dress gezählt hatte. Kuffour kam in dieser Saison auf 22 Bundesligaeinsätze und wurde mit dem FCB erstmals Deutscher Meister. Beim Weltpokalfinale 2001 schoss Kuffour den Treffer zum 1:0-Sieg der Bayern.

Für Franz Beckenbauer war Kuffour längst „einer der zuverlässigsten Verteidiger der Bundesliga". Uli Hoeneß attestierte Kuffour „ein unglaubliches Gefühl für den Zweikampf, ein Supertackling sowie eine ungeheure Kopfballstärke". Schalke-Stürmer Victor Agali: „Kuffour zählt zu den wenigen Verteidigern in der Bundesliga, die mit ‚Kopf' spielen. Im Duell eins gegen eins ist er sehr stark. Hast du ihn umspielt, kommt sofort ein taktisches Foul, aber nie brutal, sondern nur mit der nötigen Härte." Zur Saison 2005/06 verließ Kuffour den FC Bayern und schloss sich AS Rom an. 2006/07 spielte er auf Leihbasis für den Serie-A-Klub AS Livorno. 1998 und 1999 wurde Kuffour zu Ghanas „Fußballer des Jahres" gewählt. Mit Ghana nahm er an den Olympischen Spielen 1992 (Bronze) und 1996 sowie an der WM 2006 teil.

◆ 175 Bundesligaspiele (7 Tore) für den FC Bayern (1994-95, 1996-05). Mit dem FC Bayern Deutscher Meister 1997, 1999, 2000, 2001, 2003, 2005, DFB-Pokalsieger 2000, 2003, 2005, Champions-League-Sieger 2001, Weltpokalsieger 2001. 59 A-Länderspiele (2 Tore) für Ghana.

Kunstwadl, Adolf (8.2.1940)

Der kräftige und zweikampfstarke Abwehrspieler war in Bayerns Regionalligazeit eine feste Größe im FCB-Team. 1965 stieg der Metzger mit dem FC Bayern in die Bundesliga auf, wo er allerdings nur noch zweimal zum Einsatz kam, da er sich beim Auftaktderby gegen den TSV 1860 schwer verletzte. Nach der Saison 1966/67 wechselte Kunstwadl zu Wacker München.

◆ 2 Bundesligaspiele (0 Tore/1965-66), 28 Oberligaspiele (0 Tore/1962-63) und 70 Regionalligaspiele (2 Tore/1963-65) für den FC Bayern.

Kupferschmidt, Peter (2.3.1942)

Der Abwehrspieler wurde im jugoslawischen Filivopo als Sohn „volksdeutscher" Eltern geboren. Über Ungarn und Österreich landete er schließlich im Alter von 14 Jahren in München. Kupferschmidt kam zur Saison 1961/62 vom SV Gartenstadt Trudering zum FC Bayern. 1965 stieg er mit dem FC Bayern in die Bundesliga auf. Der rechte Verteidiger war ein Mann für „Sonderaufgaben". Im Pokalfinale 1966 legte er den Meidericher Spielmacher Werner „Eia" Krämer lahm. Eines seiner größten Spiele zeigte er im Europapokalfinale 1967, als er den Glasgow-Rangers-Stürmer Henderson neutralisierte. Dabei galt Kupferschmidt nicht immer als sichere Bank. Seine Mitspieler tauften ihn zunächst „Psycho", weil er verhältnismäßig schnell nervös wurde, wenn ihm zu Beginn eines Spiels ein Fehler unterlief. Später leitete Kupferschmidt die Fußballabteilung von „Sport-Scheck" in München.

◆ 135 Bundesligaspiele (4 Tore/1965-70), 21 Oberligaspiele (0 Tore/1961-63) und 64 Regionalligaspiele (0 Tore/1963-65) für den FC Bayern. Mit dem FC Bayern Deutscher Meister 1969, DFB-Pokalsieger 1966, 1967 und 1969 sowie Europapokalsieger der Pokalsieger 1967.

Kutterer, Emil (19.11.1898 - 13.7.1974)

Der linke Verteidiger, dessen Stammverein der FV Daxlanden war und der anschließend für den FC Beiertheim und Karlsruher FV spielte, schloss sich Anfang der 1920er dem FC Bayern an. 1926 und 1928 wurde Kutterer mit den Bayern Süddeutscher Meister. In der Nationalmannschaft bestritt der Modellathlet acht Länderspiele, davon sieben in Folge (1925/26). Sein Debüt gab er am 21. Juni 1925 beim 0:1 gegen Schweden in Stockholm. Kutterer gehörte zum Kader der DFB-Olympiaelf 1928 in Amsterdam, kam jedoch nicht zum Einsatz. Sein letztes Länderspiel bestritt er einige Wochen vor dem olympischen Turnier am 15. April 1928 in Bern gegen die Schweiz (4:4). Ende der 1920er wechselte Kutterer zum Karlsruher FV. Als Trainer arbeitete er für TuRa Leipzig und SV Wiesbaden. Die Fachzeitschrift „Fußball" schrieb 1925 über Kutterer: „Er ist mit beiden Füßen ballsicher, sehr flink und fürchtet sich vor keinem, noch so rasant anstürmenden Gegner."

Labbadia, Bruno (8.2.1966)

Labbadias italienische Eltern kamen Mitte der 1950er Jahre mit der ersten Gastarbeiterwelle in die Bundesrepublik. Genauer: ins hessische Schneppenhausen, bei Darmstadt. Der Vater verdingte sich im Tiefbau, die Mutter in einer Gardinenstangenfabrik. Labbadia war das jüngste von neun Kindern und wuchs in einfachsten Verhältnissen heran. Mit 18 Jahren nahm der Italo-Hesse die deutsche Staatsbürgerschaft an, um in der U-21-Auswahl des DFB mitzuwirken. Seine erste Profiadresse war Darmstadt 98. Die nächste Station war der Hamburger SV, wo er als „Winterschlusseinkauf" abqualifiziert wurde. Erst beim 1. FC Kaiserslautern, dem er sich während der Saison 1988/89 anschloss, kam Labbadia groß heraus. 1991 wurde er mit den Lauterern Deutscher Meister. Anschließend wechselte er zum FC Bayern, für den er bis zum Sommer 1994 spielte. Seine Spielweise erinnerte an Gerd Müller. Wie Müller verstand er es, den Ball mit herausgestrecktem Gesäß abzuschirmen, um dann nach einer blitzschnellen Drehung aufs Tor zu schießen. Mit Labbadia erfuhr die verwaiste Position des klassischen Mittelstürmers in der Bundesliga wieder eine kleine Renaissance. Die „SZ" taufte den Liebling der Fans „Bruno Volkstribuno", der „Spiegel" sprach von „einem der wenigen universell geliebten Volkshelden des deutschen Fußballs".

Der sehr PR-bewusste Fußballarbeiter (von seinen Mitspielern wurde Labbadia „Mister Hollywood" getauft) präsentierte sich erfolgreich als einer der letzten Straßenfußballer und Kontrastprogramm zur Angestelltenmentalität in der Bundesliga. Noch einmal der „Spiegel": „Zwischen der Nestwärme der italienischen Großfamilie und dem knochenharten Profigeschäft hat Labbadia einen eigenartigen Mischcharakter aus gehobener deutscher Biederkeit und kontrollierter südländischer Emotion entwickelt." 1994 wechselte Labbadia zum 1. FC Köln. Während der Saison 1995/ 96 ging seine Reise weiter nordwärts zu Werder Bremen und von dort zu Arminia Bielefeld, wo er seine Erstligakarriere beendete.

◆ 328 Bundesligaspiele (103 Tore), davon 82 Spiele (28 Tore) für den FC Bayern (1991-94). Mit dem FC Bayern Deutscher Meister 1994. 2 A-Länderspiele für den DFB.

Lahm, Philipp (11.11.1983)

Als der Abwehrspieler am 19. November 2005 sein Bundesliga-Debüt für die Bayern gab, war er nach Markus Babbel, Berkant Göktan, Zvjedan Misimovic, Christian Lell und Andreas Ottl erst der sechste gebürtige Münchner, der in den letzten zehn Jahren für den Rekordmeister in der Eliteklasse auflief. Begonnen hatte Lahm seine Fußballkarriere bei der Freien Turnerschaft (FT) im Münchner Stadtteil Gern, wo seine Mutter, Daniela Lahm, noch heute als Jugendleiterin tätig ist. Der FC Bayern war bereits am F-Jugendlichen Lahm interessiert, doch die Eltern erhoben Einspruch. Erst als Sohn Philipp zwölf war, genehmigten sie den Wechsel an die

Säbener Straße – allerdings unter der Bedingung, dass die Mutter ihn dorthin transportierte. Denn Lahm mochte nicht im Bayern-Trainingsanzug die öffentlichen Verkehrsmittel benutzen – aus Furcht, für einen Angeber gehalten zu werden. Während andere Eltern bei derartigen Wechseln bereits die Hand aufhielten, musste der FC Bayern den Eltern nur schriftlich versichern, dass ihr Sohn jederzeit zur FT Gern zurückkommen könnte, sollte es ihm beim Rekordmeister nicht gefallen.

2003 wurde der damals 19-jährige Lahm an den VfB Stuttgart ausgeliehen. Dort gelang dem schmächtigen Verteidiger unter Trainer Felix Magath im Team der „jungen Wilden" der Durchbruch. Lahm avancierte zum Leistungsträger und wurde Nationalspieler. Beim EM-Deaster 2004 war Lahm der einzige Lichtblick in Rudi Völlers Ensemble. Im Sommer 2005 kehrte er zum FC Bayern zurück, musste aber zunächst wegen eines Kreuzbandrisses mehrere Monate pausieren. Bei der WM 2006 erfolgte sein endgültiger Durchbruch als Nationalspieler. Bundestrainer Klinsmann setzte den Rechtsfuß als Linksverteidiger ein. Im Eröffnungsspiel gegen Costa Rica erzielte Lahm in der heimischen Allianz Arena das erste Tor für das DFB-Team und des Turniers. Lahm spielte ein exzellentes Turnier und zählte zu den Leistungsträgern der DFB-Elf. Der FC Chelsea bot anschließend (ohne Erfolg) 15 Mio. Euro für den Münchner.

Klinsmann über Lahm: „Er liest ein Spiel wie kaum ein anderer. Er lässt sich nie aus der Ruhe bringen, - auch nicht, wenn drei Gegenspieler um ihn herumschwirren." „Tagesspiegel"-Redakteur Stefan Hermans sah Lahms Zukunft aufgrund seiner strategischen Fähigkeiten „im defensiven Mittelfeld, als Sechser vor der Abwehr. Auf keiner Position des modernen Fußballs sind die Anforderungen umfassender. Diese Rolle verlangt ein feines Gespür für die Gefahr, eine gute Spielübersicht, taktisches Verständnis, eine überdurchschnittliche Technik und die nötige Konsequenz im Zweikampf. Lahm besitzt alle diese Fähigkeiten.“ Tatsächlich hat Lahm auf dieser Position bereits gespielt, nämlich in der Regionalligamannschaft des FC Bayern. Laut Hermann Gerland füllte er diese Position sogar „klar besser“ aus als Deutschlands erster moderner „Sechser“ Didi Hamann.

Auch Mutter Daniela Lahm erhielt am Ende der Saison eine Auszeichnung. Sie gehörte zu den 100 ausgewählten Ehrenamtlichen, die der DFB alljährlich für ihre „überdurchschnittliche Einsatzbereitschaft“ auszeichnet. Ein Jahr zuvor war sie bereits vom bayerischen Fußballverband geehrt worden. Daniela Lahm war maßgeblich am Aufbau der Jugendabteilung des FT München-Gern beteiligt, in der im Sommer 2006 320 Kinder und Jugendliche aktiv waren und von 50 Trainern betreut wurden.

◆ 73 Bundesligaspiele (3 Tore), davon 20 Spiele (1 Tor) für den FC Bayern (ab 2005). Mit dem FC Bayern Deutscher Meister 2006, DFB-Pokalsieger 2006. 29 A-Länderspiele (2 Tore) für den DFB, WM-Dritter 2006.

Landauer, Kurt (28.7.1884 - 21.12.1961)

Niemand hat die Geschichte des FC Bayern vor 1933 so stark geprägt wie Kurt Landauer, geboren 1884 in Planegg als Sohn der jüdischen Kaufmanns-Eheleute Otto und Hulda Landauer. Landauer gehörte dem FC Bayern seit 1901 an, zunächst als Aktiver, anschließend als Mitglied der Klubadministration. Er war Präsident des FC Bayern 1913-14, 1919-21, 1922-33 und 1947-1951. Landauer arbeitete in der Anzeigenverwaltung der „Neuen Münchener Nachrichten“; 1930 wurde er deren Abteilungsleiter. Beruflich wie privat war der militante Nichtraucher auf größtmögliche Korrektheit bedacht. Den Spielern wurde das Herumtreiben und Rauchen unter Androhung strenger Strafen untersagt. Als Präsident gab er der Investition in Spielergehälter gegenüber dem von Anhängern geforderten Bau eines eigenen Stadions den Vorzug. Unter Landauer, Verfechter einer Strategie, die auf die eigene Jugendarbeit setzte, wurde der FC Bayern 1932 erstmals Deutscher Meister und erwarb auch international Reputation. Hierzu trugen vor allem die zahlreichen Begegnungen gegen ausländische Teams bei.

1933 verlor Landauer seinen Job beim Verlag Knorr & Hirth wegen seiner jüdischen Herkunft und verdingte sich fortan in der Wäschereifabrik Rosa Klauber. In der „Reichskristallnacht“ (9./10. November 1938) wurde Landauer von den Nazis verhaftet und ins KZ Dachau verschleppt. Nach vier Wochen erfolgte seine Freilassung. Das von Kurt und Franz Landauer verwaltete und von den Eltern geerbte Eigentum der Familie in der Kaufingerstraße 26, vermietet an die Woolworth AG Berlin, wurde von den Nazis enteignet. Am 9. November 1939 übernahm Woolworth die Liegenschaft als Besitz. Im Mai 1939 emigrierte Kurt Landauer in die Schweiz nach Genf. Von seinen fünf Geschwistern Paul Gabriel, Franz, Leo, Gabriele und Henny überlebte nur Letztere den Nazi-Terror.

Im Juni 1947 kehrte Landauer nach Deutschland zurück. Die Jahreshauptversammlung des FC Bayern wählte ihn noch im gleichen Jahr erneut zu ihrem Präsidenten. Sein Neffe Uri Siegel über den Rückkehrer: „Für ihn gab es eben nur den FC Bayern – das war sein Leben.“ In der Funktion des Vereinspräsidenten erwies sich das Nazi-Opfer Landauer als idealer, weil akzeptierter Verhandlungspartner mit den Alliierten, was dem FC Bayern gegenüber dem Konkurrenten TSV 1860 einen Startvorteil verschaffte.1951 wurde Landauer von der Hauptversammlung abgewählt. Wie es heißt, weil die Handballer des FC Bayern die Dominanz der Fußballer neideten. Landauers Nachfolger wurde ein Kandidat der Handballabteilung. Landauer stand dem FC Bayern insgesamt 16 Jahre vor. Nur Wilhelm Neudecker kam auf eine noch längere Amtszeit.

Sein Leben in München verbrachte Landauer im Stadtteil Schwabing, der Wiege des FC Bayern. Vor der Emigration lebte Landauer dort in der Clemensstraße, nach seiner Rückkehr nach Deutschland in der Virchowstraße. Kurt Landauer starb am 21. Dezember 1961 im Alter von 77 Jahren. Seinem Neffen Uri Siegel hinterließ der Bayern-Präsident unter anderem zwei Opern-Langspielplatten und einen schwarzen Herrenschirm, mit dem dieser noch heute durch München spaziert.

Lattek, Udo (16.1.1935)
Als Spieler brachte es der geborene Ostpreuße und spätere Erfolgstrainer nicht sonderlich weit. Seine Vereine hießen SSV Marienheide, Bayer Leverkusen, VfR Wipperfürth und VfL Osnabrück. Lattek, der seine Kindheit zunächst in Bosem (Kreis Sensburg/Ostpreußen) verbrachte, sollte eigentlich Bauer werden. Stattdessen baute er das Abitur, studierte Englisch und Sport und wurde Studienrat. In seiner Jugend widmete Lattek sich zunächst der Leichtathletik (Fünfkampf, Kugelstoßen, die 100 Meter lief er in 10,9 Sekunden). Der Fußball folgte erst anschließend, mit der Folge: „Ich war oft schneller als der Ball.“ 1958 versuchte Lattek unter Weisweiler an der Sporthochschule Köln das Trainerdiplom zu erlangen, brach aber zunächst ab. Den „Schein“ holte er sich 1965 bei Bundestrainer Helmut Schön, der ihn auf Empfehlung Weisweilers zu seinem Assistenten ernannte, zuständig für die Nachwuchs- und Amateurnationalmannschaft. Schön schätzte Lattek als höflich, loyal und intelligent. Der Assistent war ehrgeizig, besaß erhebliche theoretische Kenntnisse und konnte sich gut artikulieren. Eine Chance, Helmut Schön in absehbarer Zeit zu beerben, sah Lattek indes nicht.
Zur Saison 1970/71 heuerte Lattek beim FC Bayern an. Zum Einstand brachte er die Jugendnationalspieler Paul Breitner und Uli Hoeneß mit. Lattek war der erste von bis heute insgesamt vier ehemaligen DFB-Trainern, die beim FCB anheuerten. Nur wenige glaubten an eine erfolgreiche Mission des Neulings. Latteks erste Amtsperiode begann bereits im März 1970, nachdem Präsident Neudecker den Vorgänger Zebec vorzeitig in die Wüste geschickt hatte. Sie endete im Januar 1975, als auch Lattek vorzeitig entlassen wurde. Die zweite Lattek-Ära währte von 1983 bis 1987. Unter Latteks Regie gewann der FCB sechs Deutsche Meisterschaften im Hattrick-Verfahren (1972, 73, 74 und 1985, 86, 87), dreimal den DFB-Pokal sowie einmal den Europapokal der Landesmeister (1974).
Die Stärken des Trainers Lattek lagen weniger im taktischen Bereich denn im Motivieren seiner Mannschaften. Lattek war stark, wo er auf fertige Teams traf, galt als vorzüglicher Psychologe und Menschenkenner, der seine Akteure mit teilweise drastischem Vokabular zum Erfolg trieb. Während seiner ersten Amtszeit gelang ihm der Einbau junger Kräfte wie Breitner und Hoeneß. In seiner zweiten Amtszeit galt es Breitner, Rummenigge und Lerby zu ersetzen. Beide Aufgaben bewältigte er glänzend. Gerd Müller über die erste Ära Lattek: „Der musste uns nur noch aufbauen, wir waren ja dieselbe Mannschaft. Unter ihm haben wir das schönste Leben gehabt – und das erfolgreichste. Beim Lattek haben wir nahezu alles gewonnen, da haben wir fast nur Tennis gespielt. Wir sagten vor dem Training: Udo, können wir nicht gleich zum Tennisspielen gehen?“
Zwischen seinen beiden Bayern-Engagements trainierte Lattek als Weisweiler-Nachfolger Borussia Mönchengladbach (1975-79), Borussia Dortmund (1979-81) und FC Barcelona (1981-83). Mit den Gladbachern wurde Lattek zweimal Deutscher Meister (1976 und 1977) und einmal UEFA-Cup-Sieger (1979). Nach dem tragischen Tod seines Sohnes Dirk kündigte Lattek in Dortmund vorzeitig und setzte sich nach Barcelona ab. Mit „Barca“ gewann er 1982 den Europacup der Pokalsieger. Allerdings scheiterte er in Barcelona an den Stars Diego Maradona und Bernd Schuster und musste vorzeitig seinen Hut nehmen. Während Maradona seinen Landsmann Cesar Louis Menotti auf dem Trainerstuhl sehen wollte, sprach Schuster öffentlich Latteks Alkoholprobleme an. Diese existierten zwar bereits während seines ersten Bayern-Engagements, waren jedoch seit dem Tode seines Sohnes weiter eskaliert.
Robert Schwan über Lattek: „Latteks Erfolgsgeheimnis ist, immer zum richtigen Zeitpunkt die richtige Mannschaft trainiert zu haben.“ Eine Aussage, über die sich Lattek nicht ganz zu Unrecht ärgerte und die er mit den Worten konterte: „Wo ich bin, ist immer oben!“ Lattek besaß einen gu-

ten Blick für talentierte Spieler und die Gabe, diese problemlos und effektiv in das jeweilige Team und dessen System einzubauen. Beim FC Bayern soll Lattek während seiner zweiten Amtszeit monatlich 40.000 bis 50.000 DM verdient haben. Mit acht Meistertiteln ist „der graue Wolf" der erfolgreichste Trainer der Bundesligageschichte und mit sechs Meistertiteln der erfolgreichste des FC Bayern. Als einziger deutscher Trainer gewann Lattek alle drei europäischen Pokalwettbewerbe. Insgesamt konnte Lattek 16 Titel verbuchen. Damit belegt er hinter Ottmar Hitzfeld den 2. Platz in der Rangliste der erfolgreichsten deutschen Trainer.

Weniger erfolgreich verlief Latteks zweite Karriere. Nach der zweiten Trennung vom FC Bayern wurde er zunächst Sport-Direktor beim 1. FC Köln, wo er mit Trainer Christoph Daum gegen seinen alten Klub kräftig einheizte. Doch nur wenige Monate später kündigte er seinen Fünf-Jahres-Vertrag, um für ein Jahresgehalt von ca. 600.000 DM als Chefkommentator bei der neu gegründeten „Sport-Bild" zu arbeiten. 1992 kehrte Lattek noch einmal ins Trainergeschäft zurück, als ihn der „Sonnenkönig" Günter Eichberg nach Schalke holte. Dort wurde er zwar traumhaft bezahlt, verkam aber – zugepappt vom Sponsor „Müller-Milch" – zur schlecht dekorierten Schaufensterpuppe. Gegen Ende der Saison 1999/2000 wurde Lattek noch einmal rückfällig. Auf Bitten von Borussia Dortmunds Präsident Gerd Niebaum übernahm der Motivationskünstler den akut abstiegsbedrohten BVB für die letzten fünf Spieltage und hielt ihn in der Klasse. Lattek: „Fußball ist eine Droge, wenn sie dich einmal gepackt hat, lässt sie dich nicht mehr los."

Laudrup, Brian (22.2.1969)

Der Däne kam 1989 von Bröndby Kopenhagen zu Bayer Uerdingen. Für den FC Bayern spielte er zwei Jahre. Danach wechselte Laudrup für die Ablöse von 11 Mio. DM zum FC Florenz und von dort zum AC Mailand. Mit Beginn der Saison 1994/95 kickte Laudrup äußerst erfolgreich beim Glasgow Rangers FC, dessen Fans ihn „Prince of Denmark" tauften. Anschließend spielte er noch bei Chelsea London, FC Kopenhagen und Ajax Amsterdam. Der kurzbeinige Laudrup war ein Fußballer wie aus dem Bilderbuch, dessen Vorstellungen in der Bundesliga hohen Unterhaltungswert hatten. 1992 wurde er mit Dänemark Europameister. 1995 wurde Laudrup sowohl in Schottland wie in seiner dänischen Heimat zum Fußballer des Jahres gewählt. Beim FC Bayern kam Laudrup mit Erich Ribbeck nicht klar. Laudrup über die Umstände seines Wechsels nach Italien: „Nur der Abschied in München war unerfreulich. Ich hatte aber nur Probleme mit Trainer Ribbeck, und es war ein Fehler, von München wegzugehen." Im Februar 1997 wusste Laudrup nachträglich zu berichten, dass er in München das Delikt der Majestätsbeleidigung begangen hatte. „Mein größter Fehler war, dass ich Beckenbauer kritisiert habe. Das ist so etwas wie eine Todsünde. Ich wurde wegen dieser Geschichte verkauft."

◆ 87 Bundesligaspiele (17 Tore), davon 53 Spiele (11 Tore) für den FC Bayern (1990-92). 82 A-Länderspiele (21 Tore) für Dänemark. Europameister 1992.

Lechler, Josef

Torwart der Meistermannschaft von 1932. Kam vom DSV München zu den Bayern und bestach durch gute Strafraumbeherrschung.

Lerby, Sören (1.2.1958)

Drei Jahre lang umwarb Uli Hoeneß den Dänen. Im Sommer 1983 war es endlich so weit. Lerby wechselte für die Ablöse von 1,8 Mio. DM von Ajax Amsterdam zur Säbener Straße. Für die Amsterdamer hatte Lerby 206 Ligaspiele bestritten. Für den FC Bayern kickte er drei Spielzeiten. Auf dem Spielfeld gab sich Lerby verbissen und spielte den Antreiber. Seine Gegner behaupteten schon mal, er spiele ständig mit Schaum vor dem Mund, und verdächtigten ihn der Einnahme von Aufputschmitteln. Außerhalb des Spielfelds sorgte der Däne für gute Laune. 1986 wechselte er zum AS Monaco. 1987 kehrte Lerby in die holländische Ehrendivision zum PSV Eindhoven zurück. 1988 wurde er mit PSV Meister und Pokalsieger in den Niederlanden und gewann außerdem den Europapokal der Landesmeister. 1989 holte Lerby mit PSV erneut das „Double" und 1990 den Pokal. Nach dieser Saison beendete er seine Spielerkarriere.

Lerbys zweites Gastspiel beim FC Bayern währte nur kurz. Vom 9. Oktober 1991 bis zum 10. März 1992 war der Däne Cheftrainer beim FC Bayern, erwies sich aber in dieser Position als völlig überfordert.

◆ 89 Bundesligaspiele (22 Tore) für den FC Bayern (1983-86). Mit dem FC Bayern Deutscher Meister 1985 und 1986 sowie DFB-Pokalsieger 1984 und 1986. 66 A-Länderspiele (11 Tore) für Dänemark.

Linke, Thomas (26.12.1969)
Der unauffällige, aber extrem zuverlässige Abwehrspieler kam 1998 von Schalke 04. Mit den Blau-Weißen hatte Linke 1997 den UEFA-Cup gewonnen. Seine Karriere begann er als Siebenjähriger 1977 im Osten bei BSG Robotron Sömmerda. Der Auftakt verlief nicht gerade verheißungsvoll: Linke erzielte zwar zwei Tore, doch beide Male landete der Ball im Netz des eigenen Teams, das mit 0:24 unterlag. 1983 wechselte er zu Rot-Weiß Erfurt, von dort 1992 in den Westen zum FC Schalke 04.
Nach der verkorksten EM 2000 wurde Linke noch als Sündenbock abgestempelt. Bei der WM 2002 gehörte er zu den großen Gewinnern. Der Abwehrspieler spielte ein „phänomenales" (Hoeneß) Turnier und etablierte sich mit grundsoliden Leistungen im DFB-Team, das Vize-Weltmeister wurde. Karl-Heinz Rummenigge attestierte ihm, „eine tolle WM abgeliefert" zu haben, sah ihn als „ganz großen Stabilisator in der Abwehr". Ottmar Hitzfeld über seinen Schützling: „Bei Linke stimmt die Einstellung immer. Ein absoluter Profi." Linke selbst sieht sich als „solider Fußballarbeiter", der nie „das große Talent" gewesen sei, sondern sich „immer durchbeißen" musste. In der folgenden Saison 2002/03 wurde der mittlerweile 33-Jährige beim FC Bayern hinter Kahn und Elber mit den meisten Bundesligaeinsätzen (32) notiert. Linke verließ den FC Bayern nach der Saison 2004/05 und schloss sich Red Bull Salzburg an.

◆ 340 Bundesligaspiele (15 Tore), davon 165 Spiele (2 Tore) für den FC Bayern (1998-05). Mit dem FC Bayern Deutscher Meister 1999, 2000, 2001, 2003, 2005, DFB-Pokalsieger 2000, 2003, 2005, Champions-League-Sieger 2001, Weltpokalsieger 2001. 43 A-Länderspiele (1 Tor) für den DFB, Vize-Weltmeister 2002.

Lizarazu, Bixente (9.12.1969)
Der kleine Baske, der in St. Jean de Luz aufwuchs, im baskischen Teil Frankreichs und nahe der Grenze zu Spanien gelegen, kam zur Saison 1997/98 vom Basken-Klub Atletico Bilbao zum FC Bayern. Der linke Außenverteidiger hatte bis dahin noch keinen Titel errungen. Im UEFA-Pokalfinale 1996 war er mit Girondins Bordeaux den Bayern unterlegen gewesen. Für Bordeaux kickte Lizarazu seit 1989. Sein Stammverein hieß Eglantins Hendaye. Beim FC Bayern, wo er ursprünglich nur ein Jahr bleiben wollte, sammelte Lizarazu Titel en masse und avancierte zu einem der weltbesten Spieler auf seiner Position. Dabei fiel er den Großteil seiner ersten Saison wegen Leistenproblemen aus. Doch 1998 wurde Lizarazu mit Frankreich Weltmeister und war fortan auch in der Bundesliga nicht mehr zu stoppen. Die Statistik besagt, dass Lizarazu in der folgenden Spielzeit 1998/99 in der Bundesliga jeden Vergleich mit seinem direkten Gegenspieler gewann.
Lizarazu empfand das Leben in München zunächst schwierig. „Mein Leben im Südwesten Frankreichs ist sehr, sehr wichtig für mich. Das ist mein Land, mein Ozean, meine Heimat. Und ich war so weit entfernt vom Meer und seinem Universum." Nach der Ölkatastrophe vor der Atlantikküste verfasste der Naturliebhaber einen offenen Brief in der

„L'Équipe", in dem er die Verschmutzung der Meere geißelte. Im Dezember 2000 war Lizarazu der erste französische Sportler, der von der baskischen Separatistenorganisation ETA erpresst wurde. Die ETA forderte von Lizarazu die Auszahlung aller Prämien, die er für seinen Einsatz bei der WM erhalten hatte. Lizarazu wurde vorgeworfen, dem „baskischen Volk den Rücken gekehrt und die Farben eines feindlichen Staates (Frankreich) getragen" zu haben. Zugleich gratulierte die ETA Lizarazu zu seinen sportlichen Erfolgen. Zuvor hatte Lizarazu in einem Interview mit dem „Figaro" erklärt: „Ich liebe das Baskenland, das ist ein kleines Paradies." Zur Frage der Unabhängigkeit des Baskenlandes erklärte er: „Ich habe nicht den Eindruck, dass sich die Leute diese Frage heute stellen." Nicht nur Frankreichs Premier Jospin, sondern auch die baskische Autonomieregierung erklärten sich mit dem Kicker solidarisch.

Lizarazu gilt als bescheidener und sympathischer Star, der allerdings schon mal einen Mitspieler „abwatschen" kann. Sowohl Lothar Matthäus wie Niko Kovac kassierten beim Training vom kleinen Basken Backpfeifen. Lizarazu: „Ich bevorzuge es, Konflikte offen auszutragen. Nach zwei Tagen spricht man sich aus, geht was trinken, und das Problem ist erledigt." Nach der Saison 2003/04 beendete Lizarazu seine Karriere beim FC Bayern und kehrte in die französiche Heimat zu Olympique Marseille zurück. Doch nach 14 Ligaspielen für Olympique holten die Bayern ihn im Januar 2005 zurück nach München und verlängerten seinen Vertrag, als sich der als Lizarazu-Nachfolger vorgesehene Philipp Lahm schwer verletzte. Im Sommer 2006 war dann endgültig Schluss mit Bayern, dem Profifußball und München. „München ist wunderschön, hat viele tolle Restaurants, es gibt schöne Ecken, um spazieren zu gehen. Aber meine Heimat ist die französische Atlantikküste. Dort habe ich auf 100 Kilometer das Meer und die Berge. Das ist mein Platz. Ich spiele zwar gerne Fußball, aber in erster Linie liebe ich das Meer. Deshalb werde ich nach meiner Karriere auch dort leben." Lizarazu wurde Moderator beim französischen TV-Sender Canal Plus.

◆ 182 Bundesligaspiele (7 Tore) für den FC Bayern (1997-04, Jan. 2005-06). Mit dem FC Bayern Deutscher Meister 1999, 2000, 2001, 2003, 2005, 2006, DFB-Pokalsieger 1998, 2000, 2003, 2005, 2006, Champions-League-Sieger 2001 und Weltpokalsieger 2001. 102 A-Länderspiele (2 Tore) für Frankreich. Weltmeister 1998, Europameister 2000.

Lucio, Ferreira da Silva (8.5.1978)

Der in Brasilia geborene Brasilianer kickte zunächst für Planaltina EC. 1995-97 Clube Regatas Guara, anschließend Internacional Porto Alegre, von wo ihn Berti Vogts im Januar 2000 zu Bayer Leverkusen holte. Der hoch aufgeschossene (1,88 m) Kicker avancierte zu einem der weltweit besten Innenverteidiger. Gegner fürchten Lucios Tempovorstöße aus der eigenen Hälfte. Dass er diese beherrscht wie nur wenige Abwehrspieler, mag auch daran liegen, dass er als Jugendlicher die Stürmer-Position bekleidete. Lucio: „Ab und an denke ich noch heute: Am liebsten wäre ich Stürmer." Die „Frankfurter Allgemeine Zeitung" charakterisierte ihn als „stürmischsten Abräumer der Welt", dessen „Wucht gegnerische Verteidiger zurückweichen lässt, dessen originelle Spielweise allerlei Überraschungen birgt, dessen raumgreifende Aktionen kaum einzuengen sind." Zur Saison 2004/05 wechselte Lucio zum FC Bayern. Mit einer Ablöse von 12 Mio. Euro war der Brasilianer damals der zweitteuerste Spieler in der Geschichte des FCB. In den letzten Jahren galt Lucio als einer der wenigen Spieler von internationaler Klasse in der Bundesliga. Den Brasilianer zeichnet ein enormer Ehrgeiz und Siegeswille aus.

◆ 154 Bundesligaspiele (20 Tore), davon 62 Spiele (5 Tore) für den FC Bayern (ab 2004). Mit dem FC Bayern Deutscher Meister 2005, 2006, DFB-Pokalsieger 2005, 2006. 56 A-Länderspiele (2 Tore) für Brasilien, Weltmeister 2002 und Confederation-Cup-Sieger 2005.

Lunde, Lars (21.3.1964)
Der Stürmer kam zur Saison 1986/87 für 50.000 DM von Young Boys Bern. Riskierte nach Auffassung einiger seiner Mitspieler und Verantwortlichen häufig eine zu große Lippe. 1988 wurde er an den FC Aarau ausgeliehen. Ein schwerer Verkehrsunfall beendete die Karriere des Dänen vorzeitig. Manager Hoeneß nahm den Kicker in sein Haus auf, pflegte ihn und verhinderte so, dass Lunde zum Sozialfall wurde. Heute arbeitet er als Krankenpfleger in der Schweiz.
◆ 30 Bundesligaspiele (3 Tore) für den FC Bayern (1986-88). Mit dem FC Bayern Deutscher Meister 1987.

Magath, Felix (26.7.1953)
„50 Runden im Power-Tempo, Diagonalläufe Eckfahne - Eckfahne oder Pfosten - Pfosten. Das ging bis zum Erbrechen." So schilderte ein ehemaliger Spieler des FC Bremerhaven die Methoden von Felix Magath zu Beginn seiner Trainerkarriere. Manchmal, so will man sich heute noch in Bremerhaven erinnern, sei nach dem Training „ein Krankenwagen vorgefahren". Eintracht-Frankfurt-Profi Bachirou Salou hielt Magath für den „letzten Diktator Europas". Mannschaftskamerad Jan-Aage Fjörtof wusste zu berichten, dass Magath die Spieler nach Niederlagen angeschwiegen habe. Nach Siegen sei es ihnen auch nicht besser ergangen, denn dann „erwartete uns der längste Waldlauf der Geschichte". Felix Magath („Qualität kommt von Qual") wurde „Quälix" getauft und galt viele Jahre als der „Schleifer" im deutschen Profifußball schlechthin. Sogar Vergleiche mit dem irakischen Diktator Saddam Hussein wurden nicht gescheut. Magath selbst sieht sich nur als Übungsleiter, „der das Selbstverständliche fordert, was man von einem Sportler erwarten darf: Leistungsverbesserung durch Traning". Spitzensportler in der Bundesliga bräuchten Druck, um Höchstleistungen zu bringen.
Als Bundesligatrainer galt Magath lange als typischer Feuerwehrmann mit der „Halbwertzeit eines Softeises im Sommer", wie eine Zeitung schrieb. Magath gelang es binnen kürzester Zeit, Teams aus dem Abstiegsstrudel zu ziehen. Am rettenden Ufer angekommen, zeigten sich schon recht bald Verschleißerscheinungen im Verhältnis zwischen Trainer und Mannschaft, weshalb eine längerfristige Zusammenarbeit nie zustande kam. Dies lag auch an einem archaischen Führungsstil, den er von seinem ehemaligen Trainer und Vorbild Branco Zebec übernommen hatte. Rolf Rüssmann, der Magath später zum VfB Stuttgart holte: „Zebec lebte in Magath weiter." Die Journalisten Frank Hellmann und Thomas Kilchenstein über Magath: „Magath war früher als Spieler ein begnadeter Techniker, aber sensibel und verletztlich, einer, der sich im Konfliktfall eher zurückzog. Als Trainer betreibt er fast schon Vergangenheitsbewältigung durch Projektion. Er unterstellt den Spielern die eigenen Schwächen; die Härte, die er nicht hatte, verlangt er von ihnen. Doch dieser Weg führte ihn in die Sackgasse."
Nach seinem Rausschmiss bei Eintracht Frankfurt Ende Januar 2001 schien Magaths Karriere als Bundesligatrainer tatsächlich beendet. In Deutschland galt er als Auslaufmodell. Der Trainer wollte auswandern, um irgendwo sein Glück zu versuchen, wo die Kicker noch nicht so „verdorben" waren wie im Business Bundesliga. Magaths fast schon märchenhafte Wiederauferstehung begann nur wenige Wochen später im Februar 2001, als ihn ein Hilferuf des abstiegsbedrohten VfB Stuttgart ereilte. Beim VfB entwickelten sich die Dinge nach der Rettung der Schwaben völlig anders als bei Magaths vorherigen Stationen. 2002/03 wurde Magath mit einer jungen und hungrigen Mannschaft überraschend Vizemeister. Vor dem Start in die Saison stand der VfB mit 20 Mio. Euro in den Miesen. Was dem Klub noch an Kapital blieb, war seine vorzügliche Nachwuchsabteilung. Die finanzielle Situation des VfB erforderte einen radikalen personalpolitischen Wandel, und Magath erwies sich diesbezüglich als Idealbesetzung. Dank

dem Trainer gelang dem Klub die Abwendung des drohenden Konkurses, dem der Aufstieg in das wirtschaftlich obere Tabellendrittel der Bundesliga folgte. 2003/04 spielte der VfB in der Champions League und ließ dort Manchester United stolpern. In der Bundesliga wurde das Team Vierter.
In Stuttgart trainierte Magath nicht viel anders als bei seinen vorherigen Arbeitgebern, hatte aber mit einer „unverdorbenen" Mannschaft zu tun, deren Stars er nicht übernahm, sondern selber schuf. Der Trainer gab sich gegenüber den Spielern zugänglicher und lockerer, wenngleich er auch weiterhin auf Distanz bedacht blieb. „Es ist kein Geheimnis, dass er nicht gerade viel mit uns redet", äußerte VfB-Spieler Horst Held. Doch wüssten die Spieler, „worauf es ihm ankommt." VfB-Manager Rüssmann sorgte dafür, dass auch die Öffentlicheit von Magaths Wandel erfuhr. Hellmann/Kilchenstein: „Auf einmal war das Bild vom geläuterten, veränderten, umgänglicheren Magath im Umlauf – und Magath wurde anders. ‚Er hat eine eigene Identität bekommen, ohne seinen Prinzipien untreu zu werden', sagt Rüssmann. Der Schleifer bekam ein menschliches Antlitz. Und weil Magath in der Lage war, sich zu ändern, ist er für den FC Bayern interessant geworden."
In Stuttgart wurde Magath nicht gegangen, sondern ging von selber. Der Trainer wollte mehr: „Eine echte Chance, mit meiner Mannschaft Deutscher Meister zu werden, hatte ich in Stuttgart nicht." Gleichzeitig lockten die Bayern, für die der geläuterte Magath nach der Ära Hitzfeld genau der richtige Mann zu sein schien. Magath sollte für Fitness, Ordnung und Disziplin sorgen und dem Rekordmeister einen offensiveren, aggressiveren und schnelleren Fußball verabreichern. Doch Magath ereilte schon bald das Dilemma seiner Vorgänger an der Säbener Straße, von denen ebenfalls nicht weniger verlangt wurde, als nicht nur erfolgreich, sondern auch schön zu spielen. Zwar gewann er mit den Bayern zweimal in Folge das „Double" aus Meisterschaft und Pokal (was vor ihm noch keinem Bayern-Trainer gelungen war), konnte aber auf europäischer Ebene wenig bewegen. Und die „erfolgsorientierte" Spielweise seines Teams genügte nicht immer den Anforderungen der Vereinsoberen. Im zweiten Jahr bei den Bayern wurde nach dem Champions-League-Aus erstmals leise Kritik laut, die in den ersten Monaten der Saison 2006/07 zusehends lauter wurde. Insbesondere zwischen dem Vorsandsvorsitzenden Karl-Heinz Rummenigge und Magath knallte es, als Rummenigge mal wieder schönen und erfolgreichen Fußball forderte, die Bayern aber in der Liga anfangs weder schön noch erfolgreich spielten. Auch in Sachen Podolski vertrat Rummenigge eine andere Auffassung als der Trainer, indem er den Einsatz des Neuzugangs forderte. Außerdem verlangte er vom Trainer, er möge mehr Druck auf die Spieler ausüben. Im Gegensatz zu vielen seiner vorherigen Stationen, war es Magath gelungen, den Schulterschluss mit vielen seiner Spieler zu praktizieren, indem er sich schützend vor diese stellte. Im Hintergrund spekulierte man bereits über Rummenigges Wunschkandidat für den Trainerposten: Marco van Basten. Doch zunächst wurde, auf Betreiben von Uli Hoeneß, der im Juni 2007 auslaufende Vertrag mit Magath um ein Jahr vorzeitig verlängert. Der „Kicker" im Oktober 2006: „Magath scheint längst zu wissen: Alt wird er bei diesen Bayern sehr wahrscheinlich nicht."
Magath ist ein passionierter Schachspieler: „Schach ist für mich neben Fußball der schönste Sport, weil es aufgrund der Figuren auch ein Mannschaftssport ist." Die Theorie des Fußballs habe er erst über das Schachspiel begriffen. Seinen Kollegen rät Magath deshalb, das Schachspiel zu beherrschen, weil es „viele Gemeinsamkeiten mit Fußball" gebe: „Wo das Tor steht, ist der König."

Mai, Karl (27.7.1928 - 15.3.1993)
Der rechte Außenläufer spielte 17 Jahre für die SpVgg. Fürth, für die er bereits 17-jährig in der „Ersten" debütierte. Nach 182 Oberligaspielen für die Ronhofer wechselte Mai 1958 zum FC Bayern. 1953 wurde Mai erstmals in die Nationalmannschaft berufen, für die er dann 21-mal auflief. Den größten Erfolg seiner Karriere feierte er bei der WM 1954 in der Schweiz, als er mit dem DFB-Team Fußballweltmeister wurde. Sein letztes Länderspiel bestritt Mai, als er bereits das Trikot des FC Bayern trug: am 20. Mai 1959 in Hamburg gegen Polen (1:1). Für den FCB kickte Mai drei Oberligaspielzeiten. Anschließend spielte er noch für Young Fellows Zürich und den FC Dornbirn. Als Trainer arbeitete Mai in Kempten, bei Wacker München, in Ingoldstadt und in Nürnberg. Ab 1974 war er als Sportlehrer an einer Nürnberger Hauptschule angestellt. In München besaß der Weltmeister ein Schreibwarengeschäft.

◆ 67 Oberligaspiele (2 Tore) für den FC Bayern (1958-61). 21 A-Länderspiele (1 Tor). Weltmeister 1954.

Maier, Josef (28.2.1944)
Die „Katze von Anzing" bildete mit Franz Beckenbauer und Gerd Müller viele Jahre das Rückgrat des FCB. Der gelernte Bauschlosser wollte ursprünglich Schauspieler werden. Doch als Torhüter konnte er mehr Menschen unterhalten denn als Mime eines bayerischen Volkstheaters. Das Tor wurde Maiers Bühne. Der Keeper kam 1958 vom Vorstadtklub TSV Haar zum FCB. Sein Debüt in der 1. Mannschaft gab er in der Oberligasaison 1962/63. In der folgenden ersten Regionalligasaison verdrängte er Fritz Kosar als Nummer eins. Die nächsten Jahre stand Maier in München zunächst im Schatten des populären Löwen-Keepers Petar Radenkovic, dem ersten Showstar der Bundesliga, der auch zu deren ersten Großverdienern gehörte. Doch in Bayerns erster Bundesligasaison 1965/66 sangen die Fans beim Derby in Anspielung auf Radenkovics Schlager „Bin i Radi, bin i König": „Bin i Radi, bin ich Depp – König ist der Maier Sepp." Als der auf den Bayern-Keeper mittlerweile aufmerksam gewordene Bundestrainer Schön Maier mitteilte: „Ich sehe mir ein Punktspiel an, um Ihre Abschläge genau unter die Lupe zu nehmen", erwiderte dieser trocken: „Wo sitzen's denn auf der Tribüne, Herr Schön? Wenn ich das weiß, dann bekommen's von mir die Bälle dorthin..."
Von seinen 473 Bundesligaspielen für den FC Bayern absolvierte Maier 442 (also rund 13 Jahre) ohne Unterbrechung. Mit 95 Länderspielen ist Maier Rekordtorhüter der Nationalmannschaft, mit der er 1972 Europameister und 1974 Weltmeister wurde. Maier war bei vier WM-Turnieren dabei. 1966 musste er noch 22-jährig die Bank drücken, bei der WM 1978 schied er 34-jährig mit dem DFB-Team vorzeitig aus. Sein Traum von einer fünften WM-Teilnahme wurde am 14. Juli 1979 durch einen schweren Autounfall, der das Ende seiner Karriere bedeutete, zerstört. Eigentlich wollte der Ausnahmetorwart Maier „bis 45" im Tor stehen. Anlässlich seines 50. Geburtstags (1994) revidierte er allerdings seine Meinung: „Vielleicht war es doch gut, so wie es gekommen ist. Der Fußball ist nicht mehr lustig. Die Fans, die Medien, die Spieler. Alles hat sich verändert."
Maier wurde und wird als „Karl Valentin des Fußballs" charakterisiert und gilt noch heute – neben Ente Lippens – als größter Spaßvogel in der Geschichte der Bundesliga. Am Anfang seiner Entertainertätigkeit stand der Frust: Zur WM 1966 war Maier nur als dritter Keeper gefahren und verlegte sich deshalb auf die Spaßmacher-Rolle, was die Presse begierig aufgriff. Maier beschloss, dieses Image weiter zu pflegen. Im Olympiastadion hechtete ein beschäftigungsloser Maier mit Paraden Tauben hinterher. Zwar erklärt er den Humor zu seiner „besten Waffe", wehrt sich aber gegen das Image vom „Clown": „Ich bin kein Clown, sondern ein ernsthafter Mensch. Wenn ich will, kann ich auch lustig sein." Franz Beckenbauer über seinen ehemaligen Mitstreiter: „Sepp Maier ist ein Mann, der gegen sein Misstrauen ankämpfen muss. Seine Heiterkeit hat immer auch einen ernsthaften Hintergrund, er braucht sie, um Schwierigkeiten zu überwinden." Scharfe Kritik übte Maier am übertriebenen Krafttraining der heutigen Torwartgeneration: „Ein Torhüter soll kein Mister Universum werden, sondern geschmeidig und schnell sein. Es ist noch kein Gewichtheber 100 Meter in elf Sekunden gelaufen."
Seit 1987 ist Maier Torwarttrainer der Bayern. Beim DFB wurde er in dieser Funktion in der Ära Klinsmann geschasst, u.a. weil er sich allzu deutlich für seinen Schützling Oliver Kahn als Nummer eins im DFB-Tor ausgesprochen hatte.
◆ 473 Bundesligaspiele für den FC Bayern (1965-79). Deutscher Meister mit dem FC Bayern 1969, 1972, 1973, 1974, DFB-Pokalsieger 1966, 1967, 1969, 1971, Europapokalsieger der Pokalsieger 1967, Europapokalsieger der Landesmeister 1974,

1975, 1976, Weltpokalsieger 1976. 95 A-Länderspiele. Weltmeister 1974, Vize-Weltmeister 1966, WM-Dritter 1970, Europameister 1972, Vize-Europameister 1976. Fußballer des Jahres 1975, 1977, 1978.

Makaay, Roy (9.3.1975)
Der niederländische Stürmer, der aus dem an der Grenze zu Deutschland gelegenen Dorf Wijchen stammt, wurde 1993 vom deutschen Trainer Herbert Neumann bei den Junioren von Vitesse Arnheim entdeckt und in die 1. Mannschaft geholt. Neumann: „Makaay spricht mit beiden Füßen." Vitesse hatte sich der Juniorenspieler Makaay 1989 angeschlossen. Zuvor war der Nachwuchsstürmer bei Woezik Wikchen, DIOSA Ravenstein, Blau-Wit Nijmegen und NEC Nijmegen am Ball.Für Vitesse absolvierte Makaay 109 Erstliga-Spiele, in denen er 42 Tore schoss. 1997 wechselte Makaay in die spanische Primera Division zu CD Teneriffa. Nach 72 Erstliga-Einsätzen für Teneriffa (21 Tore) wurde der schlacksige Angreifer (Körpergröße: 1,88 m) zur Saison 1999/2000 für 7 Mio. Euro von Deportivo La Coruña verpflichtet. Dort kam er in 133 Erstliga-Spielen bis zum Ende der Saison 2002/03 auf die stolze Zahl von 79 Toren. Im Europapokal traf Makaay in 37 Spielen 15-mal. In der Saison 2002/03 wurde Makaay mit 29 Toren Torschützenkönig der Primera Division, die zu diesem Zeitpunkt als beste Liga der Welt galt. Die Trefferzahl bedeutete auch den „Goldenen Schuh" für den besten Torschützen Europas. In der gleichen Spielzeit schoss er in den beiden Begegnungen zwischen Deportivo La Coruña und dem FC Bayern in der Champions League vier der fünf Tore der Spanier, die beide Male die Oberhand behielten. Bei seinem letzten von drei Treffern zum 3:2-Sieg gegen die Bayern, allesamt vorbereitet vom genialen Spielmacher Valeron, ließ es sich Makaay nicht nehmen, Oliver Kahn zu tunneln. Der Torjäger anschließend: „Es gibt nichts Schöneres, als gegen Deutsche Tore zu schießen." Mit Deportivo wurde Makaay spanischer Meister 2000, spanischer Pokalsieger 2002 sowie spanischer Supercupsieger 2001 und 2003.
Im Frühjahr 2003 kündigte Makaay an, er wolle am liebsten nach England wechseln. Ein lukratives Angebot kam allerdings zunächst nur vom FC Bayern. Die „Frankfurter Rundschau" schrieb damals: „Makaay ist das Luxusbeispiel für das Platzen der Transferblase im internationalen Fußball. Obwohl er der Idealbeschreibung eines Profis entspricht – technisch hervorragend, beidfüßig, auf mehreren Positionen einsetzbar, im besten Alter, pflegeleicht, ein Teamspieler – finden sich aufgrund der Finanzkrise selbst für ihn kaum noch zahlungswillige Interessenten. (...) In diesem Klima des Verzagens versuchen Roy Makaay, sein Agent Rob Jansen und neuerdings auch Deportivo, das sich mit seinem Abgang offenbar abgefunden hat, nun selber angestrengt, eine Auktion in Gang zu bringen, auf dass sich doch noch ein paar Bieter aus Makaays gelobtem Land England oder zumindest aus Spanien finden und den Preis nach oben treiben. (...) Dabei kommt ihnen das Angebot des FC Bayern sehr gelegen, auch wenn Makaay noch im April offen heraus sagte, ihn reize die Bundesliga nicht so sehr. Makaay ist ein Anhänger jener niederländischen Schule, die das schöne Spiel als hohes Gut sieht und die Meinung pflegt, beim taktisch vorsichtigen Fußball in Deutschland und Italien könne sich ein Stürmer nicht entfalten."
Am 4. August 2003 konnte der FC Bayern nach einer wochenlangen, ermüdenden Transferaffäre endlich Vollzug melden: Der 28-jährige Niederländer wechselte für 18,75 Mio. Euro zum deutschen Rekordmeister und unterschrieb dort einen Vierjahresvertrag, der ihm ein Jahresgehalt von 3,75 Mio. zusicherte. Für jede Meisterschaft während der Laufzeit des Vertrags müssen die Bayern 500.000 Euro an La Coruña nachzahlen, im Falle des Gewinns der Champions League sogar eine Million. Makaay war der mit Abstand teuerste Einkauf in der Geschichte des FC Bayern und zweitteuerste in der Geschichte der Bundesliga.

Trotz seiner Klasse kickte Makaay bis zum Wechsel nach München eher in der Provinz, was wohl mit ein Grund war, warum sich der Torjäger in der niederländischen Nationalmannschaft als Stammkraft über einen längeren Zeitraum nicht etablieren konnte und daheim kaum wahrgenommen wurde. Die hochkarätige Konkurrenz in der Nationalmannschaft – u.a. Van Nistelrooy und Kluivert, später Arjen Robben und Robin van Persie – spielte bei Manchester United, FC Barcelona, Chelsea FC oder und Arsenal. Roy Makaay über seinen neuen Arbeitgeber: „Nach Real Madrid ist Bayern München der größte Klub in Europa. Über Bayern hört man nie etwas Negatives, da wird immer pünktlich gezahlt, da ist alles klasse. Die Münchner sind ein Superklub."
Jupp Heynckes, der den Niederländer während seiner Trainertätigkeit in Spanien häufig beobachten konnte: „Makaay ist richtig gut, schnell, hat links und rechts einen Superschuss, der spielt am liebsten vorne drin." Für Johan Cruyff verstand Makaay „wie kein anderer die Kunst des Laufens ohne Ball". Ein ehemaliger Gegenspieler des Torjägers: „Den kann man nicht decken. Denn er ist eigentlich nie am Ball, doch wenn er ihn hat, dann ist es zu spät, dann hat er gerade getroffen." Für Bayerns Innenverteidiger Thomas Linke dokumentierte auch Makaays mitunter minutenlanges Spazierengehen auf dem Spiefeld seine große Klasse: „Es gibt Stürmer, die rennen und rennen, und als Verteidiger denkt man sich, Mamma mia, bleib doch mal stehen. Aber denen fehlt im entscheidenden Moment die Konzentration vor dem Tor, weil sie sich verausgabt haben. Roy passiert das nicht." Der „Spiegel" charakterisierte Makaays Spielweise wie folgt: „Meist lauert er auf Höhe der gegnerischen Abwehrreihe auf einen Pass in die Tiefe. International gilt diese Spielweise en vogue, weil sich so die bei Spitzenclubs beliebte Defensivtaktik der Viererkette am besten aushebeln lässt." Und über seine brillante Schusstechnik: „Zu seinen Spezialitäten zählt, nicht den einfachen, sicheren Schuss aufs Tor zu setzen, der eine leichte Beute für den Torhüter sein könnte, sondern den schwierigen, gewagten, der den Torhüter überfordert."
„Ich knacke jede deutsche Abwehrreihe", verkündete Makaay vor seinem Wechsel nach München. Damit lag er auf einer Linie mit Manager Uli Hoeneß: „Wir erwarten nur eines: Tore. Mehr nicht." Des Managers Erwartungen wurden erfüllt: In der Saison 2003/04 erzielte der Niederländer in der Bundesliga 23 Tore, 2004/05 waren 22, 2005/06 17. Auch in Europa ließ sich Makaay nicht lumpen und kam bislang in insgesamt 61 Einsätzen auf 30 Tore. Roy Makaay, nach Martin Jol (1978-79) und Jan Wouters (1991-94) der dritte Niederländer in der Bundesligageschichte des FC Bayern, ist der effektivste Stürmer des Rekordmeisters seit den Tagen von Gerd Müller.
◆ 96 Bundesligaspiele (62 Tore) für den FC Bayern (ab 2003). Mit dem FC Bayern Deutscher Meister 2005, 2006 und DFB-Pokalsieger 2005/2006. 43 A-Länderspiele für die Niederlande (2 Tore).

Mathy, Reinhold (12.4.1962)
Der Stürmer kam 1980 vom FC Memmingen zum FC Bayern. Mathy galt bald als eines der größten Talente des deutschen Fußballs. Uli Hoeneß sprach sogar vom „größten Talent, das in den letzten zehn Jahren bei uns spielte". Der ganz große Durchbruch blieb jedoch aus. Nach sieben Jahren beim FC Bayern wechselte Mathy 1987 zu Bayer Uerdingen. Für die Krefelder spielte er noch 78-mal in der Bundesliga (13 Tore). 1990 ging Mathy dann zum FC Wettingen in die Schweiz.
◆ 178 Bundesligaspiele (34 Tore), davon 100 Spiele (21 Tore) für den FC Bayern (1980-87). Mit dem FC Bayern Deutscher Meister 1981, 1985, 1986, 1987 sowie DFB-Pokalsieger 1982, 1984, 1986.

Matthäus, Lothar (21.3.1961)
Der Rekordnationalspieler begann seine Karriere 1970 beim „Puma-Klub" FC Herzogenaurach. 1979 wechselte er aus dem Frankenland in die Bundesliga zu Borussia Mönchengladbach, wo-

hin ihn der nachwuchsfreundliche Jupp Heynckes holte. Heynckes: „Er spielte als 17-Jähriger an jedem Wochenende mindestens zweimal, in der Jugendmannschaft und in der Verbandsligaelf des FC Herzogenaurach, überdies noch in der Jugendnationalmannschaft. Ich war sofort begeistert von ihm." Bereits nach wenigen Spielen war Matthäus Stammspieler auf dem Bökelberg. Heynckes: „Ich habe mit eigenen Augen miterlebt, wie Lothar beim Fünf-gegen-zwei-Spielchen einen Mitspieler, der ihn veräppeln wollte, mit Ball auf die Aschenbahn gegrätscht hat. Somit wusste jeder gleich Bescheid: Hoppla, dieser Junge will zeigen, dass er einer ist."

Nach nur einem Jahr Bundesliga fuhr Matthäus 19-jährig mit der DFB-Auswahl zur EM in Italien, wo er am 14. Juni 1980 in Neapel gegen die Niederlande sein Debüt als Nationalspieler gab und wenig später Europameister wurde. 1984 wechselte Matthäus zum FC Bayern. 1988 ging es nach Italien, wo Matthäus bis 1992 für Inter Mailand kickte. Mit Inter wurde er 1989 Italienischer Meister und 1991 UEFA-Cup-Sieger. Aufgrund einer schweren Verletzung ließ Inter ihn zur Saison 1992/93 zurück nach München ziehen. Das erfolgreichste Jahr seiner Karriere war das Jahr 1990. Als Kapitän führte Matthäus die DFB-Auswahl zu ihrem dritten WM-Titel. Anschließend wurde der Mittelfeldmotor deutscher „Fußballer des Jahres" „Europas Fußballer des Jahres" und „Weltfußballer des Jahres" und „Weltsportler des Jahres". Letzteren Titel konnten vor ihm nur zwei weitere Fußballer erringen: Pelé und Maradona.

Italien war bereits nach 1982 und 1986 Matthäus' dritte WM. Seine vierte WM-Teilnahme 1994 in den USA bedeutete das vorläufige Ende seiner Nationalmannschaftskarriere. Matthäus wurde bezichtigt, die Boulevardpresse permanent mit Internas zu versorgen. Die Spieler von Borussia Dortmund und Bayern München einigten sich darauf, auf Matthäus' Dienste zukünftig zu verzichten. Matthäus war zu diesem Zeitpunkt bereits Rekordnationalspieler des DFB. Der Weltrekord als Nationalspieler blieb ihm aufgrund des „Komplotts" zunächst verwehrt. Auch hielt man ihn für eine Ernennung zum Ehrenspielführer, in einer Reihe mit Fritz Walter, Uwe Seeler und Franz Beckenbauer, für charakterlich ungeeignet. Zur WM 1998 wurde Matthäus nach dreieinhalbjähriger Länderspielpause von Berti Vogts zurück ins Team geholt. Sein letztes Turnier war die EM 2000. Matthäus hat somit an fünf Weltmeisterschaften (1982, 1986, 1990, 1994 und 1998) sowie vier Europameisterschaften (1980, 1984, 1988, 2000) teilgenommen. Von den großen Turnieren 1980 bis 2000 verpasste er nur die EM 1996 (nicht berücksichtigt) und EM 1992 (verletzungsbedingt).

Während seine fußballerischen Qualitäten unbestritten waren, galt das für den Menschen Matthäus weniger. Schon Anfang der 1980er wusste der damalige DFB-Assistenztrainer Erich Ribbeck über den notorischen Dampfplauderer und Handy-Benutzer zu berichten: „Sogar wenn wir den Speiseplan diskutieren, quakt er noch dazwischen." Rudi Völler empfahl ihm später, seine Ansprache „an die Klobrille" zu richten. Pierre Littbarski behauptete gar, die profilierungssüchtige Primadonna laboriere an einem Dachschaden. Sein Ziehvater und Präsident Beckenbauer bemerkte noch im Frühjahr 1997 über den Bayern-Kapitän: „Wer viel redet, redet auch viel Unsinn." Matthäus demontierte sich als Aushängeschild des deutschen Fußballs auch außerhalb des Platzes durch rassistische und sexistische Ausfälle. Zum grandiosen Eigentor geriet ein mit Hilfe eines „Bild"-Reporters niedergeschriebenes so genanntes „Tagebuch", in dem Matthäus Einblick in eine schlichte Gedankenwelt gewährte: „Das Hotel – unter aller Kanone. Es liegt im Armutsviertel. Nichts los rundrum. (...) Der Afrikaner, der hat eine andere Mentalität." Karl-Heinz Rummenigge legte, auf das Werk angesprochen, Wert darauf, dass er nicht „zu den 50.000 Deppen" zähle, die das „Tagebuch" bereits gelesen hätten. Selbst Franz Beckenbauer, der lange Zeit über seinen Lieblingsschüler seine schützenden Hände gehalten hatte, sah sich zum Handeln genötigt und entzog Matthäus die Kapitänsbinde. Die „Zeit" über das Buch: „Matthäus' Tagebuch wurde zwar kein Bestseller, aber der Autor vermutlich dennoch zum Weltrekordhalter: Kein anderes Werk hat eine vergleichbare Telefonier- und Funklochdichte." Im Privatleben taumelte Matthäus nach seiner Trennung von Frau Sylvia von einer Peinlichkeit in die nächste. Bei vielen seiner Kollegen war Matthäus wegen seiner Schwatzhaftigkeit, seines notorischen Informantentums gegenüber der Boulevardpresse und seiner Suche nach privilegierten Beziehungen zu einigen Funktionären ausgesprochen unbeliebt.

Was man Matthäus nie absprechen konnte, waren seine enormen Kämpferqualitäten. 1992 überstand er einen Kreuzbandriss. Im Januar 1995 riss die Achillessehne und musste zweimal operiert werden. Trotzdem gelang es dem Rekordnationalspieler immer wieder, sich an oberstes Niveau heranzuarbeiten. Der „Kicker" bescheinigte ihm eine „bewundernswerte, selbstquälerische Energieleistung".

Während der Saison 1999/2000 nahm Matthäus nach insgesamt zwölf Jahren beim FC Bayern Abschied. Sein letzter Auftritt im Bayern-Trikot erfolgte am 8. März 2000 im Champions-League-Spiel gegen Real Madrid, das die Bayern mit 4:1 gewannen. Matthäus war nur wenige Tage von seinem 39. Geburtstag entfernt. Mit 150 Länderspielen ist Matthäus Rekordnationalspieler und im Übrigen der einzige Deutsche, der in der Bundesliga in vier Jahrzehnten – von 1979 bis 2000 – gekickt hat. Matthäus wechselte in die amerikanische Profiliga MLS, wo er für die New York/New Jersey Metro Stars spielte. In den USA hielt es ihn jedoch nicht lange. Matthäus wurde Trainer bei Rapid Wien, wo er die in ihn gesetzten Erwartungen nicht erfüllen konnte, und anschließend bei Partizan Belgrad. Mit Partizan wurde Matthäus 2003 Landesmeister von Serbien-Montenegro. Vom 1.1. 2004 bis 31.12.2005 trainierte Matthäus die Nationalmannschaft Ungarns. Sein größtes Erfolgserlebnis in dieser Zeit war ein 2:0-Sieg über Deutschland auf dem Lauterer Betzenberg aus Anlass des 50. Jubiläums des „Wunder von Bern". Seit der Saison 2006/07 ist er Trainer von Red Bull Salzburg, wo sich diverse Ex-Bayern trafen.

Im November 2002 gab Matthäus seine Ehrenmitgliedschaft beim FC Bayern zurück. Anlass war ein Disput mit Uli Hoeneß über die Einnahmen aus seinem Abschiedsspiel. Die Angelegenheit mündete in eine peinliche Gerichtsposse, bei der Matthäus klein beigeben musste. Hoeneß beschied dem ehemaligen Bayern-Matador, dem Ambitionen nachgesagt werden, beim FC Bayern einzusteigen: „Solange Rummenigge und ich was zu sagen haben, wird Matthäus nicht mal Greenkeeper im neuen Stadion."

◆ 464 Bundesligaspiele (121 Tore), davon 302 Spiele (85 Tore) für den FC Bayern (1984-88, 1992-00). Mit dem FC Bayern Deutscher Meister 1985, 1986, 1987, 1994, 1997, 1999, 2000, DFB-Pokalsieger 1986, 1998, 2000, UEFA-Cup-Sieger 1996. 150 A-Länderspiele (23 Tore) für den DFB. Weltmeister 1990, Vize-Weltmeister 1982, 1986, Europameister 1980. Fußballer des Jahres 1990 und 1999. Europas Fußballer des Jahres 1990, Weltfußballer des Jahres 1990, Weltsportler des Jahres 1990.

McPherson, Jim

Der schottische Trainer, der als Spieler mit Newcastle United englischer Pokalsieger wurde, führte den FCB 1927 zur ersten Süddeutschen Meisterschaft. Josef Pöttinger über den Shagpfeifen-Raucher: „Oft entzog er uns den Ball und ließ uns rennen. Er verstand von Kondition und Fitmachen mehr als jeder andere, den ich kennen lernte. (...) Er machte uns mit dem Ball schneller, als es der Gegner ohne Ball war. Plötzlich konnten wir unsere Technik, die gepflegte Ballbehandlung, im Vertrauen auf unsere körperliche Fitness, nach Wunsch spielend gebrauchen." 1927 verließ McPherson den FC Bayern.

Moll, Herbert (13.12.1916 - 10.2.2002)

Moll zählte zu den Leistungsträgern des FCB in den 1930er und 1940er Jahren. „Bertl", der sich 1931 als Jugendlicher dem FC Bayern anschloss (zeitgleich mit Jakl Streitl), gab sein Debüt in der 1. Mannschaft am 1. Mai 1935 gegen Waldhof Mannheim. In einer Chronik zum 70-jährigen Bestehen des Vereins heißt es: „Er darf ohne Übertreibung als Muster eines wahren Sportlers bezeichnet werden. Seine Fairness auf dem Spielfeld, seine Hingabe für die Mannschaft und den Verein sowie ganz allgemein seine charakterlichen Eigenschaften waren beispielhaft." Hans Schiefele nannte ihn einen

„Gentleman des grünen Rasens". Moll über seine Anfänge in der „Ersten" des FC Bayern: „Nach dem Training hat es zwei Mark gegeben und einen Bon fürs Essen; wir haben auch eine staatspolitische Prüfung machen müssen; dafür wurden wir geschult und danach ist das Prüfungsergebnis in den Spielerpass eingetragen worden."
Moll gehörte bei der Olympiade 1936 zum Kader der Nationalmannschaft (gemeinsam mit Ludwig Goldbrunner und Willy Simetsreiter), kam allerdings nicht zum Einsatz. 1938 wurde er von Reichstrainer Herberger zum Länderspiel gegen Ungarn eingeladen, musste aber wegen einer schweren Meniskusverletzung absagen. Der „begnadete Außenläufer" (Hans Schiefele) zählte 16 Jahre lang mit Conny Heidkamp und Ludwig Goldbrunner zu den Stützen des FC Bayern. Der hochgewachsene, blonde Moll galt als „intelligent, aufopfernd und immer hochanständig". Moll bestritt nach dem Krieg auch noch 136 Oberligaspiele (3 Tore) für den FCB, bevor er seine Karriere 1951 beendete. Sein letztes Meisterschaftsspiel hatte Moll am 29. April 1951 gegen die SpVgg. Fürth (2:1). In der Saison 1954/55 wurde er hauptamtlicher Trainer der Bayern, nachdem das Team die Erstklassigkeit verlassen musste. Unter Molls Leitung kehrte der FC Bayern nur ein Jahr später in die Oberliga Süd zurück.
Herbert Moll, von Beruf Dozent an der Akademie für Graphik und Buchdruck, war Ehrenspielführer und Ehrenmitglied des Vereins. Das Idol des Münchner Fußballs starb 85-jährig am 10.2.2002 nach schwerer Krankheit.

Mrosko, Karl-Heinz (11.10.1946)
Der langmähnige Mittelfeldspieler kam 1969 vom Regionalligisten Stuttgarter Kickers. Der technisch gute und mit viel Spielwitz ausgestattete Spieler provozierte den Unmut des Kaisers, als er diesen beim Training tunnelte. Nach zwei Jahren verließ Mrosko den FC Bayern wieder und kickte in der Erstklassigkeit noch ein Jahr für Hannover 96, das dann allerdings abstieg. Nach dem Ende seiner Spielerkarriere saß Mrosko auf der Trainerbank, so u.a. beim Zweitligisten TSV Havelse. Hauptberuflich verdingte er sich aber als Rechtsanwalt.
◆ 79 Bundesligaspiele (16 Tore), davon 50 Spiele (13 Tore) für den FC Bayern (1969-71). Mit dem FC Bayern DFB-Pokalsieger 1971.

Müller, Gerd (3.11.1945)
„Vielleicht wären wir ohne Gerd Müller und seine Tore noch immer in unserer alten Holzhütte an der Säbener Straße." So Bayern-Präsident Franz Beckenbauer im November 1995 anlässlich des 50. Geburtstags des Ex-Bayern-Torjägers. Gerd Müllers Beitrag zum Aufstieg des FCB von einem Zweitligisten zum europäischen Spitzenverein ist kaum zu überschätzen. „Bomber" und „Kaiser" bildeten ein unschlagbares Duo. Beckenbauer über den 1,76 m großen Stürmer von gedrungener Gestalt: „Er machte Tore aus jeder Lage, hatte einen ungewöhnlichen Instinkt. Im Doppelpassspiel verstand ich mich mit ihm blind. Ich war einer, der durch die Mitte gespielt hat und auf kürzestem Wege den Erfolg suchte. Außen waren mir die Wege zu weit. Allerdings, ohne den Gerd hätte ich mir wohl etwas anderes überlegen müssen."
Der gelernte Weber kam 18-jährig zur Saison 1964/65 vom damaligen schwäbischen Amateurligisten TSV 1861 Nördlingen, wo er seit seinem neunten Lebensjahr kickte. Als 17-Jähriger schoss er für die Nördlinger in der 2. Amateurliga 180 von 204 Toren. In seiner Jugend hatte Müller davon geträumt, als Senior das Trikot des 1. FC Nürnberg zu tragen. „Mein Idol war Max Morlock. Ich wäre auch gerne zum Club gegangen, denn daheim in Nördlingen gab es nur Club-Anhänger." Initiator des Wechsels zur Säbener Straße war der damalige FCB-Geschäftsführer Walter Fembeck. Den ersten Kontakt hatte allerdings ein langjähriges Bayern-Mitglied namens Kotter aus Kaufbeuren hergestellt. Als Nördlingen in der Saison 1963/64 im allgäuischen Oberstdorf spielte, sprach dieser nach dem Schlusspfiff Müller an: „Hätten Sie nicht Lust, zum FC Bayern München

zu gehen?" Müller: „Lust hätte ich schon. Aber die werden nicht grad auf mich warten!" Kotter: „Ich werde mal mit dem Vorstand reden." Die Ablöse betrug 3.000 DM plus 1.200 DM für drei Bayern-Auswahlspiele Müllers. Müller erhielt nach eigenem Bekunden kein Handgeld (andere Quellen sprechen von 6.000 DM) und ein Anfangsgrundgehalt von 160 DM plus 400 DM als Möbelverkäufer. Und 50 Mark Prämie gab's für einen Sieg.

Müller ging zum Regionalligisten FC Bayern, weil er sich beim Bundesligisten TSV 1860 in Anbetracht der Namen Brunnenmeier, Heiß und Küppers keine Chance ausrechnete. „Darum ging ich eine Stufe tiefer. Ich wollte spielen." Erst im elften Punktspiel der Saison 1964/65 kam Müller zu seinem Debüt in der 1. Mannschaft, nachdem er zuvor in der Reserverunde beim 5:2-Sieg gegen den TSV 1860 drei Tore geschossen hatte. Präsident Neudecker hatte „Tschik" Cajkovski, der dem Goalgetter später den Spitznamen „kleines, dickes Müller" verpasste, gewarnt: „Wenn der nicht spielt, gehe ich nie wieder auf den Fußballplatz." In den 26 Meisterschaftsspielen, die Müller in der Regionalliga-Saison 1964/65 noch verblieben, schoss der Nachwuchsmann 32 Tore.

In der Saison 1966/67 gewann Müller mit 28 Treffern erstmals die Torjägerkanone (gemeinsam mit Lothar Emmerich von Borussia Dortmund). In den zwölf Spielzeiten von 1966 bis 1978 hieß der Sieger des Torjäger-Wettbewerbs siebenmal Gerd Müller, der damit die Trophäe so häufig gewann wie kein anderer Bundesligaspieler. Denn auch in den Spielzeiten 1968/69 (30), 1969/70 (38), 1971/72 (40!!!), 1972/73 (36), 1973/74 (30, gemeinsam mit Jupp Heynckes) und 1977/78 (24, gemeinsam mit Dieter Müller) hieß der Torschützenkönig Gerd Müller. Seine 40 Treffer aus der Saison 1971/72 sind bis heute Rekord und gelten gemeinhin als unübertreffbar. Franz Beckenbauer: „Der Gerd würde heute doppelt so viele Tore schießen. Die Viererkette wäre ein gefundenes Fressen für uns gewesen. Mit Doppelpass! Heute spielt doch keiner mehr Doppelpass. Das ist das einfachste Mittel, um Viererkette und Raumdeckung zu umgehen." Der Goalgetter selbst: „Heute hat man gegen diese Viererketten doch eigentlich mehr Freiheiten. Früher stand einem immer ein Vorstopper auf dem Fuß und der Libero noch dahinter." 1967 wurde der Torjäger erstmals zum „Fußballspieler des Jahres" gekürt. Mit 264 Stimmen lag Müller klar vor seinem Mannschaftskameraden Franz Beckenbauer (101 Stimmen). Die gleiche Ehrung wurde ihm noch einmal 1969 zuteil. 1970 wurde Müller als erster Deutscher „Europas Fußballer des Jahres". Ebenfalls 1970 und 1972 wurde er Europas Torschützenkönig. In 62 Länderspielen schoss Müller 68 Tore, was einer Traumquote von fast 1,1 Toren pro Spiel entspricht. In einem internationalen Vergleich kommt nur der Ungar Sandor Kocsis auf den gleichen Torquotienten.

In der Bundesliga bestritt er 427 Begegnungen für den FC Bayern und schoss dabei 365 Treffer, die immer noch den 1. Platz in der „ewigen Torschützenliste" bedeuten. Mit 0,85 Toren pro Bundesligaspiel ist Müller der effektivste Stürmer in der Geschichte des FC Bayern. Im Europapokal kam Müller bei 74 Einsätzen auf 66 Tore (Torquote pro Spiel: 0,89). Zählt man auch noch Müllers Einsätze im DFB-Pokal hinzu, so stehen insgesamt 585 Pflichtspiele und 533 Tore für den FCB zu Buche (Torquote pro Spiel: 0,91).

Bei der WM 1970 wurde Müller mit zehn Treffern Torschützenkönig. Nach dem WM-Sieg 1974 trat der Schütze des Siegtores im Finale gegen die Niederlande aus der Nationalelf zurück. Erst 1983 gewährte ihm der DFB ein Abschiedsspiel. 1979 wechselte Müller in die USA zu den Fort Lauderdale Strikers. Dort spielte er 1979-81 80-mal und erzielte dabei 40 Tore.„Er ist ein Phänomen. Ich sehe auf der ganzen Welt keinen, der in seine Fußstapfen treten könnte", urteilt der Kaiser. Fürwahr: Müller ist wohl der begnadetste Torjäger aller Zeiten und wird dies vermutlich auch bis zum St. Nimmerleinstag bleiben. Wie er seine Tore erzielte, war Müller „wurscht": „Ich bin schon so oft gefragt worden, was das schönste meiner 365 Tore gewesen ist, und ich kann immer wieder nur sagen: Das schönste gibt es nicht. Hauptsache, der Ball war drin. Abstauber oder reingedrückt, egal. Das war bei mir schon in der Schüler oder Jugend so. Ich habe das einfach gekonnt, aufziehen, drehen, reinschießen. Die meisten gingen die Bewegung mit. Ich schoss mit rechts oder links, und wenn er abrutschte und trotzdem reinging, war es mir auch recht. Das ist das simple Geheimnis meiner Tore."

Neben seinen fußballerischen Meriten sind auch noch eine Nebenrolle in einem drittklassigen Film („Wenn Ludwig ins Manöver zieht") und eine

Schallplatte („Dann macht es bumm...") zu verzeichnen. Zwar zählte Müller in seiner aktiven Zeit zu den hochdotiertesten Spielern der Liga, aber seine Werbeeinnahmen fielen erheblich geringer aus als bei Beckenbauer. Während Beckenbauer in die Highsociety aufstieg, stürzte der von Alkohol und anderen privaten Problemen geplagte Müller tief. Seine alten Freunde vom FC Bayern – namentlich Uli Hoeneß – halfen ihm wieder auf die Füße. Seit 1992 ist Müller für den FCB im Nachwuchs- und Amateurbereich tätig.

◆ 427 Bundesligaspiele (365 Tore) für den FC Bayern (1965-79). Mit dem FC Bayern Deutscher Meister 1969, 1972, 1973, 1974, DFB-Pokalsieger 1966, 1967, 1969, 1971, Europapokalsieger der Pokalsieger 1967, Europapokalsieger der Landesmeister 1974, 1975, 1976, Weltpokalsieger 1976. 62 A-Länderspiele (68 Tore) für den DFB. Weltmeister 1974, WM-Dritter 1970, Europameister 1972. Fußballer des Jahres 1967, 1969. Europas Fußballer des Jahres 1970. Bundesliga-Torschützenkönig 1966/67, 1968/69, 1969/70, 1971/72, 1972/73, 1973/74, 1977/78. Torschützenkönig Europas 1970, 1972.

Nachtweih, Norbert (4.6.1957)
Der Mittelfeld- und Abwehrspieler setzte sich gegen Ende der 1970er Jahre aus der damaligen DDR ab, wo er für Motor Sangershausen, Traktor Polleben, MK Eisleben und Chemie Halle gekickt hatte. Nachtweih schloss sich zunächst Eintracht Frankfurt an. Für die Eintracht bestritt er 1977-82 120 Bundesligaspiele (26 Tore). 1980 gewann er mit den Frankfurtern den UEFA-Cup, 1981 den DFB-Pokal. 1982 wurde Nachtweih vom FC Bayern verpflichtet, wo er zu einer festen Größe avancierte. Nach sieben Jahren an der Säbener Straße wechselte Nachtweih 1989 zum AC Cannes. 1991 kehrte er zunächst in die Bundesliga zu Eintracht Frankfurt zurück, schloss sich aber noch während der Saison dem Zweitligisten Waldhof Mannheim an, für den er dann noch einige Jahre kickte.

◆ 325 Bundesligaspiele (46 Tore), davon 202 Spiele (20 Tore) für den FC Bayern (1982-89). Mit dem FC Bayern Deutscher Meister 1985, 1986, 1987, 1989, DFB-Pokalsieger 1984, 1986.

Nafziger, Rudolf (11.8.1945)
Der erste Schönling der Bundesliga und in den 1960er Jahren ein Idol der Münchner Twens. Der aus Gauting stammende Dribbelkünstler kam 1961 noch als Jugendkicker zum FC Bayern. Der Juniorennationalspieler Nafziger, auch Bayerns „Brasilianer" genannt, gehörte zum Aufstiegsteam von 1965. Der Mittelfeldspieler und Stürmer trug einmal das Trikot der A-Nationalmannschaft, nämlich im Oktober 1965 gegen Österreich (4:1). 1968 wechselte Nafziger zum Schweizer Klub FC St. Gallen. 1970 kehrte er in die Bundesliga zurück und kickte zwei Spielzeiten für Hannover 96 (27 Einsätze), bevor er beim Linzer ASK seine Karriere beendete.

◆ 116 Bundesligaspiele (10 Tore), davon 89 Spiele (10 Tore) für den FC Bayern (1965-68). 36 Regionalligaspiele (13 Tore) für den FC Bayern (1964-65). Mit dem FC Bayern DFB-Pokalsieger 1966, 1967, Europapokalsieger der Pokalsieger 1967. 1 A-Länderspiel für den DFB.

Nagelschmitz, Ernst (1.5.1902 - 23.5.1987)
Der aus Budapest stammende „Kanna" schloss sich dem FC Bayern bereits als 13-Jähriger an und wurde 1920 Mitglied der 1. Mannschaft, gemeinsam mit Pöttinger und Dietl. Sein größter Erfolg mit dem FC Bayern war der Gewinn der Deutschen Meisterschaft 1932. Das Finale in Nürnberg war für den hochgewachsenen Außenläufer und brillanten Techniker bereits sein 378. Einsatz für den FCB. Nagelschmitz bestritt insgesamt fast 500 Einsätze für die Bayern. 1926 und 1928 wurde Nagelschmitz mit dem FCB Süddeutscher Meister. In der Nationalmannschaft kam er einmal zum Einsatz, nämlich am 18. April 1926 beim 4:2-Sieg über die Niederlande. Bis zu seinem Tod im Mai 1987 war Naglschmitz Stammgast bei den Heimspielen des FC Bayern.

Nerlinger, Christian (21.3.1973)
Der in Dortmund geborene Nerlinger trug das Bayern-Trikot bereits seit dem 14. Lebensjahr. Seine ersten fußballerischen Gehversuche startete er beim TSV Forstenried. Nerlingers Karriereverlauf belegte, wie schwierig es für talentierte Nachwuchsspieler und Nicht-Stars ist, sich beim FCB zu etablieren. Als der unzufriedene Nerlinger in der Hinrunde 1995/96 das Gespräch mit dem Vorstand suchte, musste er erfahren, dass neue, teurere Spieler natürlich einen Bonus hätten. Seine Stunde kam, als das so genannte Dreamteam in die Krise geriet. Nerlinger gelangte zu der Erkenntnis: „Wenn

es heißt, wir haben lauter Künstler und Zauberer, dann wird irgendwann auch einer für die Drecksarbeit gebraucht." Seine fußballerischen Vorbilder sind Sören Lerby und Klaus Augenthaler.
Im Winter 1995/96 avancierte Nerlinger zu einem „lokalen Helden" („SZ"), als er eine Spendenaktion für ein 13-jähriges, an Leukämie erkranktes Mädchen ins Leben rief. 400.000 DM kamen zusammen, über 4.000 Menschen ließen eine Blutprobe entnehmen. Als Nerlinger gegen Ende der Saison 1996/97 Abwanderungsgelüste artikulierte, zog der FC Bayern – „im Einvernehmen mit dem Spieler" (Rummenigge) – den Paragraphen 11, womit sich sein Vertrag um ein Jahr verlängerte. Für den Mittelfeldspieler hatten sich u.a. Lazio Rom und Arsenal London interessiert. Mit einem Jahressalär von 600.000 DM zählte Nerlinger bis dahin eher zu den „Kleinverdienern" beim FCB. Nach der Vertragsverlängerung schrieb die „SZ" über das FCB-Eigengewächs: „So richtig kann es sich niemand vorstellen, dass Nerlinger einmal nicht mehr für den FC Bayern spielt. Er gehört zu den wenigen Eingeborenen im Münchner Prominentenkreis. (...) Nerlinger ist wichtig für den FC Bayern. Im Mittelfeld, aber auch als Identifikationsfigur für die Anhänger. Am kommenden Sonntag ist das Derby gegen den TSV 1860; einem wie Nerlinger oder Dietmar Hamann (ehemals Wacker München) nimmt man ab, dass es in diesem Spiel um mehr geht als um Punkte."
1998 wechselte Nerlinger in seine Geburtsstadt Dortmund zum BVB, den er 2001 nach 59 Bundesligaspielen in Richtung Glasgow Rangers verließ. Mit den Rangers 2003 schottischer Meister. Zur Saison 2004/05 kehrte Nerlinger in die Bundesliga zurück, wo er bis zum Ende der Saison 2005/06 noch 9 Spiele für den 1. FC Kaiserslautern bestritt. Auch Vater Helmut Nerlinger, der beim MTV München groß wurde, spielte mal beim FCB. Allerdings nur eine Saison (1969/70), in der er auf sechs Bundesligaeinsätze kam. 1972-78 kickte Nerlinger senior, wie später sein damals geborener Sohn beim BVB, mit dem er 1976 in die Erstklassigkeit aufstieg.
◆ 224 Bundesligaspiele (29 Tore), davon 156 Spiele (27 Tore) für den FC Bayern (1993-98). Mit dem FC Bayern Deutscher Meister 1994, 1997, UEFA-Cup-Sieger 1996. 6 A-Länderspiele für den DFB.

Neudecker, Wilhelm (24.10.1913 - 24.12.1993)
Franz Beckenbauer bescheinigte dem vom Maurerlehrling zum erfolgreichen Bauunternehmer aufgestiegenen Straubinger „eine Nachkriegskarriere, keine kurzlebige, gebaut auf Glück, Tricks und Spekulation, sondern eine solide, das Ergebnis von Verzicht und harter Arbeit". Als Neudecker am 28. April 1962 FCB-Präsident wurde, hielten ihn viele nur für eine Übergangslösung. Neudecker sah sich zunächst mit einer Opposition konfrontiert, die ihm jedoch nur noch mehr Stärke verlieh. Die „Ära Neudecker" dauerte 17 Jahre und wurde zur erfolgreichsten in der Vereinsgeschichte des Klubs.
Der autoritäre Neudecker war – so die „Süddeutsche Zeitung" – „kein Großmeister des psychologischen Feingefühls". Der „Spiegel" schrieb in einem Nachruf 1993, Neudecker habe den Klub „wie ein Barockfürst" geführt. Neudecker war wesentlich dafür verantwortlich, dass der FCB von einem maroden Unternehmen zum deutschen Profiklub Nr. 1 aufstieg. Der Präsident war davon überzeugt, dass

der Erfolg eines Fußballvereins in gleicher Weise zu organisieren sei wie der eines Unternehmens. Ein derartiges Denken war im damaligen Fußball neu. Den ehrenamtlichen Spielausschuss-Vorsitzenden ersetzte er ab 1966 durch einen dotierten Technischen Direktor, was seinerzeit ein Novum war. Neudecker selbst verkaufte sein Baugeschäft. Zuvor hatte er bereits in der Waltherstraße am Goetheplatz ein Büro für Immobilien und Vermögensverwaltung eröffnet, das allerdings mehr einer geheimen Kommandozentrale des FCB glich. Nach eigenem Bekunden werkelte Neudecker hier „in erster Linie für den FC Bayern, dann kommen erst die anderen Dinge". Zu Neudeckers Prinzipien gehörte der Satz: „Ich mache alles, nur keine Schulden." Neudeckers vorsichtige Geschäftsführung unterschied sich deutlich von der des damaligen 1860-Vorsitzenden Adalbert Wetzel. Neudecker war auch für den Bau des Vereinsheimes an der Säbener Straße (1971) verantwortlich, das damals als beispielhaft galt und ihm den Titel „Baumeister des FC Bayern" einbrachte. Mit dem Vereinsheim erhielt der Klub endlich eine Heimat. Für den „Alten vom Tegernsee" geriet der FCB zu seinem Lebenswerk. Vieles machte er im Alleingang. Neudecker schreckte auch nicht davor zurück, sich in die Mannschaftsaufstellung einzumischen. Sepp Maier bezeichnete ihn als einen „Alleinherrscher, der keinen Widerspruch duldet".

Nicht nur bei der Einführung des Managers war Neudecker ein „Revolutionär": Der Präsident dachte bereits frühzeitig über die Europaliga nach und arbeitete an Plänen für eine Umwandlung des FCB in eine AG. Neudecker war der Erste, der sich beim Fernsehen nicht dafür bedankte, dass es seinem Klub Aufmerksamkeit schenke, sondern Intendanten mit hohen Honorarforderungen konfrontierte. Bei bedeutenden Spielen erschien er zuweilen zur Halbzeit in der Kabine, um die Prämie zu erhöhen. Dies erklärt, warum die Mannschaft manchmal erst die Pause abwartete, bevor sie mit dem Toreschießen begann. Im März 1979 wurde Neudecker dennoch Opfer einer Spielerrevolte beim FCB, der die „Ära Hoeneß" folgte. Sepp Maier bezeichnete es als „typisch für den Dickschädel, dass er zurücktrat, weil wir Spieler uns einmal gegen ihn gewehrt hatten".

Die Ära Neudecker trug wesentlich dazu bei, dass dem FC Bayern das Image anhaftet, ein „schwarzer" Verein zu sein. Der Antikommunismus des zur CSU konvertierten ehemaligen Sozialdemokraten trug zuweilen schon psychotische Züge. Von 1974 bis 1986 saß Neudecker dem Ligaausschuss des DFB vor. Seine Wiederwahl im März 1979 erfolgte handstreichartig. Als die Bundesligapräsidenten im März 1979 im Frankfurter „Plaza" tagten, standen Wahlen nicht auf der Tagesordnung. Nachdem bereits einige Kollegen abgereist waren, wurde nachts um drei Uhr an der Hotelbar ein Antrag auf Neuwahlen beschlossen (Antragsteller war pikanterweise Bremens Präsident Dr. Böhmert). Neudecker wurde zum Ehrenpräsidenten des FC Bayern ernannt. Außerdem war er Ehrensenator der Uni München, ein Titel, den er sich allerdings für eine Spende von 150.000 DM kaufen musste, und Träger des Großen Verdienstkreuzes der Bundesrepublik Deutschland. Am Heiligen Abend 1993 starb Neudecker im Alter von 81 Jahren an Herzversagen.

Niedermayer, Kurt (25.11.1955)

Der Abwehr- und Mittelfeldspieler wechselte 1977 vom Karlsruher SC zum FC Bayern. Entdeckt hatte ihn Dettmar Cramer. Der schussstarke Niedermayer erkämpfte sich auf Anhieb einen Stammplatz. Im Sommer 1982 wechselte er zum VfB Stuttgart, mit dem er 1984 seine vierte Deutsche Meisterschaft gewann. Im Oktober 1980 kam Niedermayer gegen die Niederlande (1:1) zu seinem einzigen Länderspieleinsatz.

◆ 232 Bundesligaspiele (40 Tore), davon 145 Spiele (32 Tore) für den FC Bayern (1977-82). Mit dem FC Bayern Deutscher Meister 1980, 1981, DFB-Pokalsieger 1982. 1 A-Länderspiel für den DFB.

Oblak, Branko (27.5.1947)

Seinen ersten Auftritt in deutschen Stadien hatte der jugoslawische Mittelfeldregisseur mit der glänzenden Übersicht während der WM 1974, als er mit dem Team seines Landes die Gruppenspiele vor Brasilien abschloss und in die 2. Finalrunde vordrang. Ein Jahr später holte Schalkes Präsident Günter Siebert den eleganten Supertechniker ins Ruhrgebiet. Branko Oblak, der von Hajduk Split kam, wurde 1977 mit den Blau-Weißen Vize-Meister. Anschließend wechselte er zum FC Bayern, wo er jedoch in eine im Umbruch befindliche Mannschaft kam. Vor dem Zerfall Jugoslawiens erlangten nur vier Spieler aus Slowenien einen internationalen Bekanntheits-

grad. Drei von ihnen – Danilo Popivoda, Srecko Katanec und Branko Oblak – spielten in der Bundesliga, wobei Oblak der populärste war. Heute gilt Oblak als einer der besten Trainer Sloweniens.
◆ 120 Bundesligaspiele (10 Tore), davon 71 Spiele (5 Tore) für den FC Bayern (1977-80). Mit dem FC Bayern Deutscher Meister 1980. 50 A-Länderspiele für Jugoslawien.

Ohlhauser, Rainer (6.1.1941)
Bevor sich der Stürmer 1961 dem FC Bayern anschloss, kickte Ohlhauser für den FC Dilsberg und SV Sandhausen. Während seiner Schülerzeit glänzte „Oki" auch als Leichtathlet und Turner. Fußball war für den Mehrkampfmeister des Kreises Heidelberg zunächst nur ein Ausgleichssport.In Bayerns Aufstiegssaison 1964/65 wurde Ohlhauser mit 42 Treffern in 36 Spielen Torschützenkönig der Regionalliga Süd. In seinen insgesamt neun Jahren beim FCB kam Ohlhauser auf 329 Meisterschafts-, Pokal- und Europapokalspiele und 207 Tore. Seine Torquote für diese Pflichtspiele beträgt 0,62 pro Spiel. In der Nationalmannschaft kam er während deren Südamerikareise 1968 einmal zum Einsatz (1:2 gegen Chile). 1970 wechselte der Torjäger zu Grasshoppers Zürich.
◆ 55 Oberligaspiele/47 Tore (1961-63), 71 Regionalligaspiele/75 Tore (1963-65) und 160 Bundesligaspiele/64 Tore (1965-70) für den FC Bayern. Mit dem FC Bayern Deutscher Meister 1969, DFB-Pokalsieger 1966, 1967, 1969, Europapokalsieger der Pokalsieger 1967. 1 A-Länderspiel für den DFB.

Olk, Werner (18.1.1938)
Der Abwehrspieler und Kapitän der Jahre 1965-70 ist gebürtig aus Osterode in Niedersachsen. Bevor er sich 1960 dem FC Bayern anschloss, kickte er für Letter 05, TuS Seelze und Arminia Hannover. Wegen seiner akrobatischen Flugeinlagen im eigenen Strafraum wurde der gelernte Ingenieur für Wirtschafts- und Betriebstechnik von Robert Schwan „Adler von Giesing" getauft. Sein einziges A-Länderspiel bestritt Werner Olk noch zu Oberligazeiten – am 8. Oktober 1961 beim 2:0 über Polen in Warschau. 1970 wechselte Olk in die Schweiz zum FC Aarau. Als Trainer durfte er zweimal einen Aufstieg in die Bundesliga feiern: 1981 mit dem SV Darmstadt 98 und 1984 mit dem Karlsruher SC. 1986-90 arbeitete er beim FC Bayern als Assistenz-

trainer und Koordinator zwischen Lizenzspieler-, Amateur- und Jugendfußball. 2002 wurde Werner Olk in den Aufsichtsrat des FC Bayern gewählt.
◆ 76 Oberligaspiele/2 Tore (1960-63), 46 Regionalligaspiele/0 Tore (1963-65) und 144 Bundesligaspiele/2 Tore (1965-70), für den FC Bayern. Mit dem FC Bayern Deutscher Meister 1969, DFB-Pokalsieger 1966, 1967, 1969, Europapokalsieger der Pokalsieger 1967.

Papin, Jean-Pierre (5.11.1963)
Kam zur Saison 1994/95 für 5,5 Mio. Mark vom AC Mailand. Das Engagement des von Verletzungsproblemen und familiären Herausforderungen (sein Sohn war schwer erkrankt) geplagten Franzosen reduzierte sich jedoch auf einige wenige spektakuläre Auftritte. Mit Otto Rehhagel kam Papin überhaupt nicht klar. Papin im Januar 1996: „Ich bin fit, doch Rehhagel bremst mich beim Training. Ich bin den anderen zu schnell. So was habe ich noch nie erlebt." Rehhagel habe ihm mitgeteilt, dass er an ein Duo Klinsmann/Papin nicht glaube, und der Kaiser bevorzuge ein Angriffsduo Klinsmann/Kostadinov. Auch der Rausschmiss von Rehhagel hielt den beliebten Franzosen nicht in München. Nach der Saison 1995/96 kehrte er in seine französische Heimat zurück, wo er bei Girondins Bordeaux unterschrieb. Die Ablöse betrug 1 Mio. DM.
◆ 27 Bundesligaspiele (3 Tore) für den FC Bayern (1994-96). Mit dem FC Bayern UEFA-Cup-Sieger 1996.

Patek, Adolf

Der Wiener trainierte den FC Bayern 1958-61. Hans Eiberle beschreibt den legendären ehemaligen österreichischen Nationalspieler als „nobel" und „immer ein bisschen aufdringlich parfümiert".

Pekarna, Karl

Der Wiener kam 1911 vom Lokalrivalen FC Wacker zum FC Bayern. Beim Vereinswechsel des damals weltbesten Keepers soll eine hübsche Summe Geld geholfen haben – einer der ersten Skandale im deutschen Fußball. Pekarna wurde deshalb vorübergehend gesperrt. 1903/04 war Pekarna vom First Vienna Football Club zu Glasgow Rangers gewechselt und damit Österreichs erster Fußballlegionär und Berufsspieler geworden. Nach eigenen Angaben war er dort bis Juni 1906 tätig, nach anderen (zuverlässigeren) Quellen stand er bereits im Herbst 1905 wieder im Tor des First Vienna FC. Pekarna soll als Erster die englische „Robinsonade" (Flugparade) in München exerziert haben – behaupten jedenfalls die den Bayern zugeneigten Fußballhistoriker. Im Sechziger-Lager ist man indes der Auffassung, dass es ihr österreichischer Keeper Heinrich Spanier gewesen sei, der zur gleichen Zeit in München spielte. Laut Fußball-Historiker Christoph Bausenwein war Pekarna „der erste letzte Mann, der mit ‚richtigem' Torwartspiel, nämlich mit nicht nur effekt-, sondern auch wirkungsvollen Paraden, zu begeistern wusste".

Pfab, Karl (19.11.1906)

FCB-Schatzmeister 1959 bis 1962 und FCB-Vize-Präsident 1962-87. Pfab war ein wichtiges Mitglied der „Neudecker-Crew". Als „Vize" diente er außerdem noch Neudeckers Vorgänger Roland Endler sowie dessen Nachfolgern Willi O. Hoffmann und Fritz Scherer. In dieser Funktion kümmerte sich Pfab vor allem um die Amateurabteilungen des FC Bayern. Zu seiner aktiven Zeit war Pfab Mittelstürmer einer der zahlreichen Betriebsmannschaften unter dem Dach des FC Bayern, nämlich des FC Bayern-Hertie. Später wechselte er ins Tor, wo er den Spitznamen „Zamora" erhielt. Im Zweiten Weltkrieg verlor er 1943 einen Vorderfuß. Bis Ende 1996 stand Pfab, später „Ehren-Vize-Präsident" des Klubs, trotz seiner mittlerweile 90 Jahre und einer Beinprothese regelmäßig im Tor der „Montags-Kicker" des FC Bayern. Zu seinem 90. Geburtstag erhielt Pfab deshalb vom Verein u.a. ein Torwarttrikot mit der Nummer 90. Dem Bayerischen Fußballverband und dem Landessportbund Bayern diente der gelernte Buchhalter in 14 Wahlämtern. 1981 wurde Pfab als erstem Bayern-Akteur der Ehrenring der Stadt München verliehen.

Pfaff, Jean-Marie (4.12.1953)

Der Sohn eines Artisten-Ehepaares, der mit seinen älteren Brüdern als Jongleur Jahrmärkte unterhielt, musste bis zu seinem 15. Lebensjahr mit der Rolle des Stürmers vorlieb nehmen, da seine geringe Körpergröße für die Torwartposition als nicht ausreichend erschien.

Der Belgier kam 1982 für die Ablöse von ca. 800.000 DM zum FC Bayern, zu diesem Zeitpunkt eine enorme Summe für einen Torwart. Zuvor hatte er 304-mal für den SK Beveren zwischen den Pfosten gestanden. 1978 war er mit dem Team aus der flämischen Kleinstadt überraschend belgischer Pokalsieger geworden. Ein Jahr später erreichte Beveren im Europapokal sensationell das Halbfinale. Bis dahin hatte Pfaff in den Europapokalspielen noch kein Gegentor zugelassen. Auch bei den beiden 0:1-Niederlagen gegen den FC Barcelona konnte Pfaff jeweils nur durch einen Elfmeter bezwungen werden. Ebenfalls 1979 wurde er mit Beveren Belgischer Meister.

Im Bayern-Trikot avancierte Pfaff zu einem der besten Torhüter in der Weltfußballgeschichte. Der Keeper Pfaff passte beim FCB so gar nicht in das distanzierte Gesamtbild, sondern zeichnete sich durch bewusste Fan-Nähe aus. Der „Sport-Informationsdienst"1991 anlässlich der Verabschiedung von Pfaff: „Pfaff war der erste Bayern-Spieler, der bewusst und systematisch die Nähe der Fans gesucht hat. Was heute vom Verein nach Kräften gefördert wird, um das Bild des hochnäsigen Klubs zu korrigieren, war seinerzeit noch suspekt. Die Mitspieler interessierte der Fan als Dukatenesel, und so wurde Pfaff akzeptiert, weil er ein guter Torhüter war."

1983 hielt Pfaff im UEFA-Pokal gegen Saloniki drei Elfmeter und schoss den letzten zum 9:8 für die Bayern in den Winkel. Sein bestes Spiel für die Bayern machte Pfaff nach eigenem Bekunden am 22. April 1987 in Madrid, als der FC Bayern Real knapp mit 0:1 unterlag, was zum Einzug ins Finale des Landesmeistercups reichte. 1980 stand er mit

Belgien im EM-Finale (1:2 gegen die BRD), 1986 im WM-Halbfinale (0:2 gegen Argentinien). Im Historischen Museum in Brüssel steht Pfaff im Wachsfigurenkabinett der Madame Beaufort neben Julius Cäsar und Karl dem Großen. 2002 produzierte der flämische Privatsender VTM eine 13-teilige Doku-Soap „De Pfaffs", die das Leben der Familie Jean-Marie Pfaffs zeigte. Pfaff ist Besitzer einer Fußballschule in Antwerpen.
◆ 156 Bundesligaspiele (0 Tore) für den FC Bayern (1982-88). Mit dem FC Bayern Deutscher Meister 1985, 1986, 1987, DFB-Pokalsieger 1984, 1985 und 1986. 62 A-Länderspiele für Belgien. Vize-Europameister 1982. WM-Vierter 1986.

Pflügler, Hans (27.3.1960)
Der in Freising geborene Sohn eines Metzgermeisters stieß 1975 vom SV Vötting-Weihenstephan zur Jugendabteilung des FC Bayern. 1981 erhielt er seinen ersten Profivertrag. Bevor Pflüglers Bundesligakarriere begann, nahm er ein Ingenieurstudium auf und wurde erster studierter Diplom-Ingenieur in der Geschichte der Bundesliga. Der Durchbruch gelang ihm unter Udo Lattek. Mit der Nationalmannschaft nahm Pflügler an der EM 1988 und WM 1990 teil (jeweils ein Einsatz). 1992 ließ sich Pflügler reamateurisieren, blieb dem FCB aber weiterhin treu. Pflügler spielte in der Bayernliga und später Regionalliga für die Amateure des FC Bayern und bekleidete außerdem eine leitende Funktion in der Merchandising-Abteilung des Vereins. 1995 musste er auch noch einmal bei den Profis ran: Am 8. April bestritt er nach fast dreijähriger Pause gegen den 1. FC Kaiserslautern sein 277. und letztes Bundesligaspiel. In der Saison 2001/02 war Pflügler mit 41 Jahren der älteste Fußballer in der Regionalliga. Der Leiter des Fanshops an der Säbener Straße hatte die Fußballschuhe auf Bitten von Uli Hoeneß, Chefscout Wolfgang Dremmler und Amateurtrainer Hermann Gerland noch einmal übergezogen. Auf die Frage, warum er sich in diesem Alter noch die Auftritte in der Provinz antun würde, antwortete der Fußball-Methusalem: „Es ist die Liebe zum FC Bayern. Ich habe 20 Jahre für diesen Verein gespielt, da sagt man nicht Nein." Pflügler über Pflügler: „Ich war als Profi nicht der Schnellste, und ich war auch nie der Techniker."
◆ 277 Bundesligaspiele (36 Tore) für den FC Bayern (1981-95). Mit dem FC Bayern Deutscher Meister 1985, 1986, 1987, 1989, 1990, 1994, DFB-Pokalsieger 1982, 1984, 1986. 11 A-Länderspiele für den DFB.

Pizarro, Claudio (3.10.1978)
Der Peruaner wechselte zur Saison 1999/2000 in die Bundesliga, wo sich Werder Bremen seiner Dienste versicherte. Zuvor kickte der typische Straßenfußballer für den Erstligaklub Deportivo Pesquero Chombote (1996-97) und Perus Topadresse Alianza Lima (1997-99). Als 19-Jähriger erzielte Pizarro in 44 Spielen 25 Tore für Alianza und avancierte zu einem Star in seiner Heimat. Für Werder Bremen traf der schlitzohrige Stürmer, der im Strafraum kaum unter Kontrolle zu bringen ist, in zwei Spielzeiten 29-mal und wurde bereits als Nachfolger von Rudi Völler gefeiert. Doch zur Saison 2001/02 nahm der FC Bayern den Peruaner unter Vertrag und zahlte Werder hierfür 16,5 Mio. DM. Beim FC Bayern knüpfte „Pizza" nahtlos an diese Erfolgsquote an: In 30 Bundesligaspielen traf

er 15-mal ins Schwarze. Als Neuling traf nur Jürgen Klinsmann häufiger für die Bayern (16 Tore bei 32 Einsätzen). Trotzdem waren die Bayern-Verantwortlichen unzufrieden. Hitzfeld kritisierte, Pizarro reize sein Potenzial bei Weitem nicht aus. Hoeneß schimpfte, Pizarro habe „immer noch nicht begriffen, was es heißt, beim FC Bayern zu spielen". Pizarro mokierte sich über die Hitzfeld-Taktik mit Elber als zentralem Angreifer, bei der er „mehr nach hinten laufen" müsse: „Ich bin Stürmer, will Tore machen und nicht defensiv spielen. Das muss das defensive Mittelfeld machen." Nach der Winterpause 2002/03 ging es mit Pizarros Leistungen stetig bergauf. Der „Kicker" im August 2003: „Seit der Winterpause flitzt der Peruaner wie aufgedreht übers Feld." Insbesondere in läuferischer Hinsicht zeigte sich der Stürmer enorm verbessert. Der Lohn waren erneut 15 Tore für den FC Bayern. Ottmar Hitzfeld attestierte dem „Anden-Bomber", wie Pizarro in Peru gerufen wird, ein „riesiges Potenzial" und schätzte „seinen Torinstinkt, seine Genauigkeit im Abschluss, seine Intuition im Strafraum." Das größte Kompliment hielt allerdings Gerd Müller bereit: „Das ist einer, wie ich es war."

◆ 197 Bundesligaspiele (92 Tore), davon 140 Spiele (63 Tore) für den FC Bayern (2001-2006). Mit dem FC Bayern Deutscher Meister 2003, 2005, 2006, DFB-Pokalsieger 2003, 2005, 2006. 43 A-Länderspiele für Peru.

Pöttinger, Josef (16.4.1903 - 9.7.1970)
Josef „Pötschge" Pöttinger wurde im Münchner Stadtteil Neuhausen geboren. In der „Ersten" des FC Bayern debütierte Pöttinger 17-jährig am 27. Juli 1920. Gegen die filigrane Technik des Flügelstürmers, der in den 1920ern zu einem der besten Angreifer des deutschen Fußballs avancierte, wussten seine Gegenspieler sich oftmals nur durch brutale Fouls zu helfen, weshalb sich „Pötschge" ständig mit Verletzungen herumplagen musste. Der „Kicker" schrieb über seine Spielweise: „Seine Balancekunst hebt geradezu die Gesetze der Schwerkraft auf, aus unmöglichen Lagen behält sein Schuss unerhörte Wucht und Präzision." 1922 kam Pöttinger erstmals bei einem Städtespiel gegen Berlin repräsentativ zum Einsatz, nachdem Wackers Schaffer verletzt ausgefallen war. Nach nur 18 Minuten brach sich Pöttinger das Schlüsselbein. Bei seinem Länderspieldebüt am 18. April 1926 in Düsseldorf gegen die Niederlande erzielte Pöttinger drei Tore zum deutschen 4:2-Sieg. In der gleichen Saison gewann Pöttinger mit dem FC Bayern die Süddeutsche Meisterschaft und erzielte 57 Tore für die Roten. Sein 14. und letztes Spiel im Nationaltrikot bestritt „Pötschge" am 10. Mai 1930 in Berlin gegen England (3:3). Für die Nationalmannschaft traf der Stürmer insgesamt 8-mal. Sein letztes Spiel für die Bayern bestritt „Pötschge" am 12. April 1941. Anschließend musste der Torjäger seine Karriere beim FC Bayern aufgrund einer Knieverletzung beenden. Später wechselte er als Trainer nach Berlin, wo er den VfB Pankow zu einer lokalen Größe formte. Mit dem 1. SV Jena gelang ihm 1935 und 1936 die Qualifikation für die DM-Endrunde. Nach seiner Rückkehr in die süddeutsche Heimat trainierte Pöttinger noch Teutonia München, den VfB Stuttgart, den FCB (1946-47, 1947-48), den 1. FC Lichtenfels und BC Augsburg. Pöttinger besaß einen kleinen Totoladen in der Nähe des Hofbräuhauses.

Podolski, Lukas (4.6.1985)
Der Geburtsort des Stürmertalents ist das oberschlesische Gliwice (Gleiwitz). Podolski kam im Alter von zwei Jahren aus Polen nach Bergheim bei Köln, wo er später die Erich-Kästner-Hauptschule besuchte. Jeder zweite Schüler dieser Schule war nicht in Deutschland geboren. Über den Schüler Podolski weiß die Schulleiterin zu berichten: „Als er bei uns war, ist die Schule regelmäßig Kreismeister geworden." Mit seinen Eltern, Vater Waldemar spielte früher in der ersten Liga Polens, spricht Podolkski polnisch. Sein beliebtestes Urlaubsziel ist

sein Heimatland Polen, wo er seine Oma besucht. Drei Tage vor seinem 17. Geburtstag wurde Podolski am vorletzten Spieltag der Saison 2002/03 erstmals bei den Regionalliga-Amateuren des 1. FC Köln eingesetzt. Im November 2003 holte ihn dann der damalige FC-Trainer Marcel Koller in die Erstligamannschaft. Sein Bundesligadebüt gab Podolski nur wenig später am 22. November 2003 noch als 18-Jähriger bzw. A-Junior. Podolksi setze zu einem Höhenflug an, der die Experten bald von einem neuen Hoffnungsträger für den deutschen Fußball schwärmen ließ. Rudi Völler nahm Podolski gerade 19-jährig mit zur EM 2004. Bei der WM 2006 gehörte der Stürmer zum Stammpersonal der DFB-Elf und wurde anschließend zum besten Nachwuchsspieler des Turniers gewählt.
Zur Saison 2006/07 wechselte Podolski erwartungsgemäß vom Absteiger 1. FC Köln zum Branchenführer FC Bayern, der 10 Mio. Euro Ablöse für ihn zahlte. Podolski kam mit der Empfehlung von 22 Toren in 51 Erstliga-, 24 Toren in 30 Zweitliga- sowie 22 Toren in 37 Länderspielen zur Säbener Straße. Trotzdem ließ ihn Magath zunächst auf der Bank schmoren. Eine Kommunikation mit dem jungen Spieler fand kaum statt. Trotz seines nur sporadischen Mitwirkens avancierte Podolkski schnell zu einem Liebling der Massen in der Allianz Arena. Im Oktober 2006 schrieb Thomas Becker in der „Frankfurter Rundschau“: Es gibt wenige Spieler beim FC Bayern, bei denen die Sympathie des Publikums so offensichtlich spürbar ist; eigentlich ist es nur einer: Mehmet Scholl. (...) Scholl ist seit 14 Jahren bei Bayern, Podolski erst seit knapp drei Monaten. Klar, der Schweinsteiger-Spezl ist Everybodys Darling, einer, der gut ankommt – allerdings naturbelassen, einer, der keine Rolle spielen muss. Der ist einfach so. Direkt und unverstellt. Bei der Reporterschar, die sich nach den Partien in der Mixed Zone um die Stimmen zum Spiel schlägt, ist er sowieso der Held: Endlich mal einer, der schön laut spricht, und nicht bloß Halbverständliches ins eigene Kinn murmelt. Und natürlich ist er eine rheinische Frohnatur, immer für ein Späßchen zu haben.“
Der leidenschaftliche Fußballer ist halb Stürmer, halb Mittelfeldspieler, spielt deshalb lieber nicht in der vordersten Position, sondern leicht „hängend“. Podolski verfügt über eine gute Technik, ist schnell, dribbelstark, schussstark und besitzt einen guten Torriecher.

Pollack, Josef (20.3.1880 - 1958)
Der in Freiburg geborene Pollack, Sohn eines jüdischen Kaufmanns namens Edward Pollack, kam Anfang 1899 nach München, wo er sich umgehend den MTV-Fußballern anschloss. Pollack gehörte zu den Initiatoren der Gründung des FC Bayern und war der erste Schriftführer in der Geschichte des Klubs. Auf dem Feld war er Bayerns erster Goalgetter. 1902 wurde Pollack auch Mitglied der Führung des Verbands Süddeutscher Fußballvereine.1903 emigrierte er in die USA, wo er Verwandtschaft besaß. In New York fand Pollack Anstellung bei der Firma „Max Pollack and Company“. Später war Pollack an der Gründung des Unternehmensverbandes US Thread Association beteiligt, dessen Präsident er wurde. 1934 wurde er auch Präses von deren Nachfolgeorganisation Thread Institute und nach Beendigung seiner beruflichen Karriere Ehrenpräsident der Einrichtung. Außerdem saß Pollack im Beirat der Chase Manhatten Bank. In seiner Freizeit widmete er sich dem Golfspiel und diente der jüdischen Gemeinde von White Plains als Schatzmeister. Josef Pollack starb 1958 79-jährig und wurde auf dem Union Field Cemetery in Brooklyn beigesetzt. Er hinterließ seine Ehefrau Leona Baum Pollack und einen Sohn Edward. Dieser lebte Ende der 1990er in einem Altersheim im Bundesstaat Florida, verweigerte aber jegliche Kommunikation mit einem Deutschen. Die Nazis hatten seine übrige Familie ermordet.

Pumm, Peter (3.4.1943)
Der Österreicher mit dem Spitznamen „Doktor“ landete 1968 eher zufällig beim FC Bayern. Eigentlich wollte ihn der TSV 1860 verpflichten, aber

da deren Keeper Radenkovic nicht die erhoffte deutsche Staatsbürgerschaft erhielt, war kein Platz mehr für einen weiteren Ausländer. Pumm: „Etwas Besseres hätte mir gar nicht passieren können." Der Abwehrspieler, der von Wacker Innsbruck nach München gekommen war, verbrachte drei Spielzeiten beim FC Bayern. Pumm wurde in dieser Zeit auch in die österreichische Nationalelf zurückgeholt, wo er allerdings auf insgesamt nur sieben Länderspiele kam. Nach der Saison 1970/71 verließ der Österreicher den FC Bayern und kehrte in seine Heimat zurück, wo er sich Alpine Donawitz anschloss.

◆ 84 Bundesligaspiele (2 Tore) für den FC Bayern (1968-71) Mit dem FC Bayern Deutscher Meister 1969, DFB-Pokalsieger 1969, 1971. 7 A-Länderspiele für Österreich.

Rehhagel, Otto (9.8.1938)

Große Worte begleiteten seinen Amtsantritt als Trainer an der Säbener Straße im Sommer 1995. „Mister 1000 Volt ist gegen mich ein Schwachstrom-Elektriker", tönte Rehhagel. Und: „Bisher gehörten drei zur Elefantenrunde, jetzt kommt ein großer Elefant hinzu." Den SV Werder Bremen hatte Rehhagel 14 Jahre trainiert, in denen er den Klub zunächst zurück in die Bundesliga und anschließend zu zwei Deutschen Meisterschaften und jeweils einem Sieg im Europapokal (Pokalsiegerwettbewerb) und DFB-Pokal führte. Beim FC Bayern jedoch überlebte Rehhagel nicht eine Saison. Ende April 1996 wurde er vorzeitig entlassen.

Nach seinem Rausschmiss gab es auch gute Worte für den Trainer. Christian Ziege: „Er ist charakterlich zu gut für seinen Job. Er sieht in jedem Menschen das Gute. Rehhagel ist daran gescheitert, dass er nie durchgegriffen hat. Trotz aller Querelen – es hat Spaß gemacht." Rehhagel machte später Jürgen Klinsmann für sein Scheitern verantwortlich: „Bei meiner Entlassung soll Klinsmann der entscheidende Mann gewesen sein und gesagt haben: ‚Rehhagel muss weg'." Rehhagel äußerte diese Beschuldigung ausgerechnet in der „Sport-Bild", die wie keine andere Zeitung zu seiner Demontage beigetragen hatte. Klinsmann bezeichnete die Behauptung als „an den Haaren herbeigezogen". Vom FC Bayern wechselte Rehhagel in die Zweitklassigkeit zum 1. FC Kaiserslautern, den er im Sommer 1997 zurück in die Bundesliga führte. In der folgenden Saison wurde der Neuling überraschend Meister. Nachdem Rehhagel auch aus Kaiserslautern im Streit geschieden war, verdiente er sich als griechischer Nationaltrainer Meriten: 2004 wurde „Rehakles", der Meister des „antiken Fußballs" (Günter Rohrbacher-List) mit dem krassen Außenseiter Griechenland Europameister, die wohl größte Sensation in der jüngeren europäischen Fußballgeschichte.

Rensing, Michael (14.05.1984)

Die Nr. 2 des FC Bayern gilt als eines der größten Torwarttalente und designierter Nachfolger von Oliver Kahn. Der Keeper der U21-Nationalmannschaft kam wie sein Vorgänger Stefan Wessels vom TuS Lingen.

◆ 12 Bundesligaspiele für den FC Bayern (ab 2003). Mit dem FC Bayern Deutscher Meister 2005, 2006, DFB-Pokalsieger 2005, 2006.

Reuter, Stefan (16.10.1966)

Seine Karriere begann in der Leichtathletik. In seiner Jugend war der Dinkelsbühler Bayerischer Meister im Crosslauf, entschied sich aber dann für den Fußball. Sein Debüt im Profifußball feierte der schnelle und lauffreudige defensive Mittelfeldspieler bereits als 17-Jähriger in der Saison 1984/85 mit dem 1. FC Nürnberg in der 2. Liga, dank einer „Spielerrevolution" gegen Trainer Heinz Höher. Am Ende der Saison war Reuter mit dem „Club" in die Bundesliga aufgestiegen. 1988 wechselte Reuter nach 125 Meisterschaftsspielen für den „Club" zum FC Bayern. 1991 ging Reuters Reise weiter in den Süden nach Italien zu Juventus Turin. Zu diesem Zeitpunkt hatte er bereits 18-mal das Trikot der Nationalelf getragen und war mit der DFB-Auswahl in Italien 1990 Weltmeister geworden. Reuter kam bei „Juve" nicht zurecht und kehrte 1992 in die Bundesliga zurück und kickte für Borussia Dortmund. Mit dem BVB gewann Reuter 1995, 1996 und 2002 die Deutsche Meisterschaft und 1997 die Champions League. In der Saison 2003/04 war Reuter – mittlerweile 37 Jahre alt und im 20. Profijahr – der letzte Mohikaner aus der Matthäus-Generation. Seit Januar 2006 ist Reuter Sportdirektor beim TSV 1860 München.

◆ 502 Bundesligaspiele (25 Tore), davon 95 Spiele (4 Tore) für den FC Bayern (1988-91). Mit dem FC

Bayern Deutscher Meister 1989, 1990. 69 A-Länderspiele (2 Tore) für den DFB, Weltmeister 1990, Europameister 1996.

Ribbeck, Erich (13.6.1937)
„Sir Erich" trainierte 1968-73 Eintracht Frankfurt und 1973-78 den 1. FC Kaiserslautern. 1978 bis September 1984 war Ribbeck beim DFB beschäftigt, zunächst als Assistent von Bundestrainer Jupp Derwall, später verantwortlich für die Olympia-Auswahl. Ribbeck war beleidigt, als man ihn nicht zum Derwall-Nachfolger kürte. Der neue Teamchef, Franz Beckenbauer, wollte ihn nicht als rechte Hand haben: „Entweder Köppel – oder ich spiele wieder mehr Golf." 1984-85 war Ribbeck Trainer bei Borussia Dortmund, 1985-88 bei Bayer Leverkusen. In Leverkusen gewann er mit dem UEFA-Cup die einzige Trophäe seiner Laufbahn.
Auf dem Höhepunkt der Bayern-Krise, als dem Klub ein Reputationsverlust drohte, wurde Ribbeck auf die Trainerbank geschickt (März 1992). Im Dezember 1993 musste er – obwohl auf Rang 2 – dem Kaiser weichen, der dann noch die Meisterschaft einfuhr. Die Spieler beklagten Ribbecks mangelhafte Kompetenz, rieben sich aber auch an seinen Defiziten in Sachen Menschenführung. Matthäus warf Ribbeck vor, er sei eifersüchtig auf die Spieler und gönne diesen nicht ihren hohen Stellenwert. Tatsächlich bestand Ribbecks einzig erkennbare Linie darin, es bereits kurz nach seiner Ankunft mit den Stars aufzunehmen. Ribbeck scheiterte anschließend auch bei Bayer Leverkusen und als Teamchef der Nationalelf. Der gewöhnlich betont seriös daherkommende Ribbeck gilt bei vielen Spielern als „link". So wusste Manni Bender zu berichten: „Er kann einem ins Gesicht lächeln, und hintenrum sägt er dich ab."

Rizzitelli, Ruggiero (2.9.1967)
Der erste Italiener im Bayern-Trikot kam zur Saison 1996/97 vom italienischen Erstligaabsteiger AC Turin, wo er seit 1994 gekickt hatte. Zuvor spielte Rizzitelli beim AC Cesena (1984-86), mit dem er 1986 in die Seria A aufstieg, und dem AS Rom (1988-94), mit dem er 1991 italienischer Pokalsieger wurde. Rizzitelli wurde von Trapattoni wohl auch deshalb verpflichtet, weil er ein bisschen deutscher kickte als die meisten seiner italienischen Kollegen. Die „SZ" verglich ihn bereits nach einigen Monaten mit einem Beamten bei der italienischen Eisenbahn, und Lothar Matthäus beschimpfte den sensiblen Spieler schon mal beim Training als „Cazzo", zu deutsch „Schwanz". Anfang März 1997 hatte Rizzitelli die Nase voll. „Trap hat mich enttäuscht, ich gehe", verkündete der Stürmer via „Gazetta dello Sport". Rizzitelli fühlte sich von Trapattoni ausgebootet und diskriminiert. „Wenn ein Deutscher ausgewechselt wurde, ging die Welt unter, da griff auch der Nationaltrainer ein. Ich war der bequeme Ausweg, ich habe nie protestiert, ist das der Dank?" Doch während der Rückrunde avancierte Rizzitelli unverhofft zu einem der wichtigsten Akteure im Bayern-Trikot und erzielte sieben Tore. Sechs weitere wurden von ihm vorbereitet. Rizzitelli stieg zum Publikumsliebling auf, wodurch sein Dasein in München erträglicher wurde. So relativierte er seine Abwanderungswünsche mit der Bemerkung: „Wenn Bayern will, dann bleibe ich." Vize-Präsident Rummenigge teilte dem Stürmer mit: „Ruggiero, wir sind mit dir zufrieden, und solche Spieler bekommen von uns die Höchststrafe – sie müssen noch länger bleiben." Nach der Saison 1997/98 war das Engagement des Italieners dann aber beendet.
◆ 45 Bundesligaspiele (11 Tore) für den FC Bayern (1996-98). Mit dem FC Bayern Deutscher Meister 1997, DFB-Pokalsieger 1998.

Rohr, Gernot (28.6.1953)
Gernot Rohr, ein Großneffe des legendären Oskar „Ossi" Rohr, kam 1972 vom Regionalligisten VfL Neckarau, wo auch vier Brüder kickten und Vater Philipp Trainer war, zum FC Bayern. Der von Verletzungen schwer geplagte Gernot spielte 1972-75 nur sechsmal für den FCB in der Bundesliga. Während der Saison 1974/75 gaben die Bayern den gebürtigen Mannheimer im Tausch gegen Bernd Förster an den SV Waldhof ab. Von Waldhof wechselte er zu Kickers Offenbach, wo ihn Johan Cruyff sah und Girondins Bordeaux empfahl. Rohr wurde in Frankreich zweimal zum besten Abwehrspieler der Division I gewählt. Auch nach dem Ende seiner Spielerkarriere blieb Rohr in Bordeaux, wo er Girondins in verschiedenen Funktionen diente. 1996 kehrte der ehemalige Bayern-Spieler ins Münchner Olympiastadion zurück: als Trainer des UEFA-Cup-Finalisten Bordeaux. Anschließend widmete er sich erneut der Jugendarbeit seines Klubs. Eine Rückkehr nach Deutschland als Sportdirektor bei

der launischen Diva Eintracht Frankfurt blieb ein Intermezzo. In den Spielzeiten 2002/03 bis 2004/05 trainierte Rohr den französischen Erstligisten OGC Nizza. Er gilt als exzellenter Fachmann für Nachwuchsarbeit und wurde deshalb von Red Bull Salzburg als Nachwuchskoordinator engagiert. Von Oktober 2005 bis September 2006 betreute er außerdem Young Boys Bern und führte den Schweizer Erstligisten auf den 3. Platz und damit in den UEFA-Cup.

◆ 30 Bundesligaspiele (0 Tore), davon 6 Spiele (0 Tore) für den FC Bayern (1972-74). Mit dem FC Bayern Deutscher Meister 1973, 1974, Europapokalsieger der Landesmeister 1974.

Rohr, Oskar (24.4.1912 - 9.11.1988)

Sein Stammverein war der Mannheimer FC Phönix. Zum FC Bayern kam er 1930 18-jährig vom VfR Mannheim. 1932 war er Mittelstürmer der Meistermannschaft und Schütze der 1:0-Führung im Nürnberger Endspiel. Rohr, der auch „Ossi", „Schnacky" oder „Bubi" genannt wurde und die Nachfolge von Josef Pöttinger antrat, war mit 20 Jahren der jüngste Spieler in der Meisterelf und galt als eines der größten Stürmertalente im deutschen Fußball. Das Finale war erst sein 29. Spiel für die Rothosen. In den 16 Monaten seiner Vereinszugehörigkeit schoss der viermalige A-Nationalspieler über 30 Tore. 1933 verließ Rohr Deutschland, um einer der ersten deutschen Auslandsprofis zu werden. Er wechselte zunächst zu den Grasshoppers Zürich, mit denen er 1934 den Schweizer Pokal holte. Nach nur einem Jahr verließ er die Schweiz wieder, um beim französischen Profiteam Racing Straßburg anzuheuern. Da Rohr in Zürich aus nicht bekannten Gründen eine Haftstrafe drohte, wurde er im Kofferraum eines Autos über die Grenze geschmuggelt. Im Elsass verbrachte er seine sportlich erfolgreichsten Jahre. 1934/35 wurde er mit Straßburg Vize-Meister und schoss 20 Tore. 1936/37 wurde der Goalgetter mit 30 Treffern französischer Torschützenkönig und zog mit Racing ins Pokalfinale ein, wo man allerdings gegen Sochaux unglücklich mit 1:2 unterlag. Rohr schoss insgesamt 117 Tore für Straßburg und wurde Rekordtorschütze des Vereins.

Einer seiner Mitspieler war der legendäre Elsässer Oscar Heisserer, WM-Teilnehmer für Frankreich 1938. 1943 floh Heisserer, der sich weigerte, dem Konkurrenzverein SS Strasbourg beizutreten, in die Schweiz, wo er interniert wurde. Auch Rohr bekam es mit den deutschen Besatzern zu tun. Rohr setzte sich nach Sète im unbesetzten Süden Frankreichs ab. Vor seinen Landsleuten war er dort zunächst einigermaßen sicher, doch das Vichy-Regime verurteilte ihn wegen angeblicher kommunistischer Umtriebe zu drei Monaten Gefängnis. Im November 1942 wurde er dort von den Deutschen aufgegriffen und in das KZ Karlsruhe-Kieslau verschleppt. Auf Intervention von Fußballfans bei der Gestapo kam Rohr wieder frei und wurde an die Ostfront geschickt. Er überlebte den Krieg mit Glück und spielte noch bis 1949 für den VfR Mannheim, Schwaben Augsburg, FK Pirmasens und SV Waldhof.

Die „Bayerischen Staatszeitung" über den Fußballprofi Oskar Rohr: „Ossi Rohr war kein politischer Widerständler, schon gar nicht der Kommunist, zu dem er während des Zweiten Weltkriegs abgestempelt wurde. Er war Individualist, er wollte, was in einer freien Gesellschaft das Selbstverständlichste der Welt sein sollte: mit seinen Talenten buchstäblich wuchern und Geld verdienen können, er ließ sich von den braunen Machthabern nicht gleichschalten. Seine Geschichte ist die eines selbstbestimmten Individuums in einer totalitären Welt – und insofern unterscheidet er sich auch von Nerz und Herberger und von einem Funktionär wie dem DFB-Präsidenten Felix Linnemann. In dieser Biographie sind Zeitgeschichte, Individualität und kultureller Fortschritt eine eindrucksvolle Symbiose eingegangen. Oskar Rohrs Leben steht quer zu jenem Gleichschaltungswahn, ohne den totalitäre Diktaturen nicht bestehen können."

Roth, Franz (27.4.1946)
Bevor sich der Liebling von Trainer „Tschik“ Cajkovski dem FC Bayern anschloss, spielte Roth für so klangvolle Namen wie TSV Marktoberdorf, TSV Bertholdshausen und SpVgg Kaufbeuren. Für die Bayern, bei denen „Bulle“ insgesamt 22 Jahre kickte, schoss der kräftige Mittelfeldmann (1,85 m, 82 kg) mit Vorliebe die wichtigsten Tore: 1967 im Pokalsieger-Endspiel gegen Glasgow Rangers und 1976 im Finale des Landesmeistercups gegen St. Etienne erzielte der Bauernsohn aus Amendingen bei Memmingen jeweils den Treffer zum 1:0-Endstand. 1975 gelang ihm im Finale des gleichen Wettbewerbs der erste Treffer beim 2:0-Sieg über Leeds United. Seinen Spitznamen verdankt „Bulle“ seinem draufgängerischen Spielstil und Tschik Cajkovski: „Du hast ja Kraft wie ein Stier!“ 1977 musste Roth nach zwei Achillessehnenrissen seine Karriere beenden.
◆ 322 Bundesligaspiele (72 Tore) für den FC Bayern (1966-78). Mit dem FC Bayern Deutscher Meister 1969, 1972, 1973 und 1974, DFB-Pokalsieger 1967, 1969 und 1971, Europapokalsieger der Pokalsieger 1967, Europapokalsieger der Landesmeister 1974, 1975, 1976 sowie Weltpokalsieger 1976. 4 A-Länderspiele.

Rummenigge, Karl-Heinz (25.9.1955)
Der Außenstürmer kam 1974 vom Landesligisten Borussia Lippstadt, vermittelt durch Max Merkel und Robert Schwan. Den FC Bayern kostete er nur 17.500 DM. Der Kaiser war vom Talent seines neuen Mitspielers nicht überzeugt: „Der wird nie einer.“ Rummenigge kam langsam, dann aber gewaltig. In seinem ersten Jahr beim FCB taufte ihn Trainer Lattek „Rummelfliege“, weil „er immer so langsam schaut und dabei den Mund aufmacht, dass sich die Fliegen darin einnisten“. Sein eigentlicher Spitzname war aber „Rotbäckchen“, weil dem Neuling unter den Stars häufig aus Verlegenheit das Blut in die Birne schoss.
Die Geduld des FC Bayern mit dem ehrgeizigen Talent sollte sich auszahlen. In seiner ersten Bundesligasaison erzielte Rummenigge als 19-Jähriger in 21 Spielen fünf Tore. In der zweiten Saison waren es bereits immerhin acht Treffer bei 32 Einsätzen. Im dritten Bundesligajahr schoss Rummenigge zwölf Tore, im vierten erneut nur acht, im fünften immerhin 14. Erst in seiner sechsten Bundesligasaison schaffte der spätere Nationalstürmer und dreimalige Bundesliga-Torschützenkönig den Durchbruch zum Goalgetter. Rummenigge erzielte 26 Treffer und verbesserte so seine Quote von anfänglich 0,24 auf 0,76 pro Spiel. Für die Nationalelf versenkte er den Ball in 95 Länderspielen 45-mal im gegnerischen Netz.

Erfolgreiches Brüderpaar: Karl-Heinz und Michael Rummenigge nach dem DFB-Pokalsieg 1984.

Der Torjäger Rummenigge war das Produkt harter Arbeit. Dettmar Cramer, sein großer Förderer, verordnete ihm ein Spezialtraining. Wenn seine Mitspieler bereits unter der Dusche standen, musste Rummenigge üben, wie man Tore schießt. Rummenigge: „Er hat mich getrieben. In einer normalen Woche hatten die Spieler damals sechs bis sieben Trainingseinheiten, ich hatte zwölf. Im Fußball ist es wichtig, Talent zu haben, aber mit Talent allein kommt man nicht vorwärts. Sie brauchen diese Siegermentalität. Und die hat Cramer in mir geweckt. Das ging so weit, dass er, wenn er neben mir im Auto saß, an der roten Ampel sagte: ‚Und du fährst als Erster los.‘ Dann stehst du da, und dein Fuß zuckt auf dem Gaspedal.“ Als dribbelstarker Stürmer musste Rummenigge ordentlich einstecken: „Früher wurde brutaler gespielt. Viel brutaler. Wenn ich da an gewisse Auswärtsspiele denke: Da gab es erst mal ordentlich auf die Socken, und du wurdest überhaupt nicht vom Schiedsrichter geschützt. Und wenn man verletzt war, musste man trotzdem spielen, weil der Kader viel zu klein war."

1976 gab Rummenigge sein Debüt in der Nationalmannschaft, deren Kapitän er später häufig war. 1980 wurde der Außenstürmer mit der DFB-Auswahl Europameister. 1980 und 1981 wählten Europas Sportjournalisten Rummenigge zu Europas Fußballer des Jahres. Unvergessen bleibt sein Einsatz im WM-Halbfinale 1982 gegen Frankreich, als der verletzte Rummenigge beim Stand von 1:3 eingewechselt wurde („Derwall wollte den Gegner nervös machen") und das Spiel noch drehte. Am Ende stand ein 3:3-Remis, dem ein Elfmeterschießen folgte, das das DFB-Team gewann.

Zur Saison 1984/85 wechselte Rummenigge für die damalige Rekordablöse von 11,4 Mio. DM zu Inter Mailand, wodurch sich der FC Bayern, der damals in einer Krise steckte, finanziell sanierte. Rummenigge wurde hinter Diego Maradona zum bestbezahlten Fußballer in der italienischen Liga. Auch mit Rummenigge gewann Inter keinen Titel. Ein Tritt in die Achillesferse beendete im Februar 1987 seine Italien-Karriere. Rummenigge ist Ehrenspielführer des FC Bayern und vermutlich der einzige deutsche Spieler, über den (bzw. über dessen „sexy knees") ein international erfolgreicher Pop-Song kreiert wurde: „Rummenigge, Rummenigge, all night long..."

1991 wurde Rummenigge gemeinsam mit Franz Beckenbauer zum Vize-Präsidenten des FC Bayern gewählt. „Man hat uns zwar fußballerische Kompetenz zugestanden, aber keine wirtschaftliche. Das hat unseren Ehrgeiz geweckt. Und es war eine Genugtuung, dass wir nicht nur sportlich erfolgreich waren, sondern finanziell. Und heute: Egal, wo wir hinkommen, ob nach Madrid oder Buenos Aires, es gibt keinen Klub, in dem quasi das gesamte Management aus ehemaligen Spielern besteht. Darum werden wir beneidet." Als Vize-Präsident war Rummenigge für den Lizenzspielerbereich zuständig. Um näher an der Mannschaft zu sein, trainierte er zwar hin und wieder mit, wollte aber nicht den „Kummerkasten der Spieler" abgeben. Diesen spielte weiterhin Uli Hoeneß. In seiner Anfangszeit war Rummenigge wenig sichtbar. Doch mit den Jahren avancierte er zum Außenminister des FC Bayern, erwarb sich im Konzert der Vertreter europäischer Topklubs einen exzellenten Ruf und wurde Vize-Präsident der sogenannten G14-Gruppe, der Interessenvertretung der mächtigsten Klubs Europas. Rummenigge ist einer von zwei Vize-Präsidenten der UEFA-Klubbeiratskommission. Dieter Hoeneß über die Funktionärskarriere Rummenigges: „Karl-Heinz Rummenigge ist als Funktionär bei den Bayern anfangs der Musik hinterhergelaufen. Inzwischen macht er zusammen mit meinem Bruder die Musik." Nach der Pleite der Nationalmannschaft bei der EM 2000 wurde Rummenigge Sprecher des neu gegründeten Arbeitskreises Nationalmannschaft im DFB. 2002 wurde er hauptamtlicher Vorstandsvorsitzender der FC Bayern AG. In dieser Funktion ist er für die Koordination innerhalb des Vorstands, die Bereiche Öffentlichkeitsarbeit und Neue Medien sowie die Vertretung der AG in nationalen und internationalen Gremien verantwortlich.

Der „Kicker" charakterisierte den Vorstandsvorsitzenden des FC Bayern als „klassischen Chef: Um das Letzte aus seinen Angestellten herauszuholen, übt er gerne und schnell Druck auf sie aus, kritisiert sie öffentlich und fordert sie zum Kurswechsel auf." Wegen seiner „Killer-Attacken", von denen die Trainer Hitzfeld und Magath sowie Michael Ballack ein Lied zu singen wissen, wird Rummenigge vereinsintern auch „Killer Kalle" genannt.

◆ 310 Bundesligaspiele (162 Tore) für den FC Bayern (1974-84). Mit dem FC Bayern Deutscher Meister 1980, 1981, DFB-Pokalsieger 1982, 1984, Europapokalsieger der Landesmeister 1975, 1976, Weltpokalsieger 1976. 95 A-Länderspiele (45 Tore). Vize-Weltmeister 1982, 1986. Europameister 1980. Fußballer des Jahres 1980, Europas Fußballer des Jahres 1980, 1981, Bundesligatorschützenkönig 1980, 1981, 1984.

Rummenigge, Michael (3.2.1964)

Der jüngere Bruder von „Kalle" kam 1982 zum FC Bayern, wo er jedoch stets im Schatten seines älteren und berühmteren Bruders blieb. 1988 wechselte Rummenigge II zu Borussia Dortmund und war wesentlich am dortigen Aufschwung beteiligt. 1989 wurde er mit dem BVB Pokalsieger. Nach 154 Bundesligaspielen für den BVB wechselte Rummenigge II während der Saison 1993/94 in die J-League zu Red Diamonds Urawa. Dort beendete

er seine Karriere im Frühjahr 1996 wegen starker Verschleißprobleme im großen Zeh. Rummenigge: „Ich habe immerhin das Glück gehabt, für die beiden besten deutschen Klubs spielen zu können." Hingegen ließ seine Nationalmannschaftskarriere eher zu wünschen übrig. Rummenigge II bestritt lediglich 2 A-Länderspiele. „Es hätten schon ein paar mehr Länderspiele werden können, aber ich muss selbstkritisch feststellen, dass es zu meiner Zeit einige bessere Mittelfeldspieler gegeben hat.
◆ 309 Bundesligaspiele (80 Tore), davon 152 Spiele (44 Tore) für den FC Bayern (1982-88). Mit dem FC Bayern Deutscher Meister 1985, 1986, 1987, DFB-Pokalsieger 1984 und 1986. 2 A-Länderspiele.

Sagnol, Willy (18.3.1977)
Der Franzose wurde im Sommer 2000 von AS Monaco verpflichtet. Frankreichs Weltmeister-Torhüter Fabian Barthez, der mit Sagnol in Monaco spielte, charakterisierte den sachlichen und ruhigen Abwehrspieler als „ein Wunder an Emotionslosigkeit". Eine starke Rückrunde sicherte ihm in der Saison 2002/03 auf der „Außenbahn defensiv" den 1. Platz in der „Kicker"-Rangliste. Sagnol wurde als einzigem Bundesligaspieler dieser Kategorie „Weltklasse" attestiert. Seine starken Leistungen wurden anschließend beim Confederation Cup 2003 mit einem Platz in der Anfangsformation der Équipe Tricolore belohnt. In der Saison 2005/06 wurde Sagnol nach starken Vorstellungen in der Vorrunde zum Liebling der Zuschauer. War der Franzose am Ball, hallte es „Williiiieeeee" durch die neue Bayern-Heimat Allianz Arena. Juventus Turin hätte sich gerne seiner Dienste versichert, doch nach einem langen Pokerspiel unterzeichnete Sagnol in München einen Vertrag bis 2010. Bei der WM 2006 gehörte Sagnol zu den Leistungsträger der Équipe Tricolore, mit der er bis ins Endspiel vordrang.
◆ 152 Bundesligaspiele (6 Tore) für den FC Bayern (2000-06). Mit dem FC Bayern Deutscher Meister 2001, 2003, 2005, 2006, DFB-Pokalsieger 2003, 2005, 2006, Champions-League-Sieger 2001, Weltpokalsieger 2001. 45 A-Länderspiele für Frankreich, Vize-Weltmeister 2006

Salihamidzic, Hasan (1.1.1977)
Der in Jablanica geborene Bosnier kam 1998 vom Hamburger SV zu den Bayern. Die Karriere des Stürmers, der in Bosnien die Musikschule besuchte

und Klavier spielte, begann bei Turbina Jablanica (1987-91). Salihamidzic: „In der Mitte unserer Wohnblöcke gab es einen Bolzplatz. Das war mein Zuhause. Schon mit 15 habe ich mir gesagt: Ich mache alles, damit ich Profi werden kann." Von Jablanica wechselte der Sohn eines Polizisten und einer Lehrerin zum bosnischen Topklub Velez Mostar. Salihamidzic fuhr jeden Tag 50 km mit dem Bus zum Training. Ende des Jahres 1992 wurde der 15-Jährige von seinem Vater in einen anderen Bus mit Zielort Deutschland gesetzt. Die Region stand kurz vor dem Ausbruch eines blutigen Bürgerkrieges. Salihamidzic: „Ich habe keine Zukunft gesehen, ich musste da weg. Schließlich wollte ich unbedingt Fußballer werden." Der Kicker machte sich mit 1.000 DM in der Tasche, aber ohne Visum auf den Weg. Von seinem Geld „durfte" er 800 DM an die kroatischen Grenzer abdrücken.
Nach seiner Ankunft in Deutschland sprach Salihamidzic bei den Junioren des Hamburger SV vor und wurde von Coach Rudi Kargus sofort genommen. Über den Jugend- und Amateurbereich gelang ihm der Sprung in die Profimannschaft – dank Felix Magath, der den Bosnier bei den Amateuren trainierte und ihn nach seiner Ernennung zum Cheftrainer der Profis mit hoch nahm. In Hamburg avancierte der leichtfüßige und vielseitige Offensivspieler zum Stamm- und Führungsspieler sowie Liebling der Fans.1998 wechselte Salihamidzic zum FC Bayern. Karl-Heinz Rummenigge über den Neuzugang: „Hasan Salihamidzic ist ein großes Talent, ein Diamant, den man noch schleifen muss... Ich persönlich setze auf ihn sehr stark, weil er einer der seltenen Spieler ist, die versuchen, andere auszudribbeln. Er ist frech und hat

dieses Blitzen in den Augen, den Schalk." Im Rotationssystem des FC Bayern rotierte Salihamidzic zunächst nicht nur zwischen Feld und Bank, sondern auch zwischen diversen Positionen. Mal spielte er links, mal spielte er rechts; mal vorne, mal hinten. Seine Vielseitigkeit führte dazu, dass er in der Saison 1999/2000 neben Jeremies die meisten Einsätze (30) in der Bundesliga verbuchte. In der Saison 2002/03 hatten schlimme Verletzungen zur Folge, dass der Bosnier nur auf zwölf Einsätze in der Bundesliga kam. 2003/04 feierte Salihamidzic auf der Position des rechten Abwehrspielers ein erfolgreiches Comeback.

„Brazzo" – zu deutsch: Bürschchen – gilt als Kämpfer und Teamspieler. Ottmar Hitzfeld über den schlitzohrigen und stets hyperaktiven Kicker: „Er ist ein robuster Spieler, der zur rustikalen Abteilung gehört. Er kann mit seiner Zielstrebigkeit eine Mannschaft nach vorne bringen und Funken setzen. Solche Typen braucht jede Mannschaft." Roberto Carlos von Real Madrid: „Was der die Linie auf und ab rennt, ist schon sagenhaft. Er spielt immer mit totalem Engagement und gehört für mich zu den besten Spielern der Welt." Auch beim FC Bayern zählt Salihamidzic zu den Lieblingen des Publikums. Felix Magath im April 2006 über den mittlerweile 29-Jährigen: „Hasan bringt eine Supereinstellung mit, er ist ein absolutes Vorbild für die Mannschaft. Und Kapitän Oliver Kahn: „Er ist in schwierigen Phasen genau der Spieler, den der FC Bayern braucht." Mit 83 Einsätzen liegt Salihamidzic in der Liste der Bayern-Spieler mit den meisten Champions-League-Einsätzen auf Platz drei.

◆ 277 Bundesligaspiele (45 Tore), davon 211 Spiele (26 Tore) für den FC Bayern (1998-2006). Mit dem FC Bayern Deutscher Meister 1999, 2000, 2001, 2003, 2005, 2006, DFB-Pokalsieger 2000, 2003, 2005, 2006, Champions-League-Sieger 2001, Weltpokalsieger 2001. 41 A-Länderspiele für Bosnien-Herzegowina.

Santa Cruz, Roque (16.8.1981)

Als der Paraguayer im Sommer 1999 17-jährig in München eintraf, war sein Name nur einigen wenigen Fußballexperten ein Begriff. Diesen galt Roque Santa Cruz als eines der größten Fußballtalente im Weltfußball. Santa Cruz über seine Jugend: „Wir waren daheim vier Männer. Mein Vater, meine beiden Brüder und ich. Da lag es auf der

Hand, dass wir Fußball spielten, zumal mein Vater früher Fußball-Profi war. Wir kickten zu Hause, auf der Straße, mit Freunden auf Bolzplätzen. Dabei hat sich jeder einen Lieblingsspieler ausgesucht. Einer war dann immer Maradona, und ich war van Basten; der hat mir am besten gefallen. So hat alles begonnen und die Liebe zum Fußball angefangen."

Der Stürmer begann seine Karriere in der Fußballschule des Armeesportklubs Asunción (1988-90). Von dort ging es zu Olimpia de Asunción, wo er 15-jährig in der 1. Liga debütierte. Mit 16 wurde er in die U-20-Auswahl Paraguays geholt, mit der er an der WM in Nigeria teilnahm. Mit 17 fuhr er mit der A-Nationalmannschaft zum Copa America. Auch bei der WM 2002 war Santa Cruz dabei und spielte im Achtelfinale gegen Deutschland. Neben dem exzentrischen Keeper Chilavert war Santa Cruz der zweite Star im Team. Bei der WM 2006 kam für sein Team bereits in der Vorrunde das Aus.

In München hatte man sich zunächst darum bemüht, das Talent nicht zu verheizen. Santa Cruz integrierte sich schnell, das Erlernen der deutschen Sprache eingeschlossen. Zu Beginn der Saison 2002/03, seine vierte beim FC Bayern, für die er sich besonders viel vorgenommen hatte, wurde Santa Cruz von einer schweren Verletzung zurückgeworfen (Außenbandriss und Kapseleinriss im Sprunggelenk) und kam deshalb nur auf 14 Einsätze. Es blieb nicht seine einzige Verletzung, und die „Frankfurter Rundschau" stellte die Frage, „ob der umschwärmte Frauenschwarm des FC Bayern zu früh belastet wurde".

◆ 129 Bundesligaspiele (29 Tore) für den FC Bayern (ab 1999). Mit dem FC Bayern Deutscher Meister 2000, 2001, 2003, 2005, 2006, DFB-Pokalsieger 2000, 2003, 2005, 2006 Champions-League-Sieger 2001, Weltpokalsieger 2001. 45 A-Länderspiele für Paraguay.

Scherer, Prof. Dr. Fritz (16.2.1940)
Der Professor für Betriebswirtschaftslehre unterrichtet an der Fachhochschule Augsburg (Schwerpunkte: Berufs- und Arbeitspädagogik, Personalführung, Personalverwaltung) und war von 1985 bis 1994 Präsident des FC Bayern. Im November 1994 wechselte er auf den Posten des „Vize" und Finanzchefs, um dem Kaiser Platz zu machen. Bereits vor seiner Präsidentschaft hatte Scherer dem Klub sechs Jahre als Schatzmeister gedient. Scherer wurde seinerzeit auf Empfehlung des Unternehmers und Bayern-Mäzenes Rudi Houdek gewählt, dessen langjähriger Geschäftsleiter er gewesen war. Scherer gilt als Freund von Teamwork. In der heutigen Führungsriege des FC Bayern ist er neben Uli Hoeneß der dienstälteste Funktionär. Der 1.Vize-Präsident des Vereins ist auch Mitglied des Aufsichtsrates der FC Bayern AG. Scherer war viele Jahre Mitglied des DFB-Ligaausschusses.In seiner Jugend kickte Scherer auf Linksaußenposition für den BC Augsburg. Zum FC Bayern bekennt er sich seit dem DFB-Pokalfinale von 1966, das er live miterlebte.

Schiefele, Hans (1.10.1919 - 19.9.2005)
Schiefele trat dem FC Bayern bereits am 13. September 1928 bei. Als der FC Bayern 1932 in Nürnberg erstmals Deutscher Meister wurde, weilte auch Hans Schiefele unter den Zuschauern. Er kickte in der Bayern-Jugend und wurde vor dem Zweiten Weltkrieg als 17-Jähriger zu einem Nachwuchslehrgang unter Sepp Herberger eingeladen. Von Beruf Journalist arbeitete Hans Schiefele im Sport-Ressort der „Süddeutschen Zeitung", wo er vor allem über „seine" Bayern und die Nationalmannschaft berichtete. Schiefele war später dafür verantwortlich, dass Löwen-Keeper Petar Radenkovic den Künstlernamen „Radi" erhielt. In den 1950er und 1960er Jahren zeichnete Schiefele für die Klub-Zeitung verantwortlich, für die er auch im hohen Alter noch schrieb. Später widmete er sich der Kegelabteilung des Vereins, deren Mitbegründer und zeitweise Leiter er war, wurde Schriftführer des FC Bayern und 1987 schließlich Vize-Präsident des Gesamtvereins. Schiefele bekleidete die Position des „Bayern-Vize" bis März 2002. Bei seinem Rücktritt wurde er zum „Ehren-Vize-Präsidenten" ernannt. 1987 war Schiefele in den Sportbeirat der Stadt München gewählt worden.
Anlässlich seines 75. Geburtstags hieß es in einer Laudatio seines Vorstandskollegen Dr. Fritz Scherer: „Ich schätze Hans Schiefele als einen ruhigen, ausgleichenden, humorvollen und auch kritischen Kollegen. Er ist im Präsidium unser vorbildlicher Verbindungsmann zu den Amateurabteilungen. Für den FC Bayern ist er einfach unentbehrlich."

Schmid, Hans
Mitglied der Meisterelf von 1932. Kam von den Münchner Bajuwaren zum FCB und soll mit Wiggerl Hofmann den besten linken Bayernflügel aller Zeiten gebildet haben.

Schmidt, Helmut (9.6.1949)
Sein Tor zum 1:0 am 29. Spieltag der Saison 1968/69 bei Borussia Dortmund bedeutete die erste Bundesligameisterschaft für den FC Bayern. 1970 wechselte Schmidt zu Kickers Offenbach.
◆ 66 Bundesligaspiele (2 Tore), davon 49 Spiele (2 Tore) für den FC Bayern (1967-70). Mit dem FC Bayern Deutscher Meister 1969, DFB-Pokalsieger 1969.

Schneider, Edgar (17.8.1949)
Der vielseitig verwendbare Pforzheimer erzielte als Einwechselspieler im DFB-Pokalfinale von 1971 mit einem fulminanten Schuss das Siegtor zum 2:1 über den 1. FC Köln. Seine Teamkameraden nannten ihn fortan „Hammer-Ede". Gerd Müller erstritt für Schneider die volle Auszahlung der Siegprämie von DM 10.000.
◆ 66 Bundesligaspiele (7 Tore) für den FC Bayern (1970-74). Mit dem FC Bayern Deutscher Meister 1972, 1973, 1974, DFB-Pokalsieger 1971, Europapokalsieger der Landesmeister 1974.

Schneider, Georg (22.4.1892 - 5.1.1961)
Sein Debüt in der 1. Mannschaft gab der angehende Ingenieur 18-jährig am 15. Oktober 1910. Die Kriegsjahre, die Schneider zeitweise in Gefangenschaft verbrachte, unterbrachen seine fußballerische Entwicklung zunächst. Nach seiner Rückkehr nach München wurde Schneider Stammspie-

ler beim FC Bayern und blieb dies bis Mitte der 1920er. Der populäre Abwehrspieler schaffte es sogar in die Nationalmannschaft, für die er am 27. Juni 1920 gegen die Schweiz in Zürich (1:4) sein erstes Länderspiel bestritt. Weitere Einsätze erfolgten am 24. Oktober 1920 gegen Ungarn in Berlin (1:0) und am 5. Juni 1921 gegen den gleichen Gegner in Budapest (0:3).

Scholl, Mehmet (16.10.1970)
Sein leiblicher Vater ist ein Türke, der jedoch die Familie verließ, als Mehmet fünf Jahre alt war. Der Junge wuchs zunächst in recht bescheidenen Verhältnissen auf. Die Mutter, von Beruf Krankengymnastin, heiratete den Sportlehrer Hermann Scholl, der Mehmets fußballerisches Potenzial erkannte und ihn nach Kräften förderte. Scholl junior in einem Interview mit der „Zeit" (Oktober 2003): „Er war derjenige, der weit vor allen gesehen hat, dass ich Fußballprofi werden kann. Als ich sieben Jahre alt war, meinte er zu meiner Mutter: ‚Der kann ja jetzt schon Sachen, die können andere mit 30 nicht.' Von dem Moment an, in dem er das entdeckt hat, hat er mich bedingungslos unterstützt, ohne jemals die Vaterbrille aufzuhaben. Das war das Entscheidende an meiner Karriere: jemanden zu haben, der einen führt. Wenn ich in der Disco war und brav um zehn nach Hause gekommen bin, stand mein Vater schon da und hat auf die Uhr geschaut: ‚Ich dachte, du willst Fußballprofi werden. Dann brauchst du einen geregelten Lebensrhythmus.' Es war aber nicht so, dass er mich gedrängt hat. Er hat nur gesagt: ‚Entweder – oder. Entweder du machst es richtig, und dann helfe ich dir dabei – oder du machst es wie alle anderen und gehst feiern und trinken und hast Mädels, aber dann wird es halt nix.' (...) Mein Vater wusste genau, wie er mich anstachelt. Als ich auf dem Gymnasium schon Profi beim KSC war, da hat er mich provoziert: ‚Komm, die Schule schaffst du ja doch nicht.' Allein schon, um ihm zu zeigen, dass ich das packe, habe ich noch das Abitur gemacht. Später hat er dafür gesorgt, dass ich auf dem Boden bleibe. Irgendwann habe ich mich mal bei ihm beschwert, dass ich so viel Steuern zahlen muss. Da hat er gesagt: ‚Du tust mir leid, du armer Kerl. Magst du bei mir einziehen?' Dann habe ich erst mal darüber nachgedacht, was für einen Scheiß ich erzählt habe.
Als Jugendspieler beim Karlsruher SC hatte Scholl wiederholt Probleme mit seinen Trainern, die seine Ballverliebtheit kritisierten. In der B2 und A1 war Scholl zeitweise nur Ersatz. Noch vor seinem Abitur (Schnitt: 2,4) wurde Scholl beim KSC Profi. Als Scholl 1992 beim FCB unterschrieb, sprach Karl-Heinz Rummenigge vom „größten Talent des deutschen Fußballs". Insbesondere Beckenbauer hatte sich für den schmächtigen Kicker stark gemacht. Doch der Mittelfeldspieler mit den schnellsten Haken und Drehungen in der Liga benötigte seine Zeit. Zwar wurde Scholl 1994 mit dem FC Bayern Deutscher Meister, aber der Durchbruch gelang ihm erst eine Saison später unter Trainer Trapattoni, als er sogar die Nummer 10 und die Kapitänsbinde überstreifen durfte. In der Saison 1995/96 hatte Scholl großen Anteil daran, dass der FCB den UEFA-Cup gewann. Mit der Nationalmannschaft wurde der Supertechniker im gleichen Jahr Europameister. Die Fans des FC Bayern wählten Scholl zum „Spieler der Saison", das Teenie-Blatt „Bravo-Sport" kürte ihn zum beliebtesten Sportler des Jahres.
Mittlerweile plagten den Spieler jedoch private Probleme, nachdem ihn seine Frau mit dem gemeinsamen Sohn verlassen hatte. Scholls zuweilen etwas fragwürdiger Humor nervte nicht nur seine Kollegen, sondern rief auch schon die Politik auf den Plan: „Hängt die Grünen, solange es noch Bäume gibt", ließ Scholl im Bayern-Jahrbuch 1995/96 verlauten. „Zieht dem Scholl die Vorderzähne, solange es noch Nagetiere gibt", konterte ein Landtagsabgeordneter der bayerischen Grünen. Scholls Humor orientierte sich an Harald Schmidt. Scholl über seinen Lieblingsentertainer: „Sein Humor ist deshalb so gut, weil er keine moralischen Grenzen kennt."

Josef Kelnberger schrieb im Dezember 1996 in der „SZ" über den populärsten Popstar der Bundesliga: „Auch außerhalb des Spielfelds verkörpert er den Zeitgeist einer Jugend, von der es heißt, sie wolle sich nicht in Schablonen pressen lassen, schon gar nicht in jene der political correctness. (...) ‚Wie Take That', pflegt Bayern-Vize-Präsident Karl-Heinz Rummenigge zu spotten, wenn nach dem morgendlichen Bayern-Training Hunderte von Teenagern ‚Schol-li' kreischen. Rummenigge war früher ein Fußball-Superstar, Lieder wurden nach ihm gesungen, doch diese Hysterie hat er selbst als Weltfußballer nie ausgelöst – diesen hellen Aufschrei, so untypisch für eine raue Fußballarena, wenn im Olympiastadion der Mann mit der Nummer sieben angekündigt wird. Es ist der Pop der neunziger Jahre. Die vom Springer-Verlag mittels Sat.1 und Bild-Zeitung betriebene Popularisierung der Fußball-Bundesliga. Fußball ist in den Rang einer Unterhaltungsindustrie erhoben und mit einer eigenen Ästhetik versehen worden: schmissig, peppig, ran! So eröffneten sich völlig neue Märkte, auch die Teenager kehrten zurück zum Fußball, und Mehmet Scholl bedient die Zielgruppe wie kein Zweiter." Scholl Jahre später über diese Zeit: „In dieses Image vom Teenie-Idol wollte ich nie rein. Das habe ich damals, Anfang der Neunziger, einfach nicht überblickt. Ich habe es als Spiel gesehen, und es gab halt zwei Möglichkeiten: Entweder man blockt alles ab, wenn die Bravo auf der Matte steht – oder man spielt mit. Ich habe mitgespielt, aber das wurde dann ganz schnell gegen mich gedreht. Die Teenies haben mich vielleicht geliebt, aber die Fußballexperten hatten keinen Respekt vor mir."

In der Saison 1996/97 wurde Scholl zwar mit dem FC Bayern zum zweiten Mal Deutscher Meister und schoss im Lokalderby gegen den TSV 1860 ein wunderschönes Tor, dennoch zählte er zu den Verlierern dieser Spielzeit. Seine persönlichen Probleme hatten zeitweise die Oberhand gewonnen. Hinzu kam, dass Scholl mit dem um ihn herum entfachten Rummel nicht fertig wurde.

In der Ära Hitzfeld begann Scholl zu reifen, sehr zum Wohle des FC Bayern. Ottmar Hitzfeld attestierte ihm, sich nun „voll auf seine Leistung" zu konzentrieren. Hitzfeld-Assistent Michael Henke nannte ihn später einen „sehr ernsthaften Spieler", der sich auch mit Fragen der Ernährung und physiotherapeutischen Betreuung beschäftige. Sein Mannschaftskamerad Linke: „Früher ein Partykönig, lebt er heute viel bewusster." Wurde Scholl im „Bayern-Jahrbuch" jahrelang mit dem Spitznamen „Scholli" geführt, so fand sich in der Ausgabe 2002/03 an dieser Stelle nur ein Querstrich. Die „Frankfurter Rundschau" charakterisierte Scholl im April 2002 als einen „zur Persönlichkeit gereiften einstigen Schülerinnenschwarm". Auch in Scholls Privatleben kehrte Ruhe ein. Er beschäftigte sich mit dem Buddhismus, wovon auch ein Buddha-Tattoo auf seinem rechten Oberarm zeugte, und lebte zurückgezogen. Er gab nur noch wenig Interviews und verschwand nach Bayern-Heimspielen häufig klammheimlich durch die Hintertür. Ein Knackpunkt im Verhältnis zum Boulevard war wohl der Tod seiner Mutter gewesen. Scholl: „Dann ist meine Mutter gestorben, und selbst davor haben die im Boulevard keinen Respekt gehabt und rumgekramt. Das war der Punkt, an dem ich endgültig gesagt habe: Mit mir geht gar nichts mehr."

Zur neuen Ernsthaftigkeit gehörte auch der Verzicht auf eine Teilnahme an der WM 2002, wodurch Völler einen wichtigen Kreativspieler verlor. Als die DFB-Elf beim Qualifikationsspiel gegen England in Wembley mit 1:0 die Oberhand behielt, hatte Scholl zu den stärksten Akteuren gezählt und war vom „Kicker" mit der Note 1,5 bedacht worden. Scholl hielt es für angebracht, seinem geschundenen Körper eine Regeneration zu gestatten. Der Dribbelkünstler hatte mittlerweile eine Serie schwererer Verletzungen erlitten. Die Abstände zwischen seinen Blessuren wurden immer kürzer. Obwohl Scholl seit Jahren zu den fähigsten deutschen Kickern gehörte, blieb ihm eine WM-Teilnahme verwehrt. 1994 und 1998 war Scholl jeweils verletzt gewesen. DFB-Teamchef Rudi Völler: „Es ist unglaublich, dass ein Spieler seiner Klasse keine WM gespielt hat." Italien-Kenner Völler sah in Scholl einen „Spielertyp, wie Del Piero jetzt bei Juventus Turin ist oder Roberto Baggio dort in seinen guten Zeiten gewesen war." Im „Kicker" schrieb Wolfgang Tobien über das Drama solcher Spieler: „Der Preis für die besondere Qualität der Scholls, Del Pieros oder Baggios ist an ihren Fehlzeiten auf dem Spielfeld im Laufe der Karriere abzulesen. Gewiss, ohne ein bestimmtes Maß an Stoßfestigkeit kommt ihr Spiel nicht zum Tragen. Doch die Sensibilität ihrer Künstlernatur geht nicht zufällig mit einer auffälligen Feingliederigkeit ihrer Statur einher. Zäh und zart zugleich müssen sie vor allem im gegnerischen Strafraum dorthin gehen, wo athletische Stürmer-Rambos und forsche Draufgänger wie ein Carsten Jancker, Ulf Kirsten, Oliver Bierhoff oder ein Christian Vieri an starken Tagen sich behaupten. Die Folgen sind immer wieder auftretende Verletzungen." Und Uli Hoeneß: „Mehmet wäre einer der ganz Großen des deutschen Fußballs geworden, wenn er nicht in vielen wichtigen Momenten gesundheitliche Defizite gehabt hätte. So einen Spielertyp gibt es ganz selten auf der Welt." Viele Jahre vielleicht der beste deutsche Fußballer, war sein schmächtiger Körper für die Karriere eines Weltstars nicht geschaffen. Noch 2001 geriet die „AZ" über den zu diesem Zeitpunkt bereits 31-jährigen Mittelfeldspieler ins Schwärmen: „In der von deutschen Tugenden dominierten Bundesliga und Nationalmannschaft fällt Mehmet Scholl seit seinem Profi-Einstand weit ab vom Standard. Der Zwirbler, Streichler, Kunstschütze am Ball. Der Kreativling. Ein Unikat selbst beim FC Bayern."

In der Saison 2005/06 bestritt Scholl sein 14. Jahr beim FC Bayern und war damit der dienstälteste Akteur des Rekordmeisters. In Anbetracht eines Mangels an Spielkultur und Technikern wurde vor der WM 2006 sogar Scholls Rückkehr in die Nationalmannschaft diskutiert, obwohl der Körper des mittlerweile 35-Jährigen nicht mehr ausreichend Kraft für 90 Minuten besaß. In den Jahren zuvor hatte Scholl keine Saison auch nur annähernd durchgespielt. Für die „FAZ am Sonntag" zeigte die Diskussion um eine WM-Teilnahme Scholls „die Sehnsucht der Fußballfans hierzulande nach Emotionen, Herzblut, Verspieltheit und Raffinesse auf dem Platz, eben alles, was der schmächtige Mittdreißiger seit Jahren verkörpert". Sein ehemaliger Trainer Ottmar Hitzfeld bezeichnete ihn als „Künstler", der „Fußball zelebriert wie Ronaldinho". Für Uli Hoeneß ist Scholl „ein intelligenter Bursche, der den totalen Durchblick hat. Er liebt den Fußball. Mehmet beschäftigt sich im Detail mit den Problemen des Fußballs, viel mehr als andere, die sehr oberflächlich mit ihrem Beruf umgehen." Mit acht deutschen Meisterschaften ist Scholl der Bundesligaspieler mit den meisten Meistertiteln. Europäisch spielte Scholl 84-mal für die Bayern und schoss dabei 18 Tore.

◆ 378 Bundesligaspiele (97 Tore), davon 320 Spiele (86 Tore) für den FC Bayern (ab 1992). Mit dem FC Bayern Deutscher Meister 1994, 1997, 1999, 2000, 2001, 2003, 2005, 2006, DFB-Pokalsieger 1998, 2000, 2003, 2005, 2006, UEFA-Cup-Sieger 1996, Champions-League-Sieger 2001, Weltpokalsieger 2001. 36 A-Länderspiele (8 Tore) für den DFB. Europameister 1996.

Schupp, Markus (7.1.1966)

Der Mittelfeldspieler kam 1992 von Wattenscheid 09. Zuvor hatte Schupp für den 1. FC Kaiserslautern gekickt und gehörte zum Meisterteam von 1991. Der Aufbau des Dreamteams beendete seine Karriere beim FCB. Schupp wechselte zur Frankfurter Eintracht, mit der er 1996 aus der Bundesliga abstieg. Anschließend heuerte er noch beim Hamburger SV an.

◆ 351 Bundesligaspiele (40 Tore), davon 91 Spiele (12 Tore) für den FC Bayern (1992-95). Mit dem FC Bayern Deutscher Meister 1994.

Schwabl, Manfred (18.4.1966)

Der kleine Mittelfeldspieler kam vom FC Holzkirchen zum FC Bayern und wurde zum Pendler zwischen München und Nürnberg. 1986 wurde Schwabl mit den Bayern zwar Deutscher Meister, kam in dieser Saison allerdings nur auf sieben Einsätze. Schwabl wechselte zum 1. FC Nürnberg und qualifizierte sich mit diesem 1988 für den UEFA-Cup. Nach 94 Bundesligaspielen für den „Club" kehrte Schwabl zur Saison 1989/90 zum Rekordmeister zurück, mit dem er auch prompt erneut die Meisterschaft gewann. Während der Saison 1992/93 wechselte Schwabl dann ein zweites Mal zum „Club". 1994 war dann wieder die Isar-Metropole angesagt. Diesmal zog es Schwabl allerdings zum TSV 1860, wo er zu einem der wichtigsten Leistungsträger und Führungsspieler avancierte. Ende der Saison 1996/97 führte Schwabl beim TSV 1860 eine Revolte gegen den autoritären Präsidenten Wildmoser an.

◆ 303 Bundesligaspiele (14 Tore), davon 87 Spiele (4 Tore) für den FC Bayern (1985-86, 1989-93). 4 A-Länderspiele für den DFB. Mit dem FC Bayern Deutscher Meister 1986, 1990 sowie DFB-Pokalsieger 1986.

Schwan, Robert (20.11.1921 - 13.7.2002)
Der ehemalige Gemüsehändler am Münchner Viktualienmarkt und Versicherungsdirektor hatte zwar nach eigenem Bekunden „vom Fußball keine Ahnung“ und nie in einer Fußballmannschaft gespielt, avancierte jedoch zum Pionier des modernen Fußballmanagements in Deutschland. Schwan begann 1964 „ehrenamtlich“, neben seinem Beruf als Vorstand einer Versicherungsgesellschaft. 1966 wurde Schwan der erste bezahlte Manager in der Geschichte des deutschen Fußballs. Schwans Stärken waren organisatorisches Geschick und Geschäftssinn. Die Branche nannte ihn auch „großen weißen Vogel“. Der Sohn eines Eisenbahnbediensteten managte nicht nur den FC Bayern, sondern wurde auch persönlicher Manager Beckenbauers, was nicht ohne Probleme verlief. Für Beckenbauer war Schwan sein „bester Freund“. Der Kaiser: „Robert Schwan begann meine Popularität regelrecht zu vermarkten. So war ich – der 20-Jährige – der Erste, der einen Manager hatte.“ An Beckenbauers Verträgen partizipierte Schwan mit 20 bis 30 Prozent. Als Beckenbauer Schwan nach der WM 1966 stolz von einem 1.000-DM-Werbevertrag mit einem Shampoo-Hersteller berichtete, der mit allen DFB-Kickern abgeschlossen wurde, raunzte Schwan: „Ein Schmarrn ist das! Viel zu wenig. Ich werde dir in einem Jahr einen Werbevertrag über 100.000 Mark beschaffen.“ Mit einer Suppen-Werbung („Kraft in den Teller, Knorr auf den Tisch“) kam Beckenbauer dann tatsächlich zum von Schwan versprochenen Salär. Für Schwan war die Knorr-Werbung „die Geburtsstunde der Sportwerbung im Fernsehen. Das hat hohe Wellen geschlagen, auch negative: Damit mache man die Spieler kaputt, sie würden benutzt. Absoluter Käse.“
Schwan galt als ruppig, geradlinig und eitel. Frauen hatten in Robert Schwans Fußballwelt nichts zu suchen. Ende der 1960er zeigte der FC Bayern Interesse an der Verpflichtung von Gilbert Gress. Der Franzose erschien mit seiner Gattin zum Vorgespräch, woraufhin ihr Robert Schwan mitteilte, das Frauen im Verein nicht erwünscht seien. Gress viele Jahre später: „Frauen galten damals als Störfaktoren, die möglicherweise mit Neid auf den Pelzmantel einer anderen Spielergattin reagieren würden.“ Der eitle Schwan einmal über sich selbst: „Ich kenne nur zwei intelligente Menschen, Schwan am Vormittag und Schwan am Nachmittag.“ Schwans letzte Transferaktivität für den FC Bayern war der Verkauf des Kaisers an Cosmos New York. Mit Beckenbauer verließ auch Schwan 1977 den FC Bayern.
Auch nach dem Ende von Beckenbauers Spielerkarriere stand Schwan dem Kaiser, mit dem er im Schickimicki-Domizil Kitzbühel Haustür an Haustür lebte, mit Rat und Tat zur Seite. Dass Beckenbauer 1984 Teamchef der DFB-Auswahl wurde, war ebenfalls nicht zuletzt das Werk seines Managers, der hinter dem Rücken Beckenbauers und gemeinsam mit der „Bild“-Zeitung dessen angebliche Bereitschaft lancierte.1996 wurde Schwan im Auftrag der Ufa Aufsichtsratsvorsitzender bei Hertha BSC, um den Hauptstadtklub vom Mief der Mittelmäßigkeit zu befreien. Hier sorgte er wiederholt durch ruppige Alleingänge für Schlagzeilen. So entließ Schwan in der Saison im April 1998 eigenmächtig und vor laufender Kamera Trainer Jürgen Röber. Eine Entscheidung, die er nur einen Tag später revidieren musste. Auch beim FC Bayern mischte sich der „Poltergreis“ („SZ“) ab und an noch ein. Letztmalig im Herbst 2002, als Schwan die Entlassung von Ottmar Hitzfeld forderte. Schwan warf Hitzfeld vor, er versage „in seinem ureigentlichen Job, die richtige Mannschaft auf den Platz zu schicken“.
Robert Schwan starb am 13. Juli 2002 in Reith bei Kitzbühel an den Folgen eines Herzinfarkts. Der FC Bayern bezeichnete ihn in einem Nachruf als „ein großer Visionär“ und „einen der Architekten, die das Fundament legten, auf dem dieser Klub heute steht“. Die „FR“ attestierte ihm, er habe „das Management im wichtigsten Sport der Nation wie kein anderer geprägt“. Der „Spiegel“ schrieb, der gebürtige Würzburger habe „die Entwicklung des

deutschen Profigeschäfts beeinflusst wie kaum jemand sonst. Der Versicherungsdirektor formte ab 1964 den FC Bayern München zu einem internationalen Unternehmen und seinen Schützling Franz Beckenbauer zum Weltstar. Schwan konnte charmant sein und schneidend, ungeduldig und unbequem, vor allem aber war er innovativ."

Schwarzenbeck, Georg (3.4.1948)
Der Abwehrspieler kam 1962 von den Sportfreunden München zum FC Bayern. Sein Debüt in der 1. Mannschaft des FC Bayern gab Schwarzenbeck am 8. Oktober 1966 im Alter von 18 Jahren. Seinen Spitznamen „Katsche" erhielt er schon in frühester Jugend, warum und von wem, weiß er selbst nicht mehr. Beim FC Bayern riefen ihn einige nach einem raubeinigen Abwehrspieler von Glasgow Celtic „Gemmell". Seine Gegenspieler bezeichneten ihn als „Frankenstein". Der „Kicker" schrieb über ihn 30 Jahre nach dem WM-Finale von 1974: „Er war einer, der in der Nationalelf oder beim FC Bayern weder Tod noch Teufel fürchtete und als Eisenfuß in der Verteidigung abräumte. Der dem Libero Franz Beckenbauer den Rücken freihielt, dass dieser noch heute von seinem treuesten Verbündeten auf dem Platz spricht wie ein Meerestaucher von einer kostbaren Perle."

Von den sechs Bayern, die 1974 mit der Nationalmannschaft Weltmeister wurden, ist „Katsche" der Einzige, der aus dem Blickfeld der Öffentlichkeit völlig verschwunden ist. Der bescheidene Ex-Wasserträger des Kaisers, der den Beruf des Buchdruckers erlernte, führt heute vor den Toren Münchens ein Schreibwarengeschäft und beliefert den FC Bayern bereits seit Jahrzehnten mit Büromaterial. In Sachen Eigenvermarktung konnte Schwarzenbeck seinen Mitspielern Beckenbauer, Breitner und Hoeneß nicht das Wasser reichen. Aus dem WM-Titel wusste „Katsche" kein Kapital zu schlagen. „Ich habe – wie eigentlich immer – meinen Vertrag zu früh verlängert, und ich bin keiner, der hinterher hingeht und sagt: Ich bin Weltmeister und will jetzt mehr Geld. Das kann ich nicht." Auch bei der Verteilung des Werbekuchens ging Schwarzenbeck leer aus.

Schwarzenbeck begann als Außenverteidiger, wurde dann aber von Branco Zebec zum Vorstopper umgeschult. Der technisch nicht gerade beschlagene Fußballarbeiter („Ich liebe die englische Spielweise, das Hart-an-den-Mann-Gehen") erzielte eines der wichtigsten Tore der Bayern-Geschichte. Im Europacupfinale 1974 gegen Atletico Madrid schoss „Katsche" kurz vor dem Abpfiff mit einem Gewaltschuss den Ausgleich zum 1:1 und rettete die Bayern somit in ein Wiederholungsspiel, das sie souverän 4:0 gewannen. Nach Beckenbauers Weggang 1977 bekleidete „Katsche" noch einige Zeit die Position des Liberos. Der Taktikexperte Uli Fuchs über Schwarzenbecks Rolle im Bayern-Spiel und das Verhältnis zwischen „Katsche" und „Kaiser" auf dem Spielfeld: „Die Behauptung, Beckenbauer wäre quasi auf Kosten von Hans-Georg Schwarzenbeck zu seinem Ruhm gelangt, zählt zu den perfidesten Geschichtsklitterungen. Denn fußballspezifisch gesehen hat Beckenbauers Interpretation des letzten Mannes auch die Position seines Vorstoppers aufgewertet. Wenn der Libero vorne war, spielte die Bayern-Abwehr auf einer Linie, und Schwarzenbeck gab - wie man heute sagen würde – den zentralen Mann in einer Dreierreihe. Dazu brauchte es mehr als einen stumpfen, kopfballstarken Treter. Während Herbert Wimmer in Gladbach sein Programm in der vorgegebenen Tradition des ‚Wasserträgers' anspulte, musste Schwarzenbeck in München dem Vorstopper eine neue Dimension verleihen. Es war kein Zufall, dass er danach bei den Bayern den ersten und einmal auch in der Nationalmannschaft den Beckenbauer-Nachfolger abgab."

Von den 44 A-Länderspielen, die Schwarzenbeck bestritt, gingen nur fünf verloren, eines davon durch Elfmeterschießen. Schwarzenbeck war bei vier großen Turnieren dabei, den Europameisterschaften 1972 und 1976 und den Weltmeisterschaften 1974 und 1978. „Katsches" Karriere wurde 1980 durch einen Achillessehnenriss beendet.

Rummenigge anlässlich des 55. Geburtstags von Schwarzenbeck 2003: „Seine charakterliche Stärke und seine Bescheidenheit waren und sind auch noch heute eine Zier für den FC Bayern."

◆ 416 Bundesligaspiele (21 Tore) für den FC Bayern (1966-80) Mit dem FC Bayern Deutscher Meister 1969, 1972, 1973, 1974, 1980, DFB-Pokalsieger 1967, 1969, 1971, Europapokalsieger der Pokalsieger 1967, Europapokalsieger der Landesmeister 1974, 1975, 1976, Weltpokalsieger 1976. 44 A-Länderspiele für den DFB, Europameister 1972, Weltmeister 1974.

Schweinsteiger, Bastian (1.8.1984)

Der im oberbayerischen Kolbermoor geborene Mittelfeldspieler unternahm seine ersten fußballerischen Versuche 1990 beim FV Oberaudorf im Inntal. „Schweini" kam 1998 14-jährig vom TSV 1860 Rosenheim, wo ihn Bayern-Scouts entdeckten, zum Rekordmeister. 2001 mit dem FC Bayern Deutscher Meister der B-Junioren und 2002 der A-Junioren. Ebenfalls 2002 erste Einsätze bei den Amateuren des FC Bayern. Schweinsteiger lebte drei Jahre in einem 25 Quadratmeter großen Zimmer im FC-Bayern-Internat an der Säbener Straße, mit Blick auf den Trainingsplatz. Bettruhe spätestens 23 Uhr, Mädchenbesuch absolut tabu. „Ich bin ein paarmal zu spät zum Frühstück gekommen. Coach Gerland hat mir dafür gleich 50 Euro abgeknöpft." Im November 2002 feierte Schweinsteiger noch als Vertragsamateur im Champions-League-Spiel gegen den RC Lens ein 15-minütiges Debüt bei den Profis, als Einwechselspieler für Mehmet Scholl. Sein Bundesligadebüt erfolgte am 7. Dezember 2002 in Stuttgart, als er gegen den VfB acht Minuten vor dem Abpfiff zum Einsatz kam. Schweinsteiger war zu diesem Zeitpunkt 18,36 Jahre alt, was damals Platz 6 In der Rangliste der jüngsten Debütanten des FC Bayern bedeutete. Vor ihm lagen zu diesem Zeitpunkt Berkant Göktan (17,82; 4. Oktober 1998), Roque Santa Cruz (18,02; 22. August 1999), Max Eberl (18,09; 19. Oktober 1991), Samuel Osei Kuffour (18,16; 29. Oktober 1994) und Thorsten Ott (18,21; 28. August 1991). Schweinsteiger kam in dieser Saison noch auf 13 weitere Einsätze in der Bundesliga, sein bester davon beim VfL Bochum, als der FC Bayern im Ruhrstadion Fußball vom Feinsten bot. Bei zwei Treffern zum 4:1-Sieg des späteren Meisters hieß der Vorbereiter Schweinsteiger. Im DFB-Pokal durfte Schweinsteiger gegen den Zweitligisten 1. FC Köln mitwirken und erzielte zwei Tore. Für seinen „überzogenen" Jubel erntete er Kritik von Uli Hoeneß, der wohl ein zu frühes Abheben seiner von den Boulevardmedien hochgejazzten Nachwuchshoffnung befürchtete. Wohl nicht völlig zu Unrecht: Im Februar 2003 wurde Schweinsteiger in weiblicher Begleitung bei einem nächtlichen Ausflug im Bayern-Whirlpool entdeckt. Ottmar Hitzfeld zeigte sich amüsiert und nachsichtig und sah von einer Geldstrafe ab. Eine Disco-Tour kostete den jungen Helden allerdings 15.000 Euro Strafe.

Als Durchbruch gilt Schweinsteigers Auftritt im April 2004 in der Champions League gegen Real Madrid, wo der Einwechselspieler mit seiner Unbekümmertheit begeisterte. Ottmar Hitzfeld nannte Schweinsteiger einen Instinktfußballer mit sehr guter Technik und großem Laufvermögen. Für Karl-Heinz Rummenigge ist der Dribbler einfach nur „ein wunderbarer Fußballer". Die „SZ" über den Zidane-Verehrer: „Wenn er den Ball haben will, verfolgt er seine Gegenspieler unerbittlich, und wenn er ihn am Fuß hat, behauptet er ihn, robust und mit erstaunlichem Geschick."

Schweinsteiger hätte auch professioneller Skifahrer werden können wie sein Kumpel Felix Neureuther, mit dem er die Dientzenhofer Realschule in Branenburg bei Rosenheim besuchte, die versucht, den Jugendlichen einen Abschluss parallel zum Leistungssport zu ermöglichen. Mit Neureuther zählte er zu den Besten des Bayerischen Skiverbandes, konnte den späteren DSV-Star sogar einige Male besiegen. Vor die Wahl Fußball oder Skisport gestellt, verzichtete Schweinsteiger auf einen Platz

im Förderkader des Ski-Verbandes. „Fußball war angesagt – und Skifahren immer recht kalt.“
Sein Debüt im Nationaltrikot feierte „Schweini“ im Juni 2004 in Kaiserslautern gegen Ungarn (0:2), als er zur Halbzeit für Andreas Hinkel eingewechselt wurde. Im Sommer des gleichen Jahres rutschte er in letzter Minute in den EM-Kader von Rudi Völler und fiel in Portugal durch „rotzfreche Dribblings wie auch mit hanebüchenen Querpässen in den Lauf des Gegners“ auf. Beim Confed Cup 2005 erfolgte dann der Durchbruch in der Nationalmannschaft. Schweinsteiger erlangte mit beeindruckenden Auftritten Star-Status. Bei der WM 2006 gelangen Schweinsteiger im „kleinen Finale“ gegen Portugal (3:1) zwei Tore. Als die Nationalelf im Oktober 2006 in der EM-Qualifikation in Bratislava gegen die Slowakei mit 4:1 gewann, war dies, nur etwas mehr als zwei Jahre seit seinem Länderspieldebüt, bereits sein 40. Einsatz für das DFB-Team. Die „Frankfurter Rundschau“ schrieb anschließend: „Die Entwicklung des Mittelfeldspielers hat sich in atemberaubenden Tempo vollzogen. (...) Das ehemalige Mitglied der deutschen Jugend-Nationalmannschaft der Skifahrer demonstriert eine nahezu perfekte Mischung aus Schussgewalt, Passsicherheit, Zweikampfstärke und Verwegenheit im Tempodribbling.“
◆ 96 Bundesligaspiele (10 Tore) für den FC Bayern (ab 2002). Mit dem FC Bayern Deutscher Meister 2003, 2005, 2006, DFB-Pokalsieger 2003, 2005, 2006. 40 A-Länderspiele (13 Tore) für Deutschland, WM-Dritter 2006.

Sergio, Paulo (2.6.1969)
Der Brasilianer begann seine Laufbahn bei Aclimacao São Paulo, einer Art Fußballschule. Seine nächsten Stationen waren Novo Horizonte und Corinthians São Paulo, mit denen er 1990 brasilianischer Meister wurde. 1993 wechselte Sergio in die Bundesliga zu Bayer Leverkusen, das sich als erster deutscher Klub auf Brasilianer spezialisierte. 1994 gewann Sergio mit der Seleçao die Weltmeisterschaft. In der Saison 1996/97, seiner letzten Saison bei Bayer, wurde Sergio Vize-Meister und schoss 17 Tore. Anschließend ging der Stürmer nach Italien zum AS Rom. Im Derby gegen Lazio gelang ihm das Kunststück, nur eine Minute nach seiner Einwechslung wieder vom Platz zu fliegen.

Zur Saison 1999/2000 wechselte Sergio für die damalige Rekordsumme von 12 Mio. DM zum FC Bayern. Der Brasilianer bei seiner Ankunft: „Mit der Nationalmannschaft war ich 1994 Weltmeister. Nun bin ich nach München gekommen, um Vereinstitel zu holen.“ Der tief religiöse Kicker – in München war Sergio Mitglied einer freien evangelischen Gemeinde – erwies sich zunächst als Volltreffer. In seiner ersten Bundesligasaison beim FC Bayern erzielte er 13 Treffer. In der Champions League traf er 7-mal. In der Saison 2000/01 waren es in der Bundesliga nur noch 8 Tore und in der Champions League deren 3, darunter das wichtige 1:0 im Viertelfinale bei Manchester United. In der Saison 2001/02 gehörte Sergio zu den Verlierern im Team. Zu Beginn der Hinrunde erlitt der Stürmer einen Mittelfußbruch, beim Rückrundenstart plagte ihn ein Bandscheibenvorfall. Sergio bestritt nur neun Spiele über die volle Distanz und traf nur 5-mal ins gegnerische Tor. Nach der Saison 2001/02 verließ Sergio den FC Bayern und wechselte zu Al-Whada Abu Dhabi in die Vereinigten Arabischen Emirate. Der FCB wollte seinen Vertrag aus Altersgründen nicht mehr verlängern.
◆ 198 Bundesligaspiele (68 Tore), davon 77 Spiele (21 Tore) für den FC Bayern (1999-02). Mit dem FC Bayern Deutscher Meister 2000, 2001, DFB-Pokalsieger 2000, Champions-League-Sieger 2001, Weltpokalsieger 2001. 12 A-Länderspiele für Brasilien. Weltmeister 1994.

Sforza, Ciriaco (2.3.1970)
Sein erstes Engagement 1995/96 in München endete für den Schweizer Mittelfeldregisseur nach einem Jahr unbefriedigend. Er kehrte über Inter Mailand zum 1. FC Kaiserslautern zurück, von dem er

1995 gekommen war. Den Aufsteiger führte er auf Anhieb zur Meisterschaft – und kam 2000 erneut nach München, wo er „Loddars" Trikot-Nr. 10 übernahm. Trotz des Meistertitels 2001 wechselte der zuweilen etwas pomadig wirkende Sforza nach zwei erneut glücklosen Jahren zur Saison 2002/03 wieder auf den Betzenberg, wo er bis zum Sommer 2006 unter Vertrag stand. Zur Saison 2006/07 wurde Sforza Trainer des FC Luzern.

◆ 264 Bundesligaspiele (23 Tore), davon 66 Spiele (4 Tore) für den FC Bayern (1995-96, 2000-02). Mit dem FC Bayern Deutscher Meister 2001, Champions-League-Sieger 2001, Weltpokalsieger 2001, UEFA-Cup-Sieger 1996. 79 A-Länderspiele für die Schweiz.

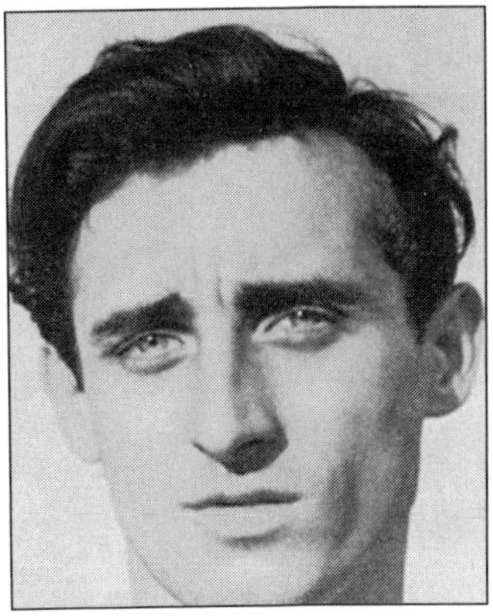

Siedl, Gerhard (22.3.1929 - Mai 1998)
Der technisch versierte und torgefährliche Mittelstürmer galt nach dem Krieg als hoffnungsvolles Talent beim FC Bayern. 1951 wechselte der Münchner zum 1. FC Saarbrücken und Borussia Neunkirchen. In den 1950ern zählte Siedl zu den besten Stürmern im deutschen Fußball. 1952 wurde er deutscher Torschützenkönig. 1951-56 trug Siedl 16-mal das saarländische Nationaltrikot. Siedl war auch dabei, als die Saar-Auswahl in der Qualifikation zur WM 1954 gegen den späteren Weltmeister BRD ausschied. 1957 kehrte er zum FC Bayern zurück, mit dem er im gleichen Jahr die erste Nachkriegstrophäe gewann (DFB-Pokal). Am 3. April 1957 debütierte Siedl in Amsterdam gegen die Niederlande im DFB-Trikot und schoss beim 2:1-Sieg auch ein Tor. Es folgten noch fünf weitere Länderspiele (zwei Tore). Zwei der sechs Länderspiele absolvierte Siedl während seiner Zeit beim Karlsruher SC. Einer ganz großen Karriere standen allerdings „mangelnde Ernsthaftigkeit" und Trainingsfaulheit im Wege.

◆ 123 Oberligaspiele (35 Tore) für den FC Bayern (1946-48, 1949-51). Mit dem FC Bayern DFB-Pokalsieger 1957. 6 A-Länderspiele (3 Tore).

Simetsreiter, Wilhelm (16.3.1915 - 17.7.2001)
Seine Fußballerkarriere begann im Hinterhof der Herzogstraße 86 im Stadtteil Schwabing. „Schimmy" gilt als bester Münchner Linksaußen der Nachkriegszeit. Hans Schiefele, der ehemalige Sportreporter und spätere Bayern-Vize, lobte vor allem seine Spritzigkeit: „Er war der Schnellste." Wenn er losgerannt sei, hätte ihm keiner folgen können, „da sah man nur einen Schatten". Simetsreiter kickte zunächst für den Arbeitersportklub Borussia und Teutonia, schloss sich aber noch als Jugendlicher dem FC Bayern an. „In Schwabing war klar, du gehst zu den Bayern." Von 1934 bis 1947 kickte „Schimmy" in der 1. Mannschaft der Roten. Der „SZ"-Journalist Holger Gertz in einem Porträt der Bayern-Legende: „Er war Fußballer in einer Zeit, als alle Spiele irgendwie gleich waren, Kriegsspiele sozusagen. Oder Kriegsablenkungsspiele." Simetsreiter hatte Bäcker gelernt, erhielt aber 1935 – noch durch Vermittlung des ehemaligen Bayern-Präsident Kurt Landauer – eine Anstellung beim städtischen Baureferat, das ihn für Länderspiele frei stellte. Zweimal die Woche ging es nach Dienstschluss zum Training. In der Gauliga war der technisch versierte Stürmer der erfolgreichste Torschütze des FC Bayern. Sein Debüt in der Nationalmannschaft gab Simetsreiter am 25. August 1935 in Erfurt gegen Rumänien. Zum 4:2-Sieg steuerte „Schimmy" ein Tor bei. 1936 gehörte Simetsreiter zum deutschen Olympiaaufgebot und schoss gegen Luxemburg drei Tore. Bei acht Einsätzen im Trikot der Nationalmannschaft kam Simetsreiter auf ebenso viele Tore. Sein letztes Spiel im Nationaltrikot bestritt er am 29. August 1937 in Königsberg gegen Estland (4:1).Nach dem Krieg betrieb Simetsreiter mit Bertl Moll und Jakob Streitle den Aufbau einer neuen Mannschaft. In der Oberliga lief Simetsreiter noch in 26 Spielen (13 Tore) für den FCB auf, bevor er 1947 seine Karriere beendete. Anschließend trainierte er noch Amateurvereine wie DSC München und Wolfratshausen. Über 50 Jahre nach seinem Karriereende

war Simetsreiter noch immer ein beliebtes Objekt von Autogrammjägern. Als Autogrammkarte verschickte er ein Foto, auf dem er während der Olympischen Spiele von 1936 neben dem schwarzen amerikanischen Leichtathleten Jesse Owens steht, der zum Entsetzen der Nazis vier Goldmedaillen gewann. Holger Gertz: „Simetsreiter fand ‚den Owens einfach riesig'. Er wollte gar kein Zeichen setzen gegen den Rassismus. Es ist einfacher. Etwas zwischen zwei Sportlern. ‚Der war nett, der Owens. Und der war noch schneller als ich.' Er hat das Bild in all den Jahren für die Sammler tausendfach vervielfältigen lassen. Das kostet ihn pro Abzug zwei Mark."

Simetsreiter war Ehrenmitglied des FC Bayern und repräsentierte im Verwaltungsbeirat eine personelle Verbindung zur Vergangenheit. Die Bayern-Legende lebte nach dem Ende seiner Karriere in der Tessiner Straße im Stadtteil Fürstenriede.

Starek, August (16.2.1945)
Der österreichische Nationalspieler spielte für den FC Bayern 1968-70 und bestritt 38 Bundesligaspiele im Bayern-Trikot, in denen er fünf Tore erzielte. Zunächst war „Gustl" 1967 von Rapid Wien zum 1. FC Nürnberg gewechselt. Starek kickte zwar nur drei Jahre in der Bundesliga, gewann in dieser Zeit jedoch zwei Deutsche Meisterschaften: 1968 mit dem 1. FC Nürnberg, 1969 mit dem FC Bayern. Unter Zebec gehörte Starek zum „Überstunden-quintett", zu dem noch Beckenbauer, Müller, Roth und Schwarzenbeck zählten. Dem Trainer war vor allem Stareks Liebe zum „kühlen Blonden" ein Dorn im Auge. Gerd Müller: „Wenn der August die auferlegten Strafen bar bezahlen würde, wäre er ein armer Mann. Da nimmt er lieber die zusätzlichen Trainingseinheiten in Kauf."
◆ 62 Bundesligaspiele (10 Tore), davon 38 Spiele (5 Tore) für den FC Bayern (1968-70). Mit dem FC Bayern Deutscher Meister 1969, DFB-Pokalsieger 1969.

Sternkopf, Michael (21.4.1970)
Am 13. Februar 1990 begaben sich Uli Hoeneß und Jupp Heynckes per Intercity nach Karlsruhe, um das 19-jährige KSC-Talent Michael Sternkopf zu verpflichten. Am Bahnhof kauften Manager und Trainer noch schnell einen Blumenstrauß für Mutter Sternkopf, wodurch ihre geheime Mission vorzeitig aufflog. Noch bevor die FCB-Delegation im Hause Sternkopf ankam, war KSC-Präsident Schmider über die Eindringlinge informiert. Sternkopf wechselte dann für eine Ablöse von 3,2 Mio. DM zuzüglich einiger Zusatzvereinbarungen an die Säbener Straße. Die in ihn gesetzten hohen Erwartungen konnte das Talent jedoch zu keiner Zeit erfüllen. Fünf Jahre FC Bayern reichten nicht zum Durchbruch, weshalb Sternkopf 1995 zu Borussia Mönchengladbach wechselte. Aber auch auf dem Bökelberg blieb ihm ein Stammplatz verwehrt. Während der Saison 1996/97 ging Sternkopf zum SC Freiburg, nach dessen Abstieg zu Arminia Bielefeld. Sternkopf retrospektiv: „Ich würde trotz allem wieder nach München gehen." Und über die bayerninternen Verhältnisse: „Dort schaut jeder auf sich, um möglichst gut dazustehen. Das ist so bei Bayern, das bleibt auch so."
◆ 210 Bundesligaspiele (15 Tore), davon 94 Spiele (4 Tore) für den FC Bayern (1990-95). Mit dem FC Bayern Deutscher Meister 1994.

Streitle, Jakob (11.12.1916 - 24.6.1982)
Der als linker Verteidiger oder Mittelläufer spielende Streitle debütierte 1935 in der 1. Mannschaft des FC Bayern. Der Soldat Streitle stand auf Sepp Herbergers Liste von Spielern, die der „Reichstrainer" in einer Operation „Heldenklau" von der Front loszueisen versuchte. Streitle war für kurze Zeit Mitglied der „Pariser Soldatenelf", die nach der Besetzung Frankreichs (1940) gegründet wurde und in der auch der Fürther Nationalspieler Hans Fiederer und der junge Fritz Walter spielten. Zu den Spielen der Soldatenelf im Pariser Parc des Princes kamen häufig an die 40.000 Zuschauer.

Sein Engagement endete im September 1941 mit seiner Versetzung an die Ostfront. Auch nach dem Zweiten Weltkrieg war Streitle noch viele Jahre ein Führungsspieler des FCB. Seinen Einstand in der Nationalelf feierte Streitle am 29. Januar 1939 in Brüssel gegen Belgien (4:2). Streitle trug 15-mal das Trikot der Nationalelf, davon 7-mal im Zeitraum 1950-52 und das letzte Mal am 4. Mai 1952 gegen Irland in Köln (3:0). Streitle gehörte auch noch zum WM-Aufgebot 1954, war beim Endspiel gegen Ungarn jedoch nicht dabei. Als das bundesdeutsche Team 1951 in Dublin gegen Irland spielte, gelang ihm per Kopf der Ausgleich. Der Treffer wurde jedoch nicht anerkannt, da während der Flugzeit des Balles die Spielzeit bereits abgelaufen sein sollte. Sein Abschiedsspiel absolvierte Streitle am 9. Mai 1954 gegen Manchester City, das mit dem legendären deutschen Keeper Bernd Trautmann angereist kam. Das Spiel endete 3:3. In der Saison 1954/55 war Streitle vorübergehend auch Trainer des FC Bayern.

◆ 214 Oberligaspiele (1 Tor) für den FC Bayern (1945-55). 15 A-Länderspiele für den DFB.

Strunz, Thomas (25.4.1968)
Der Duisburger kam erstmals zur Saison 1989/90 an die Säbener Straße und wurde mit den Bayern auf Anhieb Meister. 1992 wechselte Strunz zum VfB Stuttgart, nachdem ihn Trainer Erich Ribbeck während der Saison 1991/92 aus der Mannschaft geschmissen hatte. Vier Monate musste Strunz auf der Tribüne sitzen. Gegen den Widerstand der Vereinsführung bestand Ribbeck auf seinem Verkauf. Mit dem VfB dümpelte der Mittelfeldspieler nur im Mittelfeld der Bundesliga herum. Strunz fehlte der „Erfolgsdruck, den man in München hat". Nach drei Jahren im Schwabenland kehrte Strunz zur Saison 1995/96 wieder zum FC Bayern zurück. „Das Schönste an Stuttgart ist die Autobahn nach München", soll er gesagt haben. Von Berti Vogts wurde Strunz, dem eine gewisse Arroganz nachgesagt wird, nach der EM 1996 als „Egoist" charakterisiert. Der Spieler selbst: „Irgendwo muss man in dem Geschäft ein Egoist sein. (...) Einen richtigen Freund im Fußball kennen zu lernen, ist sowieso wahnsinnig schwer." Für Giovanni Trapattoni war Strunz zeitweise die Verkörperung aller Bayern-Übel auf dem Spielfeld. Beim Champions-League-Viertelfinale 1997/98 in Dortmund ließ der Italiener den Spieler einen neuen Weltrekord im Aufwärmen aufstellen. In der Saison 2000/01 kam er nur noch auf fünf Einsätze in der Bundesliga, davon lediglich zwei über 90 Minuten. Den Fußballfans wird Thomas Strunz nicht nur als guter Fußballer, sondern auch aufgrund der Einführung der blond gefärbten Haare in der Bundesliga in Erinnerung bleiben.
Im Januar 2005 begann Strunz als Manager und Geschäftsführer beim VfL Wolfsburg, wo er jedoch nach knapp einem Jahr entlassen wurde.

◆ 235 Bundesligaspiele (33 Tore), davon 156 Spiele (24 Tore) für den FC Bayern (1989-92, 1995-01). Mit dem FC Bayern Deutscher Meister 1990, 1997, 1999, 2000, 2001, DFB-Pokalsieger 1998, 2000, UEFA-Cup-Sieger 1996 sowie Champions-League-Sieger 2001. 41 A-Länderspiele (1 Tor) für den DFB, Europameister 1996.

Sutter, Alain (22.1.1968)
Der technisch versierte, aber verletzungsanfällige und sensible Kicker kam zur Saison 1994/95 vom Bundesligaabsteiger 1. FC Nürnberg. Laut Manager Hoeneß sollte Sutter „vom Star zum Superstar" werden, was jedoch Wunschdenken blieb. Sutter: „Dort habe ich den Spaß am Fußball verloren. (...) Ich habe nicht zum FC Bayern und gleich gar nicht in dieses System gepasst. Am Anfang musste ich Stürmer spielen, obwohl es bessere gab." Otto Rehhagel musterte den Kicker frühzeitig aus. Noch während der Hinserie der Saison 1995/96 wechselte Sutter für die Ablöse von ca. 2,5 Mio. zum SC Freiburg. Aber auch im „alternativen Fußballbiotop" wurde Sutter nicht heimisch. Während der Saison 1996/97 ging Sutter in die USA zum Profiligaklub Dallas.

Bekannt wurde der Kicker auch durch seine esoterisch beeinflusste Lebensphilosophie, womit er immerhin einen gewissen Berührungspunkt mit dem Bayern-Präsidenten aufwies. Der Schweizer Nationalspieler beteiligte sich auch am Anti-Atom-Protest seiner Mannschaft, wodurch er sich bei Otto Rehhagel nicht gerade beliebt machte. 1995 wurde Sutter bei einer Umfrage zum „schönsten Spieler der Bundesliga" gewählt. Die Strafe bestand in einem einwöchigen Aufenthalt auf einer „exklusiven Schönheitsfarm" auf der Insel Rügen. Gegenüber Bestrebungen, seine Person mitsamt seiner Ansichten zu vermarkten, zeigte sich Sutter wiederholt sperrig. Eine Einladung in Thomas Gottschalks „Late Night Show" schlug er aus. Auch ins „Sport-Studio" ging er lange nicht. Die Zeitschrift „Hattrick" später: „Wenn Sutter außerhalb des Spielfelds etwas geschmeidiger gewesen wäre, einen geschickten PR-Berater hätte, wäre er längst Kultfigur und Popstar, könnte man mit ihm und er für sich viel mehr Geld machen."

◆ 96 Bundesligaspiele (11 Tore), davon 22 Spiele (1 Tor) für den FC Bayern (1994-95). 56 A-Länderspiele für die Schweiz.

Tarnat, Michael (27.10.1969)

Der Mittelfeldspieler kam zur Saison 1997/98 vom Karlsruher SC. Als 20-Jähriger hatte er noch beim SV Hilden-Nord in der Bezirksliga Niederrhein gespielt. 1990 wurde „Tanne" vom MSV Duisburg engagiert, wo er bis 1994 zwei Aufstiege und zwei Abstiege erlebte. Zur Saison 1994/95 schloss sich Tarnat dem Karlsruher SC an, zeitgleich mit dem Wattenscheider Thorsten Fink. Im Oktober 1996 trug Tarnat beim Spiel der DFB-Auswahl gegen Armenien erstmals das Nationaltrikot. Bei der WM 1998 in Frankreich sollte Tarnat zur Stammformation zählen.

Im Sommer 1997 war er mit Thorsten Fink zum FC Bayern gewechselt. Dort konkurrierte die Arbeitsbiene mit dem knallharten Schuss (118 km/h am „Krachometer") von Anfang an mit dem zeitgleich eingetroffenen Bixente Lizarazu, wobei der Franzose die Oberhand behielt. Lizarazu war nicht nur der bessere Fußballer, sondern verfügte auch über mehr Durchsetzungskraft. Dank des von Hitzfeld lange Zeit praktizierten Rotationsprinzips kam Tarnat dennoch in sechs Jahren auf immerhin 122 Bundesligaspiele. Die Saison 2002/03 war Tarnats

Stürmer beim FC Bayern

Stürmer haben es beim FC Bayern seit Mitte der 1980er Jahre sehr schwer. Auf ihnen lastet der beim FC Bayern ohnehin immense Erwartungsdruck besonders stark. Wohl auch, weil die Schatten von „Bomber" Gerd Müller (1965-79) und Karl-Heinz Rummenigge (1974-84) sehr lang waren. Da so viele ihrer Nachfolger scheiterten, wurde der Trainingsplatz des FC Bayern auch „Friedhof der Stürmer" genannt.

Eine (unvollständige) Chronologie der Bemühungen:

◆ 1987 lieh der FC Bayern den Waliser Mark Hughes vom FC Barcelona aus. Hughes schoss in 18 Spielen 6 Tore (= 0,33 pro Spiel). 1988 ging er zu Manchester United, wo er dazu beitrug, dass United wieder zur Top-Adresse im britischen Fußball wurde. In der gleichen Saison gab auch der Ex-Schalker Jürgen Wegmann sein Debüt beim FC Bayern. Er traf bis zu seinem Weggang 1989 in 58 Spielen 26-mal (= 0,45 pro Spiel).

◆ 1988 kam Johnny Ekström für 2,3 Mio. DM aus Empoli. Ekström, dem „mangelnde Einstellung" nachgesagt wurde, schoss in 23 Spielen 7 Tore (= 0,30 pro Spiel) und wechselte 1989 mit Norbert Nachtweih für 2,5 Mio. DM nach Cannes.

◆ 1989 wechselte Radmilo Mihajlovic für 1,9 Mio. DM aus Zagreb an die Säbener Straße. In 34 Spielen kam Mihailovic auf lediglich 4 Tore (= 0,11 pro Spiel). Klaus Augenthaler, damals Co-Trainer beim FC Bayern: „Der Klub richtete ihm eine Wohnung her, ihm passte sie nicht. Die Mannschaft fuhr Opel, er wollte einen Mercedes – das kam nicht gut an. Trotzdem war er 1991 einem Schalker Sonnenkönig noch 3 Mio. DM wert.

◆ Mit Mihailovic kam auch der Schotte Alan Mc-Inally nach München. Zuvor für Glasgow Celtic und Aston Villa am Ball, schoss McInally 10 Tore in 40 Spielen (= 0,25 pro Spiel). 1992 wurde er Sportinvalide.

◆ 1991 wurde der Brasilianer Mazinho für 2 Mio. DM vom FC Bragantino verpflichtet. Mazinho hielt es zwar beim FCB länger als einige seiner Kollegen aus, kam jedoch nur auf 49 Einsätze, in denen er 11 Tore schoss (= 0,22 pro Spiel). 1995 wurde er für 1 Mio. DM nach Flamengo verkauft.

◆ Erstaunlich lange hielt sich Roland Wohlfahrth, wohl auch aufgrund der mangelhaften Klasse vieler Neueinkäufe. Wohlfahrth „überlebte" neun Jahre (1984-93) an der Säbener Straße und wurde zweimal Torschützenkönig. Wohlfahrth, für 800.000 DM vom Zweitligisten MSV Duisburg geholt, erzielte in 254 Spielen im Bayern-Dress 119 Tore (= 0,47 pro Spiel). Seit dem Abschied von Karl-Heinz Rummenigge 1984 ist Wohlfahrth der einzige Stürmer, der für den FC Bayern über 100 Tore schießen konnte.

◆ 1992 wurde Bruno Labbadia vom frischgebackenen Überraschungsmeister 1. FC Kaiserslautern geholt, musste dort aber ebenfalls erleben, dass die Ansprüche an die Stürmer in München höher sind als auf dem Betzenberg. Labbadia schoss in 82 Spielen 28 Tore (= 0,34 pro Spiel).

◆ 1993 kam Adolfo Valencia für 5,3 Mio. DM von Santa Fé. Valencia war in 26 Spielen 11-mal erfolgreich (= 0,42 pro Spiel), wurde viel geschmäht und wechselte 1995 für 3 Mio. DM zu Atlético Madrid.

◆ Im gleichen Jahr wie Valencia kam Marcel Witeczek, für den der FC Bayern 5 Mio. DM bezahlen musste. Witeczek wurde zum Mittelfeldspieler umgepolt, blieb vier Jahre und erzielte in 97 Spielen 9 Tore (= 0,09 Tore pro Spiel).

◆ 1994 wurde Emil Kostadinov für 1,1 Mio. DM vom FC Porto ausgeliehen. In 27 Spielen verbuchte der Bulgare 7 Tore (= 0,25 pro Spiel) und wurde 1996 zu Fenerbahce Istanbul abgeschoben; seine große Zeit hatte er schon vor dem Bayern-Engagement hinter sich.

◆ Ebenfalls 1994 wurde Jean-Pierre Papin dem AC Mailand für 6 Mio. DM abgekauft. 1996 wechselte er nach 27 Spielen und 3 Toren (= 0,11 pro Spiel) für 1 Mio. DM zu Girondins Bordeaux. Papin war durch Verletzungen oft gehandicapt und monierte zudem: „Das Problem ist nicht die Qualität der ausländischen Stürmer, sondern dass sie zu schnell verurteilt werden."

◆ Jürgen Klinsmann, der 1995 zum FC Bayern kam, avancierte dort zum erfolgreichsten Stürmer seit vielen Jahren. Allein schon aufgrund seines Alters war seine Perspektive allerdings begrenzt. Hinzu kamen Querelen mit der Vereinsführung, Mitspieler Matthäus und Trainer Trapattoni. 1997 verließ Klinsmann die Bayern nach 65 Spiele und 31 Toren (= 0,48 pro Spiel) wieder. Im UEFA-Cup hatte er 1995/95 in 12 Spielen 15 Tore (= 1,25 pro Spiel) erzielt.

◆ 1996 holte Trapattoni seinen Landsmann Ruggiero Rizzitelli nach München, der sich allerdings ebenfalls nicht etablieren konnte. Bei 45 Einsätzen kam der Italiener auf 11 Tore (= 0,24 pro Spiel).

Danach änderte sich die Situation. Der FC Bayern erwarb nun Klasse mit Perspektive, wofür er allerdings auch einiges an Geld hinlegte.

◆ Zur Saison 1997/98 kam für 12,5 Mio. DM der damals 25-jährige Brasilianer Giovane Elber, der in gut sechs Spielzeiten und 169 Spielen 92 Bundesligatore (= 0,54 pro Spiel) schoss und erheblich zum Gewinn der Champions League 2001 beitrug.

◆ Mit Claudio Pizarro (16,5 Mio. DM), Roque Santa Cruz (12 Mio. DM) und Roy Makaay (18,75 Mio. Euro) konnte der FC Bayern in den letzten Jahren weitere Klassestürmer verpflichten. Mit Roy Makaay besaß der FC Bayern wieder einen echten Torjäger, der es bis zum Ende der Saison 2005/06 in der Bundesliga auf 62 Tore in 96 Spielen brachte. So viel Effizienz (0,65 pro Spiel) gab es seit Gerd Müller nicht mehr.

Die „ewige Rangliste" der effektivsten Bundesligastürmer des FC Bayern (Stand: 31. Juli 2006):

1. Gerd Müller (427 Spiele, 365 Tore, Quote: 0,85), 2. Roy Makaay (96 Spiele, 62 Tore, Quote: 0,65), 3. Giovane Elber (169 Spiele, 92 Tore, Quote: 0,54), 4. Karl-Heinz Rummenigge (310 Spiele, 162 Tore, Quote: 0,52), 5. Jürgen Klinsmann (65 Spiele, 31 Tore, Quote: 0,48), 6. Roland Wohlfarth (254 Spiele, 119 Tore, Quote: 0,47), 7. Dieter Hoeneß (224 Spiele, 102 Tore, Quote: 0,46), 8. Jürgen Wegmann (58 Spiele, 26 Tore, Quote: 0,45), Claudio Pizarro (140 Spiele, 63 Tore, Quote: 0,45), 10. Rainer Ohlhauser (160 Spiele, 64 Tore, Quote: 0,40), 11. Uli Hoeneß (239 Spiele, 86 Tore, Quote: 0,36).

letzte für den FC Bayern. Nach dem Ausscheiden aus der Champions League plante der Verein ohne ihn. Als Manager Hoeneß den Mittelfeldspieler in der Winterpause 2002/03 darüber informierte, brach für Tarnat „eine Welt zusammen".
Die „Frankfurt Rundschau": „Tarnat ist der Prototyp des Fußball-Arbeiters, dem man fast zutraut, dass er morgens die Kickstiefel in eine Aktentasche steckt. Er isst am liebsten Currywurst mit Pommes, hört am liebsten Phil Collins, schaut am liebsten Teletubbies mit Sohn Niklas und macht am liebsten Urlaub auf der Couch. Hat Schuhgröße 9 1/2 und seine Frau mit zwölf bei den Bundesligaspielen kennen gelernt." Die „rheinische Frohnatur" habe „im Verbund mit Fink, Linke, Dreher und Jeremies die Ellbogengesellschaft an der Säbener Straße aufgelockert".
Am 18. September 1999 musste Tarnat beim Gastspiel des FC Bayern im Frankfurter Waldstadion für 30 Minuten Oliver Kahn und dessen Ersatzmann Dreher ersetzen. Dem Mittelfeldspieler gelang es, den Kasten sauber zu halten. Nach seinem Abschied bei den Bayern spielte „Tanne" zunächst eine Saison für Manchester City. Zur Saison 2004/05 kehrte er in die Bundesliga zu Hannover 96 zurück. Dort wurde der kommunikative Neuzugang von Trainer Ewald Lienen begrüßt mit „Schön, dass du da bist, aber halt die Schnauze." Für die 96er war er auch noch 2006/07 – mittlerweile 37-jährig – am Ball.
◆ 312 Bundesligaspiele (22 Tore), davon 122 Spiele (8 Tore) für den FC Bayern (1997-03). Mit dem FC Bayern Deutscher Meister 1999, 2000, 2001, 2003, DFB-Pokalsieger 1998, 2000, 2003, Champions-League-Sieger 2001, Weltpokalsieger 2001. 19 A-Länderspiele für den DFB.

Thon, Olaf (1.5.1966)
Der Arbeiterjunge aus Gelsenkirchen-Beckhausen, von dem Rolf Rüssmann einst sagte, er sei „auf Kohle geboren", begann mit dem Fußball 1972 beim STV Horst-Emscher. 1980 wechselte Thon in die Jugend von Schalke 04. Seine Profikarriere begann der nur 1,70 m große Mittelfeldspieler als 17-Jähriger in der 2. Liga. Thon war damals der jüngste Lizenzspieler überhaupt. Seinen ersten großen Auftritt hatte er ausgerechnet gegen den Verein, in dessen Bettwäsche er schlief: Am 2. Mai 1984, einen Tag nach Thons 18. Geburtstag, empfing Schalke 04 den FC Bayern zum Pokalspiel. Die Begegnung endete nach 120 Minuten mit einem 6:6-Remis. Star des Abends war der dreifache Torschütze Olaf Thon. Zur Saison 1988/89 wechselte er zum „Klassenfeind" FC Bayern.
1986 hatte Thon erstmals dem WM-Aufgebot angehört, 1990 wurde er mit dem DFB-Team Weltmeister. Bei der EM 1988 sorgte sein Trikot für Schlagzeilen, als sich der niederländische Nationalspieler Koeman damit nach dem Schlusspfiff das Gesäß säuberte.
Als Thon zur Saison 1994/95 in seine alte Heimat zurückkehrte, war er Besitzer einer Makleragentur. Auf dem Platz trug Thon fortan erheblich zur Renaissance von Deutschlands traditionsreichstem „Arbeiterverein" bei. 1997 gewann er mit Schalke 04 den UEFA-Cup. Sympathieträger Thon: „Die Leute hier sehen: Er ist ein anderer geworden, aber er ist trotzdem einer von uns geblieben. Ein Kind des Ruhrgebiets eben, das aber auch woanders gut zurechtkommt. Ich bin ein Europäer, würd' ich fast sagen." Am 18. Januar 2003 bestritt Olaf Thon in der Arena AufSchalke sein Abschiedsspiel. Gegner war der FC Bayern.
◆ 434 Bundesligaspiele (82 Tore), davon 148 Spiele (30 Tore) für den FC Bayern (1988-94). Mit dem FC Bayern Deutscher Meister 1989, 1990, 1994. 52 A-Länderspiele (3 Tore) für den DFB. Weltmeister 1990.

Torstensson, Conny (28.8.1949)
Der schwedische Nationalspieler kam während der Saison 1973/74 von Atvidaberg FF. Der FC Bayern spielte im Europacup der Landesmeister bei Atvidaberg, als Präsident Neudecker seinem Manager befahl: „Den mit den roten Schuhen möcht' ich ha-

ben.“ Nationalstürmer Torstensson gehörte 1974 und 1978 zum WM-Aufgebot seines Landes.
◆ 81 Bundesligaspiele (11 Tore) für den FC Bayern (1973-77). Mit dem FC Bayern Deutscher Meister 1974, Europapokalsieger der Landesmeister 1974, 1975, 1976, Weltpokalsieger 1976. 36 A-Länderspiele für Schweden.

Trapattoni, Giovanni (17.3.1939)
„Der Trap ist ein Glücksfall für uns, ein Gentleman, ein Herr, ein Mensch, kein Prolet.“ So der Kaiser über seinen obersten Übungsleiter, womit er kundtat, dass nicht nur sportliche Erwägungen bei der Verpflichtung des erfolgreichsten Vereinstrainers der Welt eine Rolle spielten. Der Mann passte wie kaum ein anderer aus der Trainergilde zum (gewünschten) gesellschaftlichen Flair des FCB.
Ein renommierter italienischer Journalist äußerte über den „Maestro“ einmal: „Trapattoni ist wie das Wasser oder das Licht. Man erkennt seinen Wert erst, wenn es fehlt.“ So muss es wohl auch dem FC Bayern ergangen sein, bevor der Klub ihn 1996 ein zweites Mal verpflichtete. Marcel Reif schrieb damals: „Ich freue mich auf Giovanni Trapattoni. Bei ihm zeigt sich Fußball von seiner berechenbaren, von seiner rationalen Seite. Er ist ein Trainer, bei dem man drei Wochen nach seiner Ankunft der Mannschaft ansieht, wie er sich Fußball vorstellt. Auch wenn man sich eines ganz bestimmt abschminken muss: Wild stürmen wird Trapattoni nicht lassen. Da ändert sich nichts mehr. (...) Neben seinem Fachwissen liegt Trapattonis Vorzug darin, dass er viele Titel gewonnen hat und daher niemandem mehr etwas beweisen muss. Außerdem weiß er genau, was er will, und ist über dieses ‚Ich habe alles gewonnen, deshalb wird's gemacht, wie ich sage‘ längst hinaus und ist gelassen. Er kann und will sich auf den einzelnen Spieler einstellen und ihm noch etwas vermitteln.“
Ohne Zweifel: „Trap“ ist fußballerisch wie menschlich ein ganz Großer. „Calcio“, wie das Spiel in Italien genannt wird, ist für Trapattoni gleichbedeutend mit „Liebe und Leben“. Der „Spiegel“ attestierte dem „Maestro“ ein „romantisches Verhältnis zu dem Spiel, das ihn nach eigenem Verständnis vom Sohn eines Bauern zum Weltbürger machte. Jeder einzelnen ‚partita‘ scheint er dafür zu danken: Stunden vor dem Anpfiff macht er sich fein wie zum Kirchgang.“ Klaus Augenthaler bescheinigte seinem ehemaligen Chef eine „akribische“ Arbeitsweise: „Der lässt nichts durchgehen. Er hat seine Vorstellungen und lässt sich davon nicht abbringen. Trapattoni arbeitet geduldig mit den jungen Spielern und führt sie in kleinen Schritten an die Mannschaft heran. Viele Spieler akzeptieren ihn bedingungslos, auch über den Fußball hinaus. Wenn da etwas im privaten Bereich vorfällt, sind sie es, die auf ihn zukommen und um Rat fragen.“ „Problemkind“ Christian Ziege bestätigt dies: „Ich habe mich noch nie so gut mit einem Trainer über alle Dinge unterhalten können, die nicht nur den Fußball, sondern auch das Leben angehen.“
Trapattoni ist ein Menschenfreund, der indes keine Scheu vor harten Entscheidungen kennt und auch nicht davor zurückschreckt, Stars auszuwechseln. Diesbezüglich zog er sich wiederholt den Unmut einiger Bayern-Akteure zu, namentlich Basler und Klinsmann. Während seiner Zeit bei Juventus Turin ließ er auch schon mal einen Platini auf der Bank schmoren.
Trapattoni wurde in Cusano bei Mailand geboren. Er hat vier (ältere) Brüder und drei Schwestern. Seine Eltern stammten aus der Gegend von Bergamo (Lombardei). Der Vater, ein erklärter Fußballfeind, arbeitete in einer Baumwollfärberei, war aber mehr Bauer als Industriearbeiter. Nach der Lohnarbeit schuftete er auf seinem Landstück. Ein beeindruckendes Erlebnis waren für den jungen Trapattoni die alljährlichen 1.-Mai-Demonstrationen. Noch prägender als der Sozialismus war für ihn allerdings das Christentum: „Wir waren immer sehr religiös.“ Noch heute pflegt Trapattoni bei wichtigen Spielen den Boden vor seiner Trainerbank mit Weihwasser zu beträufeln. In Italien gilt Trapattoni als charakterstarker Mensch, der seine sozialen Wurzeln nicht vergisst.
Trapattoni über das Spiel aller Spiele: „Fußball ist etwas, das über das Sportliche hinausgeht. Leider wird er oder der Sport allgemein immer wieder für unlautere Zwecke missbraucht – für politische Wahlpropaganda, für wirtschaftliche dubiose Eigeninteressen. Der Fußball ist aber auch eine große positive Lebensschule. Ich war sehr schüchtern und hatte eine schlechte Schulbildung. Die Sozialisierung in der Fußballwelt hat mir viel Selbstvertrauen gegeben und einen Wohlstand garantiert, der es mir erlaubte nachzuholen, was ich in der Jugend verpasst hatte: Bücher lesen,

Musik hören, reisen. Das Wichtigste ist aber: Man lernt, den anderen zu respektieren. Fußball ist Teamwork."
Als Spieler war Trapattoni für den AC Mailand (1955-71) und FC Varese (1971/72) am Ball. Mit dem AC gewann Trapattoni zweimal die nationale Meisterschaft (1962, 1968), einmal den italienischen Pokal (1967), zweimal den Europapokal der Landesmeister (1963, 1969) sowie 1969 den Weltpokal. Für Italien absolvierte er 17 Länderspiele. 1963 schrieb der Spieler Trapattoni Fußballgeschichte, als er beim Länderspiel Italien-Brasilien seinen Gegenspieler Pelé dermaßen entnervte, dass dieser nach 26 Minuten den Platz verließ. Italien gewann gegen den amtierenden Weltmeister mit 3:0. Trapattonis knallharte Deckungsarbeit hatte zur Folge, dass man in Brasilien eine Affenart nach ihm benannte. Im gleichen Jahr spielte der Abwehrspieler beim Landesmeistercupfinale AC Mailand - Benfica Lissabon auch gegen den portugiesischen Weltstar Eusebio. Auch Eusebio sah gegen Trapattoni kein Land, und Mailand siegte mit 2:1. Sein Spitzname „il tedesco" passt zu ihm nicht nur wegen der blonden Haare und blauen Augen, sondern auch wegen seiner „deutschen" Tugenden: Der „Marathonmann" war stets bereit, „Schweiß und Tränen" (Caroli) zu vergießen.
Für Trapattoni stand bereits frühzeitig fest, dass er später Trainer werden würde. „Wenn ich das entsprechende Alter habe, gehe ich nicht mehr bloß zum Spielen auf das Feld, sondern um nachzudenken, wie man spielt und warum." Der Journalist Roberto Italiano über den Fußball-Wissenschaftler: „Trapattoni hat Fußball studiert, wie andere Jurisprudenz oder Physik studieren, und er dachte selbst dann noch ans Spiel, wenn er beim Essen saß." Trapattonis Fußballphilosophie ist stark von Taktik und Defensive, Harmonie und Kollektivdenken geprägt. Seine Trainingspraxis mag von manchem Spieler als langweilig und eines hoch dotierten Profis unwürdig empfunden werden, da er die vermeintlich selbstverständlichen Dinge immer und immer wieder üben lässt. „Der Ball muss schnell laufen, das müssen wir üben, üben. Damit die Spieler im entscheidenden Moment die nötige Selbstsicherheit haben. Ich liebe klassische Musik, die Virtuosen müssen auch ständig proben. Pavarotti ist mein Freund, als er neulich in München ein Konzert gab, war ich mit ihm beim Abendessen. Er erzählte mir, dass er noch am Vormittag vor seinem Auftritt zwei Stunden lang übte. Für Künstler ist das normal. Allerdings weiß ich, dass es für die Mannschaft manchmal langweilig wird, nur langweilige Dinge wie Innenpass oder Außenpass zu üben. (...) Als Michel Platini mein Spieler war, sagte er mir auch, dass er bestimmte Übungen schon im Schlaf beherrsche. Wir machten sie trotzdem, um sie durch ständige Wiederholungen zu automatisieren."
Obwohl „Trap" zu den älteren Jahrgängen seiner Gilde zählt, ist er Neuem stets aufgeschlossen und rastlos auf der Suche nach Verbesserungen: „Der Fußball hat sich geändert: Das ist ein wenig wie in der Philosophie, dort gibt es verschiedene Denkrichtungen. Selbst Religionen öffnen sich heute anderen Glaubensrichtungen." Seit seiner Ankunft in Deutschland hat sich Trapattoni auch wiederholt kritisch mit dem hiesigen Fußball befasst: „Für mich war es schon eine Genugtuung, als Berti Vogts gesagt hat, dass der Fußball in Deutschland eine Zeit lang stehen geblieben sei. Der internationale Fußball braucht auch eine internationale Mentalität. Wer da behauptet, der deutsche Fußball sei anders, der sucht nach einer Ausrede."
Als Trapattoni 1994 zum ersten Mal beim FC Bayern anheuerte, war der Lombarde mit 17 nationalen und internationalen Titeln binnen 19 Jahren bereits der erfolgreichste Vereinstrainer der Welt. Allerdings galt er in Italien zu diesem Zeitpunkt als Auslaufmodell. Trapattonis Trainerstationen waren bis dahin: 1972-74 Jugendtrainer bei AC Mailand, 1974-76 Cheftrainer beim gleichen Verein, 1976-86 Juventus Turin, 1986-91 Inter Mailand, 1991-94 Juventus Turin. 1977, 1978, 1981, 1982, 1984, 1986

und 1989 holte Trapattoni den italienischen Meistertitel, 1979 und 1983 den Pokal. 1977, 1991 und 1993 gewann er den UEFA-Cup, 1984 den Europacup der Pokalsieger, ebenfalls 1984 den Europa-Supercup, 1985 den Europacup der Landesmeister und im gleichen Jahr auch den Weltpokal.
Mit dem FC Bayern endete er in seiner ersten Saison nur auf dem 6. Platz, erreichte aber das Halbfinale der Champions League. Nach der Saison 1994/95 verließ Trapattoni den FC Bayern zunächst und kehrte in seine Heimat zurück. Offiziell gaben Sprachprobleme und das Heimweh seiner Gattin den Ausschlag. In Italien trainierte er bis zum 13.2.1996 Cagliari Calcio. Nach der Rehhagel-Entlassung wurde Trapattoni vom FC Bayern zum 1.7.1996 erneut verpflichtet. Trapattoni unterschrieb einen Vertrag bis 1998 und holte in der ersten Saison die Meisterschale. Zum ersten Mal in der Geschichte der Bundesliga war der „Meistermacher" ein Italiener. Für Trapattoni war sein 18. Titel zugleich der erste, den er im Ausland gewann. Trapattoni war der erste Bayern-Trainer seit Jupp Heynckes (1987-91), der eine komplette Saison überstand und für die folgende engagiert wurde. 1998 holte er mit den Bayern den DFB-Pokal.
Trapattonis „ergebnisorientierte Spielweise" stieß allerdings innerhalb des Vereins (Beckenbauer, Breitner) und bei den Medien immer wieder auf Kritik. Für Thomas Helmer war sie indes Garant für den Titelgewinn 1997: „Wir haben unser gesamtes Defensiv-Verhalten verbessert. (...) Vor allem durch sie (gemeint ist die „ergebnisorientierte Spielweise", Anmerk. d.V.) haben wir es geschafft. Außerdem: Trapattoni hat uns nicht verboten, offensiv zu spielen. Die Spielweise hängt von den Spielern ab, von der Umsetzung – und das haben wir noch nicht perfekt geschafft." Aus der erhofften langfristigen Zusammenarbeit wurde nichts. Im April 1998 kündigte ein entnervter Trapattoni seine Rückkehr nach Italien an, wo er zunächst den FC Florenz übernahm. Nach der Europameisterschaft 2000 wurde Trapattoni Trainer der italienischen Nationalmannschaft und blieb dies bis 2004. Die folgenden Stationen waren Benfica Lissabon (2003-05) und der VfB Stuttgart, wo er aber noch während der Saison 2005/06 das Handtuch warf. Zur Saison 2006/07 wurde „Trap" Sportdirektor von Red Bull Salzburg, mit Lothar Matthäus als Trainer.
Trapattoni ist nicht nur ein Freund des Fußballs und der Philosophie (Nietzsche), sondern auch der Literatur und klassischen Musik: So nennt er über 5.000 Aufnahmen sein Eigen. Sein liebstes Stück ist die 9. Symphonie von Beethoven. Trapattoni liebt den Vergleich von Fußball und klassischer Musik: „Eine Mannschaft ist wie ein Orchester, das möglichst angenehme Musik spielt. Der FC Bayern soll klingen wie die Fugen von Johann Sebastian Bach." Oder: „In einer Fußballmannschaft ist es wie in einem Musikensemble: Wenn ich drei Leute habe, die Geige spielen, aber nur zwei Geiger brauche, dann muss der dritte eben auf die Pauke hauen."

Valencia, Adolfo (6.2.1968)
Der Kolumbianer, 1993 Bayerns halbherzige Antwort auf die Verpflichtung von Karlheinz Riedle durch Borussia Dortmund, konnte die in ihn gesetzten hohen Erwartungen nicht erfüllen. „El Train", wie der Stürmer auch genannt wurde, plagten erhebliche Integrationsprobleme. Vor allem die deutsche Sprache bereitete ihm Probleme. Sein Co-Trainer Klaus Augenthaler: „Ich habe Adolfo zu seiner ersten Deutschstunde begleitet. Nach einer Dreiviertelstunde ‚Gib mir' und ‚Nimm dir' packte er seine Sachen, und er ist raus." Ein weiteres Problem sei seine lockere Einstellung zum Training gewesen. Augenthaler: „Ihm konnte man beim Torschuss-Training nicht zuschauen." Die „SZ" schrieb, er entlaube die Bäume an der Säbener Straße.
Mit elf Toren war Valencia – gemeinsam mit Mehmet Scholl – trotzdem der erfolgreichste Schütze des FC Bayern. Der Verein trennte sich nach nur einer Saison wieder von Valencia, der zu Atletico Madrid ging, wo er den Rassismus von Präsident Jesus Gil, einem korrupten Bau-Löwen, der praktischerweise auch noch Bürgermeister des Nobelbadeortes Marbella war, zu spüren bekam. Gil über Valencia: „Diesem schwarzen Hurensohn würde ich am liebsten eigenhändig den Hals umdrehen... Dem Neger schneide ich den Kopf runter. Mal sehen, ob er endlich nach Kolumbien abhaut und die ihn dort umlegen." Valencia kehrte dann tatsächlich nach Kolumbien zurück.
◆ 25 Bundesligaspiele (11 Tore) für den FC Bayern (1993-94). Mit dem FC Bayern Deutscher Meister 1994.

Van Bommel, Mark (22.4.1977)
Der niederländische Mittelfeldspieler begann seine Profikarriere bei Fortuna Sittard. 1999 Wechsel zum PSV Eindhoven, mit dem er Meister und Pokalsieger wurde. 2005 wurde van Bommel vom FC Barcelona unter Vertrag genommen, nachdem sich zuvor u.a. Borussia Dortmund, wo sein Schwiegervater Bert van Marwijk Trainer war, um seine Dienste bemüht hatte. Van Bommel hatte mit dem katalonischen Klub den spanischen Meistertitel und die Champions League gewonnen, doch in der Saison 2006/07 sah sein Trainer und Landsmann Frank Rijkaard für den 29-Jährigen nur noch die Rolle eines Teilzeitarbeiters in Barcas Weltelf vor. So wechselte er nach Beginn der Saison für 6 Mio. Euro zum FC Bayern, wo er schnell Fuß fasste. Der Niederländer sollte das von Michael Ballack hinterlassene Vakuum im Bayern-Mittelfeld schließen. Felix Magath hatte mittlerweile festgestellt, dass die Spieler, die sich Ballacks Rolle teilen sollten, zu brav und zu leise waren: „Mark ist ein anderer Typ als die Spieler, wie wir im Mittelfeld haben. Er ist eine Persönlichkeit, die auch ein Spiel bestimmen kann." Marco van Basten, niederländischer Bondscoach, hatte den 40-maligen Nationalspieler vor der WM 2006 aussortiert. Als er in die „Elftal" zurückkehren sollte, erklärte van Bommel, er würde unter van Basten nicht spielen. Der Niederländer ist kein klassischer Spielmacher, sondern eher ein „Achter". Magath sah als Stärken des Neuen „Elan und Vorwärtsdrang". In seiner Heimat wurde van Bommel 2001 und 2005 zum „Spieler des Jahres" gewählt.

Van Buyten, Daniel (7.2.1978)
Der Sohn eines belgischen Profi-Catchers und einer deutschen Mutter wurde zur Saison 2006/07 für eine Ablöse von 10 Mio. Euro vom Hamburger SV geholt. Beim HSV war van Buyten ein wesentlicher Bestandteil des sportlichen Aufschwungs der Hanseaten gewesen und deren Führungsspieler schlechthin. Der 1,96 m große und 99 kg schwere Modellathlet, Spitznahme „The Rock", sollte die Abwehrreihe des FC Bayern, wo bereits Sagnol, Lahm, Lucio und Ismael ihr Werk verrichteten, weiter auf internationales Spitzenniveau bringen. Außerdem sollte van Buyten vom abgewanderten Michael Ballack die Leader-Rolle übernehmen. Vor seinem Wechsel in die Bundesliga (2004) hatte van Buyten u.a. für Standard Lüttich (1999-01), Olympique Marseille (2001-04) und Manchester City (2004) gespielt.

Wegmann, Jürgen (31.3.1964)
Der Stürmer aus dem Ruhrgebiet, dessen Stammverein der Essener Klub DJK Bergeborbeck war, kam zur Saison 1987/88 vom FC Schalke 04 zum FC Bayern. Wegmann spielte zwei Spielzeiten für den FCB. Der Stürmer über seinen Spitznamen „Kobra": „Ich bin giftiger als die giftigste Schlange." 1989 kehrte Wegmann in den Ruhrpott zu Borussia Dortmund zurück, wo er jedoch vornehmlich auf der Bank schmorte. Die Fußballwelt beglückte Jürgen Wegmann mit dem Bonmot: „Zunächst hatten wir kein Glück, und dann kam auch noch Pech hinzu."

◆ 203 Bundesligaspiele (69 Tore), davon 58 Spiele (26 Tore) für den FC Bayern (1987-89). Mit dem FC Bayern Deutscher Meister 1989.

Weiner, Hans (29.11.1951)
Der Abwehrspieler kam aus dem westfälisch-münsterländischen Neuenkirchen und wurde 1969 beim A-Jugendspiel des örtlichen SuS gegen Werther 1920 entdeckt. Der Mann „vom Dorfe“ (Weiner über Weiner) wechselte zum Zweitligisten Tennis Borussia Berlin. Von dort ging es 1972 weiter zu Hertha BSC. Mit Hertha wurde Weiner, „Hanne“ gerufen, 1974 Vize-Meister und erreichte 1977 und 1979 das DFB-Pokalfinale, das die Berliner jedoch jeweils verloren. Zur Saison 1979/80 wurde Weiner für 450.000 DM zum FC Bayern geholt. 1982 verließ er die Bayern und ging in die US-Profiliga, wo er zwei Jahre für die Chicago Stings kickte. Zur Saison 1984/85 holte ihn Hertha BSC zurück nach Berlin. Die Herthaner kickten allerdings nur noch in der 2. Liga. Weiner bestritt noch 64 Zweitligaspiele für Hertha, konnte aber deren Abstieg in die Oberliga nach der Saison 1985/86 nicht verhindern.
Der gelernte Koch betreibt das Hotel „Tegeler Hof“. Im Frühjahr 2002 übernahm „Hanne“ vom ehemaligen Hertha-Präsidenten Wolfgang Holst die legendäre Berliner Fußball-Kneipe „Holst am Zoo“, die sich über die Jahre zu einer Art Fußballmuseum entwickelt hatte.
◆ 308 Bundesligaspiele (14 Tore), davon 91 Spiele (2 Tore) für den FC Bayern (1979-82). Mit dem FC Bayern Deutscher Meister 1980, 1981, DFB-Pokalsieger 1984.

Welker, Hans (21.8.1907 - 24.7.1968)
Der kleine Welker stammte aus der Bayern-Jugend, für die er ursprünglich auf dem rechten Flügel stürmte. Er wurde dann jedoch zum Linksaußen umgeschult. Im Halbfinale der Deutschen Meisterschaft 1932 erzielte Welker gegen den 1. FC Nürnberg das 2:0. Wenig später gewann er mit den Bayern den ersten Meistertitel. In der Nationalmannschaft kam Welker einmal zum Einsatz, nämlich am 15. März 1931 gegen Frankreich in Paris (0:1).

Wessels, Stefan (28.2.1979)
Der Torwart kam 1998 vom TuS Lingen zum FC Bayern. Seine Karriere begann der im emsländischen Rahden geborene Abiturient bei Eintracht Schepsdorf. Wessels spielte zunächst im Regionalligateam des FC Bayern, empfahl sich aber durch gute Leistungen für höhere Aufgaben. Sein Profidebüt feierte Wessels im Europapokal. Im September 1999 musste der damals 20-Jährige im Glasgower Ibrox-Park gegen die Rangers auflaufen. Wessels machte seine Sache gut, und der FC Bayern spielte unentschieden (1:1). Sepp Maier über Wessels Stärken: „Er läuft gut raus, hat einen Blick für die Situation und strahlt Ruhe aus.“ Der Keeper verzeichnete bis Ende der Saison 2002/03 16 Profi-Einsätze beim FC Bayern, davon die meisten – nämlich zehn – auf europäischer Ebene. Da Wessels gegen Kahn keine Chance besaß, wechselte der Keeper im Sommer 2003 zum Aufsteiger 1. FC Köln.
◆ 60 Bundesligaspiele, davon 6 für den FC Bayern (1999-03). Mit dem FC Bayern Deutscher Meister 2000, 2001, 2003, DFB-Pokalsieger 2000 und 2003, Champions-League-Sieger 2001 und Weltpokalsieger 2001.

Winklhofer, Helmut (27.8.1961)
Der Abwehrspieler kam 1985 von Bayer Leverkusen. Zuvor hatte er bereits in der Saison 1981/82 zwei Spiele für die Bayern absolviert.
◆ 140 Bundesligaspiele (8 Tore), davon 50 Spiele (3 Tore) für den FC Bayern (1981-82, 1985-89). Mit dem FC Bayern Deutscher Meister 1986, 1987, 1989, DFB-Pokalsieger 1986.

Witeczek, Marcel (18.10.1968)
Der in Kattowicz geborene Witeczek kam 1993 für die ziemlich happige Ablösesumme von über 5 Mio. DM vom 1. FC Kaiserlautern zum FC Bayern. Die Bayern verpflichteten Witeczek, der bis dahin in sieben Jahren Bundesliga bei Bayer Uerdingen und Lautern 37 Tore geschossen hatte, zwar als Stürmer, aber Ribbeck, Rehhagel und Trapattoni schulten ihn zum Lückenbüßer im Mittelfeld um. Obwohl sich Witeczek beim FC Bayern nicht etablieren konnte, war der „Ergänzungsspieler“ von großem Wert für den Rekordmeister. Witeczek ließ sich geräuschlos ein- und auswechseln. Stand er auf dem Platz, ging er stets engagiert zu Werke. Seine größten Taten waren die beiden Tore, die er 1996 im UEFA-Cup-Halbfinale gegen FC Barcelona erzielte, sowie sein Traumtor am 33. Spieltag der Saison 1996/97 gegen den VfB Stuttgart, das für den FC Bayern den 14. Meistertitel bedeutete. Zur Saison 1997/98 wechselte Witeczek zu Borussia Mönchengladbach. Der FC Bayern hätte ihn gerne behalten. Uli Hoeneß: „Ich habe sehr, sehr um Marcel gekämpft.“ Und Lothar Matthäus: „Um

Marcel tut es mir leid, er ist hier verkannt worden." Zum Ende seiner Laufbahn heuerte Witeczek dann noch beim Regionalligisten SG Wattenscheid 09 an (2003-05).

◆ 410 Bundesligaspiele (50 Tore), davon 97 Bundesligaspiele (9 Tore) für den FC Bayern (1993-97). Mit dem FC Bayern Deutscher Meister 1994, 1997, UEFA-Cup-Sieger 1996.

Wohlfarth, Roland (11.3.1963)
Der Stürmer kam 1984 vom Zweitligisten MSV Duisburg, für den er in der Saison 1983/84 in 35 Spielen 30-mal ins gegnerische Tor getroffen hatte. Wohlfarth wechselte für die Ablöse von 800.000 DM von der Ruhr an die Isar. Mit 119 Treffern rangiert Wohlfarth in der ewigen Bundesliga-Torschützenliste des FC Bayern hinter Gerd Müller und Karl-Heinz Rummenigge auf dem 3. Platz. Obwohl er nie ein „ganz Großer" war und nur zwei A-Länderspiele absolvierte, hielt sich Wohlfarth neun Jahre bei den Bayern und überlebte eine Reihe von Herausforderern. Für einen Stürmer beim FC Bayern eine außergewöhnlich lange Zeit.
Als Wohlfarth den FC Bayern 1993 verließ, war er tief enttäuscht: „Ich will nur eines, bloß weg von den Bayern! Ich halte es hier nicht mehr länger aus. Beim FC Bayern ist es nicht das, was es früher einmal war." Nach einem Zwischenspiel in Frankreich (AS St. Etienne) kehrte Wohlfarth während der Saison 1994/95 in die Bundesliga zurück, wo er sich dem VfL Bochum anschloss. Seine Karriere ließ er beim Zweitligisten VfB Leipzig ausklingen (1997/98).

◆ 287 Bundesligaspiele (120 Tore), davon 254 Spiele (119 Tore) für den FC Bayern (1984-93). Mit dem FC Bayern Deutscher Meister 1985, 1986, 1987, 1989, 1990, DFB-Pokalsieger 1986. Bundesliga-Torschützenkönig 1988/89 und 1990/91 (21 Tore). 2 A-Länderspiele für den DFB.

Wouters, Jan (17.7.1960)
Der niederländische Haudegen wurde geholt, als der FCB in einer tiefen sportlichen Krise steckte, es an Leitfiguren mangelte und Ärmelaufkrempeln angesagt war. Wouters kam zur Rückrunde der Saison 1991/92 von Ajax Amsterdam. Als Wouters seinen Job erledigt hatte, kehrte er während der Saison 1993/94 in die Niederlande zum PSV Eindhoven zurück. Bei den Bayern hatte der Holländer zuweilen die klare Sprache gepflegt. Als Franz Beckenbauer und Karl-Heinz Rummenigge bei einem Trainingsspielchen mitkicken wollten, beschied ihnen Wouters: „Ihr alten Säcke habt hier nichts zu suchen!" Erich Ribbeck bekam vom Niederländer mitgeteilt: „Trainer, Sie sind der Einzige im Verein, der vom Fußball keine Ahnung hat."

◆ 66 Bundesligaspiele (6 Tore) für den FC Bayern (1991-94). 17 A-Länderspiele für die Niederlande.

Zebec, Branco (17.5.1929 - 26.9.1989)
Als Trainer war der jugoslawische Rekordnationalspieler (65 Länderspiele, 17 Tore) und Puskas-Bewunderer, der auch in die Europa- und Weltauswahl berufen wurde, zunächst ein unbeschriebenes Blatt. Nur ein Jahr, nachdem er in Köln sein Trainerdiplom erworben hatte, wechselte Zebec zur Saison 1968/69 von Dynamo Zagreb zum FC Bayern. Als starken Mann hatte Präsident Neudecker den Neuen nicht auf der Rechnung: „Die Aufstellung machen der Trainer und der Technische Direktor. Bei Uneinigkeit der beiden entscheide ich." Doch Zebec riss das Kommando sofort an sich. Die Spieler nannten den „harten Hund" bald „Cesar". Zebec: „Der Wille kann Berge versetzen. Aber der Wille allein reicht nicht. Man muss auch hart arbeiten." Gerd Müller über den eigenwilligen Jugoslawen: „Wenn der Branco sagt, das Tischtuch ist grün, dann ist es grün. Auch wenn's blau ist. Unter ihm haben wir jeden Tag zweimal trainiert, volle Pulle, drei Stunden lang." Für Franz Beckenbauer war Zebec „einer der weltbesten Trainer".
Zebec gewann 1969 auf Anhieb die erste Bundesligameisterschaft für den FC Bayern und anschließend auch noch den DFB-Pokal, womit das erste „Double" in der Bayern-Geschichte perfekt war.

Unter dem Analytiker Zebec wurde das Bayern-Spiel defensiver, kontrollierter und systematischer. Der Trainer: „Solange wir den Ball haben, hat ihn der Gegner nicht.“ Obwohl Zebec den FCB keine zwei Spielzeiten trainierte, erfolgte unter ihm die wohl wichtigste spieltaktische Revolution in der Bundesligageschichte des Klubs. Es begann nun, was Bayern-Hasser später abfällig als „Quergeschiebe“ charakterisierten, andere dagegen als „Rasenschach“ rühmten. „Kicker“-Journalist Hans-Günter Klemm: „Kühler, oft unterkühlter Fußball, wenig Sturm und Drang, ganz auf Systematik und Disziplin abgestellt, eine rationale Spielweise, die darauf aus war, die gegnerischen Schwächen eiskalt zu nutzen.“

Der Trainer verbot seinen Spielern zwar das Biertrinken, fiel aber später selbst dem Alkohol zum Opfer. Im April 1980 wurde Zebec von der Polizei mit 3,25 Promille aus dem Auto geholt. Einige Monate zuvor hatte er mit dem Hamburger SV seine zweite Deutsche Meisterschaft errungen. HSV-Manager Günter Netzer charakterisierte ihn als „besessenen und außergewöhnlichen Trainer“. Im Dezember 1980 erfolgte Zebecs Rausschmiss beim HSV, nachdem er wiederholt benebelt zum Training erschienen war. Zebec trainierte anschließend noch Borussia Dortmund und Eintracht Frankfurt, scheiterte aber auch hier an seinem Alkoholproblem. Im September 1989 erstickte Zebec in einem Zagreber Restaurant an einem Fleischstück.

Nicht nur viele ehemalige Bayernspieler betrachten Zebec als den besten Trainer ihrer Karriere. Manfred Burgsmüller, der bei Borussia Dortmund unter Zebec spielte, charakterisierte ihn als „einen phantastischen Mann“. Und sein damaliger Mannschaftskamerad Rolf Rüssmann: „Zebec war einfach ein glaubwürdiger Trainer. Im Training zeigte der Mann schiere Wunderdinge.“ Einige Kicker litten allerdings auch unter Zebecs Härte. Bei den Bayern galt dies vor allem für die „übergewichtigen“ Gerd Müller und „Bulle“ Roth, die ständig Sonderschichten einlegen mussten. Als Zebec am 13. März 1970 beim FC Bayern entlassen wurde, hatte Müller wenig Mitleid für seinen Trainer: „Wenn einer so hart trainiert und regiert, muss er sich nicht wundern, wenn es ihn bei einem Misserfolg schnell erwischt.“

Zé Roberto (6.7.1974)
Mit 9,5 Mio. Euro war der Brasilianer bis zum Sommer 2003 der zu diesem Zeitpunkt teuerste Einkauf in der Geschichte des FC Bayern. Der dribbelstarke Mittelfeldspieler mit dem magischen linken Fuß kam über die Stationen Pequeninos de Joquey (1998-93), Portuguesa São Paulo (1994 - März 1997), Real Madrid (März 1997 - Dezember 1997), Flamengo Rio de Janeiro (Januar 1998 - Juli 1998) und Bayer Leverkusen (1998 - 2002) zum FC Bayern. In München benötigte Zé Roberto, ein Mann von internationaler Klasse, zunächst ein halbes Jahr zum Einspielen. In der Rückrunde lief es dann besser. „Ohne Disziplin kannst du in Deutschland kein Fußball spielen. Disziplin und Konzentration musste ich hier erst lernen.“ Der praktizierende und strenggläubige Christ, der keinen Alkohol genießt: „Mein Dribbling ist ein Geschenk Gottes.“
Die großen Stärken des Fußballkünstlers sind tatsächlich sein Tempodribbling und seine Körpertäuschungen. Sebastian Schindzielorz: „Du denkst, du kannst ihn packen mit einem Tackling, und

schon saust du ins Leere, weil er mit seinen kleinen Trippelschritten unheimlich flink auf den Beinen ist wie kein Zweiter in der Bundesliga. Eins gegen eins ist er kaum zu halten." Bundesligakollegen fiel auf, dass sich Zé Roberto, obwohl von Gegenspielern häufig hart angegangen, nie beschweren und nie auf den Schiedsrichter einreden würde.

Unter Felix Magath fühlte sich Zé Roberto sichtlich unwohler in München. Matthias Klappenbach im „Tagesspiegel": „Obwohl Zé Roberto seit vier Jahren beim FC Bayern ist, wirkt er wie ein Außenseiter, der sich Freunde wünscht, die mit ihm spielen." Zé Roberto verließ die Bayern im Sommer 2006 und schloss sich dem FC Santos an.

◆ 223 Bundesligaspiele (22 Tore), davon 112 Spiele (4 Tore) für den FC Bayern (2002-06). Mit dem FC Bayern Deutscher Meister 2003, 2005, 2006, DFB-Pokalsieger 2003, 2005, 2006. 84 A-Länderspiele (6 Tore)für Brasilien.

Zickler, Alexander (28.2.1974)

Der Sohn eines Dresdener Architekten kam zur Saison 1993/94 zum FC Bayern. Die relativ hohe Ablöse von 2,3 Mio. DM, die das marode Dynamo Dresden für Zickler kassierte, wurden gemeinhin als „Osthilfe" betrachtet. Zickler verschwand zunächst bei den Amateuren. Erst gegen Ende der Saison konnte er sich im Beckenbauer-Team einen Platz erobern. Zicklers Problem: In der DDR war ihm genügend Athletik antrainiert worden, indes haperte es im technischen Bereich. Giovanni Trapattoni schuf hier Abhilfe. Zickler: „Zu der Athletik kamen nun plötzlich Grundübungen, die man mit 13 lernen sollte: Ball annehmen, mitnehmen, schießen mit dem schwachen linken Fuß. Die Rekordtrainingszeit war bei mir dreieinhalb Stunden am Stück." Hoeneß im Mai 1995 über den damals – aufgrund des Auslassens zahlreicher Torchancen – viel Kritisierten: „Zickler wird noch ein ganz Großer."

In seiner ersten Saison 1993/94 erzielte der Modellathlet in acht Spielen einen Treffer. 1994/95 waren es in 29 Spielen immerhin schon neun, 1995/96 in 25 Spielen acht, 1996/97 (Zickler agierte nun mehr im Mittelfeld) in 33 Spielen sieben. Der Ostimport war da längst eine feste Größe im FCB-Kader.

In der Saison 2002/03 kam Zickler beim FC Bayern nur noch auf zwölf Bundesligaeinsätze, von denen er neun lediglich als Einwechselspieler bestritt. Nur zweimal durfte er von Beginn an mitwirken, nur ein Spiel über die volle Distanz bestreiten. Auch in der Nationalmannschaft verlor Zickler seinen Platz. Im Frühjahr 2003 hatte der Stürmer einen Ermüdungsbruch im Schienbein erlitten und musste operiert werden. In den Spielzeiten 2003/04 und 2004/05 kam der Stürmer in der Bundesliga nur noch einmal zum Einsatz. Nach 13 Jahren beim FC Bayern – nur Gerd Müller stand als Stürmer länger auf der Lohnliste des Rekordmeisters – wechselte Zickler ablösefrei zu Red Bull Salzburg. Dort schlug er bestens ein und wurde zum Goalgetter des Teams.

◆ 232 Bundesligaspiele (54 Tore), davon 213 Spiele (51 Tore) für den FC Bayern (1993-2005). Mit dem FC Bayern Deutscher Meister 1994, 1997, 1999, 2000, 2001, 2003, DFB-Pokalsieger 2000, 2003, UEFA-Pokalsieger 1996, Champions-League-Sieger 2001, Weltpokalsieger 2001. 12 A-Länderspiele.

Ziege, Christian (1.2.1972)

Der gebürtige Berliner, aufgewachsen im Stadtteil Neukölln, kam 1990 als 17-Jähriger zum FC Bayern. Die Ablöse betrug 50.000 DM. Zuvor spielte Ziege für die Berliner Vereine FC Südstern 08, wo er als Torwart begann, TSV Rudow und Hertha 03 Zehlendorf. Mit Hertha 03, berühmt für ihre gute Jugendarbeit, wurde Ziege 1988 Deutscher Meister der B-Junioren. Ziege ist seit seinem 5. Lebensjahr Bayern-Fan. Zieges Entdecker war Bayerns Co-Trainer Egon Coordes, sein erster Bayern-Trainer Jupp Heynckes. Ziege über Heynckes: „Er hat mich beim FC Bayern rausgebracht, von ihm habe ich eine Menge gelernt." Im zweiten Jahr bei den Bayern konnte sich Ziege etablieren. 1991 wurde er erstmals in die U-21-Nationalmannschaft berufen.

Sein erstes A-Länderspiel absolvierte Ziege am 10. Juni 1993 in den USA gegen Brasilien. Die WM 1994 verpasste er wegen einer Verletzung. Bei den Turnieren 1998 und 2002 war er dabei. 1996 wurde Ziege mit der DFB-Auswahl Europameister.
Nach der Saison 1996/97 bzw. sieben Jahren beim FC Bayern wechselte Ziege für 10,25 Mio. DM zum AC Mailand. (In seiner Jugend hatte Ziege mit seinem Vater um einen Kasten Limonade gewettet, dass er eines Tage bei Milan spielen würde...) Ziege erweckte den Eindruck, als würde er seine Entscheidung, München zu verlassen, nachträglich bereuen. Auf die Frage, was aus München er in Mailand am meisten vermissen würde, gab er zur Antwort: „Alles!"
Für Zieges Wechsel waren nicht zuletzt Differenzen mit dem Kaiser verantwortlich. Während Beckenbauers Zeit als Trainer sah sich Ziege mit Sprüchen konfrontiert, „die mir nicht so gefallen haben". Als Beckenbauer den sensiblen Spieler bei einem Essen nach dem Titelgewinn 1994 kritisierte, brach dieser in Tränen aus. Ziege zwei Jahre später: „Ich weiß genau, wer mich zu welcher Zeit wie behandelt hat. Ich habe nichts davon vergessen. Ich weiß auch, wer Aussagen weit unter die Gürtellinie getroffen hat. Ich hatte zu der Zeit ein großes Problem. Es ist ein Leichtes, auf einen draufzuhauen, wenn's einem schlecht geht." Ziege, aufgrund seiner oft lässigen Spielweise und seines „coolen" Gesichtsausdrucks häufig als arrogant verschrien, kümmerte sich in München um die Rollstuhlfahrer im Olympiastadion, denen er häufig nach dem Abpfiff sein Trikot schenkte.
1999 wechselte Ziege von Italien in die englische Premier League zum Middlesbrough FC. Im Sommer 2000 schloss er sich dem FC Liverpool an, was sich jedoch als Fehler erwies und wo der Berliner die größte Enttäuschung seiner Karriere erlebte. Zur Saison 2001/02 fand Ziege eine neue Heimat bei Tottenham Hotspurs. Im Sommer 2004 Rückkehr in die Bundesliga zu Borussia Mönchengladbach, wo er seine Karriere nach einer langwierigen Sprunggelenkverletzung im Oktober 2005 beendete.
◆ 198 Bundesligaspiele (38 Tore), davon 185 (37 Tore) für den FC Bayern (1990-97). Mit dem FC Bayern Deutscher Meister 1994, 1997, UEFA-Cup-Sieger 1996. 71 A-Länderspiele für den DFB, Vize-Weltmeister 2002, Europameister 1996.

Zobel, Rainer (3.11.1948)
Sechs Jahre lang diente der Dauerläufer dem FC Bayern, u.a. als weiterer Wasserträger Beckenbauers. Der Mittelfeldspieler kam 1970 von Hannover 96. Nach der Saison 1975/76 kehrte Zobel in seine niedersächsische Heimat zurück, wo er zunächst für den Lüneburger SK und anschließend noch für seinen Stammverein SC Uelzen kickte. Als Trainer führte er 1991 die Stuttgarter Kickers in die Bundesliga.
◆ 246 Bundesligaspiele (22 Tore), davon 180 Bundesligaspiele (19 Tore) für den FC Bayern (1970-76). Mit dem FC Bayern Deutscher Meister 1972, 1973 und 1974, DFB-Pokalsieger 1971 sowie Europapokalsieger der Landesmeister 1974, 1975 und 1976.

Rekordspieler

Spieler des FC Bayern mit den meisten Einsätzen

Bundesligaspiele

1	Sepp Maier	473
2	Gerd Müller	427
3	Georg Schwarzenbeck	416
4	Klaus Augenthaler	404
5	Franz Beckenbauer	396
6	Bernd Dürnberger	375
7	Oliver Kahn	370
8	Franz Roth	320
	Mehmet Scholl	320
9	Karl-Heinz Rummenigge	310
10	Lothar Matthäus	302

Europapokalspiele

1	Oliver Kahn	122
2	Mehmet Scholl	89
	Klaus Augenthaler	89
4	Sepp Maier	79
5	Hasan Salihamidzic	78
6	Bernd Dürnberger	77
7	Gerd Müller	74
	Samuel Kuffour	74
9	Franz Beckenbauer	71
10	Georg Schwarzenbeck	70
11	Lothar Matthäus	64
12	Alexander Zickler	63

Oberligaspiele

1	Hans Bauer	226
2	Th. Mayer	163
3	Jakob Streitle	160
4	Schweizer	142
5	Bachl	138
6	Metz	137
7	Peter Grosser	134
8	Brandmaier	125
9	Siedl	122
10	Velhorn	118

Die Spieler mit den meisten Meistertiteln in der Bundesliga

Mehmet Scholl (FC Bayern) 8 Titel
Lothar Matthäus (FC Bayern) 7 Titel
Klaus Augenthaler (FC Bayeren) 7 Titel
Oliver Kahn (FC Bayern) 7 Titel

Hasan Salihamidzic (FC Bayern) 6 Titel
Jens Jeremies (FC Bayern) 6 Titel
Bixente Lizerazu (FC Bayern) 6 Titel
Bernd Dreher (FC Bayern) 6 Titel
Ludwig Kögl (FC Bayern) 6 Titel
Sammy Kuffour (FC Bayern) 6 Titel

Franz Beckenbauer (FC Bayern) 5 Titel
Paul Breitner (FC Bayern) 5 Titel
Stefan Reuter (FC Bayern / Borussia Dortmund) 5 Titel (2 mit Bayern, 3 mit Dortmund)
Georg Schwarzenbeck (FC Bayern) 5 Titel
Thomas Strunz (FC Bayern) 5 Titel
Raimond Aumann (FC Bayern) 5 Titel
Roland Wohlfarth (FC Bayern) 5 Titel
Hans Pflügler (FC Bayern) 5 Titel
Bernd Dürnberger (FC Bayern) 5 Titel
Thomas Linke (FC Bayern) 5 Titel
Berti Vogts (Borussia M'gladbach) 5 Titel
Herbert Wimmer (Borussia M'gladbach) 5 Titel
Horst Köppel (Borussia M'gladbach) 5 Titel

Rangliste der Deutschen Meister
Gesamtzahl der Titel (davon Bundesliga)

FC Bayern München 20 (19)
1. FC Nürnberg 9 (1)
FC Schalke 04 7 (0)
Borussia Dortmund 6 (3)
Hamburger SV 6 (3)
Borussia Mönchengladbach 5 (5)
Werder Bremen 4 (4)
VfB Stuttgart 4 (2)
1. FC Kaiserslautern 4 (2)
1. FC Köln 3 (2)
SpVgg. Fürth 3 (0)
VfB Leipzig 3 (0)
Hertha BSC Berlin 2 (0)
Viktoria 89 Berlin 2 (0)
Dresdner SC 2 (0)
Hannover 96 2 (0)

„Bulle“ Roth und Paul Breitner mit dem Europapokal 1974.

Namen und Daten

Daten zum Verein

(Stand: 31.7.2006)

FC Bayern München e.V.
Lizenzspieler-Abteilung: FC Bayern München AG (seit 6. März 2002)

Gründung: 27.2.1900

Titel:

Südbayerischer Meister 1908, 1910, 1915, 1917, 1918, 1920, 1923, 1928, 1929, 1930, 1931, 1932, 1933, 1944, 1945

Bayerischer Ligameister 1902, 1903, 1904, 1905 (inoffiziell), 1926 (offiziell)

Bayerischer Gaumeister 1907

Bayerischer Meister (Ostkreismeister) 1910, 1911

Süddeutscher Fußballmeister 1926, 1928, 1932, 1965 (Regionalliga)

Süddeutscher Pokalsieger 1957

Deutscher Fußballmeister 1932, 1969, 1972, 1973, 1974, 1980, 1981, 1985, 1986, 1987, 1989, 1990, 1994, 1997, 1999, 2000, 2001, 2003, 2005, 2006

DFB-Pokalsieger 1957, 1966, 1967, 1969, 1971, 1982, 1984, 1986, 1998, 2000, 2003, 2005, 2006

DFB-Supercupsieger 1983,1987, 1990

Ligapokalsieger 1997, 1998, 1999, 2000, 2004

Weltpokalsieger 1976, 2001

Europacup der Landesmeister/Champions League 1974, 1975, 1976, 2001

Europacup der Pokalsieger 1967

UEFA-Cup 1996

Mitglieder: 116.000
Fanklubs: ca. 1.980
Fanklubmitglieder: ca. 121.000, davon ca. 8.000 FC Bayern-Mitglieder

Organe in Verein und AG:
FC Bayern München e.V.
Präsident: Franz Beckenbauer
1. Vizepräsident: Dr. Fritz Scherer
2. Vizepräsident: Bernd Rauch

FC Bayern AG
Aufsichtsratsvorsitzender: Franz Beckenbauer, Herbert Hainer (Stellvertreter)
Vorstand: Karl Heinz Rummenigge (Vorsitzender), Uli Hoeneß (Stellvertreter), Karl Hopfner

Mediendirektor: Markus Hörwick
Presse: Hans-Peter Renner, Roman Grill
Vereinsärzte: Dr. Hans-Wilhelm Müller-Wohlfahrt, Dr. Wolfgang Peter
Physiotherapeut: Gerhard Hoffmann
Reha-Trainer: Oliver Schmidtlein
Masseure: Alfred Binder, Wolfgang Gebhardt

Chef-Trainer: Felix Magath
Co-Trainer: Josef Eichkorn
Torwarttrainer: Sepp Maier, Bernd Dreher
Konditionstrainer: Werner Leuthard

Adresse:
FC Bayern München
Säbener Straße 51
81547 München
Tel. 089/69931-0,
Fax 089/644165
www.fcbayern.de

Kartenlogistik: 089/69931-333,
Fax 089/644165

Präsidenten des FC Bayern

Franz John (1900-1903)
Dr. Willem Hesselink (1903-1906)
Dr. Kurt Müller (1906-1907)
Dr. Angelo Knorr (1907-1913)
Kurt Landauer (1913-1914)
Fred Dunn (1914-1915)
Hans Tusch (1915)
Fritz Meier (1915)
Hans Bermühler (1916)
Fritz Meier (1916-1919)
Kurt Landauer (1919-1921)
Fred Dunn (1921-1922)
Kurt Landauer (1922-1933)
Siegfried Herrmann (1933-1934)
Dr. Karl-Heinz Oettinger (1934-1935)
Dr. Richard Amesmeier (1935-1937)
Franz Nußhardt (1937-1938)
Dr. Kellner (1938-1943)
Sauter (1943-1945)
Franz Xaver Heilmannseder (1945)
Josef Bayer (1945)
Siegfried Herrmann (1945-1947)
Kurt Landauer (1947-1951)
Julius Scheuring (1951-1953)
Adolf Fischer, Karli Wild,
Hugo Theisinger (1953-1955)
Alfred Reitlinger (1955-1958)
Roland Endler (1958-1962)
Wilhelm Neudecker (1962-1979)
Willi O. Hoffmann (1979-1985)
Prof. Dr. Fritz Scherer (1986-1994)
Franz Beckenbauer (ab 1994)

Trainer des FC Bayern

Bayerns Trainer mit den meisten Dienstjahren ist Udo Lattek, der es auf acht komplette Spielzeiten plus einige Monate brachte (allerdings in zwei Amtsperioden). An zweiter Stelle folgt bereits Ottmar Hitzfeld, der sechs Spielzeiten absolviert hat. Er überholte damit Zlatko Cajkovski, der es auf fünf komplette Spielzeiten brachte, gefolgt von Jupp Heynckes, der vier Spielzeiten plus einige Monate überlebte. Auch der erfolgreichste Trainer heißt Udo Lattek, unter dem den Bayern zweimal der Meisterschafts-Hattrick (1972, 1973, 1974 und 1985, 1986, 1987) gelang. Außerdem gewann der FCB mit Lattek 1974 den Europapokal der Landesmeister sowie 1971, 1984 und 1986 den DFB-Pokal.

Die Zeiträume 1963-78 und 1979-91 sind von relativ großer Kontinuität gekennzeichnet. Dazwischen lag ein Jahr der Krise und schneller Trainerwechsel. Die mit Abstand größte Fluktuation erfolgte im Zeitraum 1991-96, als der FC Bayern seinen hoch gesteckten Ansprüchen hinterher rannte. Nach der vorzeitigen Trennung von Jupp Heynckes (8. Oktober 1991) wechselte der Trainer – den Wechsel von Heynckes zu Lerby eingeschlossen – innerhalb von nur fünf Jahren siebenmal, so oft wie im gesamten 28 Jahre zählenden Zeitraum 1963 bis 1991!

Erst mit Ottmar Hitzfeld (1998-2004) kehrte wieder Kontinuität ein. Sechs Jahre in München – einen längeren Zeitraum schaffte vor ihm kein Trainer ohne Unterbrechung.

Die Trainer des FC Bayern seit 1945

1945/46: Richard Högg
1946/47: Josef Pöttinger
1947/48: Franz Dietl
1948/49: Alv Riemke
1949/50: Alv Riemke
1950/51: David Davidson
(abgelöst von Bertl Moll)
1951/52: Dr. Max Schäfer
1952/53: Dr. Max Schäfer
1953/54: Georg Bayerer
1954/55: Georg Knöpfle
(abgelöst von Jakob Streitle)
1955/56: Bertl Moll
1956/57: Willibald Hahn
1957/58: Willibald Hahn
(abgelöst von Bertl Moll)
1958/59: Adolf Patek
1959/60: Adolf Patek
1960/61: Adolf Patek
1961/62: Helmut Schneider
1962/63: Helmut Schneider
1963/64: Zlatko Cajkovski
1964/65: Zlatko Cajkovski
1965/66: Zlatko Cajkovski
1966/67: Zlatko Cajkovski
1967/68: Zlatko Cajkovski
1968/69: Branco Zebec
1969/70: Branco Zebec
(abgelöst von Udo Lattek)
1970/71: Udo Lattek
1971/72: Udo Lattek
1972/73: Udo Lattek
1973/74: Udo Lattek
1974/75: Udo Lattek
(abgelöst von Dettmar Cramer)
1975/76: Dettmar Cramer
1976/77: Dettmar Cramer
1977/78: Dettmar Cramer
(abgelöst von Gyula Lorant)
1978/79: Gyula Lorant
(abgelöst von Pal Csernai)
1979/80: Pal Csernai
1980/81: Pal Csernai
1981/82: Pal Csernai
1982/83: Pal Csernai
(abgelöst von Reinhard Saftig)
1983/84: Udo Lattek
1984/85: Udo Lattek
1985/86: Udo Lattek
1986/87: Udo Lattek
1987/88: Jupp Heynckes
1988/89: Jupp Heynckes
1989/90: Jupp Heynckes
1990/91: Jupp Heynckes
1991/92: Jupp Heynckes
(abgelöst von Sören Lerby,
abgelöst von Erich Ribbeck)
1992/93: Erich Ribbeck
1993/94: Erich Ribbeck
(abgelöst von Franz Beckenbauer)
1994/95: Giovanni Trapattoni
1995/96: Otto Rehhagel
(abgelöst von Franz Beckenbauer)
1996/97: Giovanni Trapattoni
1997/98: Giovanni Trapattoni
1998/99: Ottmar Hitzfeld
1999/00: Ottmar Hitzfeld
2000/01: Ottmar Hitzfeld
2001/02: Ottmar Hitzfeld
2002/03: Ottmar Hitzfeld
2003/04: Ottmar Hitzfeld
2004/05: Felix Magath
2005/06: Felix Magath
2006/07: Felix Magath

Die Kader des FC Bayern seit 1946

Es wurden nur Spieler berücksichtigt, die zum Einsatz kamen. Angegeben sind die Zahl der Einsätze/Tore in Ligaspielen.

1946/47

Seibold (35/0), Streitle (35/0), Moll (32/1), Bachl (31/12), Schweizer (30/8), Kopp (29/5), Fink (28/0), Köhle (26/10), J.-L. Stepberger (23/8), Emmerich (18/6), J. Stepberger (18/6), Simetsreiter (14/6), Maier (13/1), Holzmüller (8/3), Hofner (8/0), Merzlufft (6/2), Seidl (4/0), Wiesner (4/0), Roth (3/0), Wilhelm (3/0), Luger (2/0), Starhuber (2/0), Stielenhofer (2/0), Siedl (1/0), Starflinger (1/0), Wolf (1/0)

1947/48

Moll (38/0), Seibold (37/0), Streitle (37/0), Hädelt (36/17), Bachl (35/15), Kopp (35/3), Fink (33/0), Schweizer (31/10), Holzmüller (29/14), Köhle (27/1), Siedl (23/6), Starflinger (13/1), J.-L. Stepberger (7/1), Metz (6/1), Ostermeier (6/0), Emmerich (4/0), J. Stepberger (3/1), Nagler (4/0), Ruf (3/1), Hofner (3/0), Merzlufft (3/0), Resch (3/0), Schütz (1/0), Zimmermann (1/0)

1948/49

Bachl (30/11), Metz (30/10), Schmalzl (30/0), Streitle (30/0), Hädelt (28/13), Köhle (26/1), Maier (26/0), Scholz (23/13), Seibold (21/0), Resch (20/9), Mayer (19/1), Bauer (15/0), Moll (13/0), Schweizer (11/2), Holzmüller (4/0), Krauß (1/0), Kopp (1/0), J. Stepberger (1/0), Goßler (1/0)

1949/50

Maier (28/3), Mayer (28/2), Moll (28/2), Bachl (27/10), Scholz (26/10), Metz (26/6), Streitle (25/0), Hädelt (22/9), Schweizer (20/6), Bayerer (19/0), Schmalzl (16/0), Bauer (15/0), Resch (12/3), Hoffmann (8/0), Schmid (7/3), Hettfleisch (4/0), Köhle (4/0), Grafwallner (3/0), Siedl (3/0), Brandmaier (2/0), Merzlufft (2/0), J. Stepberger (2/0), Krauß (1/0), Seibold (1/0), Wölfl (1/0)

1950/51

Schweizer (29/6), Oswald (29/2), Seemann (27/14), Streitle (27/0), Siedl (25/14), Bauer (25/0), Jirasek (25/0), Bachl (23/5), Witt (22/3), Resch (20/6), Moll (17/0), Hädelt (15/3), Brandmaier (15/2), Scholz (14/6), Grziwok (12/1), Maier (12/0), Mayer (10/1), Schmalzl (9/0), Köhle (8/0), Metz (5/0), Starflinger (2/0), Wölfl (1/0), Krauß (1/0), Ostermeier (1/0)

1951/52

Hans Bauer (30/1), Brandmaier (30/0), Witt (29/4), Schweizer (28/3), Streitle (28/0), Helmut Bauer (27/11), Gutendorf (27/0), Bachl (23/2), Seemann (20/11), Mayer (19/3), Metz (15/3), Resch (15/3), Hädelt (14/4), Scholz (10/5), Oswald (6/0), Ostermeier (3/0), Lettl (2/2), Hoffmann (2/0), Maier (1/0), Jirasek (1/0)

1952/53

Metz (30/3), Hans Bauer (30/0), Frisch (29/0), Brandmaier (28/0), Helmut Bauer (24/6), Schweizer (23/0), Seemann (22/10), Schädlich (22/7), Gutendorf (22/0), Lettl (21/13), Velhorn (15/8), Legath (10/6), Scholz (10/4), Resch (10/1), Mayer (9/1), Hoffmann (8/0), Streitle (8/0), Witt (5/0), Faltermaier (3/0), Schaupp (1/0)

1953/54

Helmut Bauer (30/3), Mayer (28/2), Adam (28/0), Velhorn (27/6), Hans Bauer (26/2), Metz (26/1), Lettl (22/4), Legath (22/2), Schädlich (21/8), Frisch (17/0), Schultz (16/5), Wieland (16/5), Faltermaier (16/0), Resch (11/2), Frank (8/1), Brandmaier (6/1), Streitle (4/0), Faltor (2/0), Hoffmann (2/0), Radlmayr (1/0), Reichlmayer (1/0)

1954/55

Velhorn (29/9), Hoffmann (24/0), Lettl (22/11), Legath (22/4), Reichlmayer (21/2), W. Huber (20/2), Hans Bauer (20/0), Faltermaier (20/0), Knauer (18/2), Frisch (18/0), Mayer (17/2), Schädlich (17/5), Brandmaier (15/0), Helmut Bauer (13/1), Schultz (12/0), Resch (10/2), Landerer (9/0), Adam (6/0), Metz (4/0), Lindner (4/1), J. Huber (2/0), Frimberger (2/0), Berg (1/1), Streitle (1/0), Hahn (1/0), Niedermaier (1/0)

1955/56

Hoffmann (34/0), Knauer (34/0), Hans Bauer (33/9), Brandmaier (33/0), Landerer (29/1), W. Huber (28/14), Berg (28/6), Faltermaier (26/12), Velhorn (25/19), Erich Hahn (25/13), Mayer (21/1), Jobst (13/8), Lindner (12/0), Lettl (10/5), Helmut Bauer (6/0), Edgar Hahn (6/0), Metz (6/0), Sencar (2/0), Resch (2/0)

1956/57

Berg (27/4), Brandmaier (27/0), Hahn (26/11), Mayer (24/1), Velhorn (22/10), Manthey (21/0), Knauer (20/0), Lindner (20/0), Niedermaier (18/5), Bauer (18/0), Hoffmann (16/0), W. Huber (16/1), Landerer (16/0), Jobst (15/8), Rieger (14/0), Sencar (11/4), Lettl (8/2), Nunberger (4/5), Auer (2/0), Faltermaier (2/0), E. Huber (2/0), Lechner (1/0)

1957/58

Sommerlatt (30/15), Landerer (30/0), Manthey (29/0), Knauer (28/0), Velhorn (25/6), Bauer (25/0), W. Huber (23/11), Siedl (22/7), Lindner (22/0), Fazekas (19/0), Lettl (13/7), Jobst (12/9), Hoffmann (11/0), Hahn (11/7), Nunberger (11/2), Mayer (9/0), Faltermaier (6/0), Brandmaier (2/1), Eralp (2/1)

1958/59

Fazekas (30/0), Sommerlatt (26/9), Mai (26/0), Grosser (24/15), Siedl (23/5), Huber (23/1), Bauer (22/0), Kuhnert (19/20), Manthey (16/1), Landerer (16/0), Knauer (15/0), Zsamboki (14/11), Hahn (14/8), Sipos (14/2), Ostner (14/0), Nunberger (13/1), Jobst (8/4), Eralp (4/0), Weichselbaumer (4/0), Lindner (3/0), Faltermaier (2/1)

1959/60

Fazekas (30/0), Landerer (30/0), Giesemann (29/2), Zsamboki (29/13), Mai (28/1), Huber (28/6), Grosser (27/18), Siedl 26/4), Tietz (21/0), Tochtermann (16/8), Sieber (13/7), Knauer (13/0), Kuhnert (12/12), Wagenbauer (9/4), Lindner (7/0), Ostner (6/0), Weichselbaumer (4/0), Fröhlich (1/0), Bogeschdorfer (1/0)

1960/61

Giesemann (30/7), Borutta (29/0), Olk (27/2), P. Grosser (25/12), Wagenbauer (24/13), Tietz (24/0), Sieber (23/8), Fazekas (21/0), Milutinovic (20/5), Fröhlich (18/3), Ostner (17/2), Peschen (14/1), Bogeschdorfer (14/0), Mai (13/1), Knauer (8/0), Kosar (7/0), R. Grosser (6/0), Weichselbaumer (6/0), Rieger (2/0), Tschöp (1/0), Kupferschmidt (1/0)

1961/62

P. Grosser (30/9), Ostner (30/4), Giesemann (30/2), Borutta (30/0), Kosar (30/0), Olk (29/0), Ohlhauser (26/23), Thimm (23/12), Tietz (23/0), Sieber (22/8), Drescher (16/2), Schneider (10/2), Kupferschmidt (10/0), Röckenwagner (7/3), Kunstwadl (4/0), Bogeschdorfer (3/0), Peschen (2/0), Weiner (2/0), Fröhlich (1/0), Weichselbaumer (1/0), Wagenbauer (1/0)

1962/63

Ohlhauser (29/24), Grosser (28/11), Erhardt (28/1), Kosar (27/0), Brenninger (25/14), Giesemann (25/2), Kunstwadl (24/0), Drescher (23/3), Borutta (20/0), Olk (20/0), Ostner (17/0), Sieber (14/7), Wodarczik (13/0), Kupferschmidt (10/0), Brecht (6/2), Schneider (5/0), Röckenwagner (4/1), Maier (4/0), Arnold (3/0), Fröhlich (3/0), Bogeschdorfer (1/0), Tietz (1/0)

1963/64

Kunstwadl (36/0), Erhardt (35/4), Ohlhauser (35/33), Brenninger (34/27), Drescher (32/11), Kupferschmidt (30/0), Borutta (29/5), Ipta (28/6), Maier (24/0), Wodarczik (22/4), Schneider (20/6), Koulmann (17/2), Olk (17/0), Röckenwagner (16/7), Kosar (14/0), Ostner (12/0), Mokosch (5/0), Jaworski (3/6), Bogeschdorfer (2/1), Arnold (2/0), Robert Grosser (2/0), Rudolf Grosser (2/0), Schumacher (1/0)

1964/65

Ohlhauser (36/42), Nafziger (36/13), Maier (36/0), Kunstwadl (34/1), Kupferschmidt (34/1), Beckenbauer (31/16), Koulmann (31/9), Olk (29/0), Brenninger (27/11), Müller (26/32), Schneider (26/6), Drescher (21/7), Borutta (13/1), Rudolf Grosser (5/3), Schwalm (3/1), Werner (3/0), Wodarczik (3/0), Mokosch (2/0)

1965/66

Müller (33/14), Beckenbauer (33/4), Nafziger (32/10), Kupferschmidt (32/0), Brenninger (31/12), Maier (31/0), Ohlhauser (29/13), Drescher (28/4), Olk (28/0), Koulmann (27/5), Borutta (27/0), Rigotti (15/0), Werner (8/4), Nowak (6/2), Rudolf Grosser (3/1), Kosar (3/0), Danzberg (2/0), Kroiss (2/0), Kunstwadl (2/0), Vuckov (1/1), Windsperger (1/0)

1966/67

Maier (34/0), Beckenbauer (33/0), Müller (32/28), Kupferschmidt (32/1), Olk (32/1), Nafziger (32/0), Ohlhauser (31/12), Brenninger (30/7), Koulmann (22/2), Schwarzenbeck (21/0), Roth (20/7), Rigotti (18/2), Nowak (17/1), Werner (13/1), Borutta (2/0), Walleitner (2/0), Drescher (1/0), Rudolf Grosser (1/0), Nasdalla (1/0)

1967/68

Müller (34/20), Maier (34/0), Kupferschmidt (33/0), Schwarzenbeck (33/0), Ohlhauser (32/19), Roth (32/5), Olk (32/0), Brenninger (30/8), Koulmann (28/5), Beckenbauer (28/4), Nafziger (25/0), Jung (21/4), Nowak (14/1), Werner (7/0), Schauß (6/1), Schmidt (3/0), Stöckl (3/0), Deuerling (1/0)

1968/69

Ohlhauser (34/10), Brenninger (34/9), Starek (34/4), Roth (34/2), Olk (34/1), Maier (34/0), Pumm (34/0), Schwarzenbeck (34/0), Beckenbauer (33/2), Müller (30/30), Kupferschmidt, (22/0), Schmidt (21/2), Jung (4/0)

1969/70

Brenninger (34/11), Ohlhauser (34/10), Beckenbauer (34/6), Maier (34/0), Müller (33/38), Schwarzenbeck (32/1), Roth (31/10), Koppenhöfer (29/0), Pumm (27/1), Schmidt (25/0), Mrosko (19/5), Olk (18/0), Michl (17/2), Kupferschmidt (16/3), Nerlinger (5/0), Starek (4/1), Klein (3/0), Gierlinger (1/0), Seifert (1/0)

1970/71

Zobel (34/3), Maier (34/0), Beckenbauer (33/3), Müller (32/22), Brenninger (31/12), Mrosko (31/8), U. Hoeneß (31/6), Hansen (30/1), Schwarzenbeck (29/2), Koppenhöfer (28/0), Roth (27/11), Pumm (23/1), Breitner (21/2), Schneider (20/2), Maas (6/0), Seifert (2/0), Ey (1/0)

1971/72

Müller (34/40), U. Hoeneß (34/13), Beckenbauer (34/6), Maier (34/0), Roth (32/12), Hansen (32/4), Zobel (32/4), Schwarzenbeck (32/1), Breitner (30/4), Krauthausen (28/5), Sühnholz (25/4), Schneider (23/2), Hoffmann (16/3), Koppenhöfer (14/0), Rybarczyk (4/0), Gerber (1/0), Seifert (1/0)

1972/73

U. Hoeneß (34/17), Beckenbauer (34/6), Hansen (34/1), Schwarzenbeck (34/1), Maier (34/0), Müller (33/36), Roth (32/5), Breitner (32/4), Dürnberger (31/3), Krauthausen

(29/4), Zobel (28/2), Hoffmann (24/9), Schneider (16/3), Jörg (3/0), Rohr (3/0), Rybarczyk (2/0), Zimmermann (1/0)

1973/74

Müller (34/30), U. Hoeneß (34/18), Beckenbauer (34/4), Maier (34/0), Roth (33/8), Schwarzenbeck (33/7), Hansen (32/1), Dürnberger (30/8), Zobel (28/5), Breitner (26/7), Kapellmann (20/2), Torstensson (16/1), Hoffmann (15/2), Gersdorff (12/2), Hadewicz (12/0), Schneider (7/0), Jensen (5/0), Rohr (3/0), Zimmermann (1/0)

1974/75

Schwarzenbeck (34/3), Maier (34/0), Müller (33/23), Kapellmann (33/4), Beckenbauer (33/1), Zobel (31/1), Dürnberger (31/0), U. Hoeneß (28/8), Wunder (27/4), Roth (24/4), Hansen (23/0), K.-H. Rummenigge (21/5), Andersson (18/1), Torstensson (17/3), J. Weiß (11/0), Hadewicz (7/0), Förster (6/0), Michelberger (3/0), G. Weiß (2/0)

1975/76

Beckenbauer (34/5), Maier (34/0), Schwarzenbeck (33/1), K.-H. Rummenigge (32/8), Dürnberger (32/5), Horsmann (30/1), Kapellmann (29/6), Roth (27/6), Zobel (27/4), Müller (22/23), U. Hoeneß (17/4), Wunder (16/3), Torstensson (15/3), J. Weiß (14/0), Hansen (13/0), Marek (7/1), Schuster (7/0), Andersson (6/0), Künkel (4/2), Förster (2/0), Michelberger (1/0), Seneca (1/0)

1976/77

Maier (34/0), Torstensson (33/4), Beckenbauer (33/3), K.-H. Rummenigge (31/12), Kapellmann (31/4), Schwarzenbeck (31/1), U. Hoeneß (27/9), Müller (25/28), Andersson (23/0), Horsmann (22/1), Roth (20/1), Dürnberger (17/4), Gruber (16/1), Künkel (14/2), Kirschner (13/1), J. Weiß (11/0), Önal (10/1), Arbinger (6/0), Schenk (6/0), Seneca (5/0), Reisinger (1/0)

1977/78

Rausch (34/2), Schwarzenbeck (34/1), Maier (34/0), Müller (33/24), Niedermayer (31/4), U. Hoeneß (30/11), K.-H. Rummenigge (29/8), Dürnberger (27/2), Horsmann (25/0), Kapellmann (24/0), Augenthaler (23/2), Oblak (23/1), Künkel (15/2), Janzon (14/3), Gruber (14/0), Roth (10/1), Önal (8/0), J. Weiß (1/0)

1978/79

K.-H. Rummenigge (34/14), Niedermayer (34/4), Schwarzenbeck (34/3), Horsmann (34/2), Maier (34/0), Breitner (33/12), Dürnberger (32/5), Augenthaler (28/3), Oblak (28/3), Kapellmann (28/1), Müller (19/9), Janzon (18/9), Rausch (17/1), Jol (9/0), Gruber (8/1), Reisinger (4/1), U. Hoeneß (4/0)

1979/80

K.-H. Rummenigge (34/26), Horsmann (34/5), Augenthaler (34/2), Weiner (34/1), D. Hoeneß (32/16), Breitner (32/10), Dürnberger (31/3), Niedermayer (29/10), Junghans (29/0), Janzon (28/7), Dremmler (26/0), Kraus (22/1), Oblak (20/1), Aas (6/1), Müller (5/0), Reisinger (4/0), Gruber (3/0), Schwarzenbeck (2/0)

1980/81

K.-H. Rummenigge (34/29), Horsmann (34/4), Augenthaler (33/5), Dürnberger (33/3), Dremmler (33/1), Niedermayer (32/9), Weiner (31/1), Breitner (30/17), Kraus (30/6), D. Hoeneß (27/10), Janzon (24/1), Junghans (19/0), M. Müller (17/0), Röber (14/0), Del'Haye (13/1), Aas (7/0), Mathy (3/2), Güttler (1/0), Rautiainen (1/0)

1981/82

Kraus (34/4), D. Hoeneß (33/21), Augenthaler (33/6), K.-H. Rummenigge (32/14), Horsmann (32/3), Dremmler (31/2), Dürnberger (31/0), Breitner (29/18), Weiner (26/0), Niedermayer (19/5), Junghans (19/0), Sigurvinsson (17/1), Beierlorzer (17/0), M. Müller (16/0), Mathy (12/0), Güttler (8/2), Del'Haye (8/0), Pflügler (6/0), Winklhofer (2/1), Grünberger (2/0), Herbst (2/0)

1982/83

K.-H. Rummenigge (34/20), D. Hoeneß (34/17), Grobe (34/2), Horsmann (31/4), Del'Haye (31/3), Augenthaler (28/5), Nachtweih (28/1), Dürnberger (27/2), Dremmler (27/1), Pfaff (27/0), Kraus (25/4), Breitner (22/9), Pflügler (17/1), Mathy (9/2), Beierlorzer (9/0), M. Müller (8/0), Martin (3/0), Güttler (2/0), M. Rummenigge (1/0)

1983/84

M. Rummenigge (33/12), Dürnberger (33/1), Pfaff (32/0), Augenthaler (31/2), Pflügler (30/6), Nachtweih (30/4), Lerby (30/3), K.-H. Rummenigge (29/26), Kraus (27/2), Beierlorzer (23/0), Del'Haye (22/3), Mathy (22/6), Dremmler (22/1), D. Hoeneß (21/9), Grobe (21/7), Maurer (7/0), Martin (5/0), Meisel (3/0), M. Müller (2/0)

1984/85

Eder (34/2), Matthäus (33/16), Wohlfarth (32/12), Augenthaler (32/5), Willmer (29/3), Dremmler (29/1), Lerby (28/11), Kögl (27/1), Nachtweih (25/3), Mathy (24/7), M. Rummenigge (24/5), D. Hoeneß (20/7), Dürnberger (20/2), Aumann (20/0), Pflügler (17/2), Pfaff (14/0), Beierlorzer (12/0), Martin (8/0), Grobe (3/1)

1985/86

Pflügler (34/6), Eder (34/2), D. Hoeneß (31/15), M. Rummenigge (31/10), Lerby (31/8), Augenthaler (31/4), Nachtweih (27/4), Wohlfarth (25/13), Pfaff (24/0), Matthäus (23/10), Kögl (22/0), Willmer (20/2), Hartmann (19/4), Mathy (19/2), Winklhofer (13/2), Beierlorzer (12/0), Aumann (11/0), Schwabl (7/0), Flick (6/0), Dremmler (4/0)

1986/87

Pfaff (34/0), Nachtweih (33/3), Pflügler (32/7), Eder (32/1), Matthäus (31/14), M. Rummenigge (31/8), Brehme (31/4), Wohlfarth (27/11), D. Hoeneß (26/7), Augenthaler (25/4), Kögl (21/2), Lunde (21/2), Flick (19/1), Dorfner (17/1), Winklhofer (17/0), Mathy (11/2), Willmer (9/0), Bayerschmidt (1/0), Hartmann (1/0)

1987/88

M. Rummenigge (32/10), Eder (32/1), Nachtweih (30/2), Wohlfarth (29/11), Pflügler (29/6), Dorfner (29/4), Brehme (28/3), Wegmann (27/13), Flick (27/1), Matthäus (26/17), Pfaff (25/0), Augenthaler (24/5), Kögl (22/1), Hughes (18/6), Eck (18/1), Winklhofer (17/0), Lunde (9/1), Aumann (9/0), Bayerschmidt (3/1), Tschiskale (1/0)

1988/89

Pflügler (34/4), Aumann (34/0), Wohlfarth (33/17), Thon (32/8), Kögl (32/0), Reuter (32/0), Augenthaler (31/6), Wegmann (31/13), Flick (30/2), Nachtweih (29/3), Grahammer (28/0), Ekström (23/7), Dorfner (22/6), Eck (21/1), Johnsen (13/0), Winklhofer (1/0)

1989/90

Pflügler (33/3), Aumann (33/0), Reuter (33/0), McInally (31/10), Dorfner (29/5), Grahammer (28/1), Kohler (26/2), Kögl (25/4), Mihajlovic (25/4), Schwabl (25/3), Wohlfarth (24/13), Augenthaler (24/1), Flick (22/1), Thon (20/8), Strunz (20/5), Bender (20/2), Kastenmaier (9/1), Johnsen (8/0), Scheuer (1/0)

1990/91

Wohlfarth (34/21), Laudrup (33/9), Bender (33/5), Effenberg (32/9), Aumann (32/0), Reuter (30/4), Pflügler (30/1), Kohler (29/4), Augenthaler (27/2), Strunz (26/7), Thon (25/6), Grahammer (24/1), Schwabl (23/1), Dorfner (14/1), Ziege (13/1), Sternkopf (9/1), Mihajlovic (9/0), McInally (7/0), Münch (2/0), Scheuer (2/0), Aigner (1/0), Nielsen (1/0)

1991/92

Kreuzer (36/1), Effenberg (33/10), Labbadia (30/10), Berthold (30/1), Wohlfarth (29/17), Schwabl (29/0), Mazinho (28/8), Ziege (26/2), Sternkopf (26/1), Bender (24/2), Thon (24/2), Laudrup (20/2), Grahammer (20/0), Wouters (17/1), Hillringhaus (17/0), Münch (15/0), Pflügler (14/0), Aumann (13/0), Strunz (13/0), Babbel (12/0), Schumacher (8/0), Reinhardt (5/1), Bernardo (4/0), Kremm (2/0), McInally (2/0), Eberl (1/0), Gospodarek (1/0), Ott (1/0)

1992/93

Helmer (34/7), Wouters (33/4), Jorginho (33/3), Labbadia (32/11), Schupp (32/5), Thon (32/5), Aumann (32/0), Scholl (31/7), Kreuzer (30/5), Ziege (28/9), Matthäus (28/8), Wohlfarth (21/4), Mazinho (17/3), Cerny (13/1), Sternkopf (12/0), Münch (11/0), Reinhardt (5/0), Schwabl (3/0), Gospodarek (2/0), Grahammer (2/0)

1993/94

Matthäus (33/8), Nerlinger (32/9), Schupp (32/4), Aumann (32/0), Kreuzer (31/0), Ziege (29/3), Helmer (28/2), Scholl (27/11), Witeczek (27/3), Valencia (25/11), Jorginho (24/2), Sternkopf (21/2), Labbadia (20/7), Wouters (16/1), Thon (15/1), Frey (12/1), Münch (10/0), Zickler (8/1), Hamann (5/1), Cerny (3/0), Gospodarek (2/0), Mazinho (1/0)

1994/95

Scholl (31/9), Nerlinger (31/5), Hamann (30/0), Ziege (29/12), Zickler (29/9), Schupp (27/3), Frey (27/2), Babbel (26/2), Sternkopf (26/0), Kreuzer (25/1), Helmer (24/4), Kahn (23/0), Witeczek (22/3), Sutter (22/1), Matthäus (16/5), Jorginho (10/1), Scheuer (10/0), Kostadinov (9/2), Kuffour (9/0), Papin (7/1), Mazinho (3/0), Gospodarek (2/0), Grimm (1/0), Pflügler (1/0), Valencia (1/0)

1995/96

Ziege (33/3), Klinsmann (32/16), Helmer (32/4), Kahn (32/0), Scholl (30/10), Babbel (30/2), Sforza (30/2), Nerlinger (28/4), Herzog (28/2), Zickler (25/8), Strunz (24/4), Hamann (20/2), Papin (20/2), Witeczek (20/0), Kreuzer (19/1), Matthäus (19/1), Kostadinov (18/5), Frey (8/0), Probst (2/0), Scheuer (2/0)

1996/97

Klinsmann (33/15), Zickler (33/7), Nerlinger (32/5), Kahn (32/0), Babbel (31/2), Witeczek (28/3), Matthäus (28/1), Basler (27/8), Ziege (27/7), Rizzitelli (25/7), Helmer (24/4), Scholl (23/5), Hamann (23/1), Jancker (22/1), Kuffour (22/0), Strunz (19/1), Münch (11/0), Kreuzer (9/0), Gerster (3/0), Scheuer (2/0), Lakies (1/0)

1997/98

Kahn (34/0), Nerlinger (33/4), Fink (33/1), Scholl (32/9), Tarnat (32/5), Babbel (30/1), Jancker (29/13), Zickler (29/4), Elber (28/11), Hamann (28/2), Helmer (28/1), Matthäus (25/3), Basler (22/5), Rizzitelli (20/4), Lizarazu (19/0), Kuffour (17/2), Strunz (16/3), Gerster (5/0), Bugera (1/0)

1998/99

Effenberg (31/8), Salihamidzic (30/3), Jeremies (30/1), Kahn (30/0), Fink (28/0), Basler (27/5), Babbel (27/1), Linke (27/1), Jancker (26/13), Zickler (26/7), Matthäus (25/1), Strunz (24/4), Daei (23/6), Elber (21/13), Helmer (21/2), Tarnat (20/1), Lizarazu (19/2), Kuffour (15/0), Scholl (13/4), Dreher (4/0), Scheuer (3/0), Bugera (2/0), Johansson (2/0), Göktan (1/0), Jarolim (1/0)

1999/2000

Salihamidzic (30/4), Jeremies (30/3), Sergio (28/13), Santa Cruz (28/5), Effenberg (27/2), Linke (27/1), Kahn (27/0), Elber (26/14), Babbel (26/1), Tarnat (26/1), Fink (26/0), Scholl (25/6), Jancker (23/9), Lizarazu (22/1), Kuffour (18/2), Andersson (16/0), Matthäus (15/1), Zickler (14/7), Wiesinger (13/1), Strunz (9/0), Dreher (6/0), Wojciechowski (3/1), Basler (2/0), Wessels (2/0), Sinkala (1/0)

2000/01

Kahn (32/0), Salihamidzic (31/4), Scholl (29/9), Linke (28/0), Elber (27/15), Sagnol (27/0), Sergio (26/5), Jancker (25/12), Zickler (24/3), Fink (24/1), Kuffour (23/1), Tarnat (23/1), Andersson (22/1), Jeremies (21/1), Effenberg (20/4), Sforza (20/0), Santa Cruz (19/5), Lizarazu (15/0), Hargreaves (14/0), di Salvo (6/0), Wiesinger (6/0), Strunz (5/0), Dreher (1/0), Göktan (1/0), Wessels (1/0)

2001/02

Kahn (32/0), Elber (30/17), Pizarro (30/15), Hargreaves (29/0), R. Kovac (29/0), Fink (28/2), Sagnol (28/1), Lizarazu (25/1), Sergio (23/3), Santa Cruz (22/5), Kuffour (21/0), Linke (20/0), Salihamidzic (19/5), Scholl (18/6), Jancker (18/0), Effenberg (17/2), N. Kovac (16/2), Sforza (16/1), Zickler (13/1), Thiam (12/0), Jeremies (10/0), Tarnat (10/0), Wessels (2/0), Feulner (1/0), Hofmann (1/0)

2002/03

Elber (33/21), Kahn (33/0), Linke (32/0), Pizarro (31/15), Zé Roberto (31/1), Jeremies (29/0), Ballack (26/10), Lizarazu (26/2), Hargreaves (25/1), R. Kovac (24/0), Sagnol (23/2), Kuffour (20/1), Scholl (18/4), N. Kovac (18/1), Santa Cruz (14/5), Schweinsteiger (14/0), Zickler (12/4), Salihamidzic (12/2), Tarnat (11/0), Feulner (10/0), Fink (10/0), Deisler (8/0), Thiam (4/0), Trochowski (3/0), Misimovic (1/0), Wessels (1/0)

2003/04

Ballack (28/7), Deisler (11/4), Demichelis (14/2), Elber (4/1), Feulner (2/0), Fink (1/0), Hargreaves (25/2), Jeremies (23/1), Kahn (33/0), R. Kovac (19/0), Kuffour (23/1), Lell (4/0), Lonke (21/0), Lizarazu (26/1), Makaay (32/23), Misimovic (2/0), Pizarro (31/11), Rau (8/0), Rensing (2/0), Sagnol (21/0), Salihamidzic (33/4), Santa Cruz (29/5), Scholl (5/0), Schweinsteiger (26/4), Trochowski (10/0), Ze Roberto (30/2)

2004/05

Ballack (27/13), Deisler (23/4), Demichelis (23/0), Frings (29/3), Görlitz (7/0), Guerrero (13/6), Hargreaves (27/1), Hashemian (9/0), Jeremies (7/0), Kahn (32/0), R. Kovac (22/0), Kuffour (7/0), Linke (11/0), Lizarazu (13/0), Lucio (32/3), Makaay (33/22), Pizarro (23/11), Rensing (4/0), Sagnol (22/1), Salihamidzic (29/2), Santa Cruz (4/0), Scholl (20/3), Schweinsteiger (26/3), Ze Roberto (22/1), Zickler (1/0)

2005/06

Ballack (26/14), Deisler (16/0), Demichelis (27/1), dos Santos (1/0), Dreher (1/0), Guerrero (14/4), Hargreaves (16/1), Ismael (30/0), Jeremies (13/0), Kahn (31/0), Karimi (20/2), Lahm (20/0), Lizarazu (18/0), Lucio (32/2), Makaay (31/17), Ottl (8/1), Pizarro (26/11), Rensing (6/0), Sagnol (31/1), Salihamidzic (21/2), Santa Cruz (13/4), Scholl (18/3), Schweinsteiger (30/3), Ze Roberto (27/1)

2006/07

van Bommel, van Buyten, Deisler, Demichelis, dos Santos, Dreher, Fürstner, Görlitz, Hargreaves, Ismael, Kahn, Karimi, Lahm, Lell, Lucio, Makaay, Ottl, Pizarro, Podolski, Rensing, Sagnol, Salihamidzic, Santa Cruz, Scholl, Schweinsteiger,

Der Meisterkader 2003.

Der FC Bayern in der Meisterschaft seit 1901

Zeichenerklärung

(N) = Neuling, * = Absteiger/Relegation, x:0 = zugunsten der mit x bezeichneten Mannschaft gewertet.

1901/02

Der FC Bayern München ist Münchner Stadtmeister.

1902/03

Der FC Bayern München ist Münchner Stadtmeister.

Süddeutsche Meisterschaft
Zwischenrunde:
FC Bayern München - Bavaria München 9:3
Viertelfinale:
Stuttgarter Kickers - FC Bayern München 4:1

1903/04

Der FC Bayern München ist Münchner Stadtmeister.

Süddeutsche Meisterschaft
Viertelfinale:
Stuttgarter Kickers - FC Bayern München 2:1

1904/05

Der FC Bayern München ist Münchner Stadtmeister.

1905/06: A-Klasse Südbayern

1. MTV 1879 München	6	6	0	0	63:4	12-0
2. FC Bayern München[1]	**6**	**5**	**0**	**1**	**19:12**	**10-2**
3. Bavaria München	6	4	0	2	27:20	8-4
4. Turnerschaft München	5	2	0	3	13:29	4-6
5. TV München 1860	6	1	0	5	8:21	2-10
6. FC Wacker München	6	1	0	5	12:30	2-10
7. MTV Augsburg	5	1	0	4	11:37	2-8

Es wurde nur eine einfache Runde ausgespielt.
(1) = Schloss sich am 1.6.1906 dem Münchner SC an und spielte fortan als FA Bayern im Münchner SC.

1906/07: (Ostkreis), A-Klasse Oberbayern

1. MTV 1879 München	8	6	1	1		13-3
2. FA Bayern München	**8**	**5**	**3**	**0**	**30:8**	**13-3**
3. FC Bavaria München	8	3	2	3		8-8
4. TV München 1860	8	2	2	4		6-10
5. Turnerschaft München	8	0	0	8		0-16

Kein Torverhältnis, da ein Ergebnis unbekannt.

1907/08: (Ostkreis), A-Klasse Oberbayern

1. FA Bayern München	**8**	**7**	**0**	**1**	**27:10**	**14-2**
2. MTV 1879 München	8	5	1	2	24:13	11-5
3. Bavaria München	8	3	1	4	13:22	7-9
4. FC Wacker München	8	1	2	5	13:19	4-12
5. TV München 1860	8	2	0	6	11:24	4-12

Süddeutsche Meisterschaft

1. 1. FC Nürnberg					21:8	7-1
2. FA Bayern München	**4**	**1**	**2**	**1**	**16:12**	**4-4**
3. MTV Augsburg					8:25	1-7

1908/09: (Ostkreis), A-Klasse Oberbayern

1. MTV 1879 München	8	5	3	0	18:8	13-3
2. FA Bayern München	**8**	**5**	**1**	**2**	**24:9**	**11-5**
3. TV München 1860	8	2	2	4	17:18	6-10
4. FC Wacker München	8	2	1	5	14:27	5-11
5. Turngemeinde Münch.	8	2	1	5	10:21	5-11

1909/10: (Ostkreis), A-Klasse, Staffel Süd

1. FA Bayern München	**8**	**6**	**1**	**1**	**46:14**	**13-3**
2. MTV 1879 München	8	5	2	1	34:23	12-4
3. FC Wacker München	8	4	1	3	25:24	9-7
4. TV München 1860	8	1	2	5	13:28	4-12
5. MTV Augsburg (N)	8	0	2	6	7:36	2-14

6. Turngemeinde München während der Runde zurückgezogen.

Südbayrische Bezirksmeisterschaft, Ostkreis

1. FA Bayern München	**6**	**6**	**0**	**0**	**33:10**	**12-0**
2. 1. FC Nürnberg					24:17	6-6
3. MTV München					19:20	5-7
4. SpVgg Fürth					7:36	1-11

Süddeutsche Endrunde

1. Karlsruher FV					18:7	12-0
2. FA Bayern München	**6**	**2**	**1**	**3**	**16:12**	**5-7**
3. Mannheimer FG					11:18	4-8
4. FC Viktoria Hanau					10:18	3-9

1910/11: (Ostkreis), A-Klasse

1. FA Bayern München	**18**	**16**	**1**	**1**	**107:21**	**33-3**
2. 1. FC Nürnberg	18	15	0	3	90:25	30-6
3. SpVgg Fürth	18	10	2	6	49:41	22-14
4. MTV 1879 München	18	10	1	7	50:45	21-15
5. FC Wacker München	18	7	3	8	36:54	17-19

6.	FC Pfeil Nürnberg	18	7	2	9	49:54	16-20
7.	TV München 1860	18	7	0	11	33:47	14-22
8.	MTV Augsburg	18	5	2	11	41:55	12-24
9.	1. FC Bamberg	18	4	2	12	33:70	10-26
10.	FK Noris Nürnberg*	18	2	1	15	23:99	5-31

Süddeutsche Meisterschaft

1.	Karlsruher FV					23:4	12-0
2.	**FA Bayern München**	**6**	**3**	**0**	**3**	**17:15**	**6-6**
3.	Mannheimer FG					8:18	4-8
4.	SV Wiesbaden					7:18	2-10

1911/12: (Ostkreis), A-Klasse

1.	SpVgg Fürth	20	17	2	1	77:18	36-4
2.	**FA Bayern München**	**20**	**17**	**1**	**2**	**78:25**	**35-5**
3.	FC Wacker München	20	13	1	6	64:34	27-13
4.	1. FC Nürnberg	20	12	2	6	55:35	26-14
5.	MTV 1879 München	20	10	2	8	44:43	22-18
6.	FC Pfeil Nürnberg	20	10	1	9	35:55	21-19
7.	TV München 1860	20	8	3	9	41:38	19-21
8.	VfB Nürnberg*	20	6	2	12	31:53	14-26
9.	1. FC Bamberg*	20	3	2	15	32:67	8-32
10.	MTV Augsburg*	20	3	1	16	22:72	7-33
11.	Concordia Nürnb. (N)*	20	1	3	16	25:61	5-35

1912/13: Ostkreis-Liga

1.	SpVgg Fürth	14	12	2	0	61:25	26-2
2.	**FA Bayern München**	**14**	**7**	**5**	**2**	**25:23**	**19-9**
3.	1. FC Nürnberg	14	8	2	4	48:17	18-10
4.	MTV 1879 München	14	7	1	6	23:20	15-13
5.	FC Pfeil Nürnberg	14	5	3	6	30:27	13-15
6.	Würzbg. Kickers (N)	14	3	2	9	17:41	8-20
7.	FC Wacker München	14	3	1	10	13:36	7-21
8.	TV München 1860*	14	2	2	10	18:46	6-22

1913/14: Ostkreis-Liga

1.	SpVgg Fürth					62:18	23-5
2.	1. FC Nürnberg					38:23	16-5
3.	Pfeil Nürnberg					27:21	16-12
4.	MTV München					27:24	16-12
5.	**FA Bayern München**	**14**	**6**	**3**	**5**	**17:16**	**15-13**
6.	VfB Nürnberg (N)					22:42	11-17
7.	Würzburger Kickers					21:42	9-19
8.	FC Wacker München					17:45	6-22

1914/15:
Es fand kein Ligaspielbetrieb statt.

Herbst **1915:** Gaumeisterschaft
Endspiel: FA Bayern - 1860 München 2:0, 1:1

Frühjahr **1916:** Gaumeisterschaft
Endspiele: 1860 München - FA Bayern 3:2, 1:3, 5:4

Herbst **1916:** Gaumeisterschaft
Endspiele: FA Bayern - 1860 München 0:0, 2:0

Frühjahr **1917:** (Ostkreis), Gau Oberbayern

1.	**FA Bayern München**	**12**	**8**	**2**	**2**	**47:16**	**18-6**
2.	Wacker Turnersch. Mü.	12	9	0	3	32:31	18-6
3.	Germania Phönix Mü.	12	7	1	4	41:21	15-9
4.	TV München 1860	12	6	2	4	28:19	14-10
5.	MTV 1879 München	12	3	3	6	24:31	9-15
6.	Teutonia Union Mün.	12	3	1	8	17:38	7-17
7.	TV München-West	12	1	11	0	13:46	3-21

8. Turngemeinde München während der Runde zurückgezogen.

Süddeutsche Meisterschaft
Endspiel: FA Bayern München - SpVgg Fürth 1:1, 2:3
Frühjahrsmeisterschaft Südbayern
FA Bayern München - MTV Ingolstadt 7:1, 1:1
Frühjahrsmeisterschaft München
Endspiel: FC Wacker München - FA Bayern München 2:5

Herbst **1917:** (Ostkreis), Gau Oberbayern, Staffel 1

1.	**FA Bayern München**	**8**	**7**	**1**	**0**	**42:4**	**15-1**
2.	TV München 1860	8	5	2	1	20:9	12-4
3.	TV Dachau (N)	8	3	2	3	18:15	8-8
4.	Germania Phönix Mü.	8	2	1	5	16:21	5-11
5.	TV Pasing (N)	8	0	0	8	4:51	0-16

6. TV West München während der Runde zurückgezogen.

Südbayrische Meisterschaft
Endspiel: FA Bayern München - TV Oberhausen 1847 Augsburg 4:1, 5:2
Süddeutsche Meisterschaft
Endspiele: FA Bayern München - 1. FC Nürnberg 4:2, 0:1, 0:3

1918
wurden in Süddeutschland keine Endrunden ausgespielt.

Frühjahr **1919:** (Ostkreis), Gau Oberbayern

1.	TV München 1860	10	8	1	1	31:10	17-3
2.	**FA Bayern München**	**10**	**6**	**4**	**0**	**24:7**	**16-4**
3.	Wacker München	10	2	4	4	13:12	8-12
4.	Teutonia München	10	3	2	5	14:19	8-12
5.	MTV 1879 München	10	2	2	6	12:27	6-14
6.	TV München-West	10	1	3	6	10:29	5-15

1919/20: Kreisliga Südbayern

1. FA Bayern München[1]	**16**	**13**	**2**	**1**	**63:14**	**28-4**
2. TSV München 1860[2]	16	10	4	2	45:13	24-8
3. FC Wacker München	16	10	2	4	46:22	22-10
4. TV 1847 Augsburg[3]	16	7	4	5	30:21	18-14
5. MTV 1879 München	16	6	3	7	29:30	15-17
6. MTV Ingolstadt	16	4	2	10	16:35	10-22
7. Münchner SpVgg	16	4	2	10	19:56	10-22
8. FC Teutonia Münch.	16	4	1	11	23:52	9-23
9. TV 1880 München*	16	4	0	12	12:40	8-24
10. FC Augsburg*						

*Absteiger ursprünglich FC Augsburg und Teutonia München, da dem FC Augsburg ein gewonnenes Spiel gegen 1880 München als verloren gewertet wurde. Daraufhin zog sich der FC Augsburg zurück und die Spiele wurden aus der Wertung genommen. (1) = Lösung vom Münchner SC und Anschluß an den TV Jahn München, (2) = Bis 1919 TV München 1860, (3) = Entstand durch Fusion zwischen TV und MTV Augsburg.

Süddeutsche Meisterschaft, Gruppe Süd

1. Freiburger FC					9:10	6-2
2. FA Bayern München	**4**	**1**	**1**	**2**	**11:10**	**3-5**
3. Stuttgarter SC					8:8	3-5

1920/21: Kreisliga Südbayern

1. FC Wacker München	18	14	3	1	50:15	31-5
2. TSV München 1860	18	14	1	3	60:24	29-7
3. FA Bayern München	**18**	**12**	**3**	**3**	**63:27**	**27-9**
4. TV 1847 Augsburg	18	10	2	6	46:34	22-14
5. MTV 1879 München	18	8	1	9	32:33	17-19
6. Münchner SpVgg	18	6	4	8	37:45	16-20
7. MTV Ingolstadt	18	6	3	9	20:32	15-21
8. FC Teutonia München	18	5	2	11	26:48	12-24
9. BC Augsburg[1] (N)	18	3	2	13	14:42	8-28
10. SC Armin Münch. (N)	18	1	1	16	16:64	3-33

(1) = Bis 1921 Fußballabteilung der TSV 1871 Augsburg. Es wurden zwei Kreisligastaffeln gebildet.

1921/22: Kreisliga Südbayern, Abteilung 1

1. TSV München 1860	14	13	0	1	54:4	26-2
2. FA Bayern München	**14**	**13**	**0**	**1**	**66:4**	**26-2**
3. TB Jahn Regensbg. (N)	14	7	1	6	32:26	15-13
4. MTV Ingolstadt	14	7	1	6	22:23	15-13
5. FC Teutonia Münch.*	14	7	0	7	33:29	14-14
4. SpVgg Landsh.[1] (N)*	14	4	1	9	35:59	9-19
7. SC Armin München*	14	3	1	10	19:53	7-21
8. TV Dachau*	14	0	0	14	6:69	0-28

(1) = Bis 1921 Fußballabteilung der TG 1861 Landshut. Entscheidungsspiel um die Meisterschaft (22.1.1922): TSV 1860 - FA Bayern 1:0. Es wurde wieder eine Kreisligastaffel gebildet.

1922/23: Kreisliga Südbayern

1. FA Bayern München	**14**	**10**	**3**	**1**	**65:18**	**23-5**
2. TSV München 1860	14	9	3	2	40:16	21-7
3. FC Wacker München	14	8	2	4	44:11	18-10
4. TV 1847 Augsburg[1]	14	8	2	4	43:24	18-10
5. TB Jahn Regensburg[2]*	14	4	2	8	31:46	10-18
6. MTV Ingolstadt[3]*	14	4	2	8	21:37	10-18
7. MTV 1879 München[4]*	14	3	2	9	16:52	8-20
8. Münchner SpVgg*	14	2	0	12	19:75	4-24

(1) = Fußballabteilung ab Februar 1923 als Schwaben SpV. Augsburg selbstständig, (2) = FA ab März 1924 als SpB. Jahn selbstständig, (3) = FA ab 1924 als 1. SC selbstständig, (4) = FA ab 20.2.1924 als DSV selbstständig. Zusammenführung der Kreisligen Nordbayern und Südbayern zur Bezirksliga Bayern.

1923/24: Bezirksliga Bayern

1. 1. FC Nürnberg	14	9	2	3	27:8	20-8
2. SpVgg Fürth	14	6	3	5	27:20	15-13
3. FA Bayern München[1]	**14**	**7**	**1**	**6**	**36:31**	**15-13**
4. TSV München 1860[2]	14	5	4	5	23:20	15-13
5. Nürnberger FV	14	5	5	4	21:21	14-14
6. FC Wacker München	14	6	2	6	21:25	14-14
7. VfR Fürth*	14	6	1	7	23:31	13-15
8. SSV Schwab. Augsb.*	14	2	2	10	24:46	6-22

(1) = Löste sich am 30.10.1923 aus dem TV Jahn und wurde als FC Bayern eigenständig, (2) = Die Fußballabteilung wurde am 11.3.1924 als SV 1860 eigenständig.

1924/25: Bezirksliga Bayern

1. 1. FC Nürnberg	14	11	2	1	44:13	24-4
2. SpVgg Fürth	14	6	6	2	32:12	18-10
3. FC Wacker München	14	7	4	3	23:15	18-10
4. FC Bayern München	**14**	**5**	**7**	**2**	**27:23**	**17-11**
5. SV München 1860	14	5	4	5	29:22	14-14
6. Nürnberger FV[1]	14	5	2	7	25:34	12-16
7. Schwaben Ulm (N)*	14	1	3	9	10:36	7-21
8. FC Teutonia Mün. (N)*	14	0	2	10	12:51	2-26

(1) = Fusionierte im Mai 1925 m. d. SpVgg zum ASV Nürnberg.

1925/26: Bezirksliga Bayern

1. FC Bayern München	**14**	**9**	**2**	**3**	**38:21**	**20-8**
2. 1. FC Nürnberg	14	8	2	4	34:18	18-10
3. SpVgg Fürth	14	8	1	5	34:24	17-11
4. ASV Nürnberg	14	7	3	4	30:28	17-11
5. SV München 1860	14	5	4	5	31:26	14-14
6. FC Wacker München	14	4	3	7	21:30	11-17
7. VfR Fürth (N)	14	4	3	7	21:33	11-17
8. SSV Schwab. Augsb. (N)	14	1	2	11	17:46	4-24

Süddeutsche Meisterschaft

1. FC Bayern München	**10**	**8**	**2**	**0**	**56:17**	**18-2**
2. SpVgg Fürth					29:15	15-5
3. FSV Frankfurt/Hanau					28:20	10-10
4. VfR Mannheim					14:30	9-11
5. FV Saarbrücken					14:35	4-16
6. Karlsruher FV					11:35	4-16

Endrunde Deutsche Meisterschaft
Achtelfinale
16. Mai 1926, Wacker-Platz, Leipzig, 25.000 Zuschauer
Fortuna Leipzig - FC Bayern München 2:0 (0:0)
Alfred Bernstein - Hans Schmid I, Emil Kutterer, Josef Hofmeister, Otto Ziegler, Ernst Nagelschmitz, Fritz Kienzler, Franz Dietl, Josef Pöttinger, Hans Schmid II, Ludwig Hofman - Tore: 1:0 Teichgräber (55.), 2:0 Richter (83.)

1926/27: Bezirksliga Bayern

1. 1. FC Nürnberg	18	16	1	1	64:17	33-3
2. SV München 1860	18	11	2	5	48:31	24-12
3. FC Wacker München	18	10	4	4	46:22	24-12
4. SpVgg Fürth	18	10	4	4	45:26	24-12
5. FC Bayern München	**18**	**10**	**3**	**5**	**41:26**	**23-13**
6. ASV Nürnberg	18	7	1	10	49:49	15-21
7. VfR Fürth	18	6	1	11	28:49	13-23
8. FC Fürth (N)	18	4	1	13	24:49	9-27
9. 1. FC Bayreuth (N)	18	3	3	12	23:55	9-27
10. SSV Schwab. Augsb.	18	2	2	14	27:71	6-30

Die Bezirksliga wurde auf zwei Gruppen aufgeteilt.

1927/28: Bezirksliga Bayern, Gruppe Südbayern

1. FC Bayern München	**12**	**8**	**3**	**1**	**47:21**	**19-5**
2. SV München 1860	12	8	2	2	35:21	18-6
3. FC Wacker München	12	8	1	3	31:12	17-7
4. SpB. Jahn Regensb. (N)	12	5	1	6	19:21	11-13
5. DSV München (N)	12	4	1	7	24:26	9-15
6. SSV Schwab. Augsb.	12	3	2	7	23:38	8-16
7. Schwaben Ulm	12	1	0	11	11:51	2-22

Süddeutsche Meisterschaft

1. FC Bayern München	**14**	**10**	**4**	**0**	**41:17**	**24-4**
2. SG Eintracht Frankfurt					39:23	21-7
3. SpVgg Fürth					37:15	20-8
4. Karlsruher FV					34:29	12-16
5. Stuttgarter Kickers					25:30	11-17
6. VfR Wormatia Worms					28:37	11-17
7. SV 07 Waldhof Mannheim					33:42	9-19
8. FV 1903 Saarbrücken					19:63	4-24

Endrunde Deutsche Meisterschaft
Achtelfinale
8. Juli 1928, VfL 96-Platz, Halle, 13.000 Zuschauer
Wacker Halle - FC Bayern München 0:3 (0:2)
Alfred Bernstein - Hans Schmid I, Emil Kutterer, Josef Hofmeister, Ludwig Goldbrunner, Ernst Nagelschmitz, Hans Welker, Georg Hutsteiner, Josef Pöttinger, Hans Schmid II, Ludwig Hofmann - Tore: 0:1 Hutsteiner (15.), 0:2 Welker (32.), Pöttinger (54.)

Viertelfinale
15. Juli 1928, Grünwalder Straße, München, 14.000 Zuschauer
FC Bayern München - SV 07 Köln Sülz 5:2 (2:2)
Alfred Bernstein - Hans Schmid I, Emil Kutterer, Josef Hofmeister, Ludwig Goldbrunner, Ernst Nagelschmitz, Hans Welker, Sigmund Haringer, Josef Pöttinger, Hans Schmid II, Ludwig Hofmann - Tore: 1:0, 2:0 Pöttinger (7./18.), 2:1 Swatosch (23.), 2:2 M. Schmitz (33.), 3:2 Haringer (60.), 4:2 Pöttinger (70.), 5:2 Hans Schmid II (73.)

Halbfinale
22. Juli 1928, Duisburger Stadion, Duisburg, 25.000 Zuschauer
Hamburger SV - FC Bayern München 8:2 (1:1)
Alfred Bernstein - Hans Schmid I, Emil Kutterer, Josef Hofmeister, Ludwig Goldbrunner, Ernst Nagelschmitz, Hans Welker, Sigmund Haringer, Hans Schmid II, Josef Pöttinger, Ludwig Hofmann - Tore: 0:1 Pöttinger (30.), 1:1 Harder (33.), 2:1 Ziegenspeck (46.), 3:1 Horn (47.), 4:1 Harder (55.), 4:2 Hans Schmid II (62.), 5:2 Rave (67.), 6:2 Horn (77.), 7:2 Rave (80., Elfmeter), 8:2 Harder (88.)

1928/29: Bezirksliga Bayern, Gruppe Südbayern

1. FC Bayern München	**14**	**11**	**0**	**3**	**43:17**	**22-6**
2. SSV Schwaben Augsb.	14				42:25	18-10
3. SV München 1860	14	8	2	4	38:22	18-10
4. FC Wacker München	14				37:24	18-10
5. SpB. Jahn Regensburg	14				21:23	14-14
6. DSV München	14				30:25	13-15
7. FC Teutonia Mün. (N)	14				27:38	9-19
8. Schwaben Ulm[1]*	14				12:76	0-28

(1) = Fusionierte 1929 mit dem Schwimmverein zum 1. SSV Ulm.

Süddeutsche Meisterschaft

1. 1. FC Nürnberg					52:7	25-3
2. FC Bayern München	**14**	**9**	**2**	**3**	**47:28**	**20-8**
3. VfL Neckarau					30:28	15-13
4. Eintracht Frankfurt					27:26	15-13
5. Karlsruher FV					24:25	13-15
6. Germania Brötzingen					17:29	11-17
7. VfR Wormatia Worms					18:37	10-18
8. Borussia Neunkirchen					10:45	3-25

Endrunde Deutsche Meisterschaft
Achtelfinale
16. Juni 1929, Grünwalder Straße, München, 16.000 Zuschauer
FC Bayern München - Dresdner SC 3:0 (1:0)

Haymann - Hans Schmid I, Emil Kutterer, Franz Peller, Conrad Heidkamp, Georg Hutsteiner, Hans Welker, Trausenecker, Josef Pöttinger, Hans Schmid II, Ludwig Hofmann - Tore: 1:0 Hans Schmid II (18.), 2:0 Pöttinger (74.), 3:0 Trausenecker (80.)

Viertelfinale
30. Juni 1929, Sportpark Grüneiche, Breslau, 12.000 Zuschauer
Breslauer SC 08 - FC Bayern München 4:3 n.V. (1:1, 3:3)
Haymann - Hans Schmid I, Emil Kutterer, Franz Peller, Conrad Heidkamp, Georg Hutsteiner, Hans Welker, Sigmund Haringer, Josef Pöttinger, Hans Schmid II, Ludwig Hofmann - Tore: 0:1 Hans Schmid II (1.), 1:1, 2:1 Blaschke (37./50.), 2:2 Welker (57.), 2:3 Haringer (58.), 3:3 Blaschke (85.), 4:3 Igla (94.)

1929/30: Bezirksliga Bayern, Gruppe Südbayern

1.	**FC Bayern München**	**14**	**11**	**2**	**1**	**56:20**	**24-4**
2.	SpB. Jahn Regensb.	14	7	3	4	32:26	16-12
3.	SV München 1860	14	6	3	5	37:31	15-13
4.	FC Wacker München	14	6	2	6	26:26	14-14
5.	SSV Schwaben Aug.	14	4	4	6	24:26	12-16
6.	DSV München	14	5	1	8	27:31	12-16
7.	FC Teutonia München	14	4	3	7	31:49	11-17
8.	Ulmer FV 1894 (N)*	14	3	2	9	17:41	8-20

Süddeutsche Meisterschaft

1.	SG Eintracht Frankfurt					45:26	24-4
2.	SpVgg Fürth					45:20	17-11
3.	**FC Bayern München**	**14**	**8**	**0**	**6**	**55:30**	**16-12**
4.	FK 1903 Pirmasens					35:44	16-12
5.	VfB 1893 Stuttgart					42:39	14-14
6.	SV 07 Waldhof Mannheim					31:38	10-18
7.	VfR Wormatia Worms					23:39	10-18
8.	Freiburger FC					29:69	5-23

1930/31: Bezirksliga Bayern, Gruppe Südbayern

1.	**FC Bayern München**	**14**	**11**	**3**	**0**	**51:27**	**25-3**
2.	SV München 1860	14				44:18	19-9
3.	SSV Schwaben Aug.	14				32:24	18-10
4.	SpB. Jahn Regensb.	14				35:26	16-12
5.	FC Wacker München	14				26:35	11-17
6.	FC Teutonia München	14				28:44	11-17
7.	VfB Ingolstadt-R. (N)	14				36:61	8-20
8.	DSV München	14				15:32	6-22

Süddeutsche Meisterschaft

1.	SpVgg Fürth					36:17	21-7
2.	Eintracht Frankfurt					32:20	20-8
3.	**FC Bayern München**	**14**	**9**	**1**	**4**	**43:24**	**19-9**
4.	SV 07 Waldhof Mannheim					33:31	13-15
5.	Karlsruher FV					26:29	13-15
6.	FK 1903 Pirmasens					30:42	10-18
7.	VfR Wormatia Worms					32:41	9-19
8.	FV Union Böckingen					24:52	7-21

1931/32: Bezirksliga Bayern, Gruppe Südbayern

1.	**FC Bayern München**	**18**	**13**	**2**	**3**	**66:33**	**28-8**
2.	SV München 1860	18	11	4	3	46:21	26-10
3.	FC Teutonia München	18				45:34	22-14
4.	SpB. Jahn Regensb.	18				36:33	22-14
5.	FC Wacker München	18				32:32	16-20
6.	1. SSV Ulm (N)	18				30:42	16-20
7.	DSV München	18				34:39	15-21
8.	SSV Schw. Augsb.	18				27:39	14-22
9.	VfB Ingolstadt-Rings.*	18				27:51	13-23
10.	1. FC Straubing (N)*	18				30:49	8-28

Süddeutsche Meisterschaft, Gruppe Südost

1.	**FC Bayern München**	**14**	**10**	**1**	**3**	**37:17**	**21-7**
2.	1. FC Nürnberg	14	8	4	2	48:17	20-8
3.	Karlsruher FV	14	5	6	3	26:24	16-12
4.	1. FC Pforzheim	14	5	5	4	36:32	15-13
5.	SpVgg Fürth	14	5	2	7	27:21	12-16
6.	SV München 1860	14	4	2	8	26:29	10-18
7.	Rastatter FV 1904	14	4	2	8	12:55	10-18
8.	VfB Stuttgart	14	3	2	9	26:42	8-20

Endrunde Deutsche Meisterschaft
Achtelfinale
8. Mai 1932, TSV 1860-Stadion, München, 15.000 Zuschauer
FC Bayern München - Minerva 93 Berlin 4:2 (1:1)
Josef Lechler - Sigmund Haringer, Conrad Heidkamp, Robert Breindl, Ludwig Goldbrunner, Ernst Nagelschmitz, Hans Welker, Josef Bader, Oskar Rohr, Franz Krumm, Hans Schmid I - Tore: 0:1 Winzer (30.), 1:1 Krumm (45.), 2:1 Rohr (52.), 2:2 Iwanowski I (55.), 3:2 Krumm (60.), 4:2 Rohr (80. Elfmeter)

Viertelfinale
22. Mai 1932, Wacker-Platz, Leipzig, 30.000 Zuschauer
Polizei SV Chemnitz - FC Bayern München 2:3 (1:3)
Josef Lechler - Sigmund Haringer, Josef Bader, Hans Schmid II, Ludwig Goldbrunner, Robert Breindl, Josef Bergmaier, Franz Krumm, Hans Welker, Hans Schmid I, Oskar Rohr - Tore: 0:1 Rohr (9.), 1:1 Schneider (15.), 1:2 Welker (30.), 1:3 H. Schmid I (37.), 2:3 Helmchen (57.)

Halbfinale
29. Mai 1932, Mannh. Stadion, Mannheim, 35.000 Zuschauer
FC Bayern München - 1. FC Nürnberg 2:0 (0:0)
Josef Lechler - Sigmund Haringer, Conrad Heidkamp, Robert Breindl, Ludwig Goldbrunner, Ernst Nagelschmitz, Josef Bergmaier, Franz Krumm, Oskar Rohr, Hans Schmid I, Hans Welker - Tore: 1:0 Rohr (57.), 2:0 Welker (68.)

Finale

12. Juni 1932, Nürnbrger Stadion, Nürnberg, 58.000 Zuschauer

FC Bayern München - Eintracht Frankfurt 2:0 (1:0)

Josef Lechler - Sigmund Haringer, Conrad Heidkamp, Robert Breindl, Ludwig Goldbrunner, Ernst Nagelschmitz, Josef Bergmaier, Franz Krumm, Oskar Rohr, Hans Schmid I, Hans Welker - Tore: 1:0 Rohr (35. Elfmeter), 2:0 Krumm (75.)

1932/33: Bezirksliga Bayern, Gruppe Südbayern

1.	**FC Bayern München**	**18**	**13**	**4**	**1**	**63:14**	**30-6**
2.	SV München 1860	18	10	3	5	62:28	23-13
3.	Ulmer FV 1894 (N)	18	7	4	7	38:40	19-17
4.	FC Wacker München	18	5	6	7	28:33	17-19
5.	1. SSV Ulm	18	6	5	7	33:43	17-19
6.	DSV München[1]	18	7	4	7	38:42	16-20
7.	SSV Schwaben Augsb.	18	7	3	8	37:44	16-20
8.	FC Teutonia München1	18	6	3	9	22:31	15-21
9.	SpVgg Landshut (N)*	18	5	3	10	28:69	14-22
10.	SpB. Jahn Regensb.*	18	3	7	8	24:29	13-23

(1) = Fusionierten am 1.9.1933 zum 1. FC 05 München.

Süddeutsche Endrunde, Gruppe Ost/West

1.	SV München 1860	14	9	1	4	28:21	19-9
2.	SpVgg Fürth	14	7	4	3	25:13	18-10
3.	1. FC Nürnberg	14	6	6	2	29:11	18-10
4.	**FC Bayern München**	**14**	**7**	**3**	**4**	**27:16**	**17-11**
5.	SV 07 Wald. Mannh.	14	5	6	3	17:12	16-12
6.	Phönix Ludwigshafen	14	4	3	7	18:26	11-17
7.	FK Pirmasens	14	2	5	7	23:33	9-19
8.	1. FC Kaiserslautern	14	1	2	11	12:47	4-24

Zusammenfassung der Bezirksligen Süd- und Nordbayern zur Gauliga Bayern.

1933/34: Gauliga Bayern

1.	1. FC Nürnberg	22	15	4	3	61:26	34-10
2.	SV München 1860[1]	22	13	7	2	48:15	33-11
3.	**FC Bayern München**	**22**	**11**	**5**	**6**	**53:35**	**27-17**
4.	1. FC Schweinfurt 05	22	11	4	7	38:37	26-18
5.	SSV Schwa. Augsb.	22	10	5	7	45:38	25-19
6.	SpVgg Fürth	22	8	6	8	41:32	22-22
7.	ASV Nürnberg	22	8	4	10	38:38	20-24
8.	SpB. Jahn Regensb.[2]	22	7	5	10	36:43	19-25
9.	FC Wacker München	22	7	4	11	36:50	18-26
10.	1. FC Bayreuth*	22	5	7	10	31:52	17-27
11.	Würzburger FV 04*	22	4	5	13	27:55	13-31
12.	1. FC München*	22	3	4	15	26:59	10-34

(1) = Fusionierte am 13.3.1934 mit dem TV 1860 zum TSV 1860, (2) = Fusionierte 1934 mit SSV zu SSV Jahn Regensburg.

1934/35: Gauliga Bayern

1.	SpVgg Fürth	20	12	4	4	38:21	28-12
2.	1. FC Nürnberg	20	9	7	4	43:26	25-15
3.	1. FC Schweinfurt 05	20	9	7	4	42:29	25-15
4.	**FC Bayern München**	**20**	**9**	**6**	**5**	**49:31**	**24-16**
5.	TSV München 1860	20	8	5	7	36:30	21-19
6.	FC Wacker München	20	7	4	9	36:38	18-22
7.	BC Augsburg (N)	20	7	4	9	34:45	18-22
8.	ASV Nürnberg	20	6	5	9	31:41	17-23
9.	SpVgg Weiden (N)*	20	6	4	10	35:59	16-24
10.	SSV Jahn Regensb.*	20	4	7	9	33:35	15-25
11.	SSV Schwa. Augsb.*	20	4	5	11	31:53	13-27

1935/36: Gauliga Bayern

1.	1. FC Nürnberg	18	13	5	0	36:12	31-5
2.	SpVgg Fürth	18	12	4	2	37:14	28-8
3.	**FC Bayern München**	**18**	**12**	**3**	**3**	**47:26**	**27-9**
4.	1. FC Schweinfurt 05	18	7	4	7	37:31	18-18
5.	BC Augsburg	18	6	3	9	31:32	15-21
6.	ASV Nürnberg	18	6	3	9	24:29	15-21
7.	TSV München 1860	18	6	3	9	24:34	15-21
8.	FC Wacker München	18	5	3	10	21:36	13-23
9.	1. FC Bayreuth (N)*	18	4	1	13	20:39	9-27
10.	1. FC München1 (N)*	18	4	1	13	18:42	9-27

(1) = Spaltete sich 1936 in FC Teutonia und DSV München auf.

1936/37: Gauliga Bayern

1.	1. FC Nürnberg	18	13	1	4	47:16	27-9
2.	1. FC Schweinfurt 05	18	11	2	5	44:29	24-12
3.	**FC Bayern München**	**18**	**8**	**4**	**6**	**49:31**	**20-16**
4.	SpVgg Fürth	18	8	2	8	29:35	18-18
5.	BC Augsburg	18	6	4	8	26:31	16-20
6.	VfB Ingolst.-Rings. (N)	18	6	4	8	28:38	16-20
7.	TSV München 1860	18	7	2	9	27:38	16-20
8.	FC Wacker München	18	4	7	7	21:24	15-21
9.	ASV Nürnberg1*	18	6	3	9	31:39	15-21
10.	VfB Coburg (N)*	18	4	5	9	26:47	13-23

(1) = Ab April 1937 BSG WKG Neumeyer Nürnberg.

1937/38: Gauliga Bayern

1.	1. FC Nürnberg	18	11	5	2	35:16	27-9
2.	TSV München 1860	18	9	5	4	42:27	23-13
3.	SSV Jahn Regens. (N)	18	9	4	5	34:24	22-14
4.	SpVgg Fürth	18	9	4	5	38:33	22-12
5.	**FC Bayern München**	**18**	**8**	**3**	**7**	**37:29**	**19-17**
6.	BC Augsburg	18	6	5	7	26:27	17-19
7.	1. FC Schweinfurt 05	18	7	3	8	29:40	17-19
8.	Schwaben Augsb. (N)	18	4	4	10	31:44	12-24
9.	FC Wacker München*	18	4	3	11	25:32	11-25
10.	VfB Ingolstadt-Rings.*	18	4	2	12	15:40	10-26

1938/39: Gauliga Bayern

1.	1. FC Schweinfurt 05	18	10	3	5	37:27	23-13
2.	TSV München 1860	18	8	6	4	33:21	22-14
3.	SSV Jahn Regensb.	18	8	4	6	43:24	20-16
4.	Neumeyer Nürnb. (N)	18	9	2	7	27:23	20-16
5.	1. FC Nürnberg	18	9	2	7	28:33	20-16
6.	SpVgg Fürth	18	8	3	7	23:26	19-17
7.	**FC Bayern München**	**18**	**7**	**3**	**8**	**26:31**	**17-19**
8.	BC Augsburg	18	4	6	8	28:35	14-22
9.	VfB Coburg (N)*	18	6	2	10	27:39	14-22
10.	SSV Schw. Augsb.*	18	4	3	11	32:45	11-25

Umbenennung der Gauliga in Bereichsklasse.

1939/40: Bereichsklasse Bayern

1.	1. FC Nürnberg	18	13	3	2	56:13	29-7
2.	BC Augsburg[1]	18	12	4	2	49:16	28-8
3.	1. FC Schweinfurt 05	18	12	1	5	49:17	25-11
4.	Neumeyer Nürnberg	18	12	1	5	49:31	25-11
5.	SpVgg Fürth	18	8	3	7	35:25	19-17
6.	SSV Jahn Regensb.	18	7	3	8	40:44	17-19
7.	TSV München 1860[2]	18	7	2	9	34:36	16-20
8.	**FC Bayern München[3]**	**18**	**3**	**4**	**11**	**21:35**	**10-26**
9.	VfR Schweinfurt (N)	18	3	3	12	23:59	9-27
10.	FSV Nürnberg (N)[4]	18	0	2	16	13:93	2-34

(1) = Bildete bis zum 3. Spieltag eine Spielgemeinschaft mit dem SSV Schwaben, (2) = Bis zum 3. Spieltag in Spielgemeinschaft mit Post SV, (3) = Bis zum 3. Spieltag in Spielgemeinschaft mit FC Alte Haide, (4) = Schloss sich 1940 dem TSV 1883 Nürnberg an.

1940/41: Bereichsklasse Bayern

1.	TSV München 1860	22	17	1	4	83:30	35-9
2.	1. FC Nürnberg	22	14	3	5	52:24	31-13
3.	BC Augsburg	22	12	5	5	44:32	29-15
4.	SpVgg Fürth	22	11	5	6	63:45	27-17
5.	SSV Jahn Regensb.	22	11	3	8	45:36	25-19
6.	Neumeyer Nürnberg	22	9	5	8	44:34	23-21
7.	**FC Bayern München**	**22**	**8**	**5**	**9**	**35:35**	**21-23**
8.	1. FC Schweinfurt 05	22	8	4	10	38:32	20-24
9.	Schwaben Augsb. (N)	22	8	3	11	45:51	19-25
10.	FC Wacker Mün. (N)	22	6	4	12	35:60	16-28
11.	VfR Schweinfurt 07*	22	4	3	15	24:64	11-33
12.	Würzb. Kickers[1] (N)*	22	2	3	17	22:87	7-37
13.	TSV 1883 Nürnberg*	8	0	0	8	3:33	0-16

(1) = Fusionierte 1941 mit Reichsbahn SG zu SV Würzburger Kickers. Aus verkehrstechnischen Gründen begann die Saison in zwei Staffeln, die nach dem vierten Spieltag vereint wurden. TSV Nürnberg zog sich nach 8 Spielen vom Spielbetrieb zurück.

1941/42: Bereichsklasse Bayern

1.	1. FC Schweinfurt 05	22	17	2	3	77:26	36-8
2.	SpVgg Fürth	22	15	3	4	79:27	33-11
3.	TSV München 1860	22	15	2	5	81:27	32-12
4.	1. FC Nürnberg	22	14	1	7	64:33	29-15
5.	FC Wacker München	22	11	6	5	43:34	28-16
6.	BC Augsburg	22	8	7	7	46:41	23-21
7.	Neumeyer Nürnberg[1]	22	10	2	10	50:47	22-22
8.	**FC Bayern München**	**21**	**7**	**3**	**11**	**41:40**	**17-25**
9.	SSV Schw. Augsb.[2]	22	6	3	13	47:67	15-29
10.	Jahn Regensburg	22	5	5	12	35:65	15-29
11.	Eintr.-Frank. Nbg. (N)	22	2	4	16	27:108	8-36
12.	RSG Weiden (N)	22	1	2	18	33:108	4-38

(1) = Ab 1942 VfL Nürnberg, (2) = Fusionierte 1942 mit TV 1847 zu TSV Schwaben. Die Bereichsklasse wurde umbenannt in Gauliga und in zwei Staffeln aufgespalten.

1942/43: Gauliga Südbayern

1.	TSV München 1860	18	16	1	1	102:15	33-3
2.	BC Augsburg	18	13	3	2	53:20	29-7
3.	**FC Bayern München**	**18**	**10**	**2**	**6**	**52:23**	**22-14**
4.	TSV Schwaben Augsb.	18	6	5	7	30:33	17-19
5.	SSV Jahn Regensb.	18	8	1	9	30:48	17-19
6.	FC Wacker München	18	7	2	9	47:44	16-20
7.	Luftw. SV Straubing (N)	18	7	1	10	32:59	15-21
8.	TSG 1885 Augsb. (N)	18	6	1	11	35:65	13-23
9.	Bajuwa. München (N)*	18	5	2	11	33:62	12-24
10.	VfB München (N)*	18	3	0	15	35:75	6-30

1943/44: Gauliga Südbayern

1.	**FC Bayern München**	**18**	**15**	**1**	**2**	**56:15**	**31-5**
2.	KSG BC/Post Augsb.	18	13	1	4	56:17	27-9
3.	TSV München 1860	18	11	3	4	54:33	25-11
4.	Luftwaf. SV Straubing	18	9	4	5	26:27	22-14
5.	Jahn Regensburg	18	7	2	9	34:30	16-20
6.	FC Wacker München	18	7	2	9	30:33	16-20
7.	KSG Ingolstadt (N)	18	6	3	9	38:57	15-21
8.	Schwaben Augsburg	18	6	2	10	22:35	14-22
9.	TSV Pfersee (N)*	18	3	2	13	20:52	8-28
10.	TSG 1885 Augsburg*	18	3	0	15	24:61	6-30

Die Gauliga musste aufgelöst werden. In Bayern wurden fünf Bezirksklassen eingerichtet.

Endrunde Deutsche Meisterschaft
Ausscheidungsspiel
16. April 1944, Mannheim, 10.000 Zuschauer
VfR Mannheim - FC Bayern München 2:1 n.V. (1:0, 1:1)
Rudolf Fink - Ludwig Reitter, Wagner, Gammel, Conrad Heidkamp, Jacob Streitle, Fritz Seidl, Hans Heibach, Späcker, Lindemann, Wilhelm Siemetsreiter - Tore: 1:0 Fuchs (30.), 1:1 Lindemann (48.), 2:1 Türk (110.)

1944/45: Bezirksklasse München-Oberbayern

1.	**FC Bayern München**	**15**	**14**	**1**	**0**	**75:15**	**29-1**
2.	TSV München 1860	14	8	2	4	47:27	18-10
3.	Bajuwaren München	14	6	4	4	17:27	16-12

4.	FC Wacker München	14	6	1	7	41:31	13-15
5.	SpVgg Sendling	15	5	3	7	20:31	13-17
6.	FC Hertha München	14	4	3	7	26:44	11-17
7.	Alte Haide München	14	3	3	8	29:41	9-19
8.	VfB München	14	3	1	10	19:59	7-21
9.	KSG Ingolstadt	6	2	0	4	17:16	4-8
10.	LSV Fürstenfeldbruck	-	-	-	-	-	-

LSV Fürstenfeldbrück wurde im September 1944 aufgelöst.

Einführung der Oberliga Süddeutschland.

1945/46: Oberliga Süddeutschland

1.	VfB Stuttgart	30	21	4	5	91:34	46-14
2.	1. FC Nürnberg	30	20	5	5	86:44	45-15
3.	Stuttgarter Kickers	30	17	8	5	88:51	42-18
4.	Schwaben Augsburg	30	16	7	7	55:36	39-21
5.	SV 07 Waldh. Mannh.	30	16	7	7	68:45	39-21
6.	**FC Bayern München**	**30**	**12**	**10**	**8**	**67:48**	**34-26**
7.	1. FC Schweinfurt 05	30	14	5	11	55:40	33-27
8.	BC Augsburg	30	9	10	11	49:64	28-32
9.	TSV München 1860	30	10	7	13	52:44	27-33
10.	FSV Frankfurt	30	8	10	12	44:62	26-34
11.	SG Eintr. Frankfurt	30	9	7	14	71:75	25-35
12.	Offenbacher Kickers	30	10	4	16	60:72	24-36
13.	SpVgg Fürth	30	8	6	16	46:69	22-38
14.	VfR Mannheim	30	6	7	17	41:74	19-41
15.	Phönix Karlsruhe	30	6	6	18	54:90	18-42
16.	Karlsruher FV	30	3	7	20	33:112	13-47

FCB-Torjäger: Holzmüller (17), Zuschauerschnitt: unbekannt

1946/47: Oberliga Süddeutschland

1.	1. FC Nürnberg	38	28	6	4	108:31	62-14
2.	SV 07 Waldh. Mannh.	38	21	6	11	74:54	48-28
3.	SG Eintr. Frankfurt	38	16	14	8	72:50	46-30
4.	TSV München 1860	38	18	8	12	67:50	44-32
5.	Offenbacher Kickers	38	16	11	11	76:58	43-33
6.	VfB Stuttgart	38	17	9	12	64:58	43-33
7.	Stuttgarter Kickers	38	18	6	14	90:56	42-34
8.	Schwaben Augsburg	38	17	7	14	75:51	41-35
9.	1. FC Schweinfurt 05	38	14	12	12	56:46	40-36
10.	SpVgg Fürth	38	14	10	14	56:57	38-38
11.	**FC Bayern München**	**38**	**12**	**12**	**14**	**75:56**	**36-40**
12.	VfR Mannheim	38	16	3	19	50:62	35-41
13.	Ulmer TSG 1846 (N)	38	13	8	17	56:80	34-42
14.	FSV Frankfurt	38	9	15	14	35:50	33-43
15.	Vikt. Aschaffenb. (N)	38	14	5	19	68:111	33-43
16.	VfL Neckarau (N)	38	12	8	18	74:83	32-44
17.	BC Augsburg*	38	14	2	22	62:89	30-46
18.	1. FC Bamberg (N)*	38	12	5	21	44:75	29-47
19.	Karlsruher FV*	38	10	7	21	48:84	27-49
20.	Phönix Karlsruhe*	38	9	6	23	46:95	24-52

FCB-Torjäger: Franz Bachl (12), Zuschauerschnitt: 13.316

1947/48: Oberliga Süddeutschland

1.	1. FC Nürnberg	38	28	4	6	88:37	60-16
2.	TSV München 1860	38	23	6	9	77:63	52-24
3.	Stuttgarter Kickers	38	23	4	11	113:58	50-26
4.	**FC Bayern München**	**38**	**21**	**8**	**9**	**72:38**	**50-26**
5.	VfB Stuttgart	38	21	3	14	96:60	45-31
6.	SV 07 Waldh. Mannh.	38	19	7	12	77:59	45-31
7.	FSV Frankfurt	38	17	9	12	66:50	43-33
8.	VfR Mannheim	38	17	9	12	66:55	43-33
9.	Offenbacher Kickers	38	15	12	11	75:55	42-34
10.	SG Eintr. Frankfurt	38	16	9	13	64:56	41-35
11.	Schwaben Augsburg	38	15	11	12	66:59	41-35
12.	Ulmer TSG 1846	38	14	10	14	60:60	38-38
13.	1. FC Schweinf. 05	38	13	8	17	49:53	34-42
14.	VfB Mühlburg (N)	38	13	7	18	53:59	33-43
15.	SpVgg Fürth*	38	15	1	22	68:86	31-45
16.	VfL Neckarau*	38	11	8	19	48:81	30-46
17.	Vikt. Aschaffenburg*	38	8	9	21	46:88	25-51
18.	Rot-Weiß Frankf. (N)*	38	9	4	25	50:99	22-54
19.	FC Wacker Mün. (N)*	38	7	7	24	41:89	21-55
20.	Sportfr. Stuttgart (N)*	38	4	6	28	30:100	14-62

FCB-Torjäger: Hädelt (17), Zuschauerschnitt: 21.474

1948/49: Oberliga Süddeutschland

1.	Offenbacher Kickers	30	21	7	2	79:29	49-11
2.	VfR Mannheim	30	15	8	7	51:42	38-22
3.	**FC Bayern München**	**30**	**14**	**7**	**9**	**61:42**	**35-25**
4.	TSV München 1860	30	13	8	9	61:41	34-26
5.	SV 07 Waldh. Mannh.	30	12	10	8	54:45	34-26
6.	VfB Stuttgart	30	13	5	12	56:51	31-29
7.	Schwaben Augsburg	30	12	6	12	49:50	30-30
8.	Stuttgarter Kickers	30	11	8	11	53:65	30-30
9.	VfB Mühlburg	30	10	9	11	51:45	29-31
10.	1. FC Schweinf. 05	30	12	5	13	46:56	29-31
11.	1. FC Nürnberg	30	11	5	14	49:55	27-33
12.	FSV Frankfurt	30	11	5	14	40:53	27-33
13.	SG Eintr. Frankfurt	30	9	8	13	28:41	26-34
14.	Ulmer TSG 1846*	30	9	4	17	43:53	22-38
15.	BC Augsburg (N)*	30	9	4	17	46:66	22-38
16.	1. Rödelheimer FC (N)*	30	7	3	20	40:73	17-43

FCB-Torjäger: Hädelt, Scholz (13), Zuschauerschnitt: 20.133

Endrunde Deutsche Meisterschaft
Vorrunde
5. Juni 1949, Hannover, 18.000 Zuschauer
FC Bayern München - FC St. Pauli 1:1 n.V. (1:1, 0:0)
Franz Schmalzl - Jakob Streitle, Hans Bauer, Thomas Mayer, Herbert Moll, Hans Maier, Hans Hädelt, Franz Bachl, Rudolf Scholz, Otto Schweizer, Hans Resch - Tore: 0:1 Boller (49.), 1:1 Resch (88.)

Vorrunde (Wiederholung)
6. Juni 1949, Hannover, 18.000 Zuschauer
FC Bayern München - FC St. Pauli 0:2

Franz Schmalzl - Thomas Mayer, Hans Bauer, Jakob Streitle, Herbert Moll, Hans Maier, Hans Hädelt, Franz Bachl, Rudolf Scholz, Otto Schweizer, Hans Resch - Tore: 0:1 Woitas (8.), 0:2 Boller (66.)

1949/50: Oberliga Süddeutschland

1.	SpVgg Fürth (N)	30	18	7	5	77:39	43-17
2.	VfB Stuttgart	30	15	8	7	50:39	38-22
3.	Offenbacher Kickers	30	15	7	8	62:48	37-23
4.	VfR Mannheim	30	14	6	10	57:41	34-26
5.	FSV Frankfurt	30	13	8	9	45:38	34-26
6.	SV 07 Waldh. Mannh.	30	11	11	8	51:53	33-27
7.	VfB Mühlburg	30	11	10	9	44:42	32-28
8.	1. FC Nürnberg	30	12	7	11	52:40	31-29
9.	TSV München 1860	30	14	3	13	46:42	31-29
10.	BC Augsburg	30	10	6	14	50:74	26-34
11.	Schwaben Augsburg	30	10	6	14	39:60	26-34
12.	1. FC Schweinfurt 05	30	8	9	13	38:38	25-35
13.	**FC Bayern München**	**30**	**11**	**3**	**16**	**56:70**	**25-35**
14.	SG Eintr. Frankfurt	30	8	8	14	45:52	24-36
15.	Jahn Regensb. (N)*	30	8	6	16	49:66	22-38
16.	Stuttgarter Kickers*	30	5	9	16	45:64	19-41

FCB-Torjäger: Franz Bachl, Scholz (10), Zuschauerschnitt: 16.067

Nach Anschluss der Region Südwürttemberg-Hohenzollern an den Süddeutschen Fußball-Verband, Umbenennung der Oberliga Süddeutschland in Oberliga Süd.

1950/51: Oberliga Süd

1.	1. FC Nürnberg	34	20	7	7	93:46	47-21
2.	SpVgg Fürth	34	19	7	8	86:43	45-23
3.	VfB Mühlburg	34	20	4	10	94:55	44-24
4.	VfB Stuttgart	34	19	5	10	82:55	43-25
5.	FSV Frankfurt	34	18	7	9	71:52	43-25
6.	TSV München 1860	34	19	4	11	97:67	42-26
7.	1. FC Schweinfurt 05	34	16	4	14	69:57	36-32
8.	SG Eintr. Frankfurt	34	12	10	12	56:64	34-34
9.	**FC Bayern München**	**34**	**14**	**5**	**15**	**64:53**	**33-35**
10.	Offenbacher Kickers	34	14	4	16	69:64	32-36
11.	VfL Neckarau (N)	34	14	4	16	74:94	32-36
12.	VfR Mannheim	34	14	3	17	72:72	31-37
13.	Schwaben Augsburg	34	10	9	15	46:67	29-39
14.	SV 07 Waldh. Mannh.	34	10	8	16	54:67	28-40
15.	SV Darmst. 98 (N)*	34	9	7	18	54:86	25-43
16.	BC Augsburg*	34	10	4	20	59:82	24-44
17.	FC Singen 04*	34	9	4	21	56:112	22-46
18.	SSV Reutlingen 05*	34	8	6	20	49:109	22-46

FCB-Torjäger: Seemann (15), Zuschauerschnitt: 16.824

1951/52: Oberliga Süd

1.	VfB Stuttgart	30	17	10	3	60:24	44-16
2.	1. FC Nürnberg	30	17	9	4	72:33	43-17
3.	Offenbacher Kickers	30	14	12	4	75:41	40-20
4.	SG Eintr. Frankfurt	30	15	4	11	52:43	34-26
5.	VfR Mannheim	30	10	12	8	64:60	32-28
6.	SpVgg Fürth	30	10	10	10	46:42	30-30
7.	FSV Frankfurt	30	10	10	10	45:58	30-30
8.	**FC Bayern München**	**30**	**11**	**7**	**12**	**53:54**	**29-31**
9.	VfB Mühlburg	30	11	6	13	67:47	28-32
10.	SV 07 Waldh. Mannh.	30	10	8	12	49:61	28-32
11.	Vikt. Aschaffenb. (N)	30	8	12	10	45:70	28-32
12.	Stuttgart. Kickers (N)	30	11	5	14	61:63	27-33
13.	TSV München 1860	30	9	9	12	46:54	27-33
14.	1. FC Schweinfurt 05	30	8	8	14	32:56	24-36
15.	Schwaben Augsburg*	30	6	7	17	41:62	19-41
16.	VfL Neckarau*	30	7	3	20	46:86	17-43

FCB-Torjäger: Seemann (12), Zuschauerschnitt: 16.067

1952/53: Oberliga Süd

1.	SG Eintr. Frankfurt	30	16	7	7	62:49	39-21
2.	VfB Stuttgart	30	15	8	7	69:33	38-22
3.	SpVgg Fürth	30	12	11	7	65:45	35-25
4.	Karlsruher SC[1]	30	15	4	11	68:52	34-26
5.	1. FC Schweinfurt 05	30	12	8	10	40:51	32-28
6.	Offenbacher Kickers	30	11	9	10	61:53	31-29
7.	**FC Bayern München**	**30**	**12**	**6**	**12**	**59:56**	**30-30**
8.	SV 07 Waldh. Mannh.	30	13	4	13	56:62	30-30
9.	1. FC Nürnberg	30	11	7	12	67:61	29-31
10.	BC Augsburg (N)	30	13	2	15	59:61	28-32
11.	FSV Frankfurt	30	9	10	11	38:44	28-32
12.	Vikt. Aschaffenburg	30	11	6	13	59:74	28-32
13.	VfR Mannheim	30	9	9	12	46:59	27-33
14.	Stuttgarter Kickers	30	10	6	14	65:69	26-34
15.	TSV München 1860*	30	6	12	12	46:58	24-36
16.	Ulmer TSG 1846 (N)*	30	7	7	16	41:74	21-39

(1) = War am 16.10.1952 durch Fusion zwischen VfB Mühlburg und Phönix Karlsruhe entstanden.

FCB-Torjäger: Heinz Lettl (13), Zuschauerschnitt: 15.933

1953/54: Oberliga Süd

1.	VfB Stuttgart	30	18	7	5	64:39	43-17
2.	Eintracht Frankfurt	30	17	8	5	70:31	42-18
3.	Kickers Offenbach	30	16	9	5	70:38	41-19
4.	1. FC Nürnberg	30	15	8	7	71:44	38-22
5.	Karlsruher SC	30	14	7	9	61:53	35-25
6.	Jahn Regensburg (N)	30	14	5	11	42:48	33-27
7.	FSV Frankfurt	30	11	8	11	60:56	30-30
8.	FC Schweinfurt 05	30	12	4	14	53:50	28-32
9.	**FC Bayern München**	**30**	**9**	**10**	**11**	**42:46**	**28-32**
10.	VfR Mannheim	30	9	9	12	62:71	27-33
11.	SpVgg Fürth	30	9	8	13	42:54	26-34
12.	BC Augsburg	30	11	3	16	52:66	25-35
13.	Hessen Kassel (N)	30	9	5	16	54:74	21-39
14.	Stuttgarter Kickers	30	8	5	17	63:79	21-39
15.	SV 07 Wald. Mannh.*	30	6	9	15	47:66	21-39
16.	Viktoria Aschaffenb.*	30	8	3	19	44:82	19-41

FCB-Torjäger: Schädlich (8), Zuschauerschnitt: 17.867

1954/55: Oberliga Süd

1. Kickers Offenbach	30	17	5	6	67:38	39-21
2. SSV Reutlingen (N)	30	16	5	9	62:44	37-23
3. 1. FC Schweinfurt 05	30	14	9	7	52:44	37-23
4. Eintracht Frankfurt	30	15	6	9	56:36	36-24
5. Karlsruher SC	30	15	5	10	69:51	35-25
6. FSV Frankfurt	30	13	7	10	55:49	33-27
7. BC Augsburg	30	14	4	12	72:60	32-28
8. Schw. Augsburg (N)	30	12	8	10	46:45	32-28
9. 1. FC Nürnberg	30	12	5	13	64:51	29-31
10. VfR Mannheim	30	12	5	13	77:79	29-31
11. SpVgg Fürth	30	11	7	12	56:67	29-31
12. Stuttgarter Kickers	30	10	7	13	48:56	27-33
13. VfB Stuttgart	30	11	4	15	58:60	26-34
14. Jahn Regensburg	30	11	4	15	47:85	26-34
15. Hessen Kassel*	30	6	6	18	37:67	18-42
16. FC Bayern München*	**30**	**6**	**3**	**21**	**42:76**	**15-45**

FCB-Torjäger: Heinz Lettl (11), Zuschauerschnitt: 15.600

1955/56: 2. Liga Süd

1. Freiburger FC	34	20	8	6	76:38	48-20
2. FC Bayern M. (N)	**34**	**21**	**4**	**9**	**89:43**	**46-22**
3. FC Singen 04	34	20	4	10	76:52	44-24
4. 1. Hanauer FC 93	34	16	6	12	74:52	38-30
5. ASV Cham	34	14	10	10	42:33	38-30
6. SV 07 Waldh. Mannh.	34	16	6	12	66:63	38-30
7. SV Darmstadt 98	34	13	11	10	66:60	37-31
8. SV Wiesbaden	34	15	6	13	50:48	36-32
9. VfL Neustadt/Coburg	34	15	5	14	61:50	35-33
10. TSV Straubing	34	15	5	14	58:59	35-33
11. 1. FC Pforzheim	34	12	10	12	49:55	34-34
12. Hessen Kassel	34	15	3	16	49:57	33-35
13. TSG Ulm 1846	34	11	7	16	58:70	29-39
14. FC Bayern Hof	34	10	9	15	35:57	29-39
15. Karlsruher FV	34	9	9	16	54:63	27-41
16. VfB Helmbrechts	34	8	8	18	59:91	24-44
17. FC Penzberg	34	8	7	19	51:81	23-45
18. 1. FC Bamberg	34	5	8	21	41:82	18-50

FCB-Torjäger: Velhorn (19), Zuschauerschnitt: 13.000

1956/57: Oberliga Süd

1. 1. FC Nürnberg	30	21	5	4	76:33	47-13
2. Kickers Offenbach	30	17	9	4	81:35	43-17
3. Karlsruher SC	30	18	5	7	74:41	41-19
4. VfB Stuttgart	30	17	5	8	69:44	39-21
5. Eintracht Frankfurt	30	15	5	10	60:42	35-25
6. SpVgg Fürth	30	12	5	13	61:57	29-31
7. VfR Mannheim	30	12	5	13	51:54	29-31
8. Viktoria Aschaffenburg	30	11	5	14	44:54	27-33
9. Jahn Regensburg	30	11	5	14	46:73	27-33
10. FC Bayern M. (N)	**30**	**12**	**2**	**16**	**52:62**	**26-34**
11. FSV Frankfurt	30	9	8	13	41:60	26-34
12. 1. FC Schweinfurt 05	30	9	6	15	41:68	24-36
13. BC Augsburg	30	8	7	15	49:66	23-37
14. Stuttgarter Kickers	30	9	4	17	46:50	22-38
15. Schwaben Augsburg*	30	9	4	17	35:64	22-38
16. Freiburger FC*	30	6	8	16	43:66	20-40

FCB-Torjäger: Erich Hahn (11), Zuschauerschnitt: 20.867

1957/58: Oberliga Süd

1. Karlsruher SC	30	19	4	7	60:38	42-18
2. 1. FC Nürnberg	30	19	3	8	74:45	41-19
3. SG Eintr. Frankfurt	30	15	9	6	58:32	39-21
4. SpVgg Fürth	30	17	5	8	54:33	39-21
5. Offenbacher Kickers	30	17	3	10	68:45	37-23
6. TSV Mün. 1860 (N)	30	14	8	8	50:48	36-24
7. FC Bayern München	**30**	**12**	**6**	**12**	**66:56**	**30-30**
8. 1. FC Schweinfurt 05	30	11	7	12	51:48	29-31
9. VfB Stuttgart	30	11	6	13	55:46	28-32
10. VfR Mannheim	30	11	5	14	43:57	27-33
11. Vikt. Aschaffenburg	30	10	6	14	51:54	26-34
12. BC Augsburg	30	8	10	12	45:66	26-34
13. FSV Frankfurt	30	9	6	15	33:46	24-36
14. SSV Reutling. 05 (N)	30	9	5	16	41:55	23-37
15. Jahn Regensburg*	30	5	7	18	29:79	17-43
16. Stuttgarter Kickers*	30	4	8	18	31:61	16-44

FCB-Torjäger: Sommerlatt (16), Zuschauerschnitt: 21.000

1958/59: Oberliga Süd

1. SG Eintr. Frankfurt	30	22	5	3	71:25	49-11
2. Offenbacher Kickers	30	20	7	3	73:31	47-13
3. 1. FC Nürnberg	30	19	5	6	80:38	43-17
4. FC Bayern München	**30**	**17**	**5**	**8**	**79:49**	**39-21**
5. VfB Stuttgart	30	11	8	11	61:49	30-30
6. TSV München 1860	30	12	6	12	61:57	30-30
7. SpVgg Fürth	30	11	8	11	47:45	30-30
8. VfR Mannheim	30	12	5	13	65:71	29-31
9. Karlsruher SC	30	12	4	14	73:69	28-32
10. 1. FC Schweinf. 05	30	8	9	13	47:59	25-35
11. FSV Frankfurt	30	10	4	16	49:69	24-36
12. SSV Reutlingen 05	30	9	6	15	44:71	24-36
13. Ulmer TSG 1846 (N)	30	8	6	16	39:57	22-38
14. Vikt. Aschaffenburg	30	9	4	17	43:69	22-38
15. BC Augsburg*	30	9	2	19	53:85	20-40
16. SV 07 Waldh. M. (N)*	30	5	8	17	43:84	18-42

FCB-Torjäger: Klaus Kuhnert (20), Zuschauerschnitt: 22.800

1959/60: Oberliga Süd

1. Karlsruher SC	30	20	5	5	78:39	45-15
2. Offenbacher Kickers	30	17	5	8	75:45	39-21
3. Eintracht Frankfurt	30	16	5	9	81:57	37-23
4. TSV München 1860	30	14	7	9	65:56	35-25
5. FC Bayern München	**30**	**17**	**4**	**9**	**81:55**	**34-26**
6. 1. FC Nürnberg	30	15	4	11	73:54	34-26
7. VfB Stuttgart	30	13	7	10	66:57	33-27
8. SSV Reutlingen 05	30	12	7	11	55:57	31-29

9. FSV Frankfurt	30	11	6	13	59:53	28-32
10. VfR Mannheim	30	11	5	14	55:52	27-33
11. SpVgg Fürth	30	10	6	14	48:59	26-34
12. 1. FC Schweinfurt 05	30	10	5	15	48:64	25-35
13. FC Bayern Hof (N)	30	10	5	15	45:84	25-35
14. Ulmer TSG 1846	30	8	5	17	39:64	21-39
15. Vikt. Aschaffenburg*	30	7	7	16	43:73	21-39
16. Stuttgart. Kickers (N)*	30	5	5	20	38:80	15-45

FCB-Torjäger: Peter Grosser (18), Zuschauerschnitt: 17.800

1960/61: Oberliga Süd

1. 1. FC Nürnberg	30	23	2	5	96:30	48-12
2. SG Eintr. Frankfurt	30	18	5	7	78:38	41-19
3. Karlsruher SC	30	17	4	9	75:51	38-22
4. Offenbacher Kickers	30	16	4	10	57:46	36-24
5. SSV Reutlingen 05	30	15	2	13	65:55	32-28
6. TSV München 1860	30	14	4	12	61:66	32-28
7. VfB Stuttgart	30	14	2	14	57:53	30-30
8. FC Bayern München	**30**	**12**	**6**	**12**	**57:54**	**30-30**
9. VfR Mannheim	30	13	3	14	53:51	29-31
10. FC Bayern Hof	30	9	9	12	41:60	27-33
11. SpVgg Fürth	30	11	4	15	40:47	26-34
12. FSV Frankfurt	30	9	8	13	45:59	26-34
13. SV 07 Waldh. M. (N)	30	10	5	15	47:56	25-35
14. 1. FC Schweinf. 05	30	9	7	14	42:54	25-35
15. Ulmer TSG 1846*	30	9	6	15	48:62	24-36
16. Jahn Regensb. (N)*	30	3	5	22	27:107	11-49

FCB-Torjäger: Wagenbauer (13), Zuschauerschnitt: 14.667

1961/62: Oberliga Süd

1. 1. FC Nürnberg	30	20	3	7	70:30	43-17
2. SG Eintr. Frankfurt	30	19	5	6	81:37	43-17
3. FC Bayern München	**30**	**17**	**6**	**7**	**67:55**	**40-20**
4. Offenbacher Kickers	30	16	5	9	65:50	37-23
5. VfB Stuttgart	30	13	8	9	66:53	34-26
6. FC Bayern Hof	30	12	8	10	55:56	32-28
7. TSV München 1860	30	11	8	11	64:57	30-30
8. SSV Reutlingen 05	30	12	5	13	57:51	29-31
9. Karlsruher SC	30	8	12	10	47:44	28-32
10. VfR Mannheim	30	9	10	11	47:59	28-32
11. BC Augsburg (N)	30	9	8	13	55:63	26-34
12. SpVgg Fürth	30	6	12	12	31:39	24-36
13. Schwaben Augsb. (N)	30	10	3	17	43:78	23-37
14. 1. FC Schweinf. 05	30	9	4	17	39:63	22-38
15. FSV Frankfurt*	30	7	7	16	35:65	21-39
16. SV 07 Waldhof M.*	30	6	8	16	39:61	20-40

FCB-Torjäger: Rainer Ohlhauser (23), Zuschauerschnitt: 016.400

1962/63: Oberliga Süd

1. TSV München 1860	30	19	6	5	72:38	44-16
2. 1. FC Nürnberg	30	18	5	7	87:41	41-19
3. FC Bayern München	**30**	**18**	**4**	**8**	**67:52**	**40-20**
4. SG Eintr. Frankfurt	30	14	11	5	56:32	39-21
5. Karlsruher SC	30	13	8	9	59:48	34-26
6. VfB Stuttgart	30	12	8	10	49:40	32-28
7. Offenbacher Kickers	30	11	10	9	57:49	32-28
8. Ulmer TSG 1846 (N)	30	10	10	10	64:58	30-30
9. SpVgg Fürth	30	11	7	12	49:48	29-31
10. Hessen Kassel (N)	30	9	11	10	49:57	29-31
11. 1. FC Schweinf. 05	30	10	6	14	43:53	26-34
12. VfR Mannheim	30	9	8	13	49:62	26-34
13. FC Bayern Hof	30	9	3	18	40:62	21-39
14. SSV Reutlingen 05	30	6	9	15	48:75	21-39
15. Schwaben Augsburg	30	7	5	18	49:73	19-41
16. BC Augsburg	30	5	7	18	38:88	17-43

FCB-Torjäger: Rainer Ohlhauser (24), Zuschauerschnitt: 19.067

Einführung der Bundesliga.

1963/64: Regionalliga Süd

1. Hessen Kassel	38	25	5	8	116:61	55-21
2. FC Bayern München	**38**	**22**	**8**	**8**	**115:61**	**52-24**
3. Kickers Offenbach	38	21	8	9	96:66	50-26
4. Schwaben Augsburg	38	19	11	8	77:56	49-27
5. SSV Reutlingen	38	19	9	10	76:61	47-29
6. VfR Mannheim	38	18	9	11	68:50	45-31
7. 1. FC Schweinfurt 05	38	17	9	12	82:55	43-33
8. TSG Ulm 46	38	20	2	16	73:74	42-34
9. SpVgg Fürth	38	14	11	13	68:61	39-37
10. Freiburger FC	38	14	9	15	58:61	37-39
11. SV 07 Waldh. Mannh.	38	15	6	17	56:60	36-40
12. ESV Ingolstadt	38	12	11	15	61:81	35-41
13. Bayern Hof	38	12	9	17	61:64	33-43
14. Stuttgarter Kickers	38	12	9	17	54:74	33-43
15. 1. FC Pforzheim	38	12	9	17	51:75	33-43
16. FSV Frankfurt	38	13	5	20	69:85	31-45
17. SpVgg Neu-Isenburg	38	11	5	22	49:80	27-49
18. Borussia Fulda	38	8	10	20	53:77	26-50
19. BC Augsburg	38	10	5	23	48:90	25-51
20. Amicitia Viernheim	38	8	6	24	47:86	22-54

FCB-Torjäger: Rainer Ohlhauser (33), Zuschauerschnitt: 13.579

Aufstiegsrunde zur Bundesliga
Gruppe 1
6. Juni 1964, 26.000 Zuschauer
FC St. Pauli - FC Bayern München 0:4 (0:1)
Sepp Maier - Peter Kupferschmidt, Adolf Kunstwadl, Herbert Erhardt, Rainer Ohlhauser, Norbert Wodarczik, Jakob Drescher, Werner Ipta, Franz Beckenbauer, Dieter Brenninger, Karl Schneider - Tore: 0:1, 0:2 Brenninger (24./51.), 0:3 Beckenbauer (84), 0:4 Brenninger (89.)

10. Juni 1964, 45.000 Zuschauer
FC Bayern München - Tasmania Berlin 1:1 (0:1)

Sepp Maier - Adolf Kunstwadl, Peter Kupferschmidt, Norbert Wodarczik, Rainer Ohlhauser, Norbert Erhardt, Jakob Drescher, Werner Ipta, Karl Schneider, Dieter Brenninger, Franz Beckenbauer - Tore: 0:1 Fiebach (23.), 1:1 Brenninger (77.)

14. Juni 1964, 20.000 Zuschauer
Borussia Neunkirchen - FC Bayern München 0:1 (0:1)
Sepp Maier - Peter Kupferschmidt, Adolf Kunstwadl, Norbert Erhardt, Jakob Drescher, Franz Beckenbauer, Rainer Ohlhauser, Otto Jaworski, Dieter Brenninger, Dieter Koulmann, Karl Schneider - Tor: 0:1 Ohlhauser (21.)

20. Juni 1964, 25.000 Zuschauer
FC Bayern München - Borussia Neunkirchen 0:2 (0:1)
Sepp Maier - Adolf Kunstwadl, Peter Kupferschmidt, Jakob Drescher, Franz Beckenbauer, Norbert Erhardt, Otto Jaworski, Dieter Koulmann, Karl Schneider, Rainer Ohlhauser, Dieter Brenninger - Tore: 0:1 Ringel (23., Elfmeter), 0:2 Kuntz (77.)

24. Juni 1964, 40.000 Zuschauer
Tasmania Berlin - FC Bayern München 3:0 (0:0)
Sepp Maier - Peter Kupferschmidt, Adolf Kunstwadl, Norbert Wodarczik, Norbert Erhardt, Franz Beckenbauer, Werner Ipta, Jakob Drescher, Dieter Brenninger, Rainer Ohlhauser, Fritz Kosar - Tore: 1:0, 2:0 Fischer (60./62.), 3:0 Fiebach (89.)

28. Juni 1964, 15.000 Zuschauer
FC Bayern München - FC St. Pauli 6:1 (2:0)
Sepp Maier - Adolf Kunstwadl, Peter Kupferschmidt, Karl Schneider, Rainer Ohlhauser, Jakob Drescher, Franz Beckenbauer, Werner Ipta, Norbert Wodarczik, Dieter Brenninger, Dieter Koulmann - Tore: 1:0 Schneider (18.), 2:0, 3:0 Brenninger (23./53.), 4:0 Beckenbauer (61.), 4:1 Acolatse (64.), 5:1 Schneider (68.), 6:1 Ipta (81.)

Abschlusstabelle Gruppe 1

1.	Borussia Neunkirchen	6	4	0	2	9:7	8-4
2.	**FC Bayern München**	**6**	**3**	**1**	**2**	**12:7**	**7-5**
3.	Tasmania Berlin	6	2	2	2	12:9	6-6
4.	FC St. Pauli	6	1	1	4	8:18	3-9

1964/65: Regionalliga Süd

1.	**FC Bayern München**	**36**	**24**	**7**	**5**	**146:32**	**55-17**
2.	SSV Reutlingen	36	23	6	7	87:45	52-20
3.	Kickers Offenbach	36	19	10	7	91:63	48-24
4.	SV 07 Waldh. M.	36	19	8	9	74:50	46-26
5.	Hessen Kassel	36	17	6	13	74:52	40-32
6.	VfR Mannheim	36	15	10	11	66:53	40-32
7.	Stuttgarter Kickers	36	15	10	11	69:59	40-32
8.	SpVgg Fürth	36	16	7	13	72:62	39-33
9.	Bayern Hof	36	16	4	16	65:58	36-36
10.	FSV Frankfurt	36	15	6	15	52:59	36-36
11.	Freiburger FC	36	11	13	12	60:68	35-37
12.	ESV Ingolstadt	36	13	8	15	55:65	34-38
13.	1. FC Pforzheim	36	13	7	16	47:61	33-39
14.	Darmstadt 98	36	11	11	14	49:66	33-39
15.	FC Schweinfurt 05	36	14	4	18	49:55	32-40
16.	Schwaben Augsburg	36	11	8	17	61:73	30-42
17.	Wacker München	36	10	7	19	54:86	27-45
18.	TSG Ulm1846	36	9	6	21	53:90	24-48
19.	Emmendingen	36	1	2	33	31:158	4-68

FCB-Torjäger: Rainer Ohlhauser (42), Zuschauerschnitt: 13.000 Zuschauer

Aufstiegsrunde zur Bundesliga
Gruppe 2
29. Mai 1965, 20.000 Zuschauer
FC Bayern München - Tennis Borussia Berlin 2:0 (1:0)
Sepp Maier - Adolf Kunstwadl, Werner Olk, Jakob Drescher, Franz Beckenbauer, Peter Kupferschmidt, Rainer Ohlhauser, Rudolf Grosser, Dieter Brenninger, Gerd Müller, Rudi Nafziger - Tore: 1:0, 2:0 Müller (15./64.)

5. Juni 1965, 24.500 Zuschauer
1. FC Saarbrücken - FC Bayern München 1:0 (1:0)
Sepp Maier - Werner Olk, Peter Kupferschmidt, Adolf Kunstwadl, Franz Beckenbauer, Jakob Drescher, Rudolf Grosser, Rainer Ohlhauser, Dieter Brenninger, Gerd Müller, Rudi Nafziger - Tor: 1:0 Poklitar (43.)

13. Juni 1965, 42.000 Zuschauer
FC Bayern München - Alemannia Aachen 2:1 (1:0)
Sepp Maier - Adolf Kunstwadl, Werner Olk, Jakob Drescher, Franz Beckenbauer, Peter Kupferschmidt, Rainer Ohlhauser, Rudi Nafziger, Dieter Koulmann, Gerd Müller, Dieter Brenninger - Tore: 1:0 Müller (40.), 1:1 Glenski (58.), 2:1 Ohlhauser (83.)

16. Juni 1965, 30.000 Zuschauer
Alemannia Aachen - FC Bayern München 1:1 (0:1)
Sepp Maier - Werner Olk, Adolf Kunstwadl, Karl Borutta, Rudolf Grosser, Franz Beckenbauer, Jakob Drescher, Rainer Ohlhauser, Gerd Müller, Rudi Nafziger, Dieter Brenninger - Tore: 0:1 Ohlhauser (32.), 1:1 Nacken (46.)

19. Juni 1965, 45.000 Zuschauer
FC Bayern München - 1. FC Saarbrücken 5:0 (1:0)
Sepp Maier - Adolf Kunstwadl, Werner Olk, Rudolf Grosser, Franz Beckenbauer Karl Borutta, Jakob Drescher, Dieter Brenninger, Gerd Müller, Rainer Ohlhauser, Rudi Nafziger - Tore: 1:0 Ohlhauser (5.), 2:0 Nafziger (57.), 3:0 Beckenbauer (58.), 4:0 Müller (63.), 5:0 Müller (73.)

26. Juni 1965, 15.000 Zuschauer
Tennis Borussia Berlin - FC Bayern München 0:8 (0:3)
Sepp Maier - Adolf Kunstwadl, Werner Olk, Rudolf Grosser, Karl Borutta, Franz Beckenbauer, Jakob Drescher, Rudi Nafziger, Gerd Müller, Dieter Brenninger, Rainer Ohl-

hauser - Tore: 0:1, 0:2 Ohlhauser (13./16.), 0:3 Müller (18.), 0:4 Ohlhauser (46.), 0:5 Brenninger (65.), 0:6, 0:7 Nafziger (83./85.), 0:8 Ohlhauser (88.)

Abschlusstabelle Gruppe 2

1. FC Bayern München	**6**	**4**	**1**	**1**	**18:3**	**9-3**
2. 1. FC Saarbrücken	6	3	0	3	12:13	6-6
3. Alemania Aachen	6	2	2	2	11:12	6-6
4. Tennis Borussia Berlin	6	1	1	4	10:23	3-9

1965/66: Bundesliga

1. TSV München 1860	34	20	10	4	80:40	50-18
2. Borussia Dortmund	34	19	9	6	70:36	47-21
3. FC Bayern Münch. (N)	**34**	**20**	**7**	**7**	**71:38**	**47-21**
4. Werder Bremen	34	21	3	10	76:40	45-23
5. 1. FC Köln	34	19	6	9	74:41	44-24
6. 1. FC Nürnberg	34	14	11	9	54:43	39-29
7. SG Eintr. Frankfurt	34	16	6	12	64:46	38-30
8. Meidericher SpV.	34	14	8	12	70:48	36-32
9. Hamburger SV	34	13	8	13	64:52	34-34
10. Eintr. Braunschweig	34	11	12	11	49:49	34-34
11. VfB Stuttgart	34	13	6	15	42:48	32-36
12. Hannover 96	34	11	8	15	59:57	30-38
13. B. Mönchengladb. (N)	34	9	11	14	57:68	29-39
14. FC Schalke 04	34	10	7	17	33:55	27-41
15. 1. FC Kaiserslautern	34	8	10	16	42:65	26-42
16. Karlsruher SC	34	9	6	19	35:71	24-44
17. Bor. Neunkirchen*	34	9	4	21	32:82	22-46
18. Tasm. 1900 Berlin (N)*	34	2	4	28	15:108	8-60

FCB-Torjäger: Gerd Müller (14), Zuschauerschnitt: 24.843

1966/67: Bundesliga

1. Eintr. Braunschweig	34	17	9	8	49:27	43-25
2. TSV München 1860	34	17	7	10	60:47	41-27
3. Borussia Dortmund	34	15	9	10	70:41	39-29
4. SG Eintr. Frankfurt	34	15	9	10	66:49	39-29
5. 1. FC Kaiserslautern	34	13	12	9	43:42	38-30
6. FC Bayern München	**34**	**16**	**5**	**13**	**62:47**	**37-31**
7. 1. FC Köln	34	14	9	11	48:48	37-31
8. B. Mönchengladb.	34	12	10	12	70:49	34-34
9. Hannover 96	34	13	8	13	40:46	34-34
10. 1. FC Nürnberg	34	12	10	12	43:50	34-34
11. MSV Duisburg[1]	34	10	13	11	40:42	33-35
12. VfB Stuttgart	34	10	13	11	48:54	33-35
13. Karlsruher SC	34	11	9	14	54:62	31-37
14. Hamburger SV	34	10	10	14	37:53	30-38
15. FC Schalke 04	34	12	6	16	37:63	30-38
16. Werder Bremen	34	10	9	15	49:56	29-39
17. Fort. Düsseldorf (N)*	34	9	7	18	44:66	25-43
18. Rot-Weiß Essen (N)*	34	6	13	15	35:53	25-43

(1) = Bis Januar 1967 Meidericher Spielverein.

FCB-Torjäger: Gerd Müller (28), Zuschauerschnitt: 20.122

1967/68: Bundesliga

1. 1. FC Nürnberg	34	19	9	6	71:37	47-21
2. Werder Bremen	34	18	8	8	68:51	44-24
3. Bor. Mönchengladb.	34	15	12	7	77:45	42-26
4. 1. FC Köln	34	17	4	13	68:52	38-30
5. FC Bayern München	**34**	**16**	**6**	**12**	**68:58**	**38-30**
6. SG Eintr. Frankfurt[1]	34	15	8	11	58:51	38-30
7. MSV Duisburg	34	13	10	11	69:58	36-32
8. VfB Stuttgart	34	14	7	13	65:54	35-33
9. Eintr. Braunschweig	34	15	5	14	37:39	35-33
10. Hannover 96	34	12	10	12	48:52	34-34
11. Aleman. Aachen (N)	34	13	8	13	52:66	34-34
12. TSV München 1860	34	11	11	12	55:39	33-35
13. Hamburger SV	34	11	11	12	51:54	33-35
14. Borussia Dortmund	34	12	7	15	60:59	31-37
15. FC Schalke 04	34	11	8	15	42:48	30-38
16. 1. FC Kaiserslautern	34	8	12	14	39:67	28-40
17. Bor. Neunkirchen (N)*	34	7	5	22	33:93	19-49
18. Karlsruher SC*	34	6	5	23	32:70	17-51

(1) = Fusionierte 1968 mit TG 1861 zu Eintracht Frankfurt.

FCB-Torjäger: Gerd Müller (20), Zuschauerschnitt: 21.942

1968/69: Bundesliga

1. FC Bayern München	**34**	**18**	**10**	**6**	**61:31**	**46-22**
2. Alemannia Aachen	34	16	6	12	57:51	38-30
3. Bor. Mönchengladb.	34	13	11	10	61:46	37-31
4. Eintr. Braunschweig	34	13	11	10	46:43	37-31
5. VfB Stuttgart	34	14	8	12	60:54	36-32
6. Hamburger SV	34	13	10	11	55:55	36-32
7. FC Schalke 04	34	14	7	13	45:40	35-33
8. Eintracht Frankfurt	34	13	8	13	46:43	34-34
9. Werder Bremen	34	14	6	14	59:59	34-34
10. TSV München 1860	34	15	4	15	44:59	34-34
11. Hannover 96	34	9	14	11	47:45	32-36
12. MSV Duisburg	34	8	16	10	33:37	32-36
13. 1. FC Köln	34	13	6	15	47:56	32-36
14. Hertha BSC Berlin (N)	34	12	8	14	31:39	32-36
15. 1. FC Kaiserslautern	34	12	6	16	45:47	30-38
16. Borussia Dortmund	34	11	8	15	49:54	30-38
17. 1. FC Nürnberg*	34	9	11	14	45:55	29-39
18. Offenb. Kickers (N)*	34	10	8	16	42:59	28-40

FCB-Torjäger: Gerd Müller (30), Zuschauerschnitt: 25.177

1969/70: Bundesliga

1. Bor. Mönchengladb.	34	23	5	6	71:29	51-17
2. FC Bayern München	**34**	**21**	**5**	**8**	**88:37**	**47-21**
3. Hertha BSC Berlin	34	20	5	9	67:41	45-23
4. 1. FC Köln	34	20	3	11	83:38	43-25
5. Borussia Dortmund	34	14	8	12	60:67	36-32
6. Hamburger SV	34	12	11	11	57:54	35-33
7. VfB Stuttgart	34	14	7	13	59:62	35-33
8. Eintracht Frankfurt	34	12	10	12	54:54	34-34
9. FC Schalke 04	34	11	12	11	43:54	34-34
10. 1. FC Kaiserslautern	34	10	12	12	44:55	32-36

11.	Werder Bremen	34	10	11	13	38:47	31-37
12.	Rot-Weiß Essen (N)	34	8	15	11	41:54	31-37
13.	Hannover 96	34	11	8	15	49:61	30-38
14.	Rot-Weiß Oberh. (N)	34	11	7	16	50:62	29-39
15.	MSV Duisburg	34	9	11	14	35:48	29-39
16.	Eintr. Braunschweig	34	9	10	15	40:49	28-40
17.	TSV München 1860*	34	9	7	18	41:56	25-43
18.	Alemannia Aachen*	34	5	7	22	31:83	17-51

FCB-Torjäger: Gerd Müller (38), Zuschauerschnitt: 23.459

1970/71: Bundesliga

1.	Bor. Mönchengladb.	34	20	10	4	77:35	50-18
2.	**FC Bayern München**	**34**	**19**	**10**	**5**	**74:36**	**48-20**
3.	Hertha BSC Berlin	34	16	9	9	61:43	41-27
4.	Eintr. Braunschweig	34	16	7	11	52:40	39-29
5.	Hamburger SV	34	13	11	10	54:63	37-31
6.	FC Schalke 04	34	15	6	13	44:40	36-32
7.	MSV Duisburg	34	12	11	11	43:47	35-33
8.	1. FC Kaiserslautern	34	15	4	15	54:57	34-34
9.	Hannover 96	34	12	9	13	53:49	33-35
10.	Werder Bremen	34	11	11	12	41:40	33-35
11.	1. FC Köln	34	11	11	12	46:56	33-35
12.	VfB Stuttgart	34	11	8	15	49:49	30-38
13.	Borussia Dortmund	34	10	9	15	54:60	29-39
14.	Arminia Bielefeld (N)	34	12	5	17	34:53	29-39
15.	Eintracht Frankfurt	34	11	6	17	39:56	28-40
16.	Rot-W. Oberhausen	34	9	9	16	54:69	27-41
17.	Kick. Offenbach*(N)	34	9	9	16	49:65	27-41
18.	Rot-Weiß Essen*	34	7	9	18	48:68	23-45

FCB-Torjäger: Gerd Müller (22), Zuschauerschnitt: 23.893

1971/72: Bundesliga

1.	**FC Bayern München**	**34**	**24**	**7**	**3**	**101:38**	**55-13**
2.	FC Schalke 04	34	24	4	6	76:35	52-16
3.	Bor. Mönchengladb.	34	18	7	9	82:40	43-25
4.	1. FC Köln	34	15	13	6	64:44	43-25
5.	Eintracht Frankfurt	34	16	7	11	71:61	39-29
6.	Hertha BSC Berlin	34	14	9	11	46:55	37-31
7.	1. FC Kaiserslautern	34	14	7	13	59:53	35-33
8.	VfB Stuttgart	34	13	9	12	52:56	35-33
9.	VfL Bochum (N)	34	14	6	14	59:69	34-34
10.	Hamburger SV	34	13	7	14	52:52	33-35
11.	Werder Bremen	34	11	9	14	63:58	31-37
12.	Eintr. Braunschweig	34	8	15	11	43:48	31-37
13.	Fort. Düsseldorf (N)	34	10	10	14	40:53	30-38
14.	MSV Duisburg	34	10	7	17	36:51	27-41
15.	Rot-Weiß Oberh.	34	7	11	16	33:66	25-43
16.	Hannover 96	34	10	3	21	54:69	23-45
17.	Borussia Dortmund*	34	6	8	20	34:83	20-48
18.	Arminia Bielefeld*[1]	34	6	7	21	0:0	0-0

(1) = Alle Spiele gegen Arminia wg. Verwicklung in Bestechungsskandal nur für die Gegner gewertet. Sie hätte sonst 41:75 Tore und 19-48 Punkte erreicht.

FCB-Torjäger: Gerd Müller (40), Zuschauerschnitt: 27.748

1972/73: Bundesliga

1.	**FC Bayern München**	**34**	**25**	**4**	**5**	**93:29**	**54-14**
2.	1. FC Köln	34	16	9	7	66:51	43-25
3.	Fortuna Düsseldorf	34	15	12	7	62:45	42-26
4.	Wuppertaler SV (N)	34	15	10	9	62:49	40-28
5.	Bor. Mönchengladb.	34	17	5	12	82:61	39-29
6.	VfB Stuttgart	34	17	3	14	71:65	37-31
7.	Kickers Offenbach (N)	34	14	7	13	61:60	35-33
8.	Eintracht Frankfurt	34	15	4	15	58:54	34-34
9.	1. FC Kaiserslautern	34	12	10	12	58:68	34-34
10.	MSV Duisburg	34	12	9	13	53:54	33-35
11.	Werder Bremen	34	12	7	15	50:52	31-37
12.	VfL Bochum	34	11	9	14	50:68	31-37
13.	Hertha BSC Berlin	34	11	8	15	53:64	30-38
14.	Hamburger SV	34	10	8	16	53:59	28-40
15.	FC Schalke 04	34	10	8	16	46:61	28-40
16.	Hannover 96	34	9	8	17	49:65	26-42
17.	Eintr. Braunschweig*	34	9	7	18	33:56	25-43
18.	Rot-W. Oberhausen*	34	9	4	21	45:84	22-46

FCB-Torjäger: Gerd Müller (36), Zuschauerschnitt: 30.943

1973/74: Bundesliga

1.	**FC Bayern München**	**34**	**20**	**9**	**5**	**95:53**	**49-19**
2.	Bor. Mönchengladb.	34	21	6	7	93:52	48-20
3.	Fortuna Düsseldorf	34	16	9	9	61:47	41-27
4.	Eintracht Frankfurt	34	15	11	8	63:50	41-27
5.	1. FC Köln	34	16	7	11	69:56	39-29
6.	1. FC Kaiserslautern	34	15	8	11	80:69	38-30
7.	FC Schalke 04	34	16	5	13	72:68	37-31
8.	Hertha BSC Berlin	34	11	11	12	56:60	33-35
9.	VfB Stuttgart	34	12	7	5	58:57	31-37
10.	Kickers Offenbach	34	11	9	14	56:62	31-37
11.	Werder Bremen	34	9	13	12	48:56	31-37
12.	Hamburger SV	34	13	5	16	53:62	31-37
13.	Rot-Weiß Essen (N)	34	10	11	13	56:70	31-37
14.	VfL Bochum	34	9	12	13	45:57	30-38
15.	MSV Duisburg	34	11	7	16	42:56	29-39
16.	Wuppertaler SV	34	8	9	17	42:65	25-43
17.	Fortuna Köln*(N)	34	8	9	17	46:79	25-43
18.	Hannover 96*	34	6	10	18	50:66	22-46

FCB-Torjäger: Gerd Müller (30), Zuschauerschnitt: 34.308
Zusammenfassung der fünf Regionalligen zur zweigeteilten 2. Bundesliga.

1974/75: 1. Bundesliga

1.	Bor. Mönchengladb.	34	21	8	5	86:40	50-18
2.	Hertha BSC Berlin	34	19	6	9	61:43	44-24
3.	Eintracht Frankfurt	34	18	7	9	89:49	43-25
4.	Hamburger SV	34	18	7	9	55:38	43-25
5.	1. FC Köln	34	17	7	10	77:51	41-27
6.	Fortuna Düsseldorf	34	16	9	9	66:55	41-27
7.	FC Schalke 04	34	16	7	11	52:37	39-29
8.	Kickers Offenbach	34	17	4	13	72:62	38-30
9.	Eintr. Braunschw. (N)	34	14	8	12	52:42	36-32

10.	**Bayern München**	**34**	**14**	**6**	**14**	**57:63**	**34-34**
11.	VfL Bochum	34	14	5	15	53:53	33-35
12.	Rot-Weiß Essen	34	10	12	12	56:68	32-36
13.	1. FC Kaiserslautern	34	13	5	16	56:55	31-37
14.	MSV Duisburg	34	12	6	16	59:77	30-38
15.	Werder Bremen	34	9	7	18	45:69	25-43
16.	VfB Stuttgart*	34	8	8	18	50:79	24-44
17.	Tennis Bor. Berlin*(N)	34	5	6	23	38:89	16-52
18.	Wuppertaler SV*	34	2	8	24	32:86	12-56

FCB-Torjäger: Gerd Müller (23), Zuschauerschnitt: 34.230

1975/76: 1. Bundesliga

1.	Bor. Mönchengladb.	34	16	13	5	66:37	45-23
2.	Hamburger SV	34	17	7	10	59:32	41-27
3.	**FC Bayern München**	**34**	**15**	**10**	**9**	**72:50**	**40-28**
4.	1. FC Köln	34	14	11	9	62:45	39-29
5.	Eintr. Braunschweig	34	14	11	9	52:48	39-29
6.	FC Schalke 04	34	13	11	10	76:55	37-31
7.	1. FC Kaiserslautern	34	15	7	12	66:60	37-31
8.	Rot-Weiß Essen	34	13	11	10	61:67	37-31
9.	Eintracht Frankfurt	34	13	10	11	79:58	36-32
10.	MSV Duisburg	34	13	7	14	55:62	33-35
11.	Hertha BSC Berlin	34	11	10	13	59:61	32-36
12.	Fortuna Düsseldorf	34	10	10	14	47:57	30-38
13.	Werder Bremen	34	11	8	15	44:55	30-38
14.	VfL Bochum	34	12	6	16	49:62	30-38
15.	Karlsruher SC (N)	34	12	6	16	46:59	30-38
16.	Hannover 96*(N)	34	9	9	16	48:60	27-41
17.	Kickers Offenbach*	34	9	9	16	40:72	27-41
18.	Bayer Uerdingen*(N)	34	6	10	18	28:69	22-46

FCB-Torjäger: Gerd Müller (23), Zuschauerschnitt: 32.142

1976/77: 1. Bundesliga

1.	Bor. Mönchengladb.	34	17	10	7	58:34	44-24
2.	FC Schalke 04	34	17	9	8	77:52	43-25
3.	Eintr. Braunschweig	34	15	13	6	56:38	43-25
4.	Eintracht Frankfurt	34	17	8	9	86:57	42-26
5.	1. FC Köln	34	17	6	11	83:61	40-28
6.	Hamburger SV	34	14	10	10	67:56	38-30
7.	**FC Bayern München**	**34**	**14**	**9**	**11**	**74:65**	**37-31**
8.	Bor. Dortmund (N)	34	12	10	12	73:64	34-34
9.	MSV Duisburg	34	11	12	11	60:51	34-34
10.	Hertha BSC Berlin	34	13	8	13	55:54	34-34
11.	Werder Bremen	34	13	7	14	51:59	33-35
12.	Fortuna Düsseldorf	34	11	9	14	52:54	31-37
13.	1. FC Kaiserslautern	34	12	5	17	53:59	29-39
14.	1. FC Saarbrücken (N)	34	9	11	14	43:55	29-39
15.	VfL Bochum	34	11	7	16	47:62	29-39
16.	Karlsruher SC*	34	9	10	15	53:75	28-40
17.	Tennis Bor. Berlin*(N)	34	6	10	18	47:85	22-46
18.	Rot-Weiß Essen*	34	7	8	19	49:103	22-46

FCB-Torjäger: Gerd Müller (28), Zuschauerschnitt: 30.937

1977/78: 1. Bundesliga

1.	1. FC Köln	34	22	4	8	86:41	48-20
2.	Bor. Mönchengladb.	34	20	8	6	86:44	48-20
3.	Hertha BSC Berlin	34	15	10	9	59:48	40-28
4.	VfB Stuttgart (N)	34	17	5	12	58:40	39-29
5.	Fortuna Düsseldorf	34	15	9	10	49:36	39-29
6.	MSV Duisburg	34	15	7	12	62:59	37-31
7.	Eintracht Frankfurt	34	16	4	14	59:52	36-32
8.	1. FC Kaiserslautern	34	16	4	14	64:63	36-32
9.	FC Schalke 04	34	14	6	14	47:52	34-34
10.	Hamburger SV	34	14	6	14	61:68	34-34
11.	Borussia Dortmund	34	14	5	15	57:71	33-35
12.	**FC Bayern München**	**34**	**11**	**10**	**13**	**62:64**	**32-36**
13.	Eintr. Braunschweig	34	14	4	16	43:53	32-36
14.	VfL Bochum	34	11	9	14	49:51	31-37
15.	Werder Bremen	34	13	5	16	48:57	31-37
16.	TSV Mün. 1860 (N)*	34	7	8	19	42:60	22-46
17.	1. FC Saarbrücken*	34	6	10	18	39:70	22-46
18.	FC St. Pauli (N)*	34	6	6	22	44:86	18-50

FCB-Torjäger: Gerd Müller (24), Zuschauerschnitt: 29.534

1978/79: 1. Bundesliga

1.	Hamburger SV	34	21	7	6	78:32	49-19
2.	VfB Stuttgart	34	20	8	6	73:34	48-20
3.	1. FC Kaiserslautern	34	16	11	7	62:47	43-25
4.	**FC Bayern München**	**34**	**16**	**8**	**10**	**69:46**	**40-28**
5.	Eintracht Frankfurt	34	16	7	11	50:49	39-29
6.	1. FC Köln	34	13	12	9	55:47	38-30
7.	Fortuna Düsseldorf	34	13	11	10	70:59	37-31
8.	VfL Bochum	34	10	13	11	47:46	33-35
9.	Eintr. Braunschweig	34	10	13	11	50:55	33-35
10.	Bor. Mönchengladb.	34	12	8	14	50:53	32-36
11.	Werder Bremen	34	10	11	13	48:60	31-37
12.	Borussia Dortmund	34	10	11	13	54:70	31-37
13.	MSV Duisburg	34	12	6	16	43:56	30-38
14.	Hertha BSC Berlin	34	9	11	14	40:50	29-39
15.	FC Schalke 04	34	9	10	15	55:61	28-40
16.	Arminia Bielefeld*(N)	34	9	8	17	43:56	26-42
17.	1. FC Nürnberg*(N)	34	8	8	18	36:67	24-44
18.	SV Darmstadt 98*(N)	34	7	7	20	40:75	21-47

FCB-Torjäger: Karl-Heinz Rummenigge (14), Zuschauerschnitt: 32.112

1979/80: 1. Bundesliga

1.	**FC Bayern München**	**34**	**22**	**6**	**6**	**84:33**	**50-18**
2.	Hamburger SV	34	20	8	6	86:35	48-20
3.	1. FC Kaiserslautern	34	18	5	11	75:53	41-27
4.	VfB Stuttgart	34	17	7	10	75:53	41-27
5.	1. FC Köln	34	14	9	11	72:55	37-31
6.	Borussia Dortmund	34	14	8	12	64:56	36-32
7.	Bor. Mönchengladb.	34	12	12	10	61:60	36-32
8.	FC Schalke 04	34	12	9	13	40:51	33-35
9.	Eintracht Frankfurt	34	15	2	17	65:61	32-36
10.	VfL Bochum	34	13	6	15	41:44	32-36

11. Fortuna Düsseldorf	34	13	6	15	62:72	32-36
12. Bayer Leverkus. (N)	34	12	8	14	45:61	32-36
13. TSV Mün. 1860 (N)	34	10	10	14	42:53	30-38
14. MSV Duisburg	34	11	7	16	43:57	29-39
15. Bayer Uerdingen (N)	34	12	5	17	43:61	29-39
16. Hertha BSC Berlin*	34	11	7	16	41:61	29-39
17. Werder Bremen*	34	11	3	20	52:93	25-43
18. Eintr. Braunschweig*	34	6	8	20	32:64	20-48

FCB-Torjäger: Karl-Heinz Rummenigge (26), Zuschauerschnitt: 38.056

1980/81: 1. Bundesliga

1. FC Bayern München	**34**	**22**	**9**	**3**	**89:41**	**53-15**
2. Hamburger SV	34	21	7	6	73:43	49-19
3. VfB Stuttgart	34	19	8	7	70:44	46-22
4. 1. FC Kaiserslautern	34	17	10	7	60:37	44-24
5. Eintracht Frankfurt	34	13	12	9	61:57	38-30
6. Bor. Mönchengladb.	34	15	7	12	68:64	37-31
7. Borussia Dortmund	34	13	9	12	69:59	35-33
8. 1. FC Köln	34	12	10	12	54:55	34-34
9. VfL Bochum	34	9	15	10	53:45	33-35
10. Karlsruher SC (N)	34	9	14	11	56:63	32-36
11. Bayer Leverkusen	34	10	10	14	52:53	30-38
12. MSV Duisburg	34	10	9	15	45:58	29-39
13. Fortuna Düsseldorf	34	10	8	16	57:64	28-40
14. 1. FC Nürnberg (N)	34	11	6	17	47:57	28-40
15. Arminia Bielefeld (N)	34	10	6	18	46:65	26-42
16. TSV München 1860*	34	9	7	18	49:67	25-43
17. FC Schalke 04*	34	8	7	19	43:88	23-45
18. Bayer 05 Uerdingen*	34	8	6	20	47:79	22-46

FCB-Torjäger: Karl-Heinz Rummenigge (29), Zuschauerschnitt: 36.589

1981/82: 1. Bundesliga

1. Hamburger SV	34	18	12	4	95:45	48-20
2. 1. FC Köln	34	18	9	7	72:38	45-23
3. FC Bayern München	**34**	**20**	**3**	**11**	**77:56**	**43-25**
4. 1. FC Kaiserslautern	34	16	10	8	70:61	42-26
5. Werder Bremen (N)	34	17	8	9	61:52	42-26
6. Borussia Dortmund	34	18	5	11	59:40	41-27
7. Bor. Mönchengladb.	34	15	10	9	61:51	40-28
8. Eintracht Frankfurt	34	17	3	14	83:72	37-31
9. VfB Stuttgart	34	13	9	12	62:55	35-33
10. VfL Bochum	34	12	8	14	52:51	32-36
11. Eintr. Braunschw. (N)	34	14	4	6	61:66	32-36
12. Arminia Bielefeld	34	12	6	16	46:50	30-38
13. 1. FC Nürnberg	34	11	6	17	53:72	28-40
14. Karlsruher SC	34	9	9	16	50:68	27-41
15. Fortuna Düsseldorf	34	6	13	15	48:73	25-43
16. Bayer Leverkusen*[1]	34	9	7	18	45:72	25-43
17. SV Darmstadt 98*(N)	34	5	11	18	46:82	21-47
18. MSV Duisburg*	34	8	3	23	40:77	19-49

(1) = Zwischen 1982 und 1991 spielten der Drittletzte der Bundesliga und der Dritte der 2. Liga eine Relegation aus.
FCB-Torjäger: Dieter Hoeneß (21), Zuschauerschn.: 32.936

1982/83: 1. Bundesliga

1. Hamburger SV	34	20	12	2	79:33	52-16
2. Werder Bremen	34	23	6	5	76:38	52-16
3. VfB Stuttgart	34	20	8	6	80:47	48-20
4. FC Bayern München	**34**	**17**	**10**	**7**	**74:33**	**44-24**
5. 1. FC Köln	34	17	9	8	69:42	43-25
6. 1. FC Kaiserslautern	34	14	13	7	57:44	41-27
7. Borussia Dortmund	34	16	7	11	78:62	39-29
8. Arminia Bielefeld	34	12	7	15	46:71	31-37
9. Fortuna Düsseldorf	34	11	8	15	63:75	30-38
10. Eintracht Frankfurt	34	12	5	17	48:57	29-39
11. Bayer Leverkusen	34	10	9	15	43:66	29-39
12. Bor. Mönchengladb.	34	12	4	18	64:63	28-40
13. VfL Bochum	34	8	12	14	43:49	28-40
14. 1. FC Nürnberg	34	11	6	17	44:70	28-40
15. Eintr. Braunschweig	34	8	11	15	42:65	27-41
16. FC Schalke 04*(N)	34	8	6	20	48:68	22-46
17. Karlsruher SC*	34	7	7	20	39:86	21-47
18. Hertha BSC Berlin*(N)	34	5	10	19	43:67	20-48

FCB-Torjäger: Karl-Heinz Rummenigge (20), Zuschauerschnitt: 30.834

1983/84: 1. Bundesliga

1. VfB Stuttgart	34	19	10	5	79:33	48-20
2. Hamburger SV	34	21	6	7	75:36	48-20
3. Bor. Mönchengladb.	34	21	6	7	81:48	48-20
4. FC Bayern München	**34**	**20**	**7**	**7**	**84:41**	**47-21**
5. Werder Bremen	34	19	7	8	79:46	45-23
6. 1. FC Köln	34	16	6	12	70:57	38-30
7. Bayer Leverkusen	34	13	8	3	50:50	34-34
8. Arminia Bielefeld	34	12	9	13	40:49	33-35
9. Eintr. Braunschweig	34	13	6	15	54:69	32-36
10. Bayer Uerdingen (N)	34	12	7	15	66:79	31-37
11. SV Waldh. Mannh. (N)	34	10	11	13	45:58	31-37
12. 1. FC Kaiserslautern	34	12	6	16	68:69	30-38
13. Borussia Dortmund	34	11	8	15	54:65	30-38
14. Fortuna Düsseldorf	34	11	7	16	63:75	29-39
15. VfL Bochum	34	10	8	16	58:70	28-40
16. Eintracht Frankfurt*	34	7	13	14	45:61	27-41
17. Kick. Offenbach*(N)	34	7	5	22	48:106	19-49
18. 1. FC Nürnberg*	34	6	2	26	38:85	14-54

FCB-Torjäger: Karl-Heinz Rummenigge (26), Zuschauerschnitt: 29.625

1984/85: 1. Bundesliga

1. FC Bayern München	**34**	**21**	**8**	**5**	**79:38**	**50-18**
2. Werder Bremen	34	18	10	6	87:51	46-22
3. 1. FC Köln	34	18	4	12	69:66	40-28
4. Bor. Mönchengladb.	34	15	9	10	77:53	39-29
5. Hamburger SV	34	14	9	11	58:49	37-31
6. SV Waldhof Mannh.	34	13	11	10	47:50	37-31
7. Bayer Uerdingen	34	14	8	12	57:52	36-32
8. FC Schalke 04 (N)	34	13	8	13	63:62	34-34
9. VfL Bochum	34	12	10	12	52:54	34-34

10.	VfB Stuttgart	34	14	5	15	79:59	33-35
11.	1. FC Kaiserslautern	34	11	11	12	56:60	33-35
12.	Eintracht Frankfurt	34	10	12	12	62:67	32-36
13.	Bayer Leverkusen	34	9	13	12	52:54	31-37
14.	Borussia Dortmund	34	13	4	17	51:65	30-38
15.	Fortuna Düsseldorf	34	10	9	15	53:66	29-39
16.	Arminia Bielefeld*	34	8	13	13	46:61	29-39
17.	Karlsruher SC*(N)	34	5	12	17	47:88	22-46
18.	Eintr. Braunschweig*	34	8	2	23	39:79	20-48

FCB-Torjäger: Lothar Mattäus (16),
Zuschauerschnitt: 32.508

1985/86: 1. Bundesliga

1.	**FC Bayern München**	**34**	**21**	**7**	**6**	**82:31**	**49-19**
2.	Werder Bremen	34	20	9	5	83:41	49-19
3.	Bayer Uerdingen	34	19	7	8	63:60	45-23
4.	Bor. Mönchengladb.	34	15	12	7	65:51	42-26
5.	VfB Stuttgart	34	17	7	10	69:45	41-27
6.	Bayer Leverkusen	34	15	10	7	63:51	40-28
7.	Hamburger SV	34	17	5	12	52:35	39-29
8.	SV Waldhof Mannh.	34	11	11	12	41:44	33-35
9.	VfL Bochum	34	14	4	16	55:57	32-36
10.	FC Schalke 04	34	11	8	15	53:58	30-38
11.	1. FC Kaiserslautern	34	10	10	14	49:54	30-38
12.	1. FC Nürnberg (N)	34	12	5	17	51:54	29-39
13.	1. FC Köln	34	9	11	14	46:59	29-39
14.	Fortuna Düsseldorf	34	11	7	16	54:78	29-39
15.	Eintracht Frankfurt	34	7	14	13	35:49	28-40
16.	Borussia Dortmund*	34	10	8	16	49:65	28-40
17.	1. FC Saarbrück.*(N)	34	6	9	19	39:68	21-47
18.	Hannover 96*(N)	34	5	8	21	43:92	18-50

FCB-Torjäger: Dieter Hoeneß (15), Zuschauerschn.: 26.562

1986/87: 1. Bundesliga

1.	**FC Bayern München**	**34**	**20**	**3**	**1**	**67:31**	**53-15**
2.	Hamburger SV	34	19	9	6	69:37	47-21
3.	Bor. Mönchengladb.	34	18	7	9	74:44	43-25
4.	Borussia Dortmund	34	15	10	9	70:50	40-28
5.	Werder Bremen	34	17	6	11	65:54	40-28
6.	Bayer Leverkusen	34	16	7	11	56:38	39-29
7.	1. FC Kaiserslautern	34	15	7	12	64:51	37-31
8.	Bayer Uerdingen	34	12	11	11	51:49	35-33
9.	1. FC Nürnberg	34	12	11	11	62:62	35-33
10.	1. FC Köln	34	13	9	12	50:53	35-33
11.	VfL Bochum	34	9	14	11	52:44	32-36
12.	VfB Stuttgart	34	13	6	15	55:49	32-36
13.	FC Schalke 04	34	12	8	14	50:58	32-36
14.	SV Waldhof Mannh.	34	10	8	16	52:71	28-40
15.	Eintracht Frankfurt	34	8	9	17	33:79	25-43
16.	FC Homburg*(N)	34	6	9	19	33:79	21-47
17.	Fortuna Düsseldorf*	34	7	6	24	42:91	20-48
18.	Blau-W. 90 Berlin*(N)	34	3	12	19	36:76	18-50

FCB-Torjäger: Lothar Matthäus (14),
Zuschauerschnitt: 36.934

1987/88: 1. Bundesliga

1.	Werder Bremen	34	22	8	4	61:22	52-16
2.	**FC Bayern München**	**34**	**22**	**4**	**8**	**83:45**	**48-20**
3.	1. FC Köln	34	18	12	4	57:28	48-20
4.	VfB Stuttgart	34	16	8	10	69:49	40-28
5.	1. FC Nürnberg	34	13	11	10	44:40	37-31
6.	Hamburger SV	34	13	11	10	63:68	37-31
7.	Bor. Mönchengladb.	34	14	5	15	55:53	33-35
8.	Bayer Leverkusen	34	10	12	12	53:60	32-36
9.	Eintracht Frankfurt	34	10	11	13	51:50	31-37
10.	Hannover 96 (N)	34	12	7	15	59:60	31-37
11.	Bayer Uerdingen	34	11	9	14	59:61	31-37
12.	VfL Bochum	34	10	10	14	47:51	30-38
13.	Borussia Dortmund	34	9	11	14	51:54	29-39
14.	1. FC Kaiserslautern	34	11	7	16	53:62	29-39
15.	Karlsruher SC (N)	34	9	11	14	37:55	29-39
16.	SV Waldhof Mannh.*	34	7	14	13	35:50	28-40
17.	FC Homburg*	34	7	10	17	37:70	24-44
18.	FC Schalke 04*	34	8	7	19	48:84	23-45

FCB-Torjäger: Lothar Matthäus (17),
Zuschauerschnitt: 27.438

1988/89: 1. Bundesliga

1.	**FC Bayern München**	**34**	**19**	**12**	**3**	**67:26**	**50-18**
2.	1. FC Köln	34	18	9	7	58:30	45-23
3.	Werder Bremen	34	18	8	8	55:32	44-24
4.	Hamburger SV	34	17	9	8	60:36	43-25
5.	VfB Stuttgart	34	16	7	11	58:49	39-29
6.	Bor. Mönchengladb.	34	12	14	8	44:43	38-30
7.	Borussia Dortmund	34	12	13	9	56:40	37-31
8.	Bayer Leverkusen	34	10	14	10	45:44	34-34
9.	1. FC Kaiserslautern	34	10	13	11	47:44	33-35
10.	FC St. Pauli (N)	34	9	14	11	41:42	32-36
11.	Karlsruher SC	34	12	8	14	48:51	32-36
12.	SV Waldhof Mannh.	34	10	11	13	43:52	31-37
13.	Bayer Uerdingen	34	10	11	13	50:60	31-37
14.	1. FC Nürnberg	34	8	10	16	36:54	26-42
15.	VfL Bochum	34	9	8	17	37:57	26-42
16.	Eintracht Frankfurt*	34	8	10	16	30:53	26-42
17.	Stuttg. Kickers*(N)	34	10	6	18	41:68	26-42
18.	Hannover 96*	34	4	11	19	36:71	19-49

FCB-Torjäger: Roland Wohlfarth (17),
Zuschauerschnitt: 28.851

1989/90: 1. Bundesliga

1.	**FC Bayern München**	**34**	**19**	**11**	**4**	**64:28**	**49-19**
2.	1. FC Köln	34	17	9	8	54:44	43-25
3.	Eintracht Frankfurt	34	15	11	8	61:40	41-27
4.	Borussia Dortmund	34	15	11	8	51:35	41-27
5.	Bayer Leverkusen	34	12	15	7	40:32	39-29
6.	VfB Stuttgart	34	15	6	13	53:47	36-32
7.	Werder Bremen	34	10	14	10	49:41	34-34
8.	1. FC Nürnberg	34	11	11	12	42:46	33-35
9.	Fort. Düsseldorf (N)	34	10	12	12	41:41	32-36

10.	Karlsruher SC	34	10	12	12	32:39	32-36
11.	Hamburger SV	34	13	5	16	39:46	31-37
12.	1. FC Kaiserslautern	34	10	11	13	42:55	31-37
13.	FC St. Pauli	34	9	13	12	31:46	31-37
14.	Bayer Uerdingen	34	10	10	14	41:48	30-38
15.	Bor. Mönchengladb.	34	11	8	15	37:45	30-38
16.	VfL Bochum*	34	11	7	16	44:53	29-39
17.	SV Waldhof Mannh.*	34	10	6	18	36:53	26-42
18.	FC Homburg*(N)	34	8	8	18	33:51	24-44

FCB-Torjäger: Roland Wohlfarth (13), Zuschauers.: 34.726

1990/91: 1. Bundesliga

1.	1. FC Kaiserslautern	34	19	10	5	72:45	48-20
2.	**FC Bayern München**	**34**	**18**	**9**	**7**	**74:41**	**45-23**
3.	Werder Bremen	34	14	14	6	46:29	42-26
4.	Eintracht Frankfurt	34	15	10	9	63:40	40-28
5.	Hamburger SV	34	16	8	10	60:38	40-28
6.	VfB Stuttgart	34	14	10	10	47:44	38-30
7.	1. FC Köln	34	13	11	10	50:43	37-31
8.	Bayer Leverkusen	34	11	13	10	47:46	35-33
9.	Bor. Mönchengladb.	34	9	17	8	49:54	35-33
10.	Borussia Dortmund	34	10	14	10	46:57	34-34
11.	SG Wattensch. 09 (N)	34	9	15	10	42:51	33-35
12.	Fortuna Düsseldorf	34	11	10	13	40:49	32-36
13.	Karlsruher SC	34	8	15	11	46:52	31-37
14.	VfL Bochum	34	9	11	14	50:52	29-39
15.	1. FC Nürnberg	34	10	9	15	40:54	29-39
16.	FC St. Pauli*	34	6	15	13	33:53	27-41
17.	Bayer Uerdingen*	34	5	13	16	34:54	23-45
18.	Hertha BSC Berlin*(N)	34	3	8	23	37:84	14-54

FCB-Torjäger: Roland Wohlfarth (21), Zuschauers.: 34.950

1991/92: 1. Bundesliga

1.	VfB Stuttgart	38	21	7	7	62:32	52-24
2.	Borussia Dortmund	38	20	6	6	66:47	52-24
3.	Eintracht Frankfurt	38	18	6	6	76:41	50-26
4.	1. FC Köln	38	13	7	7	58:41	44-32
5.	1. FC Kaiserslautern	38	17	10	11	58:42	44-32
6.	Bayer Leverkusen	38	15	13	10	53:39	43-33
7.	1. FC Nürnberg	38	18	7	13	54:51	43-33
8.	Karlsruher SC	38	16	9	13	48:50	41-35
9.	Werder Bremen	38	11	16	11	44:45	38-38
10.	**FC Bayern München**	**38**	**13**	**10**	**15**	**59:61**	**36-40**
11.	FC Schalke 04 (N)	38	11	12	15	45:45	34-42
12.	Hamburger SV	38	9	16	13	32:43	34-42
13.	Bor. Mönchengladb.	38	10	14	14	37:49	34-42
14.	Dynamo Dresden (N)	38	12	10	16	34:50	34-42
15.	VfL Bochum	38	10	13	15	38:55	33-43
16.	SG Wattenscheid 09	38	9	14	15	50:60	32-44
17.	Stuttg. Kickers*(N)	38	10	11	17	53:64	31-45
18.	Hansa Rostock*(N)	38	10	11	17	43:55	31-35
19.	MSV Duisburg*(N)	38	7	16	15	43:55	30-46
20.	Fortuna Düsseldorf*	38	6	12	20	41:69	24-52

FCB-Torjäger: Roland Wohlfarth (17), Zuschauerschnitt: 32.085

1992/93: 1. Bundesliga

1.	Werder Bremen	34	19	10	5	63:30	48-20
2.	**FC Bayern München**	**34**	**18**	**11**	**5**	**74:45**	**47-21**
3.	Eintracht Frankfurt	34	15	12	7	56:39	42-26
4.	Borussia Dortmund	34	18	5	11	61:43	41-27
5.	Bayer Leverkusen	34	14	12	8	64:45	40-28
6.	Karlsruher SC	34	14	11	9	60:54	39-29
7.	VfB Stuttgart	34	12	12	10	56:50	36-32
8.	1. FC Kaiserslautern	34	13	9	12	50:40	35-33
9.	Bor. Mönchengladb.	34	13	9	12	59:59	35-33
10.	FC Schalke 04	34	11	12	11	42:43	34-34
11.	Hamburger SV	34	8	15	11	42:44	31-37
12.	1. FC Köln	34	12	4	18	41:51	28-40
13.	1. FC Nürnberg	34	10	8	16	30:47	28-40
14.	SG Wattenscheid 09	34	10	8	16	46:67	28-40
15.	Dynamo Dresden	34	7	13	14	32:59	27-41
16.	VfL Bochum*	34	8	10	16	45:52	26-42
17.	Bayer Uerdingen*(N)	34	7	10	17	35:64	24-44
18.	1. FC Saarbrücken*(N)	34	5	13	16	37:71	23-45

FCB-Torjäger: Bruno Labbadia (11), Zuschauerschnitt: 46.036

1993/94: 1. Bundesliga

1.	**FC Bayern München**	**34**	**17**	**10**	**7**	**68:37**	**44-24**
2.	1. FC Kaiserslautern	34	18	7	9	64:36	43-25
3.	Bayer Leverkusen	34	14	11	9	60:47	39-29
4.	Borussia Dortmund	34	15	9	10	49:45	39-29
5.	Eintracht Frankfurt	34	15	8	11	57:41	38-30
6.	Karlsruher SC	34	14	10	10	46:43	38-30
7.	VfB Stuttgart	34	13	11	10	51:43	37-31
8.	Werder Bremen	34	13	10	11	51:44	36-32
9.	MSV Duisburg (N)	34	14	8	12	41:52	36-32
10.	Bor. Mönchengladb.	34	14	7	13	65:59	35-33
11.	1. FC Köln	34	14	6	14	49:51	34-34
12.	Hamburger SV	34	13	8	13	48:52	34-34
13.	Dynamo Dresden[1]	34	10	14	10	34:44	30-34
14.	FC Schalke 04	34	10	9	15	38:50	29-39
15.	SC Freiburg (N)	34	10	8	16	54:57	28-40
16.	1. FC Nürnberg*	34	10	8	16	41:55	28-40
17.	SG Wattenscheid 09*	34	6	11	17	48:70	23-45
18.	VfB Leipzig*(N)	34	3	11	20	32:69	17-51

(1) = Dresden wurden am Ende der Saison vier Pluspunkte abgezogen.

FCB-Torjäger: Mehmet Scholl, Adolfo Valencia (11), Zuschauerschnitt: 48.878

1994/95: 1. Bundesliga

1.	Borussia Dortmund	34	20	9	5	67:33	49-19
2.	Werder Bremen	34	20	8	6	70:39	48-20
3.	SC Freiburg	34	20	6	8	66:44	46-22
4.	1. FC Kaiserslautern	34	17	12	5	58:41	46-22
5.	Bor. Mönchengladb.	34	17	9	8	66:41	43-25
6.	**FC Bayern München**	**34**	**15**	**13**	**6**	**55:41**	**43-25**
7.	Bayer Leverkusen	34	13	10	11	62:51	36-32
8.	Karlsruher SC	34	11	14	9	51:47	36-32

9.	Eintracht Frankfurt	34	12	9	13	41:49	33-35
10.	1. FC Köln	34	11	10	13	54:54	32-36
11.	FC Schalke 04	34	10	11	13	48:54	31-37
12.	VfB Stuttgart	34	10	10	14	52:66	30-38
13.	Hamburger SV	34	10	9	15	43:50	29-39
14.	TSV Mün. 1860 (N)	34	8	11	15	41:57	27-41
15.	Bayer Uerdingen[1] (N)	34	7	11	16	37:52	25-43
16.	VfL Bochum (N)*	34	9	4	21	43:67	22-46
17.	MSV Duisburg*	34	6	8	20	31:64	20-48
18.	Dynamo Dresden*	34	4	8	22	33:68	16-52

(1) = Ab 1.7.1995 KFC 05 Uerdingen.
FCB-Torjäger: Christian Ziege (12), Zuschauerschn.: 54.839

1995/96: 1. Bundesliga

1.	Borussia Dortmund	34	19	11	4	76:38	68
2.	**FC Bayern München**	**34**	**19**	**5**	**10**	**66:46**	**62**
3.	FC Schalke 04	34	14	14	6	45:36	56
4.	Bor. Mönchengladb.	34	15	8	11	52:51	53
5.	Hamburger SV	34	12	14	8	52:47	50
6.	Hansa Rostock (N)	34	13	10	11	47:43	49
7.	Karlsruher SC	34	12	12	10	53:47	48
8.	TSV München 1860	34	11	12	11	52:46	45
9.	Werder Bremen	34	10	14	10	39:42	44
10.	VfB Stuttgart	34	10	13	11	59:62	43
11.	SC Freiburg	34	11	9	14	30:41	42
12.	1. FC Köln	34	9	13	12	33:35	40
13.	Fort. Düsseldorf (N)	34	8	16	10	40:47	40
14.	Bayer Leverkusen	34	8	14	12	37:38	38
15.	FC St. Pauli (N)	34	9	11	14	43:51	38
16.	1. FC Kaiserslautern*	34	6	18	10	31:37	36
17.	Eintracht Frankfurt*	34	7	11	16	43:68	32
18.	KFC 05 Uerdingen*	34	5	11	18	33:56	26

FCB-Torjäger: Jürgen Klinsmann (16), Zuschauers.: 59.766

1996/97: 1. Bundesliga

1.	**FC Bayern München**	**34**	**20**	**11**	**3**	**68:34**	**71**
2.	Bayer Leverkusen	34	21	6	7	69:41	69
3.	Borussia Dortmund	34	19	6	9	63:41	63
4.	VfB Stuttgart	34	18	7	9	78:40	61
5.	VfL Bochum (N)	34	14	11	9	54:51	53
6.	Karlsruher SC	34	13	10	11	55:44	49
7.	TSV München 1860	34	13	10	11	56:56	49
8.	Werder Bremen	34	14	6	14	53:52	48
9.	MSV Duisburg (N)	34	12	9	13	44:49	45
10.	1. FC Köln	34	13	5	16	62:62	44
11.	Bor. Mönchengladb.	34	12	7	15	46:48	43
12.	FC Schalke 04	34	11	10	13	35:40	43
13.	Hamburger SV	34	10	11	13	46:60	41
14.	Arminia Bielefeld (N)	34	11	7	16	46:54	40
15.	Hansa Rostock	34	11	7	16	35:46	40
16.	Fortuna Düsseldorf*	34	9	6	19	26:57	33
17.	SC Freiburg*	34	8	5	21	43:67	29
18.	FC St. Pauli*	34	7	6	21	32:69	27

FCB-Torjäger: Jürgen Klinsmann (15), Zuschauers.: 58.391

1997/98: 1. Bundesliga

1.	1. FC Kaiserslaut. (N)	34	19	11	4	63:39	68
2.	**FC Bayern München**	**34**	**19**	**9**	**6**	**69:37**	**66**
3.	Bayer Leverkusen	34	14	13	7	66:39	55
4.	VfB Stuttgart	34	14	10	10	55:49	52
5.	FC Schalke 04	34	13	13	8	38:32	52
6.	Hansa Rostock	34	14	9	11	54:46	51
7.	Werder Bremen	34	14	8	12	43:47	50
8.	MSV Duisburg	34	11	11	12	43:44	44
9.	Hamburger SV	34	11	11	12	38:46	44
10.	Borussia Dortmund	34	11	10	13	57:55	43
11.	Hertha BSC Berl. (N)	34	12	7	15	41:53	43
12.	VfL Bochum	34	11	8	15	41:49	41
13.	TSV München 1860	34	11	8	15	43:54	41
14.	VfL Wolfsburg (N)	34	11	6	17	38:54	39
15.	Bor. Mönchengladb.	34	9	11	14	54:59	38
16.	Karlsruher SC*	34	9	11	14	48:60	38
17.	1. FC Köln*	34	10	6	18	49:64	36
18.	Arminia Bielefeld*	34	8	8	18	43:56	32

FCB-Torjäger: Carsten Jancker (13),
Zuschauerschnitt: 54.286

1998/99: 1. Bundesliga

1.	**FC Bayern München**	**34**	**24**	**6**	**4**	**76:28**	**78**
2.	Bayer Leverkusen	34	17	12	5	61:30	63
3.	Hertha BSC Berlin	34	18	8	8	59:32	62
4.	Borussia Dortmund	34	16	9	9	48:34	57
5.	1. FC Kaiserslautern	34	17	6	11	51:47	57
6.	VfL Wolfsburg	34	15	10	9	54:49	55
7.	Hamburger SV	34	13	11	10	47:46	50
8.	MSV Duisburg	34	13	10	11	48:45	49
9.	TSV München 1860	34	11	8	15	49:56	41
10.	FC Schalke 04	34	10	11	13	41:54	41
11.	VfB Stuttgart	34	9	12	13	41:48	39
12.	SC Freiburg (N)	34	10	9	15	36:44	39
13.	Werder Bremen	34	10	8	16	41:47	38
14.	Hansa Rostock	34	9	11	14	49:58	38
15.	Eintr. Frankfurt (N)	34	9	10	15	44:54	37
16.	1. FC Nürnberg*(N)	34	7	16	11	40:50	37
17.	VfL Bochum*	34	7	8	19	40:65	29
18.	Bor. Mönchengladb.*	34	4	9	21	41:79	21

FCB-Torjäger: Giovane Elber, Carsten Jancker (13),
Zuschauerschnitt: 55.376

1999/2000: 1. Bundesliga

1.	**FC Bayern München**	**34**	**22**	**7**	**5**	**73:28**	**73**
2.	Bayer Leverkusen	34	21	10	3	74:36	73
3.	Hamburger SV	34	16	11	7	63:39	59
4.	TSV München 1860	34	14	11	9	55:48	53
5.	1. FC Kaiserslautern	34	15	5	14	54:59	50
6.	Hertha BSC Berlin	34	13	11	10	39:46	50
7.	VfL Wolfsburg	34	12	13	9	51:58	49
8.	VfB Stuttgart	34	14	6	14	44:47	48
9.	Werder Bremen	34	13	8	13	65:52	47

10.	SpVgg Unterhach. (N)	34	12	8	14	40:42	44
11.	Borussia Dortmund	34	9	13	12	41:38	40
12.	SC Freiburg	34	10	10	14	45:50	40
13.	FC Schalke 04	34	12	5	17	42:44	39
13.	Eintracht Frankfurt	34	8	15	11	42:44	39
15.	Hansa Rostock	34	8	14	12	44:60	38
16.	SSV Ulm 1846*(N)	34	9	8	17	36:62	35
17.	Arminia Bielefeld*(N)	34	7	9	18	40:61	30
18.	MSV Duisburg*	34	4	10	20	37:71	22

FCB-Torjäger: Giovane Elber (14),
Zuschauerschnitt: 51.471

2000/01: 1. Bundesliga

1.	**FC Bayern München**	**34**	**19**	**6**	**9**	**62:37**	**63**
2.	FC Schalke 04	34	18	8	8	65:35	62
3.	Borussia Dortmund	34	16	10	8	62:42	58
4.	Bayer Leverkusen	34	17	6	11	54:40	57
5.	Hertha BSC Berlin	34	18	2	14	58:52	56
6.	SC Freiburg	34	15	10	9	54:37	55
7.	Werder Bremen	34	15	8	11	53:48	53
8.	1. FC Kaiserslautern	34	15	5	14	49:54	50
9.	VfL Wolfsburg	34	12	11	11	60:45	47
10.	1. FC Köln (N)	34	12	10	12	59:52	46
11.	TSV München 1860	34	12	8	14	43:55	44
12.	Hansa Rostock	34	12	7	15	34:47	43
13.	Hamburger SV	34	10	11	13	58:58	41
14.	FC Energ. Cottbus (N)	34	12	3	19	38:52	39
15.	VfB Stuttgart	34	9	11	14	42:49	38
16.	SpVgg Unterhaching*	34	8	11	15	35:59	35
17.	Eintracht Frankfurt*	34	10	5	19	41:68	35
18.	VfL Bochum*(N)	34	7	6	21	30:67	27

FCB-Torjäger: Giovane Elber (15),
Zuschauerschnitt: 49.268

2001/02: 1. Bundesliga

1.	Borussia Dortmund	34	21	7	6	62:33	70
2.	Bayer Leverkusen	34	21	6	7	77:38	69
3.	**FC Bayern München**	**34**	**20**	**8**	**6**	**65:25**	**68**
4.	Hertha BSC Berlin	34	18	7	9	61:38	61
5.	FC Schalke 04	34	18	7	9	52:36	61
6.	Werder Bremen	34	17	5	12	54:43	56
7.	1. FC Kaiserslautern	34	13	11	10	62:53	56
8.	VfB Stuttgart	34	13	11	10	47:43	50
9.	TSV München 1860	34	15	5	14	59:59	50
10.	VfL Wolfsburg	34	13	7	14	57:49	46
11.	Hamburger SV	34	10	10	14	51:57	40
12.	Bor. Möncheng. (N)	34	9	12	13	41:53	39
13.	FC Energie Cottbus	34	9	8	17	36:60	35
14.	Hansa Rostock	34	9	7	18	35:54	34
15.	1. FC Nürnberg (N)	34	10	4	20	34:57	34
16.	SC Freiburg*	34	1	9	18	37:64	30
17.	1. FC Köln*	34	7	8	19	26:61	29
18.	FC St. Pauli* (N)	34	4	10	20	37:70	22

FCB-Torjäger: Giovane Elber (17),
Zuschauerschnitt: 52.513

2002/03: 1. Bundesliga

1.	**FC Bayern München**	**34**	**23**	**6**	**5**	**70:25**	**75**
2.	VfB Stuttgart	34	17	8	9	53:39	59
3.	Borussia Dortmund	34	15	13	6	51:27	58
4.	Hamburger SV	34	15	11	8	46:36	56
5.	Hertha BSC Berlin	34	16	6	12	52:43	54
6.	Werder Bremen	34	16	4	14	51:50	52
7.	FC Schalke 04	34	12	13	9	46:40	49
8.	VfL Wolfsburg	34	13	7	14	39:42	46
9.	VfL Bochum (N)	34	12	9	13	55:56	45
10.	TSV München 1860	34	12	9	13	44:52	45
11.	Hannover 96 (N)	34	12	7	15	47:57	43
12.	Bor. Mönchengladb.	34	11	9	14	43:45	42
13.	Hansa Rostock	34	11	8	15	35:41	41
14.	1. FC Kaiserslautern	34	10	10	14	40:42	40
15.	Bayer Leverkusen	34	11	7	16	47:56	40
16.	Arminia Bielefeld* (N)	34	8	12	14	35:46	36
17.	1. FC Nürnberg*	34	8	6	20	33:60	30
18.	FC Energie Cottbus*	34	7	9	18	34:64	30

FCB-Torjäger: Giovane Elber (21),
Zuschauerschnitt: 53.751

Saison 2003/04 1. Bundesliga:

1.	Werder Bremen	34	22	8	4	79:38	74
2.	**Bayern München**	**34**	**20**	**8**	**6**	**70:39**	**68**
3.	Bayer Leverkusen	34	19	8	7	73:39	65
4.	VfB Stuttgart	34	18	10	6	52:24	64
5.	VfL Bochum	34	15	11	8	57:39	56
6.	Borussia Dortmund	34	16	7	11	59:48	55
7.	FC Schalke 04	34	13	11	10	49:42	50
8.	Hamburger SV	34	14	7	13	47:60	49
9.	Hansa Rostock	34	12	8	14	55:54	44
10.	VfL Wolfsburg	34	13	3	18	56:61	42
11.	Borussia M'gladbach	34	10	9	15	40:49	39
12.	Hertha BSC Berlin	34	9	12	13	42:59	39
13.	SC Freiburg	34	10	8	16	42:67	38
14.	Hannover 96	34	9	10	15	49:63	37
15.	1. FC Kaiserslautern	34	11	6	17	39:62	36
16.	Eintracht Frankfurt	34	9	5	20	36:53	32
17.	TSV München 1860	34	8	8	18	32:55	32
18.	1. FC Köln	34	6	5	23	32:57	23

FCB-Torjäger: Roy Makaay (23),
Zuschauerschnitt: 52.625

Saison 2004/05 1. Bundesliga:

1.	**Bayern München**	**34**	**24**	**5**	**5**	**75:33**	**77**
2.	Schalke 04	34	20	3	11	56:46	63
3.	Werder Bremen	34	18	5	11	68:37	59
4.	Hertha BSC Berlin	34	15	13	6	59:31	58
5.	VfB Stuttgart	34	17	7	10	54:40	58
6.	Bayer Leverkusen	34	16	9	9	65:44	57
7.	Borussia Dortmund	34	15	10	9	47:44	55
8.	Hamburger SV	34	16	3	15	55:50	51
9.	VfL Wolfsburg	34	15	3	16	49:51	48
10.	Hannover 96	34	13	6	15	34:36	45
11.	1. FSV Mainz 05	34	12	7	15	50:55	43
12.	1. FC Kaiserslautern	34	12	6	16	43:52	42
13.	Arminia Bielefeld	34	11	7	16	37:49	40
14.	1. FC Nürnberg	34	10	8	16	55:63	38
15.	Borussia M'gladbach	34	8	12	14	35:51	36
16.	VfL Bochum	34	9	8	17	47:68	35
17.	Hansa Rostock	34	7	9	18	31:65	30
18.	SC Freiburg	34	3	9	22	30:75	18

FCB-Torjäger: Roy Makaay (22),
Zuschauerschnitt: 53.144

Saison 2005/06 1. Bundesliga:

1.	**Bayern München**	**34**	**22**	**9**	**3**	**67:32**	**75**
2.	Werder Bremen	34	21	7	6	79:37	70
3.	Hamburger SV	34	21	5	8	53:30	68
4.	FC Schalke 04	34	16	13	5	47:31	61
5.	Bayer Leverkusen	34	14	10	10	64:49	52
6.	Hertha BSC	34	12	12	10	52:48	48
7.	Borussia Dortmund	34	11	13	10	45:42	46
8.	1. FC Nürnberg	34	12	8	14	49:51	44
9.	VfB Stuttgart	34	9	16	9	37:39	43
10.	Borussia M'gladbach	34	10	12	12	42:50	42
11.	1. 1. FSV Mainz 05	34	9	11	14	46:47	38
12.	Hannover 96	34	7	17	10	43:47	38
13.	Arminia Bielefeld	34	10	7	17	32:47	37
14.	Eintracht Frankfurt	34	9	9	16	42:51	36
15.	VfL Wolfsburg	34	7	13	14	33:55	34
16.	1. FC Kaiserslautern	34	8	9	17	47:71	33
17.	1. FC Köln	34	7	9	18	49:71	30
18.	MSV Duisburg	34	5	12	17	34:63	27

FCB-Torjäger: Roy Makaay (17),
Zuschauerschnitt: 65.107

Der Meisterkader 2005.

Der FC Bayern im DFB-Pokal

(1935-45 „Von-Tschammer-Pokal")

1935
FV Ulm 94 – FC Bayern n.V. 5:4

1936
FC Bayern – SSV Ulm 3:4

1938
FC Bayern – Union Böckingen 7:0
VfR Mannheim – FC Bayern 2:1

1940
FC Bayern – Wiener Sportclub 0:1

1943
BC Augsburg – FC Bayern 3:0

1957
Spandauer SV – FC Bayern 1:4
FC Bayern – Saarbrücken n.V. 3:1

Finale 29.12.1957:
FC Bayern – Fortuna Düsseldorf 1:0
(Jobst)

1965/66
FC Bayern – Borussia Dortmund 2:0
FC Bayern – Eintracht Braunschweig 1:0
FC Bayern – 1. FC Köln 2:0
Hamburger SV – FC Bayern 1:2
1. FC Nürnberg – FC Bayern n.V. 1:2

Finale 4.6.1966:
FC Bayern – Meidericher SV n.V. 4:2
(Brenninger [2], Ohlhauser, Beckenbauer)

1966/67
Hertha BSC – FC Bayern n.V. 2:3
SpVgg Erkenschwick – FC Bayern 1:3
Schalke 04 – FC Bayern 2:3
FC Bayern – TSV 1860 München 3:1

Finale 10.6.1967:
FC Bayern – Hamburger SV 4:0
(Müller [2], Ohlhauser, Brenninger)

1967/68
Jahn Regensburg – FC Bayern 1:4
FC Bayern – MSV Duisburg 3:1
FC Bayern – 1. FC Nürnberg 2:1
VfL Bochum – FC Bayern 2:1

1968/69
FC Bayern – Kickers Offenbach n.V. 0:0
Kickers Offenbach – FC Bayern 0:1
FC Bayern – Arminia Hannover 1:0
Hamburger SV – FC Bayern 0:2
FC Bayern – 1. FC Nürnberg 2:0

Finale 14.6.1969:
FC Bayern – Schalke 04 2:1
(Müller [2])

1969/70
SG Wattenscheid – FC Bayern 1:6
FC Bayern – Jahn Regensburg 4:0
1. FC Nürnberg – FC Bayern 2:1

1970/71
Hessen Kassel – FC Bayern n.V. 2:2
FC Bayern – Hessen Kassel 3:0
1. FC Kaiserslautern – FC Bayern n.V. 1:1
FC Bayern – 1. FC Kaiserslautern 5:0
FC Bayern – MSV Duisburg 4:0
Fortuna Düsseldorf – FC Bayern 0:1

Finale 19.6.1971:
FC Bayern – 1. FC Köln n.V. 2:1
(Beckenbauer, Schneider)

1971/72
Fortuna Köln – FC Bayern 2:1
FC Bayern – Fortuna Köln 6:0
Eintracht Braunschweig – FC Bayern 0:0
FC Bayern – Eintracht Braunschweig n.V. 3:1
FC Bayern – 1. FC Köln 3:0
1. FC Köln – FC Bayern 5:1

1972/73
Barmbek Uhlenhorst – FC Bayern 1:4
FC Bayern – Barmbek Uhlenhorst 7:0
RW Oberhausen – FC Bayern 1:2
FC Bayern – RW Oberhausen 3:1

Kickers Offenbach – FC Bayern	2:2
FC Bayern – Kickers Offenbach	2:4

1973/74

FC Bayern – MSV Duisburg	3:1
Werder Bremen – FC Bayern	1:2
FC Bayern – Hannover 96	3:2
Eintr. Frankfurt – FC Bayern	3:2

1974/75

FC Bayern – VfB Stuttgart	3:2
FC Bayern – RW Oberhausen	2:0
FC Bayern – MSV Duisburg	2:3

1975/76

FC Bayern – Saarbrücken	3:1
Bünder SV – FC Bayern	0:3
FC Bayern – TeBe Berlin	3:0
FK Pirmasens – FC Bayern	0:2
1. FC Köln – FC Bayern	2:5
Hamburger SV – FC Bayern	n.V. 2:2
FC Bayern – Hamburger SV	0:1

1976/77

Hannover 96 Amateure – FC Bayern	0:10
FC Bayern – Hamburger SV	5:1
FC Bayern – Unterbohingen	10:1
FC Bayern – FC Bayern Amateure	5:3
Hertha BSC – FC Bayern	n.V. 4:2

1977/78

Saarbrücken – FC Bayern	1:2
FC Bayern – Eintracht Trier	3:1
FC Homburg/Saar – FC Bayern	3:1

1978/79

SSV Glött – FC Bayern	0:5
FC Bayern – VfL Osnabrück	4:5

1979/80

SV Oestringen – FC Bayern	1:10
Viktoria Köln – FC Bayern	1:3
SpVgg Bayreuth – FC Bayern	1:0

1980/81

FC Bayern – Arminia Bielefeld	2:0
FC Bayern – Waldh. Mannheim	4:2
Kaiserslautern – FC Bayern	2:1

1981/82

FC Bayern – SC Jülich	8:0
FC Bayern – SpVgg Neckargerach	5:1
FC Bayern – Borussia Dortmund	4:0
Freiburger FC – FC Bayern	0:3
Werder Bremen – FC Bayern	n.V. 1:2
VfL Bochum – FC Bayern	1:2

Finale 1.5.1982:

FC Bayern – 1. FC Nürnberg	4:2

(Rummenigge, Kraus, Breitner, D. Hoeneß)

1982/83

ASV Bergedorf 85 – FC Bayern	1:5
Eintracht Braunschweig – FC Bayern	2:0

1983/84

Hessen Kassel – FC Bayern	0:3
FC Augsburg – FC Bayern	0:6
Bayer Uerdingen – FC Bayern	n.V. 0:0
FC Bayern – Bayer Uerdingen	1:0
1. FC Bocholt – FC Bayern	1:2
Schalke 04 – FC Bayern	n.V. 6:6
FC Bayern – Schalke 04	3:2

Finale 31.5.1984:

FC Bayern – Borussia M'gladbach	n.V. 1:1
(Dremmler)	
nach Elfmeterschießen	8:7

(Lerby, Nachtweih, K.-H. + M. Rummenigge, Grobe, Martin, Dremmler)

1984/85

Lüttringhausen – FC Bayern	0:1
Friesen Hänigsen – FC Bayern	0:8
FC Bayern – Waldhof Mannheim	1:0
Bayer Leverkusen – FC Bayern	1:3
FC Bayern – M'gladbach	1:0

Finale 26.5.1985:

FC Bayern – Bayer Uerdingen	1:2

(D. Hoeneß)

1985/86

Kickers Offenbach – FC Bayern	1:3
Saarbrücken – FC Bayern	1:3
VfL Bochum – FC Bayern	n.V. 1:1
FC Bayern – VfL Bochum	2:0
1. FC Kaiserslautern – FC Bayern	0:3
Waldhof Mannheim – FC Bayern	0:2

Finale 3.5.1986:

FC Bayern – VfB Stuttgart	5:2

(Wohlfarth [3], M. Rummenigge [2])

1986/87

Hertha BSC Berlin – FC Bayern	1:2
FC Homburg – FC Bayern	1:3
Fortuna Düsseldorf – FC Bayern	3:0

1987/88

RW Essen – FC Bayern	1:3
Borussia M'gladbach – FC Bayern	n.V. 2:2
FC Bayern – Borussia M'gladbach	3:2
FC Bayern – 1. FC Nürnberg	3:1
Hamburger SV – FC Bayern	2:1

1988/89

FC Bayern – BW Berlin	11:2
TuS Hoisdorf – FC Bayern	0:4
FC Bayern – Karlsruher SC	3:4

1989/90

Eintracht Frankfurt – FC Bayern	0:1
FC Bayern – Waldhof Mannheim	2:0
VfB Stuttgart – FC Bayern	3:0

1990/91

FV 09 Weinheim – FC Bayern	1:0

1991/92

FC Bayern – FC Homburg	n.V. 2:4

1992/93

Borussia Neunkirchen – FC Bayern	0:6
Borussia Dortmund – FC Bayern	n.V. 2:2
nach Elfmeterschießen	7:6

1993/94

Werder Bremen Amateure – FC Bayern	1:5
Carl Zeiss Jena Amateure – FC Bayern	0:2
Schalke 04 – FC Bayern	n.V. 2:3
Dynamo Dresden – FC Bayern	2:1

1994/95

Vestenbergsgreuth – FC Bayern	1:0

1995/96

Stuttgarter Kickers – FC Bayern	0:1
Fortuna Düsseldorf – FC Bayern	3:1

1996/97

TeBe Berlin – FC Bayern	0:3
Borussia M'gladbach – FC Bayern	1:2
FC Bayern – Werder Bremen	3:1
Karlsruher SC – FC Bayern	1:0

1997/98

DJK Waldberg – FC Bayern	1:16
VfL Wolfsburg – FC Bayern	n.V. 3:3
nach Elfmeterschießen	6:7
Kaiserslautern – FC Bayern	1:2
FC Bayern – Bayer Leverkusen	2:0
FC Bayern – VfB Stuttgart	3:0

Finale 16.5.1998:

FC Bayern – MSV Duisburg	2:1
(Babbel, Basler)	

1998/99

LR Ahlen – FC Bayern	0:5
Greuther Fürth – FC Bayern	n.V. 0:0
nach Elfmeterschießen	3:4
MSV Duisburg – FC Bayern	2:4
FC Bayern – VfB Stuttgart	3:0
RW Oberhausen – FC Bayern	1:3

Finale 12.6.1999:

Werder Bremen – FC Bayern	n. V. 1:1
(Jancker)	
nach Elfmeterschießen	6:5

1999/2000

Runde 1 und 2: Freilos

SV Meppen – FC Bayern	1:4
SV Waldhof Mannheim – FC Bayern	0:3
FC Bayern – FSV Mainz 05	3:0
FC Bayern – Hansa Rostock	3:2

Finale 6.5.2000:

Werder Bremen – FC Bayern	0:3
(Elber, Sergio, Scholl)	

2000/01

FC Schöneberg – FC Bayern	0:4
1. FC Magdeburg – FC Bayern	n.V. 1:1
nach Elfmeterschießen	4:2

2001/02

SC Paderborn – FC Bayern	1:5
VfL Osnabrück – FC Bayern	0:2
FC Bayern – VfL Wolfsburg	2:1
1. FC Kaiserslautern – FC Bayern	n.V. 0:0
nach Elfmeterschießen	3:5
FC Schalke 04 – FC Bayern	n.V. 2:0

2002/03

Werder Bremen Amateure – FC Bayern	0:3
FC Bayern – Hannover 96	2:1
FC Bayern – FC Schalke 04	n.V. 0:0
nach Elfmeterschießen	5:4
FC Bayern – 1. FC Köln	8:0
FC Bayern – Bayer Leverkusen	3:1

Finale am 31.5.2003:

FC Bayern – 1. FC Kaiserslautern	3:1
(Ballack [2], Pizarro)	

2003/04

Borussia Neunkirchen – FC Bayern	0:5
FC Bayern – 1.FC Nürnberg	1:1 n.V, i.E. 7:6
FC Bayern – Hamburger SV	3:0
Alemannia Aachen – FC Bayern	2:1

2004/05

TSV Völpke – FC Bayern	0:6
VfL Osnabrück – FC Bayern	2:3
FC Bayern – VfB Stuttgart	3:0
SC Freiburg – FC Bayern	0:7
Arminia Bielefeld – FC Bayern	0:2

Finale am 28. Mai 2005:

FC Bayern – FC Schalke 04	2:1
(Makaay, Salihamidzic)	

2005/06

MSV Neuruppin – FC Bayern	0:4
Erzgebirge Aue – FC Bayern	0:1
FC Bayern – Hamburger SV	1:0 n.V.
FC Bayern – 1.FSV Mainz 05	3:2 n.V.
FC St. Pauli – FC Bayern	0:3

Finale am 29. April 2006:

FC Bayern – Eintracht Frankfurt	1:0
(Pizarro)	

2006/07

FC St. Pauli – FC Bayern	1:2 n.V.
FC Bayern – 1.FC Kaiserslautern	1:0

Der FC Bayern in den europäischen Wettbewerben

1962/63
Messepokal

FC Basel – FC Bayern 0:3
(Brenninger [2], Drescher)
Der FC Basel verzichtete auf die Austragung des Rückspiels.

FC Bayern – Drumcondra Dublin 6:0
(Ohlhauser, Kosar, Borutta, Brenninger, Grosser, Giesemann)
Drumcondra Dublin – FC Bayern 1:0

FC Bayern – Dinamo Zagreb 1:4
(Brecht)
Dinamo Zagreb – FC Bayern 0:0

1966/67
Europacup der Pokalsieger

Tatran Presov – FC Bayern 1:1
(Roth)
FC Bayern – Tatran Presov 3:2
(Brenninger, Müller [2])
Shamrock Rovers – FC Bayern 1:1
(Koulmann)
FC Bayern – Shamrock Rovers 3:2
(Brenninger, Ohlhauser, Müller)

Rapid Wien – FC Bayern 1:0
FC Bayern – Rapid Wien n.V. 2:0
(Ohlhauser, Müller)

FC Bayern – Stand. Lüttich 2:0
(Müller, Kupferschmidt)
Stand. Lüttich – FC Bayern 1:3
(Müller)

Finale 31.5.1967:
Glasgow Rangers – FC Bayern n.V. 0:1
(Roth)

1967/68
Europacup der Pokalsieger

FC Bayern – Panathinaikos Athen 5:0
(Müller [2], Kupferschmidt, Beckenbauer, Jung)
Panathinaikos Athen – FC Bayern 1:2
(Müller, Koulmann)

FC Bayern – Vitoria Setubal 6:2
(Müller [3], Brenninger, Ohlhauser, Nafziger)
Vitoria Setubal – FC Bayern 1:1
(Ohlhauser)
FC Valencia – FC Bayern 1:1
(Eigentor Mestre)
FC Bayern – FC Valencia 1:0
(Müller)

AC Mailand – FC Bayern 2:0
FC Bayern – AC Mailand 0:0

1969/70
Europacup der Meister

FC Bayern – AS St. Etienne 2:0
(Brenninger, Roth)
AS St. Etienne – FC Bayern 3:0

1970/71
Messepokal

FC Bayern – Glasgow Rangers 1:0
(Beckenbauer)
Glasgow Rangers – FC Bayern 1:1
(Müller)

FC Bayern – Coventry City 6:1
(Schneider [2], Schwarzenbeck, Müller [2], Roth)
Coventry City – FC Bayern 2:1
(U. Hoeneß)

FC Bayern – Sparta Rotterdam 2:1
(Schneider, Müller)
Sparta Rotterdam – FC Bayern 1:3
(Müller [3])

FC Liverpool – FC Bayern 3:0
FC Bayern – FC Liverpool 1:1
(Schneider)

1971/72
Europacup der Pokalsieger

Skoda Pilsen – FC Bayern 0:1
(Sühnholz)
FC Bayern – Skoda Pilsen 6:1
(Müller [2], Krauthausen, Hoffmann[2], Roth)

FC Liverpool – FC Bayern 0:0
FC Bayern – FC Liverpool 3:1
(Müller [2], U. Hoeneß)

Steaua Bukarest – FC Bayern 1:1
(Müller)
FC Bayern – Steaua Bukarest 0:0

FC Bayern – Glasgow Rangers 1:1
(Breitner)
Glasgow Rangers – FC Bayern 2:0

1972/73
Europacup der Meister
Galatasaray Istanbul – FC Bayern 1:1
(Müller)
FC Bayern – Galatsaray Istanbul 6:0
(Müller [2], D. Hoeneß, Schneider, Beckenbauer, Roth)

FC Bayern – Omonia Nikosia 9:0
(Müller [5], D. Hoeneß, Roth, Schneider [2])
Omonia Nikosia – FC Bayern 0:4
(Roth, Müller [2], Hoffmann)

Ajax Amsterdam – FC Bayern 4:0
FC Bayern – Ajax Amsterdam 2:1
(Müller [2])

1973/74
Europacup der Meister
FC Bayern – Atvidaberg FF 3:1
(Müller [2], Eigentor Olsson)
Atvidaberg FF – FC Bayern n.V. 3:1
(Hoeneß)
nach Elfmeterschießen 3:4

FC Bayern – Dynamo Dresden 4:3
(Hoffmann, Dürnberger, Roth, Müller)
Dynamo Dresden – FC Bayern 3:3
(U. Hoeneß [2], Müller)

FC Bayern – ZSKA Sofia 4:1
(Torstensson [2], Beckenbauer, Müller)
ZSKA Sofia – FC Bayern 2:1
(Breitner)

Ujpest Budapest – FC Bayern 1:1
(Torstensson)
FC Bayern – Ujpest Budapest 3:0
(Torstensson, Eigent. Horvath, Müller)

Finale 15./17.5.1974:
Atletico Madrid – FC Bayern n.V. 1:1
(Schwarzenbeck)
Wiederholung:
Atletico Madrid – FC Bayern 0:4
(U. Hoeneß [2], Müller [2])

1974/75
Europacup der Meister
FC Bayern – 1. FC Magdeburg 3:2
(Müller [2], Eigentor Enge)
1. FC Magdeburg – FC Bayern 1:2
(Müller [2])

FC Bayern – Ararat Eriwan 2:0
(U. Hoeneß, Torstensson)
Ararat Eriwan – FC Bayern 1:0

AS St. Etienne – FC Bayern 0:0
FC Bayern – AS St. Etienne 2:0
(Beckenbauer, Dürnberger)
Finale 28.5.1975:
Leeds United – FC Bayern 0:2
(Roth, Müller)

Supercup Europa
FC Bayern – Dynamo Kiew 0:1
Dynamo Kiew – FC Bayern 2:0

1975/76
Europacup der Meister
Jeunesse Esch – FC Bayern 0:5
(Zobel [2], Schuster, K.-H. Rummenigge [2])
FC Bayern – Jeunesse Esch 3:1
(Schuster [3])

Malmö FF – FC Bayern 1:0
FC Bayern – Malmö FF 2:0
(Dürnberger, Torstensson)

Benfica Lissabon – FC Bayern 0:0
FC Bayern – Benfica Lissabon 5:1
(Dürnberger [2], K.-H. Rummenigge, Müller [2])

Real Madrid – FC Bayern 1:1
(Müller)
FC Bayern – Real Madrid 2:0
(Müller [2])

Finale 12.5.1976:
AS St. Etienne – FC Bayern 0:1
(Roth)

Supercup Europa
FC Bayern – RSC Anderlecht 2:1
(Müller [2])
RSC Anderlecht – FC Bayern 4:1
(Müller)

Weltpokal
FC Bayern – Belo Horizonte 2:0
(Müller, Kapellmann)
Belo Horizonte – FC Bayern 0:0

1976/77
Europacup der Meister
Köge BK – FC Bayern 0:5
(Torstensson [2], Müller [2], Dürnberger)
FC Bayern – Köge BK 2:1
(Beckenbauer, Torstensson)

Banik Ostrau – FC Bayern 2:1
(Müller)

FC Bayern – Banik Ostrau 5:0
(Müller [2], K.-H. Rummenigge, Kapellmann, Torstensson)

FC Bayern – Dynamo Kiew 1:0
(Künkel)
Dynamo Kiew – FC Bayern 2:0

1977/78
UEFA-Cup
FC Bayern – Mjöndalen IF 8:0
(Oblak, K.-H. Rummenigge [3], U. Hoeneß, Müller [3])
Mjöndalen IF – FC Bayern 0:4
(Rausch, Gruber, Künkel, Niedermayer)

FC Bayern – Stanke Dimitrov 3:0
(Müller, K.-H. Rummenigge [2])
Stanke Dimitrov – FC Bayern 2:0

Eintracht Frankfurt – FC Bayern 4:0
FC Bayern – Eintracht Frankfurt 1:2
(K.-H. Rummenigge)

1979/80
UEFA-Cup
Bohemians Prag – FC Bayern 0:2
(Kraus, K.-H. Rummenigge)
FC Bayern – Bohemians Prag 2:2
(K.-H. Rummenigge, Breitner)

FG Aarhus – FC Bayern 1:2
(K.-H. Rummenigge [2])
FC Bayern – FG Aarhus 3:1
(D. Hoeneß [2], Breitner)

FC Bayern – Roter Stern Belgrad 2:0
(K.-H. Rummenigge, Janzon)
Roter Stern Belgrad – FC Bayern 3:2
(D. Hoeneß[2])

Kaiserslautern – FC Bayern 1:0
FC Bayern – Kaiserslautern 4:1
(D. Hoeneß [2], Janzon, Breitner)

FC Bayern – Eintracht Frankfurt 2:0
(D. Hoeneß, Breitner)
Eintracht Frankfurt – FC Bayern n.V. 5:1
(Dremmler)

1980/81
Europacup der Meister
Olympiakos Piräus – FC Bayern 2:4
(Dremmler [2], K.-H. Rummenigge, Kraus)
FC Bayern – Olympiakos Piräus 3:0
(D. Hoeneß, K.-H. Rummenigge, Janzon)

FC Bayern – Ajax Amsterdam 5:1
(Dürnberger, K.-H. Rummenigge [2], D. Hoeneß [2])

Ajax Amsterdam – FC Bayern 2:1
(K.-H. Rummenigge)

FC Bayern – Banik Ostrau 2:0
(Janzon, Breitner)
Banik Ostrau – FC Bayern 2:4
(D. Hoeneß, Kraus, Röber, Dürnberger)

FC Liverpool – FC Bayern 0:0
FC Bayern – FC Liverpool 1:1
(K.-H. Rummenigge)

1981/82
Europacup der Meister
Östers Växjö – FC Bayern 0:1
(K.-H. Rummenigge)
FC Bayern – Östers Växjö 5:0
(D. Hoeneß [2], K.-H. Rummenigge [2], Niedermayer)

Benfica Lissabon – FC Bayern 0:0
FC Bayern – Benfica Lissabon 4:1
(D. Hoeneß [3], Breitner)

Universitatea Cralova – FC Bayern 0:2
(Breitner, K.-H. Rummenigge)
FC Bayern – Universitatea Cralova 1:1
(D. Hoeneß)

ZSKA Sofia – FC Bayern 4:3
(Dürnberger, D. Hoeneß, Breitner)
FC Bayern – ZSKA Sofia 4:0
(Breitner [2], K.-H. Rummenigge [2])

Finale 26.5.1982:
Aston Villa – FC Bayern 1:0

1982/83
Europacup der Pokalsieger
Torpedo Moskau – FC Bayern 1:1
(Breitner)
FC Bayern – Torpedo Moskau 0:0

Tottenham Hotspur – FC Bayern 1:1
(Breitner)
FC Bayern – Tottenham Hotspur 4:1
(D. Hoeneß, Horsmann, Breitner, K. H. Rummenigge)

FC Bayern – FC Aberdeen 0:0
FC Aberdeen – FC Bayern 3:2
(Augenthaler [2])

1983/84
UEFA-Cup
Anorthosis Larnaca – FC Bayern 0:1
(Mathy)
FC Bayern – Anorthosis Larnaca 10:0
(K.-H. Rummenigge [2], Augenthaler [3], M. Rummenigge, Dremmler, Lerby, Del'Haye, Kraus)

PAOK Saloniki – FC Bayern 0:0
FC Bayern – PAOK Saloniki 0:0

nach Elfmeterschießen 9:8
(Nachtweih, Dürnberger, Augenthaler, Kraus, Lerby, Pflügler, M. Rummenigge, Del'Haye, Pfaff)
FC Bayern – Tottenham Hotspur 1:0
(M. Rummenigge)
Tottenham Hotspur – FC Bayern 2:0

1984/85
Europacup der Pokalsieger
FC Bayern – FK Moss 4:1
(Pflügler [2], Wohlfarth, Nachtweih)
FK Moss – FC Bayern 1:2
(Wohlfarth, M. Rummenigge)

FC Bayern – Trakla Plovdiv 4:1
(Eigentor Mladenov, Wohlfarth [2], M. Rummenigge)
Trakla Plovdiv – FC Bayern 2:0

FC Bayern – AS Rom 2:0
(Augenthaler, D. Hoeneß)
AS Rom – FC Bayern 1:2
(Matthäus, Kögl)

FC Bayern – FC Everton 0:0
FC Everton – FC Bayern 3:1
(D. Hoeneß)

1985/86
Europacup der Meister
Gornik Zabrze – FC Bayern 1:2
(Wohlfarth, D. Hoeneß)
FC Bayern – Gornik Zabrze 4:1
(Winklhofer, Hartmann, Pflügler, D. Hoeneß)

FC Bayern – Austria Wien 4:2
(Mathy [3], M. Rummenigge)
Austria Wien – FC Bayern 3:3
(Wohlfarth, Nachtweih, M. Rummenigge)

FC Bayern – RSC Anderlecht 2:1
(D. Hoeneß, Wohlfarth)
RSC Anderlecht – FC Bayern 2:0

1986/87
Europacup der Meister
PSV Eindhoven – FC Bayern 0:2
(Mathy [2])
FC Bayern – PSV Eindhoven 0:0

FC Bayern – Austria Wien 2:0
(Flick, Matthäus)
Austria Wien – FC Bayern 1:1
(Wohlfarth)

FC Bayern – RSC Anderlecht 5:0
(M. Rummenigge, Pflügler, D. Hoeneß [2], Wohlfarth)
RSC Anderlecht – FC Bayern 2:2
(Wohlfarth, Matthäus)

FC Bayern – Real Madrid 4:1
(Augenthaler, Matthäus [2], Wohlfarth)
Real Madrid – FC Bayern 1:0

Finale 27.5.1987:
FC Porto – FC Bayern 2:1
(Kögl)

1987/88
Europacup der Meister
FC Bayern – ZSKA Sofia 4:0
(Wegmann [2], Dorfner, Brehme)
ZSKA Sofia – FC Bayern 0:1
(Kögl)

Xamax Neuchâtel – FC Bayern 2:1
(Matthäus)
FC Bayern – Xamax Neuchâtel 2:0
(Pflügler, Wegmann)

FC Bayern – Real Madrid 3:2
(Pflügler, Eder Wohlfarth)
Real Madrid – FC Bayern 2:0

1988/89
UEFA-Cup
FC Bayern – Legia Warschau 3:1
(Wegmann, Thon [2])
Legia Warschau – FC Bayern 3:7
(Nachtweih, Ekström [2], Augenthaler, Wegmann [2], Eck)

FC Bayern – Dunajska Streda 3:1
(Flick, Wegmann, Thon)
Dunajska Streda – FC Bayern 0:2
(Thon [2])

FC Bayern – Inter Mailand 0:2
Inter Mailand – FC Bayern 1:3
(Wohlfarth, Augenthaler, Wegmann)

Heart of Midlothian – FC Bayern 1:0
FC Bayern – Heart of Midlothian 2:0
(Augenthaler, Johnsen)

SSC Neapel – FC Bayern 2:0
FC Bayern – SSC Neapel 2:2
(Wohlfarth, Reuter)

1989/90
Europacup der Meister
Glasgow Rangers – FC Bayern 1:3
(Kögl, Thon, Augenthaler)
FC Bayern – Glasgow Rangers 0:0

FC Bayern – Nëntori Tirana 3:1
(Kögl, Mihajlovic [2])
Nëntori Tirana – FC Bayern 0:3
(Strunz, Grahammer, Dorfner)

FC Bayern – PSV Eindhoven 2:1
(Wohlfarth, Grahammer)

PSV Eindhoven – FC Bayern 0:1
(Augenthaler)
AC Mailand – FC Bayern 1:0
FC Bayern – AC Mailand n.V. 2:1
(Strunz, McInally)

1990/91
Europacup der Meister
Apoel Nikosia – FC Bayern 2:3
(Reuter, McInally, Strunz)
FC Bayern – Apoel Nikosia 4:0
(Augenthaler, Mihajlovic [3])

FC Bayern – ZSKA Sofia 4:0
(Reuter [2], Wohlfarth, Augenthaler)
ZSKA Sofia – FC Bayern 0:3
(Wohlfarth, Effenberg, McInally)

FC Bayern – FC Porto 1:1
(Bender)
FC Porto – FC Bayern 0:2
(Ziege, Bender)

FC Bayern – Roter Stern Belgrad 1:2
(Wohlfarth)
Roter Stern Belgrad – FC Bayern 2:2
(Augenthaler, Bender)

1991/92
UEFA-Cup
Cork City – FC Bayern 1:1
(Effenberg)
FC Bayern – Cork City 2:0
(Labbadia, Ziege)

B. 1903 Kopenhagen – FC Bayern 6:2
(Mazinho, Münch)
FC Bayern – B. 1903 Kopenhagen 1:0
(Mazinho)

1993/94
UEFA-Cup
Twente Enschede – FC Bayern 3:4
(Nerlinger, Ziege [2], Scholl)
FC Bayern – Twente Enschede 3:0
(Matthäus, Eigent. Karnebeek, Ziege)
FC Bayern – Norwich City 1:2
(Nerlinger)
Norwich City (Valencia) – FC Bayern 1:1

1994/95
Europacup der Meister (jetzt: Champions League)
Gruppenphase:
Paris St. Germain – FC Bayern 2:0
FC Bayern – Dynamo Kiew 1:0
(Scholl)
Spartak Moskau – FC Bayern 1:1
(Babbel)
FC Bayern – Spartak Moskau 2:2
(Nerlinger, Kuffour)
FC Bayern – Paris St. Germain 0:1
Dynamo Kiew – FC Bayern 1:4
(Nerlinger, Papin [2], Scholl)

Abschlusstabelle Gruppe C

1.	Paris St.-Germain*	6	6	0	0	12:3	12
2.	**FC Bayern München***	**6**	**2**	**2**	**2**	**8:7**	**6**
3.	Spartak Moskau	6	1	2	3	8:12	4
4.	Dynamo Kiew	6	1	0	5	5:11	2

*Für die Zwischenrunde qualifiziert.

Viertelfinale
FC Bayern – IFK Göteborg 0:0
IFK Göteborg – FC Bayern 2:2
(Zickler, Nerlinger)

Halbfinale
FC Bayern – Ajax Amsterdam 0:0
Ajax Amsterdam – FC Bayern 5:2
(Witeczek, Scholl)

1995/96
UEFA-Cup
FC Bayern – Lokomotive Moskau 0:1
Lokomotive Moskau – FC Bayern 0:5
(Klinsmann [2], Herzog, Scholl, Strunz)

Raith Rovers – FC Bayern 0:2
(Klinsmann [2])
FC Bayern – Raith Rovers 2:1
(Klinsmann, Babbel)

FC Bayern – Benfica Lissabon 4:1
(Klinsmann [4])
Benfica Lissabon – FC Bayern 1:3
(Klinsmann [2], Herzog)

FC Bayern – Nottingham Forest 2:1
(Klinsmann, Scholl)
Nottingham Forest – FC Bayern 1:5
(Ziege, Strunz, Klinsmann [2], Papin)

FC Bayern – FC Barcelona 2:2
(Witeczek, Scholl)
FC Barcelona – FC Bayern 1:2
(Babbel, Witeczek)

1. Finale 1.5.1996:
FC Bayern – Girondins Bordeaux 2:0
(Helmer, Scholl)
2. Finale 15.5.1996:
Girondins Bordeaux – FC Bayern 1:3
(Scholl, Kostadinov, Klinsmann)

1996/97
UEFA-Cup
FC Valencia – FC Bayern 3:0
FC Bayern – FC Valencia 1:0
(Ziege)

1997/98
Champions League
Gruppenphase:
FC Bayern – Besiktas Istanbul 2:0
(Helmer, Basler)

IFK Göteborg – FC Bayern 1:3
(Jancker, Hamann, Elber)
FC Bayern – Paris St.-Germain 5:1
(Elber[2], Jancker [2], Helmer)
Paris St.-Germain – FC Bayern 3:1
(Babbel)
Besiktas Istanbul – FC Bayern 0:2
(Jancker, Helmer)
FC Bayern – IFK Göteborg 0:1

Abschlusstabelle Gruppe E

1. FC Bayern München*	**6**	**4**	**0**	**2**	**13:6**	**12**
2. Paris St.-Germain*	6	4	0	2	11:10	12
3. Besiktas Istanbul	6	2	0	4	6:9	6
4. IFK Göteborg	6	2	0	4	4:9	6

*Für die Zwischenrunde qualifiziert.

Viertelfinale
FC Bayern – Bor. Dortmund 0:0
B. Dortmund – FC Bayern n.V. 1:0

1998/99
Champions League
Qualifikation:
FC Bayern – FK Obilic Belgrad 4:0
(Effenberg, Elber, Zickler, Fink)
FK Obilic Belgrad - FC Bayern 1:1
(Matthäus)

Gruppenphase:
Bröndby Kopenhagen – FC Bayern 2:1
(Babbel)
FC Bayern – Manchester United 2:2
(Elber, Sheringham [Eigentor])
FC Bayern – FC Barcelona 1:0
(Effenberg)
FC Barcelona – FC Bayern 1:2
(Zickler, Salihamidzic)
FC Bayern – Bröndby Kopenhagen 2:0
(Jancker, Basler)
Manchester United – FC Bayern 1:1
(Salihamidzic)

Abschlusstabelle Gruppe D

1. FC Bayern München*	**6**	**3**	**2**	**1**	**9:6**	**11**
2. Manchester United*	6	2	4	0	20:11	10
3. FC Barcelona	6	2	2	2	11:9	8
4. Bröndby Kopenhagen	6	1	0	5	4:18	3

*Für die Zwischenrunde qualifiziert.

Viertelfinale
FC Bayern – 1. FC Kaiserslautern 2:0
(Elber, Effenberg)
1. FC Kaiserslautern – FC Bayern 0:4
(Effenberg [Elfmeter], Jancker,
Rösler [Eigentor], Basler)

Halbfinale
Dynamo Kiew – FC Bayern 3:3
(Tarnat, Effenberg, Jancker)
FC Bayern – Dynamo Kiew 1:0
(Basler)

Finale 26.5.1999:
FC Bayern – Manchester United 1:2
(Basler)

1999/2000
Champions League
Gruppenphase:
FC Bayern – PSV Eindhoven 2:1
(Sergio [2])
Glasgow Rangers – FC Bayern 1:1
(Tarnat)
FC Bayern – FC Valencia 1:1
(Elber)
FC Valencia – FC Bayern 1:1
(Effenberg [Elfmeter])
PSV Eindhoven – FC Bayern 2:1
(Santa Cruz)
FC Bayern – Glasgow Rangers 1:0
(Strunz [Elfmeter])

Abschlusstabelle der 1. Phase, Gruppe F

1. FC Valencia*	6	3	3	0	8:4	12
2. FC Bayern München*	**6**	**2**	**3**	**1**	**7:6**	**9**
3. Glasgow Rangers	6	2	1	3	7:7	7
4. PSV Eindhoven	6	1	1	4	5:10	4

*Für die 2. Gruppenphase qualifiziert.

Rosenborg Trondheim – FC Bayern 1:1
(Jancker)
FC Bayern – Dynamo Kiew 2:1
(Jancker, Sergio)
Real Madrid – FC Bayern 2:4
(Scholl, Effenberg, Fink, Sergio)
FC Bayern – Real Madrid 4:1
(Scholl, Elber, Zickler [2])
FC Bayern – Rosenborg Trondheim 2:1
(Scholl, Sergio)
Dynamo Kiew – FC Bayern 2:0

Abschlusstabelle der 2. Phase, Gruppe C

1. FC Bayern München*	**6**	**4**	**1**	**1**	**13:8**	**13**
2. Dynamo Kiew	6	3	1	2	10:8	10
3. Real Madrid*[1]	6	3	1	2	11:12	10
4. Rosenborg Trondheim	6	0	1	5	5:11	1

*Für die Endrunde qualifiziert. (1) = Bei Punktgleicheit gilt nicht das bessere Torverhältnis, sondern der direkte Vergleich.

Viertelfinale
FC Porto – FC Bayern 1:1
(Sergio)
FC Bayern – FC Porto 2:1
(Sergio, Linke)

Halbfinale
Real Madrid – FC Bayern 2:0
FC Bayern – Real Madrid 2:1
(Jancker, Elber)

2000/01
Champions League
Gruppenphase:
Helsingborg IF – FC Bayern 1:3
(Scholl, Salihamidzic, Jancker)
FC Bayern – Rosenborg Trondheim 3:1
(Jancker, Elber, Linke)
Paris St.-Germain – FC Bayern 1:0
FC Bayern – Paris St.-Germain 2:0
(Salihamidzic, Sergio)
FC Bayern – Helsingborg IF 0:0
Rosenborg Trondheim – FC Bayern 1:1
(Jeremies)

Abschlusstabelle 1. Phase, Gruppe F

1. FC Bayern München*	**6**	**3**	**2**	**1**	**9:4**	**11**
2. Paris St.-Germain*	6	3	1	2	14:9	10
3. Rosenborg Trondheim	6	2	1	3	13:15	7
4. Helsingborg IF	6	1	2	3	6:14	5

*Für die 2. Gruppenphase qualifiziert.

FC Bayern – Olympique Lyon 1:0
(Jeremies)
FC Arsenal London – FC Bayern 2:2
(Tarnat, Scholl)
FC Bayern – Spartak Moskau 1:0
(Elber)
Spartak Moskau– FC Bayern 0:3
(Scholl [2], Sergio)
Olympique Lyon – FC Bayern 3:0
FC Bayern – FC Arsenal London 1:0
(Elber)

Abschlusstabelle 2. Phase, Gruppe C

1. FC Bayern München*	**6**	**4**	**1**	**1**	**8:5**	**13**
2. Olympique Lyon*	6	2	2	2	8:4	8
3. FC Arsenal London	6	2	2	2	6:8	8
4. Spartak Moskau	6	1	1	4	5:10	4

*Für die Endrunde qualifiziert.

Viertelfinale
Manchester United – FC Bayern 0:1
(Sergio)
FC Bayern – Manchester United 2:1
(Elber, Scholl)

Halbfinale
Real Madrid – FC Bayern 0:1
(Elber)
FC Bayern – Real Madrid 2:1
(Elber, Jeremies)

Finale am 23.5.2001 in Mailand:
FC Bayern – FC Valencia n.V. 1:1
(Effenberg)
nach Elfmeterschießen 5:4

Supercup Europa
FC Bayern – FC Liverpool 2:3
(Salihamidzic, Jancker)

2001/02
Champions League
Gruppenphase:
FC Bayern – Sparta Prag 0:0
Spartak Moskau – FC Bayern 1:3
(Salihamidzic, Elber [2])
Feyenoord Rotterdam – FC Bayern 2:2
(Elber [2])
FC Bayern – Spartak Moskau 5:1
(Pizarro [2], Elber [2], Zickler)
FC Bayern – Feyenoord Rotterdam 3:1
(Van Gobbel [Eigentor], Santa Cruz [2])
Sparta Prag – FC Bayern 0:1
(Novotny [Eigentor])

Abschlusstabelle 1. Phase, Gruppe H

1. FC Bayern München*	**6**	**4**	**2**	**0**	**14:5**	**14**
2. Sparta Prag*	6	3	2	1	10:3	11
3. Feyenoord Rotterdam	6	1	2	3	7:14	5
4. Spartak Moskau	6	0	2	4	7:16	2

*Für die 2. Gruppenphase qualifiziert.

FC Bayern – Manchester United 1:1
(Sergio)
FC Nantes – FC Bayern 0:1
(Sergio)
Boavista Porto – FC Bayern 0:0
FC Bayern – Boavista Porto 1:0
(Sanat Cruz)
Manchester United – FC Bayern 0:0
FC Bayern – FC Nantes 2:1
(Jeremies, Pizarro)

Abschlusstabelle 2. Phase, Gruppe A

2. Manchester United*	6	3	3	0	13:3	12
1. FC Bayern München*	**6**	**3**	**3**	**0**	**5:2**	**12**
3. Boavista Porto	6	1	2	3	2:8	5
4. FC Nantes	6	0	2	4	4:11	2

*Für die Endrunde qualifiziert.

Viertelfinale
FC Bayern – Real Madrid 2:1
(Effenberg, Pizarro)
Real Madrid – FC Bayern 2:0

Weltpokal
FC Bayern – Boca Juniors Buenos Aires n. V. 1:0
(Kuffour)

2002/03
Champions League
FC Bayern – Deportivo La Coruña 2:3
(Salihamidzic, Elber)
RC Lens – Bayern München 1:1
(Linke)

FC Bayern – AC Mailand 1:2
(Pizarro)
AC Mailand – FC Bayern 2:1
(Tarnat)

Deportivo La Coruña – FC Bayern 2:1
(Santa Cruz)
Bayern München – RC Lens 3:3
(N. Kovac, Salihamidzic, Feulner)

Abschlusstabelle 1. Phase, Gruppe G

1. AC Mailand*	6	4	0	2	12:7	12
2. Deportivo La Coruña*	6	4	0	2	11:12	12
3. RC Lens	6	2	2	2	11:11	8
4. FC Bayern München	**6**	**0**	**2**	**4**	**9:13**	**2**

*Für die 2. Gruppenphase qualifiziert.

2003/04
Champions League
Gruppenphase
FC Bayern – Celtic Glasgow 2:1
(Makaay [2])
Anderlecht – FC Bayern 1:1
(Santa Cruz)
Olympique Lyon – FC Bayern 1:1
(Makaay)
FC Bayern – Olympique Lyon 1:2
(Makaay)
Celtic Glasgow – FC Bayern 0:0
FC Bayern – Anderlecht 1:0
(Makaay)

Abschlusstabelle

1. Olympique Lyon*	6	3	1	2	7:7	10
2. FC Bayern München*	**6**	**2**	**3**	**1**	**6:5**	**9**
3. Celtic Glasgow	6	2	1	3	8:7	7
4. Anderlecht	6	2	1	3	4:6	7

*Für die Endrunde qualifiziert.

Achtelfinale
FC Bayern – Real Madrid 1:1
(Makaay)
Real Madrid – FC Bayern 1:0

2004/05
Champions League
Gruppenphase
Maccabi Tel Aviv – FC Bayern 0:1
(Makaay)
FC Bayern – Ajax Amsterdam 4:0
(Makaay [3], Ze Roberto)
Juventus Turin – FC Bayern 1:0
FC Bayern – Juventus Turin 0:1
FC Bayern – Maccabi Tel Aviv 5:1
(Pizarro, Salihamidzic, Frings, Makaay [2])
Ajax Amsterdam – FC Bayern 2:2
(Makaay, Ballack)

Abschlusstabelle

Juventus Turin*	6	5	1	0	6:1	16
FC Bayern*	**6**	**3**	**1**	**2**	**12:5**	**10**
Ajax Amsterdam	6	1	1	4	6:10	4
Maccabi Tel Aviv	6	1	1	4	4:12	4

*Für die Endrunde qualifiziert.

Achtelfinale
FC Bayern – Arsenal London 3:1
(Pizarro [2], Salihamidzic)
Arsenal London – FC Bayern 1:0

Viertelfinale
Chelsea London – FC Bayern 4:2
(Schweinsteiger, Ballack)
FC Bayern – Chelsea London 3:2
(Pizarro, Guerrero, Scholl)

2005/06
Champions League
Gruppenphase
Rapid Wien – FC Bayern 0:1
(Guerrero)
FC Bayern – Club Brügge 1:0
(Demichelis)
FC Bayern – Juventus Turin 2:1
(Deisler, Demichelis)
Juventus Turin – FC Bayern 2:1
(Deisler)
FC Bayern – Rapid Wien 4:0
(Deisler, Karimi, Makaay [2])
Club Brügge – FC Bayern 1:1
(Pizarro)

Abschlusstabelle

Juventus Turin*	6	5	0	1	12:5	15
FC Bayern*	**6**	**4**	**1**	**1**	**10:4**	**13**
Club Brügge	6	2	1	3	6:7	7
Rapid Wien	6	0	0	6	3:15	0

*Für die Endrunde qualifiziert.

Achtelfinale
FC Bayern – AC Mailand 1:1
(Ballack)
AC Mailand – FC Bayern 4:1
(Ismael)

2006/07
Champions League
Gruppenphase
FC Bayern – Spartak Moskau 4:0
(Pizarro, Santa Cruz, Schweinsteiger, Salihamidzic)
Inter Mailand – FC Bayern 0:2
(Pizarro, Podolski)
Sporting Lissabon – FC Bayern 0:1
(Schweinsteiger)
FC Bayern – Sporting Lissabon 0:0

Literatur und Quellen (Auswahl)

Vereinspublikationen

FC Bayern München: 25 Jahre FC Bayern München e.V. 1900-1925, München 1925

Ders.: 50 Jahre FC Bayern München, München 1950

Ders.: 70 Jahre FC Bayern München, München 1970

Ders.: 90 Jahre FC Bayern München, München 1990

Grüber, Walter: 100 Jahre FC Bayern München – Die ultimative Statistik. Berlin 2002

Jockenhöfer, Rafael / Grangel, Ralf: 100 Jahre FC Bayern München, Berlin 2000

Weitere Literatur

Bausenwein, Christoph: Die letzten Männer. Zur Gattungsgeschichte und Seelenkunde der Torhüter, Göttingen 2003

Bayerischer Fußball-Verband e.V.: 50 Jahre Bayerischer Fußballverband, München 1996

Beckenbauer, Franz: Einer wie ich, München 1975

Ders.: Ich. Wie es wirklich war, München 1992

Beyer, Bernd-M: Der Mann, der den Fußball nach Deutschland brachte. Das Leben des Walther Bensemann, Göttingen 2003

Böttiger, Helmut: Kein Mann, kein Schuss kein Tor. Das Drama des deutschen Fußballs, München 1993

Ders.: Günter Netzer - Manager und Rebell, Frankfurt/M. 1994

Brändle, Fabian / Koller, Christian: Goooal!!! Kultur- und Sozialgeschichte des modernen Fußballs, Zürich 2002

Breitner, Paul: Ich will kein Vorbild sein, München 1980

Craig, Gordon A.: Über die Deutschen, München 1982

Eibele, Hans: Spezialisten für „ewige Rekorde", in: „Verlängerung" - Das andere Fußballmagazin, Ausgabe Nr. 1 (1995)

Eisenberg, Cristiane: „English Sports" und Deutsche Bürger. Eine Gesellschaftsgeschichte 1800 – 1939, Paderborn / München / Wien / Zürich 1999

Dies. (Hrsg.): Fußball, Soccer, Calcio. Ein englischer Sport auf seinem Weg um die Welt, Hamburg 1997

Gillmeister, Heiner: The Tale of Little Franz and Big Franz: On the Foundation of Bayern Munich FC, in: „Soccer an Society", Vol. 1, No.2, 2000

Grüne, Hardy: Vom Kronprinzen bis zur Bundesliga. Enzyklopädie des deutschen Ligafußballs, Kassel 1996

Ders. / Melchior, Claus: Legenden in Weiß und Blau. 100 Jahre Fußballgeschichte eines Münchener Traditionsvereins, Göttingen 1999

Haffner, Sebastian: Geschichte eines Deutschen. Die Erinnerungen 1914 - 1933, Stuttgart/München 2000

Heini, Herbert: Sportsponsoring: Die Partnerschaft der Adam Opel AG mit dem FC Bayern München e.V., Stuttgart 1996 (Diplomarbeit)

Heinrich, Arthur: Der Deutsche Fußball-Bund. Eine politische Geschichte, Köln 2000

Hitzer, Friedrich: Lenin in München. Dokumentation und Bericht, München 1977

Huba, Karl-Heinz (Hg.): Fußball-Weltgeschichte, München 1998 (14. aktualisierte Auflage)
„Kicker"-Sonderheft: 30 Jahre Bundesliga, Nürnberg 1993
„Kicker"-Sonderheft: 40 Jahre Bundesliga, Nürnberg 2003
„Kicker"-Sonderheft: Bundesliga (diverse Ausgaben)
Kistner, Thomas / Schulze, Ludger: Die Spielmacher. Strippenzieher und Profiteure im deutschen Fußball, Stuttgart/München 2001
Kropp, Matthias: Deutschlands große Fußballmannschaften, Teil 4: Bayern München 1900 - 1993, Kassel 1993
Ders.: Bayern in Zahlen, Kassel 2000
Müller, Gerd: Tore entscheiden, München 1967
Preis, Kurt: München unterm Hakenkreuz, München 1989
Radtke, Armin: Olympiastadion München. Fußballgeschichte unter dem Zeltdach, Gött. 2005
Rudolph, Hagen: Management in der ersten Liga. Mit den Strategien des FC Bayern München zum Erfolg, München 2002
Schauppmeier, Karl: FC Bayern München. Die Mannschaft der Rekorde, Regensburg 1975
Schröder, Ulfert: Stars für Millionen, Bayreuth 1974
Schulze, Ludger: Die Geschichte des Europapokals, München 1990
Ders.: Trainer – Die großen Fußballstrategen, München 1989
Schulze-Marmeling, Dietrich (Hg.): Davidstern und Lederball. Die Geschichte der Juden im deutschen und internationalen Fußball, Göttingen 2003
Ders. (Hg.): Die Geschichte der Fußball-Nationalmannschaft, Göttingen 2004
Ders. (Hrsg.): Strategen des Spiels. Die großen Fußballtrainer, Göttingen 2005
Schweer, Joachim: Das Münchener Derby: 1860 - Bayern, Kassel 1995
Seitz, Norbert: Bananenrepublik und Gurkentruppe. Die nahtlose Übereinstimmung von Fußball und Politik 1954 - 1987, Frankfurt/M 1987
Ders.: Doppelpässe Fußball & Politik, Frankfurt/M. 1998
Skrentny, Werner (Hg.): Als Morlock noch den Mondschein traf. Die Geschichte der Oberliga Süd 1945-1963, Essen 1993
Ders (Hg.).: Das große Buch der deutschen Fußball-Stadien, Göttingen 2001 (2. Auflage)
Sohre, Helmut: Bundesliga intim, München 1996
Stadtarchiv München (Hg.): München und der Fußball. Von den Anfängen 1896 bis zur Gegenwart, München 1997
Stadtarchiv München (Hrsg.): Fußball in München. Von der Theresienwiese bis zur Allianz Arena, München 2006
Walvin, James: The People's Game. The History Of Football Revisited, Edinbourgh/London 1994
Weyerer, Benedikt (Hg.): München zu Fuß, München 1988

Zeitungen, Zeitschriften, Magazine

„Bayern-Magazin", „Focus", „Frankfurter Allgemeine Zeitung", „Frankfurter Rundschau", „Kicker-Sportmagazin", „Der Spiegel", „Sport-Bild", „Süddeutsche Zeitung", „Tagesspiegel", „Die Welt", „Welt am Sonntag" (jeweils diverse Ausgaben)

Internet

www.fcbayern.de
www.fcbayern-frauenfußball.de
www.JULFFCB.de
www.ruhrpott-bazis.de
www.ClubNr12.de
www.schickeria-muenchen.de
www.fanclubdieelche.de

Zum Autor

Dietrich Schulze-Marmeling (geb. 1956), Autor und Lektor beim Verlag Die Werkstatt, lebt in Altenberge bei Münster. Zahlreiche Bücher zur Fußballgeschichte, so über Borussia Dortmund, die deutsche Nationalmannschaft und die Fußball-Weltmeisterschaft. Zuletzt fungierte er als Herausgeber von „Davidstern und Lederball. Die Geschichte der Juden im deutschen und internationalen Fußball" (2003) sowie „Strategen des Spiels – Die legendären Fußballtrainer" (2005).

Fotonachweis

Agentur Horst Müller: Umschlag (4), Farbseiten V o., VIII, S. 2/3, 7, 127, 129, 135, 139, 143, 145, 147, 148, 149, 151, 153 (2), 158, 161 (3), 165, 169, 170, 172, 173, 175, 179, 181 (2), 183, 187, 189, 195, 199, 207, 213, 215, 221, 227, 231, 235, 236, 239, 240, 243 (2), 247, 249, 252, 254, 258, 259, 261, 263, 265, 266, 273, 275, 277, 281, 283, 287, 289, 290, 293, 295, 297, 299, 300, 301, 304, 306, 309, 311, 313, 315, 319, 320 (2), 323 (2), 327, 330 (2), 335, 337, 338, 339, 343, 347, 349, 353, 354, 357 (2), 358, 364, 365, 367 (2), 371, 373, 381, 383, 385, 387, 395, 397, 401, 403, 407, 410, 415, 417, 421, 425, 429, 433, 435, 436, 438, 441, 443 (2), 445, 446, 449, 453, 455, 459 (2), 461 (2), 463, 465, 479, 483, 503, 504/505, 509, 513, 518, 519, 522, 525, 533, 537, 539, 545, 547, 550, 553, 561 (2), 563, 564, 567, 570, 571, 573, 577 (2), 578, 579, 582, 583, 593, 595, 599, 601, 602, 604, 609, 610, 613, 616, 618, 620 (2), 623, 624, 625, 627, 636, 657, 661

picture alliance / dpa: Umschlag (2), Farbseiten (II, V u., VI/VII), 8, 451, 457, 469, 471, 500

Agentur Bongarts: S. 377, 431

Herbert Liedel: S. 185, 209, 223, 257, 271

Stadtarchiv München: S. 89; Privatarchiv Uri Siegel: S. 109; Axel Oberneit: S. 177; Klaus Wieschus: S. 241; Andreas Kalka: S. 251; Paul Gilbrecht: S. 341; Albert Josef Schmidt: S. 363; Bernd Müller: S. 390; Herbert Perl: S. 392, Reinaldo Coddou H.: Farbseite IV o., Archiv Club Nr. 12 e.V.: Farbseite IV u.

Übrige Fotos: Archiv des Autors und des Verlages.